Difficult Litigation Cases' Judgment Essences and References in Motor Vehicle and Traffic Acidents

机动车与交通事故疑难案件裁判要点与依据

（第四版）

陈枝辉　编著

——　下册　——

法律出版社
LAW PRESS·CHINA

目　录

财产损害赔偿

61. 宠物犬损害赔偿责任——撞死宠物犬，损失如何算？【宠物侵权】
 ……………………………………………………………………（1171）

62. 车辆贬值损失的赔偿——车辆贬值损，是否应当赔？【贬值损失】
 ……………………………………………………………………（1177）

63. 车辆修理费赔偿范围——车辆修理费，是否能全赔？【修理费用】
 ……………………………………………………………………（1191）

64. 机动车停运损失赔偿——因事故停运，损失应否偿？【停运损失】
 ……………………………………………………………………（1213）

65. 鉴定费用等其他损失——鉴定等费用，损失都能赔？【其他损失】
 ……………………………………………………………………（1234）

66. 车辆爆胎责任的认定——爆胎致事故，厂家有无责？【产品责任】
 ……………………………………………………………………（1247）

67. 盗损车辆与物业责任——小区丢了车，物业是否赔？【物业服务】
 ……………………………………………………………………（1255）

68. 经营场所与安保义务——机动车丢失，商家是否赔？【安保义务】
 ……………………………………………………………………（1264）

69. 机动车购销合同纠纷——新车出故障，损失卖家赔？【购销合同】
 ……………………………………………………………………（1278）

70. 赔偿协议的法律效力——事故已私了，协议有无效？【赔偿协议】
 ……………………………………………………………………（1294）

下编　保险编

一般原则规定

71. 保险公司的诉讼地位——追加保险人,共同做被告?【保险公司】
　　……………………………………………………………………………（1341）

72. 机动车险第三者认定——车上人员险,何为第三者?【车上人员】
　　……………………………………………………………………………（1376）

73. 挂车保险责任的赔付——挂车出事故,保险如何赔?【挂车保险】
　　……………………………………………………………………………（1418）

74. 过渡期三者险的性质——三者责任险,性质如何定?【过渡期间】
　　……………………………………………………………………………（1432）

75. 保险合同成立与生效——保险订合同,效力如何定?【合同生效】
　　……………………………………………………………………………（1453）

76. 保险车辆的价值认定——保值和实值,哪个为标准?【保险价值】
　　……………………………………………………………………………（1469）

77. 争议条款的解释规则——条款有争议,如何来解释?【解释规则】
　　……………………………………………………………………………（1482）

78. 无证驾驶机动车认定——驾车需资格,如何算无证?【驾驶资格】
　　……………………………………………………………………………（1506）

79. 未注册年检保险赔付——车辆未检验,保险是否赔?【注册年检】
　　……………………………………………………………………………（1531）

80. 保险索赔时效的认定——索赔时间久,保险照样赔?【索赔时效】
　　……………………………………………………………………………（1548）

机动车交强险

81. 酒驾肇事与保险赔偿——酒驾出事故,保险赔不赔?【醉酒驾驶】
　　……………………………………………………………………………（1565）

82. 无证驾驶与保险责任——无证驾驶车,肇事保险赔?【无证驾驶】
　　……………………………………………………………………………（1587）

83. 保险公司追偿权行使——保险已理赔,能否再追偿?【保险追偿】
　　……………………………………………………………………………（1605）

84. 肇事逃逸与保险赔付——肇事司机逃,保险能否赔?【肇事逃逸】 ……………………………………………………………………… (1635)

85. 未投交强险赔偿责任——未投交强险,肇事如何赔?【未投保险】 ……………………………………………………………………… (1657)

86. 交强险比例赔付原则——多人数份保,保险怎分配?【比例赔付】 ……………………………………………………………………… (1681)

87. 未办交强险过户责任——保险未过户,肇事照样赔?【保险过户】 ……………………………………………………………………… (1704)

88. 超责任限额保险赔付——损失超限额,保险如何赔?【分项限额】 ……………………………………………………………………… (1710)

89. 重复投保交强险赔付——两份交强险,出事都得赔?【重复投保】 ……………………………………………………………………… (1736)

90. 损伤参与度与赔偿额——损伤参与度,是否应考虑?【责任构成】 ……………………………………………………………………… (1742)

机动车商业险

91. 保险车辆与保险利益——投保他人车,保险赔给谁?【保险利益】 ……………………………………………………………………… (1761)

92. 无责免赔条款的效力——事故无责任,保险赔不赔?【无责免赔】 ……………………………………………………………………… (1773)

93. 免责条款的法律效力——免责有约定,是否生效力?【免责条款】 ……………………………………………………………………… (1790)

94. 未办理保险批改手续——保险未过户,是否应当赔?【批改法条】 ……………………………………………………………………… (1850)

95. 汽车自燃损责任认定——机动车自燃,损失怎弥补?【车辆自燃】 ……………………………………………………………………… (1857)

96. 车辆盗抢险赔付原则——机动车毁损,盗抢险赔否?【盗抢险损】 ……………………………………………………………………… (1866)

97. 车辆用途变更的认定——家用改营运,出险是否赔?【车辆用途】 ……………………………………………………………………… (1873)

98. 车辆超载与保险拒赔——机动车超载,保险赔不赔?【车辆超载】 ……………………………………………………………………… (1886)

99. 准驾车型与保险责任——小货开大车,肇事保险赔?【准驾车型】
....(1895)

100. 理赔前置程序的效力——理赔设前提,是否有效力?【前置程序】
....(1910)

附 录

附录1:本书典型案例来源及载体索引(本书引用典型案例来源) ......(1923)

附录2:交通事故相关法律规范性文件(本书主要引用法条来源) ......(1925)

附录3:2011—2024年全国各地道路交通事故人身损害赔偿标准 ......(1977)

财产损害赔偿

61. 宠物犬损害赔偿责任
——撞死宠物犬，损失如何算？

【宠物侵权】

【案情简介及争议焦点】

2008年，潘某所养名犬在小区未束狗链溜达，被张某投保交强险的客车撞死。

争议焦点：1.赔偿责任如何确定？2.赔偿范围如何确定？

【裁判要点】

1. 赔偿责任。 事故发生地为居民住宅小区道路，属允许机动车通行道路，故本案应属道路交通事故。在未经交管部门处理及作出责任认定情况下，应由法院根据事实并依《民法通则》《道路交通安全法》等法律规定作出事实、责任认定并确定赔偿责任。同时，保险公司应在交强险财产保险限额范围内承担无过错赔偿责任，超限额部分损失由事故责任人按责承担。张某未尽谨慎驾驶义务，未对路面情况尽注意义务，忽视行车安全，对碾压潘某宠物犬死亡的损害后果存有过失，应负事故次要责任。潘某未束狗链，放任犬在居民区道路上行走且未尽防范与注意义务，是引起事故的主要原因，应承担70%赔偿责任。

2. 赔偿范围。 潘某主张的购犬款收条系卖犬人出具，并无其他证据佐证，未得到张某及保险公司认可，同时因民间交易中对买卖价款约定系交易双方间意思表示，不能约束交易行为外第三人，故对该证据及主张不予确定。犬业协会提供的纯种犬血统证明不具有法定证明力和约束力，考虑到犬只交易合理价格与喂养支出合理费用，酌定该犬死亡时价值5500元。潘某合法登记行为所发生费用应附着于养犬，成为犬只价值组成部分，故应列入损失范围。现行法律对动物饲养人就所养动物感情寄托及动物受损后的精神痛苦并无相应规定，亦无可作程度判断的事实依据与合适标准，就目前司法理念与规则而言，尚不能突破法律规定界限，于诉讼中作创设性裁断，故不支持潘某精神损害的主张。

【裁判依据或参考】

1. 法律规定。《民法典》(2021年1月1日)第1173条："被侵权人对同一损害的发生或者扩大有过错的,可以减轻侵权人的责任。"第1183条:"侵害自然人人身权益造成严重精神损害的,被侵权人有权请求精神损害赔偿。因故意或者重大过失侵害自然人具有人身意义的特定物造成严重精神损害的,被侵权人有权请求精神损害赔偿。"第1184条:"侵害他人财产的,财产损失按照损失发生时的市场价格或者其他合理方式计算。"第1251条:"饲养动物应当遵守法律法规,尊重社会公德,不得妨碍他人生活。"《民事诉讼法》(2013年1月1日修正)第64条:"当事人对自己提出的主张,有责任提供证据。当事人及其诉讼代理人因客观原因不能自行收集的证据,或者人民法院认为审理案件需要的证据,人民法院应当调查收集。人民法院应当按照法定程序,全面地、客观地审查核实证据。"《道路交通安全法》(2011年4月22日修正)第76条:"机动车发生交通事故造成人身伤亡、财产损失的,由保险公司在机动车第三者责任强制保险责任限额范围内予以赔偿;不足的部分,按照下列规定承担赔偿责任……"第119条:"交通事故是指车辆在道路上因过错或者意外造成的人身伤亡或者财产损失的事件。"《侵权责任法》(2010年7月1日,2021年1月1日废止)第6条:"行为人因过错侵害他人民事权益,应当承担侵权责任。根据法律规定推定行为人有过错,行为人不能证明自己没有过错的,应当承担侵权责任。"第19条:"侵害他人财产的,财产损失按照损失发生时的市场价格或者其他方式计算。"第20条:"侵害他人人身权益造成财产损失的,按照被侵权人因此受到的损失赔偿;被侵权人的损失难以确定,侵权人因此获得利益的,按照其获得的利益赔偿;侵权人因此获得的利益难以确定,被侵权人和侵权人就赔偿数额协商不一致,向人民法院提起诉讼的,由人民法院根据实际情况确定赔偿数额。"《民法通则》(1987年1月1日,2021年1月1日废止)第117条:"侵占国家的、集体的财产或者他人财产的,应当返还财产,不能返还财产的,应当折价赔偿。损坏国家的、集体的财产或者他人财产的,应当恢复原状或者折价赔偿。受害人因此遭受其他重大损失的,侵害人并应当赔偿损失。"

  2.行政法规。国务院《机动车交通事故责任强制保险条例》(2013年3月1日修改)第3条:"本条例所称机动车交通事故责任强制保险,是指由保险公司对被保险机动车发生道路交通事故造成本车人员、被保险人以外的受害人的人身伤亡、财产损失,在责任限额内予以赔偿的强制性责任保险。"第21条:"被保险机动车发生道路交通事故造成本车人员、被保险人以外的受害人人身伤亡、财产损失的,由保险公司依法在机动车交通事故责任强制保险责任限额范围内予以赔偿。道路交通事故的损失是由受害人故意造成的,保险公司不予赔偿。"第44条:"机动车在道路以外的地方通行时发生事故,造成人身伤亡、财产损失的赔偿,比照适用本条例。"

  3.司法解释。最高人民法院《关于确定民事侵权精神损害赔偿责任若干问题的解释》(2001年3月10日 法释〔2001〕7号,2020年修正,2021年1月1日实施)第1条:"因人身权益或者具有人身意义的特定物受到侵害,自然人或者其近亲属向人民法院提起诉讼请求精神损害赔偿的,人民法院应当依法予以受理。"第5条:"精神损害的赔偿数额根据以下因素确定:(一)侵权人的过错程度,但是法律另有规定的除外;(二)侵权行为的目的、方式、场合等具体情节;(三)侵权行为所造成的后果;(四)侵权人的获利情况;(五)侵权人承担责任的经济能力;(六)受理诉讼法院所在地的平均生活水平。"

4. 地方规范性文件。云南省《道路交通安全条例》(2022年11月30日修正实施)第59条:"牵拉、牵引的宠物、牲畜在道路上因车辆致伤或者死亡的,由公安机关交通管理部门按照交通事故案件处理。"北京三中院《类型化案件审判指引:机动车交通事故责任纠纷类审判指引》(2017年3月28日)第2-3.3.3部分"财产损失类—常见问题解答"第6条:"饲养动物被碾压致死,该损失是否应列入交强险的财产损失理赔范围?饲养动物的价值如何确定?实践中,对饲养动物(如犬只、鸽子)的价值往往无法进行鉴定,当事人往往不能协商确定死亡动物的价值,保险公司通常不会对该类损失定损。动物的所有人可以作为原告起诉,应列入交强险财产损失赔偿限额,或商业三者险赔偿限额内。当事人对死亡动物价值协商不成时,如果可以进行鉴定,应进行鉴定。不能鉴定时,根据《侵权责任法》第十九条关于财产损失计算方式的规定,侵害他人财产的,财产损失按照损失发生时的市场价格或者其他方式计算。故,法官可采取比较论证法,通过市场调查,采集血统纯正度、动物年龄、动物体型、饲养环境、饲养时间、平均寿命、雌雄种类、获奖情况等行业评价标准进行判断,合理行使自由裁量权,在平衡各方利益的基础上,确定动物价值。"天津市《城市管理规定》(2012年5月21日修正)第50条:"……养犬人养犬不得干扰、影响他人的正常生活。携犬出户时应当携带养犬登记证,为犬配戴嘴套,由成年人用束犬链牵领,并主动、自觉避让他人。严禁携犬进入公共场所、公交客运车辆和长途客运车辆。携犬乘坐电梯的,应当避开乘坐电梯的高峰时间,并为犬配戴嘴套或者将犬装入犬笼、犬袋。居民委员会、村民委员会、业主委员会可以根据实际情况确定禁止携犬进入电梯的时间。"山东青岛市《关于处理车辆与犬交通事故的意见》(2007年1月22日)第1条:"车辆与犬在道路上发生碰撞、碾压、刮擦,造成犬受伤或者死亡的案件属于交通事故。大队接到报案后,应当立即派民警赶赴现场按照简易程序处理。"第2条:"携犬外出的人或者犬的所有人是事故的当事人。"第3条:"驾驶人的过错适用《中华人民共和国道路交通安全法》等交通安全法律、法规;犬的当事人的过错适用《青岛市养犬管理办法》(适用区域以外的参照执行)。并根据各方当事人的行为对发生交通事故所起的作用及过错的严重程度,确定当事人的责任,当场制作事故认定书。"第4条:"犬伤亡的损失可由当事人协商确定。协商时可以参照以下标准:(1)正规的购买发票;(2)宠物市场出具的市场价格证明;(3)有评估资格机构出具的价值认定书。"第5条:"调解未达成协议或者当事人对事故认定有异议,拒绝在事故认定书上签名的,在事故认定书上载明情况,将认定书交付当事人。"

5. 参考案例。①2013年重庆某交通事故纠纷案,2012年,李某拖拉机撞死张某所牵待产德国牧羊犬。价格认证中心按待产幼犬8条、成活率60%、每条2000元价值扣除饲养费后得出损失2.8万元。法院认为:派出所于事发当天所出具证明系处理此事的国家机关依据职权调查形成的公文书证,具有较高证明效力。加之张某所申请出庭作证证人证言亦证实李某在驾车与狗接触、碾压后并未停留、而是直接驾车离开现场,两者能相吻合,况且李某本人在庭审中亦自认自己在驾车与狗接触后并未停车,而是继续行驶,直至到农贸市场路段被张某追上才停下来。李某作为车辆驾驶员,在驾车与路上犬只接触、碰撞发生交通事故后,应及时停车查看是否造成损失,并向公安机关报案,但其却未履行相应义务。综合相关证据,足以认定李某在肇事后逃逸的事实。《道路交通安全法实施条例》第92条规定,发生交通事故后当事人逃逸的,逃逸的当事人承担全部责任,但有证据证明对方当事人也有过错的可以减轻责任。由于李某存在肇事逃逸情形,按条例规定本应承担事故全部责任,但由于依法院所审理查明事实,张某确有对犬只约束、管理不当,让其跑上公路的过失,故李某承担事故损失交强险外部分70%责任符合《侵权责任法》第26条及相关道路交通安全法规规定。依相关商业三责险责任免除条款约定,在驾驶人驾车逃离事故现场时,保险公司不应承担赔偿责任,且该条款系以黑体加粗方式标明,而李某又从未提出保险人未履行提示、说明义务的异议或抗辩,故该免责条款效力应予确认,保险公司可予免责。依《侵权责任法》第19条规定,财产受到侵害的应按损失发生时价格计算,故确定财产损失金额的时间基准点应为损失发生时,而不宜以其后时间点作为判断依据,否则将会因时间拖延、价格涨跌对双方造成不公。但在事故发生时,依据对涉案牧羊犬解剖照片可见,其所怀幼犬尚处于胚胎状态,并非已出生幼犬,故价格认证中心按出生后幼犬价值对处于母犬体内的胚胎进行评估,其时间点明显不符合法律规定。涉案待产幼犬,由于尚处于母犬体内,并未与母体相分离,故不属独立的物,其在生活实践中亦不能单独成为交易标的,其价值不能用金钱直接计算。如价格认证中心相关推算评估的逻辑能够成立,则在孕妇体内的胎儿因交通事故夭折情形,亦应按一定的出生存活系数乘以死亡赔偿金数额对胎儿夭折专门予以赔偿,但按我国现行相关法律规定,未出生胎儿因事故夭亡尚不能直接单独予以赔偿。按民法举重明轻的解释原理,在孕妇母体内胎儿因交通事故夭折情形尚不能得到直接单独赔偿,如专门对母犬体内待产幼犬损失进行赔偿,将会导致对财产法律保护标准高于对人的保护,这显然有悖法律基本理念和社会公序良俗,故张某相应主张不应支持。价格认证中心评估清单中,对于待产幼犬是按胚胎数量乘以一定存活率来确定其价值,系对当事人今后预期利益判断,应属间接损失范畴,并非当下直接损失,与其所作申明不符,故该部分结论依据明显不当,不应采信。间接损失按我国法律规定,其纳入损害赔偿范围须以有法律明确规定为限。依日常生活经验,在通常犬只买卖中,一般也不会对怀孕母犬所怀犬只数量进行检查,并按出生后的幼犬价格计算后附加于该母犬价格中进行交易,加之依据证人证言,其将涉案牧羊犬卖给张某时,其作为卖主以明知该犬只已怀孕,但并未就母犬所怀胚胎向张某另外索取价金,其交易价格固定,故价格认证中心对所谓待产幼犬损失使用价值确定方式缺乏充足依据,亦不宜采信。综合犬只交易收据、证人证言及估价结论中合理部分,本案交通事故所致财产损失范围宜确定为1.6万元。扣除交强险财产赔偿2000元,判决李某赔偿张某1.4万元损失中70%,即9800元。②2010年*江苏某交通事故损害赔偿案*,2008年10月,陆某驾驶车辆驶出小区门口时,将纪某所有的、未束犬链的吉娃娃犬碾压致死,法院委托鉴定的价格认证中心因对诉争犬只的年龄、学员、大小、市场需求均不能确定,无法进行评估而退回鉴定。法院认为:陆某驾车在小区道路行驶,未尽谨慎注意义务,对碾压纪某犬只致死的后果存在过失,应负事故次要责任。纪某携犬外出,未束犬链及未牵引,放任犬只在小区道路上行走且未对事故发生加以防范与注意,其行为是引起事故发生的主要原因,应负主要责任。关于死亡犬只的价值认定,该犬只系吉娃娃,吉某主张购买该犬时花费6000元的证明系复印件,未得到陆某及保险公司认可,吉某亦未提供其他证据证明该犬购买时的实际价值,故对其主张不予认定。关于该犬死亡时的实际价值,因纪某未提供其他证据且经鉴定部门无法鉴定,在穷尽其他求证手段后,仍不能精确得出价值结论,法院根据调查所得,考虑犬只交易时的合理价格,酌定该犬只于死亡时的价值为1500元,关于喂养费用的请求,于法无据,不予支持,判决保险公司在交强险责任限额内赔偿纪某1500元。③2006年*江苏某交通事故损害赔偿案*,2006年,张某驾驶器材公司的投保车辆,撞死刘某所养市值千元的宠物犬。法院认为:本案事故符合交通事故构成要件,事故责任应在机动车驾驶人及犬主人刘某之间确定。汽车属于高速运输工具,张某驾驶小客车属于从事高度危险作业,应负高度注意义务,张某未做到安全驾驶,对属于他人财产的犬未尽到合理谨慎注意的义务予以避让,具有一定过错。刘某作为动物饲养人,未尽管理责任,亦具有一定过错。刘某是否办理养犬证是对饲养行为合法性的认定,不能否认犬作为刘某财产的合法性。保险公司在第三者责任强制险中赔偿责任属于无过错责任,犬作为刘某合法财产,应在保险赔偿范围内。事故发生时犬市值1000元,未超过财产损失赔偿限额,保险公司应予赔偿。犬的养殖费及免疫接种费,不属赔偿范围。犬作为财产损失进行赔偿,故不属于精神损害赔偿范围,故判决保险公司赔偿刘某1000元。④2003年北京某财产损害赔偿案,2003年6月,尹某交给田某饲养的一只底价不低于1万元的博美犬未束犬链在小区溜达时被何某驾驶科技公司的车辆碾轧致死。尹某、田某索赔8万余元。法院认为:持有本市养犬许可证的养犬人应遵守《北京市严格限制养犬规定》(该法规已被2003年10月15日实施的《北京市养犬管理规定》废止——编者注),小型观赏犬出户时,须束犬链,并由成年人牵领。现田某携犬出户时未束犬链,不能控制出户犬的活动范围,致使犬只被轧死,应承担主要责任。何某驾车在居民小区内行驶,应精力集中并低速行驶,高度注意路面情况,以避免发生事故,而从本案情况看,司机驾车将犬轧过后仍未察觉,表明司机未充分注意路面情况,故司机对该起事故应承担次要责任。司机驾车出行是为科技公司送货,属职务行为,由此产生的民事责任应由科技公司承担。由于目前我市尚无对饲养犬只的价值进行评估及确认的机构,类似本案涉及的获奖犬只,底价不低于1万元,而上限不能确定,故以1万元数额确定亡犬的价值。原告办理相关犬只证件的费用,本院另行计算并按双方责任确定数额。因饲养人与被饲养的宠物在长期相处过程中,必然产生感情并产生情感上的依赖,宠物突然非正常死亡必然对饲养人造成精神上伤害,但该种伤害不符合我国法律及司法解释关于精神损害赔偿的规定以及相关法律法规确定的精神损害赔偿范围,故原告精神损害诉请无法律依据,不予支持。

【同类案件处理要旨】

因交通事故致他人饲养的宠物伤亡,应属于财产损失范畴。侵权一方应按照损失发生时的市场价格或者其他方式,根据事故责任的大小承担赔偿责任。

【相关案件实务要点】

1.【混合过错】饲养动物受损应由侵权人承担相应赔偿责任,饲养人看管不力的,应减免侵权人的赔偿责任。饲养人因动物受损的精神损害赔偿无法律依据。案见江苏无锡高新技术产业开发区(2008)新民一初字第1452号"潘某诉张某等财产损害赔偿案"。

2.【精神损害】宠物犬不属于《关于确定民事侵权精神损害赔偿责任若干问题的解释》第4条规定的具有人格象征意义的特定纪念物品,其死亡致使宠物饲养人物质上、精神上均有一定损害,但并未造成严重后果,不构成判令侵权人赔偿精神损害抚慰金的要件。案见北京西城法院(2003)西民初字第6403号"尹某等诉某科技公司财产损害赔偿案"。

3.【鉴定】特种犬只的价值在技术鉴定手段及当事人无法举证的情况下,法院通过比较论证法,从犬只血统纯正度、饲养程度、获奖情况等行业评价标准缩小实际价值的可能价值区间,从而确定损失金额。案见江苏无锡滨湖区法院(2010)锡滨民一初字第0501号"纪某诉陆某等交通事故损害赔偿案"。

4.【保险赔偿】机动车责任保险是指以汽车所有人或使用人对汽车事故受害人应当承担的损害赔偿责任为标的的责任保险。损害既含人身损害,也含财产损害,狗作为主人之财产,应为赔偿对象。案见江苏无锡惠山区法院(2006)惠民初字第1311号"刘某诉张某等交通事故损害赔偿案"。

【附注】

参考案例索引:江苏无锡高新技术产业开发区(2008)新民一初字第1452号"潘某诉张某等财产损害赔偿案",合计损失6050元,由保险公司在交强险范围内赔偿2000元后,余额由张某赔偿30%,即1200余元。见《因饲养的动物受损请求精神损害赔偿应否支持》(严海涛),载《人民司法·案例》(201008:86)。①重庆五中院(2013)渝五中法民终字第04223号"李超与张怀涛、李朝兵等机动车交通事故责任纠纷案",该案评析观点认为应考虑可得利益。见《怀孕动物损害赔偿应考虑可得利益》(向前、陈莉),载《人民司法·案例》(201420:86)。②江苏无锡滨湖区法院(2010)锡滨民一初字第0501号"纪某诉陆某等交通事故损害赔偿案",见《纪秀珍诉陆亦维等道路交通事故财产损害赔偿案》(包瑾玲),载《中国法院2012年度案例:道路交通纠纷》(120)。③江苏无锡惠山区法院(2006)惠民初字第1311号"刘某诉张某等交通事故损害赔偿案",索赔3900余元,判由保险公司赔1000元。见《刘跃红诉张建明等交通事故财产损害赔偿案》(张银涛),载《中国审判案例要览》(2007民事:458)。④北京西城法院(2003)西民初字第6403号"尹某等诉某科技公司财产损害赔偿案",判决科技公司赔偿原告3040元。见《尹松等诉北京宝龙盛业数码科技有限公司财产损害赔偿案》(张雪),载《中国审判案例要览》(2004民事:315)。

62. 车辆贬值损失的赔偿
——车辆贬值损,是否应当赔?

【贬值损失】

【案情简介及争议焦点】

2006年9月,华某驾驶车主为黄某的机动车因交通事故与李某车辆碰撞,交警认定华某负全责。李某为修理车辆花费5万余元,经评估车辆贬值19万余元,由此产生评估费8000元。黄某投保了限额为10万元的三者综合车损险。

争议焦点:1.赔偿主体?2.车辆贬值损失应否赔偿?

【裁判要点】

1.**赔偿责任**。华某违规驾驶,致李某车辆受损,应承担赔偿责任。黄某系车主,与华某同属机动车一方,应负连带责任。保险公司依法可直接支付李某保险赔款,故保险公司有义务按保险合同约定承担华某应承担的赔偿责任。

2.**贬值损失**。李某车辆因交通事故受损,虽已修理,但很难完全恢复到原来车辆性能、规格、安全性等要求,且在汽车交易市场上,对于事故车辆,估价显比无事故车辆要低,这一价值的差额应属于民法的损失范畴,受害人的权益应得到救济,故李某要求赔偿汽车贬值费用及评估费的损失,应得到支持。

【裁判依据或参考】

1.**法律规定**。《民法典》(2021年1月1日)第1165条:"行为人因过错侵害他人民事权益造成损害的,应当承担侵权责任。依照法律规定推定行为人有过错,其不能证明自己没有过错的,应当承担侵权责任。"第1166条:"行为人造成他人民事权益损害,不论行为人有无过错,法律规定应当承担侵权责任的,依照其规定。"第1184条:"侵害他人财产的,财产损失按照损失发生时的市场价格或者其他合理方式计算。"《道路交通安全法》(2004年5月1日实施,2011年4月22日修正)第76条:"机动车发生交通事故造成人身伤亡、财产损失的,由保险公司在机动车第三者责任强制保险责任限额范围内予以赔偿;不足的部分,按照下列规定承担赔偿责任……"《侵权责任法》(2010年7月1日,2021年1月1日废止)第19条:"侵害他人财产的,财产损失按照损失发生时的市场价格或者其他方式计算。"第20条:"侵害他人人身权益造成财产损失的,按照被侵权人因此受到的损失赔偿;被侵权人的损失难以确定,侵权人因此获得利益的,按照其获得的利益赔偿;侵权人因此获得的利益难以确定,被侵权人和侵权人就赔偿数额协商不一致,向人民法院提起诉讼的,由人民法院根据实际情况确定赔偿数额。"《民法通则》(1987年1月1日,2021年1月1日废止)第106条:"公民、法人由于过错侵害国家的、集体的财产,侵害他人财产、人身的,应当承担民事责任。"第117条:"……损坏国家的、集体的财产或者他人财产的,应当恢复原状或者折价赔偿。受害人因此遭受其他重大损失的,侵害人并应当赔偿损失。"

2.**行政法规**。国务院《机动车交通事故责任强制保险条例》(2013年3月1日修改施行)第 3 条:"本条例所称机动车交通事故责任强制保险,是指由保险公司对被保险机动车发生道路交通事故造成本车人员、被保险人以外的受害人的人身伤亡、财产损失,在责任限额内予以赔偿的强制性责任保险。"

3. 司法解释。 最高人民法院《对"关于交通事故车辆贬值损失赔偿问题的建议"的答复》(2016 年 3 月 4 日):"我院在起草《关于道路交通损害赔偿司法解释》征求意见中,对机动车'贬值损失'是否应予赔偿的问题,讨论最为激烈。从理论上讲,损害赔偿的基本原则是填平损失,因此,只要有损失就应获得赔偿,但司法解释最终没有对机动车'贬值损失'的赔偿作出规定。主要原因在于,我们认为,任何一部法律法规以及司法解释的出台,均要考虑当时的社会经济发展情况综合予以判断,目前我们尚不具备完全支持贬值损失的客观条件:(1)虽然理论上不少观点认为贬值损失具有可赔偿性,但仍存有较多争议,比如因维修导致零部件以旧换新是否存在溢价,从而产生损益相抵的问题等;(2)贬值损失的可赔偿性要兼顾一国的道路交通实际状况。在事故率比较高、人们道路交通安全意识尚需提高的我国,赔偿贬值损失会加重道路交通参与人的负担,不利于社会经济发展;(3)我国目前鉴定市场尚不规范,鉴定机构在逐利目的驱动下,对贬值损失的确定具有较大的任意性。由于贬值损失数额确定的不科学,导致可能出现案件实质上的不公正,加重侵权人的负担;(4)客观上讲,贬值损失几乎在每辆发生事故的机动车上都会存在,规定贬值损失可能导致本不会成诉的交通事故案件大量涌入法院,不利于减少纠纷。综合以上考虑,目前,我们对该项损失的赔偿持谨慎态度,倾向于原则上不予支持。当然,在少数特殊、极端情形下,也可以考虑予以适当赔偿,但必须慎重考量,严格把握。我们会继续密切关注理论界和审判实务中对于机动车贬值损失赔偿问题的发展动态,加强调查研究,将来如果社会客观条件允许,我们也会适当做出调整。"最高人民法院《关于审理道路交通事故损害赔偿案件适用法律若干问题的解释》(2012 年 12 月 21 日,2020 年修改,2021 年 1 月 1 日实施)第 12 条:"因道路交通事故造成下列财产损失,当事人请求侵权人赔偿的,人民法院应予支持:(一)维修被损坏车辆所支出的费用、车辆所载物品的损失、车辆施救费用;(二)因车辆灭失或者无法修复,为购买交通事故发生时与被损坏车辆价值相当的车辆重置费用;(三)依法从事货物运输、旅客运输等经营性活动的车辆,因无法从事相应经营活动所产生的合理停运损失;(四)非经营性车辆因无法继续使用,所产生的通常替代性交通工具的合理费用。"

4. 部门规范性文件。 中国保监会《关于机动车辆保险第三者财产贬值损失问题的批复》(2002 年 1 月 24 日 保监函〔2002〕8 号):"……由于意外事故造成第三者财产(包括机动车辆)直接损毁致使该财产贬值,不是第三者财产的直接损毁,而是间接损失,因此该损失不属于保险责任。"

5. 地方司法性文件。 河南高院《关于机动车交通事故责任纠纷案件审理中疑难问题的解答》(2024年5月)第18条:"车辆贬值损失应否予以赔偿?答:一般不予支持。在少数极端情形下,也可以考虑予以适当赔偿,但必须从严把握。《最高人民法院关于审理道路交通事故损害赔偿案件适用法律若干问题的解释》第十二条规定:'因道路交通事故造成下列财产损失,当事人请求侵权人赔偿的,人民法院应予支持:(一)维修被损坏车辆所支出的费用、车辆所载物品的损失、车辆施救费用;(二)因车辆灭失或者无法修复,为购买交通事故发生时与被损坏车辆价值相当的车辆重置费用;(三)依法从事货物运输、旅客运输等经营性活动的车辆,因无法从事相应经营活动所产生的合理停运损失;(四)非经营性车辆因无法继续使用,所产生的通常替代性交通工具的合理费用。'据此,《最高人民法院关于审理道路交通事故损害赔偿案件适用法律若干问题的解释》采取列举形式界定了财产损失的范围,并未将车辆贬值损失包括在内,故不宜支持当事人关于车辆贬值损失赔偿的请求。实践中,对于待售中或运输中新车的贬值损失,可以考虑予以适当赔偿,符合公平原则。"广东高院《关于审理机动车交通事故责任纠纷案件的指引》(2024年1月31日 粤高法发〔2024〕3号)第15条:"因道路交通事故发生机动车贬值损失,当事人请求侵权人赔偿的,一般不予支持。待售中或者运输中的新车因道路交通事故受到损害的,可酌情予以赔偿。"江西宜春中院《关于印发〈审理机动车交通事故责任纠纷案件的指导意见〉的通知》(2020年9月1日 宜中法〔2020〕34号)第40条:"赔偿请求人要求赔偿车辆贬值损失的,人民法院不予支持。但赔偿请求人有证据证明被损车辆在事故发生时系未被售出的新车除外。被损的新车未发生买卖交易的,不得请求车辆的贬值损失。"安徽黄山中院《关于印发〈黄山市中级人民法院关于审理道路交通事故损害赔偿纠纷案件相关事项的会议纪要(试行)〉的通知》(2019年9月2日 黄中法〔2019〕82号)第20条:"车辆贬值损失:对于被损坏车辆贬值损失原则上不予支持。"安徽阜阳中院《机动车交通事故责任纠纷案件裁判标准座谈会会议纪要》(2018年9月10日)第20条:"贬值损失原则上不予赔偿。"山东日照中院《机动车交通事故责任纠纷赔偿标准参考意见》(2018年5月22日)第24条:"拖车费、检测费、停运损失、车辆贬值损失。拖车费、检测费等,应当计入因交通事故造成的经济损失,停运损失按车辆维修期间确定,公安交通管理部门、人民法院扣押期间以及车辆所有人、管理人拖延维修、拒不维修的,不应计入停运损失日,车辆贬值损失原则上不予支持。保险人要求依据商业保险合同免责,应当提供证据证明其在订立合同时向投保人履行了提示和明确说明义务,否则人民法院不予支持。"北京三中院《类型化案件审判指引:机动车交通事故责任纠纷类审判指引》(2017年3月28日)第2-3.3.3部分"财产损失类—常见问题解答"第3条:"《道交解释》第十五条列明了财产损失的赔偿范围,但对于车辆的贬值损失没有涉及,对车辆的贬值损失如何处理?最高人民法院在就司法解释答记者问中明确,在财产损失的范围上,就我国目前的道路交通状况、事故率乃至人们的道路交通安全意识来看,赔偿范围应当主要限于必要的、典型的损失类型,否则容易导致道路交通各方参与人的负担过重。对当事人主张车辆贬值损失的,应按前述最高法院解释精神处理,例如对造成车辆可修复性外观损坏、可替换性部件损坏等情况,原则上不支持贬值损失。当事人主张贬值损失并申请鉴定的,法院应当从严掌握,避免贬值鉴定程序启动的任意性。当事人主张贬值损失的,应根据《北京市高级人民法院关于审理道路交通事故损害赔偿案件的会议纪要》第二条的规定处理,实践中应注意以下三个问题:(1)严格鉴定程序启动要件。当事人申请对机动车贬值损失进行鉴定的,应当严格审查,启动鉴定程序应同时具备车辆购买年限和行驶里程相对较短且车辆造成严重损毁、足以使车辆严重贬值等要件,避免贬值损失鉴定程序启动的任意性。其中车辆损毁、足以使车辆严重贬值一般是指交通事故致使车辆安全性、操控性或稳定性通过维修无法恢复原有性能,使得车辆使用价值明显降低的情形。启动鉴定程序的,应在委托鉴定事项中载明鉴定内容为本次交通事故致使车辆使用价值降低所产生的贬值损失。(2)审慎对待当事人自行委托的鉴定。对于当事人自行委托的鉴定,对方当事人若提出异议,如果符合前款鉴定条件以及《最高人民法院关于民事诉讼证据的若干规定》第二十八条规定的,可以重新进行鉴定。(3)依法认定鉴定意见。当事人对于车辆贬值损失的鉴定意见有异议的,可根据《民事诉讼法》第七十八条的规定要求鉴定人员出庭作证。鉴定人员拒不出庭或鉴定人员出庭后无法说明鉴定标准及依据的,法院可参照鉴定意见,结合车辆受损部位、受损程度、维修方式、维修金额以及当事人的过错程度、经济情况、负担能力等因素酌情确定车辆贬值损失。"江苏徐州中院《关于印发〈民事审判实务问答汇编(五)〉的通知》(2016年6月13日)第5条:"……(3)赔偿权利人主张因交通事故产生的车辆贬值损失,应否支持?答:第一,最高人民法院《关于审理道路交通事故损害赔偿案件适用法律若干规定的解释》第15条对于交通事故中的财产损失范围作了明确的列举,该规定中并未包括车辆因事故产生的贬值损失。第二,目前鉴定市场尚不规范,鉴定机构在利益驱动下,鉴定意见的科学性不足,导致贬值损失数额很难确定。第三,造成车辆贬值的因素很多。实践中,车辆贬值不仅受市场因素的影响,还依赖于评估人员的经验判断,市场因素的多变性和不可控性,贬损价值与折旧费交织一起,加上评估人员的主观因素,使得贬损价值数额的确定难以具有客观性。现实中只有车辆发生事故后再交易时才有可能存在一定的贬值问题,主张车辆贬值损失具有一定的合理性。但在相关法律、司法解释对此问题没有实质突破的前提下,原则上不支持车辆贬值损失。"河北石家庄中院《关于规范机动车交通事故责任纠纷案件审理工作座谈会会议纪要》(2016年1月11日石中法〔2016〕4号)第18条:"关于车辆贬值损失。《最高人民法院关于审理道路交通事故损害赔偿案件适用法律若干问题的解释》没有将贬值损失列入赔偿范围,目前对车辆贬值损失也没有比较科学的评价标准。所以,对于车辆贬值损失原则上不予支持。"湖南长沙中院民一庭《关于长沙市法院机动车交通事故责任纠纷案件审判疑难问题座谈会纪要》(2014年7月23日)第4条:"机动车交通事故案件中,车辆贬值损失是否应当支持?对车辆贬值损失,原则上不予支持。(但在极少数特殊情况下,也可以考虑予以适当赔偿,只是必须慎重、从严把握,必须有明确的司法鉴定报告来支持,同时司法鉴定报告必须要对涉案车辆贬值损失的存在作出说明,特别对其安全性能、操控性能以及稳定性能的降低要有专业仪器设备检测的证明。)因为,《最高人民法院关于审理道路交通事故损害赔偿案件适用法律若干问题的解释》第十五条规定的财产损失赔偿范围并没有包含车辆贬值损失,且交通事故发生后,车辆能够修复的部件可以修复,不能修复的可以更换,车辆修复后恢复了车辆的使用性能,不影响车辆的使用价值,弥补了车主的基本损失。同时,车辆修复后其使用寿命、安全性、舒适性通常达不到事故前的状态,在出售时可能影响其交换价值,从而造成车辆的价值减损,但该损失为间接损失,且非必然发生,不应获得赔偿。"北京高院民一庭《关于审理道路交通事故损害赔偿案件的会议纪要》(2013年4月7日)第2条:"《道交解释》第十五条列明了财产损失的赔偿范围,但对于车辆的贬值损失没有涉及,对车辆的贬值损失是否如何处理?最高人民法院在就司法解释答记者问中明确:'在财产损失的范围上,就我国目前的道路交通状况、事故率乃至人们的道路交通安全意识来看,赔偿范围应当主要限于必要的、典型的损失类型,否则容易导致道路交通各方参与人的负担过重。'对当事人主张车辆贬值损失的,应按前述最高法院解释精神处理,例如对造成车辆可修复性外观损坏、可替换性部件损坏等情况,原则上不支持贬值损失。当事人主张贬值损失并申请鉴定的,法院应当从严掌握,避免贬值鉴定程序启动的任意性。对于购买年限或行驶里程相对较短的车辆造成严重损害,足以使车辆严重贬值,给车辆所有人造成重大损失的,可酌情赔偿其贬值损失。在贬值损失赔偿中应充分考虑当事人的过错程度、经济状况、负担能力、车辆价值差别等因素,避免因裁判使一方当事人负担过重,导致利益严重失衡。"第3条:"《道交解释》施行前法院已经委托贬值损失鉴定的案件,如何处理?考虑案件审理的连续性,对于在《道交解释》施行前已经就车辆贬值损失委托鉴定的案件,经鉴定确有贬值损失的可酌情予以支持。"上海高院民一庭《道路交通事故纠纷案件疑难问题研讨会会议纪要》(2011年12月31日)第13条:"车辆贬损是否能获得支持。我们认为,《侵权责任法》第5条规定了多种侵权责任承担方式,恢复原状和赔偿损失承担着不同的功能。侵权人已经赔偿了修复的费用,一般情况下可以认为对受损车辆损害进行了赔偿,关于当事人主张赔偿车辆因交通事故产生贬值损失,实际缺乏客观评定标准,原则上不应支持。高院也多次通过不同途径强调。对于特殊情况下需要支持的,应当综合考虑车辆的受损程度、使用年限等因素慎重认定。"山东高院《关于印发〈全省民事审判工作会议纪要〉的通知》(2011年11月30日 鲁高法〔2011〕297号)第6条:"……关于因交通事故造成的机动车贬值损失是否予以赔偿的问题。机动车贬值损失一般是指机动车发生交通事故后,其使用性能虽已恢复,其本身经济价值却会因发生交通事故而降低所造成的损失,其实质为民法理论上所称的纯粹经济损失。对于因交通事故造成的机动车贬值损失是否予以赔偿,我国现行法律没有明确规定。由于没有相应的法律依据,且机动车贬值损失的认定受机动车本身状况、机动车的用途、市场价格等多种因素的影响,具有多变性和不可确定性。因此,不宜支持交通事故受害人要求赔偿义务人赔偿机动车贬值损失的诉讼请求。"山东淄博中院民三庭《关于审理道路交通事故损害赔偿案件若干问题的指导意见》(2011年1月1日)第31条:"车辆发生交通事故后,受害人依据车辆价值贬损鉴定报告,向致害人要求贬值损失的,予以支持。"河南郑州中院《审理交通事故损害赔偿案件指导意见》(2010年8月20日 郑中法〔2010〕120号)第15条:"交通事故造成他人财产损失的,侵权人应当承担赔偿责任。财产损失包括财产毁损、灭失、车辆维修费用,车辆贬值、修复期间停运损失等。"浙江高院民一庭《关于审理道路交通事故损害赔偿纠纷案件若干问题的意见(试行)》(2010年7月1日)第19条:"机动车维修费用一般应依据保险公司出具的定损单确定。被保险人主张依据维修发票赔偿维修费用的,应证明其所主张维修费用的真实性、必要性和合理性。人民法院可根据民事诉讼优势证据规则,确定机动车维修费用。"第20条:"已获得机动车维修费用等财产损失赔偿的赔偿权利人,又主张机动车贬值损失赔偿的,一般不予支持;但属于待售中或者运输中的新车受到损害等特殊情况的,可酌情予以赔偿。"北京高院民一庭《关于道路交通损害赔偿案件的疑难问题》(2010年4月9日)第2条:"……关于车辆贬值损失是否应予赔偿的问题。机动车发生交通事故遭受损坏后,即使受损机动车维修完毕,其在二手车市场上的交易价格通常要比未遭受事故损坏的同类车辆低一些,这种价格差额就是贬值损失。法律对贬值损失是否属于赔偿范围仍然缺乏明确规定。司法实践中,大多数法院支持贬值损失,北京市法院系统虽没有统一的执法标准,但是,在各类研讨会上,比较一致的看法是对于新车发生事故,且车辆发生重大损坏的,一般要支持贬值损失。在支持贬值损失的情形中,对于贬值损失数额认定,通常通过委托专业评估机构进行评估予以确定。但也有部分观点反对赔偿贬值损失。反对理由如下:车辆贬值损失实际属于交易贬值损失,在车辆没有交易的情形下,主张对其进行赔偿,缺乏事实依据。此外,在实际操作中,如何确定损失的数额也成为一个异常困难的问题,容易发生争议,如对衡量的标准、测量的机构以及是否应当反映当事人的主观心态等等都很难把握。如果要赔偿贬值损失,也应当有关于损失的认定标准,并且还有足够权威、标准统一的评估认定机构和人员。目前,我国并不完全具备这些前提条件,使司法支持车辆贬值损失赔偿几乎不具备可操作性。调研中,有法院提出,车辆贬值损失应该赔偿,但应归入2000元的财产损失赔偿限额中。对于车辆贬值损失如何认定,目前我国没有法律和司法解释对此做出规定,实践中各个法院操作不一,分歧比较严重,希望将来的司法解释能够予以规定。"四川泸州中院《关于民商审判实践中若干具体问题的座谈纪要(二)》(2009年4月17日 泸中法〔2009〕68号)第8条:"交通事故中车辆受损,车辆所有人请求对方赔偿车辆修理之后的贬损值,是否应当支持?具体标准如何确定?基本观点:有两种不同的意见:一种意见认为,车辆修理后的贬损是客观存在的事实,从侵权赔偿的填补原则出发,应当支持,损失数额由应当鉴定或者参考专家意见后由法官裁量。倾向性意见认为,车辆修理后的贬损值,过于抽象,不易确定,对于车辆修理后贬损值的请求,原则上不支持。"浙江高院民一庭《全省法院民事审判业务培训班问题解答》(2008年6月25日)第10条:"交通事故案件中造成车辆受损而引起的车辆贬值损失,应否予以赔偿?在实践中碰到的问题:一是车辆经过修理后,功能虽可以回复到原先状态,但已造成贬值。二是车辆虽经修理,但功能无法恢复到原先状态造成的贬值。如果对上述两种情形进行赔偿,赔偿标准如何确定?答:应当尽量通过修理来救济,原则上不支持车辆的贬值损失,但代售中或者运输中的新车受到损害等特殊情况除外。"浙江杭州中院《关于道路交通事故损害赔偿纠纷案件相关问题的处理意见》(2008年6月19日)第3条:"……车辆贬值损失问题。当前涉及机动车贬值损失案件主要表现为以下几类:待销售车辆遇损、交通事故中车辆受损。具体的裁判处理中,部分法院以此类贬值损失无法律依据而驳回。有的法院以评估机构的评估报告为据直接予以认定。对此有必要分析具体情况进行统一。民一庭讨论后认为,对此类损失的认定应区别情况,谨慎适用。首先,对于贬值损失,并非法律明文规定的赔损范围,对其内涵、外延缺乏统一的规定,而在诉讼案件中,多是针对车辆在事故后除维修费用外,就车辆交易价值或适用性能上所遭受的贬损,即更多的体现为车辆交换价值的损失。因此尚无法就此项费用明确列为法定的赔偿项目。其次,侵权赔偿案件中,适用侵权法的赔偿目的主要是用于填补、回复,而不在于履行利益的实现,因此事故后,车辆所受损失的范围也仅是对其的修理、维护费用的赔偿,上述贬值损失的目的也已超出侵权赔偿的范围。第三,就目前审理的案件中,当事人对其主张的车辆贬值损失,虽有评估机构的估价结论支持,但此种估价评估,多是参照二手车交易的评估方式,将车辆列为待销售的车辆与同类型未发生事故车辆的交易价格进行比对后得出的差价,即认定为贬值损失,而侵权案件是对被侵权人及其财产所受损失的赔偿,而该项财产在侵权发生是用于交通运输而并非交易商品,因此,要让侵权行为人预见到事故车辆可能进行的商品交易是缺乏依据的,同时,交易价格上的损失也不符合侵权法上的填补功能的赔偿目的。综合上述,我们认为,交通事故案件中涉及的车辆损失,应当局限于事故后因车辆受损所产生的直接损失,而不应包括上述所谓贬值损失在内的间接的或者可能发生的损失项目。但应当注意的是此类案件也有例外情形,即针对待销售车辆或明确适用于交易目的的车辆,发生交通事故或者车辆受损的,应当考虑此类车辆的特殊用途,应当对其的交易价格差额予以认定。"广东深圳罗湖区法院《关于交通事故损害赔偿案件的处理意见》(2006年11月6日)第8条:"财产损害赔偿案件中的赔偿范围。一般应当赔偿受害人车辆受损后发生的修理费,如果受害人的车辆正用于货物运输或者旅客运输经营活动,应当赔偿车辆修理期间的停运损失。但对受害人要求赔偿车辆贬值损失的不予支持。"河南高院《关于审理道路交通事故损害赔偿案件若干问题的意见》(1997年1月1日 豫高法〔1997〕78号)第37条:"对交通事故造成的财物损失只赔偿直接损失,其赔偿方法是修复或者折价赔偿。修复以就地修复为主,当地无修复条件的,可到外地有修复条件的地方修复。修复前可商请有关部门估算修复价格,也可以招标修复。如果对是否可以修复有争议,可商请有关部门进行鉴定。对折价有争议的,可商请有关部门进行鉴定。经双方当事人协商一致,也可以部分修复,部分折价,或者以同种类同质量的实物予以赔偿。"

6. 参考案例。①2015年<u>江苏某交通事故纠纷案</u>,2014年,周某驾车与刘某车辆相撞,交警认定刘某全责。周某诉请赔偿时,以<u>其单方委托的评估公司评估报告主张车辆贬值损失5万余元</u>。法院认为:从民事诉讼证据规则角度分析,作出案涉贬值损失评估报告书的机构营业执照载明经营范围为"二手车鉴定评估及中介、代办车辆手续",并<u>无车辆贬损价值鉴定的相应资质</u>,且该评估系周某单方委托鉴定,鉴定检材亦未经刘某核实和质证,在刘某、保险公司均不认可该鉴定意见情况下,不应支持周某主张的车辆贬值损失。从法律规定和法律原理分析,依《侵权责任法》相关规定,侵权损害赔偿除惩罚性赔偿外,应以填补损失为原则。在发生交通事故致他人车辆损坏情况下,侵权行为人需支付医疗费、营养费甚至残疾赔偿金、精神损害抚慰金等以弥补受害人为恢复身心健康而产生的费用;如车辆造成损坏的,侵权行为人还需支付车辆维修费用以使受损车辆达到事故发生前的使用状况即可,该种赔偿模式建立已充分体现了《侵权责任法》损失填补原则,亦能达到预防侵权行为立法目的。众所周知,车辆作为日常交通工具,其贬值会因实际使用和时间推移而必然发生。如《侵权责任法》为达到"完美"救济而苛加某些行为成本,势必造成民众对自身行为的过当约束。<u>贬值损失可赔偿性应兼顾一国道路交通实际状况</u>,在事故率比较高、人们道路交通安全意识尚不是很强的我国,赔偿贬值损失明显会加重道路交通参与人负担,进而可能会不当抑制人们日常出行需求,此亦与《侵权责任法》制定的初衷不相符合。判决保险公司支付周某车辆维修费及替代性交通费赔偿款共4万余元,驳回周某其他关于营养费、精神损害费、保险费损失、评估费及车辆贬值损失诉请。②2012年**江苏某交通事故纠纷案**,2011年,张某车辆被潘某驾驶的乳业公司货车碰撞,交警认定潘某全责。乳业公司赔偿张某修理费5万余元后,就鉴定结论认定的1万余元车辆贬值损失应否赔偿产生争议。法院认为:车辆贬值损失是指在正常使用情况下无事故车辆价值,与车辆受损经修理可恢复使用功能后的实际价值之差。从民事赔偿责任主体、责任性质、适用的赔偿原则、目的来看,<u>车辆贬值损失作为车主实际损失,是交通事故直接造成的财产损失,侵害方应予赔偿</u>。依《民法通则》和《物权法》相关规定,财产损害赔偿最高原则为<u>恢复原状,对此理解不仅应包括财物外观使用功能修复,还应包含其内在价值和性能复原</u>,故应将修复费用及修复后车辆贬值损失一并计入赔偿损失范围,才能与恢复原状赔偿原则相吻合。判决乳业公司赔偿张某车辆维修费1万余元。③2011年**广东某交通事故纠纷案**,2010年,钱某奔驰车与粮油中心司机张某所驾驶车辆相撞,交警认定张某全责。评估公司认定车辆损失55万余元。2011年,钱某诉请张某、粮油中心赔偿维修费及贬值损失100万余元。法院认为:事故发生后,交警已作出责任认定,认定张某承担事故全部责任。张某、粮油中心在本案审理过程中对交警部门查明的案件事实及划分责任有异议,认为事故处理程序不合法,在事故当事人陈述不一致情况下应认定为同等责任等。但张某、粮油中心未能提供任何证据证实其主张,亦未能提供证据反驳交警部门的事故认定书,对粮油中心抗辩意见,法院不予采纳。且张某分别在交警部门出具的事故认定书中的"事故事实""事故认定""赔偿调解"三栏中签名确认,表示其在事故发生时是同意交警部门的判定的。综上,交警部门就本次事故出具的事故认定书事实认定清楚,适用法规正确,法院予以采纳。此外,张某系粮油中心员工,其在事故发生时正在履行职务,故钱某损失应由粮油中心全额赔偿。评估公司出具的鉴定结论应予采纳,钱某车辆损失应按评估公司出具的鉴定结论确定。评估公司鉴定结论为已将该车受损零件全部更换,可满足正常行驶要求。钱某自行委托的评估机构称由于事故发生,对该车进入二手车市场时价值造成了贬值,即该车交易价值减少,但涉案车辆为普通物品,其主要功能在于发挥汽车使用价值,并无其他特殊的诸如纪念、珍藏等价值,故对该财产损失判断应以使用价值为基本标准。在车辆使用价值未改变情况下,其交易价值可能受各种市场因素影响,故<u>一般情况下交易价值不能作为认定车辆因交通事故贬值的客观依据</u>。综上分析,钱某主张车辆贬值损失依据不足,判决保险公司在交强险限额内赔偿钱某2000元,粮油中心赔偿钱某57万余元。④2010年**江苏某财产损害赔偿纠纷案**,2008年,张某车辆被蒋某车辆碰撞,交警认定蒋某全责。双方就车辆贬值损失应否赔偿产生纠纷。法院认为:张某车辆在购买和使用半年、此前仅发生过多次较轻微事故情况下,由于本次交通事故受到严重损害,车前梁、安全气囊等已受损,事故对车辆造成了内在的结构性损伤,该车虽已得到全面修理,但是很难完全恢复到原来车辆性能、规格、安全性等要求,且在汽车交易市场上,对于发生过交通事故的车辆,显然估价比无事故车辆要低。这一价值差额应属民法损失范畴,受害人权益应得到救济,故在机动车受损时,其价值减少是实际存在的,应属赔偿内容。《民法通则》第117条第2、3款规定:"损坏国家的、集体的财产或者他人财产的,应当恢复原状或者折价赔偿。受害人因此遭受其他重大损失的,侵害人并应当赔偿损失。"《物权法》第37条规定:"侵害物权,造成权利人损害的,权利人可以请求损害赔偿,也可以请求承担其他民事责任。"据此,我国民法对于财产损害在确定赔偿范围时原则上实行完全赔偿,以受害人实际遭受损失为准,这与侵权法补偿受害人所受损失、恢复被侵害权利基本功能一致,亦体现了民法公平和等价有偿原则。车辆贬值损失作为车主实际损失,是交通事故直接造成的财产损失,肇事者应对其予以赔偿,且财产损害赔偿最高原则为恢复原状,对此的理解不仅应包含财物外观使用功能修复,还应包含其内在价值和性能复原,故应将修复费用及修复后车辆贬值损失一并计入赔偿损失范围,才能与恢复原状的赔偿原则相吻合。判决蒋某赔偿张某车辆贬值费损失1.2万元、评估费、交通损失费等2000余元。⑤2010年山东某交通事故损害赔偿案,2009年9月,赵某驾驶货车碾压在路边石上,导致钢板螺丝断裂,后轮脱落,击中邻近的由胡某驾驶的购买不到1年的越野车,造成车辆损失16万余元,交警认定赵某全责。胡某索赔项目中包括2.3万余元的车辆贬值损。法院认为:胡某提供的修车费只是修车服务站的材料单,而未提供车辆损失的估价鉴定,故胡某主张修车损失应以保险公司机动车保险修车损失情况确认书确认的金额为准。胡某受损车为不满1年的新车,虽已得到修理,却很难完全恢复到事故前所具有的性能、安全性等,更无法达到出厂时的标准,且在汽车交易市场上,发生过交通事故的车辆的估价显然比无事故车辆要低,事故给该车辆造成了实际意义上的贬值,应系车辆的直接损失,车辆所有人的权益应得到保护。胡某受损车辆经鉴定实际贬值损失费为2.3万余元,为此,胡某要求赵某赔偿该项损失诉请应予支持。胡某主张的拖车费、鉴定费均属合理损失,亦应支持。⑥2010年福建某交通事故损害赔偿案,2009年6月,周某购买不到3个月的车辆被胡某驾驶的车辆剐蹭,交警认定胡某全责,胡某支付修理费1万余元后,周某起诉要求胡某赔偿其贬值损1.2万余元及评估费、交通费。法院认为:胡某因交通事故造成周某购买不满3个月的新车受到损害,应承担赔偿责任。周某新车受损,虽已修理,但因汽车的特殊性以及受客观条件和维修工艺、水平的影响,很难完全恢复到原有水平,法律规定的恢复原状仅仅是一种理想状态,现实很难做到,周某车辆的使用寿命、安全性能、舒适性、驾驶操控性等受到影响,车辆的整体技术指标也很难达到事故前的状态,车辆使用价值有所下降,且在汽车交易市场上对于发生过事故的车辆,显然估价比原先无事故的车辆要低。此一价值差额属于民事的损失范畴,是一种客观存在的直接财产损失,胡某应予赔偿。胡某对价格认证中心的评估书真实性不持异议,虽认为该中心不具有车辆技术鉴定资质,其作出的贬值评估结论依据的基础事实不真实,贬值评估结论不能成立,但怠于履行举证义务,未提供反证和申请重新鉴定,故对其辩解不予采纳,判决确认周某因道路交通事故遭受的车辆贬值损失、价格评估费、修车期间交通费共计1.4万余元,应由胡某赔偿。⑦2010年北京某保险合同纠纷案,2008年10月,马某驾车被钱某驾驶丈夫马某名下的车辆追尾,交警认定钱某全责。法院判决骆某、钱某赔偿马某各项损失中,包括车辆贬值费1.8万元,其中交强险赔付2000元。骆某起诉保险公司要求按商业三责险赔付余下的1.6万元车辆贬值费。法院认为:保险条款中约定"第三者财产因市场价格变动造成的贬值、修理后因价值降低造成的损失,保险公司不负责赔偿"的免责条款,保险公司未举证证明其向骆某履行了明确说明义务,故该免责条款不发生法律效力。骆某主张的车损减值金额属于第三者车辆因保险事故而发生的损失,且该损失的承担已被法院生效判决所确定,保险公司应当予以理赔。⑧2007年浙江某交通事故损害赔偿案,2006年,王某无证驾驶张某所有的车辆与徐某驾驶陆某所有的车辆相撞致旁边汽车公司店里的待售新车撞损。交警认定王某负主要责任,徐某负次要责任。汽车公司起诉时将张某投保的保险公司和陆某投保的财保公司一并作为被告。法院认为:本次事故经交警认定,王某负事故的主要责任,徐某负次要责任,由于双方驾驶的均是机动车辆,应按责任赔偿汽车公司损失。王某作为侵权人,对汽车公司的损失应承担赔偿责任,张某作为车主,应对王某承担的赔偿责任承担连带责任;徐某受陆某指派驾驶车辆发生事故,对汽车公司造成的损失应由陆某承担赔偿责任,徐某承担连带责任。张某所有的轿车虽在保险公司投保了第三者责任险,但由于王某系无证驾驶,依照保险条款的约定,无证驾驶的,保险公司不应承担保险赔偿责任;财保公司作为陆某轿车的保险人,依合同约定应在保险限额范围内对汽车公司的损失承担赔偿责任。汽车公司受损系待售新车,作为经营者对车辆以出售为目的,该车被撞后,虽可通过修理基本恢复外表原貌,但其内在功能受到的损坏,可能并未完全弥补,且其美观程度、安全性能及驾驶性能的评价往往会受到负面影响,交易时其市场价格将因此有所下降,导致车辆实际经济价值贬损,而该项贬值损失也经过合法评估鉴定,事实依据充分。该讼争的车辆贬值损失是侵权行为造成的直接损失,不属可得利益的损失,应纳入赔偿范围,判决王某赔偿汽车公司损失3.2万余元,张某负连带责任,财保公司赔偿汽车公司1.2万余元,陆某赔偿汽车公司损失1300余元,徐某负连带责任,王某和陆某互负连带责任。⑨2006年<u>江苏某运输合同纠纷案</u>,2005年,汽车公司将客户订购的价值25万余元的汽车交付运输公司承运,因事故导致车辆受损,运输公司修复后给汽车公司,客户因延期交付和新车修复而拒收,并依合同收取2万元违约金,汽车公司向运输公司追偿相关损失。法院认为:作为承运人的运输公司负有及时、安全将货物运至指定地点义务,现货物损坏,理应赔偿,双方在受损车辆处理未形成一致意见情况下,汽车公司收取运输公司交付的修复受损车,不能证明双方对车辆受损后的合同履行达成一致,更不能以此认定运输公司已履行运输合同义务,况且汽车公司已通过诉讼形式向运输公司主张损害赔偿责任。鉴于汽车销售处于买方市场,经销商依客户要求订购商品车,故该车具有特定物性质。现承运人造成车辆损坏,修复后汽车公司如实告知客户,客户拒收,<u>承运人与托运人之间未能就该受损车处理形成合意,市场汽车价格呈下滑趋势,该车价值需售出方能实现,从最大限度实现该车价值角度出发,故由运输公司变现该车较妥</u>。对于违约金和利息损失,均为运输公司承运订购车瑕疵行为所致,且实际存在,故均应赔偿,判运输公司赔偿车款25万余元、违约金损失2万元及利息损失4000元。

【同类案件处理要旨】

机动车因交通事故造成的贬值损失是否予以赔偿,我国现行法律没有明确规定。一般认为,交通事故案件中涉及的车辆损失,应当局限于事故后因车辆受损所产生的直接损失,而不应包括贬值损失在内的间接的或者可能发生的损失项目。但针对待销售车辆或明确适用于交易目的的车辆,发生交通事故或者车辆受损的,通常应当考虑此类车辆的特殊用途,对其的交易价格差额予以认定。

【相关案件实务要点】

1.【**法律性质**】车辆贬值损失只要符合民法上损失的构成条件,能够作为一种民法上的损失进行认定,就应该受到法律的保护。案见四川成都中院(2007)成民终字第1613号"李某诉华某等交通事故损害赔偿案"。

2.【**财产损失**】车辆贬值损失能否获赔,可以从车辆贬值损失的性质、损失数额确定。车辆贬值是一种客观存在的财产损失,而非一种财产取得的可能性或预期损失,该损失可以通过委托具有价格评估资质的司法鉴定机构进行评估确定。案见福建三明中院(2010)三民终字第591号"周某诉胡某交通事故损害赔偿案"。

3.【**待售新车**】待售新车因损害导致的贬值损失,应作为可得利益损失。案见浙江绍兴中院(2007)绍民一终字第375号"某汽车公司诉王某等交通事故损害赔偿案"。

4.【新车贬值】交通事故受损车为不满1年的新车,虽已得到修理,却很难完全恢复到事故前所具有的性能、安全性等,更无法达到出厂时的标准,且在汽车交易市场上,发生过交通事故的车辆的估价显然比无事故车辆要低,事故给该车辆造成了实际意义上的贬值,应系车辆的直接损失,车辆所有人的权益应得到保护。案见辽宁葫芦岛连山区法院(2010)连高民初字第00048号"胡某诉赵某等交通事故损害赔偿案"。

5.【可预见原则】当事人一方不履行合同义务或者履行合同义务不符合约定,给对方造成损失的,损失赔偿额应当相当于因违约所造成的损失,包括合同履行后可以获得的利益,但不得超过违反合同一方订立合同时预见到或者应当预见到的因违反合同可能造成的损失。案见江苏无锡中院(2006)锡民二终字第0438号"某汽车公司诉某运输公司货物运输合同案"。

6.【免责条款】保险合同虽约定被保险车辆造成第三者车辆贬值损失不予赔偿,但保险公司未就该免责条款向被保险人明确说明的,该免责条款不产生法律效力。案见北京二中院(2010)二中民终字第02942号"骆某诉某保险公司保险合同纠纷案"。

【附注】

参考案例索引:四川成都中院(2007)成民终字第1613号"李某诉华某等交通事故损害赔偿案",判决华某、黄某赔偿李某车辆贬值损失及评估费共计19万余元,保险公司赔偿李某维修费等5万余元。见《肇事人赔偿车辆贬值损失的条件》(曾耀林、张媛媛),载《人民司法·案例》(200808:84)。①江苏扬州中院(2015)扬民终字第1416号"周某与刘某等机动车交通事故责任纠纷案",见《周某周拥政诉刘斌、太平洋财保扬州公司交通事故保险索赔纠纷中主张车辆贬值损失被驳回案》,载《江苏省高级人民法院公报》(201704/52:46)。②江苏南京溧水法院(2012)溧民初字第00280号"张财香诉南京卫岗乳业有限公司交通事故纠纷案",见《车辆贬值损失应受赔偿的法律依据》(朱道海),载《人民司法·案例》(201310:27)。③广东广州番禺区法院(2011)番法民一初字第991号法院"钱某与张某等交通事故赔偿纠纷案",见《钱其东诉张建漠、广州番禺粮食储备有限公司大龙粮油批发中心等交通事故赔偿案》(许锋),载《中国审判案例要览》(2012民:367)。④江苏徐州中院(2010)徐民终字第586号"张某与某保险公司等财产损害赔偿纠纷案",见《张一慧诉蒋文、都邦保险公司赔偿汽车维修后价值贬损纠纷案》,载《江苏省高级人民法院公报》(201101/13:47)。⑤辽宁葫芦岛连山区法院(2010)连高民初字第00048号"胡某诉赵某等交通事故损害赔偿案",见《胡振伟诉赵明等道路交通事故财产损害赔偿案》(魏爱君),载《中国法院2012年度案例:道路交通纠纷》(117)。⑥福建三明中院(2010)三民终字第591号"周某诉胡某交通事故损害赔偿案",一审判赔 1.4 万余元,二审调解赔 8000 元。见《周辉亮诉胡洁道路交通事故财产损害赔偿案》(伍南冬),载《中国法院 2012 年度案例:道路交通纠纷》(123)。⑦北京二中院(2010)二中民终字第 02942 号"骆某诉某保险公司保险合同纠纷案",见《骆方银诉都邦财产保险股份有限公司北京分公司财产保险合同案》(崔晓林、孙国荣),载《中国法院 2012 年度案例:保险纠纷》(32)。⑧浙江绍兴中院(2007)绍中民一终字第 375 号"某汽车公司诉王某等交通事故损害赔偿案",见《上虞市汇通汽车有限公司诉王江锋等道路交通事故财产损害赔偿案》(傅海鑫),载《中国审判案例要览》(2008 民事:331)。⑨江苏无锡中院(2006)锡民二终字第 0438 号"某汽车公司诉某运输公司货物运输合同案",见《无锡泰富汽车销售服务有限公司诉上海安吉日邮汽车运输有限公司货物运输合同案》(丁国军),载《中国审判案例要览》(2007 商事:115)。

63. 车辆修理费赔偿范围
——车辆修理费,是否能全赔?

【修理费用】

【案情简介及争议焦点】

2006 年 8 月,王某驾驶出租车,被冷某所驾登记车主为其丈夫张某的车辆追尾,交警认定冷某负全责。张某投保的保险公司对王某车辆修理费定损为 6800 余元,王某自行修理实际产生修理费 1 万余元。冷某和张某拒赔超额修理费。

争议焦点:1. 交强险如何赔付? 2. 超额修理费是否全赔?

【裁判要点】

1. 保险金。冷某所驾车辆投保了交强险,依据机动车交强险条款约定,承包金损失及误工费不属于保险赔付范围,故保险公司只对王某因交通事故而支付的修车费在保险额度 2000 元内进行先行赔付,余下部分按双方过错承担。

2. 修理费。冷某负全责,故应对保险公司先行赔付后的损失承担赔偿责任。该车登记在张某名下,张某应承担连带责任。保险公司在车辆维修前所作的定损数额非修理车辆实际支付费用,其定损额不能约束实际维修费用支出,且无证据证明王某对车辆维修内容有不合理之处,故冷某、张某应按实际支出予以赔偿,同时对因事故造成王某的承包金损失、误工费亦承担连带赔偿责任。

【裁判依据或参考】

1. 法律规定。《民法典》(2021年1月1日)第1165条:"行为人因过错侵害他人民事权益造成损害的,应当承担侵权责任。依照法律规定推定行为人有过错,其不能证明自己没有过错的,应当承担侵权责任。"第1166条:"行为人造成他人民事权益损害,不论行为人有无过错,法律规定应当承担侵权责任的,依照其规定。"第1184条:"侵害他人财产的,财产损失按照损失发生时的市场价格或者其他合理方式计算。"《道路交通安全法》(2004年5月1日实施,2011年4月22日修正)第76条:"机动车发生交通事故造成人身伤亡、财产损失的,由保险公司在机动车第三者责任强制保险责任限额范围内予以赔偿;不足的部分,按照下列规定承担赔偿责任……"《侵权责任法》(2010年7月1日,2021年1月1日废止)第19条:"侵害他人财产的,财产损失按照损失发生时的市场价格或者其他方式计算。"第20条:"侵害他人人身权益造成财产损失的,按照被侵权人因此受到的损失赔偿;被侵权人的损失难以确定,侵权人因此获得利益的,按照其获得的利益赔偿;侵权人因此获得的利益难以确定,被侵权人和侵权人就赔偿数额协商不一致,向人民法院提起诉讼的,由人民法院根据实际情况确定赔偿数额。"《民法通则》(1987年1月1日,2021年1月1日废止)第106条:"公民、法人由于过错侵害国家的、集体的财产,侵害他人财产、人身的,应当承担民事责任。"第117条:"……损坏国家的、集体的财产或者他人财产的,应当恢复原状或者折价赔偿。受害人因此遭受其他重大损失的,侵害人并应当赔偿损失。"

2. 行政法规。 国务院《机动车交通事故责任强制保险条例》(2013年3月1日修改施行)第3条:"本条例所称机动车交通事故责任强制保险,是指由保险公司对被保险机动车发生道路交通事故造成本车人员、被保险人以外的受害人的人身伤亡、财产损失,在责任限额内予以赔偿的强制性责任保险。"

3. 司法解释。 最高人民法院《关于审理道路交通事故损害赔偿案件适用法律若干问题的解释》(2012年12月21日,2020年修改,2021年1月1日实施)第12条:"因道路交通事故造成下列财产损失,当事人请求侵权人赔偿的,人民法院应予支持:(一)维修被损坏车辆所支出的费用、车辆所载物品的损失、车辆施救费用;(二)因车辆灭失或者无法修复,为购买交通事故发生时与被损坏车辆价值相当的车辆重置费用;(三)依法从事货物运输、旅客运输等经营性活动的车辆,因无法从事相应经营活动所产生的合理停运损失;(四)非经营性车辆因无法继续使用,所产生的通常替代性交通工具的合理费用。"

4. 部门规范性文件。 中国保监会《关于印发〈机动车辆保险理赔管理指引〉的通知》(2012年2月21日 保监发〔2012〕15号)第1条:"……公司应确保客户自由选择维修单位的权利,不得强制指定或变相强制指定车辆维修单位。要监督维修单位使用经有关部门认证企业生产、符合原厂技术规范和配件性能标准、质量合格的配件进行维修,协助客户跟踪维修质量与进度。"国家发改委、交通运输部《关于规范高速公路车辆救援服务收费有关问题的通知》(2010年9月19日 发改价格〔2010〕2204号)第3条:"故障车辆原则上拖移至最近的高速公路出口处或服务区,也可以拖移至当事人选择的其他停放地点,但不得强行拖移车辆到指定的场所进行维修。在不影响高速公路正常运行的情况下,当事人也可以选择社会救援机构实施救助,任何单位和个人不得强制指定救援机构,也不得妨碍和阻止当事人委托的救援机构进场服务。"第4条:"完善高速公路车辆救援服务收费政策。各省、自治区、直辖市价格主管部门应根据本地实际情况,会同交通运输部门对高速公路车辆救援服务实行政府指导价或政府定价。要在充分调研和成本监审的基础上,统一规范收费项目,并按照适当弥补成本原则合理制定收费标准。停放拖移车辆的地点属于专用停车场地,需要收取停车费的,停车收费标准按照当地价格主管部门的统一规定执行。其中,对在交通事故处理期间的车辆,应减免停车收费。各地高速公路经营管理单位应根据当地经济发展水平,适当增加对高速公路车辆救援的投入,确保车辆救援服务的公益性和健康发展。"中国保监会《关于交通事故强制定损问题的批复》(2001年3月29日 保监复〔2001〕88号)第3条:"被保险人(保险车辆的车主)与保险公司之间是一种保险合同关系,双方的权利义务根据保险合同和《保险法》等法律法规确定,它相对独立于交通事故当事人之间的损害赔偿关系。同时,保险公司并非交通事故的当事人,也不是交通事故处理这一行政法律关系的当事人,因此公安交通管理部门对交通事故的裁决(包括对保险的事故车辆的损失认定)对保险公司没有法律约束力。"第4条:"保险车辆发生交通事故后,对保险标的的损失进行评估理算,是被保险人和保险公司依法享有的民事权利。双方既可以自愿协商,也可以共同委托第三方即依法设立的评估机构或具有法定资格的专家,对保险事故进行评估和鉴定,或者在双方无法达成一致意见时,在诉讼和仲裁程序中依法确定。除非保险合同当事人双方自愿委托物价部门进行评估定损或者其定损结论得到裁判机关的采信,否则该定损结论对被保险人和保险公司没有约束力。"公安部交管局《关于不准强令交通事故车辆到指定汽车修理厂修理的通知》(1996年7月23日 公交管〔1996〕140号,2004年8月19日废止):"……近来,许多群众反映,个别地方公安交通管理部门或事故处理人员,在调解修理事故损坏车辆时,不顾事故当事人的意见,指定到一些修理能力低、条件差的汽车修理厂修理;有的直接用交通清障车将事故车拖入指定修理厂强行修理,索取高额修理费,引起社会各界,特别是交通事故当事人的强烈反应,要求上级公安机关尽快予以制止。公安交通管理部门指定汽车修理厂,强令交通事故当事人修理事故损坏车辆,是一种利用行政执法权介入当事人民事活动的行为,不但损害群众利益,而且破坏警民关系,腐蚀干警队伍,影响公安机关的形象,必须坚决纠正。"

5. 地方司法性文件。广东高院《关于审理机动车交通事故责任纠纷案件的指引》(2024年1月31日 粤高法发〔2024〕3号)第16条:"机动车处于仓储、维修、清洗等非通行状态时发生的损害赔偿纠纷案件,不适用法律关于道路交通事故的规定。"内蒙古高院《关于道路交通事故损害赔偿案件赔偿项目审核认定标准汇编》(2022年1月1日)第15条:"财产损失。(一)车辆维修施救费用。1.计算方法。车辆维修施救费根据维修被损坏车辆所支出的合理费用计算。2.相关证据。赔偿权利人应提供维修清单、维修费发票、购进配件凭证、拖车费发票及施救费发票等证据。3.说明。车辆贬值损失一般不予支持。(二)车载物品损失。1.计算方法。车载物品损失根据车辆所载物品的直接损失或价格评估意见计算。2.相关证据。赔偿权利人应提供购买发票或维修费发票及现场照片、物品照片、双方清点的财产清单或价格评估意见等证据。3.说明。价格评估应由双方共同委托或者由调解组织、人民法院委托。(三)车辆重置费用。1.计算方法。车辆重置费根据购买交通事故发生时与被损坏车辆价值相当的车辆重置费用或评估意见计算。2.相关证据。赔偿权利人应提供购买发票或车辆评估意见。3.说明。价格评估应由双方共同委托或者由调解组织、人民法院委托。"江西宜春中院《关于印发〈审理机动车交通事故责任纠纷案件的指导意见〉的通知》(2020年9月1日 宜中法〔2020〕34号)第38条:"当事人对车辆损失有争议的,人民法院一般应根据司法鉴定意见确定;司法鉴定无法采信或者因侵权人或保险公司的原因导致当事人对车损存在争议,无法进行司法鉴定的,人民法院对车损争议的部分应按照赔偿权利人提供的证据及其所主张的金额认定由侵权人或保险公司承担,但保险公司在事故发生后指定了相应的4S店或有资质的修理厂家并进行了定损,而车辆权利人拒绝在指定厂(店)修理的,一般按保险公司当时定损的金额认定车辆损失。而交警部门执行而产生的停车费、拖车费、检测费、检验费、技术鉴定费等,人民法院不予审查;但当事人因自助行为产生的前述费用,人民法院应予以审查,并根据案件的审理情况作出处理。"安徽黄山中院《关于印发〈黄山市中级人民法院关于审理道路交通事故损害赔偿纠纷案件相关事项的会议纪要(试行)〉的通知》(2019年9月2日 黄中法〔2019〕82号)第16条:"车辆维修费、车载物品损失:根据实际发生的费用结合票据计算。1.一般按照保险公司定损单中的定损金额确定;如被损车辆已维修的,以维修清单及正式维修发票的金额确定。2.维修价格超出被损坏车辆实际价值应推定全损,按被损坏车辆实际价值赔偿。"第17条:"施救费、评估费:根据实际发生的费用结合票据计算。1.按正式发票确定的金额计算。2.该项费用由保险公司在交强险财产损失赔偿限额内优先赔付;对超出限额的部分,按商业三者险合同约定处理。"第21条:"车辆重置费用:根据实际发生的重置费用结合票据计算。"江西上饶中院《关于机动车交通事故责任纠纷案件的指导意见(试行)》(2019年3月12日)第1条:"……(十五)直接财产损失。(1)车辆维修、施救费用。据实计算,需提供维修费、拖车费、施救费等发票。说明:各方对车辆损失有争议的,人民法院一般应根据司法鉴定意见确定;司法鉴定无法采信或无法进行鉴定,但保险公司在事发后推荐了相应的4S店修理并依据修理情况进行定损,而车辆的权利人拒绝在该店修理的,一般按保险公司当时定损的金额认定车辆损失。如果是由于侵权人或保险公司的原因导致各方当事人对车损存在争议,又无法进行鉴定的,法院对争议部分按照权利人所主张的金额及提供的证据酌定侵权人或保险公司承担。因交警部门执法而产生的停车费、检测、检验、技术鉴定费,法院不予审查;但当事人因自助行为产生的前述费用,法院应予以审查,并按照鉴定费的处理方式和案件受理费一并处理……"山东济南中院《关于保险合同纠纷案件94个法律适用疑难问题解析》(2018年7月)第7条:"保险标的未经修理情形下的保险责任承担。有证据足以证明保险标的损失数额,财产损失保险的保险人以保险标的未实际修复为由拒绝赔偿的,不予支持,但合同另有约定的除外。"第66条:"车辆损失数额如何确定。保险事故发生后,投保人不同意保险公司的定损,自行由公安机关委托物价部门或保险公估机构对受损财产进行评估的现象较为普遍,而物价部门在接受公安机关委托或投保人自行委托的评估过程中不通知保险公司,仅根据投保人的陈述和提供的材料自行作出评估,结论往往与保险公司定损差距较大,在保险公司拒绝按物价部门评估价格理赔时,往往产生诉讼。虽然价格中心是具有合法鉴定资质的第三方中立机构,但在评估过程中让利益相对双方一并参与是对评估程序公正性的基本要求,价格中心未通知保险公司参与,其仅凭单方陈述或提供的证据评估,程序上存在重大瑕疵。另外,价格中心的评估报告仅能证明车辆配件的更换材料价格及工时费,而不能直接证明该配件的损坏是否系在保险事故中发生及应当采取修理还是更换的方式,保险公司未参与评估则无法对此进行抗辩。鉴于上述情况,在诉讼过程中,保险公司有权申请重新鉴定,法院也应当予以准许。但为了防止保险公司消极进行笼统抗辩,节省司法资源,法院应当要求保险公司在申请重新鉴定的同时,提出具体的异议项目并说明理由,而不是对全部项目进行重新鉴定。保险条款中一般都会限定保险公司出险、勘验、出具赔付意见的时限。如果保险公司未按保险条款限定的时限履行相应的义务,则被保险人有权单方委托进行鉴定。保险人怠于履行查勘、核损义务,被保险人修复保险标的后,主张保险人承担保险金赔偿责任的,应予支持。"河北唐山中院《关于审理机动车交通事故责任纠纷、保险合同纠纷案件的指导意见(试行)》(2018年3月1日)第18条:"[审理原则]在审理保险理赔案件过程中,要认真审查事故责任认定、鉴定程序、鉴定结论、投保情况等涉及保险理赔的关键事实,准确作出认定,发现骗保嫌疑的,严格按照最高人民法院《关于在审理经济纠纷案件中涉及经济犯罪嫌疑若干问题的规定》进行办理,杜绝利用民事诉讼手段骗取保险利益的行为。"第 19 条:"〔车损鉴定〕出险后权利人没有通知赔偿义务人而单方委托做出的鉴定意见或评估意见,赔偿义务人提出异议的,人民法院应重新进行鉴定。法院委托车损鉴定的,鉴定机构或权利人应在勘验定损前通知赔偿义务人到场,并签字确认;未通知的,赔偿义务人提出重新鉴定的,法院应当准许。鉴定人员未到现场勘验车辆、参与拆解验损,仅凭照片作出的鉴定,公估报告不能采用;鉴定人员是否到场应当由鉴定人员负责举证。被保险人或实际车主将事故车辆变卖而影响鉴定的,被保险人或实际车主主张的车辆损失不予支持。"第 20 条:"〔证据认定〕当事人仅提交公估报告不能作为车损案件的定案依据,应提交修车发票、维修清单等证据予以佐证。"第 21 条:"〔推定全损的处理〕损坏严重无修复价值的车辆或当事人未修理的车辆,一般可按照实际价值减掉残值来确定实际损失,残值的范围包括拆解下来的零部件和损坏的车辆,原则上不允许公估机构就残值作价冲抵作出处分,损害一方利益。当事人对残值的价值有争议的,可协商解决,协商不成由双方竞价。"第 25 条:"〔拆解费〕事故车辆评估后进行了修理的,拆解费不支持,但支持修理工时费;事故车辆推定全损的,可支持拆解费,但保险公司在查勘车辆时认可全损的,不需拆解车辆,不支持拆解费。"山东日照中院《机动车交通事故责任纠纷赔偿标准参考意见》(2018 年 5 月 22 日)第 25 条:"车辆评估损失与实际损失不一致的处理。原则上按照评估损失予以赔偿,不以保险公司核损的价值和实际维修的费用确定。"安徽淮北中院《关于审理道路交通事故损害赔偿案件若干问题的会议纪要》(2018 年)第 1 条:"赔偿项目和标准……(十二)直接财产损失。1. 车辆维修、施救费用需提供维修费、拖车费、施救费等发票据实计算。当事人有争议的,人民法院一般应根据司法鉴定意见确定,司法鉴定不能采信或不能进行鉴定,保险公司事发后推荐了相应的汽车销售 4S 店修理并依据修理情况进行定损,而车辆权利人拒绝在该店修理的,一般按保险公司当时定损的金额认定车辆损失。由于侵权人或保险公司的原因导致当事人对车损存在争议,人民法院对争议部分按照权利人所主张的金额及提供的证据酌定侵权人或保险公司承担。2. 交警部门执法而产生的停车费、检测、检验、技术鉴定费,人民法院不予审查;但当事人因自助行为产生的前述费用,人民法院应予以审查,并按照鉴定费的处理方式和案件受理费一并处理。3. 车载物品损失需提供:(1)物品购买发票或者维修费发票等;(2)现场照片、物品照片或者双方清点的财产清单、运输合同、装车清单等确定。4. 车辆重置费用需提供:(1)车辆评估意见;(2)购车发票据实计算,不支持车辆贬值损失。"广东惠州中院《关于审理机动车交通事故责任纠纷案件的裁判指引》(2017年12月16日)第45条:"受损车辆的定损问题。发生交通事故后,被保险人应根据保险合同的约定,及时通知保险人勘察现场,保险人应在合理期间内提供车辆本身的修复方案。保险人未在合理期间内提供修复方案,车主自行委托有资质的鉴定机构定损且车辆已经修复的,对车主的定损及修复可予以认可,保险人提供充足证据推翻鉴定机构定损结论的除外。保险人在合理期间内提供修复方案,车主对修复方案有异议,双方难以达成一致意见,车主单方委托鉴定机构鉴定车损价格或自行修理的,应通知保险人到场勘损。经通知保险人不到场的,予以认可鉴定结果或修理费用,保险人提供充足证据予以反驳的除外。保险人有证据证明应通知到鉴定机构或者修理厂勘损时,鉴定机构或者修理厂不配合勘损的,不予认可鉴定结果或者修理费用。合理期限为事故发生后30天内。"北京三中院《类型化案件审判指引:机动车交通事故责任纠纷类审判指引》(2017年3月28日)第2-3.3.3部分"财产损失类—常见问题解答"第1条:"狭义的'财产损失'范围? 一般应依据《道交解释》第十四条第二款、第十五条确定,即'财产损失',是指因机动车发生交通事故侵害受害人的财产权益所造成的损失,包括:(1)维修被损坏车辆所支出的费用、车辆所载物品的损失、车辆施救费用;(2)因车辆灭失或者无法修复,为购买交通事故发生时与被损坏车辆价值相当的车辆重置费用;(3)依法从事货物运输、旅客运输等经营性活动的车辆,因无法从事相应经营活动所产生的合理停运损失;(4)非经营性车辆因无法继续使用,所产生的通常替代性交通工具的合理费用。"第4条:"对未进行修理,原告未提供修理费发票的事故车辆,如何确定财产损失金额? 如果车辆受损严重,其修理费用可能过高,可能超过事故发生前车辆价值,受损车辆所有人往往不愿进行维修而直接起诉要求赔偿。保险公司往往以原告未将车辆修理,未提供修理费发票为由,拒绝赔偿。原告则主张,如果进行修理,可能远超陈德良价值,其拒绝进行修理系避免扩大财产损失。分情况处理:(1)如果凭借一般生活经验判断,原告所有车辆受损并非严重,明显具备修复价值,且保险公司抗辩要求原告应先修复车辆的,为提高审判效率,准确查明事实,可释明原告撤回起诉,待受损车辆修复后,另行解决。(2)如果原告坚持不撤诉,应释明其是否申请鉴定,并告知,如果不申请鉴定、未配合鉴定,可能会承担举证不能的法律后果。经释明后坚持不申请鉴定的,以证据不充分为由,判决驳回其要求被告赔偿修理费的诉讼请求。(3)如果原告申请鉴定,除告知上述鉴定事项外,还应告知,因车辆受损并非严重,如果鉴定意见所认定修车费用较低,法院可能会认定该鉴定并非必要鉴定,原告因此会承担全部或部分鉴定费用。(4)经初步审查,车辆受损确实严重,可能不具备维修价值,应释明原告申请鉴定。该鉴定系未减少不合理修理费产生的必要鉴定,鉴定费用在原告预交后应判归被告方承担。释明内容同上述第(2)项。(5)受损车辆为新车,提车后即发生交通事故,双方当事人均认可车辆已达报废标准,原告要求依照购车款、上牌费用、购置税、保险费、分期付款的手续费等费用之和计算财产损失价值,如双方分歧不大,可在综合考虑购车款、上牌费用、购置税、保险费、分期付款的手续费等费用支出的基础上,扣除相应的车辆报废补贴等费用,确定合理的车辆损失价值。"第5条:"当实际修车费与定损(或未定损)不一致时,被保险车辆的损失以实际发生的修车费用为准,还是以保险公司的定损为准?实践中,我国尚未制定出事故受损车辆的定损与理赔统一标准,保险公司定损金额有时偏低,与实际维修费用有些差距,而且也会出现保险公司定损不及时导致事故车辆修理不及时的情况。保险公司定损金额与实际修车费用不一致的,可以区分为以下两种情形分别处理:(1)赔偿权利人系在保险公司指定或许可的修理厂进行车辆维修的,其要求保险公司按照实际修车费用进行赔偿的,应予以支持;保险公司对此提出异议的,应当就异议内容提供证据予以证明。(2)赔偿权利人非在保险公司指定或许可的修理厂进行车辆维修的,应当举证证明已按照交通事故的处理流程报险,及时通知保险公司定损或在发现定损金额不能满足修车需求时已经通知保险公司要求重新定损;经查保险公司怠于定损的,如无其他相反证据,赔偿权利人要求保险公司按照实际修车费用进行赔偿的,应予支持。"天津高院《关于印发〈机动车交通事故责任纠纷案件审理指南〉的通知》(2017年1月20日 津高法〔2017〕14号)第6条:"……财产损失赔偿项目。直接损失:车辆维修费、车载物品损失、施救费、车辆重置费用。间接损失:停运损失、通常替代性交通工具费用。(一)车辆维修费。主张车辆维修费的赔偿权利人,应提供支出车辆维修费用的合法凭证、车损部位明细或修理项目明细。赔偿义务人对于损坏或维修项目的必要性、合理性及费用等提出异议的,应承担举证责任……(四)车辆重置费用。赔偿车辆重置费用的,以车辆灭失、无法修复或修复费用超过重置费用为前提。车辆重置费用不超过交通事故发生前该车辆的价值,根据鉴定意见或车辆原始价值、使用年限、行驶公里数、折旧情况等因素综合确定。"江苏徐州中院《关于印发〈民事审判实务问答汇编(五)〉的通知》(2016年6月13日)第5条:"……(1)当前车辆维修费应如何确定?答:根据最高人民法院《关于审理道路交通事故损害赔偿案件适用法律若干问题的解释》第15条第(一)项的规定,维修因道路交通事故而被损坏的车辆所支出的费用,当事人请求侵权人赔偿的,人民法院应予支持。但维修费用应限制在合理的范围内,如果有证据证明维修费用中确有不合理支出的,应当予以扣减。司法实践中是以保险公司的定损单还是以修理厂开出的车辆维修发票确定维修费存在争议。定损单往往是保险公司单方制作,保险机构作为一个盈利机构,并不具有中立性,且未修理先定损,费用的发生与否及数额多少均处于不确定状态。虽然受害人在定损单上签字,但是不能视为受害人已经同意以定损金额来认定车辆维修费。当然,在受害人自愿同意以定损单作为赔偿依据的应除外。车辆维修费的认定标准应是受害方实际支出的车辆维修费,加害人应当对受害人的实际损失进行赔偿。维修发票一般是实际修好再开具,故应当据实结算,但应严格审查修车发票的真实性,防止虚开、冒开修理发票,防止加重保险公司或侵权人的责任负担。当然,目前实践中还存在发票数额与实际支出数额不一致的情形,审理中可将车辆维修费合理性的举证责任分配给赔偿义务人承担。在维修数额足以让常人产生合理怀疑的情况下,还应审查维修费用发票是否已附维修费用各个明细项目的清单,让受害人作出合理说明,必要情况下应依法调查或者让维修人出庭接受询问。如果赔偿义务人能够举证证明存在虚开维修发票情形,或有证据证明维修费用中有不属于碰撞部位的维修费用或者其他的不合理费用,则应予以依法扣减,涉嫌犯罪的,还要追究其刑事责任。"河北石家庄中院《关于规范机动车交通事故责任纠纷案件审理工作座谈会会议纪要》(2016年1月11日 石中法〔2016〕4号)第17条:"关于车辆维修费的证明标准。公估报告是对可能发生的车辆维修费用的推测、估计,不代表已经真实发生。只有公估报告的,不应作为认定受损车辆维修费的依据。当事人主张车辆维修费的,应当提供车辆维修明细、维修费发票或支付维修费用的有效凭证。"江西宜春中院《关于审理机动车交通事故责任纠纷案件的指导意见》(2016年1月1日 宜中法〔2015〕91号)第14条:"当事人对车辆损失有争议的,人民法院一般应根据司法鉴定意见确定;司法鉴定无法采信或无法进行鉴定,但保险公司在事故发生后指定了相应的4S店或有资质的修理厂家修理并依据修理情况进行了定损,而车辆权利人拒绝在该店修理的,一般按保险公司当时定损的金额认定车辆损失。"上海高院民五庭《全市法院民事审判工作庭长例会》(《上海审判规则》2016年第2期)第4条:"车损险中的维修发票问题。(1)问题由来。在车损险引发的纠纷中,有的被保险人无法提供维修清单和发票,保险人以此为由拒赔,引发纠纷。(2)我们的倾向性观点。就车辆的实际维修金额发生争议的,被保险人可以通过提供鉴定结论、证人证言等其他证据予以证明。在车辆确因事故导致损失时,保险人不能仅以被保险人无法提交维修发票为由拒赔。考虑到车险长期以来都执行凭维修发票计算损失金额的商业惯例,该条款对预防保险欺诈也有一定功效。所以,我们认为在当前尚不宜在判决中全面否定该条款的效力。法院可以通过金融白皮书、司法建议等形式对保险公司提出建议,改进条款设计。在具体案件处理中,被保险人就无法提供发票说明合理理由的,且无证据证明存在虚假的情况下,保险人应当予以赔偿。尤其是保险人已经出具定损估算单或者双方达成'协商打包,免票处理'的,被保险人未提交维修发票的,保险人不能拒赔。"广东深圳中院《关于审理财产保险合同纠纷案件的裁判指引(试行)》(2015年12月28日)第16条:"车辆损失险中,被保险人未及时联系保险人定损即进行维修,保险人经核损认为被保险人主张的车损价格过高并提出评估申请的,人民法院应予准许。保险人怠于履行查勘、核损义务,被保险人委托依法登记的车辆维修企业正常维修后,主张保险人应向其支付保险金的,人民法院应予支持。"河南三门峡中院《关于审理道路交通事故损害赔偿案件若干问题的指导意见(试行)》(2014年10月1日)第16条:"已主张机动车维修费用等财产损失赔偿的赔偿权利人,又主张机动车贬值损失赔偿的,一般不予支持;但属于待售中或者运输中的新车受到损害等特殊情况的,可酌情予以赔偿。"辽宁高院民一庭《传统民事案件审判问题解答》(2013年8月)第1条:"在道路交通事故损害赔偿案件中,如果车主就事故车辆维修后的价值贬损部分提出赔偿请求,法院是否应予支持?参考意见:关于事故车辆维修后的价值贬损部分是否应予赔偿,现阶段在各级法院内部仍有争论,且尚未形成主流意见。我们的倾向性意见是:事故车辆经维修后,如果起诉时原车主继续将其作为自有交通运输工具使用,其使用价值未受实质性影响,价值贬损部分尚未造成实际经济损失,车主关于价值贬损部分的赔偿请求不宜予以支持;如果起诉之前原车主已将事故车辆交易转让,且车辆的价值贬损部分已经造成原车主的实际经济损失,车主关于实际经济损失部分的赔偿请求应予支持。"浙江宁波中院《关于印发〈审理机动车交通事故责任纠纷案件疑难问题解答〉的通知》(2012年7月5日 甬中法〔2012〕24号)第11条:"交通事故发生后,受损车辆未经保险公司定损自行进行了修理,并提供了资产评估报告,后对方提出异议,认为可能存在扩大的损失,并主张对该部分扩大的损失不予赔偿。对该车损应如何处理? 答:受损车辆进行定损,当事人应通知保险公司到场。如致害人或保险公司确有证据证明受损车辆有扩大损失存在的,则对其扩大的损失部分不予赔偿。"广东高院《关于印发〈全省民事审判工作会议纪要〉的通知》(2012年6月26日 粤高法〔2012〕240号)第45条:"发生交通事故后,被保险人应根据保险合同的约定,及时通知保险公司勘察现场,保险公司应在合理期间内提供车辆本身的修复方案。如保险公司未在合理期间提供修复方案,被保险人自行委托有资质的鉴定机构定损且车辆已经修复的,对被保险人的定损及修复可予认可,但保险人提供充足证据推翻鉴定机构的定损结论的除外。如保险公司已在合理期间提供修复方案,但被保险人擅自委托第三方鉴定机构定损及修复的,对被保险人的主张不予采信。"第46条:"案件审理过程中,经当事人双方协商仍无法确定车辆修复方案的,人民法院可根据《最高人民法院关于民事诉讼证据的若干规定》的有关规定,委托具备相关鉴定资质的鉴定机构对车辆进行定损。"广东高院《关于审理保险合同纠纷案件若干问题的指导意见》(2011年9月2日 粤高法发〔2011〕44号)第14条:"保险合同有效期间,保险标的转让的,保险标的的受让人主张自标的物所有权发生转移之日起承继被保险人的权利义务的人民法院应予支持。保险标的转让后,未及时通知保险人,保险人以保险标的的转让未及时通知、被保险人与受让人不同为由主张不承担保险责任的,人民法院不予支持。但因保险标的转让导致危险程度显著增加而发生保险事故的除外。"上海高院民五庭《关于印发〈审理保险合同纠纷案件若干问题的解答(一)〉的通知》(2010年12月17日 沪高法民五〔2010〕4号)第5条:"保险人以被保险人未在指定定点医院就医或指定维修点维修车辆为由拒绝承担保险赔偿责任的,如何处理?答:保险公司是经营风险的企业,保险公司指定定点医院或维修点的目的,是将其经营活动的某一环节,交由具备专门技术的单位协助把关。故保险合同对此有明确约定,且保险人已尽到提示和明确说明义务的,应当认定上述合同条款有效。被保险人应按约履行,违反约定所产生的费用,保险人有权拒绝赔偿,但被保险人因情况紧急必须立即实施必要的救护或维修的除外。"河南郑州中院《审理交通事故损害赔偿案件指导意见》(2010年8月20日 郑中法〔2010〕120号)第15条:"交通事故造成他人财产损失的,侵权人应当承担赔偿责任。财产损失包括财产毁损、灭失、车辆维修费用,车辆贬值、修复期间停运损失等。"浙江高院民一庭《关于审理道路交通事故损害赔偿纠纷案件若干问题的意见(试行)》(2010年7月1日)第19条:"机动车维修费用一般应依据保险公司出具的定损单确定。被保险人主张依据维修发票赔偿维修费用的,应证明其所主张维修费用的真实性、必要性和合理性。人民法院可根据民事诉讼优势证据规则,确定机动车维修费用。"第20条:"已获得机动车维修费用等财产损失赔偿的赔偿权利人,又主张机动车贬值损失赔偿的,一般不予支持;但属于待售中或者运输中的新车受到损害等特殊情况的,可酌情予以赔偿。"北京高院民一庭《关于道路交通损害赔偿案件的疑难问题》(2010年4月9日)第2条:"……车辆修理费的确定问题关于财产损害赔偿,是常见的道路交通事故损害赔偿案件类型。其中车辆损失数额的确定,是双方争议的焦点。但关于车辆损失的确定,司法实践中存在这样的情况:受害者修车的费用,肇事一方和保险公司以修车未经其同意不予认可,而该费用与肇事方保险公司定损数额存在出入。此时即使选择鉴定机构,也因修理的配件不存在,而交管部门现场照片也仅能反映车辆外部受损情况,无法反映车内配件受损状况,无法进行鉴定。这时如何确定车辆损失?有法院提出,实际修理费与定损数额出入不大时,以实际修理费为准;实际修理费与定损数额出入较大时,以定损数额为准,若未经定损的,只能依据交管部门照片鉴定确定车辆外观受损损失数额,对于内部受损损失数额以证据不足不予支持。"浙江湖州中院《2009年全市法院商事审判会议纪要》(2009年8月27日)第10条:"公估报告系依照《保险法》及《保险公估机构管理规定》,经保监会批准设立的,接受保险当事人委托专门从事保险标的评估、勘验、鉴定、估损、理算等业务的单位,在独立的立场上出具的报告,公估员由保监会统一管理,并实行国家统一的注册资格认证制度,其出具的公估报告具有一定的社会公信力,公估报告属于公文书证,具有较高的证明力,一般能作为认定损失的依据。鉴于出险后,往往由保险公司单方面委托公估机构对财产损失进行评估,投保人往往以公估与实际损失价值相差太大为由,在诉讼中要求法院另行指定价格评估机构重新评估。对此,法院要从实体上加强其合法性、真实性的审查,如果发现存在明显问题,且被保险人提出有效证据对报告内容予以否认的,可依据证据规则的相关内容,对其公估报告不予采信。法院可通知双方当事人共同选定评估机构或由法院指定评估机构重新评估,如果双方争议很大的,可另行提交司法鉴定。"浙江杭州中院《关于道路交通事故损害赔偿纠纷案件相关问题的处理意见》(2008年6月19日)第1条:"……(四)车辆维修损失的认定:定损单与维修发票不一致的情形下如何认定车辆维修损失?保险公司的定损单有无可对抗性?车辆维修损失的认定以确有必要和实际发生为标准。定损单是保险公司在事故发生后对事故车辆维修所需费用的估价,而维修发费是实际维修费用的依据。在定损单与维修发票不一致的情形下,应当由当事人双方进一步举证证明各自主张并作出合理解释,在双方都没有足够证据否定对方证据的情形下,应依照民事诉讼优势证据规则确定车辆维修损失。"江苏宜兴法院《关于审理交通事故损害赔偿案件若干问题的意见》(2008年1月28日 宜法〔2008〕第7号)第50条:"交警部门在处理交通事故时,为便于调解,有的已经委托有关部门对受害人进行了伤残鉴定,对车损进行了评估的,如果有关鉴定或者评估部门有资质,且在调解时双方当事人均未持异议,一方当事人在诉讼中无证据足以反驳,申请重新鉴定或者评估的请求不予准许,但未参加调解的当事人一方在诉讼中要求重新鉴定或者评估的,应予准许。"上海高院民一庭《关于侵权损害赔偿标准若干问题的解答》(2006年12月21日 沪高法民一〔2006〕19号)第3条:"机动车评估的项目和费用与特约维修处修理的项目和费用存在差异的认定。虽然特约维修处的修理价格往往高于有关评估部门所评估的价格,项目也会比评估部门所评估的项目多,但考虑到机动车品牌、技术、零配件等因素,机动车在其特约维修处修理尚属正当,维修费用一般以特约维修处实际发生的费用为准。有证据证明特约维修处修理同一项的价格明显不合理的,法院可以酌情调整。如果特约维修处修理的项目超出评估部门评估的项目,法院在受害人举证证明增加维修项目的必要性、合理性范围内予以支持。"江苏高院、省公安厅《关于处理交通事故损害赔偿案件有关问题的指导意见》(2005年9月1日 苏高法〔2005〕282号 2020年12月31日起被苏高法〔2020〕291号文废止)第29条:"当事人对有关保险公司就交通事故车辆损失作出的定损结论没有异议的,不再另行委托中介机构评定。"内蒙古高院《内蒙古自治区道路交通事故损害赔偿项目和计算办法》(2004年12月10日 〔2004〕内民一通字第11号)第19条:"交通事故所致的财产损失,按照其实际减少的价值、修复费用或者评估机构的评估结论计算。赔偿权利人或者赔偿义务人对评估机构做出的评估结论有异议的,经审查异议成立,公安机关交通管理部门可在告知各方当事人的前提下,委托另一个评估机构进行重新评估。重新评估以一次为限。"吉林高院《关于印发〈关于审理道路交通事故损害赔偿案件若干问题的会议纪要〉的通知》(2003年7月25日　吉高法〔2003〕61号)第44条:"当事人对交通事故损坏的机动车、物品、设施等是否已修复发生争议的,应当经有关部门鉴定。"第45条:"损坏的机动车修复后,并经有关部门鉴定却已修复的,为减少经济损失,应将该机动车及时移交机动车所有人;机动车所有人拒收的,人民法院可以按提存处理。"内蒙古高院《全区法院交通肇事损害赔偿案件审判实务研讨会会议纪要》(2002年2月)第24条:"公安机关对车损鉴定时,未通知对车辆承保的保险公司,其定损结论人民法院不予采信。对车辆承保的保险公司未与被保险人协商强制定损的,其结论不予采信。如出现上述情况,人民法院可委托或指定有资质的机构对车损进行鉴定。"河南高院《关于审理道路交通事故损害赔偿案件若干问题的意见》(1997年1月1日　豫高法〔1997〕78号)第37条:"对交通事故造成的财物损失只赔偿直接损失,其赔偿方法是修复或者折价赔偿。修复以就地修复为主,当地无修复条件的,可到外地有修复条件的地方修复。修复前可商请有关部门估算修复价格,也可以招标修复。如果对是否可以修复有争议,可商请有关部门进行鉴定。对折价有争议的,可商请有关部门进行鉴定。经双方当事人协商一致,也可以部分修复,部分折价,或者以同种类同质量的实物予以赔偿。"

6. 地方规范性文件。山东省《道路运输条例》(2011年3月1日)第44条:"机动车所有者或者使用者有权自行选择维修经营者。任何单位和个人不得强制或者变相强制机动车所有者或者使用者实行定点维修或者安装、购买附加设备和产品。"内蒙古自治区《道路运输条例》(2010年12月2日修正)第20条:"机动车维修经营者应当在经营场所的醒目位置悬挂机动车维修标志牌,公示维修项目的工时定额、收费标准和维修质量保证期,并按照国家规定的技术标准维修车辆,建立维修档案。机动车所有者可以自主选择机动车维修经营者维修车辆。任何单位和个人不得强制或者变相强制机动车所有者到指定的机动车维修点维修车辆。"

7. 最高人民法院审判业务意见。●车辆所有人能否请求赔偿车辆损失如车辆损失估价费、修理费、事故拯救费等费用? 最高人民法院民一庭《民事审判实务问答》编写组:"按照物权理论,对物权损害的索赔权应由所有权人或者已授权的物的管理人来行使,如伤者并非车辆所有人,但其有证据证明车辆是有合法的管理、控制、使用等权利的,对车辆损失如车辆损失估价费、修理费、事故拯救费等费用应可行使损害赔偿请求权。"

8. 参考案例。①2016年云南某交通事故纠纷案,2015年,黄某所雇司机李某驾驶货车碰撞王某车辆,交警认定李某、王某分负主、次责任。王某实际发生修理费48790元,黄某投保保险公司查勘定损额为2万余元。法院认为:李某驾驶车辆与王某驾驶车辆相撞发生交通事故致王某驾驶车辆受损,王某有权请求侵权责任人依法承担民事赔偿责任。因李某系黄某雇员,李某在本次事故中驾驶车辆行为依法系从事雇佣活动,且无证据显示李某在本次事故中具有故意或重大过失行为,依最高人民法院《关于审理人身损害赔偿案件适用法律若干问题的解释》第9条第1款规定,该责任依法应转由黄某承担。《保险法》第23条虽规定保险人在收到理赔请求后有核定的权利和义务,但同时规定,保险人在理赔时,须与当事人达成一致协议。即若保险人查勘定损金额得不到赔偿权利人认可,保险人不得以此作为赔偿额向权利人赔偿,即该定损额不具确定力。依"谁主张,谁举证"原则和最高人民法院《关于民事诉讼证据的若干规定》第76条"当事人对自己的主张,只有本人陈述而不能提出其他相关证据的,其主张不予支持。但对方当事人认可的除外"及第2条第2款"没有证据或者证据不足以证明当事人的事实主张的,由负有举证责任的当事人承担不利后果"的规定,保险公司以其查勘定损员所作出的定损额材料载明金额作为王某损失金额,因未得到王某认可,故该定损额材料依法不应获采信用作认定案件事实证据,该定损额只能视为保险公司一方无有效证据证明之陈述性主张。王某向法庭提交的修理费发票及其附件,保险公司和黄某未举证否定其证明力,法院由此采信其所载金额作为王某损失额。判决保险公司在交强险和商业第三者责任险赔偿额内赔偿王某修理费3.4万余元。②2016年上海某保险合同纠纷案,2015年,运输公司将王某挂靠车辆向保险公司投保,被保险人为运输公司。后该车发生单方交通事故,因保险公司未在30日内通知核定理赔结果,王某委托评估机构对车辆损失进行了评估。后运输公司向王某出具理赔权益转让授权委托书,王某诉请保险公司赔付车损费、评估费、施救费及路产损坏赔偿等费用。法院认为:《保险法》第23条第1款规定:保险人收到被保险人或者受益人的赔偿或者给付保险金的请求后,应当及时作出核定;情形复杂的,应当在30日内作出核定,但合同另有约定的除外。保险人应当将核定结果通知被保险人或者受益人;对属于保险责任的,在与被保险人或者受益人达成赔偿或者给付保险金的协议后10日内,履行赔偿或者给付保险金义务。从该款法律规定看,保险人在收到请求后,要作出核定、通知与赔付三项行为。三者之间相互衔接,存在逻辑上的前后关系,但从行为性质或效力上看,核定、通知与赔付存在着主从关系以及内外有别的区分。核定是指审核认定保险事故是否属于保险责任范围、有无免赔情况以及损失金额大小,并在规定时间内将结果通知被保险人。核定属于保险人进行保险理赔前的内部程序,是保险人为了正确进行保险理赔,防范道德风险而实施的一种行为。保险人负有通知核定结果义务,如此被保险人才能知晓所发生事故是否属于理赔范围或损失大小。法律要评判核定是否及时作出、是否妥当合法,并不能直接针对保险人内部审核过程,而是要针对审核结果的通知。对于保险人而言,赔付是主义务,与赔付主义务相较,通知核定结果实质上就是附随义务。《保险法》第23条为保险人设定的法定义务重点并非进行核定的流程,而是将审核结果在一定期限内向权利人告知的及时通知义务。依最高人民法院《关于适用〈保险法〉若干问题的解释(二)》第15条规定,《保险法》第23条规定的30日核定期间,应自保险人初次收到索赔请求及投保人、被保险人或者受益人提供的有关证明和资料之日起算。保险人若未及时核定,除支付保险金外,还应赔偿被保险人或受益人因此受到的损失。本案中,保险公司未能举证证明其在30日内进行核定或将核定结果通知了被保险人或受益人,故被保险人有权自行委托机构对车辆损失进行评估,并据此对车辆进行修复。保险公司应按评估结论赔付车辆损失费及相关费用。王某提供了施救作业单及发票,能形成完整证据锁链,证明存在施救费损失;路产损坏赔偿中的油污费属保险公司免责范围。判决保险公司赔付王某保险金18万余元。

③2016年山东某保险合同纠纷案,2016年,李某驾车碰撞行人黄某致黄某死亡、李某车辆损坏。交警认定同等责任。经交警调解,双方达成赔偿协议,由李某赔偿死者家属16.5万元,特别约定李某"车损自负"。保险公司据此对李某修理费6万余元拒赔。法院认为:依《道路交通安全法》第76条规定:机动车与非机动车驾驶人、行人之间发生交通事故,非机动车驾驶人、行人没有过错的,由机动车一方承担赔偿责任;有证据证明非机动车驾驶人、行人有过错的,根据过错程度适当减轻机动车一方的赔偿责任;机动车一方没有过错的,承担不超过10%的赔偿责任。不难看出,该条款规定的归责原则是严格责任原则,即在机动车与非机动车、行人的交通事故中,机动车一方具有法定赔偿义务,非机动车和行人对机动车损失不具有法定赔偿义务,且此规定的赔偿是单一的,不是双向的。本案中行人黄某在交通事故中不是故意所为,显然应视为受害者,依前述规定,其对机动车损失应不具有法定赔偿义务。另外,在机动车与非机动车、行人的交通事故中还应体现优者危险负担原则。因为机动车无论在速度、硬度、重量及对他人危险性上,均远高于非机动车和行人,应负更高的避险义务。本案中,死者黄某是横过马路的行人,而李某驾驶的是机动车,李某控制交通事故危险能力和避险义务要远高于黄某。现实中,非机动车、行人在交通事故中受害程度往往远高于机动车方,通常是非死即伤,而机动车一方一般只是造成车辆损坏等财产损失,很少有人身伤亡。就本案而言,行人黄某在事故中受重伤死亡,事故无疑对黄某及其家属造成了巨大伤害,如支持保险公司向黄某家人行使保险代位追偿权,将会违背公平正义原则。此即《道路交通安全法》第76条前述规定中未规定非机动车方对肇事车辆损失不予赔偿的事实依据,故根据《道路交通安全法》优先保护非机动车方的立法目的及"优者危险负担"原

则,行人黄某对肇事机动车的车辆损失亦不应承担赔偿责任。保险人对第三者行使保险代位追偿权,应以被保险人对第三者具有赔偿请求权为前提。因李某作为肇事机动车方不享有向受害人黄某方请求赔偿的权利,亦即保险公司向死者黄某方行使保险代位求偿权缺乏前提条件和基础,保险公司就承保车辆的车损部分对死者及其亲属无追索权。案涉调解书虽约定"修理费凭据自理",在李某不享有对黄某请求赔偿权利前提下,该约定已无实际意义,不能据此认定车损部分的索赔权已由李某在保险公司赔偿保险金之前放弃。判决保险公司支付李某包括修理费在内的保险金。④2012年**江苏某保险合同纠纷案**,2010年,陈某雇请的操作手黄某驾驶挖掘机作业时,因工地塌方,挖掘机侧翻,黄某从深坑逃生时,未及停机。事后,保险公司以发动机损坏属操作手违规操作、液压泵漏油属自然磨损等理由拒赔修理费14万余元。法院认为:对发动机损坏是否属于操作手违规操作导致扩大的损失,维修厂家已证实发动机损坏,且从陈某提供的挖掘机侧翻后的现场照片上看,挖掘机坠入坑中,砸在混凝土构筑物上,致使该构筑物出现明显裂缝,坑中地面上亦有洒落的机油。黄某虽具有挖掘机操作手资质,但在作业时挖掘机因塌方侧翻坠入坑中危及其人身安全时,要求黄某按《操作和保养手册》中发动机停机操作规程,让发动机停机实属强人所难。即使操作手在侧翻十分钟后自己爬出,因其系死里逃生、惊魂未定,苛求亦属不妥,况且当时是否会有更危险情况发生,当不可知,故不应认定该发动机修理费属于扩大损失。事故发生前,挖掘机正常作业的事实可以证实即使易磨损部件亦未在此时达到不能正常使用的程度。保险公司认为维修更换部件中含有正常磨损导致损坏的部件,但其未能证明该部分配件更换与案涉事故不具有因果关系。保险公司认为液压泵漏油亦属自然磨损导致并申请鉴定,因不能通过鉴定确定液压泵漏油是正常磨损还是本次事故导致,故保险公司认为不应承担易磨损部件费用理由不能成立。车辆损失险是一种损失补偿险,被保险人获得赔偿的依据是其实际损失,而非其承担的赔偿责任,故案涉保险条款约定陈某单方肇事事故免赔率为20%的条款属无效条款,不应适用。判决保险公司支付陈某车辆修理费。⑤2012年**江苏某损害赔偿纠纷案**,2010年,周某车辆被刘某驾驶的许某车辆碰撞,交警认定刘某全责。维修费6900元,许某凭伪造的修理厂而非公估公司定损单上载明的维修公司开具的发票从保险公司领取2000元修理费。周某诉请保险公司、刘某、许某赔偿时,保险公司以其已理赔被保险人修理费抗辩。法院认为:《保险法》第65条规定,保险人对责任保险的被保险人给第三者造成的损害,可以依照法律的规定或者合同的约定,直接向该第三者赔偿保险金。责任保险的被保险人给第三者造成损害,被保险人未向该第三者赔偿的,保险人不得向被保险人赔偿保险金。保险公司在理赔审核中存在重大瑕疵,对被保险人伪造的发票等理赔申请材料审核不严,虽已向被保险人履行理赔义务,但不得以此抗辩未从被保险人处获得赔偿的受害人的请求,其仍应在交强险责任限额内对受害人承担赔偿责任。本案中,定损单明确记载受损车辆承修单位为维修公司,但被保险人许某提供的维修费发票为修理厂,保险公司在未进一步审核情况下将理赔款支付给被保险人许某。经查明,受损车辆并未在修理厂修理,车主周某并未从被保险人处获得车损赔偿,故保险公司不应向被保险人进行理赔,其仍应在交强险责任限额范围内承担赔偿责任。判决保险公司赔偿周某2000元,刘某赔偿周某4900元,许某承担连带赔偿责任。⑥2011年**江苏某保险合同纠纷案**,2010年10月,仇某借用施某投保车损险的车辆发生单方责任事故,经保险公司定损,轿车损失22万元、拖车费等其他损失2万余元。考虑损失太大,施某决定放弃维修。保险公司以未产生修理费拒赔。法院认为:保险公司已确认案涉轿车的损失为22万元,根据《保险法》的规定和保险条款的约定,保险人赔偿的是被保险标的实际遭受的损失,只要保险事故给被保险人造成客观损失,不管维修与否,保险人就负有按照损失大小赔偿保险金的责任,保险公司应对其已经确认的涉案车辆的损失承担赔偿责任。拆检费、拖车费等其他费用2万余元,是与保险事故密切关联的、为了评估确认受损车辆具体损失、救助损失车辆而支出的必要合理费用,保险公司亦应承担。⑦2011年**河北某保险合同纠纷案**,2010年12月,周某无证驾驶无牌摩托车,与韩某驾驶的投保车辆损失险的轿车相撞,造成韩某车辆损坏,韩某车辆损失、鉴定费、施救费共7万余元。保险公司以韩某未提供维修票据不予赔付车损险。法院认为:虽然韩某未提交修车发票,但保险车辆的事故损失确已实际发生,损失金额也已确定。至于被保险人韩某是否按鉴定结论中确定的损坏项目进行维修,是被保险人以车辆性能好坏为代价做出的选择,即更换比原车性能好的零部件就多花维修费,更换比原车性能差的零部件就少花维修费。无论被保险人选择如何维修,均不影响保险人的赔偿数额,保险人均应按车辆实际损失予以理赔。⑧2010年**北京某保险合同纠纷案**,2009年1月,食品公司司机驾车将张某车辆撞损,法院判决食品公司赔偿张某12万余元。食品公司诉请保险公司赔偿保险金10万元、修车费9800余元,保险公司认为修车费应按定损金额3000元赔偿。法院认为:保险公司以实际修理费高于其定损费用为由不同意对于超出部分的修理费承担责任,但其并未提供相关证据证明食品公司所支出费用存在不合理或扩大损失内容,同时经法院释明保险公司亦自行放弃了对于保险车辆受损部分及修车费用是否合理的鉴定评估,故保险公司所提抗辩缺乏事实和法律依据,保险公司应按实际发生的修车费进行赔偿。⑨2010年**湖北某保险合同纠纷案**,2008年7月,马某投保车辆出险被送到修理厂,保险公司审核认可维修项目及维修费4万余元。修理厂经保险公司承诺,同意马某以保险费抵修理费后放车。因保险公司以马某私车用于营运而拒赔非营运损失险而被修理厂起诉。法院认为:保险公司认可修理费损失属于保险理赔范围并同意对车主理赔、车主以该理赔款冲抵应付给修理厂的修理费、保险公司承诺将理赔款支付到卡的三方债权债务转移协议有效，各方当事人应依协议全面履行。本案中的债权转让是在作为债务人的保险公司有明确的意思表示认可债权、同意履行债务的基础上三方合意达成的结果。在合意转让情形下，债务人对受让人的抗辩理当有所限制，债务人不能再主张相关抗辩。从债务转移角度看，新债务人保险公司也只能主张原债务人车主对债权人修理厂的抗辩，也可另行对车主行使撤销权来实现权利救济，而不能以其在保险合同中对车主改变车辆用途，致使保险标的危险程度增加却未履行通知义务而发生保险事故，保险人不承担保险责任的抗辩理由向新债权人修理厂主张。⑩2010年**重庆某交通事故损害赔偿案**，2008年1月，杨某驾驶车辆被周某驾驶建筑公司的车辆碰撞，交警认定周某全责。价格认证中心对杨某受损车辆鉴定勘察，确定该车应更换的材料为17项，损失为9663元，杨某在该结论书上签字。事后修理更换材料27项，修理费共计2万余元。法院认为：车辆损失应按照实际发生的修理费赔偿，不能按照价格评估确定的维修金额赔偿。价格评估只能表面地、初步地、程序性地确定价格，不能代表最后的、全面的、准确的修理费用，且评估确定的价格对修理单位并没有法律约束力，不能要求修理单位接受此价格进行维修。因此，应当按实际维修价格全部赔偿。故判决车辆维修费共计2万余元，由保险公司赔偿2000元，超出部分1.8万余元由建筑公司赔偿。⑪2010年**云南某交通事故损害赔偿案**，2009年9月，杨某驾驶车辆与辜某所驾车辆相撞，致辜某车损人伤，交警认定杨某全责。杨某投保车辆的保险公司对辜某受损车辆定损为1.2万余元，实际修理费为2.8万余元。法院认为：辜某诉请的维修费数额与保险公司定损数额出入较大，故法院将根据修理费发票、修理厂的结算清单、保险公司出具的定损单、零部件更换项目清单综合考虑，在保险公司定损基础上酌情认定为1.4万余元。⑫2010年**江苏某保险合同纠纷案**，2009年7月，阳某投保车损险的重型货车追尾受损，保险公司在报险后48天才出具定损报告定损为6万元，阳某不认可，通过申请交警大队做鉴定为车损7.4万余元，阳某据此进行了维修，保险公司认为保险车辆价值4万余元，出险后已达到推定全损标准，应按出险时实际价值理赔。法院认为：根据《保险法》原理，保险人自愿以明示或默示方式放弃保险合同中的权利，构成弃权。本案被保险车辆初次登记时间至交通事故发生时该车已使用68个月，按月折旧率为12‰，计算至保险事故发生时的车辆折旧率已经超过合同条款规定的最高折旧比率80%，应推定为全损。出险时保险车辆实际价值为4万余元，保险公司在定损过程中按维修方式核定的车损金额约6万元，已高于实际价值，应视为其放弃推定全损之弃权行为。保险公司的弃权行为使得阳某产生了应按维修方式理赔之合理信赖，阳某在协商定损未果情况下，经申请鉴定，并按鉴定结果进行维修，实际支付了维修费用

7.4万余元,故阳某要求保险公司赔偿车损7.4万余元,应予支持。⑬2009年**安徽某保险合同纠纷案**,2008年6月,汽车租赁公司投保车损险的车辆肇事,保险公司定损为7.1万余元,汽车租赁公司有异议并通过交警队委托价格认证中心鉴定车损为7.7万余元,为此支付鉴定费4400元。诉讼中汽车租赁公司称该车已转卖,导致无法重新鉴定。法院认为:双方在对车辆损失数额发生争议后,均未采取积极有效措施,导致现无法对车辆损失再进行鉴定,双方都有过错。车辆发生交通事故后,保险公司最初对车辆进行查勘、定损,虽该定损报告不一定真实反映车辆损失的情况,但是在本案中作为认定汽车租赁公司车辆损失最具有可信性,故<u>保险公司应按定损报告确定数额给付汽车租赁公司车辆损失</u>。汽车租赁公司鉴定前没有通知保险公司,鉴定结论亦未送达保险公司,故该鉴定报告对保险公司不发生法律效力。故汽车租赁公司请求的车辆损失及鉴定费用,不予支持。保险公司提出车辆维修后的残存价值,未提供证据证明,不予认可。因保险公司作出的定损报告已确定车辆损失,至于汽车租赁公司在车辆维修中是否更换配件,并不引起理赔数额的变化,故保险公司提出有些配件只是修理没有更换,不予采纳。⑭2008年**江苏某损害赔偿案**,2007年,孙某驾车与俞某所驾挂靠客运公司的车辆发生追尾,交警认定俞某负全责。孙某到4S店维修,花费4.5万余元,超出客运公司投保的保险公司评估的维修项目和费用。孙某起诉俞某、客运公司和保险公司连带赔偿损失。法院认为:孙某因事故发生维修项目和费用超出保险公司定损范围,未与相对人及保险公司协商追加定损,或选择有评估资格的评估机构评估,而<u>径行对车辆修复,已修复车辆在现有技术条件下难以评估出当时损失情况,其直接处置行为导致修车费难以确定,应自负部分费用</u>,酌定为自负5000元。本案为追尾事故,并未造成孙某车辆核心部件损坏,亦不影响汽车安全性能及其他主要性能,孙某主张贬值系其汽车修复后的价值与发生事故前的价值跌落的心理评价,缺乏事实和法律依据,故贬值损失不予支持。判决保险公司在交强险财产赔偿限额范围内赔偿2000元后,剩余部分4万余元由俞某及其挂靠单位承担连带赔偿责任。

【同类案件处理要旨】

因交通事故被损坏车辆所支出的维修费用或者无法修复,为购买交通事故发生时与被损坏车辆价值相当的车辆重置费用,当事人有权要求侵权人赔偿。机动车维修费用一般应依据保险公司出具的定损单确定。被保险人主张依据维修发票赔偿维修费用的,应证明其所主张维修费用的真实性、必要性和合理性。人民法院可根据民事诉讼优势证据规则,确定机动车维修费用。

【相关案件实务要点】

1.【**实际费用**】机动车发生交通事故造成财产损失的,由保险公司在交强险责任限额内予以赔偿。保险公司在车辆维修前所作的定损数额不能约束实际维修费用支出。案见北京丰台法院(2006)丰民初字第 22571 号"王某诉冷某等交通事故财产损害赔偿案"。

2.【评估价格】双方当事人均认可在处理交通事故中所作的车辆维修评估价格,但如实际维修费用与评估价格存在差距,应以实际维修费来确定损失赔偿。案见重庆五中院(2010)渝五中法民终字第 857 号"杨某诉某建筑公司损害赔偿案"。

3.【追加定损】交通事故发生后,当事人在修理车辆过程中发现修理项目和费用超出了保险公司定损范围,应与事故相对方及保险公司进行协商追加定损,或选择具有评估资格的评估机构进行评估,不宜径行对车辆进行修复,因已修复的车辆在现有技术条件下无法评估出当时损失情况,受损方的直接处置行为,导致修车的合理费用难以确定情况下,应自行承担部分费用。案见江苏苏州中院(2008)苏中民一终字第 0570 号"孙某诉俞某等损害赔偿案"。

4.【放弃修理】保险公司赔偿保险金的基础条件是被保险车辆遭受实际损失,而不是该车辆是否被维修。不管修理与否,车辆受损是客观存在的事实,被保险人有权结合实际决定放弃修理,保险公司不能因被保险人未实际维修就否认损失的存在而不予赔偿。案见江苏常州天宁区法院(2011)天商初字第 270 号"施某诉某保险公司保险合同纠纷案"。

5.【修理范围】被保险人提交的修理费发票金额与保险公司定损数额出入较大,此情况下,被保险人主张的修理费有可能不仅涉及因肇事产生的损害部位,也有可能还修理过车辆原本就存在的一些隐患或更换了一些不因事故而损害的旧零部件;同样,保险公司的定损过程可能没有充分考虑物价的变动及具体所需修理的工时费用,故不能单纯审查各方所提交的对自己有利的证据,而应从其他间接证据中寻求相关信息,以趋能证实一个合理的数额,达致各方利益的平衡。案见云南石林法院(2010)石民初字第 601 号"某旅游公司诉杨某等交通事故损害赔偿案"。

6.【推定全损】被保险车辆出险达到推定全损标准情况下,如保险人按维修方式定损,应认定放弃推定全损之弃权行为,被保险人实际支出的超过推定全损部分的维修费用亦应赔偿。案见江苏南京鼓楼区法院(2010)鼓初字第 1012 号"阳某诉某保险公司保险合同纠纷案"。

7.【自行修理】车主在事发后虽未与保险公司就修理项目、方式和费用达成一致就自行修车,导致实际修车费与保险公司定损金额不一致,被保险车辆的损失原则上应以实际发生修车费用为准,除非保险公司能举证证明维修费用中有非必要或非合理部分。证明实际发生的维修费是否合理、必要的证明责任在保险公司。

案见北京二中院(2010)二中民终字第9897号"某食品公司诉某保险公司保险合同纠纷案"。

8.【**合同转让**】被保险人在交通事故发生并定损后,将受损车辆转让给第三人,其未对受损车辆进行修理,保险公司不得以被保险人未履行提供损失清单、费用单据等从合同义务,来抗辩其拒绝履行给付保险赔偿金的主合同义务。案见浙江绍兴中院(2010)浙绍商终字第629号"叶某诉某保险公司保险合同纠纷案"(案情及裁判主旨见本书第91章:《保险车辆与保险利益》)。

【**附注**】

参考案例索引:北京丰台法院(2006)丰民初字第22571号"王某诉冷某等交通事故财产损害赔偿案",判决保险公司赔偿修车费2000元,余下修车费8000余元、承包金损失及误工费共2000余元由冷某、张某连带赔偿。见《交强险的赔偿问题》(李岩、高原),载《人民司法·案例》(200702:108)。①云南巧家法院(2016)云0622民初621号"王某与李某等交通事故纠纷案",见《保险查勘定损额在诉讼中的效力——云南巧家法院判决王林诉李国平等机动车交通事故责任纠纷案》(周国祥),载《人民法院报·案例精选》(20170112:06)。②上海一中院(2016)沪01民终7977号"王某与某保险公司保险合同纠纷案",见《保险人未及时作出核定的赔偿责任解析——上海一中院判决王艳诉安诚财险公司财产保险合同纠纷案》(何建),载《人民法院报·案例精选》(20161201:06)。③山东德州中院(2016)鲁14民终2845号"中国人民财产保险股份有限公司德州市分公司与李秀恒保险合同纠纷上诉案",见《机动车车主放弃对个人的车损赔偿请求权不构成保险免赔事由》(郑春笋、高振平),载《人民司法·案例》(201732:50)。④江苏南京中院(2012)宁商终字第105号"陈某与某保险公司保险合同纠纷案",见《陈香诉人保江宁公司因挖掘机突然倾倒逃生时未及停机拒赔保险合同纠纷案》,载《江苏省高级人民法院公报》(201301/25:74)。⑤江苏苏州中院(2012)苏中民终字第0328号"周某与刘某等损害赔偿纠纷案",见《周根元诉刘胜彩、保险公司等道路交通事故财产损害赔偿理赔不当纠纷案》,载《江苏省高级人民法院公报》(201205/23:41)。⑥江苏常州天宁区法院(2011)天商初字第270号"施某诉某保险公司保险合同纠纷案",见《保险公司对未修理的受损车辆应赔付保险金——常州天宁法院判决施荣军诉人保常州公司保险合同纠纷案》(吴光前、朱帅),载《人民法院报·案例指导》(20120209:6);另见《施荣军诉人保常州公司赔偿未修理的受损车辆保险合同纠纷案》(吴光前),载《江苏高院公报·参阅案例》(201202:81)。⑦河北沧州中院(2011)沧民终字第3091号"韩某某诉某保险公司保险合同纠纷案",见《车损险不考虑事故原因及事故责任比例——河北沧州中院判决韩磊诉太平洋保险公司保险理赔案》(郭淑仙),载《人民法院报·案例指导》(20120119:6)。⑧北京二中院(2010)二中民终字第9897号"某食品公司诉某保险公司保险合同纠纷案",见《北京龙菲业食品有限公司诉长安责任保险股份有限公司北京市分公司财产保险合同案》(贾愚),载《中国法院2012年度案例:保险纠纷》(66)。⑨湖北孝感中院(2010)孝民二终字第138号"某修理厂诉某保险公司保险合同纠纷案",见《债权三方合意转让中对债务人抗辩的限制——湖北孝感中院判决阳光修理厂诉中华财保公司债权债务转移纠纷案》(肖乐新),载《人民法院报·案例指导》(20101028:6)。⑩重庆五中院(2010)渝五中法民终字第857号"杨某诉某建筑公司损害赔偿案",见《车辆维修评估价格与实际维修费用存在差距的处理——重庆五中院判决杨建国诉重庆天成永固混凝土有限公司财产损害赔偿案》(胡智勇、胡军),载《人民法院报·案例指导》(20110324:6)。⑪云南石林法院(2010)石民初字第601号"某旅游公司诉杨某等交通事故损害赔偿案",见《中北交通旅游公司诉杨金平等道路交通事故财产损害赔偿案》(唐云龙),载《中国法院2012年度案例:道路交通纠纷》(111)。⑫江苏南京鼓楼区法院(2010)鼓初字第1012号"阳某诉某保险公司保险合同纠纷案",见《保险人迟延定损造成营运车辆的停运损失之赔偿》(邢嘉栋),载《人民司法·案例》(201204:29)。⑬安徽宿州中院(2009)宿中民二终字第89号"某汽车租赁公司诉某保险公司保险合同纠纷案",见《宿州市北方汽车租赁有限公司灵璧分公司诉华安财产保险股份有限公司宿州中心支公司财产保险合同纠纷案》(潘家轩),载《人民法院案例选》(201002:186)。⑭江苏苏州中院(2008)苏中民一终字第0570号"孙某诉俞某等损害赔偿案",见《孙妮妮诉苏州市东方客运有限公司等交通事故损害赔偿纠纷案》(耿莉),载《人民法院案例选》(200803:117);另见《超过保险公司定损范围修理费用的赔偿》(徐侃、耿莉),载《人民司法·案例》(200902:83)。

参考观点索引:●车辆所有人能否请求赔偿车辆损失如车辆损失估价费、修理费、事故拯救费等费用?见《在交通事故损害赔偿案件中,伤者并非车辆所有人,除了请求加害人赔偿医疗费、误工费等费用外,能否请求赔偿车辆损失如车辆损失估价费、修理费、事故拯救费等费用?》,载《民事审判实务问答》(2008:152)。

64. 机动车停运损失赔偿
——因事故停运,损失应否偿?
【停运损失】

【案情简介及争议焦点】

2000年,黄某驾驶码头公司车辆与李某货车相撞,黄某负全责。李某主张车辆受损修复期间停运利润损失及司机工资、路费、交通规费、保险费等损失。

争议焦点:1.赔偿责任主体?2.车辆修复期间费用停运损失应否赔偿?

【裁判要点】

1. 赔偿主体。黄某驾车肇事应承担事故全责,因其系码头公司的司机,且属于在执行职务期间发生的交通事故,故有关赔偿责任应由码头公司承担。

2. 赔偿范围。李某受损车辆在事故发生及修复期间正用于其所承包工程的土石方运输,因受损而不能继续营运,以致李某预期的可得利益未能获得,码头公司依法应对其造成的李某车辆停运损失作出相应赔偿。在事故发生至李某车辆修复期间,修复车辆的必须期间(含购零件时间及正式维修时间)、保险公司履赔取证时间以及车辆被扣留期间的损失码头公司应负全部赔偿责任,而对其余因维修厂员工春节休假及双方协商而致延误的扩大部分的损失,则依据公平原则由双方各负50%责任。综合考虑李某预期利益实际获得过程中的各种偶然因素(如车辆维修、保养需每月停工天数等),李某停运纯利润的损失应酌情按每天425元而不是足额的510元计算。关于李某所请求的其他赔偿要求,因正常营运时属可收回之成本,亦属停运损失,故对其中除工人工资和公路规费外的有依据的合理部分请求亦应支持,码头公司应赔偿给李某停运期间之公路规费、工商运管费、保险费相应费用。至于司机工资损失及其余公路规费,因李某没有支出之依据或属车辆未修复而不必支出的费用,不应给予赔偿。

【裁判依据或参考】

1. 法律规定。《民法典》(2021年1月1日)第1165条:"行为人因过错侵害他人民事权益造成损害的,应当承担侵权责任。依照法律规定推定行为人有过错,其不能证明自己没有过错的,应当承担侵权责任。"第 1166 条:"行为人造成他人民事权益损害,不论行为人有无过错,法律规定应当承担侵权责任的,依照其规定。"第 1184 条:"侵害他人财产的,财产损失按照损失发生时的市场价格或者其他合理方式计算。"《道路交通安全法》(2004 年 5 月 1 日实施,2011 年 4 月 22 日修正)第 76 条:"机动车发生交通事故造成人身伤亡、财产损失的,由保险公司在机动车第三者责任强制保险责任限额范围内予以赔偿;不足的部分,按照下列规定承担赔偿责任……"《侵权责任法》(2010 年 7 月 1 日,2021 年 1 月 1 日废止)第 19 条:"侵害他人财产的,财产损失按照损失发生时的市场价格或者其他方式计算。"第 20 条:"侵害他人人身权益造成财产损失的,按照被侵权人因此受到的损失赔偿;被侵权人的损失难以确定,侵权人因此获得利益的,按照其获得的利益赔偿;侵权人因此获得的利益难以确定,被侵权人和侵权人就赔偿数额协商不一致,向人民法院提起诉讼的,由人民法院根据实际情况确定赔偿数额。"《民法通则》(1987 年 1 月 1 日,2021 年 1 月 1 日废止)第 106 条:"公民、法人由于过错侵害国家的、集体的财产,侵害他人财产、人身的,应当承担民事责任。"第 117 条:"……损坏国家的、集体的财产或者他人财产的,应当恢复原状或者折价赔偿。受害人因此遭受其他重大损失的,侵害人并应当赔偿损失。"

2. 行政法规。国务院《机动车交通事故责任强制保险条例》(2013 年 3 月 1 日修改施行)第 3 条:"本条例所称机动车交通事故责任强制保险,是指由保险公司对被保险机动车发生道路交通事故造成本车人员、被保险人以外的受害人的人身伤亡、财产损失,在责任限额内予以赔偿的强制性责任保险。"

3. 司法解释。最高人民法院《关于审理道路交通事故损害赔偿案件适用法律若干问题的解释》(2012 年 12 月 21 日 法释〔2012〕19 号)第 15 条:"因道路交通事故造成下列财产损失,当事人请求侵权人赔偿的,人民法院应予支持:(一)维修被损坏车辆所支出的费用、车辆所载物品的损失、车辆施救费用;(二)因车辆灭失或者无法修复,为购买交通事故发生时与被损坏车辆价值相当的车辆重置费用;(三)依法从事货物运输、旅客运输等经营性活动的车辆,因无法从事相应经营活动所产生的合理停运损失;(四)非经营性车辆因无法继续使用,所产生的通常替代性交通工具的合理费用。"最高人民法院《关于交通事故中的财产损失是否包括被损车辆停运损失问题的批复》(1999 年 2 月 13 日 法释〔1999〕5 号,2021 年 1 月 1 日废止):"……《中华人民共和国民法通则》第一百一十七条第二款、第三款规定:'损坏国家的、集体的财产或者他人财产的,应当恢复原状或者折价赔偿。''受害人因此遭受其他重大损失的,侵害人并应当赔偿损失。'因此,在交通事故损害赔偿案件中,如果受害人以被损车辆正用于货物运输或者旅客运输经营活动,要求赔偿被损车辆修复期间的停运损失的,交通事故责任者应当予以赔偿。"

4. 部门规范性文件。公安部交管局《对〈关于暂扣车辆到期后是否需要通知当事人或车辆所有人的请示〉的批复》(1998年9月5日 公交管〔1998〕231号,2004年8月19日废止):"……公安交通管理部门处理交通事故暂扣事故车辆时,交予当事人的《道路交通事故暂扣凭证》注有详细的暂扣期限,实际上已告知了当事人领取暂扣车辆的时间。因此,暂扣的交通事故车辆到期后,处理交通事故的办案部门无须再行通知当事人或车辆所有人。但从便民服务考虑,对因各种原因到期未提走被暂扣车辆的当事人或车辆所有人,公安交管部门可以适当方式予以提醒。"

5. 地方司法性文件。河南高院《关于机动车交通事故责任纠纷案件审理中疑难问题的解答》(2024年5月)第19条:"挂靠经营车辆的停运损失应否予以赔偿?答:应当赔偿合理停运损失。根据《最高人民法院关于审理道路交通事故损害赔偿案件适用法律若干问题的解释》第十一条规定,道路交通安全法第七十六条规定的'财产损失',是指因机动车发生交通事故侵害被侵权人的财产权益所造成的损失。在挂靠经营车辆发生交通事故时,停运损失系营运车辆在遭受事故无法经营情况下必然产生的财产损失。根据损失填补原则和公平原则,对挂靠经营车辆的合理停运损失,应当予以赔偿。"山东高院审监二庭《关于审理机动车交通事故责任纠纷案件若干问题的解答(一)》(2024年4月)第9条:"停运损失是直接损失还是间接损失,赔偿权利人请求保险公司赔偿停运损失的应当如何处理? 答:《最高人民法院关于审理道路交通事故损害赔偿案件适用法律若干问题的解释》第十二条规定,'因道路交通事故造成下列财产损失,当事人请求侵权人赔偿的,人民法院应予支持:……(三)依法从事货物运输、旅客运输等经营性活动的车辆,因无法从事相应经营活动所产生的合理停运损失;……'停运损失系因车辆损害导致无法运营而产生的损失,属于间接损失,赔偿权利人可以向侵权人请求赔偿停运损失,请求承保交强险的保险公司赔偿停运损失的,人民法院不予支持。承保商业三者险的保险公司是否承担赔偿责任应依据保险合同约定以及保险公司是否尽到提示和明确说明义务进行认定。"第10条:"登记为非营运车辆的客车,但实际中从事营运活动,侵权人是否应赔偿停运损失? 答:根据《道路运输条例》,从事客运运营需经行政许可,登记为非营运车辆的客车依法不能从事客运经营活动,赔偿权利人主张停运损失的,人民法院不应支持。"江西宜春中院《关于印发〈审理机动车交通事故责任纠纷案件的指导意见〉的通知》(2020年9月1日 宜中法〔2020〕34号)第4条:"交强险的赔偿范围为交通事故造成的直接损失。停运损失、鉴定费、通常替代性交通工具的合理费用等损失不属于交强险赔偿范围。"第39条:"赔偿权利人以被损车辆系运营车辆,要求赔偿被损车辆修复期间停运损失的,原则上以因无法从事相应经营活动所产生的合理的直接停运损失以及合理的营运损失为限,并应提供相应证据予以证明。直接停运损失一般包括定期向所属企业缴纳的规费(包括税费)、各项固定费用、驾驶员工资等。赔偿权利人提供货运合同、客运合同、营运台账、事故发生前六个月受损车辆的营运获利数据(票据及凭证)等证据请求停运损失的,人民法院可根据案件的审理情况酌定停运损失的数额。赔偿权利人提供的证据能够证明被损车辆是运营车辆,但无法提供证据或提供的证据无法证明其主张的停运损失数额的,可参照江西省上一年度交通运输行业在岗职工年平均工资标准酌定停运损失的赔偿数额。能够证明事故车辆每日由两班司机驾驶的,可按上述标准适当增加赔偿数额。"江西宜春中院《关于印发〈审理机动车交通事故责任纠纷案件的指导意见〉的通知》(2020年9月1日　宜中法〔2020〕34号)第39条:"赔偿权利人以被损车辆系运营车辆,要求赔偿被损车辆修复期间停运损失的,原则上以因无法从事相应经营活动所产生的合理的直接停运损失以及合理的营运损失为限,并应提供相应证据予以证明。直接停运损失一般包括定期向所属企业缴纳的规费(包括税费)、各项固定费用、驾驶员工资等。赔偿权利人提供货运合同、客运合同、营运台账、事故发生前六个月受损车辆的营运获利数据(票据及凭证)等证据请求停运损失的,人民法院可根据案件的审理情况酌定停运损失的数额。赔偿权利人提供的证据能够证明被损车辆是运营车辆,但无法提供证据或提供的证据无法证明其主张的停运损失数额的,可参照江西省上一年度交通运输行业在岗职工年平均工资标准酌定停运损失的赔偿数额。能够证明事故车辆每日由两班司机驾驶的,可按上述标准适当增加赔偿数额。"山东德州中院《机动车交通事故责任纠纷案件审判疑难问题解答》(2020年4月)第1条:"问题一:在营运车辆发生交通事故中,当营运车辆经营主体与营运车辆驾驶人身份重合时,该停运损失和驾驶人的误工费损失如何认定?解答:营运车辆发生交通事故时,驾驶人与经营主体身份重叠时,驾驶人员误工费赔偿和营运车辆受损引发停运损失原则上应当分别进行赔偿。即导致人身受损的,应按照人身受损赔偿路径解决;因营运车辆受损引发停运损失的,应按照财产损失赔偿路径解决。"第4条:"问题四:车辆停运天数如何计算?停运时间一般应以实际维修或重置的时间来计算,当事人可以通过提供交警部门出具的处理交通事故的扣车天数证明、车辆的维修机构出具的进出厂日期证明、修理工时证明或者重新购置车辆的发票、提车单等证据证明其合理的修理或重置时间。"辽宁沈阳中院《机动车交通事故责任纠纷案件审判实务问题解答》(2020年3月23日)第9条:"停运损失等能否适用交强险保险限额予以赔偿?解答:交强险的赔偿范围为交通事故造成的直接损失。停运损失、鉴定费、通常替代性交通工具的合理费用和精神损害抚慰金等系交通事故造成的损失亦可由交强险限额内予以赔偿。理由:目前,沈阳地区司法实践做法:停运损失、鉴定费、通常替代性交通工具的合理费用和精神损害抚慰金等间接损失可在交强险单项限额内予以赔偿,充分发挥交强险的公共保险作用。根据沈阳地区的司法实际情况及以往判决的延续性、统一性,倾向于沿用沈阳地区的原有做法。"第15条:"在营运车辆发生交通事故中,当营运车辆经营主体与营运车辆驾驶人身份重合时,该停运损失和驾驶人的误工费损失如何认定?解答:营运车辆发生交通事故时,驾驶人与经营主体身份重叠的,驾驶人员误工费赔偿和营运车辆受损引发停运损失原则上应当分别进行赔偿。即导致人身受损的,应按照人身受损赔偿路径解决;因营运车辆受损引发停运损失的,应按照财产损失赔偿路径解决。理由:营运车辆的驾驶人因交通事故产生误工费损失系人身损害赔偿范畴;营运车辆的停运损失系基于财产损害赔偿确定的赔偿责任。一个交通事故侵权行为造成了人损和物损两类损害结果,事故责任人均应予以赔偿。"湖南高院《关于印发〈审理道路交通事故损害赔偿纠纷案件的裁判指引(试行)〉的通知》(2019年11月7日 湘高法〔2019〕29号)第31条:"赔偿权利人请求赔偿营运车辆的合理停运损失的,应由赔偿权利人提供证据予以证实。在赔偿权利人无法提供证据或提供的证据无法直接证明其主张的停运损失数额时,可参照事故发生时当年度所在市、州交通运输业同类交通工具在岗职工年平均工资的两倍予以计算;如事故发生时当年度相关计算标准尚未颁布,则参考上一年度相关数据。停运时间以事故发生之日起算至事故车辆维修完毕之日,赔偿权利人无正当理由迟延车致使停运时间延长的期间,不计入停运时间。"四川高院《关于印发〈四川省高级人民法院机动车交通事故责任纠纷案件审理指南〉的通知》(2019年9月20日 川高法〔2019〕215号)第43条:"【营运车辆的停运损失】营运车辆的停运损失包括车辆停运的固定损失和实际收入损失。车辆停运的固定损失包括定期向所属企业交纳的规费、各项固定费用;实际收入损失应参照同期该行业平均营运收入水平确定。"第44条:"【非营运车辆的通常替代性交通工具费用】非营运车辆的通常替代性交通工具费用应当充分考虑必要性和合理性,根据受损车辆本身的价值大小和一般使用用途等确定。"第45条:"【车辆贬值损失】当事人主张车辆贬值损失的,人民法院应当谨慎认定。"安徽黄山中院《关于印发〈黄山市中级人民法院关于审理道路交通事故损害赔偿纠纷案件相关事项的会议纪要(试行)〉的通知》(2019年9月2日 黄中法〔2019〕82号)第18条:"营运车辆停运损失。依据被损坏车辆自事故发生时至维修完毕的期间(赔偿义务人认为该期间明显不合理的,应承担举证责任),按照被损坏车辆在事故发生前6个月的平均收益计算;难以确定收益或该收益明显高于市场同类车辆收益的,可以委托鉴定机构评估。"江西上饶中院《关于机动车交通事故责任纠纷案件的指导意见(试行)》(2019年3月12日)第1条:"……(十六)间接财产损失。(1)经营性车辆停运损失。日收入×停运天数(合理的事故处理时间+维修时间或者重置时间),需提供:①营运证、营运合同等营运车辆证据;②营运合同、营运台账、银行流水等营运收入证据;③停运时间证据。未能提供充分证据的,由人民法院依据受诉法院所在地运输行业的实际情况酌情认定损失,但日损失最高不能超过江西省城镇私营单位或非私营单位(按营运车辆产权单位性质确定)交通运输业日平均工资三倍。"湖北鄂州中院《关于审理机动车交通事故责任纠纷案件的指导意见》(2018年7月6日)第11条:"营运车辆的停运损失包括车辆停运的固定损失和实际收入损失。停运损失原则上依据鉴定意见认定。受害人无正当理由延迟提车期间的停运损失,不予支持。非营运车辆的替代性交通工具费用及车辆贬值损失,一般不予支持。"河北唐山中院《关于审理机动车交通事故责任纠纷、保险合同纠纷案件的指导意见(试行)》(2018年3月1日)第24条:"[停运损失]营运车辆合理修理期间的停运损失应支持,非营运车辆的通常替代性交通工具费用应当充分考虑必要性和合理性,根据受损车辆本身的价值大小和一般使用用途等确定。交警处理事故扣押车辆期间,不应计算停运损失。保险公司以保险条款规定抗辩的,应提交明确告知的相关证据,已经尽到明确告知义务的,保险公司不承担赔偿责任,应由侵权人按责任比例赔偿。"山东日照中院《机动车交通事故责任纠纷赔偿标准参考意见》(2018年5月22日)第24条:"拖车费、检测费、停运损失、车辆贬值损失。拖车费、检测费等,应当计入因交通事故造成的经济损失,停运损失按车辆维修期间确定,公安交通管理部门、人民法院扣押期间以及车辆所有人、管理人拖延维修、拒不维修的,不应计入停运损失日,车辆贬值损失原则上不予支持。保险人要求依据商业保险合同免责,应当提供证据证明其在订立合同时向投保人履行了提示和明确说明义务,否则人民法院不予支持。"安徽淮北中院《关于审理道路交通事故损害赔偿案件若干问题的会议纪要》(2018年)第1条:"赔偿项目和标准……(十三)间接财产损失。1.经营性车辆停运损失。日收入×停运天数(合理的事故处理时间+维修时间或者重置时间)。需提供:(1)营运证、营运合同等营运车辆证据;(2)行驶路线证明、营运收入台账和银行流水、百公里油耗证明(来回公里数、每日运行次数)、驾驶员收入证明等证据;(3)停运时间证据。未能提供充分证据的,由人民法院依据安徽省城镇私营单位或非私营单位(按营运车辆产权单位性质确定)交通运输业的实际情况酌情认定损失。2.通常替代性交通工具费用。人民法院应审查替代性车辆的使用是否必要、合理。一般可参照国家机关一般工作人员市内交通费用标准;当事人主张按照同类车型的市场租车费用计算的,应按照合理的事故时间和维修时间内发生的租车费用,据实计算,需提供租车合同及租金发票等。间接财产损失不计入交强险赔付范围。"四川成都中院《关于印发〈机动车交通事故责任纠纷案件审理指南(试行)〉的通知》(2017年7月5日 成中法发〔2017〕116号)第9条:"交强险的赔偿范围为交通事故造成的直接损失。停运损失、鉴定费、通常替代性交通工具的合理费用等间接损失不属于交强险赔偿范围,但精神损害抚慰金除外。"第10条:"法院应向当事人释明,对精神损害抚慰金是否在交强险限额内优先赔付具有选择权。"第39条:"营运车辆的停运损失包括车辆停运的固定损失和实际收入损失。车辆停运的固定损失包括定期向所属企业交纳的规费、各项固定费用;实际收入损失应参照同期该行业平均营运收入(实际收入)水平按一定比例确认。"第40条:"非营运车的通常替代性交通工具费用应当充分考虑必要性和合理性,根据受损车辆本身的价值大小和一般使用用途等确定。"第41条:"法院应谨慎认定车辆贬值损失,通常情况下不予支持。"北京三中院《**类型化案件审判指引:机动车交通事故责任纠纷类审判指引**》(2017年3月28日)第2-3.3.3部分"财产损失类—常见问题解答"第1条:"狭义的'财产损失'范围? 一般应依据《道交解释》第十四条第二款、第十五条确定,即'财产损失',是指因机动车发生交通事故侵害受害人的财产权益所造成的损失,包括:(1)维修被损坏车辆所支出的费用、车辆所载物品的损失、车辆施救费用;(2)因车辆灭失或者无法修复,为购买交通事故发生时与被损坏车辆价值相当的车辆重置费用;(3)依法从事货物运输、旅客运输等经营性活动的车辆,因无法从事相应经营活动所产生的合理停运损失;(4)非经营性车辆因无法继续使用,所产生的通常替代性交通工具的合理费用。"第7条:"营运损失如何确定? 应当注意把握以下几个方面:(1)应首先判断受损车辆是否系经营性车辆。受害人应提供营业执照、道路运输经营许可证、行驶证等证据予以证明;(2)对车辆停运时间的审查。停运时间以事故发生之日起算至事故车辆维修完毕之日,受害人应提供交警部门出具的处理交通事故的扣车天数证明、车辆维修机构出具的进出厂日期证明、修理工时证明、提车单等证据来加以证明;受害人无正当理由迟延提车或与车辆维修机构恶意串通致使停运时间延长的时间,不计入停运时间;(3)对停运损失的具体数额的认定。应考虑受害人的运营成本、运营能力、运营收入等案件具体情况,综合确定停运损失;必要时,也可以咨询道路运输业的相关主管部门、统计部门,参照行业平均利润予以确定。"第9条:"出租车司机要求赔偿'车份'应如何确定? 在机动车交通事故引发的民事侵权赔偿案件中,对于出租车司机遭受的车辆承包金(俗称'车份钱')损失,是否属于交强险赔偿范围,存在一定的争议。北京市高院认为无论因车辆受损还是人身受到损害导致的出租车司机车辆承包金损失均属于侵权人的赔偿范围,但是否属于交强险理赔范围,应区别对待:(1)因出租车司机人身受到损害而造成的车辆承包金损失,实为误工费的范畴,属于交强险死亡伤残限额下的赔偿项目,保险公司应当予以赔偿。误工费是指赔偿义务人向受害人支付的从受害人遭受损害时起至回复治愈时止这一时段内,受害人因无法从事正常工作或劳动而减少的收入。从本质上而言,误工费属于受害人如未遭受人身侵害而本应获得却因侵权人的侵害行为而无法得到或者无法完满得到的利益。在人身受到损害导致出租车司机无法正常驾驶车辆从事车辆运营时,将其已经交纳的承包金计入误工费符合误工费制度的基本原理和出租车司机职业的实际情况,并且将此部分损失由承保交强险的保险公司在死亡伤残赔偿限额项下予以赔偿,亦符合《道交法》和《交强险条例》对人身损害赔偿范围的规定。(2)对于因车辆损坏停运而造成的出租车司机的车辆承包金损失属于间接的财产损失,不属于交强险的赔偿范围。对于因侵害财产权益造成的损失,属于财产损失赔偿范围,即《道交解释》第十五条规定的范围。就出租车司机而言,出租车系其从事营运的工具,根据承包运营合同,其不得随意解除合同,即使能解除承包运营关系,其在短时间内也很难另谋职业,因此车辆受损停驶造成的出租车司机车辆承包金损失属于其合理损失范围,应予以赔偿。但此情况下的车辆承包金损失实为'停运损失',属于交强险不予赔偿的间接损失。这与之前提到的出租车司机人身受到伤害而产生的车辆承包金损失性质完全不同。就间接损失是否应当由交强险赔偿的问题,其实《交强险条例》第十条第三款已有明确规定,被保险机动车发生交通事故,致使受害人停业、停驶、停电、停水、停气、通讯或者网络中断、数据丢失、电压变化等造成的损失以及受害人财产因市场价格变动造成的贬值、修理后因价值降低造成的损失等其他各种间接损失均不属于交强险赔偿范围。(3)对于出租车司机人身和车辆均受到损害情形下的车辆承包金损失应区分造成车辆停运的具体原因予以赔偿。在出租车司机人身和车辆均受到损害的情形下,对于车辆承包金的赔偿应具体区分造成车辆停运的原因适用不同的赔偿原则,即应结合出租车司机提交的诊疗记录、修车明细等证据判断车辆停运系人身受损还是车辆受损所致,从而适用不同的赔偿原则。具体来看:若出租车司机人身受到损害的治疗和休息时间基本与车辆修复时间重合或超出车辆修理时间,则只吸收合并为误工费情形,由交强险在死亡伤残赔偿限额项下赔偿;若出租车司机治疗休息时间短于车辆修理时间,则需对车辆承包金损失区分为两部分来确定。出租车司机治疗及休息期间的车辆承包金损失作为误工费由交强险在死亡伤残项目下赔偿,超出治疗及休息期间的车辆承包金损失作为停运损失,由侵权人个人负担;若出租车司机伤情轻微不影响驾驶但车辆受损较为严重,此事可以认定车辆停运并非人身受损而系车辆受损所致,故车辆承包金应作为间接损失由侵权人负担,交强险不负责赔偿……(三)被保险机动车发生交通事故,致使受害人停业、停驶、停水、停气、停产、通讯或者网络中断、数据丢失、电压变化等造成的损失以及受害人财产因市场价格变动造成的贬值、修理后因价值降低造成的损失等其他各种间接损失。误工费、车份、营运损失、车损减值损失系间接损失,赔偿权利人可以向侵权人请求赔偿停运损失,但请求承保交强险的保险公司赔偿停运损失的,人民法院不予支持。"广东广州中院《机动车交通事故责任纠纷案件审判参考》(2017年3月

27日 穗中法〔2017〕79号)第14条:"赔偿权利人请求赔偿营运车辆的合理停运损失的,应由赔偿权利人提供证据予以证实。停运时间自事故发生之日起算至事故车辆维修完毕之日,赔偿权利人无正当理由迟延提车致使停运时间延长的期间,不计入停运时间。"北京高院研究室、民一庭《北京法院机动车交通事故责任纠纷案件审理疑难问题研究综述》(2017年3月25日)第2条:"出租车司机车辆承包金(俗称'份钱')在交强险适用中应当如何把握?第一种观点认为:对于车辆承包金应不区分出租车司机受伤与否,一律计入误工损失,在死亡伤残类赔偿限额项下予以赔偿。第二种观点认为:对于车辆承包金应区分出租车司机受伤与否,如受伤应计入误工损失,在死亡伤残类赔偿限额项下予以赔偿,如出租车司机未受伤但出租车受损的,应在财产赔偿限额项下予以赔偿。第三种观点认为:对于车辆承包金应区分出租车司机受伤与否,如受伤应计入误工损失,在死亡伤残类赔偿限额项下予以赔偿,如出租车司机未受伤但出租车受损的,不应属于交强险赔偿范围,而应由侵权人予以赔偿。我们认为无论因车辆受损还是人身受到损害导致的出租车司机车辆承包金损失均属于侵权人的赔偿范围,但是否属于交强险理赔范围,应区别对待:1.因出租车司机人身受到损害而造成的车辆承包金损失,实为误工费的范畴,属于交强险死亡伤残限额下的赔偿项目,保险公司应当予以赔偿。从本质上而言,误工费属于受害人如未遭受人身侵害而本应获得却因侵权人的侵害行为而无法得到的利益。从目前我国的情况来看,出租车营运属于特许经营,只有具有相应经营权的出租汽车公司才有权进行营运,而个人无权进行营运。所以出租车司机必须要与出租汽车公司签订承包运营协议及劳动合同后,才能驾驶公司的车辆从事出租车营运。出租车司机与出租车公司之间存在一种特殊的劳动关系,出租车司机每月固定交纳承包金,出租车公司则对司机进行管理,包括交纳各种社会保险以及个人所得税,既非简单的劳动关系,亦非单纯的承包关系。在这样的制度下,司机的收入看似仅包括实际到手的工资收入,但实质上包括其通过劳动所赚取的一切收入,其中也包括承包金。承包金不因出租车司机的具体情况而变化,即使司机受伤后遵医嘱休息,该承包金仍照收不误,所以当出现停运的情况下,出租车司机的劳动收入可能低于承包金额,而必须上交的承包金则成为了出租车司机的实际损失,产生这一损失的直接原因是出租车司机人身受到伤害而造成的劳动收入的丧失或减少。因此,在人身受到损害导致出租车司机无法正常驾驶车辆从事车辆运营时,将其已经交纳的承包金计入误工费符合误工费制度的基本原理和出租车司机职业的实际情况,并且将此部分损失由承保交强险的保险公司在死亡伤残赔偿限额项下予以赔偿,亦符合《中华人民共和国道路交通安全法》(以下简称《道路交通安全法》)和《机动车交通事故责任强制保险条例》(以下简称《交强险条例》)对人身损害赔偿范围的规定。2.对于因车辆损坏停运而造成的出租车司机的车辆承包金损失属于间接的财产损失,不属于交强险的赔偿范围。交通事故造成的间接损失,是指区别于交通事故造成的直接人身损害、车辆损坏之外的其他损失,比如停车费损失、营运损失等。就交通事故造成车辆损坏无法运营而产生的出租车司机的承包金损失而言,该损失属于《机动车交通事故责任强制保险条款》(以下简称《交强险条款》)第十条第三项规定的不负责赔偿的间接损失的范围,故无法获得交强险的赔偿。3.对于出租车司机人身和车辆均受到损害情形下的车辆承包金损失应区分造成车辆停运的具体原因予以赔偿。在出租车司机人身和车辆均受到损害的情形下,对于车辆承包金的赔偿应具体区分造成车辆停运的原因适用不同的赔偿原则,即应结合出租车司机提交的诊疗记录、修车明细等证据判断车辆停运系人身受损还是车辆受损所致,从而适用不同的赔偿原则。具体来看:若出租车司机人身受到损害的治疗和休息时间基本与车辆修复时间重合或超出车辆修理时间,则只吸收合并为误工费情形,由交强险在死亡伤残赔偿限额项下赔偿;若出租车司机治疗休息时间短于车辆修理时间,则需对车辆承包金损失区分为两部分来确定。出租车司机治疗及休息期间的车辆承包金损失作为误工费由交强险在死亡伤残项目下赔偿,超出该期间产生的车辆承包金损失作为停运损失,由侵权人个人负担。若出租车司机伤情轻微不影响驾驶但车辆受损较为严重,此时可以认定车辆停运并非人身受损而系车辆受损所致,故车辆承包金应作为间接损失由侵权人负担,交强险不负责赔偿。"天津高院《关于印发〈机动车交通事故责任纠纷案件审理指南〉的通知》(2017年1月20日 津高法〔2017〕14号)第6条:"……(五)停运损失。事故车辆系依法从事货物运输、旅客运输等经营性活动的车辆,因交通事故无法从事相应经营活动所产生的合理停运损失,应予赔偿。(1)审查运营资质。赔偿权利人应提供道路运输证、运营证等证明事故车辆系合法从事经营性活动的车辆。(2)确定合理的停运期间。停运期间,自事故发生日起算至车辆维修完毕之日或重置之日,赔偿权利人可提供公安交管部门出具的处理交通事故的扣车天数证明、车辆维修机构出具的进出厂证明、修理工时证明、购车发票、提车单等证据。赔偿义务人认为赔偿权利人存在故意拖延修理或重置车辆情形的,应承担举证责任。(3)确定赔偿标准。停运损失数额,应综合考虑运营成本、运营能力、近期平均利润率、行业平均利润率等因素予以认定;事故车辆系出租车的,赔偿权利人也可将计价器历史数据资料作为主张计算停运损失的证据。赔偿权利人无法提供证据或提供的证据无法直接证明其主张的停运损失数额的,可按照天津市上一年度交通运输行业在岗职工年平均工资计算。能够证明事故车辆每日由两班司机驾驶的,可按上述标准适当增加赔偿数额。"江苏徐州中院《关于印发〈民事审判实务问答汇编(五)〉的通知》(2016年6月13日)第5条:"……(2)如何确定营运车辆停运损失?答:关于停运损失,无论是最高人民法院所作出的批复意见还是相关司法解释都对间接损失的可赔偿性进行了明确。但是对如何判断停运损失是否合理并未作出明确的规定。审理时,对于停运等间接损失应依据合法合理原则来判断,一是权利人是否取得相应资质、是否符合准入条件、是否为依法从事经营活动的主体,其预期可得利益应建立在合法取得基础之上;二是应综合考虑各种因素,合理分配举证责任,确定具体数额。审理时一般可用下列方式计算:停运损失价值＝停运期间的可得利益×停运时间。第一,车辆的停运时间。一般应以车辆的实际维修时间或重置时间来计算。当事人可通过交警部门的扣车天数证明、维修机构的进出厂日期证明、提车单等证据以证明其合理的维修时间。对于车辆方迟延提交车辆维修以及怠于接收已维修车辆的时间,均不能计入修复期间,依诚实信用原则,由此而产生的扩大损失不予支持。第二,停运期间的可得利益。在上述公式中,停运期间的可得利益是一个关键量,可得利益可用下列方法加以确定:一是平均值参照法。即计算出受害人在车辆受损前一定时间以往营运收入的平均收益值。二是类比法。确定条件相同或者基本相同的同类经营者在同等条件下的平均收益值,作为受害人损失的参照数额,以此确定受害人的损失数额。要考虑受害方同行业或相近行业收入、淡季旺季及近期平均利润等具体情形,确定停运损失标准。三是综合法。将以上两种方法结合以确定损失数额。在具体计算停运损失的数额时,要考虑受害人以往营运收入、同行业或相近行业收入、运营成本、运营能力、以及近期平均利润等案件具体情况,综合确定停运损失……(4)交强险中的财产损失是否包括间接损失？答:《交强险条例》第3条、第22条第2款的财产损失应从狭义上去理解,即狭义的财产损失指的是财物的毁灭或毁损,通常包括车辆损害、随身携带财物损失、车辆上所载物品损失、导致的交通设施损坏等,因交通事故损坏的车辆、物品、设施等,能够修复的,应当修复,不能修复的,应折价赔偿。此时的财产损失指对财物这一被侵害客体造成的损失,故交强险中的财产损失不宜包括因停运等产生的间接损失。间接损失应否由承保商业三者险的保险公司赔偿？答:依据财产保险损失补偿原则,因停运、停驶等产生的间接损失一般不属于风险承保范围,但保险合同另有约定的除外。营运车辆因交通事故导致的合理的停运损失,一般应当由侵权人负责赔偿。"江西宜春中院《关于审理机动车交通事故责任纠纷案件的指导意见》(2016年1月1日 宜中法〔2015〕91号)第15条:"当事人被损车辆系运营车辆,要求赔偿被损车辆修复期间停运损失的,原则上以因无法从事相应经营活动所产生的合理的直接停运损失为限,并应提供相应证据予以证明。可期待利益的损失一般不予支持。如果是侵权人或保险公司的原因导致当事人对车损存在争议,又无法进行鉴定的,人民法院对争议部分应按照赔偿权利人提供的证据及所主张的金额认定侵权人或保险公司承担。赔偿权利人要求赔偿车辆贬值损失的,一般不予支持。因交警部门执法而产生的停车费、拖车费、检测费、检验费、技术鉴定费,人民法院不予审查;但当事人因自助行为产生的前述费用,人民法院应予以审查,并根据案件的审理情况作出处理。"江西南昌中院《机动车交通事故责任纠纷案件指引》(2015年4月30日 洪中法〔2015〕45号)第2条:"关于交通事故具体赔偿项目的要求……车辆损失的认定。(1)车辆停运损失费应予赔偿,赔偿标准可参照交通运输业三倍工资计算。(2)车辆损失一般按司法鉴定意见确定。(3)因肇事者或保险公司原因导致车辆未定损的,法院可根据受害人的主张酌定赔偿。(4)车辆贬值损失费一般不予支持。(5)交警部门收取的停车费、拖车费、检测费等法院不处理。【注意事项】:车辆停运损失费在司法实践中很有可能会判决保险公司承担,故在应诉时务必举证就免责条款履行了明确说明义务。保险公司在今后涉及三者车辆尤其是电动车、摩托车等,应当及时作出定损单,否则在诉讼中很有可能法院根据对方提供的修理费发票即作出判决,对保险公司极其不利。"河北承德中院《2015年民事审判工作会议纪要》(2015年)第48条:"交通事故中车辆停运损失期间的确定。依法从事货物运输、旅客运输等经营性活动的,车辆停运损失的时间包括被损车辆因发生交通事故后被公安机关交通管理部门在出具道路交通事故认定书前的扣留期间,和被损车辆修复期间,车辆修复期间以实际维修日期为准。车辆损坏较轻的最长不超过30日,车辆损坏较重的最长不超过60日,车辆损坏特别严重的最长不超过90日,超过90日停运损失不予支持。每日停运损失数额,一般委托鉴定机构鉴定。"河南三门峡中院《关于审理道路交通事故损害赔偿案件若干问题的指导意见(试行)》(2014年10月1日)第13条:"车辆停运损失应严格按照合理必要原则计算。对于一方当事人存在故意拖延等情形的,对于扩大部分的损失,法院不予支持。停运损失是否由保险公司承担,投保人与保险公司有约定的从约定,无约定的由侵权人赔偿。"第20条:"案件需要财产保全的,对正在营运的车辆原则上不予扣押,可采取其他灵活保全措施,尽量避免影响车辆的正常运营。"广西高院《关于印发〈审理机动车交通事故责任纠纷案件有关问题的解答〉的通知》(2014年9月5日 桂高法〔2014〕261号)第7条:"当事人请求交强险或商业三者险保险公司在保险限额范围内赔偿车辆停驶、停运损失应否支持?答:当事人请求交强险保险公司赔偿车辆停驶、停运损失,如果没有超过交强险财产损失责任限额的,应予支持;当事人请求商业三者险保险公司赔偿停驶、停运损失,应根据保险合同的约定区别对待:(一)保险合同约定保险公司不负责赔偿停驶、停运等间接损失,且不存在约定不生效情形的,不予支持;(二)保险合同约定停驶、停运等间接损失属于保险责任的,应予支持。"广东深圳中院《关于道路交通事故损害赔偿纠纷案件的裁判指引》(2014年8月14日 深中法发〔2014〕3号)第26条:"依照最高人民法院《关于审理道路交通事故损害赔偿案件适用法律若干问题的解释》第十五条规定的财产损失的范围,赔偿权利人请求赔偿营运车辆的合理停运损失的,应由赔偿权利人提供证据予以证实。在赔偿权利人无法提供证据或提供的证据无法直接证明其主张的停运损失数额时,可按照事故发生时当年度《广东省人身损害赔偿计算标准》中道路运输业在岗职工年平均工资的二倍予以计算;如事故发生时当年度以上计算标准尚未颁布,则以上一年度相关数据为准。停运时间以事故发生之日起算至事故车辆维修完毕之日,赔偿权利人无正当理由迟延提车致使停运时间延长的期间,不计入停运时间。"重庆高院民一庭《关于当前民事审判疑难问题的解答》(2014年4月3日)第1条:"发生交通事故的营运车辆在修复期间产生的停运损失如何确定? 答:《最高人民法院关于道路交通事故中财产损失是否包括被损车辆停运损失问题的批复》(法释〔1999〕5号)规定:'在交通事故损害赔偿案件中,如果受害人以被损车辆正用于货物运输或者旅客运输经营活动,要求赔偿被损车辆修复期间停运损失的,交通事故责任者应当予以赔偿。'因停运损失的大小与修复期间的长短密切相关,故修复期间的起止时间应当以修理单位确定的时间为准,除非交通事故责任者有证据证明营运车辆的所有人或者经营者与修理单位恶意串通。营运车辆所有人或者经营者迟延提交修理车辆的期间以及怠于接收完成修理车辆的期间,均不能计入修复期间,由此而产生的损失不应由交通事故责任者赔偿。"北京高院民一庭《关于审理道路交通事故损害赔偿案件的会议纪要》(2013年4月7日)第4条:"赔偿权利人请求承保机动车第三者责任强制保险的保险公司赔偿'停运损失'如何处理? 赔偿权利人可以向侵权人请求赔偿停运损失,但请求承保交强险的保险公司赔偿停运损失的,人民法院不予支持。"浙江高院民一庭《民事审判法律适用疑难问题解答》(2013年第20期):"……问:道路交通损害赔偿纠纷案件中,当事人请求保险公司在交强险范围内赔偿从事经营性活动车辆的停运损失或非经营性车辆替代性交通工具费用的,能否予以支持? 答:最高人民法院《关于审理道路交通事故损害赔偿案件适用法律若干问题的解释》第十五条规定,因道路交通事故造成的,依法从事货物运输、旅客运输等经营性活动的车辆,因无法从事相应经营活动所产生的合理停运损失,或者非经营性车辆因无法继续使用,所产生的通常替代性交通工具的合理费用,当事人请求侵权人赔偿的,应予以支持。但是,上述财产损失系道路交通事故造成的间接损失,不属于交强险赔偿的范围,当事人据此请求保险公司在交强险范围内予以赔偿的,不能予以支持。"山东淄博中院《全市法院人身损害赔偿案件研讨会纪要》(2012年2月1日)第12条:"关于车辆停运损失应否支持的问题。依据最高人民法院《关于交通事故中财产损失是否包括被损车辆停运损失问题的批复》(法释〔1999〕5号)的相关意见,受害人以被损车辆正用于货物运输或者旅客运输经营活动,要求赔偿被损车辆的停运损失的,应予支持,但应仅限于事故车辆合理的修复期间,对于其他期间的车辆停运损失,不应予以支持。"上海高院民一庭《道路交通事故纠纷案件疑难问题研讨会会议纪要》（2011年12月31日）第9条："经营性车辆的停运损失或者非经营性车辆使用中断损失，是否应获得支持。因机动车发生交通事故造成被侵权人的财产损失，包括车辆的维修费用或重置费用、经营性车辆的停运损失或者非经营性车辆使用中断的损失以及其他财产损失。被侵权人请求侵权人赔偿经营性车辆的停运损失或者非经营性车辆使用中断损失，一般可予支持。"安徽宣城中院《关于审理道路交通事故赔偿案件若干问题的意见（试行）》（2011年4月）第38条："受害人以被损车辆正在合法用于货物运输或者旅客运输经营活动，要求赔偿车辆修复期间的停运损失的，人民法院应予以支持。"山东淄博中院民三庭《关于审理道路交通事故损害赔偿案件若干问题的指导意见》（2011年1月1日）第30条："受害人以被损车辆正用于货物运输或旅客运输经营活动，要求赔偿被损车辆的停运损失的，应予支持，但应仅限于事故车辆修复期间，对于其他期间的车辆停运损失，不予支持。"江苏无锡中院《关于印发〈关于审理道路交通事故损害赔偿案件若干问题的指导意见〉的通知》（2010年11月8日 锡中法发〔2010〕168号）第34条："【财产损失】受害人以被损车辆正用于货物运输或者旅客运输等经营活动，要求赔偿被损车辆修复期间停运损失的，应当提供合法营运及收入的证明。人民法院经审查后，应当对该间接损失予以认定。保险人出具的定损单与被损车辆维修费用数额不一致的，应当由当事人进一步举证证明各自主张并作出合理解释。双方均无充分证据且数额相差未超30%的，人民法院可以径行酌定维修费用；车辆定损与维修费用数额比例相差较大的，人民法院应当就被损车辆维修费用的合理性进行司法鉴定；维修费用不合理的，人民法院应当依据鉴定结论确定维修费用。"河南郑州中院《审理交通事故损害赔偿案件指导意见》（2010年8月20日 郑中法〔2010〕120号）第15条："交通事故造成他人财产损失的，侵权人应当承担赔偿责任。财产损失包括财产毁损、灭失、车辆维修费用，车辆贬值、修复期间停运损失等。"北京高院民一庭《关于道路交通损害赔偿案件的疑难问题》（2010年4月9日）第2条："……关于车份钱的项目归类问题。在调研中，有法院提出，关于车份钱的性质，不同的法官认识不同。有些法官认为属于间接损失，不用赔偿，有些法官则认为属于直接损失，但应归入财产损失赔偿限额2000元之中。也有些法官主张属于直接损失，可以归入死亡伤残类赔偿项目误工费中。该院同意第三种意见，实践中也是这么操作的。"安徽合肥中院民一庭《关于审理道路交通事故损害赔偿案件适用法律若干问题的指导意见》（2009年11月16日）第34条："受害人以被损车辆正在合法用于货物运输或者旅客运输经营活动，要求赔偿车辆修复期间的停运损失的，人民法院应予支持。"福建泉州中院民一庭《全市法院民一庭庭长座谈会纪要》（泉中法民一〔2009〕05号）第45条："机动车辆损失赔偿范围如何认定问题（具体包括哪些方面，贬值损失如何确定等）？答：车辆维修的维修费用、必要的停车费、车辆贬值损失应予赔偿。另根据最高人民法院《关于交通事故中的财产损失是否包括被损车辆停运损失问题的批复》的精神,在交通事故损害赔偿案件中,如果受害人以被损车辆正用于货物运输或者旅客运输经营活动,要求赔偿被损车辆修复期间的停运损失的,交通事故责任者应当予以赔偿。"辽宁沈阳中院民一庭《关于审理涉及机动车第三者责任险若干问题的指导意见》(2006年11月20日)第5条:"……(四)关于财产直接损失和间接损失的赔偿问题。交强险条款第十条(三)项内容为:'被保险机动车发生交通事故,致使受害人停业、停驶、停电、停水、停气、停产、通讯或者网络中断、数据丢失、电压变化等造成的损失以及受害人财产因市场价格变动造成的贬值、修理后因价值降低造成的损失等其他各种间接损失'不负责赔偿。此内容与民法通则第一百一十七条二、三款的规定不符,与1999年2月11日最高人民法院在《关于交通事故中财产损失是否包括被损车辆停运损失问题的批复》中关于'如果受害车辆与被损车辆正用于货物运输或者旅客运输经营活动,要求赔偿被损车辆修复期间的停运损失的,交通事故责任者应当赔偿'的精神不一致。因此,对交强险条款第十条(三)项所列损失,如受害方请求并有证据证明即应列入财产损失赔偿范围。"广东深圳罗湖区法院《关于交通事故损害赔偿案件的处理意见》(2006年11月6日)第8条:"财产损害赔偿案件中的赔偿范围。一般应当赔偿受害人车辆受损后发生的修理费,如果受害人的车辆正用于货物运输或者旅客运输经营活动,应当赔偿车辆修理期间的停运损失。但对受害人要求赔偿车辆贬值损失的不予支持。"上海高院《关于下发〈关于审理道路交通事故损害赔偿案件若干问题的解答〉的通知》(2005年12月31日 沪高法民一〔2005〕21号)第2条:"在交通事故损害赔偿案件中,当事人诉求《最高人民法院关于审理人身损害赔偿案件适用法律若干问题的解释》第十七条未涉及的费用,如受损交通工具修理期间另行租车费用、租用拐杖等康复工具的费用、为处理事故产生的费用(如交通费、误工费、取证费、律师费等)等,应如何处理?答:在相关赔偿责任确立后,如何正确把握赔偿范围,是侵权赔偿的司法难点之一。我们认为,可诉求赔偿的损失包括直接损失和间接损失(可得利益损失)。根据现有法律规范、最高院司法解释精神和司法实践经验,对由事故引起的人身、财产损失均应适用全部赔偿原则,即赔偿范围依据损失范围合理规定,考量当事人提出的损失是否已实际发生,且为必须合理。如当事人请求受损交通工具修理期间另行租车费用的,可以从未发生交通事故前,当事人使用车辆是否必要、合理(如其是否是车辆的实际所有人、使用车辆的目的、车辆的用途、是否已支出租车费用等为标准)来判断当事人是否发生另行租车的损失。若当事人确需另行租车,且有租车事实,就其租车发生的损失的赔偿标准应参照租赁公司出租一般普通型车辆的费用,赔偿的期间应等同或短于从事故发生之日起至车辆修复完毕应从修理厂提取之日止的期间。当事人请求赔偿为处理事故产生的费用(如交通费、误工费、取证费、律师费等)的,若该费用已实际发生,且为必须合理,可予支持。"吉林高院《关于印发〈关于审理道路交通事故损害赔偿案件若干问题的会议纪要〉的通知》(2003年7月25日 吉高法〔2003〕61号)第37条:"道路交通事故损害赔偿的范围应当包括以下两个方面:(1)因造成人身损害引起的损失。主要包括:医疗费、误工费、交通费、住宿费、住院伙食补助费、护理费、残疾者生活补助费、残疾用具费、残疾赔偿金、丧葬费、死亡赔偿金、被扶养人生活费。(2)财产直接损失和停运损失。"四川高院《关于道路交通事故损害赔偿案件审判工作座谈会纪要(试行)》(1999年11月12日 川高法〔1999〕454号)第5条:"关于道路交通案件的赔偿问题。会议认为,道路交通事故损害赔偿范围除《道路交通事故处理办法》所规定的医疗费、误工费、住院伙食补助费、护理费、残疾者生活补助费、残疾用具费、丧葬费、死亡补偿费、被抚养人生活费、交通费、住宿费和财产直接损失外,结合审判实际,依照民法通则的有关规定精神,还应包括以下费用……(2)在交通事故损害赔偿案件中,如果受害人以被损车辆正用于货物运输或者旅客运输经营活动的,被损坏车辆修复期间的停运损失,应予以赔偿。受害人对交通事故的发生负有责任的,应按其过错大小自行承担相应的损失。赔偿数额应以被损车辆的现状和被损前一年的平均纯收入为标准综合计算处理。受害人不能准确其纯收入依据的,参照当地运输行业同种类车辆经营状况的年平均纯收入。"

6. 参考案例。①2014年山东某交通事故纠纷案,2013年,赵某驾驶货车与物流公司所属车辆相撞,致物流公司车辆受损停运。交警认定赵某全责。关于停运损失4.8万元,保险公司以免责条款为由拒赔。法院认为:最高人民法院《关于审理道路交通事故损害赔偿案件适用法律若干问题的解释》第15条虽将营运车辆停运损失认定为受害人因道路交通事故所导致财产损失范围,但其并未直接认定承保商业三责险的保险公司须承担法定赔偿义务,故如将商业三责险合同中"停运损失不予赔偿"认定为法定无效条款,势必增加保险公司运营成本,使其面临不确定的赔付成本,同时亦增加道德风险及诈保概率,从而影响整个保险行业健康发展。保险公司作为以营利性为目的的民事主体,其确存在利用优势地位,在商业保险格式合同中载入对自己有利而损害投保人、被保险人正当权益条款情形,滥用免赔率、免赔额条款即是表现之一。而对投保人而言,通过投保聚集社会资金,降低个体车辆运营风险,减少被保险人合理损失,本是其投保商业三责险应有之义,如将商业三责险合同中"停运损失不予赔偿"条款认定为普通合同约定,被保险人保险合同权利势必受到极大限制,保险合同目的无法得到正常实现,导致保险失去其本来面目与功能,影响保险行业健康发展,故该条款亦不应认定为普通的合同约定。依最高人民法院《关于适用〈中华人民共和国保险法〉若干问题的解释(二)》第9

条规定,保险人提供的格式合同文本中的责任免除条款、免赔额、免赔率、比例赔付或者给付等免除或者减轻保险人责任的条款,可以认定为《保险法》第17条第2款规定的"免除保险人责任的条款",应将商业三责险合同中"停运损失不予赔偿"条款认定为免除保险人责任的条款。保险公司对该条款负有比普通合同条款更高的提示义务和明确说明义务。保险纠纷发生后,如保险公司能举证证明其就该条款对投保人进行了提示和明确说明义务,使投保人能知悉存在该免责条款,并明确告知投保人该条款真正含义,保险公司可免责。否则,保险公司应承担相应赔偿责任。本案中,保险公司已向赵某履行提示义务和明确说明义务,判决超出交强险限额的车辆停运损失4.8万元由赵某负担。②2013年<u>江苏某保险合同纠纷案</u>,2012年1月,客运公司投保车辆发生事故,因保险公司迟延定损,导致被保险车辆长达97天期间无法经营。客运公司诉请保险公司赔偿停运损失31万余元。法院认为:《保险法》第23条第1款规定:"保险人收到被保险人或者受益人的赔偿或者给付保险金的请求后,应当及时作出核定;情形复杂的,应当在三十日内作出核定,但合同另有约定的除外……"本案中,即使保险车辆情况特殊,保险公司亦应在最长合理期限30日内完成定损,实际上,其在97天内才定损完成,<u>应认定其定损明显超过合理期限,系迟延定损</u>。定损系保险公司合同义务,其应及时履行。本案中,保险公司迟延定损,构成违约,应承担相应违约责任。关于损失数额,考虑到<u>春运期间、同类车辆收益情况、客运公司应预见保险公司迟延定损对其所造成后果而未采取必要措施防止损失扩大存在过错</u>,酌定保险公司赔偿客运公司停运损失7万元。③2013年<u>浙江某交通事故纠纷案</u>,2013年,欧某挂靠客运公司车辆被姜某驾驶车辆碰撞,交警认定姜某全责。欧某诉请姜某及投保保险公司赔偿其停运损失及其他维修费等损失。法院认为:姜某所驾驶车辆已投保交强险和商业三责险,故欧某要求赔偿车辆维修费、施救费、停车费、驳客费、住宿费等损失,未超过保险限额,应由保险公司支付。最高人民法院《关于交通事故中的财产损失是否包括被损车辆停运损失问题的批复》(法释〔1999〕5号)明确规定,在交通事故损害赔偿案件中,如果受害人以被损车辆正用于货物运输或者旅客运输经营活动,要求赔偿被损车辆修复期间的停运损失的,交通事故责任者应当予以赔偿。最高人民法院《关于审理道路交通事故损害赔偿案件适用法律若干问题的解释》第15条第3项规定,依法从事货物运输、旅客运输等经营性活动的车辆,因无法从事相应经营活动所产生的合理停运损失,当事人请求侵权人赔偿的,人民法院应予支持。司法解释该规定<u>强调了经营性车辆的依法经营,明确排除了违法经营情形</u>。从事道路运输经营以及道路运输相关业务,应依法经营,客运经营者应按道路运输管理机构决定的许可事项从事客运经营活动。《道路运输条例》以及《道路旅客运输及客运站管理规定》均规定,道路运输经营许可证件不得转让、出租。因此,司法实践中如对该类出租、转让道路运输经营许可证行为不给予否定性评价,实际上纵容了该类行为,不利于维护道路运输市场秩序,不利于保障道路运输安全,即使从个案角度保障了当事人权益,亦不利于整个行业健康发展。从事道路运输经营以及道路运输相关业务,应依法经营,诚实信用,公平竞争。从民法角度,出租、转让道路运输经营许可证以及挂靠等经营模式,实际上违背了民事活动应遵循诚实信用原则规定。停运损失是对预期可得利益的保护,这种预期可得利益须建立在合法取得基础上。本案中,客运公司将营运证、行驶证、线路牌、保险凭证、进站证以租赁形式提供给不能从事道路运输经营的欧某,<u>欧某以客运公司名义从事旅客运输,明显违反了法律法规规定</u>,不符合上述司法解释规定,对其主张的停运损失不应支持。判决保险赔偿欧某车辆维修费、施救费、停车费、驳客费、住宿费等损失2万余元,驳回欧某要求赔偿停运损失的诉请。④2004年<u>北京某财产损害纠纷案</u>,2002年,刘胜某驾驶刘某挂靠在贸易公司的<u>超载货车抢越铁路道口时与火车相撞,导致火车机车受损,机车修理费及停运损失达68万余元</u>。法院认为:刘胜某作为司机,驾驶超载汽车未停车瞭望,盲目抢越铁路道口,违反了《道路交通管理条例》和《铁路法》及国务院发布的《火车与其他车辆碰撞和铁路路外人员伤亡事故处理暂行规定》,系严重违章行为。因该车使用人是刘某,刘胜某与刘某系雇佣关系,刘胜某在执行驾驶员职务时给铁路运输企业造成的损害,应由肇事者的雇主刘某承担赔偿责任。贸易公司是肇事车辆登记车主,是车辆所有人,并收取了刘某服务费,服务费应属管理费范畴,对肇事车有管理权,<u>故应与刘某对铁路局机车修理费及机车停用损失费承担连带赔偿责任</u>。⑤2010年<u>江苏某保险合同纠纷案</u>,2009年7月8日,阳某投保车损险的重型货车追尾受损,当天报险后,保险公司于8月25日定损,阳某主张保险公司迟延定损导致其48天的停运损失。法院认为:根据《保险法》有关规定,保险人收到被保险人或受益人赔偿或给付保险金请求后,应及时作出核定,情形复杂的,应在30天内作出核定,但合同另有约定的除外。保险人未及时履行前款规定义务的,除支付保险金外,应赔偿被保险人或受益人因此受到的损失。营运车辆停驶必然产生停运损失,保险人在签订保险合同时应当能够遇见,故<u>即使营运车辆未投保车辆停驶损失险,保险人对因其迟延定损的违约行为造成的停运损失,仍应承担赔偿责任</u>。本案停运损失赔偿时间范围应从阳某提出索赔请求后30日起至保险公司出具定损报告之日止,保险公司应赔偿阳某18天停运损失。赔偿标准应参照本市短途个体货运行业同型号普通重型货车的平均水平,按被保险车辆每月平均营运成本及预期收益之和除以30天再乘以迟延定损天数18天计算。⑥2006年<u>北京某保险合同纠纷案</u>,2006年8月,王某驾驶的出租车被冷某驾驶并登记在丈夫张某名下的私家车追尾,交警认定冷某全责。保险公司定损6800余元,实际修车1万余元。王某起诉冷某、张某及张某投保交强险的保险公司,要求赔偿修车费以及停运损失,包括承包金损失 1200 余元、误工费 800 余元。法院认为:冷某驾驶的是在保险公司投保了交强险的车辆,依据机动车交强险条款的约定,承包金损失及误工费不属于强制保险的赔偿范围,故保险公司只对王某因交通事故而支付的修车费在保险额度内进行先行赔付,剩余部分按双方过错承担责任。本案交通事故经交通管理部门认定,冷某负事故的全部责任,冷某应对保险公司先行赔付之后的损失承担赔偿责任。该车辆登记注册在冷某的丈夫张某名下,张某应与冷某承担连带赔偿责任。保险公司在车辆进行维修前所做的定损数额不是修理车辆实际支付的费用,其定损数额不能约束王某的实际维修费用支出,且没有证据证明王某对车辆的维修内容有不合理之处,故冷某、张某应按实际支出费用予以赔偿。据此,法院判决由保险公司赔偿王某修车费 2000 元,由冷某、张某赔偿王某修车费 8000 余元、承包金损失 1200 余元、误工费 800 余元。⑦2003 年**江西某行政诉讼案**,2000 年,梅某雇请的司机高某与他人拖拉机相撞,造成一死二伤重大交通事故,双方驾驶员负同等责任。梅某交了 2 万余元交通事故预付款,因未与死、伤者达成调解协议,车辆一直被交警队扣押,并无扣押清单,死者家属起诉后,法院判决梅某雇请的司机赔偿 2 万余元,执行梅某预付款后,该司机尚欠 4000 余元未付,交警队也一直未放车致诉。梅某要求交警队赔偿其停运损失、税收损失等。法院认为:交警队将梅某所有的肇事车辆扣押有合法依据,但扣车过程中,交警队未出具暂扣清单,且在死者家属向法院提起民事诉讼后,未按规定将暂扣车及赔偿预付款移交法院,对本纠纷发生负有责任,应返还车辆。交通事故发生后,负有一定责任的梅某,未按规定支付赔偿预付款,亦有一定责任。其以 1999 年的营运损失类推 2001 年、2002 年的营运损失,没有直接证据证明,且营运损失属间接损失,故依法不应支持,判决交警队将暂扣车辆返还梅某。⑧2003 年**河南某侵犯财产案**,2002 年,经发包方同意,工程公司将承包的土方装运工程分包给赵某等。赵某等人找来挂靠运输公司名下包括李某在内的车辆负责装运土方,因赵某等与工程公司的经济纠纷,未经李某同意,工程公司将李某车辆留置,并在李某付 9 万余元垫付款后方取回车,李某诉请工程公司和赵某等人连带赔偿损失。法院认为:没有合法依据,扣押他人车辆造成损失的,应承担损失赔偿责任。李某所购车虽与运输公司签有承包协议,但该车实际购买人为李某,系挂靠在运输公司名下,因侵权纠纷造成扣押车辆损失,李某有权主张。工程公司将土方装运工程转包给赵某等,赵某又召集李某运输,在运输过程中因与工程公司发生矛盾,赵某等未经李某同意情况下,将李某车辆留置给工程公司,后在李某交付工程公司后才得以将车收回,因赵某等人行为,导致李某直接损失及停运损失,应由赵某等赔偿,工程公司负连带责任。⑨1999 年**河北某财产损失赔偿案**,1999 年,电力公司车辆与刘某个体出租车辆相撞,交警认定前者负全责。刘某对其车辆验损有异议,经车辆解体发现漏检部件。后经修理,停运

97天。法院认为:电力公司驾驶员由于违章超速驾驶造成刘某车辆损坏,理应赔偿。刘某对交警大队组织的表面验损有异议,要求解体验损的主张合理,应根据车辆实际损坏程度进行修复,修复费用应由电力公司赔偿。刘某的车辆是正用于旅客运输经营活动的个体出租车辆,由于本次交通事故造成该车辆停运,停运期间损失,应由电力公司赔偿。刘某因处理交通事故所支出的交通费合理部分亦应由电力公司赔偿。

【同类案件处理要旨】

依法从事货物运输、旅客运输等经营性活动的车辆,因道路交通事故造成无法从事相应经营活动所产生的合理停运损失,当事人有权要求侵权人赔偿。

【相关案件实务要点】

1.【误工损失】被保险机动车辆发生交通事故,受害方所造成的误工损失以及因交通事故产生的仲裁或者诉讼费用以及其他相关费用,不属于交强险先行赔付的内容,应由受害方与致害方按照过错分担损失。案见北京丰台区法院(2006)丰民初字第22571号"王某诉某保险公司等保险合同纠纷案"。

2.【停运损失】在交通事故损害赔偿案件中,如果受害人以被损车辆正用于货物运输或旅客运输经营活动,要求赔偿被损车辆修复期间的停运损失的,交通事故责任者应当赔偿。案见河北元氏法院1999年8月10日判决"刘某诉某电力公司财产损失赔偿案"。

3.【行政扣押】因行政机关暂扣肇事车辆时间过长且未出具暂扣清单引起的行政诉讼案,相对人主张营运损失未提供直接证据,又因营运损失属间接损失而不被支持。案见江西上饶中院2003年2月20日判决"梅某诉某交警队扣押财产案"。

4.【非法扣押】没有合法依据,扣押他人车辆造成损失的,应承担损失赔偿责任。案见河南焦作中院2003年判决"李某等诉某工程公司侵犯财产案"。

5.【迟延定损】保险人自接到报险之日起30日内未向被保险人出具定损意见,应认定为迟延定损行为,保险人除支付保险金外,还应赔偿被保险人因此受到的损失,包括营运车辆的停运损失。案见江苏南京鼓楼区法院(2010)鼓初字第1012号"阳某诉某保险公司保险合同纠纷案"。

【附注】

参考案例索引:广东番禺区法院2000年10月18日判决"李某诉某码头公司财产损失赔偿案",判决码头公司赔偿李某停运损失2.3万余元。见《李锦潮诉南伟公司在负全责的交通事故中应对其被损车辆修复期间的停运损失予以赔偿案》(陈汉艺、王菲),载《人民法院案例选》(200201:146)。①山东青岛中院(2014)青民五终字第 38 号"某实业公司与赵某等交通事故纠纷案",见《保险公司释明停运损失不赔条款的可以免责——山东青岛中院判决长顺公司诉赵洪岩等交通事故纠纷案》(徐奎浩),载《人民法院报·案例精选》(20140515:06)。②江苏无锡崇安区法院(2013)崇商初字第 0414 号"某客运公司与某保险公司保险合同纠纷案",见《无锡市锦江旅游客运有限公司诉中华联合财产保险股份有限公司无锡中心支公司保险合同纠纷案——保险人迟延定损导致营运车辆停运损失的认定与赔偿》(刘刚、陈沂青),载《人民法院案例选》(201404/90:259)。③浙江衢州中院(2013)浙衢民终字第 315 号"欧阳辉勇与宁波市鄞州双马汽车服务有限公司、大众保险股份有限公司宁波分公司损害赔偿纠纷案",见《经营性车辆停运损失的赔偿应以依法营运为前提》(王勇),载《人民司法·案例》(201414:36)。④北京铁路运输中院判决"某铁路局诉刘某等财产损害案",见《北京铁路局石家庄铁路分局诉刘福兴、刘胜朝、河北汽贸运销有限公司邢台分公司铁路交通事故财产损害赔偿案》(刘志英、李建伟),载《人民法院案例选》(2004 年民事/48:231)。⑤江苏南京鼓楼区法院(2010)鼓初字第 1012 号"阳某诉某保险公司保险合同纠纷案",见《保险人迟延定损造成营运车辆的停运损失之赔偿》(邢嘉栋),载《人民司法·案例》(201204:29)。⑥北京丰台区法院(2006)丰民初字第 22571 号"王某诉某保险公司等保险合同纠纷案",见《交强险的赔偿问题》(李岩、高原),载《人民司法·案例》(200702:108)。⑦江西上饶中院 2003 年 2 月 20 日判决"梅某诉某交警队扣押财产案",见《梅德友诉上饶市公安局交警支队直属大队扣押财产案》(娄丹丹),载《人民法院案例选》(200302:450)。⑧河南焦作中院 2003 年判决"李某等诉某工程公司侵犯财产案",判决赵某等分包人和工程公司连带赔偿李某直接损失和停运损失 11.6 万余元。见《李铁楠等诉福建省隧道工程总公司侵犯财产案》(史文辉),载《人民法院案例选》(2004 民事:284)。⑨河北元氏法院 1999 年 8 月 10 日判决"刘某诉某电力公司财产损失赔偿案",判决电力公司赔偿刘某修理费 1.3 万余元及停运期间损失 1.5 万余元和处理事故的交通费 400 余元。见《刘杏宽诉河北送变电实业总公司赔偿负全责的交通事故车辆损失及停运损失案》(李丽莎),载《人民法院案例选》(200102:153)。

65. 鉴定费用等其他损失

——鉴定等费用，损失都能赔？

【其他损失】

【案情简介及争议焦点】

2009年9月，公司驾驶员停车时手刹未拉到位，导致公司车辆倒溜撞倒部队围墙并损害房屋数间，交警认定公司全责。审理中，经部队申请对房屋安全性进行鉴定，结论是仅外观损坏，不存在安全性损害。产生的鉴定费2万元成为焦点。

争议焦点：1.侵权赔偿责任？2.鉴定费用负担？

【裁判要点】

1. 侵权赔偿责任。根据道路交通事故认定书，公司负此事故全部责任，部队不负事故责任，故公司应承担此次交通事故造成的全部损害赔偿责任。

2. 鉴定费用负担。由于房屋安全关系到人的生命财产安全，部队有权申请对损坏的房屋进行安全性鉴定，虽然鉴定结论认为损伤不影响涉案房屋的主体结构安全，但是鉴定费用仍应由公司承担。

【裁判依据或参考】

1. 法律规定。《民法典》（2021年1月1日）第1165条："行为人因过错侵害他人民事权益造成损害的，应当承担侵权责任。依照法律规定推定行为人有过错，其不能证明自己没有过错的，应当承担侵权责任。"第1166条："行为人造成他人民事权益损害，不论行为人有无过错，法律规定应当承担侵权责任的，依照其规定。"第1184条："侵害他人财产的，财产损失按照损失发生时的市场价格或者其他合理方式计算。"《道路交通安全法》（2004年5月1日实施，2011年4月22日修正）第76条："机动车发生交通事故造成人身伤亡、财产损失的，由保险公司在机动车第三者责任强制保险责任限额范围内予以赔偿；不足的部分，按照下列规定承担赔偿责任……"《侵权责任法》（2010年7月1日，2021年1月1日废止）第19条："侵害他人财产，财产损失按照损失发生时的市场价格或者其他方式计算。"第20条："侵害他人人身权益造成财产损失的，按照被侵权人因此受到的损失赔偿；被侵权人的损失难以确定,侵权人因此获得利益的,按照其获得的利益赔偿;侵权人因此获得的利益难以确定,被侵权人和侵权人就赔偿数额协商不一致,向人民法院提起诉讼的,由人民法院根据实际情况确定赔偿数额。"《保险法(2015年修正)》(2015年4月24日)第66条:"责任保险的被保险人因给第三者造成损害的保险事故而被提起仲裁或者诉讼的,被保险人支付的仲裁或者诉讼费用以及其他必要的、合理的费用,除合同另有约定外,由保险人承担。"《民法通则》(1987年1月1日,2021年1月1日废止)第106条:"公民、法人由于过错侵害国家的、集体的财产,侵害他人财产、人身的,应当承担民事责任。"第117条:"……损坏国家的、集体的财产或者他人财产的,应当恢复原状或者折价赔偿。受害人因此遭受其他重大损失的,侵害人并应当赔偿损失。"

2.行政法规。国务院《机动车交通事故责任强制保险条例》(2013年3月1日修改施行)第3条:"本条例所称机动车交通事故责任强制保险,是指由保险公司对被保险机动车发生道路交通事故造成本车人员、被保险人以外的受害人的人身伤亡、财产损失,在责任限额内予以赔偿的强制性责任保险。"

3.司法解释。最高人民法院《关于审理道路交通事故损害赔偿案件适用法律若干问题的解释》(2012年12月21日,2020年修改,2021年1月1日实施)第12条:"因道路交通事故造成下列财产损失,当事人请求侵权人赔偿的,人民法院应予支持:(一)维修被损坏车辆所支出的费用、车辆所载物品的损失、车辆施救费用;(二)因车辆灭失或者无法修复,为购买交通事故发生时与被损坏车辆价值相当的车辆重置费用;(三)依法从事货物运输、旅客运输等经营性活动的车辆,因无法从事相应经营活动所产生的合理停运损失;(四)非经营性车辆因无法继续使用,所产生的通常替代性交通工具的合理费用。"

4.地方司法性文件。江西宜春中院《关于印发〈审理机动车交通事故责任纠纷案件的指导意见〉的通知》(2020年9月1日 宜中法〔2020〕34号)第4条:"交强险的赔偿范围为交通事故造成的直接损失。停运损失、鉴定费、通常替代性交通工具的合理费用等损失不属于交强险赔偿范围。"第44条:"为查明和确定保险事故的性质、原因和保险标的的损失程度所支付的鉴定费,属于《中华人民共和国保险法》第六十四条规定的情形,应由保险人承担。重新鉴定改变了原鉴定意见的,鉴定费的承担参照《诉讼费用交纳办法》的相关规定处理。鉴定意见未被人民法院采信的,鉴定费用不予支持。保险公司在机动车交通事故责任纠纷案件中诉讼费的承担按以下方法确定:一审案件及保险公司未上诉的二审案件,适用保险合同的约定;保险合同没有约定以及保险公司上诉的二审案件,适用《诉讼费用交纳办法》的相关规定。"湖南高院《关于印发〈审理道路交通事故损害赔偿纠纷案件的裁判指引(试行)〉的通知》(2019年11月7日 湘高法〔2019〕29号)第36条:"保险人对一审诉讼费用的负担按照保险条款的约定处理；没有约定的，按照《诉讼费用交纳办法》和《保险法》第六十六条的规定处理。"四川高院《关于印发〈四川省高级人民法院机动车交通事故责任纠纷案件审理指南〉的通知》（2019年9月20日 川高法〔2019〕215号）第46条："【诉讼费用的范围】案件受理费、诉讼中的委托鉴定费属于诉讼费用，应在诉讼费用的负担部分表述，不能作为交通事故损失。"江西上饶中院《关于机动车交通事故责任纠纷案件的指导意见（试行）》（2019年3月12日）第1条："……（十四）鉴定费。鉴定费根据实际发生的鉴定费用并结合票据据实计算，需提供鉴定费用发票。《中华人民共和国保险法》第六十四条规定'保险人、被保险人为查明和确定保险事故的性质、原因和保险标的的损失程度所支付的必要的、合理的费用，由保险人承担'，鉴定费属于该条规定的必要的、合理的费用，应由保险人承担……"湖北十堰中院《印发〈关于进一步规范机动车交通事故责任纠纷案件审理工作的意见〉的通知》（2018年6月28日 十中法〔2018〕79号，2020年7月10日废止）第12条："鉴定费和诉讼费根据当事人签订的保险合同的约定处理。"山东日照中院《机动车交通事故责任纠纷赔偿标准参考意见》（2018年5月22日）第28条："案件受理费、保全费、鉴定费的负担。案件受理费、保全费基于保险人与投保人商业保险合同的约定，一般不判决由保险公司承担，可以判决由侵权人负担，同时，人民法院也可以依照国务院《诉讼费用交纳办法》的规定，根据案件的具体情况决定保险人负担的诉讼费用数额。鉴定费，依照《保险法》第六十四条'保险人、被保险人为查明和确定保险事故的性质、原因和保险标的的损失程度所支付的必要的、合理的费用，由保险人承担'规定，应由保险公司承担。"河北唐山中院《关于审理机动车交通事故责任纠纷、保险合同纠纷案件的指导意见（试行）》（2018年3月1日）第23条："［鉴定费］凡是鉴定报告未被法院采信，鉴定费一律不支持。"广东惠州中院《关于审理机动车交通事故责任纠纷案件的裁判指引》（2017年12月16日）第27条："保险人对一审诉讼费用的负担按照保险条款的约定处理；没有约定的，按照《诉讼费用交纳办法》和《保险法》第六十六条的规定处理。但应按照交强险要承担的赔偿份额在总赔偿额中的比例负担诉讼费。"四川成都中院《关于印发〈机动车交通事故责任纠纷案件审理指南（试行）〉的通知》（2017年7月5日 成中法发〔2017〕116号）第9条："交强险的赔偿范围为交通事故造成的直接损失。停运损失、鉴定费、通常替代性交通工具的合理费用等间接损失不属于交强险赔偿范围，但精神损害抚慰金除外。"第10条："法院应向当事人释明，对精神损害抚慰金是否在交强险限额内优先赔付具有选择权。"北京高院研究室、民一庭《北京法院机动车交通事故责任纠纷案件审理疑难问题研究综述》（2017年3月25日）第6条："交通事故发生后，行政机关为查清事故责任依法对相关车辆进行扣押与检测，被侵权人由此产生的停车费、检测费及营运损失是否应由侵权人予以赔偿？第一种观点认为：上述费用与损失并非源自侵权人的侵权行为，而是由于事故发生后，为配合公安交通部门的行政管理、调查、鉴定而发生，该损失与侵权行为在时间、行为、主体三个方面均有差异，故二者之间不具有因果关系，不应由侵权人承担。第二种观点认为：交通事故发生后，行政机关为查清事故责任依法对相关车辆进行扣押与检测，就由此产生的停车费、检测费及营运损失的承担问题，因该扣押与交通事故的发生、侵权人的侵权行为之间有直接的因果关系，故应由侵权人承担相应赔偿责任。我们认为，根据《道路交通安全法》第七十二条的规定：'公安机关交通管理部门接到交通事故报警后，应当立即派交通警察赶赴现场，先组织抢救受伤人员，并采取措施，尽快恢复交通。交通警察应当对交通事故现场进行勘验、检查，收集证据；因收集证据的需要，可以扣留事故车辆，但是应当妥善保管，以备核查。对当事人的生理、精神状况等专业性较强的检验，公安机关交通管理部门应当委托专门机构进行鉴定。鉴定结论应当由鉴定人签名。'在交通事故发生后，交管部门出于收集证据、查明事故责任的需要，对相关车辆予以扣押，停放在指定的停车场内进行检测属于其法定的程序和职责范围，在扣押与检测期间产生的停车费、检测费及营运损失与交通事故中侵权人的侵权行为之间具有相当因果关系，原则上应由侵权人承担赔偿责任。但应注意的是，对于停车费用，由于《中华人民共和国行政强制法》第26条明确规定，因查封、扣押发生的保管费用由行政机关承担，故对于交管部门履行法定职责对车辆合理扣押期间产生的停车费用应由交管部门承担，不应由被侵权人负担，被侵权人无权向侵权人主张。如被侵权人接到交管部门通知后怠于提取车辆导致停车费用的产生，该费用行政机关有权予以收取，但因其属于被侵权人人为扩大的非合理发生的损失，同样无权向侵权人主张。"江西景德镇中院《关于印发〈关于审理人身损害赔偿案件若干问题的指导意见〉的通知》（2017年3月1日　景中法〔2017〕11号）第18条："鉴定费用等诉讼费用的确定。诉讼费用包括案件受理费、鉴定费用、公告费、保全费等，保险公司一般不负担一审诉讼费用，但因保险公司原因产生的除外。鉴定费用不计入受害人损害赔偿的总额，纳入诉讼费用一并处理。"天津高院《关于印发〈机动车交通事故责任纠纷案件审理指南〉的通知》（2017年1月20日　津高法〔2017〕14号）第6条："……财产损失赔偿项目。直接损失：车辆维修费、车载物品损失、施救费、车辆重置费用。间接损失：停运损失、通常替代性交通工具费用……（二）车载物品损失费。赔偿权利人请求赔偿交通事故认定书中所载明的在事故中损坏的车载物品、车上人员携带物品，并能够证明该损失金额的，应予支持。车载物品损失费一般根据评估结论书、购买发票、市场价格、货物承运单等证据认定。赔偿权利人要求赔偿的物品损失并未在交通事故认定书中载明的，赔偿权利人应对该物品损失的事实承担举证责任……"江苏徐州中院《关于印发〈民事审判实务问答汇编(五)〉的通知》(2016年6月13日)第2条:"……(7)交通事故中的停车费应否支持?答:交通事故案件中对于当事人支出的停车费是否支持,目前有较大争议。第一,从行政管理上看。2012年1月1号起实施的《中华人民共和国行政强制法》第二十六条规定:因查封、扣押发生的保管费用由行政机关承担。根据职责划分,交通事故车辆的查封、扣押职责归公安局交警部门,应由其承担相关费用。而实践中往往事故车辆被指定停放在由第三方经营的场所,由此产生的费用性质有争议。第二,从民事法律规定上看,《侵权责任法》第16条及第22条规定了侵害责任的赔偿项目,在标准掌握上,基本上仍依据《人身损害司法解释》的规定来确定各赔偿项目的计算标准与方法。但上述民事法律及司法解释均未对停车费作出明确规定。第三,最高人民法院《关于审理道路交通事故损害赔偿案件适用法律若干问题的解释》第15条对施救费作了规定,但对停车费也未作出规定。基于上述原因,目前对交通事故中产生的停车费一般不予支持。"第5条:"……(6)鉴定费应否由保险公司赔偿?答:《保险法》第六十四条规定:保险人、被保险人为查明和确定保险事故的性质、原因和保险标的的损失程度所支付的必要的、合理的费用,由保险人承担。依据上述规定,鉴定费不宜计入损失赔偿数额在判决主文中列明,而应在费用负担项目中依据相关规定另行确定费用负担主体及费用数额。"江西南昌中院《机动车交通事故责任纠纷案件指引》(2015年4月30日 洪中法〔2015〕45号)第2条:"关于交通事故具体赔偿项目的要求……鉴定费、诉讼费的认定标准。(1)鉴定费和诉讼费一般不判决保险公司承担。(2)重新鉴定结论主要意见未改变的,由重新鉴定申请方承担重新鉴定费。【注意事项】:对于伤残等级重新鉴定,如果重新鉴定结论未改变原鉴定结论的,重新鉴定费由保险公司自行承担。对于交通事故案件的一审诉讼费用原则上保险公司不承担,但对于二审则根据谁败诉谁负担原则……单位证明的证据审查原则。即:单位出具的证明材料必须单位负责人及制作人的签字或盖章,并加盖单位印章。法院对此发函核实。【注意事项】:对于派出所出具的暂住证明法院依职权发函核实其真实性,保险公司可省略核实证明真实性问题。"重庆高院民一庭《民一庭高、中两级法院审判长联席会议〈机动车交通事故责任纠纷中的法律适用问题解答(一)〉会议综述》(2015年3月25日)第5条:"商业保险公司是否应当承担诉讼费和鉴定费?与会代表一致认为,根据《保险法》第六十六条规定,即'责任保险的被保险人因给第三者造成损害的保险事故而被提起仲裁或者诉讼的,被保险人支付的仲裁或者诉讼费用以及其他必要的、合理的费用,除合同另有约定外,由保险人承担。'在保险合同没有明确约定的情况下,商业保险公司应当根据诉讼结果承担诉讼费和鉴定费。保险合同中虽然约定'商业保险公司不承担仲裁或者诉讼费用以及其他必要的、合理的费用',但是商业保险公司未对该格式条款尽到提醒和说明义务的,商业保险公司仍然应当承担前述费用。"河北承德中院《2015年民事审判工作会议纪要》(2015年)第52条:"鉴定费、诉讼费的承担。《保险法》第66条规定:'责任保险的被保险人因给第三者造成损害的保险事故而被提起仲裁或者诉讼的,被保险人支付的仲裁或者诉讼费用以及其他必要的、合理的费用,除合同另有约定外,由保险人承担。'如果保险合同当中明确约定保险公司不承担诉讼费、鉴定费,应该能当依据保险合同作出判决。"安徽高院《关于审理道路交通事故损害赔偿纠纷案件若干问题的指导意见》(2014年1月1日 皖高法〔2013〕487号)第8条:"道路交通事故损害赔偿纠纷案件保险公司是否承担诉讼费,适用以下规则:交强险赔偿部分,适用《诉讼费用交纳办法》。商业三者险赔偿部分,一审案件以及保险公司未上诉的二审案件适用保险合同的约定;保险合同没有约定以及保险公司上诉的二审案件,适用《诉讼费用交纳办法》。"安徽滁州中院《关于审理道路交通事故损害赔偿案件座谈会纪要》(2013年8月2日)第25条:"鉴定费可以由保险公司、侵权人、受害人等当事人负担,具体可根据鉴定结果所确定损失的分担情况确定鉴定费的负担。保险公司负担鉴定费不受保险限额影响。"第26条:"对交通事故的机动车方与承保该机动车责任保险的保险公司共同参加的诉讼案件,应当依据各当事人实际承担的赔偿数额、机动车方在交通事故中所负责任、当事人在诉前对义务的履行,以及保险公司诉前是否拒绝受害人方的赔偿请求等综合情况,确定机动车方与保险公司对诉讼费的承担数额。"上海高院《第一次高中院(上海市)金融审判联席会议纪要》(2012年4月10日)第1条:"法院审理交通事故纠纷案时,为查明第三人(受害人)伤情通常需要进行伤情鉴定,由此产生的伤情鉴定费可否纳入三者险的赔偿范围?被保险人(加害人)一般主张,鉴定费系为查明保险事故性质、产生原因而发生,故保险人应当承担。保险人一般则主张鉴定费不属于保险合同规定的赔偿范围。法院在审理此类纠纷时,应如何处理?……【倾向性意见】(一)《保险法》第64条规定在'财产保险合同'一节内,其所指的'由保险人承担'应理解为,保险人应当在财产保险合同约定的保险标的损失赔偿金额以外另行计算并承担。如某火灾事故,合同约定的保险金额为100万元,被保险人实际损失为100万元,被保险人另支付了公估费5万元。保险人除应赔付保险赔偿金100万元外,还应向被保险人支付5万元公估费。(二)第三者伤残鉴定费不是因交通事故直接导致的财产损失,而是交通事故导致人身损害后间接所致财产损失,故不属于'交强险条款'约定的财产损失赔偿范围。该损失也不在'交强险条款'有关死亡伤残赔偿限额、医疗费用赔偿限额所列举的赔偿项目内。(三)在审理包含此类诉讼请求的案件时,法院应当注意审查交通事故纠纷案对此是否已经作出处理。如前案已经就交强险合同纠纷进行审理并作出生效法律文书的,后诉法院应按'一事不再理'原则处理。如前案未对交强险法律关系进行审理,被保险人要求交强险保险人承担第三者伤残鉴定费用的,后诉法院不予支持。(四)被保险人依法应当承担交通事故第三者伤残鉴定费用的,被保险人在实际赔付后要求商业三者险保险人按约定在保险赔偿金范围承担相应赔偿责任的,法院应当予以支持。但商业三者险保险合同明确约定保险人对'诉讼费及其他相关费用'或'未经保险人事先统一的检验费、鉴定费、评估费'不负责赔偿,且保险人已依法履行提示和明确说明义务的,保险人有权按合同约定拒绝赔偿。"江苏无锡中院《关于印发〈关于审理道路交通事故损害赔偿案件若干问题的指导意见〉的通知》(2010年11月8日　锡中法发〔2010〕168号)第37条:"【保险人尽到理赔义务的诉讼费用负担】保险人在诉前及庭审辩论终结前已经出具理赔意见,且理赔意见与人民法院认定赔偿数额相符的,保险人不承担诉讼费用。保险人未出具理赔意见,或理赔意见低于人民法院认定其需赔偿数额5%以上的,人民法院可以根据保险人在调解失败中所起的作用责令保险人承担部分或全部诉讼费用。"第39条:"【因诉讼支出的其他费用承担】案件所涉公告、鉴定、评估等费用,由相应的责任人向相关部门预交。受害人经济困难的,可以向人民法院申请减、缓、免交,符合法定条件的,人民法院可以责令另一方当事人预交。上述费用经人民法院审查属于诉讼必要支出的,可以认定为赔偿权利人因事故所产生的间接损失,由当事人根据其赔偿责任相应承担。"上海高院民一庭《道路交通事故纠纷案件疑难问题研讨会会议纪要》(2011年12月31日)第18条:"在侵权案件中律师费的支付标准。律师费并非是《侵权责任法》、《人身损害司法解释》规定的法定赔偿项目。但考虑到受害人因诉讼聘请律师确实会产生一定损失,上海高院在沪高法民〔2000〕44号文中明确律师费可以作为损失予以支持。但考虑到律师收费有多种标准,包括计时、计件等,还有的风险代理等,且不同级别的律师收费标准也不同,故我们认为仍参照现有做法,即结合案件的难易程度及案件标的等因素来综合确定,一般情况下律师费赔偿的标准不宜高于10000元,由法官根据案情酌定。"江苏高院、省公安厅、中国保监会江苏监管局《关于加强交通事故损害赔偿案件调解和构建交通事故损害赔偿案件联动处理机制的意见》(2011年7月19日　苏高法〔2011〕298号)第5条:"……2.公安交管部门在调查处理交通事故案件阶段,对涉案车辆涉及保险公司的,应及时通知保险公司参与事故调解等工作。公安交管部门根据《机动车交通事故责任强制保险条例》的规定,对符合抢救费垫付条件的,应及时通知有关保险公司在交强险医疗赔偿费用限额范围内先行垫付抢救费用,有关保险公司应当先行垫付。3.人民法院在审理交通事故案件阶段,对涉案车辆涉及保险公司的应要求赔偿权利人及时提供相关证据材料,并及时向保险公司等其他各方当事人送达,为保险公司核定保险赔偿金额预留合理时间。有关保险公司应及时核定保险赔偿金额。核定的交通事故强制责任保险和第三者责任险在责任限额范围内的,有关保险公司应在三个工作日内出具审核意见书,情况复杂的可在十五个工作日内出具审核意见书。人民法院在审理中需要对当事人进行伤残鉴定的,应当通知保险公司参与。人民法院判令保险公司在交通事故强制保险责任限额内承担赔偿责任的,应当给予保险公司不少于 10 日的履行期限。对保险公司按时出具审核意见书并及时到庭参与调解的案件,一般不确定保险公司承担诉讼费用。"贵州高院《关于印发〈关于审理涉及机动车交通事故责任强制保险案件若干问题的意见〉的通知》(2011 年 6 月 7 日　黔高法〔2011〕124 号)第 14 条:"在道路交通事故损害赔偿案件中,保险公司在诉讼中已履行理赔义务的,则保险公司不承担诉讼费用。保险公司拒绝理赔,或不按有关法律规定理赔,如赔偿数额是在保险限额范围内,则保险公司应承担全部的诉讼费用,如赔偿数额超过保险限额,则保险公司应承担与其赔偿数额相应的诉讼费用,剩余部分则由各方当事人依责任大小或赔偿数额的多少分别承担相应的诉讼费用。"上海高院民五庭《关于印发〈关于审理保险代位求偿权纠纷案件若干问题的解答(一)〉的通知》(2010 年 9 月 19 日　沪高法民五〔2010〕2 号)第 9 条:"在保险理赔程序中,保险人为查明和确定保险事故的性质、原因和损失程度所支付的公估费、鉴定费等必要费用,能否在保险代位求偿权纠纷中要求第三者赔偿?答:保险人向投保人收取的保险费(亦称毛保费)由两部分构成,一是纯保费,对应于每个单位保额的可能损失额;二是附加保费,即保险人就每单位保额支出的经营费用,包括保险公司的手续费、佣金和固定成本等各种费用。查明和确定保险事故的性质、原因和损失程度是保险人理赔工作的一部分,是理赔必须支出的费用,属于附加保费的范畴。《保险法》第六十四条规定,在理赔程序中支出的公估费等必要费用,由保险人承担。保险人支出的公估费不属于《保险法》第六十条规定的保险赔偿金,在保险代位求偿权纠纷中,保险人要求第三者赔偿公估费的,法院不予支持。"河南郑州中院《审理交通事故损害赔偿案件指导意见》(2010 年 8 月 20 日　郑中法〔2010〕120 号)第 34 条:"根据《保险法》第 66 条规定,由被保险人支付的仲裁或者诉讼费用以及其他必要的、合理的费用,除合同另有约定外,可以由保险公司承担。"山东东营中院《关于印发道路交通事故处理工作座谈会纪要的通知》(2010 年 6 月 2 日)第 38 条:"交通事故中伤残评定、财产损失评估,交警部门可以向当事人介绍符合条件的评定、评估机构,由当事人自行选择决定。对于财产损失的评估,交警部门可向当事人进行释明,引导当事人到当地物价局的价格认证中心进行财产损失的评估。财产损失数额巨大涉嫌刑事犯罪的,由交警部门负责委托评估。"第 39 条:"在现场勘验、拍照、制作询问笔录时,交警部门应将当事人随身或随车携带物品的损失情况作为重点调查内容之一,对于贵重物品,应将物品的品牌、型号、购买时间、购买价格等调查清楚,并将相关物品作为物证予以封存。"北京高院民一庭《关于道路交通损害赔偿案件的疑难问题》(2010 年 4 月 9 日)第 2 条:"……道路交通事故中财产间接损失,如误工费、承包费、营运损失、拖车费、停车费、租车费、电话费等是否赔偿,赔偿原则是什么。实践中,对于交通费、误工费、营运损失等间接损失是否予以赔偿及具体赔偿范围存在分歧,需明确间接损失的赔偿原则。间接损失代表受害人遭受的经济损失,一概不予赔偿不妥当,对其赔偿应把握以下原则:(1)间接损失的发生必须与交通事故中的财产损坏存在密切的因果关系。如有的是为了保障财产损坏能得到及时修理,有的是为了减少财产损坏给受害人带来的不利影响,有的是转移财产损坏所带来的赔偿责任。(2)间接损失的认定,必须有证据证实,如有相应的费用支付票据。(3)间接损失的赔偿,应当符合必要性及合理性的原则,受害人不能有意或者过失地认为制造或者扩大间接损失。(4)对于一些经常发生而且显着轻微的间接损失,如电话费等,可以排除在赔偿范围之外,因为其显着轻微对受害人影响不大,如果一概纳入司法审查,举证的费用负担恐怕比损失本身还大,既得不偿失又浪费司法资源。"江西南昌中院《关于审理道路交通事故人身损害赔偿纠纷案件的处理意见(试行)》(2010年2月1日)第40条:"交强险的保险公司违反《机动车交通事故责任强制保险条例》的规定拒绝支付赔偿,或者未及时支付赔偿,或者支付的赔偿不符合法律规定,导致赔偿权利人起诉而引发诉讼的,由保险人根据过错程度承担相应的诉讼费用。如保险公司诉讼前实际支付或者确定支付的'交强险'赔偿额,与其诉讼抗辩主张一致,经法院判决符合法律及合同约定的,保险公司不需承担本次诉讼的诉讼费用。"第41条:"保险公司以《机动车交通事故责任强制保险条款》第十条第(四)项的规定为由,拒绝赔偿鉴定费的,不予支持。"广东广州中院《民事审判若干问题的解答》(2010年)第17条:"【保险公司是否应当承担诉讼费用】在道路交通事故案件中,承保交强险的保险公司败诉的,是否需要承担诉讼费用?答:国务院《诉讼费用交纳办法》第二十九条的规定,诉讼费用由败诉方负担,胜诉方自愿承担的除外。部分胜诉、部分败诉的,人民法院根据案件的具体情况决定当事人各自负担的诉讼费用数额。据此,在交通事故损害赔偿纠纷案件中,交强险保险公司败诉的,仍应承担相应的诉讼费用。"安徽合肥中院民一庭《关于审理道路交通事故损害赔偿案件适用法律若干问题的指导意见》(2009年11月16日)第63条:"保险公司作为被告或第三人,在诉前有拒绝理赔或拒绝在交通事故责任强制保险范围内垫付抢救费用等情形的,应承担相应的诉讼费用。"广东佛山中院《关于审理道路交通事故损害赔偿案件的指导意见》(2009年4月8日)第56条:"赔偿权利人请求受损机动车修理期间另行租车费用的,可以根据未发生交通事故前,当事人使用车辆是否必要、合理(如其是否是车辆的实际所有人、使用车辆的目的、车辆的用途、是否已指出租车费用等为标准)来判断当事人是否发生另行租车的损失。若赔偿权利人确需另行租车,且有租车事实,就其租车发生的损失可参照租赁公司出租一般普通型车辆的费用计算,租车的计付期间应等同或短于从事故发生之日起至车辆修复完毕应从修理厂提取之日止的期间。赔偿权利人请求受损机动车因交通事故造成的价值贬损,可综合车辆本身价值、车辆受损情况以及价值贬损鉴定结论酌情予以支待。"湖南高院《关于审理涉及机动车交通事故责任强制保险案件适用法律问题的指导意见》(2008年12月12日)第12条:"未发生强制保险合同争议的情况下,受害第三者直接起诉保险人或者人民法院将保险人追加为第三人的,保险人不应承担诉讼费用。"浙江杭州中院《关于道路交通事故损害赔偿纠纷案件相关问题的处理意见》(2008年6月19日)第3条:"……鉴定费问题。原告起诉前自行委托鉴定,并将鉴定费计算在诉请中,庭审中被告提出重新鉴定并交纳鉴定费,重新鉴定的结论若推翻原告自行委托鉴定的结论的,对于被告所花费的鉴定费用如何处理?鉴定费是为诉讼所实际支出的费用,对鉴定费的分担应参照诉讼费分担原则,由败诉方承担。根据《诉讼费用交纳办法》的规定,鉴定费不属诉讼费范畴。根据谁主张谁负担原则,如果被告未就鉴定费提起反诉请求,仅是将鉴定结论作为抗辩依据,法院不能对鉴定费作出判决,原告明确表示愿意承担的除外。"江西高院民一庭《关于审理道路交通事故人身损害赔偿案件适用法律若干问题的解答》(2006年12月31日)第16条:"'交强险'的保险人违反《机动车交通事故责任强制保险条例》的规定,拒绝支付赔偿,或者未及时支付赔偿,或者支付的赔偿不符合法律规定,导致赔偿权利人起诉被保险人而引发诉讼的,被保险人因参加诉讼而花费的合理开支和造成的损失由保险人承担。如保险人实际支付或者确定支付的'交强险'赔偿额符合法律及合同规定的,保险人不需承担本次诉讼的案件受理费。"江苏溧阳法院《关于审理交通事故损害赔偿案件若干问题的意见》(2006年11月20日)第17条:"对于诉讼费承担的保险条款约定对受害人无约束力。"第18条:"对于伤残鉴定费承担,一般应根据事故责任进行确定,而不能以是否构成伤残的结果来确定,即不能如经鉴定不构成伤残的则一律由受害人负担鉴定费;对于诉讼中产生的鉴定费用属于诉讼费用范围,应在诉讼费用一栏中写明鉴定费用负担;对于诉讼前产生的鉴定费用属于损失范围,在法律文书主文中确定承担。"江西赣州中院《关于审理道路交通事故人身损害赔偿案件的指导性意见》(2006年6月9日)第33条:"交通事故受伤人员康复必需的营养费,根据受害人伤残情况参照医疗机构的意见确定。"第38条:"人民法院拍卖交通事故机动车所得价款,优先用于支付交通事故损害赔偿金后再支付机动车保管费。"江苏无锡中院《全市民事审判疑难问题研讨会纪要》(2006年3月14日)第5条:"保险公司须承担赔偿责任的,同时判令其承担相应的诉讼费。"江苏常州中院《关于印发〈常州市中级人民法院关于审理交通事故损害赔偿案件若干问题的意见〉的通知》(2005年9月13日 常中法〔2005〕第67号)第11条:"对保险公司作为当事人参加诉讼的,应加强调解工作。经人民法院调解不成的,应依法及时作出判决。

保险公司除应依法承担实体赔偿责任外,还应承担相应的案件诉讼费用。"江苏高院、省公安厅《关于处理交通事故损害赔偿案件有关问题的指导意见》(2005年9月1日 苏高法〔2005〕282号)第30条:"人民法院拍卖交通事故车辆所得价款,在优先用于支付交通事故损害赔偿的费用后再支付车辆保管费。"

5.最高人民法院审判业务意见。●律师代理费用是否属于保险法第二十四条第二款规定的损失范围?《人民司法》研究组:"我国没有实施强制代理制度,聘请律师是当事人自由选择的权利,不是基本需要,要求败诉方承担律师代理费用必须以法律法规等的明确规定为依据。如:最高人民法院、司法部《关于民事法律援助工作若干问题的联合通知》(司发通〔1999〕032号)第7条规定:'法律援助人员办理法律援助案件所需差旅费、文印费、交通通讯费、调查取证费等办案必要开支,受援方列入诉讼请求的,人民法院可根据具体情况判由非受援的败诉方承担。'该通知是具有法律效力的有效解释,人民法院可以将胜诉方的必要律师费用判由败诉方承担。最高人民法院《关于适用合同法若干问题的解释(一)》第26条规定:'债权人行使撤销权所支付的律师代理费、差旅费等必要费用,由债务人负担;第三人有过错的,应当适当分担。'这是由败诉方承担律师代理费用的另一规定。具体到来信提到的问题,因没有明确规定,律师代理费用不属于保险法第二十四条第二款所指的'损失'。因此,我们认为,法院不应支持被保险人或受益人的该项诉讼请求。"○**本案的鉴定费用应由谁负担?**《人民司法》研究组:"《诉讼费用交纳办法》第二章规定的是'诉讼费用交纳范围',关于鉴定费的交纳规定在该章的第十二条,是指诉讼参与人辅助诉讼的费用,显然鉴定费属于诉讼费用的范畴。这里的'谁主张、谁负担',只是说一方当事人为维护自己的利益,在诉讼过程中引入第三方主体欲证明自己诉讼请求的合法性,并期望据此使法官形成有利于自己的心证。此时法院判决还未作出,对于申请鉴定一方当事人的诉讼请求能否得到支持还处于不确定状态,此时当然应先由申请方交纳鉴定费用。但是根据《诉讼费用交纳办法》第二十九条,诉讼费用由败诉方负担,胜诉方自愿负担的除外。部分胜诉的,人民法院可以根据案件的具体情况决定当事人各自负担的诉讼费用数额。因鉴定费用属于诉讼费用,当然也应根据第二十九条的规定确定最终由谁来负担。因此,我们认为,你院第一种意见是正确的。"●**侵权事实存在,但侵权造成的损害数额大小无法确定或者难以确定的,应如何处理?**最高人民法院民一庭倾向性意见:"自由心证和自由裁量是有密切联系的,没有限制在特定的领域;自由心证原则适用于侵权事实的确定和侵权赔偿数额的确定等领域,而不仅仅适用于侵权事实确定的领域。在已能认定损害确实存在,只是具体数额难以确定或者无法确定的情况下,法官可以结合一些间接证据和案件其他事实,遵循法官职业道德,运用逻辑推理和日常生活经验,进行自由心证,适当确定侵权人应当承担的赔偿数额。但这一规则只适用于侵害人身权和财产权的民事案件,不适用于合同纠纷等其他民事案件。"○**案件的鉴定费用应如何负担?**《民事审判指导与参考》研究组:"《诉讼费用交纳办法》第二章规定的是'诉讼费用交纳范围',关于鉴定费的交纳规定在该章的第12条,属于诉讼参与人辅助诉讼的费用,显然鉴定费属于诉讼费用的范畴。这里的'谁主张、谁负担'只是说,一方当事人为维护自身的利益,在诉讼过程中引入第三方主体证明自己诉讼请求的合法性,并期望据此使法官形成有利于自己的心证。此时法院判决还未作出,对于请求鉴定一方当事人的诉讼请求能否得到支持还处于不确定状态,此时当然应先由申请方交纳鉴定费用。但是根据《诉讼费用交纳办法》第29条,诉讼费用由败诉方负担,胜诉方自愿负担的除外。部分胜诉的,人民法院可以根据案件的具体情况决定当事人各自负担的诉讼费用数额。因鉴定费用属于诉讼费用,当然也应根据第29条的规定确定最终由谁来负担。"

6. 参考案例。①2012年**江苏某保险合同纠纷案**,2010年1月,运输公司驾驶员师某因疲劳驾驶发生单方交通事故,致高速公路路产损失及车辆损坏,运输公司为此支付施救费1.6万元,保险公司认为该费用明显过高,应按物价部门相关标准计算。法院认为:本次事故发生在高速公路上,涉案车辆损坏后丧失行驶能力,为避免车辆及货物损失扩大,运输公司在这种情况下选择专业施救单位进行施救是唯一的选择。至于<u>施救单位对运输公司收取1.6万元的施救费用是否合理,要结合施救的难易程度、采取的施救措施及被施救财产的价值来综合认定</u>。涉案车辆发生事故时装载大量货物,施救车辆时必须先将货物卸下,然后才能采取其他措施,施救难度较大,为此,施救单位动用了大量的人力、车辆。面对价值30余万元的财产和1.6万元的施救费用,运输公司选择后者并无不当,且该费用已实际发生,也未超过保险金额,保险公司应予理赔。②2010年**福建某保险合同纠纷案**,2010年2月,陈某驾车与吴某摩托车相撞致陈某车辆损坏,交警认定陈某负次要责任。经鉴定,该车灯光、转向、制动系统均合格,为此花去车辆技术性能鉴定费900元。争议焦点:**包含税费的维修费、车辆技术性能鉴定费应否支持?** 法院认为:保险事故发生后保险公司对车辆损失情况进行定损确认,该定损确认书确定维修费的金额已包括各项税费,但并未明确税费金额及其扣除计算方法,而计收税费系由行政机关有权确认的行为,陈某亦非有权代开发票的维修单位,保险公司自行确定维修费中包含税费与法不符,该约定无效。<u>陈某实际维修后由维修单位开具了发票,为此陈某支付了税费,造成损失,且保险公司并未对陈某是否超出定损确认书确定的项目进行维修有异议,故一并应由保险公司承担另增加的税费</u>。交警部门在处理事故过程中为查明事故责任实施车辆技术性能鉴定行为,而事故责任认定是保险公司进行保险理赔的依据,<u>车辆技术性能鉴定费是保险理赔程序上必要的费用,陈某支付的车辆技术性能鉴定费应得到保险赔偿</u>。

【同类案件处理要旨】

因道路交通事故造成下列财产损失,当事人请求侵权人赔偿的,人民法院应予支持:(一)维修被损坏车辆所支出的费用、车辆所载物品的损失、车辆施救费用;(二)因车辆灭失或者无法修复,为购买交通事故发生时与被损坏车辆价值相当的车辆重置费用;(三)依法从事货物运输、旅客运输等经营性活动的车辆,因无法从事相应经营活动所产生的合理停运损失;(四)非经营性车辆因无法继续使用,所产生的通常替代性交通工具的合理费用。

【相关案件实务要点】

1.【鉴定费用】在侵权损害赔偿纠纷案件中,当事人对相关专门性问题产生争议时,受害人有权申请进行鉴定,即使鉴定结论与申请鉴定内容不一致的,鉴定费用仍应当由侵权人承担。案见江苏南京雨花台区法院(2009)雨民三初字第700号"赵某诉某保险公司保险合同纠纷案"。

2.【保险理赔】交警部门在处理事故过程中为查明事故责任实施车辆技术性能鉴定行为,而事故责任认定是保险公司进行保险理赔的依据,车辆技术性能鉴定费是保险理赔程序上必要的费用,被保险人支付的车辆技术性能鉴定费应得到保险赔偿。案见福建莆田荔城区法院(2010)荔民初字第2602号"陈某诉某保险公司保险合同纠纷案"。

3.【施救费用】运输车辆发生交通事故后,如行政主管部门未对运输车辆施救的各类费用作出强制性规定,则判断施救费用是否必要合理,应当按照一个谨慎的未投保的所有人在危险发生的情况下可能会采取的措施这一标准来衡量。案见江苏徐州中院(2012)徐商终字第243号"某运输公司诉某保险公司保险合同纠纷案"。

【附注】

参考案例索引:江苏南京雨花台区法院(2009)雨民三初字第700号"某部队诉某公司等侵权损害赔偿案",见《侵权损害赔偿纠纷案件中鉴定费用的负担——南京雨花台法院判决预备役高炮第一团诉南京中北公司等侵权损害赔偿纠纷案》(郑冰),载《人民法院报·案例指导》(20110127:6)。①江苏徐州中院(2012)徐商终字第243号"某运输公司诉某保险公司保险合同纠纷案",见《高速公路上运输车辆发生事故后施救费的认定——江苏徐州中院判决三联公司诉丰县人保公司财产保险合同纠纷案》(曹杰、李涛),载《人民法院报·案例指导》(20120712:6)。②福建莆田荔城区法院(2010)荔民初字第2602号"陈某诉某保险公司保险合同纠纷案",见《陈辉辉诉中国人民财产保险股份有限公司晋江市分公司保险合同案》(刘忠生),载《中国法院2012年度案例:保险纠纷》(107)。

参考观点索引: ●律师代理费用是否属于保险法第二十四条第二款规定的损失范围?见《律师代理费用是否属于保险法第二十四条第二款规定的损失范围?》,载《人民司法·司法信箱》(200905:110)。○本案的鉴定费用应由谁负担?见《本案的鉴定费用应由谁负担?》,载《人民司法·司法信箱》(201001:111)。●侵权事实存在,但侵权造成的损害数额大小无法确定或者难以确定的,应如何处理?见《侵权事实存在,但侵权造成的损害数额大小无法确定或者难以确定的,应如何处理》(程新文),载《中国民事审判前沿》(200501:157)。○案件的鉴定费用应如何负担?见《案件的鉴定费用应如何负担》,载《民事审判指导与参考·民事审判信箱》(201001:292)。

66. 车辆爆胎责任的认定
——爆胎致事故,厂家有无责?

【产品责任】

【案情简介及争议焦点】

2000年3月,公路局购买美国产的越野车,司机从配件经销部购买了两条"横滨"轮胎用以替换越野车原装日本产"凡士通"轮胎。10个月后,司机驾车过程中车速过高,左前轮爆胎致车辆失控,造成司机及车上3人死亡的特大交通事故。现场遗留有印有"横滨"标识的轮胎残片。交警认定司机负全责。公路局为此支付遗属抚恤费数十万元。随后公路局起诉"横滨"商标所有人株式会社。诉讼中,原告申请鉴定印有"横滨"商标的轮胎残片是否为事故车辆左前轮胎爆破并燃烧后所留,因未交足5万元鉴定费,被法院按撤回申请处理。

争议焦点:1.本案法律适用?2.举证责任如何分配?

【裁判要点】

1.法律适用。 本案公路局系涉诉案件的受害人,诉讼中,其明确要求适用日本《制造物责任法》审理本案,参照国际司法救济的一般原则,在审理产品缺陷责任纠纷案件中,由于受害人处于弱势地位,尽量方便受害人对产品责任的诉讼,法律适用上对受害人要求适当予以考虑,目的在于更好地保护受害人的合法权益,故法院选择适用日本《制造物责任法》作为审理本案的准据法。

2. 举证责任。涉外案件举证责任适用法院地法。公路局虽对待证事实递交了鉴定申请,但未在法定期限内足额交纳鉴定费用,也未说明交费不能的理由,故鉴定程序未能启动,致使该待证事实无法通过鉴定认定。依日本《制造物责任法》规定,公路局要求适用《制造物责任法》追究制造商的损害赔偿责任,首先应证明事故现场爆胎产品是株式会社制造的产品,及该产品存在缺陷之事实,而公路局现有证据不足以认定该事实存在,故其诉讼请求,不能成立。

【裁判依据或参考】

1. 法律规定。《民法典》(2021年1月1日)第770条:"承揽合同是承揽人按照定作人的要求完成工作,交付工作成果,定作人支付报酬的合同。承揽包括加工、定作、修理、复制、测试、检验等工作。"第772条:"承揽人应当以自己的设备、技术和劳力,完成主要工作,但是当事人另有约定的除外。承揽人将其承揽的主要工作交由第三人完成的,应当就该第三人完成的工作成果向定作人负责;未经定作人同意的,定作人也可以解除合同。"第773条:"承揽人可以将其承揽的辅助工作交由第三人完成。承揽人将其承揽的辅助工作交由第三人完成的,应当就该第三人完成的工作成果向定作人负责。"第774条:"承揽人提供材料的,应当按照约定选用材料,并接受定作人检验。"第1202条:"因产品存在缺陷造成他人损害的,生产者应当承担侵权责任。"第1203条:"因产品存在缺陷造成他人损害的,被侵权人可以向产品的生产者请求赔偿,也可以向产品的销售者请求赔偿。产品缺陷由生产者造成的,销售者赔偿后,有权向生产者追偿。因销售者的过错使产品存在缺陷的,生产者赔偿后,有权向销售者追偿。"第1205条:"因产品缺陷危及他人人身、财产安全的,被侵权人有权请求生产者、销售者承担停止侵害、排除妨碍、消除危险等侵权责任。"《侵权责任法》(2010年7月1日,2021年1月1日废止)第41条:"因产品存在缺陷造成他人损害的,生产者应当承担侵权责任。"第42条:"因销售者的过错使产品存在缺陷,造成他人损害的,销售者应当承担侵权责任。销售者不能指明缺陷产品的生产者也不能指明缺陷产品的供货者的,销售者应当承担侵权责任。"第43条:"因产品存在缺陷造成损害的,被侵权人可以向产品的生产者请求赔偿,也可以向产品的销售者请求赔偿。产品缺陷由生产者造成的,销售者赔偿后,有权向生产者追偿。因销售者的过错使产品存在缺陷的,生产者赔偿后,有权向销售者追偿。"第45条:"因产品缺陷危及他人人身、财产安全的,被侵权人有权请求生产者、销售者承担排除妨碍、消除危险等侵权责任。"第46条:"产品投入流通后发现存在缺陷的,生产者、销售者应当及时采取警示、召回等补救措施。未及时采取补救措施或者补救措施不力造成损害的,应当承担侵权责任。"《道路交通安全法》(2004年5月1日实施,2011年4月22日修正)第21条:"驾驶人驾驶机动车上道路行驶前,应当对机动车的安全技术性能进行认真检查;不得驾驶安全设施不全或者机件不符合技术标准等具有安全隐患的机动车。"《产品质量法》(2000年9月1日)第43条:"因产品存在缺陷造成人身、他人财产损害的,受害人可以向产品的生产者要求赔偿,也可以向产品的销售者要求赔偿。属于产品的生产者的责任,产品的销售者赔偿的,产品的销售者有权向产品的生产者追偿。属于产品的销售者的责任,产品的生产者赔偿的,产品的生产者有权向产品的销售者追偿。"第46条:"本法所称缺陷,是指产品存在危及人身、他人财产安全的不合理的危险;产品有保障人体健康和人身、财产安全的国家标准、行业标准的,是指不符合该标准。"《民法通则》(1987年1月1日,2021年1月1日废止)第122条:"因产品质量不合格造成他人财产、人身损害的,产品制造者、销售者应当依法承担民事责任。运输者、仓储者对此负有责任的,产品制造者、销售者有权要求赔偿损失。"

2. 行政法规。国务院《缺陷汽车产品召回管理条例》(2013年1月1日)第6条:"任何单位和个人有权向产品质量监督部门投诉汽车产品可能存在的缺陷,国务院产品质量监督部门应当以便于公众知晓的方式向社会公布受理投诉的电话、电子邮箱和通信地址。国务院产品质量监督部门应当建立缺陷汽车产品召回信息管理系统,收集汇总、分析处理有关缺陷汽车产品信息。产品质量监督部门、汽车产品主管部门、商务主管部门、海关、公安机关交通管理部门、交通运输主管部门、工商行政管理部门等有关部门应当建立汽车产品的生产、销售、进口、登记检验、维修、消费者投诉、召回等信息的共享机制。"第8条:"对缺陷汽车产品,生产者应当依照本条例全部召回;生产者未实施召回的,国务院产品质量监督部门应当依照本条例责令其召回。本条例所称生产者,是指在中国境内依法设立的生产汽车产品并以其名义颁发产品合格证的企业。从中国境外进口汽车产品到境内销售的企业,视为前款所称的生产者。"第19条:"对实施召回的缺陷汽车产品,生产者应当及时采取修正或者补充标识、修理、更换、退货等措施消除缺陷。生产者应当承担消除缺陷的费用和必要的运送缺陷汽车产品的费用。"第27条:"汽车产品出厂时未随车装备的轮胎存在缺陷的,由轮胎的生产者负责召回。具体办法由国务院产品质量监督部门参照本条例制定。"

3. 司法解释。最高人民法院《关于审理道路交通事故损害赔偿案件适用法律若干问题的解释》(2012年12月21日,2020年修改,2021年1月1日实施)第9条:"机动车存在产品缺陷导致交通事故造成损害,当事人请求生产者或者销售者依照民法典第七编第四章的规定承担赔偿责任的,人民法院应予支持。"最高人民法院《关于产品侵权案件的受害人能否以产品的商标所有人为被告提起民事诉讼的批复》(2002年7月28日 法释〔2002〕22号):"……任何将自己的姓名、名称、商标或者可资识别的其他标识体现在产品上,表示其为产品制造者的企业或个人,均属于《中华人民共和国民法通则》第一百二十二条规定的'产品制造者'和《中华人民共和国产品质量法》规定的'生产者'。本案中美国通用汽车公司为事故车的商标所有人,根据受害人的起诉和本案的实际情况,本案以通用汽车公司、通用汽车海外公司、通用汽车巴西公司为被告并无不当。"最高人民法院《关于民事诉讼证据的若干规定》(2002年4月1日 法释〔2001〕33号)第4条:"……(六)因缺陷产品致人损害的侵权诉讼,由产品的生产者就法律规定的免责事由承担举证责任……"最高人民法院《关于贯彻执行〈中华人民共和国民法通则〉若干问题的意见(试行)》(1988年4月2日 法〔办〕发〔1988〕6号,2021年1月1日废止)第153条:"消费者、用户因为使用质量不合格的产品造成本人或者第三人人身伤害、财产损失的,受害人可以向产品制造者或者销售者要求赔偿。因此提起的诉讼,由被告所在地或侵权行为地人民法院管辖。运输者和仓储者对产品质量负有责任,制造者或者销售者请求赔偿损失的,可以另案处理,也可以将运输者和仓储者列为第三人,一并处理。"

4. 地方司法性文件。浙江高院民一庭《全省法院民事审判业务培训班问题解答》(2008年6月25日)第17条:"非因驾驶人的过错所引起的交通事故,如车胎自然爆裂引起方向失控,造成他人人身损害的交通事故,交警责任认定肇事车辆驾驶员无责任的情况下,保险公司能否免责?答:如果是交强险,则保险公司不能免责;如果是商业险,则按照合同约定处理。"

5. 地方规范性文件。河北省《高速公路交通安全规定》(2011年10月20日修订)第8条:"进入高速公路行驶的机动车必须符合国家安全技术标准,并配备符合国家标准的故障车警告标志和合格的灭火器具。机动车上高速公路行驶前,驾驶人应当检查车辆的轮胎、燃料、润滑油、转向器、制动器、灯光、灭火器具和警告标志,并保证齐全有效。"山东省淄博市《机动车维修管理条例》(2011年1月1日)第29条:"机动车维修使用的配件、燃润料等应当符合相关产品质量标准的要求。禁止使用无厂名厂址、伪造或者冒用他人厂名厂址、伪造产地、伪造或者冒用质量标志等假冒伪劣配件、燃润料维修机动车。机动车维修经营者维修机动车使用旧配件或者修复配件的,应当征得托修方书面同意。旧配件或者修复配件应当达到规定的质量标准;没有规定质量标准的,应当符合双方约定的质量要求。"

6. 最高人民法院审判业务意见。●符合国家标准或行业标准的产品存在缺陷,生产者是否应当承担责任?最高人民法院民一庭《民事审判实务问答》编写组:"如果产品由于其存在着的不合理危险并对消费者的人身或财产造成损害,即使它符合国家标准、行业标准,该产品的生产者也不能以此来免责,否则不仅不利于保护消费者的利益,也与产品责任制度的立法宗旨背道而驰。"

7. 参考案例。①2014年<u>江苏某保险合同纠纷案</u>,2012年,曹某驾车发现车胎没气,遂通知流动补胎的孙某,<u>拆卸下来的轮胎充气过程中爆炸炸伤孙某致死</u>。法院认为:依交强险条例规定,交强险应对因道路交通事故产生的损害进行赔偿,而《道路交通安全法》第119条第5项将"交通事故"定义为"车辆在道路上因过错或者意外造成的人身伤亡或财产损失的事件"。该定义指明:首先,交通事故发生须有车辆参与,失去了车辆这个主体则不构成"交通事故"。本案发生爆炸的轮胎已与车辆完全脱离较长时间,应视为一独立物,单独放置的车胎不属于可在道路上行驶的交通工具,所酿成的事故不符合交通事故构成要件。其次,交强险条例第1条规定,机动车强制险的立法目的在于保障机动车道路交通事故受害人依法得到赔偿,促进道路交通安全。所以交强险保障范围,应理解为对机动车通行事故受害人的权益保障,而<u>不应扩大到所有与机动车相关的事故中</u>。而本案事故发生在车辆停车修理状态且爆炸车胎已卸离车毂,故不属交强险可赔偿的道路交通事故的范围。本案中,曹某与孙某系承揽关系,孙某作为专业修胎人员自身操作不当,是导致爆炸事故发生的主要原因,应承担事故主要责任。车主曹某发现轮胎漏气而未及时提醒孙某对轮胎进行全面检查,是爆炸事故发生的次要原因,应承担事故次要责任。判决曹某赔偿原告13万余元。②2013年<u>江苏某交通事故纠纷案</u>,2012年,薛某路过魏某违规停放市区路边的货车,<u>被突然爆炸的轮胎炸伤</u>。保险公司以非交通事故拒赔。法院认为:依《道路交通安全法》第119条第1项规定,"道路"是指公路、城市道路和虽在单位管辖范围但允许社会机动车通行的地方,包括广场、公共停车场等用于公众通行的场所。第5项规定,"交通事故"是指车辆在道路上因过错或者意外造成的人身伤亡或者财产损失的事件。本案中,事故发生地点位于市区道路,<u>符合该法有关"道路"范围</u>。薛某系正常从该车旁行走,其对损害发生不能也不应预见,故薛某对该起事故并无过错。魏某长期从事货物运输,对车辆使用较为频繁,而其更换轮胎系一年前,导致车辆存在安全隐患,对事故发生存在主观过错。同时,魏某明知事发地点未规划停车位,而将车辆违章停放在路边,而该道路系行人往来较多的支干路,若其能将车辆停放在规定的停车位上,可能会较少有行人从旁经过,有可能避免事故发生,故魏某应承担全部责任。<u>案涉事故属法律意义上的道路交通事故</u>,保险公司依法应在交强险和第三者责任险范围内对受害人承担赔偿责任。判决保险公司赔偿薛某2万余元。③2013年<u>上海某健康权纠纷案</u>,2010年,刘某驾驶周某挂靠运输公司名下车辆,因轮胎爆炸,停靠路边,经营流动补胎的华某为轮胎充气时,<u>轮胎爆炸,弹起刘某撞击停靠路边由代某雇佣司机驾驶、挂靠物流公司车辆的车架上致9级伤残</u>。刘某诉请华某、代某、物流公司及周某、代某投保的保险公司共同赔偿其损失。法院认为:《道路交通安全法》规定,"交通事故",是指车辆在道路上因过错或意外造成的人身伤亡或财产损失事件。

定性为"交通事故"前提应是,车辆与道路交通行为相关。并非在道路上发生的事故均系交通事故。本案中,从整个过程的特征分析,刘某车辆与轮胎分离,修理轮胎并充气行为,脱离了道路交通行为要素本身,应系安全作业行为,并非道路交通行为,故本案事故不属交通事故,应系安全事故,不属"交强险"赔偿范围。代某车辆所停路段系开放行车道,且未按规定放置警示标志,系违法行为,该违法行为虽与轮胎爆炸本身无因果关系,但与刘某头部受伤后果之间存在一定因果关系,故应认定代某雇用驾驶员存在一定过错,对刘某合理损失,应负10%责任,因属雇佣关系,故该责任由代某承担,物流公司作为被挂靠单位,对此负连带责任。华某在开放行车道上为刘某所驾车辆轮胎充气,且缺乏安全技能,未尽到安全注意义务,致爆炸事故发生,应承担主要过错,其对原告合理损失承担60%赔偿责任。刘某发现轮胎破裂后,叫来华某在开放的行车道上为轮胎修理、充气,且在充气时未保证自身安全,致自己受伤,亦存在一定过错,其对自己合理损失,应自负30%责任。代某投保的保险公司,因车辆驾驶员违法停车,致使刘某受伤,保险公司应在商业三责险保险范围内对代某应负责任承担10%赔偿责任。因本案事故系非道路交通事故,且刘某系周某车辆允许的驾驶员,故刘某以本案为交通事故为由,要求周某投保的保险公司在"交强险"及商业三责险责任范围内先行赔偿损失意见,无事实、法律根据。判决代某投保的保险公司赔偿刘某2万余元,华某赔偿刘某12万余元,代某赔偿刘某100余元,物流公司对代某应赔偿款项负连带责任。④2010年**江苏某交通事故损害赔偿案**,2010年2月,周某驾车好意搭乘亲戚戴某途中,因左前轮突然爆胎瘪气,车辆失控,与左侧车道蒋某车辆相撞,蒋某车被撞后又冲出中间隔离护栏,与对向行驶的王某车辆碰撞,造成戴某被甩出车外经抢救无效死亡。交警仅作事故系爆胎的成因分析,认定周某、戴某、蒋某、王某均不负事故责任。法院认为:虽然周某在交通事故中不负责任,但其作为车主,对上路机动车保持车况良好是其必要义务,特别是上高速公路的机动车更应如此。综观本次事故原因系爆胎,虽经交警部门认定该轮胎伤口在日常维护中"难以发现",但"难以发现"并不等于"不能发现"、"无法预见",周某作为驾驶员及车辆所有人驾车上路行驶前应确保车辆安全性能,尤其是驾车上高速行驶,更应有谨慎的注意义务,应确保车辆的转向、轮胎、照明、制动性能等都保持良好,且遇突发事件应冷静正确应对处理,然而周某并未做到,故本事故中,周某存在过错,应承担相应赔偿责任。⑤2006年**山东某交通事故损害赔偿案**,2006年1月,王某挂靠运输部并雇请魏某驾驶的超载罐车在张某一家无证开办的车辆维修点换胎时,因轮辋爆炸,导致修车的张某死亡、张某父受伤。法院认为:原告承揽修理轮胎,作为一项技术性较强的工作,本身要求实际操作人员具备安全知识,采取安全措施并有资质要求,在此基础上凭借技术水平完成承揽事项,才能在交付工作成果后获得报酬,但原告不具备上述要求,作为承揽方,原告未尽到该工作要求的特殊注意义务。况且,作为一般人,在进行某项民事活动时,有义务采取合理的注意或安全保障义务。从一般常识分析,原告应当对超载罐车在经长时间行驶后修理轮胎的危险性有初步认识,但其未尽到一般人所应尽的注意义务,故应认定其存在重大过失。王某作为定作人,委托无安全知识与安全措施的无资质的原告修理轮胎,其存在选任过失,同时车辆严重超载,其过错亦较明显。运输部在车辆营运中收取管理费用,系受益人,应承担连带赔偿责任。⑥2007年<u>江苏某产品责任纠纷案</u>,2006年,轮胎修理店主王某从同行戴某处购买旧胎充气时爆炸,炸伤王某。法院认为:<u>戴某向王某经营的轮胎修理店出售不合格的轮胎,该轮胎发生爆炸致王某受伤,对王某因受伤产生的各项损失,其应当承担赔偿责任。王某从事汽车轮胎修理多年,明知戴某销售的轮胎为不合格的旧轮胎仍购买使用,自身对损害发生也有过错,依法可减轻戴某赔偿责任。</u>⑦2005年<u>北京某产品责任纠纷案</u>,2000年,刘某购买株式会社制造的越野车因刹车故障侧翻,造成车上4人重伤,交警认定非司机违章行为造成。刘某以现场勘查笔录和照片证明始终只有右侧一边刹车线证明制动有问题。检验站未作出制动性能是否合格的结论。法院认为:产品存在缺陷、使用缺陷产品导致损害以及产品缺陷与损害之间存在法律上的因果关系是产品责任的构成要件。从双方证据比较来看,刘某主张车辆只有单侧有制动力之缺陷不具有证明力的优势。在因果关系的认定上不存在刘某所述"非此即彼"的简单逻辑,推定汽车制动系统存在缺陷需要严格的法律条件。客观看来,道路交通事故的发生可能有多种原因,路况是否良好、光线强弱、驾驶员与车辆的磨合程度、驾驶员是否足够谨慎、驾驶员的操作水平、应急处理措施是否得当以及是否有外来原因介入等因素,均可对事故发生造成影响。依交通管理部门的责任认定不能得出事故车是否存在制动系统缺陷的确定结论。检验报告仅为初步测试结果,并未得出制动系统是否合格的结论,亦不足以证明事故车存在缺陷。本案在制动系统缺陷本身不能证明的情况下,事故与产品之间的因果关系不能证明,不成立产品责任侵权。考虑刘某在使用株式会社生产的车辆时发生事故并致人身伤害,株式会社应对刘某予以适当经济补偿,具体数额由法院酌定。

【同类案件处理要旨】

机动车存在产品缺陷导致交通事故造成损害,当事人有权要求生产者或者销售者依照《民法典》第1203条承担责任。

【相关案件实务要点】

1.【案件管辖】当侵权行为实施地与结果地不同时,基于实体公平的思想指导,出于对弱势群体的保护,适用对原告最有利的法律原则适合于产品责任侵权案件。虽然产品的生产者就法律规定的免责事由承担举证责任,但原告首先依法应证明使用被告产品受到损害的事实;被告要想免责,就应对自己的产品不存在瑕疵,是产品销售后原告或其他人的行为造成的,产品瑕疵与原告所受损失不存在因果关系等事实加以证明。案见陕西高院(2005)陕民三终字第19号"某公路局诉某株式会社产品质量侵权案"。

2.【举证倒置】产品责任的举证责任中,为证明产品缺陷,原告作为受害者应该证明被告的产品存在缺陷;在缺陷产品和损害之间事实上的因果关系得以证明的前提下,生产者就"免责事由"举证,如生产者不能证明存在"免责事由",则承担败诉责任。案见北京高院(2005)高民终字第624号"刘某诉某株式会社产品责任案"。

3.【承揽关系】车辆维修方依据自己的技术和设备,独立并交付维修成果,由定作人支付报酬,双方形成承揽关系,承揽关系中承揽人损害,定作人对指示、选任有过失的,应承担赔偿责任,承揽人自身过错可减轻定作人的赔偿责任。案见山东淄博临淄区法院(2007)临民再字第10号"张某等诉王某等人身损害赔偿案"。

4.【受害人过错】明知是缺陷产品而购买的,虽不能免除销售者的赔偿责任但可适当减轻其赔偿责任。案见江苏南京江宁区法院(2007)江宁民一初字第1105号"王某诉戴某产品责任纠纷案"。

5.【车辆维护】交通事故原因系爆胎,虽经交警部门认定该轮胎伤口在日常维护中"难以发现",但"难以发现"并不等于"不能发现"、"无法预见",驾驶员或车辆所有人驾车上路尤其高速路行驶前未确保车辆安全性能,造成交通事故的,驾驶员或车辆所有人应承担相应的民事赔偿责任。案见江苏无锡惠山区法院(2010)锡民终字第1695号"陈某等诉周某等交通事故损害赔偿案"。

【附注】

参考案例索引:陕西高院(2005)陕民三终字第19号"某公路局诉某株式会社产品质量侵权案",一审判决驳回公路局诉讼请求,宣判后均不服上诉,嗣后又均撤回上诉。见《甘肃省公路局诉日本横滨橡胶株式会社产品质量责任侵权案》(金叶善),载《中国审判案例要览》(2006民事:398)。①江苏高院(2014)苏民再提字第0140号"薛某与某保险公司等保险合同纠纷案",见《薛以巧等诉人保连云港公司等因车辆维修中造成人身损害主张交强险赔偿责任被驳回案》,载《江苏省高级人民法院公报》(201502/38:66)。②江苏淮安中院(2013)淮中民终字第1265号"薛继永与魏洪林、中国人寿财产保险股份有限公司淮安市中心支公司、江苏淮安苏食肉品有限公司交通事故损害赔偿纠纷案",见《停放在道路边的机动车爆胎致人损害属于交通事故》(马作彪),载《人民司法·案例》(201418:33);另见《薛继永因道路上停放的车辆爆胎致其受伤诉魏洪林及保险公司交通事故损害赔偿案》,载《江苏省高级人民法院公报》(201306/30:60)。③上海一中院(2013)沪一中民一(民)终字第1896号"刘某与某物流公司等健康权纠纷案",见《刘夫伟诉被告上海国佳国际物流有限公司等健康权案("交通事故"的司法认定、"交强险"及商业三者险赔偿之适用)》(徐进),载《中国审判案例要览》(2014 民:123);另见《非交通事故致人损害时保险赔偿之适用——上海一中院判决刘夫伟诉国佳物流公司等健康权纠纷案》(徐进),载《人民法院报·案例精选》(20140703:06)。④江苏无锡惠山区法院(2010)锡民终字第1695号"陈某等诉周某等交通事故损害赔偿案",见《陈和平等诉周海浪等道路交通事故人身损害赔偿案》(陆正伟、张玮),载《中国法院2012年度案例:道路交通纠纷》(235)。⑤山东淄博临淄区法院(2007)临民再字第10号"张某等诉王某等人身损害赔偿案",一审判决王某赔偿原告各项损失的70%共19万余元,运输部负连带责任,抗诉再审经调解,由王某赔偿约14万元。见《张绪德、韩连英诉王超、桓台县交通局运输服务部人身损害赔偿抗诉案》(刘海红、孙友军),载《人民法院案例选》(200901:137)。⑥江苏南京江宁区法院(2007)江宁民一初字第1105号"王某诉戴某产品责任纠纷案",判决戴某赔偿王某损失的60%共计3万余元。见《明知是缺陷产品而购买造成的损害赔偿》(孙大强、黄伟峰),载《人民司法·案例》(200820:77)。⑦北京高院(2005)高民终字第624号"刘某诉某株式会社产品责任案",判决株式会社给付刘某2万元。见《刘文红诉三菱汽车工业株式会社产品责任案》(亓培冰),载《中国审判案例要览》(2006民事:409);另见《产品缺陷的证明责任辨正》(亓培冰),载《人民司法·案例》(200816:18)。

参考观点索引:●符合国家标准或行业标准的产品存在缺陷,生产者是否应当承担责任?见《符合国家标准或行业标准的产品存在缺陷,生产者是否应当承担责任?》,载《民事审判实务问答》(2008:131)。

67. 盗损车辆与物业责任

——小区丢了车,物业是否赔?

【物业服务】

【案情简介及争议焦点】

2006年,张某车辆在小区丢失,保险公司理赔13万元后向物业公司追偿。

争议焦点:保险公司能否向物业公司追偿?

【裁判要点】

1. 物业公司不属于保险代位追偿权的第三者。保险公司作为专业的风险分担机构,在发生财产保险事故时追偿的第三者,应限制为直接实施侵害的最终责任人,才符合保险行业的成立宗旨。本案物业公司作为物业服务公司与车主或业主之间为物业服务合同,承担的是安全保障义务,对车辆的丢失并不具有直接因果关系,物业公司不符合《保险法》规定的第三者的构成要件。

2. 保险公司行使保险代位求偿权无权利来源。本案无证据证明张某已与物业公司达成了车辆保管服务的合意,或物业公司愿意为张某保管车辆的意思表示,故张某不享有基于车辆保管法律关系所产生的损害赔偿请求权。相应地,保险公司在本案所行使的代位求偿权无权利来源,其诉讼请求无法得到支持。

【裁判依据或参考】

1. 法律规定。《民法典》(2021 年 1 月 1 日)第 937 条:"物业服务合同是物业服务人在物业服务区域内,为业主提供建筑物及其附属设施的维修养护、环境卫生和相关秩序的管理维护等物业服务,业主支付物业费的合同。物业服务人包括物业服务企业和其他管理人。"第 938 条:"物业服务合同的内容一般包括服务事项、服务质量、服务费用的标准和收取办法、维修资金的使用、服务用房的管理和使用、服务期限、服务交接等条款。物业服务人公开作出的有利于业主的服务承诺,为物业服务合同的组成部分。物业服务合同应当采用书面形式。"第 939 条:"建设单位依法与物业服务人订立的前期物业服务合同,以及业主委员会与业主大会依法选聘的物业服务人订立的物业服务合同,对业主具有法律约束力。"第 940 条:"建设单位依法与物业服务人订立的前期物业服务合同约定的服务期限届满前,业主委员会或者业主与新物业服务人订立的物业服务合同生效的,前期物业服务合同终止。"第 941 条:"物业服务人将物业服务区域内的部分专项服务事项委托给专业性服务组织或者其他第三人的,应当就该部分专项服务事项向业主负责。物业服务人不得将其应当提供的全部物业服务转委托给第三人,或者将全部物业服务支解后分别转委托给第三人。"第 942 条:"物业服务人应当按照约定和物业的使用性质,妥善维修、养护、清洁、绿化和经营管理物业服务区域内的业主共有部分,维护物业服务区域内的基本秩序,采取合理措施保护业主的人身、财产安全。对物业服务区域内违反有关治安、环保、消防等法律法规的行为,物业服务人应当及时采取合理措施制止、向有关行政主管部门报告并协助处理。"第 943 条:"物业服务人应当定期将服务的事项、负责人员、质量要求、收费项目、收费标准、履行情况,以及维修资金使用情况、业主共有部分的经营与收益情况等以合理方式向业主公开并向业主大会、业主委员会报告。"第1165条:"行为人因过错侵害他人民事权益造成损害的,应当承担侵权责任。依照法律规定推定行为人有过错,其不能证明自己没有过错的,应当承担侵权责任。"第1166条:"行为人造成他人民事权益损害,不论行为人有无过错,法律规定应当承担侵权责任的,依照其规定。"第1167条:"侵权行为危及他人人身、财产安全的,被侵权人有权请求侵权人承担停止侵害、排除妨碍、消除危险等侵权责任。"第1173条:"被侵权人对同一损害的发生或者扩大有过错的,可以减轻侵权人的责任。"第1184条:"侵害他人财产的,财产损失按照损失发生时的市场价格或者其他合理方式计算。"《侵权责任法》(2010年7月1日,2021年1月1日废止)第37条:"宾馆、商场、银行、车站、娱乐场所等公共场所的管理人或者群众性活动的组织者,未尽到安全保障义务,造成他人损害的,应当承担侵权责任。因第三人的行为造成他人损害的,由第三人承担侵权责任;管理人或者组织者未尽到安全保障义务的,承担相应的补充责任。"

2. 行政法规。国务院《物业管理条例》(2007年10月1日)第47条:"物业服务企业应当协助做好物业管理区域内的安全防范工作。发生安全事故时,物业服务企业在采取应急措施的同时,应当及时向有关行政管理部门报告,协助做好救助工作。"

3. 司法解释。最高人民法院《关于审理物业服务纠纷案件应用法律若干问题的解释(2020年修正)》(2021年1月1日实施)第1条:"业主违反物业服务合同或者法律、法规、管理规约,实施妨碍物业服务与管理的行为,物业服务人请求业主承担停止侵害、排除妨碍、恢复原状等相应民事责任的,人民法院应予支持。"最高人民法院《关于审理人身损害赔偿案件适用法律若干问题的解释》(2004年5月1日 法释〔2003〕20号,2020年修正,2021年1月1日实施)第1条:"因生命、身体、健康遭受侵害,赔偿权利人起诉请求赔偿义务人赔偿物质损害和精神损害的,人民法院应予受理。本条所称'赔偿权利人',是指因侵权行为或者其他致害原因直接遭受人身损害的受害人以及死亡受害人的近亲属。本条所称'赔偿义务人',是指因自己或者他人的侵权行为以及其他致害原因依法应当承担民事责任的自然人、法人或者非法人组织。"第2条:"赔偿权利人起诉部分共同侵权人的,人民法院应当追加其他共同侵权人作为共同被告。赔偿权利人在诉讼中放弃对部分共同侵权人的诉讼请求的,其他共同侵权人对被放弃诉讼请求的被告应当承担的赔偿份额不承担连带责任。责任范围难以确定的,推定各共同侵权人承担同等责任。人民法院应当将放弃诉讼请求的法律后果告知赔偿权利人,并将放弃诉讼请求的情况在法律文书中叙明。"

4. 地方司法性文件。 山东高院《关于印发〈全省民事审判工作会议纪要〉的通知》(2011年11月30日 鲁高法〔2011〕297号)第1条:"……关于物业服务中发生的机动车损害或者人身伤害如何处理问题。业主将机动车辆停放在住宅小区内,发生机动车辆丢失或者毁损的,应按照业主或者业主委员会与物业服务企业签订的物业服务合同中有关机动车辆服务管理的约定确定物业服务企业的赔偿责任;业主或者业主委员会没有与物业服务企业签订机动车辆服务管理协议的,机动车辆发生丢失或者毁损的,可以根据物业服务企业在物业服务合同约定中所承担的安全保障义务,结合其过错程度、物业服务费收取标准等因素确定物业服务企业应当承担的赔偿责任。因物业服务企业的过错导致住宅小区内的公共设施等物件造成业主财产或者人身损害的,物业服务企业应当承担相应的赔偿责任。在物业服务区域内,因第三人侵权造成业主人身或者财产损害的,受害人请求物业服务企业承担赔偿责任的,可根据物业服务企业是否履行相应职责或者履行职责是否存在过错确定物业服务企业应当承担的相应赔偿责任。"广东高院《关于审理住宅物业服务纠纷案件若干问题的指导意见》(2011年10月12日 粤高法发〔2011〕49号)第17条:"物业服务合同对财物保管有约定的,从其约定。物业服务合同对财物保管没有约定,物业服务企业已尽必要的安全保障义务的,物业服务企业不承担赔偿责任。"第18条:"物业服务企业对业主或物业使用人的专用停车位或者停放在住宅小区的其他车辆收取物业费或者保管费,如发生车辆毁损、丢失的,按照《中华人民共和国合同法》第三百七十四条关于有偿保管合同的规定处理。物业服务企业对停放在住宅小区内的车辆没有收取费用,但采取发卡、登记等管理措施的,应当认定形成无偿保管合同关系,如发生车辆毁损、丢失的,按照《中华人民共和国合同法》第三百七十四条关于无偿保管合同的规定处理。物业服务企业对停放在住宅小区内的车辆没有收取费用,也没有采取发卡、登记等管理措施,如果发生车辆毁损、丢失的,应根据物业服务企业是否尽到安全保障义务及其过错程度确定其应否承担赔偿责任及责任的大小。车辆所有人或使用人对车辆毁损、丢失也存在过错的,可减轻或免除物业服务企业的赔偿责任。"广东深圳中院《关于审理机动车停放管理纠纷案件的指导意见(试行)》(2006年8月28日)第1条:"车主或车辆使用人与停车场或物业管理公司明确约定为保管关系,保管期间,因保管不善造成车辆丢失或损坏的,由保管人依照《中华人民共和国合同法》第三百七十四条的规定承担损害赔偿责任。车主或车辆使用人有过错的,应当减轻或免除保管人的赔偿责任。"第2条:"住宅区停车场、写字楼与住宅区共用停车场与车主或车辆使用人未明确约定为车辆保管关系,但停车场或者物业管理公司为其提供停放服务,或者单方声明为车位有偿使用关系的,认定双方构成车辆停放管理关系,停放期间,因其管理不善等过错造成车辆丢失或者损坏的,由停车场或物业管理公司承担相应的赔偿责任。有下列情形之一的,可视为管理不善:(1)不按规定发放、查验停放凭证的;(2)停车场设施不完善的;(3)发现他人损坏或者盗窃车辆,未采取适当措施阻止和报警的;(4)未按公示的停车场管理制度提供车辆停放服务的;(5)其他应当承担民事责任的情形;停车场或物业管理公司有证据证明已按规定查验相关凭证放行的,或者采取了适当措施制止他人盗窃、抢劫、损坏车辆的,不承担赔偿责任。停车场或者物业管理公司与车主或者车辆使用人对车辆丢失或者损坏均有过错的,按双方过错程度分担责任。"北京高院《关于审理物业管理纠纷案件的意见(试行)》(2004年1月1日 京高法发〔2003〕389号)第33条:"物业管理企业在其物业管理区域内设有车辆泊位,并对停放的车辆收取泊位维护费用,在发生车辆丢失或毁损时,按照双方签订的停车管理服务协议确定赔偿责任。没有签订停车管理服务协议,物业管理企业有过错的,可以根据其过错程度、收费标准等因素合理确定物业管理企业应当承担的赔偿责任。"

5. 地方规范性文件。 浙江省物价局《关于规范机动车停放服务收费管理的通知》(2012年3月1日)第7条:"……机动车驶离停车场所或收取停车费时,机动车停车场所经营服务者应当明确告知车主停车开始时间、结束时间及有效停车时间,收费时使用税务部门统一监制的经营服务票据。机动车停车场所经营服务者应当按照法律、法规规章规定或服务承诺约定,对停放的车辆尽到安全保障义务。"辽宁省建设厅、公安厅《辽宁省城市住宅物业管理区域车辆停放管理规定》(2008年1月28日 辽建发〔2008〕9号)第10条:"物业服务企业要安排一定数量的车辆管理员。车辆管理员要具备敬业精神和高度的责任心、纪律观念,尽职尽责,做好巡视记录和交接班记录,严禁擅自离岗;文明执勤,认真检查,热情服务,及时指挥车辆停放,维持车辆停放秩序。"第11条:"业主停放在住宅物业管理区域内的机动车辆遭受到人为损坏时,物业服务企业应及时协调。因物业服务企业管理过程中存在过失造成业主停放在住宅物业管理区域内的机动车辆遭受损坏时,应由物业服务企业按照《住宅区机动车停放管理规约》给予赔偿。"

6. 参考案例。 ①2014年福建某物业服务合同纠纷案,2014年,物业公司诉请杜某缴纳拖欠的物业费,杜某以此前其车辆因特大暴雨在小区被淹,损失5万余元为由抗辩并提起反诉。法院认为:《物业管理条例》第36条规定,物业服务企业应当按照物业服务合同的约定,提供相应的服务。物业服务企业未能履行物业服务合同的约定,导致业主人身、财产安全受到损害的,应依法承担相应的法律责任。物业公司作为小区物业服务主体,其承担的是小区公共部分物业服务及安全保障义务,小区地下车库管理系其管理范围一部分。本案中,物业公司对业主私自开挖的违章门洞疏于管理,物业服务存在瑕疵,导致特大暴雨时地下车库被淹、业主车辆受损,二者之间存在一定因果关系,物业公司应承担相应赔偿责任。考虑当时特大暴雨的不可预测性、物业公司组织救灾表现及其对违章门洞的疏于管理,依《民法通则》等价有偿和公平合理原则,即权利义务对等,综合考虑物业过错程度、收取物业服务费标准等实际情况,酌定物业公司应承担赔偿责任以杜某应缴纳的一年度物业服务费为限,判决杜某支付拖欠物业费,物业公司赔偿杜某1200余元。②2012年**江苏某物业服务合同纠纷案**,2011年6月,房地产公司开发的小区围墙倒塌,将业主陈某停放在小区车位上的车辆压坏,修车花了2万余元,车辆贬值损失经鉴定为9770元。法院认为:依据双方物业服务合同关系,物业公司对于小区共用部位负有维修养护义务,亦即在小区围墙外堆有泥土可能发生危险时,应进行维修养护,消除危险,即使围墙外泥土系第三人堆放,也不能免除物业公司的义务。本案小区围墙倒塌,系物业公司未尽维修养护义务所致,其不仅要对围墙进行维修,对陈某车辆损失亦应承担赔偿责任,判决物业公司赔偿陈某维修费、定损费、车辆贬值损失共计3万余元。③2009年**浙江某财产损害赔偿案**,2009年,周某停在楼梯的摩托车被盗。物业监控录像无法调取,案未破。法院认为:物业公司并非周某车辆被盗的直接侵权责任方,其承担的安全保障责任应与其收取的物业服务费标准相适应。物业公司根据其提供的门卫值班记录、小区巡逻记录、外来车辆登记簿以及外来人员登记簿的记载,该小区每天安排人值班、巡逻,并对外来车辆和人员进行登记,在周某摩托车被盗时门卫处也有门卫值班,应认为物业公司已采取了相应的安全保障措施。监控录像虽未能调取,但该事实发生在摩托车被盗之后,与被盗行为并无因果关系。根据物业服务合同的约定,物业公司对业主家庭财产及其他自用财物不负保管、看护等责任,故周某本案诉讼请求,应予驳回。④2008年**福建某财产损害赔偿案**,2008年3月,每月交80元车位物业服务费的业主杨某的轿车在地下停车场停车期间被人划损,花去维修费2.8万余元。杨某要求物业公司赔偿遭拒。法院认为:杨某每月向物业公司缴交费用系其作为讼争车位的使用权人依照《物业服务合同》的约定应当履行的义务,而非讼争车辆的保管费用。因杨某无证据证明其与物业公司就讼争车辆的保管进行约定,也未将讼争车辆交付物业公司直接占有、控制,并支付保管费用,故杨某与物业公司之间所形成的是就讼争车位的物业服务管理法律关系,而非讼争车辆的保管合同关系。物业公司对车库尽了相应的管理责任,对杨某车辆受损不存在过错。双方对车辆受损均无过错,依公平原则,酌定由物业公司承担10%赔偿责任。⑤2006年**江苏某物业服务纠纷案**,2005年,孟某停在小区楼下刚买1年的价值8000元的摩托车被盗。小区监控、录像设备未正常使用,除汽车外,物业公司对其他车辆无出入登记制度。法院认为:孟某对摩托车系在小区楼下被盗这一事实,已穷尽举证能力。物业公司并未对除汽车以外进出、停放小区的其他车辆采取任何可以确认车辆停入事实的管理措施,或给孟某发放过任何车辆进出凭据。物业公司作为创设该举证条件的一方,应对"案发当晚孟某车辆是否停入小区"的事实承担举证责任,其不能提供反证,故应当推定摩托车在小区内丢失的法律事实。孟某作为业主与物业公司已建立了事实上的物业服务关系,物业公司应履行对小区物业共用部位和物业共用设施设备的日常维护和管理义务,以及对其物业服务区域内公共秩序、安全防范的协助管理等义务。物业公司在履行义务时存在疏漏和瑕疵,由此给孟某造成的财产损失应承担相应赔偿责任。综合各方面因素,物业公司承担孟某全部损失的60%较为适当。⑥2006年江苏某财产损害赔偿案,2006年,未签物业服务合同的业主庄某停放在私人车库的摩托车被盗。法院认为:根据国务院《物业管理条例》规定,物业管理是指物业服务企业按照物业服务合同的约定,对房屋及配套的设施和相关场地进行维修、养护、管理,维护相关区域内的环境卫生和秩序的活动。本案庄某与物业公司双方虽未签订物业服务合同,但已形成事实上的物业合同关系。庄某摩托车失窃,直接责任人为偷车人,应由其承担返还或赔偿责任。物业公司既非庄某的保管人、保险人,对庄某亦无特别承诺,且已履行了正常安全巡查的义务,失窃事件又发生在庄某的私人空间,故庄某的摩托车失窃与物业公司的管理行为无因果关系,物业公司不应赔偿。⑦2001年福建某物业服务合同纠纷案,2000年12月,业主颜某价值31万元的车辆在物业公司管理的小区有偿使用的停车位停放时被盗,犯罪嫌疑人被抓获,但被盗车辆被销赃而下落不明。法院认为:物业公司在属其管理的场地上设置停车场供用户停放车辆,是其作为专业物业服务机构提供的公共管理服务之一,而非受个别住户特别委托的特约专项服务。依双方共同认可的《住户手册》,双方实际上已对车辆停放问题进行明确约定,即为有偿使用停车场车位。物业公司收取颜某有关费用也明确记载为车位费,故双方形成车位有偿使用关系而非车辆保管合同关系。双方签订的物业服务合同明确规定物业服务包括保安工作,并收取相应"安全防范费",说明双方已约定安全防范义务为物业服务合同主义务之一。事实证明,物业公司所采取的治安防范措施未能及时有效发挥其应有作用,其失职行为虽与颜某车辆被盗不存在直接、必然因果关系,但客观上为犯罪分子犯罪提供了一定便利,物业公司未全面、认真履行合同义务,应承担违约责任。考虑到刑事犯罪突发性、不可预测性和犯罪手段多样化,物业公司即使认真履行保护住户人身、财产不受非法侵害,也不可能完全避免此类犯罪事件在其管理范围内发生。同时,颜某作为业主,时刻注意自身人身、财产安全,也是其应履行的合同义务,根据本案实际情况,物业公司违约赔偿数额可酌定为被盗车辆实际价值的70%,物业公司在赔偿后可向犯罪分子追偿。

【同类案件处理要旨】
业主将机动车辆停放在住宅小区内,发生机动车辆丢失或毁损的,应按照业主或者业主委员会与物业服务企业签订的物业服务合同中有关机动车辆服务管理的约定确定物业服务企业的赔偿责任;未约定或约定不清的,机动车辆发生丢失或者毁损的,可以根据物业服务企业在物业服务合同约定中所承担的安全保障义务,结合其过错程度、物业服务费收取标准等因素确定物业服务企业应当承担的赔偿责任。

【相关案件实务要点】

1.【保险追偿】小区丢失车辆,保险公司在保险责任范围内赔偿业主车辆损失后,一般认为其追偿的第三者应限制为直接实施侵害的最终责任人,故其不能向物业公司追偿。案见广东珠海中院(2008)珠中法民二终字第320号"某保险公司与某物业公司保险合同纠纷案"。

2.【公平原则】业主停放在小区内的车辆致损,在双方均无过错的情况下,可适用公平原则,由物业公司对业主损失予以适当补偿。案见福建厦门中院(2008)厦民终字第2520号"杨某诉某物业公司财产损害赔偿案"。

3.【安全保障】物业公司是否违反对业主的人身和财产的安全保障义务,除根据法律规定和合同约定外,还应结合业主缴费水平、物业安保能力及有关行为性质等予以综合判断。案见浙江海盐法院(2009)嘉盐民初字第2836号"周某诉某物业公司财产损害赔偿案"。

4.【保安服务】物业管理中的"保安"职责仅限于物业公共区域防范性安全保卫活动。在无特殊承诺情况下,物业服务企业对业主因遭遇治安和刑事案件所受到的人身损害和财产损失不承担赔偿责任。案见江苏淮安清江浦区法院(2006)浦民一初字第934号"庄某诉某物业公司损害赔偿案"。

5.【服务瑕疵】对小区车辆进出负有管理义务,但却未采取管理措施的物业服务企业应对物业车辆是否在物业管理区域内被盗承担举证责任;物业服务企业在履行物业服务义务时有瑕疵、存在疏漏,造成业主财产损失,应依法承担相应的赔偿责任。案见江苏南京中院(2006)宁民四终字第501号"孟某诉某物业公司物业管理纠纷案"。

6.【安全措施级别】物业服务企业依物业服务合同对住户的人身、财产履行保护义务应采取与其收费、资质等级相一致的安全措施,并应尽最大之谨慎注意义务防止住户人身和财产因其管理设施之物理瑕疵或第三人之不法行为而受到侵害。案见福建泉州中院(2001)泉民终字第965号"颜某诉某物业公司物业管理合同案"。

7.【消除隐患义务】物业服务企业对小区共有部分负有保养、维护义务,对于可能对业主财产造成损害的小区共用部分的安全隐患,应当及时清除。小区围墙外堆放的泥土堆对业主的生命和财产安全构成威胁,小区物业服务公司应及时查找责任人清除或自行消除危险,否则造成小区内业主财产损害的,应承担赔偿责任,其承担责任后可向致害方追偿。房地产开发公司在出售商品房并转移小区房地产产权后,在提供的建筑没有质量瑕疵的情形下,义务已履行完毕,不应承担责任。案见江苏南京中院(2012)宁民终字第1509号"陈某无某物业公司物业服务合同纠纷案"。

【附注】

参考案例索引: 广东珠海中院(2008)珠中法民二终字第320号"某保险公司与某物业公司保险合同纠纷案",两审均驳回保险公司诉讼请求,一审理由为物业公司非为适格的保险代位求偿权第三者,二审理由为车辆保管合同不成立。见《行使保险代位求偿权的条件——中华联合财产保险公司珠海中心支公司与珠海市格力物业管理有限公司保险合同纠纷上诉案》(林和利),载《人民法院案例选·月版》(200906:24)。①福建厦门中院(2015)厦民终字第22号"某物业公司与杜某物业服务合同纠纷案",见《厦门佰仕物业管理有限公司诉杜小铭物业服务合同纠纷案——不可抗力事件中物业赔偿责任的认定》(庄慧林、陈远治),载《人民法院案例选》(201504/94:22)。②江苏南京中院(2012)宁民终字第1509号"陈某无某物业公司物业服务合同纠纷案",见《陈书豪因小区围墙外堆土致围墙倒塌压坏车辆诉南京武宁房地产公司等物业服务合同纠纷案》(付双、汤雷),载《江苏高院公报·参阅案例》(201204:31)。③浙江海盐法院(2009)嘉盐民初字第2836号"周某诉某物业公司财产损害赔偿案",见《物业公司对业主室外财产安全保障义务的承担》(徐建华、冯亚景),载《人民司法·案例》(201020:76)。④福建厦门中院(2008)厦民终字第2520号"杨某诉某物业公司财产损害赔偿案",判决物业公司赔偿杨某损失的10%即2800余元。见《杨晓燕诉厦门市银鼎岩物业管理有限公司损害赔偿纠纷案》(李莹),载《人民法院案例选》(200902:84)。⑤江苏南京中院(2006)宁民四终字第501号"孟某诉某物业公司物业管理纠纷案",判决赔偿孟某损失的60%共计3900余元。见《孟进诉南京市建宇物业公司物业管理纠纷案》(谢洪玲),载《人民法院案例选》(200701:247)。⑥江苏淮安清江浦区法院(2006)浦民一初字第934号"庄某诉某物业公司损害赔偿案",判决驳回庄某诉讼请求。见《"物管"原则上对业主失窃损失不负赔偿责任》(武超平、朱建山),载《人民法院报·案例指导》(20061108:5)。⑦福建泉州中院(2001)泉民终字第965号"颜某诉某物业公司物业管理合同案",一审判赔31万元,二审改判赔偿70%即21万余元。见《颜冰诉泉州武夷物业管理有限公司案》(欧阳波),载《中国审判案例要览》(2002民事:43)。

68. 经营场所与安保义务
——机动车丢失，商家是否赔？

【安保义务】

【案情简介及争议焦点】

2008年1月，于某上网，停在网吧门外的摩托车被盗，索赔7000元。

争议焦点：1.是否成立保管合同？2.网吧是否有责任？

【裁判要点】

1.**本案车辆保管合同并未成立**。双方成立消费服务合同关系时，并未明确约定网吧有保管车辆义务，于某亦未以一定形式将车辆交由网吧保管，车辆未在网吧实际控制之下，故本案保管合同并未成立，网吧没有车辆保管义务。

2.**超出经营者的安全保障义务**。法律规定的经营者保障消费者人身、财产安全的义务，应严格限定在其经营场所范围，不能任意延伸到经营场所和服务范围以外。于某停车在网吧经营场所以外，不属网吧控制范围，且根据责权利对等和公平原则，网吧经营者所应承担责任应与其实际收费相当，不应将消费服务合同附随义务扩大至保证消费人员车辆安全，故应驳回于某诉讼请求。

【裁判依据或参考】

1.**法律规定**。《民法典》(2021年1月1日)第888条："保管合同是保管人保管寄存人交付的保管物，并返还该物的合同。寄存人到保管人处从事购物、就餐、住宿等活动，将物品存放在指定场所的，视为保管，但是当事人另有约定或者另有交易习惯的除外。"第889条："寄存人应当按照约定向保管人支付保管费。当事人对保管费没有约定或者约定不明确，依据本法第五百一十条的规定仍不能确定的，视为无偿保管。"第890条："保管合同自保管物交付时成立，但是当事人另有约定的除外。"第891条："寄存人向保管人交付保管物的，保管人应当出具保管凭证，但是另有交易习惯的除外。"第892条："保管人应当妥善保管保管物。当事人可以约定保管场所或者方法。除紧急情况或者为维护寄存人利益外，不得擅自改变保管场所或者方法。"第893条："寄存人交付的保管物有瑕疵或者根据保管物的性质需要采取特殊保管措施的，寄存人应当将有关情况告知保管人。寄存人未告知,致使保管物受损失的,保管人不承担赔偿责任;保管人因此受损失的,除保管人知道或者应当知道且未采取补救措施外,寄存人应当承担赔偿责任。"第894条:"保管人不得将保管物转交第三人保管,但是当事人另有约定的除外。保管人违反前款规定,将保管物转交第三人保管,造成保管物损失的,应当承担赔偿责任。"第897条:"保管期内,因保管人保管不善造成保管物毁损、灭失的,保管人应当承担赔偿责任。但是,无偿保管人证明自己没有故意或者重大过失的,不承担赔偿责任。"第1165条:"行为人因过错侵害他人民事权益造成损害的,应当承担侵权责任。依照法律规定推定行为人有过错,其不能证明自己没有过错的,应当承担侵权责任。"第1166条:"行为人造成他人民事权益损害,不论行为人有无过错,法律规定应当承担侵权责任的,依照其规定。"第1167条:"侵权行为危及他人人身、财产安全的,被侵权人有权请求侵权人承担停止侵害、排除妨碍、消除危险等侵权责任。"第1173条:"被侵权人对同一损害的发生或者扩大有过错的,可以减轻侵权人的责任。"第1184条:"侵害他人财产的,财产损失按照损失发生时的市场价格或者其他合理方式计算。"第1198条:"宾馆、商场、银行、车站、机场、体育场馆、娱乐场所等经营场所、公共场所的经营者、管理者或者群众性活动的组织者,未尽到安全保障义务,造成他人损害的,应当承担侵权责任。因第三人的行为造成他人损害的,由第三人承担侵权责任;经营者、管理者或者组织者未尽到安全保障义务的,承担相应的补充责任。经营者、管理者或者组织者承担补充责任后,可以向第三人追偿。"《侵权责任法》(2010年7月1日,2021年1月1日废止)第37条:"宾馆、商场、银行、车站、娱乐场所等公共场所的管理人或者群众性活动的组织者,未尽到安全保障义务,造成他人损害的,应当承担侵权责任。因第三人的行为造成他人损害的,由第三人承担侵权责任;管理人或者组织者未尽到安全保障义务的,承担相应的补充责任。"

2.司法解释。最高人民法院《关于审理人身损害赔偿案件适用法律若干问题的解释》(2004年5月1日　法释〔2003〕20号,2020年修正,2021年1月1日实施)第1条:"因生命、身体、健康遭受侵害,赔偿权利人起诉请求赔偿义务人赔偿物质损害和精神损害的,人民法院应予受理。本条所称'赔偿权利人',是指因侵权行为或者其他致害原因直接遭受人身损害的受害人以及死亡受害人的近亲属。本条所称'赔偿义务人',是指因自己或者他人的侵权行为以及其他致害原因依法应当承担民事责任的自然人、法人或者非法人组织。"第2条:"赔偿权利人起诉部分共同侵权人的,人民法院应当追加其他共同侵权人作为共同被告。赔偿权利人在诉讼中放弃对部分共同侵权人的诉讼请求的,其他共同侵权人对被放弃诉讼请求的被告应当承担的赔偿份额不承担连带责任。责任范围难以确定的,推定各共同侵权人承担同等责任。人民法院应当将放弃诉讼请求的法律后果告知赔偿权利人，并将放弃诉讼请求的情况在法律文书中叙明。"最高人民法院研究室《关于住宿期间旅客车辆丢失赔偿案件如何适用法律问题的答复》（2004年10月12日　法研〔2004〕163号）："……根据《中华人民共和国合同法》第六十条的规定，旅客在宾馆住宿期间，依宾馆的指示或者许可，将车辆停放于宾馆内部场地后，宾馆对车辆即负有保管义务。但是，宾馆未对车辆停放单独收费且证明自己对车辆被盗没有重大过失的，不承担损害赔偿责任。"

3. 地方司法性文件。河南周口中院《关于侵权责任法实施中若干问题的座谈会纪要》（2010年8月23日　周中法〔2010〕130号）第7条："侵权责任法第三十七条规定承担安全保障义务的主体是宾馆、商场、银行、车站、娱乐场所等公共场所的管理人或者群众性活动的组织者，除上述列举的公共场所外，其他经过管理人同意、对不特定人开放的国家机关、企事业单位等，也应当作为承担安全保障义务的主体范围。"江西高院民一庭《关于审理道路交通事故人身损害赔偿案件适用法律若干问题的解答》（2006年12月31日）第24条："酒店、宾馆等服务场所在提供代客泊车时，其员工驾驶车辆发生交通事故致人身损害的，由酒店、宾馆等服务企业承担赔偿责任，赔偿权利人同时起诉车辆所有人的，由二者承担连带赔偿责任，车辆所有人承担责任后，可以向酒店、宾馆等服务企业追偿。"广东深圳中院《关于审理机动车停放管理纠纷案件的指导意见（试行）》（2006年8月28日）第1条："车主或车辆使用人与停车场或物业管理公司明确约定为保管关系，保管期间，因保管不善造成车辆丢失或损坏的，由保管人依照《中华人民共和国合同法》第三百七十四条的规定承担损害赔偿责任。车主或车辆使用人有过错的，应当减轻或免除保管人的赔偿责任。"第2条："住宅区停车场、写字楼与住宅区共用停车场与车主或车辆使用人未明确约定为车辆保管关系，但停车场或者物业管理公司为其提供停放服务，或者单方声明为车位有偿使用关系的，认定双方构成车辆停放管理关系，停放期间，因其管理不善等过错造成车辆丢失或者损坏的，由停车场或物业管理公司承担相应的赔偿责任。有下列情形之一的，可视为管理不善：(1)不按规定发放、查验停放凭证的；(2)停车场设施不完善的；(3)发现他人损坏或者盗窃车辆，未采取适当措施阻止和报警的；(4)未按公示的停车场管理制度提供车辆停放服务的；(5)其他应当承担民事责任的情形；停车场或物业管理公司有证据证明已按规定查验相关凭证放行的，或者采取了适当措施制止他人盗窃、抢劫、损坏车辆的，不承担赔偿责任。停车场或者物业管理公司与车主或者车辆使用人对车辆丢失或者损坏均有过错的，按双方过错程度分担责任。"第3条："实行政府定价的医院、学校、博物院、图书馆、青少年宫、文化宫等公益场所及党政机关、事业单位配套停车场为车主或车辆使用人提供停车服务，停放期间，发生车辆丢失或损坏的，比照本意见第二条规定处理。但上述停车场按照《深圳市停车场规划建设和机动车停放管理条例》第二十四条的规定实行免费停放的,不承担赔偿责任。"第 4 条:"商场、宾馆、酒店或其他经营场所为经营活动需要为顾客提供车辆停放服务,不论是否单独收取费用,均应认定双方形成车辆保管关系。保管期间因保管不善造成车辆丢失或损坏的,由保管人按照本意见第一条规定承担损害赔偿责任。上述单位能够证明车辆停放人不是本单位顾客的,按本意见第二条规定处理。"第 5 条:"实行市场调节价收费标准的商业性停车场及实行政府定价的机场、车站、码头、旅游等具有自然垄断性质的停车场(原政府定价较高且按停放时间收费)为车主或者车辆使用人提供停车服务,并发给出入卡等停车凭证,双方虽未明确约定为保管关系,或停车场经营者单方声明为车位有偿使用关系,仍应认定保管关系成立。保管期间车辆丢失或损坏的,由停车场实际经营者按照本意见第一条规定承担损害赔偿责任。"第 6 条:"未依法办理工商登记,取得营业执照或未经许可违法从事停车场经营业务,在其经营过程中丢失车辆的,由违法经营者承担全部赔偿责任。车主或者车辆使用人明知停车场违法经营停车业务的,应按双方各自过错程度承担相应责任。"第 7 条:"丢失车辆的赔偿数额的计算方法:车辆的价值参照该种型号车辆的使用年限,以发票载明的价格或购车时的市场价格(含车辆购置附加税及其他合理费用)扣除已使用的年限折旧费后合理确认。"第 8 条:"确定车辆停放纠纷案件的原告可遵循如下原则:(1)车主与车辆停放人是同一人的,车主为原告;(2)车辆属单位所有,车辆停放人为单位司机或其他工作人员的,单位为原告;(3)车辆是借用或租用的,车辆停放人为借用人或租用人,车主、借用人或租用人均可为原告。"江西赣州中院《民事审判若干问题解答》(2006 年 3 月 1 日)第 12 条:"到酒店住宿或吃饭,车辆免费停在酒店指定的地点后丢失,酒店是否应承担赔偿责任?答:应当结合具体情况综合分析,关键在于判定酒店作为经营者对消费者停放车辆是否构成保管法律关系。如果这种停车服务是经营者综合服务设施和服务环境一部分,如车辆的停放地点为封闭形式且有保安人员检查的,消费者将车辆停放在酒店的指定场所被盗,经营者应承担赔偿责任。如车辆停放在开放式场所,且无专人管理,经营者提供的停放场所只是场地使用性质的,可考虑减轻或免除经营者的赔偿责任。"

4.地方规范性文件。贵州省贵阳市《停车场(库)管理办法》(2011 年 12 月 19 日修改)第 19 条:"因停车场(库)经营者管理不善等原因导致车辆在停放期间被损坏、被盗的,应当依法承担赔偿责任。"江西省南昌市《关于印发南昌市机动车停放保管服务收费管理暂行办法的通知》(2011 年 7 月 1 日 洪府发〔2011〕21 号)第 12 条:"经营者对收取停放保管服务费的车辆负有安全保护的责任。因保管不当造成停放车辆损坏、灭失或者被盗的,经营者应当依法承担相应的责任。"河北省邢台市《停车场管理实施细则》(2010 年 9 月 1 日)第 29 条:"车辆在停车场停放期间,发生车辆被盗、被损、丢失财物的,由停车场经营管理者依法承担相应法律责任。"江西省发改委《关于印发〈江西省机动车停放保管服务收费管理规定〉的通知》(2010年5月4日 赣发改收费字〔2010〕554号)第12条:"停车场经营者对停放于停车场内的收取停车费的车辆负有安全保护的责任。如因保管不善造成停放车辆损坏、灭失或被盗,停车场经营者应依法承担相应的责任。"

5. 最高人民法院审判业务意见。●第三人介入侵权情形下安全保障义务人的赔偿责任?最高人民法院民一庭意见:"从事住宿、餐饮、娱乐等经营活动的经营者,负有安全保障义务。在经营场所内,因第三人介入侵权导致损害结果发生的,有过错的经营者(安全保障义务人)应当承担相应的赔偿责任。但在确定该责任承担的范围时,不能动辄就课以针对损害的全部赔偿责任,应视义务违反人能够防止或者制止损害的范围而定。经营者所承担的赔偿责任是一种补充赔偿责任,因实施加害行为的第三人属于终局责任人,所以经营者在承担补充赔偿责任后,可以向该第三人进行追偿。"○到酒店住宿或吃饭,车辆免费停在酒店指定的地点后丢失,酒店是否应承担赔偿责任?最高人民法院民一庭《民事审判实务问答》编写组:"我国现行法律和司法解释对此问题没有明确规定。在审判实践中,将车辆停放在他人提供的场地上,车辆停放人和场地提供者之间基于停放车辆的灭失而发生的损害赔偿诉讼,主要包括了车辆保管合同、场地租赁合同和消费服务合同三种类型。消费服务合同可分为独立型消费和附属型消费。独立型消费是单纯以车辆停放为服务内容的消费服务,附属型消费是在发生其他主消费服务关系过程中,经营者附带提供的停放车辆的消费服务。法律关系的性质不同以及当事人对诉因的选择不同,将会直接影响被告责任的承担。到酒店住宿或吃饭,车辆免费停在酒店指定的地点,在这类消费合同关系中,消费者与经营者之间存在住宿或吃饭的主消费关系,在主消费关系过程中,经营者向消费者提供了车辆停放的附属服务。对经营者应否承担责任应区分不同的情形,综合判断,不能一概而论,关键在于判定酒店作为经营者对消费者停放车辆的安全保障义务的范围。如这种停车服务是经营者综合服务设施和服务环境一部分,如车辆的停放地点为封闭形式且有保安人员检查的,消费者将车辆停放在酒店的指定场所,经营者应依照《中华人民共和国消费者权益保护法》的规定,对停放的车辆丢失应当承担违反安全保障义务的赔偿责任。如车辆停放在开放式场所,由于场地的开放性,作为经营者难以尽到保障其安全环境义务,经营者提供的停放场所只是场地使用性质的,可考虑减轻或免除经营者的赔偿责任。"

6. 参考案例。①2012年湖南某代位求偿权案,2008年,开发公司租用酒店办公用房期间,因暴雨导致地下车库被水淹,开发公司停放在酒店免费提供的停车位上保险车辆受损。2010年5月26日,保险公司支付89万余元车损理赔款并获得保险权益转让书后,以酒店未尽保管义务为由行使代位求偿权未果。2012年5月17日,保险公司起诉。法院认为:保险代位权系一种法定请求权转移,从属于被保险人对第三者的赔偿请求权,属债权请求权范畴。在《保险法》未就保险代位权设置独立诉讼时效时,诉讼时效应与被保险人对第三者求偿权一致,适用《民法通则》中关于债权请求权规定,即诉讼时效应自被保险人知道或应当知道权利被第三者侵害时起计算。本案车损发生在2008年6月8日,保险公司在给付保险金取得代位求偿权后,于2010年5月26日向酒店提出主张,诉讼时效中断。保险公司2012年5月17日向法院起诉并未超过诉讼时效。涉案车辆受损根本原因是暴雨导致洪水倒流进入市政排水管道,致使车库积水所致,为不可抗力,酒店对此并无主观上故意。同时,基于权利义务一致和公平原则,酒店在本案中应承担有限注意义务。酒店提交证据证明其在事发当晚通知了车辆使用人,并采取了抗洪措施,在保险公司未提供相反证据情况下,应推定酒店已履行必要注意义务,主观上无过错,故保险公司不享有保险代位权。判决驳回保险公司诉请。②2012年四川某合同纠纷案,2012年,陈某入住张某经营宾馆,将车停放门前盲道上,宾馆登记了车牌号。当晚该车被盗。2013年,陈某诉请张某赔偿。法院认为:陈某入住张某经营的宾馆停放车辆时,未将车钥匙、行驶证等交给张某保存,双方亦未书面或口头约定住宿费中包含车辆保管费或停车费,张某除住宿费外亦未另行向陈某收取车辆保管费、停车费,依《合同法》第365条关于"保管合同是保管人保管寄存人交付的保管物,并返还该物"规定,陈某关于双方形成车辆保管合同的主张不能成立。陈某入住张某经营的宾馆,并给付了住宿费用,双方因此形成旅店服务合同关系,双方应依合同约定和法律规定全面履行合同义务。依《消费者权益保护法》规定,张某作为旅店经营者,对消费者财产安全负有安全保障的附随义务,但该义务范围应限定在经营者提供服务的经营场所内或受其控制的相关领域。本案中,陈某车辆停放于城市道路附属的无划线停车位的人行道,而非停在张某经营场所内或受张某控制管理的其他停车场所,在未经合同对车辆财产安全特别约定情况下,要求张某对停放在如本案情形的开放式公共场所的旅客车辆安全负担保责任,不符合法律关于附随义务规定。但张某未明确告知陈某其无专用停车场所,且其明知陈某将车辆停放在无停车位的人行道上而未提醒陈某将车辆停放到安全停车场所,尽管其在夜间间隔2小时巡视仍不免发生车辆被盗,故张某对陈某车辆被盗存在过失,其未全面履行对消费者财产安全保障附随义务,应根据其过失程度承担相应责任。判决张某赔偿陈某损失30%即3.5万余元。③2012年广西某保管合同纠纷案,2009年,罗某驾车入住酒店,向酒店交纳了住宿费用,并在酒店保安人员指引下将车辆停放酒店停车场。后该车被盗,生效刑事判决认定该车价值14万余元。罗某诉请酒店赔偿损失。法院认为:保管合同是指保管人保管寄存人交付的保管物并返还该物的合同。保管合同成立,须有寄托人将保管物交付于保管人行为。从本案看,酒店具有专门用于停放车辆场所,且在罗某车辆被盗当晚,罗某驾车入住酒店,向酒店交纳了住宿费用,并在酒店保安人员指引下将车辆停放酒店停车场,锁好车辆后,才上到其住宿房间休息,故<u>酒店有义务保障罗某人身和车辆安全,对罗某车辆具有保管义务</u>。保安人员安排罗某车辆停放后,未给车主发停放卡,凭卡出入,使出入该酒店车辆失去检查和防范,造成罗某车辆被盗。酒店应承担赔偿罗某车辆被盗损失。依生效刑事裁判文书确认的案件事实,该被盗车辆价值14万余元可作为本案认定事实依据。由于盗车人已被抓捕并判刑,酒店可在赔偿罗某后,再向盗车人进行追偿。判决酒店赔偿罗某14万余元。④2010年**海南某保管合同纠纷案**,2009年,林业局司机住酒店期间,车辆被盗,公安机关侦查未果。2010年,林业局以酒店未尽安全保障义务为由诉请赔偿车辆损失。法院认为:《侵权责任法》第37条规定:宾馆、商场、银行、车站、娱乐场所等公共场所的管理人或者群众性活动的组织者,未尽到安全保障义务,造成他人损害的,应当承担侵权责任。因第三人的行为造成他人损害的,由第三人承担侵权责任;管理人或者组织者未尽到安全保障义务的,承担相应的补充责任。本案所涉公共停车场管理权尚不明晰,<u>林业局所提交证据不能充分证明该案中公共停车场管理者是酒店</u>。《消费者权益保护法》第7条规定:消费者在购买、使用商品和接受服务时享有人身、财产安全不受损害的权利。消费者有权要求经营者提供的商品和服务,符合保障人身、财产安全的要求。本案双方虽存在旅店服务合同关系,但<u>林业局未能就被盗车辆案发时是否停放在酒店停车场内事实给予充分的证据证明</u>,且该案件正在公安机关侦查当中,事实尚未查明,故该被盗车辆是否在酒店管理的停车场内丢失尚存疑问,故林业局不能以酒店未提供相应保障财产安全的服务,而要求酒店赔偿自己的财产损失。判决驳回林业局诉请。⑤2010年**上海某租赁合同纠纷案**,2009年3月,运输公司向储运公司支付400元,<u>收据上只载明车牌号,未注明收款事由</u>。同年4月,运输公司停放在储运公司停车场价值21万余元的带挂货车丢失。法院认为:作为实践性合同,保管合同自保管物交付时成立。保管物交付即寄托人将对保管物控制权转移给保管人并经保管人接受,故在车辆保管合同关系中,应以保管人对车辆可实际控制、占有作为车辆交付标准,只要停车场具有了控制车辆进出权利即为实际控制了存放车辆。本案中,储运公司向运输公司出具的收据"收款事由"栏目为空白,可见双方之间法律关系性质未做明确约定。从双方陈述及现有证据看,既无法确定储运公司主观上具有保管停放车辆意思表示,亦无法确定运输公司已<u>明确表示将涉案车辆交付储运公司保管并经储运公司接受</u>。停车场设立及收费应经有关部门批准,此系行政权力基于社会管理需要对停车场经营者提出的规范性要求,而运输公司与储运公司之间建立的究竟是何种合同法律关系,应根据双方行为特征来作出判断,与停车场设立及收费是否经过行政批准无必然联系。从双方行为特征来看,储运公司虽向运输公司发放了停车证,但运输公司将车辆停入停车场时,储运公司门卫仅对停车证及车牌号进行核对,无须进行登记,亦无须对其他证件进行核对;车辆驶出停车场时,运输公司主张"门卫仍需对停车证及车牌号进行核对,不经门卫允许车辆无法开出",但在储运公司对此提出异议情况下,未能举证予以证明,故对运输公司此项主张不予采纳。可见,储运公司对涉案车辆进出停车场控制力较弱,停车场并不具有控制、占有涉案车辆权利,<u>不符合车辆保管合同关系中保管物交付特征</u>。从双方陈述来看,停车证作用更主要在于证明车辆已交费事实,而并非车辆进出,尤其是驶出停车场凭证。涉案车辆是牵引车及挂车,新车购买价格为21万余元,运输公司缴纳每月400元费用后即可在一天24小时内随时停入停车场。合同订立人均有实现己方利益最大化的价值追求,在停车场收取较少费用情况下,推定其订立合同之本意,并不应包含保管车辆义务承担,若要求其承担车辆丢失巨大风险将造成权利享有与义务承担之间失衡,对停车场而言有失公允。从双方之间行为特征来看,涉案停车场为储运公司集装箱场地,储运公司对该场地使用具有处分权。运输公司向储运公司支付400元费用后,即获得了在一个月内使用储运公司场地停放车辆权利,在此期间,场地使用权转移给运输公司享有,<u>400元费用即为场地租赁费。这种关系实质应为一种用于特殊使用目的的土地使用权短期出租关系</u>。判决驳回运输公司诉请。⑥<u>2009年北京某保管合同纠纷案</u>,2009年,实业公司司机刘某驾车离开收费停车场,交完看车条后,车辆<u>天窗玻璃被高空坠物击碎</u>。实业公司诉请停车公司赔偿修理费9598元。法院认为:依《合同法》第365条"保管合同是保管人保管寄存人交付的保管物,并返还该物的合同",第367条"保管合同自保管物交付时成立,但当事人另有约定的除外"之规定,本案中实业公司车辆有偿停放于停车公司管理的停车场中,停车公司向实业公司出具停车条,双方已完成保管合同交付行为,形成事实的有偿保管合同关系,停车公司应对实业公司承担保管责任。《合同法》第374条规定:保管期间,因保管人保管不善造成保管物毁损、灭失的,保管人应当承担损害赔偿责任,但保管是无偿的,保管人证明自己没有重大过失的,不承担损害赔偿责任。现实业公司车辆在停车公司保管期间发生了损害,停车公司理应承担相应赔偿责任。对于停车公司提出的双方当事人并非保管合同关系而是向实业公司出租场地的答辩意见,无事实和法律依据,法院不予采信。根据查明事实,停车公司管理的停车场进出口前有一段进出停车场必经的延伸弯道,该道路是进出停车场必经之路,<u>应属停车场延伸区域</u>,停车场管理者亦对由此进出停车场车辆安全负有保障责任,对在该延伸区域内给停车人造成的损害,亦应承担赔偿责任。现双方当事人对车辆被砸时所处具体位置虽有争议,但双方所述车辆被砸时位置均未超出停车场及其延伸区域,故停车场管理者应对在此区域内遭受损害车辆承担赔偿责任。本案中的停车条,其主要作用是作为计时凭证,并非保管合同成立和解除唯一凭证,故其是否交还并不影响保管合同责任承担,亦不能免除其保管责任。在保管合同已成立并生效情况下,在停车场及其延伸区域内发生的非由不可抗力及双方约定的免责条款造成的车辆损失,停车公司均应向保管合同相对方承担赔偿责任,至于责任最终承担者认定并不属本案审理范围。根据查明事实,双方当事人并未形成书面合同约定免责条款,且在涉案砸车事故发生前亦曾发生过多起类似事故,停车公司本应引起高度注意。停车公司应本着对被保管人人身和财产负责的态度积极采取相应措施避免类似事故发生,但停车公司却未采取任何防范措施致使再次发生车辆被砸事件,造成实业公司车辆受损,且涉案砸车事故并非由不可抗力造成,故停车公司应对实业公司车辆损失承担赔偿责任。判决停车公司赔偿实业公司维修费用9598元。

⑦2008年广西某保管合同案,2007年,实业公司经理符某入住酒店,被收取10元停车费、停放酒店停车场、价值23万余元的车辆被盗。符某在酒店住客登记表"有否贵重物品和现金保管"栏,符某填写"否"。法院认为:依《消费者权益保护法》第7条规定,消费者在购买、使用商品和接受服务时享有人身、财产安全不受损害的权利。在宾馆住宿服务关系中,旅客住进该宾馆,则其人身财产安全应当得到相应保障,此系合同附随义务。所谓合同附随义务,即在合同履行过程中,保护合同当事人人身或其财产利益,相对人依交易习惯应履行的通知、协助、保密、保护等给付义务之外的义务。《合同法》第367条规定,保管合同自保管物交付时成立,但当事人另有约定的除外。同时,第368条规定,寄存人向保管人交付保管物的,保管人应当给付保管凭证,但另有交易习惯的除外。保管合同是一种实践性合同,既要有要求保管的表示,亦应有同意保管的承诺,同时,应交付保管物。在酒店场所内,并无对车辆进入后须交纳保管费或要求对车辆进行保管的明示,即酒店不存在承诺保管车辆的表示。实业公司与酒店双方形成消费服务关系,但符某在填写住客登记表时,未在"车牌号码"一栏填写车牌号码,即未向酒店说明其有车辆停放在酒店内,并要求保管。根据上述相关法律规定,双方不存在保管关系。酒店所收取的10元费用,只是其对停车所收取的场地占用费,而不应是车辆保管费。实业公司在停放车辆时,未尽到自己的保管责任,应自行承担过错责任。判决驳回实业公司诉请。⑧2010年上海某租赁合同纠纷案,2009年3月31日,运输公司向储运公司支付400元,收据上只载明车牌号,未注明收款事由。同年4月,运输公司停放在储运公司的价值21万余元的带挂货车丢失。法院认为:双方之间成立的是场地租赁关系而非保管合同关系。理由:作为实践性合同,保管合同自保管物交付时成立。保管物交付即寄托人将对保管物的控制权转移给保管人并经保管人接受,故在车辆保管合同关系中,应以保管人对车辆可实际控制、占有作为车辆交付的标

准,只要停车场具有了控制车辆进出的权利就是实际控制了存放车辆。本案中,第一,储运公司向运输公司出具的收据"收款事由"栏目为空白,可见双方之间的法律关系性质未做明确约定;从双方陈述及现有证据来看,既无法确定储运公司主观上具有保管停放车辆的意思表示,亦无法确定运输公司已明确表示将涉案车辆交付储运公司保管并经储运公司接受。第二,停车场的设立以及收费应经有关部门批准是行政权力基于社会管理的需要对停车场经营者提出的规范性要求,而运输公司与储运公司之间建立的究竟是何种合同法律关系应根据双方行为特征来作出判断,与停车场的设立及收费是否经过行政批准没有必然联系。第三,从双方行为特征来看,储运公司虽向运输公司发放了停车证,但运输公司将车辆停入停车场时,储运公司门卫仅对停车证及车牌号进行核对,无须进行登记,也无须对其他证件进行核对;车辆驶出停车场时,运输公司主张"门卫仍需对停车证及车牌号进行核对,不经门卫允许车辆无法开出",但在储运公司对此提出异议的情况下,未能举证予以证明,故对运输公司此项主张不予采纳。可见,储运公司对涉案车辆进出停车场的控制力较弱,停车场并不具有控制、占有涉案车辆的权利,不符合车辆保管合同关系中保管物交付的特征。从双方陈述来看,停车证的作用更主要在于证明车辆已交费的事实,而并非车辆进出,尤其是驶出停车场的凭证。第四,涉案车辆是牵引车及挂车,新车购买价格为21万余元,运输公司缴纳每月400元的费用后即可在一天24小时内随时停入停车场。合同订立人均有实现己方利益最大化的价值追求,在停车场收取较少费用的情况下,推定其订立合同之本意,并不应包含保管车辆的义务承担,若要求其承担车辆丢失的巨大风险将造成权利享有与义务承担之间的失衡,对停车场而言有失公允。第五,从双方之间的行为特征来看,涉案停车场为储运公司的集装箱场地,储运公司对该场地的使用具有处分权;运输公司向储运公司支付400元的费用后,即获得了在一个月内使用储运公司的场地停放车辆的权利,在此期间,场地使用权转移给运输公司享有,400元费用即为场地租赁费。这种关系的实质应为一种用于特殊使用目的的土地使用权短期出租关系。运输公司关于"如果双方存在租赁合同关系,则场地所有权应属于储运公司所有;如果储运公司有使用权,则双方应当成立使用权合同关系"的主张于法无据,不予采纳,故判决驳回运输公司的诉讼请求。⑨2010年**江苏某租赁合同纠纷案**,2009年8月,王某停在马路边的收费停车场并交了5元停车管理服务费的车辆丢失,案未破,王某起诉停车场索赔18万元。法院认为:案涉停车场系公安部门利用政府投资建设的城市道路设置的开放式停车泊位,并无专门的车辆进出通道,车辆驶离停车场不需要交付任何凭证,车辆何时开出及由何人开出均不在停车场的控制范围之内。王某虽将车辆停放于停车场,但车辆驶离停车场时并不需要向停车场交付凭证或经停车场工作人员的审核同意,停车场对该车辆并未实际控制,也无法阻止车辆的移动和行驶,故双方之间并未构成保管合同关系,而是场地使用关系,停车场对王某的车辆并无保管义务。根据省财政厅和省物价局关于停车费性质问题的复函,市区马路停车场收费性质为行政事业性收费,故本案所涉停车场并非经营性停车场,停车场收取的停车费为行政事业性收费。王某提交的税务登记证和定额发票并不能证明本案所涉停车场是经营性停车场,因车辆丢失后并无最终处理结果,车辆丢失的原因目前无法确认,故王某要求停车场赔偿车辆损失,缺乏依据,不予支持。⑩2008年**上海某财产损害赔偿案**,2008年,赵某在机械公司上夜班时,停门卫室旁价值1800元电动车被盗。法院认为:赵某车辆停在厂区内的情况下被盗,可合理推断机械公司在安保措施、出入人员管理等方面存在不完善的地方,应承担相应的赔偿责任。赵某车辆毕竟是为他人盗取,盗车人才是直接侵害人,故机械公司应在未提供完善安保义务的限度内承担相应赔偿责任。综合考虑车辆折旧及机械公司责任程度等因素,酌定机械公司赔偿赵某车辆损失费600元。⑪2007年**浙江某财产损害赔偿案**,2006年,郑某驾驶从林某处购买的二手车在清洗店洗车,取车时发现被他人冒领。2个月后,派出所找到该车,但已被损坏。郑某起诉清洗店要求赔偿。法院认为:车辆被盗案尚在刑事侦查过程中,第三人的责任问题属刑事案件范畴,清洗店不能以第三人犯罪行为来免除自己应负的民事责任。清洗店作为经营者,负有保证其服务符合保障人身、财产安全的义务。郑某驾车至清洗店清洗车辆,并支付相应费用,双方形成消费服务合同关系。清洗店在提供洗车服务期间应妥善保管车辆,并负有返还车辆义务,但**清洗店未尽安全保障义务,致使车辆遗失,造成郑某财产损失,清洗店对此应承担损害赔偿责任**。对于车辆遗失期间的养路费、保险费虽是林某所交,但车辆现已转让给郑某,郑某有权要求清洗店与拖车费、修理费等损失一并赔偿。⑫2005年**福建某保管合同纠纷案**,2003年,杜某到庄某开办的洗车中心洗车,因杜某未及时将车开走,庄某将该车置于经营的店铺中。晚上车钥匙被盗,杜某起诉庄某要求赔偿换锁费用。法院认为:**服务合同并未约定庄某有车辆保管义务,双方亦未另行成立寄托保管合同关系,故庄某对杜某车辆并不承担保管责任**。庄某依约完全履行了合同主义务和附随义务,杜某损失系盗贼不法行为非庄某违约造成,故庄某不负赔偿或补偿责任。⑬1999年**上海某财产损害赔偿案**,1998年1月,企业公司在酒店开董事会,因车库已满,公司经理将价值60万余元的轿车停在酒店借用的广场上,晚上酒店明知广场上有客人车辆仍撤回保安,导致车辆失窃。事后保险公司依约赔偿企业公司49万余元保险赔款,随后向酒店追偿。法院认为:酒店主观上无保管车辆的意思表示,企业公司车辆停入广场后,亦未明确表示将车交付酒店保管,讼争轿车实际未置于酒店控制,客观上酒店与企业公司未就车辆停放、保管等权利义务关系订立具有保管法律特征的书面合同或任何有关口头约定,故双方当事人之间不构成保管合同关系。酒店与企业公司虽未形成车辆保管合同关系,但企业公司到酒店开会住宿,双方形成了服务与被服务的关系,酒店理应保证所有服务内容安全、周到。然而酒店借用广场停车,但未告知客人该情况,事发当晚酒店明知广场上存有住宿客人的车辆,却撤回保安而不通知客人,酒店对此具有过错。企业公司会前预订了车位,但未向保安人员讲明,导致其车辆停入外借的开放式广场,之后又未告诉保安人员房间号,使保安人员无法及时通知客人移动车位。据此,<u>酒店、企业公司对系争车辆的丢失均应承担相应的过错责任</u>。本案酒店非车辆盗抢人,对车辆的丢失不存在直接责任,故<u>酒店不构成作为保险公司代位追偿的对象</u>,保险公司按理赔规定向企业公司进行了部分理赔后,不能以酒店为对保险事故发生负有责任的第三方而追偿。

【同类案件处理要旨】

从事住宿、餐饮、娱乐等经营活动的经营者,未尽安全保障义务,致使消费者停放的机动车受损或丢失的,有过错的经营者应在其能够防止或者制止损害的范围内承担补充赔偿责任。

【相关案件实务要点】

1.**【保管合同成立】**保管合同的成立不仅需就保管物的保管达成一致的意思表示,且需寄存人有将保管物交付保管的行为;合同的附随义务及内容不能任意扩张,否则导致双方权利义务失衡。案见浙江宁波镇海区法院(2008)甬镇民一初字第177号"于某诉某网吧财产损害赔偿案"。

2.**【法律关系】**在法律无明确规定的情况下,判断停车场与车主之间的合同关系性质不应也不可能一概而论,应在探究双方当事人真实意思的基础上,从车辆保管合同关系不同于场地租赁合同关系的本质特征入手,对比分析具体案件中当事人的行为特征,综合分析个案案情,以做出相应判断。案见上海二中院(2010)沪二中民四(商)终字第21号"某运输公司诉某储运公司租赁合同纠纷案"。

3.**【实际交付认定】**停车费用没有明确约定是保管费还是场地租赁费的,应按照车主是否将车辆实际交由停车场控制来区分是保管关系还是场地租赁关系。车辆交付给停车场实际控制的,为保管关系;车辆未交付给停车场实际控制的,为场地租赁关系。案见江苏南京中院(2010)宁民终字第3925号"王某诉某物业公司租赁合同纠纷案"。

4.**【洗车场保管义务】**提供汽车清洗服务的经营者未尽车辆妥善保管义务,导致车辆丢失或损坏的,应承担违约损失赔偿责任。案见浙江宁波中院(2007)甬民一终字第275号"郑某诉某贸易公司财产损害赔偿案"。

5.**【酒店保管义务】**酒店对旅客停放在其借用的广场上的车辆,对失车具有一定的过错,应承担相应的补偿责任;酒店不是失车的直接损害者,保险公司向被保险人理赔后,以酒店为对保险标的有直接损害的第三者行使代位追偿权缺乏依据。案见上海一中院(1999)沪一中民终字第 369 号"某企业公司诉某酒店财产损害赔偿案"。

6.【合同附随义务】合同附随义务不能无限扩张,尤其是不能脱离合同的性质、目的,亦即需依附于主给付义务。案见福建泉州中院(2005)泉民终字第 218 号"杜某诉庄某等保管合同案"。

7.【用人单位安全保障义务】用人单位对员工财产未尽合理限度范围内的安全保障义务致使员工财产遭受损害的,应当承担相应的赔偿责任。案见上海松江区法院(2008)松民三(民)初字第 2893 号"赵某诉某机械公司财产损害赔偿案"。

【附注】

参考案例索引:浙江宁波镇海区法院(2008)甬镇民一初字第 177 号"于某诉某网吧财产损害赔偿案",判决驳回于某诉讼请求。见《于楼高诉宁波市镇海区虫虫网吧庄市佰亿时空分部财产损害赔偿纠纷案》(吴绍海、刘丽),载《人民法院案例选》(200802:169)。①湖南长沙岳麓区法院(2012)岳民初字第 01304 号"某保险公司与某酒店保险代位求偿权案",见《中华联合财产保险股份有限公司绍兴中心支公司诉长沙时代帝景大酒店有限公司保险代位求偿权案——免费停车受损赔偿中保险代位求偿权的认定》(张玲),载《人民法院案例选》(201302/84:297)。②四川成都新都区法院(2012)民初字第 3238 号"陈某与张某合同纠纷案",见《陈开见诉张前超旅店服务合同纠纷案(旅店服务合同、车辆被盗、责任承担)》(冯文旭、蒋娜娜),载《中国审判案例要览》(2014 民:416)。③广西百色中院(2012)百民再字第 41 号"罗某与某酒店保管合同纠纷案",见《罗永光诉百色市鑫鑫大酒店有限公司车辆保管合同纠纷案(保管合同成立的条件)》(杨胜平),载《中国审判案例要览》(2013 民:232);另见《车辆寄存人过错的认定及责任承担——广西百色中院判决罗永光诉百色鑫鑫大酒店车辆保管合同案》(罗福生、杨胜平),载《人民法院报·案例指导》(20131107:06)。④海南海口中院(2010)海中法民一终字第 1174 号"某林业局与某酒店保管合同纠纷案",见《五指山市林业局诉海南天艺之星酒店管理有限公司保管合同案(保管合同)》(陈成军),载《中国审判案例要览》(2011 民:256)。⑤上海二中院(2010)沪二中民四(商)终字第 21 号"某运输公司诉某储运公司租赁合同纠纷案",见《车辆保管合同与场地租赁合同之辨》(汤征宇、陈亚男),载《人民司法·案例》(201104:78)。⑥北京崇文区法院(2009)崇民初字第 3026 号"某实业公司与某停车公司代理进口合同纠纷案",见《北京玉亭房地产开发有限公司诉北京亦宇通停车管理有限公司保管合同案(不同种类的停车场应区别认定)》(王子龙),载《中国审判案例要览》(2010 商:62)。⑦广西钦州中院(2008)钦民二终字第53号"某实业公司与某酒店保管合同纠纷案",见《钦州国星油气有限公司诉广西钦州金湾大酒店保管合同案(入住酒店后保管关系的认定)》(陈成),载《中国审判案例要览》(2009 商:125)。⑧上海二中院(2010)沪二中民四(商)终字第21号"某运输公司诉某储运公司租赁合同纠纷案",见《车辆保管合同与场地租赁合同之辨》(汤征宇、陈亚男),载《人民司法·案例》(201104:78)。⑨江苏南京中院(2010)宁民终字第3925号"王某诉某物业公司租赁合同纠纷案",见《停车费性质的分析及判断》(王亚明),载《人民司法·案例》(201112:29)。⑩上海松江区法院(2008)松民三(民)初字第2893号"赵某诉某机械公司财产损害赔偿案",见《用人单位对员工财产的安全保障义务》(丁伟、王燕华),载《人民司法·案例》(200910:59)。⑪浙江宁波中院(2007)甬民一终字第275号"郑某诉某贸易公司财产损害赔偿案",判决清洗店赔偿车损3000余元。见《违约和侵权请求权竞合时不适用先刑后民——郑财灿诉鄞州腾升汽车用品贸易有限公司损害赔偿案》(周家骥),载《人民法院报·案例指导》(20080516:5)。⑫福建泉州中院(2005)泉民终字第218号"杜某诉庄某等保管合同案",一审认为车钥匙被盗系盗贼不法行为造成,非庄某服务行为造成,庄某服务过程中已尽合理谨慎注意义务,故不承担违约责任,但应看到,庄某提供的是有偿服务,杜某损失并非与庄某毫无关系,依公平责任原则,判决庄某补偿杜某1000元;二审改判驳回杜某诉讼请求。见《杜邵辉诉庄惠珍、庄玲玲未尽到保管义务服务合同案》(戴梅影),载《人民法院案例选》(200502:145)。⑬上海一中院(1999)沪一中民终字第369号"某企业公司诉某酒店财产损害赔偿案",一审支持企业公司和保险公司的诉请,二审改判酒店赔偿企业公司13万余元,驳回保险公司的代位请求赔偿权。见《上海紫江企业有限公司等诉上海新亚—汤臣大酒店有限公司财产损害赔偿案》(陈福民),载《中国审判案例要览》(2000 民事:276)。

参考观点索引:●第三人介入侵权情形下安全保障义务人的赔偿责任? 见《第三人介入侵权情形下安全保障义务人的赔偿责任》(辛正郁),载《中国民事审判前沿》(200501:128)。○到酒店住宿或吃饭,车辆免费停在酒店指定的地点后丢失,酒店是否应承担赔偿责任? 见《到酒店住宿或吃饭,车辆免费停在酒店指定的地点后丢失,酒店是否应承担赔偿责任?》,载《民事审判实务问答》(2008:121)。

69. 机动车购销合同纠纷

——新车出故障，损失卖家赔？

【购销合同】

【案情简介及争议焦点】

2002年8月，朱某从销售公司购买轿车，总价28万余元。2004年3月，朱某发现该车在交付过程中曾发生交通事故导致车门损坏，但销售公司当时告知朱某系因装饰需延迟交车。朱某据此认为销售公司存在欺诈，要求双倍赔偿。

争议焦点：1.是否构成欺诈？2.能否双倍获赔？

【裁判要点】

1. 欺诈。购车合同虽未明确约定销售公司所交付车辆系全新车辆，但从消费者通常交易习惯分析，只要双方未注明系购买或出售有瑕疵车辆，一般应推定消费者所购车辆为全新且符合质量要求的产品。但销售公司向朱某交付的却系发生过交通事故并因此受损的车辆，且交付时未告知朱某该车具有重大瑕疵，而朱某正是基于销售公司故意隐瞒该车曾因事故受损事实，才在不知情的情况下提取了该车。销售公司的上述行为不仅违背了我国民法规定的诚实信用原则和公平原则，且符合欺诈的构成要件，故销售公司的行为已构成民事欺诈。

2. 双倍。本案中尽管朱某所购车辆仅是车门受损，并未影响该车基本性能，销售公司也对受损车门进行了修复，但销售公司采取故意隐瞒真实情况的不正当销售行为已危害了正常的交易安全，其行为不仅是对朱某个人利益的侵犯，同时也是对社会公平和秩序价值的违背，故销售公司应承担双倍赔偿责任。

【裁判依据或参考】

1. 法律规定。《民法典》（2021年1月1日）第595条："买卖合同是出卖人转移标的物的所有权于买受人，买受人支付价款的合同。"第596条："买卖合同的内容一般包括标的物的名称、数量、质量、价款、履行期限、履行地点和方式、包装方式、检验标准和方法、结算方式、合同使用的文字及其效力等条款。"第597条："因出卖人未取得处分权致使标的物所有权不能转移的，买受人可以解除合同并请求出卖人承担违约责任。法律、行政法规禁止或者限制转让的标的物,依照其规定。"第 598 条:"出卖人应当履行向买受人交付标的物或者交付提取标的物的单证,并转移标的物所有权的义务。"第 599 条:"出卖人应当按照约定或者交易习惯向买受人交付提取标的物单证以外的有关单证和资料。"第 604 条:"标的物毁损、灭失的风险,在标的物交付之前由出卖人承担,交付之后由买受人承担,但是法律另有规定或者当事人另有约定的除外。"第 609 条:"出卖人按照约定未交付有关标的物的单证和资料的,不影响标的物毁损、灭失风险的转移。"第 610 条:"因标的物不符合质量要求,致使不能实现合同目的的,买受人可以拒绝接受标的物或者解除合同。买受人拒绝接受标的物或者解除合同的,标的物毁损、灭失的风险由出卖人承担。"第 611 条:"标的物毁损、灭失的风险由买受人承担的,不影响因出卖人履行义务不符合约定,买受人请求其承担违约责任的权利。"第 613 条:"买受人订立合同时知道或者应当知道第三人对买卖的标的物享有权利的,出卖人不承担前条规定的义务。"第 614 条:"买受人有确切证据证明第三人对标的物享有权利的,可以中止支付相应的价款,但是出卖人提供适当担保的除外。"第 615 条:"出卖人应当按照约定的质量要求交付标的物。出卖人提供有关标的物质量说明的,交付的标的物应当符合该说明的质量要求。"第 616 条:"当事人对标的物的质量要求没有约定或者约定不明确,依据本法第五百一十条的规定仍不能确定的,适用本法第五百一十一条第一项的规定。"第 617 条:"出卖人交付的标的物不符合质量要求的,买受人可以依据本法第五百八十二条至第五百八十四条的规定请求承担违约责任。"第 642 条:"当事人约定出卖人保留合同标的物的所有权,在标的物所有权转移前,买受人有下列情形之一,造成出卖人损害的,除当事人另有约定外,出卖人有权取回标的物:(一)未按照约定支付价款,经催告后在合理期限内仍未支付;(二)未按照约定完成特定条件;(三)将标的物出卖、出质或者作出其他不当处分。出卖人可以与买受人协商取回标的物;协商不成的,可以参照适用担保物权的实现程序。"第 1202 条:"因产品存在缺陷造成他人损害的,生产者应当承担侵权责任。"第 1203 条:"因产品存在缺陷造成他人损害的,被侵权人可以向产品的生产者请求赔偿,也可以向产品的销售者请求赔偿。产品缺陷由生产者造成的,销售者赔偿后,有权向生产者追偿。因销售者的过错使产品存在缺陷的,生产者赔偿后,有权向销售者追偿。"第 1205 条:"因产品缺陷危及他人人身、财产安全的,被侵权人有权请求生产者、销售者承担停止侵害、排除妨碍、消除危险等侵权责任。"《侵权责任法》(2010 年 7 月 1 日,2021 年 1 月 1 日废止)第 41 条:"因产品存在缺陷造成他人损害的,生产者应当承担侵权责任。"第 42 条:"因销售者的过错使产品存在缺陷,造成他人损害的,销售者应当承担侵权责任。销售者不能指明缺陷产品的生产者也不能指明缺陷产品的供货者的,销售者应当承担侵权责任。"第 45 条:"因产品缺陷危及他人人身、财产安全的,被侵权人有权请求生产者、销售者承担排除妨碍、消除危险等侵权责任。"《**产品质量法**》(2000年9月1日)第43条:"因产品存在缺陷造成人身、他人财产损害的,受害人可以向产品的生产者要求赔偿,也可以向产品的销售者要求赔偿。属于产品的生产者的责任,产品的销售者赔偿的,产品的销售者有权向产品的生产者追偿。属于产品的销售者的责任,产品的生产者赔偿的,产品的生产者有权向产品的销售者追偿。"《**合同法**》(1999年10月1日,2021年1月1日废止)第107条:"当事人一方不履行合同义务或者履行合同义务不符合约定的,应当承担继续履行、采取补救措施或者赔偿损失等违约责任。"第111条:"质量不符合约定的,应当按照当事人的约定承担违约责任。对违约责任没有约定或者约定不明确,依照本法第六十一条的规定仍不能确定的,受损害方根据标的的性质以及损失的大小,可以合理选择要求对方承担修理、更换、重作、退货、减少价款或者报酬等违约责任。"第153条:"出卖人应当按照约定的质量要求交付标的物。出卖人提供有关标的物质量说明的,交付的标的物应当符合该说明的质量要求。"《**消费者权益保护法**》(1994年1月1日)第18条:"经营者应当保证其提供的商品或者服务符合保障人身、财产安全的要求。对可能危及人身、财产安全的商品和服务,应当向消费者作出真实的说明和明确的警示,并说明和标明正确使用商品或者接受服务的方法以及防止危害发生的方法。经营者发现其提供的商品或者服务存在严重缺陷,即使正确使用商品或者接受服务仍然可能对人身、财产安全造成危害的,应当立即向有关行政部门报告和告知消费者,并采取防止危害发生的措施。"第49条:"经营者提供商品或者服务有欺诈行为的,应当按照消费者的要求增加赔偿其受到的损失,增加赔偿的金额为消费者购买商品的价款或者接受服务的费用的一倍。"《**民法通则**》(1987年1月1日,2021年1月1日废止)第122条:"因产品质量不合格造成他人财产、人身损害的,产品制造者、销售者应当依法承担民事责任。"

2. 司法解释。最高人民法院《**关于审理道路交通事故损害赔偿案件适用法律若干问题的解释**》(2012年12月21日,2020年修改,2021年1月1日实施)第9条:"机动车存在产品缺陷导致交通事故造成损害,当事人请求生产者或者销售者依照民法典第七编第四章的规定承担赔偿责任的,人民法院应予支持。"

3. 部门规范性文件。中国保监会办公厅《**关于机动车辆商品车投保交强险有关事宜的复函**》(2008年4月15日 保监厅函〔2008〕89号)第1条:"机动车生产、销售单位投保运送过程中的商品车,可以按非营运车辆投保。"第2条:"根据现行交强险费率方案的规定,投保保险期间不足一年交强险的,按短期费率系数计收保险费,不足一个月按一个月计算。针对你公司反映的情况,可以根据《机动车交通事故责任强制保险条例》第十六、十七条的规定,商品车运送至目的地后办理停驶的,可以解除保险合同;合同解除时,保险公司可以收取自保险责任开始之日起至保险合同解除之日止的保险费,剩余部分的保险费退还投保人。"中国保监会《关于机动车辆保险条款解释有关问题的批复》(2003年8月22日 保监办复〔2003〕151号):"……保监会制定的《机动车辆保险条款》(保监发〔2000〕16号)明确规定,车辆损失险的保险标的是在使用过程中的机动车辆。根据《机动车辆保险条款解释》(保监发〔2000〕102号),使用保险车辆过程是指保险车辆作为一种工具被使用的整个过程,包括行驶和停放。因此,在签订货物运输合同后,作为货物被运输的机动车辆不符合我会制定的《机动车辆保险条款》所规定的保险标的。"

4. 地方司法性文件。山东高院《关于印发〈全省民事审判工作会议纪要〉的通知》(2011年11月30日 鲁高法〔2011〕297号)第6条:"……关于产品责任的赔偿责任主体、赔偿责任问题。依据《侵权责任法》第41条的规定,产品责任对产品的生产者实行严格责任,即无过错责任,而对产品的销售者实行过错责任。因产品存在缺陷致人损害的,受害人可以行使选择权,请求产品的生产者或者销售者承担赔偿责任;选择销售者承担赔偿责任的,如果销售者有证据证明自己无过错,产品缺陷是由生产者造成的,销售者承担赔偿责任后,有权向生产者追偿;选择生产者承担赔偿责任的,如果生产者有证据证明销售者存在过错,承担赔偿责任后,可以向销售者追偿。受害人选择产品生产者和销售者作为共同被告的,应当判决共同承担损害赔偿责任,共同被告中的一方有证据证明其不应承担责任的,可明确其依法享有追偿权。"重庆高院《关于审理道路交通事故损害赔偿案件适用法律若干问题的指导意见》(2006年11月1日)第37条:"非运行中的机动车引发的侵权纠纷,不属于本意见调整范围,应当按照《中华人民共和国民法通则》第一百零六条第二款规定的归责原则进行处理。"

5. 参考案例。①2016年山东某买卖合同纠纷案,2016年,沈某在销售公司以38万余元按揭购买宝马车,因无法挂牌,沈某诉请解除合同并增加赔偿3倍购车款。经查,2015年他人曾持伪造手续,冒用该车识别代号取得牌照,并在商贸公司出售给任某后退换过。法院认为:在汽车消费领域,汽车经营者对消费者是否构成欺诈,应依最高人民法院《关于贯彻执行〈中华人民共和国民法通则〉若干问题的意见(试行)》第68条规定予以认定。基于一般交易习惯,购买汽车等大件商品时,消费者负有较高的谨慎义务,即使经营者宣传方式可能给消费者带来一定误解,但其与消费者必然购买后果之间被消费者本身负有的谨慎义务所阻断。如无法认定经营者欺诈成立,符合合同解除条件的,应依《合同法》规定解除合同,并予以退车退款。本案中,根据车管所出具的函,可证实涉案车辆合格证被伪造系案外人所为,与销售公司无关,故车辆不能挂牌原因不能归责于销售公司。任某陈述,其想从商贸公司购买宝马车,但商贸公司交付的车辆无法缴纳车辆购置税,故要求商贸公司为其更换车辆,但其未说明无法交纳购置税、挂牌原因,沈某亦未提交证据证明系因何种原因致使任某无法交纳购置税及车辆挂牌,不能证明涉案车辆出现上述情形与销售公司存在关联性。销售公司与商贸公司股东名册中虽存在股东重合情形,但两公司均系独立法人,车辆信息共享并不等同于所有信息均互通有无,且根据已查明事实,涉案车辆可正常缴纳车辆购置税,仅是在审验车辆合格证时出现被他人伪造情形,致使车辆无法挂牌,该事实与任某陈述的换车事实不一致,不能由此认定销售公司存在故意隐瞒真实情况、诱使沈某作出错误意思表示行为。判决解除购车合同,双方返还。②2014年北京某物权纠纷案,2010年,王某出资购买轿车一辆,初始登记在自己名下。2010年7月,王某将该车转移登记至齐某名下,但车辆至今由王某实际占有使用。2010年12月,本市出台车辆限购政策。2013年,齐某诉请确认车辆归其所有,要求无购车资格的王某立刻返还诉争车辆。法院认为:机动车所有权取得可通过买卖合同方式继受取得,所有权转移一般以实际交付为要件。《物权法》第24条规定:"船舶、航空器和机动车等物权的设立、变更、转让和消灭,未经登记,不得对抗善意第三人。"物权设立、变更、转让和消灭分为登记生效原则和登记对抗原则,机动车物权设立采登记对抗原则,即登记不是取得机动车物权必要条件,但具有对抗善意第三人效力,故机动车实际出资人在一般情况下对车辆具有实质所有权,但在限购政策下,对于车辆实际出资人能否取得所有权应另行考量。从行政法角度看,购车指标是一种行政许可,是行政相对人购买车辆的必备法律资格。车辆实际所有人不能由于出资而当然取得所有权,否则就很容易规避限购政策。购车过程中,当所有权取得需以具备某种资格为前提时,不具备相应资格就无法取得所有权。本案诉争车辆转移登记为双方当事人真实意思表示,应予保护,虽经双方确认涉诉车辆为王某出资购买,但经王某自认其未取得小客车配置指标,亦未在双方协商时间内转移车辆登记,车辆过户登记不能在出资人无小客车配置指标情况下仅以其出资购买车辆即将车辆过户至其名下,故齐某要求将诉争车辆归其所有,合理合法。判决诉争车辆归齐某所有。③2013年福建某买卖合同纠纷案,2012年,吴某在销售公司购买车辆,获赠40张面值500元共2万元维修抵用券,由赠券和存根联两部分组成,背面标注"消费每满1000元,仅可抵用一张500元维修赠券"。2013年,吴某在销售公司维修后,要求使用抵用券,销售公司以抵用券仅存客户联而无存根联、说明已经被使用过为由拒绝致诉。法院认为:依合同约定,抵用券抵用额度系合同价款组成部分,抵用券由销售公司提供给用户依约享用,系销售公司在销售过程中采取的特殊营销手段,不具有普遍性。抵用券使用方法由提供方制定,只要具有一定可行性和可操作性即可,具有很强的随意性,并非通过日常生活经验法则即能判明。双方因此发生争议时,销售公司作为抵用券提供方对抵用券使用方法负有举证责任。对此,销售公司不能提供相应证据予以证明,应承担相应不利后果。吴某主张的使用方法具有合理性及可行性,可采信。销售公司提供的抵用券存根联载明的编号、底盘号、姓名及联系电话,均与吴某提供的赠券部分记载一致,赠券与存根联骑缝处加盖被告公章及财务章亦能一一对应,故对存根联真实性予以确认,但存根联不能证明吴某抵用额度已抵用。结合吴某提供的消费单和销售公司提供的内部账单及账单预览,吴某在销售公司仅进行了两万余元的维修、消费,诚如吴某所主张若抵用券已全部抵用,该消费金额与在抵用券约定的抵用方式下应消费金额(至少4万元以上)不符,且其中有2万元额度载明系用赠款消费方式,与消费抵用无关,故吴某主张抵用券尚未消费抵用,应予采信。判决吴某所购车辆享有在销售公司每消费1000元,可凭维修抵用券抵用500元的权利。④2013年**内蒙古某买卖合同纠纷案**,2012年,恽某分期购买贸易公司销售的汽车。3个月后,因车辆发动机号和车架号与登记信息不符被交管部门处罚。停运3个月后,恽某诉请解除合同,并要求按每天450元标准赔偿3个月停运损失。法院认为:依法订立的合同应受法律保护,当事人应按合同约定履行自己义务。《合同法》第113条规定:"当事人一方不履行合同义务或者履行合同义务不符合约定,给对方造成损失的,损失赔偿额应当相当于因违约所造成的损失,包括合同履行后可以获得的利益,但不得超过违反合同一方订立合同时预见到或者应当预见到的因违反合同可能造成的损失。"本案中,恽某与贸易公司就汽车买卖一事达成协议,并签订了分期付款汽车买卖合同。该合同系双方当事人真实意思表示,且不违反法律强制性规定,其法律效力应予认可。生效合同对各方当事人均具有法律约束力,双方应依约履行各自义务。在恽某按合同约定交纳首付款后,贸易公司应向恽某交付合同约定的车辆。因贸易公司实际向恽某交付的车辆与双方所签合同约定的应交付车辆不一致,贸易公司行为违反了合同约定,且造成恽某不能对车辆正常使用,从而不能实现合同目的,故恽某诉请解除合同,应予支持。恽某在发现所购车辆登记情况与实际情况不符后,应与贸易公司积极协商更换车辆。贸易公司不作为时,可寻求其他解决途径,不应消极等待,放任损失结果扩大,如支持恽某营运损失赔偿请求,不利于鼓励交易、维护正常交易秩序,而有助长不合理的消极利益期待之嫌。判决解除合同,双方返还财物。⑤2012年**北京某买卖合同纠纷案**,2009年9月,朱某在汽车公司花32万余元购车,嗣后因空调质量问题,多次维修仍未解决。2012年,朱某诉请解除合同。法院认为:依《合同法》第94条第4款规定,当事人一方迟延履行债务或者有其他违约行为致使不能实现合同目的的,当事人可以解除合同。第148条规定:"因标的物质量不符合质量要求,致使不能实现合同目的的,买受人可以拒绝接受标的物或者解除合同。买受人拒绝接受标的物或者解除合同的,标的物毁损、灭失的风险由出卖人承担。"本案中,朱某购车目的系正常、安全使用车辆,而本案中其购置车辆在质保期内多次因空调质量问题进行修理,仍不能正常使用,且两次出现车辆无法启动的质量安全问题。同时,汽车公司亦认可该车空调存在质量问题,上述问题存在严重影响了朱某正常、安全使用车辆,使朱某购买车辆的合同目的不能实现,故朱某有权解除合同,要求汽车公司退还车辆购置款。本案解除合同,系因汽车公司交付车辆存在产品质量问题,而朱某在合同履行过程中并不存在违约行为和主观过错,故汽车公司关于退款应考虑折旧费理由亦不能成立。⑥2012年北京某买卖合同纠纷案,2010年5月,金某将名下机动车售予郭某,但未办过户手续。同年12月,本市实施机动车摇号政策。2012年,金某以车辆买卖未办过户、郭某再行出卖车辆构成无权处分为由,诉请解除车辆买卖协议、郭某索回车辆后返还金某。法院认为:金某与郭某所签车辆买卖协议有效。《物权法》第23条规定:动产物权的设立和转让,自交付时发生效力,但法律另有规定的除外。公安部《关于确定机动车所有权人问题的复函》亦明确"公安机关办理的机动车登记,是准予或者不准予上道路行驶的登记,不是机动车所有权登记"。即公安机关办理的车辆登记,系行政管理手段,亦起到公示作用,但登记车主并非即为确定的所有权人,故案涉车辆自交付郭某后,郭某即取得所有权,有权再行处分。鉴于金某在将车辆交付郭某后仍持有办理车辆转移登记的必要手续证明即机动车登记证书,并自案涉车辆交付郭某后至摇号政策公布施行长达7个月内不积极要求并配合郭某办理车辆转移登记,故案涉诉车辆不能办理车辆转移登记系由于金某自身原因所致,因金某提供证据不足以证明本案存在车辆买卖协议解除情形,判决驳回金某诉请。⑦2012年河南某民事赔偿纠纷案,2007年,经张某介绍,闫某担保,杨某将车辆以13.8万元售予冯某。其中张某收取2.2万元、杨某收取10.8万元。后公安机关发现该车系被盗车辆而扣押,并向杨某追缴1.3万元。2008年,刑事判决书查明,杨某因犯掩饰、隐瞒犯罪所得罪,被判处刑罚,但冯某并未受到处罚而是载明"另案处理"。2011年,冯某诉请杨某、张某、闫某返还购车款。法院认为:由于我国现行《刑事诉讼法》及司法解释并未规定该法律专业术语,亦未对如何使用"另案处理"作出明确规定,导致在司法实践中对"另案处理"理解存在分歧。司法实践中,公检法机关在使用"另案处理"时,主要是靠经验或习惯进行表述,这就造成"另案处理"这个问题往往处于模糊不明状态。如在司法实践中,"另案处理"究竟是处于公安机关移送阶段、检察机关起诉阶段、法院审理阶段中的哪个阶段存在诸多争议。刑事中的"另案处理"并非一定按犯罪处理,不必然妨碍民事案件受理。本案中,冯某到车辆管理部门查询并下载了要购买车辆相关信息,在确认车辆合法后与出卖方签订了车辆买卖合同,显然证明冯某并非明知所购车辆属犯罪所得,故冯某不应成为掩饰、隐瞒犯罪所得的共同犯罪嫌疑人,不应成为"另案处理"对象,其对自己购车损失完全享有民事请求权,故本案属民事案件受案范围。因案涉车辆系盗窃车辆,闫某亦未基于买卖协议取得财产,判决车辆买卖协议无效,杨某、张某分别返还冯某购车款9.5万元、2.2万元。⑧2011年江苏某买卖合同纠纷案,2009年11月,任某从销售公司购买车辆,其后因变速箱质量问题多次维修仍未解决。2011年10月,经消协调解,约定销售公司更换变速箱总成。更换后试车过程中又出现问题。销售公司将修理好的车经第三方检测合格后通知任某提取时遭拒。法院认为:任某向销售公司购车,双方之间依法成立的汽车买卖合同受法律保护。双方应依约履行自己义务,销售公司提供车辆应符合约定。质量不符合约定的,应承担违约责任。违约责任未约定或约定不明的,依法仍不能确定的,受损害方可合理选择要求对方承担修理、更换、重作、退货、减少价款或报酬等违约责任。当事人订立合同任务在于实现合同目的。所谓合同目的,系指当事人订立合同所要实现的期望。本案中,任某购买车辆目的系为安全驾驶,使车辆充当交通工具,便于生活工作,销售公司所售车辆亦应具有实现该目的的合格质量。但任某所购车辆于2011年更换变速箱总成后不久又出现变速箱质量问题。根据调解书,销售公司应为任某更换变速箱总成,其意应为更换整套无质量问题的变速箱总成,而非对更换的变速箱总成再进行修理或部件更换,故销售公司未能履行调解书约定的通过更换变速箱修理车辆义务。本案双方当事人未对车辆质量及违约责任进行约定,任某所购车辆在不到两年时间内两次出现变速箱质量问题,修理过程及试车过程仍出现问题,要求销售公司承担修理或更换部件的违约责任已不能达到任某购车目的,故任某从消除自身安全隐患角度,提出更换车辆要求合理有据,应予支持。判决销售公司为任某更换新车一辆,任某支付差价9900余元。⑨2011年安徽某买卖合同纠纷案,2009年,王某向车业公司购买某款"豪华导航"型汽车并交付了27万余元车款。后王某以该导航非原装,且系已使用过的产品,存在安装瑕疵为由诉请解除合同并双倍赔偿其54万余元。法院认为:最高人民法院《关于贯彻执行〈中华人民共和国民法通则〉若干问题的意见(试行)》第68条规定,一方当事人故意告知对方虚假情况,或者故意隐瞒真实情况,诱使对方当事人作出错误意思表示的,可以认定为欺诈行为。本案中,就车辆本身而言,现无充分证据证明车辆选定、验收和提车行为违背了王某真实意思,亦无充分证据证明车业公司就所售车型具有告知虚假情况或故意隐瞒真实情况,及前者系因后者所导致,故车业公司向王某交付了其选定车辆,符合合同约定。由于车辆无质量和权利瑕疵,车业公司向王某交付案涉车辆行为不构成违约,更不具有欺诈情形;但车业公司为王某所购车辆配置导航一体机为已使用过的产品,且安装上存在瑕疵,又因该瑕疵隐蔽,王某验收和提车时不可能及时发现,故不能因王某已验收和提车而使车业公司免责。车业公司在未告知王某真实情况下将已使用过的产品作为正品销售给王某,有以旧充新故意和行为,构成欺诈,应依《合同法》规定对王某承担更换、退货或减少价款等民事责任,并应依《消费者权益保护法》规定对王某承担惩罚性赔偿责任。车业公司向王某交付的为其选定的车辆,仅是配置的导航一体机为已使用过,其对车辆质量和基本性能不构成影响,况且已安装在涉案车辆上而成为涉案车辆一个组成部分,使用功能正常,故合同不具有法定或约定解除条件。在双方履行合同后,王某对涉案车辆已实际使用较长时间。为发挥物的最大效用,维护交易安全,避免扩大损失,双方应继续履行合同。因车业公司配置导航一体机违约欺诈行为,合同价款可按该配置价格减少1万元,此外,还应按该价格另赔偿王某1万元。鉴于车业公司诉讼中表示如继续履行,可补偿王某7万元,故车业公司在承担上述责任基础上应补偿王某5万元。⑩2010年<u>上海某转让合同纠纷案</u>,1994年,洪某将名下出租车转让给刘某。1995年,刘某将该出租车带牌照转让给窦某。2010年,窦某诉请洪某办理车辆过户及出租车经营权过户手续。法院认为:出租车与出租汽车经营权转让合同中,对转让行为法律效力分析应分别进行。对出租车转让而言,出租车所有权采用登记对抗主义,即仅有当事人意思表示即可发生物权变动,但未经登记,该物权变动不得对抗善意第三人。对出租汽车经营权转让而言,由于国家对出租汽车经营权实行行政许可制度,<u>故出租汽车经营权转让问题属行政职能范围,不属于法院民事诉讼主管范围</u>。在连环出租车转让合同中,除非前合同出卖人向后合同买受人作出债务承担的意思表示,否则后合同买受人不得向前合同的出卖人直接请求履行。本案中,洪某将出租车卖给第三人,第三人又将该出租车卖给窦某。事后,窦某又全额出资更新了车辆。现涉讼出租车虽登记在洪某名下,但该车所有权应归窦某所有。<u>窦某要求将该车变更至其名下诉请,依法应予支持</u>。案涉牌照系行政部门向出租汽车个体工商户营运车辆发放的专用牌照,该牌照包含了营运资质内容,属行政机关行政许可范畴。另外,出租汽车经营资格证书系行政机关颁发的资格证书,亦属行政机关行政许可范围,故窦某要求在洪某名下牌照及出租汽车经营资格证书变更至窦某名<u>下诉请,不属于法院受理民事诉讼范围</u>。判决登记在洪某名下车辆归窦某所有。⑪2009年<u>广西某买卖合同纠纷案</u>,2008年,国有企业职工周某经手,将企业一辆汽车以2万元售予梁某。2009年,国有企业以汽车属国有资产、未经国资委批准而转让为由主张合同无效。法院认为:本案国有企业因多年未进行年检,违反了企业登记相关规定,导致被工商行政管理机关吊销营业执照。但国有企业营业执照被吊销,并不等于企业法人资格立即消灭。根据相关法律规定,企业法人被吊销营业执照后,应由企业主管部门、开办单位或企业自行组织清算,只有在清算程序结束并办理注销登记后,企业法人才归于消灭。本案中,国有企业虽成立了清算组,但公司并未注销;在注销前,其仍可以自己名义或以清算组名义进行相应诉讼活动。现国有企业以自己名义提起诉讼,主体资格适格,应予确认。《国有资产产权界定和产权纠纷处理暂行办法》第8条规定:"全民所有制企业中的产权界定依下列办法处理:1.有权代表国家投资的部门和机构以货币、实物和所有权属于国家的土地使用权、知识产权等向企业投资,形成的国家资本金,界定为国有资产……"现国有企业所提交证据并不能证实诉争车辆属于以上财产,应承担举证不能责任。在此次汽车转让过程中,周某作为国有企业公司职工,虽在转让协议中作为卖方签字并收取购车款,但购车款已上交公司,转让协议中亦加盖了国有企业公章,故周某是该车辆转让行为中的实际经手人,该次转让法律后果仍应由国有企业承担。现双方之间的汽车转让行为,是双方真实意思表示,并未违反国家法律强制性规定,且双方已实际履行,应依法确认该买卖行为效力。判决驳回国有企业诉讼请求。⑫2009年河南某买卖合同纠纷案,2007年,申某要账,要回叉车一辆,后以9.5万元价格卖给建筑公司。建筑公司先后两次支付申某车款7万元,因车辆出现故障,经过多次修理,仍无法正常使用。建筑公司以该车伪造或冒用他人厂名、厂址为由诉请申某退款。法院认为:依《产品质量法》规定,销售者不得伪造产地,不得伪造或者冒用他人的厂名、厂址;销售者销售产品,不得掺杂、掺假,不得以假充真、以次充好,不得以不合格产品冒充合格产品。该规定属法律禁止性规定,如买卖合同违反上述规定,依《合同法》相关规定,该买卖合同将因违反强制性法律规定而无效,因该合同取得的财产应予返还,有过错的一方还应赔偿对方因此所受损失;双方均有过错的,应各自承担相应的损失。本案申某出卖给建筑公司的叉车假冒他人厂名,以假充真,该买卖行为违反强制性法律规定,应被认定无效,建筑公司应将该叉车退还给申某,申某将叉车价款退还给建筑公司。《合同法》第111条规定:"质量不符合约定的,应当按照当事人的约定承担违约责任。对违约责任没有约定或者约定不明确,依照本法第六十一条的规定仍不能确定的,受损害方根据标的的性质以及损失的大小,可以合理选择要求对方承担修理、更换、重作、退货、减少价款或者报酬等违约责任。"另依《合同法》第157条等规定,在当事人未约定检验期情况下,可从表面瑕疵与内在瑕疵两个方面进行判断:对比较容易发现的表面瑕疵,买受人需从速检验其所受领的标的物;对内在瑕疵,检验期最长不得超过两年;有质量保证期的,应在质量保证期间内提出质量异议。出卖人知道或应当知道提供的标的物不符合约定的,买受人不受通知时间的限制。本案建筑公司在购车时虽进行了现场查验,但仅能看出外表质量,而叉车经使用确实出现了严重质量问题,申某应承担相关退车义务。判决建筑公司退还申某叉车一台,申某退还建筑公司货款7万元。⑬2008年江苏某定作合同纠纷案,2006年,就电子公司所欠材料厂货款,双方货款清理协议约定由电子公司车辆作价32.5万元抵偿货款。2008年,材料厂以电子公司从他人处购买该车只花了24万余元、无法办过户为由诉请撤销货款清理协议。法院认为:材料厂与电子公司所签货款清理协议合法有效。该协议约定了以物抵债内容,材料厂已收取抵债车辆及相关车辆行驶证等,并已实际使用了该车。

该车由原所有人多次过户至电子公司。在该车已实际办理过多次过户手续情况下,材料厂称该车无法过户至其名下,却又未能提供车辆管理部门出具的依法不能办理过户的相关证明,故对材料厂申请撤销货款清理协议的主张不予支持。关于抵债车辆作价抵冲货款,是材料厂与电子公司协商一致的,材料厂在实际提取了车辆并已实际使用后,又以该车存在瑕疵且原作价24万余元抵债给电子公司为由主张货款清理协议显失公平而应撤销,依据不足。判决驳回材料厂诉请。⑭2008年**北京某买卖合同纠纷案**,2007年,张某以13.8万元从汽车公司购买新车。2个月后,张某送交保养时,发现该车3个月前进行过维修,遂诉请依当时的《消费者权益保护法》加倍赔偿。汽车公司以降价、送车饰表明事先已告知张某为由抗辩。法院认为:张某购买汽车系因生活需要自用,汽车公司无证据证明张某购买该车用于经营或其他非生活消费,故张某购买汽车行为属于生活消费需要,应适用《消费者权益保护法》。依销售合同约定,汽车公司交付张某车辆应为无维修记录的新车,现所售车辆在交付前实际上经过维修,故争议焦点为汽车公司是否事先履行了告知义务。车辆销售价格的降低或优惠以及赠送车饰是销售商常用的销售策略,亦系双方当事人协商结果,不能由此推断出汽车公司在告知张某汽车存在瑕疵基础上对其进行了降价和优惠。汽车公司提交的有张某签名的车辆交接验收单,因系汽车公司单方保存,且备注一栏内容由该公司不同人员书写,加之张某对此不予认可,该验收单不足以证明张某对车辆以前维修过有所了解。故对汽车公司抗辩称其向张某履行了瑕疵告知义务,不予采信,应认定汽车公司在售车时隐瞒了车辆存在的瑕疵,有欺诈行为,判决张某退车,汽车公司退还车款并加倍赔偿张某购车款13.8万元。⑮2006年**湖北某买卖合同纠纷案**,2002年,周某将名下机动车作价3万元售予崔某,约定一切规费由崔某承担。2005年,崔某将该车转给孙某。2006年,运管所向登记车主周某催缴运管费910元。周某诉请崔某办理过户手续,并支付其垫付的910元。法院认为:合法买卖关系应受法律保护。周某与崔某2002年所签卖车协议有效。周某在协议签订后履行了自己义务,崔某未完全履行义务,未及时办理车辆过户,应承担相应民事责任。因未及时办理车辆过户导致运管所向周某催缴相关欠费。崔某辩称其经营期间不欠费,欠费系其将车卖与孙某后所欠,但该事件发生是崔某未及时办理车辆过户造成的,其存在过错,应由其承担民事责任。判决崔某办理车辆过户手续,崔某给付周某910元。⑯2011年**江苏某买卖合同纠纷案**,2009年11月,任某在汽车销售公司购买轿车;2011年8月,汽车销售公司因质量问题为该车更换了变速箱;同年10月,因故障再次更换变速箱总成,依然出现同样故障,经检测评为合格。汽车销售公司通知任某车辆已维修完毕,但任某拒绝提车而是向法院起诉要求更换车辆。诉讼中,司法鉴定2年的车辆使用折旧价值为2.8万余元。法院认为:任某所购汽车之重要部件反复出现质量问题,其可依《合同法》规定要求销售商更换车辆。汽车虽未由国家规定"三包",但并不能否认购车双方系买卖合同关系,双方之间的权利义务应受《合同法》调整。任某所购车辆在不到两年的时间内多次出现变速箱质量问题,在修理及试车过程中仍频频出现问题,故在任某与汽车销售公司未对车辆质量及违约责任进行约定情况下,要求汽车销售公司承担修理的违约责任已不能实现任某的合同目的。同时,为保证公民人身和财产安全,法律规定上路车辆应符合机动车国家安全技术标准。车辆最重要部件之一的变速箱反复出现质量问题,使得车辆是否达到安全技术标准、是否消除安全隐患不能确定,任某为实现合同目的及消除自身及他人安全隐患,提出更换车辆的要求合法合理。任某所购车型现已停产,因任某明确同意更换现有车辆新款,应予准许。因本案导致车辆更换的原因系汽车销售公司违约,故汽车公司提出的车辆折旧应考虑车辆本身的价值缩水问题不予支持,但任某更换新款应支付汽车销售公司差价 9900 余元。⑰2010 年 上海某产品侵权责任纠纷案,2008 年 12 月,胡某以 18 万余元从销售公司购买汽车公司生产的轿车,1 年后该车因突然着火致全损,当地派出所、消防中队及村委会出具证明排除人为纵火嫌疑。胡某以质量不合格起诉销售公司和汽车公司索赔。法院认为:胡某提供的购车发票、机动车登记证书、汽车使用维护说明书等证据证实,其所购车辆的使用时间不到一年,尚在整车质量担保期内。经消防部门认定火灾原因不明,销售商和生产商不能就自燃汽车不存在质量问题进行举证,亦未证明自燃车辆系因车主使用操作不当或停放、保养不当造成损害后果来抗辩,应承担不利的诉讼后果,故推定案涉车辆自身存在不合理的危及人身、财产安全的危险,即产品质量缺陷,且产品质量缺陷与汽车自燃造成的损害后果之间存在因果关系,本案汽车公司和销售公司应承担连带赔偿责任。⑱2010 年 上海某交通事故损害赔偿案,2009 年 2 月,吕某从靳某经营的电动车商店购买一辆摩托车,随车配备的用户手册注明该车系燃油机助力自行车。同年 5 月,该车肇事造成金某死亡,交警认定吕某全责,同时经鉴定,该摩托车系机动车。法院认为:吕某所购摩托车用户手册注明为非机动车,故其购买后无须特殊培训和考核即可驾驶该车,但根据鉴定结果,该车属机动车,具有较高的危险性。由此可见,该车用户说明与实际情况严重不符,且该不符实际的说明危及使用者及他人的人身和财产安全,故该肇事车辆存在产品缺陷。吕某因无证驾驶和疏忽大意未注意观察确保安全导致事故发生,而该肇事车辆存在的产品缺陷致使吕某在不具备相应驾驶技术情况下超速驾驶,导致受害人死亡,加重了损害后果,因吕某为直接责任人,应根据责任认定承担全部赔偿责任,而该肇事车辆产品缺陷与金某死亡后果之间存在一定因果关系,金某作为销售商又不能指明该缺陷产品的生产者和供货者,故其应在加重损害范围内承担补充赔偿责任,若日后金某有充分证据证明肇事车辆生产者的,可另行向生产商追偿。判决吕某赔偿原告 62 万余元,靳某对吕某负担之款在20%,即12万余元范围内承担补充赔偿责任。⑲2005年**安徽某买卖合同纠纷案**,2004年,迟某从实业公司分期付款购买车辆,后得知该车系实业公司已售他人后因质量问题遭退货,在修理时更换了发动机。迟某以欺诈主张双倍赔偿。法院认为:实业公司曾将诉争车辆出售,因质量问题被退回重新入户再行出售给迟某,同时该车因质量问题更换了发动机,对此实业公司明知,且知晓发动机对于保证车辆质量的重要性,故实业公司未告知上述事实,构成欺诈。合同因欺诈可撤销,迟某可退还车辆,并要求实业公司返还首付款、履约保证金及赔偿相关签订和履约造成实际损失如规费等。因购买车辆系用于运输货物,非用于生活消费,故不适用《消费者权益保护法》双倍赔偿。⑳2005年**福建某买卖合同纠纷案**,2004年12月,许某受让邓某的宝马车,协议中载明该车无法过户。该车行驶证上的车主为陈某。半年后,许某以该车无法过户诉讼请求确认转让行为无效。法院认为:无法办理过户的机动车转让行为无效。《道路交通安全法》所规定的机动车登记,其性质是所有权登记。同时,我国的机动车登记具有强制性。明确机动车登记的性质为所有权登记,不登记则所有权不产生法律上的转移,登记的所有权人应对车辆管理、使用的行为和结果承担相应的责任,这对机动车的管理和交通事故中受害人利益保护,意义重大,故本案应认定双方转让行为无效。㉑2000年**四川某产品质量纠纷案**,集团公司1996年从某机电公司购买的宝马轿车经常无故停驶,维修费数万,诉请生产者汽车公司退换并赔偿。经鉴定该车非原装,属海关罚没走私车。法院认为:汽车公司对非原装车不承担产品质量责任。经质检报告及有关部门处罚决定证明诉争轿车非汽车公司生产制造的原装车,该车非通过合法途径进入流通,而是罚没走私车。汽车公司所持对讼争轿车质量免责的主张,应予支持。

【同类案件处理要旨】

机动车质量不符合约定,销售商应依约承担违约责任,对违约责任未约定或约定不明,又不能达成补充协议的,按照合同有关条款或交易习惯仍不能确定的,受损害方有权选择要求销售商承担修理、更换、重作、退货、减少价款或报酬等违约责任。

【相关案件实务要点】

1.【双倍赔偿】经营者销售机动车时隐瞒该车曾发生交通事故受损的事实,构成欺诈,应承担双倍赔偿的责任。案见四川高院(2005)川民再终字第40号"朱某诉某销售公司买卖合同案"。与之不同的裁判思路认为:买受人购买标的物系运输工具,其系用于从事货物运输经营活动而非生活消费,不适用《消费者权益保护法》界定的主体,出卖人不应承担双倍赔偿责任。案见安徽宣城中院(2005)宣中民二初字第24号"迟某诉某实业公司欺诈销售案"。

2.【权利瑕疵】我国的机动车登记属所有权登记,机动车所有权的设立、变更、消灭以及在所有权上设立的其他权利,应以登记为标准。如果所购买的机动车无法办理过户,则双方的转让行为无效。案见福建沙县法院(2005)沙民初字第190号"许某与邓某买卖合同纠纷案"。

3.【产品缺陷】他人假冒、伪造、拼装的产品或他人通过非法途径进入流通的产品存在缺陷造成财产损害的,生产者不应当承担赔偿责任。案见四川泸州中院2000年11月28日判决"某集团公司诉某汽车公司产品质量纠纷案"。

4.【质量问题】机动车质量不符合约定,应依约承担违约责任,对违约责任未约定或约定不明,又不能达成补充协议的,按照合同有关条款或交易习惯仍不能确定的,受损害方有权选择要求对方承担修理、更换、重作、退货、减少价款或报酬等违约责任。作为汽车重要部件的变速箱反复出现质量问题,使车辆是否达到安全技术标准、是否消除安全隐患不能认定的,购车人为实现合同目的及消除自身与békkel他人安全隐患,可依据《合同法》规定要求销售商更换车辆。原始及维修后的质量检测合格证明虽属必要,但其证明力已不如质量问题事实本身。案见江苏宜兴法院(2011)宜民初字第2540号"任某诉某汽车销售公司买卖合同纠纷案"。

5.【产品责任】汽车是技术复杂的商品,消费者很难举证汽车产品缺陷,而汽车的生产者和销售者作为专业生产和销售汽车产品的企业,详细掌握汽车产品的技术标准,举证产品不存在缺陷较为容易。按照民事诉讼证据规定第4条规定,实行举证责任倒置,由汽车生产商和销售商承担对缺陷产品导致的人身、财产损害(缺陷产品本身灭损及其他财产损失)承担产品侵权赔偿责任。对于汽车自燃案件,法院应允许受害人向汽车生产商和销售商主张产品侵权责任。案见上海嘉定区法院(2010)嘉民一(民)初字第2513号"胡某诉某销售公司、汽车公司产品侵权责任纠纷案"。

6.【补充赔偿责任】肇事车辆存在产品缺陷,该产品缺陷和死亡结果之间存在相当因果关系的,销售商应在加重损害的范围内承担补充赔偿责任。案见上海二中院(2010)沪二中民一(民)终字第917号"俞某等诉吕某等交通事故损害赔偿案"。

【附注】

参考案例索引:四川高院(2005)川民再终字第40号"朱某诉某销售公司买卖合同案",一审判决销售公司赔偿朱某购车款28万余元,车辆由朱某使用,销售公司支付朱某合理支出2万元;二审撤销了2万元判项部分,其余部分维持;再审维持二审。见《汽车销售:局部欺诈应整体双倍赔偿》(张蜀俊),载《人民司法·案例》(200704:22)。①山东济南中院(2016)鲁01民终6418号"沈某与某销售公司买卖合同纠纷案",见《沈静诉济南万宝行汽车销售服务有限公司买卖合同纠纷案——汽车消费领域"欺诈"的认定与合同的法定解除》(李巧英),载《人民法院案例选》(201809/127:99)。②北京三中院(2014)三中民终字第10053号"齐某与王某物权纠纷案",见《限购政策下的车辆所有权归属——北京三中院裁定齐某诉王某所有权确认纠纷案》(张婷、谢彩凤),载《人民法院报·案例精选》(20150115:06)。③福建厦门海沧区法院(2013)海民初字第2490号"吴某与某销售公司等买卖合同纠纷案",见《吴红玉诉厦门市东之星汽车销售有限公司、厦门市东之星汽车销售有限公司龙岩分公司买卖合同纠纷案(格式条款、合同解释、举证义务)》(郑松青、张玲玲),载《中国审判案例要览》(2014民:393)。④内蒙古乌兰察布中院(2013)乌民终字第238号"恽利平与内蒙古自治区乌兰察布市集宁区三和盛业汽贸有限责任公司买卖合同纠纷案",见《售车因登记信息失误担责但不承担营运损失》(武大喜、杨国军),载《人民司法·案例》(201506:30)。⑤北京一中院(2012)一中民终字第11904号"朱某与某汽车公司买卖合同纠纷案",见《朱磊诉北京加达永盛汽车服务有限公司买卖合同纠纷案——汽车买卖合同中的退车情形以及折旧费的认定》(卫鑫),载《人民法院案例选》(201404/90:228)。⑥北京二中院(2012)二中民终字第18226号"金某与郭某买卖合同纠纷案",见《金海超诉郭凯锋买卖合同案(车辆未过户遭遇摇号政策)》(吴亚平),载《中国审判案例要览》(2013商:25)。⑦河南南阳中院(2012)南民商终字第305号"冯某与杨某等民事赔偿案",见《刑事中的"另案处理"不必然阻却民事诉讼——河南南阳中院判决冯耀华诉杨春鹏等民事赔偿案》(柳殿奎、杨慧文),载《人民法院报·案例指导》(20130926:06)。⑧江苏宜兴法院(2011)宜民初字第2540号"任某与某销售公司买卖合同纠纷案",见《任才生诉宜兴市广海元汽车销售服务有限公司汽车买卖合同纠纷案——汽车更换条件的认定及法律适用》(陆亚琴),载《人民法院案例选》(201301/83:134)。⑨安徽高院(2011)皖民提字第00002号"王某与某车业公司买卖合同纠纷案",见《安徽铭晟车业有限公司与王方明买卖合同纠纷再审案》,载《审判监督指导·裁判文书选登》(201401/47:187);另见《汽车经销商配置的导航仪存在瑕疵是否应承担惩罚性赔偿责任》(吴长富,安徽高院审监庭),载《审判监督指导·实务研讨》(201204/42:220)。备注:2013年10月25日修改并发布、2014年3月15日实施的《消费者权益保护法》第55条将原第49条的双倍赔偿修改为3倍赔偿,并规定了最低500元的赔偿标准。⑩上海黄浦区法院(2010)黄民一(民)初字第2834号"窦某诉洪某转让合同纠纷案",见《出租车与出租汽车经营权转让合同的效力分析》(徐婷姿),载《人民司法·案例》(201306:77)。⑪广西桂林象山区法院(2009)象民二初字第220号"某国营企业与周某等买卖合同纠纷案",见《国营桂林××公司诉周××、梁××汽车买卖协议纠纷案(国有资产定性)》(李钦毅),载《中国审判案例要览》(2010民:23)。⑫河南郑州中院(2009)郑民四终字第157号"某设备公司与申某等买卖合同纠纷案",见《出卖抵账的不合格产品也应承担责任——河南郑州中院判决郑州市振恒建筑工程设备有限公司诉申大岭等买卖合同案》(李逊仙、杨峰岭),载《人民法院报·案例指导》(20100107:6)。⑬江苏南京中院(2008)宁民二终字第411号"某材料厂与某电子公司定作合同纠纷案",见《江阴市澳星电子材料厂诉南京永立电子有限公司定作合同案》(陶剑涵),载《中国审判案例要览》(2009商:133)。⑭北京二中院(2008)二中民终字第00453号"张某与某汽车公司买卖合同纠纷案",见《张莉诉北京合力华通汽车服务有限公司买卖合同纠纷案》,载《最高人民法院关于发布第5批指导性案例的通知》(20131108/5:17)。⑮湖北宜昌中院(2006)宜中民一终字第00755号"周某与崔某机动车买卖合同纠纷案",见《周成诉崔维烈机动车买卖合同纠纷案》(冯杨勇、邓宜华),载《人民法院案例选》(201001/71:153)。⑯江苏宜兴法院(2011)宜民初字第2540号"任某诉某汽车销售公司买卖合同纠纷案",见《任才生诉宜兴市广海元汽车销售公司因汽车质量问题要求更换纠纷案》(陆亚琴),载《江苏高院公报·参阅案例》(201202:65)。⑰上海嘉定区法院(2010)嘉民一〔民〕初字第2513号"胡某诉某销售公司、汽车公司产品侵权责任纠纷案",本案经调解,由胡某协助被告办理报废手续,汽车公司、销售公司共同补偿胡某5.8万元。见《汽车自燃案件中产品侵权责任的认定》(邵文龙),载《人民司法·案例》(201118:78)。⑱上海二中院(2010)沪二中民一(民)终字第917号"俞某等诉吕某等交通事故损害赔偿案",见《俞惠勤等诉吕国保等道路交通事故人身损害赔偿案》(邵文龙),载《中国法院2012年度案例:道路交通纠纷》(51)。⑲安徽宣城中院(2005)宣中民二初字第24号"迟某诉某实业公司欺诈销售案",见《迟立祥诉安徽亚夏实业股份有限公司等隐瞒真实情况签订买卖合同构成欺诈案》(程同彬),载《人民法院案例选》(200604:204)。⑳福建沙县法院(2005)沙民初字第190号"许某与邓某买卖合同纠纷案",见《机动车过户登记应属所有权登记——许伟敏与邓玉珍买卖合同纠纷案》(郭婕、魏广明),载《人民法院报·案例指导》(20060803:5)。㉑四川泸州中院2000年11月28日判决"某集团公司诉某汽车公司产品质量纠纷案",见《南建企业集团有限公司诉德国BMW公司生产的BMW汽车质量损害赔偿因不是原装车并为走私罚没车撤回起诉案》(白联洲、刘友富),载《人民法院案例选》(200104:133)。

70. 赔偿协议的法律效力
——事故已私了,协议有无效?

【赔偿协议】

【案情简介及争议焦点】

2005年10月,骑自行车的陈某被吴某驾驶的小轿车撞伤。交警认定吴某应负全责。在交警主持下,双方达成了"今后永不追究"的调解协议:吴某除承担陈某医疗费外,另一次性赔偿陈某住院期间的误工费、护理费及院外治疗费共计8500元。2007年10月,陈某二次手术,经诊断为伤残八级。2008年7月,陈某起诉吴某要求赔偿残疾赔偿金、后期治疗费、鉴定费和精神损害抚慰金共计7.2万余元。

争议焦点:1.是否超过诉讼时效? 2.能否再请求赔偿?

【裁判要点】

1. 诉讼时效。陈某在行二次手术后提起赔偿请求并未超过诉讼时效规定。

2. 赔偿请求。因陈某二次手术与交通事故存在因果关系,请求赔偿项目与原调解协议并无矛盾之处,故吴某对陈某的赔偿范围还应包括陈某诉请的残疾赔偿金、后期治疗费、鉴定费和精神损害抚慰金。

【裁判依据或参考】

1. 法律规定。《民法典》(2021年1月1日)第1187条:"损害发生后,当事人可以协商赔偿费用的支付方式。协商不一致的,赔偿费用应当一次性支付;一次性支付确有困难的,可以分期支付,但是被侵权人有权请求提供相应的担保。"《道路交通安全法》(2004年5月1日实施,2011年4月22日修正)第74条:"对交通事故损害赔偿的争议,当事人可以请求公安机关交通管理部门调解,也可以直接向人民法院提起民事诉讼。经公安机关交通管理部门调解,当事人未达成协议或者调解书生效后不履行的,当事人可以向人民法院提起民事诉讼。"《合同法》(1999年10月1日,2021年1月1日废止)第44条:"依法成立的合同,自成立时生效。"第52条:"有下列情形之一的,合同无效:(一)一方以欺诈、胁迫的手段订立合同,损害国家利益;(二)恶意串通,损害国家、集体或者第三人利益;(三)以合法形式掩盖非法目的;(四)损害社会公共利益;(五)违反法律、行政法规的强制性规定。"第54条:"下列合同,当事人一方有权请求人民法院或者仲裁机构变更或者撤销:(一)因重大误解订立的;(二)在订立合同时显失公平的。一方以欺诈、胁迫的手段或者乘人之危,使对方在违背真实意思的情况下订立的合同,受损害方有权请求人民法院或者仲裁机构变更或者撤销。"

2. 行政法规。《道路交通安全法实施条例》(2004年5月1日,2017年10月7日修订)第94条:"当事人对交通事故损害赔偿有争议,各方当事人一致请求公安机关交通管理部门调解的,应当在收到交通事故认定书之日起10日内提出书面调解申请。对交通事故致死的,调解从办理丧葬事宜结束之日起开始;对交通事故致伤的,调解从治疗终结或者定残之日起开始;对交通事故造成财产损失的,调解从确定损失之日起开始。"第95条:"公安机关交通管理部门调解交通事故损害赔偿争议的期限为10日。调解达成协议的,公安机关交通管理部门应当制作调解书送交各方当事人,调解书经各方当事人共同签字后生效;调解未达成协议的,公安机关交通管理部门应当制作调解终结书送交各方当事人。交通事故损害赔偿项目和标准依照有关法律的规定执行。"第96条:"对交通事故损害赔偿的争议,当事人向人民法院提起民事诉讼的,公安机关交通管理部门不再受理调解申请。公安机关交通管理部门调解期间,当事人向人民法院提起民事诉讼的,调解终止。"

3. 司法解释。最高人民法院、公安部、司法部、中国银保监会《关于在全国推广道路交通事故损害赔偿纠纷"网上数据一体化处理"改革工作的通知》(2020年5月6日 法〔2020〕142号)第3条:"……(四)规范完善调解机制。司法行政机关应会同有关部门,进一步加强道路交通事故人民调解组织建设,充实人民调解员力量,积极发展专职人民调解员队伍,加强人民调解员网络操作和法律知识培训,及时上传调解案件信息,完善调解工作考核机制,增强调解工作激励。银行保险监管机构应会同司法行政机关,指导保险行业协会加强保险行业道路交通事故纠纷调解组织建设和调解员的选聘管理,加强对涉保险的道交纠纷调解工作的指导,提高相关调解工作的规范化、制度化,研究解决异地保单调解授权存在障碍等待等问题。人民法院应加强特邀调解工作,建立特邀调解组织和调解员名册,吸纳保险行业人员、人民调解员、法律职业工作者等担任特邀调解员。(五)完善诉调对接。强化诉源治理体系建设,促进矛盾纠纷诉前化解,积极开展在线调解,扩大电子送达方式的适用,完善涉保司法鉴定工作机制,规范鉴定的委托与受理,建立在线委托鉴定机制。拓展理赔计算器在行政调解、人民调解、保险理赔中的运用,统一赔偿标准与证据规则,积极试行城乡融合发展背景下道交纠纷人身损害赔偿城乡一元标准,使调解、裁判、保险理赔流程更加标准、高效。人民法院应完善在线司法确认、调解转诉讼的绩效考核机制,将在线司法确认作为审判绩效指标计入工作量。"

最高人民法院《关于适用〈中华人民共和国保险法〉若干问题的解释（四）》（2018年9月1日，2020年修正，2021年1月1日实施）第19条："责任保险的被保险人与第三者就被保险人的赔偿责任达成和解协议且经保险人认可，被保险人主张保险人在保险合同范围内依据和解协议承担保险责任的，人民法院应予支持。被保险人与第三者就被保险人的赔偿责任达成和解协议，未经保险人认可，保险人主张对保险责任范围以及赔偿数额重新予以核定的，人民法院应予支持。"第20条："责任保险的保险人在被保险人向第三者赔偿之前向被保险人赔偿保险金，第三者依照保险法第六十五条第二款的规定行使保险金请求权时，保险人以其已向被保险人赔偿为由拒绝赔偿保险金的，人民法院不予支持。保险人向第三者赔偿后，请求被保险人返还相应保险金的，人民法院应予支持。"最高人民法院、中国保监会**《关于在全国部分地区开展建立保险纠纷诉讼与调解对接机制试点工作的通知》**（2012年12月18日　〔2012〕307号）第11条："根据《最高人民法院关于建立健全诉讼与非诉讼相衔接的矛盾纠纷解决机制的若干意见》（法发〔2009〕45号）、《最高人民法院关于扩大诉讼与非诉讼相衔接的矛盾纠纷解决机制改革试点总体方案》（法〔2012〕116号）及民事诉讼法的相关规定，保险纠纷当事人经调解组织、调解员主持调解达成的调解协议，具有民事合同性质，经调解员和调解组织签字盖章后，当事人可以申请有管辖权的人民法院确认其效力。经人民法院确认有效的调解协议，具有强制执行效力。"最高人民法院、公安部**《关于处理道路交通事故案件有关问题的通知》**（1992年12月1日　法发〔1992〕39号，2013年1月18日废止）第1条："自1992年1月1日《办法》实施后，当事人因道路交通事故损害赔偿问题提起民事诉讼时，除诉状外，还应提交公安机关制作的调解书、调解终结书或者该事故不属于任何一方当事人违章行为造成的结论。人民法院对于符合民事诉讼法第一百零八条规定的起诉，应予受理。1992年1月1日以前发生的道路交通事故，仍按各省、自治区、直辖市原有规定处理。"第6条："对于案情简单、因果关系明确、当事人争议不大的轻微和一般事故，公安机关可以按照《道路交通事故处理程序规定》采用简易程序当场处罚和调解，但当事人不同意使用简易程序处理的，不适用简易程序。当场调解未达成协议或者调解书生效后任何一方不履行，当事人可以持公安机关的调解书或者调解终结书向人民法院提起民事诉讼，人民法院应当依法予以受理。"第7条："道路交通事故发生后，被公安机关指定预付抢救伤者费用的当事人，以其无道路交通事故责任或者责任轻而对预付费用有异议的，持公安机关调解书、调解终结书或者认定该事故不属于任何一方当事人违章行为造成的结论，可以向人民法院起诉，符合民事诉讼法第一百零八条规定的起诉条件的，人民法院亦应当受理。"

4. 部门规范性文件。公安部《道路交通事故处理程序规定》（2018年5月1

日)第11条:"当事人自行协商达成协议的,制作道路交通事故自行协商协议书,并共同签名。道路交通事故自行协商协议书应当载明事故发生的时间、地点、天气、当事人姓名、驾驶证号或者身份证号、联系方式、机动车种类和号牌号码、保险公司、保险凭证号、事故形态、碰撞部位、当事人的责任等内容。"第12条:"当事人自行协商达成协议的,可以按照下列方式履行道路交通事故损害赔偿:(一)当事人自行赔偿;(二)到投保的保险公司或者道路交通事故保险理赔服务场所办理损害赔偿事宜。当事人自行协商达成协议后未履行的,可以申请人民调解委员会调解或者向人民法院提起民事诉讼。"第84条:"当事人可以采取以下方式解决道路交通事故损害赔偿争议:(一)申请人民调解委员会调解;(二)申请公安机关交通管理部门调解;(三)向人民法院提起民事诉讼。"第85条:"当事人申请人民调解委员会调解,达成调解协议后,双方当事人认为有必要的,可以根据《中华人民共和国人民调解法》共同向人民法院申请司法确认。当事人申请人民调解委员会调解,调解未达成协议的,当事人可以直接向人民法院提起民事诉讼,或者自人民调解委员会作出终止调解之日起三日内,一致书面申请公安机关交通管理部门进行调解。"第86条:"当事人申请公安机关交通管理部门调解的,应当在收到道路交通事故认定书、道路交通事故证明或者上一级公安机关交通管理部门维持原道路交通事故认定的复核结论之日起十日内一致书面申请。当事人申请公安机关交通管理部门调解,调解未达成协议的,当事人可以依法向人民法院提起民事诉讼,或者申请人民调解委员会进行调解。"公安部《道路交通事故处理程序规定》(2009年1月1日)第17条:"当事人共同请求调解的,交通警察应当当场进行调解,并在道路交通事故认定书上记录调解结果,由当事人签名,交付当事人。"第18条:"有下列情形之一的,不适用调解,交通警察可以在道路交通事故认定书上载明有关情况后,将道路交通事故认定书交付当事人:(一)当事人对道路交通事故认定有异议的;(二)当事人拒绝在道路交通事故认定书上签名的;(三)当事人不同意调解的。"第46条:"公安机关交通管理部门应当根据当事人的行为对发生道路交通事故所起的作用以及过错的严重程度,确定当事人的责任。(一)因一方当事人的过错导致道路交通事故的,承担全部责任;(二)因两方或者两方以上当事人的过错发生道路交通事故的,根据其行为对事故发生的作用以及过错的严重程度,分别承担主要责任、同等责任和次要责任;(三)各方均无导致道路交通事故的过错,属于交通意外事故的,各方均无责任。一方当事人故意造成道路交通事故的,他方无责任。省级公安机关可以根据有关法律、法规制定具体的道路交通事故责任确定细则或者标准。"第60条:"当事人对道路交通事故损害赔偿有争议,各方当事人一致请求公安机关交通管理部门调解的,应当在收到道路交通事故认定书或者上一级公安机关交通管理部门维持原道路交通事故认定的复核结论之日起十日内,向公安机关交通管理部门提出书面申请。"第 64 条:"公安机关交通管理部门应当按照下列规定日期开始调解,并于十日内制作道路交通事故损害赔偿调解书或者道路交通事故损害赔偿调解终结书:(一)造成人员死亡的,从规定的办理丧葬事宜时间结束之日起;(二)造成人员受伤的,从治疗终结之日起;(三)因伤致残的,从定残之日起;(四)造成财产损失的,从确定损失之日起。"第 65 条:"交通警察调解道路交通事故损害赔偿,按照下列程序实施:(一)告知道路交通事故各方当事人的权利、义务;(二)听取当事人各方的请求;(三)根据道路交通事故认定书认定的事实以及《中华人民共和国道路交通安全法》第七十六条的规定,确定当事人承担的损害赔偿责任;(四)计算损害赔偿的数额,确定各方当事人各自承担的比例,人身损害赔偿的标准按照《最高人民法院关于审理人身损害赔偿案件适用法律若干问题的解释》规定执行,财产损失的修复费用、折价赔偿费用按照实际价值或者评估机构的评估结论计算;(五)确定赔偿履行方式及期限。"第 66 条:"经调解达成协议的,公安机关交通管理部门应当当场制作道路交通事故损害赔偿调解书,由各方当事人签字,分别送达各方当事人。调解书应当载明以下内容:(一)调解依据;(二)道路交通事故认定书认定的基本事实和损失情况;(三)损害赔偿的项目和数额;(四)各方的损害赔偿责任及比例;(五)赔偿履行方式和期限;(六)调解日期。经调解各方当事人未达成协议的,公安机关交通管理部门应当终止调解,制作道路交通事故损害赔偿调解终结书送达各方当事人。"公安部《关于印发〈道路交通事故处理工作规范〉的通知》(2009 年 1 月 1 日 公交管〔2008〕277 号)第 75 条:"道路交通事故各方当事人一致请求公安机关交通管理部门调解的,公安机关交通管理部门应当在收到各方当事人的《道路交通事故损害赔偿调解申请书》后,审核下列事项:(一)申请人是否具有道路交通事故损害赔偿权利人、义务人主体资格;(二)申请书是否在收到道路交通事故认定书或者上一级公安机关交通管理部门维持原道路交通事故认定的复核结论之日起十日内提出。符合前款规定的,公安机关交通管理部门应当予以受理,并指派具有相应事故处理资格的交通警察承办。申请人资格不符的,公安机关交通管理部门应当告知当事人予以变更。当事人申请超过法定时限或者对道路交通事故认定有异议的,公安机关交通管理部门制作《道路交通事故处理(不调解)通知书》,说明公安机关交通管理部门不予调解的理由和依据,送达当事人并告知其可以向人民法院提起民事诉讼。"第 76 条:"调解开始前,交通警察应当对调解参加人的资格进行审核:(一)是否属于道路交通事故当事人或其代理人,委托代理人提供的授权委托书是否载明委托事项和委托权限,当事人、法定代理人或其遗产继承人是否在授权委托书上签名或盖章,必要时可以要求对授权委托书进行公证;(二)是否是道路交通事故车辆所有人或者管理人;(三)是否是经公安机关交通管理部门同意的其他人员。对不具备资格的,交通警察应当告知其更换调解参加人或者退出调解。经审核,调解参加人资格和人数符合规定的,进行调解。"第79条:"道路交通事故造成人身伤亡的,交通警察应当按照《最高人民法院关于审理人身损害赔偿案件适用法律若干问题的解释》,并按照道路交通事故发生地省、自治区、直辖市以及经济特区和计划单列市政府统计部门公布的上一年度相关统计数据,及事故发生地国家机关一般工作人员的出差伙食补助标准,计算并提出对伤亡人员赔偿的项目和数额的调解建议,由当事各方协商。赔偿权利人要求按照其住所地或者经常居住地的标准计算残疾赔偿金或者死亡赔偿金等赔偿数额的,公安机关交通管理部门应当要求其举证证明住所地或者经常居住地,以及所在省、自治区、直辖市以及经济特区和计划单列市政府统计部门公布的上一年度相关统计数据。"第80条:"道路交通事故造成伤亡人员的损害赔偿数额、财产损失,以及其他因道路交通事故造成的损失或产生的费用确定后,交通警察可以根据《道路交通安全法》第七十六条的规定,以及道路交通事故认定书中确定的当事各方的过错大小,提出各方承担赔偿责任的比例和数额建议,由赔偿权利人和义务人协商;或者赔偿权利人和义务人先自行协商,协商不成的,公安机关交通管理部门再针对双方争议的事项进行调解。"第81条:"经调解达成协议的,公安机关交通管理部门应当按照《道路交通事故处理程序规定》第六十六条的规定,在规定的期限内制作《道路交通事故损害赔偿调解书》,由参加调解的各方当事人签字,主持调解的交通警察签名或盖章,并加盖公安机关交通管理部门交通事故处理专用章后,分别送达各方当事人。经调解未达成协议的,公安机关交通管理部门应当制作《道路交通事故损害赔偿调解终结书》,由主持调解的交通警察签名或盖章,并加盖公安机关交通管理部门交通事故处理专用章后,分别送达各方当事人。经调解未达成协议的,交通警察应当告知当事人可以向人民法院提起民事诉讼解决道路交通事故损害赔偿纠纷。"中国保监会《关于交通事故强制定损问题的批复》(2001年3月29日 保监复〔2001〕88号)第1条:"公安交通管理部门对于交通事故的管理是一种行政行为,交通事故当事人之间的损害赔偿以及被保险人与保险公司之间的保险赔偿是一种民事法律行为,因此它们属于不同的法律关系,分别受不同的法律规范调整。"第2条:"根据国务院《道路交通事故处理办法》,公安交通管理部门是处理交通事故的行政执法主体,其职责包括:处理交通事故现场、处罚交通事故责任者、对损害赔偿进行调解。因此,对交通事故中当事人的损害赔偿,交通管理部门只有调解的职责,而没有裁决的权力。无论是否达成调解协议,当事人都可以依法向人民法院提起民事诉讼。"

5.地方司法性文件。江西宜春中院《关于印发〈审理机动车交通事故责任纠纷案件的指导意见〉的通知》(2020年9月1日 宜中法〔2020〕34号)第50条:"经公安交警部门、人民调解组织主持调解或者当事人在诉前自行协商达成的调解(和解)协议非经变更、撤销或人民法院认定无效,当事人应当履行。当事人另行起诉的,人民法院不予支持。"湖南高院《关于印发〈审理道路交通事故损害赔偿纠纷案件的裁判指引(试行)〉的通知》(2019年11月7日 湘高法〔2019〕29号)第15条:"交强险人身伤亡保险金请求权具有人身专属性,赔偿权利人不得将该请求权对外进行转让。对有代理人买断交通事故人身损害赔偿请求权的嫌疑或反映,但又没有确凿证据证实的案件,人民法院应当依职权调查核实有关情况或线索,积极通知当事人本人到庭接受询问、参与调解。如果查实当事人或者代理人提供了不实证据,存在伪造证据涉嫌虚假诉讼,企图通过诉讼、调解等方式侵害他人合法权益的,应当判决驳回其诉讼请求,并严格依照《中华人民共和国民事诉讼法》第一百一十一条、第一百一十二条规定予以处罚。"第33条:"赔偿义务人提供充分的证据证明其在本案诉讼前或诉讼中已向赔偿权利人进行了赔偿,并就该款项直接主张抵扣赔偿权利人可得赔偿的,人民法院应当予以支持。"第34条:"经公安交警部门、人民调解组织主持调解或者当事人自行协商达成的道路交通事故调解协议,非经人民法院变更、撤销,或者认定无效,当事人应当履行。道路交通事故调解协议已实际履行,但受害人反悔并提出超过调解协议赔偿额的诉请,人民法院应释明指导当事人同时提出撤销调解协议的请求,并与其他请求并案审理。人民法院经审理后撤销调解协议的,应扣减调解时已支付的赔偿额。当事人拒不提出撤销调解协议请求的,人民法院驳回其诉讼请求。"第35条:"交通事故发生后,当事人在不清楚受伤程度的情况下订立赔偿协议,后经鉴定或确有证据足以证明伤残程度远超出受害人预期,受害人请求撤销该协议的,人民法院可予支持。"四川高院《关于印发〈四川省高级人民法院机动车交通事故责任纠纷案件审理指南〉的通知》(2019年9月20日 川高法〔2019〕215号)第47条:"【对当事人在诉前达成赔偿协议的效力认定】当事人在诉前达成和解协议并已实际履行,如无法定撤销事由或者协议无效情形,原告另行起诉的,人民法院不予支持。"山东济南中院《关于保险合同纠纷案件94个法律适用疑难问题解析》(2018年7月)第6条:"保险人的和解参与权。被保险人与第三者就被保险人的责任达成和解协议且已经责任保险保险人认可,被保险人主张保险人依据和解协议确定的金额并在保险合同约定的范围内承担保险责任的,应予支持。被保险人与第三者就被保险人的责任自行达成的和解协议或者由人民法院主持达成的调解协议,未经保险人参与或者保险人虽参与但明确表示不认可,保险人主张对保险责任范围以及赔偿数额重新予以核定的,应予支持。投保人或者被保险人通知保险人参加与第三者的和解,保险人无正当理由拒绝参加或者无正当理由迟延,并且核定范围与和解数额不存在明显不公平或者超出保险人赔偿范围的,保险人应受和解协议的约束。"第9条:"交通事故各方达成和解协议(或调解协议),但未实际履行,受害方既可以起诉要求履行和解协议,也可以按照人身侵权赔偿法律关系提起交通事故赔偿诉讼。(1)受害方按照和解协议起诉的,参照《最高人民法院关于审理涉及人民调解协议的民事案件的若干规定》处理;责任方主张和解协议无效的,应当对和解协议无效的事实承担举证责任,有证据证明或者理由充分的,应当认定和解协议无效,并按照侵权法律关系处理;(2)受害方起诉按照侵权法律关系赔偿,责任方主张按照双方在诉前达成的和解协议赔偿的,责任方应当对和解协议成立、生效的事实承担举证责任;和解协议有效但受害方不同意按照和解协议赔偿的,应当对和解协议成立、生效提供相反证据,或者对和解协议存在可变更、可撤销的事实承担举证责任;受害方不能提供前述证据的,人民法院可以告知受害方变更诉讼请求,受害方不变更的,人民法院应当按照查明的事实和证据处理。"第45条:"'该案一切赔偿责任业已终结,立此存证'或'赔款责任终结书'的效力问题。被保险人虽在保险人制作的赔款相关凭证'赔偿责任终结'一栏内签字,或出具类似'赔偿责任终结书',但保险人并未完全履行赔偿责任的,不能认定保险人赔偿责任终结,被保险人向保险人主张保险赔偿责任的差额部分,应予支持。保险人有其他充分的证据证明已经向被保险人说明了赔偿范围、标准、方法、数额等基本事实,被保险人明确表示同意终结赔偿的,保险人的赔偿责任终结。"广东惠州中院《关于审理机动车交通事故责任纠纷案件的裁判指引》(2017年12月16日)第8条:"对道路交通事故人身损害赔偿的争议,当事人直接提起民事诉讼的,或者经公安交通管理部门调解,当事人未达成协议或调解书生效后不履行,当事人提起民事诉讼的,应当受理。"第25条:"赔偿义务人在本案诉讼之前或诉讼之中确实已经向赔偿权利人赔偿的款项,无论赔偿义务人是否在本案诉讼之中提起反诉,只要赔偿义务人主张抵扣赔偿权利人可得赔偿的,均应当予以支持。赔偿义务人赔偿的款项多出其承担部分,赔偿权利人应予以退回;赔偿权利人诉请包含了赔偿义务人垫付的费用的,应当予以扣减,没有包含该费用的,应当按照事故责任比例予以扣减,但均不得判令保险人返还给义务人或者判令保险人全额支付给赔偿权利人再由其退还给赔偿义务人。"第44条:"事故当事人在交警部门的主持下达成了赔偿调解协议,并已经实际履行,但受害人反悔并提出超过调解协议赔偿额的诉请,人民法院应释明指导当事人同时提出撤销调解协议的请求,并与其他请求并案审理。人民法院经审理后撤销调解协议的,应扣减调解时支付的赔偿额。当事人拒不提出撤销调解协议请求的,人民法院驳回其他诉讼请求。"江西高院《关于印发〈审理人身侵权赔偿案件指导意见(试行)〉的通知》(2017年9月5日 赣高法〔2017〕169号)第1条:"两个以上侵权人共同致人损害,受害人与部分责任人达成和解协议,受害人起诉其他责任人的,按以下情形处理:(1)各侵权人共同侵权,被告要求追加达成协议的侵权人为被告的,不予准许,但原告拒绝提供和解协议的除外。在确定赔偿责任时,如果各侵权人责任大小在起诉前已经确定或者根据法律规定可以确定的,先扣减未被起诉的责任人按照法律规定应当承担的份额,再由被告对其余赔偿承担连带责任。各侵权人责任大小在起诉前未确定或者根据法律规定难以确定的,先扣减未被起诉的责任人按照协议承担的赔偿数额,再由各被告对其余赔偿承担连带责任;如被告在案后有依据证明其承担的责任超出了应有份额的,可以另行向未参加诉讼的侵权人追偿;(2)共同危险行为责任或者侵权行为内部存在多个责任人的,各责任人责任比例有法律规定或者有约定的,按照法律规定或者约定确定各被告应当承担的责任份额,再确定连带责任,但内部责任约定违法的除外。被告要求追加未被起诉的责任人为被告的,不予准许;(3)承担连带责任各侵权人的责任大小、具体份额已经由有关部门依职权确定,或者能够通过法律规定划分确定的,均属于责任大小已经明确。被告不得以和解协议的侵权人承担了超出其法律规定应当承担份额的部分主张抵扣,原告也不得以和解协议的侵权人承担的赔偿少于法律规定应当承担份额而主张由其他责任人承担不足部分。"四川成都中院《关于印发〈机动车交通事故责任纠纷案件审理指南(试行)〉的通知》(2017年7月5日 成中法发〔2017〕116号)第42条:"当事人在诉前达成调解协议并已实际履行,如不存在重大误解或其他导致协议无效的情形,原告另行起诉的,法院应依法驳回其诉讼请求。"北京三中院《**类型化案件审判指引:机动车交通事故责任纠纷类审判指引**》(2017年3月28日)第2-4.2部分"机动车商业三者险的处理—常见问题解答"第6条:"对机动车一方先行支付受害人的费用如何处理?侵权人在一审诉讼中反诉或在答辩意见中陈述于交通事故发生后垫付部分费用的,对于侵权人垫付的费用,法院可在查明事实的基础上,在交通事故案件中一并处理。垫付费用属于保险赔偿范围,且赔偿总额不超过保险限额的,可判决由保险公司直接给付侵权人;垫付费用不属于保险赔偿范围或赔偿总额超出保险责任限额的,垫付费用可与侵权人应承担的赔偿数额进行折抵,垫付费用超过侵权人应承担的赔偿金额的,超出部分可判令受害人予以返还。"第7条:"当事人就人身损害赔偿或财产损害赔偿达成协议后又提起诉讼,应如何处理?(1)如果协议是由受害人、侵权人(不包含保险公司)达成的赔偿协议,原告将侵权人作为被告起诉,此类案件应定性为机动车交通事故责任纠纷,而非合同纠纷。但在处理时,如果赔偿协议不存在依法可撤销、变更、无效或解除的情形,则应按协议约定确定赔偿责任。如果发现赔偿协议存在可撤销、变更、无效或解除的情形,一方面对于协议是否有效可通过审理直接加以确认,另一方面对于尚未超出当事人行使撤销权的一年除斥期间的情形,应首先向原告释明,询问其是否行使撤销权。如原告明确表示行使撤销权,视为其变更、增加诉讼请求,亦可继续进行审理。最终都需在确认协议效力的基础上认定赔偿数额。(2)如果协议是由受害人、侵权人、保险公司等全部利害关系人达成的赔偿协议,原告将侵权人、保险公司作为被告一并起诉,此类案件应定性为机动车交通事故责任纠纷。具体审理思路同第(1)项。(3)如果协议是由受害人一方、侵权人一方(不包含保险公司)达成的赔偿协议,原告将侵权人及保险公司一并起诉,并要求重新核算损失数额,此类案件应定性为机动车交通事故责任纠纷。虽然赔偿协议已确定赔偿数额,因保险公司并未签订该赔偿协议,故法院不再审查赔偿协议,而是针对受害人所发生的各项损失,依法进行核算。"天津高院《关于印发〈机动车交通事故责任纠纷案件审理指南〉的通知》(2017年1月20日 津高法〔2017〕14号)第7条:"……对于交通事故所致损失的赔偿问题,公安交管部门主持事故当事人达成的调解协议或当事人间自行达成的协议,非经变更、撤销或被宣告无效,当事人应当履行。当事人对已由上述协议解决的事项另行提起诉讼的,除确有证据能够推翻该协议外,不予支持。"江苏徐州中院《关于印发〈民事审判实务问答汇编(五)〉的通知》(2016年6月13日)第3条:"……(1)对于当事人经人民调解委员会调解达成的人民调解协议是否适用司法确认程序?答:事故发生后,当事人经人民调解委员会调解达成人民调解协议的,在实践中是审理人民调解协议,还是审理当事人之间的原纠纷,主要考虑当事人的诉讼请求。第一,如果当事人仅仅是请求履行调解协议、请求变更或撤销调解协议,或请求确认调解协议等,此时的审理重点是调解协议的有效性和合法性。此时有可能存在以下诉讼类型:其一,有当事人请求履行调解协议的给付之诉。此时,适用民事诉讼法规定的司法确认程序即可。当事人一般应在调解协议生效之日起三十日内按照民事诉讼法规定选择适用司法确认程序。其二,有当事人请求变更或撤销调解协议的形成之诉。其三,有当事人请求确认调解协议无效的确认之诉。第二,当事人在三十日这一期间届满后未启动司法确认程序的,当事人可依据《中华人民共和国人民调解法》第三十二条'经人民调解委员会调解达成调解协议后,当事人之间就调解协议的履行或内容发生争议的,一方当事人可以向人民法院提起诉讼'的规定,提起民事诉讼。此时,一般应结合当事人的诉讼请求针对当事人之间的原纠纷进行审理或针对调解协议的确认之诉或形成之诉进行审理。在存在调解协议的情形下,应依法向当事人做好释明引导工作,引导当事人适时变更诉讼请求。根据侵权责任的填补原则,不能既确认调解协议的效力,另外针对当事人的原纠纷作出判决,防止当事人通过诉讼获利的情形发生。(2)对于当事人在处理纠纷过程中自行签订的调解协议的效力应如何审理?答:事故发生后,当事人自行协商达成赔偿协议的,具有民事合同性质。第一,一方反悔向人民法院起诉的,如果不能证明在订立协议时具有无效或者可撤销情形的,一般应认定协议有效,当事人应当按照约定履行自己的义务。第二,如果能够证明赔偿协议具有协议无效或可撤销的情形的,一方当事人要求确认赔偿协议无效或撤销赔偿协议的,应予准许。例如,双方当事人在订立协议时认为伤情并无大碍,但在后续的治疗中伤情比较严重,达到伤残程度,这表明一方当事人在订立协议时对其伤情存在错误认识,而伤情严重与否直接影响到其对赔偿款数额的认识和判断。根据最高人民法院《关于贯彻执行〈中华人民共和国民法通则〉若干问题的意见(试行)》第71条的规定,行为人因对行为的性质、对方当事人、标的物的品种、质量、规格和数量等的错误认识,使行为的后果与自己的意思相悖,并造成较大损失的,可以认定为重大误解。可见,当事人就事故损害赔偿所达成的调解协议,如果存在重大误解、显失公平或者一方以欺诈、胁迫的手段或者乘人之危使对方在违背真实意思的情况下订立调解协议的,可以依据《合同法》第五十四条的规定请求撤销。但要注意《合同法》第五十五条第(一)项以及第七十五条的有关撤销权行使期间的规定,审查当事人行使撤销权是否超过上述规定的撤销期间。"江西宜春中院《关于审理机动车交通事故责任纠纷案件的指导意见》(2016年1月1日 宜中法〔2015〕91号)第21条:"当事人达成调解协议的,可以向人民法院申请司法确认。当事人一方不同意调解或者不能达成调解协议的,应当依法及时立案或审理。"广东深圳中院《关于审理财产保险合同纠纷案件的裁判指引(试行)》(2015年12月28日)第8条:"由保险人印制的载明'该案一切赔偿责任业已终结'的收款收据不能单独作为认定保险人与被保险人或受益人达成最终赔偿或给付保险金协议的依据;但保险人有其他证据证明已经向被保险人或受益人说明了赔偿范围、标准、方法、数额等基本情况,被保险人或受益人已明确表示同意终结赔偿的,可以认定保险人的赔偿责任终结。"重庆高院民一庭《民一庭高、中两级法院审判长联席会议〈机动车交通事故责任纠纷中的法律适用问题解答(二)〉会议综述》(2015年6月26日)第6条:"关于受害人与侵权人达成的赔偿协议的约束力问题。在未获得保险公司认可的情况下,受害人与侵权人达成的赔偿协议对保险公司不产生约束力。受害人向保险公司主张权利的,人民法院认定交通事故损失、赔偿金数额不受该协议的影响。但受害人根据该协议已经获得的赔偿金额应予扣除。受害人依据赔偿协议向侵权人主张权利的,人民法院应予支持。如果受害人、侵权人认为赔偿协议中约定的赔偿金额显失公平或存在重大误解的,可以依照合同法之规定请求变更或撤销赔偿协议。"安徽马鞍山中院《关于审理交通事故损害赔偿案件的指导意见(试行)》(2015年3月)第9条:"【先行赔付款的处理】机动车一方为受害人垫付的医疗费或先行赔付的其他费用,受害人起诉时未在诉讼请求中扣除,保险公司主张在其应向受害人支付的赔偿款中扣除的,应予支持。先行支付的费用属于机动车一方为取得受害方谅解而自愿补偿的其他费用的,不应予以扣除。对于垫付的医疗费或先行赔付的其他费用,机动车一方要求在受害人起诉的交通事故赔偿案件中一并处理,保险公司表示同意的,应当一并处理。保险公司不同意的,可以组织保险公司与机动车一方进行调解。调解不成的,告知机动车一方另案处理。"第 23 条:"【调解协议的处理】对于经公安交警部门、人民调解组织、保险协会主持调解或者当事人自行协商达成的调解协议,当事人向人民法院提起诉讼请求撤销或变更的,人民法院应当受理。人民法院经审理后,未发现订立协议时存在欺诈、胁迫等情形的,应当依法驳回当事人的诉讼请求。当事人持本条第一款规定的调解协议申请人民法院进行司法确认或出具民事调解书的,人民法院应当受理。经审查符合法律规定的,人民法院应当制作司法确认裁定书或制作民事调解书,及时送达各方当事人。"河南三门峡中院《关于审理道路交通事故损害赔偿案件若干问题的指导意见(试行)》(2014 年 10 月 1 日)第 11 条:"赔偿义务人在本案诉讼之前或诉讼之中已经向赔偿权利人赔偿的款项,无须提出反诉,只要赔偿义务人主张抵扣赔偿权利人可得赔偿的,应当予以支持。该款项中包含了本应由保险公司理赔或其他赔偿义务人赔偿部分的,保险公司或其他赔偿义务人可直接向垫付人支付该部分垫付款(垫付人申明'垫付款'是额外给付赔偿权利人的除外),不需垫付人另行反诉。对于垫付款的处理意见,可在裁判文书的论理部分予以释理说明。"湖北汉江中院民一庭《关于审理交通事故损害赔偿案件疑难问题的解答》(2014 年 9 月 5 日)第 19 条:"问:当事人在公安机关交通管理部门的主持下或者自行协商达成的赔偿协议,之后受害方又以机动车方和保险公司为被告提起诉讼,协议效力如何处理? 答:当事人在公安机关交通管理部门的主持下或者自行协商达成的赔偿协议,具有民事合同性质,审理时经审查该协议不具有无效、可撤销情形的,可依法认定有效。受害方与机动车方或保险公司达成的协议,除未参加签订协议的一方事后予以认可的以外,对未参加签订协议的一方不产生约束力。未参加签订协议的一方在法定的赔偿项目内承担责任。受害方起诉时没有依据已达成的赔偿协议主张赔偿,参加签订协议一方也未以赔偿协议作为抗辩,赔偿协议不能作为确定损失和赔偿责任的依据。人民法院应当依照受害方的诉讼请求和相关法律规定进行审查,确定损失和赔偿责任。"第 20 条:"问:由亲属参与纠纷处理并代签赔偿协议的行为是否有效? 答:对于亲属代签的赔偿协议的性质,如果纠纷当事人具有完全民事行为能力,在没有征得本人同意、也没有证据表明本人同意的情况下,除配偶代签协议构成表见代理的以外,其他亲属代签的协议不构成表见代理。但是,从审判政策考虑,不构成表见代理的协议,也不要轻意认定为无效,而应该尽可能寻找其他法律依据,维持协议的内容。这样才能既不违反法律的规定,维护法律的权威,又能使纠纷得到妥善处理,保持整个社会的稳定、和谐。当然,如果该协议符合《合同法》规定的无效、可变更或撤销的情形,也应认定为无效,或依法予以变更、撤销。"安徽高院《关于审理道路交通事故损害赔偿纠纷案件若干问题的指导意见》(2014 年 1 月 1 日 皖高法〔2013〕487 号)第 2 条:"在受害人起诉的案件中,机动车一方要求保险公司赔偿其已支付给受害人的赔偿款的,人民法院可以组织保险公司和机动车一方进行调解。调解达成协议的,制作民事调解书;调解达不成协议的,告知机动车一方另案处理。"第3条:"在受害人起诉的案件中,保险公司主张《机动车交通事故责任强制保险条例》第二十二条第一款、《关于审理道路交通事故损害赔偿案件适用法律若干问题的解释》第十八条第二款规定的追偿权的,人民法院可以组织保险公司和责任人进行调解。调解达成协议的,制作民事调解书;调解达不成协议的,告知保险公司另案处理。"第30条:"经公安交警部门、人民调解组织主持调解或者当事人自行协商达成的道路交通事故调解协议,非经变更、撤销或者人民法院认定无效,当事人应当履行。"第31条:"当事人持第三十条规定的协议,申请人民法院出具民事调解书的,经审查符合法律规定的,应制作民事调解书送达各方当事人。"第32条:"当事人申请确认交通事故赔偿人民调解协议效力的,按照民事诉讼法、《最高人民法院关于人民调解协议司法确认程序的若干规定》、《安徽省高级人民法院关于调解协议司法确认的实施意见》(皖高法〔2013〕459号)等规定办理。"安徽滁州中院《关于审理道路交通事故损害赔偿案件座谈会纪要》(2013年8月2日)第30条:"交通事故中的赔偿义务人在诉前已经支付部分费用给赔偿权利人,赔偿权利人仍就全部损失提起诉讼的,赔偿义务人就其支付费用超出自己应赔偿数额部分要求一并处理的,应予支持;赔偿义务人未要求一并处理的,承办法官或合议庭应予释明。交通事故中的赔偿义务人在诉前已经支付的部分费用给赔偿权利人,赔偿权利人仅就损失余额提起诉讼的,如赔偿权利人愿意增加诉讼请求就全部损失要求赔偿的,赔偿义务人就其支付费用超出自己应赔偿数额部分要求一并处理的,应予支持;如赔偿权利人不愿意增加诉讼请求,赔偿义务人已赔偿的费用可另行向保险公司主张。判决保险公司向赔偿权利人支付赔偿款时,应扣除赔偿义务人已赔偿部分。赔偿义务人支付款项超出自己应赔偿数额部分,应由保险公司在保险范围直接向其支付。"内蒙古高院、公安厅、保监会内蒙古监管局《关于处理交通事故纠纷相互协调配合的指导意见》(内高法〔2013〕188号)第1条:"公安交管部门、人民法院在处理交通事故损害赔偿纠纷时应当依据同一标准,并向当事人说明。"第2条:"公安交管部门在主持调解交通事故损害赔偿时,应告知当事人,调解协议可以请求人民法院确认,经人民法院确认有效的调解协议与判决书有同等法律效力,可以请求人民法院强制执行。"第3条:"公安交管部门对负有赔偿责任的肇事车辆返还前,应提前告知交通事故的被侵权人,其有对该车辆请求人民法院进行保全的权利。交通事故被侵权人请求人民法院保全的,人民法院应按照法律规定及时保全。人民法院对负有赔偿责任的肇事车辆的保全,一般应采取查封、扣押的形式。如车辆所有权人提供反担保或交付适当数量保证金则应解除查封、扣押措施;特殊情况下,虽对肇事车辆进行查封,也可以允许所有权人继续运营、使用,尽量避免出现继续扩大侵权人一方的经济损失,降低其经济赔偿能力的情形。"第 11 条:"经人民法院调解或判决的案件,保险公司应当在调解书或判决书生效后 10 日内将保险赔偿金打入该道路交通事故损害赔偿案件专门账户。由人民法院根据案件中赔偿义务人已履行赔偿责任的情况,及时将赔偿金分别给付赔偿义务人或赔偿权利人。"上海高院民一庭《道路交通事故纠纷案件疑难问题研讨会会议纪要》(2011 年 12 月 31 日)第 6 条:"当事人达成的调解协议的效力问题。①交通事故发生后,受害人和侵权人在交警部门主持下达成了调解协议,或自行达成了和解协议,当事人以协议赔偿数额与法定计算不一致为由,提起诉讼要求法院重新处理的问题。对于当事人自行达成的和解协议尤其是在交警主持下达成的调解协议,法院不宜轻易撤销该协议。即使在具体赔偿项目的计算上与法定标准有一定出入,若不能证明是受胁迫、欺诈而签订或者赔偿数额显失公平的,一般仍应确定该协议的效力。②该和解协议对交强险保险公司的效力。上述情况中,若受害人未将保险公司作为被告起诉,为更好保护受害人利益,法院应追加交强险保险公司为当事人。但是和解协议只对协议双方有约束力,保险公司仅在法定的赔偿项目及交强险限额内承担责任,超出部分应由责任人承担。"广东高院《关于审理保险合同纠纷案件若干问题的指导意见》(2011 年 9 月 2 日　粤高法发〔2011〕44 号)第 20 条:"责任保险合同保险事故发生后,被保险人与第三者协商确定的赔付数额未经保险人书面同意,被保险人主张按照协商确定的赔付数额认定保险人应承担的保险责任而保险人又不予认可的,人民法院不予支持。"江苏高院、省公安厅、中国保监会江苏监管局《关于加强交通事故损害赔偿案件调解和构建交通事故损害赔偿案件联动处理机制的意见》(2011 年 7 月 19 日　苏高法〔2011〕298 号)第 5 条:"人民法院应充分发挥对交通事故案件行政调解、人民调解和保险行业协会调解的司法保障职能。经行政调解、人民调解和保险行业协会调解达成调解协议后,当事人向人民法院申请司法确认的,人民法院应当依照《最高人民法院关于人民调解协议司法确认程序的若干规定》和《江苏省高级人民法院关于调解协议司法确认程序若干问题的意见(试行)》予以审查确认;申请人民法院出具民事调解书的,人民法院应当……在审查确认调解协议有效性的基础上出具民事调解书。一方当事人以交通事故损害赔偿纠纷向人民法院提出诉讼,请求履行调解协议或请求变更、撤销调解协议以及确认调解协议无效的,人民法院应当……对调解协议进行审查,对调解协议有效的,根据调解协议的内容确定当事人之间的权利义务关系。"浙江宁波中院、市公安局、市司法局、中国保监会宁波监管局《关于进一步加强道路交通事故损害赔偿纠纷调解工作的若干意见》(2011 年 6 月 3 日)第 2 条:"……公安交通管理部门要为当事人及时、便捷地开展道路交通事故纠纷调解提供必要的场所等便利条件。司法行政机关要加强对辖区内道路交通事故纠纷人民调解组织的管理和指导,不断提高道路交通事故纠纷人民调解员的调解水平。保险监管部门要积极组织保险行业参与道路交通事故纠纷调解工作,制定和完善保险理赔配套制度。经公安交通管理部门、道路交通事故人民调解组织、保险行业调解组织调解,向审判机关提起诉讼的,审判机关也要先行组织诉前调解和诉讼中调解。对确实调解不成的,审判机关应当及时作出判决。"浙江宁波中院《关于印发〈民事审判若干问题解答(第三辑)〉的通知》(2011年5月11日 甬中法〔2011〕18号)第16条:"在审理人身损害赔偿案件中,如果双方当事人已经在诉前达成了赔偿协议,双方一次性了结后,受害人又进行了伤残等级评定,受害人是否可据此主张撤销调解协议,并要求侵权人重新进行赔偿?答:调解协议是否可申请撤销,取决于调解协议的签订是否存在《合同法》第五十四条规定的情形,即因重大误解订立的合同,在订立合同时显失公平的,一方以欺诈、胁迫手段或者乘人之危,使对方在违背真实意思的情况下订立的合同。如果受害人在签订协议时已知道其损害后果,只是不知道是否构成伤残等级,那么不能仅以调解协议签订后经鉴定构成伤残为由要求撤销协议。"天津高院、市公安局、市司法局、中国保监会天津监管局《关于加强道路交通事故损害赔偿纠纷调处工作的若干意见》(2011年4月)第7条:"道路交通事故发生后,由公安交通管理部门按照交通事故处理程序进行处理。道路交通事故认定书生效后,告知当事人既可以申请公安交通管理部门调解,也可以请求人民调解委员会调解。"第9条:"经公安交通管理部门达成协议的,应当及时制作调解书并送达各方当事人;对于未达成调解协议的,应当制作调解终结书送达当事人。同时,积极引导当事人到人民调解委员会申请人民调解;没有设立人民调解委员会且当事人表示要提起诉讼的,公安交通管理部门应引导当事人到巡回法院选择诉前调解或立案审理。"第14条:"经公安交通管理部门或人民调解委员会调解达成调解协议的,公安交通管理部门或人民调解委员会应当督促当事人及时履行;不能及时履行的,应积极引导当事人在30日内向人民法院申请司法确认,防止二次纠纷的发生。"第16条:"当事人在公安交通管理部门或人民调解委员会主持下达成调解协议后,一方当事人反悔向人民法院起诉请求变更、撤销或宣告无效的,人民法院一般不予支持,但当事人能够证明调解协议具有可撤销情形或无效情形的除外。"第23条:"公安交通管理部门或人民调解委员会调解交通事故责任强制保险赔偿的案件时,应在3日前将调解时间和地点通知相关保险机构,有关保险公司作为向人民调解委员会提供咨询意见并承担赔付工作的第三方,应派员全程参与调解工作。"第24条:"公安交通管理部门或人民调解委员会主持调解涉及交通事故责任强制保险纠纷时,可以先向事故车辆承保保险公司发出'保险理赔数额估算通知书',要求有关保险公司在查阅相关资料后,对赔偿数额或赔偿标准进行估算确认,以提高调解实效。"第25条:"保险公司参与调解达成调解协议的,应在调解协议书上签字确认,经双方当事人和保险公司共同认可的调解协议可以作为保险理赔的依据,被保险人据此申请赔偿保险金的,保险公司应按照法律规定和合同约定办理。"安徽宣城中院《关于审理道路交通事故赔偿案件若干问题的意见(试行)》(2011年4月)第51条:"交通事故发生后,当事人自行达成赔偿协议或者在交警部门主持调解下达成赔偿协议,一方反悔向人民法院起诉的,如果不能证明在订立协议时具有无效或者可撤销的情形,应认定协议有效。"江西鹰潭中院《关于审理道路交通事故损害赔偿纠纷案件的指导意见》(2011年1月1日 鹰中法〔2011〕143号)第1条:"对道路交通事故人身损害赔偿的争议,当事人直接提起民事诉讼的,或者经公安交通管理部门调解,当事人未达成协议或调解生效后不履行,当事人提起民事诉讼的,应当受理。"江苏高院民一庭《侵权损害赔偿案件审理指南》(2011年)第7条:"道路交通事故责任……12.调解协议的效力。道路交通事故发生后,当事人经公安交通管理部门调解达成的协议或自行协商达成的协议,具有民事合同性质,当事人应当按照约定履行自己的义务;但该协议无效、可撤销的除外。《江苏省高级人民法院、江苏省公安厅关于处理交通事故损害赔偿案件有关问题的指导意见》第18条对此有明确规定:'当事人在公安机关交通管理部门主持下达成调解协议后,一方当事人反悔向人民法院起诉请求变更、撤销或者宣告无效,一般不予支持。但当事人能够证明调解协议具有可撤销情形或者无效情形的除外。'"上海高院民五庭《关于印发〈审理保险合同纠纷案件若干问题的解答(一)〉的通知》(2010年12月17日 沪高法民五〔2010〕4号)第4条:"商业责任保险中,被保险人与受害人在保险人未参与的情况下达成调解或和解协议,其效力如何确定?答:人身损害赔偿和保险合同属于不同法律关系。被保险人与受害人在保险人未参与的情况下达成的调解或和解协议只能约束被保险人和受害人,对保险人不具有法律上的约束力。在审理后续财产保险合同纠纷案中,法院应当根据法律的规定和保险合同的约定审查并确定保险人的保险赔偿责任。"广东高院《关于建立道路交通事故案件诉调衔接工作机制的意见》(2010年12月1日 粤高法发〔2010〕72号)第4条:"……经公安交通管理部门或者道路交通事故人民调解工作室调解达成的具有民事权利义务内容并由各方当事人签字或盖章确认的调解协议,具有民事合同性质。公安交通管理部门或道路交通事故人民调解工作室应当告知当事人可以向人民法院申请司法确认,或者按照《中华人民共和国公证法》的规定申请公证机关依法赋予强制执行效力。债务人不履行或不适当履行经司法确认的调解协议内容或者具有强制执行效力的公证文书的,债权人可依法向有管辖权的人民法院申请强制执行。"江苏无锡中院《关于印发〈关于审理道路交通事故损害赔偿案件若干问题的指导意见〉的通知》(2010年11月8日 锡中法发〔2010〕168号)第16条:"【三责险能否在侵权案件中一并处理】经赔偿权利人或被保险人请求,人民法院应当征求三责险保险人是否参加诉讼的意见。三责险保险人在人民法院指定期限内未明确表示同意参加诉讼的,人民法院在审理侵权案件中不得将其列为被告一并审理,保险人自愿参与调解并达成调解协议的除外。"第 22 条:"【诉前已达成调解协议的处理】当事人诉前已经达成调解协议的,一方当事人反悔,又以原纠纷向人民法院起诉的,人民法院应当向当事人释明诉讼风险,当事人坚持诉讼的,应当要求其增加变更、撤销调解协议或者确认调解协议无效的诉讼请求。人民法院审理该类案件时,首先应当审查调解协议的效力以及是否存在变更、撤销的情形,不存在无效或变更、撤销情形的,应当按照调解协议的约定确定协议各方的权利义务;如确存在无效或变更、撤销情形的,应当对原纠纷进行审理并确定相应的赔偿责任。"第 37 条:"【保险人尽到理赔义务的诉讼费用负担】保险人在诉前及庭审辩论终结前已经出具理赔意见,且理赔意见与人民法院认定赔偿数额相符的,保险人不承担诉讼费用。保险人未出具理赔意见,或理赔意见低于人民法院认定其需赔偿数额 5% 以上的,人民法院可以根据保险人在调解失败中所起的作用责令保险人承担部分或全部诉讼费用。"第 38 条:"【赔偿权利人无正当理由不同意调解的诉讼费用负担】诉讼前,赔偿义务人同意调解,且对超出保险限额范围的赔偿已经提供足额担保或保险人出具的理赔意见足以弥补赔偿权利人损失的,赔偿权利人不接受调解仍提起诉讼的,人民法院可以判令赔偿权利人负担赔偿义务人因诉讼多支出的其他费用,并在判决书中载明原因。诉讼中,由于赔偿权利人超额主张赔偿等因素导致案件无法达成调解的,人民法院应当判令赔偿权利人负担相应的诉讼费用,并在判决书中载明原因。"江西宜春中院《**关于审理保险案件若干问题的指导意见**》(2010 年 9 月 17 日　宜中法〔2010〕92 号)第 7 条:"关于财产损失认定的依据问题。根据《机动车交通事故责任强制保险条例》第 28 条、第 29 条,保险公司应当自收到赔偿申请之日 1 日内告知被保险人提供资料,收到资料后 5 日内作出保险责任核定,如属保险责任,在达到赔偿协议后 10 日内付保险金,因此,保险公司在收到被保险人提供的资料后,应在 7 日内对财产损失进行定损,即在确定属保险责任时 2 日内对财产损失进行定损;对于鲜活产品或短时间内会丧失价值的特殊货物,为了避免损失扩大,保险公司应在事故发生后及时定损。保险公司对定损结果应有详细清单和计算依据。如保险公司未在上述期限内定损,被保险人单方委托有资质的鉴定机构对财产损失所作出鉴定结论,可作为认定财产损失数额的依据。"山东东营中院《**关于印发道路交通事故处理工作座谈会纪要的通知**》(2010 年 6 月 2 日)第 18 条:"双方当事人在交警主持下达成民事赔偿协议,当事人要求人民法院通过诉讼程序予以确认的,由县区人民法院立案庭或交通事故巡回法庭的法官按《最高人民法院印发〈关于建立健全诉讼与非诉讼相衔接的矛盾纠纷解决机制的若干意见〉的通知》的有关规定,出具确认调解书协议效力的决定书,一方当事人拒绝履行的,另一方当事人可依法申请人民法院强制执行。"第 19 条:"人民法院对于人民调解员出具的道路交通事故赔偿调解书效力的认定,应当按照《最高人民法院关于审理涉及人民调解协议的民事案件的若干规定》确认人民调解协议的法律效力。"第 20 条:"双方当事人在交警主持下达成民事赔偿调解协议后,一方或双方当事人反悔,向人民法院起诉的,人民法院经审理认为调解协议系双方当事人真实意思表示,协议内容不违反法律和行政法规的强制性规定,内容明确,权利义务清楚的,可按调解协议的内容裁决案件。"第 21 条:"当事人有证据证明调解协议具有可撤销或可变更情形的,按照民事诉讼程序寻求救济。"重庆高院《印发〈全市法院保险纠纷案件审判实务研讨会会议纪要〉的通知》(2010 年 4 月 7 日 渝高法〔2010〕101 号)第 9 条规定:"关于车辆第三者商业责任险(以下简称第三者责任险,不含交强险)中,保险事故发生后,被保险人(投保人)与第三者的侵权诉讼中,能否追加保险人为当事人?被保险人与受害人达成的赔偿协议对保险人是否有约束力的问题。会议认为,保险人对第三者责任险的被保险人给第三者造成损害,可以依照法律的规定或者合同的约定,直接向该第三者赔偿保险金。在被保险人与第三者的侵权诉讼中,当事人申请保险人参加诉讼的,人民法院可以将其追加为第三人参加诉讼,但人民法院不宜依职权主动追加。保险人未参加侵权诉讼,侵权案件当事人就赔偿数额达成的协议,对保险人没有直接约束力。"江西南昌中院《关于审理道路交通事故人身损害赔偿纠纷案件的处理意见(试行)》(2010 年 2 月 1 日)第 8 条:"对道路交通事故人身损害赔偿的争议,当事人直接提起民事诉讼的,或者经公安交通管理部门调解,当事人未达成协议或调解书生效后不履行,当事人提起民事诉讼的,应当受理。"广东广州中院《民事审判若干问题的解答》(2010 年)第 1 条:"【承保交强险的保险公司的诉讼地位】交通事故损害赔偿纠纷案件中,赔偿权利人可否以承保交强险的保险公司为被告提起诉讼?赔偿权利人没有将保险公司列为被告的情况下,是否应当追加保险公司为被告?答:根据《道路交通安全法》第七十六条的规定,赔偿权利人对承保交强险的保险公司具有直接请求权,故赔偿权利人可将保险公司列为被告要求其直接在交强险责任限额内承担赔偿责任。在赔偿权利人没有将保险公司列为共同被告而仅以肇事机动车一方为被告提起诉讼的情况下,法官应当主动释明原告追加保险公司为共同被告,但赔偿权利人已经就赔偿问题与机动车一方达成赔偿协议的除外。如果经释明并告知法律后果,原告坚持不将保险公司列为被告并不要求其承担赔偿责任的,可不追加保险公司为共同被告。此种情况下,肇事机动车一方提出受害人在交强险责任限额内的损害,应当由保险公司承担赔偿责任,其对赔偿权利人的赔偿总额中应当扣除交强险责任限额的抗辩,可予以支持。"江苏南京中院民一庭《关于审理交通事故损害赔偿案件有关问题的指导意见》(2009 年 11 月)第 2 条:"交通事故受害人与机动车方当事人已经公安机关交通管理部门调解达成协议,且机动车方当事人根据调解协议又向受害人出具欠条或还款计划的,受害人以该欠条或还款计划向人民法院起诉的,应作为债务纠纷案件受理。"第3条:"当事人申请对保险公司先予执行的,人民法院经审查符合有关法律规定,可以在第三者责任强制保险限额内对已发生的抢救费用先予执行。如机动车方未投保第三者责任险,当事人申请对机动车方当事人先予执行的,可在其履行能力范围内对抢救费用先予执行。"第4条:"当事人于诉前或诉讼中向人民法院申请对车辆采取保全措施的,经审查符合法定条件的,应当及时作出裁定并依法采取措施。裁定书中应明确车辆保管的地点与方式;已由公安机关交通管理部门扣留的车辆,原则上不变更保管场所。"第12条:"当事人在公安机关交通管理部门主持下达成调解协议后,一方当事人反悔向人民法院起诉请求变更、撤销或者宣告无效的,一般不予支持,但以下两种情形除外:(1)当事人能够证明调解协议具有可变更、撤销情形或者无效情形的;(2)受害人以保险公司未参加调解且公安机关交通管理部门未作释明为由提出反悔,要求保险公司和机动车方承担赔偿责任的。"第13条:"保险公司应在第三者责任险限额内主动履行对受害人的赔偿义务,保险公司不主动履行赔偿义务而被受害人作为被告诉至人民法院的,应当判决其负担相应的诉讼费。"安徽合肥中院民一庭《关于审理道路交通事故损害赔偿案件适用法律若干问题的指导意见》(2009年11月16日)第50条:"道路交通事故发生后,当事人在公安机关交通管理部门、人民调解委员会主持调解下或者当事人自行协商达成的赔偿协议,具有民事合同性质。"第51条:"赔偿权利人与机动车方或者保险公司就道路交通事故损害达成的赔偿协议,对未参加签订协议的一方没有约束力,赔偿权利人要求按该协议履行的,应由与其签订协议的一方承担责任。但未参加签订协议的一方事后予以认可的除外。"第52条:"交通事故在交通警察部门处理期间,其他人员为肇事人提供担保,如系向赔偿权利人作出,符合债的担保构成要件的,可认定担保合同成立;如系向交通警察部门作出,不符合债的担保构成要件的,不可认定担保合同成立。"浙江高院《关于审理财产保险合同纠纷案件若干问题的指导意见》(2009年9月8日　浙高法〔2009〕296号)第19条:"被保险人虽在保险人制作的赔款相关凭证'赔偿责任终结'一栏内签字,但保险人并未完全履行赔偿责任的,不能认定保险人赔偿责任终结,被保险人向保险人主张保险赔偿责任的差额部分,应予支持。保险人有其他充分的证据证明已经向被保险人说明了赔偿范围、标准、方法、数额等基本事实,被保险人明确表示同意终结赔偿的,保险人的赔偿责任终结。"第20条:"在责任保险中,被保险人与第三者之间的赔偿金额已由生效判决确定的,被保险人据此请求保险人承担保险责任的,在保险合同约定的范围内,可予支持。如被保险人与第三者之间采取调解方式,法院出具民事调解书确认的,在审理后续财产保险合同纠纷案件中,法院根据需要可对相关事实进行必要的审核。责任保险的被保险人凭生效民事判决书及已向第三者履行的凭证要求保险人承担保险责任,被保险人可不必另行出具费用票证或其他赔偿凭证。"云南高院《关于审理人身损害赔偿案件若干问题的会议纪要》(2009年8月1日)第2条:"……在交通事故发生后,双方当事人对于赔偿金额达成协议,一方反悔向人民法院起诉,请求撤销或确认协议无效的,人民法院应予受理,经审查不能证明在订立协议时具有《合同法》规定的无效或者可撤销情形的,应当认定协议有效。受害人请求的赔偿项目虽不在协议范围内但符合法定赔偿范围的,对该项赔偿请求应予支持。"北京高院《关于印发〈关于审理刑事附带民事诉讼案件若干问题的解答(试行)〉的通知》(2009年5月27日 京高法发〔2009〕226号)第26条:"当事人自行达成调解协议并实际履行后,被害方又提起附带民事诉讼的如何处理? 答:经审查,如果达成的调解协议已经实际履行,且赔偿数额与实际损失相当或高于实际损失的,应认定协议有效,判决驳回被害方的诉讼请求;如果调解协议中确定的赔偿数额与实际损失明显差距过大,应判决被告人赔偿被害方的实际经济损失,并扣除已履行的部分;如果调解协议具有前述不予确认情形之一的,应重新达成调解协议或者适用判决。"第27条:"调解过程中可否先予接受被告人及其亲属主动缴纳的赔偿款? 答:在调解过程中,在被害方提出过高赔偿要求的情况下,被告人客观存在赔偿的困难,或不同意对方的不合理要求,但表示愿意预交一定数额的赔偿款,法院可以接收,并作为被告人的量刑情节酌情考虑。"广东佛山中院《关于审理道路交通事故损害赔偿案件的指导意见》(2009年4月8日)第11条:"同一赔偿权利人因同一交通事故所产生的赔偿请求权原则上应当在同一诉讼中行使完毕。赔偿权利人在一审法庭辩论终结前对已经发生的损害赔偿项目,经人民法院释明后,仍不行使请求权,诉讼终结后,又再就此赔偿项目提起诉讼的,法院不予受理。"第45条:"对于道路交通事故的相关当事人就交通事故损害赔偿事宜所达成的协议,人民法院应当在对其进行全面审查后,区分不同的情形,对协议的效力进行确认:(一)对于事故相关当事人在评残后签订协议的,人民法院经审查确认该协议不存在无效或可撤销(如显失公平、重大误解等)情形的,应确认其有效;(二)对于事故相关当事人虽然在评残前签订协议,但协议中已经列明事故赔偿的明细项目,人民法院经审查确认该协议不存在无效或可撤销(如显失公平、重大误解等)情形的,仍应确认其有效,但不影响赔偿权利人就评残后才能确定的费用另外提出诉讼请求;(三)对于事故相关当事人在评残前签订协议并已经列明了事故赔偿的明细项目,同时双方在协议中注明'互不追究'或类似字样的,如果人民法院经审查发现当事人所协商确定的赔偿金额与法定赔偿金额相差较大,且赔偿权利人对此提出异议的,可撤销协议中关于赔偿金额的条款,并判决赔偿义务人按照法定赔偿标准对受害人进行赔偿;(四)受害人的近亲属代表与对方当事人达成的赔偿协议,推定该近亲属有权代表所有赔偿权利人,除存在重大误解或显失公平外,原则上对所有赔偿权利人有法律约束力;(五)上述第三、四条款中'显失公平'和'相差较大'的认定,以协议约定的赔偿数额低于法定赔偿数额的50%作为判断标准。"第46条:"保险公司没有作为当事人参与事故当事人就道路交通事故损害达成的赔偿协议,该协议对保险公司没有法律约束力,但保险公司事后予以认可的除外。"山东高院《2008年民事审判工作会议纪要》(2008年9月)第2条:"……关于在道路交通管理部门主持下达成的调解协议的效力问题。道路交通事故发生后,在道路交通管理部门主持下达成的调解协议,只要内容不违反法律的强制性规定,可以作为处理道路交通事故的裁判依据。"福建高院民一庭《关于审理人身损害赔偿纠纷案件疑难问题的解答》(2008年8月22日)第4条:"问:当事人在公安交通管理部门主持下达成的有关交通事故损害赔偿的调解协议,是否具有约束力?答:当事人在公安交通管理部门主持下达成的调解协议不具有强制执行力,但具有民事合同的性质,除调解协议存在无效或者可撤销的情形外,可以作为人民法院裁判的根据。"广东深圳中院《关于审理道路交通事故损害赔偿纠纷案件的指导意见(试行)》(2008年7月12日)第18条:"赔偿义务人在本案诉讼之前或诉讼之中确实已经向赔偿权利人赔偿的款项,无论赔偿义务人是否在本案诉讼之中提起反诉,只要赔偿义务人主张抵扣赔偿权利人可得赔偿的,均应当予以支持。赔偿权利人可得赔偿款总额系指赔偿权利人因道路交通事故可以得到的所有赔偿项目的数额总额,不受赔偿权利人起诉时要求赔偿的赔偿项目的限制。抵扣之后,赔偿权利人应得赔偿总额为赔偿义务人应负之赔偿责任总额;保险公司亦此已抵扣之后的赔偿责任总额为限承担相应赔偿责任。同一案件中有两名以上赔偿义务人因行为直接结合构成共同侵权,且相互应当承担连带清偿责任的,应当先确定赔偿义务人各自的赔偿份额,再在各自的份额内抵减各自已向赔偿权利人支付的款项。"第19条:"保险公司在本案诉讼之前或诉讼之中已经按照保险合同的约定,向赔偿权利人理赔完毕,但保险公司理赔的数额位达到保险限额的,保险公司仍应在保险限额与已理赔数额的差额内承担责任。"江苏宜兴法院《关于审理交通事故损害赔偿案件若干问题的意见》(2008年1月28日 宜法〔2008〕第7号)第51条:"交通事故发生后,当事人自行达成赔偿协议或者在交警部门主持调解下达成赔偿协议,一方反悔向人民法院起诉的,如果不能证明在订立协议时具有无效或者可撤销情形的,应认定协议有效。"陕西高院《关于审理道路交通事故损害赔偿案件若干问题的指导意见(试行)》(2008年1月1日 陕高法〔2008〕258号)第22条:"道路交通事故发生后,当事人经公安交通管理部门调解达成的协议或自行协商达成的协议,具有民事合同性质,当事人应当按照约定履行自己的义务;但该协议无效、可撤销的除外。"湖北武汉中院《关于审理交通事故损害赔偿案件的若干指导意见》(2007年5月1日)第3条:"当事人经公安交通管理部门主持调解达成的协议或自行协商达成的协议,是各方当事人为处理道路交通事故损害赔偿问题签订的民事合同。人民法院在审理案件时,经审查该协议不具有无效、可撤销情形的,可依法认定有效,并据此作出判决。"第4条:"赔偿权利人与机动车方或保险公司其中一方达成协议的,除非未参加签订协议的一方事后予以认可,该协议对未参加签订协议的一方没有约束力,赔偿权利人要求按该协议履行的,可将与其签订协议的一方作为被告。"第5条:"投保人自行允诺或支付的赔偿金额高于法定赔偿标准的,对于超过部分,保险公司提出异议的,人民法院应依法定标准计算赔偿数额。"江西高院民一庭《**关于审理道路交通事故人身损害赔偿案件适用法律若干问题的解答**》(2006年12月31日)第1条:"道路交通事故人身损害赔偿案件起诉到人民法院前,有的当事人自行或者经过第三方调解达成了和解。大致有四种:双方自行达成和解协议;经人民调解委员会组织调解达成和解协议;经公安交通管理部门组织调解达成和解协议;经其他单位或个人协调达成和解协议。无论以哪种方式达成协议,一方当事人反悔起诉到人民法院的,人民法院均应按照《中华人民共和国民事诉讼法》第一百零八条的规定予以审查,依法受理。"第2条:"经人民调解委员会组织调解达成的和解协议,人民法院在审理过程中,应当按照《最高人民法院关于审理涉及人民调解协议的民事案件的若干规定》处理。对当事人之间自行达成的和解协议、经其他单位和个人协调达成的和解协议和经公安机关交通管理部门组织达成的和解协议的效力,参照司法解释的规定处理。当事人之间的协议,存在以下情况的,区别对待。(1)赔偿权利人签订赔偿协议系出于急需救治费用或者受胁迫原因而同意签订过低赔偿金额,或者受到明显误导而答应过低赔偿金额,请求人民法院予以撤销、变更的,人民法院应当依法予以支持。(2)赔偿权利人协议的赔偿金额过低,或者确有较大金额的民事审判赔偿项目,如被抚养人生活费、残疾器具费、继续治疗费等未列入赔偿范围,请求增加赔偿金额的,人民法院应当予以支持。但前述协议中已经明确指出赔偿金额包括全部赔偿项目的,或者赔偿权利人明确放弃部分项目的除外。(3)赔偿义务人提出赔偿金额过高,请求变更协议内容或者撤销协议的,如果存在以欺诈、胁迫的手段或者乘人之危签订协议的情形,或者协议确定的赔偿金额远大于法定赔偿金额且赔偿义务人根本没有能力支付赔偿的,人民法院应当予以支持。对不符合前述情形的,予以驳回。但不论是否支持赔偿义务人的诉讼请求,人民法院均应在受理时对赔偿权利人释明,告知其提出请求确认协议效力、履行协议的反诉请求。(4)赔偿义务人已经按照协议履行全部或者部分,再提出撤销、变更、返还部分或者全部已赔付款项的,或者请求撤销未支付款项的,一般情况下,人民法院不予支持。"辽宁沈阳中院民一庭《**关于审理涉及机动车第三者责任险若干问题的指导意见**》(2006年11月20日)第5条:"……(九)关于双方自行达成的赔偿协议的效力问题。事故发生后,双方当事人没有及时报案,而是达成赔偿协议,或者在公安交通管理部门、人民调解委员会主持下达成的赔偿协议,具有民事合同的性质,当事人应当按照协议的约定履行自己的义务。一方反悔的,除具有合同法第五十条规定的情形外,不予支持;要求履行协议的应予支持。"广东深圳罗湖区法院《**关于交通事故损害赔偿案件的处理意见**》(2006年11月6日)第9条:"当事人在交警部门主持调解时或自行协商达成协议的,在审理案件时,经审查该协议不具有无效、可撤销情形的,可依法认定有效,并据此作出判决。"第11条:"赔偿义务人在本案诉讼之前或诉讼之中确实已经向赔偿权利人赔偿的款项,无论赔偿义务人是否在本案诉讼之中提起反诉,只要赔偿义务人主张抵扣赔偿权利人可得赔偿的,均应当予以支持。赔偿权利人可得赔偿款总额系指赔偿权利人因道路交通事故可能得到的所有赔偿项目的数额总额,不受赔偿权利人起诉时要求赔偿项目的限制。抵扣之后,赔偿权利人应得赔偿总额为赔偿义务人应付之赔偿责任总额;保险公司亦以此抵扣之后的赔偿责任承担相应赔偿责任。"重庆高院《**关于审理道路交通事故损害赔偿案件适用法律若干问题的指导意见**》(2006年11月1日)第32条:"道路交通事故发生后,当事人在公安机关交通管理部门或者人民调解委员会主持调解下达成的赔偿协议,具有民事合同性质,当事人应当按照赔偿协议的约定履行自己的义务。"第33条:"道路交通事故发生后,当事人自行协商达成赔偿协议,一方当事人又以原道路交通事故纠纷向人民法院起诉的,人民法院应当依照原告的诉讼请求和有关法律规定进行审查,并确定相应赔偿责任。当事人自行协商达成的赔偿协议不能作为确定赔偿责任的直接依据。对当事人自行协商达成的赔偿协议,公安机关交通管理部门依据《重庆市道路交通安全条例》第六十六条的规定予以确认之后,当事人一方又以原道路交通事故纠纷向人民法院起诉的,适用前款规定。"第34条:"赔偿权利人与机动车方或者保险公司就道路交通事故损害达成的赔偿协议,对未参加签订协议的一方没有约束力,赔偿权利人要求按该协议履行的,应由与其签订协议的一方承担责任。但未参加签订协议的一方事后予以认可的除外。"江西赣州中院《**关于审理道路交通事故人身损害赔偿案件的指导性意见**》(2006年6月9日)第40条:"当事人在交警部门主持下达成的调解协议或自行协商达成的协议,是各方当事人为处理道路交通事故损害赔偿问题签订的民事合同。该协议如不具有无效、可撤销、可变更情形的,应依法认定有效。"第46条:"案件审理中,赔偿义务人同意按高于法定赔偿标准或超出自己应承担的责任给予对方当事人予以赔偿,由于赔偿权利人要求更高的赔偿而无法达成调解协议,赔偿义务人仍承诺按更高的数额给予赔偿并已记录在案的,法院可按赔偿义务人承诺的赔偿数额作出判决。"贵州高院、省公安厅《**关于处理道路交通事故案件若干问题的指导意见(一)**》(2006年5月1日)第1条:"公安机关交通管理部门在处理交通事故时,应当严格按照《交通事故处理工作规范》要求,告知各方当事人的有关权利和义务,指导当事人通过相关途径正确解决损害赔偿问题。"第9条:"公安机关交通管理部门在送达交通事故认定书时,应告知各方当事人有申请公安机关交通管理部门调解或直接向人民法院提起民事诉讼的权利,并向当事人发送空白调解申请书。"第10条:"公安机关交通管理部门应依法组织调解,经调解达成协议的,应及时制作调解书,送达各方当事人。经调解未达成调解协议的,应制作调解终结书送交各方当事人,调解终结书应载明未达成协议的原因。"第12条:"当事人在公安机关交通管理部门主持下调解,为处理道路交通事故损害赔偿后果达成的协议,具有民事合同的性质。当事人应当按照约定履行自己的义务,不得擅自变更或者解除调解协议。当事人一方反悔向人民法院起诉请求变更、撤销调解协议或者确认调解协议无效的,有责任对自己的诉讼请求所依据的事实提供证据予以证明,经审理该协议不具有无效、可撤销情形的,一般不予支持。"江西赣州中院《民事审判若干问题解答》(2006年3月1日)第21条:"人身损害发生后,当事人经协商就损害赔偿达成的协议,能否视为合同?答:可以视为合同。只要符合合同法关于合同成立和生效的规定,是双方真实的意思合意,协议内容不违反法律强制性规定,不损害社会公共利益和他人利益,就应具有法律效力。如当事人认为合同具有无效或可撤销事由的,可以根据合同法的规定,主张协议无效或者予以撤销。经审查认定合同具有无效或可撤销事由的,应确认协议无效或者予以撤销;经过审查不存在合同无效或可撤销事由的,应当确认协议有效。"江苏常州中院《关于印发〈常州市中级人民法院关于审理交通事故损害赔偿案件若干问题的意见〉的通知》(2005年9月13日常中法〔2005〕第67号)第4条:"《道路交通安全法》施行后至《指导意见》实施前的期间内,交警部门主持调解时,相关保险公司没有派员到场,其他当事人在交警部门主持下达成调解协议的,一般应确认该协议的效力。一方当事人反悔向人民法院起诉要求变更、撤销或确认无效的,一般不予支持,但当事人能够证明其具有撤销权且撤销权未消灭的或者调解协议具有无效情形的除外。对于一方当事人已向对方出具欠条或还款计划的,可按一般债务纠纷处理。上述一方当事人根据交警部门的调解协议或人民法院的相关法律文书,履行相应的赔偿义务后,其作为原告要求保险公司在限额内承担支付第三者责任保险款项的,可由人民法院民一庭受理。对该当事人的这一诉讼请求,一般应予支持。"第5条:"《指导意见》实施后,全市法院应严格按该《指导意见》第16条规定的有关精神执行。交警部门在相关保险公司参加调解、各方当事人未达成调解协议(含经通知后未到场),并制作调解终结书,一方当事人起诉的,人民法院应依法及时受理,并按《若干意见》的有关规定审理。"江苏高院、省公安厅《关于处理交通事故损害赔偿案件有关问题的指导意见》(2005年9月1日 苏高法〔2005〕282号,2020年12月31日起被苏高法

〔2020〕291号文废止）第15条:"公安机关交通管理部门处理交通事故时,在作出交通事故认定书之前或者送达交通事故认定书时,应当告知各方当事人对交通事故损害赔偿有争议的,有申请公安机关交通管理部门调解或者直接向人民法院提起民事诉讼的权利。"第16条:"公安机关交通管理部门主持调解的,应当通知相关保险公司参加调解。经调解达成协议的,应当及时制作调解书并送达各方当事人。经调解未达成调解协议的,应当制作调解终结书送交各方当事人,调解终结书应载明未达成协议的原因。"第17条:"同一起交通事故造成2人以上伤亡的,因伤者治疗终结或者定残时间不同,伤者治疗终结或者定残时间与死者丧葬事宜结束时间也不相同,造成各受害人损害赔偿的调解期限的起始时间各不相同的,公安机关交通管理部门可以根据各受害人的不同情况分别组织调解。根据伤情需要对伤者分期治疗的,公安机关交通管理部门可以在第一期治疗终结后组织调解,继续治疗的费用可以在征求医疗机构的意见后经双方协商达成赔偿协议,也可以由当事人另行提起民事诉讼。"第18条:"当事人在公安机关交通管理部门主持下达成调解协议后,一方当事人反悔向人民法院起诉请求变更、撤销或者宣告无效的,一般不予支持。但当事人能够证明调解协议具有可撤销情形或者无效情形的除外。"第19条:"交通事故巡回法庭在审理交通事故损害赔偿案件时,可以邀请交通警察协助调解,受邀请的交通警察应当予以配合。"第20条:"人民法院受理交通事故损害赔偿案件后,经各方当事人同意,可以委托公安机关交通管理部门或者其他具有相关法律知识和工作经验的组织或者个人进行调解。"第21条:"人民法院邀请交通警察协助调解的,应当发出邀请函;委托调解的,应当发出委托函。"第22条:"人民法院应当在送达受理通知书和应诉通知书的同时,就是否接受委托调解征求各方当事人的意见。当事人均同意委托调解的,人民法院应当在调解前告知当事人主持调解的人员的姓名及是否申请回避等有关诉讼权利和诉讼义务。"第23条:"人民法院委托调解的,应当将诉状及证据材料的复印件送交主持调解的人员,并针对具体案情做好调解的指导工作。"第24条:"委托调解的期限为10日。10日内未达成调解协议的,经人民法院同意,可以继续调解,但延长的调解期限不得超过7日。人民法院委托调解的期间,不计入审限。"第25条:"调解期限内未达成调解协议的,主持调解的人员应当终结调解,并将案卷材料、调解笔录、调解终结书等移交人民法院。"第26条:"达成调解协议后,当事人请求人民法院制作民事调解书的,人民法院应当依法确认调解协议并制作调解书。经调解原告向人民法院申请撤诉的,应当在调解协议中明确当事人不需要制作调解书。当事人达成的调解协议视为和解协议。"第27条:"人民法院委托调解但未达成调解协议的,应当在案件审结后及时将生效的裁判文书送交主持调解的组织或者个人。"福建泉州中院《关于印发〈关于审理道路交通事故人身损害赔偿案件若干问题的指导意见(试行)〉的通

知》(2005年8月3日　泉中法〔2005〕91号)第4条:"道路交通事故发生后,经公安交警部门主持调解,双方达成调解协议后,一方反悔向人民法院起诉的,经审查,若双方达成的调解协议符合《民法通则》及《合同法》等相关法律规定,调解协议有效,应在判决理由中认定协议的效力,并以调解协议确定的内容作出判决。"浙江杭州中院《关于审理道路交通事故损害赔偿纠纷案件问题解答》(2005年5月)第3条:"……公安机关组织调解时,只有驾驶员参加,达成协议后驾驶员未履行,车辆所有人也未追认,该协议的效力如何认定?该协议的效力视车辆所有人是否应承担赔偿责任而定。若车辆所有人不必承担赔偿责任,则该协议有效。若车辆所有人依法须承担赔偿责任,则视该协议签订时驾驶员的身份(是否为职务行为)、与车辆所有人之间是否存在代理关系或表见代理关系等,来确定协议是否对车辆所有人发生法律效力。若不能认定驾驶员系职务行为,也不能认定驾驶员与车辆所有人之间存在代理关系或表见代理关系,则因赔偿义务人没有全部到场且未得到车辆所有人事后追认,该协议对车辆所有人不发生法律效力。"北京高院《关于印发〈北京市高级人民法院关于审理保险纠纷案件若干问题的指导意见(试行)〉的通知》(2005年3月25日　京高法发〔2005〕67号)第25条:"责任保险的被保险人因给第三者造成损害,被保险人在双方调解中所作的让步,不应视为其放弃了正当的抗辩,保险人不能因此免责,当事人另有约定的除外。"第26条:"责任保险的被保险人因给第三者造成损害,双方就赔偿数额达成调解的,应当作为保险人理赔数额的依据,但调解中的数额与保险人核定的理赔数额有较大差距的情形除外。"广东高院、省公安厅《关于〈道路交通安全法〉施行后处理道路交通事故案件若干问题的意见》(2004年12月17日　粤高法发〔2004〕34号,2021年1月1日起被粤高法〔2020〕132号文废止)第12条:"公安交通管理部门在处理道路交通事故时,在作出交通事故认定书之前或送达交通事故认定书时,应告知各方当事人有申请公安交通管理部门调解或直接向人民法院提起民事诉讼的权利,并向当事人发送空白调解申请书。"第13条:"公安交通管理部门应认真做好调解工作,经调解达成协议的,应及时制作调解书,送达各方当事人。经调解未达成调解协议的,应制作调解终结书送交各方当事人,调解终结书应载明未达成协议的原因。"第14条:"同一宗交通事故造成的伤亡人数为2人以上,由于伤者治疗终结或者定残的时间各不相同,伤者治疗终结或者定残的时间与死者丧葬事宜结束的时间也不相同,造成各受害人损害赔偿的调解期限的起始时间各不相同的,公安交通管理部门应根据各受害人的不同情况分别组织调解。根据伤情需要对伤者分期治疗的,公安交通管理部门可以在第一期治疗终结后组织调解,继续治疗的费用可以在征求医疗部门的意见后经双方协商达成赔偿协议,也可以另行提起民事诉讼。"第16条:"当事人在公安交通管理部门主持调解时或自行协商达成的协议,是各方当事人为处理道路交通事故损害赔偿后果签订的民事合同。人民法院在审理案件时，经审查该协议不具有无效、可撤销情形的，可依法认定有效，并据此作出判决。"第17条："受害人与机动车方或保险公司达成的协议，除未参加签订协议的一方事后予以认可的以外，该协议对未参加签订协议的一方没有约束力，受害人要求按该协议履行的，可将与其签订协议的一方作为被告。"湖北高院《民事审判若干问题研讨会纪要》（2004年11月）第4条："……当事人就人身损害赔偿达成赔偿协议后，一方反悔向人民法院起诉，请求撤销或确认协议无效的，人民法院应予受理。但经审查不能证明在订立协议时具有《中华人民共和国合同法》所规定的无效或可撤销情形的，应当认定协议有效，判决驳回其诉讼请求。"福建高院《关于当前审理交通事故损害赔偿案件应明确的几个问题》（2004年8月13日）第4条："需要特别指出，原《道路交通事故处理办法》建立了以公安机关调解为前置程序的交通事故损害赔偿争议解决机制，《道路交通安全法》对此作了重大改变，规定交通事故损害赔偿的解决方式为：当事人可以选择自行协商处理，或者请公安交通管理部门调解，或者直接向人民法院提起民事诉讼三种方式中的任何一种，三种解决方式并行不悖。人民法院在审理交通事故损害赔偿案件时，应严格依照《民法通则》、《道路交通安全法》、最高法院的'解释'等有关法律和司法解释的相关规定处理。"山东济南中院《贯彻落实〈道路交通安全法〉座谈会纪要》（2004年5月14日）第4条："道路交通事故当事人自行和解或经公安部门调解达成的和解协议，系民事合同行为，对双方当事人具有约束力。经讨论同志们认为，和解协议签订后一方当事人又向人民法院提起诉讼的，人民法院应予以受理，并根据以下原则处理：(1)原告以和解协议内容违反法律规定要求宣告协议无效，或以和解协议行为人欠缺民事行为能力、代理人无权代理及无权处分要求确认协议不生效力的，人民法院应对协议进行审查，依照《合同法》第47条、第48条、第49条、第50条、第51条、第52条之规定处理。(2)原告以意思表示不真实要求变更、撤销和解协议的，应依照《合同法》第54条、第55条之规定处理。(3)原告以和解协议对道路交通事故损害赔偿问题的处理有遗漏事项，或和解协议签订后有新发生费用为由提起诉讼要求增加部分赔偿的，人民法院应对其请求事项进行审查，对和解协议确未涉及的部分，依照法释〔2003〕20号司法解释规定的赔偿范围和标准处理。(4)双方当事人协商同意解除和解协议的，应予以准许，并对损害赔偿依法处理。(5)除上述情形外，当事人对和解协议反悔并主张人身损害赔偿的，不应予以支持。"吉林高院《关于印发〈关于审理道路交通事故损害赔偿案件若干问题的会议纪要〉的通知》（2003年7月25日　吉高法〔2003〕61号）第7条："道路交通事故发生后，公安机关对损害赔偿进行了调解，且当事人已经对调解书自动履行完毕或已被人民法院发生法律效力的裁判文书所确认后，受害人以伤情发生重大变化需增加医疗费及其他相关必要费用为由，向人民法院起诉,符合民事诉讼法规定的起诉条件,人民法院应当受理。"北京高院《关于印发〈北京市法院重大疑难民事案件研究指导组会议纪要〉的通知》(2003年3月17日):"……道路交通事故虽属特殊领域的侵权,但与其他人身侵权一样,在性质上均为人身损害,因此,法院在审理因道路交通事故引起的损害赔偿纠纷案件时,应依照《民法通则》及其相关司法解释,并可参照高院发布的《关于审理人身损害案件若干问题的处理意见》。同时,交通管理局依据《交通事故处理条例》对道路交通事故的处理,是行政机关依据行政法规所做的无争议调解,属于行政执法活动,其适用法规与法院适用法律及司法解释性质不同,并无矛盾和冲突。"天津高院《天津市民事审判工作会议纪要》(2001年3月5日　津高法〔2001〕29号)第2条:"关于民事赔偿问题,多数同志认为,当事人双方如果就工伤、医疗、交通事故等赔偿问题已调解达成协议并已实际履行,一方反悔诉讼至法院的,如无新的事实理由,法院一般不予支持……处理交通事故赔偿案件,如果当事人在'道路交通事故简易程序处理调解书'中对责任认定问题签字予以认可,但就赔偿数额未达成调解协议或达成协议未实际履行而反悔,向法院起诉,人民法院应予受理,无须再提交公安交通管理机关的交通事故责任认定书。"广东高院、省公安厅《关于印发〈关于处理道路交通事故案件若干具体问题的补充意见〉的通知》(2001年2月24日　粤高法发〔2001〕6号)第6条:"交通事故伤者经治疗已达到临床效果稳定,但医疗单位拒绝出具治疗终结证明或对治疗终结意见不一致时,公安交通管理部门可提交伤残评定机构对交通事故伤者是否达到临床治疗终结进行鉴定。经鉴定已达到治疗终结的,应组织评残和进行损害赔偿调解。经调解达成损害赔偿协议或者调解终结后,交通事故伤者有证据证明确需继续治疗的,公安交通管理部门对继续治疗费用不再进行调解,当事人可以直接向人民法院提起民事诉讼。"辽宁高院、省公安厅《关于道路交通事故案件若干问题的处理意见》(辽公交〔2001〕62号)第22条:"公安交通管理机关对道路交通事故的损害赔偿应积极调解,在法定损害赔偿的调解期限内,经调解达不成协议的,应终止调解,及时制作《道路交通事故调解终结书》,依法送达当事人或其代理人。由当事人持公安交通理机关调解终结书向有管辖权的人民法院提起民事诉讼。经调解达成协议,调解书生效后任何一方不履行的,公安交通管现机关不再调解。由当事人持公安交通管理机关调解书向有管辖权的人民法院提起民事诉讼。"第23条:"道路交通事故各方当事人愿意就扔害赔偿自行协议解决的,办案人员可记录在案。协议书由各方当事人,办案人员签名或盖章后,即行生效。协议生效后任何一方不履行的,不再调解,由当事人持协议书向有管辖权的人民法院提起民事诉讼。"第24条:"经调解未达成协议,交通事故当事人在调解终结书送达之日起一年(人身伤害索赔)或二年(财产损失索赔)内,末向人民法院提起民事诉讼,公安交通管理机关应将预付的赔偿金或暂扣的车辆返还当事人。"第 30 条:"道路交通事故发生后,当事人未及时报案,或者不报案而私下协议,协议不成或达成协议后又反悔,因赔偿问题向人民法院提起民事诉讼的,人民法院不予直接受理,告知当事人申请公安交通管理机关予以处理后,再依本《意见》第 28 条、第 29 条的规定向人民法院起诉。"四川高院《关于道路交通事故损害赔偿案件审判工作座谈会纪要(试行)》(1999 年 11 月 12 日　川高法〔1999〕454 号)第 2 条:"道路交通事故损害赔偿案件的受理。会议认为,依据最高人民法院、公安部《关于处理道路交通事故案件有关问题的通知》第一条'当事人因道路交通事故损害赔偿问题提起民事诉讼时,除诉状外,还应提交公安机关制作的调解书,调解终结书或者该事故不属于任何一方当事人违章行为造成的结论'的规定,人民法院受理道路交通事故损害赔偿案件时,除应符合民事诉讼法第 108 条规定外,还应具备以下条件:(1)公安机关已对事故责任作出认定,当事人应提交公安机关制作的责任认定书或该事故不属于任何一方当事人违章行为造成的结论;(2)公安机关已对该事故进行了调解的,当事人应提交公安机关制作的调解书;如调解未达成协议的,应提交调解终结书。交通事故发生后未向公安机关报案,受害人直接以道路交通事故案件起诉的,人民法院不予受理;但公安机关事后作出责任认定并出具了调解终结书,或者达成调解协议后当事人反悔,向人民法院起诉的,人民法院应该受理。会议认为,结合审判工作实际,除本条规定的受理条件外,下列情形也应作为道路交通事故损害赔偿案件受理:(1)道路交通事故中发生的人身伤亡或财产损失,公安机关出具该事故不属于任何一方当事人违章行为造成的书面结论,受害人据此向人民法院起诉的;(2)道路交通事故发生后,被公安机关指定预付费用抢救伤员的当事人,以其无道路交通事故责任或者责任轻而对预付费用有异议,持公安机关调解书、调解终书或者认定该事故不属于任何一方当事人违章行为造成的结论,向人民法院起诉的;(3)公安机关对道路交通事故作出责任认定后,如责任人未预付医疗费或预付的医疗费不足以支付受害人已实际发生的医疗费用,受害人要求责任人就医疗费用先行赔偿的,人民法院应及时受理,先行处理道路交通事故医疗费的赔偿问题,并不首公安机关对事故进行调解条件的约束,以保证受害人能及时得到治疗,保障受害人的合法权益。同时,在受害人就医疗费提起诉讼后,申请对公安机关已暂扣的肇事车辆或责任人的其他财产进行诉讼保全的,人民法院应依法进行诉讼保全;受害人未申请的,人民法院认为有必要时可依职权进行诉讼保全。受害人申请先予执行且符合法律规定的,可以先予执行。"河南高院《关于审理道路交通事故损害赔偿案件若干问题的意见》(1997 年 1 月 1 日豫高法〔1997〕78 号)第 4 条:"道路交通事故发生后,公安机关对损害赔偿进行了调解,且当事人已经对调解书自动履行完毕,受害人以伤情发生变化需增加医疗费为由,向人民法院起诉要求增加赔偿的,如果当事人的起诉符合民事诉讼法规定的起诉条件,人民法院应予受理。"广东高院、省公安厅《关于处理道路交通事故案件若干具体问题的通知》(1996 年 7 月 13 日　粤高法发〔1996〕15 号,2021 年 1 月 1 日起被粤高法〔2020〕132 号文废止)第 30 条:"人民法院审理道路交通事故损害赔偿案件,要依法确定赔偿数额。依照《办法》和省公安厅公布的损害赔偿计算标准,确实难以弥补当事人实际损失的,可在责任方同意的前提下,或者参照精神损害赔偿的原则,赔偿的数额可适当高于法定标准。"第 31 条:"在人民法院主持调解下,一方当事人已同意高于法定标准或超出自己应承担的责任给予对方当事人作出赔偿,由于对方当事人仍不同意而无法达成调解协议的,人民法院可按一方当事人已同意的赔偿数额作出判决。"

6. 地方规范性文件。云南省《道路交通安全条例》(2022 年 11 月 30 日修正实施)第 64 条:"车辆发生事故造成人员失踪,各方当事人及亲属共同提请公安机关交通管理部门主持民事赔偿调解的,参照民事法律的有关规定处理。"黑龙江哈尔滨市《关于在市区内推行仲裁方式解决道路交通事故损害赔偿争议的通知》(2012 年 7 月 1 日　哈政发法字〔2011〕15 号)第 1 条:"道路交通事故当事人在公安交通管理部门作出道路交通事故责任认定后,自愿选择仲裁方式解决道路交通事故损害赔偿争议的,可以向哈尔滨仲裁委员会设在各级公安交通管理部门内的道路交通事故损害赔偿争议仲裁受理处申请仲裁。"第 2 条:"各级公安交通管理部门在调处道路交通事故损害赔偿案件时,可向当事人宣传推介仲裁法律制度,引导当事人主动申请采取仲裁方式解决道路交通事故损害赔偿争议。"第 5 条:"哈尔滨仲裁委员会应当发挥仲裁简便、快捷的办案优势,最大限度地减少办案时限,提高工作效率。道路交通事故损害赔偿争议案件,能调解的应当尽量调解结案;对调解不成需要裁决结案的,也应当尽量采用简易程序办理,缩短时限。对因工作人员不作为造成案件超期或者引起当事人上访的,应当追究责任。"甘肃武威公安局、司法局《关于印发〈武威市公安交通管理部门建立道路交通事故损害赔偿纠纷人民调解委员会实施办法〉的通知》(2010 年 1 月 1 日　武公发〔2009〕207 号)第 4 条:"交通事故人民调解委员会调解道路交通事故民事损害赔偿纠纷,主要适用于公安交通管理部门按照一般程序处理的道路交通事故。经公安交通管理部门作出的道路交通事故认定书生效后,对交通事故损害赔偿的争议,当事人可以申请公安交通管理部门调解,也可以申请交通事故人民调解委员会调解,也可以直接向人民法院提起民事诉讼。交通事故人民调解委员会调解交通事故民事损害赔偿纠纷,一般应当在一个月内调结。经调解达成协议的,制作书面调解协议。当事人未达成协议或者达成协议后不履行的,可以直接向人民法院提起民事诉讼。经交通事故人民调解委员会调解达成协议的,当事人可自愿向人民法院申请'调解协议诉前司法确认'。"第 6 条:"交通事故人民调解必须符合人民调解依法、平等、自愿、尊重当事人诉讼权利的原则。经调解达成的有民事权利义务内容,并由各方当事人签字或盖章的调解协议,具有民事合同性质,当事人应当按照约定履行自己的义务,不得擅自变更或者解除调解协议。"

7. 最高人民法院审判业务意见。●民事诉讼"一事不再理"原则是否适用于调解发生法律效力的案件?最高人民法院民一庭《民事审判实务问答》编写组:"……民事调解书虽然是依据当事人依法自愿达成的调解协议制作的,但法院调解是人民法院行使审判权的方式之一,民事调解书记载了诉讼请求,案件的事实和调解结果,是在诉讼程序中形成的法院制作的法律文书,其一经生效,即产生与生效判决相同的法律效力。在程序方面,它和判决一样,都是正常结束诉讼程序的方式;在实体方面,调解生效后,即表明当事人之间实体权利义务的争议已经得到了法院的解决和确认。因此,就既判力而言,当事人和人民法院都应该受到生效裁判内容的约束,当事人不得就同一诉讼标的和同一诉讼理由再向人民法院提起诉讼,人民法院也不得再行审理和另行裁判。故从目的解释的角度而言,民事诉讼法第一百一十一条第(五)项的规定可以扩展解释为已经生效的裁判文书。因此,人民法院制作的调解书发生法律效力后,如果当事人就同一诉讼标的、同一理由再行提起诉讼的,人民法院可以参照适用民事诉讼法第一百一十一条第(五)项的规定予以处理。"○当事人能否以执行和解协议产生新的合同权利义务为理由起诉?最高人民法院民一庭意见:"在人民法院的生效判决执行过程中,当事人之间又签署执行和解协议,如果一方当事人不履行该执行和解协议,对方当事人以该执行和解协议产生新的合同权利义务关系为由,向人民法院起诉的,人民法院不应受理;已经受理的,应裁定驳回起诉。"●本案应执行一审生效判决还是二审达成的和解协议?《人民司法》研究组:"人民法院所作出的给付判决,一旦生效便具有执行力,债权人一旦提出申请,除执行力处于中止状态或者执行依据本身无法付诸执行的情形,人民法院必须执行。而能够导致执行力中止的情形,按照现行法律规定只有两种,即:原执行依据处于再审状态;当事人在执行程序中达成和解协议。应当指出,诉讼中的和解协议不具有阻止执行的效力。当然,本案中执行一审生效判决,并非就意味着诉讼中的和解协议对当事人没有约束力。甲公司可以以刘某违反和解协议约定为由另行提起诉讼,要求刘某承担违约责任。"○当事人对履行民事调解书中产生的新争议事实是否有权提起新的诉讼?最高人民法院民一庭意见:"履行调解书中超出原审原告诉讼请求部分内容的新的争议事实,如不能通过执行程序或审判监督程序救济,且符合《民事诉讼法》第108条规定的案件受理条件,权利人有权向有管辖权的人民法院另行提起诉讼。"●由亲属参与民事纠纷的调解代当事人签订的赔偿协议是否构成表见代理?最高人民法院民一庭倾向性意见:"如果纠纷当事人具有完全民事行为能力,在没有得到本人同意、也没有证据表明本人同意的情况下,除配偶代签协议构成表见代理的以外,其他亲属代签的协议不构成表见代理。但是,从审判政策考虑,不构成表见代理的协议,也不要轻易认定为无效,而应该尽可能寻找其他法律根据,维持协议的内容。这样才能既不违反法律的规定,维护法律的权威,又能使纠纷得到妥善处理,保持整个社会的稳定、和谐。当然,如果该协议符合《合同法》规定的合同无效的情形,也应当认定为无效。如果具有《合同法》规定的可以变更或者撤销的情形,也应当依法予以变更或者撤销。"○当事人在执行和解协议中约定由案外人履行义务,案外人不履行时应如何处理?《人民司法》研究组:"在执行程序中,一方当事人不履行执行和解协议的,对方当事人有两种救济渠道:首先,依据我国民事诉讼法第211条的规定,可以申请人民法院恢复对生效法律文书的执行;其次,执行和解协议本身也是民事合同的一种,如果一方当事人不按约定履行的,对方当事人可以以合同约定的义务一方为被告,向人民法院提起民事诉讼,取得新的执行依据后再向人民法院申请执行。"●交通事故伤害赔偿责任已达成调解协议,履行后受害方发现伤残请求赔偿,法院应如何处理?《人民司法》研究组:"交通事故发生后,在交通部门主持下达成的调解协议,不属于人民调解的性质,也不是诉讼程序中的调解,不具有民事合同的性质。如果当事人反悔或者已经履行后又向人民法院提起诉讼的,人民法院依法应予受理。不过,当事人已经履行完毕的,其间的债权债务关系已经因履行终了而消灭,如无特殊理由,人民法院受理后应当驳回其诉讼请求。来信所述案件,双方已经实际履行完调解协议内容后,以发现手伤残为由又到人民法院提起诉讼,要求赔偿的,人民法院应予受理。而且,对于这种因事故致人伤残进行赔偿的,如果对后续治疗和以后可能出现的情况无法量化考虑的,当事人可待事项实际发生后或可确定数额后再行起诉,人民法院同样对其合法权利予以保护。这种基于新的事由提起的诉讼请求,属于一个新的诉讼,因此,本案当事人就手伤部分的损害赔偿非但享有诉权,而且不排除其有实体上胜诉的可能性。"○发生交通事故后,交警没有作出责任认定,事故双方自行达成赔偿协议,一方不履行协议,另一方提起诉讼,法院应如何处理?最高人民法院民一庭《民事审判实务问答》编写组:"《道路交通安全法》第70条第2款规定:'在道路上发生交通事故,未造成人身伤亡,当事人对事实及成因无争议的,可以即行撤离现场,恢复交通,自行协商处理损害赔偿事宜;不即行撤离现场的,应当迅速报告执勤的交通警察或者公安机关交通管理部门。'第3款规定:'在道路上发生交通事故,仅造成轻微财产损失,并且基本事实清楚的,当事人应当先撤离现场再进行协商处理'。可见,较之原《道路交通事故处理办法》的规定,新法强调了当事人协商处理途径,并非凡事故都要经公安交通警察部门处理。道路交通事故发生后,双方当事人自行达成和解协议,只要不存在协议无效的情形,应当认定协议的效力,从而认定双方对交通事故损害赔偿这个债权债务关系已经明确下来,不存在争议。后因一方不履行协议而另一方提起诉讼的,人民法院可作债务案件径行受理。除诉讼时效等阻却事由外,只要协议有效,就应当按照协议确定的数额判决赔偿。"

8. 参考案例。①2016年江苏某交通事故纠纷案,2015年,未成年人陈某骑电动自行车撞伤程某。2016年,双方父母在交警大队人民调解工作室主持下,达成调解协议,陈某一次性赔偿程某8.4万元。后程某经鉴定构成五级伤残,遂诉请陈某赔偿120万元。法院认为:协议系陈某、程某双方自愿签订,并未违反法律强制规定,合法有效,但协议约定的一次性解决方式系程某第二次住院行颅骨修补术后程某委托伤残鉴定前,与其实际损害结果相距甚远,明显显失公平。程某要求依其实际损失进行赔偿,应予支持。限制民事行为能力人造成他人损害的,由监护人承担侵权责任。陈某父母系陈某监护人,陈某作为限制民事行为能力人,本次事故造成程某损失应由陈某父母承担赔偿责任。判决陈某父母赔付程某各项损失75万余元(已扣除支付8.2万元)。②2015年北京某侵权纠纷案,2011年,李某驾驶王某名下车辆发生单方事故致车上人员常某死亡。李某、王某作为甲方与死者亲属签订赔偿协议后,李某支付死者家属24万元。生效判决认定"李某作为连带责任义务人之一,履行全部赔偿义务后,可就王某应承担部分进行追偿"。2014年,李某据此起诉王某,追偿12万元赔偿款。法院认为:诉争协议中写明甲方赔偿乙方24万元,李某与王某构成连带责任人系源于该协议约定,该连带责任约定是一种外部责任,对于李某与王某内部责任分担问题仍须根据双方具体约定予以确定。基于约定的连带责任人地位,李某履行完毕全部赔偿义务后可向王某行使追偿权,但其具体追偿请求应具有法定或约定依据。因两人并未在协议中对内部责任分担比例进行约定,故李某依此协议向王某行使12万元的追偿权,证据不足。对源于协议约定而非法定的连带责任,在连带责任人未对内部责任比例进行约定情况下,法院对连带责任人之间追偿权问题仍需按相关法律根据两人法定责任比例予以确定。根据查明事实,因王某对交通事故发生无过错、无法定责任,故李某向王某主张12万元追偿权,缺乏约定或法定依据,法院无法支持。本案李某与王某并非《担保法》司法解释所指连带共同保证人关系,故李某要求适用连带共同保证人承担保证责任后追偿的规定,不予支持,判决驳回李某诉请。③2015年河南某合同纠纷案,2014年,卢某与朱某发生交通事故致朱某受伤。双方达成赔偿协议约定:待卢某得到保险理赔后给付朱某赔偿款;在理赔款外,卢某另支付5000元后期治疗费。在协议尚未履行情况下,朱某以卢某及卢某投保的保险公司为被告起诉,法院判决卢某、保险公司赔偿朱某医疗费等各项损失4万余元。2015年,朱某起诉卢某,要求按双方协议赔偿其后期治疗费5000元。法院认为:朱某与卢某发生机动车交通事故,双方之间形成侵权债权债务关系,卢某应承担相应侵权责任。后双方就赔偿事宜签订协议,自愿将原有侵权债权债务转化为合同债权债务。赔偿协议达成后,双方应依约定行使权利、履行义务。朱某未待卢某履行协议,即以机动车交通事故责任纠纷提起侵权诉讼,要求卢某承担侵权责任,其以侵权诉讼行为擅自解除了与卢某达成的赔偿协议。在朱某侵权诉讼期间,卢某未就朱某单方擅自解除行为提出异议,事实上认可了朱某单方擅自解除协议行为。双方达成的赔偿协议解除,协议约定的权利义务终止,<u>双方之间恢复到侵权赔偿法律关系</u>。法院依法对朱某侵权诉讼作出判决后,卢某履行了生效的裁判文书,双方之间权利义务关系因履行终了而消失。在双方协议解除、权利义务关系不复存在情况下,朱某又起诉要求卢某履行合同义务,没有法律依据。判决驳回朱某诉请。④2014年**江西某交通事故纠纷案**,2013年,汪某驾车碰撞詹某,致詹某死亡。<u>汪某委托其弟参加交警主持的调解并达成调解协议</u>,由汪某赔偿詹某近亲属38万元。汪某履行27万元后,以交警队所作事故责任认定书认定死者詹某承担事故主要责任、汪某无须承担刑事责任为由,拒付剩余11万元赔偿款。法院认为:本案系因交通事故造成受害人死亡,此种死亡损害后果不可恢复,此时侵权人与受害方签订赔偿协议,如该协议符合双方真实意思表示,协议内容亦未违反国家法律法规及社会公序良俗,更未侵害第三人利益,则该协议应给予尊重和维持。<u>该赔偿协议不能以责任份额来计算,更不存在显失公平情形</u>。从解决纠纷终极目标上分析,当事人发生纠纷,解决途径是多元化的,案涉协议是在交警队主持下签订的,这种行政调解方式是解决民事纠纷重要方式之一。汪某提出当时之所以签订该协议,是担心调解不成会加重自己承担刑事责任。民事赔偿与承担刑事责任两者之间是不同法律关系,汪某承担刑事责任多少是司法机关职责,故<u>不存在以民事赔偿等同或换取刑事责任,此种理由不能构成协议可撤销法律理由</u>。汪某在交通肇事致人死亡之后,主动委托其弟参与交警队调解,且达成了赔偿金额明确、具体的协议,事后还积极履行了大部分赔偿款,说明汪某对交通事故发生是表示歉意的,其赔偿也是主动的、积极的。本案亦不存在以欺诈、胁迫手段或乘人之危签订协议情形。判决汪某赔偿原告11万元。⑤2013年**重庆某交通事故纠纷案**,2011年,法院判决刘某、牛某分别赔偿交通事故受害人周某各项损失36万余元、8万余元。宣判后、送达前,刘某死亡。判决生效后,周某申请再审。再审过程中,周某撤回了对刘某妻、子而未撤回对刘某父的再审请求。审理中,经调解,牛某自愿另行向申请再审人周某支付赔偿金10万元(已履行),周某自愿放弃一审判决确定的其余民事权利,并向法院提出撤回其再审申请。法院认为:再审程序中,只要不损害国家、集体、他人合法权益,权利人可与部分债务人达成全案和解协议。民事案件调解结案应以各方当事人共同达成调解协议为前提,权利人与部分义务人达成的和解协议不能以民事调解书进行确认。本案中,刘某父未参与调解,亦无必要参与调解,要求其参与调解徒增其讼累,故本案不能以调解方式结案,可以申请再审人撤回再审申请方式结案。参照最高人民法院指导案例"吴梅诉四川省眉山西城纸业有限公司买卖合同纠纷案"裁判要点,周某与牛某达成的和解协议具有实践性合同性质,不具备强制执行效力,双方当事人亦不能依该协议提起新的诉讼。为防止履行和解协议时发生争议,应要求债务人当即履行。依最高人民法院《关于适用〈中华人民共和国民事诉讼法〉审判监督程序若干问题的解释》第34条规定,裁定准许申请再审人撤回再审申请的,原判的全部效力同时恢复,通常情况下,应裁定恢复原判决执行。民事判决执行力是指以强制执行实现给付判决所宣告给付义务效力。民事强制执行启动以当事人主义为主,法院职权主义为辅,即以当事人申请执行为原则,法院移送执行为例外。强制执行目的在于实现生效法律文书确定的权利人民事权利,但权利人是否要求实现这一权利,取决于权利人自主意愿。权利人可主张权利,亦可选择放弃权利,此亦系处分原则在执行程序中具体体现,故生效法律文书执行,一般应由当事人依法提出申请,当事人不主动提出申请的,执行程序一般不会启动。执行力虽系给付判决一个基本属性,但应然执行力转化为实然执行力一般需以当事人申请为前提。在执行程序中,申请人可与被执行人达成和解协议而终结案件执行;在再审程序中,权利人亦可与债务人达成和解协议而放弃申请继续执行权利,法院应尊重当事人处分权。当事人放弃申请执行权是其处分行为,并非司法裁判行为,故在裁定书主文中不宜有"原判不再执行"等内容,应在案件事实中予以叙明。准许撤回再审申请裁定生效后,执行法院可凭此终结原判执行。⑥2011年江苏某保险合同纠纷案,2011年,江苏的物流公司带挂货车在江西肇事致当地两人死亡,经协商,物流公司参照江西城镇标准赔偿死者家属89万余元。事后保险公司以未按江西农村标准赔付抗辩。法院认为:交通事故发生在江西,但侵权人住所地在江苏,在人身损害赔偿适用标准上,江苏高于江西。而两省相关法院(侵权行为地、被告住所地)均有诉讼上的管辖权,死者亲属亦可选择有管辖权的法院起诉,判决原则上以受诉法院所在地城镇或农村标准作出,此中即可能有所差别;而在交通肇事损害赔偿中双方当事人选择了自行协商达成协议并自觉履行,无论是对诉讼资源、行政资源抑或是风险化解资源的节约利用,对死者家属及时有效的抚慰,乃至对矛盾发生后各种社会秩序的及时恢复和社会安定和谐而言,均应得到正面评价。法律法规及司法解释虽未言明当事人在侵权行为地、被告住所地中偏高赔付后申请理赔时,保险公司就差额部分提出的抗辩是否有效,但法官不能因法无明文而拒绝裁判。保险公司不应亦不能迫使被保险人或投保人在与受害人一方协商中只作就低考虑,这不符合保险化解社会风险和社会矛盾的功能价值,亦不利于保险业自身的健康发展,故其以就高、就低或偏高、偏低的选择标准问题提出的抗辩不应被采纳。物流公司已提供了证据证明死者经常居住地和主要生活来源地均是城镇,故物流公司提出的适用城镇标准的主张,具有事实和法律依据,应予支持。若按江苏省城镇居民标准的话,两名死者的死亡赔偿金即已超过90万元,故物流公司赔偿给死者家属89万余元,并未失当,且数额亦在第三者责任险保险金额范围内,故保险公司应据实理赔。判决保险公司赔付物流公司已支付赔偿款。⑦2011年**江苏某保险代位权纠纷案**,2010年7月,横某驾驶投保交强险和三责险的机动车碰撞马某致马某及马某妻子圣某死亡,交警认定马某、横某分负主、次责任。经交警调解,协议横某一次性赔偿死者家属46万元(含横某车辆所投保险在内)。马某子女直接起诉保险公司要求保险赔付。法院认为:<u>责任保险的被保险人给第三者造成损害的,被保险人对第三者应负的赔偿责任确定的,根据被保险人的请求,保险人应直接向该第三者赔偿保险金。被保险人怠于请求的,第三者有权就其应获赔偿部分直接向保险人请求保险金赔付。</u>本案中,原告所提供的证据能证明横某未能给付全部赔偿款,且在双方调解至今一直未请求保险公司向第三者赔偿保险金,应认定被保险人横某怠于请求,故原告有权就赔偿部分直接向保险公司请求赔偿保险金。保险公司应按保险合同约定赔偿横某因驾驶保险车辆发生交通事故造成原告的损失,<u>原告与横某达成赔偿的具体数额对保险公司并不产生约束力。</u>本案的赔偿数额应确定为:丧葬费3.5万余元、精神抚慰金2.5万元、办理丧葬事宜的误工费和交通费6000元,死亡赔偿金78万余元,合计84万余元,扣除交强险11万元赔付外,横某应赔偿30%计22万余元,三责险20万元扣除不计免赔5%,故保险公司应给付原告19万余元。⑧2011年**重庆某人身损害赔偿案**,2009年2月,吴某遭受侵权人为工程公司的人身损害致伤残,其中颅脑损害9级、颅脑缺损为10级;经法院调解,由工程公司一次性赔偿吴某8.3万余元;1年后,伤情变化,多次就医诊疗;2011年2月,经再次鉴定,右耳极度听觉障碍8级伤残、颅骨缺损10级伤残。法院认为:<u>在伤残等级变化的情况下,受害人仍有权就新出现的伤残主张损害赔偿。</u>颅脑损伤损害赔偿纠纷已在调解书中予以解决。对于右耳听力障碍而言,应按照本案法庭辩论终结前2010年本市城镇居民人均可支配收入计算,前后计算得出的差额4.2万余元应由被告承担。⑨2010年**福建某交通事故损害赔偿案**,2009年11月,冯某儿子名下,由冯某儿媳借给朋友陈某驾驶的车辆撞伤行人黄某,交警认定陈某、黄某分负主、次责任。事发后,冯某在中间人见证下以车主名义借给黄某医疗费1.5万元,随后由冯某与黄某近亲属协议约定冯某赔偿黄某各项费用2.2万元。后冯某反悔。法院认为:被告虽非事故责任人,但其于交通事故后,在他人见证下以车主名义借给黄某医疗费用,并随后达成赔偿协议,可见,冯某自始均作为机动车一方代表在处理交通事故相关事宜,案涉赔偿协议系自愿达成,可认为冯某是以<u>第三人的身份对黄某在此次交通事故中的损失作出的赔偿承诺,并由原告方以协议书形式接受,应予确认,该协议书具有民事合同性质,当事人应依此履行自己的义务。</u>⑩2009年

四川某交通事故损害赔偿案,2009年4月,黄某驾驶摩托车与程某停放路边的货车发生碰撞,致黄某9级伤残,交警认定黄某、程某分别负主、次责任。经交警部门调解,达成程某赔偿黄某3万余元的协议,因程某未履行被诉。法院认为:交警队主持的调解,是一种行政调解,只要调解程序和结果不违反法律的有关强制性规定,人民法院就应依法认定其效力,当事人双方不得随意反悔。程某作为赔偿义务人,应依约全面履行其协议义务,但其拒不履行,有违诚实信用原则,应承担对其不利的法律后果,即对黄某请求的全部损失的合理、合法部分承担赔偿义务,判决黄某各项人身损害赔偿款共计5万余元,其中医疗费、续医费合计2万余元,由第三人在交强险中赔偿1万元,超出交强险限额的1万余元,按照程某与保险公司签订的机动车第三者责任险的约定及交警部门对交通事故责任的认定,由黄某自行承担60%的责任,保险公司承担40%的赔偿责任。其他损失共计2.9万余元,由保险公司在交强险责任范围内承担。⑪2006年**福建某交通事故损害赔偿案**,2004年8月,刘某被包某所雇司机驾车撞死,交警认定刘某负主要责任,肇事司机负次要责任。经调解,约定包某赔偿19万余元但只实际给付5万元。法院认为:包某对该交通事故给受害人造成的损害应承担赔偿责任。双方就事故赔偿问题调解达成协议,系双方真实意思表示,不违反相关法律规定,应认定有效。车主未按约定付款期限付款构成违约,依法应当继续履行。⑫2006年**河南某交通事故损害赔偿案**,2005年,高某驾驶从销售商农机公司购买的拖拉机运货过程中,方向盘脱落发生事故,导致高某死亡。拖拉机公司作为厂家与高某近亲属签订"救助协议",约定"该事故的发生与拖拉机产品质量无关",并由拖拉机公司"从爱心角度"支付高某家属救助金4万余元。经鉴定,事故系方向盘质量问题导致。法院认为:高某购买的拖拉机因质量存在问题发生事故并造成死亡,作为产品销售者的农机公司和生产者的拖拉机公司依法均应承担赔偿责任。虽双方在"救助协议"中认为事故发生与产品质量无关,但经专业部门鉴定,该事故发生直接原因是产品质量存在问题,故不能因双方订立协议来否认拖拉机存在质量问题的客观事实,两公司应负赔偿原告损失。⑬2005年**新疆某交通事故损害赔偿案**,2003年11月,王某乘坐岳某驾驶的水库车辆与张某驾驶的车辆相撞,致王某死亡,交警认定张某、岳某分负主、次责任。在事故处理过程中,以"中介服务费"名义收取挂靠费的运输公司向交警队出具担保:保证张某随传随到,如张某"有潜逃、无力支付事故赔偿等行为,我愿承担一切法律责任和经济责任",终审认为运输公司作为担保人应承担连带赔偿责任。法院再审认为:运输公司因本案交通事故向公安机关出具担保书,保证肇事人及肇事车主在公安机关处理事故期间能到案处理事故,其明显区别于民事或《担保法》意义上民事活动的担保。在本案交通事故发生时,该车应交纳1000元中介服务费,作为被挂靠单位,运输公司应在收取管理费的范围内承担赔偿责任,判决运输公司对张某不能赔偿的部分在收取中介服务费的范围内承担1000元的赔偿责任。⑭2005年江苏某交通事故损害赔偿案,2004年10月,梁某驾驶严重超载农用车,不听村民劝阻,执意驶过村里年久失修的便桥,因桥塌车翻,车上梁某妻子张某身亡。经调解,村委会予以人道补偿2万元,如梁某事后起诉,需要村委会承担责任,补偿款作为应赔款,如村委会无责任的,村委会将依法追回该补偿款。梁某以显失公平诉请撤销。法院认为:证人证言表明村民发现有车经过时都会自觉按村委会要求予以提醒、劝阻已成习惯,已起到和设置警示标志相同作用,故村委会对该桥梁已尽相应管理之责。梁某违规严重超载,使车与人在运输过程中处于极易受损危险状态,特别是不顾村民劝阻执意在非常狭窄的村道便桥上,对桥梁承载能力作出了错误的判断,轻信能过最终导致损害后果发生,梁某存在明显过错。事故发生后所签补偿协议,系在调解组织主持下协商达成,无显失公正,原告不能要求撤销。村委会给予的补偿,系出于对梁某家庭的同情给予的经济帮助,不可因原告行使诉权而主张返还,故双方诉请不予支持。⑮2005年河南某交通事故损害赔偿案,2002年,李某驾驶货车肇事,李某及车上乘员张某当场死亡,交警认定李某负全责,张某无责。两边部分亲属在交警主持下达成调解协议,约定由李某付给张某补偿费4万元,落款为张某父、李某父、黄某、童某及其他人,办案人栏空白。事后张某之妻黄某与李某之妻童某签订补充协议,约定前述调解协议只对与李某、张某合伙运输的袁某算合伙车款时有效,对死者家属无约束力。法院认为:调解协议抬头与落款当事人不一,且无案件承办人,形式不合法。内容均由死者李某承担赔偿责任,与死亡公民不承担民事义务和不享有民事权利规定相悖。该协议不仅让死者李某承担了义务,还让死者张某享有了权利,属内容违法。从协议及补充协议约定看,认定李某应承担的赔偿款由童某代张某之父支付,显非童某真实意思表示,故应驳回黄某及子诉讼请求。⑯2004年辽宁某交通事故损害赔偿案,2003年9月,受雇于姜某在渔船上工作的张某受伤,嗣后达成的赔偿协议约定:"甲方一次性给付乙方误工费、护理费、取钢板费、上船干活工资等共计8000元,甲方向乙方支付该笔款项后,不再承担乙方任何有关费用,双方账目全部完结。"后经鉴定张某构成9级伤残,遂起诉要求追加赔偿3万元。法院认为:案涉协议是仅就治疗期间的误工费、护理费、来年取钢板费及上船期间的工资达成的赔偿给付协议,并不包括张某身体构成伤残后产生的伤残赔偿金和被扶养人生活费。张某系农民,只有初中文化,在签订该协议时不可能知道构成伤残等级的标准,也不可能知道自己已构成伤残。故此协议如是姜某所述最终赔偿协议,亦构成张某的重大误解,属可撤销或可变更的合同。此外,如该协议是最终赔偿协议亦属显失公平的可撤销或可变更合同。根据整体解释原则和合同目的解释原则,该协议的前一段应理解为合同订立的前提条件和目的,其已经明确了双方合议的范围为治疗期间的误工费、护理费、来年取钢板费及上船期间的工资,并无任何概念上的外延。故后文在"上船干活工资"加了"等"不能扩大理解为概念上的外延。且如理解为不限于上述几项费用,还包括原告诉请的伤残赔偿金和被扶养人生活费,那么数额上全部赔偿仅8000元明显有违公平原则。同理,"甲方向乙方支付该笔款项后,不再承担乙方的任何有关费用,双方账目全部完结"的约定亦仅限于不再承担前段所提及的各项费用,不包括张某在经司法鉴定确定构成伤残后所请求的伤残赔偿金和被扶养人生活费。如按姜某理解,其协议的意思表示为支付上述款项后不再承担包括伤残赔偿金和被扶养人生活费在内一切赔偿责任,则法院认为伤残赔偿金和被扶养人生活费是对受害人最为重要的一项法律救济,姜某在张某不知自身构成伤残的情况下以此协议作为最终赔偿协议,张某有权主张该协议构成重大误解或主张其约定显失公平而请求撤销。⑰**2001年江苏某交通事故损害赔偿案**,2000年,邵某乘坐汽车厂车辆与蒋某车辆相撞,邵某死亡,交警认定同等责任。交警调解达成赔偿协议,邵某人身损害赔偿5万余元由汽车厂与蒋某各负一半,因蒋家未全部给付,邵某起诉时将汽车厂作为共同被告要求连带赔偿。法院认为:调解协议约定的赔偿方式具有法律依据和法律效力。本案中两驾驶员主观上并无共同故意,各行为人侵权行为相对独立,非共同故意侵权,只是由于特殊环境,使无意思联络的两个侵权行为偶然竞合造成了一个损害结果,据此而使这种侵权行为人之间互负连带责任,难免过于苛刻,且与侵权法基本规则相悖,故对原告要求汽车厂对蒋某应赔偿欠下的赔偿款承担连带责任,不予支持,判决蒋某给付原告赔偿款2万余元。

【同类案件处理要旨】

当事人自愿达成、包含有民事权利义务内容,并由双方当事人签字或者盖章的交通事故损害赔偿协议,具有民事合同性质。除非存在法定无效,或可变更、可撤销情形,否则,当事人应依约履行。

【相关案件实务要点】

1.**【协议效力】**对道路交通事故赔偿协议的处理,可从以下几个角度考量:一看协议签订时是否将可能出现残疾的因素考虑在内,二看协议签订者是否确实存在经验和技能严重缺乏。如要构成显失公平,签订人必须在主客观方面都有缺憾,要考量签订人是否确实存在经验和技能上的缺陷。这可以从当事人的认知程度、职业技能,以及是否被误导、利用等方面判断。案见河南南阳中院(2009)南民二终字第449号"陈某与吴某交通事故损害赔偿案"。

2.**【内容违法】**已成立的合同要产生当事人预期的后果,须满足法定的生效要件。当事人对已经生效的调解书,提出证据证明协议内容违法的,可申请再审。案见河南虞城法院(2005)虞民再字第 03 号"黄某等诉童某等人身损害赔偿案"。

3.【人身内容】人身安全是消费者的第一权利,也是法律保护的不可转让、不可放弃的权利。因产品质量缺陷造成人身伤害的,当事人之间预先约定免除产品的生产者和销售者责任的协议无效。案见河南内乡法院(2006)内民初字第 154 号"李某等诉某农机公司产品质量人身损害赔偿案"。

4.【显失公平】雇主利用优势与受害雇员签订不合理甚至显失公平的赔偿协议,如果双方对赔偿协议的理解产生分歧,法官可以根据《合同法》第 125 条的规定,利用词句解释原则、整体解释原则、合同目的解释原则、交易习惯解释原则和诚实信用解释原则,对协议内容作出尽可能有利于雇员方的解释。案见大连海事法院(2004)大海东事初字第 38 号"张某诉姜某交通事故损害赔偿案"。

5.【伤情加重】在侵权损害赔偿案件中,双方当事人达成了赔偿调解协议并已履行完毕,但其后伤者的伤情明显加重,尤其是在伤残等级提高的情况下,伤者仍有权就新出现的伤残主张损害赔偿。法院应根据前后伤情综合评定残疾指数,遵循法不溯及既往原则确定赔偿标准,并兼顾原调解协议,以前后差额作为赔偿数额。案见重庆五中院(2011)渝五中法民终字第 3833 号"吴某诉某工程公司人身损害赔偿案"。

6.【行政调解】交警队主持的调解,是一种行政调解,只要调解程序和结果不违反法律的有关强制性规定,人民法院就应依法认定其效力,当事人双方不得随意翻悔。案见四川筠连法院(2009)筠连民初字第 595 号"黄某诉程某等道路交通事故损害赔偿案"。

7.【私了协议】责任保险的被保险人给第三者造成损害的,被保险人对第三者应负的赔偿责任确定的,根据被保险人的请求,保险人应直接向该第三者赔偿保险金。被保险人怠于请求的,第三者有权就其应获赔偿部分直接向保险人请求保险金赔付。但被保险人与第三者之间达成的赔偿协议对保险公司并不产生当然的约束力,第三者行使代位权时也不能直接以赔偿协议内容作为唯一依据。案见江苏仪征法院(2011)仪商初字第 0228 号"马某等诉某保险公司保险代位权纠纷案"。

8.【担保承诺】交通事故处理过程中,当事人向公安机关出具担保书,该担保仅限于在公安机关处理交通事故期间,保证肇事人及肇事车主能到案处理事故,其明显区别于民法或《担保法》意义上民事活动的担保,此不应认定为交通事故人身损害赔偿的民事责任之担保。案见新疆阿克苏中院再审判决"李某等诉某运输公司交通事故损害赔偿案"。

9.【债的加入】交通事故发生后,无赔偿责任人委托而向受害人承诺承担赔偿责任的第三人,该赔偿承诺是一个独立的代为清偿的承诺,不同于债权转移或债务转移,亦不同于担保付款行为,赔偿权利人因该第三人承诺而取得要求其清偿债务的权利,在债权人未明确表示解除其赔偿义务的情况下,该赔偿协议应继续履行。案见福建武平法院(2010)武民初字第1521号"黄某诉冯某交通事故损害赔偿案"。

10.【连带责任】侵权行为人已按由事故处理部门主持各方达成的赔偿调解协议履行了自己的赔偿义务后,另一责任人未按该调解协议完全履行其赔偿义务而向其追索时,不应按共同侵权的一般原则判令其承担连带责任。案见江苏宝应法院2001年4月25日判决"邵某等诉将某等交通事故赔偿案"。

【附注】

参考案例索引:河南南阳中院(2009)南民二终字第449号"陈某与吴某交通事故损害赔偿案",法院判赔吴某赔偿陈某5.7万余元。见《交通事故赔偿协议履行后遗漏项目仍应赔偿——河南南阳中院判决陈德法与吴林波道路交通事故人身损害赔偿案》(杨慧文、程振华),载《人民法院报·案例指导》(20100401:6);另见《交通事故赔偿协议履行完毕后,遗漏项目仍应赔偿》(杨慧文、程振华),载《人民司法·案例》(201010:76);另见《陈德法与吴林波道路交通事故人身损害赔偿案》(杨慧文、程振华),载《人民法院案例选·月版》(200912:78)。①江苏昆山法院(2016)苏0583民初16987号"陈某某诉陈某、陈宜权、魏恩会机动车交通事故责任纠纷案",见《关于公布江苏省维护残疾人合法权益十大典型案(事)例的通知》,载《江苏省高级人民法院公报》(201705/53:22)。②北京二中院(2015)二中民终字第03156号"李某与王某侵权纠纷案",见《李修哲诉王家平侵权责任纠纷案——约定连带责任的内外部效力》(齐菲),载《人民法院案例选》(201611/105:94)。③河南永城法院(2015)永民初字第3159号"朱某与卢某合同纠纷案",见《获得侵权赔偿者又就赔偿协议提起的合同之诉应予驳回——河南永城法院判决朱敬生诉卢明勇合同纠纷案》(任丽、苏洋),载《人民法院报·案例精选》(20160728:6)。④江西上饶中院(2014)饶中民一终字第479号"程某与汪某交通事故纠纷案",见《人身关系的赔偿协议不能仅以经济利益为考量——江西上饶中院判决程冬芬诉汪新文交通事故责任纠纷案》(戴攀瑜、郎燕玲、占雪薇),载《人民法院报·案例精选》(20150723:6)。⑤重庆五中院(2013)渝五中法民提字第00031号"周渡江与刘涛、石光海、徐利华、刘徐交通事故损害赔偿纠纷案",见《从本案看再审程序的三个盲点及其处理》(代贞奎、何小兵,重庆五中院审监庭),载《审判监督指导·实务研讨》(201402/48:203);另见《裁定准许撤回再审申请不当然恢复原判决执行——重庆五中院裁定周渡江申请再审案》(代贞奎、何小兵),载《人民法院报·案例指导》(20140227:6)。⑥江苏吴江法院(2011)吴江商初字第0482号"某物流公司与某保险公司保险合同纠纷案",见《亨通公司诉太保吴江支公司因交通事故当事人自我协议按较高标准赔付而拒绝理赔保险合同纠纷案》,载《江苏省高级人民法院公报》(201301/25:62)。⑦江苏仪征法院(2011)仪商初字第0228号"马某等诉某保险公司保险代位权纠纷案",见《马莉、马云峰诉人保仪征支公司保险代位权纠纷案》(王玥),载《江苏高院公报·参阅案例》(201203:60)。⑧重庆五中院(2011)渝五中法民终字第3833号"吴某诉某工程公司人身损害赔偿案",见《调解协议履行完毕后伤残等级发生改变的处理》(戈光应、何嵘),载《人民司法·案例》(201214:72)。⑨福建武平法院(2010)武民初字第1521号"黄某诉冯某交通事故损害赔偿案",见《黄俊茗诉冯营宜道路交通事故人身损害赔偿案》(王智裕),载《中国法院2012年度案例:道路交通纠纷》(47)。⑩四川筠连法院(2009)筠连民初字第595号"黄某诉程某等道路交通事故损害赔偿案",见《黄德全诉程光明等道路交通事故人身损害赔偿案》(杨文龙、练小玲),载《中国审判案例要览》(2010民事:323)。⑪福建泉州中院(2006)泉民终字第1012号"刘某等与刘宝某调解协议纠纷案",见《刘荣财、林庆和与刘宝滨履行人民调解协议纠纷案》(欧建平),载《人民法院案例选》(200603:254)。⑫河南内乡法院(2006)内民初字第154号"李某等诉某农机公司产品质量人身损害赔偿案",索赔9万余元,判决全额支持。见《李雪花等诉河南省邓州市鸿发农机有限公司产品质量人身损害赔偿案》(郭晓菊、杨慧文),载《人民法院案例选》(200704:131);另见《当事人预定免除产品产销者责任的协议系无效合同——李雪花等诉河南省邓州市鸿发农机有限公司产品质量人身损害赔偿》(魏建国、杨慧文),载《人民法院报·案例指导》(20071109:5)。⑬新疆阿克苏中院(2005)阿中民一终字第671号"李某等诉某运输公司交通事故损害赔偿案",见《当事人在交通事故处理过程中,向公安机关出具的担保书应如何定性——阿克苏地区通运运输服务有限责任公司与李爱华、张俊凤、市水利局、阿克库木须水库道路交通事故人身损害赔偿纠纷案》(董金梅),载《全国法院再审典型案例评注》(2011:214)。⑭江苏无锡高新产业开发区法院(2005)新民一初字第36号"梁某等诉某村委会人身损害赔偿案",见《梁万喜等诉无锡新区西典巷村村民委员会人身损害赔偿纠纷案》(任璐),载《人民法院案例选》(200603:161)。⑮河南虞城法院(2005)虞民再字第03号"黄某等诉童某等人身损害赔偿案",一审认为童某应按调解协议履行,由童某补偿黄某4万元。见《黄娟等诉童玉峰、商丘市汽车运输公司、黄振元交通事故人身损害赔偿协议纠纷案》(屈铁收),载《人民法院案例选》(200503:108)。⑯大连海事法院(2004)大海东事初字第38号"张某诉姜某交通事故损害赔偿案",判决姜某给付张某2.8万余元。见《张景圣诉姜海海上作业人身损害赔偿案》(霍炬),载《中国审判案例要览》(2006民事:263)。⑰江苏宝应法院2001年4月25日判决"邵某等诉将某等交通事故赔偿案",见《邵长宏等诉蒋学玉给付欠付交通事故赔偿款并应由已全部履行了自己义务的另一责任人青岛汽车厂对此款负连带责任案》(黄学荣),载《人民法院案例选》(200301:132)。

参考观点索引：●民事诉讼"一事不再理"原则是否适用于调解发生法律效力的案件？见《民事诉讼"一事不再理"原则是否适用于调解发生法律效力的案件》，载《民事审判指导与参考·民事审判信箱》(201203：237)。○当事人能否以执行和解协议产生新的合同权利义务为理由起诉？见《当事人以执行和解协议产生新的合同权利义务为理由，向人民法院起诉，请求将执行和解协议作为案件定案依据的，人民法院不予受理》(王友祥、仲伟珩)，载《民事审判指导与参考·指导性案例》(201201：114)。●本案应执行一审生效判决还是二审达成的和解协议？见《本案应执行一审生效判决还是二审达成的和解协议？》，载《人民司法·司法信箱》(200913：111)。○当事人对履行民事调解书中产生的新争议事实是否有权提起新的诉讼？见《当事人对履行民事调解书中产生的新争议事实有权提起新的诉讼》(冯小光)，载《民事审判指导与参考·指导性案例》(200903：165)。●由亲属参与民事纠纷的调解代当事人签订的赔偿协议是否构成表见代理？见《由亲属参与民事纠纷的调解代当事人签订的赔偿协议是否构成表见代理》(杨永清)，载《中国民事审判前沿》(200501：76)。○当事人在执行和解协议中约定由案外人履行义务，案外人不履行时应如何处理？见《当事人在执行和解协议中约定由案外人履行义务，案外人不履行时应如何处理？》，载《人民司法·司法信箱》(200411：78)。●交通事故伤害赔偿责任已达成调解协议，履行后受害方发现伤残请求赔偿，法院应如何处理？见《交通事故伤害赔偿责任已达成调解协议，履行后受害方发现伤残请求赔偿，法院应如何处理？》，载《人民司法·司法信箱》(200301：80)。○发生交通事故后，交警没有作出责任认定，事故双方自行达成赔偿协议，一方不履行协议，另一方提起诉讼，法院应如何处理？见《发生交通事故后，交警没有作出责任认定，事故双方自行达成赔偿协议，一方不履行协议，另一方提起诉讼，法院应如何处理？》，载《民事审判实务问答》(2008：143)。

下编 保险编

一般原则规定

71. 保险公司的诉讼地位
——追加保险人，共同做被告？

【保险公司】

【案情简介及争议焦点】

2008年10月，张某驾驶车主为谭某的货车肇事致行人黄某死亡，交警认定张某全责。保险公司先后支付投保人谭某41万余元交强险和商业三者险保险金。张某、谭某仅向受害人一方支付交强险赔付5万余元。

争议焦点：1. 赔偿责任人？2. 保险公司有无再给付义务？

【裁判要点】

1. 赔偿责任。 张某应承担全部事故赔偿责任，车主谭某应承担连带责任。

2. 执行程序。 保险公司作为肇事车辆交强险承保机构，保险车辆发生保险事故后，通过投保人支付了交强险保险金，保险公司已履行赔付义务。保险公司根据与谭某签订的商业险合同约定，将保险金直接赔付给投保人，符合双方合同约定，受害人未及时从投保人处拿到保险款，可通过执行程序予以解决。

【裁判依据或参考】

1. 法律规定。《保险法（2015年修正）》(2015年4月24日)第10条："保险合同是投保人与保险人约定保险权利义务关系的协议。投保人是指与保险人订立保险合同，并按照合同约定负有支付保险费义务的人。保险人是指与投保人订立保险合同，并按照合同约定承担赔偿或者给付保险金责任的保险公司。"第65条："保险人对责任保险的被保险人给第三者造成的损害，可以依照法律的规定或者合同的约定，直接向该第三者赔偿保险金。责任保险的被保险人给第三者造成损害，被保险人对第三者应负的赔偿责任确定的，根据被保险人的请求，保险人应当直接向该第三者赔偿保险金。被保险人怠于请求的，第三者有权就其应获赔偿部分直接向保险人请求赔偿保险金。责任保险的被保险人给第三者造成损害，被保险人未向该第三者赔偿的，保险人不得向被保险人赔偿保险金。责任保险是指以被保险人对第三者依法应负的赔偿责任为保险标的的保险。"

2. 行政法规。《机动车交通事故责任强制保险条例》(2013年3月1日修改施行)第 3 条:"本条例所称机动车交通事故责任强制保险,是指由保险公司对被保险机动车发生道路交通事故造成本车人员、被保险人以外的受害人的人身伤亡、财产损失,在责任限额内予以赔偿的强制性责任保险。"第 21 条:"被保险机动车发生道路交通事故造成本车人员、被保险人以外的受害人人身伤亡、财产损失的,由保险公司依法在机动车交通事故责任强制保险责任限额范围内予以赔偿。"第 31 条:"保险公司可以向被保险人赔偿保险金,也可以直接向受害人赔偿保险金。但是,因抢救受伤人员需要保险公司支付或者垫付抢救费用的,保险公司在接到公安机关交通管理部门通知后,经核对应当及时向医疗机构支付或者垫付抢救费用。因抢救受伤人员需要救助基金管理机构垫付抢救费用的,救助基金管理机构在接到公安机关交通管理部门通知后,经核对应当及时向医疗机构垫付抢救费用。"

3. 司法解释。最高人民法院《关于适用〈中华人民共和国保险法〉若干问题的解释(二)》(2013 年 6 月 8 日,2020 年修正,2021 年 1 月 1 日实施)第 20 条:"保险公司依法设立并取得营业执照的分支机构属于《中华人民共和国民事诉讼法》第四十八条规定的其他组织,可以作为保险合同纠纷案件的当事人参加诉讼。"最高人民法院《关于审理道路交通事故损害赔偿案件适用法律若干问题的解释》(2012 年 12 月 21 日,2020 年修改,2021 年 1 月 1 日实施)第 13 条:"同时投保机动车第三者责任强制保险(以下简称'交强险')和第三者责任商业保险(以下简称'商业三者险')的机动车发生交通事故造成损害,当事人同时起诉侵权人和保险公司的,人民法院应当依照民法典第一千二百一十三条的规定,确定赔偿责任。被侵权人或者其近亲属请求承保交强险的保险公司优先赔偿精神损害的,人民法院应予支持。"最高人民法院《关于人民法院能否提取投保人在保险公司所投的第三人责任险应得的保险赔偿款问题的复函》(2000 年 7 月 13 日 〔2000〕执他字第 15 号):"……人民法院受理此类申请执行案件,如投保人不履行义务时,人民法院可以依据债权人(或受益人)的申请向保险公司发出协助执行通知书,由保险公司依照有关规定理赔,并给付申请执行人;申请执行人对保险公司理赔数额有异议的,可通过诉讼予以解决;如保险公司无正当理由拒绝理赔的,人民法院可依法予以强制执行。"

4. 部门规范性文件。中国保监会《关于保险理赔纠纷咨询意见的复函》(2003 年 7 月 21 日 保监办函〔2003〕113 号)第 2 条:"根据《保险法》第五十条(原《保险法》第四十九条)责任保险合同中,对被保险人给第三者造成的损害,保险人可以依据法律或合同的约定,直接向该第三者赔偿保险金。如果合同没有特别约定,保险公司可以向被保险人支付保险金,被保险人有权受领保险金,然后再将保险金赔偿给受到损害的第三者。本案中,如果合同约定保险公司将保险金直接支付给受到损害的第三者,则保险公司应将保险金直接支付给肖忠武;如果合同中没有特别约定,保险公司可以将保险金支付给吴忠配件厂。"

5. 地方司法性文件。山东高院审监二庭《关于审理机动车交通事故责任纠纷案件若干问题的解答（一）》（2024年4月）第15条："诉讼中，侵权人申请追加安全统筹公司参加诉讼，应否准许？安全统筹协议效力应当如何认定？答：从事安全统筹的公司并非依法经批准设立的可以从事车险业务的保险公司，其与安全统筹买受人之间存在的是合同关系，与被侵权人提起的机动车交通事故责任纠纷并非同一法律关系。原则上，对侵权人申请追加安全统筹公司的，不予准许。但如果安全统筹公司同意参加诉讼，愿意承担债务且受害人同意的，为减轻当事人诉累，可以追加安全统筹公司作为被告参加诉讼。鉴于《国务院关于加强道路交通安全工作的意见》提出鼓励运输企业采用交通安全统筹等形式，加强行业互助，提高企业抗风险能力，在司法实践中，人民法院不宜将其认定无效。但是，如果安全统筹公司超出运输行业，对外向不特定人群承揽类保险业务，符合《民法典》第一百五十三条、第一百五十四条规定的，应当认定无效。"第16条："因交通事故造成受害人交强险限额外的损失，在道路交通损害赔偿纠纷案件中是否对安全统筹公司应承担的责任一并予以处理？安全统筹公司的责任应当如何认定？答：如果安全统筹公司在诉讼中明确同意承担债务，根据《民法典》第五百五十二条规定，构成债务加入，可以认定安全统筹公司在其同意承担债务的范围内与赔偿义务人承担连带责任。实践中应当注意安全统筹公司的赔付能力不同于保险公司，不能因安全统筹公司的加入而免除侵权人的赔偿责任。如果安全统筹公司不同意承担责任，在道路交通损害赔偿纠纷案件中对安全统筹协议不宜一并进行审理。"广东高院《关于审理机动车交通事故责任纠纷案件的指引》（2024年1月31日　粤高法发〔2024〕3号）第3条："人民法院审理机动车交通事故责任纠纷案件，原告同时起诉承保商业三者险保险公司的，人民法院应予准许。承保商业三者险保险公司以合同约定了仲裁条款为由主张人民法院没有管辖权的，不予支持。"江西宜春中院《关于印发〈审理机动车交通事故责任纠纷案件的指导意见〉的通知》（2020年9月1日　宜中法〔2020〕34号）第1条："机动车交通事故责任纠纷案件的赔偿责任主体为：承保交强险的保险公司、承保第三者责任保险等商业保险公司、侵权人及其他赔偿义务人。赔偿权利人在诉讼中仅起诉保险公司的，人民法院应当向赔偿权利人释明追加侵权人为沟通被告参加诉讼。赔偿权利人经释明后仍不追加侵权人参加诉讼的，人民法院应当依职权追加侵权人为被告参加诉讼。"第5条："投保人、被保险人允许的驾驶人驾驶机动车致使投保人遭受损害，赔偿权利人请求承保交强险的保险公司在责任限额内予以赔偿的，人民法院应予支持。"安徽亳州中院《关于审理道路交通事故损害赔偿案件的裁判指引（试行）》（2020年4月1日）第2条："赔偿权利人以机动车责任一方为被告提起诉讼，未将承保交强险、商业险的保险公司列为共同被告的，应当依职权追加保险公司作为共同被告，但保险公司已经履行保险赔付义务且当事人无异议的除外。赔偿权利人仅以承保交强险、商业险的保险公司为被告提起赔偿诉讼,未将机动车责任一方列为共同被告的,应当依职权追加机动车责任一方作为共同被告。赔偿权利人将机动车责任一方列为共同被告后,一审又申请撤回对其起诉的,应不予准许,但当事人无异议的除外。主、挂车在不同的保险公司投保交强险、商业险的,赔偿权利人仅起诉部分保险公司的,应当依职权追加其余保险公司作为共同被告,但其余保险公司已经履行保险赔付义务且当事人无异议的除外。"第26条:"同时投保交强险和商业三者险的机动车发生交通事故造成损害,赔偿权利人同时起诉侵权人和保险公司的,人民法院应在事实认定和论理部分表述赔偿顺序,赔偿项目,赔偿比例及计算方法等,不应在判决主文中出现。"湖南高院《关于印发〈审理道路交通事故损害赔偿纠纷案件的裁判指引(试行)〉的通知》(2019年11月7日 湘高法〔2019〕29号)第1条:"保险人和被保险机动车一方的诉讼地位按下列方式确定:受害第三者起诉被保险机动车一方,同时将保险人作为被告或者第三人起诉的,应当按照起诉状列明。受害第三者仅起诉被保险机动车一方,被保险机动车一方申请追加保险人参加诉讼的,应将保险人列为共同被告。但保险人已经在保险责任范围内予以赔偿的除外。受害第三者仅起诉保险人或被保险机动车一方的,人民法院可以告知受害第三者申请追加被保险机动车一方或保险人参加诉讼。"安徽合肥中院《关于道路交通事故损害赔偿案件的审判规程(试行)》(2019年3月18日)第2条:"【共同被告的追加】赔偿权利人以机动车责任一方为被告提起诉讼,未将承保交强险的保险公司列为共同被告的,应当依职权追加该保险公司作为共同被告,但该保险公司已经履行交强险赔付义务,且各方当事人均无异议的除外。赔偿权利人仅以承保交强险的保险公司为被告提起赔偿诉讼,未将机动车责任一方列为共同被告的,应当依职权追加机动车责任一方作为共同被告。"第5条:"【无责车辆方的诉讼主体认定】多辆机动车发生交通事故,其中部分车辆无事故责任的,应向当事人释明追加无责车辆方及承保交强险的保险公司为被告,赔偿权利人坚持不追加的,应在赔偿总额中扣除相应的交强险无责限额。"山东济南中院《关于保险合同纠纷案件94个法律适用疑难问题解析》(2018年7月)第28条:"当投保人以外的驾驶人向第三者实际赔偿后,投保人是否有权向保险人请求赔偿保险金。保险法第六十五条第一款规定'保险人对责任保险的被保险人给第三者造成的损害,可以依照法律的规定或者合同的约定,直接向该第三者赔偿保险金'。实践中经常出现车辆驾驶人与车主(投保人)并不是同一人,发生交通事故后基于不同的法律关系向第三人承担赔偿责任的主体可能为车主(投保人),也可能为驾驶人即直接侵权人,在此种情形下,怎样确定可以向保险人主张保险金请求权的权利人?第一种意见认为,若被保险人(如前所述此处被保险人应为投保人)实际未承担赔偿责任,而是由直接侵权人对受害人承担实际赔偿责任,基于合同相对性原理,直接侵权人无权向保险人主张权利。第二种意见认为,在上述情形下,如果不赋予投保人向保险人主张保险赔偿金权利的话,就会使适格权利主体处于缺失的状态,导致无人向保险人主张权利的状况,这显然与保险法的立法目的相违背。故当投保人与驾驶人不是同一人且实际赔偿款由驾驶人支付时,投保人有权向保险人请求赔偿保险金,但须经驾驶人同意。(倾向性意见)第三种意见认为,被保险人允许的合法驾驶人在驾驶被保险车辆时发生交通事故致第三者人身伤亡和财产损失的,在承担损害赔偿责任后,有权要求保险人按照第三者责任保险合同约定赔付。"第32条:"保险人诉讼主体资格的确定问题。保险公司依法成立的各级分支机构具有独立的诉讼主体资格。保险公司设立的营销服务部在工商行政管理部门办理工商登记手续并取得营业执照的,应认定属于《中华人民共和国民事诉讼法》第四十八条规定的其他组织,可以自己的名义参加诉讼。"山东日照中院《机动车交通事故责任纠纷赔偿标准参考意见》(2018年5月22日)第7条:"交强险与商业险合并审的条件。受害人同时起诉侵权人、交强险和商业三者险的保险公司,并且在诉讼请求中明确要求承保商业三者险的保险公司根据保险合同予以赔偿的,人民法院应当将两险合并审理。受害人没有提出请求或者不同意合并审理,只有侵权人答辩要求保险公司在交强险和商业三者险责任限额范围内先行赔偿的,告知侵权人在承担赔偿责任后根据保险合同另行主张权利。保险合同中仲裁协议条款的约定仅对协议双方有效,对第三人(受害人)无拘束力。"广东惠州中院《关于审理机动车交通事故责任纠纷案件的裁判指引》(2017年12月16日)第5条:"原告起诉被保险机动车一方,同时将保险人作为被告或第三人起诉的,可以按起诉状列明确定保险人的地位。"江西高院《关于印发〈审理人身侵权赔偿案件指导意见(试行)〉的通知》(2017年9月5日 赣高法〔2017〕169号)第17条:"在机动车交通肇事引发的人身损害赔偿案件中,车辆投有机动车第三者责任强制保险时附加投保了第三者商业责任险,受害人起诉保险人的,不受前条款限制。被保险人可以要求按照第三者商业责任险合同规定同案处理第三者商业责任险理赔事项,但不得判令保险人在第三者商业保险的限额内直接对受害人赔偿。"海南海口中院《印发〈关于审理海口市道路交通事故人身损害赔偿案件若干问题的意见(试行)〉的通知》(2017年8月16日 海中法发〔2017〕78号)第1条:"(一)赔偿顺序。在中华人民共和国境内(不含港、澳、台地区),被保险人在使用被保险机动车过程中发生交通事故,致使受害人遭受人身伤亡或者财产损失,依法应当由被保险人承担的损害赔偿责任,如被保险人同时投保机动车交通事故责任强制保险(以下简称'交强险')和商业第三者责任保险(以下简称'商业三者险')的机动车发生交通事故,造成损害,按照下列顺序确定赔偿责任:先由承保交强险的保险公司在责任限额范围内予以赔偿;超出交强险赔偿限额部分,由承保商业三者险的保险公司根据保险合同予以赔偿。仍有不足的,依照《中华人民共和国道路交通安全法》和《中华人民共和国侵权责任法》的相关规定由侵权人予以赔偿。"北京三中院《类型化案件审判指引:机动车交通事故责任纠纷类审判指引》(2017年3月28日)第2-2.4部分"保险公司的诉讼资格—常见问题解答"第1条:"交强险承保公司和商业三者险承保公司是否为必要共同诉讼当事人?《道交解释》第二十五条规定,人民法院审理道路交通事故损害赔偿案件,应当将承保交强险的保险公司列为共同被告。但该保险公司已经在交强险责任限额范围内予以赔偿且当事人无异议的除外。人民法院审理道路交通事故损害赔偿案件,当事人请求将承保商业三者险的保险公司列为共同被告的,人民法院应予准许。追加当事人方式:(1)受害人应当起诉肇事机动车一方及其承保交强险的保险公司为共同被告。如受害人仅起诉致害机动车一方,法院应向当事人释明是否要求追加保险公司为被告。(2)任何一方当事人均可申请追加承保交强险的保险公司为被告。(3)任何一方当事人均可申请追加承保商业三者险的保险公司为被告。(4)保险公司已经在交强险责任限额范围内予以赔偿且当事人无异议的,则不再追加该保险公司作为被告,但其同时是承保商业三者险的保险公司,且任何一方当事人要求追加的除外。(5)如果经释明当事人均不申请追加保险公司为被告,且均不要求处理交强险及商业三者险,均同意由致害机动车一方承担赔偿责任,对于保险问题由致害机动车一方自行理赔时,则可以不追加保险公司参加诉讼。需注意的是,在保险公司不参加道路交通损害赔偿诉讼时,应由机动车一方先承担强制保险范围内的赔偿,而后由其另行向保险公司进行理赔。(6)经释明,道路交通事故损害赔偿案件仅涉及交强险,不涉及商业三者险,或虽涉及商业三者险,但当事人均不要求处理商业三者险时,如致害机动车一方或已参加诉讼保险公司要求追加承保交强险的其他保险公司(或不发表意见,要求法院依法处理),而原告不要求追加该保险公司。此时,应向原告行使释明权,询问其是否放弃对应部分诉讼请求(即该参加诉讼保险公司应赔偿部分),具体分以下情况处理:①如其明确放弃该部分诉讼请求,法院可不追加该保险公司参加诉讼;②如其不放弃该部分诉讼请求,又不主动要求追加,则法院必须依职权追加该保险公司参加诉讼,否则遗漏必要共同诉讼人属于程序错误。"第2条:"货车发生交通事故,挂车与主车(机头)分别在不同的保险公司投保,是否主、挂车保险公司均要参加诉讼?《机动车交通事故责任强制保险条例》(2012年修订)第四十三条规定,挂车不投保机动车交通事故责任强制保险。发生道路交通事故造成人身伤亡、财产损失的,由牵引车投保的保险公司在机动车交通事故责任强制保险责任限额范围内予以赔偿;不足的部分,由牵引车和挂车方依照法律规定承担赔偿责任。《道交解释》第二十五条规定,人民法院审理道路交通事故损害赔偿案件,应当将承保交强险的保险公司列为共同被告。但该保险公司已经在交强险责任限额范围内予以赔偿且当事人无异议的除外。人民法院审理道路交通事故损害赔偿案件,当事人请求将承保商业三者险的保险公司列为共同被告的,人民法院应予准许。由上述法律规定可知,主车或牵引车与挂车之间可能存在车辆所有人以及保险公司不同,当事人在后期诉讼时亦可在一定范围内对保险公司具有选择权,因此,法院除了依职权追加必要共同诉讼当事人外,还可依据当事人的申请追加保险公司。"第3条:"保险公司分公司参加诉讼还是保险公司支公司或营业部参加诉讼?(1)对于中国人寿财产保险股份有限公司(注意:如设立在北京市的分公司,其全称为中国人寿财产保险股份有限公司北京市分公司)、中国人民财产保险股份有限公司(注意:如设立在北京市的分公司,其全称为中国人民财产保险股份有限公司北京市分公司),在过去,其仅支公司或营业部应诉,现在,无论是起诉分公司还是支公司、营业部,其均会应诉;(2)对于其他保险公司,如中国太平洋财产保险股份有限公司(注意,在北京市,其分公司为中国太平洋财产保险股份有限公司北京分公司,一般均没有'市'),一般均由分公司应诉,如原告起诉支公司,而分公司派员到庭应诉,可释明原告变更被告。"第4条:"《道交解释》第十六条第一款规定,当事人可同时起诉侵权人和保险公司(包括承保交强险的保险公司和商业三者险的保险公司),对当事人没有主张承保商业三者险的保险公司参加诉讼的,法院是否依职权追加商业三者险的保险公司?当事人未主张承保商业三者险的保险公司参加诉讼的,法院在审理中一般不依职权追加。"广东广州中院《机动车交通事故责任纠纷案件审判参考》(2017年3月27日 穗中法〔2017〕79号)第6条:"群死群伤案件中,人民法院已对各赔偿权利人做催告工作,尽到通知义务后部分赔偿权利人在合理期限内仍未具备起诉条件的,可结合具体案情在交强险范围内酌情预留一定份额,但该赔偿权利人已具备起诉条件仍未在合理期限内起诉的,由人民法院工作人员制作工作记录存档,无需在交强险及商业险范围内中对该未起诉的赔偿权利人预留份额。"天津高院《关于印发〈机动车交通事故责任纠纷案件审理指南〉的通知》(2017年1月20日 津高法〔2017〕14号)第3条:"原告未起诉交强险保险公司的,法院应向原告释明,根据原告的请求追加或自行查明情况后依职权追加交强险保险公司为案件的共同被告,但该保险公司已经在交强险责任限额范围内予以赔偿且当事人无异议的除外……承保商业三者险的保险公司作为被告参加机动车交通事故责任纠纷诉讼,需经当事人的请求,当事人未请求的,法院不得主动追加。商业三者险合同中约定的仲裁条款不影响商业三者险的保险公司作为被告参加机动车交通事故责任纠纷诉讼。"河北石家庄中院《关于规范机动车交通事故责任纠纷案件审理工作座谈会会议纪要》(2016年1月11日 石中法〔2016〕4号)第7条:"交通事故受害人可否只起诉肇事车辆的交强险、商业险保险公司,不列直接侵权人为当事人。交通事故案件从实质上讲解决的是侵权人和受害人之间的纠纷,保险公司只是按照法律规定或合同约定承担代为赔偿责任,其不是事故的直接责任人,也不可能清楚事故发生的具体情形。如果直接侵权人不参加诉讼,不利于人民法院查明事实,分清责任。《最高人民法院关于审理道路交通事故损害赔偿案件适用法律若干问题的解释》第二十五条规定:'人民法院审理道路交通事故损害赔偿案件,应当将承保交强险的保险公司列为共同被告,但该保险公司已经在交强险责任限额内予以赔偿且当事人无异议的除外。人民法院审理道路交通事故损害赔偿案件,当事人请求将承保商业三者险的保险公司列为共同被告的,人民法院应予准许。'依据本条款的规定,保险公司在诉讼中的法律地位是共同被告或追加被告,其参加诉讼的前提必须是直接侵权人已经参加诉讼。所以,单独起诉保险公司,不符合司法解释的精神。如果事故受害人只起诉为肇事车辆承保的保险公司的,应当追加直接侵权人为被告参加诉讼。"广东深圳中院《关于审理财产保险合同纠纷案件的裁判指引(试行)》(2015年12月28日)第7条:"责任保险的被保险人给第三者造成损害,被保险人未向该第三者赔偿损失,诉请保险人向其支付第三者责任险的保险金的,人民法院可以追加第三者作为第三人参加诉讼,根据被保险人的请求,判决保险人直接向该第三者赔偿保险金。"安徽马鞍山中院《关于审理交通事故损害赔偿案件的指导意见(试行)》(2015年3月)第1条:"【当事人的追加】交通事故受害人仅以机动车一方为被告提起赔偿诉讼,未将承保交强险的保险公司列为共同被告的,应当追加保险公司为共同被告。但保险公司已经履行交强险赔付义务,且各方当事人均无异议的除外。交通事故受害人仅以承保交强险的保险公司为被告提起赔偿诉讼,未将机动车一方列为共同被告的,应当追加机动车一方为共同被告。交通事故受害人起诉时未将承保商业三者险的保险公司列为共同被告的,应当根据当事人的申请追加保险公司为共同被告。当事人未提出追加申请的,不予追加。"河北承德中院《2015年民事审判工作会议纪要》(2015年)第34条:"保险公司可以列为被告。已投保交强险的车辆发生交通事故,赔偿权利人未将保险公司列为共同被告进行诉讼的,应向当事人释明。当事人拒不申请追加的,可以直接追加保险公司为共同被告。"湖南长沙中院民一庭《关于长沙市法院机动车交通事故责任纠纷案件审判疑难问题座谈会纪要》(2014年7月23日)第2条:"车上责任险是否可在机动车交通事故纠纷一案中一并处理?根据保监会制定的《机动车辆保险条款》之规定,机动车保险的基本险分为车辆损失险和第三者责任险,而车上责任险属于第三者责任险的附加险,即在投保了第三者责任险的基础上方可投保车上责任险。车上责任险又分为车上货物毁损和车上人员伤亡两种情形。因此,车上责任险应属于责任保险的一种,应适用《中华人民共和国保险法》第五十条的规定。受害人在同一案件中,既主张交强险、第三者责任险,同时又要求保险公司承担车上责任险的,人民法院可依法予以一并处理。但如果当事人未对车上人员险的理赔提出请求,可分开处理。"江西高院《关于印发〈关于审理保险合同纠纷案件若干问题的会议纪要〉的通知》(2014年7月16日 赣高法〔2014〕133号)第13条:"依法成立并领取营业执照的分支机构虽然不具有法人资格,但具有独立的诉讼主体资格。在审理保险合同纠纷案时,应当以与投保人订立保险合同的保险公司或保险公司分支机构作为当事人。"安徽高院《关于审理道路交通事故损害赔偿纠纷案件若干问题的指导意见》(2014年1月1日 皖高法〔2013〕487号)第1条:"道路交通事故受害人仅起诉保险公司要求承担机动车第三者责任强制保险、机动车第三者责任保险赔偿责任,保险公司申请追加机动车一方为被告的,人民法院应予准许。"第2条:"在受害人起诉的案件中,机动车一方要求保险公司赔偿其已支付给受害人的赔偿款的,人民法院可以组织保险公司和机动车一方进行调解。调解达成协议的,制作民事调解书;调解达不成协议的,告知机动车一方另案处理。"第3条:"在受害人起诉的案件中,保险公司主张《机动车交通事故责任强制保险条例》第二十二条第一款、《关于审理道路交通事故损害赔偿案件适用法律若干问题的解释》第十八条第二款规定的追偿权的,人民法院可以组织保险公司和责任人进行调解。调解达成协议的,制作民事调解书;调解达不成协议的,告知保险公司另案处理。"安徽淮南中院《关于审理机动车交通事故责任纠纷案件若干问题的指导意见》(2014年4月24日)第11条:"权利人起诉涉案机动车投保交强险和商业三者险的保险公司的,人民法院应将保险公司列为被告。"第14条:"保险公司应承担以下举证责任:(一)保险公司诉讼主体资格方面的证据,如营业执照、组织机构代码证、法人或负责人身份证明等;(二)受害人或侵权人存在过错的证据;(三)已进行部分赔付的证据,保险公司先行给付款的收据、垫付的医疗费发票等;(四)符合免赔条件或减轻保险公司赔偿责任方面的证据,如保险合同和保单;(五)鉴定意见书、交通事故责任认定书等不能作为定案依据方面的证据;(六)反驳对方当事人证据或证明观点方面的证据;(七)其他证据。"重庆高院民一庭《关于机动车交通事故责任纠纷相关问题的解答》(2014年)第6条:"发生多车相撞事故公安机关交通事故认定书认定某一车辆为无责时,承保无责车辆交强险的保险公司是否应追加为被告?是否审查车辆与受害人有无接触?无论有无接触均应追加,还是有接触的情况下才追加?应当审查在是一次交通事故还是多次交通事故。如果是一次交通事故,无论无责车辆是否与受害人有无接触,均应将承保无责车辆交强险的保险公司追加为被告。如果当事人不同意追加,应当先从赔偿额中扣除承保无责车辆交强险的保险公司的无责责任限额。"第11条:"当事人未起诉承保商业三者险的保险公司或者未要求将商业三者险纳入本案一并审理的,人民法院如何处理?道路交通事故损害赔偿纠纷涉及多个法律关系。将商业三者险合同纳入道路交通事故一并审理,是数个单纯之诉的合并,而非必要共同诉讼。当事人未起诉承保商业三者险的保险公司或者未要求将商业三者险纳入本案一并审理的,人民法院应当释明,释明后当事人仍不追加的;可以不将商业三者险合同纳入道路交通事故损害赔偿纠纷中审理。"浙江宁波中院《关于商事审判若干疑难或需统一问题的解答》(2013年11月15日)第25条:"保险公司是否应在商业第三者险范围内对被保险人因交通事故承担的连带责任承担赔偿责任?保险公司对被保险人承担的连带责任不负赔偿责任。保险公司与被保险人保险合同中约定的'事故中所负的责任比例'仅指造成事故的责任。被保险人对受害人承担了100%的赔偿责任是因为被保险人与他人共同侵权而承担连带责任产生,被保险人在事故中所负的责任比例并不是全责,故保险人只需按其责任大小承担理赔责任。同时被保险人被法院按全额执行是因连带责任而产生,连带责任部分损失被保险人应向共同侵权人追偿,而不应转嫁给保险公司。"湖北高院《民事审判工作座谈会会议纪要》(2013年9月)第3条:"商业三者险保险合同中约定保险合同争议解决方式为仲裁委员会处理,受害人向人民法院起诉,请求将承保商业三者险的保险公司列为共同被告的,人民法院应予支持。"辽宁高院民一庭《传统民事案件审判问题解答》(2013年8月)第3条:"道路交通事故发生后,受害人不以责任方为被告提起侵权赔偿诉讼,只以保险公司为被告提起保险合同理赔诉讼,是否应当立案受理?参考意见:如果当事人单独提起的保险合同理赔诉讼符合民事诉讼法规定的受理条件,应当以保险合同纠纷为案由立案受理。在该保险合同纠纷案件的立案审查阶段,建议受诉法院向受害人释明,相关纠纷也可以通过向事故责任方提起侵权赔偿诉讼,同时通知相关保险公司参加诉讼的方式一并解决。如果释明后当事人坚持选择单独提起保险合同理赔诉讼,建议通知事故责任方以第三人的身份参加诉讼。"北京高院民一庭《关于审理道路交通事故损害赔偿案件的会议纪要》(2013年4月7日)第7条:"《道交解释》第十六条第一款规定当事人可同时起诉侵权人和保险公司(包括承保交强险的保险公司和商业三者险的保险公司),对当事人没有主张承保商业三者险的保险公司参加诉讼的,法院是否依职权追加商业三者险的保险公司?当事人未主张承保商业三者险的保险公司参加诉讼的,法院在审理中一般不依职权追加。"第9条:"一审中当事人未起诉或追加承保商业三者险的保险公司参加诉讼,二审中当事人要求追加的,应如何处理?当事人在二审申请追加承保商业三者险的保险公司参加诉讼的,二审法院原则上不再追加,也不以此作为发回重审的理由。"云南高院《关于印发〈关于统一全省保险合同纠纷案件裁判标准的会议纪要〉的通知》(2012年5月15日)第3条:"关于机动车交通事故责任强制保险(以下简称交强险)相关问题。(一)会议认为,关于涉及交强险的机动车交通事故责任纠纷案件的当事人应按下列方式确定:1.受害第三者起诉被保险机动车一方,同时将保险人作为被告或者第三人起诉的,应当按照起诉状列明;2. 受害第三者仅起诉被保险机动车一方,被保险机动车一方申请追加保险人参加诉讼的,应将保险人列为第三人,但保险人已经在交强险责任范围内予以赔偿的除外;3. 受害第三者仅起诉保险人或被保险机动车一方的,人民法院应当告知受害第三者可以申请追加被保险机动车一方或保险人参加诉讼……"上海高院民五庭**《关于印发〈关于审理保险合同纠纷案件若干问题的解答(二)〉的通知》**(2012年1月31日)第1条:"在执行上海市高级人民法院民五庭《关于审理保险合同纠纷案件若干问题的解答(一)》第二条时,如被保险人或受益人以保单上记载的保险人为被告,向其上海分公司所在地人民法院起诉的,人民法院如何处理?部分保险公司的住所地在外埠,其上海分公司在本市开展保险经营活动中以保险公司名义出具保单,并加盖保险公司公章或业务专用章。如被保险人或受益人以保险公司为被告,向其上海分公司所在地人民法院起诉,且不违反级别管辖和专属管辖的,人民法院可以受理。案件受理后,人民法院应当就管辖问题询问被告,被告同意接受管辖或不明确表示异议的,该人民法院有管辖权。被告提出管辖异议的,人民法院应当依法审查;异议成立的,裁定移送有管辖权的人民法院处理。"新疆高院**《关于印发〈关于审理道路交通事故损害赔偿案件若干问题的指导意见(试行)〉的通知》**(2011年9月29日 新高法〔2011〕155号)第2条:"机动车发生交通事故的,机动车一方投保机动车交通事故责任强制保险(下称交强险)的,人民法院应当将交强险的保险公司和侵权人列为共同被告。机动车一方投保商业第三者责任保险(下称商业险)的,人民法院可以根据赔偿权利人的请求,将商业险的保险公司列为共同被告。赔偿权利人不起诉保险公司的,一般不予追加。"第3条:"赔偿权利人请求交强险和商业险的保险公司在一案中赔付的,人民法院应予支持。赔偿权利人未起诉商业险的保险公司,如果两险为同一家保险公司的,人民法院应向赔偿权利人释明,予以追加;如果两险为不同保险公司的,商业险的赔付可告知当事人另行起诉。"广东高院**《关于审理保险合同纠纷案件若干问题的指导意见》**(2011年9月2日 粤高法发〔2011〕44号)第18条:"责任保险的被保险人给第三者造成损害,第三者以保险人为被告或以保险人与被保险人为共同被告直接请求保险人赔偿保险金的,人民法院应予受理如果第三者起诉时被保险人尚未向保险人提出直接向第三者支付保险金的书面申请的,视为构成保险法第六十五条第二款规定的'被保险人怠于请求',人民法院可支持第三者的请求。"江苏高院、省公安厅、中国保监会江苏监管局**《关于加强交通事故损害赔偿案件调解和构建交通事故损害赔偿案件联动处理机制的意见》**(2011年7月19日 苏高法〔2011〕298号)第5条:"……2. 公安交管部门在调查处理交通事故案件阶段,对涉案车辆涉及保险公司的,应及时通知保险公司参与事故调解等工作。公安交管部门根据《机动车交通事故责任强制保险条例》的规定,对符合抢救费垫付条件的,应及时通知有关保险公司在交强险医疗赔偿费用限额范围内先行垫付抢救费用,有关保险公司应当先行垫付。3. 人民法院在审理交通事故案件阶段,对涉案车辆涉及保险公司的应要求赔偿权利人及时提供相关证据材料,并及时向保险公司等其他各方当事人送达,为保险公司核定保险赔偿金额预留合理时间。有关保险公司应及时核定保险赔偿金额。核定的交通事故强制责任保险和第三者责任险在责任限额范围内的,有关保险公司应在三个工作日内出具审核意见书,情况复杂的可在十五个工作日内出具审核意见书。人民法院在审理中需要对当事人进行伤残鉴定的,应当通知保险公司参与。人民法院判令保险公司在交通事故强制保险责任限额内承担赔偿责任的,应当给予保险公司不少于 10 日的履行期限。对保险公司按时出具审核意见书并及时到庭参与调解的案件,一般不确定保险公司承担诉讼费用。"贵州高院《关于印发〈关于审理涉及机动车交通事故责任强制保险案件若干问题的意见〉的通知》(2011 年 6 月 7 日 黔高法〔2011〕124 号)第 1 条:"保险公司与被保险机动车方的诉讼地位,应根据下列情况列明:(一)交通事故赔偿权利人仅起诉保险公司的,应当追加机动车方作为案件的共同被告参加诉讼。(二)交通事故赔偿权利人仅起诉机动车方的,应当追加保险公司作为案件的共同被告参加诉讼,但保险公司已经在机动车第三者责任强制保险责任限额范围内予以赔偿的除外。前款各项所称'机动车方',是指机动车的所有人、管理人、驾驶人。"安徽宣城中院《关于审理道路交通事故赔偿案件若干问题的意见(试行)》(2011 年 4 月)第 1 条:"机动车发生交通事故致人损害,赔偿权利人起诉要求承保交通事故责任强制保险的保险公司承担赔偿责任的,保险公司诉讼地位按照以下情形处理:(一)机动车依法投保了交强险的,或者在同一保险公司又投保了机动车第三者责任保险的,保险公司应该列为被告;(二)机动车仅投保了机动车第三者责任保险的,保险公司应列为第三人。"第 2 条:"赔偿权利人仅起诉承保机动车交通事故责任强制保险的保险公司,人民法院应向其释明申请赔偿义务人作为共同被告;经释明后赔偿权利人仍不申请追加的,人民法院可以依职权追加赔偿义务人作为共同被告参加诉讼。"第 3 条:"赔偿权利人仅起诉赔偿义务人的,人民法院应向其释明可以申请追加承保机动车交通事故责任强制保险的保险公司作为共同被告,并通知保险公司可以申请作为共同被告参加诉讼;经释明后赔偿权利人仍不申请追加,保险公司也不申请参加诉讼的,人民法院不应将保险公司作为共同被告。"山东高院《关于印发〈审理保险合同纠纷案件若干问题意见(试行)〉的通知》(2011年 3 月 17 日)第 31 条:"保险公司依法成立的各级分支机构具有独立的诉讼主体资格。保险公司设立的营销服务部在工商行政管理部门办理工商登记手续并取得营业执照的,应认定属于《民事诉讼法》第一百零八条规定的其他组织,可以自己的名义参加诉讼。"第 33 条:"第三者责任保险的被保险人给第三者造成损害,第三者直接起诉保险人要求赔偿保险金的,人民法院不予支持。但法律、行政法规另有规定的除外。第三者起诉被保险人要求承担赔偿责任,保险人申请作为第三人参加诉讼的,人民法院应予准许。被保险人对第三者应负的赔偿责任确定后,被保险人不履行赔偿责任,也不请求保险人直接向第三者赔偿保险金的,第三者以保险人为被告要求直接赔偿保险金的,人民法院应予支持。"湖南衡阳中院《关于审理机动车交通事故责任保险以及保险代理合同案件的若干具体意见》(2011年1月24日 衡中法〔2011〕2号)第4条:"未发生强制保险合同争议的情况下,受害第三者直接起诉保险人或人民法院将保险人追加为第三人的,保险人不承担诉讼费用。第一审民事案件中,除受害第三者提出保险人拒赔或者故意拖延理赔并有充分证据证实之外,人民法院对于诉讼前是否已发生保险合同争议的事实不主动审查。第二审民事案件诉讼费用的负担,应以当事人的诉讼主张为基础,根据当事人胜诉和败诉的情况,决定诉讼费用的负担。"江西鹰潭中院《关于审理道路交通事故损害赔偿纠纷案件的指导意见》(2011年1月1日 鹰中法〔2011〕143号)第2条:"赔偿权利人将赔偿义务人和投保交强险的保险公司,投保商业险的保险公司,与所有权人不一致的机动车辆保险的投保人作为被告提起民事诉讼的,应当受理。"山东淄博中院民三庭《关于审理道路交通事故损害赔偿案件若干问题的指导意见》(2011年1月1日)第1条:"受害人起诉承保交强险的保险公司的,应将保险公司列为被告。受害人只起诉侵权人的,应追加承保交强险的保险公司作为被告参加诉讼。"江苏高院民一庭《侵权损害赔偿案件审理指南》(2011年)第7条:"道路交通事故责任……2.保险公司的责任性质。承保责任保险的保险公司所承担的责任,是被保险人对第三人(受害人)所应当承担的损害赔偿责任。保险公司的责任,受到双重限制:一是不超过被保险人对第三人(受害人)所应当承担的责任限额;二是不超过保险合同约定的责任限额。因此,受害人可以直接请求保险公司在其责任限额内向自己赔偿,在程序上,应当将致害机动车一方及保险公司作为共同被告。任何一方当事人均可申请追加保险公司为被告。"上海高院民五庭《关于印发〈审理保险合同纠纷案件若干问题的解答(一)〉的通知》(2010年12月17日 沪高法民五〔2010〕4号)第2条:"投保人向保险公司的分支机构投保,但保单由保险公司盖章的,如何确定保险合同纠纷案的当事人?答:依法成立并领取营业执照的分支机构虽然不具有法人资格,但具独立的诉讼主体资格。在审理保险合同纠纷案时,应当以与投保人订立保险合同的保险公司或保险公司分支机构作为当事人。实务中,有的保险公司分支机构虽然直接向投保人推销保单、接受投保单,但其出具给投保人的保单加盖的是保险公司总公司或省级分公司的公章。接受投保单的保险公司分支机构不是保险合同当事人,亦不能作为该案诉讼的当事人。"福建福州中院民一庭《民事司法信箱回复:侵权责任法律适用若干问题专版》(2010年9月10日)

第14条:"受害人是否可根据2009年10月1日起施行的《中华人民共和国保险法》第六十五条关于'保险人对责任保险的被保险人给第三者造成的损害,可以依照法律的规定或者合同的约定,直接向该第三者赔偿保险金。责任保险的被保险人给第三者造成损害,被保险人对第三者应负的赔偿责任确定的,根据被保险人的请求,保险人应当直接向该第三者赔偿保险金。被保险人怠于请求的,第三者有权就其获赔偿部分直接向保险人请求赔偿保险金'的规定直接要求被告保险公司在商业险范围内承担责任?答:我们倾向仅审理交强险,超过交强险部分判决由侵权人承担赔偿责任。《保险法》并未完全推翻合同的相对性,直接赋予受害人在商业第三者责任险项下请求保险人支付赔款的权利,而是对该请求权的行使设定了条件,即或是合同有特别约定,或是出现法定的'被保险人怠于请求的'的情形,即在受害人起诉保险公司在商业第三者责任险项下赔偿时,应举证证明有特别约定或被保险人怠于向保险人索赔的证据。因此,不宜全盘受理受害人在商业险项下对保险公司提出的索赔,应当审查受害人是否有《保险法》规定的起诉资格,符合法定情形的,可以一并受理交强险和商业险。"河南周口中院《关于侵权责任法实施中若干问题的座谈会纪要》(2010年8月23日 周中法〔2010〕130号)第9条:"根据道路交通安全法和保险法的相关规定及保险的社会功能,区分强制保险和商业三者险,正确确定保险公司的诉讼地位和责任承担。(1)机动车交通事故中的受害人请求事故责任人赔偿的案件中,为机动车承保强制保险的保险公司应当作为共同被告参加诉讼。如果受害人没有起诉保险公司,人民法院也应当依照道路交通安全法的规定,追加保险公司为共同被告;(2)机动车交通事故中的受害人请求事故责任人赔偿的案件中,受害人同时请求为机动车承保商业三者险的保险公司直接赔付保险金的,如果符合保险法第六十五条规定的情形,保险公司应当作为共同被告,当事人不申请追加保险公司为共同被告的,人民法院不宜直接追加……"福建高院民二庭《关于审理保险合同纠纷案件的规范指引》(2010年7月12日 〔2010〕闽民二3号)第25条:"(机动车责任险中保险人诉讼地位)机动车第三者责任保险纠纷中,如果赔偿权利人将保险人和被保险人列为共同被告,人民法院应当予以准许。如果赔偿权利人单独起诉被保险人,人民法院可以根据申请将保险人列为第三人,或者依职权通知保险人作为第三人参加诉讼。"浙江高院民一庭《关于审理道路交通事故损害赔偿纠纷案件若干问题的意见(试行)》(2010年7月1日)第1条:"赔偿权利人同时起诉赔偿义务人以及承保机动车交通事故责任强制保险(以下简称机动车强制保险)的保险公司的,人民法院应当将赔偿义务人和保险公司列为共同被告。承保机动车强制保险和商业险为同一保险公司,赔偿权利人请求在机动车强制保险和商业险范围内一并赔付,且该保险公司也明确同意的,人民法院可一并予以审理。"第2条:"赔偿权利人仅起诉承保机动车强制保险的保险公司的,人民法院应向其释明申请追加赔偿义务人作为共同被告;经释明后赔偿权利人仍不申请追加的,人民法院可依职权追加赔偿义务人作为共同被告参加诉讼。"第3条:"赔偿权利人仅起诉赔偿义务人的,人民法院应向其释明可申请追加承保机动车强制保险的保险公司作为共同被告,并通知保险公司可申请作为共同被告参加诉讼;经释明后赔偿权利人仍不申请追加,保险公司也不申请参加诉讼的,人民法院不应将保险公司列为共同被告。"第4条:"机动车强制保险合同中有关纠纷解决方式的约定,对赔偿权利人不具有当然约束力,但赔偿权利人自愿接受的除外。"北京高院民一庭《关于道路交通损害赔偿案件的疑难问题》(2010年4月9日)第2条:"……(1)关于受害人一方依据机动车交通事故责任强制保险合同起诉后,保险公司应当作为无独立请求权第三人还是共同被告以及受害人一方不起诉保险公司时,法院应如何处理的问题。根据《道路交通安全法》第七十六条的规定,保险公司在交强险责任限额范围内承担法定的赔偿义务。关于保险公司应作为第三人还是共同被告的问题,目前理论上仍有争议。立足保障我市法院的执法统一,与会人员主导意见认为:机动车发生交通事故致他人(指机动车本车人员、被保险人以外的受害人)损害的,受害人一方(包括机动车之间发生交通事故事故时受到损害的一方)应当起诉致害机动车一方(包括机动车之间发生交通事故事故时致对方损害的一方)及其投保交强险的保险公司为共同被告。如受害人一方仅起诉致害机动车一方,致害机动车一方申请追加保险公司为共同被告的,法院应当予以追加。如果受害人一方起诉时没有列保险公司为被告,法院应当予以释明。经释明,受害人一方申请追加保险公司为共同被告的,法院应当予以追加。释明后受害人一方坚持不起诉保险公司,且致害机动车一方亦不要求追加保险公司的,则可以不追加保险公司参加诉讼。(2)关于机动车既投保了交强险,又投保了商业性三者险,发生交通事故损害赔偿争议后,保险公司的法律地位如何确定的问题。与会人员主导意见认为:交强险与商业性三者险责任原理与确定因素不同,两种保险责任原则上不宜在一案中一并解决。故机动车发生交通事故致他人损害的,受害人一方应基于交强险起诉致害机动车一方及其投保交强险的保险公司,对基于商业性三者险的保险赔偿责任,致害机动车一方可以另行起诉其投保商业性三者险的保险公司。(3)关于机动车之间发生交通事故,原告起诉后被告反诉的应否追加原告投保交强险的保险公司问题。与会人员主导意见认为:因交强险旨在通过保险赔偿投保机动车之外的人身与财产损失,故在被告反诉原告赔偿的案件中,应当追加原告投保交强险的保险公司为反诉被告,以便确定保险公司的赔偿责任。"第2条:"北京市法院系统尚未统一认识的问题……(3)两车以上多车相撞的情况下,如果有一方事故全责,受害人是否要将其他所有无责的机动车及其保险公司都追加诉讼?调研中发现,有的基层法院如果受害人只起诉全责机动车一方,可以不用追加其他无责的机动车及其保险公司主张,尤其是多车相撞,追加起来相当麻烦。有法院提出,从共同侵权的角度,不管有无事故责任,所有机动车都是交通事故的侵权人,都应参加诉讼。"广东广州中院《民事审判若干问题的解答》(2010 年)第 1 条:"【承保交强险的保险公司的诉讼地位】交通事故损害赔偿纠纷案件中,赔偿权利人可否以承保交强险的保险公司为被告提起诉讼?赔偿权利人没有将保险公司列为被告的情况下,是否应当追加保险公司为被告?答:根据《道路交通安全法》第七十六条的规定,赔偿权利人对承保交强险的保险公司具有直接请求权,故赔偿权利人可将保险公司列为被告要求其直接在交强险责任限额内承担赔偿责任。在赔偿权利人没有将保险公司列为共同被告而仅以肇事机动车一方为被告提起诉讼的情况下,法官应当主动释明原告追加保险公司为共同被告,但赔偿权利人已经就赔偿问题与机动车一方达成赔偿协议的除外。如果经释明并告知法律后果,原告坚持不将保险公司列为被告并不要求其承担赔偿责任的,可不追加保险公司为共同被告。此种情况下,肇事机动车一方提出受害人在交强险责任限额内的损害,应当由保险公司承担赔偿责任,其对赔偿权利人的赔偿总额中应当扣除交强险责任限额的抗辩,可予以支持。"湖南长沙中院《关于道路交通事故人身损害赔偿纠纷案件的审理意见》(2010 年)第一部分第 1 条:"……交通事故涉及车辆所承保交强险的保险公司均应参加诉讼,如未参加,则应向该车辆所有人和驾驶人释明并作好询问笔录,建议其申请追加,特别说明根据道路交通安全法第七十六条之规定,交强险责任限额范围内的损失应由保险公司承担赔偿责任,事故当事人只对不足的部分承担赔偿责任,故交强险责任限额范围内的损失在判决时将不由事故当事人承担,如未申请追加,上述法律后果由其自行承担。"安徽合肥中院民一庭《关于审理道路交通事故损害赔偿案件适用法律若干问题的指导意见》(2009 年 11 月 16 日)第 20 条:"机动车发生道路交通事故致人损害,赔偿权利人起诉要求承保交通事故责任保险的保险公司承担赔偿责任的,保险公司诉讼地位按照以下情形处理:(一)机动车依法投保了交通事故责任强制保险的,或者在同一保险公司又投保了交通事故第三者责任保险的,保险公司应列为被告;(二)机动车仅投保了交通事故第三者责任保险的,保险公司应列为第三人。"第 21 条:"在审理道路交通事故人身损害赔偿案件中,除审理涉案的交通事故责任强制险及交通事故第三者责任险争议外,其他有关的车上人员责任险、车辆损失险、意外伤害险等保险合同争议,不得纳入案件审理范围。"第 64 条:"道路交通事故损害赔偿案件判决主文应当作如下排序:第一项,确定保险公司在机动车交通事故责任强制险限额内应当承担的赔偿责任(赔偿权利人应得的赔偿总额、赔偿项目、赔偿比例及计算方法等不应在判决主文中出现,而应在事实认定和论理部分表述)。例:被告××保险公司于本判决生效之日起十日内在其承保的机动车交通事故责任强制保险限额内赔偿原告某某××元。

第二项,确定保险公司以外的赔偿义务人在超出第一项判决外应承担的赔偿责任。例1:被告甲于本判决生效之日起十日内赔偿原告 A、B、C ×× 元。例2:被告甲、乙于本判决生效之日起十日内连带赔偿原告 A、B、C ×× 元。例3:被告甲、乙于本判决生效之日起十日内分别赔偿原告 A、B、C ×× 元。第三项,确定保险公司作为被告或第三人在交通事故第三者责任险限额内应承担的赔偿责任。例1:被告 ×× 保险公司对本判决第二项中被告某某赔偿的款项在交通事故第三者责任险限额内承担 ×%(未投不计免赔率特约险的情形)的赔偿责任,计 ×× 元,于本判决生效之日起十日内履行完毕。例2:如在扣除交通事故责任强制险赔偿部分后,被告仍需赔偿 30,000 元,被告诉前已垫付 20,000 元的情形:被告 ×× 保险公司对本判决第二项中被告 ×× 赔偿的款项在交通事故第三者责任险范围内承担 85%(扣除约定的 15% 免赔责任)的赔偿责任,计 25,500 元(履行方式:×× 保险公司实际应赔偿原告 ×× 10,000 元,支付被告 ×× 垫付的 15,500 元),于本判决生效之日起十日内履行完毕。"云南高院《关于印发〈关于审理保险纠纷案件适用法律若干问题的会议纪要〉的通知》(2009年11月4日 云高法〔2009〕234号)第3条:"保险人和被保险机动车一方的诉讼地位按下列方式关于涉及交强险的机动车交通事故责任纠纷案件的当事人应按下列方式确定:受害第三者起诉被保险机动车一方,同时将保险人作为被告或者第三人起诉的,应当按照起诉状列明。受害第三者仅起诉被保险机动车一方,被保险机动车一方申请追加保险人参加诉讼的,应将保险人列为第三人,但保险人已经在交强险责任范围内予以赔偿的除外。受害第三者仅起诉保险人或被保险机动车一方的,人民法院应当告知受害第三者可以申请追加被保险机动车一方或保险人参加诉讼。"江苏南京中院民一庭《关于审理交通事故损害赔偿案件有关问题的指导意见》(2009年11月)第5条:"因 2004 年 5 月 1 日以后发生的交通事故引起的损害赔偿案件,肇事机动车方投保机动车第三者责任险的,被告为机动车方当事人和保险公司。受害人仅起诉保险公司的,应当追加机动车方当事人为被告;受害人仅起诉机动车方当事人的,应当追加保险公司为被告,但是保险公司已经在机动车第三者责任强制保险限额内予以赔偿的除外。"第6条:"机动车方当事人包括机动车所有人、实际控制人和驾驶人。受害人仅起诉机动车所有人或实际控制人的,如果机动车驾驶人非系履行职务行为,人民法院应当追加驾驶人为共同被告,受害人明确表示不向驾驶人主张权利的除外。"第7条:"与机动车方签订机动车第三者责任保险合同的保险公司的分支机构应作为被告参加诉讼。保险公司的分支机构包括领取营业执照的分公司、支公司和办事处等,法律文书中应将其负责人列为代表人。"第10条:"受害人起诉机动车方和保险公司要求赔偿,经实体审理认定受害人的损失额在机动车第三者责任险限额内的,判决主文中应明确驳回原告对机动车方的诉讼请求;如机动车方系人民法院依职权追加,则判决主文中不作此项表述。上述两种情形下,原告要求撤回对机动车方的起诉的,均不予准许。"江西九江中院《关于印发〈九江市中级人民法院关于审理道路交通事故人身损害赔偿案件若干问题的意见(试行)〉的通知》(2009 年 10 月 1 日　九中法〔2009〕97 号)第 15 条:"交通事故发生后,机动车驾驶人或所有人已支付部分或全部医疗费及其他合理费用的,赔偿权利人起诉机动车驾驶人或所有人及保险公司要求赔付剩余赔偿款的,如果保险公司应赔付的理赔款超过赔偿权利人诉请金额,而机动车驾驶人或所有人无需承担赔付责任或需赔付的金额少于已付款项,为了减少诉累,应一并解决机动车驾驶人或所有人与保险公司间的理赔事宜。具体判决主文的表述为:一、在本判决生效后×日内,某保险公司赔付赔偿权利人各项费用(合理诉请)××元;二、在本判决生效后×日内,某保险公司给付机动车驾驶人或所有人代垫医疗费等费用××元。"安徽蚌埠中院《关于审理人身损害赔偿案件若干问题的指导意见》(2009 年 7 月 2 日)第 11 条:"关于机动车所有人投保了机动车第三者责任险的,保险公司应否参与诉讼及如何承担责任问题。机动车投保机动车第三者责任险的,发生交通事故后,受害方起诉要求保险人承担保险责任的,应将保险公司和投保人列为共同被告;受害人起诉加害人的,可以根据当事人的请求通知保险公司作为第三人参与诉讼。在投保人与保险人未约定保险人对被保险人给第三者造成的损害由保险人直接向该第三者赔偿保险金的情况下,可以判决保险公司承担替代责任。"上海高院《关于处理道路交通事故纠纷若干问题的解答》(2009 年 6 月 20 日　沪高法民一〔2009〕9 号)第 1 条:"道路交通事故损害赔偿案件中,承保交强险保险公司的诉讼地位。根据《机动车交通事故责任强制保险条例》(以下简称《条例》)第 21、22 条规定,被保险机动车发生道路交通事故的,由保险公司依法在机动车交通事故强制保险责任限额内予以赔偿。为了保证交通事故受害人顺利理赔,受害人选择以保险公司为被告提起诉讼的,可以列保险公司为被告;受害人未以保险公司为被告提起诉讼的,一般宜追加保险公司为第三人。"辽宁高院《关于印发全省法院民事审判工作座谈会会议纪要的通知》(2009 年 6 月 1 日　辽高法〔2009〕120 号)第 21 条:"关于道路交通事故损害赔偿案件中交强险及商业险保险公司的诉讼地位。道路交通事故的受害人以责任人为被告,以承保交强险或第三者责任商业险的保险公司为被告或第三人提起诉讼的,应通知保险公司参加诉讼。当事人未提出相关申请的,可依职权通知保险公司以第三人的身份参加诉讼。但保险公司已全部履行其承保人义务的除外,保险公司应当根据相关法律、法规和保险合同的约定,承担相应的保险赔付责任。"广东佛山中院《关于审理道路交通事故损害赔偿案件的指导意见》(2009 年 4 月 8 日)第 5 条:"赔偿权利人在道路交通事故损害赔偿案件中要求承保肇事机动车的机动车交通事故责任强制保险和商业第三者责任险的保险公司承担保险赔偿责任的,人民法院应当予以受理。赔偿权利人起诉时将赔偿义务人和保险公司列为共同被告的,人民法院应将赔偿义务人和保险公司列为共同被告。赔偿权利人起诉时仅将赔偿义务人列为被告,未将保险公司列为被告,经人民法院释明后,赔偿权利人又申请追加保险公司为被告的,人民法院应予准许。赔偿义务人申请追加保险公司为被告或者第三人的,人民法院应追加保险公司为被告或第三人。赔偿权利人坚持不起诉保险公司,赔偿义务人亦不申请追加保险公司参加诉讼的,人民法院不依职权追加保险公司为共同被告或第三人。但应扣除保险公司在机动车交通事故责任强制保险范围内应承担的赔偿责任。赔偿权利人起诉时仅将保险公司列为被告,经人民法院释明,赔偿权利人仍不申请追加赔偿义务人为共同被告,人民法院不追加赔偿义务人为共同被告。但保险公司仅在责任限额范围内承担保险赔偿责任。"福建泉州中院民一庭《**全市法院民一庭庭长座谈会纪要**》(泉中法民一〔2009〕05号)第1条:"承保机动车第三者责任险(以下简称'商业险')的保险公司参加诉讼后,保险公司应向受害人即原告承担保险赔偿给付义务的情况下,判决主文应如何表述? 答:先判决机动车赔偿义务人(被告)承担其应承担的全部赔偿数额,即判决赔偿义务人应赔偿原告经济损失的数额,再判决其中应由保险公司承担保险赔偿责任的部分(具体数额)由保险公司直接支付给原告。"第6条:"投保人是车主,但肇事驾驶员又不是车主,保险公司是否应承担保险赔偿责任? 答:保险公司的保险理赔是针对被保险车辆进行的,并不是针对投保人进行赔偿,虽然投保人是车主,而肇事驾驶员不是车主,保险公司仍应承担保险赔偿责任。"第7条:"承保机动车第三者责任强制保险(以下简称'交强险')的保险公司参加诉讼后,保险公司承担赔偿责任的判决主文应如何表述? 答:根据《道路交通安全法》第七十六条的规定,直接判决保险公司承担赔偿责任,即判决保险公司将其应承担保险赔偿责任的数额赔偿给原告。若机动车既投保交强险,同时又投保商业险的,根据《道路交通安全法》第七十六条的规定,先判决承保交强险的保险公司在交强险责任限额范围内将应承担保险赔偿责任的数额支付给原告;超过责任限额的部分,判决确定机动车赔偿义务人应承担的赔偿责任,其中应由承保商业险的保险公司承担保险赔偿责任的部分(具体数额)由保险公司直接支付给原告。"湖南高院《**关于审理涉及机动车交通事故责任强制保险案件适用法律问题的指导意见**》(2008年12月12日)第1条:"保险人和被保险机动车一方的诉讼地位按下列方式确定:受害第三者起诉被保险机动车一方,同时将保险人作为被告或者第三人起诉的,应当按照起诉状列明。受害第三者仅起诉被保险机动车一方,被保险机动车一方申请追加保险人参加诉讼的,应将保险人列为第三人。但保险人已经在强制保险责任范围内予以赔偿的除外。受害第三者仅起诉保险人或被保险机动车一方的,人民法院可以告知受害第三者申请追加被保险机动车一方或保险人参加诉讼。"山东高院《**2008年民事审判工作会议纪要**》(2008

年9月)第2条:"……(八)关于交通事故强制责任保险的适用问题。道路交通事故强制责任保险属于一种法定险,根据《道路交通安全法》的规定,交通事故发生后,首先应当由承保的保险公司承担限额赔偿责任,因此,交通事故受害人交通事故直接责任人,保险公司应当作为共同被告参加诉讼。"福建高院民一庭《关于审理人身损害赔偿纠纷案件疑难问题的解答》(2008年8月22日)第11条:"问:国务院《机动车交通事故责任强制保险条例》施行后,在交通事故损害赔偿案件中,如何确定保险公司的诉讼地位?答:《道路交通安全法》第七十六条规定,机动车发生事故造成人身伤亡、财产损失的,由保险公司在第三者责任强制保险责任限额范围内先予以赔偿;超过责任限额的部分,再由双方当事人依法承担赔偿责任。虽然保险公司既不是实际的侵权人,也与交通事故受害人没有合同上的关系,但由于《道路交通安全法》规定其有法定义务在责任限额范围内直接向交通事故受害人承担赔偿责任。因此,如果赔偿权利人将保险公司和被保险机动车一方列为共同被告的,人民法院应当予以准许。同时,根据《道路交通安全法》第七十六条的规定还可得知,保险公司承担的赔偿份额,将决定被保险机动车一方是否以及具体应承担的赔偿份额,交通事故案件的处理结果,与保险公司和被保险机动车一方均有法律上的利害关系。所以,如果赔偿权利人仅起诉被保险机动车一方或者保险公司的,人民法院可以追加另一方为第三人。"湖南常德中院民一庭《关于当前民事审判工作中应当注意的几个问题》(2008年8月7日)第3条:"保险公司的诉讼地位。对于该问题,可以按下列方式处理:(1)受害第三者起诉被保险机动车一方,同时将保险公司作为被告或第三人起诉的,应当按起诉状列明;(2)受害第三者仅起诉被保险机动车一方向,被保险机动车一方申请追加保险公司参加诉讼的,应当将保险公司列为第三人。但保险公司已经在机动车强制保险责任范围内予以赔偿的除外;(3)受害第三者仅起诉被保险机动车一方或保险公司一方的,人民法院可以告知受害第三者申请追加被保险机动车一方或保险公司一方参加诉讼。在交强险与第三者责任保险同时存在的情况下,可以将两种保险同时处理。"浙江杭州中院《关于道路交通事故损害赔偿纠纷案件相关问题的处理意见》(2008年6月19日)第1条:"道路交通事故涉及交强险(或第三者强制责任险)赔付的案件中,保险公司的诉讼地位问题。(1)起诉时,原告同时起诉肇事方和保险公司的,可将两者列为共同被告。侵权赔偿与保险赔付系不同的法律关系,不属于共同诉讼,本应分案处理,但根据《机动车交通事故责任强制保险条例》第31条和《道路交通安全法》第76条的规定,道路交通事故的受害人对保险金享有直接的请求权,且该请求权是法定的,故可从诉的合并的角度,将两者列为共同被告。(2)起诉时,原告仅起诉肇事方的,应向原告进行释明,由原告申请追加保险公司为共同被告或者第三人,或者由保险公司申请作为第三人参加诉讼;原告经释明后仍不追加的,以及保险公司不申请作为第三人参加诉讼的,法院应依职权追加保险公司为第三人。保险公司虽非事故责任人,但根据《保险法》第 50 条、《道路交通安全法》第 76 条和《交强险条例》第 31 条的规定,保险公司作为赔付主体,与案件裁判结果具有直接的利害关系,法院不得在其不知情的情况下作出对其不利的裁判,剥夺其正当的诉讼权利。并且交强险'先行赔付'原则系法定原则,应当由保险公司先行对受害人进行赔付,肇事方的责任须待保险公司赔付范围确定后方能判断。故应当将保险公司追加为当事人。对于保险公司的诉讼地位问题,道交事故人身损害赔偿案件的请求权基础是侵权法律关系,保险公司对该案件的诉讼标的(即侵权行为)并无独立请求权,而是基于法律直接规定而对受害人具有先行赔付、直接赔付的义务,且该赔付义务源于保险公司与肇事者保险合同的订立,因此保险公司在道交人损案件中的诉讼主张往往依附于肇事者一方,故保险公司的诉讼地位应为无独立请求权第三人。对于保险公司为共同被告的情形前已所述,在此略。例外情形:实践中,特别是外地车辆发生的交通事故中,交通事故认定书上的保险公司信息仅为保险单号,法院无法查明保险公司的具体信息,从诉讼成本和诉讼效率的角度出发,此种情况下,法院可仅审查侵权法律关系,并且《保险法》第 50 条的规定,可由保险公司对肇事者进行赔付,故法院可以不依职权追加保险公司为第三人。(3)起诉时,原告仅起诉保险公司的,因保险公司的责任范围要根据肇事方的责任而确定,且保险公司承担责任的范围与肇事方也有利害关系,故应由法院向原告释明追加肇事方为共同被告或者第三人参加诉讼,或者由肇事方申请作为第三人参加诉讼的。如果原告经释明后仍不追加的,且肇事方也不申请作为第三人参加诉讼的,法院应当依职权追加肇事方为第三人参加诉讼。"四川高院民一庭《关于审理交通事故损害赔偿案件法律适用问题研讨会纪要》(2008 年 5 月 8 日)第 2 条:"分歧较大,经我庭审判长联席会议讨论没有结论,仅提出倾向性意见的问题。(一)关于是否追加保险公司以及保险公司的诉讼地位问题……我们倾向认为,如果机动车所有人和管理人投保交强险的,无论当事人是否申请,人民法院均可以依职权追加提供该强制责任险的保险公司参加诉讼;当事人主动申请追加保险公司的,人民法院应当追加提供该强制责任险的保险公司参加诉讼;当事人没有申请追加提供该强制责任险的保险公司的,人民法院可以依职权追加提供该强制责任险的保险公司参加诉讼。机动车所有人、管理人在投保交强险外,又投保商业三者险的,人民法院可以根据当事人的申请,追加提供商业三者险的保险公司参加诉讼。而在连环撞车事故中,人民法院只要决定追加一家保险公司,就应当将其他车辆投保的保险公司一并追加进来。机动车所有人、管理人不论是投保交强险,还是商业三者险,保险公司参加诉讼,均作为无独立请求权的第三人。"江苏宜兴法院《关于审理交通事故损害赔偿案件若干问题的意见》(2008 年 1 月 28 日 宜法〔2008〕第 7 号)第 17 条:"机动车发生交通事故,车方投保交强险的,如果受害人未将承保交强险的保险公司列为共同被告的,应当告知当事人追加保险公司为共同被告,如果当事人拒不追加的,应按职权追加为共同被告。如果受害人仅起诉承保交强险的保险公司,未将车方列为共同被告的,应当告知当事人追加车方为共同被告,如果当事人拒不追加的,应按职权追加为共同被告。"第18条:"同时承保交强险和商业三者险的保险公司,除判决其在交强险限额内承担责任外,一般不宜直接判决其在三者险限额内承担保险责任,保险公司的三者险责任,应按保险合同纠纷另行处理。但存在下列可能影响赔偿权利人利益的情形之一的,可列保险公司为共同被告,并按保险合同的约定,直接判决其在三者险限额内向受害方支付保险金:(1)肇事车方在外地的,或者应当承担责任的责任人在外地;(2)因存在肇事者逃逸等情形,保险赔偿金明显不能得到及时、正常理赔的。"陕西高院《关于审理道路交通事故损害赔偿案件若干问题的指导意见(试行)》(2008年1月1日 陕高法〔2008〕258号)第23条:"赔偿权利人起诉被保险机动车一方,同时将保险公司作为被告或者第三人起诉的,人民法院应当将保险公司列为被告或者第三人参加诉讼。"第24条:"赔偿权利人仅起诉被保险机动车一方,人民法院可以追加保险公司作为第三人参加诉讼。但是保险公司已经履行了赔付义务的除外。"北京高院民一庭《北京市法院道路交通事故损害赔偿法律问题研讨会会议纪要》(2007年12月4日)第1条:"保险公司的诉讼地位问题。(1)关于受害人一方依据机动车交通事故责任强制保险合同起诉后,保险公司应当作为无独立请求权第三人还是共同被告以及受害人一方不起诉保险公司时,法院应如何处理的问题。根据《道路交通安全法》第七十六条的规定,保险公司在交强险责任限额范围内承担法定的赔偿义务。关于保险公司应作为第三人还是共同被告的问题,目前理论上仍有争议。立足保障我市法院的执法统一,与会人员主导意见认为:机动车发生交通事故致他人(指机动车本车人员、被保险人以外的受害人)损害的,受害人一方(包括机动车之间发生交通事故事故时受到损害的一方)应当起诉致害机动车一方(包括机动车之间发生交通事故事故时致对方损害的一方)及其投保交强险的保险公司为共同被告。如受害人一方仅起诉致害机动车一方,致害机动车一方申请追加保险公司为共同被告的,法院应当予以追加。如果受害人一方起诉时没有列保险公司为被告,法院应当予以释明。经释明,受害人一方申请追加保险公司为共同被告的,法院应当予以追加。释明后受害人一方坚持不起诉保险公司,且致害机动车一方亦不要求追加保险公司的,则可以不追加保险公司参加诉讼。(2)关于机动车既投保了交强险,又投保了商业性三者险,发生交通事故损害赔偿争议后,保险公司的法律地位如何确定的问题。与会人员主导意见认为:交强险与商业性三者险责任原理与确定因素不同,两种保险责任原则上不宜在一案中一并解决。故机动车发生交通事故致他人损害的,受害人一方应基于交强险起诉致害机动车一方及其投保交强险的保险公司,对基于商业性三者险的保险赔偿责任,致害机动车一方可以另行起诉其投保商业性三者险的保险公司。(3)关于机动车之间发生交通事故,原告起诉后被告反诉的应否追加原告投保交强险的保险公司问题。与会人员主导意见认为:因交强险旨在通过保险赔偿投保机动车之外的人身与财产损失,故在被告反诉原告赔偿的案件中,应当追加原告投保交强险的保险公司为反诉被告,以便确定保险公司的赔偿责任。"湖北十堰中院《**关于审理机动车损害赔偿案件适用法律若干问题的意见(试行)**》(2007年11月20日)第11条:"《机动车交通事故责任强制保险条例》实施前,投保人与保险人订立的机动车第三者责任保险合同为商业保险,保险人的责任应当按照双方之间的保险合同的约定确定。赔偿权利人起诉被保险机动车一方,同时将保险公司作为被告或者第三人起诉的,法院应当将保险公司相应列为被告或者第三人。"第12条:"机动车投保'交强险'的,如果发生诉讼,应当将保险公司列为被告。保险公司的责任按照《机动车交通事故责任强制保险条例》的规定确定。"第13条:"机动车方既投保了交通事故责任强制保险,又投保了商业性第三者责任保险,受害人或者其相关赔偿权利人在交通事故损害赔偿案件中一并起诉承保商业性第三者责任保险的保险机构,要求该保险机构直接向其承担赔偿责任的,法院对其该项诉求不受理,并告知当事人可就商业责任保险的保险金问题另行起诉。"江西高院民一庭《**关于审理道路交通事故人身损害赔偿案件适用法律若干问题的解答**》(2006年12月31日)第3条:"根据《保险法》第五十条第一款的规定,保险人对责任保险的被保险人给第三者造成的损害,可以依照法律的规定或者合同的约定,直接向该第三者赔偿保险金。因此,投保了'商业三责险'的机动车发生交通事故致人损害,赔偿权利人同时起诉保险人的,列保险人为第三人。赔偿权利人虽然未起诉保险人,但赔偿义务人应诉后请求追加保险人为当事人,赔偿权利人同意合并审理的,人民法院应当允许,并追加保险人为第三人。赔偿权利人仅起诉保险人的,人民法院在立案审查时应当告知其起诉事故车辆一方为被告、变更保险人为第三人,并释明法律后果。如赔偿权利人不同意增加赔偿义务人为被告的,人民法院对赔偿权利人的起诉不予受理;已经受理的,裁定驳回起诉;如赔偿权利人同意变更事故车辆一方为被告,但不同意变更保险人为第三人的,不影响人民法院根据实际的法律关系确定保险人的诉讼地位。"第4条:"《机动车交通事故责任强制保险条例》施行后,事故车辆投保了'机动车交通事故强制保险'(下文简称'交强险'),但保险人未按照该条例给予赔偿权利人赔偿的,保险人、事故车辆方均可列为被告。如果赔偿权利人可获赔偿的金额在保险赔偿限额内足以支付的,赔偿权利人仅起诉保险人的,事故车辆方可以不参加诉讼。如果赔偿权利人同时起诉事故车辆方及保险人的,保险人按照《机动车交通事故责任强制保险条例》的规定承担赔偿责任,事故车辆方对超出'交强险'赔偿限额部分承担赔偿责任。如保险人已按条例支付赔偿且经被保险人同意的,人民法院应当驳回赔偿权利人请求保险人赔偿的诉讼请求。"第6条:"问:事故车辆在投保'交强险'后,又投保了'商业三责险'的,如何确定保险人的诉讼地位?答:列保险人为被告。"第9条:"事故车辆投保了'商业三责险'的,赔偿权利人可以根据《中华人民共和国保险法》第五十条第一款的规定向人民法院申请先予执行,人民法院应当即时就抢救费用对保险人先予执行。人民法院在下达先予执行裁定时,可以事先口头征求保险人意见,保险人不同意主动先行垫付的,对因先予执行发生的费用由保险人承担。人民法院在决定先予执行时,应根据《中华人民共和国民事诉讼法》第九十七条的规定以及事故车辆方的责任大小、保险合同中的免责条款和保险责任范围的约定,决定是否可予以先予执行以及执行款项的具体金额。"江苏溧阳法院《关于审理交通事故损害赔偿案件若干问题的意见》(2006年11月20日)第1条:"根据《民诉法意见》第四十条第七项规定,只要是保险公司设立的分支机构就具有主体资格,确定作为被告的保险公司应是签订保险合同的保险公司,不能把分支机构的上级保险分公司或总公司直接列进来。"第2条:"两车相撞导致第三者人身或财产损失的,两车上的赔偿责任主体构成共同侵权,如果第三者不明确放弃对一方的赔偿,均要列为被告参加诉讼。两车所投保的保险公司如按规定应在保险限额内承担无过错责任的,也均要列为被告参加到诉讼中来。"辽宁沈阳中院民一庭《关于审理涉及机动车第三者责任险若干问题的指导意见》(2006年11月20日)第2条:"关于诉讼主体的确定问题。依据道交法第七十六条和保险法第五十条一款的规定,道路交通事故的受害方对致害方投保的保险公司具有法定的直接请求权,承保的保险公司直接对受害方给付赔偿金属法定的义务。因此,机动车第三者责任保险,无论是商业险性质还是强制性性质,都应当直接将承保第三者责任保险的保险公司列为共同被告或者第三人。(一)审理第三者商业险案件,如果受害方仅起诉加害方(肇事司机、车主、被挂靠单位等)而未起诉保险公司的,法院不应依职权直接追加保险公司为被告,但应追加保险公司为第三人参加诉讼;如已起诉保险公司为共同被告,一般不依职权变更。(二)审理第三者强制险案件,如受害方仅起诉加害方,应告知其申请追加保险公司为共同被告;拒不申请追加的,法院依民诉法第五十六条二款直接追加保险公司为第三人。(三)对于加害方既办理了商业险,也办理了强制险的案件,如保险人系不同的保险公司,应将不同保险公司分别列为被告和第三人。(四)对于多台机动车肇事发生同一损害后果的,应将所有加害方和所有承保的保险公司均列为共同被告或第三人。"重庆高院《关于审理道路交通事故损害赔偿案件适用法律若干问题的指导意见》(2006年11月1日)第21条:"机动车发生道路交通事故致人损害,赔偿权利人起诉要求机动车方与承保交通事故责任强制保险的保险公司承担赔偿责任的,按照以下情形处理:(一)机动车依法投保交通事故责任强制保险,赔偿责任属于交通事故责任强制保险责任限额范围的,由保险公司直接向赔偿权利人承担赔偿责任;(二)赔偿责任不属于交通事故责任强制保险责任范围或者超出交通事故责任强制保险责任限额的,由机动车方根据法律规定承担相应赔偿责任。"辽宁高院《关于审理机动车第三者责任险案件有关问题的通知》(2006年10月12日　辽高法明传〔2006〕118号)第3条:"保险人的诉讼地位和有关责任承担问题。在审理商业责任险案件中,法院不应依职权直接追加保险人为被告,但可以追加为第三人,并判令其在交强险的法定责任限额内承担赔偿责任。"四川高院《关于〈机动车交通事故责任强制保险条例〉实施后,审理道路交通事故损害赔偿案件的指导意见》(2006年8月15日)第1条:"机动车事故责任强制保险与商业性机动车第三者责任险是不同的责任保险制度。《条例》实施后,在审理交通事故损害赔偿案件中,当事人依商业性机动车第三者责任保险合同主张权利的,人民法院应当按照合同的约定确定保险人的赔偿责任。"第2条:"《条例》实施后,机动车所有人或管理人既投保机动车交通事故强制责任险,又投保商业性机动车事故第三者责任险,在交通事故损害赔偿案件中,人民法院应按照《道路交通安全法》第七十六条第一款的规定,确定强制保险合同中保险人的责任;不足部分由保险人根据商业性机动车第三者责任险保险合同的约定承担赔偿责任。"第3条:"《条例》实施后,机动车所有人、管理人原投保的商业性机动车第三者责任险尚未到期的,发生交通事故后,当事人依据该保险合同请求保险人承担保险责任的,人民法院应当根据合同的约定确定保险人的责任;但当事人根据《道路交通安全法》第七十六条的规定主张保险人承担保险责任的,人民法院不予支持。"第4条:"《条例》实施后,尚未审结的一审、二审交通事故损害赔偿案件,人民法院应当根据当事人的诉讼请求以及所依据的保险合同的性质确定保险人的赔偿责任。"第5条:"《条例》实施前,已经审结的交通事故损害赔偿案件,当事人以违反《条例》规定为由申请再审的,人民法院不予支持。"江西赣州中院《关于审理道路交通事故人身损害赔偿案件的指导性意见》(2006年6月9日)第28条:"投保了交通事故责任强制保险的机动车发生交通事故致人损害,由承保的保险机构在机动车交通事故责任强制保险的责任限额内按照实际损害赔偿。《机动车交通事故责任强制保险条例》实施后,机动车应当投保而未投保机动车交通事故责任强制保险的,由其在应当投保的强制保险的责任限额内按照实际损失承担赔偿责任。交通事故的损失超出强制保险责任限额的部分,按照《道路交通安全法》第七十六条的规定承担责任。"第32条:"赔偿权利人依据《道路交通安全法》和保险合同有权请求保险机构承担赔偿责任:赔偿权利人未起诉保险机构的,机动车方可以申请追加保险机构为第三人,但保险机构已经在责任保险限额范围内予以赔偿的除外。"第33条:"赔偿权利人仅起诉保险机构要求其承担赔偿责任的,人民法院应当将被保险人列为被告参与诉讼;赔偿权利人拒绝的,保险机构仅在责任限额范围内承担保险赔偿责任;赔偿权利人不起诉保险机构的,人民法院不依职权追加保险机构为诉讼当事人。"贵州高院、省公安厅《**关于处理道路交通事故案件若干问题的指导意见(一)**》(2006年5月1日)第26条:"仅投保机动车第三者责任保险的,赔偿权利人起诉应以机动车一方为被告。赔偿权利人仅起诉保险公司要求赔偿的,承办法官或合议庭应予释明,告之以机动车一方为被告,保险公司为第三人。当事人要求保险公司参加诉讼的,人民法院应将保险公司列为第三人参加诉讼。投保人、被保险人因交通事故理赔发生纠纷,起诉保险公司的,属于保险合同纠纷,不适用本意见。"上海高院《**关于下发〈关于审理道路交通事故损害赔偿案件若干问题的解答〉的通知**》(2005年12月31日 沪高法民一〔2005〕21号)第1条:"在道路交通事故纠纷中,保险公司的责任性质与诉讼地位如何确定? 答:保险公司在交通事故损害赔偿纠纷中的责任性质,司法实践中存在垫付与直接责任的争议。至于其诉讼地位,当前司法实践亦做法不一(列为共同被告、列为第三人、不参加诉讼等做法均存在)。我们认为,保险公司承担的是保险金的赔付责任,故保险合同外第三人无权以保险公司为被告诉请赔付保险金,保险公司的诉讼地位以第三人为宜。理由如下:道路交通事故仅系保险合同的理赔事由,故保险公司承担的是保险合同责任。因此,保险公司的诉讼地位取决于请求方是否享有保险金之赔付请求权。保险金赔付请求权系基于保险法与保险合同产生,如法律规范与保险合同均未规定另外受益人,被保险人应为当然且惟一的保险金请求权人,他人无权直接向保险公司请求给付保险金,只能从被保险人处间接获得;第三者责任保险亦不例外。《保险法》第五十条第一款规定:'保险人对责任保险的被保险人给第三者造成的损害,可以依照法律的规定或者合同的约定,直接向该第三者赔偿保险金。'故保险公司依此规定,可直接向第三者给付保险金,但该条款并未授予第三者直接向保险公司请求给付的权利。综观《道路交通安全法》第七十五条、第七十六条文意,亦只是规定保险公司应于保险责任范围之内承担赔偿责任,并未赋予第三者就保险金的赔付请求权。且我国目前的机动车第三者责任保险合同并无直接赔付保险金于受害第三者的规定;故除涉案保险合同另有特别约定外,受害第三者并无直接向保险人请求给付保险金的权利。鉴于机动车辆第三者责任保险的性质,系被保险人转嫁其赔偿风险的险种,故保险人保险金的赔付应建立在被保险人事故责任比例大小和应负赔偿责任多少的基础之上。交通事故损害赔偿纠纷的处理结果与保险公司具有利害关系。为防止第三者与被保险人恶意串通,保障保险公司的合法权益,保险公司可经申请或由人民法院通知作为第三人参加诉讼。若起诉时,赔偿权利人已将保险公司作为被告之一或者第三人的,将保险公司相应列为被告或者第三人;若赔偿权利人仅起诉保险公司的,则应当追加机动车一方作为被告参加诉讼。"安徽高院《审理人身损害赔偿案件若干问题的指导意见》(2005年12月26日)第5条:"《道路交通安全法》实施以前发生的交通事故,机动车所有人投保了机动车第三者责任险,受害方起诉要求保险人承担保险责任的,应将保险公司和投保人列为共同被告;受害人起诉加害人的,可以根据当事人的请求通知保险公司作为第三人参与诉讼。"第7条:"认定构成第三者责任强制保险的,受害方起诉保险公司或者申请追加保险公司参与诉讼,应将保险公司列为被告。保险公司参与诉讼的,案由仍应确定为道路交通事故损害赔偿纠纷。"广东深圳中院《道路交通事故损害赔偿案件研讨会纪要》(2005年9月26日)第1条:"2004年5月1日之后至国家统一机动车第三者强制保险制度实行前所发生的道路交通事故中,涉案机动车已投保了机动车第三者责任险的,第三者及其相关赔偿权利人起诉时,应当将相应的保险公司列为案件被告。第三者及相关赔偿权利人坚持不起诉保险公司的,人民法院应当予以准许。第三者是指被保险机动车发生道路交通事故的受害人,但不包括被保险机动车本车人员、被保险人。"浙江杭州中院《关于审理道路交通事故损害赔偿纠纷案件问题解答》(2005年5月)第2条:"《道路交通安全法》第76条规定:机动车发生交通事故造成人身伤亡、财产损失的,由保险公司在机动车第三者责任强制保险责任限额范围内予以赔偿。问:保险公司是否应当参与道路交通事故人身损害赔偿诉讼?若是,其诉讼地位应如何确定?在法理上,保险公司与投保人之间就机动车第三者责任险形成的是保险合同关系(商事法律关系),而机动车方与受害人之间形成的是道路交通事故侵权损害赔偿关系(民事法律关系),两种法律关系的性质不同。但是,根据《保险法》第50条的规定,'保险人对责任保险的被保险人给第三者造成的损害,可以依照法律的规定或者合同的约定,直接向该第三者赔偿保险金。''责任保险是指以被保险人对第三者依法应负的赔偿责任为保险标的的保险。'而《道路交通安全法》第76条已经明文规定保险公司对道路交通事故受害人的赔偿责任。故,道路交通事故的受害人根据上述两条规定,对保险金享有直接的请求权,保险公司有义务按照保险合同的约定给付保险金。受害人的请求权是法定的,源于上述两部法律的直接规定。故受害人以机动车方和保险公司为共同被告提起损害赔偿之诉的,人民法院应当对保险公司的赔偿义务作出判决;受害人起诉时仅诉机动车方,而在诉讼过程中申请追加保险公司为共同被告的,人民法院应予准许;受害人起诉时仅以保险公司为被告提起诉讼的,由于保险公司对受害人承担的责任实际上是代肇事的机动车方承担责任(即代偿),为了便于保险公司行使抗辩权,也为了查清案件事实,人民法院应当将投保人追加为共同被告。至于作为被告的机动车方在诉讼过程中要求追加保险公司为共同被告的,由于一方面机动车方是侵权行为人,另一方面作为赔偿权利人的原告没有要求保险公司代为承担责任,故不能在道路交通事故损害赔偿纠纷案件中将保险公司追加为共同被告,机动车方可在向原告承担赔偿责任后,另行向保险公司追偿。至于案由,仍作为道路交通事故损害赔偿来对待。由此,人民法院在审理有保险公司作为当事人的道路交通事故损害赔偿案件中,要同时审理保险合同关系和侵权关系两个法律关系,具体应先确定机动车方作为侵权行为人对受害人应承担的责任比例和赔偿金额,再确定保险公司在投保人投保的机动车第三者责任险赔偿限额范围内的具体赔偿金额,余额即为机动车方应自己承担的赔偿责任。"上海高院《关于贯彻实施〈上海市机动车道路交通事故赔偿责任若干规定〉的意见》(2005年4月1日 沪高法民一〔2005〕4号)第4条:"一方以损害赔偿为由起诉机动车方的,被诉机动车方所投保的保险公司可以作为第三人参加诉讼。一方只起诉机动车方所投强制保险的保险公司的,机动车方应当作为共同被告参加诉讼。"江苏高院《关于审理交通事故损害赔偿案件适用法律若干问题的意见(一)》(2005年2月24日)第3条:"交通事故受害人因2004年5月1日以后发生的交通事故提起损害赔偿之诉的,被告应根据以下情形确定:(1)交通事故受害人仅起诉保险公司要求其承担赔偿责任的,应当追加机动车方作为案件的被告参加诉讼。(2)交通事故受害人仅起诉机动车方要求其承担赔偿责任,机动车方已经为机动车投保机动车第三者责任险的,应当根据机动车方的申请或者主动追加保险公司作为被告参加诉讼,但是保险公司已经在机动车第三者责任强制保险责任限额范围内予以赔偿的除外。"河北石家庄中院《关于处理交通事故损害赔偿案件中有关问题的座谈纪要》(2004年)第2条:"保险公司在事故发生后,及时履行了道交法第75条,76条所规定的义务,当事人只就超过限额部分提起民事诉讼的,可以不列保险公司作为当事人参加诉讼。当事人向法院提起诉讼时,保险公司尚未履行义务,法院应就相关规定对当事人尽告知义务。当事人将保险公司和侵权人一并作为被告提起诉讼的,应予准许。当事人只起诉侵权人的,法院应追回保险公司为利害关系第三人参加诉讼。"吉林高院《关于印发〈关于审理道路交通事故损害赔偿案件若干问题的会议纪要〉的通知》(2003年7月25日 吉高法〔2003〕61号)第5条:"道路交通事故的损害,已按机动车一方所投保险合同先行获得赔偿的,应由保险公司向人民法院起诉,在赔偿金额范围内行使求偿权。保险人的求偿权诉讼时效适用民法通则的有关规定。"第6条:"受害人认为按机动车一方所投保险合同获得的赔偿不足以弥补其财产损失的,可以直接向人民法院起诉,要求加害人赔偿其超过保险赔偿金部分的损失。"

6. 最高人民法院审判业务意见。●在交通事故损害赔偿纠纷案件中,保险公司能否作为被告参加诉讼?《人民司法》研究组:"道路交通安全法出台以后,交通事故损害赔偿纠纷案件中,当事人要求保险公司参加诉讼的,保险公司是作为被告还是第三人,应当根据保险公司在诉讼中的具体地位确定。如果保险公司应当对原告直接承担赔偿责任,可以根据道路交通安全法第七十六条和民事诉讼法的有关规定,直接列其为案件的被告,如果保险公司对原告不直接承担赔偿责任,与当事人之间是追偿关系,可以列为第三人。"○保险公司能否以已向被保险人理赔为由对抗受害人的交强险赔偿请求权?最高人民法院民一庭意见:"根据《道交法》第76条、《保险法》第65条以及《交强险条例》第21条的规定,在被保险人没有依法向受害人承担赔偿责任的情况下,保险公司不能以其已经向被保险人理赔完毕为由,对抗受害人的赔偿请求权。"

7. 参考案例。①**2013年河南某保险合同纠纷案**,2010年,董某司机金某驾车与宁某车辆相撞,致宁某受伤、搭乘宁某车辆的韩某死亡,交警认定同等责任。2011年,生效判决判令董某赔偿韩某近亲属等各项损失24万余元后,执行法院裁定提取董某在保险公司三责险,并通知保险公司协助执行将该款划至法院账户。2012年,生效判决判令董某赔偿宁某4万余元,该判决已履行。董某诉请保险公司赔付三责险保险金29万余元,保险公司以董某未实际赔付第三者予以拒付。法院认为:《保险法》第65条第3款规定:"责任保险的被保险人给第三者造成损害,被保险人未向该第三者赔偿的,保险人不得向被保险人赔偿保险金。"该款立法目的系基于第三者责任险赔偿内容为保护第三者合法权益而制定。本案中,董某投保车辆在保险期间内发生保险事故,造成第三者损失,属本案保险合同约定的赔偿范围。董某给第三者造成损害应承担的赔偿责任,已经生效判决确定。投保车辆发生保险事故后,第三者责任险赔偿内容是保险人向第三者而非被保险人支付赔偿金。虽然生效判决判令董某承担的向第三者赔偿数额董某未履行,但执行法院已通知保险公司协助执行该判决,判决保险公司向董某承担保险赔偿责任不能产生侵害第三者合法权益后果,故判决保险公司支付董某保险金29万余元。②**2011年山东某损害赔偿纠纷案**,2011年,韩某驾驶张某挂靠客运公司车辆翻车,致周某受伤,交警认定韩某全责。张某垫付了周某医疗费2万余元。周某诉请韩某、张某、运输公司赔偿损失5万余元,并诉请事故车辆保险公司在30万元承运旅客责任保险限额范围内赔偿。法院认为:《保险法》第65条规定:"保险人对责任保险的被保险人给第三者造成的损害,可以依照法律的规定或者合同的约定,直接向该第三者赔偿保险金。责任保险的被保险人给第三者造成损害,被保险人对第三者应负的赔偿责任确定的,根据被保险人的请求,保险人应当直接向第三者赔偿保险金。被保险人怠于请求的,第三者有权就其应获赔偿部分直接向保险人请求赔偿保险金。"案涉客车在保险公司投保了每人每次事故最高赔偿限额为30万元的承运旅客责任保险,保险公司应依合同约定,在30万元承运旅客责任保险限额范围内直接向周某赔偿。韩某驾驶机动车操作不当,未保持安全车速是造成本起事故根本原因,其违反了《道路交通安全法》第22条第2款、第24条第1款规定,应负事故全部责任。由于事故发生时,韩某系受张某雇佣在从事雇佣活动中致人损害的,张某作为雇主应当承担赔偿责任。张某已支付周某医疗费2万余元,余下医疗费、误工费、护理费、住院伙食补助费、交通费、残疾赔偿金、精神损害抚慰金共计5万余元应由保险公司理赔。张某支付周某医疗费可向保险公司另行主张权利。韩某在本案交通事故发生过程中虽有重大过失,其应与雇主张某承担连带赔偿责任,客运公司作为挂靠单位,亦应与张某承担连带赔偿责任,但因张某不再对周某承担赔偿责任,故韩某、客运公司对周某亦不再承担赔偿责任。判决保险公司赔偿周某5万余元。③2011年江苏某保险代位权纠纷案,2010年7月,横某驾驶投保交强险和三责险的机动车碰撞马某致马某及马某妻子圣某死亡,交警认定马某、横某分负主、次责任。经交警调解,协议横某一次性赔偿死者家属46万元(含横某车辆所投保险在内)。马某子女直接起诉保险公司要求保险赔付。法院认为:责任保险的被保险人给第三者造成损害的,被保险人对第三者应负的赔偿责任确定的,根据被保险人的请求,保险人应直接向该第三者赔偿保险金。被保险人怠于请求的,第三者有权就其应获赔偿部分直接向保险人请求保险金赔付。本案中,原告所提供的证据能证明横某未能给付全部赔偿款,且在双方调解至今一直未请求保险公司向第三者赔偿保险金,应认定被保险人横某怠于请求,故原告有权就赔偿部分直接向保险公司请求赔偿保险金。保险公司应按保险合同约定赔偿横某因驾驶保险车辆发生交通事故造成原告的损失,原告与横某达成赔偿的具体数额对保险公司并不产生约束力。④2011年四川某交通事故损害赔偿案,2010年5月,谢某驾车撞伤骑自行车的杨某,交警认定谢某全责。经调解,杨某人身损害赔偿金额共计7800余元协议由谢某赔偿,随后保险公司依谢某申请,给付谢某保险金6000余元(部分赔偿项目认为过高),杨某以未收到赔偿为由,起诉谢某和保险公司。法院认为:杨某损失,保险公司应在交强险医疗费用赔偿限额项下负责赔偿6800余元,扣除已向谢某支付的6000余元中所包含的人身损害赔偿款5100余元,保险公司尚应赔偿1600余元。谢某已领取的保险赔偿金中有3300余元应归杨某所有,谢某应支付给杨某,根据《保险法》第65条及第177条规定,责任保险的被保险人给第三者造成损害,被保险人未向该第三者赔偿的,保险人不得向被保险人赔偿保险金,违反本法规定,给他人造成损害的,依法承担民事责任,故保险公司对谢某的该3300余元金钱给付义务,在谢某财产不足以清偿情形下应承担相应的补充赔偿责任。判决保险公司赔偿杨某1600余元,谢某给付杨某3300余元并由保险公司承担补充赔偿责任。⑤2010年北京某保险合同纠纷案,2007年12月,李某驾驶文某所有的车辆与孙某乘坐的马某的车辆相撞,致孙某、马某伤残,交警认定李某全责。法院判决交强险赔付之外,文某承担的赔偿责任为:赔偿孙某23万余元,赔偿马某25万余元。在文某未请求商业三责险赔付情况下,孙某直接起诉文某投保商业三责险的保险公司,并追加文某为第三人。法院认为:文某与孙某的交通事故人身损害赔偿,已经法院生效判决,文某对孙某应负的赔偿责任属于文某与保险公司的商业三责险保险责任范围,虽文某称其口头向保险公司索赔,但保险公司认可文某至今未正式提出索赔申请、尚未启动索赔程序,且保险公司至今未向文某或孙某支付保险金。文某客观上能够请求却至今未予索赔,显属怠于请求的情形,故孙某依法有权向保险公司请求赔偿保险金。⑥**2010年湖北某交通事故损害赔偿案**,2010年8月,彭某驾驶货车与段某驾驶的车辆相撞致车损人伤,交警认定彭某、段某分负主、次责任。在交警部门主持下的达成调解协议,由彭某赔偿段某6万元,但其只赔偿5万元。段某起诉彭某及彭某投保交强险的保险公司索赔8万余元。法院认为:彭某与段某达成的调解协议,系双方的真实意思表示,具备民事合同的特征和性质。该协议不存在无效或可撤销、可变更情形,依法应确认其效力。彭某已履行了调解协议中的主要给付义务,段某不享有依法解除调解协议的权利。又因彭某驾驶的机动车投保了交强险,故保险公司应在交强险限额内对段某承担民事赔偿责任。保险公司理赔后,有权拒绝彭某的理赔申请。彭某已经赔付的5万元,可以不当得利向段某主张返还。⑦**2010年云南某交通事故损害赔偿案**,2009年9月,杨某驾驶车辆与辜某所驾车辆相撞,致辜某车损人伤,交警认定杨某全责。杨某投保交强险的保险公司将财产限额内的2000元支付给杨某,辜某起诉时,保险公司是否需要重复支付成为焦点之一。法院认为:根据交强险的性质、功能及《道路交通安全法》的规定,交强险的设立主要是为了保护在交通事故中受害的第三人,而非投保人,其功能主要是减轻投保人的赔偿责任,故发生交通事故使第三人受到损害的,承保交强险的保险公司,有义务在交强险赔偿限额项下对受害人进行赔偿,是法定的赔偿义务人。至于保险公司已支付给投保人的款项,可与投保人杨某协商或依法维权。⑧**2009年浙江某交通事故损害赔偿案**,2008年1月,刘某无证驾驶登记车主为冯某的摩托车撞伤颜某,交警认定刘某全责。颜某直接起诉保险公司要求交强险赔付。法院认为:肇事方并非必要共同诉讼人,在受害人对肇事方没有诉请时,肇事方亦非正当当事人;保险公司在交强险责任限额范围内予以完全赔偿,事故的经过和责任认定并不影响法院审理和判决,在本案肇事司机和肇事车主下落不明情况下,无论根据民事诉讼法的基本原理、交强险的特点,还是从尊重受害人处分权、方便受害人获得救济来考虑,法院都不宜依职权追加肇事方为诉讼当事人,故判决保险公司在交强险范围内赔偿颜某医疗费、误工费、交通费共5000余元。⑨**2009年山东某交通事故损害赔偿案**,2007年5月,鲍某驾驶的农用三轮运输车与蒋某驾驶的摩托车碰撞,交警认定蒋某无证酒后逆行,承担事故主要责任;鲍某承担事故的次要责任。蒋某起诉鲍某,法院判赔鲍某赔偿20%共计3万余元并生效后,蒋某以不知被申请人鲍某的肇事车辆已投保交强险,要求追加保险公司为共同被告,申请再审。法院认为:投保了强制保险的车辆在发生交通事故致他人人身伤害或财产损失时,保险公司应在责任限额内予以赔偿,故受害人可将保险公司作为被告。蒋某未将保险公司列为共同被告主张权利,现以原审未能追加该公司作为共同被告为由申请再审无法律依据,故应裁定驳回蒋某再审申请。⑩**2009年北京某交通事故损害赔偿执行案**,2009年8月,李某驾驶半挂牵引车与赵某驾驶的车辆相撞,致赵某死亡,挂车侧翻导致货物又将行人王某砸死,交警认定李某、赵某分负事故主、次责任。法院判决生效后,王某近亲属申请执行李某所驾半挂牵引车在某保险公司的商业三责险,被保险公司和银行拒绝,理由:该半挂牵引车属分期付款购买,被保险人购车时与贷款银行签订协议约定保险理赔款第一受益人为银行。法院认为:根据《保险法》第18条规定,受益人是指人身保险合同中由被保险人或投保人指定的享有保险金请求权的人,投保人、被保险人可以为受益人,而在财产保险合同履行中,不应出现受益人这样一个角色,本案享有保险金请求权的主体只能是被保险人。从责任保险性质来看,应当是由保险公司代替被保险人赔偿给第三人的险种,故作为交强险的补充赔偿,银行不能成为财产保险受益人,保险理赔款应作为被保险人的财产予以协助执行。⑪**2007年山东某交通事故损害赔偿案**,2007年,孙某的客车逆向停靠时与李某驾驶的摩托车相剐蹭致后者摔伤致一级伤残。孙某分别投保了限额分别为6万元的交强险和20万元的商业三者险。法院认为:孙某违章停车,李某未确保行车安全,均是引发本次事故的原因,双方在事故发生后均未及时报警,致使事故现场证据灭失,应推定双方应承担事故的同等责任。孙某作为直接侵权人和肇事车辆的车主,应对李某因该起交通事故引发的全部经济损失承担相应的民事赔偿责任。保险公司应在交强险限额责任范围内赔偿李某因该交通事故造成的经济损失,超过部分在商业三者险限额范围内赔偿。⑫**2003年江苏某保险合同纠纷案**,2001年8月,朱某雇用的司机罗某驾车途中交通肇事,致黄某5级伤残,交警认定罗某全责。该车因系朱某分期付款从机电公司购得,朱某投保最高限额为16万元的三者险保险合同约定机电公司为受益人。2002年,朱某在另一交通事故中死亡。保险公司将前述三者险保险金7万元给付了朱某妻子张某。争议焦点:黄某应否为三者险受益人?黄某可否作为原告起诉?法院认为:本案讼争的第三者责任险不属于朱某基于自身人身关系与保险公司之间产生的债权,故黄某可以作为朱某所投保的第三者责任险的受益人。机电公司以朱某欠其购车款和与朱某在投保的第三者责任险中特别约定自己为受益人的条款,因不符合第三者责任险保险合同的法律规定,损害了在交通事故中遭受损害的第三者的合法权益,故该约定无效。当作为投保人的朱某死亡后,应由其法定继承人行使投保人权利,但怠于行使索赔权,作为受害人的黄某依法享有代位求偿保险金的权利。虽然保险公司诉讼中一直陈述张某是投保人妻子,但未提供任何有效证据加以证明,在黄某不予认可,又无法确认张某是朱某的合法妻子的情况下,保险公司将理赔款付给张某无合法依据。现张某领款后下落不明,致黄某的合法权益无法保障,保险公司应承担付款不当的法律责任。

【同类案件处理要旨】

同时投保交强险和商业三者险的机动车发生交通事故造成损害,当事人起诉侵权人时,有权要求将承保交强险和商业三者险的保险公司同时列为共同被告。承保交强险的保险公司在责任限额范围内赔偿不足部分,由承保商业三者险的保险公司根据保险合同予以赔偿,仍有不足的,依照《道路交通安全法》相关规定由侵权人予以赔偿。被侵权人或者其近亲属请求承保交强险的保险公司优先赔偿精神损害的,法院应予支持。在被保险人未依法向受害人承担赔偿责任的情况下,保险公司不能以其已向被保险人理赔完毕为由,对抗受害人的赔偿请求权。

【相关案件实务要点】

1.**【直接赔付主体】**保险公司将第三者强制责任保险金及商业保险金直接支付给投保人,在投保人未全额支付给受害人的情况下,保险公司无须对受害人重复给付。案见广东韶关中院(2009)韶中法民一终字第382号"刘某等诉张某等交通事故损害赔偿案"。另一种不同的裁判观点认为:(1)承保交强险的保险公司,有义务在交强险赔偿限额项下对受害人进行赔偿,是法定的赔偿义务人。案见云南石林法院(2010)石民初字第601号"某旅游公司诉杨某等交通事故损害赔偿案"。(2)保险公司在被保险人未赔偿交通事故受损害的第三者之前向被保险人给付保险金的,对受损害的第三者仍负有补充赔偿责任。案见四川成都新都区法院(2010)新都民初字第1948号"杨某诉谢某交通事故损害赔偿案"。

2.**【共同被告】**是否将保险公司列为共同被告,在法院行使释明权后,应由当事人自己选择,法院不宜强制追加。受害人未将交强险保险人列为共同被告要求其承担责任的情况下,法院不应主动追加保险公司为共同被告。案见山东聊城中院(2009)聊民申字第16号"蒋某诉鲍某交通事故损害赔偿案"。

3.**【无过错赔付】**交通事故发生后,保险公司在机动车第三者责任强制保险责任限额范围内承担无过错赔偿责任的原则。对于商业三者险,赔偿权利人可以直接向保险人主张权利。案见山东青岛城阳区法院(2007)城民初字第1824号"李某诉孙某等交通事故损害赔偿案"。

4.**【代位权】**责任保险的被保险人给第三者造成损害的,被保险人对第三者应负的赔偿责任确定的,根据被保险人的请求,保险人应直接向该第三者赔偿保险金。被保险人怠于请求的,第三者有权就其应获赔偿部分直接向保险人请求保金赔付。但被保险人与第三者之间达成的赔偿协议对保险公司并不产生当然的约束力,第三者行使代位权时也不能直接以赔偿协议内容作为唯一依据。案见江苏仪征法院(2011)仪商初字第0228号"马某等诉某保险公司保险代位权纠纷案"。

5.【代位权】被保险人客观上能够请求却不请求保险公司向交通事故受害第三者支付商业三责险赔偿金的,应视为怠于请求。第三者依据法律规定有权直接向保险公司请求赔偿保险金。案见北京朝阳区法院(2010)朝民初字第17694号"孙某诉某保险公司等保险合同纠纷案"。

6.【调解协议】交通事故当事人在交警部门协调下达成的调解协议具有民事合同性质,在不符合无效或可撤销条件的情形下,应依法确认其效力。受害方以侵权之诉起诉侵权方及保险公司,保险公司应在交强险限额内对受害方进行赔偿,同时拒绝侵权方的保险理赔申请。受害方获得的额外赔偿,侵权方可以不当得利为由要求返还。案见湖北汉江中院(2010)汉民一终字第147号"段某诉某保险公司等交通事故损害赔偿案"。

7.【被保险人死亡】交通事故受害人在被保险人死亡情况下,可以直接向保险公司主张第三者责任险的保险金。案见江苏淮安中院2003年5月22日判决"黄某诉某保险公司保险合同纠纷案"。

8.【银行作为受益人】第三者商业保险是对交强险的补充赔偿,银行不能成为财产保险的受益人,保险理赔款应作为被保险人的财产予以协助执行。案见北京平谷区法院(2009)平民初字第5293号"李某等诉张某等交通事故损害赔偿申请执行案"。

【附注】

参考案例索引:广东韶关中院(2009)韶中法民一终字第382号"刘某等诉张某等交通事故损害赔偿案",见《保险公司将保险金支付给被保险人后不应再对受害人承担赔付责任》(张雄),载《人民司法·案例》(201002:32)。①河南濮阳中院(2013)濮中法民三终字第73号"董某与某保险公司保险合同纠纷案",见《董章坤诉永诚财产保险股份有限公司河南分公司财产保险合同纠纷案——该案应视为被保险人已赔偿第三人的特殊情形》(张士基、张志强),载《人民法院案例选》(201401/87:282)。②山东阳谷法院(2011)阳民初字第2146号"周素青诉韩敬超等损害赔偿纠纷案",见《保险人直接向第三者赔偿保险金的逻辑前提》(石东洋),载《人民司法·案例》(201306:97)。③江苏仪征法院(2011)仪商初字第0228号"马某等诉某保险公司保险代位权纠纷案",法院判决保险公司赔偿交强险11万元、三责险计免赔5%后为19万元。见《马莉、马云峰诉人保仪征支公司保险代位权纠纷案》(王玥),载《江苏高院公报·参阅案例》(201203:60)。④北京朝阳法院(2010)朝民初字第17694号"孙某诉某保险公司等保险合同纠纷案",见《孙静诉永安财产保险股份有限公司北京分公司保险合同案》(蔡黎),载《中国法院2012年度案例:保险纠纷》(224)。⑤四川成都新都区法院(2010)新都民初字第1948号"杨某诉谢某交通事故损害赔偿案",见《杨天军诉谢启松道路交通事故人身损害赔偿案》(蒋娜娜),载《中国法院2012年度案例:道路交通纠纷》(92)。⑥湖北汉江中院(2010)汉民一终字第147号"段某诉某保险公司等交通事故损害赔偿案",见《交通事故调解协议的效力及处理》(陈忠军、印坤),载《人民司法·案例》(201120:26)。⑦云南石林法院(2010)石民初字第601号"某旅游公司诉杨某等交通事故损害赔偿案",见《中北交通旅游公司诉杨金平等道路交通事故财产损害赔偿案》(唐云龙),载《中国法院2012年度案例:道路交通纠纷》(111)。⑧浙江宁波市镇海区法院(2009)甬镇民初字1039号"颜某等诉某保险公司道路交通事故损害赔偿案",见《颜忠良诉中国人民财产保险股份有限公司宁波镇海支公司道路交通事故人身损害赔偿纠纷案》(谢朝宏),载《中国审判案例要览》(2010民事:464)。⑨山东聊城中院(2009)聊民申字第16号"蒋某诉鲍某交通事故损害赔偿案",见《交强险保险人的诉讼地位——山东聊城中院裁定蒋某诉被告鲍培法道路交通事故损害赔偿申诉案》(宋传宝),载《人民法院报·案例指导》(20100107:6)。⑩北京平谷区法院(2009)平民初字第5293号"李某等诉张某等交通事故损害赔偿申请执行案",见《李淑芬等诉张亚杰等道路交通事故人身损害赔偿申请执行案》(胡立民),载《中国法院2012年度案例:道路交通纠纷》(108)。⑪山东青岛城阳区法院(2007)城民初字第1824号"李某诉孙某等交通事故损害赔偿案",判决保险公司赔偿李某经济损失5.8万元,孙某赔偿李某经济损失50%即25万余元,保险公司在商业险范围内对该25万余元承担赔偿责任。见《李月宗诉孙培香等道路交通事故人身损害案》(宋士海),载《中国审判案例要览》(2008民事:355)。⑫江苏淮安中院2003年5月22日判决"黄某诉某保险公司保险合同纠纷案",一审判决保险公司支付黄某保险金9万元,二审改判支付16万元。见《车辆保险第三者责任险受害人黄玉进因投保人已故代位诉人保楚州支公司全额赔偿第三者责任保险金案》(王黎明、刘洋),载《人民法院案例选》(200304:259)。

参考观点索引: ●在交通事故损害赔偿纠纷案件中,保险公司能否作为被告参加诉讼?见《在交通事故损害赔偿纠纷案件中,保险公司能否作为被告参加诉讼?》,载《人民司法·司法信箱》(200805:111)。

72. 机动车险第三者认定

——车上人员险,何为第三者?

【车上人员】

【案情简介及争议焦点】

2005年6月,郑某搭乘徐某聘请的司机杨某所驾车辆,因杨某操作不当,致郑某被甩出车外,又被该车碾轧成重伤,交警认定杨某负全责。保险公司认为不应按50万元限额的商业三者险赔偿,而只能按5万元限额的车上人员险赔付。

争议焦点:1.郑某属第三者还是车上人员?2.车上人员两种含义的解释规则?

【裁判要点】

1. 郑某属于第三者。郑某非涉案三者责任险投保人、被保险人和保险人,其因保险事故致重伤,属因保险车辆发生意外事故遭受人身伤亡或财产损失的保险车辆下的受害者,符合保险合同约定之"第三者"概念。机动车辆作为交通工具,任何人都不能永久地置身于车上,故保险合同所涉第三者和车上人员均为特定时空条件下的临时性身份,非永久、固定不变的身份,两者可因特定时空条件变化而转化。本案事故发生时,郑某不在保险车辆上,应属第三者。

2. 格式合同解释规则。合同中"本车上其他人员"存在两种不同解释,依《保险法》格式条款不利解释规则,该免责条款亦应不适用。杨某系徐某所聘司机,其从事雇佣活动中因交通事故致郑某伤害,超过责任保险赔偿限额外的损失部分,应由雇主徐某负赔偿责任。

【裁判依据或参考】

1. 法律规定。《道路交通安全法》(2004年5月1日实施,2011年4月22日修正)第17条:"国家实行机动车第三者责任强制保险制度,设立道路交通事故社会救助基金。具体办法由国务院规定。"《保险法(2015年修正)》(2015年4月24日)第17条:"订立保险合同,采用保险人提供的格式条款的,保险人向投保人提供的投保单应当附格式条款,保险人应当向投保人说明合同的内容。对保险合同中免除保险人责任的条款,保险人在订立合同时应当在投保单、保险单或者其他保险凭证上作出足以引起投保人注意的提示,并对该条款的内容以书面或者口头形式向投保人作出明确说明;未作提示或者明确说明的,该条款不产生效力。"《合同法》(1999年10月1日,2021年1月1日废止)第39条:"采用格式条款订立合同的,提供格式条款的一方应当遵循公平原则确定当事人之间的权利和义务,并采取合理的方式提请对方注意免除或者限制其责任的条款,按照对方的要求,对该条款予以说明。格式条款是当事人为了重复使用而预先拟定,并在订立合同时未与对方协商的条款。"第40条:"格式条款具有本法第五十二条和第五十三条规定情形的,或者提供格式条款一方免除其责任、加重对方责任、排除对方主要权利的,该条款无效。"

2. 行政法规。《机动车交通事故责任强制保险条例》(2013年3月1日修改施行)第3条:"本条例所称机动车交通事故责任强制保险,是指由保险公司对被保险机动车发生道路交通事故造成本车人员、被保险人以外的受害人的人身伤亡、财产损失,在责任限额内予以赔偿的强制性责任保险。"第21条:"被保险机动车发生道路交通事故造成本车人员、被保险人以外的受害人人身伤亡、财产损失的,由保险公司依法在机动车交通事故责任强制保险责任限额范围内予以赔偿。道路交通事故的损失是由受害人故意造成的,保险公司不予赔偿。"第42条:"本条例下列用语的含义:……(二)被保险人,是指投保人及其允许的合法驾驶人……"

3. 司法解释。最高人民法院《关于审理道路交通事故损害赔偿案件适用法律若干问题的解释》(2012年12月21日,2020年修改,2021年1月1日实施)第14条:"投保人允许的驾驶人驾驶机动车致使投保人遭受损害,当事人请求承保交强险的保险公司在责任限额范围内予以赔偿的,人民法院应予支持,但投保人为本车上人员的除外。"最高人民法院《关于适用〈中华人民共和国合同法〉若干问题的解释(二)》(2009年5月13日 法释〔2009〕5号 2021年1月1日废止)第6条:"提供格式条款的一方对格式条款中免除或者限制其责任的内容,在合同订立时采用足以引起对方注意的文字、符号、字体等特别标识,并按照对方的要求对该格式条款予以说明的,人民法院应当认定符合合同法第三十九条所称'采取合理的方式'。提供格式条款一方对已尽合理提示及说明义务承担举证责任。"最高人民法院研究室《关于对〈保险法〉第十七条规定的"明确说明"应如何理解的问题的答复》(2000年1月24日 法研〔2000〕5号):"……《中华人民共和国保险法》第十七条规定:'保险合同中规定有保险责任免除条款的,保险人应当向投保人明确说明,未明确说明的,该条款不发生法律效力。'这里所规定的'明确说明',是指保险人在与投保人签订保险合同之前或者签订保险合同之时,对于保险合同中所约定的免责条款,除了在保险单上提示投保人注意外,还应当对有关免责条款的概念、内容及其法律后果等,以书面或者口头形式向投保人或其代理人作出解释,以使投保人明了该条款的真实含义和法律后果。"

4. 部门规范性文件。中国保监会《关于对如何界定机动车保险业务中"车上人员"的复函》(2005年8月25日 保监厅函〔2005〕160号):"……经研究,根据《机动车辆保险条款解释》(保监发〔2000〕102号)第四条中对'本车上的一切人员和财产'的解释,该受伤乘客应当属于'本车上的人员'。"中国保监会办公厅《关于车上人员责任险条款解释意见的复函》(2005年7月28日 保监厅函〔2005〕140号):"广东省汕头市中级人民法院:你院《关于请求解释〈机动车辆保险条款〉'车上责任险条款'第二条第四项的函》(〔2005〕汕中法民一终字第101号)收悉。经研究,函复如下:根据我会《关于印发〈机动车辆保险条款解释〉和〈机动车辆保险费率规章解释〉的通知》(保监发〔2000〕102号),对'车上责任险条款'第二条第四项的解释是:'由于驾驶员的故意行为、紧急刹车造成车上人员人身伤亡或货物损失,保险人不负责赔偿。由于本车上的人员因疾病、分娩、自残、殴斗、自杀、犯罪行为所致的本人的人身伤亡或财产损失,保险人亦不负赔偿责任。'"中国保监会《关于〈机动车辆保险条款〉第四条第(三)款解释的批复》(2001年9月18日 保监办函〔2001〕59号):"……保险车辆在行驶途中发生意外事故,车上乘客被甩出车外,落地后被所乘车辆碾压造成自身伤亡的情况,属于车上人员责任险的责任范围。"

5. 地方司法性文件。河南高院《关于机动车交通事故责任纠纷案件审理中疑难问题的解答》(2024年5月)第7条:"交强险和商业第三者责任险中的第三者身份转化问题在实践中应如何把握?答:应对车上人员作区分,即将车上人员分为驾驶人和乘客具体加以判断。交强险和商业第三者责任险均属于责任保险,目的是在被保险人及其允许的合法驾驶人给第三者造成损害时,分担被保险人的责任。就驾驶人而言,其对机动车有实际的控制力,损害系因本人行为造成,若因驾驶人在车辆侧翻后被甩出车外又被车辆挤压死亡而认定其属于交通事故的第三者,则会出现驾驶人既是侵权人又是受害人的逻辑悖论。故不论损害发生时驾驶人身处车上还是车外,均不能转化为交强险和商业第三者责任险中的第三者。就乘客而言,其因交通事故被甩出车外而受到的人身伤亡是本车车上风险直接导致时,应认定其身份仍属于车上人员;当本车乘客在交通事故发生被甩出车外后,又因本车碰撞、碾压等造成人身伤亡时,可以认为其所发生的人身伤亡是本车车外风险导致,据此认定其身份已经由本车乘客转化为交强险和商业第三者责任险中的第三者。乘客因本车急刹车被甩出车外后,后方车辆追尾导致本车前行再次碾压乘客及本车上坡过程中撞击到路障将乘客甩出,又因滑坡再次碾压乘客等,可以认定本车乘客转化为交强险和商业第三者责任险中的第三者。"广东高院《关于审理机动车交通事故责任纠纷案件的指引》(2024年1月31日 粤高法发〔2024〕3号)第11条:"机动车发生交通事故时的驾驶人是该车交强险的被保险人。机动车驾驶人脱离所驾机动车后因自身操作过错导致本车交通事故遭受损害的,不属于本车交强险的第三者。"第12条:"投保人未在保险合同或者投保单上签名、盖章,但是已经向保险公司交纳保险费的,保险合同成立。保险公司就合同免责条款的提示说明义务不因投保人支付保险费行为而免除,保险公司未依法作提示说明的,该免责条款不成为合同的内容。"第13条:"被扶养人有数人的,根据扶养人丧失劳动能力程度计算单个被扶养人生活费,相加后年赔偿总额不超过上一年度城镇居民人均消费支出额。"江西宜春中院**《关于印发〈审理机动车交通事故责任纠纷案件的指导意见〉的通知》**(2020年9月1日 宜中法〔2020〕34号)第43条:"被保险机动车发生交通事故时尚在车上的人员,因车辆碰撞、倾覆等原因甩出车外后又被本车二次碰撞、碾压等受到伤害的,应认定'第三者',适用交强险和商业三者险条款赔偿。被保险机动车的本车驾驶人员不属于'第三者'。"山东高院民二庭**《关于审理保险纠纷案件若干问题的解答》**(2019年12月31日)第16条:"如何认定机动车第三者责任商业保险中的'第三者'和'车上人员'?答:机动车第三者责任商业保险中的'第三者'是指除被保险人和车上人员以外的因被保险车辆发生意外事故遭受人身伤亡或者财产损失的人。车上人员责任险中的'车上人员'是指发生意外事故的瞬间,身处被保险车辆车体内或者车体上的人员。判断因被保险车辆发生意外事故而受害的人属于第三者还是车上人员,应当以受害人在事故发生以及受伤时的特定时间点与被保险车辆的相互空间位置作为主要依据。如果车上人员在事故发生时因被甩出车外而伤亡的,应当认定为车上人员。如果因甩出车外后又被保险车辆碰撞、碾压导致伤亡的,除合同另有约定外,则应认定为第三者。如果车上人员在事故发生前已经下车,后因被保险车辆碰撞、碾压导致伤亡的,也应当认定为第三者。但是,如果有证据证明事故的发生是由车上人员的过错导致,保险人主张其不属于第三者的,人民法院应予支持。"第18条:"被保险人允许的合格驾驶人在使用被保险车辆过程中发生保险事故的,能否依据第三者责任商业险合同要求保险人承担赔偿责任?答:被保险人允许的合格驾驶人在使用被保险车辆时发生意外事故,致使第三者遭受人身伤亡或者财产的直接损毁,依法应当由被保险人支付的赔偿金额,保险人依照保险合同的规定应给予赔偿。但由于驾驶人与保险人之间并无保险合同关系,故其无权依据第三者责任商业险合同直接请求保险人予以赔偿,应当通过被保险人进行主张。"湖南高院**《关于印发〈审理道路交通事故损害赔偿纠纷案件的裁判指引(试行)〉的通知》**(2019年11月7日 湘高法〔2019〕29号)第5条:"交强险及商业第三者责任险中的本车人员,是指交通事故发生瞬间,位于机动车车体内或车体上的人员,包括正在上下车的人员。交强险及商业第三者责任险中的第三者是指被保险机动车发生道路交通事故的受害人,但不包括被保险机动车本车人员、被保险人。其中交强险的被保险人是指投保人及其许可的合法驾驶人。商业保险合同中对本车人员、第三者另有约定的除外。"四川高院《关于印发〈四川省高级人民法院机动车交通事故责任纠纷案件审理指南〉的通知》(2019年9月20日 川高法〔2019〕215号)第11条:"【'第三者'身份的认定】因机动车交通事故发生撞击导致车上人员脱离本车后被本车辗压致伤或者死亡的,该车上人员不属于'第三者'。驾驶人下车后被本车碾压致伤或者死亡的,该驾驶人不属于'第三者'。商业保险合同对'第三者'身份认定有约定的,从其约定。"安徽阜阳中院《机动车交通事故责任纠纷案件裁判标准座谈会会议纪要》(2018年9月10日)第7条:"车上人员甩出车外后被本车碰撞、碾压、剐蹭的,可以转化为第三者,但应当严格遵照'被本车碰撞、碾压、剐蹭的'的解释,不应过渡、扩大解释,甩出车外没有与本车发生接触的、从车上掉下摔伤的等,不应认定为第三者。"江西上饶中院《关于机动车交通事故责任纠纷案件的指导意见(试行)》(2019年3月12日)第3条:"……(七)被保险机动车发生交通事故时,处于被保险机动车之外的人员(包括投保人、被保险人和原为车上人员)都属于交强险和商业三者险中的'第三者'。交通事故发生时尚在车上,由于车辆碰撞、倾覆等甩出车外的人员,适用车上人员险条款规范;但是车上人员因车辆碰撞、倾覆等甩出车外后,又被该车辆拖曳、擦碰、碾压等造成伤亡的,适用交强险和商业三者险条款规范……"湖北鄂州中院《关于审理机动车交通事故责任纠纷案件的指导意见》(2018年7月6日)第12条:"'车上人员'是指发生事故时,身处保险车辆之上的人员。判断因保险车辆发生交通事故而受害的人属于'第三者'还是属于'车上人员',应以该人在事故发生时这一特定的时间是否身处保险车辆之上为依据,在车上即为'车上人员',在车下即为'第三者'。保险车辆的本车驾驶人员不属于'第三者'。"山东济南中院《关于保险合同纠纷案件94个法律适用疑难问题解析》(2018年7月)第57条:"机动车第三者责任保险中'第三者'如何认定。保险法第六十五条规定:'保险人对责任保险的被保险人给第三者造成的损害,可以依照法律的规定或者合同的约定,直接向该第三者赔偿保险金。责任保险的被保险人给第三者造成损害,被保险人对第三者应负的赔偿责任确定的,根据被保险人的请求,保险人应当直接向该第三者赔偿保险金。被保险人怠于请求的,第三者有权就其应获赔偿部分直接向保险人请求赔偿保险金。责任保险的被保险人给第三者造成损害,被保险人未向该第三者赔偿的,保险人不得向被保险人赔偿保险金。责任保险是指以被保险人对第三者依法应负的赔偿责任为保险标的的保险。'《山东省高级人民法院关于审理保险合同纠纷案件若干问题的意见(试行)》第26条第三款规定:'车上人员在发生交通事故时摔出车外后与所乘机动车发生碰撞导致人身伤亡,除合同另有约定外,保险人应按照责任强制保险和第三者责任保险承担保险责任.'确定'第三者'是确定保险人承担交强险、三者险项下赔偿责任的前提。被保险车辆中的车上人员与交强险和三者险中的第三者之间能否实现身份转换?车辆作为一种交通工具,'车上人员'和'第三者'并不是永久固定不变的身份,而是一种临时性的身份,在特定情形下可以相互转化。虽然受害人在事故发生前为'车上人员',但在事故发生时被摔出车外,处于车下,已在瞬间转化为'第三者'。被保险人自身无论何种情形都不构成第三者。同一被保险人的车辆之间发生事故所造成的同一被保险人的损失,不属于机动车第三者责任险赔偿的范围,保险人以此为由主张不应当向被保险人赔偿保险金的,人民法院应予支持。"山东日照中院《机动车交通事故责任纠纷赔偿标准参考意见》(2018年5月22日)第8条:"交强险、商业三者险中车上人员的转化问题。被保险车辆的实际驾驶人因车辆倾覆、被摔出车外或者下车查看车辆状况,因自身过失(如未拉紧手刹、溜车或车辆未熄火)被本车辆碾压致伤或致死的,实际驾驶人均不能转换成为本车交强险的第三者。除驾驶人外,车上人员在车外或者在发生交通事故被摔出车外后又与所乘机动车发生碰撞导致人身或者财产损害的,保险人应当按照交强险和商业三者险承担保险责任,车上人员在发生交通事故被摔出车外遭受人身损害的,不存在转化为第三者的问题。"河北唐山中院《关于审理机动车交通事故责任纠纷、保险合同纠纷案件的指导意见(试行)》(2018年3月1日)第3条:"['第三者'身份的认定]对本车驾驶员下车后,由于驾驶员自身的原因发生溜车等交通事故受到伤害的,以及驾驶人因本人过错发生交通事故被撞击,致其脱离本车又与本车接触受到二次伤害的,因自己不能成为自己权益的侵害者及责任承担主体,故驾驶员不能转换成为本车第三者责任强制保险中的第三者。对于本车上非驾驶人因交通事故脱离本车又被本车碾压受到伤害的,因事故发生时该乘客已经置身于保险车辆之下,故其已由车上人员转化为'第三者'。"安徽淮北中院《关于审理道路交通事故损害赔偿案件若干问题的会议纪要》(2018年)第3条:"其他需要规范的法律问题……(八)交强险和商业三者险中转化型'第三人'的赔偿问题。实践中一般分为三种情形,一是车上人员下车休息时,被疏忽的驾驶人撞死的情形;二是车上的司乘人员发生交通事故时先摔出车外,后被车碾压致死的情形;三是驾驶人下车查看车辆状况时,被未熄火或溜车的车辆碾压致死的情形。上述前两种情形可以在交强险范围内赔偿,商业保险将投保人、保险人、被保险人和车上人员以及被保险人家庭成员、保险车辆驾驶员及其家庭成员排除在商业第三者范围之外的,如果保险人履行了相应提示和充分说明义务的,该条款有效,应尊重商业第三者保险合同的约定,不予理赔,第三种情形被保险人作为驾驶人时,驾驶人本人就是被保险人,且对机动车有实际的控制力,同时,因行为人自己行为造成自身受损害,对其赔偿不符合我国交强险的规定。不予赔偿。"广东惠州中院《关于审理机动车交通事故责任纠纷案件的裁判指引》(2017年12月16日)第17条:"第三者是指因被保险机动车发生道路交通事故的受害人,不包括机动车本车人员。车上人员被抛出车外伤亡的,不认定为第三者。车上人员已经离开车体被本车所伤害的,应认定为第三者。"江苏高院《当前民事审判中30个热点难点问题》(2017年11月3日)第28条:"交强险中第三人的范围问题。最高人民法院道路交通损害赔偿司法解释第17条规定:投保人允许的驾驶人驾驶机动车致使投保人遭受损害,当事人请求承保交强险的保险公司在责任限额范围内予以赔偿的,人民法院应予支持,但投保人为本车上人员的除外。据此,在机动车投保人与实际驾驶人出现分离时,此时处于车外的投保人即成为第三人。实践中有争议的是,投保人与驾驶人合一,比如驾驶员下车因车辆倒溜受伤,或者驾驶员被甩出车外被本车撞伤,此时该驾驶员是否属于第三者,是否发生时空转化,这涉及到法的价值判断问题,需要理论予以理清。"四川成都中院《关于印发〈机动车交通事故责任纠纷案件审理指南(试行)〉的通知》(2017年7月5日 成中法发〔2017〕116号)第11条:"机动车因交通事故发生撞击等导致车上人员脱离本车,又被本车辗压致伤或者死亡的,该车上人员不属于'第三者',本车交强险不予赔付。驾驶人下车后被本车碾压的,该驾驶人不属于'第三者',本车交强险不予赔付。"重庆高院《印发〈关于保险合同纠纷法律适用问题的解答〉的通知》(2017年4月20日 渝高法〔2017〕80号)第7条:"商业三者险中车上人员与第三者如何认定?答:车上人员在正常下车后被所乘机动车造成人身伤亡的,可以被认定为第三者,但因其自身过失导致事故发生的,由于不存在侵权责任,缺乏适用责任保险的前提,保险人主张其不属于商业三者险合同约定的第三者的,人民法院应予支持。车上人员在事故发生过程中,因事故原因脱离所乘机动车而受害,包括脱离所乘机动车后又被所乘机动车碰撞、碾压导致人身伤亡的,均不应被认定为第三者。"广东广州中院《机动车交通事故责任纠纷案件审判参考》(2017年3月27日 穗中法〔2017〕79号)第3条:"机动车交通事故责任纠纷案件中,根据《机动车交通事故责任强制保险条例》第三条的规定,肇事机动车上的'本车人员'不属于第三者。'本车人员'离开肇事机动车后因该机动车发生交通事故遭受人身、财产损害的,该受害人应属于第三者。因此投保人允许的驾驶人因停车下车查看被撞,属于机动车交通事故责任强制保险的'第三者'范围。同一被保险人所有的不同车辆相撞发生事故,造成被保险人人身、财产损害的,发生事故时被保险人在车外的,可以成为交强险的'第三者'。"北京高院研究室、民一庭《北京法院机动车交通事故责任纠纷案件审理疑难问题研究综述》(2017年3月25日)第1条:"审判实践中对于'本车人员'以及'第三者'的范围如何界定?'本车人员'在交通事故发生时位于保险车辆之外是否能够归入'第三者'的范围,由交强险和商业三者险予以赔偿?第一种观点认为:因机动车辆是一种交通工具,任何人都不可能永久地置身于机动车辆之上,故机动车辆保险合同中所涉及到的'第三者'和'车上人员'均为在特定时空条件下的临时性身份,即'第三者'与'车上人员'均不是永久的、固定不变的身份,二者可以因特定时空条件的变化而转化。因保险车辆发生意外事故而受害的人,如果在事故发生前是保险车辆的车上人员,事故发生时已经置身于保险车辆之下,则属于'第三者'。至于何种原因导致该人员在事故发生时置身于保险车辆之下,不影响其'第三者'的身份。故本车驾乘人员脱离本车车体后,遭受本车碰撞、碾压等损害,请求本车交强险赔偿的,人民法院应予以支持。第二种观点认为:对本车驾驶员下车后,由于驾驶员自身的过错发生溜车等交通事故受到伤害的,因自己不能成为自己权益的侵害者及责任承担主体,故驾驶员不能转换成为本车交强险中的第三者。对本车驾乘人员因交通事故脱离本车又被本车碾压受到伤害的,因其在交通事故发生瞬间仍为车上人员,故也不能转换成为本车交强险中的第三者。第三种观点认为:对本车驾驶员下车后,由于驾驶员自身的过错发生溜车等交通事故受到伤害的,以及驾驶人因本人过错发生交通事故被撞击,致其脱离本车又与本车接触受到二次伤害的,因自己不能成为自己权益的侵害者及责任承担主体,故驾驶员不能转换成为本车第三者责任强制保险中的第三者。而对于本车乘客因交通事故脱离本车又被本车碾压受到伤害的,因事故发生时该乘客已经置身于保险车辆之下,故其已由车上人员转化为'第三者'。我们同意第三种观点。我们认为:审判实践中界定'本车人员'以及'第三者'的范围时应对本车人员作如下区分,即将本车人员分为驾驶人和乘客具体加以判断:1. 在交强险和商业三者险中,投保人允许的驾驶人,其法律地位相当于被保险人,原则上不能纳入第三者的范围。原因在于在我国的交强险和商业三者险的制度设计中第三人应为被保险人之外的受害人,而'被保险人'是需要特定化的概念,只有在交通事故发生时才能确定,被保险人除了投保人还包括投保人允许的合法驾驶人,也就是说投保人允许的驾驶人,在事故发生时属于被保险人的范畴。侵权法调整的是侵权人与受害人之间的法律关系。一般情况下,如果侵权人与受害人同属一人,即'自己对自己侵权',根据侵权法基本原理,不论行为人对自身之损害系故意为之或放任发生,其损害结果均应由行为人自负。在行为人从事危险作业的情况下,学理认为'任何危险作业的直接操作者不能构成此类侵权案件的受害人,当他们因此而受到损害时,应基于其他理由(如劳动安全)请求赔偿。'依据上述理论,驾驶人作为车辆的操作者,因过错发生交通事故产生损害,其危险驾驶行为本身即是损害产生的直接原因,这种因果关系不因驾驶人物理位置的变化而变化,即不论驾驶人于事故发生时是在车上还是车下,都无法改变其自身的危险驾驶行为是事故发生原因的事实。如果机动车驾驶人因本人的过错行为造成自身损害,此时驾驶人既是侵权人又是受害人,他不能成为自身过错行为的受害者并以此要求赔偿。因此对于驾驶人下车休息时或下车查看车辆状况时,被自己的过失驾驶操作行为(未熄火、未拉手刹或者车辆超载等)碾压受伤或致死以及因驾驶人本人过错发生交通事故被撞击,致其脱离本车又与本车接触受到二次伤害的情形,驾驶人作为被保险人均无法转化为本车的第三者,该驾驶人请求承保本车交强险和商业三者险的保险公司予以赔偿的,人民法院不予支持。

2.对于因驾驶人过失致乘客从车上摔下受伤;乘客下车休息时或下车帮助指挥引导车辆行驶时,被驾驶员的过失驾驶操作行为致伤;因车辆撞击乘客被甩出车外被本车二次碾压受伤等情形,因为乘客在事故发生当时身处保险车辆之外,此时位于车下的乘客与其他普通的第三者对机动车危险的控制力并无实质差别,相较于机动车来说均处于弱势地位,对风险的发生几乎没有任何控制能力,而且乘客并非保险合同关系中的被保险人(投保人及其允许的合法驾驶人)范畴,因此在特定情况下乘客可以转化为第三者,可以获得交强险的赔偿。即使在事故发生当时身处保险车辆之外的乘客为投保人,根据《最高人民法院关于道路交通损害赔偿司法解释》(以下简称《道交司法解释》)第十七条的规定,该乘客因投保人允许的驾驶人致害的情况下亦可转化为第三者,获得交强险的赔偿。应当注意的是,对于商业三者险来说,各保险公司制定的《机动车第三者责任保险条款》中均有将投保人、保险人、被保险人和车上人员以及被保险人的家庭成员、保险车辆驾驶人及其家庭成员排除在商业三者险的'第三者'范围之外的相关条款,在投保人和保险人就此达成合意的情况下,只要保险人履行了相应的提示和充分说明义务,该条款即为有效。因此,在商业三者险中,仅有车上的乘客不属于投保人以及被保险人的家庭成员、本车驾驶人的家庭成员的情况下,该乘客在发生交通事故时位于保险车辆之外才发生与第三者的转化,可以获得商业三者险的赔偿。而其他包括驾驶人、投保人、被保险人的家庭成员、本车驾驶人的家庭成员在内的人员均无法转化为'第三者',从而获得商业三者险的赔偿。"天津高院《关于印发〈机动车交通事故责任纠纷案件审理指南〉的通知》(2017年1月20日 津高法〔2017〕14号)第3条:"……交强险赔偿对象。交强险的赔偿对象是被保险机动车造成的本车人员、被保险人以外的受害人的人身伤亡、财产损失。(1)本车人员。上述所称本车人员,是指交通事故发生时位于机动车驾驶室或车厢内的人员。(2)被保险人。上述被排除在交强险赔偿对象之外的被保险人,是具体到某特定交通事故中事故车辆的被保险人,需在交通事故发生时方可确定,在具体某一起交通事故中,交强险的被保险人是投保人或投保人允许的驾驶人,具体规则为:①投保人。投保人,是指与保险公司订立交强险保险合同,并负有支付保险费义务的机动车所有人、管理人。投保人本人驾驶机动车发生事故的,投保人为被保险人。②投保人允许的驾驶人。投保人允许的驾驶人驾驶机动车发生事故的,被保险人为投保人允许的该驾驶人。(3)审判中应注意下列情况下交强险是否应予赔偿的问题：①投保人允许的驾驶人驾驶机动车致使投保人遭受损害，除投保人为本车上人员之外，保险公司应在交强险限额内予以赔偿。②本车驾驶人以外的车上人员下车后被本车碰撞、碾压导致伤亡的，属于交强险的第三者，保险公司应在交强险限额内予以赔偿。③本车驾驶人下车后被本车碰撞、碾压导致伤亡的，不属于本车交强险的第三者。④本车人员在交通事故发生时被甩出车外后被本车碰撞、碾压或者为逃避事故而跳车导致伤亡的，均不属于本车交强险的第三者。"江苏高院民一庭负责人《在全省民事审判工作例会上的讲话》(2016年9月14日)第17条："关于交强险中第三人的范围问题。交强险的适用范围排除了被保险人和车内人员，但如果车内人员由于本车发生交通事故置于车外，又被本车相撞，此时车内人员因时空转换转变为车外人员，此时应属于交强险适用范围。被保险人包括投保人和合法的驾驶员，经与最高法院沟通，如果投保人被撞出车外，又被本车相撞，应属于交强险保障的范围，但对合法的驾驶员在本车外被本车相撞，则不属于交强险的范围。"重庆高院民二庭《关于2016年第二季度高、中两级法院审判长联席会会议综述》(2016年6月30日)第11条："关于车上人员与第三者的认定的问题。包括车上人员被抛离车辆又被车辆碰撞、碾压是否适用第三者责任险的问题，被保险人或车辆驾驶人能否被认定为第三者的问题。多数意见认为，车上人员在正常下车后被所乘机动车造成人身或财产损失的，保险人应按照第三者责任险承担赔偿责任。车上人员在交通事故发生时被摔出车外导致人身伤亡，被保险人或受害人要求保险人按照第三者责任险承担责任的，人民法院不予支持。车上人员在发生交通事故时摔出车外后与所乘机动车发生碰撞导致人身伤亡，保险人不应按照第三者责任保险承担保险责任。当事人对合同约定的第三者的范围发生争议的，应当按照《合同法》第一百二十五条第一款规定的合同解释方法来确定保险格式条款中第三者的范围。如仍存在两种以上解释的，应当作出有利于被保险人的解释。经被保险人允许的合法驾驶人或其他车上人员因自身的过失（例如未拉紧手刹），导致其正常下车后被该保险车辆造成损害的，因不存在侵权责任，缺乏适用责任险的前提，故保险公司主张不承担保险赔偿责任的，人民法院应予支持。少数意见认为，车上人员在发生交通事故时摔出车外后与所乘机动车发生碰撞导致人身伤亡，由于伤害时在车外发生的，保险人应按照第三者责任保险承担保险责任。驾驶人在一定情况下也有可能转化为第三者，对于被保险人允许的合法驾驶人因自身的过失（例如未拉紧手刹等），导致其正常下车后被该保险车辆造成损害的，即使不构成侵权责任，交强险也应当承担赔偿责任。"第12条："保险合同记名被保险人在车下被其允许的合法驾驶人驾驶被保险车辆致害的，可否要求保险人按第三者商业责任险承担赔偿责任。多数意见认为，机动车第三者责任保险合同中载明的被保险人为记名被保险人，应承担侵权责任的经投保人允许的合法驾驶人为无记名被保险人,实际被保险人应在保险事故发生时确定,可能是记名被保险人也可能是无记名被保险人,当无记名被保险人被确定为实际被保险人时,记名被保险人即不属于保险合同约定的被保险人,其有权要求保险人在第三者商业责任险责任范围内承担赔偿责任。少数意见认为,根据第三者商业责任险的保险合同约定被保险人不属于第三者,即使其位于车下被保险车辆致害,其身份不因空间的变化而变化,因此其损失不属于保险责任范围,保险人有权拒赔。"江苏徐州中院《关于印发〈民事审判实务问答汇编(五)〉的通知》(2016年6月13日)第4条:"……(5)交通事故案件中'第三者'应如何认定?答:依据《机动车交通事故责任强制保险条例》第21条第1款、第42条、最高人民法院《关于审理道路交通事故损害赔偿案件适用法律若干问题的解释》17条、省法院《关于审理保险合同纠纷案件若干问题的讨论纪要》(苏高法审委〔2011〕1号)第27条第1款的规定,交通事故案件中'第三者'可从以下方面分析:第一,为投保人允许的合法驾驶人属于被保险人,在任何情况下均不应认定为'第三者'。且仅根据时空状况判断驾驶人是否属于'第三者',可能会出现驾驶人故意制造保险事故请求保险赔偿的情形,引发道德风险。第二,被保险人为投保人允许的合法驾驶人,且投保人为非本车人员时,此时投保人与其他人一样处于第三人的地位,交强险应予赔偿。第三,'本车人员'应根据具体的时空状况及法律关系认定是否属于'第三者'。对于'车上人员'与'第三人'特殊情形下的区分,应当根据事故发生后产生的基础法律关系,以及事故发生时的特定时空条件,进行综合判断。首先,从时空条件看,被侵权人在事故发生瞬间处于车上即为'车上人员',处于车外即为'第三人';其次,从法律关系看,事故发生时已经置身于保险车辆之外,其所受损害又是基于保险车辆先危险行为所造成的,此时应认定为'第三人'。"广东深圳中院《关于审理财产保险合同纠纷案件的裁判指引(试行)》(2015年12月28日)第10条:"车上人员下车后因本车发生保险事故受到损害,主张保险人应按商业第三者责任险赔偿的,人民法院应予支持,但车辆驾驶员及被保险人除外。车上人员因车辆发生危急状况而跳车或因发生保险事故被甩出车外受到损害,主张保险人应按车上人员责任险赔偿的,人民法院应予支持。"重庆高院民一庭《民一庭高、中两级法院审判长联席会议〈机动车交通事故责任纠纷中的法律适用问题解答(二)〉会议综述》(2015年6月26日)第1条:"关于机动车交通事故责任强制保险、第三者商业责任险中'第三者'的认定问题。机动车交通事故责任强制保险(以下简称交强险)、第三者商业责任险(以下简称三者险)中的'第三者',是除本车上人员、被保险人以外的受害人。但值得注意的是:(1)本车上人员正常离开车辆后,其身份已经发生转换,应是交强险、三者险保障的'第三者'。(2)投保人允许的驾驶人驾驶机动车致使投保人遭受损害,如果投保人并非本车上人员的,投保人应是交强险、三者险保障的'第三者'。(3)交强险的'第三者'是法律规定的,当事人不能约定排除;三者险的当事人可以约定'第三者'的范围。"安徽马鞍山中院《关于审理交通事故损害赔偿案件的指导意见(试行)》(2015年3月)第4条:"【本车人员转化为第三人的情形】下列情形,本车驾乘人员应认定为交强险的第三人,保险公司应当在交强险的责任限额内承担赔偿责任:(1)驾乘人员下车后因本车发生交通事故,遭受本车碰撞、碾压等损害的;(2)驾乘人员因本车发生交通事故被摔出车外,遭受本车碰撞、碾压等损害的。上述情形,本车驾乘人员是否可以转化为商业第三者责任险的第三人,应根据保险合同约定处理。"河北承德中院《2015年民事审判工作会议纪要》(2015年)第50条:"车上人员能否转化为本车第三者的问题。《交强险条例》第3条规定:'本条例所称机动车交通事故责任强制保险,是指由保险公司对被保险机动车发生道路交通事故造成本车人员、被保险人以外的受害人的人身伤亡、财产损失,在责任限额内予以赔偿的强制性责任保险。'《最高院关于审理道路交通事故损害赔偿案件适用法律若干问题的解释》第17条规定:'被保险机动车发生交通事故造成本车人员、被保险人以外的受害人人身伤亡、财产损失的,由保险公司依法在机动车交通事故责任强制保险责任限额范围内予以赔偿。'根据上述规定,'车上人员'与'车外人员'的区别是比较固定的,因交通事故的撞击等原因导致车上人员脱离本车的,不存在'转化'为第三者的问题,仍属于'车上人员',不应由交强险予以赔偿。对于驾驶人下车查看车辆状况时,被未熄火的车辆碾压致死的情形,驾驶人本人就是被保险人,且对机动车有实际的控制力,同时,因行为人自己行为造成自身受损害,对其赔偿不符合我国交强险的规定,故在现有法律规定下,驾驶人不属于'第三者',也不可能转化为第三者。2011年会议纪要的精神是可以认定为第三者,那时司法解释未出台,各地做法不一,我们采取了有利于受害人的做法。现在司法解释有明确规定,应按司法解释执行。"浙江绍兴中院《关于审理涉及机动车保险领域民商事纠纷案件若干问题的指导意见》(2014年11月4日)第7条:"【交强险中第三者的范围】驾驶人下车查看车辆状况时,被自驾车辆致伤害,该驾驶人不属于机动车第三者责任强制保险的第三者。"广西高院《关于印发〈审理机动车交通事故责任纠纷案件有关问题的解答〉的通知》(2014年9月5日 桂高法〔2014〕261号)第6条:"车上人员脱离本车后能否转化为'第三者'?答:车上人员能否转化为'第三者'作为本车交强险和商业三者险限额赔偿范围的理赔对象,应根据案情区别对待:(一)发生交通事故时,车上人员被抛出本车,一般不应认定其为本车的'第三者';(二)车上人员正常下车后,遭受本车碰撞、碾压等伤害,可以认定其身份已经转换为本车的'第三者'。"广东深圳中院《关于道路交通事故损害赔偿纠纷案件的裁判指引》(2014年8月14日 深中法发〔2014〕3号)第1条:"机动车交通事故责任强制保险(以下简称交强险)中的第三者是指被保险机动车发生道路交通事故的受害人,但不包括被保险机动车本车人员、被保险人。其中被保险人是指投保人及其允许的合法驾驶人。机动车投保人允许的驾驶人驾驶机动车致使投保人遭受损害,当事人请求承保交强险的保险公司在责任限额范围内予以赔偿的,人民法院应予支持,但投保人为本车上人员的除外。"第2条:"本车驾驶人被本车撞击导致伤亡的,该人员不属于交强险中的第三者,不属于交强险的赔偿范围。本车人员下车后,被本车撞击导致伤亡的,该人员属于交强险的第三者,应属于本车交强险的赔偿范围。本车人员发生交通事故时被甩出车外后被本车碾压导致伤亡的,该人员不属于交强险中的第三者,不属于交强险赔偿范围。"安徽淮南中院《关于审理机动车交通事故责任纠纷案件若干问题的指导意见》(2014年4月24日)第36条:"机动车在停止运行、进行修理的过程中,因滑行或自动启动致车外人员损害,赔偿权利人请求承保交强险和商业第三者责任险的保险公司承担赔偿责任的,人民法院应予支持。"第37条:"本车驾乘人员脱离本车车体后,遭受本车碰撞、碾压等损害,请求本车交强险和商业三者险赔偿的,人民法院予以支持;未遭受本车碾压、碰撞等损害,伤者请求本车交强险和商业三者险赔偿的,人民法院不予支持。"重庆高院民一庭《关于当前民事审判疑难问题的解答》(2014年4月3日)第2条:"'本车人员'转化为机动车第三者责任强制保险中的'第三者'如何认定?答:《最高人民法院公报》(2008年第7期)选登了《郑克宝诉徐伟良、中国人民财产保险股份有限公司长兴支公司道路交通事故人身损害赔偿纠纷案》。该案例认为,因机动车辆是一种交通工具,任何人都不可能永久地置身于机动车辆之上,故机动车辆保险合同中所涉及到的'第三者'和'车上人员'均为在特定时空条件下的临时性身份,即'第三者'与'车上人员'均不是永久的、固定不变的身份,二者可以因特定时空条件的变化而转化。因保险车辆发生意外事故而受害的人,如果在事故发生前是保险车辆的车上人员,事故发生时已经置身于保险车辆之下,则属于'第三者'。至于何种原因导致该人员在事故发生时置身于保险车辆之下,不影响其'第三者'的身份。但是,最高人民法院民一庭编辑的《民事审判指导与参考》(第43期)选登了由该庭撰写的《被保险车辆中的'车上人员'能否转化为机动车第三者责任强制保险中的'第三者'》一文。该文认为,本车人员在正常下车、下车休息、指引倒车等情形下因本车发生交通事故受到伤害的,由于其车上人员身份已经正常发生转换,应当认定为该机动车第三者责任强制保险中的第三者。对本车驾驶员下车后,由于驾驶员自身的过错发生溜车等交通事故受到伤害的,因自己不能成为自己权益的侵害者及责任承担主体,故驾驶员不能转换成为本车第三者责任强制保险中的第三者。对本车人员因交通事故脱离本车而受伤害的,包括又被本车碾压受到伤害的,因其在交通事故发生瞬间仍为车上人员,故也不能转换成为本车第三者责任强制保险中的第三者。我们赞同最高人民法院民一庭发表在《民事审判指导与参考》中的意见。"重庆高院民二庭《**关于印发〈关于车上人员正常离开被保险车辆后被该保险车辆伤害是否适用商业第三者责任险的答复〉的通知**》(2014年2月12日 〔2014〕渝高法民二复字第1号)第3条:"问:车上人员正常离开保险车辆后,被该保险车辆造成伤害的,是否适用商业第三者责任险? 答:(1)一般的处理原则是,经被保险人允许的合法驾驶人及其他车上人员正常下车,其身份已经转换为第三者,不再是'本车驾驶人'或'车上人员',该保险车辆造成其人身伤亡或财产损失的,保险公司以受害人是'本车驾驶人'或'车上人员'为由主张免除赔偿责任的,人民法院不予支持。(2)如经被保险人允许的合法驾驶人或其他车上人员因自身的过失(例如未拉紧手刹等),导致其正常下车后被该保险车辆造成损害的,因不存在侵权责任,缺乏适用责任险的前提,故保险公司主张不承担保险赔偿责任的,人民法院应予支持。(3)如当事人在商业第三者责任保险合同中明确约定,保险车辆造成被保险人及其家庭成员的人身伤亡或财产损失保险人免责的,虽上述人员正常下车后已经转换为第三者,但其被保险人及其家庭成员的身份并不因空间位置发生改变而改变,故在保险公司尽到说明义务的前提下,应当按照合同约定,免除保险公司的赔偿责任。"安徽高院《**关于审理道路交通事故损害赔偿纠纷案件若干问题的指导意见**》(2014年1月1日 皖高法〔2013〕487号)第10条:"本车驾乘人员脱离本车车体后,遭受本车碰撞、碾压等损害,请求本车交强险赔偿的,人民法院予以支持。"重庆高院民一庭《**关于机动车交通事故责任纠纷相关问题的解答**》(2014年)第10条:"关于交强险合同中第三者的理解? 重庆市高级人民法院印发的《全市法院保险纠纷案件审判实务研讨会会议纪要》第(十一)条规定:关于车上人员离开被保险车辆后发生事故,适用第三者责任险还是座位险的问题:会议认为,座位险仅适用于车上人员在座位上发生的保险事故。车上人员正常下车,其身份已经转换为第三者;故应当适用第三者责任险。当车辆出现危险状态,车上人员跳离车辆过程中或因车辆事故被抛出车外所致伤害,对离车人员应当适用座位险。我们认为,对乘坐人抛出车外是否属交强险的第三者应以接触本车为界。抛出或摔出车外未接触本车的为车上人员;同理,抛出或摔出被本车碾压或碰撞的为车外第三者。"湖北高院《**民事审判工作座谈会会议纪要**》(2013年9月)第1条:"机动车第三者责任强制保险中的'第三者'的范围应严格按照国务院《机动车交通事故责任强制保险条例》第21条的规定确定,被保险机动车发生交通事故时,如本车人员因机动车颠覆、倾斜等脱离了被保险机动车辆造成损害的,不宜将受害人认定为机动车第三者责任强制保险中的'第三者',受害人请求保险公司承担限额赔偿责任的,不予支持。"辽宁高院民一庭《**传统民事案件审判问题解答**》(2013年8月)第2条:"在道路交通事故损害赔偿案件中,如果被保险车辆的驾乘人员在事故发生时脱离了被保险车辆,是否能将其视为该机动车第三者责任强制保险中的'第三者'?在脱离本车后,又发生再次碾压或撞击受伤的情况如何处理?参考意见:实践中,车辆驾乘人员在特殊情况下脱离本车,并受到本车碾压、挤压、撞击导致人身损害的情况确有发生。在此情形下,上述驾乘人员是否属于第三者责任强制保险意义上的'第三者'。应区别不同情况予以认定:车辆乘用人员无论何种原因脱离本车后,相对于本车来说,均构成第三者责任强制保险意义上的'第三者';车辆驾驶人员脱离本车后,因外力作用于本车而造成驾驶人员受到本车伤害,相对于本车来说,该驾驶人员也应构成第三者责任强制保险意义上的'第三者';车辆驾驶人员脱离本车后,非因外力作用,而是出于该驾驶人员操控不当造成本人受到本车伤害,相对于本车来说,该驾驶人员不能构成第三者责任强制保险意义上的'第三者';本车驾乘人员遭受其他车辆造成的人身伤害,相对于致害车辆来说,均应构成第三者责任强制保险意义上的'第三者'。"安徽滁州中院《关于审理道路交通事故损害赔偿案件座谈会纪要》(2013年8月2日)第7条:"机动车第三者责任险中的第三者,是指被保险人机动车发生道路交通事故的受害人,不包含被保险机动车本车人员(驾驶员、乘客)、被保险人。本车人员是指道路交通事故发生的瞬间,位于被保险机动车驾驶室内或车厢内的人员。"浙江高院民一庭《民事审判法律适用疑难问题解答》(2013年第11期):"……问:道路交通事故中,被保险车辆的驾驶员能否转化为'第三人'从而获得交强险赔偿?答:《机动车交通事故责任强制保险条例》规定:'机动车交通事故责任强制保险,是指由保险公司对被保险机动车发生道路交通事故造成本车人员、被保险人以外的受害人的人身伤亡、财产损失,在责任限额内予以赔偿的强制性责任保险。'从驾驶员支配和控制机动车的作用和职责分析,即使其因检查车辆状况等原因停车后行至车外,其仍负支配和控制该机动车的义务,不能因这种暂时的与机动车运行在空间上的脱离,认为其已经不是本车人员而转化为第三人。因此,被保险车辆驾驶员仅以其人在车外被自驾车辆致伤害为由请求交强险赔偿的,不予支持。"浙江杭州中院民一庭《关于道路交通事故责任纠纷案件相关疑难问题解答》(2012年12月17日)第1条:"……第三人的转化问题:根据交强险条例第二十一条的规定,交强险仅对被保险机动车本车人员、被保险人(即投保人及其允许的驾驶人)以外的受害人予以赔偿。实践中,存在如何认定本车人员以及本车人员能否转化为第三人的问题,该两项问题与受害人能否在本车的交强险范围内获得赔偿密切相关。答:以事故发生前受害人已脱离本车作为认定本车人员或本车人员转化为第三人的标准。以下列举几种情形:(1)A车在行使过程中,甲未经A车车主或司机许可偷偷攀爬上A车搭行,若甲因交通事故受害,甲可否请求A车的交强险保险公司承担交强险赔付责任?此种情形下,不应认定甲为第三人,甲无权请求A车的交强险保险公司承担交强险赔付责任。(2)A车的司机甲在下车检修车辆时,B车撞上停靠的 A 车导致司机甲受伤,甲可否请求 A 车的交强险保险公司承担交强险赔付责任?此种情形下,应认定甲已转化为第三人,可以请求 A 车的交强险保险公司承担交强险赔付责任。(3) A 车在行使过程中,其车上乘客甲因为避免突发事故而跳车或甲在发生事故时被甩出车外而受伤,甲可否请求 A 车的交强险保险公司承担交强险赔付责任?此种情形下,甲不转化为第三人,无权请求 A 车的交强险保险公司承担交强险赔付责任。"山东淄博中院《全市法院人身损害赔偿案件研讨会纪要》(2012 年 2 月 1 日)第 20 条:"……依据《机动车交通事故责任强制保险条例》第三条规定,交强险的受益方是机动车本车人员、被保险人以外的受害人。参照交强险条款第四条的规定,交强险合同中的被保险人是指投保人及其允许的合法驾驶人,而交强险的投保人系车辆的所有人或管理人。也即是说,交强险的受益方是机动车所有人或管理人、本车驾驶人及乘客之外的第三人,如交通事故造成车辆所有人或管理人及本车驾驶人、乘客受伤,不应由本车交强险承担赔偿责任。"上海高院民一庭《道路交通事故纠纷案件疑难问题研讨会会议纪要》(2011 年 12 月 31 日)第 11 条:"关于'车上人员'的认定。根据机动车辆保险合同的约定,机动车辆第三者责任险中的'第三者',是指除投保人、被保险人和保险人以外的,因保险车辆发生意外事故遭受人身伤亡或财产损失的保险车辆下的受害者;'车上人员',是指发生意外事故时身处保险车辆之上的人员。据此,判断因保险车辆发生意外事故而受害的人属于'第三者'还是属于'车上人员',必须以该人在事故发生当时这一特定的时间是否身处保险车辆之上为依据,在车上即为'车上人员'(车上人员被甩出的应属于本车人员),在车下即为'第三者'。由于机动车辆是一种交通工具,任何人都不可能永久地置身于机动车辆之上,故机动车辆保险合同中所涉及的'第三者'和'车上人员'均为在特定时空条件下的临时性身份,即'第三者'与'车上人员'均不是永久的、固定不变的身份,二者可以因特定时空条件的变化而转化。因保险车辆发生意外事故而受害的人,如果在事故发生前是保险车辆的车上人员,只要事故发生时这一时点已经置身于保险车辆之下(不含因车辆事故被甩出人员),则属于'第三者'。"山东高院《关于印发〈全省民事审判工作会议纪要〉的通知》(2011 年 11 月 30 日 鲁高法〔2011〕297 号)第 6 条:"……关于机动车第三者责任强制保险中第三者的认定问题。机动车第三者责任强制保险中的'第三者'的范围应严格按照国务院《机动车交通事故责任强制保险条例》第 21 条的规定确定,被保险机动车发生交通事故时,如本车人员因机动车颠覆、倾斜等脱离了被保险机动车辆造成损害的,不宜视为受害人为机动车第三者责任强制保险中的'第三者',受害人请求保险公司承担限额赔偿责任的,不予支持。"江苏高院《保险合同纠纷案件审理指南》(2011 年 11 月 15 日)第 9 条:"……(1)机动车第三者责任险中'第三者'的界定际准。界定机动车第三者责任险中的'第三者',应以被保险人是否对其依法承担赔偿责任为标准。'第三者'源自保险法中的责任险制度,根据《保险法》第六十五条第4款,'责任保险是指以被保险人对第三者依法应负的赔偿责任为保险标的的保险'。第三者就是有权向被保险人求偿、被保险人也负有向其承担赔偿义务的人。被保险人自身不构成第三者。(2)同一被保险人的车辆之间发生事故所造成的同一被保险人的损失,是否属于机动车第三者责任险赔偿的范围。同一被保险人的车辆之间发生事故所造成的同一被保险人的损失,不属于机动车第三者责任险赔偿的范围,保险人以此为由主张不应当向被保险人赔偿保险金的,人民法院应当予以支持。(3)机动车交通事故责任强制保险与商业第三者责任险并存情形下精神损害赔偿金的赔付问题。机动车商业第三者责任险条款一般约定对被保险人给第三者造成的精神损害赔偿部分不予赔偿,则同一车辆既存在机动车交通事故责任强制保险又存在机动车商业第三者责任保险的,为了切实平等保护受害人利益,不论被保险人或者受害人是否行使选择权,人民法院均应将精神损害抚慰金计算在机动车交通事故责任强制保险的赔偿范围。(4)根据《保险法》第六十五条,在被保险人未怠于行使权利的情况下,第三者权利如何保护。责任保险的被保险人给第三者造成损害,被保险人未向第三者赔偿前,积极起诉保险人,以求获得保险金赔给受害的第三者。保险人以《保险法》第六十五条第3款关于'责任保险的被保险人给第三者造成损害,被保险人未向该第三者赔偿的,保险人不得向被保险人赔偿保险金'的规定为由,拒赔。则本意在于保护第三者利益的第六十五条如何实现其制度目的?在被保险人已经起诉保险人的情况下,人民法院应当向第三者行使释明权,告知其可以作为有独立请求权第三人参加诉讼。第三者作为有独立请求权第三人参加诉讼的,人民法院应当判令保险人向第三者直接支付保险金。第三者拒绝作为有独立请求权第三人参加诉讼的,人民法院应当裁定驳回被保险人的起诉。"新疆高院《关于印发〈关于审理道路交通事故损害赔偿案件若干问题的指导意见(试行)〉的通知》(2011年9月29日 新高法〔2011〕155号)第9条:"被保险机动车发生交通事故时,处于被保险机动车之外的人员都属于《道路交通安全法》第七十六条规定的机动车第三者责任强制保险中的'第三者'。"贵州高院《关于印发〈关于审理涉及机动车交通事故责任强制保险案件若干问题的意见〉的通知》(2011年6月7日 黔高法〔2011〕124号)第3条:"《机动车交通事故责任强制保险条例》第二十一条规定的'本车人员'应当理解为在保险事故发生时机动车内承载的人员。"江苏南通中院《关于处理交通事故损害赔偿案件中有关问题的座谈纪要》(2011年6月1日 通中法〔2011〕85号)第6条:"《机动车交通事故责任强制保险条例》第三条规定的本车人员是指保险事故发生瞬间,位于机动车驾驶室或车厢内的人员。"安徽宣城中院《关于审理道路交通事故赔偿案件若干问题的意见(试行)》(2011年4月)第29条:"机动车第三者责任险中的第三者,是指被保险机动车发生道路交通事故的受害人,不包含被保险机动车本车人员(驾驶员、乘客)、被保险人。本车人员是指保险事故发生瞬间、位于机动车驾驶室内或车厢内的人员。"山东高院《关于印发审理保险合同纠纷案件若干问题意见(试行)的通知》(2011年3月17日)第9条:"采用保险人提供的格式条款订立的保险合同中,'责任免除'、'除外责任'及其他有关免赔率、免赔额等部分或者全部免除保险人责任的条款,一般应当认定为保险法第十七条第二款规定的'免除保险人责任的条款'。但保险合同中有关法律、行政法规明确规定的保险人不承担保险责任的条款除外。"第11条:"保险人对履行提示和明确说明义务承担举证责任。保险人在投保单、保险单或其他保险凭证上对免除保险人责任条款有显著标志(如字体加粗、加大或者颜色相异等),或者对全部免除保险人责任条款及说明内容单独印刷,并对此附有'投保人声明'或单独制作的'投保人声明书',投保人已签字确认表示对免责条款的概念、内容及其法律后果均已经明了的,一般应认定保险人已履行提示和明确说明义务。但投保人有证据证明保险人未实际进行提示或明确说明的除外。"第26条:"车上人员在车下时被所乘机动车造成人身或财产损害的,除合同另有约定外,保险人应按照责任强制保险和第三者责任保险承担保险责任。车上人员在发生交通事故时摔出车外导致人身伤亡,被保险人或受害人要求保险人按照责任强制保险和第三者责任保险合同承担责任的,除合同另有约定外,人民法院不予支持。但机动车投保车上人员责任保险的,当事人可按照约定要求保险人承担车上人员责任保险的保险责任。车上人员在发生交通事故时摔出车外后与所乘机动车发生碰撞导致人身伤亡,除合同另有约定外,保险人应按照责任强制保险和第三者责任保险承担保险责任。"江苏高院《印发〈关于审理保险合同纠纷案件若干问题的讨论纪要〉的通知》(2011年1月12日 苏高法审委〔2011〕1号)第27条:"界定机动车第三者责任险中的'第三者',应以被保险人是否对其依法承担赔偿责任为标准。被保险人自身无论何种情形都不构成第三者。同一被保险人的车辆之间发生事故所造成的同一被保险人的损失,不属于机动车第三者责任险赔偿的范围,保险人以此为由主张不应当向被保险人赔偿保险金的,人民法院予以支持。"山东淄博中院民三庭《关于审理道路交通事故损害赔偿案件若干问题的指导意见》(2011年1月1日)第3条:"交强险的受益方是机动车所有人或管理人、本车驾驶人及乘客之外的第三人,如交通事故造成车辆所有人或管理人及本车驾驶人、乘客受伤,承包本车交强险的保险公司不承担赔偿责任。第三人系指发生交通事故时,处于被保险机动车之外的人员。"江苏无锡中院《关于印发〈关于审理道路交通事故损害赔偿案件若干问题的指导意见〉的通知》(2010年11月8日 锡中法发〔2010〕168号)第24条:"【交强险中第三者的认定】被保险机动车发生交通事故时,处于被保险机动车之外的人员均属于《道路交通安全法》第七十六条规定的机动车第三者责任强制保险中的'第三者',被保险人除外。"上海高院民五庭《关于印发〈关于审理保险代位求偿权纠纷案件若干问题的解答(一)〉的通知》(2010年9月19日 沪高法民五〔2010〕2号)第10条:"保险人能否向投保人行使保险代位求偿权?答:《保险法》第六十条规定的第三者是指保险人和被保险人以外的第三方,但被保险人的家庭成员或者其组成人员除外。投保人和被保险人为同一人的,保险人不得对该投保人行使保险代位求偿权。投保人和被保险人不是同一人的,因财产保险的保障对象是被保险人,投保人不在保险保障的范围内,故保险人可以根据《保险法》第六十条的规定对投保人行使保险代位求偿权,但保险合同另有约定的除外。"第11条:"如何理解《保险法》第六十二条规定的家庭成员?答:《保险法》禁止保险人对'家庭成员'行使保险代位求偿权的原因在于,家庭成员与被保险人有共同生活关系,利害一致。若准许保险人对家庭成员行使保险代位求偿权,无异于使被保险人获得的保险赔偿金'左手进、右手出',实际仍由被保险人承担了损失。共同生活是表象,利害一致是实质。判断'家庭成员'范围,不应拘泥于共同居住时间的长短,而应着重审查第三者与被保险人是否因共同生活或法定义务建立了共同的、经济上的利害关系。《保险法》第六十二条规定的家庭成员,指与被保险人共同生活的近亲属及其他与被保险人有抚养、赡养、扶养关系的人。具体包括:(一)保险事故发生时,与被保险人共同生活的配偶、父母、子女、兄弟姐妹、祖父母、外祖父母、孙子女、外孙子女;(二)虽然不符合前项情形,但与被保险人有抚养、赡养、扶养关系的人。"江西南昌中院《关于审理道路交通事故人身损害赔偿纠纷案件的处理意见(试行)》(2010年2月1日)第39条:"因保险车辆发生交通事故的受害人,如果在事故发生前是保险车辆的车上人员,事故发生时已经置身于保险车辆之外,在主张赔偿时不属于'车上人员'。"广东广州中院《民事审判若干问题的解答》(2010年)第26条:"【第三者的界定】交通事故损害赔偿纠纷案件中,肇事机动车上的'本车人员'是否为第三者?答:根据《交强险条列》第三条的规定,肇事机动车上的'本车人员'不属于第三者。但应当注意的是,'本车人员'是一个临时性身份,受到特定的时空限制,也随特定时空的变化而转变。'本车人员'离开肇事机动车后因该机动车发生交通事故遭受人身、财产损害的,该受害人应属于第三者。"湖南长沙中院《关于道路交通事故人身损害赔偿纠纷案件的审理意见》(2010年)第三部分2条:"……受害人:是指因被保险机动车发生交通事故遭受人身伤亡或者财产损失的人,但不包括被保险机动车车上人员、被保险人。交强险中的本车人员,是指保险事故发生瞬间,位于机动车驾驶室或车厢内的人员……"江苏南京中院民一庭《关于审理交通事故损害赔偿案件有关问题的指导意见》(2009年11月)第31条:"机动车第三者责任险中的第三者,是指被保险机动车发生道路交通事故的受害人,不包括被保险机动车本车人员(驾驶人、乘客)、被保险人。被保险机动车本车人员因交通事故所受损害,要求本车所投保的保险公司按《道路交通安全法》第七十六条规定承担赔偿责任的,不予支持。机动车本车人员向本车所有人或实际控制人主张侵权损害赔偿的,本车所有人或实际控制人应对承保对方机动车第三者责任险的保险公司在保险限额内承担了赔偿责任之后存在的超出保险限额的部分,与对方机动车的所有人或实际控制人承担连带赔偿责任。"浙江高院《关于审理财产保险合同纠纷案件若干问题的指导意见》(2009年9月8日 浙高法〔2009〕296号)第10条:"保险人在投保单、保险单或其他保险凭证对免责条款有显著标志(如字体加粗、加大、相异颜色等),对全部免责条款及对条款的说明内容集中单独印刷,并对此附有'投保人声明',或附有单独制作'投保人声明书',投保人已签字确认并同时表示对免责条款的概念、内容及其法律后果均已经明了的,一般可认定保险人已履行明确说明义务,除非投保人、被保险人能提供充分的反驳证据。"四川泸州中院《关于民商审判实践中若干具体问题的座谈纪要(二)》(2009年4月17日 泸中法〔2009〕68号)第11条:"车辆发生交通事故后,乘客下车后又遭受损害的,该乘客对于所乘坐车辆而言,是否属于第三人?基本意见:机动车辆第三者责任险中的'第三者',是指除投保人、被保险人和保险人以外的,因保险车辆发生意外事故遭受人身伤亡或财产损失的保险车辆的受害者。由于机动车是一种交通工具,任何人都不可能永久地置身于机动车辆之上,故机动车辆保险合同中所涉及的'第三者'与'车上人员'均为在特定时空条件下的临时性身份,其身份不是固定不变的,可以因特定时空条件的变化而变化,判断因保险事故发生意外事故而受害的人属于'第三者'还是'车上人员',必须以该人在事故发生当时这一特定时间是否身处保险车辆之上为依据,在车上即为'车上人员',在车下即为'第三者'。"广东佛山中院《关于审理道路交通事故损害赔偿案件的指导意见》(2009年4月8日)第33条:"机动车交通事故责任强制保险和商业性第三者责任险受害人,不包括被保险机动车本车人员、被保险人。本车人员,是指保险事故发生之时,处于被保险机动车驾驶室或车厢内的人员。"重庆高院《印发〈全市法院保险纠纷案件审判实务研讨会会议纪要〉的通知》(2010年4月7日 渝高法〔2010〕101号)第11条规定:"关于车上人员离开被保险车辆后发生事故,适用第三者责任险还是座位险的问题。会议认为,座位险仅适用于车上人员在座位上发生的保险事故。车上人员正常下车,其身份已经转换为第三者,故应当适用第三者责任险。当车辆出现危险状态,车上人员跳离车辆过程中或因车辆事故被抛出车外所致伤害,对离车人员应当适用座位险。"湖南高院《关于审理涉及机动车交通事故责任强制保险案件适用法律问题的指导意见》(2008年12月12日)第3条:"交强险中的本车人员,是指保险事故发生瞬间,位于机动车驾驶室或车厢内的人员。"福建高院民一庭《关于审理人身损害赔偿纠纷案件疑难问题的解答》(2008

年8月22日)第12条:"问:《道路交通安全法》第七十六条规定的第三者责任强制险中的'第三者',具体指哪些人?答:依照《机动车交通事故责任强制保险条例》第三条规定,条例的赔偿对象不包括被保险机动车本车人员和被保险人。故第三者责任强制险中的'第三者'是指本车人员和被保险人以外的受害人。被保险机动车本车人员或者被保险人受害,要求保险公司依照《道路交通安全法》第七十六条的规定,承担机动车第三者责任强制险赔偿责任的,人民法院不予支持。"江苏宜兴法院《关于审理交通事故损害赔偿案件若干问题的意见》(2008年1月28日 宜法〔2008〕第7号)第1条:"《道路交通安全法》第76条规定的机动车第三者责任强制保险(以下简称交强险)中的'第三者',不包括被保险机动车本车人员、被保险人。本车人员、被保险人要求本车保险公司根据该法第76条的规定承担赔偿责任的,不予支持。"上海高院民一庭《关于机动车交通事故责任强制保险若干问题的解答》(2006年12月21日 沪高法〔2006〕18号)第5条:"本车人员离开机动车发生交通事故可适用交通事故强制责任保险。根据国务院《条例》第3条的规定,本条例所称机动车交通事故责任强制保险,是指由保险公司对被保险机动车发生道路交通事故造成本车人员、被保险人以外的受害人的人身伤亡、财产损失,在责任限额内予以赔偿的强制性责任保险。本车人员因机动车发生交通事故受到伤害,不受强制责任保险保护。如果,本车人员下车办事或指挥倒车等其他原因离开本机动车,发生交通事故的,已不属于《条例》所称'本车人员'范围,故可适用强制责任保险。"江西赣州中院《关于审理道路交通事故人身损害赔偿案件的指导性意见》(2006年6月9日)第29条:"机动车交通事故责任强制保险和商业性第三者责任保险受害人,为被保险机动车本车人员、被保险人以外的第三人。"江苏无锡中院《全市民事审判疑难问题研讨会纪要》(2006年3月14日)第11条:"机动车驾驶员和车上人员不属于第三者责任险所指的第三者,其要求本机动车的保险公司在第三者责任保险责任限额范围内承担责任的,不予支持。"广东高院《关于如何确定机动车第三者责任保险中"第三者"范围的批复》(2005年11月4日 粤高法民一复字〔2005〕11号):"……原则同意你院审判委员会的多数意见,即机动车第三者责任保险中的'第三者'不包括保险车辆本车上的乘客。根据《中国保险监督管理委员会关于机动车辆保险条款解释》的规定和保险行业惯例及保险理论的通说,机动车第三者责任保险中的'第三者'是指除保险人、被保险人和保险车辆上人员以外,因保险车辆的意外事故遭受人身、财产损害的第三人。保险车辆上的乘客不属于本车投保的第三者责任保险中的'第三者',其因交通事故遭受人身、财产损害的,可由本车车上乘客责任险和对方机动车投保的第三者责任保险予以保护。"江苏常州中院《关于印发〈常州市中级人民法院关于审理交通事故损害赔偿案件若干问题的意见〉的通知》(2005年9月13日 常中法〔2005〕第67号)第9条:"两辆机动车之间发生交通事故,致一方或双方当事人(含驾驶员和同乘人员)受伤或死亡的,该当事人为对方机动车方的'第三者'。其根据《道路交通安全法》第七十六条向人民法院起诉的,应列对方当事人和相关保险公司为被告,依照《若干意见》的精神处理。驾驶员或同乘人员虽是职务行为但请求人身赔偿的,仍应以其个人名义作为原告请求对方当事人或保险公司赔偿。同乘人员作为原告起诉对方机动车方和其所乘坐机动车方的,应由对方机动车方的保险公司在限额内承担赔偿责任,超出限额的,由两机动车方按责任承担相应的赔偿金额。"

6. 最高人民法院审判业务意见。●被保险车辆中的"车上人员"能否转化为机动车第三者责任强制保险中的"第三者"？最高人民法院民一庭倾向性意见:"当被保险车辆发生交通事故时,如本车人员脱离了被保险车辆,不能视其为机动车第三者责任强制保险中的'第三者',不应将其作为机动车第三者责任强制保险限额赔偿范围的理赔对象。"

7. 参考案例。①2017年北京某交通事故纠纷案,2016年,李某车辆撞上停路边的梁某车辆,梁某车辆因此将车头前临时下车休息的梁某撞下桥,致梁某身亡。梁某近亲属诉请李某及两车保险公司赔偿。法院认为:交强险条例第3条规定:"本条例所称机动车交通事故责任强制保险,是指由保险公司对被保险机动车发生道路交通事故造成本车人员、被保险人以外的受害人的人身伤亡、财产损失,在责任限额内予以赔偿的强制性责任保险。"第21条规定:"被保险机动车发生道路交通事故造成本车人员、被保险人以外的受害人人身伤亡、财产损失的,由保险公司依法在机动车交通事故责任强制保险责任限额范围内予以赔偿。"可见,第三人范围为本车人员、被保险人之外的受害人。将"本车人员"与"被保险人"并列使用则意味着被保险人并非一定是本车人员,也有可能是车外人员、车下人员。交强险条例第42条第2项规定:"被保险人,是指投保人及其允许的合法驾驶人。"可见,被保险人可能是投保人(自身就是驾驶人),也可能是投保人允许的合法驾驶人。被保险人只有在交通事故发生时才能最终确定。本案中,虽然梁某在驾车去往机场高速路上,途中临时下车休息,但该车辆实际控制人、风险承担人仍系梁某,而非其他任何人,<u>梁某驾驶人身份并不因其物理位置临时变化而变化</u>。《保险法》第65条规定:"责任保险是指以被保险人对第三者依法应负的赔偿责任为保险标的保险。"可见,责任保险是以被保险人对第三人依法应负民事赔偿责任为保险标的,即须以作为责任保险事故基础的侵权法律关系成立为前提,若侵权关系不成立,则责任保险自然不成立。第三人的界定自然亦就应以被保险人是否对其依法承担民事赔偿责任为标准,故本车被保险人在交通事故中造成的人身及财产损失,不能向本车保险人请求赔偿,即"自己赔自己",否则即违反了责任保险最基本原则。本案中,梁某违法将车辆停在应急车道,未设置警示标志,且梁某下车亦站在应急车道内,梁某上述行为已将车辆及自身均置于危险之中,是本次交通事故发生直接原因,此种因果关系不因梁某位置变化而变化,此时梁某是否在车内,均不能改变梁某驾驶人身份。公安机关作出的交通事故责任认定书之所以认定梁某负事故次要责任,亦正是基于梁某作为该车辆驾驶人违章停车而作出的认定。显然,对于本车而言,梁某既是侵权人,也是被保险人,若再认定梁某属于本车责任保险第三人,则形成"自己对自己主张赔偿"的悖论。判决梁某投保保险公司在商业险中的司机责任险限额内赔偿原告1万元,其余损失由李某及其投保保险公司依法赔付。②2017年**北京某交通事故纠纷案**,2015年,张某与王某竞驾过程中发生碰撞,致王某车上乘客李某9级伤残。交警认定张某、王某同等责任,李某无责。张某、王某被以危险驾驶罪被判处刑罚后,李某诉请张某、王某及各自保险公司赔偿。法院认为:依交强险条例第3条规定,交强险中"第三人"范围为被保险人、车上人员之外的受害人,即被保险人对之负有损害赔偿责任之人。上述受害人遭受人身或财产损害时,可作为"第三人"获得保险公司赔偿。最高人民法院《关于审理道路交通事故损害赔偿案件适用法律若干问题的解释》第18条中规定的"当事人"应指在交通事故中受害的第三人和被保险人,并非包括诉讼中参加诉讼的全部当事人。本案中,李某系在交通事故中受害的第三人,张某系驾驶车辆的被保险人,其均可作为前述司法解释第18条规定的"当事人"要求张某驾驶车辆的保险公司先行在交强险责任限额范围内赔偿李某合理损失,但保险公司对侵权人张某享有追偿权。而作为另一侵权人之一的王某在李某提起的机动车交通事故责任纠纷中,并非交强险中第三人,亦非张某驾驶车辆的被保险人,故其无权要求张某驾驶车辆的保险公司承担向李某的赔偿责任。判决张某车辆投保保险公司在交强险限额责任范围内赔偿李某损失,不足赔偿部分由张某、王某各赔偿50%。③2016年**湖北某保险合同纠纷案**,2015年,何某雇请司机刘某交车时,不慎碰撞车外何某致5级伤残。保险公司以何某系被保险人和投保人、依保险合同约定不属第三者为由拒赔。法院认为:何某作为投保人虽在保险合同成立时即已确定为被保险人,但在其将被保险车辆交与刘某使用,其亦未乘坐该车,尔后受到该车意外伤害时,其身份应认为已由被保险人转换为第三者。虽保险合同将被保险人排除在第三者之外,但依《保险法》第30条"采用保险人提供的格式条款订立的保险合同,保险人与投保人、被保险人或者受益人对合同条款有争议的,应当按照通常理解予以解释,对合同条款有两种以上解释的,人民法院或者仲裁机构应当作出有利于被保险人和受益人的解释"的规定,在其未提供证据证明本案所涉交通事故系何某故意造成情况下,应认定保险公司应在其承保商业三责险赔偿限额内对何某承担赔偿责任。本案虽涉保险合同问题,但最终解决的是机动车交通事故责任纠纷。何某与刘某之间因雇用关系而产生权利义务非为本案审理主要内容,亦非保险公司免于承担保险责任法定理由。判决保险公司赔偿何某损失62万元（其中在交强险限额内赔偿12万元、在商业三责险限额内赔偿50万元）。④2016年**河南某保险合同纠纷案**，2015年，尹某重型挂车运货后空车返程中，为降低空驶成本，将名下挂靠物流公司的另一辆重型挂车整体固定后载回。途中车辆侧翻，上下两车脱离，致上车驾驶室内司机李某身亡。2016年，李某近亲属诉请尹某、物流公司及上下两车投保的保险公司赔偿交强险、商业三责险。法院认为：由于本案上车和下车是通过加装固定装置进行过处理，故上下车应视为一个整体，在车辆行驶过程中，乘坐在上车中的受害人李某应视为下车"车上人员"。尹某驾驶下车操作不当，致使上下车辆均侧翻于事故路段中央绿化带，在车辆侧翻过程中，上下车辆之间发生了脱离，此时李某相对于下车而言，其身份已由"本车人员"转化为"第三人"。结合公安交通管理部门所作事故认定书、相关卷宗材料、勘验现场照片及尸表检验意见等分析，李某死亡原因系其乘坐上车侧翻后左侧驾驶室撞击地面后严重变形，胸部遭受较大外力挤压窒息而死亡，由于上车和下车加装过固定装置，故该后果发生亦系多种作用力结合导致。交强险立法本意和投保人购买商业三责险目的，均系通过机动车所有人或管理人投保，让保险人来承担、分摊社会风险，保障机动车事故中受害人能及时得到救济，故本案应由保险公司在下车所投保交强险和商业三责险限额范围内予以赔付。本案侵权行为系因尹某驾驶下车操作不当造成，故李某近亲属要求上车挂靠单位物流公司承担责任于法无据。李某相对上车而言，并非该车辆"第三人"，亦非该车辆所投保车上人员责任险保险合同相对方，故本案中上车投保保险公司承担责任亦无事实和法律依据。判决李某死亡损失58万余元，由下车投保保险公司在交强险、商业三责险范围内分别赔偿11万元、47万余元。⑤2015年**江苏某保险合同纠纷案**，2014年，陈某倒车时，撞上路边陈某弟致10级伤残，交警认定陈某全责。保险公司以三者责任险家庭成员免责条款拒赔。法院认为：对保险合同中的免责条款，保险人在订立合同时应在投保单、保险单或其他保险凭证上作出足以引起投保人注意的提示，并对该条款内容以书面或口头形式向投保人作明确说明，未作提示或明确说明的，该条款不产生效力。案涉商业三责险保险条款中虽有关于保险公司免责的约定，但从该条款来看，作为保险公司提供的格式条款，且属于免除自己责任的部分，保险公司应就该免责条款向投保人作出提示并进行告知和说明。保险公司并未就此提供证据，且从保险单来看，其所提示告知内容并不明确，该条款与保险单相互独立，二者并非一个完整的整体，无法确认保险公司在投保人投保时提示说明的内容。同时，从保险合同总则所载明本保险合同中第三者的除外人员中，并无家庭成员，显然扩大了保险公司免责范围。判决保险公司分别在交强险、商业三责险责任限额内赔偿陈某弟10万余元、1万余元。⑥2015年**安徽某保险合同纠纷案**，2015年，李某驾驶重型半挂汽车行驶途中发生单方交通事故，致使牵引车驾驶室脱落被挂车碰撞,造成驾驶员李某死亡。交警认定李某全责。李某近亲属诉请保险公司在车上人员责任险及商业三责险限额内赔偿。法院认为:主车与挂车是两部车,分别办理车辆号牌和相关保险,在营运中需连接使用,故保险公司一般规定主车和挂车在投保时要相对固定,否则发生交通事故,其不承担相应赔偿责任。主车和挂车连接使用时,应视为一体,发生交通事故时,对于第三者车辆或人员伤亡,按责任大小,由主、挂车承保公司分别承担相应赔偿责任,这种对外性是通常情况。但主、挂车连接使用时发生单方事故,两车相对性产生。本案中,由于挂车撞击致主车驾驶室脱离了主车底盘,此时对主车作用力来自挂车,驾驶人死亡系由挂车撞击所致,故主车驾驶人则转化为挂车第三者。依最高人民法院《关于适用〈中华人民共和国保险法〉若干问题的解释(二)》第11条第2款"保险人对保险合同中有关免除保险人责任条款的概念、内容及其法律后果以书面或者口头形式向投保人作出常人能够理解的解释说明的,人民法院应当认定保险人履行了保险法第十七条第二款规定的明确说明义务"、第13条第1款"保险人对其履行了明确说明义务负举证责任"规定,保险公司对保险条款中的免责事项应尽到提示、说明义务,否则免责规定对投保人无效。本案保险公司在一审中未提供投保单、保险单及保险条款,对其应履行的明确说明义务未举证证明,应承担举证不能责任。判决保险公司在车上人员责任险及商业三责险限额内赔偿原告。⑦2015年**河南某保险合同纠纷案**,2014年,余某停车检查车辆时,被溜坡的该车轧死。其近亲属熊某诉请保险公司赔偿理赔。法院认为:余某既是被保险车辆投保人,又是该车驾驶员,但其在被保险车辆发生故障下车检查时并不在车上,此时余某并非驾驶员身份,而是保险车辆之外的第三人,其身份在特定时间、特定条件下发生了转变。事故发生时其身份转变为事故中受害人,被保险车辆外第三人。故在交通事故发生时,其身份依法应认定为保险事故中的受害人。保险公司以《机动车交通事故责任强制保险条例》第3条、第21条规定,拒绝理赔,理由不充分,且缺乏法律依据。判决保险公司给付熊某等理赔款26万余元。⑧2014年**广东某交通事故纠纷案**,2014年,陈某驾驶宝马车,与黄某驾驶丰田车相撞致两车损坏。交警认定丰田车全责。丰田车保险公司以两车被保险人均为陈某为由拒赔。法院认为:依《保险法》规定,责任保险是指以被保险人对第三者依法应负的赔偿责任为保险标的的保险。第三者责任险性质属责任保险,即保险人赔偿责任以被保险人应负赔偿责任为基础。因被保险人不能成为侵权人,亦即构成责任事故基础的侵权法律关系不存在,故因被保险的机动车事故导致的被保险人人身或财产损失,被保险人不能作为本车的机动车责任保险受害人向保险人请求赔偿,否则违反责任保险最基本原则。在同一责任保险事故中,被保险人不能成为第三者。被保险人的人身伤亡或财物损失风险只能通过人身意外险或其他非责任保险予以化解,故本案交强险条款和三者责任保险条款约定第三者不包括被保险人,未违反法律规定,对双方具有约束力。陈某就其宝马车辆受损维修费及其他损失,向其就丰田车投保保险公司索赔,缺乏合同和法律依据,不予支持。⑨2014年江苏某保险合同纠纷案,2012年,驾校学员高某操作不慎,将车外指导的教练倪某撞伤。驾校赔偿倪某6万余元后,诉请保险公司赔偿。法院认为:案涉保险合同对"随车指导"问题未明确约定,且我国法律法规亦未作具体规定,依法应作出有利于被保险人或受益人的解释,故教练在车外指导不属随车指导。交强险或商业险中第三者不仅应系事故发生时空间上的第三者,还应系法律上的第三者,车辆实际控制风险的控制人不能成为第三者。本案中,教练在指导学员训练时,为该车辆风险控制人。依《道路交通安全法实施条例》规定,学员学习期间,由教练陪同在道路上驾驶机动车发生交通事故的,应由教练员承担责任。教练随车指导行为与学员驾驶行为为同一整体,不可分割,倪某不能被认定为交强险或商业险"第三者"。故保险公司不承担赔偿责任,判决驳回驾校诉请。⑩2014年江苏某交通事故纠纷案,2014年,高某驾车在自家门前水泥地上操作不慎,撞倒母亲史某致死。史某近亲属放弃保险之外的赔偿,检察院对高某作出相对不起诉决定。保险公司以家庭成员之间人身伤亡的免责条款为由拒绝交强险和商业三责险赔付。法院认为:机动车在道路以外的地方通行时发生事故,造成人身伤亡、财产损失的,保险公司仍应在交强险限额范围内予以赔偿。本案中,高某驾驶机动车在通行时发生事故致史某死亡,保险公司仍应承担赔偿责任。《保险法》第17条第2款规定,对保险合同中免除保险人责任的条款,保险人在订立合同时应当在投保单、保险单或者其他保险凭证上作出足以引起投保人注意的提示,并对该条款的内容以书面或者口头形式向投保人作出明确说明;未作提示或者明确说明的,该条款不产生效力。保险公司未能提供证据证明其对该免责条款概念、内容及其法律后果以书面或口头形式向投保人作出常人能理解的解释说明,该免责条款不发生效力。《保险法》第19条规定,采用保险人提供的格式条款订立的保险合同中的下列条款无效:(1)免除保险人依法应承担的义务或者加重投保人、被保险人责任的;(2)排除投保人、被保险人或者受益人依法享有的权利的。机动车第三者责任险旨在确保除被保险人和本车上人员以外的第三人因意外事故遭受损害时能得到保险救济,保险责任范围不能依保险合同一方或双方当事人意思而任意缩小。本案中,高某与史某虽系母女关系,但史某因高某驾驶机动车通行时发生事故而死亡,属于机动车第三者责任险中的第三人。因此,肇事者与受害人之间是否存在特定的身份关系,对第三人的确定并无影响。保险公司利用预先拟定的格式条款,缩小第三人范围,免除了自己应承担的义务,排除了受益人依法享有的权利,违反法律规定,应认定不发生效力。根据最高人民法院《关于人民法院是否受理刑事案件被害人提起精神损害赔偿民事诉讼问题的批复》规定,对于刑事案件被害人由于被告人的犯罪行为而遭受精神损失提起的附带民事诉讼,或者在该刑事案件审结以后,被害人另行提起精神损害赔偿民事诉讼的,人民法院不予受理。虽然高某行为造成了史某死亡后果,但因其犯罪情节相对轻微,检察院对高某作出相对不起诉处理。高某未经法院刑事审判并追究刑事责任,本案并不属于上述批复规定情形,保险公司认为不应判决给付精神损害抚慰金的理由不能成立。判决原告损失11万余元,由保险公司在交强险和商业三责险限额范围内赔偿。⑪2013年**北京某保险合同纠纷案**,2011年,科技公司将投保车辆送至销售公司维修保养。销售公司员工李某试车时与崔某车辆相撞,致两车受损、李某受伤,交警认定李某全责。2012年,法院判决保险公司赔偿科技公司车辆损失15万余元、第三者车辆损失7万余元、李某医疗费1万元。2013年,保险公司依《保险法》第60条第1款的规定起诉销售公司,主张代位求偿22万余元保险金。法院认为:《保险法》第60条第1款规定,因第三者对保险标的损害而造成保险事故的,保险人自向被保险人赔偿保险金之日起,在赔偿金额范围内代位行使被保险人对第三者请求赔偿的权利,故保险人行使代位求偿权对象的第三者应系保险人与被保险人之外对保险标的造成损害的"加害者"即第三方"加害者"。机动车损失保险条款虽未对第三者含义作出明确界定,但在相关条款中涉及了"第三方"概念,通过对比涉及"第三方"内容条款可知,机动车损失保险条款中涉及"第三方"与《保险法》第60条第1款规定涉及的第三者含义相同。维修保养后具有合法驾驶资格人员的试车行为,符合科技公司利益,李某应属科技公司允许的合法驾驶人,而李某行为显属代表销售公司职务行为。依机动车损失保险条款关于"被保险人或其允许的合法驾驶人"条款表述,在机动车第三者责任保险项下,保险公司不能依《保险法》第60条第1款规定行使代位求偿权,判决驳回保险公司诉请。⑫2013年**广东某交通事故纠纷案**,2012年,胡某驾驶雇主邢某车辆,不慎碾死停车位上玩耍的儿子。保险公司以受害人系家庭成员为由拒赔。保险公司商业保险条款第3条规定:"本保险合同中的第三者是指因被保险机动车发生意外事故遭受人身伤亡或者财产损失的人,但不包括投保人、被保险人、保险人和保险事故发生时被保险机动车本车上人员。"第5条规定:"被保险机动车造成被保险机动车本车驾驶人的家庭成员人身伤亡的,保险人均不负责赔偿。"法院认为:国务院《机动车交通事故责任强制保险条例》第3条规定:"本条例所称机动车交通事故责任强制保险,是指由保险公司对被保险机动车发生道路交通事故造成本车人员、被保险人以外的受害人的人身伤亡、财产损失,在责任限额内予以赔偿的强制性责任保险。"本案中,死者既非肇事车辆本车人员,亦非被保险人,故保险公司应在交强险范围内赔偿原告损失。依保险公司商业保险条款第3条规定,死者应属第三者,该"第三者"并未排除被保险机动车本车驾驶人的家庭成员。但依第5条规定,"第三者"应排除本车驾驶人的家庭成员,故以上两条款规定存在矛盾,依《保险法》第 30 条规定,对于保险合同的条款,保险人与投保人、被保险人或者受益人有争议时,人民法院或仲裁机构应作出有利于被保险人和受益人的解释,故机动车第三者责任险中"第三者"应包括被保险机动车本车驾驶人的家庭成员,保险公司应承担商业三责险赔付责任。胡某系合法驾驶人,其在使用被保险车辆过程中发生意外,在无证据证明投保人骗保情况下,保险公司即应赔偿。判决保险公司在交强险和商业险范围内赔偿原告 40 万余元,邢某赔偿原告 6 万余元。⑬ 2013 年**河南某交通事故纠纷案**,2010 年,躺地上修车的张某被其雇用司机赵某驾驶投保机动车碾伤,各项损失 50 万余元,交警认定赵某全责。2012 年,张某诉请保险公司在交强险 12 万元及商业三责险 30 万元限额范围内赔偿,同时诉请赵某及该车挂靠单位旅游公司承担超限额部分。保险公司以张某系被保险人为由拒绝理赔。法院认为:本案中,虽事发前张某为车主及被保险人,但在事故发生过程中,张某在车身之外遭碾轧而受伤,属保险合同第三人,故张某虽系被保险人,但其亦符合第三人特征,属主体身份竞合。从机动车三责险制度设立初衷及格式条款解释角度考虑,结合事故实际情况,本案被保险人可成为适格"第三者"。最高人民法院《关于审理道路交通事故损害赔偿案件适用法律若干问题的解释》第 17 条规定,投保人允许的驾驶人驾驶机动车致使投保人遭受损害,当事人请求承保交强险的保险公司在责任限额范围内予以赔偿的,法院应予支持,但投保人为本车上人员的除外。该条款权利主体虽为投保人,适用险种虽系交强险,但在车辆保险合同中,投保人多为被保险人、交强险与商业三责险均承担保护交通事故受害人利益的保险使命,故本案中可予参照。被保险人伤亡免赔的免责条款"道德风险"的说法站不住脚。当保险事故发生后,如保险人怀疑被保险人骗保,可通过举证免除赔偿责任,且举证责任完全在保险人,不能因存在骗保可能,就将被保险人一律排除在三责险之外,有因噎废食嫌疑。进一步而言,当被保险人骗保行为构成犯罪时更可追究骗保者刑事责任。另外,被保险人伤亡免赔的免责条款违反了法律面前人人平等和公平、公正原则,违背了社会以人为本、尊重生命价值的基本理念。本案张某相关损失,应由保险公司在交强险和商业三责险限额范围内直接赔偿,超限额范围以外部分,由赵某赔偿。旅游公司系肇事车辆登记车主,其与张某之间存在车辆挂靠关系,在本案中并无过错,故不承担责任。判决保险公司在交强险和商业三责险范围内分别赔偿张某 12 万元及 30 万元,赵某赔偿张某 13 万余元。⑭ 2013 年**云南某保险合同纠纷案**,2012 年,袁某驾驶汪某车辆,因故障停于路边,二人下车查看时被杨某所驾车辆碰撞身亡,交警认定杨某、袁某分负主、次责任,汪某无责。袁某、汪某近亲属作为原告,诉请汪某投保商业三责险的保险公司赔偿。法院认为:根据投保单记载内容,保险公司向汪某履行了免责条款提示和明确说明义务,保险合同合法有效,具有法律约束力。《保险法》第 65 条第 4 款规定:"责任保险是指以被保险人对第三者依法应负的赔偿责任为保险标的的保险。"《机动车第三者责任保险条款》第4条对"保险责任"规定的是：被保险人或其允许的驾驶人员在使用保险车辆过程中发生意外事故，致使第三者遭受人身伤亡或财产直接损毁，依法应当由被保险人承担的经济赔偿责任，保险人负责赔偿。本案交通事故导致汪某、袁某死亡，汪某系本案第三者责任保险合同的投保人和被保险人，其遭受人身损害不属商业三责险保险标的，保险公司不应承担理赔责任。袁某系投保车辆驾驶人员，其驾车在道路上发生故障后，停车排除故障时，未开启危险报警闪光灯，未设置警告标志和未将车上人员转移到右侧路肩上或应急车道内，承担事故次要责任。此表明保险车辆驾驶人员袁某对于事故发生存在过错，系交通事故共同侵权人，承担次要的侵权责任，汪某无责任。袁某既是保险车辆驾驶人员，且对交通事故导致的人身损害负有部分侵权责任，对其自身的人身损害，主要侵权人已承担了相应赔偿责任，剩余损失系由其自身过错导致，该部分损失显不属被保险人汪某依法应负损害赔偿范围，故袁某法定继承人在本案中提出袁某人身损害赔偿内容亦非第三者责任保险合同保险责任范围，保险公司对此不应承担保险理赔责任。判决驳回原告诉请。⑮2013年上海某交通事故纠纷案，2012年，运输公司驾驶员刘某、梅某分别驾驶的甲、乙重型半挂牵引车追尾致乙车受损，花费修理费1.7万余元。法院认为：机动车第三者责任强制保险属财产保险范畴，系以财产及其有关利益为保险标的的保险合同，故该保险中所指"第三者"应以财产作为判断标准，而非以财产所有权人作为判断标准。运输公司为甲车投保交强险承保范围是该车辆所造成人身及财产损失。虽乙车与甲车同为运输公司所有，但本起事故中，乙车为甲车的第三者车辆，故甲车给乙车造成损失应属甲车交强险责任范围，在无证据证明投保车辆存在故意制造事故情况下，保险公司应在交强险范围和限额内对运输公司合理损失承担赔偿责任。判决保险公司在两份交强险财损限额4000元范围内赔偿运输公司。⑯2013年广东某交通事故纠纷案，2013年，胡某乘坐范某驾驶巴士公司公交车下车时，被车门夹脚后摔倒致9级伤残，交警认定范某全责。胡某诉请范某、巴士公司、保险公司赔偿。法院认为：胡某乘坐范某所驾公交车，在下车过程中发生本案交通事故，交警部门确定当时胡某属行人，并作出事故责任认定书，认定范某承担事故全部责任，胡某无责任，法院对此予以确认。保险公司称胡某在事发时属于车上人员，本案不属交通事故，不在"交强险"理赔范围的意见，法院不予采纳。《道路交通安全法》第76条规定：机动车发生交通事故造成人身伤亡、财产损失的，由保险公司在机动车第三者责任强制保险责任限额范围内予以赔偿。本案事故车辆已投保"交强险"，故保险公司应在"交强险"保险金额范围内对赔偿金承担赔付责任，即在死亡伤残赔偿限额范围内赔付护理费、住院伙食补助费、营养费、交通费、精神损害抚慰金、残疾赔偿金、鉴定费等，在医疗费用赔偿限额范围内赔付医疗费。另因事故车辆还购买了第三者责任险,故保险公司对超出"交强险"保险金额赔偿金部分,应根据商业第三者责任险保险合同约定,在商业第三者责任险范围内进行赔付,不足部分再由巴士公司承担。判决保险公司赔偿胡某8万余元。⑰**2013 年河南某交通事故纠纷案**,2012 年,袁某驾车撞上护栏,乘客刘某被甩出车外受伤。法院认为:依交强险第 21 条规定,交强险保障的第三者为"本车人员、被保险人以外的受害人"。对于被保险人,该条例第 42 条第 2 款作出界定,是指投保人及其允许的合法驾驶人,而对于本车人员,法律未明确界定。从字面上理解,本车人员应在车的承载之中。就本案而言,刘某身份具有特殊性。事故发生前,其为乘坐人,毫无疑问属本车人员;事故过程中,车门被撞掉,其被甩出车厢,此时为非本车人员。"交通事故发生时"不应局限于事故开始这一时间点,而应理解为事故从开始到结束这一时间段。本案中,在交通事故发生过程中,刘某位置发生了从车内到车外的变化,而其受伤也发生在车外,就其受伤时情况看,其非被保险人,亦不再是本车人员,其身份只能是第三者,故保险公司应在交强险限额内予以赔偿。法律原则在适用上一般不应优先于法律规则,但若穷尽了法律规则,为实现个案正义,且无更强理由,可径行适用法律原则。本案中,对于本车人员,法律未明确界定,刘某和肇事司机与保险公司相比居于弱势地位,两方就第三者界定发生争议,鉴于法律规则不明确而司机与保险公司赔偿能力巨大差别,可补充适用法律原则,对第三者作有利于弱势一方解释。假设本案刘某被甩出车外撞上了他人,使二者均受伤,则该他人将毫无争议地被认定为第三者,获得交强险赔付。如刘某不能获得交强险赔付,便会出现以下结果:两个人均在车外受伤,仅因事故发生前受害者居于车上或车下位置不同而得到不同待遇和保障,显然有失公平,故将刘某认定为第三者更符合公平原则要求。判决保险公司赔偿刘某 5 万余元。⑱**2013 年江苏某交通事故纠纷案**,2012 年,高某车辆追尾货车,高某车上乘客周某被甩出后,被仰翻的高某车辆碾轧致死。保险公司以周某非第三者身份拒赔。法院认为:判断交通事故中受害人是否属于交强险和商业三责险赔付对象,应根据受害人遭受损害具体原因认定。综合全案看,本案中,共发生了两起事故,周某乘坐车辆追尾货车时周某被甩出车外,此为本案第一起事故;周某被甩出车外后,被乘坐车辆碾轧,此为本案第二起事故。结合本案查明事实和周某死亡原因鉴定意见,车头压迫周某系其死亡直接原因,故导致周某死亡直接原因系第二起事故,在该碾轧事故发生时,周某已置身于保险车辆之外,不再是车上人员,已转化为交强险和商业三责险中的第三者,故保险公司应予理赔。⑲**2012 年河南某交通事故纠纷案**,2011 年,刘某在工地被其雇用的驾驶员邱某驾驶的投保起重机碰伤,各项经济损失 17 万余元。交警认定不属于交通事故。商业三责险保险公司以刘某系被保险人为由拒绝理赔。法院认为:因本案不属交通事故,故刘某损伤不属交强险保险责任。机动车第三者责任保险的保险责任为,保险期间内,被保险人或其允许的合法驾驶人在使用被保险机动车过程中发生意外事故,致使第三者遭受人身伤亡或财产直接毁损,依法应由被保险人承担的损害赔偿责任,故第三者责任保险不仅限于交通事故,应包括起重机作业过程中发生的意外事故。刘某在本案中既系受害者,又系三者责任保险的投保人和被保险人,即刘某具有三重身份。邱某作为被保险人允许的合法驾驶人,故其应受到投保人与保险公司之间第三者责任保险合同的制约,即邱某驾驶该起重机时,取代了第三者责任保险中"被保险人"地位。邱某驾驶该起重机作业过程中发生意外事故,致使刘某遭受人身损害,刘某在此事故中的受害人地位符合第三者责任险中"第三者"身份,故邱某应承担的刘某损失,依法应由保险公司在商业三责险范围内承担。判决保险公司在商业三责险范围内赔偿刘某损失16万余元,邱某赔偿刘某1万元。⑳2012年**云南某保险合同纠纷案**,2010年,马某车辆在道路上维修时,因千斤顶移位导致车辆侧翻,车旁司机马某被砸中致死。交警认定不属于道路交通事故,不予立案。马某近亲属诉请保险公司赔偿交强险及商业三责险。法院认为:《道路交通安全法》第119条第5项将道路交通事故定义为"车辆在道路上因过错或者意外造成的人身伤亡或者财产损失的事件"。如仅因发生事故车辆位于"道路"上即认定属道路交通事故,则相当于对"道路交通事故"法律定义进行了极大限度的扩大解释,不具有科学性和客观性。交警部门作为认定道路交通事故职能部门,其所作事故责任认定书具有专业性和权威性,法院在无其他客观事实依据情况下,一般不得随意否定公安交警部门责任认定书内容和效力,故本案马某死亡事故不能认定为道路交通事故。《机动车交通事故责任强制保险条例》第3条规定:"本条例所称机动车交通事故责任强制保险,是指由保险公司对被保险机动车发生道路交通事故造成本车人员、被保险人以外的受害人的人身伤亡、财产损失,在责任限额内予以赔偿的强制性责任保险。"马某属机动车交通事故责任强制保险的被保险人,故不能获得交强险赔偿。依马某与保险公司所签三责险保险合同约定,马某作为被保险人,亦不属"第三者"范畴,亦非"使用被保险机动车的过程中发生意外事故并造成第三者伤亡或财产损失,且该意外事故易发应当由被保险人承担赔偿责任",故马某依法不能获得交强险赔偿,亦不能获得第三者责任险赔偿,判决驳回原告诉请。㉑2012年**广东某保险合同纠纷案**,2010年,杨某驾驶摩托车与杨某父驾驶的轿车发生碰撞,杨某死亡。交警认定杨某、杨某父分负主、次责任。2011年,杨某父母获得交强险赔付后,商业三责险保险公司以保险合同免责条款将本机动车驾驶人家庭成员排除在第三者之外为由拒赔。法院认为:交强险条例第21条规定:"被保险机动车发生道路交通事故造成本车人员、被保险人以外的受害人人身伤亡、财产损失的,由保险公司依法在机动车交通事故责任强制保险责任限额范围内予以赔偿。道路交通事故的损失是由受害人故意造成的,保险公司不予赔偿。"可见,在第三者责任强制保险中,第三者范围是指本车人员、被保险人以外受害人。考虑第三者责任险设立初衷、投保人分散风险的投保目的以及公平原则,被保险人和被保险机动车驾驶人家庭成员作为受害人,和通常情况下与其无亲属关系的其他第三者并无本质不同。商业三责险条款对第三者作定义时,并未将被保险机动车本车驾驶人家庭成员排除在外,但在责任免除条款中,将本机动车驾驶人家庭成员排除在第三者之外,故以上两个条款存在矛盾。依格式条款的解释规则,第三者应为保险人、被保险人以及被保险机动车人员(包括本车驾驶人和其他车上人员)以外的所有人,本案死者杨某应认定为第三者。《保险法》第19条规定,采用保险人提供的格式条款订立的保险合同中的下列条款无效:免除保险人依法应承担的义务或者加重投保人、被保险人责任的;排除投保人、被保险人或者受益人依法享有的权利的。本案中,由于商业三责险免除了保险人依法应承担的义务,排除了受益人依法享有的权利,该条规定无效。故保险公司应在商业三责险限额内承担赔偿责任。判决保险公司赔偿原告商业三责险11万余元。㉒2012年广西某保险合同纠纷案,2010年10月,黄某驾驶物流公司与姜某共同融资购买并挂靠物流公司经营的半挂车,因车辆失控,导致副驾驶潘某掉下车被挂车碾轧身亡,交警认定黄某全责。事发后,姜某、黄某与潘某妻子达成赔偿协议,并给付赔偿款42万元。姜某赔偿损失后,物流公司作为车主,向保险公司索赔。法院认为:机动车辆是一种交通工具,任何人都不可能永久地置身于机动车辆之上,故涉案机动车辆保险合同中所涉及的"第三者"和"车上人员"均为在特定时空条件下的临时性身份,二者可以因特定时空条件的变化而转化。因此,判断因保险车辆发生意外事故而受害的人属于"第三者"还是属于"车上人员",必须以该人在事故发生当时这一特定的时间是否身处保险车辆之上为依据。本案中,发生意外事故时,受害人甩出车外与车辆完全脱离,已经从车上人员转化为了车外第三者,根据格式条款解释规则,应从有利于合同弱势一方理解认定其属于保险合同中所指的第三者范围。保险公司抗辩称受害人是车上人员,不属于第三者责任保险范围,扩大了车上人员的范围,将所有曾在该车内的人员均视为车上人员而拒绝赔偿,违反了民法的诚实信用及公平、公正原则,也违背了社会以人为本、尊重人的生命价值的基本理念,判决保险公司赔付物流公司保险金27万元。㉓2011年江苏某保险合同纠纷案,2008年8月,雇员胡某驾车期间,撞伤作为行人的雇主亦是该车交强险、三责险的被保险人颜某。法院认为:根据《保险法》对责任保险及交强险条例对交强险概念的规定,交强险、三责险均是以被保险人对第三者的赔偿责任为保险标的,以填补被保险人对第三者承担赔偿责任所受损失的保险。按照通常的理解,交强险、三责险中的第三者应是指保险人、被保险人以外的人。交强险条款、三责险条款亦明确规定受害人或第三者均不包括被保险人。该内容符合法律规定,并未免除己方责任、加重被保险人的责任、排除被保险人的主要权利,应属有效。故被保险人自身无论何种情形均不构成责任险中的第三者。故颜某要求保险公司赔付保险金的诉讼请求,无法律依据,法不予支持。㉔**2011 年浙江某交通事故责任纠纷案**,2010 年 4 月,钟某驾驶蔡某所有并挂靠在运输公司的带挂货车行驶途中因刹车故障,副驾驶位置上的王某见势不妙,跳下车受伤。法院认为:钟某在发现肇事车辆发生故障后,本应停车让专业维修人员进行维修,待车辆修理好后再驾驶车辆,但其却在未经专业人员维修的情况下直接驾车继续行驶,导致肇事车辆刹车失灵,王某跳车受伤的交通事故。王某在车辆刹车发生故障,生命安全受威胁的情况下跳车自救并无不当,钟某应对该事故承担全部责任。<u>王某在事故发生时已由车内人员转化为车外人员</u>,钟某系在履行职务中造成他人损害,故王某损失应由保险公司在两份交强险责任限额范围内先行赔偿,不足部分由肇事车辆实际车主和钟某的雇主蔡某承担赔偿责任,运输公司作为挂靠单位应对蔡某之赔偿义务承担连带责任。判决王某损失 26 万余元,保险公司在两份交强险责任限额范围内赔偿王某医疗费等 10 万余元,蔡某赔偿王某剩余损失 15 万余元,运输公司对蔡某应履行之赔偿义务承担连带责任。㉕**2011 年河南某交通事故损害赔偿案**,2011 年 2 月,曹某驾驶刘某的半挂车,停车检查车辆时,溜车将曹某碾轧致死。该车已投保限额 24.4 万元的交强险和限额 50 万元的三责险,死者家属要求保险公司赔偿 50 万元。法院认为:曹某驾驶车辆虽属车上人员,但在发生事故时,其已离开车体,已停止了对该车辆的操作和控制,在做与驾驶无关的事情,虽其未将车辆停放好,但只是违反了机动车操作规范,<u>实际上其已失去了对车辆的控制,此种情况下,其身份已转化为第三者</u>,故判决保险公司在交强险及第三者责任险限额内赔偿原告丧葬费、死亡赔偿金、交通费、精神抚慰金共计 44 万余元。㉖**2010 年安徽某交通事故损害赔偿案**,2009 年 1 月,苏某驾驶投保机动车商业三者险和承运人责任险的客车急转弯时,车上乘客杨某从未关严的车门甩出摔到路面,后经鉴定构成 10 级伤残。法院认为:事故发生时,杨某乘坐于案涉保险车辆上,属于车上人员。因驾驶员遇紧急情况时操作不当,导致涉案保险车辆将杨某甩出车外,即<u>发生事故时,杨某身处保险车辆之上,杨某车外受伤是其作为乘客被甩出车外的必然结果,故本案杨某属于车上人员而非第三者,应属"车上人员险"理赔范围</u>。保险公司应在道路客运保险合同限额内承担相应理赔义务,因精神损害抚慰金不属承运人责任理赔范围,故该赔偿项目应由侵权人负担。㉗**2010 年重庆某交通事故损害赔偿案**,2008 年 7 月,向某将寄放于修理厂待修机动车出借给雷某,由黎某驾驶,因制动性能不良翻车,造成雷某之子刘某等 3 人死亡、10 人受伤,交警认定黎某全责。事故现场照片显示:刘某死亡时头部及身躯均在车外地上,下肢部分被肇事车所压,对于刘某是否算交强险的"第三人"是争议焦点之一。法院认为:本案机动车本身的瑕疵与驾驶人操作不当均是事故发生原因之一,对本案事故造成的损害后果,机动车所有人向某、借用人雷某、具有重大过错的义务帮工人黎某均应承担相应责任。刘某属于因保险车辆发生意外事故遭受人身伤亡的保险车辆下的受害者,其已由车上人员转化为第三者,保险公司应在交强险范围内赔偿 11 万元,超责任限额部分,雷某赔偿 60% 即 11 万余元,李某承担连带责任,向某赔偿 20% 即 3.8 万余元,原告自行承担余下 20%。㉘2010 年**浙江某交通事故损害赔偿案**,2010 年 3 月,包某驾车途中,车辆起火,乘员吴某跳车坠地后右上肢被该车碾轧致 5 级伤残。法院认为:吴某跳车前,其属于车上人员,但在其离开车辆进入地面之后,其身份随即发生变化,不再属于车上人员范畴,为此,在吴某跳车倒地右上肢被碾轧时,其身份已属于交通事故的第三者,故保险公司应予交强险赔付,超过责任限额部分,由包某承担 75% 的赔偿责任。㉙2010 年**广西某交通事故损害赔偿案**,2009 年 1 月,陈某驾驶拖拉机侧翻,车上乘客李某被侧翻的车辆压住,后治疗无效死亡,交警认定陈某全责。一审认为李某系车上人员,保险公司不承担赔偿责任。二审认为:李某在车外被车辆轧伤,已从车上人员转化为第三者,故保险公司应承担交强险赔付责任,超过部分由陈某赔偿。㉚2008 年**云南某保险合同纠纷案**,2006 年 6 月,孙某投保货车在装卸时,货物碰到电线,引发触电事故,造成车斗内装卸工王某从货车上摔下死亡。调解书认定孙某赔偿受害人 5 万元。法院认为:本案因意外事故造成人身伤亡的王某不属于保险条款约定的投保人、被保险人、保险人范畴,并不在保险合同约定的"第三者"的排除范围之外。案涉保险车辆在事故中未处于运送状态,王某系在车斗中进行装卸作业的工人,其对保险车辆的驾驶并不具有支配能力,其只是在被保险车辆非乘坐位置即车斗中作业的工人,对被保险车辆具有他人性,故本次事故中的伤亡者不属车上人员责任险中的"本车上其他人员",其应属"第三者"范围。在不具备免赔事由情形下,保险公司应依约给付保险金义务。㉛2008 年**广东某保险合同纠纷案**,2006 年 1 月,温某为其所有的机动车在保险公司购买保险,其中第三者责任险 50 万元。2006 年 10 月,温某聘请的司机吴某将车停在高速路上并下车时,被朱某驾驶的货车剐碰致死。法院判决朱某赔偿吴某家属 30% 即 5 万余元。温某作为雇主赔偿吴某家属 4 万余元后,要求保险公司理赔。保险公司认为不符合保险合同约定的"被保险人或其允许的合格驾驶员在使用保险车辆过程中,发生意外事故,致使第三者遭受人身伤亡或财产的直接损毁"的赔偿条件。法院认为:保险合同中有关保险人的责任免除条款因保险公司无法举证证明其已依法履行明确说明义务,故该责任免除条款依法不产生法律效力。事发时,吴某已停止驾驶行为并走到车外遭剐碰而最终死亡,对其发生交通事故时的身份应以第三者而非驾驶员进行认定较为合理。故无论保险合同中责任免除条款是否有效,因受害人吴某在发生事故时属于第三者,作为保险人的保险公司依合同约定和法律规定均有支付保险赔偿金义务。㉜**2008年江苏某保险合同纠纷案**,2007年10月,王某挂靠长途公司的客车由王某雇请的司机李某驾驶期间,在高速公路上让乘客黄某下车后驾车离开,不久黄某被汪某驾驶的机动车撞死。交警认定黄某负主要责任,李某违规停车应负次要责任,汪某不负责任。一审判决原告损失32万余元,由保险公司承担5万元,余款40%由王某承担,长途公司负连带责任。二审改判保险公司不承担赔偿责任,理由:本案事故系因黄某违规横穿高速公路被撞而发生,当时王某的投保车辆已驶离现场,不处于该事故的特定时空范围,即客车本身并未与黄某之间发生交通事故,对于客车而言,黄某不符合事故"第三者"的条件。本案投保客车虽系事故车辆,但黄某不是被该车本身实际碰撞致死,不属于交强险中"第三者",故保险公司不应承担交强险理赔责任。㉝**2007年山东某保险合同纠纷案**,2006年12月,白某所聘司机王某下车修车时发生溜车,造成王某死亡。仲裁裁决投保交强险的保险公司赔偿白某已付死亡赔偿金5万元。保险公司诉请撤销裁决。法院认为:<u>驾驶员王某无论是在车上驾驶,还是车下修车,其身份是本车驾驶员,下车修车只是其履行正常行车义务的一部分,故应认定王某为本车驾驶员,不应认定为第三者</u>。故仲裁裁决认定事实错误。王某损失不能通过交强险得到赔付,其损失可通过被保险人所投商业险即车上人员险得到赔付。根据特别法优于一般法的原则,本案应适用《机动车交通事故责任强制保险条例》,而不应适用调整商业保险的《保险法》,仲裁裁决适用法律明显错误。因仲裁裁决认定事实不清、适用法律错误,根据《仲裁法》第61条规定,法院可通知仲裁庭重新进行仲裁,并裁定中止撤销仲裁程序。㉞**2006年天津某保险合同纠纷案**,杨某投保机动车商业三者险,约定:"保险车辆造成被保险人或其允许的驾驶员及其家庭成员伤亡,不论在法律上是否应由被保险人承担赔偿责任,保险人均不负责赔偿","家庭成员包括被保险人的直系血亲和在一起共同生活的其他亲属"。2006年3月,杨某驾车不慎,致其母亡。保险公司认为依约可免责。法院认为:按照通常的理解和国际通行的保险理念,机动车三者责任险中"第三者",是指订立保险合同的双方当事人即保险人、被保险人(包括被保险车辆内的人员)以外的所有的人。案涉交通事故发生纯属偶然,杨某母亲作为受害者,和通常情况下与事故肇事者无直系血亲或其他亲属关系的第三者并无不同,在现有法律、法规未明确规定情况下,涉案机动车辆三者险保险合同相关格式化免责条款将被保险人或被保险车辆驾驶人员的家庭成员排除在外,属人为缩小第三者范围,<u>该格式条款系保险公司利用己方强势以预先设定的格式免责条款,缩小第三者的范围,以最大化免除自己责任,无法律依据,应为无效</u>。保险公司虽在保险合同文本中以黑体字提示了免责条款,但仅是尽到了提醒投保人注意的义务,不能认定其已履行了就免责条款的概念、内容及其法律后果的明确说明义务,故不论合同中关于"家庭成员"及"第三者"解释是否具有法律依据、是否有效,该格式条款均因保险公司未尽到明确说明义务而归于无效,对杨某不产生约束力,故判决保险公司赔偿。㉟**2004年新疆某保险合同纠纷案**,2003年3月,张某为其分期购买的机动车在同一保险公司投保了消费贷款保证保险和10万元的三者责任险,后一保险合同上显示车辆使用性质为"非营运",而前一合同为"营运"。2003年11月,因张某利用该车雇用常某运输,张某从一饭店出来开车时,将在车底修理刹车的常某轧死,保险公司以常某为"本车驾驶员"及"维修期间"、"用于营运"等理由拒绝办理保险理赔。法院认为:<u>常某既非投保人,亦非被保险人,更非保险人,且发生意外事故时常某在保险车辆下,符合第三者条件,应属第三者</u>,虽其系张某雇用的驾驶员,但发生事故时非使用保险车辆的驾驶员,对预先拟定的保险合同格式条款中"驾驶人员"存在不同理解,亦应作出有利于被保险人和受益人的解释。保险车辆虽从事营业运输,但事故非发生在营运中,亦非发生在非营业性维修场所,且该事故并非因车辆危险程度增加而引发,尤其张某已在该保险公司投保消费贷款保证保险时对营运性质有明确说明,故虽未在三者责任险中做变更,亦不影响其已尽如实告知义务,故保险公司应予理赔。㊱**2004年河南某保险合同纠纷案**,2004年10月,赵某投保三者险的货车由所聘司机魏某驾驶,赵某因故下车检查时,摔倒后被车轧身亡。交警认定赵某负主要责任,魏某负次要责任。保险公司以保险合同约定"投保人被自己投保车辆轧死不属于第三者"拒赔。法院认为:保险公司关于第三者责任险的免责条款属格式条款,是其为了重复使用而预先拟定的,并在订立合同时未与投保人协商,保险公司未有证据证实其已向投保人出示并明确作出说明,故该免责条款不发生效力。依据公平原则,第三者损害责任险旨在确保第三人因意外事故受损时,能及时得到保险救济,是为不特定的第三人的利益而订立。现赵某因交通事故被投保车辆轧死,<u>保险公司在订立合同时针对第三者的范围,未对投保人进行明确说明,事故发生后双方对第三者的理解发生争议,应作出对保险公司不利的解释</u>,故对死者赵某应按第三者损害责任险予以赔偿。

【同类案件处理要旨】

  机动车第三者责任保险中的"第三者"是指除保险人、被保险人和保险车辆上人员以外,因保险车辆的意外事故遭受人身、财产损害的第三人。《机动车交通事故责任强制保险条例》第21条规定的"本车人员"应当理解为在保险事故发生时机动车内承载的人员。投保人允许的驾驶人驾驶机动车致使投保人遭受损害,当事人请求承保交强险的保险公司在责任限额范围内予以赔偿的,人民法院应予支持,但投保人为本车上人员的除外。

【相关案件实务要点】

1.【第三者判断】判断因车辆发生保险事故而受害的人属第三者还是车上人员,须以该人在事故发生时是否身处保险车上为据,在车上即为"车上人员";反之为"第三者"。案见最高人民法院公报案例之浙江湖州中院2006年9月18日判决"郑某诉徐某等人身损害赔偿案"〔载《最高人民法院公报·案例》(2008:505)〕。上述要旨,是否暗含了一种受害人身份瞬间转化的可能,在实践中存在争议。最高人民法院的审判业务意见强调"当被保险车辆发生交通事故时,如本车人员脱离了被保险车辆,不能视其为机动车第三者责任强制保险中的第三者,不应将其作为机动车第三者责任强制保险限额赔偿范围的理赔对象",明确持否定态度〔载《民事审判指导与参考·指导性案例》(201003:142)〕。而中国保监会亦早就持此立场〔保监办函〔2001〕59号〕。但上述否定身份转化的司法指导意见或规范性文件逻辑本身值得推敲,且不能作为根据交强险条例第26条得出的当然结论,在没有法律或司法解释予以明确前,有关"车上人员"与"第三者"的身份转化之辩必然存在。司法实践中,即如广西百色中院(2012)百中民二终字第29号"某物流公司诉某保险公司保险合同纠纷案"〔载《人民法院报·案例指导》(20120830:6)〕判决主旨:机动车辆保险合同中所涉及的"第三者"和"车上人员"均为特定时空条件下的临时性身份,二者可以因特定时空条件的变化而转化。但关于转化的时空条件,在司法实践中又面临新的疑问:(1)何为"事故发生时"?一种观点认为,因保险车辆发生意外事故而受害的人是否属于"车上人员",必须以该人在事故发生当时这一特定的时间是否身处保险车辆之内为依据,在车内即为"车上人员",在车外即为"车外人员"即所谓的"第三者"。案见浙江宁波中院(2011)浙甬民二终字第789号"王某诉某运输公司交通事故责任纠纷案"〔载《人民法院报·案例指导》(20120301:6),另载《人民司法·案例》(201208:97)〕。另一种观点认为,交通事故发生的时间,应从受害者受到伤害时开始,而非危险发生时起算。案见安徽池州中院(2010)池民一终字第47号"杨某诉苏某等人身损害赔偿案"〔载《人民法院报·案例指导》(20100902:6)〕、浙江嵊州法院(2010)绍嵊民初字第1119号"吴某诉包某等交通事故损害赔偿案"〔载《中国法院2012年度案例:道路交通纠纷》(217)〕、广西玉林中院(2010)玉中民三终字第223号"梁某等诉陈某等交通事故损害赔偿案"〔载《中国法院2012年度案例:道路交通纠纷》(220)〕。(2)何为"发生保险事故"?交强险理赔责任发生的前提是"机动车发生交通事故",应理解为被投保机动车"本身"与"第三者"发生交通事故;否则,被投保车辆虽系事故车辆,但被害人系被其他车辆碰撞身亡,则该被害人不属于该车交强险中的"第三者",保险公司不承担交强险理赔责任。案见江苏常州中院(2008)常少民终字第7号"李某等诉某保险公司等交通事故人身损害赔偿案"〔载《人民法院报·案例指导》(20090515:5)〕。

2.【被保险人】责任保险是以被保险人对第三者依法应负的赔偿责任为保险标的的保险,其目的系为被保险人可能承担民事损害赔偿责任而丧失的利益提供经济补偿。因此,被保险人无论何种情形均不构成责任保险中的第三者。案见江苏南京鼓楼区法院(2011)鼓商初字第1079号"某保险公司与某物流公司保险合同纠纷案"。

3.【驾驶员】在保险合同明确约定"本车驾驶人员"不属于三者险范围情况下,对下车修理并遭到被保险车辆事故损害的驾驶员身份如何理解?(1)三者责任险中"本车驾驶人员"应指保险事故发生时的驾驶人员,而不包括该车曾经的驾驶人员。案见新疆乌鲁木齐中院(2004)乌中民一终字第1352号"张某诉某保险公司保险合同理赔案"〔载《人民法院案例选》(200503:302)〕。(2)对驾驶员身份的判定,应依事故发生时其是否实际控制车辆或有能力操纵和控制车辆来确定。保险事故发生时,驾驶员已停止驾驶行为,在车外遭受事故损害的,应认定该驾驶员身份已转化为第三者身份,受第三者责任险的保护对象。案见广东梅州中院(2008)梅中法民三终字第23号"温某诉某保险公司保险合同案"〔载《人民法院案例选·月版》(200906:1)〕。(3)在合同明确约定"本车驾驶员"被排斥在三者险范围的情形,无论是在车上,还是车下,其损失不应得到交强险的赔付。案见山东济宁中院(2007)济民二撤仲字第8号"某保险公司与白某保险合同纠纷案"〔载《人民司法·案例》(200802:103)〕。

4.【家庭成员】保险公司利用己方强势以预先设定的格式免责条款,将被保险人或被保险车辆驾驶人员的家庭成员排除在外,人为缩小第三者的范围,以最大化免除自己责任,无法律依据,应为无效。案见最高人民法院公报案例之天津一中院2006年10月25日判决"杨某诉某保险公司保险合同案"〔载《最高人民法院公报·案例》(2007:518),另载《人民司法·案例》(200802:22)〕。

5.【他人性】车辆发生意外事故,导致除车上被保险人、保险人、被保险人允许的合格驾驶员、被保险车辆上的同乘、搭乘者以外的与被保险车辆具有他人性的受害人,应认定为三者险中的"第三者"而非"车上人员"范畴。案见云南安宁法院(2008)安民初字第40号"孙某诉某保险公司保险合同纠纷案"〔载《人民法院案例选·月版》(200912:24)〕。

6.【挂靠车辆】乘坐挂靠车辆的实际车主在正常下车后遭受侵害的,该实际车主既非投保人,亦非被保险人,应当作为该挂靠车辆的第三者。案见重庆一中院(2010)渝一中法民终字第2122号"游某诉某保险公司等道路交通事故损害赔偿纠纷案"〔载《人民司法·案例》(201104:74),参见本书第30章:《非道路事故责任承担》]。

【附注】

参考案例索引:浙江湖州中院2006年9月18日判决"郑某诉徐某等人身损害赔偿案",判决保险公司赔偿郑某各项损失31万余元,徐某赔偿郑某精神损害抚慰金3万元。见《郑克宝诉徐伟良、中国人民财产保险股份有限公司长兴支公司道路交通事故人身损害赔偿纠纷案》,载《最高人民法院公报·案例》(2008:505)。①北京三中院(2017)京03民终4318号"梁某与李某等交通事故纠纷案",见《车辆驾驶人并不因其临时下车休息而转化为本车第三人——北京三中院判决梁文贵等诉李领、郑州达喀尔公司、平安保险北京分公司、人保北京房山支公司机动车交通事故责任纠纷案》(张清波),载《人民法院报·案例精选》(20170831:6)。②北京三中院(2017)京03民终2053号"李某与张某等交通事故纠纷案",见《竞驾人无权要求对方车辆的保险公司向本车乘客承担赔偿责任——北京三中院判决李二龙诉张文凯、中国人寿北京分公司等机动车交通事故责任纠纷案》(张清波),载《人民法院报·案例精选》(20170420:6)。③湖北武汉中院(2016)鄂01民终7561号"何某与某保险公司保险合同纠纷案",见《何正心诉中国人民财产保险责任有限公司武汉市江夏支公司等机动车交通事故责任纠纷案——在车外受伤的被保险人或投保人是否为事故第三人的认定》(许方芳),载《人民法院案例选》(201707/113:76)。④河南南阳中院(2016)豫13民终3299号"李某等与某保险公司交通事故责任纠纷案",见《李海峰等五人诉中国平安财产保险股份有限公司南阳中心支公司等机动车交通事故责任纠纷案——长途运输的大货车之间实施"车背车"致人损害侵权责任的认定》(成延洲、杨慧文),载《人民法院案例选》(201705/111:147)。⑤江苏淮安中院(2015)淮中民终字第01126号"陈圆与陈帅、中国人民财产保险股份有限公司常熟中心支公司保险合同纠纷案",见《第三者责任险家庭成员免责条款的效力审查》(张强、于四伟),载《人民司法·案例》(201605:57)。⑥安徽六安中院(2015)六民一终字第01053号"李某与某保险公司保险合同纠纷案",见《主车驾乘人员能否转化为挂车的第三者——安徽六安中院判决李其家等诉渤海财险六安公司等机动车交通事故责任纠纷案》(赵应军),载《人民法院报·案例精选》(20160526:6)。⑦河南信阳中院(2015)信中法民终字第580号"熊某等与某保险公司保险合同纠纷案",见《溜坡车轧死本车司机,司机应认定为保险第三者——河南信阳中院判决熊海霞等五人诉信阳保险公司保险合同纠纷案》(孔晶晶),载《人民法院报·案例精选》(20160204:6)。⑧广东广州南沙区法院(2014)穗南法民二初字第395号"陈某与某保险公司交通事故责任纠纷案",见《陈泽坛诉中国太平洋财产保险股份有限公司广州市番禺支公司机动车交通事故责任纠纷案——被保险人是否属于机动车责任保险的"第三者"》(赵丽、崔剑),载《人民法院案例选》(201606/100:194)。⑨江苏南通中院(2014)通中商终字第0161号"江苏省南通佳成驾驶培训有限公司与中国人寿财产保险股份有限公司南通市城区支公司保险合同纠纷案",见《随车指导的教练不能成为本车保险事故第三者》(谷昔伟、韩兴娟),载《人民司法·案例》(201520:104)。⑩江苏泰州中院(2014)泰中民终字第0833号"高某等与某保险公司交通事故责任纠纷案",见《高浩杰等诉平安保险公司因被保险人驾驶车辆不慎撞死亲属索赔案》,载《江苏省高级人民法院公报》(201501/37:56)。⑪北京一中院(2013)一中民终字第12431号"某保险公司与某销售公司保险合同纠纷案",见《中国大地财产保险股份有限公司北京分公司诉北京冀东丰汽车销售服务有限公司保险合同纠纷案——〈保险法〉第六十条第一款涉及的第三者在机动车第三者责任险及机动车损失险项下的含义及范围》(梁睿),载《人民法院案例选》(201501/91:240)。⑫广东佛山中院(2013)佛中法民一终字第1764号"胡某等诉邢某等机动车交通事故责任纠纷案",见《胡宝生、邢小英诉邢芙蓉、中国大地财产保险股份有限公司佛山中心支公司机动车交通事故责任纠纷案——父亲开车不慎碾死儿子,保险公司是否要承担赔偿责任》(林信棋),载《人民法院案例选》(201404/90:183)。⑬河南郑州中院(2013)郑民一终字第3011-1、301-2号"张某与赵某等健康权纠纷案",见《张俊利诉赵鹏飞、中国平安财产保险股份有限公司河南分公司、阳光财产保险股份有限公司河南省分公司、河南省鸿运汽车旅游有限公司健康权纠纷案——被保险人可否成为机动车第三者责任保险中的"第三者"》(赵宜勇、何展),载《人民法院案例选》(201304/86:78);另见《被保险人在车身外被本车伤害可得到三者险赔偿》(何展、赵宜勇),载《人民司法·案例》(201414:57)。⑭云南昆明中院(2013)昆民四终字第98号"汪某等与某保险公司保险合同纠纷案",见《汪洋一帆等诉中国太平洋财产保险股份有限公司安宁支公司保险合同纠纷案(机动车第三者责任保险)》(冯辉),载《中国审判案例要览》(2014商:308)。⑮上海宝山区法院(2013)宝民一(民)初字第4348号"某运输公司与某保险公司机动车交通事故损害赔偿纠纷案",见《上海派尔威集装箱运输有限公司诉中国人民财产保险股份有限公司上海市黄浦支公司机动车交通事故损害赔偿纠纷案("姐妹车"相撞的"交强险"赔偿问题)》(鲁晓彦),载《中国审判案例要览》(2014商:315)。⑯广东广州海珠区法院(2013)穗海法生民初字第407号"胡某与范某等机动车交通事故责任纠纷案",见《胡虾女诉范敏、广州市溢通巴士有限公司、中华联合财产保险股份有限公司广东分公司机动车交通事故责任纠纷案(乘客在下车过程中受伤应否属保险理赔范围的界定)》(区伟斌),载《中国审判案例要览》(2014民:143)。⑰河南洛阳中院(2013)洛民终字第828号"刘某与某保险公司交通事故纠纷案",见《交通事故中车上人员与第三者的认定——河南洛阳中院判决刘志卫诉人保财险洛阳分公司机动车交通事故责任纠纷案》(李刚强),载《人民法院报·案例指导》(20131212:6)。⑱江苏连云港中院(2013)连诉字第0123号"周某与某保险公司等交通事故责任纠纷案",见《周宝华等诉平安保险江苏分公司等机动车交通事故责任纠纷案》,载《江苏省高级人民法院公报》(201406/36:55)。⑲河南中牟法院(2012)牟民初字第411号"刘某与某保险公司等健康权纠纷案",见《刘建波诉刘秋立、中国人民财产保险股份有限公司郑州市分公司健康权纠纷案——商业第三者责任保险的赔付范围及第三者的认定》(钟晓奇),载《人民法院案例选》(201304/86:84)。⑳云南高院(2012)云高民再终字第56号"唐某与某保险公司等保险合同纠纷案",见《唐春香等诉中国人民财产保险股份有限公司绥江县支公司保险合同纠纷案——驾驶员被自己的车辆侧翻砸中致死可否适用第三者责任险赔付》(万苋圻、陈薇),载《人民法院案例选》(201304/86:238)。㉑广东茂名中院(2012)茂中法民三终字第42号"杨某等诉某保险公司等保险合同纠纷案",见《家庭成员间交通事故案中第三者的认定——广东茂名中院判决杨昆强等诉中财保险惠阳支公司等财产保险合同纠纷案》(李艳、邹辉球、崔伟连),载《人民法院报·案例指导》(20130905:6)。㉒广西百色中院(2012)百中民二终字第29号"某物流公司诉某保险公司保险合同纠纷案",见《道路交通事故保险案中第三者的认定——广西百色中院判决茌平信发物流公司诉太平洋财保聊城支公司保险合同案》(张远提、何江、黄婷),载《人民法院报·案例指导》(20120830:6)。㉓江苏南京鼓楼区法院(2011)鼓商初字第1079号"某保险公司与某物流公司保险合同纠纷案",见《被保险人不能成为责任险中的第三者——南京鼓楼法院判决颜宏诉安邦保险江苏分公司保险合同纠纷案》(张琳、邢嘉栋),载《人民法院报·案例指导》(20121129:6)。㉔浙江宁波中院(2011)浙甬民二终字第789号"王某诉某运输公司交通事故责任纠纷案",见《"车上人员"与"第三者"的身份认定——浙江宁波中院判决王建伟诉周口市通顺汽车运输公司等交通事故责任案》(莫爱萍),载《人民法院报·案例指导》(20120301:6);另见《紧急避险的跳车自救行为可否由保险公司承担责任》(戴盈盈),载《人民司法·案例》(201208:97)。㉕河南濮阳法院(2011)濮民初字第724号"刘某诉某保险公司保险合同纠纷案",见《司机下车检修车辆时被碾轧致死应为交通事故中的"第三者"——河南濮阳法院判决刘俊霞等诉人保财险邯山支公司等机动车交通事故责任纠纷案》(赵同彪),载《人民法院报·案例指导》(20120809:6)。㉖安徽池州中院(2010)池民一终字第47号"杨某诉苏某等人身损害赔偿案",判决保险公司给付杨某6万余元。见《保险车辆发生交通事故时受害人身份的认定——安徽池州中院判决杨贵平诉苏福军等人身损害赔偿案》(陈大明),载《人民法院报·案例指导》(20100902:6)。㉗重庆二中院(2010)渝二中法民终字第659号"刘某等诉某保险公司等交通事故损害赔偿案",见《刘方银等诉人保云阳支公司等道路交通事故人身损害赔偿案》(陈俊太),载《中国法院2012年度案例:道路交通纠纷》(209)。㉘浙江嵊州法院(2010)绍嵊民初字第1119号"吴某诉包某等交通事故损害赔偿案",见《吴春友诉包建新等道路交通事故人身损害赔偿案》(吕炉君),载《中国法院2012年度案例:道路交通纠纷》(217)。㉙广西玉林中院(2010)玉中民三终字第223号"梁某等诉陈某等交通事故损害赔偿案",见《梁海等诉陈强等道路交通事故人身损害赔偿案》(何晖),载《中国法院2012年度案例:道路交通纠纷》(220)。㉚江苏常州中院(2008)常少民终字第7号"李某等诉某保险公司等交通事故人身损害赔偿案",一审判决原告损失32万余元,由保险公司承担5万元,余款40%由王某承担,长途公司负连带责任;二审改判保险公司不承担赔偿责任。见《保险公司对未实际撞人之事故不负交强险责任——江苏常州中院改判李华荣等诉保险公司等交通事故人身损害赔偿案》(蒋继业、朱帅),载《人民法院报·案例指导》(20090515:5)。㉛云南安宁法院(2008)安民初字第40号"孙某诉某保险公司保险合同纠纷案",见《"第三者责任险"中"第三者"与"机动车车上人员险"中"本车上人员"的区分——孙嗣梅诉中国人民财产保险股份有限公司昆明分公司昆钢营业部保险合同案》(赵柏林),载《人民法院案例选·月版》(200912:24)。㉜广东梅州中院(2008)梅中法民三终字第23号"温某诉某保险公司保险合同案",一审驳回温某诉讼请求,二审改判保险公司赔偿温某5万元。见《保险车辆驾驶员向保险第三者转化分析——温加俊与中华联合财产保险股份有限公司梅州中心支公司财产保险合同纠纷案》(肖庆浪),载《人民法院案例选·月版》(200906:1);另载《人民法院案例选(月版)·裁判文书》(200904:201)。㉝江苏常州中院(2008)常少民终字第7号"李某等诉某保险公司等交通事故人身损害赔偿案",见《保险公司对未实际撞人之事故不负交强险责任——江苏常州中院改判李华荣等诉保险公司等交通事故人身损害赔偿案》(蒋继业、朱帅),载《人民法院报·案例指导》(20090515:5)。㉞山东济宁中院(2007)济民二撤仲字第8号"某保险公司与白某保险合同纠纷案",裁定中止撤销程序。见《法院认为需要重新仲裁,可裁定中止撤销程序》(屈庆东、孙冰),载《人民司法·案例》(200802:103)。㉟天津一中院2006年10月25日判决"杨某诉某保险公司保险合同案",见《杨树岭诉中国平安财产保险股份有限公司天津市宝坻支公司保险合同纠纷案》,载《最高人民法院公报·案例》(2007:518);另见《第三者责任保险合同中第三者的范围》(李杰),载《人民司法·案例》(200802:22)。㊱新疆乌鲁木齐中院(2004)乌中民一终字第1352号"张某诉某保险公司保险合同理赔案",判决保险公司给付张某保险金10万元。见《张福云诉中国人保新疆分公司按机动车第三者责任保险合同约定理赔案》(杨善明),载《人民法院案例选》(200503:302)。㊲河南桐柏法院(2006)南民三终字第 57 号"赵某等诉某保险公司保险合同纠纷案",判决保险公司给付原告 20 万元。见《依立法宗旨投保人可以"第三者"身份获赔——南阳中院判决赵朝榜等诉天安保险公司南阳中心支公司保险合同案》(门敬录、王立申),载《人民法院报·案例指导》(20061106:5)。

参考观点索引:●被保险车辆中的"车上人员"能否转化为机动车第三者责任强制保险中的"第三者"?见《被保险车辆中的"车上人员"能否转化为机动车第三者责任强制保险中的"第三者"》(李明义),载《民事审判指导与参考·指导性案例》(201003:142)。

73. 挂车保险责任的赔付
——挂车出事故,保险如何赔?
【挂车保险】

【案情简介及争议焦点】

运输公司的主车和挂车均投保了交强险,同时在另一家保险公司投保了商业三者险。2008 年 4 月,主车挂车相连停靠时,主车被陈某骑行的摩托车相撞并致乘坐摩托车的乘员彭某受伤,医疗费 1.3 万余元。交强险赔了 1 万元。

争议焦点:1. 挂车交强险应否赔付?2. 商业三者险是否均应赔付?

【裁判要点】

1. 保险责任。案涉事故发生时,主车与挂车停靠在马路上处于静止状态,摩托车自行撞到主车部分,摩托车的人车损害与挂车之间无任何物理力学上的关联。根据保险理赔近因原则,只有保险事故发生与损失之间具有直接因果关系,方成立保险责任,因本案保险事故中,挂车与保险事故无任何事实与法律上因果关系牵连,故交强险保险人不应就该保险事故承担挂车保险赔付责任。

2. 保险赔付。保险事故的涉案车辆为主车,运输公司应在事故主车交强险责任限额 1 万元外向第三者承担的医疗费、住院伙食补助费、护理费、误工费、交通费、续医费等 3000 余元属于商业三者险范围,保险公司应予理赔。

【裁判依据或参考】

1. 法律规定。《道路交通安全法》(2004 年 5 月 1 日实施,2011 年 4 月 22 日修正)第76条:"机动车发生交通事故造成人身伤亡、财产损失的,由保险公司在机动车第三者责任强制保险责任限额范围内予以赔偿;不足的部分,按照下列规定承担赔偿责任:(一)机动车之间发生交通事故的,由有过错的一方承担赔偿责任;双方都有过错的,按照各自过错的比例分担责任。(二)机动车与非机动车驾驶人、行人之间发生交通事故,非机动车驾驶人、行人没有过错的,由机动车一方承担赔偿责任;有证据证明非机动车驾驶人、行人有过错的,根据过错程度适当减轻机动车一方的赔偿责任;机动车一方没有过错的,承担不超过百分之十的赔偿责任。"《保险法(2015年修正)》(2015年4月24日)第17条:"订立保险合同,采用保险人提供的格式条款的,保险人向投保人提供的投保单应当附格式条款,保险人应当向投保人说明合同的内容。对保险合同中免除保险人责任的条款,保险人在订立合同时应当在投保单、保险单或者其他保险凭证上作出足以引起投保人注意的提示,并对该条款的内容以书面或者口头形式向投保人作出明确说明;未作提示或者明确说明的,该条款不产生效力。"《合同法》(1999年10月1日,2021年1月1日废止)第39条:"采用格式条款订立合同的,提供格式条款的一方应当遵循公平原则确定当事人之间的权利和义务,并采取合理的方式提请对方注意免除或者限制其责任的条款,按照对方的要求,对该条款予以说明。格式条款是当事人为了重复使用而预先拟定,并在订立合同时未与对方协商的条款。"第40条:"格式条款具有本法第五十二条和第五十三条规定情形的,或者提供格式条款一方免除其责任、加重对方责任、排除对方主要权利的,该条款无效。"

2.行政法规。《机动车交通事故责任强制保险条例》(2013年3月1日修改施行)第3条:"本条例所称机动车交通事故责任强制保险,是指由保险公司对被保险机动车发生道路交通事故造成本车人员、被保险人以外的受害人的人身伤亡、财产损失,在责任限额内予以赔偿的强制性责任保险。"第21条:"被保险机动车发生道路交通事故造成本车人员、被保险人以外的受害人人身伤亡、财产损失的,由保险公司依法在机动车交通事故责任强制保险责任限额范围内予以赔偿。道路交通事故的损失是由受害人故意造成的,保险公司不予赔偿。"第42条:"本条例下列用语的含义:……(二)被保险人,是指投保人及其允许的合法驾驶人……"第43条:"挂车不投保机动车交通事故责任强制保险。发生道路交通事故造成人身伤亡、财产损失的,由牵引车投保的保险公司在机动车交通事故责任强制保险责任限额范围内予以赔偿;不足的部分,由牵引车方和挂车方依照法律规定承担赔偿责任。"

3.司法解释。最高人民法院《关于审理道路交通事故损害赔偿案件适用法律若干问题的解释》(2012年12月21日,2020年修改,2021年1月1日实施)第18条:"多辆机动车发生交通事故造成第三人损害,损失超出各机动车交强险责任限额之和的,由各保险公司在各自责任限额范围内承担赔偿责任;损失未超出各机动车交强险责任限额之和,当事人请求由各保险公司按照其责任限额与责任限额之和的比例承担赔偿责任的,人民法院应予支持。依法分别投保交强险的牵引车和挂车连接使用时发生交通事故造成第三人损害,当事人请求由各保险公司在各自的责任限额范围内平均赔偿的,人民法院应予支持。多辆机动车发生交通事故造成第三人损害,其中部分机动车未投保交强险,当事人请求先由已承保交强险的保险公司在责任限额范围内予以赔偿的,人民法院应予支持。保险公司就超出其应承担的部分向未投保交强险的投保义务人或者侵权人行使追偿权的,人民法院应予支持。"最高人民法院《关于适用〈中华人民共和国合同法〉若干问题的解释(二)》(2009年5月13日 法释〔2009〕5号,2021年1月1日废止)第6条:"提供格式条款的一方对格式条款中免除或者限制其责任的内容,在合同订立时采用足以引起对方注意的文字、符号、字体等特别标识,并按照对方的要求对该格式条款予以说明的,人民法院应当认定符合合同法第三十九条所称'采取合理的方式'。提供格式条款一方对已尽合理提示及说明义务承担举证责任。"最高人民法院研究室《关于对〈保险法〉第十七条规定的"明确说明"应如何理解的问题的答复》(2000年1月24日 法研〔2000〕5号):"……《中华人民共和国保险法》第十七条规定:'保险合同中规定有保险责任免除条款的,保险人应当向投保人明确说明,未明确说明的,该条款不发生法律效力。'这里所规定的'明确说明',是指保险人在与投保人签订保险合同之前或者签订保险合同之时,对于保险合同中所约定的免责条款,除了在保险单上提示投保人注意外,还应当对有关免责条款的概念、内容及其法律后果等,以书面或者口头形式向投保人或其代理人作出解释,以使投保人明了该条款的真实含义和法律后果。"

4. 部门规范性文件。公安部《机动车登记规定》(2012年9月12日修正)第8条:"……车辆管理所办理全挂汽车列车和半挂汽车列车注册登记时,应当对牵引车和挂车分别核发机动车登记证书、号牌和行驶证。"公安部交管局《关于挂车后端设置防护装置有关问题的批复》(1995年5月17日 公交管〔1995〕88号,2004年8月19日废止)第2条:"各地公安交通管理部门不应以'全挂车和半挂车车架后端下方未安装防护装置或不符合本地安装技术条件和标准'为由,对异地车辆进行处罚。"公安部交管局《关于对〈高速公路交通管理办法〉第四条中的"全挂牵引车"如何理解的答复》(1995年3月6日 公交管〔1995〕26号,2004年8月19日废止):"……《高速公路交通管理办法》第四条中的'全挂牵引车',是指中华人民共和国国家标准《汽车和半挂车的术语和定义车辆类型》(GB 3730.1-88)所称的全挂牵引汽车。"公安部交管局《关于农用运输车道路交通管理的规定》(1993年5月17日,2004年8月19日废止)第6条:"农用运输车不准拖带挂车,不准在高速公路上行驶。在其他道路上行驶,其行驶路线和时间,由各地根据当地情况自行规定。"

5.地方司法性文件。安徽亳州中院《关于审理道路交通事故损害赔偿案件的裁判指引(试行)》(2020年4月1日)第2条:"赔偿权利人以机动车责任一方为被告提起诉讼,未将承保交强险,商业险的保险公司列为共同被告的,应当依职权追加保险公司作为共同被告,但保险公司已经履行保险赔付义务且当事人无异议的除外。赔偿权利人仅以承保交强险、商业险的保险公司为被告提起赔偿诉讼,未将机动车责任一方列为共同被告的,应当依职权追加机动车责任一方作为共同被告。赔偿权利人将机动车责任一方列为共同被告后,一审又申请撤回对其起诉的,应不予准许,但当事人无异议的除外。主、挂车在不同的保险公司投保交强险、商业险的,赔偿权利人仅起诉部分保险公司的,应当依职权追加其余保险公司作为共同被告,但其余保险公司已经履行保险赔付义务且当事人无异议的除外。"第23条:"挂车未投保交强险,发生交通事故造成人身伤亡,财产损失的,由承保牵引车交强险的保险公司在交强险责任限额内予以赔偿。"安徽阜阳中院《机动车交通事故责任纠纷案件裁判标准座谈会会议纪要》(2018年9月10日)第11条:"主挂车连接使用时发生交通事故,赔偿总额以主车责任限额为限的交强险保险条款约定无效。"山东济南中院《关于保险合同纠纷案件94个法律适用疑难问题解析》(2018年7月)第52条:"责任保险项下牵引车(主车)、挂车连接使用时的赔偿责任如何确定。牵引车(主车)与挂车连接使用,发生交通事故时,很难区分事故是由牵引车造成,还是由挂车造成。交强险条例第四十三条规定:挂车不投保机动车交通事故责任强制保险。发生道路交通事故造成人身伤亡、财产损失的,由牵引车投保的保险公司在机动车交通事故责任强制保险责任限额范围内予以赔偿;不足部分,由牵引车方和挂车方依照法律规定承担赔偿责任。在三者险项下,如果仅投保了牵引车的情况下,可以参照交强险条例的上述立法精神处理。牵引车与挂车连接使用,并且分别投保了机动车责任保险(保险人相同),牵引车或挂车造成保险事故,被保险人在牵引车和挂车保险金总额范围内要求保险人承担保险责任的,人民法院应予支持。保险人要求按照牵引车或挂车的赔偿限额进行赔偿的主张,人民法院不予采信。主车和挂车投保的保险公司不同,发生保险事故时,应由主车保险人和挂车保险人按照保险单上载明的机动车责任保险限额的比例,在各自的保险限额内承担赔偿责任。"北京三中院《类型化案件审判指引:机动车交通事故责任纠纷类审判指引》(2017年3月28日)第2-4.1部分"交强险的处理——常见问题解答"第7条:"主、挂车连接使用时发生交通事故,如何确定限额?《道交解释》第二十一条第二款规定,依法分别投保交强险的牵引车和挂车连接使用时发生交通事故造成第三人损害,当事人请求由各保险公司在各自的责任限额范围内平均赔偿的,人民法院应予支持。主车、挂车连接使用时应视为一体,发生交通事故致人损害的,承保主车、挂车的保险公司均应被列为被告,在各自的责任限额内承担赔偿责任。2012年版《交强险条例》实施之前主、挂车机动车存在投保双份交强险的情形。实施之后,《交强险条例》第四十三条规定,挂车不投保机动车交通事故责任强制保险。"第2-2.4部分"保险公司的诉讼资格—常见问题解答"第2条:"货车发生交通事故,挂车与主车(机头)分别在不同的保险公司投保,是否主、挂车保险公司均要参加诉讼?《机动车交通事故责任强制保险条例》(2012年修订)第四十三条规定,挂车不投保机动车交通事故责任强制保险。发生道路交通事故造成人身伤亡、财产损失的,由牵引车投保的保险公司在机动车交通事故责任强制保险责任限额范围内予以赔偿;不足的部分,由牵引车和挂车方依照法律规定承担赔偿责任。《道交解释》第二十五条规定,人民法院审理道路交通事故损害赔偿案件,应当将承保交强险的保险公司列为共同被告。但该保险公司已经在交强险责任限额范围内予以赔偿且当事人无异议的除外。人民法院审理道路交通事故损害赔偿案件,当事人请求将承保商业三者险的保险公司列为共同被告的,人民法院应予准许。由上述法律规定可知,主车或牵引车与挂车之间可能存在车辆所有人以及保险公司不同,当事人在后期诉讼时亦可在一定范围内对保险公司具有选择权,因此,法院除了依职权追加必要共同诉讼当事人外,还可依据当事人的申请追加保险公司。"天津高院《关于印发〈机动车交通事故责任纠纷案件审理指南〉的通知》(2017年1月20日　津高法〔2017〕14号)第3条:"……主挂车交强险问题。挂车不投保机动车交通事故责任强制保险。发生机动车交通事故造成人身伤亡、财产损失的,由承保牵引车交强险的保险公司在机动车交通事故责任强制保险责任限额范围内予以赔偿;不足的部分,由牵引车方和挂车方依照法律规定承担赔偿责任。2013年3月1日以前分别投保交强险的牵引车和挂车连接使用的,若事故发生在挂车交强险保险期间,当事人请求由各保险公司在各自的责任限额范围内平均赔偿的,应予支持。"广东深圳中院《关于审理财产保险合同纠纷案件的裁判指引(试行)》(2015年12月28日)第14条:"牵引车拖带挂车行驶时发生保险事故的,承保牵引车、挂车的各保险人应按其承保的保险金额占两车保险金额总和的比例,在各自保险责任限额内承担赔偿责任。牵引车与挂车已投保商业第三者责任险,保险人以保险条款之'牵引车与挂车连为一体发生事故,两车的保险赔偿限额以主车的保险限额为限'的规定为由,主张其仅以牵引车的保险金额为限承担保险责任的,人民法院不予支持。"浙江宁波中院《关于商事审判若干疑难或需统一问题的解答》(2013年11月15日)第28条:"主挂车互碰造成主挂车车辆损失,保险公司如何承担赔偿责任?主挂车互碰造成两车损失,投保人主张车辆损失险保险责任的,保险公司应当根据保险条款的相关规定承担相应的赔偿责任。(1)主挂车视为一体条款是规定在机动车保险条款商业第三者责任保险中,在车辆损失险中并没有主挂车视为一体条款的规定,因此,不能当然地将主挂车视为一体条款推定适用于车辆损失险中;(2)主挂车之间互碰从通常意义理解属于碰撞,从保险条款对于车辆损失险中的碰撞做出的释义即'保险车辆或其符合装载规定的货物与外界固态物体之间发生的、产生撞击痕迹的意外撞击'来看,主挂车互碰的情形也符合保险条款中碰撞的释义。因此,主挂车互碰造成的损失属于保险公司在车辆损失险中的赔偿责任。主挂车互碰造成两车损失,投保人主张商业第三者保险责任或者交强险责任的,参见问题二十七的意见。"山东淄博中院《全市法院人身损害赔偿案件研讨会纪要》(2012年2月1日)第20条:"……主车与挂车相结合在道路行驶时为一个整体,如发生交通事故,单独区分主车与挂车责任并不现实,且交强险本身为车辆的保险,而非人员保险的情况,主车与挂车连接时发生的交通事故,强制保险赔偿限额应为主车与挂车保险限额的叠加,即为两份保险限额;主车、挂车在分离状态或主车、挂车的事故责任能够分开的,应以各自交强险承担赔偿责任。"江苏高院《保险合同纠纷案件审理指南》(2011年11月15日)第4条:"……(4)'主车与挂车连为一体发生事故,两车的保险赔偿限额以主车的保险限额为限'的保险条款的效力。一些机动车第三者责任险条款规定'主车与挂车连为一体发生事故,两车的保险赔偿限额以主车的保险限额为限'。挂车,顾名思义是没有牵引力而依附于牵引车行驶得名,其使用必须与主车相连接。如认可上述保险条款的效力,则挂车投保的价值大打折扣。保险人分别收取主车和挂车的保险费,却将两车的赔偿总额限制在主车的保险限额内,应当依法认定为无效条款……"安徽宣城中院《关于审理道路交通事故赔偿案件若干问题的意见(试行)》(2011年4月)第34条:"机动车带有挂车并分别投保了主车、挂车保险的,受害人主张在主车、挂车保险限额之和内赔偿的,人民法院应予以支持。"山东高院《关于印发审理保险合同纠纷案件若干问题意见(试行)的通知》(2011年3月17日)第25条:"牵引车、挂车连接使用时,分别投保了机动车责任保险,牵引车或挂车造成保险事故,被保险人在牵引车和挂车保险金总额范围内要求保险人承担保险责任的,人民法院应予支持。"江苏高院《印发〈关于审理保险合同纠纷案件若干问题的讨论纪要〉的通知》(2011年1月12日苏高法审委〔2011〕1号)第8条:"对于下列保险条款,人民法院应当依照《合同法》第四十条、《保险法》第十九条的规定认定无效……(四)规定'主车与挂车连为一体发生事故,两车的保险赔偿限额以主车的保险限额为限'的保险条款……"山东淄博中院民三庭《关于审理道路交通事故损害赔偿案件若干问题的指导意见》(2011年1月1日)第5条:"主车与挂车相结合时发生交通事故的,交强险责任限额为主车与挂车保险限额之和。"江苏高院民一庭《侵权损害赔偿案件审理指南》(2011年)第7条:"道路交通事故责任……5.道路交通事故责任强制保险的适用……

(2)拖车、挂车与主车分别投保机动车交通事故责任强制保险,发生交通事故,受害人要求从各机动车交强险赔偿限额的总额中获得赔偿的,应予支持。"江西高院《关于印发〈关于审理保险合同纠纷案件若干问题的指导意见(一)〉的通知》(2010年12月21日 赣高法〔2010〕280号)第10条:"牵引车、挂车分别投保了机动车第三者责任险,牵引车或挂车造成保险事故,被保险人主张按牵引车和挂车保险金总额要求保险人承担保险责任的,应予支持。"上海高院民五庭《关于印发〈审理保险合同纠纷案件若干问题的解答(一)〉的通知》(2010年12月17日 沪高法民五〔2010〕4号)第7条:"主、挂车均投保责任保险,主、挂车连接使用时发生交通事故的,如何处理?答:在交强险中,保险业对此问题已达成较一致的观点。中国保险行业协会《机动车交通事故责任强制保险承保、理赔实务规程要点(2006年版)》、《交强险承保、理赔实务规程(2008版)》和《交强险互碰赔偿处理规则(2008版)》均规定,主车和挂车在连接使用时发生交通事故的,主车与挂车的交强险保险人分别在各自的责任限额内承担赔偿责任。保监会《转发交通运输部等五部委关于促进甩挂运输发展的通知》(保监厅发〔2010〕11号)也指出,'认真做好挂车交强险承保和理赔服务工作。各公司不得拒绝或拖延承保挂车交强险;对于主车和挂车在连接使用时发生交通事故的,要严格按两个责任限额累加进行赔付。'上述行业惯例和保监会的意见,可以作为审理交强险案件的参考依据。在商业责任保险中,如合同明确约定'主车和挂车连为一体发生事故,两车的保险赔偿限额以主车的保险限额为限'等内容,并且保险人履行了提示和明确说明义务的,法院应当认定上述合同条款有效,并根据合同约定确定保险赔偿责任。如保险合同对此没有约定或者约定不明的,可以参照交强险的行业惯例处理。"山东东营中院《关于印发道路交通事故处理工作座谈会纪要的通知》(2010年6月2日)第13条:"牵引车与挂车分别投有交强险的,发生事故时保险公司按两份交强险进行赔付。"安徽合肥中院民一庭《关于审理道路交通事故损害赔偿案件适用法律若干问题的指导意见》(2009年11月16日)第60条:"机动车带有挂车并分别投保了主车、挂车保险的,受害人主张在主车、挂车保险限额之和内赔偿的,人民法院应予支持。"山东临沂中院《民事审判工作座谈会纪要》(2009年11月10日 临中法〔2009〕109号)第1条:"……发生事故车辆投多份强制险的法律适用问题。实践中,一些大型货车往往投多份强制险,如车头在一公司投强制险,挂车在另一公司投强制险等。该类车辆如发生事故,可由所有参保公司均担相关损失。"浙江高院《关于审理财产保险合同纠纷案件若干问题的指导意见》(2009年9月8日 浙高法〔2009〕296号)第21条:"牵引车、挂车分别投保了机动车第三者责任险,牵引车或挂车造成保险事故,被保险人主张按牵引车和挂车保险金总额要求保险人承担保险责任的,应予支持。"上海高院《关于处理道路交通事故纠纷若干问题的解答》(2009年6月20日沪高法民一〔2009〕9号)第5条:"有挂车的机动车发生交通事故的,交强险的处理。虽然根据规定有挂车的机动车本车和挂车应当分别投保交强险,但在行驶中,机动车本车与挂车事实上仍为一车,故当有挂车的机动车发生交通事故时,根据权利义务相对等的原则,保险公司应就其承保的两份交强险承担理赔责任。"江苏溧阳法院《关于审理交通事故损害赔偿案件若干问题的意见》(2006年11月20日)第5条:"拖挂车发生交通事故致第三者损害的,如拖车和挂车分别投保的,对于保险公司的赔偿责任则视为'共同侵权'的情形予以处理,保险公司分别在规定的两个限额内予以赔偿。"

6. 参考案例。①2017年江苏某交通事故纠纷案,2016年,陈某驾驶牵引车牵引挂车违停路边后,将两车分离并驾驶牵引车离开。冯某夜间骑电动车因视线不良撞到停放在路边的半挂车致伤。交警认定陈某、冯某分负主、次责任。冯某起诉要求牵引车的交强险赔偿损失12万元。法院认为:挂车本身不具有动力装置,只有在和牵引车组成汽车列车才能上路行驶,且挂车亦无驾驶员,无法控制车辆。虽然发生事故时,牵引车与挂车处于分离状态,但陈某驾驶牵引车的牵引行为与本起事故发生有因果关系,故处理时应将牵引车与挂车视为一体,牵引车亦属于事故机动车。《道路交通安全法》第119条规定,"交通事故",是指车辆在道路上因过错或者意外造成的人身伤亡或者财产损失的事件。本案中,陈某驾驶牵引车牵引半挂车,半挂车违停在道路边的行为,违反了《道路交通安全法》有关规定,对事故发生具有过错,故陈某所驾驶牵引车与挂车应共同属于事故机动车。按交强险条例有关规定,牵引车交强险应予赔偿。判决保险公司在交强险限额范围内赔偿冯某人身损害12万元。②2015年安徽某保险合同纠纷案,2015年,李某驾驶重型半挂汽车行驶途中发生单方交通事故,致使牵引车驾驶室脱落被挂车碰撞,造成驾驶员李某死亡。交警认定李某全责。李某近亲属诉请保险公司在车上人员责任险及商业三责险限额内赔偿。法院认为:主车与挂车是两部车,分别办理车辆号牌和相关保险,在营运中需连接使用,故保险公司一般规定主车和挂车在投保时要相对固定,否则发生交通事故,其不承担相应赔偿责任。主车和挂车连接使用时,应视为一体,发生交通事故时,对于第三者车辆或人员伤亡,按责任大小,由主、挂车承保公司分别承担相应赔偿责任,这种对外性是通常情况。但主、挂车连接使用时发生单方事故,两车相对性产生。本案中,由于挂车撞击致主车驾驶室脱离了主车底盘,此时对主车作用力来自挂车,驾驶人死亡系由挂车撞击所致,故主车驾驶人则转化为挂车第三者。依最高人民法院《关于适用〈保险法〉若干问题的解释(二)》第11条第2款"保险人对保险合同中有关免除保险人责任条款的概念、内容及其法律后果以书面或者口头形式向投保人作出常人能够理解的解释说明的,人民法院应当认定保险人履行了保险法第十七条第二款规定的明确说明义务"、第13条第1款"保险人对其履行了明确说明义务负举证责任"的规定,保险公司对保险条款中的免责事项应尽到提示、说明义务,否则免责规定对投保人无效。本案保险公司在一审中未提供投保单、保险单及保险条款,对其应履行的明确说明义务未举证证明,应承担举证不能责任。判决保险公司在车上人员责任险及商业三责险限额内赔偿原告。③2011年浙江某保险合同纠纷案,2010年,物流公司挂车搭载运输公司主车发生倾覆,挂车上所载货物毁损,挂车投保货运险的保险公司以主挂车分开使用为由拒赔。物流公司和保险公司之间所签保险合同标的是运输中的被保险人运输工具上装载货物,保险人对因保险事故造成的被保险人运输工具上装载的货物损失在保险责任范围内依法承担赔偿责任。法院认为:本案发生事故挂车亦系装载货物车辆,为保险公司承保运输车辆,对于该车上货物损失,保险公司应在保险范围内承担赔偿责任。由于物流公司和保险公司双方所签保险合同中并无相关条款规定保险单上运输工具主车和挂车须同时使用,否则造成货物损失保险人不予赔偿,且保险公司亦未向法庭提供任何证据证明物流公司和保险公司双方在签订保险合同过程中,保险公司就主车和挂车分开使用造成车上货物损失属保险人免责范围向物流公司明确告知过,故保险公司抗辩理由不能成立。判决保险公司赔偿物流公司保险金。④2012年2月浙江某交通事故责任纠纷案,2011年9月,许某驾驶货车与石某驾驶的重型半挂牵引车牵引的挂车碰撞,造成许某受伤,花去医疗费15万余元。交警认定许某全责。牵引车与挂车均投保了交强险。法院认为:交强险是由保险公司对被保险机动车发生道路交通事故造成受害人的人身伤亡、财产损失,在责任限额内予以赔偿的强制性责任保险。国家建立机动车交通事故责任强制保险制度,不仅有利于道路交通事故受害人获得及时有效的经济保障和医疗救治,且有助于减轻交通事故肇事方的经济负担。主车和挂车两车连接在一起共同作用,给受害人的人身或财产造成损失。如只在主车或挂车其中之一所投保的交强险责任限额内进行理赔,则与国家建立机动车强制保险制度的目的不符,也与投保人订立两份保险合同的目的相悖,更不利于受害人得到及时足额的赔偿。故无论从立法目的还是从合同目的角度进行解释,保险公司均应在两份交强险责任限额内理赔。同时,就主车与挂车的性质而言,主车大多提供牵引作用,主车与挂车必然要结合在一起才能发挥经济效用,而一旦结合在一起,主、挂车即形成一个整体。此外,就主车和挂车两份交强险合同本身而言,系保险公司提供的格式合同。作为格式合同的制定方,保险公司对未来的风险责任应有足够的预见,否则就不会收取两份保费。既然两份交强险合同均成立且有效,根据权利义务相一致的法律原则,保险公司应按两份交强险合同的责任限额予以理赔。⑤2011年12月安徽某追偿权纠纷案,2010年10月,韦某驾驶客运公司客车因故停在路旁,被王某驾驶的挂靠在运输公司的半挂货车追尾,造成客车上四死多伤的重大交通事故。交警认定王某负主要责任,韦某负次要责任。客运公司赔偿死伤者146万余元,修车花去4万余元。半挂货车在保险公司投保了两份交强险和限额为50万元的商业三者责任险,其中主车30万元、挂车20万元。法院认为:主车与挂车作为一个运输整体,在行进中发生交通事故造成损害,是由主车的牵引动力和挂车的惯性共同作用所致,保险公司应在主车和挂车责任限额之和的范围内承担赔偿责任。《机动车第三者责任保险条款》虽有"赔偿总额以主车的责任限额为限"的规定,但该条款系保险公司单方提供的格式条款,减轻和免除了格式条款提供方的赔偿责任,加重了合同相对方的责任,且保险公司未能提交有效证据证明其已对该条款尽到必要的解释和说明义务,该条款依法不产生效力。故客车公司损失应先由保险公司在交强险限额范围内赔偿24.4万元,超出部分按过错比例70%由王某及其挂靠的运输公司扣减保险公司应承担的50万元商业三责险后,承担连带赔偿责任。⑥2011年江苏某保险合同纠纷案,2011年2月,运输公司司机张某驾驶公司重型半挂牵引车,因避让路上情况又加上雪天路滑,撞上路边警示桩,驶向沟底,发生主、挂车互相撞击交通事故,造成主车车辆及其他财物损失共计2.5万余元。交警认定张某负全责。运输公司为上述主、挂车分别在保险公司投保了车辆损失险,保单中《营业用汽车损失保险条款》第4条约定:"因下列原因造成被保险机动车的损失,保险人依照本保险合同的约定负责赔偿:(一)碰撞、颠覆、坠落……""碰撞是指被保险机动车与外界物体直接接触并发生意外撞击,产生撞击痕迹的现象。包括被保险机动车按规定载运货物时,所载货物与外界物体的意外撞击"。因保险公司以主、挂车互撞损失不在保险责任范围内为由拒赔致诉。法院认为:保险合同作为当事人的合意产物,应当适用"当事人意思自治"原则,因此保险公司对主车与挂车相互碰撞造成损失赔偿与否主要取决于双方当事人的保险合同约定,而不是主、挂车连接使用是否视为一体才得出赔或不赔的结论。从《营业用汽车损失保险条款》关于"碰撞"的释义来看,"外界物体"是相对于"被保险机动车"而言的。保险公司将被保险人主车与挂车分开出具保单,那么针对被保险主车,挂车应当为其"外界物体";针对被保险挂车,主车应当为其"外界物体"。因此,主、挂车相互碰撞应当归属于车辆损失险中的碰撞情形,属于保险事故范围,应由保险公司对互撞损失承担保险赔偿责任。⑦2011年福建某保险合同纠纷案,2008年6月,李某驾驶轿车尾随撞向蓝某驾驶储运公司的重型半挂牵引车,造成轿车上乘员陈某当场死亡。交警认定李某、蓝某分负主、次责任。经交警主持,储运公司、李某和陈某家属达成调解协议,由储运公司按次要责任赔偿陈某家属40%即25万余元。因储运公司向保险公司理赔时,保险公司以挂车未投保交强险,依约属于商业三者险责任免除情形拒赔。法院认为:保险合同是确定保险双方当事人之间权利义务的基本依据。本案所涉机动车商业三者险条款中,与本案有关的条款未责任免除条款规定"牵引其他未投保交强险的车辆或被该类车辆牵引",在保险单中的"投保人声明"栏中,仅加盖了储运公司公章,联系人及其通讯方式和日期栏均未空白。本案保险理赔行为发生在2009年10月1日生效的《保险法》施行之后,故应适用该法有关"明确说明"的要求,鉴于保险公司未能就其于何时、向何人就有关免责条款做出明确的提示、解释这一事实进行说明,并提供证据证明这一事实,故诉争免责条款不发生法律效力。挂车属于不能自行制动的机动车,没有主车拖挂就不能运行,主挂车在行进过程中发生交通事故时主车的牵引动力和主车、挂车共同的惯性共同作用的结果。本案交通事故发生时,主车与挂车是一个整体,缺少任何一个,都不足以导致本案交通事故的后果,再者储运公司购买车辆保险的目的就是发生事故时能够得到保险理赔款,减少自己的损失,故主挂车发生交通事故造成他人损害的,交强险和商业险保险人应在主挂车保险责任限额之和的范围内承担赔偿责任。案涉挂车虽无保险,但并不影响和免除主车的保险人即本案保险公司在主车交强险和商业险保险范围内承担赔偿责任。判决保险公司赔偿储运公司交强险部分为115,337.29元(陈某死亡赔偿金11万元、李某车损2000元、医疗费3337.29元),商业险部分为总损失扣除交强险后的40%即20万余元。⑧2010年**浙江某保险合同纠纷案**,2010年1月,岳某驾驶储运公司车辆,高速路上因急刹车导致车头甩撞挂车造成车辆损失9300元,拖车费、停车费等共计2000余元。保险公司以主挂车应视为一体,不在保险理赔范畴。法院认为:案涉主、挂车发生相互碰撞,应属于保险条款车辆损失险理赔范围。首先,主挂车视为一体条款是规定在保险条款的第一章商业第三者责任保险的赔偿处理部分的第20条,在第二章车辆损失险中并没有主挂车视为一体条款的规定,故主挂车视为一体条款不适用于车辆损失险中;其次,储运公司就其所有的主、挂车分别投保,保险公司将两辆车作为各自独立的保险标的进行承保并签发了两份保险单,无论从物理形态及法律概念上,两辆车应当互为外界固态物体,两车相互碰撞应当属于车辆损失险中的碰撞情形,属于保险公司赔偿责任范围,故判决保险公司赔偿储运公司保险金1.1万余元。⑨2010年**江苏某交通事故损害赔偿案**,2010年1月,闵某所有的半挂牵引车、半挂车因故障不能行驶,后指使司机冯某驾驶另一半挂牵引车牵引前两车行驶,因故障再次停在路边,被钱某醉酒无证驾驶的无牌摩托车追尾,造成钱某死亡。法院认为:钱某醉酒无证驾驶无牌摩托车,追尾造成事故,应承担主要责任,闵某指使冯某违法牵引机动车,且事发后未及时报警、抢救人员,应负事故次要责任。案涉三辆挂车在行驶过程中连成一整体,致使交通事故发生,不能简单归结于具体碰撞车辆,应认定三车对事故发生起共同作用,故保险公司应在三份交强险范围内,对因交通事故遭受的损失予以赔偿,超出部分应由闵某根据责任比例承担30%的赔偿责任。⑩2010年**福建某交通事故损害赔偿案**,2009年4月,运输公司雇用司机杨某驾驶带挂货车

（牵引车投保交强险,挂车未投保交强险）与林某摩托车相撞致林某受伤,交警认定杨某全责。法院认为:杨某从事雇佣活动中发生交通事故致林某人身损害,作为雇主的运输公司应承担赔偿责任。关于交强险赔偿问题,一审判决保险公司赔12万元,余款3000余元由运输公司承担。二审认为:由于挂车未投保交强险,保险公司主张应在牵引车和挂车两份交强险范围内共同承担赔偿责任,应予支持,判决保险公司赔偿林某8万余元,运输公司赔偿4万余元。⑪2007年浙江某保险合同纠纷案,2005年6月,周某驾驶拖挂平板车与杨某驾驶的摩托车相撞,造成第三者人身损害,交警认定周某负事故的次要责任,杨某负主要责任。经交警调解,周某赔偿事故受害方2.5万元后,办理保险理赔时,保险公司以周某隐瞒保险车辆带挂车的情况拒赔,但经办人金某作证事先知晓并未明确说明免责条款。法院认为:金某作为保险代理人,知晓周某保险车辆情况,也知道该保险车辆加挂了拖车,且未向客户告知免责条款,故有关加挂拖车未投保的免责条款不产生效力。周某投保的是重型半挂牵引车,该车辆的主要功能是加挂挂车进行运输。对于该事实,保险公司在受理周某的投保时应为明知。周某已就本案所涉交通事故的主车向保险公司投保了商业三者险,但交通事故发生时该保险车辆还拖挂了挂车,而该拖挂车未办理相应保险,因主、挂车系同时运行整体,挂车依附于主车运行,对本案所涉事故发生,主车作用大于挂车作用,故应由保险公司赔偿周某大部分损失,判决保险公司支付周某1.5万元。⑫2005年江苏某保险合同纠纷案,2005年11月,运输公司司机驾驶带挂货车肇事,撞死窦某,交警认定肇事货车司机与窦某负同等责任。运输公司为主车投保三者险最高限额20万元,挂车三者险最高限额10万元。保险合同约定出险后应按主车最高限额赔偿。法院认为:本案运输公司分别为主车和挂车与保险公司签订了保险合同。保险人强制要求两份保险合同只能按一份合同的限额理赔的条款,违反了《保险法》对保险合同理赔的规定。保险法理中,挂车视为机动车,当挂车与主车处于连接拖挂状态时,形成交通事故风险,有挂车的组合车其事故风险比单主车事故风险更大,故保险公司要求所有挂车须按机动车单独投保第三者责任险,故本案最高保险限额为30万元,而非仅主车限额的20万元。从保险合同来看,保险人在30万元内赔付未超出保险公司保险责任最高限额范围。精神损害抚慰金不属于第三者责任保险限额赔偿范围,与其他非在三者险范围内的损失应由运输公司按事故责任比例承担赔偿义务。判决保险公司赔偿原告28万余元。

【同类案件处理要旨】

牵引车、挂车连接使用时,分别投保了机动车责任保险,牵引车或挂车造成保险事故,被保险人有权在牵引车和挂车保险金总额范围内要求保险人承担保险责任。挂车未投保交强险发生道路交通事故造成人身伤亡、财产损失的,由牵引车投保的保险公司在交强险责任限额范围内予以赔偿;不足部分,由牵引车方和挂车方依照法律规定承担赔偿责任。

【相关案件实务要点】

1.【静止状态】主车与挂车相连但处静止状态发生交通事故,如果主车未因挂车存在增加任何危险,挂车危险亦未实际发生,根据保险理赔近因原则,不能成立挂车交强险的保险责任。案见重庆一中院(2009)渝一中法民终字第4046号"某运输公司诉某保险公司保险合同纠纷案"。

2.【运行状态】拖挂车运行时是一个整体,而在运行中起主导作用的是主车,主车的作用大于挂车的作用,被撞击的挂车部位仅是事故发生后的后果,保险人不得以挂车未进行投保为由拒绝承担赔偿责任。案见浙江绍兴中院(2007)绍中民二终字第127号"周某诉某保险公司保险合同纠纷案"。

3.【一份保险】拖车牵引挂车引发交通事故,在仅投保一份交强险的情况下,应适用两份交强险的规则确定赔偿责任。案见福建泉州中院(2010)泉民终字第1668号"林某诉某运输公司等交通事故损害赔偿案"。

4.【两份保险】主车和挂车应分别设立第三者责任保险,故带挂机动车最高保险赔偿限额应为主车保险责任限额与挂车保险责任限额之和。案见江苏常州市武进区法院(2005)武民一初字第3476号"张某诉某保险公司保险合同纠纷案"。

5.【挂车无保险】主挂车在行进过程中发生交通事故是主车的牵引动力以及主车、挂车共同的惯性共同作用的结果。因此挂车虽没有保险,但并不影响和免除主车的保险人在主车保险范围内承担赔偿责任。保险格式合同中虽然对此种情形约定为免责条款,但保险公司未尽到明确说明义务的,该条款不产生效力。案见福建厦门中院(2011)厦民终字第1546号"某储运公司诉某保险公司保险合同纠纷案"。

6.【多辆挂车】多辆机动车(包括半挂车)在连接使用行驶过程中发生交通事故,主车与挂车的交强险保险人分别在各自的责任限额内承担赔偿责任。案见江苏宜兴法院(2010)宜周民初字第0286号"史某等诉闵某等交通事故损害赔偿案"。

7.【主挂互碰】主车与挂车虽连接使用,但在车管部门分别登记,分别上牌,拥有不同的机动车编号和行驶证。主车、挂车虽不归同一所有人所有,但由于主车与挂车分别投保,主车与挂车应视为两辆独立的机动车。同一机动车主、挂车相互碰撞应当归属于车辆损失险中的碰撞情形,属于保险事故范围,应由保险公司对互撞损失承担保险赔偿责任。案见江苏省淮安市清江浦区人民法院(2011)浦商初字第0268号"某运输公司诉某保险公司保险合同纠纷案"。

8.【主挂互碰】牵引车与挂车连接使用时发生相互碰撞造成两车损失,属于车辆损失险中的碰撞情形,保险公司应当严格按照保险条款的规定承担赔付保险金的责任。案见浙江宁波中院(2010)浙甬商终字第1079号"某储运公司诉某保险公司等保险合同纠纷案"。

【附注】

参考案例索引:重庆一中院(2009)渝一中法民终字第4046号"某运输公司诉某保险公司保险合同纠纷案",见《主挂车连接使用时保险责任的划分》(曾进),载《人民司法·案例》(201010:101)。①江苏泰州姜堰区法院(2017)苏1204民初5003号"冯某与某保险公司等交通事故损害赔偿纠纷案",见《牵引车交强险对其单独违停挂车的道路交通事故应担责——江苏姜堰法院判决冯某诉人保财险姜堰公司等交通事故损害赔偿案》(江学道),载《人民法院报·案例精选》(20181018:6)。②安徽六安中院(2015)六民一终字第01053号"李某与某保险公司保险合同纠纷案",见《主车驾乘人员能否转化为挂车的第三者——安徽六安中院判决李其家等诉渤海财险六安公司等机动车交通事故责任纠纷案》(赵应军),载《人民法院报·案例精选》(20160526:6)。③浙江宁波海曙区法院(2011)甬海商初字第1262号"浙江中陆物流有限公司诉中国平安财产保险股份有限公司宁波分公司保险合同纠纷案",见《主挂车分开使用时车上货物损失赔偿责任的确定》(张丽),载《人民司法·案例》(201218:34)。④浙江杭州中院(2012)浙杭民终字第221号"中国某某财产保险股份有限公司浙江分公司与许某某机动车交通事故责任纠纷上诉案"。⑤安徽高院(2011)皖民一终字第00025号"安邦财产保险股份有限公司安徽分公司与安徽省交通集团滁州汽运有限公司明光分公司等追偿权纠纷上诉案"。⑥江苏省淮安市清江浦区人民法院(2011)浦商初字第0268号"某运输公司诉某保险公司保险合同纠纷案",见《誉恒汽车运输公司诉阳光财产保险公司主、挂车互撞损失赔偿保险合同纠纷案》(张广兄、任玉虹、陈益群),载《人民法院案例选》(201103:252);另见《淮安市誉恒汽车公司诉阳光财产保险淮安中心支公司因主挂车碰撞车损索赔保险合同纠纷案》(刘强、吴祥华),载《江苏高院公报·参阅案例》(201104:43)。⑦福建厦门中院(2011)厦民终字第1546号"某储运公司诉某保险公司保险合同纠纷案",见《厦门华厦国药储运有限公司诉中国平安财产保险股份有限公司厦门市杏林支公司保险合同纠纷案》(林福赞、邱淑贞),载《人民法院案例选》(201203:282)。⑧浙江宁波中院(2010)浙甬商终字第1079号"某储运公司诉某保险公司等保险合同纠纷案",见《主挂车互碰,保险公司应当理赔》(张丽),载《人民司法·案例》(201104:39)。⑨江苏宜兴法院(2010)宜周民初字第0286号"史某等诉闵某等交通事故损害赔偿案",见《史亚仙等诉闵杏君等道路交通事故人身损害赔偿案》(沈展望),载《中国法院2012年度案例:道路交通纠纷》

(151)。⑩福建泉州中院(2010)泉民终字第1668号"林某诉某运输公司等交通事故损害赔偿案",见《林家炜诉厦门祥通公司等道路交通事故人身损害赔偿案》(万晶晶),载《中国法院2012年度案例:道路交通纠纷》(166)。⑪浙江绍兴中院(2007)绍中民二终字第127号"周某诉某保险公司保险合同纠纷案",见《周柯诉中国太平洋财产保险股份有限公司诸暨支公司保险合同案》(许君),载《中国审判案例要览》(2008民事:162)。⑫江苏常州市武进区法院(2005)武民一初字第3476号"张某诉某保险公司保险合同纠纷案",见《张利青等诉财保上海南汇公司等主、挂车分别设立第三人责任保险交通事故损害赔偿纠纷案》(储春平),载《人民法院案例选》(200701:358)。

74. 过渡期三者险的性质

——三者责任险,性质如何定?

【过渡期间】

【案情简介及争议焦点】

2006年6月14日,杨某向保险公司投保两份期限相连的商业三者险,期限分别为2006年6月14日至2007年6月13日、2007年6月14日至2008年6月13日。2008年5月21日,杨某允许的合法驾驶人王某驾驶该车撞伤邱某,交警认定王某负主要责任。王某按法院调解书赔偿邱某医疗费、护理费、误工费、鉴定费等费用共1.7万余元后向保险公司索赔。保险公司以被保险人未投保交强险,应先扣除交强险责任限额后再按商业三者险合同赔偿。

争议焦点:1.第二份商业三者险是否属于过渡期?2.杨某是否应承担未投保交强险责任?

【裁判要点】

1. 案涉保险符合过渡期规定。2006年《交强险条例》第45条规定,机动车所有人、管理人在条例施行前已经投保商业三责险的,保险期满应当投保交强险。《交强险条例》第46条规定,条例自2006年7月1日起施行。据此,2006年7月1日前已经投保三责险的车辆可以在保险期满后再投保交强险。本案杨某系于《交强险条例》颁布之后施行之前投保三责险,符合《交强险条例》关于过渡期的规定,

2. 保险公司应承担赔偿责任。王某系杨某允许的合法驾驶人,其驾驶保险车辆在保险期内发生保险事故造成第三者的损失,保险公司应按约赔偿。

【裁判依据或参考】

1. 法律规定。《道路交通安全法》(2004年5月1日实施,2011年4月22日修正)第124条:"本法自2004年5月1日起施行。"

2. 行政法规。《机动车交通事故责任强制保险条例》(2006年7月1日实施)第45条:"机动车所有人、管理人自本条例施行之日起3个月内投保机动车交通事故责任强制保险;本条例施行前已经投保商业性机动车第三者责任保险的,保险期满,应当投保机动车交通事故责任强制保险。"第46条:"本条例自2006年7月1日起施行。"《道路交通安全法实施条例》(2004年5月1日,2017年10月7日修订)第115条:"本条例自2004年5月1日起施行。1960年2月11日国务院批准、交通部发布的《机动车管理办法》,1988年3月9日国务院发布的《中华人民共和国道路交通管理条例》,1991年9月22日国务院发布的《道路交通事故处理办法》,同时废止。"

3. 司法解释。最高人民法院《关于审理道路交通事故损害赔偿案件适用法律若干问题的解释》(2012年12月21日,2020年修改,2021年1月1日实施)第26条:"本解释施行后尚未终审的案件,适用本解释;本解释施行前已经终审,当事人申请再审或者按照审判监督程序决定再审的案件,不适用本解释。"最高人民法院《关于对浙江省高级人民法院请示的函复》(2006年4月19日 〔2006〕民一他字第1号):"……根据《中华人民共和国道路交通安全法》第十七条的规定,本案第三者责任险的性质为商业保险。交通事故损害纠纷发生后,应当依照保险合同的约定,确定保险公司承担的赔偿责任。"最高人民法院研究室《关于新的人身损害赔偿审理标准是否适用于未到期机动车第三者责任保险合同问题的答复》(2004年6月4日 法研〔2004〕81号):"……《合同法》第四条规定,'当事人依法享有自愿订立合同的权利,任何单位和个人不得非法干预。'《合同法》本条所确定的自愿原则是合同法中一项基本原则,应当适用于保险合同的订立。《保险法》第四条也规定,从事保险活动必须遵循自愿原则。因此,投保人与保险人在保险合同中有关'保险人按照《道路交通事故处理办法》规定的人身损害赔偿范围、项目和标准以及保险合同的约定,在保险单载明的责任限额内承担赔偿责任'的约定只是保险人应承担的赔偿责任的计算方法,而不是强制执行的标准,它不因《道路交通事故的处理办法》的失效而无效。我院《关于审理人身损害赔偿案件适用法律若干问题的解释》施行后,保险合同的当事人既可以继续履行2004年5月1日前签订的机动车辆第三者责任保险合同,也可以经协商依法变更保险合同。"最高人民法院《关于审理人身损害赔偿案件适用法律若干问题的解释》(2004年5月1日 法释〔2003〕20号,2020年修正,2021年1月1日实施)第24条:"本解释自2004年5月1日起施行。2004年5月1日后新受理的一审人身损害赔偿案件,适用本解释的规定。已经作出生效裁判的人身损害赔偿案件依法再审的,不适用本解释的规定。在本解释公布施行之前已经生效施行的司法解释,其内容与本解释不一致的,以本解释为准。"

4. 部门规范性文件。中国保监会《关于进一步加强机动车交通事故责任强制保险及商业机动车保险管理工作的通知》(2006年10月13日 保监发〔2006〕107号)第3条:"2006年7月1日起,《条例》正式实施,各财产保险公司制定的原商业三责险条款和费率全部废止。各保险公司已签发的保险起期在2006年7月1日以后的原商业三责险保单不能替代交强险。各保险公司要制定解决方案,向相关投保人做好宣传解释工作,并且明确告知每个投保人'该类商业三责险不能替代交强险,以及未按《条例》规定投保交强险的后果'。投保人要求对原商业三责险退保的,保险公司应妥善处理,避免造成不良社会影响。"中国保监会《关于转发最高人民法院明确机动车第三者责任保险性质的明传电报的通知》(2006年8月2日 保监厅发〔2006〕68号):"……2006年7月26日,最高人民法院将其对浙江省高级人民法院请示机动车第三者责任险性质的复函以明传电报形式转发给各地高院,该函明确2006年7月1日前投保的第三者责任保险的性质为商业保险。"中国保监会《关于保险公司垫付肇事逃逸车辆对第三者经济损害赔偿责任有关问题的复函》(2004年11月4日 保监厅函〔2004〕208号)第3条:"商业三者险与《道路交通安全法》冲突的问题。在国务院正式出台强制三者险制度之前,目前保险公司经营的第三者责任险,所遵循的风险管理原则及费率厘定方式都属商业三者险范围,不承担《道路交通安全法》中规定的强制三者险的职责。相关公司可以严格按保险合同履行义务。"国务院法制办《对〈关于要求解释交通安全责任统筹能否视同第三者责任保险问题的请示〉的意见》(2004年7月23日 国法秘函〔2004〕204号):"……前国务院正在制定《机动车第三者责任强制保险条例》。我们认为,依照法律规定,在境内道路上行驶的机动车应当参加第三者责任强制保险。"中国保监会《关于保险车辆出险后实际价值如何确定的批复》(1999年8月23日 保监复〔1999〕161号)第1条:"在保险合同双方当事人已签订保险合同并开始履行期间,主管部门对条款作了新的修订后,发生保险责任范围内的事故时,应按原保险条款执行。"

5. 地方司法性文件。北京高院民一庭《关于道路交通损害赔偿案件的疑难问题》(2010年4月9日)第2条:"……(1)关于2006年7月1日以后,机动车仅投保了商业性三者险,未按规定投保交强险的,机动车发生交通事故致他人损害的赔偿责任主体及赔偿标准确定问题。与会人员一致认为:对于《交强险条例》施行前已经投保商业性三者险,因至 2006 年 7 月 1 日保险尚未期满而未投保交强险的,该机动车如发生交通事故致他人损害,因尚处在过渡时期内,仍应将该机动车投保的商业性三者险视为交强险,并由保险公司在商业性三者险的保险责任限额内予以赔偿。在 2006 年 7 月 1 日以后,机动车投保的商业性三者险已经到期,机动车未投保交强险而仍然投保商业性三者险的,该机动车如发生交通事故致他人损害,由机动车一方按照相当于交强险的责任限额予以赔偿,超出责任限额的部分按照《道路交通安全法》第七十六条的规定确定赔偿责任。(2)关于机动车在 2006 年 7 月 1 日以后既未投保商业性三者险,也未投保交强险,机动车发生交通事故致他人损害时,致害机动车一方的赔偿责任如何确定的问题。与会人员一致认为:因致害机动车应投保交强险而未投保,为保护受害人一方的合法权益,应由致害机动车一方按照交强险的责任限额予以赔偿,超出责任限额的部分在当事人之间依法确定赔偿责任。"广东高院民一庭《关于审理道路交通事故损害赔偿案件遇到的问题和对策》(2010 年):"……四是保险公司对交强险的赔偿责任是否以过错划分为前提。一种意见认为,从权利与义务对等的角度出发,机动车方在交通事故中无过错的,承保交强险的保险公司不应承担赔偿责任。另一种意见认为,为充分保障受害人的人身和财产安全,即使机动车方在交通事故中无过错,保险公司也应在责任限额内承担赔偿责任。我们认为,机动车交通事故责任强制保险不同于普通商业险,具有较强的社会保障功能。它不仅为被保险人转嫁责任风险,更大的作用在于保障受害人依法及时得到赔偿。《道路交通安全法》第 76 条规定:'机动车发生交通事故造成人身伤亡、财产损失的,由保险公司在机动车第三者责任强制保险责任限额范围内予以赔偿。'可见,在交强险中保险公司承担的是无过错责任,即不论投保人在事故中是否存在过错,只要造成第三者人身或财产损失的,保险公司都要在保额范围内承担赔偿责任。当然,在《道路交通安全法》施行前发生的道路交通事故,由于缺乏上述依据,故对于保险公司的赔偿责任,仍应坚持以投保机动车方的过错划分为前提。"江苏南京中院民一庭《关于审理交通事故损害赔偿案件有关问题的指导意见》(2009 年 11 月)第 36 条:"江苏省以外的保险公司在诉讼中以其所在省市对机动车第三者责任保险未实施强制为由进行抗辩的,除应提交机动车登记地地方性法规或行政规章的相关规定以外,还应提供其所在省市公安机关交通管理部门出具的证明机动车年检在当地无需办理第三者责任险的相关文件。其不能举证证明的,应承担赔偿责任。"第 38 条:"2004 年 5 月 1 日以后一审受理的交通事故损害赔偿案件,无论交通事故发生在 2004 年 5 月 1 日以前或以后,赔偿范围和标准均适用《人身损害赔偿司法解释》的规定。"第 39 条:"保险公司根据《道路交通安全法》第七十六条第一款规定所应承担的赔偿责任,可区分下列情形处理:(1)对于2004年5月1日之后签订或2004年5月1日之前签订、之后已经协商变更的机动车第三者责任保险合同,对保险公司应按照《人身损害赔偿司法解释》所规定的赔偿范围、项目和标准,在合同约定的保险责任限额范围内确定其对交通事故受害人所承担的赔偿责任。(2)对于2004年5月1日之前签订、之后又未协商变更的机动车第三者责任保险合同,对保险公司可按照《道路交通事故处理办法》规定的赔偿范围、项目和标准,在合同约定的保险责任限额范围内确定其对交通事故受害人承担的赔偿责任。对该赔偿数额与按《人身损害赔偿司法解释》所确定的赔偿数额之间的差额部分,视为超过责任限额的部分,按照《道路交通安全法》第七十六条第一款规定的相关情形确定交通事故当事人的赔偿责任。"福建高院民一庭**《关于审理人身损害赔偿纠纷案件疑难问题的解答》**(2008年8月22日)第10条:"问:2006年7月1日国务院《机动车交通事故责任强制保险条例》施行之前,保险公司与机动车一方签订的第三者责任险,是属于何性质的险种?是否可适用《道路交通安全法》第七十六条有关第三者责任强制保险的规定?答:'第三者责任险'与'第三者责任强制险'是两个完全不同性质的险种。第三者责任险属于商业险性质,是否投保,由当事人自愿选择。第三者责任强制险是《道路交通安全法》第七十六条新设立的一种保险类型,具有强制投保的性质。2006年4月19日最高人民法院民一庭在答复浙江省高院的请示(2006民一他字第1号)中明确指出,'2006年7月1日以前投保的第三者责任险的性质为商业保险,交通事故损害赔偿纠纷发生后,应当依照保险合同的约定,确定保险公司承担的赔偿责任。'故第三者责任险,不适用《道路交通安全法》第七十六条的相关规定。"广东深圳中院**《关于审理道路交通事故损害赔偿纠纷案件的指导意见(试行)》**(2008年7月12日)第31条:"2006年6月30日之前已经受理的一审及其相应的二审道路交通事故损害赔偿案件,仍然按照原有审判标准进行审理。"第32条:"2006年7月1日后受理的一审道路交通事故损害赔偿案件审理中适用《机动车交通事故责任强制保险条例》时,区别以下情形处理:(一)机动车的相关保险利益者在《机动车交通事故责任强制保险条例》实施前,未投保机动车第三者责任保险,但在《机动车交通事故责任强制保险条例》实施后本案道路交通事故发生前投保了机动车交通事故责任强制保险的,保险公司仅在机动车已投保的机动车交通事故责任强制保险责任限额内依《机动车交通事故责任强制保险条例》规定直接向交通事故赔偿权利人承担相应民事责任。确定保险公司承担机动车交通事故责任强制保险时,应当区分被保险机动车在本案道路交通事故中有无责任。确定保险公司承担机动车交通事故责任强制保险责任时,应当按死亡伤残赔偿、医疗费、财产损失区分确定赔偿限额。可计入死亡伤残赔偿、财产损失的,包括精神损害抚慰金、误工费、护理费、交通费、住院伙食补助费、营养费、残疾赔偿金、残疾器具辅助费、丧葬费、被抚养人生活费、死亡赔偿金等除医疗费之外的赔偿项目。(二)机动车的相关保险利益者在《机动车交通事故责任强制保险条例》实施前,已经投保机动车第三者责任保险且在本案道路交通事故发生时尚未到期,同时又在《机动车交通事故责任强制保险条例》实施以后本案道路交通事故发生前投保了机动车交通事故责任强制保险的,保险公司除在机动车已投保的机动车交通事故责任强制保险责任限额内依《机动车交通事故责任强制保险条例》规定直接向交通事故赔偿权利人承担相应民事责任外,还应在第三者责任保险的限额内,依原有审判标准直接向赔偿权利人承担相应的赔偿责任。(三)机动车的相关保险利益者在《机动车交通事故责任强制保险条例》实施前,已经投保机动车第三者责任保险且在本案道路交通事故发生时尚未到期,但在《机动车交通事故责任强制保险条例》实施后本案道路交通事故发生前未投保机动车交通事故责任强制保险的,保险公司应在此第三者责任保险的限额内依原有审判标准直接向交通事故赔偿权利人承担相应民事责任。(四)机动车的相关保险利益者在《机动车交通事故责任强制保险条例》实施后,除投保机动车交通事故责任强制保险外,还投保机动车第三者责任保险的,保险公司仅在保监会公布的机动车交通事故责任强制保险责任限额内依《机动车交通事故责任强制保险条例》规定直接向交通事故赔偿权利人承担相应民事责任。对于因在《机动车交通事故责任强制保险条例》实施后,投保机动车第三者责任保险所产生的法律关系,在道路交通事故损害赔偿案件中不再进行审理。"陕西高院《关于审理道路交通事故损害赔偿案件若干问题的指导意见(试行)》(2008年1月1日 陕高法〔2008〕258号)第20条:"当事人在《强制保险条例》施行前签订商业性机动车第三者责任保险合同且合同尚未到期的,发生交通事故造成的损失,按该合同约定的赔偿方式处理。"第25条:"发生道路交通事故后,在确定赔偿权利人的赔偿标准时,适用最高人民法院《关于审理人身损害赔偿案件适用法律若干问题的解释》的规定的赔偿费用,一般按照赔偿权利人在道路交通事故发生时的户籍情况确定赔偿标准。"北京高院民一庭《北京市法院道路交通事故损害赔偿法律问题研讨会会议纪要》(2007年12月4日)第3条:"审理道路交通事故损害赔偿案件中涉及交强险的其他部分问题。(1)关于2006年7月1日以后,机动车仅投保了商业性三者险,未按规定投保交强险的,机动车发生交通事故致他人损害的赔偿责任主体及赔偿标准确定问题。与会人员一致认为:对于《交强险条例》施行前已经投保商业性三者险,因至2006年7月1日保险尚未期满而未投保交强险的,该机动车如发生交通事故致他人损害,因尚处在过渡时期内,仍应将该机动车投保的商业性三者险视为交强险,并由保险公司在商业性三者险的保险责任限额内予以赔偿。在2006年7月1日以后,机动车投保的商业性三者险已经到期,机动车未投保交强险而仍然投保商业性三者险的,该机动车如发生交通事故致他人损害,由机动车一方按照相当于交强险的责任限额予以赔偿,超出责任限额的部分按照《道路交通安全法》第七十六条的规定确定赔偿责任。(2)关于机动车在2006年7月1日以后既未投保商业性三者险,也未投保交强险,机动车发生交通事故致他人损害时,致害机动车一方的赔偿责任如何确定的问题。与会人员一致认为:因致害机动车应投保交强险而未投保,为保护受害人一方的合法权益,应由致害机动车一方按照交强险的责任限额予以赔偿,超出责任限额的部分在当事人之间依法确定赔偿责任。"湖北武汉中院《关于审理交通事故损害赔偿案件的若干指导意见》(2007年5月1日)第6条:"2006年7月1日前投保的机动车第三者责任险,发生交通事故损害赔偿纠纷后,应当依照保险合同的约定,确定保险公司的赔偿责任。"第7条:"对2006年7月1日以后投保的机动车第三者责任险,人民法院应严格区分强制保险与商业保险。在审理交通事故损害赔偿案件时,人民法院不将承保商业保险的保险公司作为被告。"江西高院民一庭《关于审理道路交通事故人身损害赔偿案件适用法律若干问题的解答》(2006年12月31日)第11条:"问:同一事故车辆既投保了'商业三责险',又投保了'交强险'的,如何处理?答:根据国务院保险监督管理机构《关于加强机动车交通事故责任强制保险管理的通知》规定,2006年7月1日以后与'交强险'不相衔接的旧商业车险条款已全部废止。目前,我国车险行为产品体系实际上可分为'交强险'和新商业车险两大块。《机动车交通事故责任强制保险条例》实施后,事故车辆投保了'交强险'后,又投保了新的'商业三责险'的,赔偿权利人可以先请求保险人支付'交强险'赔偿;不足部分,赔偿权利人再请求保险人按照'商业三责险'合同承担赔偿责任。赔偿权利人在获得以上两项保险赔偿后还有其他损失的,由事故车辆方根据其过错程度承担赔偿责任。"第12条:"在赔偿权利人主张的合法赔偿范围内,按照'交强险'可以获得的赔偿,由事故车辆方全额承担,不区分事故车辆方与受害人一方在交通事故中的行为责任。超出'交强险'赔偿限额范围以外的损失,按照事故车辆方与受害人一方在交通事故中的责任大小分摊。"江苏溧阳法院《关于审理交通事故损害赔偿案件若干问题的意见》(2006年11月20日)第7条:"2006年3月21日前当事人向法院提出诉讼的案件,无论投保车辆在事故中是否有责任,均由保险公司先在第三者责任险限额内承担无过错的赔偿责任,超过责任限额部分由肇事双方按责承担,但精神抚慰金不属保险公司赔偿范围,由肇事双方按责分担。如肇事车辆未投保第三者责任险,肇事方按应所投保的最低限额先予赔偿(即汽车最低限额为5万元,拖拉机和摩托车为2万元),对超过最低责任限额部分再按责分担。"第8条:"2006年4月1日至6月30日期间当事人向法院提起诉讼的案件,事故车辆投保第三者责任险的,保险公司在三万元限额内向第三者承担无过错赔偿责任,超过5万元部分由肇事双方按责承担,精神抚慰金仍不属保险公司的赔偿范围。如第三者责任险限额低于 5 万元的，按实际限额予以承担。对于未投保第三者责任险的，肇事方赔偿责任的确定，仍以前条规定处理。"第 10 条："2006 年 8 月 11 日后当事人向法院提起诉讼的案件，投保车辆已投保了第三者责任险未到期的，但未加保交强险的，主体上不列保险公司为被告，至于保险公司责任则按照保险合同约定另外处理。但一起事故中其他受害人或本人在 2006 年 8 月 10 日前已起诉的，则按照首次起诉的有关规定处理（同等待遇）。肇事方是否应在责任限额内按照无过错责任先行赔偿的问题上，应区分如下两种情况，分别进行处理：一是交通事故发生时，事故车辆所投保的第三者责任险尚未到期的，或 2006 年 6 月 30 日前发生事故的，双方一律按责承担民事责任；二是交通事故发生在 2006 年 7 月 1 日后，肇事方也未投第三者责任险的，由车方先行按《交强险条款》规定的责任限额部分由肇事双方按责进行分担。但发生事故时肇事方已投保了交强险的，保险公司应作为被告参与诉讼，当事人未起诉保险公司的，应予追加。保险公司按《交强险条款》规定的责任限额承担受害方无过错的赔偿责任，超过限额部分由肇事双方按责承担。"上海高院民一庭《**关于机动车交通事故责任强制保险若干问题的解答**》（2006 年 12 月 21 日　沪高法〔2006〕18 号）第 1 条："上海市地方立法规定的第三者责任保险与国务院规定的机动车交通事故责任强制保险的衔接。2005 年 4 月 1 日实施的《上海市机动车道路交通事故赔偿责任若干规定》（以下简称《规定》）与 2006 年 7 月 1 日国务院颁布实施的《机动车交通事故责任强制保险条例》（以下简称《条例》），在机动车交通事故责任强制保险的保险金额、理赔条件、理赔项目上，都有一些不同之处。《条例》实施前的行为，应依据当时的规定处理，《条例》实施后，按条例执行。对于跨越《条例》前后的案件，可以分三种情况来处理：第一，2006 年 7 月 1 日以前购买的第三者责任保险，其性质为商业保险，保险公司应根据保险合同约定承担责任。如果合同中对强制保险内容作了特别约定的从其约定；第二，2006 年 7 月 1 日后一句国务院的《机动车交通事故责任强制保险条例》购买的强制保险，按照《条例》规定处理；第三，对于未购买第三者责任保险或强制保险的，交通事故发生在 2006 年 7 月 1 日以前的适用当时的规定，事故发生在 7 月 1 日以后的适用《条例》的规定。"辽宁沈阳中院民一庭《**关于审理涉及机动车第三者责任险若干问题的指导意见**》（2006 年 11 月 20 日）第 1 条："关于机动车第三者责任险性质认定和法律适用问题。道交法实施后，与之配套的机动车交通事故责任强制保险条例没有出台，依据中国保监会〔2004〕39 号文件，即《关于机动车第三者责任强制保险有关问题的通知》中相关内容：'为积极落实道交法精神，实现道交法实施后，与条例出台前各项改革工作的顺利衔接，从 2004 年 5 月 1 日起，各财产保险公司暂时按照各地现行做法，采用公司现有的第三者险条款来履行道交法中强制第三者险的有关规定与要求，待条例正式出台后再根据相关规定进行调整,统一在全国实施。'鉴于我市的车辆如果不投保第三者责任险,则公安交通管理部门既不给车辆上牌照,也不能通过车辆检验,所以在我市两级法院与省内多数一样,在道交法实施后,机动车投第三则责任险的均按强制险对待。这完全符合道交法的立法精神,也与保监会39号文件精神一直。2006年3月,国务院颁布了《机动车交通事故责任强制保险条例》(以下简称交强险条例),并于同年7月1日起施行。其后最高人民法院〔2006〕民一他字第1号复函、辽宁省高级人民法院辽高法明传〔2006〕118号分别对第三者责任保险性质问题作出明确界定。市法院于2006年11月3日以沈中法明传〔2006〕47号向各基层法院和市法院各民庭转发了省高院〔2006〕118号明传。至此,已使机动车第三者责任强制保险法律制度在司法审判中得以顺利过渡和有机衔接。今后,即从2006年11月4日起尚未审结的一审案件,均应按省高院118号明传认定第三者责任险的性质和适用相关的法律。属于强制险的,应适用交强险条例的相关规定;商业保险合同仍有效的,按商业保险合同应适用的法律处理;既投保商业险又投保强制险的,应严格区分两类险种的不同性质,分别适用不同的法律。为使一、二审裁判思路能够衔接,保持适用法律的稳定性,二审审理上诉案件,对于2006年11月3日以前一审审结的案件,仍按原裁判标准审理;对11月4日以后一审审结的案件,按省高院118号明传进行审查。申请再审复查和再审案件亦应按上述标准和时间把握界限。"辽宁高院**《关于审理机动车第三者责任险案件有关问题的通知》**(2006年10月12日 辽高法明传〔2006〕118号)第1条:"机动车第三者责任险的性质问题。在适用《中华人民共和国道路交通安全法》审理涉及机动车第三者责任险的案件时,应严格区分商业责任险和强制责任险的不同,《机动车交通事故责任强制保险条例》已于2006年7月1日生效,依该条例规定,交强险的突出特点是其制度来源于该条例的强制规定而不是当事人的协商,实行保险公司法定、保险条款法定、赔偿责任限额法定、基础费率法定、免赔事由法定等,而在此之前的第三者责任险则不具备上述的强制性特征,主要是双方当事人的合意,实质为商业责任险性质。因此,人民法院在审理商业责任险纠纷案件时,应按照保险合同的约定确定保险人的赔偿条件、赔偿范围以及免责条款的效力。最高人民法院于2006年4月19日以〔2006〕民一他字第1号复函,对此作出了明确界定,应遵照执行。《机动车交通事故责任强制保险条例》实施前已经投保的机动车第三者责任险尚未到期的,保险合同仍然有效。今年7月1日以后发生的机动车第三者责任险案件,在审理时是否适用《机动车交通事故责任强制保险条例》亦要视具体情况,即:投保人投保的商业保险合同仍有效的,按商业保险合同应适用的法律处理;既投保商业责任险又投保强制责任险的,应严格区分两类险种的不同性质,分别适用不同的法律。"第2条:"《机动车交通事故责任强制保险条例》实施后的法律适用问题。为贯彻《机动车交通事故责任强制保险条例》,根据国务院的授权,中国保险监督管理委员会于今年6月19日确定了交强险的最高赔偿数额,并分别确定了不同的标准。人民法院在审理此类案件时,应结合该保险条款的具体内容,依据案件的实际情况依法处理。但确定保险公司赔付的数额,不得超过该保险条款第八条的各项赔偿限额。"江苏高院《关于修改〈关于参照"机动车交通事故责任强制保险条例"审理交通事故损害赔偿案件若干问题的通知〉的通知》(2006年8月11日 苏高法审委〔2006〕23号):"……《机动车交通事故责任强制保险条例》施行后,如果发生交通事故的机动车方没有投保机动车交通事故责任强制保险,但在《机动车交通事故责任强制保险条例》施行前投保了机动车第三者责任保险且该保险合同尚未到期的,应当依照该保险合同的约定确定保险公司承担的赔偿责任……"安徽高院《关于修改〈安徽省高级人民法院审理人身损害赔偿案件若干问题的指导意见〉第六条的通知》(2006年7月18日 皖高法〔2006〕241号):"……修改为:交通事故人身损害赔偿案件需要认定机动车所有人、管理人投保的机动车第三者责任险是否构成第三者责任强制保险的,应根据保险合同的约定,对照《中华人民共和国保险法》、国务院《机动车交通事故责任强制保险条例》的规定予以认定……"江西赣州中院《关于审理道路交通事故人身损害赔偿案件的指导性意见》(2006年6月9日)第30条:"《道路交通安全法》施行后,机动车方投保交通事故责任强制保险前,已经投保商业性第三者责任保险的,保险机构应当依照《保险法》、《民法通则》和保险合同的相关规定承担责任。"第31条:"《道路交通安全法》施行后,机动车方投保交通事故责任强制保险前,已经投保商业性第三者责任保险的,保险合同约定的保险机构对商业性第三者责任保险的免责事由应当按照《民法通则》第一百二十三条和《道路交通安全法》第七十六条第二款的规定予以审查。保险机构不能证明交通事故引起的损害是由受害第三人故意造成的,应当承担赔偿责任。"第35条:"机动车方投保交通事故责任强制保险前,已经投保商业性第三者责任保险的,机动车发生交通事故致人损害,由保险机构根据被保险人所承担的事故责任,在责任限额内按照实际损失承担赔偿责任。"第36条:"保险机构赔偿受害第三人的实际损失以人身损害所造成的财产损失为限,赔偿权利人请求保险机构赔偿精神损失的,不予支持。"江苏高院《关于修改〈关于审理交通事故损害赔偿案件适用法律若干问题的意见(一)〉的通知》(2006年4月1日 苏高法审委〔2006〕6号,2020年12月31日起被苏高法〔2020〕291号文废止):"……现对我院2005年2月25日印发的《关于审理交通事故损害赔偿案件适用法律若干问题的意见(一)》第八条作如下修改:保险公司应根据《道路交通安全法》第七十六条第一款的规定,按照《人身损害赔偿司法解释》所规定的赔偿范围、项目和标准,在人民币5万元责任限额范围内对交通事故受害人承担赔偿责任。超出该责任限额,但不高于机动车第三者责任保险合同约定的最高限额的部分,由保险合同双方当事人按照保险合同的约定另行理。以上修改意见自2006年4月1日起施行。2006年4月1日起新受理的一审交通事故损害赔偿案件,适用本意见的规定。"安徽高院《审理人身损害赔偿案件若干问题的指导意见》(2005年12月26日)第5条:"……保险合同约定的赔偿项目和赔偿标准与《关于审理人身损害赔偿案件适用法律若干问题的解释》的规定不一致时,保险公司按照国务院《道路交通事故处理办法》规定的赔偿范围、项目和标准,在保险合同约定的保险责任限额内承担责任。"山东高院《关于印发〈全省民事审判工作座谈会纪要〉的通知》(2005年11月23日 鲁高法〔2005〕201号)第3条:"……(九)关于第三者强制责任保险问题。《道路交通安全法》第十七条、第七十五条及第七十六条规定的第三者强制责任保险是法定险,与目前商业性的第三者责任险性质不相同,在国家还没有出台第三者强制责任险的具体规范之前,诉讼上不宜将商业性的第三者责任险等同于道交法上的第三者强制责任险。在道路交通事故损害赔偿案件中,即使肇事机动车参加第三者责任保险的,也不宜依据《道路交通安全法》直接追加所参保的保险公司为被告或第三人参加诉讼,不能直接判决由保险公司在第三者责任险范围内承担赔偿责任。对于保险公司的赔偿责任,应依据保险合同关系另行解决。"广东深圳中院《道路交通事故损害赔偿案件研讨会纪要》(2005年9月26日)第1条:"2004年5月1日之后至国家统一机动车第三者强制保险制度实行前所发生的道路交通事故中,涉案机动车已投保了机动车第三者责任险的,第三者及其相关赔偿权利人起诉时,应当将相应的保险公司列为案件被告。第三者及相关赔偿权利人坚持不起诉保险公司的,人民法院应当予以准许。第三者是指被保险机动车发生道路交通事故的受害人,但不包括被保险机动车本车人员、被保险人。"第9条:"2004年5月1日之后至国家统一机动车第三者责任强制保险制度实行前所发生的道路交通事故中,涉案机动车已投保了机动车第三者责任险的,保险公司应依《中华人民共和国道路交通安全法》中有关机动车第三者责任强制保险的规定承担相应的责任。"第10条:"2004年5月1日之后至国家统一机动车第三者责任强制保险制度实行前所发生的道路交通事故中,涉案机动车已投保了机动车第三者责任险的,赔偿权利人依《中华人民共和国保险法》第五十条直接要求保险人承担民事责任时,保险人得行使被保险人的抗辩权,保险人因被保险人在侵权法律关系中的减责或免责事由减轻或免除责任。除法定减责或免责事由外,保险人不因与被保险人在保险合同中约定的事由而对赔偿权利人减轻或免除责任。"第11条:"2004年5月1日之后所发生的道路交通事故中,赔偿权利人依《中华人民共和国保险法》第五十条、《中华人民共和国道路交通安全法》第七十六条直接要求保险人承担民事责任时,关于赔偿权利人应得人身赔偿的范围和标准适用《最高人民法院关于审理人身损害赔偿案件适用法律若干问题的解释》。"浙江杭州中院《关于审理道路交通事故损害赔偿纠纷案件问题解答》(2005年5月)第6条:"……(1)《道路交通安全法》实施后,《道路交通事故处理办法》是否仍适用?根据《道路交通安全法实施条例》第115条的规定,该条例自2004年5月1日起施行,《道路交通事故处理办法》同时废止。同时,因《道路交通安全法》也于2004年5月1日起施行,根据法不溯及既往的原则,《道路交通安全法》及其实施条例只适用于2004年5月1日后发生的道路交通事故,对于2004年5月1日前发生的道路交通事故,仍应适用《道路交通事故处理办法》。(2)2004年5月1日前发生的事故,责任认定如何适用法律?如果责任认定按以前的规定处理,那么赔偿标准按照《人身损害赔偿解释》的规定是否出现矛盾?2004年5月1日前发生的事故,责任认定应适用《道路交通事故处理办法》。当事人起诉在2004年5月1日后的,赔偿标准应按照《人身损害赔偿解释》的规定计算。这样的法律适用并不矛盾,并非《解释》有溯及既往的效力。因为:一方面,《人身损害赔偿解释》是对《民法通则》关于侵权人身损害所作的进一步解释,而《民法通则》是在1987年1月1日施行的,即只要行为不是发生1987年1月1日之前,适用该司法解释都不存在溯及既往的问题;另一方面,《人身损害赔偿解释》仅涉及利益调整,并非行为规范,因此,对发生在2004年5月1日前起诉在2004年5月1日后的事故,对是否构成交通事故及责任认定、处罚等应适用行为当时的行为规范,即《道路交通事故处理办法》,对赔偿标准,则适用新的利益调整标准,因为请求人民法院调整利益的时间是在《人身损害赔偿解释》施行后。"北京高院《北京市法院民事审判实务疑难问题研讨会会议纪要》(2006年9月14日)第1条:"在过渡期内对'三者险'的法律定位问题。此次会议首先对《道路交通安全法》实施以来我市法院关于'三者险'法律定位问题的审判实践进行了回顾和总结。《道路交通安全法》第七十六条确立了'机动车发生交通事故造成的损失由保险公司在机动车第三者责任强制保险责任限额范围内先行赔付'的原则,但是关于'机动车第三者责任强制保险'的配套法规并未同步实施。为了贯彻落实《道路交通安全法》的上述规定、充分保护道路交通事故受害人的合法权益,考虑到我市对'三者险'实行强制投保的实际情况以及保监会关于'各财产保险公司自2004年5月1日起暂时采用现有三者险条款来履行《道路交通安全法》中强制三者险的有关规定和要求'的通知精神,我市各级法院在审判实践中采用了将'三者险'的做法,在道路交通事故损害赔偿案件中通知或追加保险公司以被告或第三人的身份参加诉讼,并依据《道路交通安全法》第七十六条的规定判令其承担相应责任。与会人员普遍认为,我市法院掌握的上述审判原则是必要而且恰当的,从执法效果上看也得到了社会各界的肯定。国务院制定的《交强险条例》自2006年7月1日起实施,《道路交通安全法》所规定的、真正意义上的'机动车第三者责任强制保险'正式出台。但是,该条例第四十五条规定:'本条例施行前已经投保商业性机动车第三者责任保险的,保险期满,应当投保机动车交通事故责任强制保险',也就是说,在2006年7月1日之前已经投保'三者险'、保险期限尚未届满的,在之后的一段时期内仍可暂不投保'交强险',机动车全面投保'交强险'至2007年7月1日才能实现。2006年4月,最高人民法院民一庭作出〔2006〕民一他字第1号函复,明确'2006年7月1日以前投保的第三者责任险的性质为商业保险'。由此产生的问题是,在2007年7月1日之前的过渡期内,如果机动车一方仅投保'三者险'而未投保'交强险',能否依据《道路交通安全法》第七十六条的规定判令保险公司在保险责任限额范围内先行赔付。多数意见认为,2006年7月1日以前投保的'三者险'在性质上确实为商业保险,合同确定的权利义务也与'交强险'不同;但与普通商业保险相比,它具有两个非常明显的特点:首先,它在北京市仍然是基于强制性的地方法规而投保,签订保险合同并非出于投保人的自愿;其次,由《交强险条例》第四十五条可以看出,在车主没有同时投保'交强险'和'三者险'的情况下,在过渡期内'交强险'的功能实际上是由'三者险'来替代履行的。综上,在车主双重投保的情况下,《道路交通安全法》对受害人的特别保护可以通过'交强险'实现,保险公司按照保险合同约定承担商业性'三者险'的相关责任无疑是恰当的;但是,如果车主在过渡期内仅投保'三者险',在审判实践中仍简单地将其视为一般意义上的商业保险,必然使《道路交通安全法》确立的'先行赔付'原则落空,极不利于保护道路交通事故受害人甚至车主的合法权益。多数意见认为,在今后的审判实践中既要正确理解并参照执行最高法院的函复,也要充分考虑我市的实际情况以及《道路交通安全法》和《交强险条例》的立法精神,以切实保护广大人民群众的合法权益,确保过渡期内执法尺度的统一性和连贯性。"江苏高院《关于参照〈机动车交通事故责任强制保险条例〉审理交通事故损害赔偿案件若干问题的通知》(2006年7月6日 苏高法审委〔2006〕12号,2020年12月31日起被苏高法〔2020〕291号文废止)第1条:"《强制保险条例》施行后,如果发生交通事故的机动车方系根据《强制保险条例》的规定投保交强险的,保险公司应根据《中华人民共和国道路交通安全法》(以下简称《道路交通安全法》)第七十六条第一款的规定,在保监会公布的交强险责任限额范围内对交通事故受害人承担赔偿责任;超过该限额的部分,按照《道路交通安全法》第七十六条第一款和《江苏省道路交通安全条例》第五十二条规定的相关情形确定交通事故当事人的赔偿责任。若该机动车方同时持有其它机动车第三者责任保险合同的,由该保险合同双方当事人按照保险合同的约定另行处理。"第2条:"《强制保险条例》施行后,如果发生交通事故的机动车方没有投保交强险,但在《强制保险条例》施行前根据机动车登记地地方性法规或行政规章的强制性规定投保了机动车第三者责任保险且该保险合同尚未到期的,保险公司应根据《道路交通安全法》第七十六条第一款的规定,在保监会公布的交强险责任限额范围内对交通事故受害人承担赔偿责任;超过该限额的部分,按照《道路交通安全法》第七十六条第一款和《江苏省道路交通安全条例》第五十二条规定的相关情形确定交通事故当事人的赔偿责任。上述机动车方在承担了相应的赔偿责任后,对超出交强险责任限额但不高于上述保险合同约定的责任限额的部分,由其与保险公司按照保险合同的约定另行处理。"第3条:"《强制保险条例》施行后,如果发生交通事故的机动车方没有根据《强制保险条例》的规定投保交强险,也不持有在《强制保险条例》施行前投保的尚未到期的其它机动车第三者责任保险合同的,应当按照《江苏省道路交通安全条例》第五十二条的规定,由该机动车方按保监会公布的交强险责任限额对交通事故受害人承担赔偿责任;超过该限额的部分,按照《道路交通安全法》第七十六条第一款和《江苏省道路交通安全条例》第五十二条规定的相关情形确定交通事故当事人的赔偿责任。"江苏高院《关于审理交通事故损害赔偿案件适用法律若干问题的意见(一)》(2005年2月24日 苏高法审委〔2005〕3号,2020年12月31日起被苏高法〔2020〕291号文废止)第1条:"2004年5月1日以后发生的交通事故,当事人就损害赔偿纠纷诉至人民法院的,除适用《民法通则》、《民事诉讼法》、《人身损害赔偿司法解释》等法律法规、司法解释外,还应当适用《道路交通安全法》第七十六条的相关规定。2005年1月1日以后发生的交通事故,还应当适用《省道路交通安全条例》第五十二条的相关规定。"第6条:"在有关机动车第三者责任强制保险的专门性规定实施前,对于机动车方已根据机动车登记地地方性法规或行政规章的强制性规定投保的机动车第三者责任保险,也应适用《道路交通安全法》第七十六条第一款的规定,由保险公司直接承担对交通事故受害人的赔偿责任。"第7条:"对交通事故损害赔偿案件,统一按照《人身损害赔偿司法解释》规定的赔偿范围和标准确定对交通事故受害人的赔偿数额。"第8条:"保险公司根据《道路交通安全法》第七十六条第一款规定所应承担的赔偿责任,可区分下列情形处理:(1)对于2004年5月1日之后签订或2004年5月1日之前签订、之后已经协商变更的机动车第三者责任保险合同,对保险公司应按照《人身损害赔偿司法解释》所规定的赔偿范围、项目和标准,在合同约定的保险责任限额范围内确定其对交通事故受害人所承担的赔偿责任。(2)对于2004年5月1日之前签订、之后又未协商变更的机动车第三者责任保险合同,对保险公司可按照《道路交通事故处理办法》规定的赔偿范围、项目和标准,在合同约定的保险责任限额范围内确定其对交通事故受害人承担的赔偿责任。对该赔偿数额与按《人身损害赔偿司法解释》所确定的赔偿数额之间的差额部分,视为超过责任限额的部分,按照《道路交通安全法》第七十六条第一款规定的相关情形确定交通事故当事人的赔偿责任。"安徽高院《审理人身损害赔偿案件若干问题的指导意见》(2005年12月26日)第6条:"机动车所有人在2004年5月1日《道路交通安全法》实施以后投保的第三者责任险,应认定为《道路交通安全法》规定的第三者责任强制保险。机动车所有人在2004年5月1日以前投保的、保险期限届满在2004年5月1日以后的第三者责任险,不认定为《道路交通安全法》规定的第三者责任强制保险。受害人要求保险公司承担保险责任的,按本意见第五条的规定处理。"福建高院《关于当前审理交通事故损害赔偿案件应明确的几个问题》(2004年8月13日)第1条:"交通事故发生在2004年5月1日前,但于5月1日之后才诉至法院的,应如何适用法律问题。最高法院'解释'第三十六条明确规定:'2004年5月1日后新受理的一审人身损害赔偿案件,适用本解释的规定。'可见,'解释'是以案件的立案时间、而不是以侵权行为的发生时间确定'解释'的时间效力。凡是2004年5月1日前受理的一审人身损害赔偿案件,即使在2004年5月1日后仍未审结的,也不适用该'解释'。又由于国务院颁布的《道路交通安全法实施条例》规定'《道路交通事故处理办法》于2004年5月1日同时废止',这就意味着2005年5月1日以后交通事故损害赔偿已纳归一般的人身损害赔偿调整范畴,此后诉到法院的交通事故损害赔偿案件,无论交通事故发生于2004年5月1日之前不是之后,均应适用'解释'的相关规定。"河北石家庄中院《关于处理交通事故损害赔偿案件中有关问题的座谈纪要》(2004年)第3条:"保险公司赔付的依据是道交法还是保险合同,在诉讼中是否审查保险合同,如免赔条款等。在诉讼中首先依据道交法审理案件,在审理过程中应对保险合同进行审查。保险公司履行的是合同义务,保险人只是在保险合同的责任限额范围内承担赔偿责任。"广东高院、省公安厅《关于印发〈关于处理道路交通事故案件若干具体问题的补充意见〉的通知》(2001年2月24日 粤高法发〔2001〕6号,2021年1月1日起被粤高法〔2020〕132号文废止)第18条:"人民法院审理道路交通事故损害赔偿案件,对有关损害赔偿金的计算,均应采用道路交通事故发生时的标准。"

6. 参考案例。①2008年江苏某保险合同纠纷案,2003年6月11日,徐某与保险公司所签商业三者险有效期至2005年6月11日,约定按《道路交通事故处理办法》作为赔偿依据。2004年5月1日,《道路交通安全法》实施,《道路交通事故处理办法》废止。2005年5月17日,徐某投保机动车出险,法院判决徐某赔偿受害第三人赔偿共计11万余元。法院认为:《道路交通安全法》实施后,保险公司作为专业保险机构,应知该法规定的赔偿标准明显高于《道路交通事故处理办法》,但其并未告知徐某,未向徐某履行说明义务,故该赔偿依据条款对徐某不发生法律效力。本案徐某承担的赔偿责任是根据《道路交通安全法》确定的责任,且已由法院生效法律文书确认,是对第三者依法应负的事故赔偿责任,属于机动车责任保险标的,保险公司理应按《道路交通安全法》向徐某赔偿。②2007年北京某保险合同纠纷案,2005年10月,张某投保三者险的车辆由丈夫孔某驾驶时撞伤胡某,交警认定胡某负全责,孔某不承担责任。2006年6月,法院判决孔某赔偿胡某8万余元。保险公司以保险合同约定的无责免赔,最多赔偿20%责任为由拒赔。法院认为:张某投保机动车第三者责任险时,《道路交通安全法》已施行,但《机动车交通事故责任强制保险条例》尚未实施,处于过渡时期。因在该时期内,张某作为投保人,除了投保本案所涉机动车第三者责任险之外,没有其他第三者责任险种可选择,张某无法投保第三者强制责任险并非张某过错。同时,在该过渡期内,购买第三者责任险是机动车登记、年检的必备条件,不登记、未年检的机动车不允许上路行驶,这种行政强制力使得几乎所有的机动车车主都要购买第三者责任险,因此购买第三者责任险亦非张某自主选择的结果。最后,保险公司作为我国机动车第三者责任强制保险的赔偿主体是基于《道路交通安全法》的相关规定,保险公司的赔偿责任不仅仅属于一种合同义务,同时也是一种法定义务。故在此过渡时期,投保人张某向保险公司投保的机动车第三者责任险具有《道路交通安全法》中所规定的机动车第三者责任强制保险的功能。本案保险公司就是《道路交通安全法》第76条第1款中所规定的赔偿主体,保险公司应当就本案所涉机动车交通事故所造成的人身伤亡、财产损失在机动车第三者责任强制保险责任限额范围内予以赔偿。生效判决已将张某投保的第三者责任险的保险额10万元认定为机动车第三者责任强制保险的责任限额,且依《道路交通安全法》第76条判决张某的丈夫孔某在无责的情况下在10万元的责任范围内先行赔偿案外人胡某的相关损失,孔某也已履行判决,故保险公司据此承担的赔偿责任性质上属于无责赔付,本案张某要求保险公司予以理赔诉请应予支持。③2006年云南某保险合同纠纷案,2004年3月1日,李某对其机动车投保三者责任险,同年11月6日发生事故,致一死一伤。生效刑事判决书判决李某赔偿第三人各项费用18万余元,保险公司按合同只赔偿了9万余元,李某主张按交强险标准赔付余下8万余元。法院认为:一审认为过渡期间的商业三者险"有责赔付"在2004年5月1日《道路交通安全法》实施后应变为"无责赔付",故保险公司扣减10%免赔额后,应给付李某16万余元保险理赔。二审认为诉争保险合同成立并生效于《道路交通安全法》生效前,案涉三者责任险性质应为商业三者险。保险公司已按保险合同明确约定的赔偿范围、项目和标准进行了赔付,符合法律、法规和司法解释的规定,李某主张按机动车交通事故第三者强制保险补充赔偿差额无法律依据,故判决驳回李某要求保险公司再赔偿9万余元的诉请。④2006年河南某交通事故损害赔偿案,2004年11月,左某驾驶车主为付某,挂靠运输公司的货车,与龙某驾驶的登记车主为汽运公司,实际所有人为海某的货车相撞,致龙某5级伤残。交警认定龙某负次要责任,左某负主要责任。汽运公司、运输公司分别在2004年1月、2月为登记在名下的货车投保了限额为20万元的商业三者险。法院认为:中国保监会在保监发〔2004〕39号《关于机动车第三者责任强制保险有关问题的通知》中明确要求:"从 5 月 1 日起,各财产保险公司暂时按照各地现行做法,采用公司现有三者险条款来履行道路交通安全法中强制三者险的有关规定和要求",故应认定本案中所涉第三者强制保险系按照商业保险的条款来履行,二者均是投保人对第三者负赔偿义务时保险公司代为赔付的险种,均是为保护第三者的利益,保险公司直接承担赔偿责任并无不当。海某系龙某的雇主,龙某在从事雇佣活动中遭受伤害,海某应在龙某承担事故责任范围内承担赔偿责任。付某系左某雇主,左某作为雇员造成龙某伤害,应由其雇主承担赔偿责任,付某应在左某承担事故主要责任范围内承担赔偿责任。海某、付某将自己所有的车辆挂靠在汽运公司和运输公司,二人分别以挂靠的公司名义经营,并向挂靠公司交纳了管理费,汽运公司、运输公司应依法分别承担相应的赔偿责任。因汽运公司、运输公司已向保险公司缴纳了第三者责任险,故保险公司应依法承担赔偿责任。判决付某、海某、保险公司赔偿龙某医疗费等共计 37 万余元,付某、海某另各赔偿龙某精神损害抚慰金 1.2 万元、8000 元。汽运公司、运输公司对各自的挂靠人应承担的赔偿额承担连带责任。⑤2006 年**江苏某保险合同纠纷案**,2004 年 8 月,陈某驾车肇事,并被认定负全责。依 2004 年 4 月 20 日所签保险合同约定,执行《道路交通事故处理办法》规定的赔偿范围、项目和标准。法院认为:双方签订并履行保险合同期间,《道路交通事故处理办法》已被 2004 年 4 月 30 日发布、5 月 1 日实施的《道路交通安全法实施条例》废止。保险公司利用自己强势把即将失效和已废止的相关法律规定放在保险条款中适用,强加于投保人,该条款应无效,判决保险公司赔偿陈某保险事故损失 10 万余元。⑥2005 年**安徽某医疗费纠纷案**,2005 年 1 月,周某驾驶酒厂投保有效期至 2005 年 3 月的商业三者险客车肇事致魏某身亡,交警认定同等责任。魏某近亲属通过诉讼从酒厂获得未包括医疗费在内的赔偿。医院为抢救魏某垫付医疗费 3 万余元,各当事人互相推诿。法院认为:受害人因交通事故死亡,侵权行为人即肇事车辆的驾驶员及车主,应承担侵权的民事责任,其有义务支付受害人救治而产生的医疗费用。因本案发生在 2004 年 5 月 1 日《道路交通安全法》实施以后,根据该法第 75 条规定,医院就抢救魏某而先行支付的医疗费用享有对保险公司的直接请求权,该请求权为法定权利。本案保险公司承保的第三者责任险虽系商业保险,但并不因此而否定其第三者责任保险的性质,其与第三者责任强制保险在本质上没有区别,故判决保险公司支付医院垫付医疗费 3 万余元。⑦2004 年**江苏某交通事故人身损害赔偿案**,2004 年 6 月,徐某驾驶承包的车主为运输公司并于 2004 年 4 月投保"机动车第三者责任(商业)险"的车辆与驾驶摩托车的张某相撞致后者死亡,交警认定负同等责任。张某近亲属起诉徐某和运输公司,将保险公司作共同被告。法院认为:《机动车第三者责任强制保险条例》尚未实施前,保险人仍为商业保险公司,保险费仍由投保人负担,保费的计算以危险大小及保险金额的高低为基准,投保人仍有一定的选择权,保险合同的内容并非完全依法律直接规定。这些并不意味着机动车第三者责任保险不具有强制保险的性质。保险公司能够作为道路交通事故损害赔偿案件的当事人,即其作为被告的主体身份适格。鉴于保险公司承保时是根据当时的法规,即国务院《道路交通事故处理办法》所确定的赔偿标准确定保险费的,从衡平保险公司、投保人与受害人利益的角度,保险公司应承担的赔偿责任应以《道路交通事故处理办法》所确定的赔偿标准为限,对于原告超出部分的损失,由徐某按责任认定书,对事故损失承担50%的赔偿责任。张某的死亡给原告造成了极大的精神痛苦,徐某应赔偿精神损害抚慰金。根据运输公司与徐某之间签订的营运车辆承包经营协议,其实质是徐某将营运车辆挂靠在运输公司名下,运输公司作为被挂靠人应对徐某所承担的民事责任负连带赔偿责任。⑧2004年江苏某保险合同纠纷案,2003年9月,李某办理车辆商业三者险,约定按《道路交通事故处理办法》规定的项目和标准赔付。2004年5月肇事致行人姜某亡,交警认定同等责任。经调解,李某赔偿姜家7.5万元。李某办理保险理赔时,答复只赔付2万余元。法院认为:案涉车辆三者责任险自2004年5月1日起依法应属于具有《道路交通安全法》规定功能的机动车第三者责任强制险,李某对受害人承担交通事故损害赔偿责任适用无过错且不实行过失相抵的归责原则。保险合同条款约定的赔付标准有效,但约定的《道路交通事故处理办法》中规定的交通事故责任比例与交通事故损害赔偿责任比例不同,适用的计算标准与最高人民法院《关于审理人身损害赔偿案件适用法律若干问题的解释》规定的也不同,如按前者规定赔偿范围、项目、标准及计算方法确定保险公司应对李某的保险赔偿责任,则应依70%的比例确定,判决保险公司赔偿李某6万余元。

【同类案件处理要旨】

在《道路交通安全法》实施前,机动车第三者责任险属于自愿保险范围,是一种商业保险。在《道路交通安全法》实施后而《机动车交通事故责任强制保险条例》出台前的过渡期内,此时投保的第三者责任保险,根据相关的司法解释,一般应认定为商业保险。

【过渡期机动车三者责任险性质】

2004年5月1日,《道路交通安全法》实施,同时宣告《道路交通事故处理办法》废止,同一天生效的还有最高人民法院《关于审理人身损害赔偿案件适用法律若干问题的解释》。《道路交通安全法》第76条规定了保险公司在"第三者责任强制保险"责任限额内承担无过错责任,但关于该"第三者责任强制保险"却迟至

2006年7月1日交强险条例出台方有规制。此前的三者责任险属商业自愿投保性质,问题在于:(1)在2004年5月1日后,或是在2006年7月1日后,性质能否自动变为"第三者责任强制保险"?(2)受害人能否直接以保险公司作为被告诉请赔偿?(3)被保险人(被法院判决)按最高人民法院《关于审理人身损害赔偿案件适用法律若干问题的解释》计算赔偿额予受害人,在向保险公司索赔时,保险公司是否有权以原商业险中约定的按《道路交通事故处理办法》计算标准抗辩,以及原商业险中的"过错赔偿原则",即"有责赔付"条款能否约束被保险人?

关于上述过渡期的问题,亦是司法裁判实务中的难点。《合同法》的意思自治神化,法律法规修订的配套措施延宕,部门利益的进退反复,使得解决问题的思路错综。

2004年4月26日,中国保监会下发《关于机动车第三者责任强制保险有关问题的通知》,要求:"5月1日起,各财产保险公司暂时按照各地现行做法,采用公司现有第三者责任险条款来履行《道路交通安全法》中强制第三者险的有关规定和要求。"但其后,中国保监会以保险合同未变更、保费未提高的情形下,按照2004年5月1日实施的《最高人民法院关于审理人身损害赔偿案件适用法律若干问题的解释》规定的新标准赔偿有失公平为由请示最高人民法院。2004年6月4日,最高人民法院研究室在《关于新的人身损害赔偿审理标准是否适用于未到期机动车第三者责任保险合同问题的答复》中指出,"保险合同中约定按照《道路交通事故处理办法》规定的人身损害赔偿范围项目和标准只是保险应承担的赔偿责任的计算方法,而不是强制执行的标准,它不因办法的失效而无效"。2004年11月4日,中国保监会在给北京保监局的《关于保险公司垫付肇事逃逸车辆对第三者经济损害赔偿责任有关问题的复函》指出,"在国务院正式出台强制三者险制度之前,目前保险公司经营的第三者责任险都属商业性质保险,不承担《道路交通安全法》中规定的强制三者险职责"。2006年4月,最高人民法院对浙江省高级人民法院请示作出的〔2006〕民一他字第1号函复,明确2006年7月1日以前,也就是《机动车交通事故责任强制保险条例》施行前投保的第三者责任险的性质为商业保险。

上述权威说法虽有定论,但无法解决司法实践中的困境:2004年5月1日之后,受害人按新的《道路交通安全法》及人身损害赔偿标准获得赔偿,被保险人保险求偿时却需按原保险合同约定的《道路交通事故处理办法》计算,不能按生效的《道路交通安全法》获得救济。如此,导致司法实践中,同一案情的裁判结果大相径庭。

【相关案件实务要点】

1.【商业险性质】2006年7月1日国务院《机动车交通事故责任强制保险条例》施行前的第三者责任险性质为商业保险,交通事故损害赔偿纠纷发生后,法院应依保险合同约定,确定保险公司承担的赔偿责任。案见江苏南通中院(2009)通中民二终字第0360号"王某诉某保险公司保险合同纠纷案"。

2.【交强险赔付】《道路交通安全法》已经颁布施行,而《机动车交通事故责任强制保险条例》尚未实施的过渡期内,保险公司应成为《道路交通安全法》第76条第1款中所规定的交强险赔偿主体。案见北京一中院(2007)一中民终字第14377号"张某诉某保险公司保险合同纠纷案"。

3.【计算标准】机动车商业三者险在2004年5月1日后依法属于具有《道路交通安全法》规定功能的交强险,被保险人承担交通事故损害赔偿责任适用无过错且不实行过失相抵的归责原则,在依保险条款确定的计算标准计算理赔额时,应将事故责任比例与交通事故损害赔偿责任比例区分开来。案见江苏泗阳法院(2004)泗民二初字第108号"李某诉某保险公司保险合同案"。

4.【期限连续商业险】机动车所有人、管理人在《机动车交通事故责任强制保险条例》施行前已经同时投保期限连续的多份商业三责险的,跨越条例施行之日的商业三责险合同到期后,保险人未提示或要求投保人投保交强险,期限连续的在条例施行之日后生效的商业三责险合同符合该条例第45条关于过渡期的规定。案见江苏南通中院(2009)通中民二终字第0360号"王某诉某保险公司保险合同纠纷案"。

5.【法律适用】保险公司把即将失效和已经废止的相关法律规定放在保险条款中适用,强加于投保人,该条款无效。案见浙江洞头法院(2006)洞民二初字第18号"陈某等诉某保险公司保险合同纠纷案"。

6.【告知义务】保险合同履行跨越《道路交通安全法》实施前后的,作为专业保险机构,保险人应就该重大情势变更告知被保险人,并就合同是否继续履行或变更与被保险人协商,否则,保险人应按新法规定的较高标准予以赔偿。案见江苏苏州中院(2008)苏中民二终字第0337号"徐某诉某保险公司保险合同纠纷案"。

7.【医疗费请求权】医疗机构就抢救交通事故受害人而先行支付的费用享有对保险公司的直接请求权。案见安徽宣城中院(2005)宣中民一终字第317号"某医院诉某保险公司医疗费纠纷案"。

【附注】

参考案例索引:江苏南通中院(2009)通中民二终字第0360号"王某诉某保险

公司保险合同纠纷案",见《王建林诉都邦财产保险股份有限公司南通中心支公司财产保险合同纠纷案》(周凯),载《人民法院案例选》(201003:189)。①江苏苏州中院(2008)苏中民二终字第0337号"徐某诉某保险公司保险合同纠纷案",见《未到期第三者责任险的赔偿标准适用》(刘晓夏),载《人民司法·案例》(200916:37)。②北京一中院(2007)一中民终字第14377号"张某诉某保险公司保险合同纠纷案",一审判决保险给付张某1.3万余元,二审改判8万余元。见《张娜诉中国人民财产保险股份有限公司北京市分公司保险合同案》(伍涛),载《中国审判案例要览》(2008商事:329)。③云南红河中院(2006)红中民一终字第309号"李某诉某保险公司保险合同案",见《李代林诉中国人民财产保险股份有限公司开远市支公司保险合同案》(刘玉芳),载《中国审判案例要览》(2007商事:332)。④河南安阳中院(2006)安民二终字第136号"龙某诉某汽运公司交通事故损害赔偿案",见《第三者商业险可依规定按第三者强制险履行——龙海波诉濮阳汽运公司等道路交通损害赔偿案》(周庆华、李随生),载《人民法院报·案例指导》(20061106:5)。⑤浙江洞头法院(2006)洞民二初字第18号"陈某等诉某保险公司保险合同纠纷案",见《保险格式条款强行适用即将失效法规无效——洞头法院判决陈色永等诉中国太平洋保险乐清公司保险合同案》(池进峰、叶明铁),载《人民法院报·案例指导》(20060717:5)。⑥安徽宣城中院(2005)宣中民一终字第317号"某医院诉某保险公司医疗费纠纷案",见《广德县人民医院诉中国人民财产保险股份有限公司广德支公司等医疗服务合同案》(严金华),载《中国审判案例要览》(2006商事:150)。⑦江苏南通中院(2004)通中民一终字第1479号"施某等诉某保险公司等交通事故人身损害赔偿纠纷案",判决保险公司赔偿原告12万余元,徐某与货运公司连带赔偿7万余元。见《施达等诉中华联合财产保险公司南通中心支公司等道路交通事故人身损害赔偿案》(吴晖),载《中国审判案例要览》(2005民事:369)。⑧江苏泗阳法院(2004)泗民二初字第108号"李某诉某保险公司保险合同案",判决保险公司赔偿李某6万余元。见《李中元诉中国人民财产保险股份有限公司泗阳支公司保险合同案》(李少华),载《中国审判案例要览》(2005商事:366)。

75. 保险合同成立与生效
——保险订合同,效力如何定?

【合同生效】

【案情简介及争议焦点】

2009年4月,胡某取得拖拉机行驶证但未取得农机驾驶证即投保驾驶员意外伤害险。同年6月,胡某驾车发生自翻事故身亡。保险公司以无证驾驶拒赔。

争议焦点:1.保险合同是否有效?2.保险公司应否赔偿?

【裁判要点】

1.保险合同无效。 保险公司向无驾驶资格的投保人承保该险种,违反了该险种的主体要求,同时违反了公共利益和公共安全要求,故该保险合同无效。

2.缔约过失责任。 订约过程中,保险公司未向投保人询问是否具有驾驶资格,完全放弃审查义务,对于投保人是否具有驾驶资格持放任态度。保险公司在保险出售过程中具有主导地位,是否出售以及是否向无驾驶资格的人出售,都由保险公司决定。投保人由于缺乏专业保险知识以及规范意识,往往难以理解保险合同内容,识别保险中的违规行为,故保险公司在订约过程中承担主要的审查义务及说明义务,对合同无效存在较大过错,应承担主要赔偿责任。

【裁判依据或参考】

1.法律规定。《保险法(2015年修正)》(2015年4月24日)第13条:"投保人提出保险要求,经保险人同意承保,保险合同成立。保险人应当及时向投保人签发保险单或者其他保险凭证。保险单或者其他保险凭证应当载明当事人双方约定的合同内容。当事人也可以约定采用其他书面形式载明合同内容。依法成立的保险合同,自成立时生效。投保人和保险人可以对合同的效力约定附条件或者附期限。"第14条:"保险合同成立后,投保人按照约定交付保险费,保险人按照约定的时间开始承担保险责任。"

2.行政法规。 国务院《机动车交通事故责任强制保险条例》(2013年3月1日修改施行)第12条:"签订机动车交通事故责任强制保险合同时,投保人应当一次支付全部保险费;保险公司应当向投保人签发保险单、保险标志。保险单、保险标志应当注明保险单号码、车牌号码、保险期限、保险公司的名称、地址和理赔电话号码。"第 13 条:"签订机动车交通事故责任强制保险合同时,投保人不得在保险条款和保险费率之外,向保险公司提出附加其他条件的要求。签订机动车交通事故责任强制保险合同时,保险公司不得强制投保人订立商业保险合同以及提出附加其他条件的要求。"第 14 条:"保险公司不得解除机动车交通事故责任强制保险合同;但是,投保人对重要事项未履行如实告知义务的除外。投保人对重要事项未履行如实告知义务,保险公司解除合同前,应当书面通知投保人,投保人应当自收到通知之日起 5 日内履行如实告知义务;投保人在上述期限内履行如实告知义务的,保险公司不得解除合同。"

3. 司法解释。最高人民法院《关于适用〈中华人民共和国保险法〉若干问题的解释(二)》(2013 年 6 月 8 日,2020 年修正,2021 年 1 月 1 日实施)第 3 条:"投保人或者投保人的代理人订立保险合同时没有亲自签字或者盖章,而由保险人或者保险人的代理人代为签字或者盖章的,对投保人不生效。但投保人已经交纳保险费的,视为其对代签字或者盖章行为的追认。保险人或者保险人的代理人代为填写保险单证后经投保人签字或者盖章确认的,代为填写的内容视为投保人的真实意思表示。但有证据证明保险人或者保险人的代理人存在保险法第一百一十六条、第一百三十一条相关规定情形的除外。"第 4 条:"保险人接受了投保人提交的投保单并收取了保险费,尚未作出是否承保的意思表示,发生保险事故,被保险人或者受益人请求保险人按照保险合同承担赔偿或者给付保险金责任,符合承保条件的,人民法院应予支持;不符合承保条件的,保险人不承担保险责任,但应当退还已经收取的保险费。保险人主张不符合承保条件的,应承担举证责任。"第 5 条:"保险合同订立时,投保人明知的与保险标的或者被保险人有关的情况,属于保险法第十六条第一款规定的投保人'应当如实告知'的内容。"第 6 条:"投保人的告知义务限于保险人询问的范围和内容。当事人对询问范围及内容有争议的,保险人负举证责任。保险人以投保人违反了对投保单询问表中所列概括性条款的如实告知义务为由请求解除合同的,人民法院不予支持。但该概括性条款有具体内容的除外。"第 7 条:"保险人在保险合同成立后知道或者应当知道投保人未履行如实告知义务,仍然收取保险费,又依照保险法第十六条第二款的规定主张解除合同的,人民法院不予支持。"第 8 条:"保险人未行使合同解除权,直接以存在保险法第十六条第四款、第五款规定的情形为由拒绝赔偿的,人民法院不予支持。但当事人就拒绝赔偿事宜及保险合同存续另行达成一致的情况除外。"最高人民法院《关于审理道路交通事故损害赔偿案件适用法律若干问题的解释》(2012 年 12 月 21 日,2020 年修改,2021 年 1 月 1 日实施)第 17 条:"具有从事交强险业务资格的保险公司违法拒绝承保、拖延承保或者违法解除交强险合同,投保义务人在向第三人承担赔偿责任后,请求该保险公司在交强险责任限额范围内承担相应赔偿责任的,人民法院应予支持。"最高人民法院《关于适用〈中华人民共和国保险法〉若干问题的解释(一)》(2009年9月21日 法释〔2009〕12号)第1条:"保险法施行后成立的保险合同发生的纠纷,适用保险法的规定。保险法施行前成立的保险合同发生的纠纷,除本解释另有规定外,适用当时的法律规定;当时的法律没有规定的,参照适用保险法的有关规定。认定保险合同是否成立,适用合同订立时的法律。"第2条:"对于保险法施行前成立的保险合同,适用当时的法律认定无效而适用保险法认定有效的,适用保险法的规定。"第3条:"保险合同成立于保险法施行前而保险标的转让、保险事故、理赔、代位求偿等行为或事件,发生于保险法施行后的,适用保险法的规定。"第4条:"保险合同成立于保险法施行前,保险法施行后,保险人以投保人未履行如实告知义务或者申报被保险人年龄不真实为由,主张解除合同的,适用保险法的规定。"

4. 部门规范性文件。中国保监会《关于机动车交强险承保中"即时生效"有关问题的复函》(2010年3月3日 保监厅函〔2010〕79号)第1条:"《关于加强机动车交强险承保工作管理的通知》(保监厅函〔2009〕91号,以下简称《通知》)未强制要求各经营交强险业务的保险公司实行交强险保单出单时'即时生效'。"第2条:"2009年10月1日实施的《中华人民共和国保险法》规定'投保人和保险人可以对合同的效力约定附条件或者附期限'。投保人在投保机动车交强险时,可提出交强险保单出单时'即时生效'。根据《通知》规定,各经营交强险业务的保险公司可根据实际情况采取适当方式实现交强险保单出单时'即时生效'。"

5. 地方司法性文件。河南高院《关于机动车交通事故责任纠纷案件审理中疑难问题的解答》(2024年5月)第4条:"如何认定'零时起保'保险条款的效力?答:'零时起保'保险条款是指保险合同中约定的自签订保险合同的次日零时开始生效的条款。交强险作为法定强制责任险种,贯彻即时防范风险原则,自投保时即时生效。对于第三者责任险等商业险,保险人能够举证证明在订立保险合同时已就'零时起保'条款对一般情况下的投保人(如首次投保,被保险车辆系新车)作了明确说明,投保人已知悉并接受该条款的,则该条款成为合同内容,具有法律效力;否则,不认定'零时起保'条款有效。当投保人并非首次投保第三者责任险等商业险,或者投保人是企业,或者被投保机动车系营运车辆等可以确认投保人对第三者责任险等商业险条款熟悉时,可以认定'零时起保'保险条款有效,除非投保人举证证明其确实不知道保险合同中存在保险期间的'零时起保'保险条款。"山东高院民二庭《关于审理保险纠纷案件若干问题的解答》(2019年12月31日)第1条:"保险人已作出承保的意思表示,但是投保人未依约交付保险费,是否影响保险人承担保险责任?答:如果无特别约定或者无效情形,自保险人以书面或者其他形式作出承保的意思表示开始,保险合同成立并生效。保险人以投保人未交付或者未足额交付保险费为由主张不承担保险责任的,人民法院不予支持。保险合同约定不按时足额支付保险费,保险人有权解除合同且不予赔偿或者支付保险金的,保险人主张解除保险合同,人民法院应予支持,但应同时判决退还已经收取的保险费。如果保险人未行使合同解除权,对于保险合同解除前发生的保险事故,被保险人或者受益人主张保险人赔偿或者给付保险金的,人民法院应予支持,但是应当扣减应收取的保险费。保险合同约定未支付保险费,保险人不承担保险责任的,保险事故发生后,如果保险合同不存在无效情形,被保险人或者受益人主张保险人赔偿或者给付保险金的,人民法院不予支持。保险合同约定未足额支付保险费,按照保险事故发生前保险人实际收取的保险费与投保人应当交付的保险费的比例承担保险责任的,保险事故发生后,保险人主张按照比例承担赔偿或者给付保险金责任的,人民法院应予支持。"山东济南中院《关于保险合同纠纷案件94个法律适用疑难问题解析》(2018年7月)第1条:"未附条件的保险合同成立、生效问题。《中华人民共和国合同法》(以下简称合同法)第十三条规定:'当事人订立合同,采取要约、承诺方式'、第二十五条规定:'承诺生效时合同成立'、第四十四条规定:'依法成立的合同,自成立时生效。'除双方对合同生效条件另有约定外,保险人同意承保并就合同内容与投保人达成一致,保险合同即告成立并生效。保险人尚未出具保单或其他保险凭证,但已接受投保单并收取保险费的,被保险人主张保险合同成立,人民法院应予支持。保险合同生效后,投保人未按约定交纳保险费,除合同另有约定外,保险事故发生后,保险人不能以投保人拖欠保险费为由免除其应承担的保险责任,但可以扣减欠交的保险费。保险合同约定按已交纳保险费与应交保险费的比例承担保险责任的,依照其约定。"第2条:"附生效条件的保险合同成立、生效问题。合同法第四十五条第一款规定:'当事人对合同的效力可以约定附条件。附生效条件的合同,自条件成就时生效。'保险合同约定以投保人交付保险费作为合同生效条件的,从其约定;投保人已交付部分保险费但未交足的,被保险人主张保险人按已交保险费与应交保险费的比例承担保险责任的,人民法院应予支持。"第3条:"保险合同生效时间与保险责任开始时间不一致的问题。保险合同约定的保险责任开始时间与保险合同生效时间不一致的,保险责任开始时间早于合同生效时间的,以合同生效时间为准,保险责任结束时间相应顺延。保险责任开始时间晚于合同生效时间的,以保险责任开始时间为准。"第4条:"多种记载方式的效力问题。保险合同内容采用多种记载方式或者出现多个落款日期,按以下规则进行解释:(1)时间在后的约定优于时间在前的约定;(2)手写的约定优于打印的约定;(3)如有批单的,批单优于正文;既有加贴批注也有正文批注的,加贴批注优于正文批注。"第14条:"关于保险条款效力的其他情形。(1)保险人将其它文件纳入保险条款但并未将文件具体内容附上,该文件对投保人、被保险人、受益人有无约束力。一些保险人在销售保险产品时采用保险卡的方式,保险卡上的保险条款比较简单,往往有一个兜底条款规定:'其他未尽事宜以某某保险条款为准。'发生保险事故后,保险人援引兜底条款指明的其他保险条款拒赔,被保险人或受益人则以其他保险条款对其无约束力为由要求保险人赔偿。第一种意见认为,此种兜底条款指向明确,在保险合同订立时已经客观存在,应当对当事人有约束力。法律允许空白条文,保险条款的设计从节约交易成本的角度考虑亦应允许。且保险合同的成立是以双方当事人意思表示达成一致为标准,在投保人认可的保险条款中存在这样指向明确的条款,投保人同意缔约也表明其对于指向明确的保险条款的认同,法院没有必要干预。另外,从逻辑关系而言,条款未附不等同于投保人不明知。如果认定指向明确的条款对投保人无约束力,一方面影响保险人的精算基础,另一方面也将造成对于缺失部分的合同内容无法援引。第二种意见认为,保险条款不是法律,不能因其客观存在即推定投保人当然知晓并同意。兜底条款指明的其他保险条款并未附着在保险卡上,投保人在投保时无从知晓其内容,故其不能纳入保险合同,对投保人、被保险人、受益人无约束力。(倾向性意见)(2)保险单记载的与保险条款存在抵触的事项或者保险条款中限制被保险人权利、限缩保险人义务的特别声明或特别约定对投保人等是否具有约束力。保险人向投保人出具的保险单往往以特别声明或特别约定的方式对保险条款的相关内容作出变更,以限制被保险人权利、限缩保险人义务。对于保险单中上述记载的效力:第一种意见认为,在保险单中以特别声明或特别约定的方式就某些事项作出特殊约定是保险行业惯例,特别声明或特别约定构成保险合同的组成部分,且其效力应高于作为格式条款的保险条款。第二种意见认为,出具保险单系保险合同成立后保险人应当履行的义务。保险单应当忠实地反映双方当事人缔约过程中协商一致的内容。除非保险人能够举证证明特别声明或特别约定征得了投保人的同意,否则对投保人等不应发生法律约束力。(倾向性意见)"第33条:"保险公司开具的理赔专用发票所载内容的效力问题。保险公司开具的理赔专用发票是办理理赔过程中单方面确定的内容。并非被保险人的真实意思表示,根据《民法通则》第五十五条的规定,保险公司单方确定'该案一切赔偿责任业已终结,立此存证'的内容无效。对于被保险人不具有法律约束力。被保险人对于保险公司理赔结果不满意,可以向法院提起诉讼。"**重庆高院《印发〈关于保险合同纠纷法律适用问题的解答〉的通知》**(2017年4月20日 渝高法〔2017〕80号)第5条:"机动车第三者责任强制保险(以下简称'交强险')和第三者责任商业保险(以下简称'商业三者险')合同中约定'保险期间自×年×月×日零时起',该条款的效力如何认定? 答:'保险期间自×年×月×日零时起'条款属于保险法第十八条第一款第(五)项规定的'保险期间和保险责任开始时间'

条款,系保险合同的责任范围条款,不属于免责条款,不应以保险人未尽到提示义务或明确说明义务为由否定其效力。保险人对首次投保或已脱保机动车适用'保险期间自×年×月×日零时起'条款,致使被保险人产生损失的,被保险人可在责任保险限额范围内请求保险人承担与其过错程度相适应的赔偿责任。"天津高院《关于印发〈机动车交通事故责任纠纷案件审理指南〉的通知》(2017年1月20日 津高法〔2017〕14号)第3条:"……交强险保险合同零时生效条款问题。事故车辆投保人已与交强险保险人订立保险合同并缴纳费用,在交强险'次日零时生效'条款下交强险保险合同尚未生效期间发生交通事故的,赔偿权利人主张该'次日零时生效'条款无效的,法院应审查保险人对该格式条款是否履行提示和明确说明义务,保险人未履行该义务的,该条款无效。"重庆高院民二庭《关于2016年第二季度高、中两级法院审判长联席会会议综述》(2016年6月30日)第2条:"多数意见认为,保险合同中约定的'保险期间自×年×月×日零时起'条款,属于保险法第十八条第一款第(五)项规定的'保险期间和保险责任开始时间'条款,不属于免责条款。保险人对该类条款负有说明义务而非明确说明义务,保险人未尽到说明义务的,并不会导致该类条款无效。少数意见认为,应区分交强险和商业险人别认定。对于首次投保或已脱保交强险的机动车投保人向保险公司投保交强险的,因交强险之目的系保障机动车道路交通事故的受害人依法得到赔偿,根据交强险条例第十条的规定,投保义务人有投保的法定义务,被选择的保险人有不得拖延承保的法定义务,保险人对首次投保或已脱保交强险的机动车适用'零时起保'条款系变相拖延承保,该行为违背行政法规强制性规定,应适用强制缔约规则,视为保险合同已即时生效。在投保人投保商业险的情形下,不适用强制缔约规则,当事人对'零时起保'条款达成合意的,应尊重当事人的意思表示。"广东深圳中院《关于审理财产保险合同纠纷案件的裁判指引(试行)》(2015年12月28日)第1条:"投保人应如实告知的事项系保险代理人代为填写及签名,发生保险事故后保险人以投保人未履行如实告知义务抗辩的,人民法院不予支持,但有证据证明投保人对保险代理人代为填写的内容予以确认的除外。"第3条:"保险人仅以投保人已经交纳保险费为由,主张投保人已追认保险人在投保单'投保人声明'栏代签字效力的,人民法院不予支持。"广西高院《关于印发〈审理机动车交通事故责任纠纷案件有关问题的解答〉的通知》(2014年9月5日 桂高法〔2014〕261号)第1条:"交强险保险合同是出单'即时生效'还是'次日零时生效'?答:保险公司与投保人可以在交强险保险合同中约定出单'即时生效',也可以明确约定保险期间的具体起止时点。如合同约定保险期间起始具体时点为'次日零时',当事人以'合同成立即生效'、'支付保费即生效'、'出单即时生效'等为由,请求保险公司承担保险责任期间以外事故责任的,不予支持。"浙江高院民一庭《民事审判法律适用疑难问题解答》(2014年第4期):"……问:新购置车辆购买交强险时,保险合同约定保险期间'自××年××月××日零时起至××年××月××日二十四时止'(即投保次日零时起生效),新车恰好在投保当日交强险未生效期间发生交通事故的,保险公司应否承担交强险的理赔责任?答:依据《交强险交通事故责任强制保险条例》的有关规定,在中国境内道路上行使的机动车的所有人或者管理人均应投保交强险,否则公安机关交通管理部门可以扣留机动车,并处以缴纳保险费2倍的罚款。据此,或缺交强险保障的车辆依法不能上路行驶。同时,根据2009年3月25日《中国保险监督管理委员会关于加强机动车交强险承保公司管理的通知》(保监厅函〔2009〕91号)要求:各保险公司可在交强险承保工作中采取以下适当方式,以维护被保险人利益:一是在保单中'特约约定'栏中,就保险期间作特别说明,写明或加盖'即时生效'等字样,使保单自出单时立即生效。二是公司系统能够支持打印体覆盖印刷体的,出单时在保单中打印保险期间'自×年×月×日时……'覆盖原保险期间'自×年×月×日零时起'字样,明确写明保险期间起止的具体时点。由此,交强险可以选择即时生效或者约定具体时点生效,保险公司就此向投保人负有明确说明告知义务。因保险公司未明确告知,致交强险保单自默认的投保次日零时起生效,被保险人购置的新车在投保当日交强险未实际生效的情况下上路行驶发生交通事故的,保险公司应当承担相应的理赔责任。"重庆高院民二庭《关于三中法院法律适用问题的答复》(2014年1月7日〔2014〕渝高法民二复字第1号):"财产保险合同中约定:分期支付保险费的,保险人按保险事故发生前保险人实际收取保险费总额与投保人应当支付的保险费的比例承担保险责任,投保人应当支付的保险费是指截至保险事故发生时投保人按约定分期缴纳应该交纳的保费总额。投保人支付首期保险费后,因经营困难,未再行缴纳保险费。现保险期限经过,未发生保险事故,保险公司能否以诉讼的方式请求投保人支付其未缴纳部分保险费?人民法院应否支持?一般而言,保险费的支付与保险合同的成立、生效并无关联,保险公司通过诉讼方式请求投保人支付保险费的,人民法院应予支持。但保险合同明确约定以保险费的支付为合同生效要件的,在投保人支付保险费之前,保险合同成立未生效。对于成立未生效的保险合同,保险公司通过诉讼方式请求投保人支付保险费的,人民法院不予支持。保险合同约定分期交付保险费的,投保人支付第一期保险费后,保险合同成立并生效,投保人应当按照约定支付保险费。投保人违反约定未按期支付保险费的,保险人可以请求投保人补交。但当事人之间有特别约定的,从其约定。保险合同关于'保险人按保险事故发生前保险人实际收取保险费总额与投保人应当支付的保险费的比例承担保险责任'的约定,将保险费支付比例作为确定保险人保险责任承担比例的依据。此系保险合同当事人之间的特别约定,不违反法律、法规的禁止性规定,合法有效,各方当事人应当遵守。在投保人仅支付首期保险费未再行支付保险费时,虽然违反合同关于分期支付保险费的约定,但是保险人已通过前述特别约定相应减轻可能承担的保险责任。按照权利义务相一致的原则,对于保险公司要求投保人支付未缴纳部分保险费的诉讼请求,人民法院不应支持。"安徽高院《关于审理道路交通事故损害赔偿纠纷案件若干问题的指导意见》(2014年1月1日 皖高法〔2013〕487号)第11条:"交强险合同对保险责任期间有明确约定且约定合法有效的,不以交强险合同成立即生效为理由判决保险公司对责任期间以外的事故承担责任。"广东高院《关于审理保险合同纠纷案件若干问题的指导意见》(2011年9月2日 粤高法发〔2011〕44号)第1条:"保险人尚未出具保单或其他保险凭证,但已接受投保单或收取保险费的,被保险人主张保险合同成立,人民法院可予支持。但人身保险合同保险人需要等待体检结果或者合同另有约定的除外。"第2条:"财产保险合同约定以投保人交付保险费作为合同生效条件的,投保人已交付部分保险费但未交足的,被保险人主张保险人按已交保险费与应交保险费的比例承担保险责任的,人民法院应予支持。但保险人在保险事故发生前已书面通知投保人解除合同的除外。财产保险合同未约定以投保人交付保险费作为合同生效条件,投保人未按约定交付保险费,保险人主张解除合同的,人民法院应予支持。在保险合同解除前发生保险事故,保险人以投保人拖欠保险费为由主张免除保险责任的,人民法院不予支持,但保险人可在应向被保险人支付的保险金中扣减欠交的保险费。保险合同另有约定的从其约定。"第3条:"保险人对不属于保险责任范围内的事故予以赔付保险金的行为不应作为认定变更保险合同的依据。保险人请求返还所赔付保险金的,人民法院应予支持。"山东高院《关于印发〈审理保险合同纠纷案件若干问题意见(试行)〉的通知》(2011年3月17日)第1条:"保险人虽未出具保险单或者其他保险凭证,但已接受投保单并收取了投保人交纳的保险费的,一般应认定保险人同意承保,保险合同成立。依法成立的保险合同,自成立时生效。但投保人与保险人在投保单上或通过其他方式对合同成立、生效另有约定的除外。保险人未及时处理投保业务导致保险合同未成立的,对由此给被保险人造成的损失,保险人应根据过错承担相应赔偿责任。"第2条:"保险合同生效后,投保人未按约定交纳保险费,除合同另有约定外,保险事故发生后,保险人不能以投保人拖欠保险费为由免除其应承担的保险责任,但可以扣减欠交的保险费。保险合同约定按已交纳保险费与应交保险费的比例承担保险责任的,依照其约定。"第3条:"保险合同约定的保险责任开始时间与保险合同生效时间不一致的,保险责任开始时间早于合同生效时间的,以合同生效时间为准,保险责任结束时间相应顺延。保险责任开始时间晚于合同生效时间的,以保险责任开始时间为准。"浙江高院《关于审理财产保险合同纠纷案件若干问题的指导意见》(2009年9月8日 浙高法〔2009〕296号)第1条:"投保人提出财产保险要求,经保险人同意承保,财产保险合同成立。保险人虽未出具保险单或者其他保险凭证,但已接受投保单并收取了保险费的,一般应认定双方财产保险合同关系成立,但投保人与保险人另有约定的除外。"第 2 条:"财产保险合同约定以投保人交付保险费作为合同生效条件的,投保人已交付部分保险费但未交足的,应认定合同已生效,保险人按已交保险费与应交保险费的比例承担保险责任。但保险人在保险事故发生前已书面通知投保人解除合同的除外。"第 3 条:"投保人未按约定交付保险费,合同中也未对投保人拖欠保险费的后果作出约定的,在保险事故发生后,保险人不能以投保人拖欠保险费为由免除其应承担的保险责任。"第 4 条:"财产保险合同约定保险责任自保险费缴纳之日起计算,而投保人尚未支付保险费时,保险人以投保人未支付保险费为由主张其不承担保险责任的,应予支持。"安徽蚌埠中院《关于审理人身损害赔偿案件若干问题的指导意见》(2009 年 7 月 2 日)第 14 条:"关于保险条款的举证责任分配问题。受害人或被保险人仅提供保单没有提供保险合同文本的,可以认定保险合同关系存在及最高保险限额的事实。保险机构辩解其在保险限额内,依据合同约定具有减、免责事由的,由保险机构负责举证证明,提供具体保险合同文本。对保险人提供的合同文本内容有异议的,由异议人举证。"

6. 参考案例。①2015 年江苏某交通事故纠纷案,2014 年,邓某驾驶变型拖拉机肇事。诉讼过程中,保险公司发现邓某投保时所提交材料与实际情况不符,遂以邓某故意伪造销售发票、车辆合格证等构成欺诈为由,诉请撤销交强险合同。法院认为:《保险法》虽作为民法特别法,对其未规定事项,依法理可依《合同法》规定和精神处理,但正是出于保险合同特殊性考虑,《保险法》赋予投保人如实告知义务,且对于违反这种义务设置了相应救济途径即保险人享有解除权,该规定符合《保险法》对该事项的特定立法目的。《保险法》第 16 条关于投保人如实告知义务及投保人违反如实告知义务法律后果的规定,实质亦系对投保人欺诈告知行为的法律规范和调整。《保险法》未对投保人欺诈告知行为法律后果作特别规定,不属于立法漏洞,实质上是排除了《合同法》有关欺诈规定对投保人欺诈告知行为的适用。本案保险公司不能依《合同法》关于欺诈的规定主张撤销权。依国务院交强险条例第 2 条规定,我国境内的机动车都应当投保机动车交通事故责任强制保险。变型拖拉机作为机动车,为其投保交强险属车辆所有人法定义务。同时,交强险条例第 10 条规定,投保人在投保时应当选择具备从事机动车交通事故责任强制保险业务资格的保险公司,被选择的保险公司不得拒绝或者拖延承保。换言之,交强险主要功能在于分散机动车风险,及时有效保障和填补受害人损失,机动车主投保和保险公司承保均具有强制性。本案中,邓某在投保过程中存在欺诈行为,但该欺诈行为与保险公司承保行为不具有因果关系,保险公司承保行为乃基于交强险条例强制性规定,其表意自由并未受到侵扰,无权行使基于欺诈的撤销权。判决驳回保险公司诉请。②2013年江苏某交通事故纠纷案,2011年3月11日上午10时,康某投保交强险。下午2时康某驾车与赵某车辆相撞,康某受伤,损失7万余元。保险公司以保险合同约定3月12日零时保险合同生效为由拒赔。法院认为:格式条款系当事人为重复使用而预先拟定,并在订立合同时未与对方协商的条款。提供格式条款的一方应采取合理方式提请对方注意免除或限制其责任的条款,按对方要求,对该条款予以说明,并承担相应的举证责任;且格式条款中免除条款提供方责任、加重对方责任、排除对方主要权利条款无效。"交强险"保险期间自投保次日零时起算,系保险公司单方拟定并重复使用条款。而"交强险"设置系为保障道路交通事故中受害人依法得到赔偿,促进道路交通安全。同时,中国保监会《关于加强机动车交强险承保工作管理的通知》(保监厅函〔2009〕91号)亦明确了保险公司可采取保险期间即时生效或明确保险期间具体的起止点等适当方式保障被保险人权利。据此,保险公司作为专业保险人,在充分掌握投保机动车"交强险"相关信息情况下,有义务提示作为普通消费者的投保人选择能充分保障其自身,尤其是不特定的受害人权利的保险期间。本案中,投保人前往同一保险公司为"脱保"机动车投保,应推定保险公司对此已明知。在此情形下,保险公司未有证据证明其已就保险期间可选择这一事宜向投保人作了充分说明并就此与之协商,即使用了保险期间自次日零时起算这一格式条款,排除了投保人选择保险期间即时生效权利,该条款应属无效。法律规定除当事人特别约定外,合同自成立之时生效。本案中,保险公司已收取保险费并出具保单,双方当事人意思表示一致,合同已成立。而关于保险合同期间约定仅系对合同履行期限的约定,并非对合同生效时间约定,故本案保险合同自保单生成之时就成立并生效,保险期间亦应自保单生成之时起算,故本案交通事故发生在保险期间内,判决保险公司在交强险限额内赔偿康某7万余元。

③2012年四川某保险合同纠纷案,2012年7月24日上午9时,王某为其车辆购买交强险,当晚9时肇事致人死亡,王某赔偿45万元后向保险公司理赔。交强险公司以合同约定次日零时生效为由拒赔。法院认为:交强险系以法律法规形式强制推行的保险,通过个体赔偿责任在社会保险机制中分担方式完善赔偿体系,使受害人获得及时救治,具有社会公益属性和稳定社会的特殊功能,其投保强制性和社会功能性显著区别于商业保险。《机动车交通事故责任强制保险条例》第10条第1款规定:"投保人在投保时应当选择具备从事机动车交通事故责任强制保险业务资格的保险公司,被选择的保险公司不得拒绝或者拖延承保。"可见,交强险的强制性不仅及于投保人,同样约束保险公司,承保交强险的保险公司拖延承保行为与交强险及时救济、分担个体风险的立法意图格格不入。《保险法》第17条规定:"订立保险合同,采用保险人提供的格式条款的,保险人向投保人提供的投保单应当附格式条款,保险人应当向投保人说明合同的内容。对保险合同中免除保险人责任的

条款,保险人在订立合同时应当在投保单、保险单或者其他保险凭证上作出足以引起投保人注意的提示,并对该条款的内容以书面或者口头形式向投保人作出明确说明;未作提示或者明确说明的,该条款不产生效力。"本案中,保险公司提交了机动车保险投保单,投保单有王某在"明确说明"内容声明处签名。基于普通理性人应对其签名所对应内容是否属实具有一般审查义务并对其签名后发生的效力承担相应责任的常理,应认定保险公司已履行关于合理提示和说明义务的证明责任。案涉保单背面交强险条款所指引内容之保险期间性质亦为格式条款,交强险保险合同为附生效期限合同。依《合同法》第 40 条及第 52 条的规定,因其延迟了交强险生效时间,其行为属拖延承保,导致了延迟承保期间内交强险作为强制性保险的立法意图落空,该格式条款应属无效。依《合同法》第 44 条关于合同生效时间规定,本案交强险合同系采用书面形式订立,王某已全额缴纳保险费用,保险公司收取费用并打印保单,交强险合同已成立并自成立时生效。判决保险公司在交强险限额范围内支付王某 11 万元。④2010 年**江苏某保险合同纠纷案**,2009 年,6 月 29 日上午 8 时,曹某为其车辆投保交强险。上午 11 时该车即肇事。保险公司以保险合同约定"6 月 30 日零时"生效为由拒赔。法院认为:一般而言,保险合同是投保人与保险人约定保险权利义务关系的协议,该合同订立应遵循公平互利、协商一致、自愿订立原则,不得损害社会公共利益。保险合同成立后,投保人按约定交付保险费;保险人按约定时间开始承担保险责任。该类保险合同通常是投保人和保险人意思一致的结果,属于自愿的民事行为,当事人对包括保险金额、保险期限等内容,均可进行商定。而交强险则不然。首先,其出于有效保护交通事故受害人利益目的,强制要求机动车所有人或管理人投保交强险,社会公益性和法定性明显。《道路交通安全法》第 8 条规定,机动车经公安机关交通管理部门登记后,方可上路行驶;交强险条例第 4 条第 2 款则规定,对未参加交强险的机动车,机动车登记管理部门不得予以登记,机动车安全技术检验部门不得予以检验。很明显,上路行驶的机动车必须参加交强险,其实质为机动车所有人投保交强险的强制性和法定性。其次,保险公司对于投保的交强险,亦有不得拒绝承保的强制性。交强险条例第 10 条规定,投保人在投保时应选择具备从事交强险保险业务资格的保险公司,被选择的保险公司不得拒绝或拖延承保。由此可见,对于交强险合同成立,无须通过当事人过多商定,投保人只需选择具有从事交强险保险业务资格的保险公司、交纳保费即可。即便交强险相关保险条款亦由中国保监会统一制定,诸如保险责任限额、基础保险费率等主要内容,当事人均不能予以协商或变更,故交强险保险单作为交强险合同成立证明,其所载内容应有法定依据且不能与相应法律、法规相抵触。保险期是交强险主要内容之一,涉及保险人是否承担赔偿责任问题,保险单中应予明确。交强险条例第 20 条规定,交强险保险期间为一年(法定情形除外),但没有规定保险期间的起始时间。虽然保险期间从投保后次日起算是保险公司习惯操作方式,但该惯例无法律依据,将会置投保人在投保后至保险单正式生效前期限内得不到交强险保障的不利境地,不能达到交强险有效保障交通事故受害人利益和促进道路交通安全作用。事实上,关于保险期自"次日零时起"条款,是保险公司预先拟定的格式条款,保险人与投保人订立协议时未进行协商约定,将生效时间推迟显亦非投保人真实意思,同时加重了投保人责任,且排除了投保人在缴纳保费到格式条款起保时间段可能获得期待利益的权利。在保险公司未能提供证据证明就该条款进行了明确说明和告知情形下,该格式条款应属无效。需要说明的是,针对交强险保险期间如何确定问题,保监会于2009年3月25日发出(保监厅函〔2009〕91号)通知,要求各保险公司可以通过两种方式确定保险期间:一是在保险单"特别约定"栏中,就保险期间作特别说明,写明或加盖"即时生效"等字样,使保险单自出单时立即生效;二是出单时在保险单中打印"保险期间自×年×月×日×时……"覆盖原"保险期间自×年×月×日零时起……"字样,明确写明保险期间起止的具体时间。由此可见,保险监管部门对交强险自投保后次日生效的做法亦持否定态度。签订交强险合同时,投保人应一次性支付全部保费,保险公司应向投保人签发保险单、保险凭证。鉴于被选择的保险公司不得拒绝承保的规定,保险公司在收取投保人保费时双方交强险保险合同关系成立且生效,投保人享有该合同项下权利,保险公司开始承担保险责任。投保人可放弃自己权利,即可放弃要求保险合同即时生效的权利而与保险公司另行约定保险期起始时间,但权利放弃应采取明示方式作出,不作为默示只有在法律有规定或当事人双方有约定情况下,才可视为意思表示。曹某对保险单中载明的保险期间并不认可,保险公司亦无证据证明曹某以明示方式表明放弃要求保单即时生效而认可保险公司确定的保险期间,故保险公司有关曹某接收保险单时未提出异议从而视为曹某对保险期间认可的辩称,无事实和法律依据,判决保险公司支付曹某保险金11万余元。⑤2009年河南某保险合同纠纷案,2008年6月18日货运公司办理交强险,签约交费开发票,当天下午保险车辆肇事,应赔偿受害对方丧葬费、死亡赔偿金等6万余元,保险车辆施救费、停车费5000余元。保险公司以合同约定"6月19日零时起生效"为由拒赔。法院认为:双方签订保险合同,货运公司交纳了保险费,保险公司收取该费用并出具了发票,此时保险合同已成立。对于保险单种显示的保险期限起始日期的约定,因实际上形成了对保险人一定责任的免除,次日零时起生效的规定又系格式条款约定,保险公司并不能提供证据证实其就该条款对货运公司进行明确说明和告知,故该条款不产生法律效力。保险公司应赔偿货运公司因该事故造成的损失。因交强险是赔偿自身车辆以外其他车辆损害,自己车辆损失不属理赔范围,故货运公司请求赔偿自己车辆施救费、停车费损失诉请不予支持。⑥2009年江苏某保险合同纠纷案,2008 年,驾照过期 3 年多的徐某以驾驶员身份购买意外身故保险金为 6.5 万元的驾车人员平安险,不久徐某驾驶拖拉机因卸货发生翻车,不慎意外死亡。法院认为:徐某持失效机动车驾驶证投保案涉险种时已不具备机动车驾驶人员主体资格,违反了投保人应履行向保险公司如实告知义务,存在过错。保险公司未向徐某说明保险条款内容,对保险标的及被保险人是否具备投保资格疏于询问和审查,构成对先合同义务违反,根据《合同法》关于缔约过失的规定,保险合同视为不成立,由此造成经济损失应各半承担。⑦2009 年辽宁某保险合同纠纷案,2008 年 11 月,谢某通过汽车销售公司业务员转交保费予保险公司工作人员邵某并取得保险单、发票,因邵某未转交保费,故由邵某签字做退保处理,邵某借故收回保险单、发票。2009 年 4 月,谢某车辆肇事,保险公司以未投保拒赔。法院认为:谢某交纳保费,保险公司出具保险单、发票等,双方保险合同成立并生效。根据保监会本市监管局《关于实施机动车辆保险"见费出单"管理制度方案》的规定,可认定保险公司已实际收取了保费,邵某在无有效授权情况下代谢某在退保申请上签名,保险公司单方为谢某办理了退保手续,其行为无效。故谢某要求确认保险公司单方退保行为无效的请求,应予支持。⑧2008 年江苏某交通事故损害赔偿纠纷案,保险公司营销部负责人刘某任职期间,伪造公司业务专用章,私自印制保单,并进行销售。刘某为其无号牌电动自动车"投保"后,与汪某驾驶摩托车相撞,刘某受伤。交警认定刘某负次要责任,汪某负主要责任。刘某起诉汪某、保险公司索赔 11 万余元。法院认为:投保人通过保险公司设立的营销部购买机动车第三者责任险,营销部营销人员为侵吞保费,将自己伪造的、内容和形式与真保单一致的假保单填写后,加盖伪造的保险公司业务专用章,通过营销部的销售员在该营销部内销售并交付投保人。作为不知情的善意投保人有理由相信其购买的保险是真实的,保单的内容也并不违反有关法律的规定,营销部的行为在民法上应当视为保险公司的行为。因此,虽然投保人持有的保单是假的,但并不能据此免除保险公司根据保险合同依法应当承担的民事责任。判决保险公司赔偿刘某 2 万元,汪某赔偿 6 万余元。⑨2007 年上海某保险合同纠纷案,劳某投保车辆综合险保单载明保险期限至 2002 年 9 月 17 日,同时载明"保险责任自行驶证正式登记之日起生效"。2003 年 3 月,劳某办下车辆行驶证,此前的 2002 年 3 月,因交通事故并被认定负次要责任,并赔偿对方 2 万余元。争议焦点:约定条款系生效条款还是免责条款?保险公司应否免责?法院认为:"保险责任自行驶证正式登记之日起生效"不属于免责条款,而是合同生效条款,即双方对本保险合同生效所附条件。只有当该约定条件成就时,保险合同方生效。该生效条件不违反法律规定,合法有效。因其不属于免责条款,故保险公司无须按照《保险法》规定对该条款予以明确说明。本案保险事故发生时,劳某保险车辆的行驶证尚未正式登记,且其正式登记日期为 2003 年 3 月,已超过保险合同保险单上约定的保险责任期间,依据保险合同约定,本案保险事故发生时本保险合同尚未生效。故劳某以未生效的保险合同条款提出的各项诉请没有法律依据,法院不予支持。⑩2003年山东某保险合同纠纷案,1998年5月,保险公司业务员李某根据技术公司办公室主任许某为单位车辆办理短期保险要求,交给许某一张盖章的空白保险卡。第3天,该车肇事。许某随即在保险卡上自填保险期间,并按此日期与保险公司办理投保单,事后告知保险公司出险事宜,双方到现场核损处理。经鉴定,车辆损失33万余元。法院认为:<u>保险人出具保险凭证,其性质属于履行保险合同义务的行为</u>。双方就车辆保险办理保险卡,后又办理保险单,收取保险费,该保险车辆发生事故后,双方又多次赴现场处理有关事宜,充分证明了保险合同成立并生效。双方在办理保险卡时哪方填写并不影响该保险合同效力,技术公司既是该保险合同投保人,也是受益人,具备本案主体资格。保险公司理应按该合同约定承担赔偿责任。⑪2003年湖北某保险合同纠纷案,2002年3月28日,开发公司法定代表人王某为公司车辆投保,有效期1年,约定"交费生效"。2002年5月30日开发公司交保费。2003年3月31日该车肇事,开发公司被判赔第三人1.7万余元。保险公司以超保险期限拒赔。法院认为:王某系开发公司法定代表人,其为公司车辆投保,并签订保险合同,其投保行为应视为代表开发公司的行为,故本案保险合同有效。<u>保险合同中"交费生效"约定属格式条款之外的特别约定,故双方签订合同的保险期限应从开发公司正式交纳保险费之日起计算</u>,合同期限1年,应至2003年5月30日止,故案涉事故时间在保险期限内。如从签约之日起算,变相缩短了保险期限,减轻了保险人的责任,侵害了投保人基于合同生效后1年内通过保险分散其损失的信赖利益,故保险公司应予赔偿。

【同类案件处理要旨】

投保人提出机动车辆保险要求,经保险人同意承保,保险合同成立。保险人应当及时向投保人签发保险单或者其他保险凭证,保险单或者其他保险凭证应当载明当事人双方约定的合同内容。保险人虽未出具保险单或者其他保险凭证,但已接受投保单并收取了保险费的,一般应认定双方保险合同关系成立,但投保人与保险人另有约定的除外。

【相关案件实务要点】

1.【合同成立】保险单以及其他保险凭证是对既有保险合同的书面记载,保险人出具保险单或保险凭证,其性质属履行保险合同义务的行为,保险合同成立的时间应是投保人与保险人就保险合同条款达成合意的时间。案见山东日照中院2003年再审调解"某技术公司诉某保险公司保险合同案"。

2.【缔约过失】未持有有效驾驶证而投保驾车人员平安险,属于可撤销合同,但保险公司应承担缔约过失赔偿责任。案见江苏南通中院(2009)通中民二终字第0201号"徐某等诉某保险公司保险合同纠纷案"。

3.【缔约过失】无驾驶证人员投保驾驶员意外伤害保险违背了该险种主体要求,同时违反了公共利益和公共安全的要求,该保险合同无效。保险公司对无效保险合同应承担主要的过错赔偿责任。案见江苏淮安淮阴区法院(2010)淮商初字第154号"杨某等诉某保险公司保险合同纠纷案"。

4.【附生效条件】当事人对保险合同生效条件及保险期限有特别约定的,该约定有效。案见湖北宜昌中院(2003)宜民终字第664号"某开发公司诉某保险公司保险合同案"。

5.【表见代理】投保人通过保险公司正式设立的营销部购买机动车三者责任险,营销部营销人员为侵吞保费,将自己伪造的、内容和形式与真保单完全一致的假保单填写后,加盖伪造的保险公司业务专用章,通过营销部的销售员在该营销部内销售并交付投保人,作为不知情的善意投保人有理由相信其购买的保险是真实的,保单的内容亦并不违反有关法律规定,则应认定构成表见代理,保险公司应受该保险合同约束。案见江苏苏州中院(2008)苏中民一终字第0640号"刘某诉汪某等交通事故人身损害赔偿纠纷案"。

6.【生效格式条款】保险单中"保险责任自行驶证正式登记之日起生效"的格式条款不属于免责条款,而是合同生效条款。案见上海浦东新区法院(2007)浦民二(商)初字第2199号"劳某诉某保险公司保险合同纠纷案"。

7.【保险空白期】交强险合同约定"次日零时起生效"的条款造成保险空白期,与交强险立法精神相悖,保险公司不能提供证据证实其就该格式条款对投保人或被保险人进行明确说明和告知,该条款不发生法律效力。案见河南南阳中院(2009)南民二终字第901号"某货运公司诉某保险公司保险合同纠纷案"。

8.【单方退保】保险公司实际收取保费后,在无投保人有效授权情况下单方办理退保手续,其行为无效。案见辽宁大连沙河口区法院(2009)沙民初字第4850号"谢某诉某保险公司保险合同纠纷案"。

【附注】

参考案例索引:江苏淮安淮阴区法院(2010)淮商初字第154号"杨某等诉某保险公司保险合同纠纷案",保险金额6万元,法院拟判决保险公司赔偿4万元,当事人调解,保险公司给付原告2.8万余元。见《无驾驶证人员投保驾驶员商业保险的效力认定及责任承担》(袁辉根),载《人民司法·案例》(201018:76)。①江苏南通中院(2015)通中商终字第00527号"天安财产保险股份有限公司吉林中心支公司与邓光全机动车交通事故责任纠纷上诉案",见《交强险保险人不因投保人伪造合格证投保而享有撤销权》(刘琰、符东杰、谷昔伟),载《人民司法·案例》(201711:90)。②江苏无锡中院(2013)锡民终字第0177号"赵某与康某等机动车交通事故责任纠纷案",见《赵水平与康伟东、中国平安财产保险股份有限公司贵州分公司、赵红机动车交通事故责任纠纷案("交强险"保险期间、零时起算"脱保"条款无效)》(刘翼州),载《中国审判案例要览》(2014民:161)。③四川成都武侯区法院(2012)武侯民初字第4356号"王某与某保险公司保险合同纠纷案",见《王啟儒诉中国人民财产保险股份有限公司成都市分公司保险合同纠纷案("零时起保"条款的定性)》(张倩),载《中国审判案例要览》(2014商:319)。④江苏南通中院(2010)通中民终字第0997号"曹某与某保险公司保险合同纠纷案",见《曹文彬诉中国太平洋财产保险股份有限公司如皋支公司保险合同案(交强险保险期间认定)》(秦昌东),载《中国审判案例要览》(2011商:455);另见《曹文彬诉太平洋保险如皋支公司保险合同纠纷案》,载《江苏省高级人民法院公报》(201005/11:67)。⑤河南南阳中院(2009)南民二终字第901号"某货运公司诉某保险公司保险合同纠纷案",判决保险公司给付货运公司保险金6万余元。见《次日零时起生效应被认定为格式条款》(卢国伟、铁蔚丽、肖楠),载《人民司法·案例》(201018:84);另见《保险合同生效时间的确定——河南南阳中院判决九州货运公司与人寿财险南阳服务部保险合同案》(卢国伟、王中强、肖楠),载《人民法院报·案例指导》2010年8月5日,第6版。⑥江苏南通中院(2009)通中民二终字第0201号"徐某等诉某保险公司保险合同纠纷案",见《缔约过失责任的认定》(高鸿、秦昌东),载《人民司法·案例》(201010:90)。⑦辽宁大连沙河口区法院(2009)沙民初字第4850号"谢某诉某保险公司保险合同纠纷案",见《谢素明诉都邦财产保险股份有限公司大连分公司保险合同案》(路标),载《中国法院2012年度案例:保险纠纷》(35)。⑧江苏苏州中院(2008)苏中民一终字第0640号"刘某诉汪某等交通事故人身损害赔偿纠纷案",见《刘雷诉汪维剑、朱开荣、天安保险盐城中心支公司交通事故人身损害赔偿纠纷案》,载《最高人民法院公报·案例》(2012);另见《保单系保险公司员工伪造情形下的保险责任认定》(曾昊清、邵钧),载《人民司法·案例》(201222:35)。⑨上海浦东新区法院(2007)浦民二(商)初字第2199号"劳某诉某保险公司保险合同纠纷案",见《财产保险合同项下特别约定条款的效力》(叶海涛),载《人民司法·案例》(200802:99)。⑩山东日照中院2003年再审调解"某技术公司诉某保险公司保险合同案",一审判决保险公司赔偿技术公司33万余元;再审经调解,保险公司一次性支付技术公司29万元。见《日照国际公司诉平保日照公司机动车辆保险合同案》(王东坤),载《人民法院案例选》(2004商事:288)。⑪湖北宜昌中院(2003)宜民终字第664号"某开发公司诉某保险公司保险合同案",见《当阳市安顺房地产开发有限公司诉中国人民财产保险股份有限公司当阳市支公司财产保险合同案》(韩国锋),载《中国审判案例要览》(2004 商事:393)。

76. 保险车辆的价值认定
——保值和实值,哪个为标准?
【保险价值】

【案情简介及争议焦点】
2007年,袁某花5万余元购买但投保9万元的二手车因驾驶时碰撞路面突出物起火烧毁,保险公司以投保车辆未经合格检验拒赔。保单上袁某签名不实。

争议焦点:1.拒赔理由是否成立?2.保险赔付标准如何确定?

【裁判要点】
1.免责条款。保险公司不能证明就免责条款已告知,故对袁某无约束力。

2.保险赔付。双方约定以新车购置价9万元投保,保险金额9万元,视为将保险标的的保险价值约定为9万元,保险公司亦依此收取了相应的保险费用,现投保车辆发生保险事故全损,故保险公司应依约赔偿袁某保险金9万元。

【裁判依据或参考】
1.法律规定。《保险法(2015年修正)》(2015年4月24日)第55条:"投保人和保险人约定保险标的的保险价值并在合同中载明的,保险标的发生损失时,以约定的保险价值为赔偿计算标准。投保人和保险人未约定保险标的的保险价值的,保险标的发生损失时,以保险事故发生时保险标的的实际价值为赔偿计算标准。保险金额不得超过保险价值。超过保险价值的,超过部分无效,保险人应当退还相应的保险费。保险金额低于保险价值的,除合同另有约定外,保险人按照保险金额与保险价值的比例承担赔偿保险金的责任。"第59条:"保险事故发生后,保险人已支付了全部保险金额,并且保险金额等于保险价值的,受损保险标的的全部权利归于保险人;保险金额低于保险价值的,保险人按照保险金额与保险价值的比例取得受损保险标的的部分权利。"

2.部门规范性文件。中国保监会《关于机动车辆保险条款相关问题的复函》

(2007年9月28日　保监厅函〔2007〕270号)第1条:"定值保险合同在现行保险法律法规中并无明确的界定。从保险理论与保险实务经营看,判定保险合同是否为定值保险合同,主要看保险条款对赔偿处理的约定,即是否按保险合同约定的保险价值或实际损失进行赔偿,而保险单上是否约定并载明保险价值并非认定定值保险合同的充分条件。来函所附'机动车辆保险条款'(保监发〔1999〕27号)第七条虽然规定了保险价值的确定方式,但根据该条,保险价值仅是进一步确定保险金额的三种基准之一。同时,条款第十二条的规定表明,无论对全部损失还是对部分损失,其规定的赔偿计算方式均与定值保险不同,因此,来函所涉保险合同应认定为非定值保险合同。"第2条:"投保车辆出险时实际价值的确定,应根据保险合同约定的方式计算,合同未作约定的,应根据国家关于机动车使用、折旧的相关规定或当地市场公允价格确定。你院可据此认定实际价值的具体数额。"第3条:"根据《保险法》第四十条的规定,保险金额不得超过保险价值,超过部分无效。在本案中,保险价值和保险金额是相同的,均按照新车购置价予以确定,因此,保险金额并未超过保险价值,不应认为构成超额保险。"中国保监会《关于保险价值确定等问题的复函》(2007年4月3日　保监厅函〔2007〕71号)第1条:"关于保险价值,目前在立法上没有明确定义。根据全国保险业标准化技术委员会制定的《保险术语》的解释,保险价值是经保险合同当事人约定并记载于保险合同中的保险标的的价值,或保险事故发生时保险标的的实际价值。根据《保险法》第四十条规定,确定保险标的保险价值的方式有两种,一是由投保人和保险人约定并在合同中载明,二是按照保险事故发生时保险标的的实际价值确定。前者是指定值保险,后者是指不定值保险。在实务中,要注意区分合同载明的是保险标的的保险金额还是保险价值。"第2条:"重置价值,是指以同一或类似的材料和质量重新置换受损财产的价值或费用,为财产保险中确定保险价值的一种方法。'固定资产的保险价值是出险时的重置价值'是指人保财产保险基本险条款规定的以重置价值方式确定固定资产的保险价值。"第3条:"以估价方式确定保险金额投保的,发生保险事故后,保险价值应当按照发生保险事故时保险标的的实际价值确定。"中国保监会《关于〈机动车辆保险条款〉赔偿处理问题的批复》(2002年11月14日　保监办复〔2002〕192号):"……根据损失补偿原则,保险公司在处理全车盗抢险赔案时,应以出险时车辆的实际价值计算赔偿金额。"中国保监会《关于太原市中级人民法院咨询保险法律问题的复函》(2001年10月31日　保监函〔2001〕211号)第1条:"根据《保险法》第三十九条规定,保险标的的保险价值有两种确定方式,既可以由投保人和保险人约定并在合同中载明,也可以按照保险事故发生时保险标的的实际价值确定。如果投保人和保险人在保险合同中约定并载明保险标的的保险价值,出险后保险标的的保险价值仍应以合同约定为准。"第2条:"《保险法》第二十三条第四款规定,保险金额是指保险人承担赔偿或者给付保险金责任的最高限额。保险金额的确定应以保险价值为基础。如果保险金额超过保险价值,根据《保险法》第三十九条第二款的规定,超过的部分无效。"第3条:"目前,我国的保险法中并无关于定值保险的明确规定。定值保险是学理上的概念,即投保人和保险人在保险合同中约定并载明保险标的的保险价值,出险后根据该保险价值确定的保险金额进行理赔,而不考虑保险标的在保险事故发生时的实际价值。"第4条:"2000年1月14日,保监会颁布实施了《保险公估人管理规定(试行)》,现正在进行修改。保险公估报告并不具有当然的法律效力,只有在双方委托人一致认可的情况下才对双方产生约束力。保险公估报告没有公估人员的签名,并不一定影响该公估报告的效力。"第5条:"对于中途终止委托保险公估公司进行公估的问题,有关保险法规中并未作出规定,应当按照委托公估合同的约定或《合同法》的有关规定执行。公估终止后,并不必然影响此前作出的有关部分保险标的的公估报告的效力。"中国保监会《关于如何理解和适用保险法第三十九条问题的复函》(2000年4月4日 保监法〔2000〕10号)第1条:"在保险业务实践当中,保险价值的作用在于确定保险金额。根据中国人民银行1996年7月1日颁布的《机动车辆保险条款》第七条规定:'车辆的保险价值根据新车购置价确定。车辆损失险的保险金额可以按投保时保险价值或实际价值确定,也可以由被保险人与保险人确定,但保险金额不得超过保险价值,超过部分无效。'《机动车辆保险条款》是由保险监管部门根据《保险法》制订的,条款第七条的规定与《保险法》第三十九条的规定是一致的。如果投保人和保险人违反该条款规定,约定车辆的保险价值高于新车购置价,应视为无效。"第2条:"前述《机动车辆保险条款》第十二条明确规定,车辆发生全部损失的,按保险金额计算赔偿,但保险金额高于实际价值时以不超过出险当时的实际价值计算赔偿。保险条款作为保险合同的组成部分,在合同成立后,即为当事人双方的共同意思表示。在计算赔偿金额时,应按照保险条款的规定执行。"中国保监会《关于保险车辆出险后实际价值如何确定的批复》(1999年8月23日 保监复〔1999〕161号)第2条:"《请示》中的保险车辆出险后,应按与被保险人签订的保险单背书中的'机动车辆盗抢保险特约条款'及'机动车辆保险特约条款'的有关规定,计算全车被盗后的实际价值,并予以赔偿。在计算实际价值时涉及的车辆已使用年限的问题,由你公司与被保险人协商解决。"

3. 地方司法性文件。山东济南中院《关于保险合同纠纷案件94个法律适用疑难问题解析》(2018年7月)第67条:"关于保险价值、保险金额的基本内涵。保险法第五十五条规定:'投保人和保险人约定保险标的的保险价值并在合同中载明的,保险标的发生损失时,以约定的保险价值为赔偿计算标准。投保人和保险人未约定保险标的的保险价值的,保险标的发生损失时,以保险事故发生时保险标的的实际价值为赔偿计算标准。'根据上述规定,可以将保险划分为定值保险和不定值保险。定值保险是指保险合同当事人在订立保险合同之时,就已以确定了保险标的的保险价值,并将之明确地载入保险合同之中。一旦保险标的出险,保险合同所记载的保险价值即成为计算保险金的标准。如果投保人是全额投保,保险标的发生的全部损失,则保险人应该按照合同确定的保险金额,全额给付保险金。而不必对于保险价值进行重新评定。如果保险标的仅仅出现部分损失,保险人也无须对于保险价值进行重新估算,只需要确定损失的比例,用该比例乘以保险价值,就可以确定损失部分的保险价值。定值保险一般适用于特殊的保险标的,例如古玩、字画等等。在定值保险中,因为允许保险合同当事人自行确定保险价值,就可能出现约定的保险价值事实上高于保险标的出险时的实际价值的情况,而此时保险人就不能再行主张实际价值。定值保险的实际意义就在于避免保险事故发生之时,重新估算保险价值的繁琐程序。定值保险亦存在一定的弊端,投保人可能过高地估算保险标的的保险价值以获取不当得利。对于定值保险的保险价值数额除非保险人能够举证证明被保险人在确定保险价值时有欺诈行为,否则,不得以保险标的的实际价值与双方约定的保险价值不符为由拒绝承担保险责任。不定值保险与定值保险的区别,主要体现于保险金给付之时。不定值保险并未载明保险价值,所以发生损失之时,必须按照保险事故发生之时保险标的的实际价值计算赔偿。另外,赔偿金额不能超过保险金额。如果损失发生时的保险价值高于保险金额,全损的按照保险金额赔偿。发生部分损失的,按照比例赔偿。具体公式为:赔偿金额＝实际损失额(毁损灭失部分的价值)×保险金额÷保险价值。如果损失发生之时的保险价值低于保险金额,赔偿按照实际损失计算。依据保险法的规定并且结合保险实务经验,关于不定值保险的约定方式有两种:一种情况是可以在保险合同中明确约定保险就是不定值保险,约定保险价值以保险事故发生时的保险标的的实际价值作为赔偿计算标准;另外一种情况是保险合同没有就保险价值进行约定,按照新法的规定也属于不定值保险。"第 68 条:"保险法第五十五条第二款规定的'保险标的的实际价值'的确定方式。保险法第五十五条第二款规定的'保险标的的实际价值'的计算方法,合同有约定的,从其约定。采用保险人提供的格式条款订立的保险合同,约定了多种计算方式但并未确定以何种方式进行计算,当事人可以协议补充;不能达成补充协议的,被保险人主张依据以对投保人、被保险人有利的方式确定保险标的实际价值的,应予支持。"第 69 条:"不定值保险中保险价值的判断时点以及超额保险的认定。投保人和保险人未约定保险标的的保险价值的,应当以保险事故发生时保险标的的实际价值作为赔偿计算标准;保险金额超过保险事故发生时保险标的的实际价值,投保人要求保险人返还相应保险费的,应予支持。"广东深圳中院《关于审理财产保险合同纠纷案件的裁判指引(试行)》(2015 年 12 月 28

日)第 11 条:"发生保险事故,造成车辆全损或推定全损时,保险人主张应当按照保险条款规定的计算公式,以保险条款规定的新车购置价扣除已使用月数折旧后的价格作为车辆实际价值赔偿的,人民法院应予支持,被保险人举证证明保险人的赔偿金额显失公平的除外。人民法院在必要时应委托中介机构对车辆实际价值进行评估。"广东广州中院《**商事审判中的法律适用疑难问题指导意见**》(2013 年)第 4 条:"保险案件中,如果当事人及保险公司分别在有资质的评估构进行了定损,但是结果不同,如何认定,是否需要再行定损?如果再行定损,则前面两份有资质机构出具的定损数据性质如何?粤高法发〔2011〕44 号《广东省高级人民法院关于审理保险合同纠纷案件若干问题的指导意见》第 22 条对此也有规定,被保险人与保险人对保险事故的原因或损失有争议的,如保合同约定或者保险事故发生后双方同意由相应保险公估机构或其他中介机构对保险事故原因进行鉴定或损失评估,该保险公估机构或者其他中介机构作出的鉴定结论应作为法院认定的依据。双方对鉴定机构没有约定的,法院在诉讼中指定鉴定机构作出的鉴定结论作为认定依据。我们认为,如果符合再次定损的条件,则应当在法院的主持下进行司法鉴定损失的具体数额。此前的两份定损仅是单方举证,因对方不认可,无法作为证据采信。但在审判实践中,保险公司出具定损单后,车主认为定价过低而另行委托评估机构进行评估并出具评估报告,案件在法院审理时车辆已经修复,无法再次委托评估,不具备再次鉴定的条件,双方各执一词。到底该采信那份作为证据?碰到该类情况,一般一审法官会通知评估机构工作员到庭作证并接受被告保险公司质证,保险公司的质证意见一般为:部分损失与本次事故无关。因为车辆已经修复,旧件也不存在(或者无法确定),无法通过痕迹鉴定确定损失是否与事故有关,法官又不具有专业知识判断事实真相,法院一般采信中介机构的评估报告认定事故损失。采信中介机构报告的裁判做法导致更多的车主不接受保险公司的定损,而是选择自行评估,由此也催生了一些有资质的中介机构作出不客观的鉴定结论,社会效果值得商榷。对此,可建议保监局联合有关部门对公估公司进行整顿,维护良好的公估市场。"第 5 条:"关于如何确定新车购置价问题?对于再次投保的车辆,新车购置价是按照新车购买的发票价值,还是按照保险公司出具保险单中确定的车辆投保时的核定价格作为新车购置价来计算推定全损。新车购置价的理解是按照发票还是按照保险单上的价值确定?在保险合同中,对于车辆损失赔偿金一般是约定按照事故发生时的新车购置价×80% ×车辆的折旧率等公式进行计付。但事故生时的新车购置价在目前市场经济的情况下难以确定。通常的做法是,保险合同上记载了新车购置价,保险费也是以此计算和收取,应当视为保险人和投保人对当年的新车购置价进行了约定,一般在审判实践中按照合同记载的新车购置价进行认定。由于没有明确的法律依据,建议予以明确。"广东高院《**关于审理保险合同纠纷案件**

若干问题的指导意见》(2011年9月2日　粤高法发〔2011〕44号)第15条:"保险金额超出保险价值,保险人主张保险金额超出保险价值部分无效的,人民法院应予支持。投保人主张保险人退还多余部分保险费的,人民法院应予支持。"上海高院民五庭《关于印发〈关于审理保险代位求偿权纠纷案件若干问题的解答(二)〉的通知》(2010年9月30日　沪高法民五〔2010〕3号)第5条:"在不足额保险中,保险人的保险代位求偿权与被保险人对第三者赔偿请求权同时存在的,第三者的赔偿金额如何确定?答:不足额保险是指保险金额小于保险价值的保险。根据《保险法》第六十条第三款的规定,在不足额保险中,被保险人从保险人处获得保险赔偿金后,可就其未取得赔偿的部分向第三者请求赔偿。同时,保险人基于保险代位求偿权对第三者也享有赔偿请求权。两者的赔偿金额按下列原则确定:(一)第三者对外赔偿义务的范围维持不变;(二)优先满足被保险人对第三者的赔偿请求权,使被保险人的损失获得最大补偿;(三)保险人仅能向第三者代位求偿剩余部分;(四)被保险人明确放弃自己对第三者的赔偿请求权的,保险人可以在全部赔偿金额的范围内行使保险代位求偿权。"第6条:"在不足额保险中,保险人的保险代位求偿权与被保险人对第三者赔偿请求权同时存在的,诉讼程序如何处理?答:保险人的代位求偿权诉讼和被保险人对第三者的赔偿诉讼的诉讼标的不同。被保险人和保险人可以分别对第三者提起诉讼,法院也可以依法合并审理:保险人或被保险人单独诉讼的,法院不应主动追加另一方作为原告。保险人单独提起保险代位求偿权诉讼的,法院应当审查该保险合同是否属于不足额保险。为防止保险人行使保险代位求偿权影响被保险人的赔偿请求权,法院可以根据《民事诉讼法》第五十六条第二款的规定,通知被保险人作为无独立请求权第三人参加诉讼。"浙江高院《关于审理财产保险合同纠纷案件若干问题的指导意见》(2009年9月8日　浙高法〔2009〕296号)第23条:"投保人与保险人明确约定保险标的的保险价值,并在保险合同中载明的,为定值保险。保险人明知保险标的的实际价值与约定的保险价值不符,仍按约定的保险价值确定保险金额并收取保险费的,发生保险事故后,保险人应按约定的保险价值赔偿,但能够查明投保人与保险人恶意串通的除外。"第24条:"在不足额保险的财产保险合同中,在保险事故造成的实际损失超过保险金额时,保险合同约定免赔率的,如免赔率乘以实际损失后的金额仍然超过保险金额时,保险人应按保险金额赔付。"北京高院《关于印发〈北京市高级人民法院关于审理保险纠纷案件若干问题的指导意见(试行)〉的通知》(2005年3月25日　京高法发〔2005〕67号)第19条:"定值保险合同在出险时,除非约定的价值与保险标的物的实际价值存在比较明显的背离,一般不应再对保险标的物进行鉴定、评估。"第20条:"定值保险合同发生全损,直接根据保险合同约定的保险价值予以赔付。定值保险合同发生部分损失,可以按受损部分财产占全部被保险财产的比例乘以保单中约定的保险价值来确定赔偿数额,当事人另有约定的除外。"四川高院《关于印发〈贯彻执行《中华人民共和国保险法》若干问题的意见〉的通知》(2002年3月5日 川高法〔2002〕68号)第57条:"定值保险的保险事故发生后,当事人约定的保险价值是计算赔偿金的依据,若发生全部损失的,保险人应支付全部保险金额,若发生部分损失的,按实际损失占保险价值的比例进行赔偿。定值保险的保险人不得以保险标的的实际价值与约定价值不符为由而拒绝履行合同义务,但保险人能证明投保人或被保险人有欺诈行为的除外。定值保险是指当事人在合同中约定了保险价值,并在合同中载明以确定的保险金为最高赔偿限额的一种财产保险。"

4. 地方规范性文件。河南省《保险行业机动车辆保险自律规则(试行)》(2001年10月1日)第4条:"……在确定车辆保险价值时,必须执行同一车型实行统一的价格标准,不得随意提高或降低。严禁营业车按非营业车费率收费。"

5. 参考案例。①2014年广东某保险合同纠纷案,2013年,李某对其货车按"新车购置价"18.3万余元投保。车损险保险合同约定出险时实际价值按新车购置价扣减折旧,新车购置价指同类型新车价格。后该车发生单方保险事故,经鉴定车辆重置价格即原值34万元,折换成新率59%,得出事故前原值18.1万余元,减去残值2万元,整体损失16万余元。因保险公司只同意按18.3万余元考虑折旧后赔偿4万余元致诉。法院认为:本案双方所签订的是不定值保险合同,双方当事人在订立合同时不预先确定保险标的的保险价值,而是按保险事故发生时保险标的实际价值确定保险价值,出险时实际价值是指出险时新车购置价减去该车折旧后价格。虽然双方在保险单中约定车辆新车购置价为18.3万余元,但根据保险条款约定,新车购置价是指在保险合同签订地购置与保险车辆同类型新车(含车辆购置税价格)的价格。而本案中价格认证中心作出的道路交通事故车物损失价格鉴定书中确定该类车辆在出险时重置价格为34万余元(含车辆购置附加税),本案车辆事故前原值为18.1万余元。此外,保险单中约定车辆损失险保险金额亦为18.3万余元,保险公司亦按18.3万余元向李某收取了相应保险费。同时,该数额与鉴定书中所确定车辆事故前原值18.1万余元数额相当,故保险单中所载明新车购置价18.3万余元应认定为双方共同协商的该车投保时的实际市场价格较为合理,而不是购置与保险车辆同类型的新车购置价。根据保险条款约定的折旧率,可确定事故车辆出险时实际价值为11.6万余元,在扣减残值,加上鉴定费、吊拖费后,判决保险公司赔偿李某车辆损失款11万余元。②2014年广东某保险合同纠纷案,2012年,左某为其所有的重型自卸货车按新车购置价27万元投保车损险。后因发生保险事故,损失金额为13万余元。保险公司以事故发生时车辆实际价值已不足9万元为由拒绝按保险金额赔付。法院认为:保险公司"高保低赔"条款本质上是免除保险人部分责任条款,保险公司应将保险合同中保险车辆实际价值如何确定、投保金额确定的三种不同方法和不同方法下如何进行理赔的相关条款以区别于其他保险条款方式,向投保人进行提示和明确说明,但被告保险公司并未以适当方式将"高保低赔"条款向投保人提示和明确说明,违反诚实信用原则,故约定条款对投保人不产生法律效力。本案中,左某对涉案车辆投保车辆损失险,系基于对保险车辆预期损失补偿功能所作保险,期待的是全部损失补偿。作为富有专业知识和经验的保险人,理应将其提供的格式保险条款中保险金计算方法、新车购置价确定等对投保人进行提示和明确说明,但保险公司并未将上列条款对投保人进行提示和说明,投保人作为非专业人员,对承保范围尚不明确,故投保人对保险利益已产生合理期待。如依保险合同约定,保险公司以"高保低赔"方式,明显获得了不当利益,条款显失公平,故本案要求保险公司承担赔偿责任符合实质合同自由和公平正义。判决保险公司在保险金额范围内对左某损失承担赔偿责任。③2013年**江苏某保险合同纠纷案**,2009年5月,江某为其2002年购买的货车按新车购置价17万余元投保车损险。同年9月,该车发生同等责任的事故导致损坏。保险公司按实际价值及折旧率计算出的保险金为1.2万余元。法院认为:当投保人与保险人约定以新车购置价作为保险金额时,虽保险合同中未载明保险价值,亦应认为此保险合同中已隐含以新车购置价作为保险价值的意思表示。保险人应以该保险金额即保险价值为限承担赔偿责任。依保监会1999年发布的机动车辆保险示范性条款,确定车辆保险价值为新车购置价;可以车辆保险价值即新车购置价为保险金额投保;当车辆发生全部损失时,以不超过出险时车辆实际价值为限计算赔偿;当车辆发生部分损失时,如以新车购置价为保险金额的车辆,则在保险金额范围内按实际修理费用计算赔偿。该示范性条款设定逻辑周延,亦符合保险法理论和我国保险法律规定,既符合财产保险补偿性原则,又不致出现保险金额超过保险价值而无效情况。本案中,保险公司承担的最高赔偿限额即为车辆出险时的实际价值,实际理赔中,又以实际价值作为推定全损的计算标准,导致不能按约定保险金额进行赔偿。但保险合同却以必然高于车辆在出险时实际价值的新车购置价作为保险金额,架空了保险金额的最高赔偿或支付限额的基本功能,故本案中保险公司制定的保险条款相关赔偿处理规定应仅适用于以车辆实际价值作为保险金额的保险合同,而不适用于以新车购置价作为保险金额的保险合同。保险人应按约定保险金额为限额承担赔偿责任。判决保险公司赔偿江某保险金4万余元。④2012年**江苏某保险合同纠纷案**,2009年,杨某将12万余元购买的二手车在保险公司按新车购置价45万余元投保车损险。2010年,该车因事故发生全损。因保险公司只同意按12万余元理赔致诉。法院认为:《保险法》第55条第1款规定:投保人和保险人约定保险标的的保险价值并在合同中载明的,保险标的发生损失时,以约定的保险价值为赔偿计算标准。该条规定的是定值保险合同,定值保险合同成立后,一旦发生保险事故,双方在合同中约定的保险价值,即成为保险人支付保险赔偿金数额的计算依据,保险公司不应按出险时实际价值损失赔付。本案中,双方所签保险合同并未对"保险价值"进行约定,且依保险条款明确约定,应认定系不定值保险合同。依《保险法》损失补偿原则,对不定值保险,即使保险金额大于保险实际价值,投保人或被保险人按保险金额交付保费,被保车辆发生保险事故后,保险公司应按出险时实际价值赔付。本案中,双方按新车购置价确定了投保车辆保险金额,依保险公司提供的车损险条款,发生保险事故后,保险车辆实际价值是保险事故发生时同类型新车购置价减去折旧金额后价格,判决保险公司赔偿杨某车损险23万余元。⑤2011年**内蒙古某保险合同纠纷案**,2002年3月,陈某以其个体经营木材厂名义对木材厂房屋及机器设备投保固定资产基本财产险,保险单约定"保险金额"128万元,保险单中"以何种价值投保"中的"估价"条款并未对保险价值作出明确约定。保险期内,木材厂失火,公安部门未能查清火灾原因。事发7个月后,法院委托鉴定机构对火灾财产损失价值进行评估鉴定,结论为21万余元。法院认为:《保险法》于1995年10月1日实施,2002年10月第一次修改,本案所涉保险合同签订于2002年3月,故本案应适用1995年《保险法》。该法第39条规定,保险标的的保险价值,可以由投保人和保险人约定并在合同中载明,也可以按照保险事故发生时保险标的的实际价值确定。保险金额不得超过保险价值;超过保险价值的,超过部分无效。保险金额低于保险价值的,除合同另有约定外,保险人按照保险金额与保险价值的比例承担赔偿责任。该规定不仅提及保险价值和保险金额的不同概念和作用,亦对保险金额与保险价值之间关系做了原则性规定,同时对保险标的实际损失如何确定亦做了规定。根据2009年3月2日保监会保监发〔2009〕29号《关于发布〈2009版保险术语〉行业标准的通知》中,全国保险业标准化技术委员会(保标会)制定的《2009版保险术语》行业标准(标准编号为JR/T 0032-2009),该《保险术语》6.3.2财产保险确定保额一栏列明,保险价值为经保险合同当事人约定并记载于保险合同中保险标的的价值,或保险事故发生后保险标的的实际价值,而保险金额按1995年《保险法》第23条第4款规定,是指保险人承担赔偿或给付保险金责任的最高限额。对于财产保险,保险价值是保险人赔偿计算标准。保险人赔偿责任以保险标的实际损失为限,保险赔偿基本原则为损失补偿原则,要确定保险标的实际损失必先确定保险标的实际价值亦即保险价值,保险标的的价值是确定实际损失条件,从而决定着保险赔偿金数额。而保险金额是保险事故发生后保险人支付保险赔偿金最高限额,而非保险人支付赔偿金计算标准。二者概念有本质区别,但二者之间又相互联系。当保险标的实际损失超过保险金额时,保险人赔偿责任只能以保险金额为限;但当保险标的实际损失低于保险金额的,除当事人有特别约定外,保险人应按保险金额与保险价值比例承担赔偿保险金责任。保险金额须在订立保险合同时按一定方法确定,而保险价值可不在订立保险合同时约定,而在事故发生后确定。保险价值和保险金额有不同确定方法。根据中国人民保险公司《财产保险基本险条款》规定,固定资产保险价值是出险时重置价值,即以同一或类似材料和质量重新换置受损财产的价值或费用。固定资产保险金额由被保险人按账面原值或原值加成数确定,亦可按当时重置价值或其他方式确定。流动资产保险价值是出险时账面余额。流动资产(存货)的保险金额由被保险人按最近12个月任意月份的账面余额确定或由被保险人自行确定。以估价方式确定保险金额投保的,发生保险事故后,保险价值应按发生保险事故时保险标的实际价值确定,故按当事人对保险价值是否事先在保险合同作出约定,将保险合同分为定值保险和不定值保险。保险合同对保险价值有约定的为定值保险;否则为不定值保险。二者的区别在于保险合同约定的保险事故发生后确定赔偿金额时,定值保险只需确定损失比例,而不定值保险不仅需确定损失比例,且须确定事故发生时保险标的实际价值,以实际价值作为保险赔偿金额计算依据。从本案所涉保险单约定看,陈某以木材厂名义对其房产及机器设备作为固定资产投保签订保险单,约定"保险金额"128万元,保险单中"以何种价值投保"中的"估价"并未对保险价值作出明确约定,故<u>本案保险合同应定性为不定值保险</u>。本案保险合同条款文字按其文义不应引起争议或异议,亦不存在两种以上解释从而适用有利于被保险人解释的前提。本案保险合同保险标的保险价值只能按保险事故发生时保险标的实际价值确定。因本案保险合同并非定值保险,而是不定值保险。法院委托鉴定机构对火灾财产损失价值进行评估鉴定,于法有据。本案保险事故发生后未得以及时理赔,事出有因,不能完全归咎于保险公司过错,不能以此否定法院委托鉴定机构对火灾财产损失作出评估结论有效性,改为按保险合同约定的保险金额作为支付保险赔偿金计算标准。鉴定结论按陈某提供的设备安装草图增加缺少设备并按高价格追加损失额,已考虑到委托评估距离事故发生时间长、设备不完整等情况,应予采信。判决保险公司支付陈某赔偿金42万余元及看护人员工资和损失5万余元。⑥2011年浙江某保险合同纠纷案,2010年10月,俞某为其2004年7月购买的主车、挂车分别投保保险金额为25万余元、11万余元的车辆损失险。保单上填的车辆注册时间为2009年7月。2011年4月,宋某驾驶该车发生全责事故,最后由保险公司查勘后,由俞某与修理厂确定维修费9.6万余元。法院认为:无证据证明车辆初始登记时间相关内容系保险公司一方人员所填写,但因保险人承保时需核对车辆行驶证信息,<u>保险公司应知保险车辆登记信息,即使相关内容系由投保人填写,亦应视为保险公司放弃相应抗辩权</u>,且本案系按投保时保险车辆的新车购置价确定保险金额,故亦不影响保险公司对保费的确定。因相关保险条款中关于保险车辆出险时按照一定的方法计算折旧后确定其实际价值,车辆损失金额高于该实际价值时按实际价值赔偿的条款,可能免除保险公司的部分保险责任,属于我国《保险法》所规定的免责条款,保险人应依法在订立保险合同时向投保人作出明确说明,<u>本案保险公司未提供证据证明其已就该条款向投保人进行了明确说明</u>,相关条款对俞某不发生效力,故判决保险公司支付俞某保险理赔款。⑦2011 年**浙江某保险合同纠纷案**,2010 年 12 月,奚某为其 2004 年 1 月花 22.8 万元购买的车辆投保车损险,约定保险金额为 17.1 万元。2011 年 1 月在高速路上因连环撞车车辆受损,保险公司按推定全损处理,拟赔 5.4 万余元。法院认为:<u>事故发生时对保险车辆的实际价值应当按照保险条款的规定进行计算</u>。保险条款规定了本保险合同为不定值保险合同,同时赋予投保人与保险人对保险金额的确定有三种选择,并约定了相应的赔偿方式。案涉保险单载明的新车购置价及保险金额为 17.1 万元,可认为投保时双方选择了新车购置价确定保险金额。由于本案双方一致同意做推定全损处理,故可按合同约定的计算方法:$171,000$ 万元 $\times [1-(84 \times 0.6\%)] = 84,816$ 元,即为保险公司应支付奚某的保险赔偿金。⑧2011 年**浙江某保险合同纠纷案**,2009 年 11 月,王某驾驶投保车损险车辆肇事并被认定负主要责任。经保险公司确认,投保车辆无法修复,作报废处理。保险公司主张按折旧计算,王某主张按保险合同载明的新车投保价格 33 万元计算。法院认为:旧机动车以新车价格投保,但发生全损时却按实际价值理赔,此为目前保险公司的普遍做法,而对于被保险机动车的实际价值,在目前的保险领域并非通过评估方式确定,而是按照保险条款约定的折旧方式进行计算。如果该种折旧从机动车最初购置而不是从投保时至事故发生时,按照约定的折旧率进行计算,那么发生全损时,双方约定的保险金额一定高于保险价值。保险公司作为专门从事保险业务的公司在明知情形下,却提供明显违反法律禁止性规定的格式条款,显然有违诚实信用原则,故应视为保险公司已自愿排除《保险法》第 55 条第 3 款关于超额保险的适用。此外,<u>保险公司一直按新车购置价收取保费,对应地应按重置价赔偿,亦符合权利义务对等原则</u>。⑨2010 年**北京某保险合同纠纷案**,2009 年 9 月,蒋某驾驶刘某车辆肇事致车辆损害,交警认定蒋某全责。保险公司推定全损,但要求以车辆发生保险事故时的实际价值为理赔依据,刘某要求以投保时约定的车损责任限额 26 万元为准。法院认为:本案投保车辆,按购买时的新车购置价、月折旧率和实际使用月数进行折旧后的实际价值为 22 万余元,因刘某与保险公司<u>在保险合同中未约定投保车辆的保险价值,故应以本案诉争的投保车辆发生保险事故时的实际价值进行赔偿</u>,判决保险公司赔偿刘某车辆损失保险金 22 万余元,该保险车辆的全部权利归于保险公司。⑩2002 年**新疆某保险合同纠纷案**,1998 年,集团公司将从韩某处买来的机动车投保盗抢险,保险价值 86 万元。1999 年,集团公司报称该车被盗,保险公司以该车车主为韩某,原车出厂价仅为 12 万余元,且未提供行车证、购车原始发票、被盗车辆钥匙等拒赔。法院认为:<u>投保人以其财产</u>

合法的所有权投保的,该投保的财产具备保险利益构成的条件,投保人对该财产应享有保险利益。保险车辆登记手续上虽载明车主为韩某,但韩某明确承认该车的实际车主为集团公司,其对该车不享有所有权,且该车亦一直被集团公司实际占有、使用,集团公司对该车享有合法的保险利益。至于该车登记手续所载明车主与实际车主不一致,属于相关行政管理部门处理的问题,不属于本案审理范围。依照《保险法》规定,保险标的的保险价值,可以由投保人和保险人约定并在合同中载明,也可以按照保险事故发生时保险标的的实际价值确定;保险金额不得超过保险价值,超过保险价值的,超过的部分无效。本案双方协商约定并在合同中载明被保车辆保险价值、保险金额均为86万元的事实清楚。保险公司称保险车辆的保险价值和保险金额高于该车的实际价值,集团公司未履行如实告知车价义务,其不应承担赔付义务的理由不能成立。双方在所签保险合同中并未约定在车辆被盗时须提交行车执照、购车发票、车钥匙等手续才予赔付,故保险公司称依据保监会相关文件之规定,集团公司须持上述手续才予赔付的抗辩理由亦不能成立。⑪2002年河南某保险合同纠纷案,赵某1991年买车,1999年投保,保单填写为1996年买的车,约定保险价值和保险金额25万元,并约定全损时,"按保险金额计算赔偿,保险金额高于实际价值时,以不超过出险当时的实际价值计算赔偿"。2000年该车出险致全损。法院认为:保险合同格式条款已明确约定了投保车辆出险时,按车辆出险时的实际价值计算理赔方式,据此,应认定该保险合同为不定值保险合同。赵某投保车辆发生全损,保险公司应按该车出险时的实际价值计算赔偿。根据国家、该省等有关汽车报废标准和涉案车辆价格评估等规定,确定投保车辆出险时实际价值为10万元,判决保险公司赔偿赵某10万元。

【同类案件处理要旨】

投保人和保险人在机动车损失保险合同中约定保险车辆的保险价值并在合同中载明的,保险车辆因交通事故发生损失时,以约定的保险价值为赔偿计算标准。投保人和保险人未约定保险车辆的保险价值的,保险车辆发生损失时,以保险事故发生时保险车辆的实际价值为赔偿计算标准。

【相关案件实务要点】

1.【约定价值】根据《保险法》规定,投保人和保险人约定保险标的的保险价值并在合同中载明的,保险事故发生时,以约定的保险价值为赔偿计算标准。案见河南南阳中院(2008)南民二终字第689号"袁某诉某保险公司保险合同纠纷案"。

2.【约定价格】保险车辆发生交通事故,计算车辆实际价值时,除双方另有约定外,一般应以保险合同上载明的价格为准。案见浙江宁波中院(2011)浙甬商终字第972号"奚某诉某保险公司保险合同纠纷案"。

3.【实际价值】投保车辆发生交通事故,保险合同中未约定投保车辆的保险价值的,应以投保车辆发生保险事故时的实际价值进行赔偿。案见北京一中院(2010)一中民终字第10021号"刘某诉某保险公司保险合同纠纷案"。

4.【保险金额】车辆损失险的保险金额可按投保时保险价值或实际价值确定,也可以由被保险人与保险人协商确定,但保险金额不得超过保险价值,超过部分无效。案见河南焦作中院2002年判决"赵某诉某保险公司保险合同案"。

5.【免责条款】机动车辆保险条款中约定,保险车辆投保时按照市场上新车购置价格确定保险金额,出险时车辆损失的赔偿额不超过保险公司核定的车辆投保时的实际价值,该条款应定为免责条款,保险公司未履行提示和明确说明义务的,该条款对投保人不产生效力。案见浙江绍兴中院(2011)浙绍商终字第666号"俞某诉某保险公司保险合同纠纷案"。

【附注】

参考案例索引:河南南阳中院(2008)南民二终字第689号"袁某诉某保险公司保险合同纠纷案",见《为旧车高额投保的赔付标准确定》(魏少东),载《人民司法·案例》(200922:32)。①广东阳江中院(2014)阳中法民二终字第68号"李正清与中国太平洋财产保险股份有限公司广州分公司保险合同纠纷案",见《保险单与保险条款约定的新车购置价不一致时的司法处理》(梁宗军、叶宝宁),载《人民司法·案例》(201422:58)。②江苏阜宁法院(2013)阜益商初字第0001号"左某与某保险公司保险合同纠纷案",见《"高保低赔"条款属于免责条款——江苏阜宁法院判决左广成诉人保阜宁公司保险合同纠纷案》(朱余春、曹礼坤),载《人民法院报·案例精选》(20140731:06)。③江苏无锡中院(2012)锡商终字第0509号"江某与某保险公司保险合同纠纷案",见《江永保诉安邦财产保险股份有限公司财产保险合同纠纷案——以新车购置价作为保险金额的真实含义及推定全损的计算标准》(徐冰、姜丽丽、蔡永芳),载《人民法院案例选》(201303/85:263)。④云南昭通中院(2011)昭中民三终字第41号"杨某与某保险公司保险合同纠纷案",见《杨军诉中国大地财产保险股份有限公司昭通支公司保险合同案(不定值保险合同)》(王碧),载《中国审判案例要览》(2012商:315)。⑤最高人民法院(2011)民提字第238号"陈某与某保险公司保险合同纠纷案",见《陈永梁诉中国人民保险公司阿荣旗支公司财产保险合同纠纷案》(审判长宫邦友,审判员朱海年,代理审判员林海权),载《商事审判指导·商事裁判文书选登》(201201/29:239)。⑥浙江绍兴中院(2011)浙绍商终字第666号"俞某诉某保险公司保险合同纠纷案",见《高保低赔的车损险条款应属免责条款》(袁小梁),载《人民司法·案例》(201208:

90)。⑦浙江宁波中院(2011)浙甬商终字第972号"奚某诉某保险公司保险合同纠纷案",见《保险合同中新车购置价的确定方法》(张丽),载《人民司法·案例》(201208:94)。⑧浙江绍兴中院(2011)浙绍商终字第5号"王某诉某保险公司保险合同纠纷案",见《王柏根诉中国人民财产保险股份有限公司新昌支公司保险合同案》(丁海英),载《中国法院2012年度案例:保险纠纷》(77)。⑨北京一中院(2010)一中民终字第10021号"刘某诉某保险公司保险合同纠纷案",见《刘丙章诉中国人民财产保险股份有限公司北京市东城支公司保险合同案》(常洁、谭峥),载《中国法院2012年度案例:保险纠纷》(41)。⑩新疆高院(2002)新民二终字第77号"某集团公司诉某保险公司保险合同案",判决保险公司赔偿集团公司车辆被盗损失86万元。见《新疆大王有限责任公司诉中国人民保险公司米泉市支公司等保险合同案》(杨善明),载《中国审判案例要览》(2003商事:87)。⑪河南焦作中院2002年判决"赵某诉某保险公司保险合同案",一审认为保险合同属于定值保险合同,判决保险公司支付保险金25万元;二审认定为不定值,改判支付10万元。见《赵爱敏诉中国人民保险公司温县支公司车辆损失理赔案》(柳涛),载《人民法院案例选》(2004商事:295)。

77. 争议条款的解释规则

——条款有争议,如何来解释?

【解释规则】

【案情简介及争议焦点】

2008年3月,段某为其机动车投保三者责任险。保险合同约定:"保险人按照国家基本医疗保险的标准核定医疗费用的赔偿金额。"同年9月,段某驾驶该车与王某相撞。交警认定段某负全责。法院判决保险公司在交强险限额内赔偿王某11万余元,段某赔偿王某5万余元。段某被保险公司拒赔费用中,有垫付的1万余元的医疗费,保险公司认为属"医保外用药"不予理赔。

争议焦点:1.争议格式条款的法律效力?2.保险公司是否应当理赔?

【裁判要点】

1.**格式条款不利解释规则。**段某认为涉案保险条款中的"国家基本医疗保的标准"并无明确具体的含义,保险公司将其定义为"医疗用药的范围"无法律依据。根据《合同法》关于格式条款争议解释规则,在涉案保险合同争议条款的含义不明确的情况下,应当作出不利于保险公司的解释,即争议条款不能理解为"医保外用药不予理赔"。

2. 免责条款明确解释义务。 保险人在订立保险合同时须向投保人就责任免除条款作明确说明,前述义务是法定义务,也是特别告知义务,该义务不仅是指经过专业培训而具有从事保险资格的保险人在保险单上提示投保人特别注意,更重要的是要对有关免责条款内容作出明确解释,如合同当事人对免责条款是否明确说明发生争议,保险人应当负有证明责任,即保险人还必须提供其对有关免责条款内容做出明确解释的相关证据,否则该免责条款不产生效力。本案中,保险公司为证明已尽到告知义务而提供的证据是涉案保险投保单的投保人声明以及段某的签名,但该声明内容并未对争议条款的具体内容作出明确解释,不能证明保险公司已向段某陈述了该条款包含"医保外用药不予理赔"即部分免除保险人责任的含义。故,即使该条款可被理解为"医保外用药不予理赔",也不能发生相应的法律效力。

【裁判依据或参考】

1. 法律规定。《保险法(2015年修正)》(2015年4月24日)第30条:"采用保险人提供的格式条款订立的保险合同,保险人与投保人、被保险人或者受益人对合同条款有争议的,应当按照通常理解予以解释。对合同条款有两种以上解释的,人民法院或者仲裁机构应当作出有利于被保险人和受益人的解释。"《合同法》(1999年10月1日,2021年1月1日废止)第41条:"对格式条款的理解发生争议的,应当按照通常理解予以解释。对格式条款有两种以上解释的,应当作出不利于提供格式条款一方的解释。格式条款和非格式条款不一致的,应当采用非格式条款。"第125条:"当事人对合同条款的理解有争议的,应当按照合同所使用的词句、合同的有关条款、合同的目的、交易习惯以及诚实信用原则,确定该条款的真实意思。合同文本采用两种以上文字订立并约定具有同等效力的,对各文本使用的词句推定具有相同含义。各文本使用的词句不一致的,应当根据合同的目的予以解释。"

2. 司法解释。 最高人民法院《关于适用〈中华人民共和国民法典〉时间效力的若干规定》(2021年1月1日　法释〔2020〕15号)第9条:"民法典施行前订立的合同,提供格式条款一方未履行提示或者说明义务,涉及格式条款效力认定的,适用民法典第四百九十六条的规定。"最高人民法院《关于适用〈中华人民共和国保险法〉若干问题的解释(二)》(2013年6月8日,2020年修正,2021年1月1日实施)第14条:"保险合同中记载的内容不一致的,按照下列规则认定:(一)投保单与保险单或者其他保险凭证不一致的,以投保单为准。但不一致的情形系经保险人说明并经投保人同意的,以投保人签收的保险单或者其他保险凭证载明的内容为准;(二)非格式条款与格式条款不一致的,以非格式条款为准;(三)保险凭证记载的时间不同的,以形成时间在后的为准;(四)保险凭证存在手写和打印两种方式的,以双方签字、盖章的手写部分的内容为准。"第17条:"保险人在其提供的保险合同格式条款中对非保险术语所作的解释符合专业意义,或者虽不符合专业意义,但有利于投保人、被保险人或者受益人的,人民法院应予认可。"最高人民法院《关于适用〈中华人民共和国合同法〉若干问题的解释(二)》(2009年5月13日 法释〔2009〕5号,2021年1月1日废止)第1条:"当事人对合同是否成立存在争议,人民法院能够确定当事人名称或者姓名、标的和数量的,一般应当认定合同成立。但法律另有规定或者当事人另有约定的除外。对合同欠缺的前款规定以外的其他内容,当事人达不成协议的,人民法院依照合同法第六十一条、第六十二条、第一百二十五条等有关规定予以确定。"

3. 部门规范性文件。中国保监会《关于机动车辆保险条款解释有关问题的批复》(2003年8月22日 保监办复〔2003〕151号):"……保监会制定的《机动车辆保险条款》(保监发〔2000〕16号)明确规定,车辆损失险的保险标的是在使用过程中的机动车辆。根据《机动车辆保险条款解释》(保监发〔2000〕102号),使用保险车辆过程是指保险车辆作为一种工具被使用的整个过程,包括行驶和停放。因此,在签订货物运输合同后,作为货物被运输的机动车辆不符合我会制定的《机动车辆保险条款》所规定的保险标的。"中国保监会办公室《关于保险车辆肇事逃逸是否属于保险除外责任的复函》(2002年9月20日 保监办函〔2002〕84号):"……《深圳市机动车辆保险条款》(保监发〔1999〕32号)未将保险车辆肇事逃逸列为除外责任,保险公司应按现行条款执行,不能套用除外责任中'被保险人及其驾驶员的故意行为'作出拒赔决定。"中国保监会《关于对机动车辆保险中空中运行物体坠落保险责任范围的条款解释的批复》(2001年4月24日 保监函〔2001〕24号):"……《机动车辆保险条款解释》(保监发〔2000〕102号)在车辆损失险'空中运行物体坠落'保险责任的解释中,对吊钩或吊臂断落的解释为:'……吊车的吊物脱落以及吊钩或吊臂的断落等,造成保险车辆的损失,也视为本保险责任。'但是,条款解释中并未对由于吊车的吊钩或吊臂断落而对其本身所造成的损失做出详细的规定。对于吊钩或吊臂本身的损失,不应一概而论。如果吊钩或吊臂的损失系外力或外物所为,例如与其他物体发生意外碰撞而断落,则由此而对吊钩或吊臂造成的损失,应视为本保险责任。如果吊钩或吊臂因自身的内部因素而发生断落,其本身因此而遭受的损失,不应视为本保险责任,但吊钩或吊臂对吊车其他部件所造成的损失,应视为本保险责任。"中国保监会《对〈关于车辆损失险赔案处理的请示〉的批复》(2000年9月6日 保监法〔2000〕18号):"……保险车辆在被水淹及排气筒以上状态因不当操作造成车辆发动机的损坏,与暴雨的发生没有必然因果关系,由此造成的损失,不属于《机动车辆保险条款》中的'暴雨'责任。"中国保监会《关于保险条款中有关违法犯罪行为作为除外责任含义的批复》(1999年9月6日　保监复〔1999〕168号)第2条:"由于各个险种的条款,尤其是产、寿险条款之间将违法犯罪行为列为除外责任的意义有很大不同,因此,对于违法行为、违法犯罪行为、犯罪行为或故意犯罪行为在除外责任条款中的含义,应具体情况具体分析,结合各个条款的具体内容,作符合逻辑的、公平的解释,不能一概而论。"第3条:"在保险条款中,如将一般违法行为作为除外责任,应当采用列举方式,如酒后驾车、无证驾驶等;如采用'违法犯罪行为'的表述方式,应理解为仅指故意犯罪行为。"第4条:"对于犯罪行为,如果当事人尚生存,则应依据法院的判决来决定是否构成犯罪;如果当事人已经死亡,无法对其进行审判,则应理解为事实上明显已构成犯罪行为。"第5条:"对于违法犯罪行为、犯罪行为或故意犯罪行为构成除外责任或责任免除,除保险合同有明确的约定外,应理解为被保险人实施的犯罪行为与保险事故的发生应具有因果关系。"中国保监会《关于〈太保〔1999〕48号文〉的答复》(1999年7月20日　保监寿〔1999〕12号):"……你公司《老来福终身寿险条款》第五章第七条'责任免除'条款中'被保险人违反法律、法规或其他犯罪行为'不明确,既可以理解为被保险人的违法行为和犯罪行为,也可以理解为仅指被保险人的犯罪行为。根据《保险法》的有关规定,在条款规定含义不清、发生歧义的情况下,应作有利于被保险人的解释,即应理解为仅指对被保险人的犯罪行为导致的死亡不承担保险责任。你公司来文提及的保户无证驾驶汽车的行为属于违反行政法规的行为,但不属于犯罪行为,根据上述理由,不在责任免除条款的约定范围之内,你公司不能够根据该条约定免除保险责任。"

4. 地方司法性文件。河南高院《关于机动车交通事故责任纠纷案件审理中疑难问题的解答》(2024年5月)第2条:"传统投保方式下,如何认定保险人对免责条款尽到提示和明确说明义务？答:保险人尽到提示义务的基本要件是向投保人提供免责条款,并且保险人对免责条款的内容作出足以引起投保人注意的显著标识。在投保单或者保险单上附着免责条款具体内容,或者保险人单独印制的免责条款上有投保人签字或盖章的,应认定保险人已提供免责条款。保险合同免责条款的内容足以引起投保人注意,如字体大于或等于四号并加粗加黑,应认定为显著标识。保险人仅以格式文本载明投保人收到或知悉免责条款,但未附着免责条款或未提交其他证据证明已向投保人提供免责条款,不足以证明保险人对免责条款尽到提示义务。保险人主张已就免责条款履行明确说明义务的,除举证证明已向投保人提供免责条款外,还应当举证证明投保人在投保人声明等相关文本上手写'投保人已经收到保险条款,保险人已对免除保险人责任的条款向投保人作了明确说明'等内容,并由投保人签字或盖章,据此可以认定保险人已就免责条款履行了《中华人民共和国保险法》第十七条规定的明确说明义务。"第3条:"电子投保方式下,应如何认定保险人对免责条款尽到提示和明确说明义务?答:电子投保方式下,认定保险人是否对免责条款尽到提示和明确说明义务,应综合具体因素考虑。首先,保险人应举证证明其向投保人提供了免责条款。根据《最高人民法院关于适用〈中华人民共和国保险法〉若干问题的解释(二)》第十二条规定,通过网络、电话等方式投保的情况下,保险人可以通过网页、音频、视频等形式证明其履行了提示和明确说明义务。《互联网保险业务监管办法》《中国银保监会关于规范互联网保险销售行为可回溯管理的通知》明确,保险人应当通过对销售页面管理和销售过程进行记录等方式,对在自营网络平台上销售保险产品的交易行为进行记录和保存,使其可供查验。若保险人提交了可回溯性记录,可据此认定其是否向投保人提供了免责条款。其次,在提示义务方面。保险人主张已就免责条款履行提示义务的,除举证证明向投保人提供免责条款外,还应当举证证明电子投保流程中存在完整展示保险条款、对免责条款进行特别提示的设置(如通过特殊文字、符号、字体、加粗显示、颜色加重等方式与一般条款作出能够引起常人予以注意的区分)以及电子投保流程中已设置保证投保人在合理时间内强制阅读投保相关内容的强制停留阅读程序,否则不能认定保险人已就免责条款履行了《中华人民共和国保险法》第十七条规定的提示义务。最后,在明确说明义务方面。保险人主张已就免责条款履行明确说明义务的,除保险人举证证明向投保人提供免责条款外,还应当举证证明投保人在投保人声明等相关文本材料上签字或盖章确认对免责条款的概念、内容及其法律后果均已了解并同意,否则不能认定保险人已就免责条款履行了《中华人民共和国保险法》第十七条规定的明确说明义务。另外,对于电话投保方式中的录音证据,保险人在电话中直接询问投保人是否已经知悉免责条款,但是保险人并没有对免责条款的具体内容作出解释说明的,尽管投保人回答已经知悉,仍不足以证明保险人对免责条款尽到明确说明义务。"山东高院审监二庭**《关于审理机动车交通事故责任纠纷案件若干问题的解答(一)》**(2024年4月)第1条:"自然人以网络形式投保,在电话号码、缴费账号均系投保人本人所有,投保人以电子保单等投保材料上的签名并非投保人笔迹为由,主张保险公司未尽到提示和明确说明义务,能否支持?答:网络投保需由投保人同意并授权保险公司采集、处理、传递和应用投保人缴费账户、姓名、身份证号、手机号等个人信息,由保险公司向第三方机构传递、查询或验证本人缴费账户对应的身份信息,并接收、录入投保短信验证码并经投保人电子签名方可完成投保,投保人经过上述实名认证程序后,诉讼中以电子签名非投保人本人字迹为由,主张保险公司未尽到提示和明确说明义务的,人民法院不予支持。"第2条:"通过网络方式订立的保险合同,如何审查保险公司尽到提示和明确说明义务?答:网络投保中,在认定保险公司是否尽到提示和明确说明义务时,应审查保险公司的投保流程中是否同时具备以下环节:1、是否设置了人脸识别、短信验证等身份识别环节;2、网页是否主动完整展示保险合同全部条款内容,并采用足以引起投保人注意的文字、字体、符号或者其他明显标志对免除保险公司责任条款进行特别提示;3、是否以网页、音频、视频等形式对保险合同中免责条款进行常人能够理解的提示和明确说明;4、是否有专门的'投保人声明'设置,投保人进行明确确认其已理解合同内容特别是免责条款内容并自愿投保。"第3条:"投保人为公司的,投保人声明中仅有公司盖章而无经办人签字的,可否认定保险公司已尽到提示和明确说明义务?答:《民法典》第四百九十条第一款规定:'当事人采用合同书形式订立合同的,自当事人签名、盖章或者按指印时合同成立。'《最高人民法院关于适用〈中华人民共和国保险法〉若干问题的解释(二)》第十三条第二款规定:'投保人对保险人履行了符合本解释第十一条第二款要求的明确说明义务在相关文书上签字、盖章或者以其他形式予以确认的,应当认定保险人履行了该项义务。但另有证据证明保险人未履行明确说明义务的除外。'根据上述规定,当事人在合同上签字或者盖章均具有法律效力。投保人声明中写明投保人已阅读并理解保险合同条款,并由投保公司加盖公章,应当认定保险人已尽到提示和明确说明义务,但有其他相反证据证明保险公司没有尽到提示和明确说明义务的除外。"第4条:"投保人签章的'投保人声明栏'处仅载明保险人已经对免责条款的内容及法律后果作了明确说明,未载明概念的,能否认定保险公司已尽到对保险合同中免责条款的明确说明义务?答:《最高人民法院关于适用〈中华人民共和国保险法〉若干问题的解释(二)》第十一条第二款规定,保险人对保险合同中有关免除保险人责任条款的概念、内容及其法律后果以书面或者口头形式向投保人作出常人能够理解的解释说明的,人民法院应当认定保险人履行了保险法第十七条第二款规定的明确说明义务。对于明确说明义务履行的标准应采用实质判断标准,如果免责条款的概念常人能够理解,即使'投保人声明栏'处的表述中未提到概念,也可以认定保险公司已尽到对保险合同中免责条款的明确说明义务。"安徽亳州中院《**关于审理道路交通事故损害赔偿案件的裁判指引(试行)**》(2020年4月1日)第17条:"保险公司主张已就免责条款尽到提示和明确说明义务,应在商业三者险范围内免责的,至迟应在一审辩论终结前举证证明。一审未提供证据,二审提供证据的,二审法院依照《最高人民法院关于适用〈中华人民共和国民事诉讼法〉的解释》第一百零一条、第一百零二条的规定予以审查处理。"第18条:"商业三者险合同对于驾驶人饮酒、吸食或注射毒品,服用国家管制精神药品或麻醉药品、无驾驶证,驾驶证被吊销、证驾不符等法律、行政法规禁止驾驶车辆的情形,以及交通事故发生后驾驶人故意破坏、伪造现场、逃逸等情形约定免责的,保险人举证证明对此已履行提示义务的,应确认该约定有效。"山东济南中院《关于保险合同纠纷案件94个法律适用疑难问题解析》(2018年7月)第49条:"责任保险项下如何厘定'被保险人'的范围。交强险条例第四十二条第(二)项规定,被保险人,是指投保人及其允许的合法驾驶人。保险合同中约定的被保险人与法律所规定的被保险人并不一致。交强险条例中定义的被保险人系投保人及其允许的合法驾驶员,并非仅指保单上所载明的'被保险人'。三者险保险条款及车上人员险保险条款均未像交强险一样对'被保险人'下定义,但很显然,此处的'被保险人'与交强险中'被保险人'的定义一致,是指投保人与投保人允许的驾驶人,而与保险单上打印的'被保险人'无关,两险种同交强险一样,其设计亦是以车为基准而非以人为基准,被保险人只有当事故发生时才能得以确定。"第74条:"'被保险人的家庭成员或其组成人员'的范围。保险法第六十二条规定:'除被保险人的家庭成员或者其组成人员故意造成本法第六十条第一款规定的保险事故外,保险人不得对被保险人的家庭成员或者其组成人员行使代位请求赔偿的权利。'保险法禁止保险人对'家庭成员'行使保险代为求偿权的原因在于,家庭成员与被保险人由共同生活关系,利害一致。若准许保险人对家庭成员行使保险代位求偿权,无异于使被保险人获得的保险赔偿金'左手进、右手出',实际仍由被保险人承担了损失。共同生活是表象,利害一致是实质。判断'家庭成员'范围,不应拘泥于共同居住时间的长短,而应着重审查第三者与被保险人是否因共同生活或法定义务建立了共同的、经济上的利害关系。具体包括:保险事故发生时,与被保险人共同生活的配偶、父母、子女、兄弟姐妹、祖父母、外祖父母、孙子女、外孙子女;或虽然不符合前项情形,但与被保险人有抚养、赡养、扶养关系的人。"第50条:"车险中如何确定'使用被保险车辆'。省法院民二庭对第三者责任险理赔范围问题的电话答复聊城市中级人民法院:你院《关于保险车辆的押车人员在打开车斗挡板卸货时被挡板打倒,货物滑落押车人员被砸死亡,是否属于第三者责任险理赔范围问题的请示》收悉。经研究,答复如下:《机动车第三者责任保险条款》第四条约定:'保险期限内,被保险人或其合法的驾驶人在使用被保险机动车过程中发生意外事故,致使第三者遭受人身伤亡或财产直接损毁,依法应当由被保险人承担的损害赔偿责任,保险人依照本保险合同的约定,对于超过机动车交通事故责任强制保险各分项赔偿限额以上的部分负责赔偿。'你院对该条款规定的'在使用被保险机动车的过程中'存在两种理解,一种意见认为车辆在行驶中才属于使用车辆,另一种意见认为装货和卸货也是使用车辆的一种方式。省法院民二庭审判长联席会研究认为,首先,保险法第三十条规定,采用保险人提供的格式条款订立的保险合同,保险人与投保人、被保险人或者受益人对合同条款有争议的,应当按照通常理解予以解释。按照通常理解,'使用被保险机动车'不仅包括车辆在行驶中的使用,也应包括车辆处于静止状态时装货或卸货的使用。其次,保险法第三十条同时规定了不利解释原则,即采用保险人提供的格式条款订立的保险合同有两种以上解释的,人民法院或仲裁机构应当作出不利于保险人的解释。将装货或卸货理解为对被保险车辆的使用,符合保险法规定的保险法解释原则。因此,保险车辆的押车人员在打开车斗挡板卸货时被挡板打倒,货物滑落押车人员被砸死亡,应当认定被保险车辆使用过程中发生的保险事故。第一种意见认为,车险中的"使用被保险车辆"不仅包括车辆在行驶中的使用,也应当包括车辆处于静止状态时装货或卸货的使用,受害人在上述过程中遭受保险事故的,保险公司应当按照约定承担支付保险金的赔付义务。(倾向性意见)第二种意见认为,交通事故认定的关键在于车辆处于通行状态。静止停放状态的车辆,既没有发挥车辆的行驶或运输功能,也不会对他人车辆带来危险,对损害后果的发生没有发挥作用,不存事故损害上的原因,因人与处于静止状态的机动车发生交通事故造成损失,机动车一方无事故责任,机动车一方不承担赔偿责任。"河北唐山中院《**关于审理机动车交通事故责任纠纷、保险合同纠纷案件的指导意见(试行)**》(2018年3月1日)第4条:"[商业三者险合同的免责条款提示义务的认定]商业三者险合同约定的免责事项属于法律禁止性事项的,保险公司只需就该免责事项向投保人履行提示义务。法律禁止性事项包括:无证驾驶、醉驾、毒驾、故意制造交通事故、逃逸。保险公司在投保单或者保险单等其他保险凭证上,对保险合同中的免责条款,以足以引起投保人注意的文字、字体、符号或者其他明显标志作出提示的,应当认定其履行了提示义务。"第5条:"[商业三者险合同的免责条款明确说明义务的认定]商业三者险合同约定的免责事项不属于法律禁止性事项的,保险公司除对该免责事项向投保人作出提示外,还应当履行明确说明义务。保险公司对保险合同中免责条款的概念、内容及其法律后果以书面或者口头形式向投保人作出常人能够理解的解释说明的,应当认定其履行了明确说明义务。对书面的解释说明应有投保人签字,口头的解释说明应有录像。保险公司仅在投保单'投保人声明'栏笼统声明免责,不能认定保险公司已尽说明义务。"江苏常州中院《**关于保险合同纠纷中"机动车发动机进水导致损失"的理赔的审判委员会会议纪要**》(2016年12月8日〔2017〕1号):"……中院民四庭经研究,对该问题基本形成以下意见:依据保险法第十条规定,保险公司应当依照合同约定承担保险责任,这是保险公司履行保险赔付义务的基本原则。其中,'因发动机进水导致发动机损失'是合同免责条款约定内容,其含义是清楚的,按照通常理解不会产生歧义解释。而暴雨对车辆造成的损失应由保险公司负责理赔是保险合同本身对于保险责任范围的明确约定,与保险合同中发动机进水免赔这一免责条款约定不存在援引依据的矛盾和对照适用的冲突。加之有关车辆的商业险种就设置了一种专门针对发动机损失的险种,即发动机涉水附加险,而单纯以释义解释将暴雨车损的保险范围覆盖发动机进水免责情形,那发动机涉水附加险本身就无设置的必要。因此,考虑到保险业是以精算为基石的行业,如果在当事人未投发动机涉水附加险且保险公司对免责条款已经尽到明确说明告知义务的前提下,法院不应再判决保险公司承担发动机进水致损的赔偿责任。中院审委会民事行政专业委员会全体委员对民四庭提交讨论的意见进行了讨论研究,对全市法院受理的保险合同纠纷中'机动车发动机进水导致损失'的理赔问题,同意民四庭的提交意见,并且明确以下两项实施意见供全市法院参照执行:(1)在保险公司对免责条款已经尽到明确说明告知义务的前提下,法院应依照双方在保险合同中有关'因发动机进水导致发动机损失'的免责条款约定情形,不再判决保险公司承担发动机进水致损的赔偿责任。(2)由中院民四庭牵头,召集市保险行业协会和全市较大的保险公司,就如何明确告知保险合同当事人有关'因发动机进水导致发动机损失'的免责条款的实质性内容进行研讨,提出进一步完善的意见建议,以避免引起投保人不必要的理解歧义。"重庆高院民二庭《关于2016年第二季度高、中两级法院审判长联席会会议综述》(2016年6月30日)第2条:"投保人故意未履行如实告知义务,保险事故发生在保险合同成立后两年内,被保险人或受益人在保险合同成立两年后才要求保险人承担保险责任的,保险人能否以投保人未尽到如实告知义务为由要求解除保险合同并不承担保险责任?一种意见认为,即使投保人存在未如实告知的情形,保险人在保险合同成立后的两年内也应当对保险标的的相关情况进行调查核实。如保险人在两年时间内未能调查发现,系未尽到其应尽的责任。而且,保险合同成立两年之久也足以让被保险人对保险合同产生了合理的信赖和期待,保险法设立不可抗辩期间制度也体现了保险法的效率价值,保护保险合同的稳定性,保险法第十六条将解除权的行使期限限定在保险人知道解除事由之日起30日内以及保险合同成立后两年内,根据保险法解释二第八条的规定,保险人依据保险法第十九条规定拒赔的应以行使合同解除权为条件,因此,保险人无权解除合同和拒赔。另外,保险法合同章是合同法的特别法,不可抗辩期间制度与合同撤销制度之间具有不同的制度价值,赋予保险人合同撤销权会使保险法不可抗辩期间制度价值被架空。另一种意见认为,保险法第十六条规定的不可抗辩期间很容易被规避,助长了保险欺诈,导致了逆向选择,应在制度上予以规制。对保险法第十六条第三款规定'自合同成立之日起超过二年的,保险人不得解除合同;发生保险事故的,保险人应当承担赔偿或者给付保险金的责任。'应做限缩解释,自合同成立之日起超过二年后发生保险事故是适用不可抗辩条款的前提,保险事故发生于保险合同成立起两年内的保险人有权解除保险合同并拒赔。还有意见认为,保险合同是最大诚信合同,保险法并未排除合同法规定的适用,在投保人恶意欺诈的情况下,保险人有权依据合同法第五十四条和第五十五条的规定要求撤销保险合同。"上海高院民五庭《全市法院民事审判工作庭长例会》(《上海审判规则》2016年第2期)第3条:"车辆'使用期限'起算问题。(1)问题的由来。车损险合同通常约定车辆按'使用期限'计算折旧。由于本市实施机动车私车额度拍卖政策,部分车主在购车后未能立即获得车牌。在发生重大事故时,保险人主张,应从实际提车日起计算车辆折旧,被保险人则主张应从正式上牌日起算折旧。两者可能相差数个月,引发是否构成全损的争议。(2)我们的倾向性观点。系争问题的实质是当事人就保险条款的含义发生争议,法院应当根据通常理解对'使用'一词进行解释。机动车的使用按通常理解应当是指销售者将车辆交付消费者,使用期限应当从交付时开始起算。在日常生活用语中车辆的使用通常指买车人实际提车上路即开始,至于该车是否正式上牌,一般不在考虑范围。即使购车后,被保险人将之停放在室内观看,也应认为属于使用,并起算车辆折旧。"江西宜春中院《关于审理机动车交通事故责任纠纷案件的指导意见》(2016年1月1日　宜中法〔2015〕91号)第16条:"审查保险合同免除保险人责任条款的效力时,应当遵循意思自治、契约自由的基本原则,严格遵循相关法律与司法解释的规定,不得随意否定免除保险人责任条款的效力。商业保险中,保险人将法律、行政法规、规章、行业规范中的规定情形作为免除保险人责任条款的,人民法院应当进行审查,如果法律、行政法规、规章、行业规范中的规定属于管理性规定的,投保人、被保险人或者受害人以保险人未履行明确说明义务为由主张该条款不生效的,人民法院应予支持;如果法律、行政法规、规章、行业规范中的规定,属于禁止性规定的,投保人、被保险人或者受害人以保险人作出提示后未履行明确说明义务为由主张该条款不生效的,人民法院不予以支持。"重庆高院民一庭《民一庭高、中两级法院审判长联席会议〈机动车交通事故责任纠纷中的法律适用问题解答(二)〉会议综述》(2015年6月26日)第4条:"关于三者险保险合同中'对被保险人家庭成员所造成的损害不予赔偿'条款的效力问题。三者险是商业责任险,是对交强险的补充。投保人自愿、明确接受三者险保险合同中的'对被保险人家庭成员所造成的损害不予赔偿'条款的,该条款有效。从投保人方面看,投保财产险是投保人通过保险的方式救济将来或有债务的一种方式,其自愿、明确接受该条款符合平等自愿原则;从保险人方面看,是否开设某一险种以及设定何种保险条款要符合保险精算原理,并有效防范道德风险。在投保人接受该条款时,只要保险人履行了'免除保险人责任'的提示、说明义务,该条款即为有效。此外,'家庭成员'系法律概念,保险人、投保人无权对其进行任意解释。'第三者'是否系'家庭成员',应依法认定。"第8条:"关于'保险人按照国家基本医疗保险的标准核定医疗费用的赔偿金额'条款的理解与适用问题。根据《城镇职工基本医疗保险用药范围管理暂行办法》(劳社部发〔1999〕15号)规定,为保障职工基本医疗用药,合理控制药品费用,规范基本医疗保险用药范围管理,制定了《基本医疗保险药品目录》,规范了属于职工临床治疗必需的,纳入基本医疗保险给付范围内的药品。国家基本医疗保险是为补偿劳动者因疾病风险造成的经济损失而建立的一项具有福利性质的社会保险制度。为控制医疗保险药品费用的支出,国家基本医疗保险限定了药品的使用范围。关于三者险保险合同中'保险人按照国家基本医疗保险的标准核定医疗费用的赔偿金额'条款,可能产生两种理解:一是保险人对《国家基本医疗保险药品目录》外的药品不承担赔偿责任;二是保险人对《国家基本医疗保险药品目录》外的药品应承担赔偿责任,但是应当参照与实际用药相类似的医保药品的标准来核定医疗费用的赔偿金额。因三者险是商业性质的保险合同,保险人收取的保费金额远远高于国家基本医疗保险,投保人对加入保险的利益期待也远远高于国家基本医疗保险。在上述两种解释均为合理解释时,应当作出不利于保险公司的解释。参照与实际用药相类似的医保药品的标准来核定医疗费用在审判实践中操作起来十分困难,并且容易出现计算错误。为快速化解纠纷,宜由市高法院与保监局、保险行业协会、保险公司协商,确立按非医保用药之百分比来确定赔偿金额的裁判规则。"广东深圳中院《关于**道路交通事故损害赔偿纠纷案件的裁判指引**》(2014年8月14日 深中法发〔2014〕3号)第11条:"侵权车辆方投保交强险,已缴费并经保险公司确认后,在交强险'次日零时生效'条款下交强险保险合同尚未生效期间发生道路交通事故的,赔偿权利人主张该'次日零时生效'条款无效的,人民法院应根据《合同法》第三十九条、《保险法》第十七条、第十九条的规定进行审查。如保险公司未能对该格式条款尽到合理的提示和说明义务,或者无法提供证据证明其就该条款与投保人协商一致的,人民法院可依法认定'次日零时生效'条款无效。"云南高院《关于印发〈关于统一全省保险合同纠纷案件裁判标准的会议纪要〉的通知》(2012年5月15日)第2条:"关于保险合同条款解释问题。会议认为,根据《中华人民共和国保险法》第三十条的规定,保险人与投保人、被保险人以及受益人对保险合同的条款存在争议时,应当按照通常理解予以解释。即按保险合同的有关词句、有关条款、合同的目的、交易习惯以及诚实信用原则,确定条款的真实意思,并可以按照以下规则予以认定:(一)书面约定与口头约定不一致的,以书面约定为准;(二)投保单与保险单或者其他保险凭证不一致的,以保险单或者其他保险凭证载明的内容为准;(三)格式条款与非格式条款不一致的,应当采用非格式条款;(四)保险合同的条款内容因记载方式或者时间不一致的,按照'批单'优于'正文'、'后批注'优于'前批注'、'加贴批注'优于'正文批注'、'特别约定'优于'合同文本'的原则进行解释。对合同条款有两种以上理解的,则应当按照《中华人民共和国保险法》第三十条的规定,作出有利于被保险人、受益人的解释。"江苏高院《**保险合同纠纷案件审理指南**》(2011年11月15日)第7条:"……(1)对'按照通常理解予以解释'如何界定。根据《保险法》第三十条,适用不利解释规则的条件是'按通常理解予以解释后产生了两种以上解释',则'按通常理解予以解释'就成为问题的关键所在,需要就'按通常理解予以解释'作进一步界定。根据合同法原理,合同解释方法有多种,如果穷尽《合同法》第一百二十五条规定的合同解释方法再适用不利解释规则,不符合《合同法》和《保险法》的本意,也将使得不利解释规则对保险条款的规制功能大打折扣,故宜将'按通常理解予以解释'加以适当的限制。采用保险人提供的格式条款订立的保险合同,保险人与投保人、被保险人或者受益人对合同条款有争议的,应当按照合同所使用的词句、合同的有关条款、交易习惯等,确定该条款的真实意思。仍有两种以上解释的,人民法院应当作出有利于投保人、被保险人和受益人的解释。(2)专业术语是否适用不利解释规则。专业术语不适用不利解释规则,但法律之外的专业术语或者其解释所体现的表面文义与实质含义有较大差别、不就该差别予以揭示将对投保人构成普遍性误导的,保险人应就上述差别予以揭示。保险人未就上述差别予以揭示的,有违诚信,应当承担因此产生的不利后果,即人民法院应当适用不利解释规则,作出对投保人、被保险人、受益人有利的解释。"广东高院《关于审理保险合同纠纷案件若干问题的指导意见》(2011年9月2日　粤高法发〔2011〕44号)第25条:"对保险合同条款发生争议的用语属于专业术语的,应当按照其在专业上所具有的意义加以解释。"第26条:"保险人与投保人、被保险人以及受益人对保险合同的格式条款存在争议时,应从保险合同的用词、相关条款的文义、合同目的、交易习惯以及诚实信用原则,认定条款的真实意思;按照上述方法仍有两种以上解释的,应作出有利于被保险人和受益人的解释。"第27条:"保险合同非格式条款与格式条款不一致的,以非格式条款为准;特别约定条款与一般条款不一致的,以特别约定条款为准;书面约定与口头约定不一致的,以书面约定为准。"第28条:"投保单与保险单、其他保险凭证不一致的,以保险单、其他保险凭证的内容为准。但保险人未将保险单或其他保险凭证送达给投保人,或投保人在收到保险单或其他保险凭证后已提出异议,保险人仍同意承保的,以投保人填写的投保单记载内容为准。"第29条:"保险合同内容采用多种记载方式或者出现多个落款日期,按以下规则进行解释:(1)时间在后的约定优于时间在前的约定;(2)手写的约定优于打印的约定;(3)如有批单的,批单优于正文;既有加贴批注也有正文批注的,加贴批注优于正文批注。"江苏高院《印发〈关于审理保险合同纠纷案件若干问题的讨论纪要〉的通知》(2011年1月12日　苏高法审委〔2011〕1号)第24条:"采用保险人提供的格式条款订立的保险合同,保险人与投保人、被保险人或者受益人对合同条款有争议的,应当按照合同所使用的词句、合同的有关条款、交易习惯等,确定该条款的真实意思。仍有两种以上解释的,人民法院应当作出有利于投保人、被保险人和受益人的解释。"第25条:"专业术语不适用不利解释规则,但法律之外的专业术语或者其解释所体现的表面文义与实质含义有较大差别、不就该差别予以揭示将对投保人构成普遍性误导的,保险人应就上述差别予以揭示。保险人未就上述差别予以揭示的,人民法院应当适用不利解释规则,作出对投保人、被保险人、受益人有利的解释。"江西高院《关于印发〈关于审理保险合同纠纷案件若干问题的指导意见(一)〉的通知》(2010年12月21日 赣高法〔2010〕280号)第6条:"投保人对保险人所询问的下列事项不作回答,不应认定为如实告知义务的违反:(一)为保险人所已知的;(二)依常理判断保险人已知的;(三)经保险人声明不必进行告知的。"第7条:"保险人责任免除条款内容明确、具体,并已经使用黑体字等醒目字体或以专门章节予以标识、提示,且投保人以书面明示知悉条款内容的,可以认定保险人履行了责任免除条款的说明义务。"第16条:"对保险合同条款发生争议的用语属于专业术语的,应当按照其在专业上所具有的意义加以解释。"第17条:"保险人与投保人、被保险人以及受益人对保险合同的条款存在争议时,应从保险合同的用词、相关条款的文义、合同目的、交易习惯以及诚实信用原则,认定条款的真实意思;按照上述方法仍有两种以上解释的,应作出不利于保险条款制定方或提供方的解释。"第18条:"保险合同非格式条款与格式条款不一致的,以非格式条款为准;特别约定条款与一般条款不一致的,以特别约定条款为准;书面约定与口头约定不一致的,以书面约定为准。"第19条:"投保单与保险单、其他保险凭证不一致的,保险人已将保险单或其他保险凭证送达给投保人,投保人未提出异议的,以保险单或其他保险凭证的内容为准;保险人未将保险单或其他保险凭证送达给投保人,或投保人在收到保险单或其他保险凭证后已提出异议,保险人仍同意承保的,以投保人填写的投保单记载内容为准。"上海高院民五庭《关于印发〈关于审理保险代位求偿权纠纷案件若干问题的解答(一)〉的通知》(2010年9月19日 沪高法民五〔2010〕2号)第7条:"保险合同对赔偿范围有明确约定的,保险人应按照约定承担保险赔偿责任。但保险人为部分或者全部免除其保险赔偿责任,在其提供的格式合同中规定'按驾驶人在事故中所负事故责任比例,保险人承担相应赔偿责任'、免赔率,免赔额等条款的,法院应当认定为《保险法》第十七条第二款规定的免除保险人责任的条款。保险人未履行提示和明确说明义务的,上述条款不产生效力。如上述条款有效,但保险人与被保险人对该条款含义有争议的,法院应当根据《合同法》第一百二十五条、《保险法》第三十条的规定进行解释。保险合同仅约定'对因由被保险人承担的赔偿责任,保险人负责赔偿'的,一般可以解释为保险人对被保险人所负的全部赔偿责任承担保险赔偿责任,包括对外的连带责任。"浙江高院《关于审理财产保险合同纠纷案件若干问题的指导意见》(2009年9月8日 浙高法〔2009〕296号)第29条:"对保险合同条款发生争议的用语属于专业术语,应当按照其在专业上所具有的意义加以解释。"第30条:"对保险人提供的保险合同格式条款存在争议时,应从保险合同的用词、相关条款的文义、投保人的合理期待、合同目的、交易习惯以及诚实信用原则,认定条款的真实意思;按照上述方法仍有两种以上解释的,应作出不利于保险人的解释。保险合同当事人通过协商确定的个别保险合同的特约条款,对保险人不适用'不利解释原则'。"第31条:"保险合同非格式条款与格式条款不一致的,以非格式条款为准;明示(特约)条款与默示(一般)条款不一致的,以明示(特约)条款为准。"第32条:"投保单与保险单或其他保险凭证记载不一致的,保险人已将保险单或其他保险凭证送达给投保人,投保人未提出异议的,以保险单或其他保险凭证的内容为准;保险人未将保险单或其他保险凭证送达给投保人,或投保人在收到保险单或其他保险凭证后已提出异议,保险人仍同意承保的,以投保人填写的投保单记载内容为准。"福建高院民二庭《关于审理保险合同纠纷案件的规范指引》(2010年7月12日 〔2010〕闽民二3号)第13条:"(保险条款效力大小)在审理保险合同纠纷案件中,保险人与投保人、被保险人或者受益人对保险合同的条款效力大小发生争议时,应按照下列规则予以认定:(一)书面约定与口头约定不一致时的,以书面约定为准;(二)投保单与保险单或者其他保险凭证不一致的,以保险单或者其他保险凭证载明的内容为准;(三)约定条款与格式条款不一致的,以约定条款为准;(四)保险合同的条款内容因记载方式或者时间不一致的,按照'批单'优于'正文'、'后批注'优于'前批注'、'加贴批注'优于'正文批注'、'手写'优于'打印'的规则解释。"第14条:"(如实告知义务范围、内容、举证责任)订立保险合同时,投保人仅在保险人主动询问的情况下负有如实告知义务。投保人如实告知的范围以保险人询问问题为限,且限于保险人询问时投保人知道或应当知道的情况。保险人设计的投保单和风险询问表,视为保险人询问的书面形式。保险合同续保时,保险人就保险标的或者被保险人的有关情况提出询问的,投保人不因曾与该保险人订立过同类保险合同而减轻或免除如实告知义务。保险人应对投保人未履行如实告知义务承担举证责任。"第18条:"(免责条款的说明义务)除本条第二款规定外,订立保险合同时,采用保险人提供的免责条款的,保险人应当根据保险法第十七条第二款的要求,对投保人进行明确说明。保险人对内容为保险人法定免责事由的保险条款,不负有明确说明义务,但仍应根据保险法第十七条第一款的规定对投保人进行说明。保险人对履行说明义务承担举证责任。"第19条:"(说明义务的适用)保险人的分支机构与投保人订立保险合同时,不因为其他分支机构已与该投保人订立有同类保险合同而减轻或免除说明义务。保险合同续保时,保险人不因曾与该投保人订立有同类保险合同而减轻或免除说明义务。"重庆高院《印发〈全市法院保险纠纷案件审判实务研讨会会议纪要〉的通知》(2010年4月7日 渝高法〔2010〕101号)第1条规定:"关于如何确定投保人已履行如实告知义务问题。会议认为,订立保险合同时,投保人应就自己已知或应知事项向保险人如实告知。投保人应当如实告知的范围限于保险人就保险标的或者被保险人的有关情况提出询问的问题。保险公司未询问的视为非重要事项,投保人无如实告知义务。保险人询问内容应明确具体。保险代理人代投保人填写投保单上的内容,投保人签字的,视为投保人对询问内容已经告知;保险代理人明知被保险人未履行如实告知义务仍然同意承保的,保险人不得解除保险合同。"第2条:"关于保险人对免责条款明确说明义务的理解问题。会议认为,保险人免除责任条款,是指保险合同中载明的保险人不负赔偿或给付保险金责任的条款。对保险合同中免除保险人责任的条款,保险人在与投保人签订保险合同时,应当向投保人说明合同的内容。对免责条款,保险人除了在投保单或其他保险凭证上作出足以引起投保人注意的提示外,还应当对有关免责条款的概念、内容及其法律后果等,以书面或者口头形式向投保人作出解释。保险人未作提示或者明确说明的,该条款不产生效力。保险人的说明以一般人能理解为标准。保险人对是否履行了明确说明义务承担举证责任。保险人出具免责附单,投保人在上面申明已知免责条款含义、内容及其法律后果并签字的,应认为保险人已举证证明其已明确说明。保险合同中的免赔率条款,保险人也应向投保人明确说明,否则对被保险人无约束力。"第3条:"……(三)关于保险合同解释的问题。会议认为,保险合同专业用语应以专门领域的解释为准;保险人与投保人、被保险人或者受益人对保险合同的条款有争议时,应按保险条款订立目的、交易习惯以及诚实信用原则,确定该条款的真实意思。书面约定与口头约定不一致的,以书面约定为准;投保单与保险单或者其他保险凭证不一致的,以保险单或者其他保险凭证载明的内容为准;特约条款与格式条款不一致的,以特约条款为准;保险合同的条款内容因记载方式或者时间不一致的,按照'批单'优于'正文'、'后批注'优于'前批注'、'加贴批注'优于'正文批注'、'手写'优于'打印'的规则解释。投保人与保险人对保险条款的理解发生争议,当适用上述原则仍不能得出合理解释时,应对保险条款作出不利于保险人一方的解释,但是投保方拟订保险合同的,应当作出不利于接受方的解释。"广东广州中院《民事审判若干问题的解答》(2010年)第9条:"【交强险各分项责任限额的范围】交强险的死亡伤残责任限额、医疗费用责任限额、财产损失责任限额具体包括哪些赔偿项目?答:对于哪些损失应当纳入死亡伤残责任限额、医疗费用责任限额或财产损失责任限额,在目前法律、行政法规对此没有做出明确规定的情况下,人民法院可以运用各种法律解释方法,对于哪些损失应当纳入死亡伤残责任限额、医疗费用责任限额或财产损失责任限额,作出妥当的、公平合理的解释。具体而言,可按照下列原则处理:(一)医疗费用赔偿限额和无责任医疗费用赔偿限额项下负责赔偿医药费、诊疗费、住院费等已经发生的医疗费用和必要的、合理的后续治疗费;(二)财产损失责任限额和无责任财产损失责任限额项下负责赔偿直接的物质性损失;(三)死亡伤残赔偿限额和无责任死亡伤残赔偿限额项下负责赔偿丧葬费、死亡补偿费、受害人亲属办理丧葬事宜支出的交通费用、残疾赔偿金、残疾辅助器具费、护理费、康复费、交通费、被扶养人生活费、住宿费、误工费、精神损害抚慰金、住院伙食补助费、整容费、营养费、鉴定费等。"云南高院《关于印发〈关于审理保险纠纷案件适用法律若干问题的会议纪要〉的通知》(2009年11月4日 云高法〔2009〕234号)第1条:"保险人与投保人、被保险人以及受益人对保险合同的条款存在争议时,应当按照通常理解予以解释,即按保险合同的有关词句、有关条款、合同的目的、交易习惯以及诚实信用原则,确定该条款的真实意思,并科以按照以下规则予以认定:(1)书面约定与口头约定不一致的,以书面约定为准;(2)投保单与保险单或者其他凭证不一致的,以保险单或者其他保险凭证载明的内容为准;(3)格式条款与非格式条款不一致的,应当采用非格式条款;(4)保险合同的条款内容因记载方式或者时间不一致的,按照'批单'优于'正文'、'后批注'优于'前批注'、'加贴批注'优于'正文批注'、'特别约定'优于'合同文本'的原则进行解释。"第2条:"按照通常理解让人有两种以上理解的,则应当按照《中华人民共和国保险法》第三十条的规定,作出有利于被保险人、受益人的解释。"浙江高院民一庭《全省法院民事审判业务培训班问题解答》(2008年6月25日)第5条:"……保险公司认为,驾驶未取得驾驶资格或醉酒的,保险公司不应承担赔偿责任。该抗辩是否成立?答:不能成立。首先,根据《道路交通安全法》第七十六条的规定,机动车发生交通事故造成人身伤亡的,由保险公司在第三者责任强制保险责任限额范围内予以赔偿,不考虑机动车方是否有过错。这是由交强险的社会险性质决定的。其次,《机动车交通事故责任强制保险条例》第二十二条第一款仅规定垫付抢救费用问题(目的在于回应《道路交通安全法》第七十五条关于抢救费用的规定,解决特殊情形下的紧急费用垫付及追偿问题),第二款仅规定保险公司对财产损失不承担赔偿责任,并没有规定免除保险公司对人身伤亡赔偿责任。再次,对《条例》第二十二条的理解存在分歧时,应根据交强险的性质和目的,作有利于受害人的解释。最后,《机动车交通事故责任强制保险条款》第九条违反了《道路交通安全法》第七十六条规定,应认定无效。"重庆高院《关于印发〈全市第二次民事审判工作会议纪要(民商事审判部分)〉的通知》(2007年12月29日 渝高法〔2008〕2号)第4条:"适用《中华人民共和国保险法》应当注意的问题。(一)关于保险合同的解释。(1)对保险合同中所使用的专业术语应当按照其专业的含义进行解释而不能按通常的意义或常人的理解进行解释。(2)对于保险合同中约定属保险监督管理机构制定的强制性保险条款内容发生争议时,不适用不利解释原则。对保险人自行制定的保险合同条款,在保险合同当事人对条款合同发生争议时,应在先穷尽其他解释原则的情况下,对保险人适用不利解释原则。当保险合同语义明晰时,不得适用不利解释原则……"北京高院《关于印发〈北京市高级人民法院关于审理保险纠纷案件若干问题的指导意见(试行)〉的通知》(2005年3月25日 京高法发〔2005〕67号)第15条:"保险监督管理机构制定的强制性保险条款不属于保险合同的格式条款,保险合同当事人对其内容发生争议时,对保险人不应当适用'不利解释原则'。"第16条:"保险人对保险监督管理机构制定的示范性保险条款决定使用或者经过变更使用的,应当视为保险人自行制定的条款,具有格式条款的性质,在保险合同当事人对条款内容发生争议且已穷尽其他解释原则的情况下,对保险人应当适用'不利解释原则'。"第17条:"保险人自行制定的保险合同条款,具有格式条款的性质,在保险合同当事人对条款内容发生争议且已穷尽其他解释原则的情况下,对保险人应当适用'不利解释原则'。"第18条:"保险合同当事人通过协商确定的个别保险合同的特殊条款,不具有格式条款的性质,对保险人不适用'不利解释原则'。"

5. 参考案例。①2017年河南某保险合同纠纷案,2015年,赵某驾驶摩托车与实业公司司机张某停放在路侧货车追尾相撞,造成赵某当场死亡。经交警认定,赵某无证、醉驾未登记机动车,负事故主要责任;张某醉酒后在道路上临时停车时妨碍其他车辆通行,负事故次要责任。2016年,实业公司、张某赔偿死者21万元后,实业公司要求保险公司理赔,保险公司以张某醉酒后驾驶机动车为由拒赔致诉。法院认为:保险公司应对保险合同中约定的免责条款履行明确说明义务。免责条款说明义务履行因免责事由不同而分为两种标准。当免责事由为法律、行政法规禁止性规定时,可由保险人对免责条款以适当方式作出提示,而除此以外的免责事由,保险人均需就免责条款向投保人以口头或书面形式作出常人能够理解的解释说明。本案中,保险公司主张的免责条款,其规定的免责事由为驾驶人饮酒之后使用被保险机动车,由于"使用"之义为使人、物、资金等为某种目的服务,故驾驶人饮酒后使用被保险机动车行为不能完全等同于饮酒后驾驶被保险机动车,法律、行政法规虽禁止酒后驾驶却未禁止驾驶人酒后使用被保险机动车规定,故酒后使用被保险机动车不必然属于法律、行政法规禁止性免责事由,对于该条款保险公司应向投保人以书面或口头形式作出常人能够理解的解释说明。保险公司不能证明其是否对免责条款中"使用"概念、内容及其法律后果均进行了说明,以及其说明是否达到常人能够理解程度,不能认定已充分履行了明确说明义务。"驾驶"作为动词词组,其含义为"操纵车、船、飞机等行驶",是人机互动过程。停车后使用被保险机动车并不等于驾驶被保险机动车,被保险机动车停止行驶后驾驶人应属于停止驾驶而不是继续驾驶,且根据事故责任认定书所示,本案事故发生系张某不当停车而引发,而非因张某酒后驾驶机动车撞向他人直接引发,故本案保险事故发生与保险公司主张的免责事由不存在因果关系。对格式条款理解发生争议的,应作出不利于提供格式条款一方的解释。《合同法》规定,对格式条款有两种以上解释的,应作出不利于提供格式条款一方的解释。《保险法》第 30 条规定,在双方对条款理解有争议,存在两种以上解释情况下,应作出对被保险人有利的解释。本案中,双方对"驾驶人饮酒后使用被保险机动车发生保险事故,保险公司不负责赔偿责任"这一保险条款理解发生争议。实业公司认为司机饮酒后将机动车停在路边,不属于酒后驾驶机动车,保险公司认为属于酒后驾驶,双方存在两种解释,应根据上述规定作出对实业公司有利的认定。判决保险公司赔付实业公司保险理赔金 14.9 万余元。②2014 年**江苏某保险合同纠纷案**,2013 年,梅某投保车损险的起重机在使用过程中倾覆,经鉴定损失 14 万余元。保险公司以该车保险金额 30 万余元、新车购置价 60 万余元,依保险合同约定的比例赔付原则只能赔偿 50%。法院认为:特种车保险条款已明确保险范围含有"倾覆",因双方一致认可车辆在使用过程中倾覆,则应确认案涉保险事故属保险责任范围。至于保险公司主张车辆可能系因失去重心或是吊升、举升物体而造成机动车损失应属保险责任免除问题,而非保险责任范围问题,且保险公司对前述推测未能举证证明。《保险法》第 17 条规定,保险公司对于免责条款必须承担明确说明义务,该项说明义务是指保险人在订立合同之时不仅采用足以引起投保人注意的文字、符号等标识对免责条款进行提示,且投保人对保险人履行上述义务进行签字或盖章认可,才能认定保险人已经履行明确说明义务。保险公司主张缴纳保费即视为对盖章或签字行为的追认无法律依据,法院不予支持。故即使本案存在免责情形,因保险公司无证据证明已尽到明确说明义务,**免责条款对梅某不生效**。依最高人民法院《关于适用〈中华人民共和国保险法〉若干问题的解释(二)》第 9 条规定,保险人提供的格式合同中比例赔付等免除或减轻保险人责任的条款,可以认定为《保险法》第 17 条第 2 款规定的免责条款。**因保险公司未能对格式合同中的比例赔付免责条款尽到明确说明义务,故该条同样对梅某不发生效力**。另外,根据《合同法》第 40 条及《保险法》第 19 条规定,提供格式条款一方,免除提供条款一方依法应承担的责任或加重对方责任的,格式条款无效。本案中,因梅某所购车辆并非新车,如按特种车保险条款规定,梅某要想实际损失得到全部赔付,只能按新车购置价投保,则其需缴纳本无须支付高额的保费,否则如按实际价值投保,赔付时只能按比例得到部分赔付。因车辆损失险是一种损失补偿保险,被保险人获得赔偿依据是其实际损失,其在缴纳与 30 万元相对应的保费后,却得到部分赔付,该条款在设置上加重了投保人的责任,减轻了保险人依法应承担责任,不符合《保险法》基本原理,亦有违公平原则,应认定为无效条款。判决保险公司按鉴定结论支付梅某 14 万余元。③2013 年**重庆某保险合同纠纷案**,2011 年,汪某驾驶运输公司车辆因操作不当致侧翻,车载货物撒落造成附近房屋及物品损失 4 万余元。交警认定汪某全责。2012 年,因保险公司以保险合同约定"车载货物掉落、泄漏、腐蚀造成的任何损失和费用保险人不负责赔偿"免责条款为由拒赔致诉。法院认为:运输公司作为投保人虽在投保人声明栏和保险条款签字栏盖章,但从其声明内容看,并不能充分证明保险公司就免责条款概念、内容及法律后果向运输公司进行了明确说明,故该免责条款不生效。即使上述条款生效,该条款亦存在不同理解:是车辆正常行驶过程中车载货物掉落还是车辆发生交通事故过程中车载货物掉落;是指货物本身损失还是包含致使第三者遭受人身伤亡和财产直接损毁。依《保险法》关于两种以上解释的格式条款有利于被保险人和受益人的解释原则,对该条款应按有利于被保险人来解释,则本案保险车辆发生交通事故,致使车载货物掉落造成第三方损失时,不属于保险责任免除情形,不适用责任免除条款。造成本案保险事故直接原因是保险车辆侧翻,才导致车载货物撒落造成损失,而非车辆正常行驶过程中单独的货物撒落造成第三者损失。投保时保险公司明知保险车辆使用性质与车辆用途,保险车辆用于货物运输为正常使用,而用于货物运输的车辆发生侧翻的交通事故后,车载货物撒落是其直接结果,车载货物撒落与发生交通事故不能割裂。驾驶员操作不当导致侧翻,车上货物撒落造成损失,系一无其他因素介入中断的连续过程,由此造成第三者损失应认定为交通事故造成的直接后果,此与车辆在正常行驶过程中单独的货物撒落造成损失不同,不属于保险条款中关于"车载货物掉落、泄漏、腐蚀造成的任何损失和费用保险人不负责赔偿"免责条款中的情况。故即使上述免责条款产生效力,本案保险事故亦不属于该免责条款约定的情况,故判决保险公司承担赔偿保险金责任。④2013年**江苏某保险合同纠纷案**,2011年,运输公司车辆因躲避行人而紧急刹车,导致车上货物坠落。运输公司要求保险公司依货损险"因意外事故致使车上货物遭受直接毁损"条款理赔时,保险公司以"因紧急刹车造成货损"的免责条款拒赔。法院认为:一般而言,紧急刹车是机动车正常行驶中遇到突发情况时所采取的常规避险措施,亦符合道路交通安全法律规范要求。车辆发生紧急情况时采取紧急刹车,极易造成车载货物坠落、倒塌、撞击和泄漏并由此产生损失,机动车投保人向保险人投保车上货物责任险目的,亦在于减轻机动车行驶过程中货物损失风险。案涉保险合同约定"因意外事故致使车上货物遭受直接毁损",本案被保险人为避让他人采取紧急刹车致车上货物坠落毁损,理应属于车上货物责任险基本承保范围。案涉保险合同单独约定因紧急刹车导致货物毁损的免责条款,显然有违投保人投保车上货物损失保险的预期目的,该格式条款排除了投保人享有的主要权利,违背了被保险人的合理期待,损害了被保险人利益,亦与道路交通安全法律法规精神相悖,故保险公司不能据此免责。判决保险公司赔偿运输公司保险金2万余元。⑤2011年**浙江某保险合同纠纷案**,2009年7月,王某车辆与施某摩托车相撞,交警认定主次责任。法院判决王某赔偿交强险不足部分的75%计15万余元,保险公司以机动车第三者责任保险约定精神损害抚慰金、医保外用药不赔,主要责任按70%赔偿为由只赔付10万余元。2011年,王某起诉保险公司,要求支付余下5万余元。法院认为:因本案中机动车第三者责任保险合同成立时间及事故发生时间均在2009年新修订《保险法》实施之前,故本案应适用修订前2002年《保险法》。依该法第50条第2款对责任保险所作定义,责任保险是指以被保险人对第三者依法应负赔偿责任为保险标的的保险,故如双方在合同中无另行特别约定,则被保险人赔偿责任即为保险人赔偿责任,此符合保险制度功能设定及价值取向,亦合乎投保人对保险利益的期待。本案中,保险公司在订立保险合同时未对机动车第三者责任保险免责条款向王某明确说明,故该条款不发生效力,保险公司关于精神抚慰金、鉴定费及部分医疗费已由双方合同约定不属赔偿范围辩称,法院不予采纳。关于营养费,保险合同中并未作出明确免责约定,保险公司以行业惯例为由不予赔付,于法无据。机动车第三者责任保险条款明确表明"保险人依据被保险机动车驾驶人在事故中所负的事故责任比例,承担相应的赔偿责任",本案中驾驶人事故责任比例已由法院生效判决确定为75%,故保险公司赔偿责任应以该比例计。保险条款关于适用约定比例"70%"确定事故责任比例的约定,即使有效,亦仅适用于事故责任比例未确定情形,并不适用本案。判决保险公司给付王某保险金5万余元。⑥2013年**上海某交通事故纠纷案**,2011年,彭某被阚某驾车撞伤。关于彭某医疗费部分,保险公司以保险合同"非医保免赔"约定主张免责。法院认为:国家基本医疗系为补偿劳动者因疾病风险造成的经济损失而建立的一项具有福利性的社会保险制度。为控制医疗保险药品费用支出,才对药品使用范围予以限定。本案中,保险合同属于商业保险合同,保险人收取的保险费远高于国家基本医疗保险,投保人对保险利益、被保险人期待亦远高于国家基本医疗保险,故"非医保免赔"条款明显减轻保险人责任、限制投保人权利,应认定为免责条款。保险人对免责条款应尽提示和明确说明义务。明确说明要求保险人对保险合同中有关免除保险人责任条款概念、内容及法律后果以书面或口头形式向投保人作常人能理解的说明。本案中,保险人既未在保险合同及相关保险凭证上对"非医保免赔"概念、内容、范围等作出解释,亦无其他证据证明其已履行明确说明义务。"正常人能理解"一般指具有普通智识能力的主体能理解,但即便是专业人士,尚不完全明了"国家基本医疗保险""非医保"用药种类和范围,且"国家基本医疗保险"并不等同于"非医保",故本案"非医保免赔"条款应认定无效。⑦2004年**四川某保险合同纠纷案**,2000年,王某持交管局合法的机动车学习驾驶证和将自己照片粘贴在汪某正式驾驶证上的伪造驾驶证,与无驾驶教练员资格的汪某长途驾驶途中,因疲劳驾驶肇事,致第三者伤亡的重大交通事故。王某向交警出示的是伪造驾驶证,并自称系汪某。后交警认定王某、汪某分负主、次责任。王某赔付第三者损失后向保险公司办理赔时遭拒致诉。法院认为:王某事发后向公安机关出示的是将自己照片粘贴在汪某正式驾驶证上的伪造的驾驶证,并在接受公安机关第一次询问时称自己是汪某,可见,王某自己伪造正式驾驶证,其行为本身违法,且肇事后向公安机关出示伪造的驾驶证并非出示自己的学习驾驶证,且谎称自己是汪某,<u>不能认定王某不知道伪造的驾驶证是无效驾驶证</u>。作为投保人的王某故意不将此情节告知保险公司,反而以自己持学习驾驶证驾驶、保险公司未尽到免责条款说明义务抗辩,其理由不成立。保险合同在免责事由中约定"无有效驾驶证",作为一般人均应明白伪造的驾驶证不能叫有效驾驶证,《合同法》中对格式条款理解发生争议时明文规定,应按通常理解予以解释。同时,格式合同承诺内容的确定性,即在受要约人对合同内容承诺时,其内容已确定下来,受要约人亦只能根据已确定内容作出选择承诺与否表示。本案中,双方签订保险合同时,保险公司提供的投保单上明确说明了投保人应对责任免除和被保险人义务条款明确无误后签字,投保人并未提出要求对格式条款中免除责任条款予以说明,之后王某签字即作出明确承诺,故保险公司有理由认为投保人对免责条款内容清楚,无任何异议即保险公司无必要对免责条款逐条、逐款,甚至条款中规定的具体的内容作出详尽说明,故<u>应认定保险公司对免责条款已尽明确说明义务</u>,发生事故不属保险责任赔偿范围,判决驳回王某诉请。⑧2010年**江苏某保险合同纠纷案**,2008年6月,单某驾车上坡熄火,车上无人、未拉手刹情况下,车旁的单某母亲姚某为阻止车辆下滑而被撞倒死亡。保险公司以车辆非"通行"状态肇事拒赔交强险、商业三者险。法院认为:单某虽系被保险人,但其系死者姚某的唯一第一顺序继承人,作为死者近亲属有权向保险公司在机动车强制保险责任范围内主张权利。根据交强险条例规定,机动车在道路以外的地方通行时发生事故,造成人身死亡、财产损失的赔偿,比照适用该条例。<u>所谓"通行"状态,应结合机动车造成第三者损害事故之概率认定,而不能扩大到机动车任何运动位移之状态</u>。本案事故车辆是在驾驶行为中断后,车内无人、熄火以及未拉手刹状态下,因施救处置不当而倒溜,此情形不应属于驾驶"通行"状态,造成机动车外第三者姚某死亡,不属于保险公司在机动车交强险理赔的范畴。⑨2010年**重庆某保险合同纠纷案**,2009年6月,赵某与黄某发生纠纷并致伤黄某后,驾驶向蒋某借来的车辆离开途中,与他人车辆相撞致赵某死亡、所驾车辆报废。交警认定赵某负主要责任。蒋某的损失:赔偿赵某亲属驾驶员损失1万元、车辆报废损失7.6万元。公安机关认定赵某致伤黄某构成故意伤害,因赵某死亡作出不予处理决定。保险公司以赵某肇事时利用被保险车辆"从事犯罪活动"拒赔。法院认为:赵某驾驶被保险车辆发生交通事故前,虽与他人发生纠纷,并持械致他人受伤,但该车辆与他人所受伤害之间没有任何关联性,<u>本案发生交通事故的保险标的车辆并未用于犯罪的实行(实施)阶段,故保险公司以赵某利用被保险车辆"从事犯罪活动"证据不充分</u>,判决保险公司赔偿蒋某车辆损失7.6万元、司机座位责任损失1万元。⑩2009年**广东某保险合同纠纷案**,

2007年9月,崔某投保车辆被盗,保险公司以保险合同约定"未按规定检验或检验不合格"的免责条款拒赔。法院认为:案涉保险车辆有公安机关核发的行驶证和号牌,但是否"未按规定检验或检验不合格"?首先,保险条款为格式条款,由保险人制作印发交给投保人,投保人无权修改,那么,保险人应当保证条款公平,文义易于理解及明确,否则应作出对其不利的解释。<u>上述条款"未按规定检验或检验不合格",对按照什么规定检验,检验的机构、检验时间、检验项目等均不明确</u>。其次,保险人亦未能举证证明其对该免责条款向被上诉人作出解释、说明,故根据《合同法》第41条的规定,对格式条款提供人作出不利解释,保险公司所主张的被保险车辆未按《道路交通安全法》进行安全技术检验符合保险条款规定,其可以免除赔偿责任的理由不充分,同时,被保险车辆被盗与车辆有无检验合格没有因果关系,不存在增加保险公司风险的问题,故判决保险公司承担赔偿责任。⑪2007年<u>河南某保险合同纠纷案</u>,2007年,苗某投保人身伤害保险,约定"被保险人在驾车过程中遭受意外伤害"或死亡,保险公司支付保险金。苗某驾车途中,车厢冒烟,停车检修时被车厢砸中头部致死。魏某作为受益人诉保险公司支付身故保险金10万余元。法院认为:保险合同条款中并未对"驾驶车辆过程中"作特别解释,亦不包含检修车辆时发生伤亡不支付保险金的免责条款。双方对该条款有争议,应作出对受益人有利的解释。即<u>"驾驶车辆过程中"应理解为驾驶车辆的整个过程中,即从出发地到目的地的过程中,包含驾驶过程中检修车辆的行为</u>。苗某在驾驶车辆途中,发现车辆故障,在下车检修时发生意外伤亡事故,应属在驾驶车辆过程中遭受意外伤亡,保险公司应支付保险金。

【同类案件处理要旨】

对保险人提供的机动车保险合同格式条款存在争议时,应从保险合同的用词、相关条款的文义、投保人的合理期待、合同目的、交易习惯以及诚实信用原则,认定条款的真实意思;按照上述方法仍有两种以上解释的,应作出不利于保险人的解释。

【相关案件实务要点】

1.【"通行"】事故车辆不属于驾驶运行的"通行"状态,造成机动车外第三者死亡,不属于保险公司在机动车交强险理赔的范畴。案见江苏盐城中院(2010)盐民终字第0837号"单某诉某保险公司道路交通事故损害赔偿案"。

2.【"按规定检验"】车辆"检验"可分为车主自检、4S店的检测和年检时行政部门指定检测所的检测;"按规定"也可分为按生产厂家规定、按4S店规定和按车辆管理部门的规定。根据格式条款的解释规则,在出现对格式条款有不同解释的情况下,应按歧义不利于提供格式条款的一方的解释规则去解释,并不对条款加以类推、扩张或补充,以避免损害当事人的利益,故法院不认定"投保车辆未按时年检"属于"未按规定检验",从而判决保险公司要承担赔偿责任。案见广东广州中院(2009)穗中法民二终字第 3 号"崔某诉某保险公司保险合同纠纷案"。

3.【"医保外用药"】保险条款中的"国家基本医疗保险的标准"并无明确具体的含义,保险公司将其定义为"医疗用药的范围"无法律依据。根据《合同法》关于格式条款争议解释规则,在涉案保险合同争议条款的含义不明确的情况下,应当作出不利于保险公司的解释,即争议条款不能理解为"医保外用药不予理赔"。案见江苏江宁区法院 2010 年 5 月 19 日判决"段某诉某保险公司保险合同纠纷案"。

4.【"从事犯罪活动"】被保险车辆驾驶员与他人发生纠纷后并致伤他人后,驾车离开途中与其他车辆相撞发生交通事故,因发生交通事故的保险标的车辆并未用于犯罪的实行(实施)阶段,故不应认定以被保险车辆"从事犯罪活动"。案见重庆一中院(2010)渝一中法民终字第 2808 号"蒋某诉某保险公司保险合同纠纷案"。

5.【"驾驶车辆过程中"】保险合同格式条款中"驾驶车辆过程中"存在两种以上解释的,应作出不利于提供格式条款一方的解释,应理解为驾驶车辆的整个过程中,即从出发地到目的地的过程中,包含驾驶过程中检修车辆的行为。案见河南商丘中院(2007)商民终字第 877 号"魏某诉某保险公司保险合同纠纷案"。

【附注】

参考案例索引:江苏江宁区法院 2010 年 5 月 19 日判决"段某诉某保险公司保险合同纠纷案",见《段天国诉中国人民财产保险股份有限公司南京市分公司保险合同纠纷案》,载《最高人民法院公报·案例》(201103:482);另见《未尽到明确说明义务的保险合同免责条款无效》(程序),载《人民司法·案例》(201120:4)。①河南焦作中院(2017)豫 08 民终 68 号"某实业公司与某保险公司保险合同纠纷案",见《财产保险合同中免责抗辩是否成立的认定——河南沁阳法院判决保通公司诉联合财险保险合同纠纷案》(宋鹏、訾东东),载《人民法院报·案例精选》(20180712:6)。②江苏淮安中院(2014)淮中商终字第 58 号"梅某与某保险公司保险合同纠纷案",见《梅振中诉人保仪征支公司按比例支付财产保险赔偿金条款无效案》,载《江苏省高级人民法院公报》(201502/38:59)。③重庆渝中区法院(2013)中区民初字第 07078 号"重庆顺庆汽车运输有限公司与太平财产保险有限公司重庆分公司保险合同纠纷案",见《交通事故致车载货物撒落造成第三者损失保险公司应赔偿》(姚铸、高婷桦),载《人民司法·案例》(201522:74)。④江苏徐州云龙区法院(2013)云商初字第1503号"某运输公司与某保险公司保险合同纠纷案",见《徐州大力运输公司诉都邦财险公司紧急刹车致车上货物损害保险赔偿纠纷案》,载《江苏省高级人民法院公报》(201601/43:65)。⑤浙江慈溪法院(2011)甬慈商初字第655号"王某与某保险公司保险合同纠纷案",见《王利新诉阳光财产保险股份有限公司宁波分公司责任保险合同案(格式条款)》(黄文琼、沈平),载《中国审判案例要览》(2012商:296)。⑥上海二中院(2013)沪二中民一(民)终字第1338号"彭某与阚某等机动车交通事故责任纠纷案",见《彭聚有诉阚丽等机动车交通事故责任纠纷案("非医保免赔"保险条款的法律性质及效力认定)》(王强祥、纪学鹏、邵文龙、董春凯),载《中国审判案例要览》(2014民:146)。⑦四川泸州中院"某保险公司与王某保险合同纠纷案",见《中国人民保险公司叙永县支公司与王波保险合同纠纷案——关于保险人对保险合同条款是否已尽说明义务的理解与认定》,载《审判监督指导·案例评析》(200401/13:100)。⑧江苏盐城中院(2010)盐民终字第0837号"单某诉某保险公司道路交通事故损害赔偿案",见《非道路交通事故保险理赔要件之认定——江苏盐城中院判决单志祥诉中华联合财保公司道路交通事故损害赔偿案》(林毅),载《人民法院报·案例指导》(20101125:6)。⑨重庆一中院(2010)渝一中法民终字第2808号"蒋某诉某保险公司保险合同纠纷案",见《蒋顺勇诉中国平安财产保险股份有限公司重庆分公司保险合同案》(王洪斌),载《中国法院2012年度案例:保险纠纷》(95)。⑩广东广州中院(2009)穗中法民二终字第3号"崔某诉某保险公司保险合同纠纷案",见《崔兰诉中国人民财产保险股份有限公司广州市荔湾支公司财产保险合同纠纷案》(黄惜暖),载《人民法院案例选》(201101:12)。⑪河南商丘中院(2007)商民终字第877号"魏某诉某保险公司保险合同纠纷案",见《保险合同中条款约定不明应如何理解——河南商丘中院判决魏美平等保险合同纠纷案》(范中芳、杨新建、陈金华),载《人民法院报·案例指导》(20080418:5)。

78. 无证驾驶机动车认定

——驾车需资格，如何算无证？

【驾驶资格】

【案情简介及争议焦点】

2006年3月，曾某投保车辆肇事并负全责，刑事附带民事调解书确定曾某赔偿受害人12万元，实际给付8万元。嗣后，公安交管部门吊销了曾某的驾照。保险公司以曾某10年前不满18周岁就初次申办驾驶证且申报出生日期隐瞒为1970年出生，系无效驾驶证而拒赔。

争议焦点：1. 驾照是否有效？2. 保险是否赔付？

【裁判要点】

1. 驾照有效。 曾某初次申领驾照时有年龄上的瑕疵，但其间其驾驶证已经过多次年审合格，其他条件也符合驾驶条件，故应认定曾某具有驾驶资质。曾某驾驶证是由行政机关核发，且在有效期内，应为有效。

2. 保险赔付。 公安交管部门吊销曾某驾驶证系因此次交通事故曾某已构成违法犯罪。曾某驾照是否无效应属公安部门行政处理范畴，保险机构无权自行认定驾驶证无效，故保险公司依法仍应承担赔付责任。

【裁判依据或参考】

1. 法律规定。《道路交通安全法》(2004年5月1日实施，2011年4月22日修正)第19条："驾驶机动车，应当依法取得机动车驾驶证。申请机动车驾驶证，应当符合国务院公安部门规定的驾驶许可条件；经考试合格后，由公安机关交通管理部门发给相应类别的机动车驾驶证。持有境外机动车驾驶证的人，符合国务院公安部门规定的驾驶许可条件，经公安机关交通管理部门考核合格的，可以发给中国的机动车驾驶证。驾驶人应当按照驾驶证载明的准驾车型驾驶机动车；驾驶机动车时，应当随身携带机动车驾驶证。"第76条："机动车发生交通事故造成人身伤亡、财产损失的，由保险公司在机动车第三者责任强制保险责任限额范围内予以赔偿；不足的部分，按照下列规定承担赔偿责任……"

2. 行政法规。《机动车交通事故责任强制保险条例》(2013年3月1日修改施行)第11条:"投保人投保时,应当向保险公司如实告知重要事项。重要事项包括机动车的种类、厂牌型号、识别代码、牌照号码、使用性质和机动车所有人或者管理人的姓名(名称)、性别、年龄、住所、身份证或者驾驶证号码(组织机构代码)、续保前该机动车发生事故的情况以及保监会规定的其他事项。"第14条:"保险公司不得解除机动车交通事故责任强制保险合同;但是,投保人对重要事项未履行如实告知义务的除外。投保人对重要事项未履行如实告知义务,保险公司解除合同前,应当书面通知投保人,投保人应当自收到通知之日起5日内履行如实告知义务;投保人在上述期限内履行如实告知义务的,保险公司不得解除合同。"第22条:"有下列情形之一的,保险公司在机动车交通事故责任强制保险责任限额范围内垫付抢救费用,并有权向致害人追偿:(一)驾驶人未取得驾驶资格或者醉酒的;(二)被保险机动车被盗抢期间肇事的;(三)被保险人故意制造道路交通事故的。有前款所列情形之一,发生道路交通事故的,造成受害人的财产损失,保险公司不承担赔偿责任。"《道路交通安全法实施条例》(2004年5月1日,2017年10月7日修订)第28条:"机动车驾驶人在机动车驾驶证丢失、损毁、超过有效期或者被依法扣留、暂扣期间以及记分达到12分的,不得驾驶机动车。"

3. 司法解释。最高人民法院《关于审理道路交通事故损害赔偿案件适用法律若干问题的解释》(2012年12月21日,2020年修改,2021年1月1日实施)第11条:"道路交通安全法第七十六条规定的'人身伤亡',是指机动车发生交通事故侵害被侵权人的生命权、身体权、健康权等人身权益所造成的损害,包括民法典第一千一百七十九条和第一千一百八十三条规定的各项损害。道路交通安全法第七十六条规定的'财产损失',是指因机动车发生交通事故侵害被侵权人的财产权益所造成的损失。"第15条:"有下列情形之一导致第三人人身损害,当事人请求保险公司在交强险责任限额范围内予以赔偿,人民法院应予支持:(一)驾驶人未取得驾驶资格或者未取得相应驾驶资格的……保险公司在赔偿范围内向侵权人主张追偿权的,人民法院应予支持。追偿权的诉讼时效期间自保险公司实际赔偿之日起计算。"最高人民法院《关于当前形势下加强民事审判切实保障民生若干问题的通知》(2012年2月15日 法〔2012〕40号)第5条:"……在醉酒驾驶、无证驾驶等违法情形的责任承担上,应当在确定保险公司承担相应的赔偿责任的同时,赋予保险公司追偿权;在未投保情形下的责任承担上,应当由机动车一方先承担交强险限额内的赔偿责任,其余部分按照侵权责任认定和划分。"最高人民法院《关于公安交警部门能否以交通违章行为未处理为由不予核发机动车检验合格标志问题的答复》(2008年11月17日 〔2007〕行他字第20号):"《道路交通安全法》第十三条对机动车进行安全技术检验所需提交的单证及机动车安全技术检验合格标志的发放条件作了明确规定:'对提供机动车行驶证和机动车第三者责任强制保险单的,机动车安全技术检验机构应当予以检验,任何单位不得附加其他条件。对符合机动车国家安全技术标准的,公安机关交通管理部门应当发给检验合格标志。'法律的规定是清楚的,应当依照法律的规定执行。"最高人民法院《关于对审理农用运输车行政管理纠纷案件应当如何适用法律问题的答复》(2000年2月29日 法行〔1999〕第14号):"……机动车道路交通应当由公安机关实行统一管理;作为机动车一种的农用运输车,其道路交通管理包括检验、发牌和驾驶员考核、发证等,也应当由公安机关统一负责。人民法院审理农用运输车行政管理纠纷案件,涉及相关行政管理职权的,应当适用《中华人民共和国道路交通管理条例》和《国务院关于改革道路交通管理体制的通知》和有关规定。"

4. 部门规范性文件。 公安部《关于转发人民法院对交通事故涉及超标电动车生产销售企业依法承担赔偿责任有关判决的通知》(2018年1月8日 公交管〔2018〕9号):"近年来,超标电动车(含二轮、三轮、四轮电动车)在一些地区特别是中小城市逐步蔓延,这类车辆及其生产企业普遍未列入国家《道路机动车辆生产企业及产品公告》(以下简称《公告》),车辆各项技术指标不符合国家强制性标准,安全性能差,上路行驶极易发生道路交通事故,且未投保相关保险,严重侵害了群众利益,给道路交通安全、交通秩序、矛盾化解带来诸多不利影响。对此,一些地方人民法院在审理涉及超标电动车交通事故的民事诉讼中,依法判决车辆生产销售企业承担相应赔偿责任,为各地从源头治理违规生产销售超标电动车行为开阔了思路、提供了借鉴。现将部分判决及案件评析转发给你们,请认真学习参考:在交通事故调查处理工作中,充分运用法治思维和法治手段,积极引导当事人对超标电动车生产销售企业提起民事诉讼,依法要求承担赔偿责任,有效通过法律途径维护自身合法权益,对涉嫌构成犯罪的,要主动作为,积极协调公安机关有关警种立案侦查,依法追究刑事责任,倒逼企业停止违法违规行为。"公安部《机动车驾驶证申领和使用规定》(2013年1月1日)第67条:"机动车驾驶人具有下列情形之一的,车辆管理所应当注销其机动车驾驶证:……(七)超过机动车驾驶证有效期一年以上未换证的……有第一款第四项至第十项情形之一,未收回机动车驾驶证的,应当公告机动车驾驶证作废。有第一款第七项、第八项情形之一被注销机动车驾驶证未超过二年的,机动车驾驶人参加道路交通安全法律、法规和相关知识考试合格后,可以恢复驾驶资格。"中国保监会《关于机动车交通事故责任强制保险中"未取得驾驶资格"认定问题的复函》(2007年11月29日 保监厅函〔2007〕327号):"……你院关于柳兆福诉中国大地保险股份有限公司辽源支公司一案的咨询函收悉。经研究,函复如下:根据《机动车交通事故责任强制保险条例》第二十二条以及《机动车交通事故责任强制保险条款》第九条的规定,驾驶人未取得驾驶资格的,保险公司不承担赔偿责任。在实务中,'未取得驾驶资格'包括驾驶人实际驾驶车辆与准驾车型不符的情形。根据我国机动车驾驶证申领使用的相关规定,驾驶人需要驾驶某种类型的机动车,须经考试合格后取得相应的准驾车型资格,因此,实际驾驶车辆与准驾车型不符应认定为'未取得驾驶资格'。"中国保监会《关于交强险有关问题的复函》(2007年4月10日 保监厅函〔2007〕77号)第2条:"根据《条例》和《条款》,被保险机动车在驾驶人未取得驾驶资格、驾驶人醉酒、被保险机动车被盗抢期间肇事、被保险人故意制造交通事故情形下发生交通事故,造成受害人受伤需要抢救的,保险人对于符合规定的抢救费用,在医疗费用赔偿限额内垫付。被保险人在交通事故中无责任的,保险人在无责任医疗费用赔偿限额内垫付。对于其他损失和费用,保险人不负责垫付和赔偿。"公安部《道路运输从业人员管理规定》(2007年3月1日)第48条:"违反本规定,有下列行为之一的人员,由县级以上道路运输管理机构责令改正,处200元以上2000元以下的罚款;构成犯罪的,依法追究刑事责任:(一)未取得相应从业资格证件,驾驶道路客货运输车辆的;(二)使用失效、伪造、变造的从业资格证件,驾驶道路客货运输车辆的;(三)超越从业资格证件核定范围,驾驶道路客货运输车辆的。"国务院法制办《对〈关于对《中华人民共和国道路交通安全法》及其实施条例有关法律条文的理解适用问题的函〉的答复》(2005年12月5日 国法秘函〔2005〕436号)第1条:"关于对驾驶与驾驶证准驾车型不符的机动车行为的处罚问题。根据《道路交通安全法》第十九条的规定,申请驾驶证,经考试合格,由公安机关交通管理部门发给相应类别的机动车驾驶证。驾驶人应当按照驾驶证载明的准驾车型驾驶机动车。驾驶与驾驶证准驾车型不符的机动车,在性质上应当属于无证驾驶;在适用处罚上,依据过罚相当的原则,可以按照未取得驾驶证而驾驶机动车的处罚规定适当从轻处罚。"第3条:"关于对驾驶证被公告停止使用的驾驶人驾驶机动车的处罚问题。根据《道路交通安全法》第二十四条和《道路交通安全法实施条例》第二十五条的规定,驾驶证被公告停止使用后,驾驶人仍继续驾驶机动车的,在性质上属于驾驶资格中止后的无证驾驶行为;在适用处罚上,依据过罚相当的原则,可以按照未取得驾驶证而驾驶机动车的处罚规定适当从轻处罚。"公安部《关于对当事人未领回吊扣期满的驾驶证继续驾驶机动车是否可按无证驾驶处理的批复》(2003年8月22日):"……根据《道路交通管理条例》和《交通违章处理程序规定》的有关规定,当事人在驾驶证被吊扣期满后,在三个月内未领取或因特殊原因超过三个月未领取驾驶证,在此期间继续驾驶机动车的,应当视为未携带驾驶证驾驶,按照《道路交通管理条例》第八十一条第二项的规定予以处罚。"中国保监会《关于机动车辆保险条款解释的批复》(2002年2月4日 保监函〔2002〕15号)第2条:"关于在驾驶证丢失补证期间,被保险人驾驶保险车辆发生事故,保险公司能否拒绝赔偿的问题。《机动车辆保险条款》(保监发〔2000〕16号)第五条(八)列举了与驾驶证有关的责任免除事项。其中第1项'没有驾驶证'是指被保险人或驾驶员没有通过道路交通管理部门或军队、武警部队的考核,未能获得驾驶机动车辆的资格。如果被保险人获得了驾驶证,只是在发生事故时没有携带驾驶证,或驾驶证丢失后尚未得到补发的驾驶证,并不说明被保险人丧失了驾驶机动车辆的资格,不属于'没有驾驶证'的情形。"公安部《关于依法取缔机动车及驾驶员无牌无证行为的通告》(2001年6月29日)第1条:"机动车驾驶证和机动车牌证是允许驾驶机动车和机动车上道路行驶的法定证件。按照《中华人民共和国治安管理处罚条例》和《中华人民共和国道路交通管理条例》的规定,严禁任何人无机动车驾驶证或者持假机动车驾驶证驾驶机动车,严禁任何无牌无证、假牌假证的机动车上道路行驶。公安机关对违反上述规定的,要坚决取缔,并依法暂扣车辆,收缴假牌假证,处罚有关人员。"第2条:"对无机动车驾驶证或者持假机动车驾驶证驾驶车辆的、将机动车交给无机动车驾驶证的人驾驶的和驾驶无牌无证或者假牌假证机动车的驾驶人员,按照《中华人民共和国治安管理处罚条例》和《中华人民共和国道路交通管理条例》的规定从严处罚,决不姑息。"国务院法制办《对最高人民法院行政审判庭关于农用运输车管理问题征求意见函的答复意见》(1999年12月15日 国法秘函〔1999〕113号):"……机动车道路交通应当由公安机关实行统一管理;作为机动车一种类型的农用运输车,其道路交通管理包括检验、发牌和驾驶员考核、发证等,也应当由公安机关统一负责。此外,据我们了解,对农用运输车的管理体制问题,全国人大常委会法制工作委员会1996年8月在对甘肃省人大内务司法委员会请示的答复中也明确提出:'关于上道路从事运输的拖拉机和农用三轮车的管理问题,国务院发布的《中华人民共和国道路交通管理条例》和《关于改革道路交通管理体制的通知》中已规定,由公安机关按机动车进行管理。'"公安部交管局《对陕西省公安厅关于不符合法定条件领取的驾驶证是否有效问题请示的答复》(1999年10月25日 公交管〔1999〕254号,2004年8月19日废止):"……申领驾驶证,申领人年龄必须符合国家有关规定。对于隐瞒真实年龄、采取欺骗手段骗领的驾驶证,应当认定为无效行政许可,视为无效驾驶证并予以注销。你厅请示中当事人初次申领驾驶证日期为1991年,年仅16岁,未达到当时的驾驶证管理法规《城市机动车驾驶员考试暂行办法》(1985年由公安部颁布,现行有效的《机动车驾驶证申领和使用规定》自2013年1月1日起施行——编者注)规定的年龄,因此,应视为无效驾驶证并予以注销。"中国保监会《关于保险条款中有关违法犯罪行为作为除外责任含义的批复》(1999年9月6日 保监复〔1999〕168号)第3条:"在保险条款中,如将一般违法行为作为除外责任,应当采用列举方式,如酒后驾车、无证驾驶等;如采用'违法犯罪行为'的表述方式,应理解为仅指故意犯罪行为。"中国保监会《关于〈太保〔1999〕48号文〉的答复》(1999年7月20日 保监寿〔1999〕12号):"……你公司来文提及的保户无证驾驶汽车的行为属于违反行政法规的行为,但不属于犯罪行为,根据上述理由,不在责任免除条款的约定范围之内,你公司不能够根据该条约定免除保险责任。"公安部交管局《关于外国人持国外驾驶证肇事属何种违章行为的答复》(1999年7月16日　公交管〔1999〕175号,2004年8月19日废止):"……根据《道路交通管理条例》第二十五条和《机动车驾驶证管理办法》(公安部第28号令)第十六条的规定,持有外国驾驶证或国际驾驶证的外国人,应按照规定申领中华人民共和国机动车驾驶证或中华人民共和国机动车临时驾驶证,经车辆管理所考试合格,核发驾驶证或临时用驾驶证后,方准驾驶车辆。未按规定申领驾驶证而驾驶车辆的,应视为无证驾驶。"公安部交管局《关于对电动自行车交通管理请示的答复》(1998年9月2日　公交管〔1998〕228号,2004年8月19日废止):"……目前,国家有关部门正在对电动自行车、汽油助力自行车的属性(属于机动车还是非机动车)进行论证,因此,在国家有关技术标准出台前,暂不对电动自行车、汽油助力自行车实行统一的交通管理政策。"公安部交管局《关于加强农用运输车和拖拉机道路交通管理工作的通知》(1998年8月14日　公交管〔1998〕209号,2004年8月19日废止)第3条:"采取稳妥、切合实际的方式做好农用运输车驾驶员驾驶证的换发、核发工作。为了保证持有驾驶证的准驾车型与驾驶车辆的一致性,各地公安交通管理部门车辆管理所按照以下规定换发、核发机动车驾驶证:(一)持有准驾大、小型拖拉机驾驶证,应当换发准驾车型代号为L和J的机动车驾驶证,填写《机动车驾驶证申请表》,经过适当形式的道路交通法规及安全驾驶常识的学习,考试科目三。(二)对无机动车驾驶证驾驶农用运输车的人员,填写《机动车驾驶证申请表》,经过适当形式的道路交通法规及安全驾驶常识的学习,考试科目二、科目三,核发准驾车型代号为L和J的机动车驾驶证。"公安部交管局《关于对〈关于驾车人未领取驾驶证驾驶车辆是否属无证驾驶的请示〉的答复》(1998年5月25日　公交管〔1998〕123号,2004年8月19日废止):"……依据《中华人民共和国道路交通管理条例》第二十五条的规定,机动车驾驶员必须经过车辆管理机关考试合格,领取驾驶证,方可驾驶车辆。在考试合格后,核发驾驶证期间,不得驾驶车辆。"公安部交管局《关于注销驾驶证有关问题的答复》(1997年9月30日　公交管〔1997〕226号,2004年8月19日废止):"……注销驾驶证,是指注销包括驾驶证上登记的全部内容,包括驾驶证上签注的全部准驾车型记录,收缴驾驶证。"公安部交管局《关于〈机动车驾驶证管理办法〉有关问题的答复》(1997年6月11日　公交管〔1997〕107号,2004年8月19日废止)第3条:"《办法》第二十七条所称的'注销机动车驾驶证',不属于行政处罚行为。"公安部交管局《关于实施〈驾驶证管理办法〉和〈驾驶员考试办法〉的补充通知》(1996年10月21日　公交管〔1996〕186号,2004年8月19日废止)第2条:"凡初次领取学习驾驶证经考试合格取得驾驶证的,领取驾驶证的第一年为实习期。增加驾驶车型的,无实习期。"公安部交管局《关于持中华人民共和国机动车驾驶证驾驶军队、武警部队车辆问题的批复》(1996年9月27日 公交管〔1996〕180号,2004年8月19日废止):"……持中华人民共和国机动车驾驶证在道路上驾驶军队、武警部队车辆,不属于无证驾驶。"公安部交管局《关于使领馆外籍人员换领驾驶证免考问题的批复》(1996年9月20日 公交管〔1996〕173号):"……根据《中华人民共和国机动车驾驶证管理办法》的规定,以及外交部提供的对我驻外使领馆工作人员换领驾驶证免予考试的国家或地区名单,请按对等原则,对名单中所列的国家或地区的驻华使领馆工作人员,在换发我国驾驶证件时予以免考换证。其他外籍人员换发驾驶证不在此列。"公安部交管局《关于未经合法程序取得的驾驶证是否有效问题的批复》(1996年5月13日,2004年8月19日废止):"……肇事者顾伟伟没有经过考试,其持有的驾驶证应为无效。为严格驾驶证管理,追究有关责任人,请你局将肇事者顾伟伟取得驾驶证的有关情况报我局。肇事者于德坡,持其弟弟于德水的驾驶证,应为无证驾驶。于德水没有经过考试,签注姓名为于德水的驾驶证应为无效。"公安部交管局《关于中国人民保险公司天津市分公司诉肖国新返还保险金一案有关交通法规问题的复函》(1995年10月12日 公交管〔1995〕197号):"……1989年4月20日,公安部下发的《关于印发〈启用机动车新驾驶证的规定〉的通知》(〔89〕公(交管)字38号)明确规定,我国机动车驾驶证有效期为四年。在有效期限内未年审的属于违章行为,可按照《中华人民共和国道路交通管理条例》第七十六条第(二)项处罚,不视为非司机和无证驾驶。以前规定如与以上复函不一致的,以本函为准。"公安部交管局《关于制止将行驶证照片上无车辆号牌作为违章进行处罚等问题的通知》(1995年3月21日 公交管〔1995〕38号,2004年8月19日废止)第2条:"持有中华人民共和国机动车驾驶证的驾驶员,可以在全国道路上驾驶机动车。除国家有专门规定的以外,准许驾驶员按准驾车型驾驶其他单位或个人的机动车。不得将驾驶员单位与车辆单位不一致作为违章行为,对驾驶员进行处罚。"公安部交管局《关于对办理外籍人员机动车牌证、驾驶证有关问题的请示的答复》(1995年3月20日 公交管〔1995〕42号)第2条:"关于外国人只准驾驶黑牌车的问题,我局将与有关部门研究。在未有明确规定之前,仍按1989年公安部对北京市公安局'关于外国人在北京市驾驶机动车问题的批复'(〔89〕公交管第155号)执行。"公安部交管局《关于大中专院校学生申领驾驶证问题的批复》(1994年5月19日 公交管〔1994〕78号,2004年8月19日废止):"……大中专院校在校学生根据课程设置,需要掌握汽车驾驶技术的,可由院校所在地,即学生户口所在地公安机关车辆管理部门办理核发学习驾驶证手续。学生毕业后,其考领的实习驾驶证或正式驾驶证,可以随户口迁移办理转籍手续。"公安部交管局《关于我国公民持外国机动车驾驶证如何处理的请示的答复》(1993年3月12日 公交管〔1993〕34号,2004年8月19日废止):"……我国公民持国际汽车驾驶证或国外机动车驾驶证,不论是否有效,均不能在我国道路上驾驶机动车辆。违者,可按无证驾车论处,依据《治安管理处罚条例》的有关规定处罚。"公安部交管局《对交通管理工作中两个问题请示的复函》(1991年5月16日 公交管〔1991〕35号,2004年8月19日废止)第1条:"关于军队和地方驾驶员能否互驾机动车的问题。一九七二年总参、总后、公安部、交通部联合发布的《关于使用军用车辆号牌和军用车辆驾驶证的规定》第二条,一九八二年交通部、公安部、总后勤部联合发布的《关于人民武装警察部队车辆牌证问题的通知》第四条,都已规定不许互驾。对持军队驾驶证驾驶民用车辆,或者持民用驾驶证驾驶军队车辆的,应视为无证驾驶,根据《中华人民共和国治安管理处罚条例》第二十七条,视具体行为和情节予以从轻处罚。"第2条:"驾驶员使用其他单位的介绍信,冒充其他单位的人员领取驾驶证,是冒领行为,应按《中华人民共和国道路交通管理条例》第七十五条规定进行处罚。"公安部交管局《关于轻便摩托车管理问题的答复》(1990年9月10日 〔90〕公交管办第13号,2004年8月19日废止):"……轻便摩托车是指发动机汽缸工作容积不超过五十毫升,最大设计车速不超过五十公里/小时,只供单人乘骑的两轮式摩托车。你所提出的'双排座50型轻便摩托车'也属'轻便摩托车'。《道路交通管理条例》第三十三条第(六)项关于'轻便摩托车不准载人'的规定,适用于条例所称的道路,包括城市道路和公路。驾驶轻便摩托车不要求戴安全头盔,但'驾驶和乘坐二轮摩托车须戴安全头盔'。"公安部交管局《关于退役军人持军车驾驶证驾驶地方车辆有关问题的答复》(1989年11月6日 〔89〕公交管第166号,2004年8月19日废止):"……根据《中国人民解放军车辆监理制度》(一九八八年八月总参谋部、总后勤部发布)中'军人驾驶员退出现役或军队职工驾驶员调离军事单位工作时,其驾驶证不再作驾驶证使用,只作技术证明'的规定,军队驾驶员退役后,应按规定换领《中华人民共和国机动车驾驶证》,方准驾驶车辆;对未换领,仍持原驾驶证驾驶地方车辆的,可视为无证驾驶……但对于认定事故责任,还应视为其违法行为与事故结果之间的因果关系如何。对此,请你们根据事故的具体情况研究处理。"公安部交管局《关于〈条例〉第二十六条第(三)项如何理解的答复》(1989年6月10日 〔89〕公交管第85号,2004年8月19日废止):"……'没有驾驶证的人',是指依照国家道路交通管理法规有关驾驶员管理的规定,没有驾驶机动车辆资格或没有取得驾驶该类型机动车资格的人员,包括:根本没有驾驶证的、虽有驾驶证但没有准驾该类车型记录、所持驾驶证已经失效的以及驾驶证被依法吊扣期间的人员等。违反该项规定的,按《条例》第七十四条处罚;造成重大交通事故,构成犯罪,依法追究刑事责任。"公安部交管局《关于加强农用运输车道路交通管理问题的通知》(1987年6

月 30 日 〔87〕公交管第 446 号,2004 年 8 月 19 日废止)第 1 条:"对农用运输的管理工作(包括车辆检验、发牌、驾驶员考核、发证及行车安全管理等),一律由公安交通管理机关按机动车进行管理。"

5. 地方司法性文件。 河南高院《关于机动车交通事故责任纠纷案件审理中疑难问题的解答》(2024 年 5 月)第 12 条:"电动车被鉴定为机动车的情况下,应否在交强险责任限额范围内承担赔偿责任? 答:目前,社会管理层面未强制要求电动车投保交强险,且电动车也无法投保交强险,因此,不宜因电动车主未投保交强险而认定其在交强险责任限额范围内承担赔偿责任。"山东高院审监二庭《关于审理机动车交通事故责任纠纷案件若干问题的解答(一)》(2024 年 4 月)第 7 条:"交通事故案件中,当事人主张两轮电动车属于机动车,并据此申请鉴定的,如何处理? 答:在案件审理过程中,人民法院可以依据两轮电动车悬挂的号牌、交警部门出具的交通事故认定书载明的车辆性质以及事故认定书中引用的法律依据对车辆性质作出认定。当事人在没有充分证据推翻交通事故认定书的情况下,主张两轮电动车系机动车,并申请鉴定的,人民法院不予准许。"第 8 条:"受害人要求超标两轮电动车、电动三轮车驾驶人在交强险责任限额范围内予以赔偿的,能否支持? 答:超标两轮电动车、电动三轮车虽然不符合非机动车的技术标准,但是我国对电动车的相关管理制度尚不完善,此类车辆不具备申领机动车号牌及行驶证的条件,目前我省范围内此类车辆无法从保险公司处购买交强险,客观上不具备投保交强险的条件。此类车辆未投保交强险,不属于未履行法定投保义务,赔偿权利人依据《最高人民法院关于审理道路交通事故损害赔偿案件适用法律若干问题的解释》第十六条的规定请求投保义务人在交强险责任限额范围内予以赔偿的,人民法院不予支持。"江西宜春中院《关于印发〈审理机动车交通事故责任纠纷案件的指导意见〉的通知》(2020 年 9 月 1 日 宜中法〔2020〕34 号)第 9 条:"有下列情形之一导致交通事故发生,赔偿权利人请求保险公司在交强险责任限额范围内予以赔偿的,人民法院应予支持:(1)驾驶人未取得驾驶资格或者未取得相应驾驶资格的;(2)醉酒、服用国家管制的精神药品或者麻醉药品后驾驶机动车发生交通事故的;(3)驾驶人故意制造交通事故的。上述情形下,侵权人就其已向赔偿权利人支付的赔偿款主张保险公司在交强险责任限额内予以赔偿的,人民法院不予支持;保险公司在赔偿范围内向侵权人主张追偿权的,人民法院应予支持。追偿权的诉讼时效期间自保险公司实际赔偿之日起计算。"安徽亳州中院《关于审理道路交通事故损害赔偿案件的裁判指引(试行)》(2020 年 4 月 1 日)第 19 条:"驾驶人无道路运输从业人员资格证,驾驶营运车辆从事货物或旅客运输时发生交通事故,保险公司以其对商业三者险合同中的免责条款尽到提示和明确说明义务为由主张免除保险公司商业三者险赔偿责任,一般不予支持。"第 21 条:"车辆行驶证、号牌被注销,仍然上路行驶的车辆,发生交通事故,保险公司举证证明其对商业三者险合同中的免责条款尽到提示和明确说明义务的,应免除保险公司商业三者赔偿责任。"第25条:"被认定为机动车的电动自行车、电动三轮车、老年代步车、燃油助力车等无法投保交强险的车辆发生交通事故,驾驶人无需先行在交强险责任限额内承担赔偿责任,但应将其视为机动车认定责任比例。"湖南高院《关于印发〈审理道路交通事故损害赔偿纠纷案件的裁判指引(试行)〉的通知》(2019年11月7日 湘高法〔2019〕29号)第16条:"机动车驾驶人的驾驶证超过有效期不应视为无证驾驶,保险人仅在尽到提示义务前提下请求适用商业险相关免责条款的,人民法院不予支持。但机动车驾驶证超过有效期后,未在规定的期限内申领新证的除外。"四川高院《关于印发〈四川省高级人民法院机动车交通事故责任纠纷案件审理指南〉的通知》(2019年9月20日 川高法〔2019〕215号)第17条:"【交强险赔付的例外情形】因下列情形之一发生交通事故的,侵权人就其已向赔偿权利人支付的赔偿款主张保险公司在交强险责任限额内予以赔偿的,人民法院不予支持;保险公司就其在交强险责任限额内赔偿第三人人身损害费用向侵权人主张追偿权的,人民法院应予支持:(一)驾驶人未取得驾驶资格或者未取得相应驾驶资格的;(二)醉酒、服用国家管制的精神药品或者麻醉药品后驾驶机动车发生交通事故的;(三)驾驶人故意制造交通事故的。"安徽阜阳中院《机动车交通事故责任纠纷案件裁判标准座谈会会议纪要》(2018年9月10日)第4条:"电动助力车是否为机动车,原则上应以交警部门的认定为准,有鉴定结论等相反证据的除外。因本地电动助力车无法办理交强险,不能通过投保交强险履行法定义务,即便认定为机动车,也应按过错承担赔偿责任。"第14条:"持普通驾照驾驶变形拖拉机发生交通事故,不属于与准驾车型不符,保险公司不应免责。"山东济南中院《关于保险合同纠纷案件94个法律适用疑难问题解析》(2018年7月)第17条:"驾照超期未审的问题。驾驶证已经被注销,就意味着驾驶员失去了驾驶机动车的资格。在其通过重新考试再次取得驾驶证也无法证明此前其具有驾驶资格。因为新驾照只能是在对印制之日之后才具有相应的证明效力。为了防范道德风险,提高安全驾驶意识。应认定为无证驾驶,新证无追认的效力。"河北唐山中院《关于审理机动车交通事故责任纠纷、保险合同纠纷案件的指导意见(试行)》(2018年3月1日)第7条:"[违法驾驶交强险赔付的例外情形]无证驾驶、醉驾、毒驾、故意制造交通事故的情形下,侵权人已向赔偿权利人支付了赔偿款,保险公司不再向侵权人赔付。"安徽淮北中院《关于审理道路交通事故损害赔偿案件若干问题的会议纪要》(2018年)第3条:"其他需要规范的法律问题……(十)超标电动车赔偿。超出电动自行车标准的,应纳入机动车管理范畴。如按相关规定暂无法办理,不能投保交强险的,发生交通事故应按过错责任划分承担赔偿责任。能够办理上述证件未办理,未投保交强险的,应首先在交强险范围内承担赔偿责任,超出交强险的损失按事故责任比例划分责任。(十一)增驾实习期商业三者险免赔。增驾实习期内驾驶牵引挂车发生交通事故造成第三人伤亡或财产损失,保险公司主张商业险免赔的,保险公司能够提供证据证明保险免责条款有明确约定,且已向投保人履行了相应提示和充分说明义务的,可依据商业第三者保险合同约定予以支持。"广东惠州中院《关于审理机动车交通事故责任纠纷案件的裁判指引》(2017年12月16日)第21条:"无牌无证的机动车发生交通事故,受害人请求实际支配人和驾驶人承担交强险保险限额赔付责任的,予以支持。"第26条:"机动车驾驶人的驾驶证超过有效期不视为无证驾驶,保险人仅在尽到提示义务前提下请求适用商业险相关免责条款的,人民法院不予支持。"四川成都中院《关于印发〈机动车交通事故责任纠纷案件审理指南(试行)〉的通知》(2017年7月5日 成中法发〔2017〕116号)第16条:"无证驾驶、醉驾、毒驾、故意制造交通事故的情形下,侵权人已向赔偿权利人支付的赔偿款,保险公司不再向侵权人赔付。"重庆高院《印发〈关于保险合同纠纷法律适用问题的解答〉的通知》(2017年4月20日 渝高法〔2017〕80号)第6条:"商业三者险保险合同中约定,机动车在超载、未年检、驾驶人酒后驾驶、无证驾驶或准驾车型不符等状态下发生保险事故时保险人应减轻或免除保险责任的,若约定的免责事项与保险事故的发生没有因果关系,保险人主张减轻或免除保险责任的,人民法院是否支持?答:保险合同中约定的在特定危险状态下发生保险事故保险人减轻或免除保险责任的免责条款系危险状态免责条款。该类条款的作用是为了让保险事故发生时的危险水平与缔结保险合同时的危险水平大致相当,以维护对价平衡原则。因此只要保险事故发生于该免责条款所规定的危险状态之下,保险人即可减轻或免除其保险责任,而无须证明保险事故是由该危险状态所导致。"江苏徐州中院《关于印发〈民事审判实务问答汇编(五)〉的通知》(2016年6月13日)第4条:"……(2)对于超过有效驾驶期限能否认定驾驶人未取得驾驶资格?答:根据公安部《机动车驾驶证申领和使用规定》第77条第一款第(七)项的规定,机动车驾驶人具有下列情形之一的,车辆管理所应当注销其机动车驾驶证:……(七)超过机动车驾驶证有效期一年以上未换证的。因此,应依据上述规定来作为认定驾驶人有无驾驶资格的依据。首先,驾驶证有效期届满一年之内的,法律法规并未明确驾驶证有效期届满是否属于无驾驶资格的情形。依据上述规定,驾驶证有效期届满一年之内的驾驶人仍可换领到驾驶证,驾驶人已取得的驾驶证并未注销。此种情形下,不应认定驾驶人未取得驾驶资格。其次,驾驶证有效期届满一年以上未换证的,可认定为驾驶人无驾驶资格。按照公安部上述规定,超过机动车驾驶证有效期一年以上未换证的驾驶证应当注销,此时应认定驾驶人已无驾驶资格。此种情形下,保险公司可依据最高人民法院《关于审理道路交通事故损害赔偿案件适用法律若干问题的解释》第18条第2款的规定,在赔偿范围内向侵权人行使追偿权。"第4条:"……(3)对于驾驶人累计扣分满12分能否认定驾驶人无驾驶资格?答:根据公安部《机动车驾驶证申领和使用规定》第68条规定,机动车驾驶人在一个记分周期(12个月)内累积记分达到12分的,公安机关交通管理部门应当扣留其机动车驾驶证。机动车驾驶人应当在十五日内参加为期七日的道路交通安全法律、法规和相关知识学习。机动车驾驶人参加学习后,考试合格的,记分予以清除,发还机动车驾驶证;考试不合格的,继续参加学习和考试。由此可见,驾驶人累计扣分满12分的,不必然导致驾驶证被注销,故不应认定驾驶人无驾驶资格。此种情形下,保险公司不能依据最高人民法院《关于审理道路交通事故损害赔偿案件适用法律若干问题的解释》第18条第2款的规定,在赔偿范围内向侵权人行使追偿权。"湖北汉江中院民一庭《关于审理交通事故损害赔偿案件疑难问题的解答》(2014年9月5日)第15条:"问:超标电动自行车发生交通事故造成损害,当事人请求侵权人在交强险责任限额内予以赔偿的,人民法院应否支持?答:考虑到现阶段的实际情况,超标电动自行车发生交通事故造成损害,当事人请求侵权人在交强险责任限额内予以赔偿的,暂不予支持。"安徽淮南中院《关于审理机动车交通事故责任纠纷案件若干问题的指导意见》(2014年4月24日)第9条:"无证驾驶或驾驶车况存在问题的车辆、报废的车辆在道路上行驶,其他车辆为躲避该车辆发生侧翻造成损害的,应认定无证驾驶人或驾驶车况存在问题的车辆、报废车辆人的行为与交通事故的发生之间存在因果关系。"重庆高院民一庭《关于机动车交通事故责任纠纷相关问题的解答》(2014年)第5条:"最高人民法院《关于审理道路交通事故损害赔偿案件适用法律若干问题的解释》第十八条规定:'有下列情形之一导致第三人人身损害,当事人请求保险公司在交强险责任限额内予以赔偿,人民法院应予支持:(一)驾驶人未取得驾驶资格或者未取得相应驾驶资格的;(二)醉酒、服用国家管制的精神药品或者麻醉药品后驾驶机动车发生交通事故的;(三)驾驶人故意制造交通事故的。保险公司在赔偿范围内向侵权人主张追偿权的,人民法院应予支持。'此处侵权人,是指直接侵权人,还是挂靠公司或实际车主呢?司法解释对赔偿义务主体和侵权人作了区分。此处的侵权人应指直接实施侵权行为的人,即机动车驾驶人。"贵州贵阳中院《关于适用〈中华人民共和国侵权责任法〉若干问题的解答》(2013年3月13日 筑中法发〔2013〕32号)第2部分第2条:"机动车交通事故责任纠纷中,若驾驶人有无证驾驶、醉酒驾驶、肇事后逃逸等情形,肇事车辆的保险公司在商业第三者责任险中如何承担责任?答:上述行为一般属于商业保险合同中的免责条款,若保险公司举证证明其按照《保险法》的规定尽到了免责条款的提示及说明义务,则保险公司不应承担赔偿责任;反之,则保险公司应承担赔偿责任。"江苏高院《保险合同纠纷案件审理指南》(2011年11月15日)第4条:"……(7)关于驾驶人未取得驾驶资格等四种情形下保险人只负责垫付抢救费用的交强险条款的效力。保险人依据机动车交通事故责任强制保险条款,主张对于驾驶人未取得驾驶资格或者醉酒的、被保险机动车被盗抢期间肇事的、被保险人故意制造道路交通事故的情形下,保险人只负责垫付抢救费用而对于财产损失之外的死亡伤残赔偿金等损失不予赔偿的,不符合《道路交通安全法》和《机动车交通事故责任强制保险条例》的立法精神,与机动车交通事故责任强制保险的性质不符,人民法院不应予以支持。基于防范道德风险和保障交通安全的考虑,应由致害人负终局赔偿责任,保险人赔偿保险金后向致害人追偿的,人民法院应当予以支持。如此处理,既及时充分保护了受害人利益,又兼顾了保险人利益,且未纵容违法行为者,价值取向和社会效果较好……"浙江宁波中院《关于印发〈民事审判若干问题解答(第一辑)〉的通知》(2011年4月13日 甬中法〔2011〕13号)第6条:"机动车驾驶人存在酒后驾驶、无证驾驶等情形造成交通事故,保险公司在承担交通事故强制责任险后,是否可向机动车方追偿?答:根据交强险条例规定和交强险条款约定,发生道路交通事故时驾驶人存在醉酒驾驶、无证驾驶、被保险人故意制造道路交通事故的,肇事车辆的强制保险单位不承担赔偿责任,因此保险公司在承担交通事故强制责任险后,可向机动车方追偿。被保险车辆被盗期间肇事,根据《中华人民共和国侵权责任法》第五十二条规定:盗窃、抢劫或者抢夺的机动车发生交通事故造成损害的,由盗窃人、抢劫人或者抢夺人承担赔偿责任。保险公司承担交通事故强制责任险后,有权向交通事故责任人追偿。"上海高院民一庭《民事法律适用问答(2011年第1期)》(2011年3月22日)第4条:"被保险机动车无证驾驶或醉酒驾驶发生交通事故。交警未认定其全责,保险公司承担交强险垫付责任后,其追偿范围如何认定?根据《道路交通安全法》第七十六条规定,机动车发生交通事故造成人身伤亡、财产损失的,不根据被保险人过错大小,首先由保险公司在交强险范围内予以赔偿。同时,《机动车交通事故责任强制保险条例》第二十二条规定驾驶人未取得驾驶资格或者醉酒的,保险公司在机动车交强险限额内垫付抢救费用,并有权向致害人追偿。因此,保险公司在机动车交强险限额内垫付的抢救费用,无须根据被保险人过错大小追偿数额,由存在无证驾驶或醉酒驾驶等过错的致害人全部承担。"江苏高院、省高检、省公安厅《关于办理交通肇事刑事案件适用法律若干问题的意见(试行)》(2011年3月15日 苏高法〔2011〕135号)第3条:"无驾驶资格是指无证驾驶,或者驾驶证超过有效期,或者与所持驾驶证载明的准驾车型不符,或者驾驶证被吊销、被暂扣、被扣留、扣押期间,或者驾驶证被撤销、注销或者公告驾驶证作废的。"安徽六安中院《关于印发〈审理道路交通事故人身损害赔偿案件若干问题的意见〉的通知》(2010年12月7日 六中法〔2010〕166号)第29条:"持公安部门核发的驾驶证驾驶变型拖拉机肇事的,公安部门未作出无证驾驶认定的,法院在审理道路交通事故人身损害赔偿案件时,不直接作出无证驾驶时认定。驾驶人所驾机动车与其所持驾驶证的准驾车型是否相符应由公安机关作出认定,保险公司以此作出免责抗辩的,应当提供公安机关相关的认定结论。"江西宜春中院《关于审理保险案件若干问题的指导意见》(2010年9月17日 宜中法〔2010〕92号)第1条:"关于驾驶的车辆与驾照准驾车型不符,是否认定为'驾驶人未取得驾驶资格'的问题。国务院法制办公室于2005年12月5日发布了对《关于对〈中华人民共和国道路交通安全法〉及其实施条件有关法律条文的理解适用问题的函》的答复,其中明确指出驾驶与驾驶证准驾车型不符的机动车,在性质上属于无证驾驶。因为机动车驾驶证不仅是对驾驶人驾驶资格的许可,同时也是对其驾驶行为进行了限制,即驾驶人仅能驾驶与准驾车型相符的机动车,对于驾驶与驾驶证准驾车型不符的机动车的行为,应当认定为驾驶人未取得驾驶资格。"第2条:"关于驾驶员的驾驶证过期未年检尚未注销之前,发生交通事故,是否认定该驾驶员属'驾驶人未取得驾驶这个'的问题。根据公安部《机动车驾驶证申领和使用规定》第42条第一款第(五)的规定:超过机动车驾驶证有效期一年以上未换证的,车管所应当注销机动车驾驶证。机动车驾驶证的有效期,是公安机关对机动车驾驶人进行行政管理的需要,从该条可以看出,机动车驾驶证的有效期并不是指机动车驾驶人驾驶资格的有效期,即驾驶证超过有效期,并不必然导致机动车驾驶证持证人丧失驾驶资格的法律后果,因此,驾驶证尚未被注销之前,驾驶员不属于'驾驶人未取得驾驶资格'的情况,但保险条款另有约定的除外。"河南郑州中院《审理交通事故损害赔偿案件指导意见》(2010年8月20日 郑中法〔2010〕120号)第2条:"机动车发生交通事故造成人身伤亡、财产损失的,机动车在保险公司投保交强险的,赔偿权利人起诉时,可以侵权人和保险公司为共同被告。机动车在保险公司投保商业三责险的,赔偿权利人以侵权人为被告起诉的,可以保险公司为第三人。机动车在同一保险公司既投保交强险,又投保商业三责险的,赔偿权利人可以侵权人和保险公司为共同被告。本条所称的机动车包括:家庭自用汽车、非营业客车、营业客车,非营业货车、营业货车、特种车、摩托车和拖拉机等。"上海高院行政审判庭《关于工伤认定行政案件法律适用若干问题的解答(一)》(2010年6月22日)第1条:"关于'电动车或助动车事故'的工伤认定问题。问:职工在上下班途中受到电动车或助动车事故伤害的,是否属于《工伤保险条例》第十四条第(六)项中规定的'机动车'?答:对于职工在上下班途中受到电动车或助动车事故伤害的,可按以下三类情形区别处理:(一)对于受到未经改装的电动车或助动车事故伤害的,行政机关以该电动车或助动车的车辆登记性质为依据判断该车辆是否为机动车,应认定其法律适用的合法性;(二)对于受到经改装的电动车或助动车事故伤害的,根据人力资源和社会保障办公厅《关于改装电动自行车发生交通事故后工伤认定问题的复函》(人社厅函〔2009〕341号)规定,人力资源社会保险部门应根据公安交通管理部门对此类事故的处理意见进行工伤认定。即若公安交通管理部门对此类事故按机动车事故处理的,行政机关据此认定为'机动车',应认定其法律适用的合法性;(三)对于受到经改装的电动车或助动车事故伤害的,但未经过公安交通管理部门事故处理,若车辆尚存在,行政机关以相关技术鉴定部门对车辆结论以及公安交通管理部门出具的意见为依据,判断是否属于机动车的,应认定其法律适用的合法性;若车辆已无法鉴定,行政机关以该车辆的原始登记性质作出机动车或非机动车认定,且无其他证据证明车辆性质的,一般不宜确认其法律适用违法。上述(一)项适用于车辆驾驶人、乘坐人和被车辆撞击的第三人;上述(二)、(三)仅适用于被车辆撞击的第三人。"山东临沂中院《民事审判工作座谈会纪要》(2009年11月10日 临中法〔2009〕109号)第1条:"……无证驾驶引发事故的强制险适用问题。强制责任险针对的是车辆而非具体驾驶人,如因无证驾驶导致该险种不适用,无疑与强制险的立法本意不符。会议认为,因无证驾驶引发事故,保险公司仍应在责任限额内承担责任,并可在承担责任后向肇事者追偿。"安徽蚌埠中院《关于审理人身损害赔偿案件若干问题的指导意见》(2009年7月2日)第10条:"燃油助力车性质认定的问题。燃油助力车按照机动车对待。"

6. 地方规范性文件。江苏省《道路交通安全条例》(2023年7月27日修订,2024年1月1日实施)第26条:"下列非机动车应当经所有人居住地设区的市、县(市)公安机关交通管理部门注册登记,领取牌证后,方可上道路行驶:(一)电动自行车;(二)残疾人机动(道路型电动)轮椅车;(三)省人民政府规定应当登记的其他种类的非机动车。不符合国家标准的电动两轮车、残疾人机动(道路型电动)轮椅车等车辆,不予登记。除电动自行车、残疾人机动(道路型电动)轮椅车外,其他非机动车不得安装动力装置。"浙江省公安厅《关于"7·31"交通事故中无牌二轮车辆车型认定问题的批复》(2006年11月20日 浙公复〔2006〕82号):"根据《道路交通安全法》规定,非机动车是指以人力或者畜力驱动,上道路行驶的交通工具,以及虽有动力装置驱动但设计最高时速、空车质量、外形尺寸符合有关国家标准的残疾人机动轮椅车、电动自行车等交通工具。从外观上看,'7·31'交通事故中的无牌二轮车辆无电动自行车国家标准《电动自行车通用技术条件》(GB 17761—1999)要求的骑行功能(无脚踏装置)。同时,经浙江省摩托车质量检验中心检验,该车最高时速达到23公里/小时,整车重量达到60.4公斤,该二项主要技术指标均超出国家标准。综合外形尺寸和主要技术参数,该事故中的无牌二轮车辆不符合电动自行车国家标准的技术要求,不属于《道路交通安全法》中非机动车范畴,在事故处理中该车辆类型应认定为机动车。"

7. 参考案例。①2016年广西某保险合同纠纷案,2015年,周某投保车辆发生单方全责事故致车损10万余元,事后周某换领新证。保险公司以事发时周某驾照超有效期为由拒赔。法院认为:虽然保险公司在其制定的格式条款中列明"驾驶人驾驶证超过有效期"属免赔事由,但从条款文义上看,该条款定义应包含保险公司所称"所持驾驶证上载明的有效期限届满"和周某所称"驾驶证本身效力期限届满"两种理解。保险合同订立目的系为分散风险,免责条款订立目的系为控制保险风险,本案周某驾驶证逾期未更换行为实际上并未加大保险风险,且交警部门出具的事故认定书亦确认该行为与事故发生无事实上因果联系。如将该条款内容理解为所持驾驶证上注明有效期届满,那么实际上就缩短了本案诉争保险合同中保险人保险期间,对被保险人明显不公平,亦不符合诚实信用原则,故依《保险法》第30条规定,宜认定该条款应作有利于被保险人的解释,即本案周某虽超过驾驶证载明的有效期限,但其在宽展期内换取新证,在宽展期内使用该驾驶证仍合法有效。案涉免责条款已属加重被保险人责任的格式条款,保险公司未能充分举证证明其就上述免责条款对周某进行了符合《保险法》第17条规定的提示、解释和履行明确说明义务,故该免责条款不发生效力。判决保险公司赔付周某10万余元。②2014年**北京某交通事故纠纷案**,2013年,陈某驾驶投保车辆撞伤李某致残。保险公司以事发时陈某驾驶证过期未换领为由拒赔交强险和商业三责险。法院认为:最高人民法院《关于适用〈保险法〉若干问题的解释(二)》第10条规定:"保险人将法律、行政法规中的禁止性规定情形作为保险合同免责条款的免责事由,保险人对该条款作出提示后,投保人、被保险人或者受益人以保险人未履行明确说明义务为由该条款不生效的,人民法院不予支持。"签订保险合同时,保险人对合同中免除其赔偿责任的格式条款并未向被保险人尽到提示及说明义务,而在交通事故中亦不存在可免予履行说明义务情形时,保险合同中免除责任条款对被保险人并不产生效力,保险公司仍应对第三人损失承担相应保险责任。本次事故中,陈某所持驾驶证虽过期,但在事故发生后按规定换领了驾驶证,且事故发生时间在换领后的有效期内,故在事故发生时陈某并不属于未取得驾驶资格情形。驾驶员只要通过公安机关车管部门组织的驾驶证资格考试,即具驾驶资格,只要未被依法取消,即应确认具备驾驶资格。保险合同免责条款不适用本案,故判决保险公司在交强险及商业三责险限额范围内赔偿李某相关费用。③2014年**上海某保险合同纠纷案**,2012年,运输公司车辆肇事。保险公司以驾驶员持超12分的驾驶证驾驶并负同等责任为由拒赔。法院认为:《道路交通安全法》第24条规定:"公安机关交通管理部门对机动车驾驶人违反道路交通安全法律、法规的行为,除依法给予行政处罚外,实行累积记分制度。公安机关交通管理部门对累积记分达到规定分值的机动车驾驶人,扣留机动车驾驶证,对其进行道路交通安全法律、法规教育,重新考试;考试合格的,发还其机动车驾驶证。"《道路交通安全法实施条例》第25条规定:"机动车驾驶人记分达到12分,拒不参加公安机关交通管理部门通知的学习,也不接受考试的,由公安机关交通管理部门公告其机动车驾驶证停止使用。"依上述条文规定,记12分不属于单独的一种行政处罚,并不必然导致驾驶资格丧失。《道路交通安全法实施条例》第28条规定了机动车驾驶人记分达到12分的,不得驾驶机动车。该法属于行政法规,其中的法律条文当属禁止性规定,故记12分属法律明确规定的不允许驾驶机动车辆禁止性情形之一,保险人在合同责任免除条款处将"法律法规规定的其他属于无有效驾驶资格"情形作为免责事由并以大号加粗字体形式进行提示,该免责条款对投保人产生效力。本案中,运输公司驾驶员在事发时记分达到12分,其应知道在此期间驾驶资格受到限制,不得再驾驶机动车。保险公司对于无有效驾驶资格发生事故不负赔偿责任亦作了明确约定和提示,故判决驳回运输公司诉请。④2014年**某保险合同纠纷案**,2012年,崔某搭乘魏某轿车,与王某所驾货车相撞,崔某死亡。魏某、王某就交强险外分别赔偿崔某法定继承人10万元、3.5万元事宜达成协议。嗣后,法院判决王某投保交强险的保险公司在交强险责任限额内向崔某法定继承人赔偿11万元。保险公司赔付后,以无证驾驶为由,起诉王某追偿该11万元。法院认为:关于侵权之诉与追偿权之诉关系问题,宜作如下处理:在前诉中,一审法院释明后,原告申请追加机动车所有人或管理人为被告,应予准许;释明后原告不申请追加,则可通知机动车所有人或管理人作为第三人参加诉讼。依最高人民法院《关于审理道路交通事故损害赔偿案件适用法律若干问题的解释》第18条规定,交强险保险公司在责任限额范围内向受害人承担赔偿责任后,有权就其已赔付全部数额向侵权人追偿。关于被追偿人,在机动车所有人、管理人与实际驾驶人分离时,如实际驾驶人是在执行工作任务过程中发生损害,则被追偿人为用人单位;在其他情形下,如机动车所有人、管理人对于实际驾车人存在上述司法解释第18条规定的违法驾驶行为知道或应当知道的,机动车所有人、管理人应依其过错承担被追偿义务。⑤2013年**山东某交通事故纠纷案**,2009年,栾某无证酒后驾驶,致崔某车辆损坏,经鉴定,车损价值及鉴定费、施救费共4万余元。崔某诉请栾某投保交强险的保险公司在交强险范围内赔偿。法院认为:在道路交通事故损害赔偿案件中,侵权人承担的是侵权损害赔偿责任,而保险公司是依其与投保人缔结的交强险合同承担赔偿责任,二者性质不同。交强险条例是国务院依《道路交通安全法》授权而制定,该条例就保险公司上述合同责任所作规定,与《道路交通安全法》并不冲突。依该条例第22条规定,驾驶人未取得驾驶资格或者醉酒的,发生道路交通事故,保险公司在交强险责任限额范围内垫付抢救费用,并有权向致害人追偿;对造成受害人的财产损失,保险公司不承担赔偿责任,故判决驳回崔某就其财产损失要求保险公司承担交强险赔偿责任诉请。⑥2013年**天津某交通肇事案**,2012年,咸某将名下车辆借予刘某,刘某将车交宣某维修期间,宣某擅自将车借给张某,张某又借给彭某。2013年,彭某将车交由无驾驶证的李某驾驶时肇事,致朱某死亡。法院认为:《机动车交通事故责任强制保险条例》第21条规定,被保险机动车发生道路交通事故造成本车人员、被保险人以外的受害人人身伤亡、财产损失的,由保险公司依法在机动车交通事故责任强制保险责任限额范围内予以赔偿。道路交通事故的损失由受害人故意造成的,保险公司不予赔偿。上述规定仅将道路交通事故损失系由受害人故意造成的作为保险公司免责唯一事由,故此次事故,保险公司应在交强险责任限额内先予赔偿,因本案系无证驾驶,故依约不予赔偿商业三责险保险金。保险公司对受害人合理损失不足赔偿部分,因李某系驾驶人,作为侵权人应承担赔偿责任;宣某、张某向他人出借车辆时,<u>对借用人驾驶资格未尽审查义务</u>,致事故发生,故宣某、张某应承担过错赔偿责任;<u>彭某将借用车辆交由未取得驾驶证的李某驾驶</u>,亦应承担过错赔偿责任;戚某作为肇事车辆所有权人,无证据证明其对事故发生存在过错,故不承担责任;刘某将受损车辆交由宣某,宣某交由维修部门维修,此举并不违反相关规定,故亦不承担责任。判决原告损失,交强险不足赔付部分,李某、宣某、张某、彭某分别按60%、10%、10%、20%比例赔偿。⑦2004年<u>四川某保险合同纠纷案</u>,2000年,王某持交管局合法的机动车学习驾驶证和将自己照片粘贴在汪某正式驾驶证上的伪造驾驶证,与无驾驶教练员资格的汪某长途驾驶途中,因疲劳驾驶肇事,致第三者伤亡的重大交通事故。王某向交警出示的是伪造驾驶证,并自称系汪某。后交警认定王某、汪某分负主、次责任。王某赔付第三者损失后向保险公司办理赔时遭拒致诉。法院认为:王某事发后向公安机关出示的是将自己照片粘贴在汪某正式驾驶证上的伪造的驾驶证,并在接受公安机关第一次询问时称自己是汪某,可见,王某自己伪造正式驾驶证,其行为本身违法,且肇事后向公安机关出示伪造的驾驶证并非出示自己的学习驾驶证,且谎称自己是汪某,<u>不能认定王某不知道伪造的驾驶证是无效驾驶证</u>。作为投保人的王某故意不将此情节告知保险公司,反而以自己持学习驾驶证驾驶、保险公司未尽到免责条款说明义务抗辩,其理由不成立。保险合同在免责事由中约定"无有效驾驶证",作为一般人均应明白伪造的驾驶证不能叫有效驾驶证,《合同法》中对格式条款理解发生争议时明文规定,应按通常理解予以解释。同时,格式合同承诺内容的确定性,即在受要约人对合同内容承诺时,其内容已确定下来,受要约人亦只能根据已确定内容作出选择承诺与否表示。本案中,双方签订保险合同时,保险公司提供的投保单上明确说明了投保人应对责任免除和被保险人义务条款明确无误后签名,投保人并未提出要求对格式条款中免除责任条款予以说明,之后王某签名即作出明确承诺,故保险公司有理由认为投保人对免责条款内容清楚,无任何异议即保险公司无必要对免责条款逐条、逐款,甚至条款中规定的具体的内容作出详尽说明,故<u>应认定保险公司对免责条款已尽明确说明义务</u>,发生事故不属保险责任赔偿范围,判决驳回王某诉请。⑧2011年<u>江苏某保险合同纠纷案</u>,

2009年,贾某无证驾驶吴某车辆撞伤朱某,交警认定贾某、朱某分负主、次责任。2011年,法院判决保险公司赔付朱某4万余元,贾某赔偿2万余元,吴某对贾某承担责任负连带赔偿责任。保险公司赔偿后,向贾某、吴某追偿。法院认为:驾驶人应在有关机构培训、锻炼其驾驶技能,并经培训合格取得驾驶资质后,方能驾驶和其驾驶证相符的准驾车型进行道路行驶,此系法律规定,亦系基本常识。本案贾某无证驾驶机动车肇事致他人受伤,并被认定负事故主要责任,保险公司因与该车车主即吴某之间存在合法、有效的交通强制保险合同而造成保险公司依法向他人承担赔偿责任。对于驾驶人因未取得驾驶资格造成交通事故,保险人在承担赔偿责任后依法有权追偿。但在该交通事故中,过错人应依其过错程度承担相应赔偿责任,保险公司追偿范围亦应和贾某在该起事故中的过错责任相当,保险公司不能因其追偿行为而要求贾某承担应由受害人承担的过错责任。贾某在该事故中过错责任系主要责任,法院酌定该责任范围为70%,保险公司追偿范围应限定在该范围内。吴某作为肇事车辆车主,出借车辆给无驾驶资格的贾某,其未尽到必要的谨慎审查和注意义务,但依保险合同相关规定,保险公司追偿对象系机动车驾驶人即贾某,故其要求吴某承担连带责任无法律依据。判决贾某赔偿保险公司2.8万余元。

⑨2011年黑龙江某保险合同纠纷案,2009年,王某无证驾驶田某名下机动车撞伤苏某,交警认定王某、苏某分负主、次责任。田某诉讼请求保险公司赔付交强险。法院认为:交强险主要目的在于保障车祸受害人能够获得基本救治,具有社会公益属性而区别于其他商业保险。因无证驾驶发生交通事故,保险公司应在交强险限额内对受害人的伤残赔偿金、死亡赔偿金予以赔偿。本案中,王某系无证驾驶,依《道路交通安全法》第76条规定,机动车发生交通事故造成人身伤亡、财产损失的,由保险公司依法在交强险责任限额范围内予以赔偿,确立了保险公司对保险事故承担无过错赔偿责任原则。不论交通事故当事人各方是否有过错及过错程度如何,保险公司首先在责任限额内予以赔偿,故判决保险公司承担相应的交强险赔付责任。⑩2011年浙江某保险合同纠纷案,2010年,傅某驾车与何某车辆碰撞,傅某、何某分别损失25万余元、8万余元,依交警认定的主、次责任,在交强险范围外,由傅某按70%责任赔偿何某6万余元,何某按30%责任赔偿傅某8万余元。傅某就各项损失向保险公司理赔时,保险公司以傅某驾照在事发时已超过有效期、符合交强险合同关于"驾驶人未取得驾驶资格"、商业险合同关于"驾驶证有效期已届满"免责条款约定为由拒赔。经查,傅某在事发后第4天换证宽展期内办理了期满换证降级业务并取得新的驾照。法院认为:在交强险中,保险公司制定的格式条款表述为驾驶人未取得驾驶资格情形下,保险人不负责其他损失和费用的垫付和赔偿。本案傅某已取得驾驶资格,只是在事故发生时所持驾驶证超过驾驶证上注明的有效期间,但并不属于被吊销、注销驾驶证等情形,仍在可办理换证期间内,

故傅某行为不属于无证驾驶,保险公司理应在交强险范围内赔偿傅某损失。在商业险中,仅凭保险公司提供证据无法推定保险公司与傅某签订合同当时其向傅某对"驾驶证有效期已届满"作出了明确说明或解释。从该条款文义上看,驾驶证有效期已届满应包含傅某所称驾驶证本身效力期限届满和保险公司所称所持驾驶证上载明的有效期限届满两种理解。驾驶证本身效力期限届满属于驾驶证效力丧失,包括但不限于驾驶人在宽展期内未换取新证或未被许可换取新证后果;而超过驾驶证上载明的有效期限的驾驶证,驾驶人可在宽展期内换取新证,在宽展期内该驾驶证仍合法有效。从相关条款构架上来看,格式合同制定者将驾驶证有效期已届满与无证驾驶用"或者"一词连接,实际上要表达为两者具有相同的法律后果,即应为驾驶证有效期限届满的理解。从投保人合理期待、合同目的、公平、诚实信用原则来看,投保人希望通过订立保险合同,在保险事故发生时得到理赔,从而减少损失。虽然其在事故发生时持有的驾驶证超过驾驶证上注明的有效期限,但在其已换取新的驾驶证情况下,投保人要求保险人理赔事故损失,属于合理期待。保险合同订立目的是分散风险,免责条款订立目的是控制保险风险,本案驾驶人未加大保险风险,且与保险事故发生并无事实上因果关系。如将该条款内容理解为所持驾驶证上注明有效期届满,在本案情况下,实际上缩短了保险人保险期间,与诚实信用不符,亦对被保险人不公平,故"驾驶证有效期已届满"应理解为驾驶证本身效力期限届满,实质上与无证驾驶有相同法律后果,不仅符合该条款本意,亦符合公平、诚实信用原则,有利于保护非提供格式条款一方利益,更有利于平衡双方利益。本案交通事故发生时,傅某所持驾驶证超过驾驶证所注明有效期限,不能作为保险公司拒赔依据。因傅某承担本案交通事故主要责任,根据本案事故情况及保险合同约定,保险公司就商业第三者责任险及车辆损失险承担70%事故责任比例,合理合法,且傅某已向何某支付商业第三者责任险赔偿金6万余元,故对傅某要求保险公司就商业第三者责任险和车辆损失险支付保险金23万余元诉请,应予支持。判决保险公司支付傅某保险金23万余元。⑪2010年**江苏某保险合同纠纷案**,2009年1月,驾驶证扣分已达19分的王某驾驶机械厂投保车辆肇事撞伤骑摩托车的朱某,王某、机械厂被法院判决交强险之外另行赔偿朱某8万余元。机械厂向保险公司理赔时遭拒。法院认为:事故发生时,驾驶人王某交通安全违法记分已达19分,根据"对于道路交通安全违法行为处罚与记分同时执行"的原则并结合王某事发后接受交警部门询问时的陈述,应认定王某对事故发生时其驾驶证超分情况明知,此情况下仍驾车上路,已违反法律法规规定,并符合保险合同条款"驾驶人存在依照法律法规或公安交管部门有关规定不允许驾驶被保险机动车的其他情况下驾车的情形,保险人不负责赔偿"的情形,且该免责条款已向被保险人明确说明,故保险公司有权据此免责。⑫2010年**上海某保险合同纠纷案**,2008年5月,运输公司驾驶员张某驾车肇事,致他人死亡和车辆损坏。交警认定张某全责,保险公司以张某肇事前驾驶证已达到14分应免除其责任。一审认为:运输公司发生此次交通事故前并未受到公安交管部门吊销或注销驾驶资格的处罚,应认定其仍有驾驶资质。同时,第三者责任险保单中"责任免除"部分笼统规定了"犯罪行为",能否免责应结合本案情形具体分析,如保险公司免赔,则将肇事者的过错行为所造成的后果强加给了应受救济的第三者,故保险公司不能免责。二审认为:运输公司驾驶员张某驾驶证肇事前已达14分,依《道路交通安全法实施条例》第28条规定,机动车驾驶人记分达到12分的,不得驾驶机动车,故张某事发时已不具备有效驾驶资格。而<u>丧失有效驾驶资格并不以交管部门作出扣留、吊销或注销驾驶证等行政处罚为必要前提</u>,保险公司基于运输公司驾驶员驾驶证记分行为已达14分而免除责任。⑬2010年**江苏某保险合同纠纷案**,2009年2月,吴某雇员金某驾照存在违法记分达14分情况下仍驾车肇事,交警认定其负次要责任。吴某办理车损理赔时,保险公司以保险合同约定"依照法律法规或交管部门有关规定不允许驾驶被保险机动车的其他情况下驾车"的免责条款拒赔。法院认为:本案吴某因违法行为予以记分14分,不得再驾驶机动车上路行驶,虽公安机关交通管理部门未及时扣留其驾驶证,但扣分的行政处罚均发生在事故发生之前,作为驾驶人员应当知晓,因金某违法处罚行为系其个人行为,作为雇主的吴某在金某不告知的情况下未必全部清楚,<u>其在交通管理部门未予扣证情形下仍安排金某驾车,其主观上并无过错,而保险公司未证明免责条款已向被保险人吴某提示或明确说明,故不发生法律效力</u>,保险公司应承担保险理赔责任。⑭2010年**江苏某追偿权案**,2008年2月,高某持超过有效期的驾驶证驾车肇事致冯某受伤,随后,高某办理了原驾驶证的换证手续,保险公司依法院判决赔偿冯某交强险7万余元后向高某追偿。法院认为:根据《机动车驾驶证管理办法》第22条规定,驾驶证有效期满前3个月内,持证人应当到车辆管理所换证。车辆管理所应结合审验对持证人进行身体检查,审核违章、事故是否处理结束,对审验合格的,应换发驾驶证。因特殊情况不能按期换证的,依法处罚后予以换证。持证人在换证期间,有义务接受交通法规教育。由此可见,<u>高某驾车肇事期间所持驾驶证虽已超有效期,但此情况不属于保险公司有权追偿的被保险人未取得驾驶资格的情形</u>。同时,生效判决认定保险公司承担的是赔偿责任,而非垫付责任,且对被保险人高某已支付受害人的部分,判决保险公司予以返还,该判决已生效,保险公司亦已履行,故驳回保险公司对高某的诉讼请求。⑮2009年**河北某交通事故损害赔偿案**,2008年10月,钟某所雇司机李某驾驶车辆与韩某所驾拖拉机相撞,致双方车损人伤,交警认定李某、韩某分别负主、次责任。钟某垫付李某医疗费后,起诉韩某及韩某投保交强险的保险公司,保险公司以韩某驾照过期为由拒赔。法院认为:根据公安部《机动车驾驶证申领和使用规定》,只有超过机动车驾驶证有效期 1 年以上未换证的,机动车驾驶证才应被注销。本次事故中韩某虽持过期驾照,但不等于其无驾驶资格。驾驶员只要通过了驾驶资格考试,便具有了驾驶资格,只要未被依法取消该资格,就应确认具备驾驶资格。韩某为其车辆投保交强险,保险公司应在责任限额内理赔。⑯2009 年江苏某保险合同纠纷案,2009 年 9 月,保险公司出具批单,确认化工公司将被保险车辆转卖并过户给刘某。2010 年 5 月,刘某驾驶该车肇事,并被认定全责,刘某请求理赔时,保险公司以刘某驾照超有效期的免责条款拒赔。法院认为:化工公司将保险车辆过户给刘某后,刘某作为保险标的受让人就承继了化工公司的权利和义务。因化工公司已在投保单上的投保人声明栏加盖了公章,证明保险公司已就保险条款中责任免除等内容向其作了明确说明,故保险条款中的免责条款具有法律效力。保险公司在对化工公司履行了明确说明义务后,刘某作为保险标的受让人承继了化工公司的权利和义务,保险公司无须再对刘某进行明确说明。保险公司出具保险批单是确认投保人及被保险人由化工公司变更为刘某后,其继续承保义务到保险期满的确认行为,该行为不产生新的法律关系和权利、义务。依据车辆损失险保险条款规定,以及第三者责任险保险条款规定,刘某在超过驾驶证有效期的情况下驾驶机动车的行为属于保险公司的责任免除范围,保险公司在车损险及三责险的承保范围内不应当承担赔偿责任,故判决驳回刘某诉讼请求。⑰2007 年浙江某保险合同纠纷案,2007 年 5 月,通过驾校考试合格的谢某在领驾照前 3 天驾驶投保了交强险和车辆综合险的机动车肇事,交警认定其承担主要责任。经调解,由谢某赔偿受害人 17 万余元。办理保险理赔时,保险公司以谢某属无证驾驶拒绝理赔。法院认为:尽管谢某在发生交通事故时经过考试合格具备了驾驶能力,但因其尚未取得驾驶证照,属于驾驶证待证期间,依法不视为具备驾驶资格。交强险合同中并未将有无驾驶资格规定为是否免赔的范围,故保险公司应在交强险责任限额范围内承担赔偿责任,而不能将谢某有无驾驶资格作为是否免赔的理由和依据。交强险条例将无驾驶资格规定为保险公司应"垫付与追偿"情形之一是出于公共利益需要,是对有关垫付和不负责垫付的费用及追偿所作规定,并非责任免除,故保险公司应按交强险约定支付谢某赔偿款。因无证驾驶在综合险免赔范围,故对谢某提出综合险赔偿部分不予支持。⑱2006 年福建某保险合同纠纷案,2006 年 1 月,谢某无证驾驶无牌摩托车,被逆行的同样无证驾驶无牌摩托车的汤某发生碰撞,谢某身亡。交警认定汤某负事故全部责任。谢某生前投保的保险合同约定免责情形包括被保险人"无有效驾驶执照驾驶"或"驾驶无有效行驶证的机动交通工具"导致被保险人身故或残疾。保险公司据此拒绝理赔。法院认为:依保险合同约定,被保险人身故需与无有效驾驶执照或驾驶无有效行驶证的机动交通工具有因果关系,保险人才不负保险责任;否则,保险人均应负保险责任。根据交通事故认定书,交通事故发生是因汤某无证驾驶无牌机动车且逆行造成,该系列行为应为造成谢某死亡的近因。谢某驾驶无牌机动车虽属违法行为,但与本案事故的发生无因果关系,不负事故责任,该行为违法性与死亡后果间并非原因和结果而只是条件与结果的关系。本案因第三者汤某的行为导致谢某死亡,属本案保险公司的承保风险,保险公司应当按保险合同约定,承担给付保险金责任。

【同类案件处理要旨】

无证驾驶,一般是指未取得合法机动车驾驶证,或者虽合法取得驾驶证,但驾驶与所持驾驶证载明的准驾车型不符,或者驾驶证被吊销、注销、公告作废、扣押期间驾驶机动车。

【相关案件实务要点】

1.【认定主体】行政许可具有公定效力,保险机构无权自行认定驾驶证无效。初次申领驾照时有年龄上的瑕疵,但其间其驾驶证已经过多次年审合格,其他条件也符合驾驶条件,故应认定行为人具有驾驶资质。案见四川成都龙泉驿区法院(2007)龙泉民初字第175号"曾某诉某保险公司保险合同纠纷案"。

2.【驾照超分】对于合法取得驾照后因超期未年检、超分而待注销是否属于无驾驶资格,司法实践中存在争议。驾驶证超分是否属于"不具有有效驾驶资格"之免责情形:(1)一种观点持肯定态度:丧失有效驾驶资格并不以交通管理部门作出扣留、吊销或注销驾驶证等行政处罚为必要前提。依据法律法规的相关规定,驾驶员被扣分达12分时,就不得再驾驶机动车上路,应认定其已经丧失有效驾驶资格。案见上海二中院(2010)沪二中民六(商)终字第180号"某运输公司诉某保险公司保险合同纠纷案"。(2)另一种观点持否定态度,并认为:①被保险人在保险事故发生前并未受到公安交管部门吊销或注销驾驶资格的处罚,应认定其仍有驾驶资质。案见上海虹口区法院(2009)沪民二(商)初字第1193号"某运输公司诉某保险公司保险合同纠纷案"。②雇员驾驶证超分仍驾驶机动车属于违法行为,系个人行为,雇主无从知晓,不具有过错,作为被保险人不应承担相应责任,且在保险公司未就该免责条款进行提示或明确说明情况下,该免责条款不发生法律效力。案见江苏无锡中院(2010)锡商终字第0025号"吴某诉某保险公司保险合同纠纷案"。

3.【待证期间】驾驶证待证期间不能视为具有驾驶资格。案见浙江余姚法院(2007)余民二初字第658号"谢某诉某保险公司保险合同纠纷案"。

4.【驾照过期】驾驶证过期不等于无驾驶资格,只要未被依法取消驾驶资格,就应确认具备驾驶资格。保险公司不能以驾驶证超过有效期为由拒绝赔偿。案见河北威县法院(2009)威民一初字第684号"钟某诉某保险公司等交通事故损害赔偿案"。

5.【**超期换证**】驾驶人所持驾驶证已超过原证规定的有效期,但未被注销,后补办了换证手续,此种情况下不应视为"未取得驾驶资格",保险人在承担交强险赔付责任后向被保险人追偿的,不应支持。案见江苏江阴法院(2010)澄滨商初字第256号"某保险公司诉高某追偿权案"。

6.【**近因原则**】保险事故发生后,保险人是否应对所造成的损失承担赔偿责任,关键在于确定损失的近因是否为承保风险。被保险人无证驾驶无牌机动车虽属违法行为,但与交通事故的发生无因果关系,不负事故责任,其行为违法性与死亡后果间并非原因和结果而只是条件与结果的关系,保险公司不能以无证驾驶免责。案见福建龙岩中院(2006)岩民终字第335号"谢某等诉某保险公司保险合同案"。

【**附注**】

参考案例索引:四川成都龙泉驿区法院(2007)龙泉民初字第175号"曾某诉某保险公司保险合同纠纷案",判决保险公司扣除免赔率后,赔偿曾某11万元保险金。见《保险公司不得自行认定投保人驾驶证无效并拒绝赔偿》(高玉林),载《人民司法·案例》(201004:61)。①广西梧州中院(2016)桂04民终字91号"周某与某保险公司保险合同纠纷案",见《周正云诉中国平安保险财产保险股份有限公司梧州中心支公司保险合同纠纷案——保险公司对投保人宽展期内逾期未更换驾照交通事故理赔的认定》(龙跃),载《人民法院案例选》(201709/115:116)。②北京丰台区法院(2014)丰民初字第04771号"李某与陈某等机动车交通事故责任纠纷案",见《李昭乾诉陈志起、中国平安财产保险股份有限公司北京分公司机动车交通事故责任纠纷案——保险合同中的免责条款未经提示及说明的对被保险人不产生效力》(陆宋宁),载《人民法院案例选》(201601/95:141)。③上海一中院(2014)沪一中民六(商)申字第5号"某运输公司与某保险公司保险合同纠纷案",见《机动车驾驶人记满12分驾驶车辆发生交通事故的保险责任解析——上海一中院裁定景建运输公司诉太平洋保险公司财产保险合同纠纷案》(何建),载《人民法院报·案例精选》(20151022:06)。④见《违法驾驶情形下交强险保险公司追偿权的行使对象、追偿范围及其诉讼程序——道路交通损害赔偿司法解释第十八条的解释论》(姜强,最高人民法院民一庭),载《民事审判指导与参考·指导性案例》(201403/59:125)。⑤最高人民法院(2013)民监他字第6号答复意见,见《无驾驶证或者醉酒驾驶情形下保险公司的交强险责任——渤海财产保险股份有限公司青岛分公司与崔志霞、栾瑞成道路交通事故财产损害赔偿纠纷案》(邱明、郭魏,最高人民法院审监庭),载《审判监督指导·案例评析》(201401/47:163)。⑥天津滨海新区法院(2013)滨塘刑初字第297-1号"朱某与李某等机动车交通事故责任纠纷案",见

《朱俊光等诉李春明等机动车交通事故责任纠纷案——多被告共同侵权情形下侵权责任如何确定》(孙潇),载《人民法院案例选》(201503/93:117)。⑦四川泸州中院"某保险公司与王某保险合同纠纷案",见《中国人民保险公司叙永县支公司与王波保险合同纠纷案——关于保险人对保险合同条款是否已尽说明义务的理解与认定》,载《审判监督指导·案例评析》(200401/13:100)。⑧江苏淮安淮阴区法院(2011)淮商初字第0596号"某保险公司与贾某等保险合同纠纷案",见《安邦财产保险股份有限公司江苏分公司诉贾飞、吴志辉财产保险合同纠纷案》(孙海洋),载《人民法院案例选》(201204/82:257)。⑨黑龙江绥化中院(2011)绥中法民再字第26号"田某与某保险公司保险合同纠纷案",见《田晓飞诉阳光农业相互保险公司绥化中心支公司保险合同纠纷案》(崔洪志、李秀华、付向成),载《人民法院案例选》(201204/82:261)。⑩浙江宁波中院(2011)浙甬商终字第604号"傅立业与中国人民财产保险股份有限公司宁波市余慈支公司保险合同纠纷案",见《驾驶证换证期间发生交通事故保险责任承担》(穆勤),载《人民司法·案例》(201404:83)。⑪江苏无锡南长区法院(2010)南商初字第851号"某机械厂诉某保险公司保险合同纠纷案",见《无锡市宏强泵阀机械厂诉中国人民财产保险股份有限公司无锡市分公司保险合同案》(杨斌),载《中国法院2012年度案例:保险纠纷》(89)。⑫上海二中院(2010)沪二中民六(商)终字第180号"某运输公司诉某保险公司保险合同纠纷案",见《上海虹宝环卫处置运输有限公司诉中国太平洋财产保险股份有限公司上海分公司财产保险合同案》(范黎红),载《中国法院2012年度案例:保险纠纷》(69)。⑬江苏无锡中院(2010)锡商终字第0025号"吴某诉某保险公司保险合同纠纷案",见《吴树强诉天安保险股份有限公司湖州中心支公司保险合同案》(储晓惠、何雪锋),载《中国法院2012年度案例:保险纠纷》(45)。⑭江苏江阴法院(2010)澄滨商初字第256号"某保险公司诉高某追偿权案",见《中国人民财产保险股份有限公司苏州市分公司诉高建华追偿垫付款案》(唐宇英、夏凯),载《中国法院2012年度案例:保险纠纷》(29)。⑮河北威县法院(2009)威民一初字第684号"钟某诉某保险公司等交通事故损害赔偿案",见《裁判要旨·交通事故责任保险》(史凤芹),载《人民法院案例选·月版》(201001:173)。⑯江苏无锡中院(2009)锡商终字第的2号"刘某诉某保险公司保险合同纠纷案",见《刘华兵诉中华联合财产保险股份有限公司无锡市惠山支公司保险合同纠纷案》(单甜甜),载《人民法院案例选》(201101:34)。⑰浙江余姚法院(2007)余民二初字第658号"谢某诉某保险公司保险合同纠纷案",判决保险公司支付谢某保险赔偿金5万余元。见《谢志南诉中华联合财产保险股份有限公司余姚支公司保险合同纠纷案》(张建军、韩家娓),载《人民法院案例选》(200803:324)。⑱福建龙岩中院(2006)岩民终字第335号"谢某等诉某保险公司保险合同案",判决保险公司偿付原告保险金3万元。见《谢新霞等诉中国人寿保险股份有限公司龙岩分公司保险合同案》（林朝晖），载《中国审判案例要览》（2007商事：317）。

79. 未注册年检保险赔付
——车辆未检验，保险是否赔？

【注册年检】

【案情简介及争议焦点】

2007年1月，陈某驾驶投保机动车商业保险的车辆发生交通事故，交警认定对方负事故全部责任。同年7月，陈某死亡，其继承人起诉保险公司要求赔偿车辆损失及评估费10万余元。保险公司以投保时车辆未检验为由拒绝理赔。

争议焦点：1.投保时未验车责任在哪方？2.保险公司应否理赔？

【裁判要点】

1. 免责条款不适用。 陈某投保时，保险车辆本身未曾检验。根据保险合同关于"投保人应如实填写投保单并回答保险人提出的询问，履行如实告知义务，并提供被保险人机动车行驶证复印件"的规定，可以认定陈某在投保时已将行驶证复印件提供给了保险公司，对其车辆未进行检验履行了告知义务。保险公司在陈某投保时已明知投保车辆未经检验，但仍接受陈某投保，说明保险合同中保险事故发生时车辆未检验的免责条款就本案而言对陈某已不再适用。

2. 保险公司应理赔。 陈某驾驶未经检验车辆行驶属交管部门行政处理范畴，与保险合同无关。故陈某投保车辆在保险事故发生时未曾检验在本案不能免除保险公司的赔偿责任。陈某在事发后已及时委托价格认证中心予以评估。价格认证中心系独立的评估机构，其出具的报告客观真实，可作为车损依据。

【裁判依据或参考】

1. 法律规定。《道路交通安全法》（2004年5月1日实施，2011年4月22日修正）第2条："中华人民共和国境内的车辆驾驶人、行人、乘车人以及与道路交通活动有关的单位和个人，都应当遵守本法。"第8条："国家对机动车实行登记制度。机动车经公安机关交通管理部门登记后，方可上道路行驶。尚未登记的机动车，需要临时上道路行驶的,应当取得临时通行牌证。"第 10 条:"准予登记的机动车应当符合机动车国家安全技术标准。申请机动车登记时,应当接受对该机动车的安全技术检验。但是,经国家机动车产品主管部门依据机动车国家安全技术标准认定的企业生产的机动车型,该车型的新车在出厂时经检验符合机动车国家安全技术标准,获得检验合格证的,免予安全技术检验。"第 13 条:"对登记后上道路行驶的机动车,应当依照法律、行政法规的规定,根据车辆用途、载客载货数量、使用年限等不同情况,定期进行安全技术检验。对提供机动车行驶证和机动车第三者责任强制保险单的,机动车安全技术检验机构应当予以检验,任何单位不得附加其他条件。对符合机动车国家安全技术标准的,公安机关交通管理部门应当发给检验合格标志。对机动车的安全技术检验实行社会化。具体办法由国务院规定。机动车安全技术检验实行社会化的地方,任何单位不得要求机动车到指定的场所进行检验。公安机关交通管理部门、机动车安全技术检验机构不得要求机动车到指定的场所进行维修、保养。机动车安全技术检验机构对机动车检验收取费用,应当严格执行国务院价格主管部门核定的收费标准。"第 18 条:"依法应当登记的非机动车,经公安机关交通管理部门登记后,方可上道路行驶。依法应当登记的非机动车的种类,由省、自治区、直辖市人民政府根据当地实际情况规定。非机动车的外形尺寸、质量、制动器、车铃和夜间反光装置,应当符合非机动车安全技术标准。"

2. 行政法规。国务院《道路交通安全法实施条例》(2004 年 5 月 1 日,2017 年 10 月 7 日修订)第 5 条:"初次申领机动车号牌、行驶证的,应当向机动车所有人住所地的公安机关交通管理部门申请注册登记。申请机动车注册登记,应当交验机动车,并提交以下证明、凭证:(一)机动车所有人的身份证明;(二)购车发票等机动车来历证明;(三)机动车整车出厂合格证明或者进口机动车进口凭证;(四)车辆购置税完税证明或者免税凭证;(五)机动车第三者责任强制保险凭证;(六)法律、行政法规规定应当在机动车注册登记时提交的其他证明、凭证。不属于国务院机动车产品主管部门规定免予安全技术检验的车型的,还应当提供机动车安全技术检验合格证明。"第 16 条:"机动车应当从注册登记之日起,按照下列期限进行安全技术检验:(一)营运载客汽车 5 年以内每年检验 1 次;超过 5 年的,每 6 个月检验 1 次;(二)载货汽车和大型、中型非营运载客汽车 10 年以内每年检验 1 次;超过 10 年的,每 6 个月检验 1 次;(三)小型、微型非营运载客汽车 6 年以内每 2 年检验 1 次;超过 6 年的,每年检验 1 次;超过 15 年的,每 6 个月检验 1 次;(四)摩托车 4 年以内每 2 年检验 1 次;超过 4 年的,每年检验 1 次;(五)拖拉机和其他机动车每年检验 1 次。营运机动车在规定检验期限内经安全技术检验合格的,不再重复进行安全技术检验。"第 17 条:"已注册登记的机动车进行安全技术检验时,机动车行驶证记载的登记内容与该机动车的有关情况不符,或者未按照规定提供机动车第三者责任强制保险凭证的,不予通过检验。"

3. 部门规范性文件。国家质量监督检验检疫总局《机动车安全技术检验机构监督管理办法》(2009年12月1日)第2条:"……本办法所称机动车安全技术检验,是指根据《中华人民共和国道路交通安全法》及其实施条例规定,按照机动车国家安全技术标准等要求,对上道路行驶的机动车进行检验检测的活动,包括机动车注册登记时的初次安全技术检验和登记后的定期安全技术检验。本办法所称安检机构,是指在中华人民共和国境内,根据《中华人民共和国道路交通安全法》及其实施条例的规定,按照机动车国家安全技术标准等要求,对上道路行驶的机动车进行检验,并向社会出具公证数据的检验机构。"第5条:"安检机构应当严格依据国家有关法律法规规定,按照机动车国家安全技术标准和有关规定对机动车实施检验,并对检验结果负责。"中国保监会《关于机动车辆保险条款解释的复函》(2004年8月5日　保监产险〔2004〕1312号):"……只要能够证明被保险机动车辆按照规定进行了检验并且检验结果合格的,即使车辆行驶证上没有加盖相应的年检合格章,不属于机动车辆保险条款第五条第十一款规定的责任免除事项。"中国保监会《关于机动车辆保险条款解释的批复》(2002年2月4日　保监函〔2002〕15号)第1条:"关于被保险人未尽维护保养义务,保险公司能否拒绝赔偿的问题。在保险合同关系中,维护保养义务并非被保险人的主要义务。被保险人未尽此项义务,属于被保险人的疏忽行为,并不能因此而排除被保险人的主要权利——要求获得保险赔偿的权利。否则,便违反了保险合同的公平原则。"第3条:"关于保险车辆在'提车暂保单'的保险期限内出险,但移动证或临时号牌已失效,且未领取正式号牌,保险公司能否拒绝赔偿的问题。此问题分为两种情况:(一)在保险期限内(30天),移动证或临时号牌失效,保险车辆在停放时出险,保险人应在保险责任范围内给予赔偿。因为移动证或临时号牌有效与否,与保险车辆的停放没有联系。(二)在保险期限内(30天),移动证或临时号牌失效,且尚未领取正式号牌,保险车辆在行驶时出险,保险人不承担经济赔偿责任。因为,移动证或临时号牌失效且尚未领取正式号牌的机动车辆上路属于严重违反道路交通管理有关规定的行为,提车暂保单特别约定第2条又明示了此种情况不承担经济赔偿责任。"公安部《关于依法取缔机动车及驾驶员无牌无证行为的通告》(2001年6月29日)第5条:"对没有办理登记的机动车,车主必须尽快办理登记手续。公安机关在暂扣理由消除后,凭合法的机动车来历凭证发还被暂扣车辆。"公安部交管局《关于境外购买的车辆能否使用国外购车发票办理登记问题的批复》(1999年6月28日　公交管〔1999〕145号,2004年8月19日废止):"……在境外购买的机动车(海关监管车辆除外)在办理新车登记时,车辆所有人应当提供国家规定海关签发的《货物进口证明书》和《海关进口关税专用缴款书》、《海关代征增值税专用缴款书》的原件,同时提供境外销售单位出具的销售发票。车辆管理所审核《货物进口证明书》、发票和上述缴款书,符合规定的,按照进口机动车登记审批的规定办理新车登记。《货物进口证明书》的原件和发票、缴款书的复印件存入车辆档案。"公安部交管局《关于人民法院判决的机动车办理转籍过户登记有关问题的答复》(1999年6月28日 公交管〔1999〕146号,2004年8月19日废止):"……人民法院判决(裁定、调解)财产所有权转移的机动车在办理转籍过户登记时,对车辆及其档案符合转籍过户有关规定,而原车主拒不在《机动车变更、过户、改装、停驶、复驶、报废审批申请表》上签字或盖章的,车辆管理所应当告知新车主,依据《中华人民共和国民事诉讼法》第二百三十条规定,新车主可以到判决(裁定、调解)的人民法院申请出具《协助执行通知书》。车辆管理所应当凭人民法院出具的《协助执行通知书》和新车主提供的判决(裁定、调解)书,直接办理转籍过户登记手续。属于进口机动车的,应当按照进口车转籍过户有关规定履行审批程序。判决(裁定、调解)书复印件和《协助执行通知书》原件存入车辆档案。转出地车管所办理转籍过户登记后,应当以书面形式告知原车主。"公安部交管局《关于双排座厢式货车能否办理车辆牌照问题的复函》(1999年4月1日 公交管〔1999〕75号,2004年8月19日废止):"……按照国家机动车登记管理的有关规定,公安交通管理部门对已列入《全国汽车、民用改装车和摩托车生产企业及其产品目录》的国产机动车方准办理牌证。未列入'目录'的车辆,不予办理牌证。已办理牌证的车辆,因实际工作需要加装后货厢体的,应当由车主向当地公安交通管理部门车辆管理所提出申请,经批准后,方可改装或改型。"公安部交管局《关于加强农用运输车和拖拉机道路交通管理工作的通知》(1998年8月14日 公交管〔1998〕209号,2004年8月19日废止)第2条:"切实做好农用运输车号牌的换发、核发工作。为了维护全国机动车号牌和行驶证的统一性,对已在农业(农机)部门领取发拖拉机号牌或其他号牌的农用运输车,各地公安交通管理部门车辆管理所按下述规定办理换发或核发农用运输车号牌和行驶证:(一)已领有拖拉机牌证的,应当换发农用车辆证,由车主填写《机动车登记表》,按照《农用运输车安全基准》的规定进行人工检验合格后,直接换发农用运输车号牌和行驶证,原行驶证存入车辆档案,原号牌销毁。(二)对已投入使用的无牌证的农用运输车,由车主填写《机动车登记表》,具有车辆销售发票或所在地派出所出具的非盗抢车辆的证明,按照《农用运输车安全基准》的规定进行人工检验合格后,核发农用运输车号牌和行驶证。(三)对新购的农用运输车,公安交通管理部门车辆管理所按照《机动车注册登记规范》(试行)的规定,核发农用运输车牌证。"公安部交管局《关于农用运输车按机动车进行管理的批复》(1996年8月6日 公交管〔1996〕10号,2004年8月19日废止)第2条:"……农用运输车不是农业机械,是《条例》第三条所称机动车的一种类型,其管理问题不适用《条例》第九十一条第一款的规定,而应依据《条例》第八条的规定,由公安机关按机动车进行管理,不得委托其他部门管理。"第 3 条:"各地公安机关交通管理部门要严格执行核发机动车牌证的有关规定,认真审查农用运输车注册登记手续。要依照机械部、公安部联合发布的农用运输车生产企业及产品目录,凭车辆来历凭证及产品出厂合格证,按照《农用运输车安全基准》(公安部令第 12 号)的规定,进行安全技术检验合格后,核发农用运输车号牌。目录以外的产品不一律不得核发牌证。"公安部交管局《关于对〈甘肃省农业机械管理条例〉意见的函》(1996 年 5 月 16 日 公交管〔1996〕86 号)第 4 条:"农用运输车(包括农用三轮车、农用四轮车)是近年来发展起来的专门在道路上行驶、从事运输的机动车,不是农业机械。其技术参数、性能、结构和用途超过拖拉机,更不能与田间作业的农用机械相比。其生产行业主管部门是机械工业部,近年来,公安机关与机械工业部门密切配合,对农用运输车的生产和安全技术性能管理制定了许多管理办法。在机动车分类中,与拖拉机不属一类。之所称'农用运输车',其重要原因是行使行业生产能更多享受国家优惠政策,以加速农业和农村经济的发展。"公安部交管局《关于农用运输车道路交通管理的规定》(1993 年 5 月 17 日,2004 年 8 月 19 日废止)第 1 条:"农用运输车(包括四轮和三轮,下同)的检验、核发牌证和驾驶员培训、考核、发证等管理工作,一律由公安机关交通管理部门按机动车统一进行管理。"第 4 条:"农用运输车可先行启用'92'式农用运输车牌证。新申领牌证的,可核发农用运输车牌证;尚未制作农用运输车牌证的,仍可继续核发拖拉机牌证,并逐步将拖拉机牌证更换为农用运输车牌证。"公安部交管局《对关于法院判决、裁定的车辆能否办理注册登记手续的请示的答复》(1992 年 9 月 9 日 公交管〔1992〕156 号,2004 年 8 月 19 日废止):"……人民法院依法审理经济案件、民事案件和刑事附带民事诉讼案件时,判决或裁定车辆所有权转移,其判决书或裁定书具有法律效力,能够证明车辆所有权转移的合法性和真实性(法院判决或裁定的车辆应该有合格的注册登记档案)。公安机关车辆管理部门应根据人民法院的判决书或裁定书为当事人办理变更、转出、转入手续。"公安部交管局《关于加强农用运输车道路交通管理问题的通知》(1987 年 6 月 30 日 〔87〕公交管第 446 号,2004 年 8 月 19 日废止)第 2 条:"各地要按国家机械委工程农机局机农生字〔1987〕55 号《关于加强农用运输车生产管理工作的通知》中公布的农用运输车生产企业及产品目录,凭车辆来历证明及产品出厂合格证,按照机动车安全检验标准检验合格后,核发拖拉机号牌。目录以外的产品一律不发牌证。"

4. 地方司法性文件。广东高院《关于审理机动车交通事故责任纠纷案件的指引》(粤高法发〔2024〕3 号 2024 年 1 月 31 日)第 7 条:"未依法年检的机动车被转让并发生交通事故造成损害,属于该机动车一方责任,当事人请求转让人承担连带责任的,应予支持,但转让人举证证明转让时该机动车符合国家有关机动车运行安全技术标准的除外。因排污未达标而报废的机动车,以及未取得环保标志或未购买交强险的机动车被转让并发生交通事故造成损害,当事人以该机动车交付时存在上述禁止上路情形为由请求转让人承担连带责任的,不予支持。"安徽亳州中院《关于审理道路交通事故损害赔偿案件的裁判指引(试行)》(2020年4月1日)第20条:"年检不合格仍然上路行驶的车辆,发生交通事故,保险公司举证证明其对商业三者险合同中的免责条款尽到提示和明确说明义务的,应免除保险公司商业三者险保险责任。未年检车辆在交通事故发生后进行年检,并不存在安全隐患,且车辆本身性能与交通事故发生之间没有因果关系的,承保商业三者险的保险公司仍应承担商业三者险赔偿责任。"山东济南中院《关于保险合同纠纷案件94个法律适用疑难问题解析》(2018年7月)第16条:"发生保险事故时保险机动车未按规定检验,保险人不承担保险责任的保险条款是否具有法律效力。机动车未按期参加年检并不当然影响行驶证的效力,并不必然导致保险公司免除保险责任。保险人依据'发生保险事故时保险机动车未按规定检验或者检验不合格的,保险人不承担保险责任'的保险条款,主张免除保险责任的,应当区分以下情形分别作出认定:(一)交通事故发生后经公安机关检测认定车辆发生事故前存在安全隐患的,对于保险人免除保险责任的主张,人民法院予以支持;(二)交通事故发生后经公安机关检测认定车辆发生事故前不存在安全隐患的,对于保险人免除保险责任的主张,人民法院不予支持;(三)交通事故发生后公安机关未对车辆进行检测或虽进行检测但已无法确定事故发生前车辆是否存在安全隐患的,对于保险人免除保险责任的主张,人民法院予以支持。"山东日照中院《机动车交通事故责任纠纷赔偿标准参考意见》(2018年5月22日)第3条:"买卖禁止上道路行驶的机动车转让人的责任。无故不参加年检或年检不合格的车辆,不准在道路上行驶。未年检合格的,转让人应与受让人连带承担机动车一方的责任;在无故不参加年检的情况下,转让人应举证证明该未年检的机动车在转让时符合国家机动车运行安全技术条件,否则,应与受让人连带承担机动车一方的责任。机动车未取得环评标志,也属于禁止行驶的机动车。但该类机动车只是尾气排放未达标,与机动车是否符合机动车运行安全技术条件无关,车辆发生交通事故的,转让人不承担赔偿责任。买卖未投保交强险的车辆,因交强险与机动车是否符合国家相关安全技术标准亦无关,机动车转让并交付后,无论是否办理转移登记,受让人上道路行驶之前均应当及时投保交强险,转让人有过错的,承担相应赔偿责任。"广东广州中院《机动车交通事故责任纠纷案件审判参考》(2017年3月27日 穗中法〔2017〕79号)第5条:"肇事机动车已按规定进行年审检验,事故发生后检验不合格的,承保该车商业险的保险公司依据商业险合同中'保险车辆未在规定检验期限内进行机动车安全技术检验或检验未通过,保险人均不负责赔偿'的条款主张免赔,人民法院不予支持。肇事机动车未按规定进行安全技术检验,经公安机关检测车辆在事故发生前不存在安全隐患,或者虽然机动车在车辆事故发生前存在安全隐患但该安全隐患与保险事故的发生之间不存在因果关系,保险公司依照上述条款主张免除保险责任的,人民法院不予支持。"天津高院《关于印发〈机动车交通事故责任纠纷案件审理指南〉的通知》(2017年1月20日 津高法〔2017〕14号)第3条:"……拼装车、已达到报废标准的机动车、未达到国家机动车运行安全技术标准的改装车或依法禁止行驶的其他机动车被多次转让,并发生交通事故造成损害的,经当事人请求,由所有的转让人和受让人承担连带责任。依法禁止行驶的其他机动车,特指因不符合国家有关机动车运行安全技术条件被依法禁止行驶的机动车。转让无故未参加年检的机动车,该机动车发生交通事故造成损害的,转让人应证明该未年检机动车在转让时不存在不符合国家机动车安全技术标准的情形,转让人无法证明的,应与受让人承担连带赔偿责任。转让,包括买卖、赠与、互易等有偿或无偿的方式。"重庆高院民二庭《关于2016年第二季度高、中两级法院审判长联席会会议综述》(2016年6月30日)第5条:"对于危险状态免责条款的适用问题。保险合同中约定的额超载条款、年检条款、酒后驾驶、无证驾驶、准驾车型不符不赔条款等,保险事故的发生于危险状态没有因果关系时,保险人是否承担担保保险责任的问题。多数意见认为,投保车辆虽未按时年检或超载,但并不能必然得出投保车辆危险程度增加的结论,只要最终证明未年检或超载与保险事故的发生没有因果关系,保险人就不得以此为由免责。对于酒后驾驶、无证驾驶等有法律禁止性规定的情形,保险人应予免责。少数意见认为,根据保险法理论,在保险合同中约定在特定的危险状态下发生保险事故保险人不负赔偿责任的免责条款系危险状态免责条款。此类条款的作用是为了让保险事故发生时的危险水平与缔结时的危险水平相当,维护对价平衡,因此只要保险事故发生时被保险人处于该免责条款所规定的危险状态之下,保险人即可免除其保险责任,而无须证明保险事故是由该危险所导致的,特定的危险状态的存在与保险事故发生见无须有直接的因果关系。"上海高院民五庭**《全市法院民事审判工作庭长例会》**(《上海审判规则》2016年第2期)第3条:"机动车未年检免赔条款问题。(1)问题由来。虽然各保险公司对车辆未按规定检验的免赔条款的表述在文字上略有差异,但均表达了对未按照法律法规的规定进行年检或者检验不合格的车辆发生交通事故的,不论何种原因造成的损失,保险人均不负赔偿责任的意思。在保险人援引此条款拒赔时,被保险人常会提出未明确说明,车辆事后已年检合格,事故发生与未年检无因果关系等抗辩。(2)我们的倾向性观点。未年检免责条款属于'保险法司法解释二'第十条所指的法律法规禁止性规定,故保险人履行提示义务即可发生法律效力。(3)适用中需要注意的问题。未年检免责条款属于危险状态事故免责条款,即保险人对某种特定危险状态下所发生的保险事故免责。酒后驾车、无证驾驶免责条款都属于危险状态免责。此种条款的特点是强调事故发生时被保险人处于该责任免责条款所规定的危险状态之下,保险人即可免除其保险责任,而无须证明保险事故是由该危险所产生的。所以,认为事故与车辆未年检之间需有因果关系的观点与合同约定明显不符,不应采纳。同理,由于合同条款强调的是事故发生时有无约定的免责危险存在,所以即使事故发生后补办了验车手续、取得驾驶证、醉酒苏醒,都不会妨碍保险人援引条款拒赔。另,实务中还有被保险人抗辩延误检验的原因是处理违章、疏忽大意等,故不应拒赔。我们倾向于认为,除被保险人未按时检验系不可抗力所致外,原则上保险人可以依据该约定拒赔。"江苏高院《保险合同纠纷案件审理指南》(2011 年 11 月 15 日)第 4 条:"……(11)'发生保险事故时保险机动车未按规定检验,保险人不承担保险责任'的保险条款是否具有约束力。机动车辆保险免责条款一般规定:'发生保险事故时保险机动车未按规定检验或者检验不合格的,保险人不承担保险责任。'车辆每次检验合格都有一个存续期,到期需到公安机关再进行年检。如果事故发生在车辆前一次年检已到期但尚未进行下一次年检时,则保险人是否承担赔偿责任?保险免责条款的制定应当公平合理。分析该项保险免责条款,包括两个方面的免责事由:一是'发生保险事故时保险机动车未按规定检验';二是'发生保险事故时保险机动车检验不合格'。从保险精算基础考察,'机动车检验不合格'显然会大大增加风险发生的概率,保险人将其作为免责事由具有合理性。但对于'机动车未按规定检验'而高,因为'机动车未按规定检验'并不一定增加风险发生的概率,应当对其适用加以合理的限缩。具体而言,确定保险人是否免责,应以保险免责条款的规定为基础,结合'机动车未按规定检验'是否明显增加了风险发生的概率为标准加以衡量。如果公安机关在事故发生后经检测认定车辆发生事故前存在安全隐患,则保险人可依据该项免责条款拒赔;如果公安机关在事故发生后经检测认定车辆发生事故前并不存在安全隐患,则保险人仍应承担赔偿责任;公安机关在事故发生后未检测或虽进行检测但已无法确定事故发生前车辆是否存在安全隐患的,不利后果直由被保险人一方承担,保险人有权拒赔……"江苏高院《印发〈关于审理保险合同纠纷案件若干问题的讨论纪要〉的通知》(2011 年 1 月 12 日 苏高法审委〔2011〕1 号)第 14 条:"保险机动车未按规定年检,保险人依据'发生保险事故时保险机动车未按规定检验或者检验不合格的,保险人不承担保险责任'的保险条款,主张免除保险责任的,人民法院应当区分以下情形分别作出认定:(一)交通事故发生后经公安机关检测认定车辆发生事故前存在安全隐患的,对于保险人免除保险责任的主张,人民法院予以支持。(二)交通事故发生后经公安机关检测认定车辆发生事故前不存在安全隐患的,对于保险人免除保险责任的主张,人民法院不予支持。(三)交通事故发生后公安机关未对车辆进行检测或虽进行检测但已无法确定事故发生前车辆是否存在安全隐患的,对于保险人免除保险责任的主张,人民法院予以支持。"江苏无锡中院《关于印发〈关于审理道路交通事故损害赔偿案件若干问题的指导意见〉的通知》(2010年11月8日 锡中法发〔2010〕168号)第5条:"【机动车买卖的事故赔偿责任】买卖且已经交付的机动车发生交通事故致人损害的,无论是否办理过户登记手续,一般应当由买受人承担赔偿责任,但出卖人对损害的发生有过错的,应当承担相应的赔偿责任。出卖人有下列情形且未采取有效措施防止出卖车辆行驶的,应当与买受人承担连带赔偿责任:(1)买卖拼装、报废车辆的;(2)买卖定期安全技术检验不合格机动车的。"广东高院、省公安厅《关于印发〈关于处理道路交通事故案件若干具体问题的补充意见〉的通知》(2001年2月24日 粤高法发〔2001〕6号,2021年1月1日起被粤高法〔2020〕132号文废止)第8条:"对挪用车辆牌证、使用假牌证以及无牌无证的车辆或者已报废车辆发生交通事故,公安交通管理部门应在查明车辆来源的真实情况后,按下列办法处理:(1)属走私汽车和无进口汽车的,负责事故处理的公安交通管理部门应将车辆上缴市公安交警支队,并按规定予以没收处理,交通事故造成走私汽车和无进口证明汽车损坏所需的修复费不列入交通事故损害赔偿范围;(2)属有合法来源证明,但未依法办理入户、领牌手续的车辆,公安交通管理部门应依法纠正并处罚驾驶员的交通违章行为,因交通事故造成的车辆损坏所需的修复费应列入交通事故损害赔偿范围;(3)属已报废车辆的,公安交通管理部门应对车辆予以强制报废,因交通事故造成报废车辆损坏的,不列入交通事故损害赔偿范围。对挪用车辆牌证、使用假牌证以及无牌无证车辆或报废的车辆发生的交通事故,不论该车辆是否有合法来源证明,车辆的驾驶人、承买人、实际支配人均应依法承担交通事故损害赔偿责任。"

5. 参考案例。①2017年河南某交通事故纠纷案,2011年,赵某将车辆卖给葛某。2013年,葛某将未年检、未投保交强险该车卖给魏某。2015年,魏某驾驶该车与郭某电动三轮车相撞,造成郭某受伤。交警认定双方同等责任。2017年,郭某诉请赵某、葛某、魏某连带赔偿损失。法院认为:最高人民法院《关于审理道路交通事故损害赔偿案件适用法律若干问题的解释》第6条规定:"拼装车、已达到报废标准的机动车或者依法禁止行驶的其他机动车被多次转让,并发生交通事故造成损害,当事人请求由所有的转让人和受让人承担连带责任的,人民法院应予支持。"车辆年检意义在于及时消除车辆安全隐患,减少交通事故发生,并直接降低对公民生命健康造成的威胁,每个车主或车辆管理者均应履行年检义务,确保车辆合格安全。然而交通事故并非能全部杜绝,为保证在发生交通事故后,受害人生命、健康、财产权利得到最低限度的救济与经济上的弥补,政府又设置了机动车交通事故责任强制保险制度,要求机动车必须投保交强险,并在交通安全法律法规中予以规定,未投保交强险机动车依法禁止上路行驶,故未年检合格、未投保交强险机动车便成为禁止行驶的机动车辆。本案中,案涉车辆几经转让,从赵某转让给葛某,葛某又转让给魏某,车辆从年检合格、投保有交强险的状态转变为未年检、未投保交强险状态。在赵某转让给葛某时,该车辆投保有交强险,并依法进行了年检,虽未将车辆及时过户,但赵某对事故发生并无过错,故赵某不应对郭某损失承担责任。车辆由葛某转让给魏某时,未进行年检,更未投保交强险,此时该车已属于"依法禁止行驶的其他机动车"。葛某将未投保交强险、未年检且多次违章的车辆转让,主观上有明显故意,故葛某应对郭某损失承担连带赔偿责任。判决魏某、葛某连带赔偿郭某6万余元。②2016年上海某保险合同纠纷案,2015年10月,徐某保险车辆肇事,保险公司以保险车辆未在检验期内进行机动车安全技术检验为由拒赔。徐某行驶证载明该车检验有效期至2015年2月。事故后,徐某前往交管部门办理了换证手续,行驶证载明检验有效期至2017年2月。法院认为:徐某在投保单上亲笔签字确认收到保险条款,且保险公司已向其就黑体字部分条款内容作了明确说明,现徐某在无相反证据情况下予以否认,法院难以支持,故依法采纳保险公司提供的保险条款,并确认系争免责条款对徐某有效。保险车辆行驶证在保险事故发生时只是处于检验有效期超期状态,并不能等同于失效或无证驾驶,故保险公司不能以行驶证无效为由拒赔。在格式合同双方对系争免责条款有两种以上解释的,应作出不利于格式条款提供者的解释。公安部、国家质检总局《关于加强和改进机动车检验工作的意见》出台后,部分机动车安全技术检验模式已发生明显改变,系争保险车辆即属于6年内免于上线检验范围。对于免检车辆,虽仍需申领检验标志,但其含义已明显不同于双方当事人订立合同之时的理解,故保险公司以免责条款作为拒赔理由,法院亦难以支持。保险车辆及案外人车辆损失均经保险公司确认,徐某支付的维修费用亦有发票、维修清单、交易明细表为证,保险公司应予赔付。判决保险公司支付徐某保险金12万余元。③2016年重庆某交通事故纠纷案,2015年,田某2011年所购机动车与他人车辆碰撞,交警认定田某全责。车辆损失评估为13万余元,保险公司以田某未进行车辆检验为由拒赔致诉。法院认为:依《合同法》第41条规定,对格式合同存在两种解释时,应作出对保险公司不利解释。本案中,保险合同约定"车辆未按规定检验或检验不合格",此处"检验"保险公司及相关法律法规亦未对其进行定义,一种意见认为"检验"应作狭义解释,即为"安全技术检验";另一种意见认为"检验"应作广义解释,即包括"向交通管理部门提交机动车检验标志申请表、机动车行驶证、机动车交通事故责任保险凭证、车船税或者免税证明,核查交通安全违法行为和交通事故处理情况,取得检验标志,在行驶证副页上签注等"。在不能确定通常解释时,应作出对保险公司不利解释,即此处"检验"仅指"安全技术检验"。之所以约定"车辆未按规定进行安全技术检验或检验不合格,保险公司不负赔偿责任",系因具有安全性能隐患的车辆上路行驶,将会大大增加发生保险事故概率,这对保费恒定的保险公司来说是不公平的,故保险合同要对安全技术检验进行特别免责约定。然而,如未"审核机动车检验标志申请表、机动车行驶证、机动车交通事故责任保险凭证、车船税或者免征证明,核查交通安全违法行为和交通事故处理情况,核发检验标志,在行驶证副页上签注",即未进行这些事务性工作,不会增加机动车发生保险事故概率,<u>事务性工作对交通事故发生没有直接因果关系,其不构成保险上近因</u>,故对"检验"进行解释时,"检验"即不应包含这些事务性工作。公安部与质检总局2014年4月29日联合印发《关于加强和改进机动车检验工作的意见》第11条规定:"试行非营运轿车等车辆6年内免检。自2014年9月1日起,试行6年以内的非营运轿车和其他小型、微型载客汽车(面包车、7座及7座以上车辆除外)免检制度。对注册登记6年以内的非营运轿车和其他小型、微型载客汽车(面包车、7座及7座以上车辆除外),每2年需要定期检验时,机动车所有人提供交通事故强制责任保险凭证、车船税纳税或者免征证明后,可以直接向公安机关交通管理部门申请领取检验标志,无需到检验机构进行安全技术检验。"涉案车辆于2011年注册登记,交通事故发生在2015年,按该规定,涉案车辆处于新车6年免检期,免于安全技术检验,即不存在"车辆未按规定检验或检验不合格"情况,故保险公司不能免责。保险合同约定:"依照法律法规或公安机关交通管理部门有关规定不允许驾驶被保险机动车的其他情况下驾车,保险公司不负责赔偿。"《道路交通安全法》第95条第1款规定:"上道路行使的机动车未悬挂机动车号牌,未放置检验合格标志、保险标志,或者未随车携带行驶证、驾驶证的,公安机关交通管理部门应当扣留机动车,通知当事人提供相应的牌、标志或者补办相应手续,并可以依照本法第九十条的规定予以处罚。当事人提供相应的牌证、标志或者补办相应手续的,应当及时退还机动车。"最高人民法院《关于适用〈中华人民共和国保险法〉若干问题的解释(二)》第10条规定:"保险人将法律、行政法规中的禁止性规定情形作为保险合同免责条款的免责事由,保险人对该条款作出提示后,投保人、被保险人或者受益人以保险人未履行明确说明义务为由主张该条款不生效的,人民法院不予支持。"故对于禁止性规定,保险公司明确说明义务的举证责任可适当减轻;对于管理性规定,保险公司仍需举证说明其尽到了明确、具体的说明义务。本案中,"未放置检验合格标志等"系管理性规定,<u>保险公司未对涉及本保险条款中的"有关规定""其他情况"作出具体、明确告知,故保险公司亦不能免责</u>。判决保险公司赔偿田某13万余元。④2016年**广东某保险合同纠纷案**,2015年,行人黄某被贾某驾驶纺织公司车辆碰撞受伤,交警认定贾某全责。黄某起诉后,保险公司以纺织公司投保车辆行驶证逾期未年检为由依约拒赔商业三责险。法院认为:肇事车辆行驶证逾期未年检,虽经交警部门认定与涉案事故发生无因果关系,但由于商业三责险保险合同系当事人自愿订立,其数额、范围均由当事人约定,承保商业三责险的保险公司,其承担商业三责险赔偿义务性质系合同义务,应依其与投保人之间所签保险合同约定及《保险法》相关规定作出赔偿,故<u>行驶证逾期未年检与涉案事故发生是否存在因果关系与保险公司应否承担赔偿责任并无关联性</u>。纺织公司在投保单、重要事项知悉函等处加盖公章,可视为保险公司<u>已履行免责条款提示及明确说明义务</u>。依《道路交通安全法》第13条规定,机动车主应定期对机动车进行安全技术检验,保险公司要求"按规定检验"并未加重投保人责任,故双方约定"未按规定检验或检验不合格"保险公司责任免除条款对纺织公司发生法律效力。判决保险公司赔偿黄某交强险1.3万余元,超出部分700余元,由贾某赔偿。⑤2016年<u>上海某交通事故纠纷案</u>,2016年2月,陆某驾驶车辆追尾李某车辆,交警认定陆某全责。李某诉请陆某及陆某投保保险公司赔偿,保险公司以<u>事故发生时,已逾行驶证检验有效期1个月为由拒赔商业险</u>。法院认为:机动车行驶证是由公安机关交通管理部门颁发的准予机动车在我国境内道路上行驶的法定证件。公安机关交通管理部门核发行驶证属行政登记行为,机动车一经注册登记,即具备了在道路上行驶的资格,直至该机动车依法办理注销登记,方使行政登记的效力归于消灭。本案事故发生时,陆某车辆持有法定机关颁发的真实、有效行驶证,故不能适用保险合同约定的"保险事故发生时无公安机关交通管理部门核发的合法有效的行驶证"这一免责事由。公安部、国家质量监督检验检疫总局颁布的《关于加强和改进机动车检验工作的意见》第11条规定,自2014年9月1日起试行非营运轿车等车辆6年内免检,每2年需要定期检验时,机动车所有人提供交通事故强制责任保险凭证、车船税纳税或者免征证明后,可以直接向公安机关交通管理部门申请领取检验标志,无须到检验机构进行安全技术检验。<u>相关管理部门对部分机动车安全技术检验模式已发生变化</u>,故判决保险分公司赔偿李某车辆修理费等各项损失。⑥2015年<u>浙江某保险合同纠纷案</u>,2013年,邱某投保车辆追尾,被认定全责,修理费5万余元。保险公司以未办年检拒赔。邱某称保险合同系<u>妻子王某所签</u>,免责条款声明上落款无日期、无法证明在投保前所签,故应认定未对免责条款明确说明。法院认为:邱某妻子王某在投保单上签名,为其家庭用车在保险公司处办理相关保险手续,应认定为其行使了家事代理权。保险合同约定,发生保险事故时保险机动车未按规定检验或检验不合格,不论任何原因造成保险机动车的任何损失和费用,保险人均不负责赔偿,该条款系保险人责任免除条款。邱某系被保险人,享有保险利益,邱某妻子王某在投保单上投保人声明处签名,说明其对保险条款尤其是对免除保险人责任条款部分内容已理解并予以接受。由此可证实保险公司向王某履行了责任免除条款的提示说明义务。保险公司作为保险人,向王某履行责任免除明确说明的告知义务,王某在告知书上签上邱某名字加以确认,该免责告知效力及于邱某。邱某在两年期间共向保险公司投保两次,这与保险公司陈述的每投保一次履行明确说明义务一次的操作习惯吻合,且邱某对两份责任免除明确说明书签署时间无法作出合理解释,故认定涉案保险期间保险公司已向投保人尽到了免责条款的明确说明义务。为了保证道路交通安全,车辆应定期进行安全技术检验,是众所周知的常识,邱某与保险公司之间的保险合同中该责任免除条款约定未违反法律禁止性规定,应为有效,对邱某和保险公司双方均具有约束力。判决驳回邱某诉请。⑦2012 年**浙江某保险合同纠纷案**,2011 年,赵某刚买新车因单方交通事故产生修理费 1 万余元,保险公司以该车临时号牌事发时超过有效期 1 天为由不予理赔致诉。法院认为:保险合同有效,保险公司应按保险合同约定理赔。赵某车辆发生事故时已持有临时车牌号,仅有效期过期 1 天。赵某于一天后亦继续领取了临时车牌号,故引起事故发生直接原因并非车辆性能不合格或公安部门核发的号牌。临时车牌过期既未导致车辆危险程度增加,更未加重保险人承保风险,且保险条款中虽有免除保险人责任条款,但保险人在订立合同时未对免责条款内容以书面或口头形式向投保人作出明确说明,该免责条款无效,对投保人不发生法律效力。判决保险公司赔付赵某车辆损失 1 万余元。⑧2011 年**江苏某保险合同纠纷案**,2006 年 10 月,杜某投保车辆肇事,保险公司以 2006 年 4 月投保时未正常年检为由依据保险合同约定的免责条款拒赔。法院认为:保险活动当事人行使权利、履行义务应遵守诚实信用原则。诚信是一切合同的内在要求,保险合同基于诚信原则的要求甚至远远大于其他合同。保险合同的特殊性衍生了最大诚信原则,最大诚信原则对保险人的要求主要是弃权与禁止反言。保险人在接到投保人的投保申请后,须对保险标的的情况进行尽可能详尽的了解,并以此作为决定是否接受投保及适用何种费率的依据。保险人知道或应知道投保人存在违反法定或约定行为仍交付保险单并收取保险费的,发生保险事故时,保险人仍应承担赔偿或给付保险金的责任。本案杜某投保时提交了机动车行驶证,保险公司在明知杜某车辆已过年检有效期的情况下仍为其承保,其后又依据该免责条款拒赔,显然违背合同目的。保险人明知保险标的已经出现保险条款规定的免责理由,仍接受投保并收取保费,应视为保险公司对该免责条款抗辩之弃权。保险人既已放弃其在合同中的该种权利,以后就不得再向被保险人主张这种权利,否则,有违保险合同的诚信原则,故争议的免责条款不产生效力。⑨2010 年**山东某保险合同纠纷案**,2009 年 10 月,曹某驾驶投保车损险的车辆与张某驾驶的车辆追尾,造成曹某车辆损坏修复价值为 4.2 万余元、住院治疗费 4200 余元,张某车损 8.9 万余元,交警认定曹某全责。曹某赔偿张某 3.6 万元后向保险公司办理理赔,保险公司以曹某未对该车年审拒赔。法院认为:对保险公司主张因曹某驾驶被保险车辆发生交通事故时,未按照有关规定,对该车辆进行年审,请求驳回曹某诉讼请求的主张,法院认为,根据《保险法》第17条的规定,保险合同中有关保险责任免除条款,保险人应当向投保人明确说明该内容;以提示投保人注意,还应当对有关免责条款的概念、内容及法律后果作出解释,否则该条款不具有约束力。本案中,保险公司在订立保险合同时,虽然就有关免责条款保单上进行了提示,但未举出证据证明其对该条款的概念、内容及法律后果向投保人作出解释,应认定被告在订立保险合同中,没有完全履行法律规定的明确说明的法定义务,且该规定属于强行性规范。故该免责条款不发生法律效力。⑩2010年广东某交通事故损害赔偿案,2009年11月,林某驾驶电子公司车辆肇事致行人丁某伤残,丁某起诉保险公司要求交强险和商业三责险赔付。保险公司认为,丁某无权诉请商业险赔付,且保险车辆未年检符合免责条件。法院认为:丁某受伤后,电子公司未积极请求保险公司对其予以赔偿,丁某请求保险公司根据商业三责险合同约定赔偿其损失,符合《保险法》第65条第2款规定。肇事车辆连续几年未按规定进行检验,保险公司在电子公司投保时未进行审核,亦未将车辆未按规定年审保险公司将免除赔偿责任这一免责条款向电子公司予以明确提示、说明,从而导致电子公司在明知车辆未按规定年审的情况下仍然向保险公司投保。保险事故发生后,保险公司据此条款主张免责显失公平,不予支持。⑪2009年北京某保险合同纠纷案,2008年12月,蓼某投保车损险、未注册登记而挂假号牌的机动车与其他车辆发生碰撞,保险公司以合同约定"发生保险事故时被保险机动车无公安机关交通管理部门核发的行驶证或号牌"符合免责条件而拒赔。法院认为:蓼某向保险公司索赔时提交的临时行驶车号牌经鉴定为假号牌,故应认定其被保险车辆在发生交通事故时,没有公安机关交通管理部门核发的行驶证或号牌即上道路行驶,是违反《道路交通安全法》的违法行为。在此情况下,蓼某以保险公司未向其明确告知保险条款相关内容,案涉免责条款对其不生效为由,要求保险公司赔偿其全部车辆修理费和拖车费,法院不予支持。但保险公司作为保险人,应严格按照《保险法》的规定,在订立保险合同时,向投保人,尤其是可能不完全了解中国法律的外籍投保人履行保险合同条款的说明和明确告知义务。本案中,保险公司未能提交有效证据证明其向蓼某履行了上述义务,应承担一定的责任。故判令保险公司按其在本案中收取的保险费的金额1.1万余元向蓼某承担赔偿责任。⑫2009年福建某保险合同纠纷案,2007年3月,王某就其新购车辆投保交强险和三者综合险。同年8月,该车肇事,造成该车维修费2万余元,交警认定王某全责。保险公司以该车未注册登记依合同约定的免责条款拒赔。法院认为:无牌照车辆不得上路的规定系明令禁止的内容。根据《道路交通安全法》第8条之规定,国家对机动车实行登记制度。机动车经公安机关交通管理部门登记后,方可上道路行驶。尚未登记的机动车,需要临时上道路行驶的,应取得临时通行牌证。该规定也是为确保上路行驶的机动车符合机动车国家安全技术标准,保证其道路行驶的安全性。保险公司与王某签订的机动车商业保险单已明确约定"未办理注册登记"保险公司不负赔偿责任并履行了告知义务。王某作为车主,理应知晓上述规定,但其从购车订立保险合同至事故发生时,时隔5个月,均未对该车进行注册登记,其行为不仅违反了法律规定,也直接导致了该车出险依商业保险单约定无法得到理赔。鉴于王某同时投保机动车交强险,而无牌照上路并非交强险的免责事由,保险公司对此部分的财产损失应在2000元的限额内予以赔偿。

【同类案件处理要旨】

在商业险项下,除非保险合同另有约定,发生保险事故保险车辆没有公安交通管理部门核发的行驶证和号牌,或未按规定检验或检验不合格,保险公司不负赔偿责任。司法实践中,通常认为,保险公司知道或应知道投保人存在未正常年检等违反法定或约定义务的行为,仍接受投保,在发生保险事故时,保险公司应承担赔偿或给付保险金的责任。但无牌照上路或未经检验及检验合格并非交强险的免责事由,保险公司仍应在交强险的限额内予以赔偿。

【相关案件实务要点】

1.【免责条款】在商业险项下,除非保险合同另有约定,发生保险事故保险车辆没有公安交通管理部门核发的行驶证和号牌,或未按规定检验或检验不合格,保险公司不负赔偿责任。但无牌照上路并非交强险的免责事由,保险公司仍应在交强险的限额内予以赔偿。案见福建厦门中院(2009)厦民终字第3680号"王某与某保险公司保险合同纠纷案"。

2.【明确说明】被保险人在发生交通事故时存在机动车未取得公安机关交通管理部门核发的行驶证或号牌即上道路行驶的违法行为,其依据《保险法》规定的免责条款应明确说明并告知而主张相关免责条款不产生效力的抗辩理由,法院不应支持。保险公司在与外籍投保人订立保险合同过程中未履行对责任免除条款的明确说明义务,应承担一定的责任。案见北京二中院(2009)二中民初字第13943号"蓼某与某保险公司保险合同纠纷案"。

3.【视为弃权】保险公司在接到投保人的投保申请之后,必须对保险标的的情况进行尽可能详尽的了解,并以此作为决定是否接受投保人的投保以及适用何种保险费率的依据。保险公司知道或应知道投保人存在未正常年检违反法定或约定义务的行为,仍接受投保,在发生保险事故时,保险公司应承担赔偿或给付保险金的责任。案见江苏淮安中院(2011)淮中商再终字第0002号"杜某诉某保险公司保险合同纠纷案"。

4.【禁止反言】保险公司就未经检验的机动车成立商业保险合同,保险期内保险车辆因发生保险事故受损,保险公司不因投保车辆未曾检验而免责。案见江苏苏州中院(2008)苏中民二终初字第 0608 号"陆某等诉某保险公司保险合同纠纷案"。

5.【免责说明】被保险机动车在投保时已连续几年未按规定进行检验,保险公司未对该车的情况进行审核,亦未尽到明确的提示、说明义务,接受其投保,发生交通事故后,保险公司不能以保险合同相关未年检免责条款拒赔。案见广东汕头中院(2010)汕中法民一终字第 142 号"丁某诉林某等交通事故损害赔偿案"。

【附注】

参考案例索引:江苏苏州中院(2008)苏中民二终初字第 0608 号"陆某等诉某保险公司保险合同纠纷案",判决保险公司赔偿原告 10 万余元。见《保险公司不因投保车辆未检验而免责——江苏苏州中院判决陆建华等诉湖州保险公司财产保险合同纠纷案》(严海明、韩长安),载《人民法院报·案例指导》(20091023:5)。①河南焦作中院(2017)豫 08 民终 1435 号"郭某与魏某等交通事故纠纷案",见《转让未投保交强险、未年检的车辆发生交通事故后赔偿责任的认定——河南焦作中院裁定郭某诉魏某等机动车交通事故责任纠纷案》(宋鹏、訾东东),载《人民法院报·案例精选》(20170824:6)。②上海二中院(2016)沪 02 民终 7657 号"徐某与某保险公司保险合同纠纷案",见《徐澜诉中国平安财产保险股份有限公司上海分公司、中国平安财产保险股份有限公司财产保险合同纠纷案——免检期内未及时更换检验标志的车辆,出险时保险公司责任认定》(荣学磊、拜金琳),载《人民法院案例选》(201808/126:166)。③重庆一中院(2016)渝 01 民终 4051 号"田某与某保险公司机动车交通事故责任纠纷案",见《田其勇诉阳光财保北碚支公司机动车交通事故责任纠纷案——免检期内未检验车辆发生交通事故保险公司责任的认定》(陈义熙、王坤),载《人民法院案例选》(201807/125:91);另见《保险公司对免检期内未检验车辆发生交通事故不能免责——重庆一中院判决田其勇诉阳光财保北碚支公司交通事故责任纠纷案》(陈义熙、王坤),载《人民法院报·案例精选》(20170302:6)。④广东中山中院(2016)粤 20 民终 3505 号"黄某与某保险公司等保险合同纠纷案",见《黄惠兰诉黄嘉俊、中国人民财产保险股份有限公司中山市分公司等机动车交通事故责任暨责任保险合同纠纷案——应充分尊重机动车商业三者险的契约性》(杨天歌),载《人民法院案例选》(201709/115:63)。⑤上海铁路运输中院(2016)沪 71 民终 20 号"李某与陆某等交通事故纠纷案",见《新车免检规定与商业第三者责任险免责条款冲突下的保险责任判定——上海铁路运输中院判决李某诉陆某、平安保险上海分公司机动车交通事故责任纠纷案》(张逸),载《人民法院报·案例精选》(20170330:6)。⑥浙江台州中院(2015)浙台商终字第 38

号"邱某与中国太平洋财产保险股份有限公司台州中心支公司财产保险合同纠纷上诉案",见《保险人可以向投保人的代理人履行明确说明义务》(张远金),载《人民司法·案例》(201717:78)。⑦浙江湖州吴兴区法院(2012)湖吴商初字第292号"赵佳与中国人民财产保险股份有限公司湖州市分公司保险合同纠纷案",见《临时车牌过期时发生交通事故的保险责任承担》(胡小芳、杨旭),载《人民司法·案例》(201404:87)。⑧江苏淮安中院(2011)淮中商再终字第0002号"杜某诉某保险公司保险合同纠纷案",一审判决案涉免责条款不产生法律效力,二审驳回杜某诉讼请求,第二次再审维持一审判决。见《杜玉琴诉安邦财险淮安支公司未年检车辆索赔保险合同纠纷案》(朱丽),载《江苏高院公报·参阅案例》(201103:54)。⑨山东莒南法院(2010)莒大商初字第116号"曹某诉某保险公司保险合同纠纷案",见《曹际德诉中国人民财产保险股份有限公司莒南支公司保险合同纠纷案》(程传华),载《人民法院案例选》(201002:181)。⑩广东汕头中院(2010)汕中法民一终字第142号"丁某诉林某等交通事故损害赔偿案",见《明知机动车没有年检而承保,保险公司不能拒赔》(程璇、肖晓娜),载《人民司法·案例》(201202:77)。⑪北京二中院(2009)二中民初字第13943号"蓼某与某保险公司保险合同纠纷案",见《LUIGI BLASI(蓼易吉·布莱斯)诉中国人民财产保险股份有限公司北京市丰台支公司财产保险合同案》(曹欣),载《中国审判案例要览》(2010商事:279)。⑫福建厦门中院(2009)厦民终字第3680号"王某与某保险公司保险合同纠纷案",一审认定保险公司对机动车商业保险单中约定的"除非另有约定,未办理注册登记"保险公司不负赔偿责任的条款未明确说明,并认定该免责条款不发生效力,判决保险公司支付保险金2万余元,二审改判支付2000元。见《王若庆诉都邦财产保险股份有限公司厦门分公司保险合同案》(尤冰宁),载《中国审判案例要览》(2010商事:256);另见《未注册登记的车辆发生交通事故保险公司应否担责》(尤冰宁),载《人民司法·案例》(201110:82)。

80. 保险索赔时效的认定

——索赔时间久,保险照样赔?

【索赔时效】

【案情简介及争议焦点】

2003年1月,出租公司保险车辆与金某车辆相撞,交警认定责任各半。金某经过维修,3年后提起诉讼。法院判决出租公司赔偿金某事故损失3万余元。据此,出租公司向保险公司索赔,保险公司以超过2年保险索赔时效拒绝理赔。

争议焦点:1.诉讼时效计算起点? 2.保险公司应否赔偿?

【裁判要点】

1. 起点。 保险车辆发生事故3年后,金某以道路交通事故财产损害赔偿为由诉至法院,并由法院判决出租公司承担事故损失共计3万余元,应认定本案所涉保险事故发生之日为法院判决生效之日,故应以此计算索赔时效起点。

2. 赔偿。 出租公司在2年内索赔,未超过诉讼时效,保险公司应予理赔。

【裁判依据或参考】

1. 法律规定。《保险法(2015年修正)》(2015年4月24日)第26条:"人寿保险以外的其他保险的被保险人或者受益人,向保险人请求赔偿或者给付保险金的诉讼时效期间为二年,自其知道或者应当知道保险事故发生之日起计算。"《民法通则》(1987年1月1日,2021年1月1日废止)第135条:"向人民法院请求保护民事权利的诉讼时效期间为二年,法律另有规定的除外。"第138条:"超过诉讼时效期间,当事人自愿履行的,不受诉讼时效限制。"

2. 行政法规。《机动车交通事故责任强制保险条例》(2013年3月1日修改施行)第27条:"被保险机动车发生道路交通事故,被保险人或者受害人通知保险公司的,保险公司应当立即给予答复,告知被保险人或者受害人具体的赔偿程序等有关事项。"第28条:"被保险机动车发生道路交通事故的,由被保险人向保险公司申请赔偿保险金。保险公司应当自收到赔偿申请之日起1日内,书面告知被保险人需要向保险公司提供的与赔偿有关的证明和资料。"第29条:"保险公司应当自收到被保险人提供的证明和资料之日起5日内,对是否属于保险责任作出核定,并将结果通知被保险人;对不属于保险责任的,应当书面说明理由;对属于保险责任的,在与被保险人达成赔偿保险金的协议后10日内,赔偿保险金。"第30条:"被保险人与保险公司对赔偿有争议的,可以依法申请仲裁或者向人民法院提起诉讼。"

3. 司法解释。最高人民法院《关于适用〈中华人民共和国保险法〉若干问题的解释(四)》(2018年9月1日,2020年修正,2021年1月1日实施)第18条:"商业责任险的被保险人向保险人请求赔偿保险金的诉讼时效期间,自被保险人对第三者应负的赔偿责任确定之日起计算。"最高人民法院《关于审理道路交通事故损害赔偿案件适用法律若干问题的解释》(2012年12月21日,2020年修改,2021年1月1日实施)第15条:"有下列情形之一导致第三人人身损害,当事人请求保险公司在交强险责任限额范围内予以赔偿,人民法院应予支持:(一)驾驶人未取得驾驶资格或者未取得相应驾驶资格的;(二)醉酒、服用国家管制的精神药品或者麻醉药品后驾驶机动车发生交通事故的;(三)驾驶人故意制造交通事故的。保险公司在赔偿范围内向侵权人主张追偿权的,人民法院应予支持。追偿权的诉讼时效期间自保险公司实际赔偿之日起计算。"最高人民法院《关于审理民事案件适用诉讼时效制度若干问题的规定》(2008年9月1日 法释〔2008〕11号,2020年修正,2021年1月1日实施)第2条:"当事人未提出诉讼时效抗辩,人民法院不应对诉讼时效问题进行释明。"第19条:"诉讼时效期间届满,当事人一方向对方当事人作出同意履行义务的意思表示或者自愿履行义务后,又以诉讼时效期间届满为由进行抗辩的,人民法院不予支持……"最高人民法院《关于适用〈中华人民共和国民事诉讼法〉若干问题的意见的通知》(1992年7月14日 法发〔1992〕22号,2021年1月1日废止)第153条:"当事人超过诉讼时效期间起诉的,人民法院应予受理。受理后查明无中止、中断、延长事由的,判决驳回其诉讼请求。"最高人民法院《关于贯彻执行〈中华人民共和国民法通则〉若干问题的意见(试行)》(1988年4月2日 法〔办〕发〔1988〕6号,2021年1月1日废止)第171条:"过了诉讼时效期间,义务人履行义务后,又以超过诉讼时效为由翻悔的,不予支持。"

4. 部门规范性文件。中国保监会《关于印发〈机动车辆保险理赔管理指引〉的通知》(2012年2月21日 保监发〔2012〕15号)第44条:"报案时间超过出险时间48小时的,公司应在理赔信息系统中设定警示标志,并应录入具体原因。公司应对报案时间超过出险时间15天的案件建立监督审核机制。"第56条:"公司应严格按照《保险法》及相关法律法规和保险合同的约定,在法律规定时限内,核定事故是否属于保险责任。情形复杂的,应在30日内作出核定,但合同另有约定的除外。不属于保险责任的,应自作出核定之日起3日内向被保险人发出拒绝赔偿通知书并说明理由,将索赔单证扫描存入系统后,退还相关索赔单证,并办理签收手续。"中国保监会《关于对〈保险法〉第27条理解有关问题的复函》(2008年8月25日 保监厅函〔2008〕249号):"……关于《保险法》第二十七条规定的'二年'、'五年'期限的理解,大连市人民法院的基本观点是成立的。《保险法》第27条规定的期限,是被保险人或者受益人依据保险合同,对保险人请求保险金赔付的索赔时限,法理上属于请求权消灭时效,不同于《民法通则》规定的向人民法院请求保护民事权利的诉讼时效,二者并不冲突,各自产生独立的法律效果。"中国保监会《对〈保险法〉有关索赔时限理解问题的批复》(2000年12月1日 保监复〔2000〕304号)第1条:"《保险法》第二十六条规定的索赔时限,是一种权利消灭时效。在我国其他民商事法律中,类似的问题一般是定为诉讼时效(消灭时效的一种),因此在司法实践中,上述规定往往作为诉讼时效来对待。退一步讲,即使不视为诉讼时效,作为一种消灭时效,也是法律的强制性规定,当事人不得以约定的方式排除其适用或对其进行更改。"第2条:"某些保险条款中关于索赔时限、通知期限等诸如此类的规定,不是一种时效规定,应当理解为是合同当事人约定的一项合同义务。投保人或被保险人违反此项义务的责任应当根据合同的约定及其违约所造成实际后果来确定,并不必然导致保险金请求权的丧失或放弃;此外,保险条款中的此类约定不得与法律关于诉讼时效或权利消灭时效的强制性规定相抵触,尤其不能违反公平原则。"

5. 地方司法性文件。重庆高院《印发〈关于保险合同纠纷法律适用问题的解答〉的通知》(2017年4月20日 渝高法〔2017〕80号)第17条:"同一事故涉及同一保险合同中多项赔付的,诉讼时效起算点如何确定?答:对同一合同项下同一险种涉及多个赔付的,应以最后一个赔付请求权确定时起计算诉讼时效。对同一合同项下涉及多个险种赔付的,因各险种的赔付请求权种类不同,各赔付请求权的诉讼时效应从各自保险事故发生时起分别计算。"第18条:"责任保险中被保险人向保险人请求给付保险金的诉讼时效期间应从何时起算?答:责任保险以被保险人依法应负的赔偿责任为保险标的,责任保险中的'保险事故发生'是指被保险人对第三者造成损害且对第三者应承担的赔偿责任确定,故被保险人请求保险人赔偿保险金的诉讼时效期间应从被保险人对第三者应负的赔偿责任确定之日起计算。"重庆高院民二庭《关于2016年第二季度高、中两级法院审判长联席会会议综述》(2016年6月30日)第4条:"关于投保人在同一保险合同文本中同时投保多个险种的情况下,因同一事故基于不同险种的保险金给付请求权的诉讼时效起算点确定的问题。参会法官一致认为,对一个合同项下同一险种涉及财产损害或人身损害多个赔付的,应以最后一个赔付请求权确定起算诉讼时效。一个合同项下涉及多个保险险种赔付的,因各保险请求权种类不同,各保险请求权从各自保险事故发生时起分别计算诉讼时效。诉讼时效作为法定期间,当事人不能约定变更。"第 10 条:"关于责任保险中被保险人向保险人请求给付保险金的诉讼时效期间起诉问题。参会法官一致认为,第三者责任险以被保险人对第三者依法应负的赔偿责任为保险标的。第三者责任险中'保险事故发生'是指被保险人对第三者造成损害且对第三者应负赔偿责任。被保险人请求保险人赔偿保险金的诉讼时效期间应从被保险人对第三者应负的赔偿责任最终确定之日起算。"广东深圳中院《关于审理财产保险合同纠纷案件的裁判指引(试行)》(2015 年 12 月 28 日)第 9 条:"同一合同项下涉及多个保险险种,保险事故发生后,被保险人诉请保险人赔付的,各险种分别计算诉讼时效。对同一合同项下同一险种涉及同一次事故导致多个保险赔付的,被保险人主张应以最后一个赔付请求权确定之日开始计算诉讼时效的,人民法院应予支持。"浙江绍兴中院《关于审理涉及机动车保险领域民商事纠纷案件若干问题指导意见》(2014 年 11 月 4 日)第 10 条:"【保险索赔时效期间的起算时间】同一机动车发生的涉及多险种的保险合同案件中,车辆损失保险的索赔时效自被保险机动车发生交通事故之日起计算。但责任保险如机动车交通事故保险的索赔时效是自第三者请求被保险人承担法律责任之日起计算。"江苏高院《保险合同纠纷案件审理指南》(2011 年 11 月 15 日)第 8 条:"……保险人行使代位求偿权的诉讼时效。保险人行使代位求偿权,第三者以诉讼时效已经届满为由抗辩的,人民法院应当依照被保险人对第三者行使权利的诉讼时效的规定处理。因为,保险人向第三者行使的既然是'代位求偿权',则其权利范围不应大于被保险人对第三者享有的权利,代位求偿权的时效起算与被保险人求偿权的时效起算应当一致,即应自被保险人知道或者应当知道保险事故发生之日起计算。如果被保险人故意或者因重大过失致使诉讼时效届满,导致保险人不能行使代位请求赔偿的权利,则符合了《保险法》第六十一条第 3 款的规定,保险人可以扣减或者要求返还相应的保险金。"广东高院《关于审理保险合同纠纷案件若干问题的指导意见》(2011 年 9 月 2 日 粤高法发〔2011〕44 号)第 35 条:"被保险人向第三者行使赔偿请求权的诉讼时效期间中止、中断的,保险人代位追偿权的诉讼时效期间也相应地中止、中断。"江苏南通中院《关于处理交通事故损害赔偿案件中有关问题的座谈纪要》(2011 年 6 月 1 日 通中法〔2011〕85 号)第 24 条:"道路交通事故诉讼时效自权利能够行使之日起算。具体为:(1)轻微交通事故以事故发生之日起计算诉讼时效。(2)对于受害人身体受到伤害比较严重,需要住院治疗,甚至需要后续治疗的,没有构成残疾的以治疗终结之日计算;构成残疾的,以伤残评定之日开始计算诉讼时效。(3)经过交警部门调解,未达成调解协议的,以调解终结之日起算;达成调解协议,未按协议履行义务的,以协议规定的履行期限届满之日起算。(4)侵权人、赔偿义务人不明的案件,以明确侵权人以及赔偿义务人之日起算。"浙江宁波中院《关于印发〈民事审判若干问题解答(第三辑)〉的通知》(2011年5月11日 甬中法〔2011〕18号)第19条:"在审理人身损害赔偿案件中,受害人在诉讼时效内起诉的被告并非实际侵权人,是否发生诉讼时效的中断?答:诉讼时效应当中断。诉讼时效的价值取向是督促权利人及时行使权利,以保护义务人不受不当请求或过时请求的干扰,维护法律关系和社会交易秩序的稳定。审理时应慎重考量双方当事人的利益冲突和矛盾,切实发挥诉讼时效制度的平衡功能。受害人虽然误将他人当作侵权行为人起诉,但向法院提起诉讼也是在积极地行使权利,并没有使权利处于睡眠状态,在此情况下应采用相对宽松的认定标准,可以认定诉讼时效中断。"山东高院《关于印发审理保险合同纠纷案件若干问题意见(试行)的通知》(2011年3月17日)第13条:"保险事故发生后,保险人仅以投保人、被保险人或受益人未履行及时通知义务为由要求不承担保险责任的,人民法院不予支持。投保人、被保险人或受益人未依法律规定或者约定履行及时通知义务,导致保险事故的性质、原因和损失程度无法确定的,除可以通过其他途径进行确定外,保险人对于无法确定的部分主张不承担责任的,人民法院应予支持。投保人、被保险人或受益人应对'可以通过其他途径进行确定'承担举证责任。"江苏高院《印发〈关于审理保险合同纠纷案件若干问题的讨论纪要〉的通知》(2011年1月12日 苏高法审委〔2011〕1号)第26条:"保险人行使代位求偿权,第三者以诉讼时效已经届满为由抗辩的,人民法院应当依照被保险人对第三者行使权利的诉讼时效的规定处理。被保险人故意或者因重大过失致使诉讼时效届满,导致保险人不能行使代位请求赔偿的权利,保险人要求扣减或者返还相应保险金的,人民法院予以支持。"上海高院民五庭《关于印发〈审理保险合同纠纷案件若干问题的解答(一)〉的通知》(2010年12月17日 沪高法民五〔2010〕4号)第3条:"商业责任保险的被保险人向保险人请求赔偿保险金的诉讼时效期间的起算点,如何确定?答:被保险人向保险人请求赔偿保险金的,诉讼时效期间从被保险人向受害人履行民事赔偿义务之日起计算。"上海高院民五庭《关于印发〈关于审理保险代位求偿权纠纷案件若干问题的解答(二)〉的通知》(2010年9月30日 沪高法民五〔2010〕3号)第11条:"保险代位求偿权是否适用单独的诉讼时效?答:保险代位求偿权不是一种独立的请求权,而是法定请求权转让,故《保险法》没有为其设定单独的诉讼时效期间。保险人向第三者行使代位求偿权的诉讼时效期间应当与被保险人向第三者行使赔偿请求权的诉讼时效期间相同。"第12条:"保险代位求偿权诉讼时效期间应从何时开始计算?答:保险代位求偿权的诉讼时效期间从被保险人知道或者应当知道权利被第三者侵害时起计算。"第13条:"被保险人向第三者请求赔偿、提起诉讼的,能否产生保险代位求偿权诉讼时效中断的效力?答:保险人通过保险代位求偿权承继原属于被保险人的赔偿请求权,该赔偿请求权上附属的时效利益应当一并转移。被保险人在取得保险赔偿金前向第三者请求赔偿或提起诉讼的,产生保险代位求偿权诉讼时效中断的效力。"第 14 条:"取得保险代位求偿权后,保险人或被保险人通知第三者的,能否产生诉讼时效中断的效力? 答:保险代位求偿权是一种法定请求权转让。根据《最高人民法院关于审理民事案件适用诉讼时效制度若干问题的规定》第十九条的规定,保险人取得保险代位求偿权后,保险人或被保险人通知第三者的,诉讼时效从通知到达第三者之日起中断。"第 16 条:"交强险保险人依据《机动车交通事故责任强制保险条例》第二十二条的规定向致害人行使追偿权的,如何确定案由? 答:交强险保险人依据《机动车交通事故责任强制保险条例》第二十二条向致害人行使追偿权提起的诉讼,案由可以适用保险代位求偿权纠纷。"

6. 地方规范性文件。重庆高院《印发〈全市法院保险纠纷案件审判实务研讨会会议纪要〉的通知》(2010 年 4 月 7 日 渝高法〔2010〕101 号)第 10 条:"关于第三者责任险中被保险人向保险人请求给付保险金的诉讼时效期间起算问题。会议认为,第三者责任险以被保险人对第三者依法应负的赔偿责任为保险标的。第三者责任险中'保险事故发生'是指被保险人对第三者造成损害且对第三者应负赔偿责任。其含义不同于安全事故或侵权事件发生。被保险人对外造成损害,依法对外应承担损害赔偿责任的,被保险人请求赔偿保险金的诉讼时效期间从被保险人对第三者应负的赔偿责任最终确定之日起算。"广东佛山中院《关于审理道路交通事故损害赔偿案件的指导意见》(2009 年 4 月 8 日)第 60 条:"医疗终结之日前,赔偿权利人收到交通事故责任认定书或赔偿协议书的,以医疗终结之日作为诉讼时效期间的起算点;医疗终结之日后,赔偿权利人收到交通事故责任认定书或赔偿协议书的,以收到交通事故责任认定书或赔偿协议书之日作为诉讼时效期间的起算点。"中国保监会《关于〈机动车辆保险条款〉解释的函》(2001 年 9 月 18 日 保监办函〔2001〕60 号):"……《机动车辆保险条款》(1996 年版)是由中国人民银行制订和颁布的。其第二十条'被保险人自保险车辆修复或交通事故处理结案之日起三个月内不提交本条款第十条规定的各种必要单证……即作为自愿放弃权益。'是保险公司理赔程序中对被保险人约定的一个提交相关证明和资料的期限。仅仅从这种义务约定看,该条款与 1995 年 10 月 1 日起实施的《中华人民共和国保险法》第二十六条关于索赔时效的规定不是同一个法律期限,并不冲突。1999 年 10 月 1 日《中华人民共和国合同法》实施后,对格式条款作出了新规定。第四十条'……提供格式条款一方免除其责任、加重对方责任、排除对方主要权利的,该条款无效。'为适应新的法律要求,中国保监会在 2000 年对《机动车辆保险条款》进行修改时,遵循最大诚信和公平原则,删除了原条款(1996 年版)第二十条。"

7. 参考案例。①2014 年江苏某保险合同纠纷案,2010 年 11 月,客运公司发生交通事故,致车上乘客多人受伤。2013 年 3 月,客运公司处理完最后一名受伤乘客余某赔偿事宜后,向保险公司索赔道路承运人责任险,保险公司以超过诉讼时效为由拒赔。法院认为:《保险法》第 16 条规定,保险事故是指保险合同约定的保险责任范围内的事故。在责任保险中,由于该责任保险标的是被保险人对第三者在法律上已明确应负经济赔偿责任,故该保险事故发生之日应是第三者请求被保险人承担直接赔偿责任之时。本案中,虽然交通事故发生在 2010 年 11 月,但由于客运事故受伤者众多,赔付周期较长,其中伤者之一的余某与客运公司达成赔偿协议时间为 2013 年 3 月,应以此作为计算保险赔付主张的诉讼时效起点,故客运公司主张未过诉讼时效。判决保险公司支付客运公司理赔款 1.5 万余元。②2013 年江苏某交通事故纠纷案,2010 年 9 月,王某驾驶机动车与叶某驾驶摩托车相撞致叶某死亡。2012 年 8 月,叶某父母诉请王某及交强险保险公司赔偿。其间,原告一直与处理事故的交警部门联系事故赔偿事宜。有关侵权赔偿及交强险赔付的诉讼时效成为被告方主要抗辩理由。法院认为:因《道路交通安全法》、《保险法》及《民法通则》均未对交通事故受害人向保险公司请求交强险赔偿的诉讼时效期间作出明确规定,故对受害人行使该项请求权的诉讼时效应适用《民法通则》第 135 条规定,即向法院请求保护民事权利诉讼时效期间为 2 年。本案原告 2012 年 5 月向法院起诉要求保险公司依法给付交强险赔偿金,未超过上述 2 年诉讼时效期间。此次交通事故发生后,原告一直与交警部门联系此次交通事故处理事宜,该情形已由法院向交警部门核查属实。依最高人民法院《关于审理民事案件适用诉讼时效制度若干问题的规定》第 14 条规定,权利人向人民调解委员会以及其他依法有权解决相关民事纠纷的国家机关、事业单位、社会团体等社会组织提出保护相应民事权利的请求,诉讼时效从提出请求之日起中断。依《道路交通安全法》第 74 条规定,对交通事故损害赔偿的争议,当事人可以请求公安机关交通管理部门调解。据此,交警部门是依法有权解决处理此次交通事故损害赔偿纠纷的国家机关,原告与交警部门联系处理此次交通事故赔偿事宜,属上述司法解释规定的诉讼时效中断事由,故本案存在诉讼时效多次中断情形,原告因本案交通事故起诉请求侵权赔偿的诉讼时效期间亦未届满。③2013 年四川某保险合同纠纷案,2011 年 2 月,朱某酒驾与运输公司职工王某所驾车辆相撞,朱某身亡。2012 年 5 月,交警认定朱某全责。朱某配偶徐某申请复核,同年 7 月,上级交管局复核维持。2013 年 5 月,就垫付死者医疗费、丧葬费 2 万余元,运输公司诉请保险公司在交强险无责赔偿限额范围内给付 1.2 万元,保险公司以超诉讼时效抗辩。法院认为:《保险法》第 26 条规定,人寿保险以外的其他保险的被保险人或者受益人,向保险人请求赔偿或者给付保险金的诉讼时效期间为 2 年,自其知道或者应当知道保险事故发生之日起计算。具体到本案,诉讼时效应从交通事故发生之日起计算,但运输公司在发生交通事故后向交警部门报案,本案诉讼时效从交警部门处理该事故之日起中断,并在交警部门作出最终责任认定前,诉讼时效期间应持续中断。本案中,交管部门作出道路交通事故认定书,朱某配偶徐某申请复核,上级交管部门于 2012 年 7 月 24 日作出《道路交通事故认定复核结论》,维持了原责任认定。本案诉讼时效应从该日起重新计算。《道路交通安全法》第 76 条规定:"机动车发生交通事故造成人身伤亡、财产损失的,由保险公司在机动车第三者责任强制保险责任限额范围内予以赔偿;不足的部分,按照下列规定承担赔偿责任:(一)机动车之间发生交通事故的,由有过错的一方承担赔偿责任;双方都有过错的,按照各自过错的比例分担责任……"因交警部门复核认定,运输公司驾驶员王某不承担事故责任,故保险公司仅在交强险无责赔偿限额范围内即死亡伤残赔偿限额 1.1 万元、医疗费用赔偿限额 1000 元、财产损失 100 元范围内对运输公司承担给付保险金责任。因运输公司为死者朱某垫付了医疗费、丧葬费共计 2 万余元,其主张保险公司在交强险无责赔偿限额范围内支付其保险金 1.2 万元的诉求,法院予以支持。判决保险公司支付运输公司 1.2 万元。④2010 年**浙江某保险合同纠纷案**,2007 年 3 月,范某驾驶拖拉机与吴某驾驶车辆碰撞,造成吴某受伤及两车损坏的交通事故,2008 年 9 月,交警认定范某全责。经交通队调解,2008 年 10 月,由范某向吴某赔偿医疗、误工费等 7300 余元。2009 年 6 月,范某向保险公司索赔遭拒。法院认为:《保险法》规定的"保险事故发生之日",对应本案交强险保险事故,应指范某向第三人吴某承担的赔偿责任具体确定之日,而非指交通事故发生之日,保险公司将"保险事故发生之日"理解为交通事故发生之日过于机械,故保险公司应给付保险理赔款。⑤2010 年**江苏某保险合同纠纷案**,2004 年 11 月,石某驾车与甄某所骑电动车相撞,致两车损害、甄某受伤,交警认定石某、甄某分负主、次责任。2004 年 12 月,保险公司就石某车辆定损为 2300 余元。2007 年 9 月,法院判决石某赔偿甄某 12 万余元。2008 年 1 月,石某起诉保险公司要求支付三者险、车损险,审理中撤回车损险诉请,该三者险诉讼于 2008 年 3 月 7 日作出判决。2010 年 3 月 5 日,石某向法院起诉再次主张车损险。保险公司认为石某超过理赔时效和诉讼时效。法院认为:石某投保的三责险、车损险虽系不同险种,但其针对的是同一保险对象,且亦是因同一事故发生的保险赔偿,故各险种互为关联,系同一保险,应自甄某为该次事故提起诉讼,法院作出的判决生效时起计算诉讼时效和理赔期限,至石某要求保险公司履行赔偿义务,未超过 2 年期限,后石某于 2008 年 1 月起诉,虽诉讼中对车损险不予主张,可视为对车损险申请撤诉,诉讼时效中断,至 2010 年石某再次起诉主张车损险,未超过 2 年的期限,故保险公司提出超过理赔时效和诉讼时效的抗辩理由不能成立。⑥2010 年**广东某保险合同纠纷案**,2007 年 10 月 26 日,吴某驾驶郑某投保的货车与骑摩托车的谢某相撞,致摩托车上乘坐的谢某子身亡,交警认定吴某、谢某分负主、次责任。2007 年 12 月 7 日,调解终结,由郑某赔偿死者家属 11 万余元。2009 年 7 月,郑某向保险公司索赔时遭拒,2009年12月9日,郑某起诉。法院认为:从郑某提交的证据即保险公司提交的《车险非常规案件呈批表》中可看出郑某一直向保险公司索赔,至2009年7月后郑某才知道保险公司拒赔,<u>诉讼时效应以郑某知道保险公司拒赔开始计算</u>,故不能认定为诉讼时效已过法定期限,保险公司该抗辩依法不予采纳,判决保险公司应给付郑某因事故造成的实际损失11.3万元。⑦2010年**山东某保险合同纠纷案**,2007年4月,运输公司司机池某驾驶半挂货车与赵某名下的货车相撞后挂车侧翻,造成道旁售楼处工作人员颜某等受伤及车辆和其他财产损失,交警认定池某全责,法院判决运输公司赔偿颜某等受伤人员损失,以及赔偿路产损失,三起诉讼,最后一份判决书作出日期为2008年8月11日,2010年年初,运输公司向保险公司索赔交强险和三责险等赔偿。法院认为:运输公司车辆发生交通事故并向保险公司报案,证明其保险车辆发生了交通事故,但并未确定为保险事故,<u>保险事故发生之日,应是依法确定被保险人的民事责任之日,因第三者起诉,责任不能确定,应依据法院的法律文书生效的日期为保险事故的发生之日</u>,法院最后一份判决书是2008年8月11日作出,至运输公司起诉,不超过2年,且运输公司未向第三者赔偿,保险公司也不能向运输公司支付保险金,故保险公司认为运输公司起诉已超过诉讼时效的辩称,不予采纳。⑧2008年**江苏某保险合同纠纷案**,2008年5月,李某倒车时撞死4岁的女儿,交警认定李某负全责。三责险条款载明:"保险机动车发生交通事故后,被保险人或其驾驶人应当采取合理保护、施救措施,在48小时内通知保险人,并协助保险人进行查勘。由于未及时报案而导致责任无法认定、损失无法确定、损失扩大的,保险人对无法确定的损失及扩大的损失部分有权拒绝赔偿。"保险公司以超过48小时通知而不予理赔。李某及爱人朱某起诉保险公司要求在交强险范围内赔偿11万余元,在三责险范围内赔偿20万元。法院认为:李某驾驶被保险机动车辆发生交通事故后,未立即或在保险条款中约定的时间内向公安部门及保险公司报案,但李某、朱某在本案中主张的医疗费用、死亡赔偿金、丧葬费、精神损害抚慰金,均是根据相关法律、文件及最高人民法院《关于审理人身损害赔偿案件适用法律若干问题的解释》的规定计算确定。尽管根据保险条款,精神损害抚慰金系不予赔偿范围,但该内容约定在保险公司提供的格式免责条款中,而保险公司未能提供已向李某作了明确说明的证据,应认定该免责条款不生效。交警部门经调查,<u>认定李某负该起事故全部责任,李某驾驶被保险车辆发生交通事故后虽未立即或在保险条款中约定时间内报案,但事故责任及造成的损失都能依法确认,没有出现由于未及时报案而导致责任无法认定、损失无法确定、损失扩大的情况</u>。故对保险公司认为李某未立即报警,发生保险事故造成的损失属保险条款中约定的保险公司不予赔偿范围的抗辩不予采信。当李某作为女儿死亡的受害人时,因其遭受的损失由其自己造成,应由其自己负担,故作为机动车交强险、三责险中的被保险人,李某对此部分损失无须赔偿。但因朱某也是女儿死亡的受害人,其对女儿死亡造成自己的损失无过错,作为机动车交强险、三责险中的被保险人,李某对朱某的损失,应当赔偿。但本案中,李某、朱某未陈述他们实行的是分别财产制,此种损害赔偿中的损失也不属于应认定为个人财产的范畴,故对李某因女儿死亡造成的损失由李某自行承担的份额以50%认定为宜。对作为女儿死亡受害人的李某的损失,保险公司应在承保的交强险限额内赔付的款项为12000元(医疗费1000元及因死亡伤残造成的各项损失11万元),对作为被保险人李某应对朱某承担赔偿责任造成的损失196,893.28元,保险公司应在承保的交强险限额内赔付的款项为100,274.28元(医疗费1274.28元、其他99,000元),在承保的三责险限额内赔付96,619元(196,893.28 - 100,274.28),上述合计208,893.28元。⑨2005年**河南某保险合同纠纷案**,2001年,刘某驾驶运输公司投保车辆与张某驾驶的摩托车相撞,交警认定张某负次要责任,刘某负主要责任。张某一直住院至2002年2月,2003年12月,张某经鉴定构成5级伤残。2004年1月,经交警调解,运输公司赔偿张某8万余元后找保险公司理赔,保险公司称无报案记录,超过保险索赔时效。法院认为:保险金请求权是保险事故发生后,被保险人或受益人依保险合同要求保险人给付保险金的权利,故其属于债权请求权,其基础是当事人事先约定,非经当事人合意不能撤销,权利行使的时间、方法完全在双方约定的范围内,体现了当事人意思自治的结果。行使保险金请求权对双方的法律关系不构成任何变动,故从权利发挥作用的途径可以看出,保险金请求权与撤销权等形成权有着重大的区别。正是督促权利人在保险事故发生后,及时行使保险金请求权,以稳定社会关系,节约社会成本。<u>对因特殊情况造成不能及时行使请求权的情况,法律予以适当考虑和关怀,设定了救济途径,即适用时效中止和中断</u>。而绝不是对当事人行使权利设定限制,客观上来保护保险人的部门利益。故将《保险法》第27条(2009年修订后变为第26条——编者注)理解为关于保险金请求权的诉讼时效的规定,符合法律基本原理,有利于维护被保险人、受益人合法权益,从而实现法的衡平和社会秩序的有序进行。运输公司作为被保险人,在向保险公司索赔时,应按《保险法》规定提供其所能提供的与确认保险事故的性质、原因、损失程度等有关的证明和资料。案涉保险事故是运输公司的车辆与他人发生交通事故,有关事故性质、原因、损失程度的证明须待事故终结后由公安交警部门或法院出具;而在2年的索赔时效内,事故仍在交警部门处理中,事故中受害第三人损失尚未确定,要求运输公司提供有关证明资料系不可能,故<u>索赔时效应适用中止的规定</u>;运输公司在2004年1月事故调解终结并履行了赔款义务后,随即向保险公司提出给付保险金的请求,并未超过2年的索赔期间,运输公司所要求保险公司给付的保险金在第三者责任险的范围内,保险公司应予给付。⑩2005年**山西某保险合同纠纷案**,2002

年,银行、保险公司、贸易公司签订汽车消费贷款保证保险合作的三方协议,约定银行向保险公司索赔时应交付抵押车辆及权益凭证,并依约向保险公司依法转让车辆处分权,同时明示"各相关协议不得与本协议相抵触"。随后,孟某与贸易公司签订购车协议,高某为孟某担保;孟某与银行签订借款协议,贸易公司以保留的车辆所有权担保;孟某又与保险公司签订了以银行为被保险人的贷款保证保险合同,约定"被保险人从保险责任事故当日起 6 个月内不向保险人提交规定单证,即视为自愿放弃权益"。后孟某经贸易公司同意,将车转让给白某营运,因交通事故车辆损毁,保险公司以超过 6 个月才接索赔通知,车辆未办抵押而拒赔。银行诉孟某、高某、贸易公司、保险公司、白某。争议焦点:案涉合同效力? 约定索赔时效效力? 法院认为:借款合同有效,孟某应按期偿还贷款本息。孟某将车辆转让给白某营运未经债权人银行同意,债务转让不成立,孟某仍有义务按借款合同偿还贷款本息。高某系贸易公司与孟某购车合同保证人,银行与孟某借款保证人为贸易公司,故银行无权向高某主张担保责任。孟某与银行所签抵押合同因所有权由贸易公司保留,在未清偿贷款前对该车不享有所有权,故无权对车辆设立抵押权,抵押合同无效,故贸易公司依保证合同约定承担连带清偿责任。保险公司关于银行 6 个月索赔时效违反《保险法》关于 2 年时效强制性规定而无效。事故发生后,银行在 2 年内起诉未过时效。但因未办抵押,保险公司有权依三方协议约定行使先履行和同时履行抗辩权而拒赔。⑪**2004 年广东某保险合同纠纷案**,2001 年 8 月 6 日,罗某投保车主为鞋厂的车辆由雇请司机陈某驾驶期间,致驾驶摩托车的林某车损人伤,交警认定陈某负事故全部责任。2003 年 1 月,经法院调解,罗某、鞋厂给付林某 16 万余元。2003 年 8 月 13 日,保险公司认为鞋厂全责,应扣减合同约定的 20% 免赔额,同时以罗某未按保险条款约定"在交警部门对事故处理结案之日起 10 日内向保险公司提交索赔单证"拒赔。争议焦点:鞋厂是否具备原告资格? 鞋厂起诉是否超过诉讼时效? 法院认为:投保车辆虽属鞋厂所有,但罗某为该标的投保系据鞋厂委托作出,故投保人罗某对该保险标的具有保险利益,其投保行为合法有效,鞋厂享有本案保险金请求权。民事调解书属于法院裁判文书之一,其中所确认的事实系经法院审理后查明的事实,如当事人无足够证据予以推翻则应予认定。鞋厂依案涉调解书赔偿林某损失,但其中的摩托车修复费因被保险人事先未知会保险公司便对摩托车予以修理,依保险条款约定,保险公司可对此项拒赔。保险合同约定被保险人全责时保险公司享有 20% 免赔额,该条款能均衡保护双方合法权益,公平合理地确定双方的权利义务且具有可操作性,另该条款含义确切、清楚且保险公司已尽明确说明义务,故该免责条款有效。鞋厂称事发后 48 小时内已电话及时向保险公司的保险业务员报案,保险公司对此表示并不清楚,故其对鞋厂的主张提出疑问并予否认,依据不足。被保险人享有 2 年索赔时效是被保险人的法定义务,保险条款关于事故处理结案之日起10日内提交相关单证,否则保险公司有权拒赔或解约的约定应属无效。本案诉争责任保险,其保险事故发生之日是指被保险人的民事责任依法被确定之日,故未超诉讼时效。保险公司依法应予理赔。⑫2003年**新疆某保险合同纠纷案**,2002年5月,保险公司业务员替实业公司填写投保单,特别约定分期交纳保费,最迟一笔于2002年7月20日交清,"逾期终止一切保险责任"。但该特别约定栏有刮涂现象。2002年6月10日投保车辆在沙漠公路上肇事,8天后实业公司通知保险公司出险。实业公司2002年10月8日交清最后一笔保险费。保险公司以实业公司未在约定的48小时内报案及逾期交清保费拒绝理赔。法院认为:案涉投保单系保险公司填写,其中关于交费最后期限约定内容实业公司不予认可,保险公司也不能提供证据证明实业公司当时知晓该约定内容,表明该约定并未达成合意,只能认为系保险公司单方意思表示,对实业公司不具有约束力。且该约定内容具有刮涂痕迹,因该保险填写后一直存放于保险公司,故只能推定涂改系保险公司所为,不具有真实性。即如实业公司未依约定期限交费,保险公司即有权终止案涉合同权利义务关系,但其在投保车辆出险后又收取剩余保费,故保险公司拒赔既不符合事实,亦有悖情理。《保险法》未具体规定投保人在保险事故发生后应在多长期限报案和不及时报案保险人有权拒赔。虽有关保险实务的规范性文件规定投保人在保险事故发生后48小时内报案,但并未规定逾期报案的法律后果。案涉车辆肇事地点处于沙漠腹地,远离保险人所在地,故实业公司迟延报案事出有因,保险公司以此为据认定逾期报案不合情理,因此不予赔偿无法律依据。

【同类案件处理要旨】

机动车辆保险的被保险人或受益人,对保险人请求赔偿或者给付保险金的权利自其知道保险事故发生之日起2年内不行使而消灭。机动车三者责任保险的保险事故发生之日是指依法确定被保险人的民事责任之日,索赔时效应在保险人知道其民事责任依法被确定之日起算。

【相关案件实务要点】

1.【**除斥期间**】《保险法》规定保险事故发生后被保险人向保险公司提出索赔申请的2年时效非为除斥期间,适用诉讼时效中止、中断的情形。案见河南许昌中院(2005)许民一终字第459号"某运输公司诉某保险公司保险合同纠纷案"。

2.【**法定时效**】《保险法》规定的索赔时效,当事人不得自行确定。案见山西太原中院(2005)并民终字第892号"某银行诉孟某等保险合同案"。

3.【**免责条款**】免责条款未明确说明的不发生效力。保险规范性文件关于报案

· 1559 ·

期限的规定不合情理,不能作为保险公司拒赔的依据。案见新疆塔城中院(2003)塔民二终字第88号"某实业公司诉某保险公司保险合同纠纷案"。

4.【民事责任确定之日】责任保险中的保险事故发生之日是指依法确定被保险人的民事责任之日,索赔时效应在保险人知道其民事责任依法被确定之日起算。案见广东江门中院(2004)江中法民三终字第223号"罗某等诉某保险公司保险合同案"。

5.【保险事故发生之日】人寿保险以外的其他保险的被保险人或受益人,对保险人请求赔偿或者给付保险金的权利自其知道保险事故发生之日起2年内不行使而消灭,根据中国保险监督管理委员会的有关批复意见,责任保险的保险事故是指第三人请求被保险人承担法律责任,保险事故发生之日应指第三人请求被保险人承担法律责任之日。案见北京二中院(2007)二中民终字第16586号"某出租公司诉某保险公司保险合同案"。

6.【多险种求偿】保险合同项下多险种分别求偿的,应以事故全部处理终结时开始计算诉讼时效。案见江苏无锡南长区法院(2010)南商初字第184号"石某诉某保险公司保险合同纠纷案"。

7.【民事责任确定之日】交强险被保险人的索赔诉讼时效应从被保险人向第三人所应承担的民事责任具体确定之日起计算,一般为被保险人与第三人达成的赔偿协议生效之日或法院裁判文书生效之日,而不应从交通事故发生之日起计算。案见浙江安吉法院(2010)湖安商初字第770号"范某诉某保险公司保险合同纠纷案"。

8.【法律文书生效日期】保险事故发生之日,应是依法确定被保险人的民事责任之日,因第三者起诉,责任不能确定,应依据法院的法律文书生效的日期为保险事故的发生之日。案见山东菏泽牡丹区法院(2010)菏牡商初字第358号"某运输公司诉某保险公司保险合同纠纷案"。

【附注】
参考案例索引:北京二中院(2007)二中民终字第16586号"某出租公司诉某保险公司保险合同案",一审以出租公司未举证证明保险事故发生之日起2年内向保险公司索赔,故请求索赔权消灭,判决驳回诉讼请求;二审改判保险公司给付保险金。见《北京城乡旅游汽车出租有限责任公司诉中国人民财产保险股份有限公司北京市朝阳支公司财产保险合同案》(闫飞),载《人民法院案例选》(200804:285)。①江苏常州中院(2014)常商终字第387号"某客运公司与某保险公司保险纠纷案",见《溧阳市客运有限公司诉中国人保溧阳支公司责任保险诉讼时效纠纷案》,载《江苏省高级人民法院公报》(201706/54:34)。②江苏南京中院(2013)宁民终字第607号"某保险公司与孙某等机动车交通事故责任纠纷案",见《天平汽车保险股份有限公司江苏分公司与叶孙治、黄淑珠等机动车交通事故责任纠纷案——机动车交通事故强制责任险赔偿诉讼时效期间的确定》(崔民),载《人民法院案例选》(201303/85:7)。③四川成都高新技术产业开发区法院(2013)高新民初字第3214号"某高速公路公司与徐某等保险合同纠纷案",见《四川成都绕城(东段)高速公路有限责任公司诉徐大霞等保险合同纠纷案(诉讼时效争议)》(程洁),载《中国审判案例要览》(2014 商:342)。④浙江安吉法院(2010)湖安商初字第770号"范某诉某保险公司保险合同纠纷案",见《交强险索赔诉讼时效的起算——浙江安吉法院判决范连法诉大众保险湖州公司索赔案》(余文尧、孙国华),载《人民法院报·案例指导》(20110609:6)。⑤江苏无锡南长区法院(2010)南商初字第184号"石某诉某保险公司保险合同纠纷案",见《石明诉天安保险股份有限公司无锡中心支公司财产保险合同案》(冯卫红、周加亮),载《中国法院2012年度案例:保险纠纷》(63)。⑥广东梅州中院(2010)梅中法民三终字第32号"郑某诉某保险公司保险合同纠纷案",见《保险公司应为"套牌车"投保买单——郑露诉中华联合财产保险股份有限公司梅州中心支公司保险合同纠纷案》(肖锋),载《人民法院案例选·月版》(201003:8)。⑦山东菏泽牡丹区法院(2010)菏牡商初字第358号"某运输公司诉某保险公司保险合同纠纷案",见《菏泽市路通运输有限公司诉中国人民财产保险股份有限公司菏泽市分公司财产保险合同案》(许克俭),载《中国法院2012年度案例:保险纠纷》(17)。⑧江苏江阴法院(2008)澄民二初字第1756号"李某等诉某保险公司保险合同纠纷案",见《李征等诉中国太平洋财产保险股份有限公司江阴支公司保险合同案》(唐宇英、卢凤),载《中国审判案例要览》(2009商事:275)。⑨河南许昌中院(2005)许民一终字第459号"某运输公司诉某保险公司保险合同纠纷案",见《许昌经贸运输有限公司诉中国太平洋财产保险股份有限公司河南分公司保险合同案》(刘铁良),载《中国审判案例要览》(2006 商事:337)。⑩山西太原中院(2005)并民终字第892号"某银行诉孟某等保险合同案",一审判决孟某偿还借款本息,贸易公司承担连带责任,保险公司对上述到期未履行部分本金承担赔付责任,二审改判保险公司不承担责任。见《中国工商银行太原市迎宾路支行诉永安财产保险公司山西分公司等借款保证合同及保证保险合同纠纷案》(程庆华),载《人民法院案例选》(200604:339)。⑪广东江门中院(2004)江中法民三终字第223号"罗某等诉某保险公司保险合同案",一审以罗某违约超过索赔时效判决驳回其诉讼请求,二审改判保险公司支付鞋厂保险金13万余元。见《罗有维等诉中国平安财产保险股份有限公司江门中心支公司保险合同案》(李立辉),载《中国审判案例要览》(2005 商事:375)。⑫新疆塔城中院(2003)塔民二终字第88号"某实业公司诉某保险公司保险合同纠纷案",判决保险公司扣除不合理修理费用后,赔偿实业公司损失1200余元。见《乌苏市三利实业有限公司诉中国人民保险公司乌苏市支公司财产保险合同案》(杨善明),载《中国审判案例要览》(2004 商事:396)。

机动车交强险

81. 酒驾肇事与保险赔偿
——酒驾出事故，保险赔不赔？

【醉酒驾驶】

【案情简介及争议焦点】

2008年2月，孙某驾驶董某所有的车辆撞死行人曹某，交警认定孙某醉驾逃逸，负全责。刑事附带民事调解书确认董某、孙某共同赔偿曹某近亲属28万元并履行完毕。随后，董某起诉保险公司，要求赔付交强险中的死亡赔偿金11万元。

争议焦点：1.《机动车交通事故责任强制保险条例》第22条如何理解？2.保险公司应否理赔？

【裁判要点】

1."财产损失"的含义。《机动车交通事故责任强制保险条例》第22条规定，被保险车辆的驾驶员醉酒驾驶造成被害人的财产损失，保险公司不负责赔偿。从最高人民法院《关于审理人身损害赔偿案件适用法律若干问题的解释》第1条"因生命、健康、身体遭受侵害，赔偿权利人起诉请求赔偿义务人赔偿财产损失和精神损害的，人民法院应予受理"的规定来看，"财产损失"系指与精神损害相对应的广义上的财产损失，理应包括因人身伤亡产生的各项经济损失，如伤残赔偿金、死亡赔偿金等。

2.醉驾车主无权索赔。根据前述条例第22条规定，对于醉酒驾车造成交通事故的，保险公司仅应在机动车交通事故责任强制保险责任限额范围内垫付抢救费用，而不包括其他费用，且在垫付后还有权向致害人追偿。该规定实质上系保险公司免除承担保险责任的规定。故本案中，驾驶人醉酒驾车致人死亡，保险公司对受害人的死亡赔偿金依法不予理赔。

【裁判依据或参考】

1.法律规定。《民法典》（2021年1月1日）第1190条："完全民事行为能力人对自己的行为暂时没有意识或者失去控制造成他人损害有过错的，应当承担侵权责任；没有过错的，根据行为人的经济状况对受害人适当补偿。完全民事行为能力人因醉酒、滥用麻醉药品或者精神药品对自己的行为暂时没有意识或者失去控制造成他人损害的,应当承担侵权责任。"《侵权责任法》(2010年7月1日,2021年1月1日废止)第33条:"完全民事行为能力人对自己的行为暂时没有意识或者失去控制造成他人损害有过错的,应当承担侵权责任;没有过错的,根据行为人的经济状况对受害人适当补偿。完全民事行为能力人因醉酒、滥用麻醉药品或者精神药品对自己的行为暂时没有意识或者失去控制造成他人损害的,应当承担侵权责任。"《道路交通安全法》(2004年5月1日实施,2011年4月22日修正)第76条:"机动车发生交通事故造成人身伤亡、财产损失的,由保险公司在机动车第三者责任强制保险责任限额范围内予以赔偿;不足的部分,按照下列规定承担赔偿责任……"

2. 行政法规。《机动车交通事故责任强制保险条例》(2013年3月1日修改施行)第22条:"有下列情形之一的,保险公司在机动车交通事故责任强制保险责任限额范围内垫付抢救费用,并有权向致害人追偿:(一)驾驶人未取得驾驶资格或者醉酒的;(二)被保险机动车被盗抢期间肇事的;(三)被保险人故意制造道路交通事故的。有前款所列情形之一,发生道路交通事故的,造成受害人的财产损失,保险公司不承担赔偿责任。"第23条:"机动车交通事故责任强制保险在全国范围内实行统一的责任限额。责任限额分为死亡伤残赔偿限额、医疗费用赔偿限额、财产损失赔偿限额以及被保险人在道路交通事故中无责任的赔偿限额。机动车交通事故责任强制保险责任限额由保监会会同国务院公安部门、国务院卫生主管部门、国务院农业主管部门规定。"

3. 司法解释或最高人民法院其他司法性文件。最高人民法院《关于审理道路交通事故损害赔偿案件适用法律若干问题的解释》(2012年12月21日,2020年修改,2021年1月1日实施)第11条:"道路交通安全法第七十六条规定的'人身伤亡',是指机动车发生交通事故侵害被侵权人的生命权、身体权、健康权等人身权益所造成的损害,包括民法典第一千一百七十九条和第一千一百八十三条规定的各项损害。道路交通安全法第七十六条规定的'财产损失',是指因机动车发生交通事故侵害被侵权人的财产权益所造成的损失。"第15条:"有下列情形之一导致第三人人身损害,当事人请求保险公司在交强险责任限额范围内予以赔偿,人民法院应予支持:……(二)醉酒、服用国家管制的精神药品或者麻醉药品后驾驶机动车发生交通事故的……保险公司在赔偿范围内向侵权人主张追偿权的,人民法院应予支持。保险公司在赔偿范围内向侵权人主张追偿权的,人民法院应予支持。追偿权的诉讼时效期间自保险公司实际赔偿之日起计算。"最高人民法院负责人《把握总基调 找准结合点 最大限度发挥民事审判在促进经济稳中求进和社会和谐稳定中的积极作用——在全国高级法院民一庭庭长座谈会上的讲话》(2012年2月

17日)第2条:"……侵权纠纷和相关保险合同纠纷的竞合问题。为最大限度实现案结事了,应以合并审理为原则,但要注意保护保险公司的合同权利。对于醉酒驾驶、无证驾驶等违法情形,在确定保险公司赔偿责任的同时,要注意保护其追偿权。"最高人民法院《关于当前形势下加强民事审判切实保障民生若干问题的通知》(2012年2月15日 法〔2012〕40号)第5条:"……在醉酒驾驶、无证驾驶等违法情形的责任承担上,应当在确定保险公司承担相应的赔偿责任的同时,赋予保险公司追偿权;在未投保情形下的责任承担上,应当由机动车一方先承担交强险限额内的赔偿责任,其余部分按照侵权责任认定和划分。"最高人民法院《关于如何理解和适用〈机动车交通事故责任强制保险条例〉第二十二条的请示答复》(2009年10月20日 〔2009〕民立他字第42号):"安徽省高级人民法院:你院二〇〇九年五月十九日报请的〔2008〕皖民申字第0440号《关于如何理解和适用〈机动车交通事故责任强制保险条例〉第二十二条的请示》收悉。经研究,答复如下:同意你院审判委员会的少数人意见['少数人意见' 即:本案中,驾驶人醉酒驾车致人死亡(致害人已赔偿受害人情况下),保险公司对受害人的死亡赔偿金依法不予理赔——编者注]。"最高人民法院《关于审理人身损害赔偿案件适用法律若干问题的解释》(2004年5月1日 法释〔2003〕20号,2020年修正,2021年1月1日实施)第1条:"因生命、身体、健康遭受侵害,赔偿权利人起诉请求赔偿义务人赔偿物质损害和精神损害的,人民法院应予受理。本条所称'赔偿权利人',是指因侵权行为或者其他致害原因直接遭受人身损害的受害人以及死亡受害人的近亲属。本条所称'赔偿义务人',是指因自己或者他人的侵权行为以及其他致害原因依法应当承担民事责任的自然人、法人或者非法人组织。"

4.部门规范性文件。公安部《机动车驾驶证申领和使用规定》(2013年1月1日)第12条:"有下列情形之一的,不得申请机动车驾驶证:……(四)饮酒后或者醉酒驾驶机动车发生重大交通事故构成犯罪的;(五)醉酒驾驶机动车或者饮酒后驾驶营运机动车依法被吊销机动车驾驶证未满五年的;(六)醉酒驾驶营运机动车依法被吊销机动车驾驶证未满十年的……"公安部《关于公安机关办理醉酒驾驶机动车犯罪案件的指导意见》(2011年9月19日 公交管〔2011〕190号)第1条:"交通民警要严格按照《交通警察道路执勤执法工作规范》的要求检查酒后驾驶机动车行为,检查中发现机动车驾驶人有酒后驾驶机动车嫌疑的,立即进行呼气酒精测试,对涉嫌醉酒驾驶机动车、当事人对呼气酒精测试结果有异议,或者拒绝配合呼气酒精测试等方法测试以及涉嫌饮酒后、醉酒驾驶机动车发生交通事故的,应当立即提取血样检验血液酒精含量。"第2条:"及时固定犯罪证据。对查获醉酒驾驶机动车嫌疑人的经过、呼气酒精测试和提取血样过程应当及时制作现场调查记录;有条件的,还应当通过拍照或者录音、录像等方式记录;现场有见证人的,应当及时收集证人证言。发现当事人涉嫌饮酒后或者醉酒驾驶机动车的,依法扣留机动车驾驶证,对当事人驾驶的机动车,需要作为证据的,可以依法扣押。"第5条:"交通民警对当事人血样提取过程应当全程监控,保证收集证据合法、有效。提取的血样要当场登记封装,并立即送县级以上公安机关检验鉴定机构或者经公安机关认可的其他具备资格的检验鉴定机构进行血液酒精含量检验。因特殊原因不能立即送检的,应当按照规范低温保存,经上级公安机关交通管理部门负责人批准,可以在3日内送检。"第8条:"经检验驾驶人血液酒精含量达到醉酒驾驶机动车标准的,一律以涉嫌危险驾驶罪立案侦查;未达到醉酒驾驶机动车标准的,按照道路交通安全法有关规定给予行政处罚。当事人被查获后,为逃避法律追究,在呼气酒精测试或者提取血样前又饮酒,经检验其血液酒精含量达到醉酒驾驶机动车标准的,应当立案侦查。当事人经呼气酒精测试达到醉酒驾驶机动车标准,在提取血样前脱逃的,应当以呼气酒精含量为依据立案侦查。"第9条:"全面客观收集证据。对已经立案的醉酒驾驶机动车案件,应当全面、客观地收集、调取犯罪证据材料,并严格审查、核实。要及时检查、核实车辆和人员基本情况及机动车驾驶人违法犯罪信息,详细记录现场查获醉酒驾驶机动车的过程、人员车辆基本特征以及现场采取呼气酒精测试、实施强制措施、提取血样、口头传唤、固定证据等情况。讯问犯罪嫌疑人时,应当对犯罪嫌疑人是否有罪以及情节轻重等情况作重点讯问,并听取无罪辩解。要及时收集能够证明犯罪嫌疑人是否醉酒驾驶机动车的证人证言、视听资料等其他证据材料。"人力资源和社会保障部《实施〈中华人民共和国社会保险法〉若干规定》(2011年7月1日)第10条:"社会保险法第三十七条第二项中的醉酒标准,按照《车辆驾驶人员血液、呼气酒精含量阈值与检验》(GB 19522—2004)执行。公安机关交通管理部门、医疗机构等有关单位依法出具的检测结论、诊断证明等材料,可以作为认定醉酒的依据。"公安部、中国保监会《关于实行酒后驾驶与机动车交强险费率联系浮动制度的通知》(2010年3月1日 公通字〔2010〕8号)第2条:"各保监局和省级公安机关要密切协作配合,在充分测算和论证的基础上,在公安部和保监会确定的交强险费率浮动幅度内,明确饮酒后驾驶、醉酒后驾驶违法行为上浮费率的标准。其中,饮酒后驾驶违法行为一次上浮的交强险费率控制在10%至15%之间,醉酒后驾驶违法行为一次上浮的交强险费率控制在20%至30%之间,累计上浮的费率不得超过60%,确定费率标准情况应当报公安部、保监会备案。"公安部《关于印发〈交通警察道路执勤执法工作规范〉的通知》(2009年1月1日 公通字〔2008〕58号):"……对醉酒的机动车驾驶人应当由不少于两名交通警察或者一名交通警察带领不少于两名协管员带至指定地点,强制约束至酒醒后依法处理。必要时可以使用约束性警械。"中国保监会《关于交强险有关问题的复函》(2007年4月10日 保监厅函〔2007〕77号)第2条:"根据《条例》和《条款》,

被保险机动车在驾驶人未取得驾驶资格、驾驶人醉酒、被保险机动车被盗抢期间肇事、被保险人故意制造交通事故情形下发生交通事故,造成受害人受伤需要抢救的,保险人对于符合规定的抢救费用,在医疗费用赔偿限额内垫付。被保险人在交通事故中无责任的,保险人在无责任医疗费用赔偿限额内垫付。对于其他损失和费用,保险人不负责垫付和赔偿。"中国保监会《关于保险条款中有关违法犯罪行为作为除外责任含义的批复》(1999年9月6日 保监复〔1999〕168号)第3条:"在保险条款中,如将一般违法行为作为除外责任,应当采用列举方式,如酒后驾车、无证驾驶等;如采用'违法犯罪行为'的表述方式,应理解为仅指故意犯罪行为。"公安部交管局《关于对非肇事驾驶员可否吊销驾驶证问题的答复》(1998年12月25日 公交管〔1998〕341号,2004年8月19日废止):"……如果非肇事驾驶员在交通事故发生时未在肇事车辆上,根据有关法律、法规的规定,对于在调查交通事故中,发现非肇事驾驶员有冒名顶替交通肇事者承担交通事故责任行为的,不能吊销其驾驶证,可依据《中华人民共和国治安管理处罚条例》第十九条第(七)项规定予以处罚。"

5. 地方司法性文件。江西宜春中院《关于印发〈审理机动车交通事故责任纠纷案件的指导意见〉的通知》(2020年9月1日 宜中法〔2020〕34号)第9条:"有下列情形之一导致交通事故发生,赔偿权利人请求保险公司在交强险责任限额范围内予以赔偿的,人民法院应予支持:(1)驾驶人未取得驾驶资格或者未取得相应驾驶资格的;(2)醉酒、服用国家管制的精神药品或者麻醉药品后驾驶机动车发生交通事故的;(3)驾驶人故意制造交通事故的。上述情形下,侵权人就其已向赔偿权利人支付的赔偿款主张保险公司在交强险责任限额内予以赔偿的,人民法院不予支持;保险公司在赔偿范围内向侵权人主张追偿权的,人民法院应予支持。追偿权的诉讼时效期间自保险公司实际赔偿之日起计算。"四川高院《关于印发〈四川省高级人民法院机动车交通事故责任纠纷案件审理指南〉的通知》(2019年9月20日 川高法〔2019〕215号)第17条:"【交强险赔付的例外情形】因下列情形之一发生交通事故的,侵权人就其已向赔偿权利人支付的赔偿款主张保险公司在交强险责任限额内予以赔偿的,人民法院不予支持;保险公司就其在交强险责任限额内赔偿第三人人身损害费用向侵权人主张追偿权的,人民法院应予支持:(一)驾驶人未取得驾驶资格或者未取得相应驾驶资格的;(二)醉酒、服用国家管制的精神药品或者麻醉药品后驾驶机动车发生交通事故的;(三)驾驶人故意制造交通事故的。"山东济南中院《关于保险合同纠纷案件94个法律适用疑难问题解析》(2018年7月)第55条:"交强险项下保险人的代位求偿权。交强险条例第二十二条规定有下列情形之一的,保险公司在机动车交通事故责任强制保险责任限额范围内垫付抢救费用,并有权向致害人追偿:(一)驾驶人未取得驾驶资格或者醉酒的;(二)被保险机动车被盗抢期间肇事的;(三)被保险人故意制造道路交通事故的。第四十二条第(三)项规定:抢救费用是指机动车发生道路交通事故导致人员受伤时,医疗机构参照国务院卫生主管部门组织制定的有关临床诊疗指南,对声明体征不平稳和虽然生命体征平稳但如果不采取处理措施会产生生命危险,或者导致残疾、器官功能障碍,或者导致病程明显延长的受伤人员,采取必要的处理措施发生的医疗费用。保险公司在交强险下行使代位求偿权(亦称反向代位求偿权)的范围仅限于所垫付的抢救费用,不包括受害人的财产损失。《山东省高级人民法院关于审理保险合同纠纷案件若干问题意见(试行)》第21条进一步明确了抢救费用指死亡伤残赔偿金和医疗费用。保险人依据机动车交通事故责任强制保险条款,主张对于驾驶人未取得驾驶资格或者醉酒的、被保险机动车被盗抢期间肇事的、被保险人故意制造道路交通事故的情形下,保险人只负责垫付抢救费用而对于财产损失之外的死亡伤残赔偿金等损失不予赔偿的,人民法院不予支持。保险人赔偿保险金后向致害人追偿的,人民法院予以支持。"重庆高院《印发〈关于保险合同纠纷法律适用问题的解答〉的通知》(2017年4月20日 渝高法〔2017〕80号)第6条:"商业三者险保险合同中约定,机动车在超载、未年检、驾驶人酒后驾驶、无证驾驶或准驾车型不符等状态下发生保险事故时保险人应减轻或免除保险责任的,若约定的免责事项与保险事故的发生没有因果关系,保险人主张减轻或免除保险责任的,人民法院是否支持?答:保险合同中约定的在特定危险状态下发生保险事故保险人减轻或免除保险责任的免责条款系危险状态免责条款。该类条款的作用是为了让保险事故发生时的危险水平与缔结保险合同时的危险水平大致相当,以维护对价平衡原则。因此只要保险事故发生于该免责条款所规定的危险状态之下,保险人即可减轻或免除其保险责任,而无须证明保险事故是由该危险状态所导致。"浙江省高院、省检察院、省公安厅《印发〈关于办理"醉驾"案件若干问题的会议纪要〉的通知》(2017年1月17日 浙高法〔2017〕12号)第4条:"'醉驾'犯罪案件,应当移送下列证据及其相关案卷材料:(1)被告人的供述和辩解;(2)有证人的,能证明醉酒驾驶机动车的证言;(3)酒精呼气测试检验单和血液酒精含量报告单;(4)血样提取笔录或者提取登记表;(5)执法民警出具的查获经过说明;(6)现场查获的,查获时拍摄的被告人及其所驾驶车辆的照片或者视听资料;(7)其他与案件有关的证据材料(包括户籍证明、驾驶证、行驶证、以前的交通违法情况、前科情况等)。查获后又故意当场饮酒的,根据呼气测试和血液检测的结果综合认定其酒精含量;呼气测试后当场饮酒的,以呼气测试结果认定其酒精含量,并从重处罚。"天津高院《关于印发〈机动车交通事故责任纠纷案件审理指南〉的通知》(2017年1月20日 津高法〔2017〕14号)第3条:"……(3)违法驾车情形下交强险保险人的赔偿责任。有下列情形之一导致第三人人身损害,当事人请求保险公司在交强险责任限额范围内予以赔偿的,应予支持:①驾驶人未取得驾驶资格或者未取得相应驾驶资格的;②醉酒、服用国家管制的精神药品或者麻醉药品后驾驶机动车发生交通事故的;③驾驶人故意制造交通事故的。保险公司在赔偿范围内向侵权人主张追偿权的,人民法院应予支持。追偿权的诉讼时效期间自保险公司实际赔偿之日起计算。(4)被保险机动车在被盗抢期间发生交通事故致第三人损害的,保险公司在交强险限额范围内垫付抢救费用,并有权向致害人追偿。"贵州贵阳中院《关于适用〈中华人民共和国侵权责任法〉若干问题的解答》(2013年3月13日 筑中法发〔2013〕32号)第2部分第2条:"机动车交通事故责任纠纷中,若驾驶人有无证驾驶、醉酒驾驶、肇事后逃逸等情形,肇事车辆的保险公司在商业第三者责任险中如何承担责任?答:上述行为一般属于商业保险合同中的免责条款,若保险公司举证证明其按照《保险法》的规定尽到了免责条款的提示及说明义务,则保险公司不应承担赔偿责任;反之,则保险公司应承担赔偿责任。"广东高院《关于印发〈全省民事审判工作会议纪要〉的通知》(2012年6月26日 粤高法〔2012〕240号)第37条:"要充分认识交强险设立目的在于保障受害人依法及时得到赔偿,具有较强的社会保障性质。根据《道路交通安全法》第七十六条的规定,无论机动车一方对交通事故的发生是否有过错,包括存在《机动车交通事故责任强制保险条例》第二十二条规定的情形,保险公司均应在交强险责任限额内先予赔偿,除非交通事故损失是由受害人故意造成的。"新疆高院《关于印发〈关于审理道路交通事故损害赔偿案件若干问题的指导意见(试行)〉的通知》(2011年9月29日 新高法〔2011〕155号)第8条:"《机动车交通事故责任强制保险条例》第三条规定的'人身伤亡',包括受害人的财产损害和精神损害。"第11条:"机动车驾驶人未取得驾驶资格或者醉酒驾驶发生交通事故造成损害的,交强险的保险公司在责任限额内赔付后,有权向侵权人追偿。"贵州高院《关于印发〈关于审理涉及机动车交通事故责任强制保险案件若干问题的意见〉的通知》(2011年6月7日 黔高法〔2011〕124号)第7条:"有下列情形之一,机动车交通事故造成受害第三者人身伤亡的,保险公司在责任强制保险限额范围内承担赔偿责任,保险公司承担赔偿责任后有权向赔偿义务人追偿。(一)驾驶人未取得驾驶资格或者醉酒的;(二)被保险机动车被盗抢期间肇事的;(三)被保险人故意制造道路交通事故的。前款所称'赔偿义务人',是指道路交通事故的致害人,被保险人与实际致害人不是同一主体时,被保险人与实际致害人对机动车强制保险责任限额范围内的损害赔偿承担连带责任,但盗窃车辆除外。"江苏南通中院《关于处理交通事故损害赔偿案件中有关问题的座谈纪要》(2011年6月1日 通中法〔2011〕85号)第26条:"机动车发生交通事故致人损害的,不论机动车一方有无过错,由保险公司在交强险责任限额内予以赔偿。但交通事故的损失是由非机动车、行人故意碰撞机动车造成的除外。"第27条:"机动车驾驶人未取得驾驶资格或者醉酒驾驶发生交通事故致人损害的,该机动车参加强制保险的,由保险公司在交强险责任限额内对受害人的损失予以赔偿。"第29条:"《机动车交通事故责任强制保险条例》第三条规定的'人身伤亡'所造成的损害包括财产损害和精神损害。精神损害赔偿与物质损害赔偿在交强险责任限额中的赔偿次序,请求权人有权进行选择。请求权人选择优先赔偿精神损害,应予支持。"浙江宁波中院《关于印发〈民事审判若干问题解答(第一辑)〉的通知》(2011年4月13日 甬中法〔2011〕13号)第6条:"机动车驾驶人存在酒后驾驶、无证驾驶等情形造成交通事故,保险公司在承担交通事故强制责任险后,是否可向机动车方追偿?答:根据交强险条例规定和交强险条款约定,发生道路交通事故时驾驶人存在醉酒驾驶、无证驾驶、被保险人故意制造道路交通事故的,肇事车辆的强制保险单位不承担赔偿责任,因此保险公司在承担交通事故强制责任险后,可向机动车方追偿。被保险车辆被盗期间肇事,根据《中华人民共和国侵权责任法》第五十二条规定:盗窃、抢劫或者抢夺的机动车发生交通事故造成损害的,由盗窃人、抢劫人或者抢夺人承担赔偿责任。保险公司承担交通事故强制责任险后,有权向交通事故责任人追偿。"山东高院《关于印发审理保险合同纠纷案件若干问题意见(试行)的通知》(2011年3月17日)第21条:"有下列情形之一导致受害人人身损害的,保险人根据《机动车交通事故责任强制保险条例》第二十二条、二十三条规定向受害人支付死亡伤残赔偿金和医疗费用后向致害人追偿的,人民法院应予支持:(1)驾驶人未取得驾驶资格或者醉酒的;(2)被保险机动车被盗抢期间肇事的;(3)被保险人故意制造道路交通事故的。前款情形,致害人向受害人支付死亡伤残赔偿金和医疗费用后,依责任强制保险合同要求保险人承担保险责任的,人民法院不予支持。"江苏高院、省高检、省公安厅《关于办理交通肇事刑事案件适用法律若干问题的意见(试行)》(2011年3月15日 苏高法〔2011〕135号)第2条:"酒后驾驶机动车辆是指饮酒后血液酒精浓度超过0.2mg/mL时驾驶机动车。行为人故意逃避酒精含量检测,但有其他相关证据证明行为人饮酒的,可以认定行为人酒后驾驶机动车辆。"湖南衡阳中院《关于审理机动车交通事故责任保险以及保险代理合同案件的若干具体意见》(2011年1月24日 衡中法〔2011〕2号)第1条:"机动车驾驶员无证驾驶(包括准驾不符)、醉酒驾驶导致发生交通事故的,受害第三者请求保险人在交强险责任限额范围内承担人身伤亡赔偿责任的,应予支持。保险人在承担责任后,可向致害人追偿。"江苏高院民一庭《侵权损害赔偿案件审理指南》(2011年)第7条:"道路交通事故责任……6.特殊情形下保险公司的赔偿责任。有下列情形之一导致受害人人身损害的,由保险公司在机动车第三者责任强制保险责任限额范围内承担赔偿责任;造成受害人财产损失的,保险公司不承担责任。保险人向受害人赔偿后,有权向交通事故责任人追偿:……(2)驾驶人未取得驾驶资格、醉酒、滥用麻醉药品或者精神药品后驾驶发生交通事故的。(3)被保险人故意制造交通事故的。保险公司在前款规定情形下已垫付抢救费用的,适用《侵权责任法》第52条之规定。"江苏无锡中院《关于印发〈关于审理道路交通事故损害赔偿案件若干问题的指导意见〉的通知》(2010年11月8日 锡中法发〔2010〕168号)第3条:"关于酒后驾驶发生事故,造成第三人损害,交强险范围内应否赔偿的问题。《机动车交通事故责任强制保险条例》第二十二条第一款第(一)项中规定的是'醉酒',既然酒后驾驶存在醉酒驾驶与未醉酒驾驶两种情况,酒后驾驶未达到醉酒的程度,就不能采取严格的免赔措施,发生交通事故后造成第三人损害的,醉酒驾驶按《条例》的规定,酒后驾驶未达醉酒的程度的,保险条款另有约定从约定,无约定应在交强险限额内进行赔偿。"第25条:"【人身伤亡与财产损失的理解】《道路交通安全法》第七十六条规定的'人身伤亡'是指因交通事故导致受害人的人身损害,包括《侵权责任法》第十六条所规定的物质损害和《侵权责任法》第二十二条规定的精神损害。《道路交通安全法》第七十六条规定的'财产损失'是指因道路交通事故导致受害人的车辆等财产毁损、灭失的损失,人民法院应当依照《侵权责任法》第十九条的规定计算其数额。"浙江高院民一庭《关于审理道路交通事故损害赔偿纠纷案件若干问题的意见(试行)》(2010年7月1日)第15条:"属于《机动车交通事故责任强制保险条例》第二十二条第一款规定情形发生道路交通事故,造成受害人人身伤亡的,保险公司应在机动车强制保险责任限额范围内承担垫付责任;保险公司垫付后,可向赔偿义务人追偿。造成受害人财产损失的,保险公司不承担垫付责任。前款所称'赔偿义务人'是指道路交通事故中的致害人,被保险人与致害人不是同一人的,对机动车强制保险责任限额范围内的损害赔偿承担连带责任,但被盗抢车辆除外。机动车已经转让并交付但未办理保险变更手续的,受让人视为被保险人。本条所称'人身伤亡'是指道路交通事故导致受害人的人身损害,包括财产性损失和精神损害抚慰金;所称'财产损失'是指道路交通事故导致受害人的车辆等实物财产毁损、灭失的损失。"江西南昌中院《关于审理道路交通事故人身损害赔偿纠纷案件的处理意见(试行)》(2010年2月1日)第37条:"道路交通事故中有《机动车交通事故责任强制保险条例》第二十二条第一款规定的情形,交强险保险公司提出不予赔偿受害人人身损害抗辩的,应予支持。"安徽高院《关于如何理解和适用〈机动车交通事故责任强制保险条例〉第二十二条的通知》(2009年12月10日 皖高法〔2009〕371):"本院在审查申请再审人董家玲与被申请人中国平安财产保险股份有限公司阜阳中心支公司财产保险合同纠纷一案中,对如何理解和适用《机动车交通事故责任强制保险条例》(以下简称《条例》)第二十二条形成不同意见。案经审判委员会讨论决定形成两种意见向最高人民法院请示。最高人民法院于2009年10月20日以〔2009〕民立他字第42号函答复我院。根据答复精神,对《条例》第二十二条中的'受害人的财产损失'应作广义的理解,即这里的'财产损失'应包括因人身伤亡而造成的损失,如伤残赔偿金、死亡赔偿金等。"广东高院民一庭《关于审理道路交通事故损害赔偿案件遇到的问题和对策》(2010年):"……《道路交通安全法》第76条规定机动车发生交通事故造成人身伤亡、财产损失的,由保险公司在机动车第三者责任强制保险限额范围内予以赔偿,并未规定保险公司在机动车驾驶人无驾驶资格、醉酒时享有免赔权利。但《机动车交通事故责任强制保险条例》第22条规定在机动车驾驶人未取得驾驶资格或者醉酒情况下,保险公司只垫付抢救费用,且明确规定对财产损失不承担赔偿责任。该两法的冲突导致受害人与保险公司之间的冲突甚为激烈,各地法院做法亦不一致,有必要予以统一。我们认为,根据交强险的公益性质,交强险应当更多的倾向于受害人权利的保障。国家通过交强险制度强制机动车所有人或管理人购买相应的责任险,以提高第三者责任保险的投保面,有利于受害人获得及时、有效的经济保障和医疗救治。因此,我们不能简单、机械的理解《机动车交通事故责任强制保险条例》第22条的规定,如果把该条理解为保险公司只要承担垫付责任,无需承担人身伤亡赔偿责任,这就意味着在机动车方存在严重过错、受害人无过错时,受害人反而得不到赔偿。这显然背离了交强险制度保护受害人利益、维护社会稳定的目的。因此,即使存在无证驾驶、醉酒驾驶等情形时,发生道路交通事故的,保险公司仍然应当按照《机动车交通事故责任强制保险条例》第21条的规定,对人身伤亡承担赔偿责任,只是在其承担赔偿责任后,可向致害人追偿。"安徽合肥中院民一庭《关于审理道路交通事故损害赔偿案件适用法律若干问题的指导意见》(2009年11月16日)第61条:"道路交通事故的发生具有《机动车交通事故责任强制保险条例》第二十二条第一款规定的三种情形的,保险公司拒绝赔偿受害人人身损害的,应不予支持。"上海高院《关于处理道路交通事故纠纷若干问题的解答》(2009年6月20日 沪高法民一〔2009〕9号)第4条:"被保险机动车无证驾驶或醉酒驾驶发生交通事故时,交强险责任的承担。根据《条例》第21条规定,除交通事故是受害人故意造成的以外,被保险机动车发生道路事故,包括无证驾驶或醉酒驾驶等情形,由保险公司首先在交强险限额范围内对受害人承担除财产损失外的赔偿责任,保险公司承担赔偿责任后,有权向加害人追偿。在保险公司理赔前,加害人在交强险限额内向受害人支付了赔偿金之后,要求保险公司就此部分予以理赔的,不予支持。"四川泸州中院《关于民商审判实践中若干具体问题的座谈纪要(二)》(2009年4月17日 泸中法〔2009〕68号)第12条:"《机动车交通事故责任强制保险条例》第二十二条规定:'有下列情形之一的,保险公司在机动车交通事故责任强制保险责任限额范围内垫付抢救费用,并有权向致害人追偿:(一)驾驶人未取得驾驶资格或者醉酒的;(二)被保险机动车被盗抢期间肇事的;(三)被保险人故意制造交通事故的。有前款所列情形之一,发生道路交通事故的,造成受害人的财产损失,保险公司不承担赔偿责任。'对该条的规定如何理解?即如果机动车驾驶员无驾驶资格或者醉酒驾驶、被盗抢期间肇事、故意制造交通事故的,保险公司是否应当赔偿受害人的人身损失?基本观点:有三种不同意见。第一种意见认为,根据《机动车交通事故责任强制保险条例》的规定,保险公司对抢救费用仅仅是垫付,不是承担,而抢救费用就属于人身损害。因此,保险公司对人身损害不承担赔偿责任,也不应当垫付抢救费用以外的其他费用。倾向性意见认为,《机动车交通事故责任强制保险条例》第二十二条第二款规定保险公司不承担受害人财产损失的责任,但是对于是否承担人身损害赔偿责任没有明确规定,属于法律漏洞,应当根据立法目的和相关条文的内在逻辑进行漏洞补充。根据交强保险的立法目的,应当优先保护受害人,当然,无证驾驶和醉酒驾驶、被盗抢期间肇事、故意制造交通事故的驾驶人也应当承担责任。综合考虑交强险保护受害人的立法目的和制裁无证驾驶、醉酒驾驶的立法目的,对于人身损害,保险公司应当在机动车交通事故责任强制保险责任限额范围内承担垫付责任,且可以向致害人追偿。第三种意见认为,《机动车交通事故责任强制保险条例》只规定保险公司不承担受害人财产损失的责任,对是否承担受害人人身损害赔偿责任并无规定,应当适用一般规定,即《道路交通安全法》第七十六条的规定。根据《道路交通安全法》第七十六条的规定,除受害人故意造成交通事故的情形外,保险公司都应当承担责任。所以,保险公司在承担医疗费用的垫付责任之外,还应当承担人身损害的赔偿责任。"湖南常德中院民一庭《关于当前民事审判工作中应当注意的几个问题》(2008年8月7日)第3条:"……《道路交通安全法》第七十六条与《机动车交通事故责任强制保险条例》第二十二条的规定是否冲突。《道路交通安全法》第七十六条规定,一旦出现交通事故,只要机动车有强制保险,首先由保险公司在强制保险的责任限额内赔偿损失,不组部分再由各方当事人按过错大小分担,未规定保险公司免赔情形。而《机动车交通事故责任强制保险条例》第二十二条又规定了保险公司在驾驶人未取得驾驶资格或者酗酒的、被保险机动车被盗抢期间肇事的及被保险人故意制造道路交通事故的三种情形下保险公司不承担责任,二者规定并不冲突,《机动车交通事故责任强制保险条例》第二十二条仅规定上述三种情形下保险公司对于发生交通事故造成受害人财产损失的不承担赔偿责任,并未规定在上述三种情形下对交通事故造成受害人人身损害的亦可免赔。"浙江高院民一庭《全省法院民事审判业务培训班问题解答》(2008年6月25日)第5条:"……保险公司认为,驾驶未取得驾驶资格或醉酒的,保险公司不应承担赔偿责任。该抗辩是否成立?答:不能成立。首先,根据《道路交通安全法》第七十六条的规定,机动车发生交通事故造成人身伤亡的,由保险公司在第三者责任强制保险责任限额范围内予以赔偿,不考虑机动车方是否有过错。这是由交强险的社会险性质决定的。其次,《机动车交通事故责任强制保险条例》第二十二条第一款仅规定垫付抢救费用问题(目的在于回应《道路交通安全法》第七十五条关于抢救费用的规定,解决特殊情形下的紧急费用垫付及追偿问题),第二款仅规定保险公司对财产损失不承担赔偿责任,并没有规定免除保险公司对人身伤亡赔偿责任。再次,对《条例》第二十二条的理解存在分歧时,应根据交强险的性质和目的,作有利于受害人的解释。最后,《机动车交通事故责任强制保险条款》第九条违反了《道路交通安全法》第七十六条规定,应认定无效。"浙江杭州中院《关于道路交通事故损害赔偿纠纷案件相关问题的处理意见》(2008年6月19日)第3条:"……(六)保险公司垫付抢救费的问题。'抢救费'的界定在《交强险条例》中并未明确,但按照一般理解,应属于医疗费用的范畴,且以'抢救'为前提,即以恢复生命体征及时救治为前提。故抢救费的垫付限额应参照医疗费的赔偿限额确定。"江苏宜兴法院《关于审理交通事故损害赔偿案件若干问题的意见》(2008年1月28日 宜法〔2008〕第7号)第21条:"保险公司在交强险中代被保险人垫付受害人的抢救费用后,即使受害人在交通事故中也有责任,保险公司只能向受害人之外的责任人追偿,而不应向受害人追偿。"第25条:"作为被告的机动车方,如果已为保险公司垫付部分赔偿款,诉讼中要求在保险公司支付受害人的保险赔偿金中予以返还的,应予准许。"第53条:"交强险条款第9条规定,驾驶人未取得驾驶资格或者醉酒的等情形,保险公司不承担赔偿责任,但交强险条例规定的免责范围却仅限于受害人财产损失。交强险条例为行政法规,是法院判决交通事故赔偿的法律依据。按'约定不得违背法律规定'或者'下位法不得与上位法相抵触'的原则,交强险条款第9条规定对受害人没有约束力,保险公司仍应在交强险限额内承担人身损害赔偿责任。"辽宁沈阳中院民一庭《关于审理涉及机动车第三者责任险若干问题的指导意见》(2006年11月20日)第3条:"关于归责原则问题。第三者商业险与强制险的区别在于,前者主要是双方当事人合意,权利义务依合同条款约定;后者的权利义务源于道交法和交强险条例的强制性规定,实行保险公司法定、保险条款法定、赔偿责任限额法定、基础费率法定、免赔事由法定等。因此,审理商业险纠纷案件,应按照保险合同的约定确定保险公司的赔偿义务,当事人之间对保险合同格式条款理解发生争议的,依合同法第四十一条处理。审理强制险纠纷案,除交强险条例第二十二条规定的三种情形,即:驾驶人未取得驾驶资格或者醉酒的、被保险机动车被盗抢期间肇事的、被保险人故意制造道路交通事故的,保险公司在强制保险限额范围内垫付抢救费用,并有权向加害人追偿外,其余均应按道交法第七十六条第一款之规定在责任限额范围内予以赔偿。超出限额部分,按道交法第七十六条机动车之间发生交通事故的,实行过错责任原则;机动车与非机动车驾驶人、行人之间发生交通事故的,实行无过错责任原则,即:首先推定机动车一方承担全部责任,只有在有证据证明非机动车驾驶人、行人违反道路交通安全法律、法规,且机动车驾驶人已经采取必要处置措施的,才可以减轻机动车一方的责任。"

6. 参考案例。①2017年**河南某保险合同纠纷案**,2015年,赵某驾驶摩托车与实业公司司机张某停放在路侧货车追尾相撞,造成赵某当场死亡。经交警认定,赵某无证、醉驾未登记机动车,负事故主要责任;张某醉酒后在道路上临时停车时妨碍其他车辆通行,负事故次要责任。2016年,实业公司、张某赔偿死者21万元后,实业公司要求保险公司理赔,保险公司以张某醉酒后驾驶机动车为由拒赔致诉。法院认为:保险公司应对保险合同中约定的免责条款履行明确说明义务。免责条款说明义务履行因免责事由不同而分为两种标准。当免责事由为法律、行政法规禁止性规定时,可由保险人对免责条款以适当方式作出提示,而除此以外的免责事由,保险人均需就免责条款向投保人以口头或书面形式作出常人能够理解的解释说明。本案中,保险公司主张的免责条款,其规定的免责事由为驾驶人饮酒之后使用被保险机动车,由于"使用"之义为使人、物、资金等为某种目的服务,故驾驶人饮酒后使用被保险机动车行为不能完全等同于饮酒后驾驶被保险机动车,法律、行政法规虽禁止酒后驾驶却未禁止驾驶人酒后使用被保险机动车规定,故酒后使用被保险机动车不必然属于法律、行政法规禁止性免责事由,对于该条款保险公司应向投保人以书面或口头形式作出常人能够理解的解释说明。保险公司不能证明其是否对免责条款中"使用"概念、内容及其法律后果均进行了说明,以及其说明是否达到常人能够理解程度,不能认定已充分履行了明确说明义务。"驾驶"作为动词词组,其含义为"操纵车、船、飞机等行驶",是人机互动过程。停车后使用被保险机动车并不等于驾驶被保险机动车,被保险机动车停止行驶后驾驶人应属于停止驾驶而不是继续驾驶,且根据事故责任认定书所示,本案事故发生系张某不当停车而引发,而非因张某酒后驾驶机动车撞向他人直接引发,故本案保险事故发生与保险公司主张的免责事由不存在因果关系。对格式条款理解发生争议的,应作出不利于提供格式条款一方的解释。《合同法》规定,对格式条款有两种以上解释的,应作出不利于提供格式条款一方的解释。《保险法》第30条规定,在双方对条款理解有争议,存在两种以上解释情况下,应作出对被保险人有利的解释。本案中,双方对"驾驶人饮酒后使用被保险机动车发生保险事故,保险公司不负责赔偿责任"这一保险条款理解发生争议。实业公司认为司机饮酒后将机动车停在路边,不属于酒后驾驶机动车,保险公司认为属于酒后驾驶,双方存在两种解释,应根据上述规定作出对实业公司有利的认定。判决保险公司赔付实业公司保险理赔金14.9万余元。②2015年**广东某交通事故纠纷案**,2014年,陈某醉酒驾车肇事,撞死路人张某及其妻子吴某。交警认定陈某全责。陈某投保了100万元的商业三责险,但签名系他人所签。法院认为:最高人民法院《关于适用〈中华人民共和国保险法〉若干问题的解释(二)》第9条规定:"保险人提供的格式合同文本中的责任免除条款、免赔额、免赔率、比例赔付或者给付等免除或者减轻保险人责任的条款,可以认定为保险法第十七条第二款规定的'免除保险人责任的条款'……"第10条规定:"保险人将法律、行政法规中的禁止性规定情形作为保险合同免责条款的免责事由,保险人对该条款作出提示后,投保人、被保险人或者受益人以保险人未履行明确说明义务为由主张该条款不生效的,人民法院不予支持。"本案中,因陈某醉酒后驾车发生本案所涉交通事故,违反《道路交通安全法》第22条关于"……饮酒、服用国家管制的精神药品或者麻醉药品,或者患有妨碍安全驾驶机动车的疾病,或者过度疲劳影响安全驾驶的,不得驾驶机动车……"的规定,对于商业三责险保险条款中的免责条款,保险公司履行提示义务后,即发生法律效力。最高人民法院《关于适用〈中华人民共和国保险法〉若干问题的解释(二)》第11条规定:"保险合同订立时,保险人在投保单或者保险单等其他保险凭证上,对保险合同中免除保险人责任的条款,以足以引起投保人注意的文字、字体、符号或者其他明显标志作出提示的,人民法院应当认定其履行了保险法第十七条第二款规定的提示义务……"本案中,经鉴定,投保单上陈某签名非其本人签名,<u>保险公司无法证实其已就保险合同中免责条款向陈某本人作出了提示</u>,其主张保险合同中免责条款生效理由不充分,法院不予支持。判决保险公司在陈某投保商业三责险100万元赔偿限额内对原告损失承担赔付责任。③2013年**北京某代位权纠纷案**,2011年,徐某与史某车辆相撞,徐某身亡,交警认定史某、徐某均酒驾,分负主、次责任。徐某生前投保交强险公司赔付史某医疗费、残疾赔偿金2.5万元后,向徐某继承人及史某追偿。法院认为:最高人民法院《关于审理道路交通事故损害赔偿案件适用法律若干问题的解释》第18条第1款第2项规定:"醉酒、服用国家管制的精神药品或者麻醉药品后驾驶机动车发生交通事故,导致第三人人身损害,当事人请求保险公司在交强险责任限额范围内予以赔偿,人民法院应予支持。保险公司在赔偿范围内向侵权人主张追偿权的,人民法院应予支持。"涉案事故系徐某、史某醉酒后驾车,法院判决保险公司在交强险限额内赔偿受害方2.5万元。保险公司依前述法律规定,<u>有权在向交通事故受害方赔偿保险金后,向侵权人进行追偿</u>。根据交通事故认定书,对于涉案交通事故,史某、徐某分别承担主、次责任,故史某、徐某均是前述司法解释第18条第2款规定的"侵权人",并为保险公司追偿对象。徐某已于交通事故中死亡,其责任应由其法定继承人在实际继承遗产范围内承担。生效判决已认定史某与徐某继承人应按事故中过错分别承担责任,故保险公司主张的2.5万元应由两方分别承担。判决徐某继承人、史某分别按30%、70%比例给付保险公司7500元、1.75万元。④2013年**山东某保险合同纠纷案**,2009年,栾某无证酒后驾驶,致崔某车辆损失,经鉴定,<u>车损价值及鉴定费、施救费共4万余元</u>。崔某诉讼请求栾某投保交强险的保险公司在交强险范围内赔偿。法院认为:在道路交通事故损害赔偿案件中,侵权人承担的是侵权损害赔偿责任,而保险公司是依其与投保人缔结的交强险合同承担赔偿责任,二者性质不同。交强险条例是国务院依《道路交通安全法》授权而制定,该条例就保险公司上述合同责任所作规定,与《道路交通安全法》并不冲突。依该条例第22条规定,驾驶人未取得驾驶资格或者醉酒的,发生道路交通事故,保险公司在交强险责任限额范围内垫付抢救费用,并有权向致害人追偿;对造成受害人的财产损失,保险公司不承担赔偿责任,故判决驳回崔某就其财产损失要求保险公司承担交强险赔偿责任的诉讼请求。⑤2011年河南某保险合同纠纷案,2009年1月,张某驾驶机动车撞倒骑自行车的杨某,造成杨某受伤及自行车乘坐人李某死亡,交警认定张某醉驾逃逸,负全责。事发后,张某与杨某达成赔偿协议,由张某赔偿杨某27.5万元。张某因犯危险驾驶罪被判处有期徒刑三年,缓刑三年。2010年6月,张某与保险公司就交强险部分达成调解协议,由保险公司支付张某12万元。后张某起诉保险公司,要求支付第三者责任险5万元。法院认为:在对醉酒驾驶的责任承担上,行为人是最终责任承担主体,即便保险公司事先已经承担保险责任,也可以依法向行为人进行追偿。本案中,张某因醉酒发生交通事故,并在交通事故发生后,已与被害人达成了调解协议并履行,承担了因自己的行为给被害人造成的事故损失,作为交通事故民事赔偿的终局责任主体,其就不具备向保险公司再行追偿的权利,故驳回张某诉讼请求。⑥2010年江苏某保险合同纠纷案,2009年1月,顾某酒后驾驶投保交强险和商业三者险的拖拉机因车辆故障停在道路边,导致骑摩托车的吴某被撞身亡,交警认定吴某负主要责任,顾某负次要责任。顾某除按交强险赔付死者家属损失外,还被法院判令赔偿32万元。顾某向保险公司理赔时,保险公司以保险单规定的"酒驾免责"条款拒赔。法院认为:顾某酒后驾驶车辆,必然降低其分析判断及处理车辆行驶过程中出现各种问题的能力,加大了出现保险事故风险。交通事故责任认定书认定顾某酒后驾驶机动车上路行驶时发生故障,未将车辆移至不妨碍交通的地方停放,停车时未按规定使用灯光,未设置警示标志,其违规停车是造成事故原因。因顾某酒后驾驶,致使其无法正常行驶,无法正常停靠车辆及未采取必要的安全防范措施,对出现交通事故的风险采取一种放任的态度,加大了出现保险事故的可能性。故顾某饮酒行为与保险事故的发生存在因果关系,根据保险合同免责条款约定,保险公司免责,顾某诉请保险理赔应予驳回。⑦2010年江苏某交通事故损害赔偿案,2009年10月,夏某醉酒驾驶投保交强险的摩托车与于某驾驶的电动自行车相撞致于某10级伤残,保险公司以醉驾免责条款拒赔。法院认为:虽然夏某醉酒后驾驶其所有的摩托车与于某发生交通事故,但是该交通事故并非于某故意碰撞机动车造成的。保险公司的免责条款违背保监发保险条款的责任免除的规定,同时违背保险合同的公平、诚实信用原则,故该保险合同中特别约定条款应认定无效。夏某投保了交强险,保险公司应对于某承担民事赔偿责任。同时交强险条例第 22 条虽规定驾驶人员醉酒发生道路交通事故,造成受害人的财产损失,保险公司不承担赔偿责任,但并未规定因道路交通事故造成的人身伤亡不承担赔偿责任。因交通事故而侵害受害人的人身权利,无论是受害人为救治而支出的费用,还是受害人因伤残或死亡而获得的对未来收入降低或者丧失的弥补的残疾赔偿金、死亡赔偿金,都不属于受害人"财产损失"的范畴,而属于对受害人人身权利救济的范畴,保险公司对此都应承担民事赔偿责任。

⑧2009年辽宁某交通肇事案,2008 年 12 月,林某酒驾肇事撞死行人王某,交警认定林某负主要责任。林某因交通肇事罪被判拘役缓刑。附带民事诉讼中,交强险保险公司被追加为共同被告。法院认为:交通事故受害方即附带民事诉讼原告对林某投保的保险公司具有法定的直接诉讼请求权,保险公司作为承保方应承担对受害方给付保险民事赔偿的法定义务,故保险公司作为附带民事诉讼被告主体适格。交强险作为一种强制性的机动车责任保险,承载着及时赔付被害人损失、维护社会和谐稳定的重要社会职责。机动车驾驶员醉酒驾驶的情况下发生交通事故,保险公司仍应在交强险责任限额内承担赔偿责任,故本案保险公司应在保险限额范围内赔偿附带民事诉讼原告损失的 90%。⑨2009 年四川某交通肇事案,2008 年 10 月,李某酒驾肇事致摩托车司机强某死亡,交警认定李某负主要责任,强某负次要责任。附带民事诉讼中,保险公司以李某醉驾拒赔交强险。法院认为:李某违反《道路交通安全法》,醉酒驾驶,发生重大事故并负主要责任,构成交通肇事罪,同时应承担赔偿附带民事原告损失责任。《道路交通安全法》和交强险保险条例对交通事故受害人因事故损失做了明确划分,区分为人身伤亡和财产损失。条例所列特殊情形,保险公司除财产损失不予赔偿外,未免除交强险责任限额中所列的死亡伤残、医疗费用方面的赔偿责任,故保险公司应在交强险限额责任范围内赔偿。

⑩2009年浙江某保险合同纠纷案,2009 年 2 月,机械公司员工王某酒后驾驶公司车辆连续发生两起交通肇事,致 4 车损坏、1 死 3 伤,机械公司赔偿了受害人损失 75 万余元后向保险公司理赔遭拒。法院认为:双方之间的交强险合同和三责险合同合法有效;交强险条款约定,被保险机动车在驾驶员醉酒的情形下发生交通事故,造成受害人受伤需要抢救的,对于符合规定的抢救费用,保险人在医疗费用赔偿限额内垫付。对于垫付的抢救费用,保险人有权向致害人追偿。交强险条例第 22 条中明确规定交通事故责任强制保险合同履行过程中,驾驶人醉酒发生道路交通事故的,保险公司对被保险人不承担赔付责任,故机械公司要求判令保险公司赔付交强险保险金的诉讼请求法院不予支持;保险公司在交付给机械公司的非营业用车损失保险条款和机动车第三者责任保险条款中,明确约定了酒后驾车肇事保险公司不负赔偿责任,保险公司在上述保险条款中对酒后驾车肇事免责条款有显著标

志,已尽到了明确说明义务,故判决驳回机械公司诉讼请求。⑪2009年**浙江某保险合同纠纷案**,2008年6月,龚某酒后驾驶投保交强险的摩托车与骑电动车的陆某碰撞,造成龚某、陆某及电动车后座乘客汪某三人受伤。交警认定龚某酒驾负主要责任,陆某负次要责任。经法院调解,龚某赔偿陆某4.5万余元,赔偿汪某9000余元。龚某向保险公司索赔时遭拒。法院认为:龚某作为致害人在醉酒驾驶肇事后依交强险条例规定不能要求保险公司承担交强险赔偿责任,同时,龚某与保险公司之间的争议应受双方订立的保险合同包括所对应的交强险条款的约束。关于醉酒驾驶的危险性和严重后果众所周知,交强险条款的规定理应成为界定双方权利义务的依据。本案交通事故的受害人未向保险公司索赔,其损失已经获得龚某的合理赔偿,作为致害人的龚某无权要求获得交强险赔偿。交强险的保障对象主要是被保险机动车致害的交通事故受害人,国家设立交强险制度的首要目的是有利于受害人及时获得经济赔偿,减少其经济负担。而龚某醉酒驾驶的行为是对人对己极不负责任的违法行为,因交通事故产生的法律责任包括经济损失依照交强险条例的规定应当由龚某自行承担。⑫2008年**安徽某交通肇事案**,2007年7月,黄某酒后驾驶摩托车撞死吴某,交警认定黄某负全责。附带民事诉讼中,吴某近亲属追加保险公司为被告,要求保险公司给付交强险赔偿。法院认为:黄某违反《道路交通安全法》的规定,酒后驾驶机动车并违章,造成一人死亡的严重后果,其行为构成交通肇事罪,其犯罪行为给被害人造成的经济损失,依法应承担附带民事诉讼原告全部损失的民事赔偿责任。根据交强险条款规定,只有受害人故意造成交通事故损失,保险公司才能免责。本案黄某酒后驾驶发生交通事故,不属于上述情形,故保险公司应在被害人死亡和医疗费赔偿限额内,赔偿附带民事诉讼原告经济损失。⑬2008年**吉林某交通肇事案**,2008年1月,宋某醉酒驾驶投保交强险的机动车肇事,致无证驾驶机动车的孟某死亡,交警认定宋某负主要责任。保险公司以宋某醉酒驾驶为由拒绝向孟某近亲属理赔。法院认为:宋某违反道路交通管理法规,醉驾肇事致孟某死亡,经交警部门认定应负事故主要责任,除其已依法承担刑事责任外,还应承担相应的民事责任。因宋某驾驶的车辆已投保了交强险,发生事故时尚在保险期内,故保险公司应在交强险责任限额内予以赔偿,超过责任限额部分由宋某按过错比例承担责任,根据交警部门的责任认定,宋某以承担80%的民事赔偿责任为宜。保险公司虽认为交通事故系宋某醉酒驾车造成,其不应承担赔偿及垫付责任,但并无相关的法律依据,且《机动车交通事故责任强制保险条款》也未将司机醉酒肇事列为免责条款。按照《道路交通安全法》《机动车交通事故责任强制保险条例》规定以及交强险的立法精神,保险公司均应在保险责任限额内承担赔偿责任,故保险公司不应担责的主张法院不予支持。⑭2008年**浙江某保险合同纠纷案**,2007年6月,潘某投保交强险和商业三者险的机动车撞伤行人左某并被认定负全责,经法院调解赔偿左某 3.6 万元后,找保险公司理赔时以醉酒遭拒赔。法院认为:醉酒驾车系违法行为,交强险条例规定保险公司对醉酒后驾车肇事仅在保险责任限额内垫付抢救费用,并有权向致害人追偿,现被保险人已赔偿受害人全部损失,故潘某作为致害人不能要求保险公司承担理赔责任。商业三者险条款中关于酒后驾车保险公司不负赔偿责任的约定,属于通常约定,并不属于免责条款中非为一般人所知的其他特别约定,且作为商业三者险,其免责范围明显大于强制责任险。故商业三者险亦无从获赔。⑮2008年江苏某交通事故损害赔偿案,2006 年 12 月,宋某驾驶与查某共同承包交运分公司的出租车醉酒疲劳行驶时,撞伤公路保洁员罗某致 7 级伤残。保险公司以醉酒驾驶拒绝向罗某赔偿。法院认为:保险公司直接向受害人承担的交强险赔付责任不能因机动车一方醉酒驾驶等过错而予以免除。保险公司向受害人赔付后,有权依保险合同向被保险人追偿。保险公司负有在机动车交强险责任限额内直接向交通事故受害人赔偿人身伤亡及财产损失的法定义务,免除该义务的唯一事由是受害人的故意行为,故本案宋某醉酒驾驶并不属于《道路交通安全法》和交强险条例所规定的保险公司对受害人赔偿的免责事由。保险合同系依保监会部门规章制定,其内容扩大了法律法规所规定的免责范围,排除了受害人就医疗费用之外其他损失请求保险公司直接赔偿法定权利,故该免责条款仅于保险公司和投保人之间有约束力,不能以此对抗作为交强险条例保护对象的交通事故受害人。宋某、查某合伙承包出租车,应对罗某损失超出交强险部分共同承担赔偿责任。交运分公司将车辆发包,故其应承担连带责任,又因不具有独立法人资格,故交运公司应对分公司不能偿还部分承担补充清偿责任。⑯2008 年北京某保险合同纠纷案,2007 年 4 月,柳某酒后驾驶投保交强险的机动车肇事致行人赵某当场死亡,交警以柳某酒驾认定负全责。经交警调解,柳某赔偿死者家属 17 万余元后向保险公司索赔遭拒。法院认为:根据交强险的定义和确立该险种的目的,本险种的理赔对象应为受害人,而非被保险人也即致害人柳某,即柳某并非交强险赔付的对象,也非责任免除条款约束的对象,柳某和保险公司之间仅存在垫付与追偿的权利义务关系。根据双方交强险合同约定,醉酒驾车发生交通事故,造成受害人受伤需要抢救的,对于符合规定的抢救费用,保险人在医疗费用赔偿限额内垫付。对于其他损失和费用,保险人不负责垫付和赔偿。本案中,交通事故造成赵某死亡,未产生抢救费用,保险公司没有垫付和赔偿的义务,造成的损失应由致害人柳某自行承担,故判决驳回柳某诉讼请求。⑰2007 年江西某交通事故损害赔偿案,2006 年 7 月,廖某代表村委会外出开会期间,驾驶投保车上人员险的摩托车搭乘杨某途中,与李某投保三者责任险货车相撞,造成杨某死亡、廖某重伤。交警认定廖某未戴头盔、未保持安全距离及酒后驾驶,与李某负同等责任。法院判决保险公司依三者险赔偿杨某近亲属、廖某各项费用。因保险公司以廖某酒驾拒赔车上人员险,廖某起诉,同时要求村委会、李某承担损害赔偿责任。法院认为:廖某在交通事故中受重伤,负同等责任的李某应赔偿廖某各项损失的一半。交警在事故过错认定中,未询问受害人,亦未对受害人进行必要的酒精检测并提供检测报告,即认定廖某酒后驾驶,故交警认定廖某酒后驾车的证据不足,保险公司以此拒赔车上人员险不应支持。廖某及其直系亲属既未向当地劳动保障部门提出工伤认定申请,劳动保障部门亦未作出工伤认定,且廖某要求村委会支付工伤赔偿请求与本案不属于同一法律关系,故其工伤赔偿请求应另行解决。

【同类案件处理要旨】

被保险车辆的驾驶人醉酒驾驶造成受害第三者人身伤亡的,保险公司向受害人支付各项人身损害赔偿后,有权向侵权人追偿。

【相关案件实务要点】

1.**【财产损失】**最高人民法院《关于审理道路交通事故损害赔偿案件适用法律若干问题的解释》发布之前,有关交强险条例第22条"财产损失"如何理解,司法实践中广受争议:(1)"财产损失"应作广义理解,与"精神损害"对应,包括精神损害之外的各项人身损害赔偿内容。案见安徽高院(2008)皖民申字第0440号"董某与某保险公司保险合同纠纷案"。(2)"财产损失"应作狭义理解,与"人身损害"对应。如:①酒后驾车致人死亡,基于《道路交通安全法》和交强险的宗旨,保险公司均应对人身损害承担赔偿责任,但对受害人的财产损失,保险公司不承担赔偿责任。案见安徽铜陵中院(2008)铜中刑终字第06号"黄某交通肇事案"、四川成都新都区法院(2009)新都刑初字第24号"李某交通肇事案"。②交通事故受害人为救治而支出的费用,以及对受害人的残疾赔偿金、死亡赔偿金,不属于受害人"财产损失"的范畴,而属于对受害人人身权利救济的范畴,保险公司对此类损失应承担赔偿责任。案见江苏徐州中院(2010)徐民终字第1505号"于某诉夏某等交通事故损害赔偿案"。③保险合同的内容扩大法律法规所规定的免责范围,排除受害人就医疗费用之外其他损失请求保险公司直接赔偿的法定权利,该免责条款仅于保险公司和投保人之间有约束力,不能以此对抗作为交强险条例保护对象的交通事故受害人。案见江苏南京中院(2008)宁民一终字第602号"罗某诉宋某等交通事故损害赔偿案"。

2.**【直接诉权】**交通事故受害人作为附带民事诉讼原告对致害方投保的保险公司具有法定的直接诉权。致害人醉酒驾驶,保险公司仍应在交强险责任限额内承担赔偿责任并对致害人享有追偿权。案见辽宁沈阳中院(2009)沈刑二终字第240号"林某交通肇事案"。

3.【特殊免责】交强险实行无过错责任赔偿原则,但交强险的强制性并不表示在任何情况下,只要发生了交通事故,造成第三者人身或财产损失,保险公司就要按交强险予以赔付。醉酒驾驶肇事属于《机动车交通事故责任强制保险条例》第22条和《机动车交通事故责任强制保险条款》第9条规定的一种特殊免责。对于醉酒驾驶发生事故造成的损失,致害人在赔偿受害人后不能要求保险公司承担交强险赔偿责任。案见浙江宁波中院(2009)浙甬商终第547号"龚某与某保险公司保险合同纠纷案"。

4.【法定免责】醉酒驾驶行为人是最终责任承担主体,即便保险公司事先已经承担保险责任,也可以依法向行为人进行追偿。如醉酒驾驶行为人已经承担了对被害人的赔偿责任,则其就不具备对保险公司的追偿权,不应仅按照《合同法》的"格式条款"规定而认定保险公司承担责任。案见河南南阳中院(2011)南民一终字第1029号"张某某诉某保险公司保险合同纠纷案"。

5.【明确说明】酒后驾车是我国法律明文禁止的行为,是机动车驾驶人员应当知晓的生活常识。保险合同对于醉酒驾驶等明显违法行为而规定的免责条款系通常约定,可免除保险人的明确说明义务。即使保险公司在投保人投保时没有履行明确说明义务,也不影响投保人对该免责条款的真实含义和法律后果的认知。案见浙江宁波北仑区法院(2009)甬仑商初字第1777号"某机械公司诉某保险公司保险合同纠纷案"、浙江台州路桥区法院(2008)路民一初字第735号"潘某诉某保险公司保险合同纠纷案"。

6.【因果关系】涉及免责事由的保险合同因果关系认定,与民法侵权行为因果关系判断对象有所差异。被保险人酒后违规停放的车辆,对其他交通参与人造成了现实的危险障碍,加大了保险事故发生的可能性,应认定饮酒行为与保险事故存在因果关系,即认定酒后驾车免责事由与事故损失存在因果关系,并非基于原因事实本身,而是基于该原因事实所形成的危险状态,故对保险合同中的"酒后驾驶"免责条款应作目的扩张解释,认定被保险人酒后驾车行为导致的危险状态属于"酒后驾驶"情形。案见江苏徐州中院(2010)苏商终字第0327号"顾某诉某保险公司保险合同纠纷案"。

7.【酒驾事实】交警的事故认定不等于法院赔偿责任的划分,交警的事故认定在民事诉讼中同其他证据一样,要经过质证等程序才能在司法程序中确定其证据效力。对酒驾的事实认定同样如此。案见江西新干法院(2007)干荷民初字第12号"廖某等诉李某等人身损害赔偿案"。

【附注】

参考案例索引:安徽高院(2008)皖民申字第0440号"董某与某保险公司保险

合同纠纷案"(编者注:该案由安徽高院2009年5月19日请示最高人民法院,后者于2009年10月20日以[2009]民立他字第42号函复,明确了司法实践中对交强险条例第22条"财产损失"的含义之争。实际案例中,依当时的交强险,死亡赔偿限额为5万元,为与现时契合,编者对事故时间和责任限额做了调整)。①河南焦作中院(2017)豫08民终68号"某实业公司与某保险公司保险合同纠纷案",见《财产保险合同中免责抗辩是否成立的认定——河南沁阳法院判决保通公司诉联合财险保险合同纠纷案》(宋鹏、訾东东),载《人民法院报·案例精选》(20180712:6)。②广东韶关中院(2015)韶中法民一终字第672号"张某等诉陈某机动车交通事故责任纠纷案",见《张云敏等四人诉陈聪机动车交通事故责任纠纷案——保单上非投保人亲笔签名免责条款效力的认定》(林倚萍),载《人民法院案例选》(201604/98:164)。③北京顺义区法院(2013)顺民初字第13080号"某保险公司与乔某保险代位权纠纷案",见《中国人民财产保险股份有限公司北京市密云分公司诉乔艳霞等保险人代位求偿权纠纷案(代位求偿权与侵权人的确认)》(张兰兰),载《中国审判案例要览》(2015商:354)。④最高人民法院(2013)民监他字第6号答复意见,见《无驾驶证或者醉酒驾驶情形下保险公司的交强险责任——渤海财产保险股份有限公司青岛分公司与崔志霞、栾瑞成道路交通事故财产损害赔偿纠纷案》(邱明、郭魏,最高人民法院审监庭),载《审判监督指导·案例评析》(201401/47:163)。⑤河南南阳中院(2011)南民一终字第1029号"张某某诉某保险公司保险合同纠纷案",见《醉驾案第三者责任险的承担主体——河南南阳中院判决张文献诉阳光财保南阳中心支公司保险合同纠纷案》(王中强、张辛),载《人民法院报·案例指导》(20100902:6)。⑥江苏徐州中院(2010)苏商终字第0327号"顾某诉某保险公司保险合同纠纷案",一审认为顾某因故停车与饮酒无必然因果关系,且事故发生非顾某酒后驾驶车辆造成,故判决保险公司支付三者险28万余元,二审改判驳回顾某诉讼请求。见《酒驾免赔条款适用于酒后违规停车引发保险事故——徐州中院判决顾天学诉中国财保新沂支公司保险合同案》(冯昭玖、周立),载《人民法院报·案例指导》(20100902:6);另见《酒后驾驶免赔条款应适用于酒后违规停车引发的保险事故——顾天学诉中国人民财产保险股份有限公司新沂支公司财产保险合同纠纷案》(冯昭玖、周立),载《人民法院案例选·月版》(201003:27);另见《保险免责事由在认定保险因果关系中的应用》(李玲、周立),载《人民司法·案例》(201116:94)。⑦江苏徐州中院(2010)徐民终字第1505号"于某诉夏某等交通事故损害赔偿案",见《交强险赔偿中人身救济与财产损失的区别——江苏徐州中院判决于学成诉夏士铃等交通事故损害赔偿案》(李晓东),载《人民法院报·案例指导》(20110414:6)。⑧辽宁沈阳中院(2009)沈刑二终字第240号"林某交通肇事案",判决保险公司赔偿受害人家属损失的90%共计7万余元。见《保险公司应对醉酒驾驶肇事承担交强险赔偿责任并享有追偿权》(孙晓芳、生潇),载《人民司法·案例》(201016:28)。⑨四川成都新都区法院(2009)新都刑初字第24号"李某交通肇事案",见《醉酒驾驶的交强险问题分析——李志敏交通肇事刑事附带民事案》(周国文、付华),载《人民法院案例选·月版》(200911:125)。⑩浙江宁波北仑区法院(2009)甬仑商初字第1777号"某机械公司诉某保险公司保险合同纠纷案",见《宁波海天精工机械有限公司诉中国人民财产保险股份有限公司宁波市北仑支公司保险合同纠纷案》(尚新华、赵涛),载《人民法院案例选》(201003:237)。⑪浙江宁波中院(2009)浙甬商终第547号"龚某与某保险公司保险合同纠纷案",见《龚玉君诉中国人民财产保险股份有限公司宁波市鄞州支公司保险合同纠纷案》(金首),载《中国审判案例要览》(2010 商事:298);另载《人民法院案例选》(201002)。⑫安徽铜陵中院(2008)铜中刑终字第06号"黄某交通肇事案",见《被保险人酒后驾车造成交通事故的,保险公司应在交强险范围内赔偿——被告人黄家付交通肇事案》(黄冬松),载《人民法院案例选·月版》(200912:2)。⑬吉林抚松法院(2008)抚刑初(重)字第46号"宋某交通肇事附带民事诉讼案",见《保险公司在交强险责任限额内的赔偿责任——吉林抚松法院判决宋光交通肇事附带民事诉讼案》(滕爱节),载《人民法院报·案例指导》(20091211:5)。⑭江苏南京中院(2008)宁民一终字第602号"罗某诉宋某等交通事故损害赔偿案",判决保险公司赔偿罗某2.9万元,宋某、查某赔偿罗某1.8万余元,交运分公司与宋某、查某负连带责任,交运公司对分公司不能清偿部分负补充赔偿责任。见《醉酒驾驶事故中保险公司应承担交强险赔偿责任》(栗娟),载《人民司法·案例》(200818:92)。⑮浙江台州路桥区法院(2008)路民一初字第735号"潘某诉某保险公司保险合同纠纷案",见《保险人明确说明义务的履行》(钟巍、陈海峰),载《人民司法·案例》(200820:97)。⑯北京一中院(2008)一中民终字第8816号"柳某诉某保险公司保险合同纠纷案",见《柳电春诉中国人民财产保险股份有限公司北京市大兴支公司保险合同案》(王晴),载《中国审判案例要览》(2009 商事:284)。⑰江西新干法院(2007)干荷民初字第12号"廖某等诉李某等人身损害赔偿案",法院判决李某赔偿廖某15万余元,因保险公司应赔偿的车上人员险在杨某近亲属另案索赔中已由法院判决支持,故本案未另行判决。见《廖敏昌等人诉李三牛等人交通事故人身损害赔偿纠纷案》(孔萍),载《人民法院案例选》(200804:120)。

82. 无证驾驶与保险责任

——无证驾驶车，肇事保险赔？

【无证驾驶】

【案情简介及争议焦点】

2009年10月，蔡某无证驾驶机动车将行人郝某撞倒致10级伤残，交警认定蔡某全责。郝某起诉蔡某及保险公司。保险公司以交强险条例第22条和交强险合同约定，以及最高人民法院（2009）民立他字第42号复函抗辩，认为无证驾驶情形，保险公司不承担赔偿责任。

争议焦点：1. 案涉最高人民法院复函如何理解？2. 保险公司能否依交强险条例第22条免责？

【裁判要点】

1. 关于最高人民法院复函。 保险公司对于受害人的赔偿责任是一种法定责任，不能通过约定予以免除。对于保险公司引用的最高人民法院（2009）民立他字第42号函，该函主要是针对交强险条例第22条中"财产损失"如何理解的答复，并未涉及保险公司是否应当对受害人承担赔偿责任的问题，故保险公司请求依此免除其向受害人的赔偿责任依据不足，不予支持。

2. 关于交强险条例第22条。 交强险条例第22条规定旨在调整投保人与保险公司之间的关系而不是调整保险公司与第三人之间的关系，它不是对第三人的免责问题，而是区分保险公司与投保人谁是责任的最终承担者，保险公司可以在符合该条例第22条规定的条件下，在承担了责任限额赔偿责任之后行使追偿权。

【裁判依据或参考】

1. 法律规定。《道路交通安全法》（2004年5月1日实施，2011年4月22日修正）第19条："驾驶机动车，应当依法取得机动车驾驶证。申请机动车驾驶证，应当符合国务院公安部门规定的驾驶许可条件；经考试合格后，由公安机关交通管理部门发给相应类别的机动车驾驶证。持有境外机动车驾驶证的人，符合国务院公安部门规定的驾驶许可条件，经公安机关交通管理部门考核合格的，可以发给中国的机动车驾驶证。驾驶人应当按照驾驶证载明的准驾车型驾驶机动车；驾驶机动车时,应当随身携带机动车驾驶证。"第 76 条:"机动车发生交通事故造成人身伤亡、财产损失的,由保险公司在机动车第三者责任强制保险责任限额范围内予以赔偿;不足的部分,按照下列规定承担赔偿责任……"

2. 行政法规。《机动车交通事故责任强制保险条例》(2013 年 3 月 1 日修改施行)第 11 条:"投保人投保时,应当向保险公司如实告知重要事项。重要事项包括机动车的种类、厂牌型号、识别代码、牌照号码、使用性质和机动车所有人或者管理人的姓名(名称)、性别、年龄、住所、身份证或者驾驶证号码(组织机构代码)、续保前该机动车发生事故的情况以及保监会规定的其他事项。"第 14 条:"保险公司不得解除机动车交通事故责任强制保险合同;但是,投保人对重要事项未履行如实告知义务的除外。投保人对重要事项未履行如实告知义务,保险公司解除合同前,应当书面通知投保人,投保人应当自收到通知之日起 5 日内履行如实告知义务;投保人在上述期限内履行如实告知义务的,保险公司不得解除合同。"第 21 条:"被保险机动车发生道路交通事故造成本车人员、被保险人以外的受害人人身伤亡、财产损失的,由保险公司依法在机动车交通事故责任强制保险责任限额范围内予以赔偿。道路交通事故的损失是由受害人故意造成的,保险公司不予赔偿。"第 22 条:"有下列情形之一的,保险公司在机动车交通事故责任强制保险责任限额范围内垫付抢救费用,并有权向致害人追偿:(一)驾驶人未取得驾驶资格或者醉酒的;(二)被保险机动车被盗抢期间肇事的;(三)被保险人故意制造道路交通事故的。有前款所列情形之一,发生道路交通事故的,造成受害人的财产损失,保险公司不承担赔偿责任。"《道路交通安全法实施条例》(2004 年 5 月 1 日,2017 年 10 月 7 日修订)第 28 条:"机动车驾驶人在机动车驾驶证丢失、损毁、超过有效期或者被依法扣留、暂扣期间以及记分达到 12 分的,不得驾驶机动车。"

3. 司法解释或最高人民法院其他司法性文件。最高人民法院《关于审理道路交通事故损害赔偿案件适用法律若干问题的解释》(2012 年 12 月 21 日 法释〔2012〕19 号)第 14 条:"道路交通安全法第七十六条规定的'人身伤亡',是指机动车发生交通事故侵害被侵权人的生命权、健康权等人身权益所造成的损害,包括侵权责任法第十六条和第二十二条规定的各项损害。道路交通安全法第七十六条规定的'财产损失',是指因机动车发生交通事故侵害被侵权人的财产权益所造成的损失。"第 18 条:"有下列情形之一导致第三人人身损害,当事人请求保险公司在交强险责任限额范围内予以赔偿,人民法院应予支持:(一)驾驶人未取得驾驶资格或者未取得相应驾驶资格的……保险公司在赔偿范围内向侵权人主张追偿权的,人民法院应予支持。追偿权的诉讼时效期间自保险公司实际赔偿之日起计算。"最高人民法院负责人《把握总基调 找准结合点 最大限度发挥民事审判在促进经济稳中求进和社会和谐稳定中的积极作用——在全国高级法院民一庭庭长座谈会上的讲话》(2012年2月17日)第2条:"……侵权纠纷和相关保险合同纠纷的竞合问题。为最大限度实现案结事了,应以合并审理为原则,但要注意保护保险公司的合同权利。对于醉酒驾驶、无证驾驶等违法情形,在确定保险公司赔偿责任的同时,要注意保护其追偿权。"最高人民法院《关于当前形势下加强民事审判切实保障民生若干问题的通知》(2012年2月15日 法〔2012〕40号)第5条:"……在醉酒驾驶、无证驾驶等违法情形的责任承担上,应当在确定保险公司承担相应的赔偿责任的同时,赋予保险公司追偿权;在未投保情形下的责任承担上,应当由机动车一方先承担交强险限额内的赔偿责任,其余部分按照侵权责任认定和划分。"最高人民法院《关于如何理解和适用〈机动车交通事故责任强制保险条例〉第二十二条的请示答复》(2009年10月20日 〔2009〕民立他字第42号):"安徽省高级人民法院:你院二〇〇九年五月十九日报请的〔2008〕皖民申字第0440号《关于如何理解和适用〈机动车交通事故责任强制保险条例〉第二十二条的请示》收悉。经研究,答复如下:同意你院审判委员会的少数人意见〔'少数人意见'即:本案中,驾驶人醉酒驾车致人死亡(致害人已赔偿受害人情况下),保险公司对受害人的死亡赔偿金依法不予理赔——编者注〕。"最高人民法院《关于对审理农用运输车行政管理纠纷案件应当如何适用法律问题的答复》(2000年2月29日 法行〔1999〕第14号):"……机动车道路交通应当由公安机关实行统一管理;作为机动车一种的农用运输车,其道路交通管理包括检验、发牌和驾驶员考核、发证等,也应当由公安机关统一负责。人民法院审理农用运输车行政管理纠纷案件,涉及相关行政管理职权的,应当适用《中华人民共和国道路交通管理条例》和《国务院关于改革道路交通管理体制的通知》和有关规定。"

4. 部门规范性文件。公安部《机动车驾驶证申领和使用规定》(2013年1月1日)第67条:"机动车驾驶人具有下列情形之一的,车辆管理所应当注销其机动车驾驶证:……(七)超过机动车驾驶证有效期一年以上未换证的……有第一款第四项至第十项情形之一,未收回机动车驾驶证的,应当公告机动车驾驶证作废。有第一款第七项、第八项情形之一被注销机动车驾驶证未超过二年的,机动车驾驶人参加道路交通安全法律、法规和相关知识考试合格后,可以恢复驾驶资格。"中国保监会《关于机动车交通事故责任强制保险中"未取得驾驶资格"认定问题的复函》(2007年11月29日 保监厅函〔2007〕327号):"你院关于柳兆福诉中国大地保险股份有限公司辽源支公司一案的咨询函收悉。经研究,函复如下:根据《机动车交通事故责任强制保险条例》第二十二条以及《机动车交通事故责任强制保险条款》第九条的规定,驾驶人未取得驾驶资格的,保险公司不承担赔偿责任。在实务中,'未取得驾驶资格'包括驾驶人实际驾驶车辆与准驾车型不符的情形。根据我国机动车驾驶证申领使用的相关规定,驾驶人需要驾驶某种类型的机动车,须经考试合格后取得相应的准驾车型资格,因此,实际驾驶车辆与准驾车型不符应认定为'未取得驾驶资格'。"中国保监会《关于交强险有关问题的复函》(2007年4月10日 保监厅函〔2007〕77号)第2条:"根据《条例》和《条款》,被保险机动车在驾驶人未取得驾驶资格、驾驶人醉酒、被保险机动车被盗抢期间肇事、被保险人故意制造交通事故情形下发生交通事故,造成受害人受伤需要抢救的,保险人对于符合规定的抢救费用,在医疗费用赔偿限额内垫付。被保险人在交通事故中无责任的,保险人在无责任医疗费用赔偿限额内垫付。对于其他损失和费用,保险人不负责垫付和赔偿。"

5. 地方司法性文件。江西宜春中院《关于印发〈审理机动车交通事故责任纠纷案件的指导意见〉的通知》(2020年9月1日 宜中法〔2020〕34号)第9条:"有下列情形之一导致交通事故发生,赔偿权利人请求保险公司在交强险责任限额范围内予以赔偿的,人民法院应予支持:(1)驾驶人未取得驾驶资格或者未取得相应驾驶资格的;(2)醉酒、服用国家管制的精神药品或者麻醉药品后驾驶机动车发生交通事故的;(3)驾驶人故意制造交通事故的。上述情形下,侵权人就其已向赔偿权利人支付的赔偿款主张保险公司在交强险责任限额内予以赔偿的,人民法院不予支持;保险公司在赔偿范围内向侵权人主张追偿权的,人民法院应予支持。追偿权的诉讼时效期间自保险公司实际赔偿之日起计算。"山东济南中院《关于保险合同纠纷案件94个法律适用疑难问题解析》(2018年7月)第17条:"驾照超期未审的问题。驾驶证已经被注销,就意味着驾驶员失去了驾驶机动车的资格。在其通过重新考试再次取得驾驶证也无法证明此前其具有驾驶资格。因为新驾照只能是在对印制之日之后才具有相应的证明效力。为了防范道德风险,提高安全驾驶意识。应认定为无证驾驶,新证无追认的效力。"第55条:"交强险项下保险人的代位求偿权。交强险条例第二十二条规定有下列情形之一的,保险公司在机动车交通事故责任强制保险责任限额范围内垫付抢救费用,并有权向致害人追偿:(一)驾驶人未取得驾驶资格或者醉酒的;(二)被保险机动车被盗抢期间肇事的;(三)被保险人故意制造道路交通事故的。第四十二条第(三)项规定:抢救费用是指机动车发生道路交通事故导致人员受伤时,医疗机构参照国务院卫生主管部门组织制定的有关临床诊疗指南,对声明体征不平稳和虽然生命体征平稳但如果不采取处理措施会产生生命危险,或者导致残疾、器官功能障碍,或者导致病程明显延长的受伤人员,采取必要的处理措施发生的医疗费用。保险公司在交强险下行使代位求偿权(亦称反向代位求偿权)的范围仅限于所垫付的抢救费用,不包括受害人的财产损失。《山东省高级人民法院关于审理保险合同纠纷案件若干问题意见(试行)》第21条进一步明确了抢救费用指死亡伤残赔偿金和医疗费用。保险人依据机动车交通事故责任强制保险条款,主张对于驾驶人未取得驾驶资格或者醉酒的、被保险机动车被盗抢期间肇事的、被保险人故意制造道路交通事故的情形下,保险人只负责垫付抢救费用而对于财产损失之外的死亡伤残赔偿金等损失不予赔偿的,人民法院不予支持。保险人赔偿保险金后向致害人追偿的,人民法院予以支持。"河北唐山中院《关于审理机动车交通事故责任纠纷、保险合同纠纷案件的指导意见(试行)》(2018年3月1日)第7条:"[违法驾驶交强险赔付的例外情形]无证驾驶、醉驾、毒驾、故意制造交通事故的情形下,侵权人已向赔偿权利人支付了赔偿款,保险公司不再向侵权人赔付。"广东惠州中院《关于审理机动车交通事故责任纠纷案件的裁判指引》(2017年12月16日)第21条:"无牌无证的机动车发生交通事故,受害人请求实际支配人和驾驶人承担交强险保险限额赔付责任的,予以支持。"四川成都中院《关于印发〈机动车交通事故责任纠纷案件审理指南(试行)〉的通知》(2017年7月5日 成中法发〔2017〕116号)第16条:"无证驾驶、醉驾、毒驾、故意制造交通事故的情形下,侵权人已向赔偿权利人支付的赔偿款,保险公司不再向侵权人赔付。"重庆高院《印发〈关于保险合同纠纷法律适用问题的解答〉的通知》(2017年4月20日 渝高法〔2017〕80号)第6条:"商业三者险保险合同中约定,机动车在超载、未年检、驾驶人酒后驾驶、无证驾驶或准驾车型不符等状态下发生保险事故时保险人应减轻或免除保险责任的,若约定的免责事项与保险事故的发生没有因果关系,保险人主张减轻或免除保险责任的,人民法院是否支持?答:保险合同中约定的在特定危险状态下发生保险事故保险人减轻或免除保险责任的免责条款系危险状态免责条款。该类条款的作用是为了让保险事故发生时的危险水平与缔结保险合同时的危险水平大致相当,以维护对价平衡原则。因此只要保险事故发生于该免责条款所规定的危险状态之下,保险人即可减轻或免除其保险责任,而无须证明保险事故是由该危险状态所导致。"天津高院《关于印发〈机动车交通事故责任纠纷案件审理指南〉的通知》(2017年1月20日 津高法〔2017〕14号)第3条:"……特殊情形下的赔偿问题。(1)机动车在交强险合同有效期内的下列变化,不影响事故发生后交强险保险公司的赔偿责任承担:①机动车所有权变动;②机动车发生改装、使用性质改变等导致危险程度增加的情形。(2)赔偿责任的免除。交通事故的损失是由受害人故意造成的,保险公司不予赔偿。(3)违法驾车情形下交强险保险人的赔偿责任。有下列情形之一导致第三人人身损害,当事人请求保险公司在交强险责任限额范围内予以赔偿的,应予支持:①驾驶人未取得驾驶资格或者未取得相应驾驶资格的;②醉酒、服用国家管制的精神药品或者麻醉药品后驾驶机动车发生交通事故的;③驾驶人故意制造交通事故的。保险公司在赔偿范围内向侵权人主张追偿权的,人民法院应予支持。追偿权的诉讼时效期间自保险公司实际赔偿之日起计算。(4)被保险机动车在被盗抢期间发生交通事故致第三人损害的,保险公司在交强险限额范围内垫付抢救费用,并有权向致害人追偿。"重庆高院民二庭《关于2016年第二季度高、中两级法院审判长联席会会议综述》(2016年6月30日)第5条:"对于危险状态免责条款的适用问题。保险合同中约定的额超载条款、年检条款、酒后驾驶、无证驾驶、准驾车型不符不赔条款等,保险事故的发生于危险状态没有因果关系时,保险人是否承担担保保险责任的问题。多数意见认为,投保车辆虽未按时年检或超载,但并不能必然得出投保车辆危险程度增加的结论,只要最终证明未年检或超载与保险事故的发生没有因果关系,保险人就不得以此为由免责。对于酒后驾驶、无证驾驶等有法律禁止性规定的情形,保险人应予免责。少数意见认为,根据保险法理论,在保险合同中约定在特定的危险状态下发生保险事故保险人不负赔偿责任的免责条款系危险状态免责条款。此类条款的作用是为了让保险事故发生时的危险水平与缔结时的危险水平相当,维护对价平衡,因此只要保险事故发生时被保险人处于该免责条款所规定的危险状态之下,保险人即可免除其保险责任,而无须证明保险事故是由该危险所导致的,特定的危险状态的存在与保险事故发生见无须有直接的因果关系。"江苏徐州中院《关于印发〈民事审判实务问答汇编(五)〉的通知》(2016年6月13日)第4条:"……(4)对《机动车交通事故责任强制保险条例》第22条和《机动车交通事故责任强制保险条款》第9条规定应如何理解?答:该条例第22条规定:有下列情形之一的,保险公司在机动车交通事故责任强制保险责任限额范围内垫付抢救费用,并有权向致害人追偿。(一)驾驶人未取得驾驶资格或者醉酒的;(二)被保险机动车被盗抢期间肇事的;(三)被保险人故意制造道路交通事故的。有前款所列情形之一,发生道路交通事故的,造成受害人的财产损失,保险公司不承担赔偿责任。对于上述规定应结合该条第2款的规定全面理解,不能只依据第1款的规定而认为保险公司在上述四种情形下只垫付抢救费用,对于受害人的其他损失则一概不予赔偿。上述第22条第2款中的财产损失,是因交通事故侵害了受害人的财产权益而产生的损失。而对于交通事故导致受害人人身权益受到侵害的情形,无论是受害人为救治而支出的费用,还是受害人因伤残或死亡而获得的赔偿金,实质上是对其人身权益被损害的救济,都不属于财产损失的范畴,保险公司对此都应当赔偿。对于这些问题,最高人民法院《关于审理道路交通事故损害赔偿案件适用法律若干问题的解释》第18条对大部分内容进一步进行了明确,明确规定上述情形下导致第三人人身损害,由保险公司在交强险限额范围内予以赔偿。另外,交强险条款第9条规定:被保险机动车在本条(一)至(四)之一的情形下发生交通事故,造成受害人受伤需要抢救的,保险人在接到公安机关交通管理部门的书面通知和医疗机构出具的抢救费用清单后,按照国务院卫生主管部门组织制定的交通事故人员创伤临床诊疗指南和国家基本医疗保险标准进行核实。对于符合规定的抢救费用,保险人在医疗费用赔偿限额内垫付。被保险人在交通事故中无责任的,保险人在无责任医疗费用赔偿限额内垫付。对于其他损失和费用,保险人不负责垫付和赔偿。(一)驾驶人未取得驾驶资格的;(二)驾驶人醉酒的;(三)被保险机动车被盗抢期间肇事的;(四)被保险人故意制造交通事故的。对于垫付的抢救费用,保险人有权向致害人追偿。上述交强险条款第9条对此作了进一步限制规定:对于符合规定的抢救费用,保险人在医疗费用赔偿限额内垫付。对于其他损失和费用,保险人不负责垫付和赔偿。上述规定中'对于其他损失和费用,保险人不负责垫付和赔偿',显然与交强险条例第22条第2款的规定相抵牾,造成了与交通安全法第76条、交强险条例第22条等上位法规定之间的冲突,在司法实践中不宜适用。保险公司依据交强险条款第9条的规定而制定的保险合同条款,也因其属于合同法第40条所规定的提供格式条款的一方免除己方责任、加重对方责任的情形而无效。"上海高院民五庭《全市法院民事审判工作庭长例会》(《上海审判规则》2016年第2期)第3条:"机动车未年检免赔条款问题。(1)问题由来。虽然各保险公司对车辆未按规定检验的免赔条款的表述在文字上略有差异,但均表达了对未按照法律法规的规定进行年检或者检验不合格的车辆发生交通事故的,不论何种原因造成的损失,保险人均不负赔偿责任的意思。在保险人援引此条款拒赔时,被保险人常会提出未明确说明,车辆事后已年检合格,事故发生与未年检无因果关系等抗辩。(2)我们的倾向性观点。未年检免责条款属于'保险法司法解释二'第十条所指的法律法规禁止性规定,故保险人履行提示义务即可发生法律效力。(3)适用中需要注意的问题。未年检免责条款属于危险状态事故免责条款,即保险人对某种特定危险状态下所发生的保险事故免责。酒后驾车、无证驾驶免责条款都属于危险状态免责。此种条款的特点是强调事故发生时被保险人处于该责任免责条款所规定的危险状态之下,保险人即可免除其保险责任,而无须证明保险事故是由该危险所产生的。所以,认为事故与车辆未年检之间需有因果关系的观点与合同约定明显不符,不应采纳。同理,由于合同条款强调的是事故发生时有无约定的免责危险存在,所以即使事故发生后补办了验车手续、取得驾驶证、醉酒苏醒,都不会妨碍保险人援引条款拒赔。另,实务中还有被保险人抗辩延误检验的原因是处理违章、疏忽大意等,故不应拒赔。我们倾向于认为,除被保险人未按时检验系不可抗力所致外,原则上保险人可以依据该约定拒赔。"安徽淮南中院《关于审理机动车交通事故责任纠纷案件若干问题的指导意见》(2014年4月24日)第9条:"无证驾驶或驾驶车况存在问题的车辆、报废的车辆在道路上行驶,其他车辆为躲避该车辆发生侧翻造成损害的,应认定无证驾驶人或驾驶车况存在问题的车辆、报废车辆人的行为与交通事故的发生之间存在因果关系。"重庆高院民一庭《关于机动车交通事故责任纠纷相关问题的解答》(2014年)第5条:"最高人民法院《关于审理道路交通事故损害赔偿案件适用法律若干问题的解释》第十八条规定:'有下列情形之一导致第三人人身损害,当事人请求保险公司在交强险责任限额内予以赔偿,人民法院应予支持:(一)驾驶人未取得驾驶资格或者未取得相应驾驶资格的;(二)醉酒、服用国家管制的精神药品或者麻醉药品后驾驶机动车发生交通事故的;(三)驾驶人故意制造交通事故的。保险公司在赔偿范围内向侵权人主张追偿权的,人民法院应予支持。'此处侵权人,是指直接侵权人,还是挂靠公司或实际车主呢?司法解释对赔偿义务主体和侵权人作了区分。此处的侵权人应指直接实施侵权行为的人,即机动车驾驶人。"贵州贵阳中院《关于适用〈中华人民共和国侵权责任法〉若干问题的解答》(2013年3月13日　筑中法发〔2013〕32号)第2部分第2条:"机动车交通事故责任纠纷中,若驾驶人有无证驾驶、醉酒驾驶、肇事后逃逸等情形,肇事车辆的保险公司在商业第三者责任险中如何承担责任?答:上述行为一般属于商业保险合同中的免责条款,若保险公司举证证明其按照《保险法》的规定尽到了免责条款的提示及说明义务,则保险公司不应承担赔偿责任;反之,则保险公司应承担赔偿责任。"广东高院《关于印发〈全省民事审判工作会议纪要〉的通知》(2012年6月26日　粤高法〔2012〕240号)第37条:"要充分认识交强险设立目的在于保障受害人依法及时得到赔偿,具有较强的社会保障性质。根据《道路交通安全法》第七十六条的规定,无论机动车一方对交通事故的发生是否有过错,包括存在《机动车交通事故责任强制保险条例》第二十二条规定的情形,保险公司均应在交强险责任限额内先予赔偿,除非交通事故损失是由受害人故意造成的。"第44条:"由于驾驶人未取得驾驶资格、醉酒、吸毒、滥用麻醉药品或者精神药品后驾驶机动车发生交通事故或被保险人故意制造交通事故的,保险公司应在交强险责任限额范围内对人身损害损失予以赔偿。保险公司自向赔偿权利人赔偿之日起,有权向被保险人追偿。追偿权自保险公司实际赔偿之日起计算诉讼时效。保险公司在同一诉讼中向被保险人主张追偿权的,人民法院应当一并审理。"新疆高院《关于〈关于审理道路交通事故损害赔偿案件若干问题的指导意见(试行)〉执行问题的紧急通知》(2012年6月13日　新高法〔2012〕85号)第2条:"……针对审判实践中,交通事故受害人的医疗赔偿限额远远不够抢救或治疗所需,而保险公司多以赔偿限额为由拒绝支付超过医疗费用单项赔偿限额的抢救费用的情形,《指导意见》(指新疆高院〔2011〕155号——编者注)第四条规定:'交强险赔偿分项实际数额超过分项赔偿责任限额,但其他赔偿分项实际数额尚未达到分项赔偿责任限额,赔偿权利人可以要求保险公司在交强险责任总限额内承担责任',此条款主要是针对人身损害赔偿特别是抢救费用数额超过分项责任限额但未超过总限额的例外情形,不能扩大适用于财产损害赔偿。对于财产损害赔偿,应严格适用《交强险条例》有关赔偿限额的规定。对于人身损害赔偿的救助同样适用于《指导意见》第十一条醉酒驾驶和无证驾驶致人损害的情形,也特指受害人的医药费而不包含财产损失……"新疆高院《关于印发〈关于审理道路交通事故损害赔偿案件若干问题的指导意见(试行)〉的通知》(2011年9月29日 新高法〔2011〕155号)第8条:"《机动车交通事故责任强制保险条例》第三条规定的'人身伤亡',包括受害人的财产损害和精神损害。"第11条:"机动车驾驶人未取得驾驶资格或者醉酒驾驶发生交通事故造成损害的,交强险的保险公司在责任限额内赔付后,有权向侵权人追偿。"贵州高院《关于印发〈关于审理涉及机动车交通事故责任强制保险案件若干问题的意见〉的通知》(2011年6月7日 黔高法〔2011〕124号)第7条:"有下列情形之一,机动车交通事故造成受害第三者人身伤亡的,保险公司在责任强制保险限额范围内承担赔偿责任,保险公司承担赔偿责任后有权向赔偿义务人追偿。(一)驾驶人未取得驾驶资格或者醉酒的;(二)被保险机动车被盗抢期间肇事的;(三)被保险人故意制造道路交通事故的。前款所称'赔偿义务人',是指道路交通事故的致害人,被保险人与实际致害人不是同一主体时,被保险人与实际致害人对机动车强制保险责任限额范围内的损害赔偿承担连带责任,但盗窃车辆除外。"江苏南通中院《关于处理交通事故损害赔偿案件中有关问题的座谈纪要》(2011年6月1日 通中法〔2011〕85号)第26条:"机动车发生交通事故致人损害的,不论机动车一方有无过错,由保险公司在交强险责任限额内予以赔偿。但交通事故的损失是由非机动车、行人故意碰撞机动车造成的除外。"第27条:"机动车驾驶人未取得驾驶资格或者醉酒驾驶发生交通事故致人损害的,该机动车参加强制保险的,由保险公司在交强险责任限额内对受害人的损失予以赔偿。"第29条:"《机动车交通事故责任强制保险条例》第三条规定的'人身伤亡'所造成的损害包括财产损害和精神损害。精神损害赔偿与物质损害赔偿在交强险责任限额中的赔偿次序,请求权人有权进行选择。请求权人选择优先赔偿精神损害,应予支持。"浙江宁波中院《关于印发〈民事审判若干问题解答(第一辑)〉的通知》(2011年4月13日 甬中法〔2011〕13号)第6条:"机动车驾驶人存在酒后驾驶、无证驾驶等情形造成交通事故,保险公司在承担交通事故强制责任险后,是否可向机动车方追偿? 答:根据交强险条例规定和交强险条款约定,发生道路交通事故时驾驶人存在醉酒驾驶、无证驾驶、被保险人故意制造道路交通事故的,肇事车辆的强制保险单位不承担赔偿责任,因此保险公司在承担交通事故强制责任险后,可向机动车方追偿。被保险车辆被盗期间肇事,根据《中华人民共和国侵权责任法》第五十二条规定:盗窃、抢劫或者抢夺的机动车发生交通事故造成损害的,由盗窃人、抢劫人或者抢夺人承担赔偿责任。保险公司承担交通事故强制责任险后,有权向交通事故责任人追偿。"上海高院民一庭《民事法律适用问答》(2011年第1期)(2011年3月22日)第4条:"被保险机动车无证驾驶或醉酒驾驶发生交通事故。交警未认定其全责,保险公司承担交强险垫付责任后,其追偿范围如何认定?根据《道路交通安全法》第七十六条规定,机动车发生交通事故造成人身伤亡、财产损失的,不根据被保险人过错大小,首先由保险公司在交强险范围内予以赔偿。同时,《机动车交通事故责任强制保险条例》第二十二条规定驾驶人未取得驾驶资格或者醉酒的,保险公司在机动车交强险限额内垫付抢救费用,并有权向致害人追偿。因此,保险公司在机动车交强险限额内垫付的抢救费用,无须根据被保险人过错大小追偿数额,由存在无证驾驶或醉酒驾驶等过错的致害人全部承担。"山东高院《关于印发审理保险合同纠纷案件若干问题意见(试行)的通知》(2011年3月17日)第21条:"有下列情形之一导致受害人人身损害的,保险人根据《机动车交通事故责任强制保险条例》第二十二条、二十三条规定向受害人支付死亡伤残赔偿金和医疗费用后向致害人追偿的,人民法院应予支持:(1)驾驶人未取得驾驶资格或者醉酒的;(2)被保险机动车被盗抢期间肇事的;(3)被保险人故意制造道路交通事故的。前款情形,致害人向受害人支付死亡伤残赔偿金和医疗费用后,依责任强制保险合同要求保险人承担保险责任的,人民法院不予支持。"江苏高院、省高检、省公安厅《关于办理交通肇事刑事案件适用法律若干问题的意见(试行)》(2011年3月15日 苏高法〔2011〕135号)第3条:"无驾驶资格是指无证驾驶,或者驾驶证超过有效期,或者与所持驾驶证载明的准驾车型不符,或者驾驶证被吊销、被暂扣、被扣留、扣押期间,或者驾驶证被撤销、注销或公告驾驶证作废的。"河南郑州中院《审理交通事故损害赔偿案件指导意见》(2010年8月20日 郑中法〔2010〕120号)第2条:"机动车发生交通事故造成人身伤亡、财产损失的,机动车在保险公司投保交强险的,赔偿权利人起诉时,可以侵权人和保险公司为共同被告。机动车在保险公司投保商业三责险的,赔偿权利人以侵权人为被告起诉的,可以保险公司为第三人。机动车在同一保险公司既投保交强险,又投保商业三责险的,赔偿权利人可以侵权人和保险公司为共同被告。本条所称的机动车包括:家庭自用汽车、非营业客车、营业客车,非营业货车、营业货车、特种车、摩托车和拖拉机等。"第3条:"已投保交强险的车辆发生交通事故,赔偿权利人未将保险公司列为共同被告进行诉讼的,法院应向当事人进行释明,当事人拒不申请追加的,法院可以直接追加保险公司为共同被告。"浙江高院民一庭《关于审理道路交通事故损害赔偿纠纷案件若干问题的意见(试行)》(2010年7月1日)第15条:"属于《机动车交通事故责任强制保险条例》第二十二条第一款规定情形发生道路交通事故,造成受害人人身伤亡的,保险公司应在机动车强制保险责任限额范围内承担垫付责任;保险公司垫付后,可向赔偿义务人追偿。造成受害人财产损失的,保险公司不承担垫付责任。前款所称'赔偿义务人'是指道路交通事故中的致害人,被保险人与致害人不是同一人的,对机动车强制保险责任限额范围内的损害赔偿承担连带责任,但被盗抢车辆除外。机动车已经转让并交付但未办理保险变更手续的,受让人视为被保险人。本条所称'人身伤亡'是指道路交通事故导致受害人的人身损害,包括财产性损失和精神损害抚慰金;所称'财产损失'是指道路交通事故导致受害人的车辆等实物财产毁损、灭失的损失。"江西九江中院民一庭《关于审理道路交通事故人身损害赔偿纠纷案件的处理意见(试行)》(2010年2月20日)第1条:"驾驶人在无证驾驶的情形下发生交通事故,造成人身伤亡的,保险公司在交强险限额内是否承担责任,按照江西省高级人民法院(2009)赣民二请字第1号《关于〈江西省吉安市中级人民法院关于上诉人中国人民财产保险股份有限公司井冈山支公司与被上诉人汪新娅机动车交通事故责任强制保险合同纠纷一案适用法律问题的请示〉的答复》所规定的精神执行。"江西南昌中院《关于审理道路交通事故人身损害赔偿纠纷案件的处理意见(试行)》(2010年2月1日)第37条:"道路交通事故中有《机动车交通事故责任强制保险条例》第二十二条第一款规定的情形,交强险保险公司提出不予赔偿受害人人身损害抗辩的,应予支持。"安徽高院《关于如何理解和适用〈机动车交通事故责任强制保险条例〉第二十二条的通知》(2009年12月10日 皖高法〔2009〕371号):"本院在审查申请再审人董家玲与被申请人中国平安财产保险股份有限公司阜阳中心支公司财产保险合同纠纷一案中,对如何理解和适用《机动车交通事故责任强制保险条例》(以下简称《条例》)第二十二条形成不同意见。案经审判委员会讨论决定形成两种意见向最高人民法院请示。最高人民法院于2009年10月20日以〔2009〕民立他字第42号函答复我院。根据答复精神,对《条例》第二十二条中的'受害人的财产损失'应作广义的理解,即这里的'财产损失'应包括因人身伤亡而造成的损失,如伤残赔偿金、死亡赔偿金等。"安徽合肥中院民一庭《关于审理道路交通事故损害赔偿案件适用法律若干问题的指导意见》(2009年11月16日)第61条:"道路交通事故的发生具有《机动车交通事故责任强制保险条例》第二十二条第一款规定的三种情形,保险公司拒绝赔偿受害人人身损害的,应不予支持。"山东临沂中院《民事审判工作座谈会纪要》(2009年11月10日 临中法〔2009〕109号)第1条:"……无证驾驶引发事故的强制险适用问题。强制责任险针对的是车辆而非具体驾驶人,如因无证驾驶导致该险种不适用,无疑与强制险的立法本意不符。会议认为,因无证驾驶引发事故,保险公司仍应在责任限额内承担责任,并可在承担责任后向肇事者追偿。"上海高院《关于处理道路交通事故纠纷若干问题的解答》(2009年6月20日 沪高法民一〔2009〕9号)第4条:"被保险机动车无证驾驶或醉酒驾驶发生交通事故时,交强险责任的承担。根据《条例》第21条规定,除交通事故是受害人故意造成的以外,被保险机动车发生道路事故,包括无证驾驶或醉酒驾驶等情形,由保险公司首先在交强险限额范围内对受害人承担除财产损失外的赔偿责任,保险公司承担赔偿责任后,有权向加害人追偿。在保险公司理赔前,加害人在交强险限额内向受害人支付了赔偿金之后,要求保险公司就此部分予以理赔的,不予支持。"四川泸州中院《关于民商审判实践中若干具体问题的座谈纪要(二)》(2009年4月17日　泸中法〔2009〕68号)第12条:"《机动车交通事故责任强制保险条例》第二十二条规定:'有下列情形之一的,保险公司在机动车交通事故责任强制保险责任限额范围内垫付抢救费用,并有权向致害人追偿:(一)驾驶人未取得驾驶资格或者醉酒的;(二)被保险机动车被盗抢期间肇事的;(三)被保险人故意制造交通事故的。有前款所列情形之一,发生道路交通事故的,造成受害人的财产损失,保险公司不承担赔偿责任。'对该条的规定如何理解?即如果机动车驾驶员无驾驶资格或者醉酒驾驶、被盗抢期间肇事、故意制造交通事故的,保险公司是否应当赔偿受害人的人身损失?基本观点:有三种不同意见。第一种意见认为,根据《机动车交通事故责任强制保险条例》的规定,保险公司对抢救费用仅仅是垫付,不是承担,而抢救费用就属于人身损害。因此,保险公司对人身损害不承担赔偿责任,也不应当垫付抢救费用以外的其他费用。倾向性意见认为,《机动车交通事故责任强制保险条例》第二十二条第二款规定保险公司不承担受害人财产损失的责任,但是对于是否承担人身损害赔偿责任没有明确规定,属于法律漏洞,应当根据立法目的和相关条文的内在逻辑进行漏洞补充。根据交强保险的立法目的,应当优先保护受害人,当然,无证驾驶和醉酒驾驶、被盗抢期间肇事、故意制造交通事故的驾驶人也应当承担责任。综合考虑交强险保护受害人的立法目的和制裁无证驾驶、醉酒驾驶的立法目的,对于人身损害,保险公司应当在机动车交通事故责任强制保险责任限额范围内承担垫付责任,且可以向致害人追偿。第三种意见认为,《机动车交通事故责任强制保险条例》只规定保险公司不承担受害人财产损失的责任,对是否承担受害人人身损害赔偿责任并无规定,应当适用一般规定,即《道路交通安全法》第七十六条的规定。根据《道路交通安全法》第七十六条的规定,除受害人故意造成交通事故的情形外,保险公司都应当承担责任。所以,保险公司在承担医疗费用的垫付责任之外,还应当承担人身损害的赔偿责任。"江西高院《关于〈江西省吉安市中级人民法院关于上诉人中国人民财产保险股份有限公司井冈山支公司与被上诉人汪新娅机动车交通事故责任强制保险合同纠纷一案适用法律问题的请示〉的答复》(2009年4月16日　〔2009〕赣民二请字第1号):"……国务院《机动车交通事故责任强制保险条例》第二十二条规定,驾驶人未取得驾驶资格发生交通事故致人损害,保险公司对受害人的财产损失不负责赔偿,保险对于人身伤亡是否应当赔偿,没有规定,《机动车交通事故责任强制保险条款》第九条约定,保险公司在无证驾驶情形下只对抢救费用承担垫付责任,对于其他损失和费用,保险人不负责垫付和赔偿。尽管现行法律法规及司法解释对本案情况下的赔付责任没有规定,但从条文立法本意而言,无证驾驶情形下形成的交通事故损害保险公司不负责赔偿,无证驾驶人对自己故意违法行为应自行承担行为后果。因此,本案保险公司应免除人身伤亡的赔偿责任。"浙江杭州中院《关于道路交通事故损害赔偿纠纷案件相关问题的处理意见》(2008年6月19日)第3条:"……(六)保险公司垫付抢救费的问题。'抢救费'的界定在《交强险条例》中并未明确,但按照一般理解,应属于医疗费用的范畴,且以'抢救'为前提,即以恢复生命体征及时救治为前提。故抢救费的垫付限额应参照医疗费的赔偿限额确定。"江苏宜兴法院《关于审理交通事故损害赔偿案件若干问题的意见》(2008年1月28日　宜法〔2008〕第7号)第21条:"保险公司在交强险中代被保险人垫付受害人的抢救费用后,即使受害人在交通事故中也有责任,保险公司只能向受害人之外的责任人追偿,而不应向受害人追偿。"第25条:"作为被告的机动车方,如果已为保险公司垫付部分赔偿款,诉讼中要求在保险公司支付受害人的保险赔偿金中予以返还的,应予准许。"第52条:"电瓶三轮车按机动车处理。"第53条:"交强险条款第9条规定,驾驶人未取得驾驶资格或者醉酒的等情形,保险公司不承担赔偿责任,但交强险条例规定的免责范围却仅限于受害人财产损失。交强险条例为行政法规,是法院判决交通事故赔偿的法律依据。按'约定不得违背法律规定'或者'下位法不得与上位法相抵触'的原则,交强险条款第9条规定对受害人没有约束力,保险公司仍应在交强险限额内承担人身损害赔偿责任。"辽宁沈阳中院民一庭《关于审理涉及机动车第三者责任险若干问题的指导意见》(2006年11月20日)第3条:"关于归责原则问题。第三者商业险与强制险的区别在于,前者主要是双方当事人合意,权利义务依合同条款约定;后者的权利义务源于道交法和交强险条例的强制性规定,实行保险公司法定、保险条款法定、赔偿责任限额法定、基础费率法定、免赔事由法定等。因此,审理商业险纠纷案件,应按照保险合同的约定确定保险公司的赔偿义务,当事人之间对保险合同格式条款理解发生争议的,依合同法第四十一条处理。审理强制险纠纷案,除交强险条例第二十二条规定的三种情形,即:驾驶人未取得驾驶资格或者醉酒的、被保险机动车被盗抢期间肇事的、被保险人故意制造道路交通事故的,保险公司在强制保险限额范围内垫付抢救费用,并有权向加害人追偿外,其余均应按道交法第七十六条第一款之规定在责任限额范围内予以赔偿。超出限额部分,按道交法第七十六条机动车之间发生交通事故的,实行过错责任原则;机动车与非机动车驾驶人、行人之间发生交通事故的,实行无过错责任原则,即:首先推定机动车一方承担全部责任,只有在有证据证明非机动车驾驶人、行人违反道路交通安全法律、法规,且机动车驾驶人已经采取必要处置措施的,才可以减轻机动车一方的责任。"

6. 参考案例。①2011年重庆某交通事故损害赔偿案,2009年9月,郎某乘坐邓某摩托车被马某无证驾驶的货车相撞,致邓某死亡、郎某受伤,交警认定邓某、马某分负主、次责任。争议焦点:保险公司在马某无证驾驶情形是否承担赔偿责任。

法院认为:《道路交通安全法》第76条、交强险条例第22条所指"财产损失"应作狭义理解,该条所称"人身伤亡"系指道路交通事故导致受害人的人身损害,包括财产性损失和精神损害抚慰金,所称"财产损失"系指道路交通事故导致受害人的车辆等实物财产毁损、灭失的损失。交强险条例第22条仅免除了保险公司对财产损失的赔偿责任,并未明文免除保险公司对人身伤亡的赔偿责任。故保险公司应予赔偿。②2009年云南某交通事故损害赔偿案,2008年9月,乘坐马某电动车的沈某被华某所雇司机江某无证驾驶的货车撞伤,交警认定马某和江某负同等责任。华某为货车投保了交强险和商业三者险。法院认为:江某与马某在同等责任的事故中致沈某受伤,应共同赔偿。无证驾驶机动车致第三人人身损害,依照《道路交通安全法》和国务院交强险条例,保险公司不仅负有垫付抢救费用的义务,且负有赔偿相应人身损害造成的损失的责任。因沈某损失足以在保险公司投保的交强险和商业三者险责任限额范围内获得赔偿,故本案其余被告无须承担民事责任。③2009年安徽某交通事故损害赔偿案,2008年9月,肖某驾驶的机动车与黄某无证驾驶投保交强险的摩托车相撞,造成肖某车辆损失2600余元,人身损害1.3万余元。交警认定黄某全责。法院认为:依《道路交通安全法》《机动车交通事故责任强制保险条例》相关规定,保险公司应在机动车第三者责任强制保险范围内对机动车发生交通事故造成人身伤亡、财产损失的无过失赔付责任。无证驾驶肇事,依交强险条例规定,保险公司对受害人的财产损失不承担赔偿责任,该款未规定对受害人人身伤害损失不承担赔偿责任。结合该条例规定,应得出保险公司对受害人的人身伤亡损失应予赔付的结论。故本案保险公司应在机动车交强险责任限额范围内对肖某的人身伤害损失承担保险赔付责任,而对肖某的财产损失不承担赔偿责任。④2009年黑龙江某交通肇事附带民事诉讼案,2008年8月,孙某持伪造驾照驾驶雇主为高某、挂靠运输公司的投保交强险的货车撞死驾驶摩托车的宇某,交警认定孙某、宇某分负主、次责任。附带民事诉讼中,死者近亲属将保险公司作为共同被告起诉,保险公司以孙某无证驾驶只承担抢救垫付义务抗辩。法院认为:孙某从事雇佣活动肇事,民事赔偿责任应由雇主高某承担,因孙某负事故主要责任,对本案损害有重大过失,应与高某承担连带责任。运输公司作为登记车主和挂靠单位,亦应承担连带责任。因肇事车辆投保交强险,保险公司不能因孙某无证驾驶而免责,依《道路交通安全法》规定,保险公司应在责任限额内赔偿原告8.6万余元,超过限额部分的2万余元,由高某支付,孙某和运输公司承担连带赔偿责任。⑤2008年四川某交通事故损害赔偿案,2007年11月,黄某驾驶与肖某合伙经营并缴纳管理费、挂靠汽运公司的货车,因与无证驾驶无牌摩托车的李某发生碰撞事故并致李某死亡。交警认定黄某、李某分负主、次责任。黄某因交通肇事被判刑后,李某近亲属另行起诉肖某、黄某、汽运公司、保险公司索赔,要求支付精神损害赔偿等各项损失。法院认为:事故发生时,李某驾车正常行驶,因黄某严重违章肇事,主观上具有重大过失。李某虽无牌无证上路,其无牌无证驾驶行为应承担行政责任,公安机关有权对其行为实施相应的行政处罚,但因该无牌无证行为与本次交通事故发生并无法律上的因果关系,即使李某取得驾驶证,车辆也经过登记,依然不能幸免此次交通事故,故本次交通事故应由黄某承担全部赔偿责任。肖某与黄某合伙经营该车,共享利益并共担风险,应对合伙债务承担连带责任。肖某将车挂靠在汽运公司,该公司是肇事车辆法律上的所有权人,通过挂靠收取费用获取利益,根据风险与利益共享的原则,汽运公司应承担连带责任。因肇事车在保险公司投保交强险和商业三责险,故保险公司应对黄某在本次事故中应负的赔偿责任,在保险限额责任内承担赔付责任。⑥2008年**浙江某交通事故损害赔偿案**,2007年9月,吴某无证驾驶金某所有的投保交强险的摩托车,撞伤骑自行车的李某,交警认定吴某全责,李某无责。保险公司以吴某无证驾驶不予理赔。法院认为:机动车发生交通事故造成人身伤亡的,由保险公司在机动车第三者责任强制保险责任限额范围内予以赔偿。驾驶人未取得驾驶资格发生交通事故造成受害人财产损失的,保险公司不承担赔偿责任,但造成人身损害的,保险公司应在机动车交通事故责任强制保险责任限额范围内承担赔偿责任。保险公司既与金某订有强制责任险,则应在保险责任限额内予以赔偿,并按统一限额和其所出具的保险单内容在死亡伤残赔偿限额和医疗费用限额范围内承担理赔责任。李某总损失在扣除保险公司在强制责任险赔付后的余额,应由吴某按其事故责任比例承担。金某系肇事车辆所有权人,应对吴某赔偿责任负连带责任。⑦2007年**江苏某交通事故损害赔偿案**,2007年,刘某无证驾驶胥某所有的投保交强险的摩托车撞死行人尹某,交警认定刘某负主要责任,尹某负次要责任。保险公司以刘某属无证驾驶主张免责。法院认为:胥某车辆已在保险公司投保交强险,对交通事故造成受害人的人身伤亡、财产损失的,应首先由侵害车辆的保险人在保险责任限额范围内予以赔偿;超出责任限额的部分和不属于保险人赔偿项目范围的部分,应由刘某按照70%法定比例赔偿,胥某作为车主承担连带责任。国家设立交强险的初衷是基于公共利益的需要,其主要目的是保障在交通事故中受到损害的受害人能获得基本的保障,区别于一般的商业保险。交强险条例的立法目的也是保护受害人的利益,其基本原则是保险公司对保险事故承担无过错赔偿责任。也就是说,参加"交强险"的机动车发生交通事故,导致第三者人身伤亡的,不论交通事故当事人各方是否有过错及过错程度如何,保险公司均应在责任限额内承担赔偿责任。交强险条例第22条是确定保险公司与致害人之间对抢救费用的追偿问题,并未规定保险公司对受害人不承担赔偿责任,故依该条款要求免除其因刘某无证驾驶而对第三者的赔偿责任不予支持。⑧2007年**江苏某交通事故损害赔偿案**,2006年11月,洪某无证驾驶投保交强险车辆撞死黄某并负事故主要责任。法院认为：立法确立了保险公司对保险事故承担无过失赔偿责任的基本原则，即投保交强险的机动车肇事，致第三者人身伤亡及财产损失，由保险公司首先在责任限额内赔偿，而不论事故当事人各方是否有过错以及过错程度，此体现了交强险保障受害人及社会大众利益的根本目的。依交强险条例规定，驾驶人未取得驾驶资格发生道路交通事故的，保险公司对受害人财产损失予以免责，抢救费用保险公司先行垫付但可追偿，但对受害人抢救费用以外的人身伤亡损失并未规定保险公司予以免责，故驾驶人未取得驾驶资格造成交通事故，对受害人的人身伤亡损失，保险公司仍应在交强险赔偿限额内予以赔偿。此举体现了交强险对受害人人身权益的保护功能。因无论机动车驾驶人是否具有驾驶资格，受害人对此均无责任，亦无法防范，只要该事故对于受害人而言是偶然的、不可预料的，就应视为保险事故。受害人因驾驶人一般过失行为尚且可请求保险公司赔付，而驾驶人具有无证驾驶的严重过失行为，保险公司更应对受害人人身伤亡损失予以赔付，此符合交强险对社会公众利益的保护原则及交强险公益性质。

⑨2007年江苏某保险合同纠纷案，2007年7月，钱某驾驶摩托车与沈某无证驾驶的投保交强险的摩托车相撞，钱某经抢救无效死亡，交警认定钱某负主要责任，沈某负次要责任。保险公司以沈某无证驾驶拒绝向钱某近亲属理赔。法院认为：驾驶人未取得驾驶资格发生交通事故，对受害人的人身伤亡损失（即使受害人亦是未取得驾驶资格），保险公司应在死亡伤残赔偿限额内予以赔偿。交强险条例第22条并非保险公司对受害人人身伤亡赔偿的保险责任免除条款，该条款规定了保险公司对受害人财产损失予以免责，保险公司先行垫付抢救费用但可追偿，但对受害人抢救费用以外的人身伤亡损失并未规定保险公司可以免责，未对死亡伤残赔偿作出保险公司免责的规定。无禁止则应适用《道路交通安全法》第76条以及交强险条例第21条第1款，故驾驶人未取得驾驶资格造成交通事故，对受害人的人身伤亡损失，保险公司仍应在死亡伤残赔偿限额内予以赔偿。

【同类案件处理要旨】

无证驾驶被保险机动车发生交通事故时，由保险公司首先在交强险限额范围内对受害人承担人身损害赔偿责任。保险公司承担赔偿责任后，有权向侵权人追偿。

【相关案件实务要点】

1.【人身损害】道路交通事故人身损害赔偿案件中，肇事车辆投保机动车交通事故责任强制保险的，尽管致害人系无证驾驶，保险公司依然应对受害人在交强险责任限额范围内承担赔偿责任。在处理此类案件时，应依据《道路交通安全法》第

76条、《保险法》第50条、交强险条例第21条裁判保险公司承担受害人因交通事故造成的人身损失,而不应以交强险条例第22条和交强险条款第9条为依据免除保险人的赔偿责任。案见天津高院(2010)津高民一终字第60号"郝某诉蔡某某等道路交通事故人身损害赔偿纠纷案"、黑龙江齐齐哈尔富拉尔基区法院(2009)富刑初字第133号"孙某交通肇事附带民事诉讼案"。

2.【侵权构成】受害人无证驾驶无牌机动车肇事是否承担民事责任应根据其行为与交通事故发生是否符合民事侵权责任的构成要件判定。案见四川德阳中院(2008)德民终字第300号"李某诉黄某等交通事故损害赔偿案"。

3.【免责约定】驾驶人未取得驾驶资格,如在交强险合同并未将有无驾驶资格规定为免赔范围情况下,保险公司在交强险限额范围内可以"垫付与追偿",应解释为对保险公司有关垫付和不负责垫付的费用及追偿做了规定,并不是责任免除的规定。案见浙江余姚法院(2007)余民二初字第658号"谢某诉某保险公司保险合同纠纷案"(参见本书案例78"无证驾驶机动车认定")。

4.【近因原则】保险事故发生后,保险人是否应对所造成的损失承担赔偿责任,关键在于确定损失的近因是否为承保风险。被保险人无证驾驶无牌机动车虽属违法行为,但与交通事故的发生无因果关系,不负事故责任,其行为违法性与死亡后果间并非原因和结果而只是条件与结果的关系,保险公司不能以无证驾驶免责。案见四川德阳中院(2008)德民终字第300号"李某诉黄某等交通事故损害赔偿案"。

【附注】

参考案例索引:天津高院(2010)津高民一终字第60号"郝某诉蔡某某等道路交通事故人身损害赔偿纠纷案",见《郝文虎诉人保财险铁厂支公司、蔡双虎等道路交通事故人身损害赔偿纠纷案》(李斌英),载《人民法院案例选》(201101:108)。①重庆四中院(2011)渝四中法民再终字第00015号"郎某诉马某等交通事故损害赔偿案",见《交通事故责任强制险的适用范围》(何庆华),载《人民司法·案例》(201206:92)。②云南昭通昭阳区法院(2009)昭阳民初字第509号"沈某诉马某等交通事故损害赔偿案",判决保险公司赔偿沈某8.9万余元。见《无证驾驶机动车发生交通事故时交强险的理赔问题——沈园诉都邦财产保险股份有限公司云南分公司赔偿案》(鄢显浩),载《人民法院案例选·月版》(200912:10)。③安徽宣城中院(2009)宣中民一终字第382号"肖某诉某保险公司等交通事故损害赔偿案",一审判决保险公司在保险限额范围内赔偿肖某人身和财产损失,二审改判保险公司仅赔偿人身损害部分。见《保险公司对驾驶员无证驾驶应承担交强险赔付责任——安徽宣城中院判决肖海军诉渤海财保宣城中心支公司等道路交通事故赔偿案》(杨学军),载《人民法院报·案例指导》(20091023:5)。④黑龙江齐齐哈尔富拉尔基区法院(2009)富刑初字第133号"孙某交通肇事附带民事诉讼案",本案二审经调解,由保险公司支付原告5.6万元,高某赔偿原告3万余元,原告放弃对孙某、运输公司的诉讼请求,保险公司放弃对高某、孙某的追偿权。见《被告人无证驾驶车辆肇事,保险公司能否免责——被告人孙洪亮交通肇事附带民事诉讼赔偿一案》(刘沛、任丰、邱红),载《人民法院案例选·月版》(201003:16)。⑤四川德阳中院(2008)德民终字第300号"李某诉黄某等交通事故损害赔偿案",判决保险公司给付原告交强险6万元,商业三者险21万余元,黄某赔偿原告4万余元及精神损害抚慰金2万元,李某、汽运公司承担连带责任。见《无证无牌正常行驶者对交通事故的发生应否担责》(王长军),载《人民司法·案例》(200824:65)。⑥浙江慈溪法院(2008)慈民一初字第943号"李某诉吴某等人身损害赔偿案",判决保险公司赔偿李某医疗费及死亡伤残费用损失共计3万余元,超过保险范围的4万余元赔偿部分由吴某赔偿,金某承担连带责任。见《李丹丹诉吴志成、吴志金、大众保险股份有限公司宁波分公司道路交通事故人身损害赔偿纠纷案》(黄文琼、陈晓峰),载《人民法院案例选》(200804:111);另见《无证驾驶情形下保险公司应承担交强险赔偿责任》(黄文琼、陈晓峰),载《人民司法·案例》(200818:96)。⑦江苏淮安中院(2007)淮民一终字第0861号"高某等诉某保险公司交通事故损害赔偿案",见《高端英等人诉胥得义、大地财保公司淮安中心支公司道路交通事故人身损害赔偿纠纷案》(郑华),载《中国审判案例要览》(2008民事:343)。⑧江苏南通中院(2007)通中民一终字第0215号"胡某等诉某保险公司交通事故损害赔偿案",见《无证驾驶致人伤亡保险公司应依法赔偿——江苏南通中院判决胡殿香等诉永安财保公司道路交通事故损害赔偿案》(任智峰),载《人民法院报·案例指导》(20070618:5)。⑨江苏常州中院(2007)常民二终字第73号"邱某等诉某保险公司保险合同纠纷案",见《邱美琴等诉天安保险股份有限公司宣城中心支公司保险合同案》(钱锦),载《中国审判案例要览》(2009商事:254)。

83. 保险公司追偿权行使
——保险已理赔，能否再追偿？
【保险追偿】

【案情简介及争议焦点】

2009年3月，家具公司司机吴某醉酒驾驶公司车辆与王某驾驶的摩托车相撞致王某死亡，交警认定王某、吴某分负主、次责任。保险公司被法院判决向死者家属履行交强险赔付责任后，起诉家具公司要求返还其垫付的理赔款11万余元。

争议焦点：1.追偿范围？2.责任承担？

【裁判要点】

1. **追偿范围**。交强险条例第22条虽规定了保险公司在交强险范围内垫付抢救费用，但保险公司履行垫付义务的范围不限于抢救费用，还应包括除财产损失外的其他人身损害赔偿；同时，保险公司的追偿权，除需要满足交强险条例第22条所列3种情形外，其追偿的范围亦应限于致害人应承担赔偿责任的比例范围，以体现过错方的终局性赔偿责任，从而体现责任自负、公平合理的司法理念。

2. **责任承担**。由于事故发生在机动车之间，且王某负事故主要责任，吴某负次要责任，故吴某应承担30%的赔偿责任，又因吴某驾车属职务行为，故该30%的赔偿责任由家具公司承担，判决家具公司按其承担赔偿责任比例30%向保险公司返还垫付款3.3万余元。

【裁判依据或参考】

1. **法律规定**。《道路交通安全法》(2004年5月1日实施，2011年4月22日修正)第76条："机动车发生交通事故造成人身伤亡、财产损失的，由保险公司在机动车第三者责任强制保险责任限额范围内予以赔偿；不足的部分，按照下列规定承担赔偿责任：(一)机动车之间发生交通事故的，由有过错的一方承担赔偿责任；双方都有过错的，按照各自过错的比例分担责任。(二)机动车与非机动车驾驶人、行人之间发生交通事故，非机动车驾驶人、行人没有过错的，由机动车一方承担赔偿责任；有证据证明非机动车驾驶人、行人有过错的，根据过错程度适当减轻机动车一方的赔偿责任;机动车一方没有过错的,承担不超过百分之十的赔偿责任。交通事故的损失是由非机动车驾驶人、行人故意碰撞机动车造成的,机动车一方不承担赔偿责任。"《保险法(2015年修正)》(2015年4月24日)第17条:"订立保险合同,采用保险人提供的格式条款的,保险人向投保人提供的投保单应当附格式条款,保险人应当向投保人说明合同的内容。对保险合同中免除保险人责任的条款,保险人在订立合同时应当在投保单、保险单或者其他保险凭证上作出足以引起投保人注意的提示,并对该条款的内容以书面或者口头形式向投保人作出明确说明;未作提示或者明确说明的,该条款不产生效力。"第60条:"因第三者对保险标的的损害而造成保险事故的,保险人自向被保险人赔偿保险金之日起,在赔偿金额范围内代位行使被保险人对第三者请求赔偿的权利。前款规定的保险事故发生后,被保险人已经从第三者取得损害赔偿的,保险人赔偿保险金时,可以相应扣减被保险人从第三者已取得的赔偿金额。保险人依照本条第一款规定行使代位请求赔偿的权利,不影响被保险人就未取得赔偿的部分向第三者请求赔偿的权利。"第61条:"保险事故发生后,保险人未赔偿保险金之前,被保险人放弃对第三者请求赔偿的权利的,保险人不承担赔偿保险金的责任。保险人向被保险人赔偿保险金后,被保险人未经保险人同意放弃对第三者请求赔偿的权利的,该行为无效。被保险人故意或者因重大过失致使保险人不能行使代位请求赔偿的权利的,保险人可以扣减或者要求返还相应的保险金。"《合同法》(1999年10月1日,2021年1月1日废止)第39条:"采用格式条款订立合同的,提供格式条款的一方应当遵循公平原则确定当事人之间的权利和义务,并采取合理的方式提请对方注意免除或者限制其责任的条款,按照对方的要求,对该条款予以说明。格式条款是当事人为了重复使用而预先拟定,并在订立合同时未与对方协商的条款。"第40条:"格式条款具有本法第五十二条和第五十三条规定情形的,或者提供格式条款一方免除其责任、加重对方责任、排除对方主要权利的,该条款无效。"

2. 行政法规。《机动车交通事故责任强制保险条例》(2013年3月1日修改施行)第3条:"本条例所称机动车交通事故责任强制保险,是指由保险公司对被保险机动车发生道路交通事故造成本车人员、被保险人以外的受害人的人身伤亡、财产损失,在责任限额内予以赔偿的强制性责任保险。"第23条:"机动车交通事故责任强制保险在全国范围内实行统一的责任限额。责任限额分为死亡伤残赔偿限额、医疗费用赔偿限额、财产损失赔偿限额以及被保险人在道路交通事故中无责任的赔偿限额。机动车交通事故责任强制保险责任限额由保监会会同国务院公安部门、国务院卫生主管部门、国务院农业主管部门规定。"

3. 司法解释。最高人民法院《关于适用〈中华人民共和国保险法〉若干问题的解释(四)》(2018年9月1日,2020年修正,2021年1月1日实施)第7条:"保险人依照保险法第六十条的规定,主张代位行使被保险人因第三者侵权或者违约等享有的请求赔偿的权利的,人民法院应予支持。"第 8 条:"投保人和被保险人为不同主体,因投保人对保险标的的损害而造成保险事故,保险人依法主张代位行使被保险人对投保人请求赔偿的权利的,人民法院应予支持,但法律另有规定或者保险合同另有约定的除外。"第 9 条:"在保险人以第三者为被告提起的代位求偿权之诉中,第三者以被保险人在保险合同订立前已放弃对其请求赔偿的权利为由进行抗辩,人民法院认定上述放弃行为合法有效,保险人就相应部分主张行使代位求偿权的,人民法院不予支持。保险合同订立时,保险人就是否存在上述放弃情形提出询问,投保人未如实告知,导致保险人不能代位行使请求赔偿的权利,保险人请求返还相应保险金的,人民法院应予支持,但保险人知道或者应当知道上述情形仍同意承保的除外。"第 10 条:"因第三者对保险标的的损害而造成保险事故,保险人获得代位请求赔偿的权利的情况未通知第三者或者通知到达第三者前,第三者在被保险人已经从保险人处获赔的范围内又向被保险人作出赔偿,保险人主张代位行使被保险人对第三者请求赔偿的权利的,人民法院不予支持。保险人就相应保险金主张被保险人返还的,人民法院应予支持。保险人获得代位请求赔偿的权利的情况已经通知到第三者,第三者又向被保险人作出赔偿,保险人主张代位行使请求赔偿的权利,第三者以其已经向被保险人赔偿为由抗辩的,人民法院不予支持。"第 12 条:"保险人以造成保险事故的第三者为被告提起代位求偿权之诉的,以被保险人与第三者之间的法律关系确定管辖法院。"第 13 条:"保险人提起代位求偿权之诉时,被保险人已经向第三者提起诉讼的,人民法院可以依法合并审理。保险人行使代位求偿权时,被保险人已经向第三者提起诉讼,保险人向受理该案的人民法院申请变更当事人,代位行使被保险人对第三者请求赔偿的权利,被保险人同意的,人民法院应予准许;被保险人不同意的,保险人可以作为共同原告参加诉讼。"第 14 条:"具有下列情形之一的,被保险人可以依照保险法第六十五条第二款的规定请求保险人直接向第三者赔偿保险金:(一)被保险人对第三者所负的赔偿责任经人民法院生效裁判、仲裁裁决确认;(二)被保险人对第三者所负的赔偿责任经被保险人与第三者协商一致;(三)被保险人对第三者应负的赔偿责任能够确定的其他情形。前款规定的情形下,保险人主张按照保险合同确定保险赔偿责任的,人民法院应予支持。"第 15 条:"被保险人对第三者应负的赔偿责任确定后,被保险人不履行赔偿责任,且第三者以保险人为被告或者以保险人与被保险人为共同被告提起诉讼时,被保险人尚未向保险人提出直接向第三者赔偿保险金的请求的,可以认定为属于保险法第六十五条第二款规定的'被保险人怠于请求'的情形。"最高人民法院《关于适用〈中华人民共和国保险法〉若干问题的解释(二)》(2013 年 6 月 8 日,2020 年修正,2021 年 1 月 1 日实施)第 16 条:"保险人应以自己的名义行使保险代位求偿权。根据保险法第六十条第一款的规定,保险人代位求偿权的诉讼时效期间应自其取得代位求偿权之日起算。"第 19 条:"保险事故发生后,被保险人或者受益人起诉保险人,保险人以被保险人或者受益人未要求第三者承担责任为由抗辩不承担保险责任的,人民法院不予支持。财产保险事故发生后,被保险人就其所受损失从第三者取得赔偿后的不足部分提起诉讼,请求保险人赔偿的,人民法院应予依法受理。"最高人民法院《关于审理道路交通事故损害赔偿案件适用法律若干问题的解释》(2012 年 12 月 21 日,2020 年修改,2021 年 1 月 1 日实施)第 11 条:"道路交通安全法第七十六条规定的'人身伤亡',是指机动车发生交通事故侵害被侵权人的生命权、身体权、健康权等人身权益所造成的损害,包括民法典第一千一百七十九条和第一千一百八十三条规定的各项损害。道路交通安全法第七十六条规定的'财产损失',是指因机动车发生交通事故侵害被侵权人的财产权益所造成的损失。"第 15 条:"有下列情形之一导致第三人人身损害,当事人请求保险公司在交强险责任限额范围内予以赔偿,人民法院应予支持:(一)驾驶人未取得驾驶资格或者未取得相应驾驶资格的;(二)醉酒、服用国家管制的精神药品或者麻醉药品后驾驶机动车发生交通事故的;(三)驾驶人故意制造交通事故的。保险公司在赔偿范围内向侵权人主张追偿权的,人民法院应予支持。保险公司在赔偿范围内向侵权人主张追偿权的,人民法院应予支持。追偿权的诉讼时效期间自保险公司实际赔偿之日起计算。"第 18 条:"……多辆机动车发生交通事故造成第三人损害,其中部分机动车未投保交强险,当事人请求先由已承保交强险的保险公司在责任限额范围内予以赔偿的,人民法院应予支持。保险公司就超出其应承担的部分向未投保交强险的投保义务人或者侵权人行使追偿权的,人民法院应予支持。"最高人民法院《关于在道路交通事故损害赔偿纠纷案件中,机动车交通事故责任强制保险中的分项限额能否突破的请示的复函》(2012 年 5 月 29 日 〔2012〕民一他字第 17 号):"……根据《中华人民共和国道路交通安全法》第十七条、《机动车交通事故责任强制保险条例》第二十三条,机动车发生交通事故后,受害人请求承保机动车第三者责任强制保险的保险公司对超出机动车第三者责任强制保险分项限额范围的损失予以赔偿的,人民法院不予支持。"最高人民法院《关于适用〈中华人民共和国合同法〉若干问题的解释(二)》(2009 年 5 月 13 日 法释〔2009〕5 号,2021 年 1 月 1 日废止)第 6 条:"提供格式条款的一方对格式条款中免除或者限制其责任的内容,在合同订立时采用足以引起对方注意的文字、符号、字体等特别标识,并按照对方的要求对该格式条款予以说明的,人民法院应当认定符合合同法第三十九条所称'采取合理的方式'。提供格式条款一方对已尽合理提示及说明义务承担举证责任。"最高人民法院研究室《关于对〈保险法〉第十七条规定的"明确说明"应如何理解的问题的答复》(2000 年 1 月 24 日 法研〔2000〕5 号):"……《中华人民共和国保险法》第十七条规定:'保险合同中规定有保险责任免除条款的,保险人应当向投保人明确说明,未明确说明的,该条款不发生法律效力。'这里所规定的'明确说明',是指保险人在与投保人签订保险合同之前或者签订保险合同之时,对于保险合同中所约定的免责条款,除了在保险单上提示投保人注意外,还应当对有关免责条款的概念、内容及其法律后果等,以书面或者口头形式向投保人或其代理人作出解释,以使投保人明了该条款的真实含义和法律后果。"

4. 部门规范性文件。 中国保监会《关于调整交强险责任限额的公告》(2008年1月11日):"被保险机动车在道路交通事故中有责任的赔偿限额为:死亡伤残赔偿限额110000元人民币;医疗费用赔偿限额10000元人民币;财产损失赔偿限额2000元人民币。被保险机动车在道路交通事故中无责任的赔偿限额为:死亡伤残赔偿限额11000元人民币;医疗费用赔偿限额1000元人民币;财产损失赔偿限额100元人民币。上述责任限额从2008年2月1日零时起实行。截至2008年2月1日零时保险期间尚未结束的交强险保单项下的机动车在2008年2月1日零时后发生道路交通事故的,按照新的责任限额执行;在2008年2月1日零时前发生道路交通事故的,仍按原责任限额执行。"中国保监会《关于交强险有关问题的复函》(2007年4月10日 保监厅函〔2007〕77号)第2条:"根据《条例》和《条款》,被保险机动车在驾驶人未取得驾驶资格、驾驶人醉酒、被保险机动车被盗抢期间肇事、被保险人故意制造交通事故情形下发生交通事故,造成受害人受伤需要抢救的,保险人对于符合规定的抢救费用,在医疗费用赔偿限额内垫付。被保险人在交通事故中无责任的,保险人在无责任医疗费用赔偿限额内垫付。对于其他损失和费用,保险人不负责垫付和赔偿。"

5. 地方司法性文件。 河南高院《关于机动车交通事故责任纠纷案件审理中疑难问题的解答》(2024年5月)第6条:"机动车与非机动车、行人之间发生道路交通事故时,保险公司赔偿机动车一方车辆损失后,向非机动车驾驶人、行人主张代位求偿,在实践中应如何处理?答:实践中,保险公司向非机动车驾驶人、行人主张代位求偿的,不宜予以支持。机动车与非机动车、行人发生交通事故,保险公司在向机动车一方履行保险责任后,向非机动车驾驶人、行人代位行使求偿能否得到支持的前提是,非机动车驾驶人、行人应否向机动车方承担民事赔偿责任。根据《中华人民共和国道路交通安全法》第七十六条规定,如果有证据证明非机动车驾驶人、行人对交通事故的发生有过错,按照过失相抵原则,可以减轻机动车一方的损害赔偿责任。法律通过减轻机动车一方的责任实现对行人、非机动车驾驶人的过错评价。而且,机动车在行驶过程中,危险性明显大于非机动车、行人,危险回避能力较非机动车、行人也具有明显优势,其应负有更为严格的谨慎和注意义务。另外,机动车通过投保车辆损失险等保险的方式,实现了机动车一方自身财产损失风险的分担和转移。"山东高院民二庭《关于审理保险纠纷案件若干问题的解答》(2019年12月31日)第20条:"保险代位求偿权诉讼中,应否对第三者提出的保险合同无效、不属于保险责任范围、保险赔偿金额计算错误等抗辩事由进行审查?答:根据保险法第六十条第一款规定,因第三者对保险标的的损害而造成保险事故的,保险人自向被保险人赔偿保险金之日起,在赔偿金额范围内代位行使被保险人对第三者请求赔偿的权利。保险人行使保险代位求偿权的基础是被保险人对第三者的赔偿请求权,与被保险人基于保险合同行使保险金赔偿请求权属于两个不同的法律关系。因此,人民法院审理保险人提起的保险代位求偿权纠纷时,应当围绕被保险人与造成保险标的损害的第三者与之间的侵权法律关系进行审理。对第三者提出的保险合同无效、不属于保险责任范围、保险赔偿金额计算错误等关于保险合同关系的抗辩事由,原则上不予审查。"山东济南中院《关于保险合同纠纷案件94个法律适用疑难问题解析》(2018年7月)第23条:"承运人是否可以作为货物运输保险的被保险人。第一种意见认为:承运人不可以作为货物运输保险被保险人。货物运输保险是以被运输货物作为保险标的,保险人按照合同对于在运输过程中可能遭受的各种意外事故或自然灾害所造成的损失承担赔偿责任的保险。货物所有人以及对货物拥有财产利益的人可以是货物运输保险的被保险人,而承运人不可以作为货物运输保险的被保险人。第二种意见认为:承运人作为货物运输保险被保险人的保险利益原则分析。保险利益原则是指投保人或被保险人对投保标的所具有的法律上承认的利益。《中华人民共和国保险法》第四十八条规定:'保险事故发生时,被保险人对保险标的不具有保险利益的,不得向保险人请求赔偿保险金。'因此,保险利益有无是保险合同能不能最终实现的基础。保险事故发生时,承运人对保险标的是否有保险利益以及有何种保险利益,是分析讨论的承运人是否可以作为货物运输保险的被保险人的基础。实践中,财产的使用人、承运人、租赁人等非财产所有权人有转移风险的需求,可能向保险公司投保,有些保险公司虽给予承保,但却在保险事故发生时以被保险人不是财产所有权人、不具有保险利益为由拒赔,有违诚实信用,不符合保险消费者的合理期待。通过以上立法及理论上关于承运人对货物运输保险的保险利益的分析,得出结论:第一,承运人可以基于保险标的(货物)的既有利益投保货运险,这种利益主要体现在'负有经济责任的条件下具有的利益';第二,承运人可以基于依法应当承担民事赔偿责任而产生的经济利益,投保承运人责任保险。因此,基于这种保险利益原则的分析,承运人既可以作为货物运输保险的被保险人,也可以作为责任保险的被保险人。承运人作为货物运输保险的被保险人时的保险赔偿处理。承运人作为货物运输保险的被保险人时的赔偿主要分为以下几种情况:(一)承运人与货物所有人分别投保了货物运输保险的情况。1.属于承运人责任造成的损失。在承运人与货物所有人分别投保货物运输保险的情况下,在货物遭受保险合同约定的损失时,货物所有人的保险人在向货物所有人支付保险赔偿金后,取得对承运人的代位求偿权,向承运人索赔因承运人造成的损失,此时,承运人在赔付货物所有人的保险人后,根据实际损失的情况向承运人的保险人索赔。此种情况,同承运人作为责任保险被保险人的处理规则是一致的。2.不属于承运人责任造成的损失。如果货物遭受货物运输保险约定的损失,但该损失不属于承运人责任时,此时,构成广义的重复保险。根据重复保险的一般处理方法,各保险人按其所承保的保险金额与所有保险人承保的保险金额的综合的比例分摊保险赔偿责任。(二)承运人自己投保货物运输保险且承运人是被保险人,货物所有人没有投保的情况。在此种情况下,承运人自己作为货物运输保险的被保险人,而货物所有人本身不是货物运输保险的被保险人,只要发生货物运输保险中约定的保险事故,无论承运人自身是否承担责任,在货物遭受损失的情况下,保险人都应该支付保险赔偿金。同时,无论承运人是否承担责任,都应该将保险赔偿金交付货物所有人,而自身不能基于此受益。(三)承运人或货物所有人投保,货物所有人与承运人同时列为被保险人的情况。无论是承运人投保还是货物所有人投保,将货物所有人和承运人同时列为货物运输保险的被保险人时,在发生货物运输保险约定的保险事故时,保险人应该按照约定将保险赔偿金直接支付给货物所有人,并且不能向承运人主张代位求偿权。这符合承运人、货物所有人与保险人三方订立合同的目的,并且不存在任何一方从中获利的情形,符合保险损失补偿的原则。(倾向性意见)"第48条:"保险人就被保险人因共同侵权而承担的连带责任是否应予赔偿。第一种观点认为,在投保人与保险人签订的三者险合同中,如果没有明确约定,被保险人基于共同侵权(如辆机动车相撞造成第三者损失)引致的连带赔偿责任不宜纳入保险责任范围。被保险人与第三人对受害人共同侵权,互负连带赔偿之债,保险人只赔偿被保险人应承担的比例。第二种观点认为,三者险合同约定保险人依照被保险机动车驾驶人在事故中所负的事故责任比例承担相应的赔偿责任的,被保险机动车驾驶人就基于连带责任而支付的超过其责任比例的赔偿数额,有权要求保险人在保险金额范围内赔付。保险人承担连带责任后,有权就超出被保险人责任份额部分代位行使被保险人对其他责任人的追偿权。(倾向性意见)"第55条:"交强险项下保险人的代位求偿权。交强险条例第二十二条规定有下列情形之一的,保险公司在机动车交通事故责任强制保险责任限额范围内垫付抢救费用,并有权向致害人追偿:(一)驾驶人未取得驾驶资格或者醉酒的;(二)被保险机动车被盗抢期间肇事的;(三)被保险人故意制造道路交通事故的。第四十二条第(三)项规定:抢救费用是指机动车发生道路交通事故导致人员受伤时,医疗机构参照国务院卫生主管部门组织制定的有关临床诊疗指南,对声明体征不平稳和虽然生命体征平稳但如果不采取处理措施会产生生命危险,或者导致残疾、器官功能障碍,或者导致病程明显延长的受伤人员,采取必要的处理措施发生的医疗费用。保险公司在交强险下行使代位求偿权(亦称反向代位求偿权)的范围仅限于所垫付的抢救费用,不包括受害人的财产损失。《山东省高级人民法院关于审理保险合同纠纷案件若干问题意见(试行)》第21条进一步明确了抢救费用指死亡伤残赔偿金和医疗费用。保险人依据机动车交通事故责任强制保险条款,主张对于驾驶人未取得驾驶资格或者醉酒的、被保险机动车被盗抢期间肇事的、被保险人故意制造道路交通事故的情形下,保险人只负责垫付抢救费用而对于财产损失之外的死亡伤残赔偿金等损失不予赔偿的,人民法院不予支持。保险人赔偿保险金后向致害人追偿的,人民法院予以支持。"第71条:"保险人代位求偿权的权利范围。保险法第六十条第一款规定:'因第三者对保险标的的损害而造成保险事故的,保险人自向被保险人赔偿保险金之日起,在赔偿金额范围内代位行使被保险人对第三者请求赔偿的权利'。对保险人代位行使的权利范围的界定应具备两个条件:第一,该权利属于被保险人对第三者请求赔偿的权利;第二,引发该权利的法律事实是因第三者对保险标的的损害而发生保险事故。'第三者对保险标的的损害',是指导致被保险人享有向第三者请求赔偿的法律事实,而基于该法律事实产生的法律关系究竟为合同法律关系还是侵权法律关系抑或其他法律关系,并不应进行限定,因此,基于上述法律关系产生的权利并非仅为侵权法律上的赔偿损失请求权,还包括合同法上的赔偿损失请求权,抑或其他法律关系中的相应请求权。"第72条:"保险人能否对第三者的保证人行使保险代位求偿权。根据《中华人民共和国担保法》第二十二条、《中华人民共和国物权法》第一百九十二条规定,让与主债权时,该债权的保证债权、抵押权一并转移给受让人,但法律另有规定或者当事人另有约定的除外。赔偿请求权因保险代位求偿权转让给保险人时,被保险人对第三者的保证债权、抵押权等从权利一并转移给保险人,保险人可以对保证人、抵押人行使保险代位求偿权,但法律另有规定或者当事人另有约定的除外。"第73条:"保险人能否向投保人行使代位求偿权。保险法第六十条规定的第三者是指保险人和被保险人以外的第三方,但被保险人的家庭成员或者其他组成人员除外。投保人与被保险人为同一人的,保险人不得对该投保人行使保险代位求偿权。投保人和被保险人不是同一人的,因财产保险的保障对象是被保险人,投保人不再保险保障的范围内,故保险人可以根据保险法第六十条的规定对投保人行使保险代位求偿权,但保险合同另有约定的除外。"第75条:"行使代位求偿权相关诉讼主体的列明。被保险人未向造成保险事故的第三者提起诉讼,保险人以自己的名义向该第三者提起代位求偿权之诉的,可以通知被保险人作为第三人参加诉讼。被保险人取得的保险赔偿金足以弥补第三者给其造成的全部损失,保险人行使代位求偿权时,被保险人已经向第三者提起诉讼,保险人向受理该案的人民法院申请变更当事人,代位行使被保险人对第三者请求赔偿的权利的,应予准许。被保险人取得的保险赔偿金不足以弥补第三者给其造成的全部损失的,保险人和被保险人可以作为共同原告向第三者请求赔偿。"第76条:"被保险人未履行保险法第六十三条规定的协助义务的法律责任。保险法第六十三条规定:'保险人向第三者行使代位请求赔偿的权利时,被保险人应当向保险人提供必要的文件和所知道的有关情况。'被保险人因故意或者重大过失未履行保险法第六十二条规定的协助义务,致使保险人未能行使或者未能全部行使代位求偿权造成其损失的,保险人主张在其损失范围内扣减或者返还相应保险金的,应予支持。"第77条:"保险事故发生前,被保险人放弃对第三者赔偿请求权的处理。保险合同订立前,被保险人约定放弃对第三者赔偿请求权,保险人对此提出询问的,投保人应当如实告知;投保人未如实告知的,发生保险事故后,保险人主张就被保险人放弃的部分不承担保险金赔偿责任的,应予支持。保险合同订立前,被保险人约定放弃对第三者赔偿请求权,投保人如实告知后,保险人同意承保,发生保险事故后,被保险人主张保险人承担保险金赔偿责任的,应予支持。保险人承担保险金赔偿责任后,无权向第三者行使代位求偿权。保险合同订立后,保险事故发生前,被保险人约定放弃对第三者赔偿请求权,被保险人通知保险人的,保险人有权主张增加保险费或者解除合同;被保险人未通知保险人,发生保险事故后,保险人主张就被保险人放弃的部分不承担保险金赔偿责任的,应予支持。保险合同订立后,保险事故发生前,被保险人约定放弃第三者赔偿请求权并通知保险人,保险人继续承保,发生保险事故后,被保险人主张保险人承担保险金赔偿责任的,应予支持。保险人承担保险金赔偿责任后,无权向第三者使代位求偿权。"天津高院《关于印发〈机动车交通事故责任纠纷案件审理指南〉的通知》(2017年1月20日 津高法〔2017〕14号)第3条:"……多辆机动车发生交通事故造成第三人损害,损失超出各机动车交强险责任限额之和的,由各保险公司在各自责任限额范围内承担赔偿责任;损失未超出各机动车交强险责任限额之和,当事人请求由各保险公司按照其责任限额与责任限额之和的比例承担赔偿责任的,人民法院应予支持。多辆机动车发生交通事故造成第三人损害,其中部分机动车未投保交强险,当事人请求先由已承保交强险的保险公司在责任限额范围内予以赔偿的,人民法院应予支持。保险公司就超出其应承担的部分向未投保交强险的投保义务人或者侵权人行使追偿权的,人民法院应予支持。多辆机动车发生交通事故,其中部分车辆无事故责任的,经法院释明后赔偿权利人坚持不起诉无责任车辆方的交强险保险公司的,法院应扣除相应的交强险无责限额。"广东深圳中院《关于审理财产保险合同纠纷案件的裁判指引(试行)》(2015年12月28日)第20条:"保险人行使代位求偿权,保险人要求第三者赔偿公估费的,人民法院不予支持。"第21条:"保险人行使代位求偿权,就其支付的保险金向第三者主张利息的,人民法院应予支持,利息应自保险人实际支付保险金之日起计算。"第22条:"保险人行使代位求偿权,第三者主张其与被保险人之间签订有仲裁协议,案件应由仲裁机构仲裁的,人民法院不予支持,但保险人明确表示接受仲裁条款的除外。"第23条:"保险人向第三者行使代位求偿权,第三者抗辩主张保险人行使代位求偿权所依据的保险合同无效或保险人赔偿被保险人错误的,人民法院不予审查。"浙江宁波中院《关于民商事纠纷管辖异议疑难问题的解答(二)》(2015年5月19日)第2条:"保险人向被保险人赔偿保险金后,代位行使被保险人对第三者请求赔偿的权利而提起的保险代位权纠纷案件的管辖如何确定?答:因第三者对保险标的的损害造成保险事故,保险人向被保险人赔偿保险金后,代位行使被保险人对第三者请求赔偿的权利而提起诉讼的,应当根据保险人所代位的被保险人与第三者之间的法律关系,而不应当根据保险合同法律关系确定管辖法院。第三者侵害被保险人合法权益的,由侵权行为地或者被告住所地人民法院管辖。"浙江高院民一庭《民事审判法律适用疑难问题解答》(2015年第15期):"……问:道路交通事故社会救助基金支付被侵权人人身伤亡的抢救、丧葬等费用后,依据《中华人民共和国道路交通安全法》第七十五条、《中华人民共和国侵权责任法》第五十三条的规定向交通事故责任人追偿的纠纷案件该如何确定案由和管辖?答:道路交通事故社会救助基金管理机构依据《中华人民共和国道路交通安全法》第七十五条、《中华人民共和国侵权责任法》第五十三条的规定向交通事故责任人进行追偿的纠纷案件,基础法律关系是侵权法律关系,其案由不能适用'合同纠纷'项下的'追偿权纠纷',而应适用'侵权责任纠纷'项下的'机动车交通事故责任纠纷',并应依据《中华人民共和国民事诉讼法》第二十八条的规定确定管辖法院。"浙江高院民一庭《民事审判法律适用疑难问题解答》(2015年第13期):"……问:根据《最高人民法院关于审理道路交通事故损害赔偿案件适用法律若干问题的解释》第十八条规定,交强险保险公司在赔偿范围内向侵权人主张追偿权的,追偿权范围该如何确定?答:依据《最高人民法院关于审理道路交通事故损害赔偿案件适用法律若干问题的解释》第十八条规定,交强险保险公司在责任限额范围内向受害人承担赔偿责任后,有权就其已经赔付的全部数额进行追偿。"浙江绍兴中院《关于审理涉及机动车保险领域民商事纠纷案件若干问题指导意见》(2014年11月4日)第9条:"【保险人代位求偿】保险人代位求偿案件中,肇事人与机动车所有人非同一人,在肇事人逃逸无法查明具体肇事人的情况下,可以以机动车所有人与机动车之间有运行支配和运行利益的关联性,确定机动车所有人系机动车损害赔偿的责任主体。"浙江高院民一庭《民事审判法律适用疑难问题解答》(2014年第21期):"……问:省高院民一庭发布的2013年第6期《民事审判法律适用疑难问题解答》曾明确:'在投保义务人与侵权人不一致的情形下,保险公司依据最高院《关于审理道路交通事故损害赔偿案件适用法律若干问题的解释》第十八条第一款承担交强险赔偿责任后,保险公司只能依据司法解释第十八条第二款规定向侵权人追偿,不能要求投保义务人与侵权人承担连带赔偿责任。'那么,如作为车辆所有人的投保义务人对事故的发生存有过错,且依据《侵权责任法》应承担相应赔偿责任的,保险公司能否向投保义务人追偿? 答:2013 年第 6 期的《民事审判法律适用疑难问题解答》在题设中特别明确是针对投保义务人与侵权人不一致的情形,如属于车辆所有人的投保义务人本身对交通事故的发生也有过错,且依据《侵权责任法》应承担相应赔偿责任的,即意味着其也属于侵权人。在此情况下,依据最高人民法院《关于审理道路交通事故损害赔偿案件适用法律若干问题的解释》第十八条的规定,保险公司在承担交强险赔偿责任后可向其追偿。"浙江宁波中院**《关于商事审判若干疑难或需统一问题的解答》**(2013 年 11 月 15 日)第 29 条:"交通事故双方车辆均有《机动车交通事故责任强制保险条例》第 22 条规定的情形,保险公司如何向投保人进行追偿? 保险公司向投保人追偿以其承担的责任比例为限,否则对事故负有次要责任的投保人因有《机动车交通事故责任强制保险条例》第 22 条规定的 4 种情形之一,保险公司可以全额追偿,等于负有次责的投保人需在交强险限额内承担全责的赔偿责任,这样很不公平,也不合理。"浙江高院民一庭**《民事审判法律适用疑难问题解答》**(2013 年第 6 期):"……问:在投保义务人与侵权人不一致的情形下,保险公司依据最高院《关于审理道路交通事故损害赔偿案件适用法律若干问题的解释》第十八条第一款承担交强险赔偿责任后,能否同时向被保险人与致害人追偿,要求承担连带责任? 答:最高人民法院《关于审理道路交通事故损害赔偿案件适用法律若干问题的解释》第十八条就保险公司追偿对象的规定与我庭《关于审理道路交通事故损害赔偿纠纷案件若干问题的意见(试行)》第十五条规定内容有所不同,有关问题应遵照新出台的司法解释规定执行。保险公司只能依据司法解释第十八条第二款规定向侵权人追偿,不能要求投保义务人与侵权人承担连带赔偿责任。"浙江杭州中院民一庭《关于道路交通事故责任纠纷案件相关疑难问题解答》(2012 年 12 月 17 日)第 1 条:"……机动车交通事故责任纠纷案件中致害人对受害人的垫付款能否判令保险公司一并给付? 如果交强险的赔付限额和致害人对受害人的垫付款总和已超过致害人损失的,如何处理? 答:机动车交通事故责任纠纷审理的是受害人的损害赔偿案件,致害人向保险公司追偿垫付款纠纷与之非同一法律关系,且诉讼主体也不尽相同,有时可能还涉及商业险赔付,故不应在同一案件中审理,保险公司自愿给付的除外。同时,考虑到纠纷处理的便捷需要,建议可由基层法院自主决定是否将上述两起纠纷分别立案、同时审理。如果交强险的赔付限额和致害人对受害人的垫付款总和已超过受害人损失的,这类情况主要是发生在受害人的损失未超过交强险赔付限额、而致害人已先行垫付,或者受害人的损失虽超过交强险赔付限额、而致害人垫付的款项已超过扣除交强险赔付限额后剩余部分的情形,对于该类问题的处理,应以损失填补为原则,即以受害人的总损失为限,以受害人的总损失减去致害人已经垫付的款项后,确定交强险赔付数额,对于致害人垫付的款项,可另行向保险公司主张保险(交强险、商业险)赔付,具体做法参前。"云南高院《关于印发〈关于统一全省保险合同纠纷案件裁判标准的会议纪要〉的通知》(2012年5月15日)第3条:"……(四)会议认为,符合《机动车交通事故责任强制险条例》第二十二条第一款规定的情形,被保险机动车一方请求保险人在交强险限额范围内承担赔偿责任的,不予支持;被保险机动车一方未赔偿受害人的或赔偿不足损失的,受害第三方诉请保险人在交强险限额范围内承担赔偿责任的,应予支持。保险人在交强险限额范围内承担赔偿责任后,有权向交通事故责任人追偿。人民法院判决保险人在交强险赔偿限额内承担赔偿责任后,可直接判决保险人对交通事故责任人享有追偿权。"上海高院《第一次高中院(上海市)金融审判联席会议纪要》(2012年4月10日)第2条:"某法院受理一货损险合同纠纷案,承运人作为投保人投保了货损险,被保险人为货主(托运人)。发生货损事故,货主在取得承运人支付的赔偿款后,以协议方式将货损险的保险金赔偿请求权转让给了承运人。承运人遂起诉保险人要求其承担保险赔偿责任。货损险项下的保险赔偿金请求权能否转让?承运人可否以自己的名义起诉?保险人可否主张以保险人代为求偿权进行债务抵销?……【倾向性意见】(一)发生货损后,托运人作为被保险人依保险合同对保险人享有保险赔偿请求权;同时,托运人基于货损对承运人享有违约赔偿请求权或侵权赔偿请求权。(二)保险事故发生,承运人向托运人实际赔偿后,托运人对承运人所享有的债权因清偿而消灭。同时,因托运人的损失已获得弥补,其对保险人享有的保险赔偿金请求权依《保险法》第60条第2款之规定,应相应扣减。承运人以其受让保险赔偿金请求权为由,要求保险人承担相应保险赔偿责任的,法院不予支持。(三)审理此类案件时,如双方当事人就承运人是否已实际向托运人进行赔偿的事实存在争议的,法院可以根据最高人民法院《关于适用〈中华人民共和国保险法〉若干问题的解释(一)》第27条的规定,将托运人列为第三人。(四)审理此类案件时,如无证据证明托运人已就货物损失从保险人以外的第三人处获得实际赔偿,且承运人坚持要求保险人先行承担保险赔偿责任的,法院应该告知承运人,保险人承担保险赔偿责任后,其依《保险法》第60条第1款保险代位求偿权的规定可以向应当承担事故责任的被保险人以外的第三人进行追偿。如承运人仍坚持起诉的,且保险合同未明确约定不得转让的,法院可支持其诉讼请求。(五)因保险人支付保险赔偿金是保险代位求偿权产生的前提,故保险人在该案中要求先行以保险代位求偿权与保险赔偿金请求权进行抵销的,法院不予支持。"上海高院民五庭《关于印发〈关于审理保险合同纠纷案件若干问题的解答

（二）〉的通知》（2012年1月31日）第3条："被保险人与第三者事先达成的仲裁条款,对行使保险代位求偿权的保险人有无效力？《最高人民法院关于适用〈中华人民共和国仲裁法〉若干问题的解释》第九条规定：'债权债务全部或者部分转让的,仲裁协议对受让人有效,但当事人另有约定、在受让债权债务时受让人明确反对或者不知有单独仲裁协议的除外。'保险人行使保险代位权的,比照上述规定处理。即被保险人和第三者事先达成的仲裁协议,对行使保险代位权的保险人有拘束力,但当事人另有约定或法律另有规定的除外。"第4条："在涉外案件中,被保险人与第三者事先达成的仲裁条款,对行使保险代位求偿权的保险人有无效力？案件具有涉外因素的,应当按照最高人民法院有关涉外案件的规定处理。即保险人取得保险代位求偿权后,被保险人对第三人的实体权利相应的转移给保险人；但保险人未明确接受仲裁协议的,被保险人和第三者事先达成的仲裁协议对保险人不具有约束力。根据《最高人民法院关于处理与涉外仲裁及外国仲裁事项有关问题的通知》第一条的规定,人民法院在决定受理此类案件之前,必须报请高院进行审查；如果高院同意受理,应将其审查意见报最高人民法院。在最高人民法院未作答复前,可暂不予受理。"江苏高院《保险合同纠纷案件审理指南》（2011年11月15日）第8条："……保险人行使代位求偿权的诉讼时效。保险人行使代位求偿权,第三者以诉讼时效已经届满为由抗辩的,人民法院应当依照被保险人对第三者行使权利的诉讼时效的规定处理。因为,保险人向第三者行使的既然是'代位求偿权',则其权利范围不应大于被保险人对第三者享有的权利,代位求偿权的时效起算与被保险人求偿权的时效起算应当一致,即应自被保险人知道或者应当知道保险事故发生之日起计算。如果被保险人故意或者因重大过失致使诉讼时效届满,导致保险人不能行使代位请求赔偿的权利,则符合了《保险法》第六十一条第3款的规定,保险人可以扣减或者要求返还相应的保险金。"江西高院《关于印发〈关于审理保险合同纠纷案件若干问题的指导意见（一）〉的通知》（2010年12月21日 赣高法〔2010〕280号）第12条："因第三者对保险标的的损害而造成保险事故的,保险人作出赔偿后,取得代位追偿权,可以代位被保险人向第三者请求赔偿。"第13条："保险人在保险赔偿后,以自己名义提起诉讼行使代位追偿权的,法院应予准许。保险人在诉讼中对自己享有的代位追偿权负有举证责任。"第14条："保险人行使代位追偿权时,被保险人已经向第三者提起诉讼的,经被保险人同意,保险人可以向受理法院提出变更当事人的请求,代位行使被保险人对第三者请求赔偿的权利。"第15条："保险纠纷案件中,保险人未对造成保险事故负有责任的第三者提出代位追偿权请求的,法院不应在判决中对保险人的代位追偿权作出处理。"安徽六安中院《关于印发〈审理道路交通事故人身损害赔偿案件若干问题的意见〉的通知》（2010年12月7日 六中法〔2010〕166号）第30条："机动车发生交通事故符合《机动车交通事故责任强制保险条例》第二十二条第一款所列情形的,承保机动车第三者责任强制保险的保险公司只承担责任限额范围内的抢救费用的垫付责任,并有权向致害人追偿,不对受害人和被保险人承担其他赔偿责任。"江苏无锡中院《关于印发〈关于审理道路交通事故损害赔偿案件若干问题的指导意见〉的通知》(2010年11月8日 锡中法发〔2010〕168号)第14条:"【多车参与事故交强险赔偿责任分配的例外情形】部分事故车辆未投保交强险的,人民法院可以依据《道路交通安全法》第七十六条的规定,判令已投保车辆的交强险保险人在交强险赔偿限额内先行承担赔偿责任,保险人赔偿后可以依据本意见第十三条的规定向未投保交强险方追偿。"江苏常州中院《关于道路交通事故损害赔偿案件的处理意见》(2010年10月13日 常中法〔2010〕104号)第1条:"机动车第三者责任强制保险(以下简称交强险)限额范围内,赔偿责任的主体为保险公司。超过交强险限额范围的赔偿责任主体,应根据当事人与发生事故的机动车之间是否存在运行支配或运行利益的归属关系等具体情况予以确定……(2)两辆以上机动车发生交通事故,造成车上人员受伤,本车人员向本车所有人或实际控制人主张侵权损害赔偿的,对方机动车投保的保险公司在交强险限额范围内承担赔偿责任后,超出保险限额的部分,由本车所有人或实际控制人与对方机动车的所有人或实际控制人按照各自过错的比例及对事故发生原因力的大小分担责任,并相互承担连带赔偿责任。本车所有人或实际控制人及对方机动车的所有人或实际控制人在承担连带赔偿责任后,可向对方追偿……"上海高院民五庭《关于印发〈关于审理保险代位求偿权纠纷案件若干问题的解答(二)〉的通知》(2010年9月30日 沪高法民五〔2010〕3号)第1条:"第三者在保险人承担保险赔偿责任前,已经向被保险人作出赔偿的,应如何处理?答:根据《保险法》第六十条第二款的规定,被保险人已经从第三者处取得赔偿的,保险人可以扣减相应的保险赔偿金。如被保险人取得第三者赔偿后,对保险人隐瞒情况,导致保险人仍支付保险赔偿金,保险人行使代位求偿权,要求第三者重复承担赔偿责任的,法院不予支持。保险人可以依据《保险法》第六十条第二款的规定,另行起诉,要求被保险人返还相应的保险赔偿金。"第2条:"第三者在保险人承担保险赔偿责任后,仍向被保险人作出赔偿的,应如何处理?答:《合同法》第八十条规定,债权转让未通知债务人的,该转让对债务人不发生效力。保险代位求偿权是一种请求权的法定转移。给付保险赔偿金后,保险人或被保险人应当通知第三者。第三者在保险人承担保险赔偿责任后,仍向被保险人作出赔偿的,应当根据通知到达的情况分别处理。通知到达前,第三者已经向被保险人作出赔偿的,属善意清偿,可以产生债务消灭的法律效力。保险人对第三者行使保险代位求偿权的,法院不予支持。保险人可以另行起诉,要求被保险人返还从第三者处取得的赔偿金。通知到达后,第三者仍向被保险人赔偿的,属恶意清偿,不产生债务消灭的法律效力。保险人对第三者行使保险代位求偿权的,法院应予支持。第三者与被保险人之间的关系可另案处理。"第3条:"在保险事故发生前,被保险人放弃对第三者请求赔偿权利的,应如何处理?答:对被保险人在保险事故发生前放弃对第三者请求赔偿权利的,《保险法》没有明确规定。法院可以依照《民法通则》第五十八条、《合同法》第四十条、第五十二条、第五十三条的规定,审查放弃权利行为、免责条款的法律效力。如被保险人的放弃权利行为、免责条款无效,第三者要求免责的,法院不予支持。如被保险人的放弃权利行为、免责条款有效,保险人对被保险人放弃的赔偿权利部分主张保险代位求偿权的,法院不予支持。保险人可以依据《保险法》第十六条、第五十二条第二款、第六十一条第三款的规定,要求违反如实告知义务或危险增加告知义务的被保险人返还相应的保险赔偿金,但保险人知道或应当知道上述情形仍同意承保、继续承保或赔偿保险金的除外。"第4条:"在保险事故发生后,被保险人与第三者就第三者的赔偿责任签订部分免除责任或以物抵债协议的,如何处理?答:《保险法》第六十一条第一款、第二款规定的保险事故发生后被保险人放弃对第三者请求赔偿的权利,应作广义理解,即包括全部放弃、部分放弃、以物抵债等。在保险事故发生后,保险人未赔偿保险金之前,被保险人与第三者签订部分免除责任或以物抵债协议的,保险人可以依据《保险法》第六十条第二款的规定,相应扣减保险赔偿金额。因被保险人隐瞒上述情况,保险人支付保险赔偿金后,向第三者行使保险代位求偿权的,法院对该部分不予支持。保险人可以依据《保险法》第六十条第二款的规定,要求被保险人归还相应的保险赔偿金。保险人向被保险人赔偿保险赔偿金后,被保险人未经保险人同意,与第三者签订部分免除责任或以物抵债协议的,该协议无效。保险人向第三者行使保险代位求偿权的,法院应予支持。第三者与被保险人之间的关系可另案处理。"第9条:"在保险代位求偿权诉讼中,对第三者提出的有关保险合同无效、保险人不应承担保险赔偿责任、保险赔偿金额计算不当等抗辩,法院是否应予审查?答:保险代位求偿权的取得属于法定请求权转让,保险人行使的是原属于被保险人的赔偿请求权,该赔偿请求权和保险合同属于不同法律关系,法院应当仅就造成保险事故的第三者与被保险人之间的法律关系进行审理。对第三者提出的保险合同无效、保险人不应承担保险赔偿责任、保险赔偿金额计算不当等抗辩,法院不应审查。"广东高院《关于对超出机动车第三者责任强制保险分项限额范围的损失应否予以赔偿问题的批复》(2012年8月20日 粤高法民一复字〔2012〕6号):"关于机动车第三者强制保险是否应当实行分项限额赔偿以及如何确定分项限额的问题,最高人民法院(2012)民一他字第17号批复作了明确规定,即机动车发生交通事故后,受害人请求承保机动车第三者责任强制保险的保险公司对超出机动车第三者责任强制保险分项限额范围的损失予以赔偿的,人民法院不予支持。根据《机动车交通事故责任强制保险条例》第二十三条的规定,当前我国机动车交通事故责任强制保险责任限额分为死亡伤残赔偿限额、医疗费用赔偿限额、财产损失赔偿限额以及被保险人在道路交通事故中无责任的赔偿限额,相关责任限额由保监会会同国务院公安部门、卫生主管部门和农业主管部门规定。2008年1月11日,保监会发布了《中国保险监督管理委员会关于调整交强险责任限额的公告》,公布其会同有关部门所确定的机动车交通事故责任强制保险的分项限额方案。因此,在新的法律、行政法规、司法解释对此作出明确规定之前,应依据上述规定确定保险公司的赔偿限额。"广东高院《**关于审理保险合同纠纷案件若干问题的指导意见**》(2011年9月2日 粤高法发〔2011〕44号)第30条:"因第三者对保险标的的损害而造成保险事故的,保险人作出赔偿后,保险人以自己名义提起诉讼行使代位追偿权向第三者请求赔偿的,人民法院应予支持。保险人在诉讼中对自己享有的代为追偿权负有举证责任。《保险法》第六十二条规定的'被保险人的家庭成员'包括配偶、父母、子女、兄弟姐妹、祖父母、外祖父母、孙子女、外孙子女等具有法定继承关系的近亲属,及其他与被保险人共同生活的具有抚养、赡养或扶养关系的人等。"第31条:"保险人行使代位追偿权时,被保险人已经向第三者提起诉讼的,经被保险人同意,保险人可以向受理法院提出变更当事人的请求,代位行使被保险人对第三者请求赔偿的权利。"第32条:"保险人依据保险合同的约定,支付的保险赔偿金低于被保险人实际损失的,被保险人就未获保险赔偿部分对第三者行使赔偿请求权优于保险人的代位追偿权。但保险合同或者理赔过程中达成协议另有约定的除外。"第33条:"投保人在投保前与第三者约定放弃对造成保险事故的第三者行使赔偿请求权的,应在保险合同订立时书面告知保险人。投保人履行告知义务后,保险人仍同意承保的,保险人又以投保人放弃对该第三者行使赔偿请求权为由拒绝支付保险赔偿金的,人民法院不予支持。投保人未履行告知义务,保险人请求解除保险合同的,人民法院应予支持。保险人以此拒付保险赔偿金的,人民法院应予支持;保险人就已经赔付的保险金主张被保险人返还或向第三者追偿的,人民法院应予支持。"第34条:"保险人代位追偿权行使的范围,仅限于其实际支付的保险赔偿金。"第35条:"被保险人向第三者行使赔偿请求权的诉讼时效期间中止、中断的,保险人代位追偿权的诉讼时效期间也相应地中止、中断。"贵州高院《**关于印发〈关于审理涉及机动车交通事故责任强制保险案件若干问题的意见〉的通知**》(2011年6月7日 黔高法〔2011〕124号)第5条:"被保险机动车发生交通事故,不论被保险人在交通事故中有无过错及过错程度,保险公司均负有在强制保险责任限额范围内向受害第三者直接赔付的法定义务。"第6条:"赔偿责任不属于交通事故责任强制保险责任范围或者超出交通事故责任强制保险责任限额的,由机动车根据法律规定承担相应赔偿责任。"安徽宣城中院《**关于审理道路交通事故赔偿**

案件若干问题的意见(试行)》(2011年4月)第27条:"同一道路交通事故中有数家保险公司的,机动车强制保险的赔偿数额,以数家保险公司的责任限额总额为限,并由各保险公司均等负担;但其中无过错机动车保险公司在机动车强制保险无责任限额内承担赔偿责任。"山东高院《关于印发审理保险合同纠纷案件若干问题意见(试行)的通知》(2011年3月17日)第9条:"采用保险人提供的格式条款订立的保险合同中,'责任免除'、'除外责任'及其他有关免赔率、免赔额等部分或者全部免除保险人责任的条款,一般应当认定为保险法第十七条第二款规定的'免除保险人责任的条款'。但保险合同中有关法律、行政法规明确规定的保险人不承担保险责任的条款除外。"第11条:"保险人对履行提示和明确说明义务承担举证责任。保险人在投保单、保险单或其他保险凭证上对免除保险人责任条款有显著标志(如字体加粗、加大或者颜色相异等),或者对全部免除保险人责任条款及说明内容单独印刷,并对此附有'投保人声明'或单独制作的'投保人声明书',投保人已签字确认表示对免责条款的概念、内容及其法律后果均已经明了的,一般应认定保险人已履行提示和明确说明义务。但投保人有证据证明保险人未实际进行提示或明确说明的除外。"第20条:"第三者责任保险合同约定对应由责任强制保险赔偿的损失和费用不负赔偿责任的,若保险人履行了提示和明确说明义务,人民法院应认定该约定有效。"第24条:"第三者责任保险合同约定保险人依照被保险机动车驾驶人在事故中所负的事故责任比例承担相应的赔偿责任的,被保险机动车驾驶人就基于连带责任而支付的超过其责任比例的赔偿数额,有权要求保险人在保险金额范围内赔付。保险人赔付后,可向其他责任人代位请求赔偿。"上海高院民五庭《关于印发〈关于审理保险代位求偿权纠纷案件若干问题的解答(一)〉的通知》(2010年9月19日 沪高法民五〔2010〕2号)第7条:"对受害人的损失,商业责任保险的被保险人与其他侵权人承担连带赔偿责任时,保险人的保险赔偿责任范围如何确定?商业责任保险的保险人承担保险赔偿责任后,如何行使保险代位求偿权?答:商业责任保险中,保险人的赔偿范围应当根据保险合同的约定予以确定。保险合同对赔偿范围有明确约定的,保险人应按照约定承担保险赔偿责任。但保险人为部分或者全部免除其保险赔偿责任,在其提供的格式合同中规定'按驾驶人在事故中所负事故责任比例,保险人承担相应赔偿责任'、免赔率,免赔额等条款的,法院应当认定为《保险法》第十七条第二款规定的免除保险人责任的条款。保险人未履行提示和明确说明义务的,上述条款不产生效力。如上述条款有效,但保险人与被保险人对该条款含义有争议的,法院应当根据《合同法》第一百二十五条、《保险法》第三十条的规定进行解释。保险合同仅约定'对因由被保险人承担的赔偿责任,保险人负责赔偿'的,一般可以解释为保险人对被保险人所负的全部赔偿责任承担保险赔偿责任,包括对外的连带责任。《侵权责任法》第十四条规定,支付超出自己赔偿数额的连带责任人,有权向其他连带责任人追偿、如保险人对被保险人给付的保险赔偿金已超出被保险人依法应自行承担部分的,保险人有权向其他连带责任人就超出部分行使保险代位求偿权。"河南郑州中院《审理交通事故损害赔偿案件指导意见》(2010年8月20日 郑中法〔2010〕120号)第5条:"发生交通事故时,凡处于机动车之外的人员,均属于'第三者';凡处于机动车车体内或车体上的人员,均属于车上人员,包括正在上下车人员。"河南周口中院《关于侵权责任法实施中若干问题的座谈会纪要》(2010年8月23日 周中法〔2010〕130号)第9条:"……3.强制保险中保险公司对受害人是依据道路交通安全法的规定,承担法定赔付责任,不以被保险车辆的责任为基础。所以针对受害人的请求,除受害人故意外,保险公司没有其他任何免责事由,也就是说,保险公司不得依据强制保险合同或《机动车交通事故责任强制保险条例》的相关免责规定来免除责任。保险公司没有按照道路交通安全法履行先行赔付受害人的义务,被保险人向受害人履行强制保险赔付义务后,向保险公司请求给付保险金的,人民法院也应当予以支持。"福建高院民二庭《关于审理保险合同纠纷案件的规范指引》(2010年7月12日 〔2010〕闽民二3号)第23条:"(交强险的追偿)机动车交通事故责任强制险的保险人在理赔后,不得向被保险人追偿。但在机动车交通事故责任强制保险条例第二十二条规定的四种情况下,保险人有权向致害人追偿已垫付的抢救费用。"浙江高院民一庭《关于审理道路交通事故损害赔偿纠纷案件若干问题的意见(试行)》(2010年7月1日)第14条:"同一道路交通事故中有数家保险公司的,机动车强制保险责任的赔偿数额,以数家保险公司的责任限额总和为限,并由各保险公司均等负担;但其中无过错机动车方保险公司在机动车强制保险无责任赔偿限额范围内承担赔偿责任。"重庆高院《印发〈全市法院保险纠纷案件审判实务研讨会会议纪要〉的通知》(2010年4月7日 渝高法〔2010〕101号)第19条规定:"关于保险车辆发生保险事故,其他挂靠车辆对事故负有安全责任的情况下,保险人承担保险责任后,保险代位权诉讼中被告的确定问题。会议认为,按照所有权登记的公示公信原则,机动车辆行驶证和道路运输证都为被挂靠企业所有,保险人提起保险代位权诉讼应当以被挂靠人为被告。"江西南昌中院《关于审理道路交通事故人身损害赔偿纠纷案件的处理意见(试行)》(2010年2月1日)第36条:"肇事车辆驾驶人或赔偿义务人在交通事故发生后,已经向赔偿权利人预先垫付了部分或全部赔偿款,该款项中包含了本应由保险公司理赔或其他赔偿义务人赔偿部分的,保险公司或其他赔偿义务人可直接向垫付人支付该部分垫付款(垫付人申明'垫付款'是额外给付赔偿权利人的除外),不需垫付人另行反诉。"广东广州中院《民事审判若干问题的解答》(2010年)第14条:"【保险公司的垫付责任与追偿权】保险公司以《交强险条例》第二十二条之规定抗辩其仅在交强险责任限额范围内垫付抢救费用,而无需在交强险责任限额范围内对受害人承担赔偿责任的,是否支持?答:应当区分财产损害和人身损害,对于受害人因交通事故遭受的人身损害,保险公司应当在医疗费用责任限额和死亡伤残责任限额范围内对受害人承担垫付责任。对于财产损失,保险公司则无需在财产损失责任限额范围内承担赔偿责任。"广东广州中院《民事审判若干问题的解答》(2010年)第18条:"【救助基金管理机构的垫付责任及追偿权】赔偿权利人根据《侵权责任法》第五十三条、《道路交通安全法》第七十五条、《交强险条例》第二十四条以及《救助基金管理试行办法》第十二条等相关规定,要求救助基金管理机构垫付丧葬费用、抢救费用的,是否应当予以支持?答:在救助基金管理机构确定、救助基金启用之后,赔偿权利人的请求应当予以支持。救助基金管理机构垫付丧葬费用、抢救费用后,可以向相关责任人追偿。"浙江高院《关于审理财产保险合同纠纷案件若干问题的指导意见》(2009年9月8日 浙高法〔2009〕296号)第25条:"因第三者的侵权行为引起保险事故导致保险标的损失的,被保险人可以基于侵权法律关系,请求第三者承担保险标的损失的赔偿责任,也可以基于保险合同关系,请求保险人依保险合同履行保险赔偿责任。保险人依法行使代位求偿权时,被保险人已向第三者提起诉讼的,如查明属于重复求偿的,应依法驳回诉讼请求。"湖南高院《关于审理涉及机动车交通事故责任强制保险案件适用法律问题的指导意见》(2008年12月12日)第4条:"受害第三者请求保险人直接承担强制保险赔付责任,保险人以被保险人违反保险合同约定为由拒绝赔付的,对保险人的该项抗辩不予支持。"广东佛山中院《关于审理道路交通事故损害赔偿案件的指导意见》(2009年4月8日)第37条:"涉案机动车为一辆或一辆以上,且全部或部分投保了商业第三者责任险,被保险人之间互负连带赔偿责任的,保险公司对被保险人承担的连带赔偿责任在保险限额内承担连带赔偿责任。"第38条:"保险公司认为生效裁决确定由其承担的保险责任已超出其与投保人签订的商业第三者责任险合同所约定的责任范围的,可以向赔偿义务人追偿。"第39条:"投保机动车交通事故责任强制保险或商业第三者责任险的机动车发生交通事故致多人损害,实际损失超过交通事故责任保险限额的,保险公司在保险限额内根据各人的实际损失按比例赔偿,但应优先支付抢救费用和治疗费用。在法院履行通知义务后,仍然有部分受害人不按时或不提起诉讼或客观上无法通知的,法院对已起诉受害人的保险赔偿款按前款规定的分配原则进行处理;在法院对先起诉的受害人已作出裁判后,其他受害人才起诉的,可对保险赔偿款的剩余限额按前款规定的分配原则进行处理;对于未起诉的受害人,则不考虑预留份额。"福建泉州中院民一庭《全市法院民一庭庭长座谈会纪要》(泉中法民一〔2009〕05号)第12条:"《机动车交通事故责任强制保险条例》第二十二条规定四种情形下,保险公司在交强险责任限额范围内垫付抢救费用,并有权向致害人追偿。保险公司据此主张其只承担垫付抢救费用,不再向受害人承担其他赔偿责任,该主张是否应予支持?答:根据《道路交通安全法》第七十六条的规定,机动车发生交通事故造成人身伤亡、财产损失的,由保险公司在机动车第三者责任强制保险责任限额范围内予以赔偿。因此,即使存在《机动车交通事故责任强制保险条例》第二十二条规定的情形而发生交通事故的,保险公司也应根据《道路交通安全法》第七十六条的规定,向受害人承担交强险的保险赔偿责任,包括死亡伤残赔偿限额、医疗费用赔偿限额和财产损失赔偿限额项下的赔偿款项,不存在免责情形。"浙江高院民一庭《**全省法院民事审判业务培训班问题解答**》(2008年6月25日)第16条:"在同一次事故中不同的事故车辆既有投保'商业三者险'的,又有投保了'交强险'的,共同致他人损害时如何确定各自的责任?答:应当先按照《道路交通安全法》第七十六条规定确定保险公司的交强险赔偿范围,再确定各被保险人的责任范围,最后在各被保险人的责任范围内确定各自所涉保险公司商业三者险的责任范围。在确定保险公司的商业三者险范围时,还应当受到保险合同约定的制约,如果各被保险人构成共同侵权的,各承保商业险的保险公司应对受害人承担连带责任;但可在承担赔偿责任后向其他保险公司追偿其所应负担的份额。"四川高院民一庭《**关于审理交通事故损害赔偿案件法律适用问题研讨会纪要**》(2008年5月8日)第2条:"分歧较大,经我庭审判长联席会议讨论没有结论,仅提出倾向性意见的问题……(五)机动车各方之间对损害承担连带赔偿责任,提供商业三者险的保险公司是否也应承担连带赔偿责任。第一种意见认为,保险公司不应承担连带责任。首先,保险公司不是侵权人,保险公司是按合同约定承担责任的,不能混同两种责任;其次,如果保险公司承担连带责任,意味着未投保的机动车也可以获得保险合同带来的利益,如果保险公司承担连带责任,保险公司能否向未投保商业三者险的机动车一方行使追偿权,法律对此没有明确规定,保险公司因此可能遭受巨大损失;再次,承担连带责任须法律有明确规定。保险公司承担连带责任没有理论和法律依据,保险公司承担责任的范围应当依据保险合同而定……我们倾向于第一种意见。"江西高院民一庭《**关于审理道路交通事故人身损害赔偿案件适用法律若干问题的解答**》(2006年12月31日)第10条:"事故车辆投保的是'商业三责险'的,根据《中华人民共和国保险法》第十条的规定,保险人对赔偿权利人因被保险人交通事故而支付的保险金应当根据保险人与被保险人订立的保险合同确定。保险人可根据保险合同的约定享有部分或者全部免责、按免赔率扣减赔偿及其他保险合同规定的权利。事故车辆投保'交强险'的,对保险人责任大小的确定依照《机动车交通事故责任强制保险条例》的规定处理。"北京高院《**关于印发〈北京市高级人民法院关于审理保险纠纷案件若干问题的指导意见(试行)〉的通知**》(2005年3月25日 京高法发〔2005〕67号)第21条:"保险人行使代位求偿权的范围不应包括保险人因赔偿被保险人保金而支出的各种费用。"第 22 条:"保险事故发生前,被保险人放弃对第三者请求权情况的处理:(1)保险合同签订之前被保险人放弃对第三者请求权的,保险人对该事项提出询问的,投保人必须如实告知,否则保险人不承担保险责任;(2)保险合同签订之前被保险人放弃对第三者请求权的,保险人没有对该事项提出询问或投保人如实告知后保险人同意承保的,一旦发生保险事故,保险人应赔付保险金,但无权向第三者行使代位求偿权;(3)保险合同签订之后被保险人放弃对第三者请求权的,被保险人应当及时通知保险人,否则保险人不承担保险责任;(4)保险合同签订之后被保险人放弃对第三者请求权,保险人同意继续承保的,发生保险事故后,保险人应赔付保险金,但无权向第三者行使代位求偿权;(5)如果第三者是以格式条款免除其对被保险人的责任的,依据合同法第四十条的规定,应认定该条款无效。"第 23 条:"保险法第四十六条中'保险人放弃对第三者请求赔偿的权利的'应理解为系行为人的明示行为,不应以默示为由推定被保险人放弃。"江苏高院《关于审理交通事故损害赔偿案件适用法律若干问题的意见(一)》(2005 年 2 月 24 日)第 5 条:"《道路交通安全法》第七十六条第一款规定的保险公司在机动车第三者责任强制保险责任限额范围内的赔偿责任,是指无论交通事故当事人是否有过错,保险公司都应予以赔偿。"四川高院《关于印发〈贯彻执行《中华人民共和国保险法》若干问题的意见〉的通知》(2002 年 3 月 5 日　川高法〔2002〕68 号)第 1 条:"被保险人已经从第三者处取得损害赔偿的,保险人赔偿保险金时,因扣减被保险人从第三者取得的赔偿金额而发生纠纷提起诉讼的,人民法院以扣减保险金纠纷予以受理。"第 2 条:"被保险人取得保险金后,又向第三者请求损害赔偿,并取得全部或部分赔偿的,第三者或保险人请求被保险人全部或部分返还保险金而发生纠纷提起诉讼的,人民法院以返还保险金纠纷予以受理。"第 3 条:"保险人未赔偿保险金之前,被保险人全部或部分放弃对第三者赔偿请求权的,保险人因拒绝赔偿相应的保险金而发生纠纷提起诉讼的,人民法院以拒绝赔偿保险金纠纷予以受理。"第 4 条:"保险人行使代位权所取得的赔偿金超过保险金,第三者请求保险人返还超过保险金部分的赔偿金而发生纠纷提起诉讼的,人民法院以返还赔偿金纠纷予以受理。"

6. 参考案例。①2017 年广西某代位求偿权纠纷案,2014 年,水泥公司与运输公司签订运输合同,约定运输公司承运水泥公司货物。2015 年,水泥公司将水泥交给运输公司委派的船舶公司船舶承运。其间,因船舶触礁,船舱进水,导致水泥受损事故。保险公司依保险合同约定向运输公司赔付24 万余元后,向船舶公司保险代位求偿。船舶公司以其系运输公司受托人为由抗辩。法院认为:船舶公司以自己名义而非运输公司名义为运输行为,本案承运人为运输公司,船舶公司为实际承运人。实际承运人系接受承运人委托从事货物运输的人,但运输合同中的实际承运人与承运人之间的委托关系,并非通常意义上的委托代理关系,在此委托关系中,承运人实际是将全部或部分运输业务以租船合同或运输合同或委托合同方式托付给实际承运人完成,而实际承运人以自己名义而非以承运人名义完成运输业务。而在通常意义上委托代理合同关系中,代理人应以被代理人名义而非以自己名义从事代理行为。《国内水路货物运输规则》第45条规定:"承运人将货物运输或者部分运输委托给实际承运人履行的,承运人仍然应当对全程运输负责。"第46条规定:"承运人与实际承运人都负有赔偿责任的,应当在该项责任范围内承担连带责任。"据此规定,如属实际承运人责任范围,承运人与实际承运人对外承担连带责任。但通常意义上的委托代理合同,除代理人明知违法代理情形之外,代理人在代理权限范围内代理行为由被代理人承担责任,代理人与被代理人对外不承担连带责任,故船舶公司认为其为运输公司代理人抗辩理由不成立。法律限制保险代位权行使对象系为实现被保险人通过保险分散风险、消化损失之保险目的。因如第三者与被保险人在经济上存在利益与共关系,则保险人向其行使代位求偿权,无异于在保险人向被保险人赔偿保险金后,又将赔偿金从被保险人处取回,保险功能亦无从发挥。由此,被保险人组成人员判断标准是第三者是否与被保险人具有经济上的一致利益。本案中,承运人运输公司与实际承运人船舶公司虽从事的均为同一批货物运输行为,但其为不同法人主体,经济利益上并不具有一致性,且在承运人运输公司对外承担责任后,如属实际承运人船舶公司过错,运输公司可向其追偿。从经济利益上看,实际承运人船舶公司并非承运人运输公司组成部分。保险公司在向运输公司支付保险赔款后,依《保险法》第60条"因第三者对保险标的的损害而造成保险事故的,保险人自向被保险人赔偿保险金之日起,在赔偿金额范围内代位行使被保险人对第三者请求赔偿的权利"规定,应有权向最终责任方即实际承运人船舶公司追偿。判决船舶公司向保险公司支付赔偿款24万余元。②**2013年北京某保险合同纠纷案**,2011年,科技公司将投保车辆送至销售公司维修保养。销售公司员工李某试车时与崔某车辆相撞,致两车受损、李某受伤,交警认定李某全责。2012年,法院判决保险公司赔偿科技公司车辆损失15万余元、第三者车辆损失7万余元、李某医疗费1万元。2013年,保险公司依《保险法》第60条第1款的规定起诉销售公司,主张代位求偿22万余元保险金。法院认为:《保险法》第60条第1款规定,因第三者对保险标的损害而造成保险事故的,保险人自向被保险人赔偿保险金之日起,在赔偿金额范围内代位行使被保险人对第三者请求赔偿的权利,故保险人行使代位求偿权对象的第三者应系保险人与被保险人之外对保险标的造成损害的"加害者"即第三方"加害者"。机动车损失保险条款虽未对第三者含义作出明确界定,但在相关条款中涉及了"第三方"概念,通过对比涉及"第三方"内容条款可知,机动车损失保险条款中涉及"第三方"与《保险法》第60条第1款规定涉及的第三者含义相同。维修保养后具有合法驾驶资格人员的试车行为,符合科技公司利益,李某应属科技公司允许的合法驾驶人,而李某行为显属代表销售公司职务行为。依机动车损失保险条款关于"被保险人或其允许的合法驾驶人"条款表述,在机动车第三者责任保险项下,保险公司不能依《保险法》第60条第1款规定行使代位求偿权,判决驳回保险公司诉请。③2013年广东某代位求偿权纠纷案,2012年,贸易公司司机尹某驾车撞上高速公路上残留轮胎肇事,交警认定尹某采取措施不当。贸易公司支付了路产赔偿费1600元、拖车费及修车费共1万余元,交强险保险公司予以理赔后向公路公司代位求偿。法院认为:依《机动车交通事故责任强制保险条例》第3条、第22条规定,交强险是保险公司对被保险人以外的受害人财产损失在责任限额内予以赔偿的强制性责任保险。保险公司追偿对象是交通事故致害人。本案中,保险公司赔付给被保险人的1600元系公路公司路产损失,公路公司系该损失受害人,非属保险公司法定追偿范围。本案被保险人进入高速路后即与公路公司形成有偿服务合同关系。按合同权利义务相一致原则,公路公司有收取费用权利,亦有提供保障公路安全、通畅义务。公路公司虽有证据证实定期巡查公路,但该行为并未达到保障公路安全通行目的,未及时清除路面上轮胎,致使被保险人与路面上轮胎发生碰撞,公路公司在履行义务时存在瑕疵,应承担相应违约责任。合同责任虽以严格责任为归责原则,但双方当事人对损害结果发生是否存在过错,在确定合同责任时仍系须虑及重要因素。权利人有过失的,应相应减轻违约方违约责任。本案中,依事故认定书,被保险人对事故发生存在过失,应适当减轻公路公司违约责任,酌定公路公司承担被保险人损失80%,故判决公路公司赔偿保险公司8900余元。④2013年北京某保险代位权纠纷案,2011年,徐某与史某车辆相撞,徐某身亡,交警认定史某、徐某均酒驾,分负主、次责任。徐某生前投保交强险公司赔付史某医疗费、残疾赔偿金2.5万元后,向徐某继承人及史某追偿。法院认为:最高人民法院《关于审理道路交通事故损害赔偿案件适用法律若干问题的解释》第18条第1款第2项规定:"醉酒、服用国家管制的精神药品或者麻醉药品后驾驶机动车发生交通事故,导致第三人人身损害,当事人请求保险公司在交强险责任限额范围内予以赔偿,人民法院应予支持。保险公司在赔偿范围内向侵权人主张追偿权的,人民法院应予支持。"涉案事故系徐某、史某醉酒后驾车,法院判决保险公司在交强险限额内赔偿受害方2.5万元。保险公司依前述法律规定,有权在向交通事故受害方赔偿保险金后,向侵权人进行追偿。根据交通事故认定书,对于涉案交通事故,史某、徐某分别承担主、次责任,故史某、徐某均是前述司法解释第18条第2款规定的"侵权人",并为保险公司追偿对象。徐某已于交通事故中死亡,其责任应由其法定继承人在实际继承遗产范围内承担。生效判决已认定史某与徐某继承人应按事故中过错分别承担责任,故保险公司主张的2.5万元应由两方分别承担。判决徐某继承人、史某分别按30%、70%比例给付保险公司7500元、1.75万元。⑤2013年**江苏某代位求偿权纠纷案**,2011年,薛某驾驶服装公司投保车辆停在朋友小区地下车库。晚上王某盗窃车内财物后将该车焚毁。保险公司向服装公司赔偿89万余元车损险后向物业公司追偿。物业公司以物业合同约定"禁止外来车辆入内(包括业主未经物业公司登记的车辆),擅自进入小区停车的,一切后果由其自负"为由主张免责。法院认为:因第三者对保险标的损害而造成保险事故的,保险人自向被保险人赔偿保险金之日起,在赔偿金额范围内代位行使被保险人对第三者请求赔偿的权利。本案中,保险公司向服装公司支付保险金后,可在赔偿金额范围内代位行使服装公司对物业公司的相应权利。保险公司在向物业公司行使追偿权时,<u>应以物业公司对投保车辆造成损坏的法律关系为行使追偿权的基础法律关系</u>。本案物业服务基础法律关系应系合同关系,物业公司依物业服务合同关系确定的服务对象应为与业主存在父母、配偶、子女等血亲关系或其他法律上认可的租赁、借用等关系且长期一同居住的人员,其他人员非物业服务对象;根据物业合同约定,未经物业公司登记车辆,并不因其已实际进入小区而自然受物业服务合同保护。本案保险公司以物业服务合同关系为基础关系向物业公司进行追偿,<u>因投保车辆与物业公司之间不存在物业服务合同关系</u>,故判决驳回保险公司诉请。⑥2013年**北京某代位求偿权纠纷案**,2012年,小区保安尹某使用业主陶某放置在保安室的车辆挪车时,误将油门当刹车,将后车碰撞致损,陶某支付修车费6.7万余元。保险公司理赔后向物业公司及尹某追偿。法院认为:《保险法》第60条规定,因第三者对保险标的的损害而造成保险事故的,保险人自向被保险人赔偿保险金之日起,在赔偿金额范围内代位行使被保险人对第三者请求赔偿的权利。所谓损害,应理解为第三者主动实施一定侵害行为,或在明知、应知应积极实施某种保护行为时怠于实施对保险标的的保护,即第三者应在主观上、客观上均具有一定过错。《保险法》第62条规定,除被保险人家庭成员或其组成人员故意造成本法第60条第1款规定的保险事故外,保险人不得对被保险人家庭成员或其组成人员行使代位请求赔偿的权利。尹某虽非陶某家庭成员,但其驾驶车<u>辆系受陶某委托,且尹某主观上并无过错</u>。保险条款约定:在保险期间内,被保险人或其允许的合法驾驶人在使用保险车辆过程中发生意外事故致使第三者遭受人身伤亡或财产直接损毁的,对依法应由被保险人承担的经济赔偿责任中超过机动车交通事故责任强制保险各分项限额以上部分,由保险公司按法律和合同规定予以赔偿。可见保险条款中将被保险人与其允许的合法驾驶人置于相同地位,被保险人驾车发生保险事故,保险公司无权向被保险人追偿,同理<u>保险公司亦无权向被保险人允许的合法驾驶人追偿</u>。尹某具有驾驶资质,受车主陶某委托驾驶车辆发生事故,且尹某并无主观过错,交通事故责任应归属于车主陶某,保险公司按保险条款向车主陶某赔偿后,无权向尹某追偿,更无权要求物业公司赔偿。判决驳回保险公司诉请。⑦**2012年北京某代位求偿权纠纷案**,2011年,陈某驾驶餐饮公司车辆与李某所驾车辆在北京朝阳区相撞,交警认定李某全责。餐饮公司获得投保保险公司理赔金8万余元后,该保险公司在保险标的所在地即北京东城区法院向李某车辆投保的保险公司起诉行使代位求偿权。后者以其住所地在河北提出管辖权异议。法院认为:依《保险法》第60条规定,保险人的代位求偿权是指保险人依法享有的,代位行使被保险人向造成保险标的损害负有赔偿责任的第三者请求赔偿的权利。保险人代位求偿权源于法律直接规定,属保险人法定权利,并非基于保险合同而产生的约定权利。因第三者对保险标的损害造成保险事故,保险人向被保险人赔偿保险金后,<u>代位行使被保险人对第三者请求赔偿的权利而提起诉讼的,应根据保险人所代位的被保险人与第三者之间的法律关系确定管辖法院</u>。第三者侵害被保险人合法权益,因侵权行为提起的诉讼,依《民事诉讼法》第28条规定,由侵权行为地或被告住所地法院管辖,而不适用财产保险合同纠纷管辖规定,不应以保险标的物所在地作为管辖依据。本案中,第三者实施了道路交通侵权行为,造成保险事故,被保险人对第三者有侵权损害赔偿请求权;<u>保险人行使代位权起诉第三者的,应由侵权行为地或被告住所地法院管辖</u>。现被告住所地及侵权行为地均不在北京东城,故北京东城区法院对该起诉无管辖权,应裁定不予受理。⑧**2012年江苏某保险合同纠纷案**,2008年,廖某经营的货运站与贸易公司签订设备运输合同后,将设备转交苏某运输,苏某再转交张某运输过程中发生张某全责交通事故,评估报告认定设备全损,金额60万余元。钢铁公司收到设备后,经贸易公司花1.5万元维修,钢铁公司支付了合同约定全部货款。承保货物运输险的保险公司赔付贸易公司60万余元后,基于违约责任行使代位求偿权。法院认为:评估费系为查明和确定保险事故性质、原因和保险标的损失程度所支付的必要、合理费用,依《保险法》(2002年修正)第49条规定:"保险人、被保险人为查明和确定保险事故的性质、原因和保险标的的损失程度所支付的必要的、合理的费用,由保险人承担。"该费用应由保险公司承担,不属于被保险人贸易公司承担。该费用并非贸易公司的实际损失,而<u>保险公司代位求偿权应在贸易公司损失范围内主张</u>,对该费用保险公司无权代位求偿。贸易公司作为财产受损一方当事人,依《合同法》第122条规定,有权选择依运输协议向承运人廖某主张违约责任或以货物受损为由向廖某、苏某、张某主张侵权责任,但贸易公司不能同时主张两种责任。保险公司在一审庭审中明确选择了基于违约责任行使代位求偿权,<u>根据合同相对性原理,保险公司只能向与贸易公司签订运输协议的货运服务部的经营者廖某行使代位求偿权</u>。案涉设备经修复后再次发往钢铁公司,钢铁公司签收后按其与贸易公司所签合同约定价格向贸易公司支付了相应货款,从而评估报告认定设备只能做报废处理与实际情况不符,该评估报告不能作为保险理赔依据。对于案涉设备在保险事故发生后修理所产生费用,是贸易公司实际损失,判决廖某赔偿给保险公司1.5万元。⑨2011年**吉林某保险代位求偿权纠纷案**,2006年,汽车公司就其商品车在倒运、发运、仓储过程中可能发生的损失在保险公司投保。2007年,物流公司承运汽车公司商品车过程中,因发生火灾,导致8台商品车被烧毁,损失价值经鉴定为160万余元。物流公司与汽车公司协商后,由物流公司垫付经销商损失170万余元,并由汽车公司办理保险理赔手续。随后,物流公司、汽车公司、保险公司签订三方协议,保险公司据此将保险理赔款依汽车公司指示支付给物流公司。2008年,保险公司就其赔款160万余元,起诉物流公司,主张代位求偿权。法院认为:《保险法》(2002年修正)第45条第1款规定:"因第三者对保险标的的损害而造成保险事故的,保险人自向被保险人赔偿保险金之日起,在赔偿金额范围内代位行使被保险人对第三者请求赔偿的权利。"依该规定,代位求偿权是保险人法定权利。然而案涉保险事故发生后,保险公司与汽车公司、物流公司签订三方协议,从中可见汽车公司并不认为物流公司应承担案涉车辆运输过程中的全部风险。事实上,在签订三方协议时,汽车公司既未受到经销商追究而承担责任,物流公司亦未要求汽车公司返还垫付款项,即汽车公司在此次事故中无任何损失。在汽车公司无损失情形下,亦无权向保险人主张保险责任。汽车公司未向物流公司主张承运人责任,而向保险公司主张保险责任。保险公司审核理赔材料后将事故保险赔款全部结付给物流公司。保险公司承诺向被保险人支付保险赔款,表明保险公司认为汽车公司遭受了实际损失。此种损失不是保险标的商品车损失,只能是汽车公司向物流公司返还垫付款项责任所致。既然保险公司认为汽车公司应向物流公司返还垫付款项,即表明保险公司认同物流公司对案涉商品车损失不承担责任。三方协议签订反映了保险公司、汽车公司与物流公司之间特殊关系。根据调查事实,保险公司与汽车公司此前发生多宗保险关系中,保险公司对物流公司在承运汽车公司商品车过程中发生的类似理赔案件均予赔偿。汽车公司与其他保险公司所签保险协议中亦明确界定保险人与被保险人之外的第三者排除了承运单位即仓储单位,而所谓承运单位是指汽车公司以合同形式指定或约定承担实际运输汽车公司商品车的单位,且在保险协议中将承运单位和投保人视为同一主体。汽车公司对其商品车倒运、发运和仓储投保综合保险,在向承运人支付运费同时,另外通过购买保险分担其商品车在运输中的风险,反映了汽车公司与承运人之间特殊关系。承运人未对其承运商品车投保并非其不知其责任,而是信赖汽车公司与保险公司之间保险协议可分担其责任,保险公司在与汽车公司签订保险合同时应知此种特殊关系。保险公司认为其可向物流公司行使代位求偿权,既与其在三方协议中承诺相悖,有违诚实信用原则,亦与其所作承担汽车公司商品车倒运、发运和仓储中风险的承诺不符。判决驳回保险公司诉请。⑩2011年**江苏某保险合同纠纷案**,2010年2月,肇事车撞倒行人李某后逃逸,倒地的李某被电器公司司机杨某驾驶的车辆拖行致死,交警无法查证责任。法院判决电器公司与肇事逃逸车连带赔偿死者方各项损失43万余元。保险公司称电器公司因连带责任代逃逸车辆支付的款项不予赔偿,且应扣除逃逸车应承担的交强险赔付11万元。法院认为:责任保险是指以被保险人依法应对第三人承担的损害赔偿责任为标的而成立的保险合同,对此应理解为,除法律规定不能通过责任保险转移的赔偿责任或保险合同不予承保的赔偿责任外,被保险人对第三人应当承担赔偿责任,或受害人请求被保险人给付赔偿金时,由保险人承担赔偿责任。生效判决已认定,对于李某死亡,逃逸车辆与电器公司车辆构成共同侵权,承担连带责任,且推定过错相当,各承担50%赔偿责任,故<u>保险公司关于连带责任部分不应理赔的理由无法律依据</u>,不予采纳。责任保险一定程度上是为受害人利益而存在的,若在逃逸汽车投保情况不明情况下扣除该车交强险范围内责任限额,显然不利于及时填补受害方的损失,故<u>保险公司主张应扣除逃逸车方交强险死亡伤残赔偿金11万元的抗辩意见,不予采纳</u>。保险公司对逃逸汽车方交强险范围限额内的责任承担后,可在查实后依法进行追偿。⑪2011年<u>江苏某保险合同纠纷案</u>,2009年5月,陈某驾驶投保三责险的货车与薛某驾驶的摩托车相撞,摩托车撞倒梁某停在路边的电瓶三轮车后倒地,薛某被陈某驾驶的货车碾压当场身亡。法院判决陈某赔偿34万余元,梁某赔偿8万余元,并互负连带责任。陈某向死者家属支付应由陈某赔付的8万余元后向保险公司理赔未果,遂诉至法院。法院认为:责任保险是指以被保险人对第三者依法应负的赔偿责任为保险标的的保险,商业三责险设立的目的在于发挥保险的经济补偿功能,商业三责险保险的范围是被保险人依法承担的对第三者的赔偿责任,<u>连带责任也是赔偿责任的一种,应当属于责任保险的范围</u>。在陈德某代梁某履行了连带赔偿责任后,并在保险赔偿限额内,陈某有权要求保险公司承担该赔偿责任。保险公司可在向陈某承担这部分赔偿责任后,要求陈某将这部分权益转让给保险公司,由其向梁某追偿,陈某应当予以配合。保险公司不能以陈某可以选择向其他连带责任人追偿为由拒绝承担赔偿责任,故判决保险公司赔付陈某8万余元。⑫2010年<u>上海某保险合同纠纷案</u>,2008年10月,仇某驾驶的轿车与物流公司司机曹某无证驾驶的投保带挂货车发生碰撞,仇某死亡,两车不同程度损坏。交警认定曹某负次要责任。法院判决保险公司在交强险责任限额范围内向仇某亲属赔偿22万元,不足部分,由物流公司按事故责任比例承担30%,即8万余元。保险公司赔付后,认为物流公司司机未取得驾驶资格造成交通事故,其有权行使交强险赔款22万元的追偿权。法院认为:曹某未取得驾驶资格,由此造成肇事后果应由物流公司承担。保险公司有权就已支付费用向物流公司追偿,但追偿范围应在致害人责任限额内。鉴于法院生效判决确定物流公司承担的事故责任比例为30%,则<u>物流公司应在其责任限额内向保险公司承担责</u>

任,即承担金额为6.6万元。⑬**2010年辽宁某保险合同纠纷案**,2009年2月,刘某驾车与一车相撞,后对方车辆逃逸。交警事故认定书记载刘某"保险自负车损,放弃追究责任",在刘某向保险公司要求理赔修车费1.2万余元时,保险公司以刘某放弃对第三者的请求赔偿权利而拒赔。法院认为:刘某与本次肇事相对方形成的是侵权之债,即该债权债务关系具有特定性,故刘某放弃追偿的意思表示应向特定相对方即本次事故肇事逃逸方作出方发生法律效力,而本案刘某系将该意思表示向第三方作出,故该意思表示不发生法律效力。本次事故逃逸方无权依据刘某对第三方作出的"自负车损,放弃追究责任"的意思表示而拒绝向刘某承担赔偿责任,或据此对抗保险公司在向刘某保险理赔后的代位追偿权,故本次事故逃逸方查明后,保险公司仍享有追偿权,保险公司不能依据刘某的案涉意思表示而不承担赔偿责任。⑭**2010年江苏某追偿权案**,2008年2月,高某持超过有效期的驾驶证驾车肇事致冯某受伤,随后,高某办理了原驾驶证的换证手续,保险公司依法院判决赔偿冯某交强险7万余元后向高某追偿。法院认为:根据《机动车驾驶证管理办法》第22条规定,驾驶证有效期满前3个月内,持证人应当到车辆管理所换证。车辆管理所应结合审验对持证人进行身体检查,审核违章、事故是否处理结束,对审验合格的,应换发驾驶证。因特殊情况不能按期换证的,依法处罚后予以换证。持证人在换证期间,有义务接受交通法规教育。由此可见,高某驾车肇事期间所持驾驶证虽已超有效期,但此情况不属于保险公司有权追偿的被保险人未取得驾驶资格的情形。同时,生效判决认定保险公司承担的是赔偿责任,而非垫付责任,且对被保险人高某已支付受害人的部分,判决保险公司予以返还,该判决已生效,保险公司亦已履行,故驳回保险公司对高某的诉讼请求。

【同类案件处理要旨】

无证、醉酒等情形驾驶被保险机动车发生交通事故,保险公司在交强险限额范围内对受害人承担人身损害赔偿责任后,有权向加害人追偿。因第三者对被保险车辆的损害而造成保险事故的,保险人自向被保险人赔偿保险金之日起,在赔偿金额范围内代位行使被保险人对第三者请求赔偿的权利。

【相关案件实务要点】

1.**【追偿范围】**在无证驾驶情形下,保险公司根据交强险合同向交通事故的受害人赔付后,有权向负有过错的被保险人行使追偿权,该追偿权行使的范围应根据被保险人在交通事故中的过错程度确定。案见上海二中院(2010)沪二中民六(商)终字第59号"某保险公司与某物流公司保险合同纠纷案"。同样的裁判要旨认为:保险公司的追偿权,除需满足交强险条例第22条所列3种情形外,其追偿的范围亦应限于致害人应承担赔偿责任的比例范围,以体现过错方的终局性赔偿责任,从而体现责任自负、公平合理的司法理念。案见江苏江阴法院(2010)澄长商初字第0163号"某保险公司诉某家具公司保险合同纠纷案"。编者倾向于此种裁判思路。司法实践中,更多的裁判结论是不考虑侵权人在交通事故中过错程度的全部追偿。

2.【无证情形】驾驶人所持驾驶证已超过原证规定的有效期,但未被注销,后补办了换证手续,此种情况下不应视为"未取得驾驶资格",保险人在承担交强险赔付责任后向被保险人追偿的,不应支持。案见江苏江阴法院(2010)澄滨商初字第256号"某保险公司诉高某追偿权案"。

3.【放弃追偿】交通事故一方当事人向交警部门作出放弃追偿的意思表示,法律效力不及于交通事故肇事逃逸的相对方,保险公司在向一方当事人保险理赔后,仍有权向查明后的肇事逃逸方追偿。案见辽宁本溪平山区法院(2010)平民二初字第00004号"刘某诉某保险公司保险合同纠纷案"。

4.【连带责任保险赔付】商业第三者责任险保险的范围是被保险人依法承担的对第三者的赔偿责任,连带责任也应属于责任保险的范围。在被保险人履行了连带赔偿责任后,并在保险赔偿限额内,被保险人有权要求保险公司承担该赔偿责任。案见江苏常州中院(2011)常商终字第207号"陈某诉某保险公司保险合同纠纷案"。相同观点认为:机动车第三者责任保险,以被保险人对第三人依法应负的赔偿责任为保险标的,在保险条款特别是责任免除条款并未明确保险人的保险责任范围不包括被保险人的连带责任部分的情况下,对被保险人基于共同侵权行为而承担的连带赔偿责任,保险人应予理赔。案见江苏苏州中院(2011)苏中商终字第0035号"某电气公司诉某保险公司保险合同纠纷案"。

5.【连带责任保险不赔】司法实践中,与上述裁判结论截然不同,另一种裁判思路为:所谓责任险应依据有责任有赔偿,无责任无赔偿,多少责任多少赔偿的原则。连带责任虽系民事赔偿的一种责任类型,但该处责任与机动车驾驶人在事故中所负责任,二者含义并不相同,保险人所应赔偿的第三者责任险仅对驾驶人在事故中所负责任而衍生出的赔偿责任进行赔付,而不涉及其他。连带责任系基于法律规定或当事人约定的责任形式,《保险法》并未规定连带责任属第三者责任险范畴,且双方在保险合同中也未对此进行约定,故保险公司仅在保险责任限额内对责任人承担保险责任,对被保险人基于共同侵权行为而承担的连带赔偿责任,保险人不承担责任。案见福建漳州中院(2007)漳民终字第46号"陈某等诉某保险公司保险合同纠纷案"、安徽芜湖中院(2011)芜中民抗字第0001号"张某诉某保险公司等保险合同纠纷案"(见本书案例43"两车相撞致他人损害")。

【附注】

参考案例索引:江苏江阴法院(2010)澄长商初字第0163号"某保险公司诉某家具公司保险合同纠纷案",见《安邦财产保险股份有限公司江苏分公司诉江苏丰硕酒店家具有限公司保险合同案》(吴佳),载《中国法院2012年度案例:保险纠纷》(1)。①广西高院(2017)桂民终148号"中国平安财产保险股份有限公司广西分公司与广西世纪船务有限责任公司等保险人代位求偿权纠纷上诉案",见《保险代位求偿权的限制对象不包括实际承运人》(谭庆华、杨钉),载《人民司法·案例》(201826:60)。②北京一中院(2013)一中民终字第12431号"某保险公司与某销售公司保险合同纠纷案",见《中国大地财产保险股份有限公司北京分公司诉北京冀东丰汽车销售服务有限公司保险合同纠纷案——〈保险法〉第六十条第一款涉及的第三者在机动车第三者责任险及机动车损失险项下的含义及范围》(梁睿),载《人民法院案例选》(201501/91:240)。③广东广州中院(2013)穗中法金民终字第57号,见《中国人民财产保险股份有限公司广州市分公司诉广州北环高速公路有限公司保险人代位求偿权纠纷案——高速公路管理者对路面障碍物造成公路使用人的财产损失应否承担民事责任的认定》(杨斯森),载《人民法院案例选》(201403/89:259)。④北京顺义区法院(2013)顺民初字第13080号"某保险公司与乔某保险代位权纠纷案",见《中国人民财产保险股份有限公司北京市密云分公司诉乔艳霞等保险人代位求偿权纠纷案(代位求偿权与侵权人的确认)》(张兰兰),载《中国审判案例要览》(2015商:354)。⑤江苏无锡中院(2013)锡商终字第0673号"某保险公司与某物业公司保险人代位求偿权纠纷案",见《太平洋保险公司诉好管家物业公司保险人代位求偿权纠纷案(代位求偿的基础法律关系)》(潘亚伟),载《中国审判案例要览》(2014商:277)。⑥北京朝阳区法院(2013)朝民初字第14479号"某保险公司与尹某等保险人代位权纠纷案",见《天平汽车保险股份有限公司北京分公司诉尹亚文、北京盛世物业服务有限公司保险人代位求偿权纠纷案(代位求偿权的行使条件)》(崔立斌、薛泓),载《中国审判案例要览》(2014商:282)。⑦北京东城区法院(2012)东民初字第13663号"某保险公司与李某等保险人代位求偿权纠纷案",见《华泰财产保险有限公司北京分公司诉李志贵、天安财产保险股份有限公司河北省分公司张家口支公司保险人代位求偿权纠纷案》,载《最高人民法院关于发布第6批指导性案例的通知》(20140126/6:25)。⑧江苏高院(2012)苏商再提字第0034号"福州高瑞贸易有限公司与中国太平洋财产保险股份有限公司福建分公司保险合同纠纷案",见《保险代位求偿不当得利的认定及禁止》(李圣鸣、杨志刚,江苏高院;李新庄,江苏南京玄武区法院),载《审判监督指导·实务研讨》(201501/51:211)。⑨最高人民法院"某保险公司与某物流公司保险代位求偿权纠纷案",见《保险人放弃代位求偿权后主张代位求偿权的请求不应支持——中国大地财产保险股份有限公司吉林分公司与吉林省恒昌物流有限公司保险代位求偿权纠纷申请再审案》(汪治平,最高人民法院立案庭),载《立案工作指导·申诉与申请再审疑案评析》(201104/31:62)。⑩江苏苏州中院(2011)苏中商终字第0035号"某电器公司诉某保险公司保险合同纠纷案",判决保险公司赔偿电器公司理赔款38万余元。见《吴江市正大电热电器公司诉太平洋保险吴江公司拒赔连带责任损失保险合同纠纷案》(钮晓丰、张勇),载《江苏高院公报·参阅案例》(201201:75);另载《人民法院案例选》(201203:274)。⑪江苏常州中院(2011)常商终字第207号"陈某诉某保险公司保险合同纠纷案",见《保险公司应对被保险人已履行的连带责任进行赔付——江苏常州中院判决陈德志诉保险公司保险合同纠纷案》(蒋小梅、郑仪),载《人民法院报·案例指导》(20110714:6);另见《陈德志诉平安保险宣城支公司因承担连带责任后索赔保险合同纠纷案》(蒋小梅),载《江苏高院公报·参阅案例》(201103:57)。⑫上海二中院(2010)沪二中民六(商)终字第59号"某保险公司与某物流公司保险合同纠纷案",见《保险人有权向无证驾驶的被保险人追偿交强险赔偿款——上海二中院判决平安保险公司与朗聚物流公司保险合同纠纷案》(俞巍),载《人民法院报·案例指导》(20100624:6)。⑬辽宁本溪平山区法院(2010)平民二初字第00004号"刘某诉某保险公司保险合同纠纷案",见《刘裕民诉永诚财产保险股份有限公司本溪中心支公司保险合同案》(李玉玺),载《中国法院2012年度案例:保险纠纷》(60)。⑭江苏江阴法院(2010)澄滨商初字第256号"某保险公司诉高某追偿权案",见《中国人民财产保险股份有限公司苏州市分公司诉高建华追偿垫付款案》(唐宇英、夏凯),载《中国法院2012年度案例:保险纠纷》(29)。

84. 肇事逃逸与保险赔付

——肇事司机逃,保险能否赔?

【肇事逃逸】

【案情简介及争议焦点】

2005年2月,陈某投保使用性质为家用的客车,其间,于某驾驶该车为陈某担任法定代表人的展览公司运送货物途中,在某封闭的地下停车场倒车时,将执勤保安撞倒致死,于某肇事后逃逸。法院以过失致人死亡罪判处于某有期徒刑3年,并判附带民事诉讼被告于某与展览公司连带赔偿受害人14万余元,二审经调解,由展览公司一次性赔偿受害人10万元。陈某找保险公司理赔时遭拒。

争议焦点:1.本案是否适用《道路交通安全法》? 2.是否算营运车? 3.保险公司能否以变更车辆用途解除合同? 4.保险公司应否承担垫付责任? 5.陈某作为原告应否获得赔偿?

【裁判要点】

1.本案保险公司无须再承担垫付责任。本案投保车辆发生保险事故的地点位于地下停车场的封闭的行车道内,地下停车场虽在该公寓产权人管理范围内,但允许社会机动车通行,应属道路范围。驾驶人于某驾驶投保车辆为展览公司送货应属于企业单位用于生产经营活动,符合非营运车的使用范围。根据交强险条例规定,投保人投保时,应向保险公司如实告知重要事项中并无变更车辆用途一项,故根据该条例,投保人未告知保险人变更车辆用途的,不属于保险人解除合同或拒绝赔偿的法定事由。但驾驶人于某在交通事故发生后驾车逃离现场的行为已为法院生效判决所认定,于某已根据法院生效裁判向受害人履行了赔偿义务,故保险公司依交强险条例依法无须再承担垫付责任。

2.陈某并未因保险事故造成直接损失。保险合同约定的被保险人与其允许的合格驾驶员是两个不同的概念,在法律及司法解释没有明确规定的情况下,经被保险人同意的、被保险车辆的实际使用人(包括租车单位、借车单位)也列为被保险人,缺乏法律依据。保险公司根据合同应当承担责任的范围是:在发生事故使第三者遭受人身或财产损失,并依法应当由被保险人支付的赔偿金额。本案被保险人陈某未支付赔偿金,亦未对第三人承担法律意义上的赔偿责任,现其要求保险公司承担保险责任缺乏合同和法律依据。以后若陈某对第三人进行了赔偿或依法承担了赔偿责任,其可再向保险公司主张相关权利。

【裁判依据或参考】

1.法律规定。《民法典》(2021年1月1日)第1216条:"机动车驾驶人发生交通事故后逃逸,该机动车参加强制保险的,由保险人在机动车强制保险责任限额范围内予以赔偿;机动车不明、该机动车未参加强制保险或者抢救费用超过机动车交通事故责任强制保险责任限额,需要支付被侵权人人身伤亡的抢救、丧葬等费用的,由道路交通事故社会救助基金垫付。道路交通事故社会救助基金垫付后,其管理机构有权向交通事故责任人追偿。"《道路交通安全法》(2004年5月1日实施,2011年4月22日修正)第70条:"在道路上发生交通事故,车辆驾驶人应当立即停车,保护现场;造成人身伤亡的,车辆驾驶人应当立即抢救受伤人员,并迅速报告执勤的交通警察或者公安机关交通管理部门。因抢救受伤人员变动现场的,应当标明位置。乘车人、过往车辆驾驶人、过往行人应当予以协助。在道路上发生交通事故,未造成人身伤亡,当事人对事实及成因无争议的,可以即行撤离现场,恢复交通,自行协商处理损害赔偿事宜;不即行撤离现场的,应当迅速报告执勤的交通警察或者公安机关交通管理部门。在道路上发生交通事故,仅造成轻微财产损失,并且基本事实清楚的,当事人应当先撤离现场再进行协商处理。"第71条:"车辆发生交通事故后逃逸的,事故现场目击人员和其他知情人员应当向公安机关交通管理部门或者交通警察举报。举报属实的,公安机关交通管理部门应当给予奖励。"第75条:"医疗机构对交通事故中的受伤人员应当及时抢救,不得因抢救费用未及时支付而拖延救治。肇事车辆参加机动车第三者责任强制保险的,由保险公司在责任限额范围内支付抢救费用;抢救费用超过责任限额的,未参加机动车第三者责任强制保险或者肇事后逃逸的,由道路交通事故社会救助基金先行垫付部分或者全部抢救费用,道路交通事故社会救助基金管理机构有权向交通事故责任人追偿。"第76条:"机动车发生交通事故造成人身伤亡、财产损失的,由保险公司在机动车第三者责任强制保险责任限额范围内予以赔偿;不足的部分,按照下列规定承担赔偿责任:(一)机动车之间发生交通事故的,由有过错的一方承担赔偿责任;双方都有过错的,按照各自过错的比例分担责任。(二)机动车与非机动车驾驶人、行人之间发生交通事故,非机动车驾驶人、行人没有过错的,由机动车一方承担赔偿责任;有证据证明非机动车驾驶人、行人有过错的,根据过错程度适当减轻机动车一方的赔偿责任;机动车一方没有过错的,承担不超过百分之十的赔偿责任。交通事故的损失是由非机动车驾驶人、行人故意碰撞机动车造成的,机动车一方不承担赔偿责任。"第101条:"……造成交通事故后逃逸的,由公安机关交通管理部门吊销机动车驾驶证,且终生不得重新取得机动车驾驶证。"《侵权责任法》(2010年7月1日,2021年1月1日废止)第49条:"因租赁、借用等情形机动车所有人与使用人不是同一人时,发生交通事故后属于该机动车一方责任的,由保险公司在机动车强制保险责任限额范围内予以赔偿。不足部分,由机动车使用人承担赔偿责任;机动车所有人对损害的发生有过错的,承担相应的赔偿责任。"第53条:"机动车驾驶人发生交通事故后逃逸,该机动车参加强制保险的,由保险公司在机动车强制保险责任限额范围内予以赔偿;机动车不明或者该机动车未参加强制保险,需要支付被侵权人人身伤亡的抢救、丧葬等费用的,由道路交通事故社会救助基金垫付。道路交通事故社会救助基金垫付后,其管理机构有权向交通事故责任人追偿。"

2. 行政法规。《**机动车交通事故责任强制保险条例**》(2013年3月1日修改施行)第24条:"国家设立道路交通事故社会救助基金(以下简称救助基金)。有下列情形之一时,道路交通事故中受害人人身伤亡的丧葬费用、部分或者全部抢救费用,由救助基金先行垫付,救助基金管理机构有权向道路交通事故责任人追偿:(一)抢救费用超过机动车交通事故责任强制保险责任限额的;(二)肇事机动车未参加机动车交通事故责任强制保险的;(三)机动车肇事后逃逸的。"第42条:"本条例下列用语的含义:……(二)被保险人,是指投保人及其允许的合法驾驶人……"《道路交通安全法实施条例》(2004年5月1日,2017年10月7日修订)第92条:"发生交通事故后当事人逃逸的,逃逸的当事人承担全部责任。但是,有证据证明对方当事人也有过错的,可以减轻责任。"

3. 司法解释。最高人民法院《关于审理交通肇事刑事案件具体应用法律若干问题的解释》(2000年11月21日 法释〔2000〕33号)第2条:"……交通肇事致一人以上重伤,负事故全部或者主要责任,并具有下列情形之一的,以交通肇事罪定罪处罚:……(六)为逃避法律追究逃离事故现场的。"第3条:" '交通运输肇事后逃逸',是指行为人具有本解释第二条第一款规定和第二款第(一)至(五)项规定的情形之一,在发生交通事故后,为逃避法律追究而逃跑的行为。"

4. 部门规章。公安部《道路交通事故处理程序规定》(2018年5月1日)第62条:"公安机关交通管理部门应当自现场调查之日起十日内制作道路交通事故认定书。交通肇事逃逸案件在查获交通肇事车辆和驾驶人后十日内制作道路交通事故认定书。对需要进行检验、鉴定的,应当在检验报告、鉴定意见确定之日起五日内制作道路交通事故认定书。有条件的地方公安机关交通管理部门可以试行在互联网公布道路交通事故认定书,但对涉及的国家秘密、商业秘密或者个人隐私,应当保密。"第112条:"本规定中下列用语的含义是:……(一)'交通肇事逃逸',是指发生道路交通事故后,当事人为逃避法律责任,驾驶或者遗弃车辆逃离道路交通事故现场以及潜逃藏匿的行为……"中国保监会《关于保险公司垫付肇事逃逸车辆对第三者经济损害赔偿责任有关问题的复函》(2004年11月4日 保监厅函〔2004〕208号)第2条:"保险合同与《办法》(指《道路交通事故处理办法》——编者注)规定相冲突的问题。目前人保股份的保险合同是在意思自治前提下的商业合同,其中将逃逸车辆列明为除外责任的做法,不违反相关法律的要求。"中国保监会办公室《关于保险车辆肇事逃逸是否属于保险除外责任的复函》(2002年9月20日 保监办函〔2002〕84号):"……《深圳市机动车辆保险条款》(保监发〔1999〕32号)未将保险车辆肇事逃逸列为除外责任,保险公司应按现行条款执行,不能套用除外责任中'被保险人及其驾驶员的故意行为'作出拒赔决定。"公安部《关于道路交通事故逃逸案件有关责任认定问题的批复》(2001年11月12日 公复字〔2001〕19号,2004年8月19日废止)第1条:"发生道路交通事故,一方当事人逃逸尚未归案,但逃逸当事人身份等情况已调查清楚的,公安机关应当依据调查的事实和原因,按照《道路交通事故处理办法》第十七条、十八条、十九条规定认定交通事故责任;如逃逸当事人具有《道路交通事故处理办法》第二十条、二十一条列举的违法行为的，应当按照第二十条、二十一条规定认定交通事故责任，交通事故责任认定的时限，应当按照《道路交通事故处理程序规定》第三十二条有关规定执行。"第2条："发生道路交通事故，一方当事人逃逸尚未归案，且身份等情况不明的，公安机关暂不宜做交通事故责任认定，待破案查明逃逸当事人身份后，再按照《道路交通事故处理办法》和《道路交通事故处理程序规定》有关规定认定其交通事故责任。交通事故责任认定的时限，自查明逃逸当事人身份之日起计算。"公安部交管局《**关于特种车辆在执行任务中发生交通事故后驶离现场定性问题的答复**》(1999年4月29日 公交管〔1999〕105号，2004年8月19日废止)第1条："交通肇事逃逸案件是指发生道路交通事故后，当事人为逃避责任，故意驾驶车辆或者弃车逃离交通事故现场的案件。因此，执行任务的特种车辆在发生交通事故后，为了履行法定的职责离开现场，不能认定为交通肇事逃逸。"第2条："根据《中华人民共和国交通管理条例》第五十五条第一款的规定，特种车辆执行任务时，其他车辆和行人必须让行。"公安部交管局《**关于对非肇事驾驶员可否吊销驾驶证问题的答复**》(1998年12月25日 公交管〔1998〕341号，2004年8月19日废止)："……如果非肇事驾驶员在交通事故发生时未在肇事车辆上，根据有关法律、法规的规定，对于在调查交通事故中，发现非肇事驾驶员有冒名顶替交通肇事者承担交通事故责任行为的，不能吊销其驾驶证，可依据《中华人民共和国治安管理处罚条例》第十九条第(七)项规定予以处罚。"中国人民保险公司、公安部《**关于贯彻实施〈道路交通事故处理办法〉有关保险问题的通知**》(1992年2月26日)第2条："《办法》第十四条规定：'在实行机动车第三者责任法定保险的行政区域发生机动车交通事故逃逸案件的，由当地中国人民保险公司预付伤者抢救期间的医疗费、死者的丧葬费。中国人民保险公司有权向抓获的逃逸者及其所在单位或者机动车的所有人，追偿其预付的所有款项。'中国人民保险公司在法定保险行政区域内的分支机构(以下简称当地公司)都应当履行《办法》第十四条规定的预付的职责。其中伤者在抢救期间的医疗费是指：逃逸案件的伤者有生命危险或伤势急需控制、必须送往医院实施抢救，从其接受抢救起至脱离危险、生命体征基本稳定或抢救无效、停止抢救时止所发生的医疗费用。逃逸案件发生后，当地公安机关应书面通知当地公司，当地公司据此立案，并在赔款项下预付应付款项。逃逸案件破获后，公安机关应协助当地公司向抓获的逃逸者及其所在单位或者机动车的所有人，追偿当地公司预付的所有款项……"

5. 地方司法性文件。江西宜春中院《**关于印发〈审理机动车交通事故责任纠纷案件的指导意见〉的通知**》(2020年9月1日 宜中法〔2020〕34号)第16条："商业三者险保险公司对于无证驾驶、醉驾、逃逸、超载等法律法规所禁止的情形约定免责的，保险人举证证明其对此已履行了提示义务的，应确认该约定有效。商业三者险保险公司对于法律法规中未做禁止性规定的情形约定免责的,保险人举证证明其对此已充分履行提示和明确说明义务的,应确认该约定有效。赔偿权利人有证据证明商业三者保险合同未送达给投保人的,则免责条款不发生法律效力。不计免赔系附加险种,被保险人未投保不计免赔的,应适用保险公司中有关赔率的约定,与保险人的提示、说明义务无关。提示、明确说明义务的认定,依照最高人民法院《关于适用〈中华人民共和国保险法〉若干问题的解释(二)》第十一条、第十二条规定。"辽宁沈阳中院《机动车交通事故责任纠纷案件审判实务问题解答》(2020年3月23日)第6条:"交通事故中'逃逸行为'如何认定? 解答:人民法院在认定逃逸行为时,应首先要依据《交通事故责任认定》或《交通事故证明》的记载事实进行认定。根据事故《交通事故责任认定》或《交通事故证明》记载内容,区分擅离现场和事故逃逸情形,分别认定驾驶人擅离现场行为性质。在认定擅离现场性质的基础上,再行认定是否构成'逃逸行为'。理由:交通事故逃逸,是指行为人在发生交通事故后,为了逃避法律追究而逃跑的行为。肇事者离开现场时是否'履行积极救助义务'是认定'逃逸'性质的实质要件。肇事人离开现场时是否'立即投案'是评判'逃逸'性质的形式要件。'积极履行救助义务'与'立即投案'均是'接受法律追究'的表现形式,两者具有内在联系。总之,人民法院在甄别'逃逸行为'、'擅离现场'时,应依据驶离行为是否具有逃避法律追究情节予以认定。"第13条:"伤者在诊疗时启动了基本医疗保险,交通事故赔偿义务主体是否应承担基本医疗保险已支付部分医疗费? 解答:基本医疗保险在交通事故中有明确责任主体时不应启动,在交通事故中无明确责任主体或责任主体逃逸无法追诉时,可启动基本医疗保险。在不符合基本医疗保险条件时,伤者客观上已经启动基本医疗保险的,不影响赔偿责任主体承担赔偿责任。伤者在得到实际赔偿后,应将基本医疗保险获得利益返还基本医疗保险机构。理由:《中华人民共和国社会保险法》第三十条规定,下列医疗费用不纳入基本医疗保险基金支付范围:(一)应当从工伤保险基金中支付的;(二)应当由第三人负担的;(三)应当由公共卫生负担的;(四)在境外就医的。医疗费用依法应当由第三人负担,第三人不支付或者无法确定第三人的,由基本医疗保险基金先行支付。基本医疗保险基金先行支付后,有权向第三人追偿。《中华人民共和国社会保险法》第四十二条规定,由于第三人的原因造成工伤,第三人不支付工伤医疗费用或者无法确定第三人的,由工伤保险基金先行支付。工伤保险基金先行支付后,有权向第三人追偿。《中华人民共和国社会保险法》对基本医疗保险启动条件及启动后的追偿程序进行明确规定,在处理此类纠纷时遵循即可。"湖南高院《关于印发〈审理道路交通事故损害赔偿纠纷案件的裁判指引(试行)〉的通知》(2019年11月7日 湘高法〔2019〕29号)第7条:"多辆机动车发生交通事故造成第三人损害,如有侵权车辆方身份不明确的,交强险部分承担了侵权责任的保险公司有权就超出其应承担部分向身份不明车辆方追偿。对于商业险部分,已经查明的侵权车辆方依据其在此次交通事故中所负责任承担相应的赔偿责任,其他部分待未查明车辆明确后由受害者另行起诉。机动车交通事故中交通事故肇事者弃车逃逸,经公安交通管理部门调查并公告,无法确定交通肇事人,公安交通管理部门应受害人的要求出具交通事故认定书,赔偿权利人以此交通事故认定书中列明的'××车驾驶人''无名氏'为被告提起诉讼的,人民法院不予受理。"山东济南中院《关于保险合同纠纷案件94个法律适用疑难问题解析》(2018年7月)第18条:"'逃逸'、'逃离'、'离开'、'驶离'等的法律后果。保险条款一般会约定有关驾驶人在发生事故后逃逸(逃离)事故现场的免责的内容。究其合同目的,是为了督促驾驶人在事故发生后积极采取救助、减损措施以及及时确定事故性质和责任、驾驶人员的驾驶资格、是否存在禁驾事由等情形,从而进一步确定保险人的保险责任。一般情况下交警部门往往在事故责任认定书上不会使用'逃逸'或'逃离'的字眼儿,这就与保险条款中约定的逃逸(逃离)免责不完全相符,继而产生了逃逸(逃离)与'离开'、'驶离'等表述上的差异。(一)如果交警部门在事故责任认定书上已经认定驾驶员在事故发生后"逃逸(逃离)'的,可依据《最高人民法院关于适用〈中华人民共和国保险法〉若干问题的解释(二)》第十条的规定处理。(二)对于'离开'、'驶离'等表述应当依据常理审查离开现场的合理性与必要性。免责条款需结合生活经验和设立目的予以解释。按照交通行政法规的规定,保护现场、及时报警是事故发生后驾驶员的重要义务,只有在特殊情况下才允许撤离现场。如事故中出现人员伤亡需要及时医疗救治、如不及时撤离会有其他危及生命健康、财产安全危险等,即未采取合理措施而离开现场的行为必须具有合理性和必要性,否则保险人可以按约免责。从个案情形来看,可根据事故的严重程度、人员受伤状况来判断离开现场的合理性和必要性。轻微伤或者仅是身体不适不能作为离开现场的合理理由。"广东惠州中院《关于审理机动车交通事故责任纠纷案件的裁判指引》(2017年12月16日)第11条:"存在多个身份明确的赔偿义务人时,赔偿权利人仅起诉部分赔偿义务人的,按照以下情形处理:(一)案件为必要共同诉讼的,人民法院应当追加其他赔偿义务人为共同被告。赔偿权利人明确免除一个或数个被告的赔偿责任的,如该责任免除影响到其他被告的赔偿数额,则其他被告在赔偿权利人放弃权利的范围内减轻或免除赔偿责任。(二)案件为普通共同诉讼的,人民法院应当向赔偿权利人释明可以追加其他赔偿义务人为被告。赔偿权利人明确表示不追加的,不得追加为被告。"第12条:"在道路交通事故肇事人逃逸的情形下,赔偿权利人以交通管理部门出具交通事故认定书中列明的'××车驾驶人'、'无名氏'为被告提起诉讼的,不予受理。"江西景德镇中院《关于印发〈关于审理人身损害赔偿案件若干问题的指导意见〉的通知》(2017年3月1日 景中法〔2017〕11

号)第4条:"若存在逃逸、醉驾、未持有效驾照、车辆未年检等情形,交强险及商业险是否免赔问题的认定。在保险公司尽到提示义务的情况下,若存在逃逸、醉驾、未持有效驾照、车辆未年检等情形,交强险仍应理赔,商业险免赔,但保险公司可在赔偿范围内向侵权人追偿;在保险公司未尽提示义务的情况下,若存在逃逸、醉驾、未持有效驾照、车辆未年检等情形,交强险及商业险均应理赔。"浙江绍兴中院《关于审理涉及机动车保险领域民商事纠纷案件若干问题指导意见》(2014年11月4日)第9条:"【保险人代位求偿】保险人代位求偿案件中,肇事人与机动车所有人非同一人,在肇事人逃逸无法查明具体肇事人的情况下,可以以机动车所有人与机动车之间有运行支配和运行利益的关联性,确定机动车所有人系机动车损害赔偿的责任主体。"广东深圳中院《关于道路交通事故损害赔偿纠纷案件的裁判指引》(2014年8月14日 深中法发〔2014〕3号)第7条:"道路交通事故中交通事故肇事人弃车逃逸,经公安交通管理部门调查并公告,无法找到交通肇事逃逸人,公安交通管理部门应受害人的要求出具交通事故认定,赔偿权利人以此交通事故认定书中列明的'车驾驶人'、'无名氏'为被告提起诉讼的,人民法院不予受理。"广东高院《关于肇事逃逸免责条款法律效力的复函》(2014年2月28日 〔2014〕粤高法民复字第1号):"商业第三者险与交强险是有区别的,商业三者险属于投保人自愿购买的责任保险,虽然客观上也有及时填补受害人损失的作用,但其设立目的是减轻侵权人的赔偿负担,而非填补受害人的损失。审查商业三者险保险合同应坚持当事人意思自治原则,尊重当事人合法的意思表示。保险合同中保险人与被保险人的权利义务由双方协商确定,肇事后逃逸免赔的条款不违反我国法律规定,也有加大逃逸者的违法成本从而促使其遵章守法的导向作用,故即使逃逸行为并不加重保险人的赔偿责任,保险人也可依据合同条款免于赔偿。"安徽高院《关于审理道路交通事故损害赔偿纠纷案件若干问题的指导意见》(2014年1月1日 皖高法〔2013〕487号)第4条:"认定驾驶人事故后逃逸、逃离事故现场、伪造现场、酒后驾驶、无证驾驶、证驾不符等商业三者险合同约定的免责情形的,应以《道路交通事故认定书》为依据,但有相反证据推翻事故认定书的除外。公安交警部门没有作出事故认定书,或者事故认定书未认定驾驶人存在上述情形的,由保险公司承担举证责任。"浙江高院民一庭《民事审判法律适用疑难问题解答》(2013年第16期):"……问:侵权纠纷案件中,原告依据《侵权责任法》第二十三条规定,起诉受益人要求适当补偿的,有关受益人的补偿责任该如何确定?答:赔偿权利人依据《侵权责任法》第二十三条规定,起诉受益人要求承担补偿责任的,人民法院应告知其先向侵权行为人主张权利,但侵权人身份不明、逃逸,或无力承担责任的除外。人民法院可综合考量受益人的自身过错、受益程度、受益范围、经济状况以及受害人的损失大小等情况酌情确定适当的补偿责任。补偿责任一般不超过受害人所遭受损害的百分之五十。"江苏南通中院《关于处理交通事故损害赔偿案件中有关问题的座谈纪要》(2011年6月1日 通中法〔2011〕85号)第26条:"机动车发生交通事故致人损害的,不论机动车一方有无过错,由保险公司在交强险责任限额内予以赔偿。但交通事故的损失是由非机动车、行人故意碰撞机动车造成的除外。"第29条:"《机动车交通事故责任强制保险条例》第三条规定的'人身伤亡'所造成的损害包括财产损害和精神损害。精神损害赔偿与物质损害赔偿在交强险责任限额中的赔偿次序,请求权人有权进行选择。请求权人选择优先赔偿精神损害,应予支持。"山东高院《关于印发审理保险合同纠纷案件若干问题意见(试行)的通知》(2011年3月17日)第27条:"第三者责任保险中,被保险人允许的合法驾驶人在驾驶被保险车辆时发生交通事故致第三者人身伤亡和财产损失的,在承担损害赔偿责任后,有权要求保险人按照第三者责任保险合同约定赔付。"江苏高院、省高检、省公安厅《关于办理交通肇事刑事案件适用法律若干问题的意见(试行)》(2011年3月15日 苏高法〔2011〕135号)第10条:"交通肇事后逃逸,是指行为人明知发生交通事故后,为了逃避法律追究而逃跑的行为。"第12条:"交通肇事行为人明知发生交通事故,驾驶车辆或者弃车逃离事故现场的行为一般应当认定为逃逸。具有下列情形之一的,一般应当认定为交通肇事后逃逸:(1)虽将被害人送至医院,但未报案或者无故离开医院,或者向被害人、被害人亲属、医务人员谎报虚假的身份信息和联系方式后离开医院的;(2)交通事故发生后,对相关事宜未能协商达成一致,或虽经协商但给付的赔偿费用明显不足,行为人未留下本人有效信息,而强行离开现场的;(3)交通事故发生后,行为人未及时向当地公安机关报警,离开现场后向异地县(市)的公安机关报警的;(4)其他依法应当认定为交通肇事后逃逸的情形。"第13条:"有下列情形之一的,一般不予认定为交通肇事后逃逸:(1)行为人驾车驶离现场,有充分证据证明其不知道或不能发现事故发生的;(2)行为人为及时抢救被害人而离开现场,并及时报警并接受调查的;(3)行为人将被害人送到医院后,确因筹措医疗费用需暂时离开医院,并经被害人、被害人亲属或医务人员同意,或者留下本人有效信息,在合理时间内及时返回的;(4)行为人因本人伤重需要到医院救治原因离开现场,无法及时报案的;(5)有证据证明行为人因可能受到人身伤害而被迫离开事故现场,并及时报案接受调查的;(6)行为人在被司法机关采取强制措施后逃跑的;(7)行为人虽未被司法机关采取强制措施,但已被公安机关询问、调查并如实交代个人情况和行为事实后逃跑的。"第16条:"交通肇事后逃逸,行为人主动或委托他人向司法机关或者其他相关部门投案,如实供述犯罪事实的,构成自首。但此种情况下对自首的认定,不影响对行为人交通肇事后逃逸的认定。"浙江高院《关于交通肇事逃逸等问题的会议纪要》(2011年3月4日)第1条:"关于交通肇事后逃逸的构成。刑法第一百三十三条规定的交通肇事后逃逸,是指发生重大交通事故后,肇事者为了逃避法律追究,驾驶肇事车辆或者遗弃肇事车辆后逃跑的行为。刑法规定对逃逸加重处罚,根本目的有二:一是为了及时抢救伤者,防止事故损失的扩大;二是便于尽快查清事故责任,处理事故善后。道路交通安全法第七十条规定,肇事者发生交通事故后必须立即停车,保护现场;造成人身伤亡的,应当立即抢救受伤人员,并迅速报告执勤的交通警察或者公安机关交通管理部门。因此,保护事故现场,抢救伤员,报警并接受公安机关的处理,是肇事者必须履行的法定义务。交通肇事后逃逸行为的本质特征就是为了逃避法律追究不履行上述法定义务,正确认定逃逸也应当围绕肇事者在肇事后是否履行了法定义务去考察。审判实践中,应当把握好主观和客观两个方面的要件。一是主观要件,即为了逃避法律追究。包括为了逃避行政责任、民事责任和刑事责任的追究。如果没有法定事由或者正当理由离开事故现场,应当推定为逃避法律追究。二是客观要件,即在接受公安机关处理前,驾驶肇事车辆或者遗弃肇事车辆后逃跑。以逃离事故现场为一般情形。这里的事故现场,不仅包括交通事故发生现场,还包括与事故发生现场具有紧密联系的空间,如按警察指定等候处理的地点等。在认定是否属于逃离事故现场时,要特别注意逃逸行为与肇事行为在时空上的连贯性。履行了道路交通安全法上设定的肇事者必须履行的法定义务后逃跑,不宜认定为交通肇事后逃逸。"第2条:"关于几种常见情形的认定和处理。肇事者被殴打或者面临被殴打的实际危险而逃离事故现场,然后立即报警并接受公安机关处理的,可以不认定为逃逸。此种情形需要有足够的事实依据和证据存在,才能采信被告人的辩解。逃离事故现场后具备报警条件不及时报警,具备投案条件而不及时投案的,应当认定为逃逸。如果是因为出了事故内心恐惧而逃离事故现场的,或者为了逃避酒精检测等而逃离事故现场的,均应认定为逃逸。肇事者接受公安机关处理后,在侦查、起诉、审判阶段为躲避责任经传唤不到案,取保候审或者监视居住期间逃跑,实质是一种逃避侦查、起诉、审判的违反刑事诉讼程序的行为,均不宜认定为逃逸,但应当酌情从重处罚。肇事者离开事故现场迳直去公安机关投案,不影响事故责任的认定,且事故损失没有明显扩大的,可以不作为逃逸处理。肇事者逃逸后,途中害怕被加重追究刑事责任而到公安机关投案的,仍然应当认定为逃逸,其中如实交代罪行的,可以认定为自首。认定是否直接去公安机关投案,不能仅以被告人辩解为依据,应当根据离开现场后的行走线路、时间长短以及是否具备报案条件等因素综合判定。无法认定直接去公安机关投案的,以逃逸论。肇事者肇事后虽然采用打电话等方式报警,然后逃离事故现场的,或者逃离事故现场后打电话报警的,仍然应当认定为逃逸。但因为有报警行为,可对其酌情从轻处罚。造成人身伤亡的,肇事者应当立即抢救受伤人员。如果是为了抢救伤员而离开现场,不认定为逃离事故现场。但是如果肇事者将伤者送到医院后,没有报警并接受公安机关处理,而是为逃避法律追究逃离的,应当认定为逃逸,可以酌情从轻处罚。肇事者具有《最高人民法院关于审理交通肇事刑事案件具体应用法律若干问题的解释》(以下简称'解释')第二条第二款第(一)至(五)项情形之一,又有逃逸行为的,逃逸行为应作为法定加重情节,对肇事者在刑法第一百三十三条第二个量刑档次,即三年以上七年以下有期徒刑的幅度内量刑。但根据《解释》第二条第二款第(六)项规定因交通肇事后逃逸而构成犯罪的,由于逃逸已成为构成犯罪的要件,不能重复评价为加重情节,故对肇事者只能在刑法第一百三十三条第一个量刑档次,即三年以下有期徒刑或者拘役的幅度内量刑。"第3条:"关于对交通肇事后让人顶替案件的处理。当前,交通肇事后肇事者让他人顶替,以逃避法律追究的情况多发,给交通事故责任的正确认定带来困难,容易使肇事者逃避法律的追究,也易使被害方的利益造成损害,且严重妨害司法机关的正常活动,应予从严惩治。让人顶替的情形有多种。有的肇事者让同车人顶替或者打电话让人来现场顶替;有的肇事者逃离现场后叫顶替者到现场或者去公安机关投案等等,根本目的就是使自己逃避法律的追究。因此,肇事者让人顶替的行为从本质上说仍是一种交通肇事后的'逃跑'行为,而且还是一种指使他人向司法机关作伪证的行为,妨害了司法机关的正常诉讼活动,社会危害比一般逃逸更大,应认定为交通肇事逃逸并从重处罚。处理这类案件,还要区分肇事者是否逃离了事故现场。对肇事者让人顶替但自己没有逃离现场的,可酌情从轻处罚。对顶替者,构成犯罪的,以刑法第三百一十条包庇罪追究刑事责任。"第5条:"关于交通事故认定书的性质和逃逸后的责任承担。交通肇事刑事案件中的交通事故认定书,是公安机关交通管理部门根据交通事故现场勘验、检查、调查情况和有关的检验、鉴定结果制作的一种法律文书,本质上具有证据性质。人民法院应当结合全案的其它证据综合分析,从而正确认定肇事者的责任,公正处理案件。根据我国道路交通安全法及其实施条例第九十二条规定,对肇事者不履行法定义务而逃逸的,应当推定为承担事故的全部责任。但是,有证据证明对方当事人也有过错的,可以减轻肇事者的责任。人民法院审理此类案件时,也应按此原则处理。"江苏无锡中院《关于印发〈关于审理道路交通事故损害赔偿案件若干问题的指导意见〉的通知》(2010年11月8日 锡中法发〔2010〕168号)第17条:"【身份不明肇事者的诉讼主体地位】道路交通事故中交通事故肇事人弃车逃逸,经公安交通管理部门调查并公告,无法找到交通肇事逃逸人的,公安交通管理部门应受害人的要求出具交通事故认定书,赔偿权利人以此交通事故认定书中列明的'××车驾驶员'、'无名氏'为唯一被告提起诉讼的,人民法院不予受理。赔偿权利人除列交通事故认定书中载明的'××车驾驶员'、'无名氏'为被告外,另列有其他被告提起诉讼的,人民法院应予受理,但无法确定身份的肇事人不立为案件当事人。"山东东营中院《关于印发道路交通事故处理工作座谈会纪要的通知》(2010年6月2日)第12条:"机动车驾驶人发生交通事故后逃逸,肇事车辆确定后,该机动车参加强制责任保险的,由保险公司在机动车强制保险责任限额范围内予以赔偿。"重庆高院《印发〈全市法院保险纠纷案件审判实务研讨会会议纪要〉的通知》(2010年4月7日 渝高法〔2010〕101号)第12条规定:"关于第三者责任险中,致害人虽未逃逸但之后下落不明,导致受害人无法提起侵权诉讼的,受害人能否行使代位权直接起诉保险人的问题。会议认为,保险法赋予了受害人直接诉权。一定条件下,受害人以保险人为被告提出诉讼的,人民法院应予受理。因加害人下落不明导致损害数额未确定的,保险诉讼中人民法院可对保险赔偿数额予以查明。"江苏南京中院民一庭《关于审理交通事故损害赔偿案件有关问题的指导意见》(2009年11月)第32条:"机动车之间相撞造成交通事故后一方逃逸,公安机关交通管理部门认定逃逸方承担全部责任,受害人起诉机动车另一方及保险公司要求赔偿损失的,该另一方机动车及保险公司应承担赔偿责任。在履行了全部赔偿责任后,有权要求肇事逃逸一方机动车及其保险公司承担相应的赔偿责任。"安徽合肥中院民一庭《关于审理道路交通事故损害赔偿案件适用法律若干问题的指导意见》(2009年11月16日)第61条:"道路交通事故的发生具有《机动车交通事故责任强制保险条例》第二十二条第一款规定的三种情形的,保险公司拒绝赔偿受害人人身损害的,应不予支持。"浙江高院《关于审理交通肇事刑事案件的若干意见》(2009年8月21日 浙高法〔2009〕282号)第2条:"交通肇事后报警并保护事故现场,是道路交通安全法规定的被告人交通肇事后必须履行的义务。人民法院依法不应将交通肇事后报警并在肇事现场等候处理的行为重复评价为自动投案,从而认定被告人自首。交通肇事逃逸后向有关机关投案,并如实供述犯罪事实的,可以认定自首,依法在三年以上七年以下有期徒刑的幅度内从轻处罚,一般不予减轻处罚。对于有致死亡一人或者重伤三人以上情节的,不适用缓刑。"广东佛山中院《关于审理道路交通事故损害赔偿案件的指导意见》(2009年4月8日)第12条:"交通事故肇事人弃车逃逸,经公安交通管理部门调查公告,无法找到交通肇事逃逸人,公安管理部门应受害人的要求出具交通事故认定书,赔偿权利人以此交通事故认定书中列明的'某某车驾驶人'、'无名氏'为被告提起诉讼,法院不予受理。共同侵权情形下,若只是部分共同侵权人身份不明确,赔偿权利人仅起诉身份明确的侵权人,法院应予受理,但不应追加其他身份不明的侵权人参加诉讼。赔偿权利人同时起诉身份明确和身份不明确的共同侵权人,仅列身份明确的共同侵权人为被告。在裁判文书表述中,涉及身份不明的加害人或者该部分身份不明的共同侵权人的,以'无名氏'或者'某某车驾驶人'代替。"福建泉州中院民一庭《全市法院民一庭庭长座谈会纪要》(泉中法民一〔2009〕05号)第13条:"机动车肇事后逃逸的,承保交强险的保险公司应否承担赔偿责任?答:根据《道路交通安全法》第七十六条的规定,机动车肇事后逃逸的,承保交强险的保险公司应当承担赔偿责任。"第 15 条:"交通事故发生后,驾驶员逃逸,其身份情况无法查清,车主又无法说明的,车主是否应承担赔偿责任?答:车主无法说明肇事驾驶员的身份情况,说明车主在对肇事车的管理方面存在过错,应承担赔偿责任。"浙江杭州中院《关于道路交通事故损害赔偿纠纷案件相关问题的处理意见》(2008 年 6 月 19 日)第 3 条:"……(六)保险公司垫付抢救费的问题。'抢救费'的界定在《交强险条例》中并未明确,但按照一般理解,应属于医疗费用的范畴,且以'抢救'为前提,即以恢复生命体征及时救治为前提。故抢救费的垫付限额应参照医疗费的赔偿限额确定。"广东深圳罗湖区法院《关于交通事故损害赔偿案件的处理意见》(2006 年 11 月 6 日)第 2 条:"……(五)道路交通事故中交通事故肇事人弃车逃逸,经公安交通管理部门调查公告,无法找到交通肇事逃逸人,公安管理部门应受害人的要求出具交通事故认定书,赔偿权利人以此交通事故认定书中列明的'××车驾驶人'、'无名氏'为被告提起诉讼的,不予受理。"广东深圳中院《道路交通事故损害赔偿案件研讨会纪要》(2005 年 9 月 26 日)第 7 条:"道路交通事故中交通事故肇事人弃车逃逸,经公安交通管理部门调查并公告,无法找到交通肇事逃逸人的,公安交通管理部门应受害人的要求出具交通事故认定书,赔偿权利人以此交通事故认定书中列明的'……车驾驶员'、'无名氏'为被告提起诉讼的,人民法院不予受理。"上海高院《关于贯彻实施〈上海市机动车道路交通事故赔偿责任若干规定〉的意见》(2005 年 4 月 1 日 沪高法民一〔2005〕4 号)第 9 条:"交通事故中受伤人员的抢救费用超出强制保险责任限额的,或者发生交通事故的机动车未参加强制保险的,或者发生交通事故后机动车驾驶人逃逸的,由道路交通事故社会救助基金先行垫付部分或者全部抢救费用,道路交通事故社会救助基金管理机构有权向交通事故责任人追偿。"辽宁高院、省公安厅《关于道路交通事故案件若干问题的处理意见》(辽公交〔2001〕62 号)第 26 条:"发生道路交通事故后,虽然驾驶员逃逸,但确知机动车所有人或机动车实际占有人或驾驶员是谁,只是因为公安交通管理机关经过三十日确无办法找到,或者虽然找到机动车所有人,但机动车所有人拒不承担垫付责任,使案件无法以事故处理有关规定解决的,由公安交通管理机关出具《道路交通事故责任认定书》和相关证明,告知当事人到人民法院提起民事诉讼。"第 31 条:"道路交通事故发生后,当事人弃车逃逸,经公安交通管理机关勘查,肇事车辆无牌照,确无办法获知机动车所有人或机动车实际占有人或驾驶员为谁时,当事人可持公安交通管理机关出具的证明,向人民法院提起诉讼。人民法院可比照特别程序中关于'认定财产无主案件'的有关规定受理此案。并依法变卖或拍卖肇事车辆,以其变卖或拍卖价款赔偿当事人应得的损失。"广东高院、省公安厅《关于处理道路交通事故案件若干具体问题的通知》(1996 年 7 月 13 日 粤高法发〔1996〕15

号,2021 年 1 月 1 日起被粤高法〔2020〕132 号文废止)第 11 条:"道路交通事故发生后,由于驾驶员弃车逃逸,交通事故车辆的号牌属伪造或者已被拆走,经过三十日仍无法查明机动车所有人的,公安交通管理部门可以对交通事故车辆作拍卖处理,所得价款优先抵偿受害人,抵偿后如有剩余的价款,由公安交通管理部门提存保管;如拍卖后所得价款不足以抵偿受害人的,受害人在法律规定的诉讼时效内有向侵害人追偿的权利。"

6. 最高人民法院审判业务意见。○已购买交强险的肇事者在发生交通事故后逃逸,法院能否直接执行在保险公司的保险金?有无其他救济手段?最高人民法院民一庭《民事审判实务问答》编写组:"已购买第三者责任强制保险的肇事者无力赔偿的,因其对保险公司享有赔偿请求权,受害人可依据《最高人民法院关于人民法院执行工作若干问题的规定(试行)》关于执行被执行人对第三人享有到期债权的规定,申请人民法院通知保险公司直接向受害人支付保险金。保险公司有异议的,则由肇事者另行向保险公司提起索赔之诉。若肇事者怠于向保险公司索赔的,受害人可依照《中华人民共和国合同法》第 73 条关于代位权的规定,向人民法院请求以自己的名义起诉保险公司,代位行使作为被保险人的肇事者对保险公司的赔偿请求权。另外,根据《保险法》第 50 条的规定,保险人对责任保险的被保险人给第三者造成的损害,可以依照法律的规定或者合同的约定,直接向第三者赔偿保险金。"

7. 地方规范性文件。云南省《道路交通安全条例》(2022 年 11 月 30 日修正实施)第 66 条:"交通事故当事人具有下列情形之一的,应当认定为交通肇事逃逸行为:(一)明知发生交通事故,仍驾车逃离事故现场或者为逃避法律责任弃车离开事故现场的;(二)发生交通事故报案后,不履行现场听候处理义务或者无故弃车离开事故现场,且不向公安机关交通管理部门提供本人所处真实地点和真实身份信息的;(三)虽将伤者送到医院,但未报案且无故离开医院的,或者给伤者、家属留下假姓名、假地址、假联系方式后离开医院的,或者将伤者送往医院报案后不履行听候处理义务的;(四)未经协商或者协商未达成一致,肇事方未留下本人真实信息强行离开现场的;(五)法律、法规规定为交通肇事逃逸的其他情形。"广东省《道路交通事故责任认定规则(试行)》(2008 年 10 月 1 日)第 8 条:"交通事故当事人有以下情形之一的,按如下规定认定责任:(一)发生交通事故后当事人逃逸,逃逸的当事人承担事故的全部责任;但是,有证据证明对方当事人有过错的,逃逸的当事人承担事故的主要责任。(二)当事人故意破坏、伪造现场、毁灭证据的,承担事故的全部责任。(三)发生交通事故后当事人未立即停车、保护现场,或有条件报案而不及时报案,致使事故基本事实无法查清的,承担全部责任。双方当事人均有上述行为的,均承担同等责任,但机动车与非机动车、行人发生交通事故的,由机动车一方承担事故主要责任。(四)对当事人影响交通事故认定的案件事实无法查清的,载明已经查清的事实情况,不予认定各方当事人责任。"

8. 参考案例。①**2017年重庆某交通事故纠纷案**,2016年,周某有偿代驾陈某车辆致行人李某死亡。事故发生后,陈某立即报警及拨打急救电话,并积极保护事故现场、等待救援与事故处理,而代驾人周某偷偷逃离事故现场。交警认定周某、李某分负主、次责任。李某近亲属张某诉请保险公司赔偿时,保险公司以周某肇事逃逸为由主张免除商业三责险赔付责任。法院认为:日常生活中,代驾服务人员一般情况下提供代驾服务时系自主根据车辆状况、道路状况、天气状况独立操作,自行规避行驶中存在的安全风险,按合理路线将接受服务人员及车辆安全送往目的地,不受车主或车辆使用人指挥和管理。即代驾服务工作性质决定了该服务独立性、自主性,这一特性更符合承揽合同中承揽人独立完成工作,不受定作人指挥、管理的法律构成要件,故应认定周某为陈某提供代驾服务系承揽而非雇佣合同关系。保护现场和救助伤员是交通事故当事人法定义务,法律禁止交通肇事逃逸,立法本意主要是督促肇事者积极履行救助义务,最大限度地降低损害后果,避免危害结果进一步发生。严惩交通肇事逃逸不仅在于肇事者存在"逃避法律责任追究"侥幸心理,更在于督促交通事故当事人不得违反"救助义务之履行",因在发生交通事故后往往有受害人需要救助。本案中,交通事故发生后,被代驾人依法采取措施,积极履行救助义务,并未造成"交通事故受害人得不到及时救助"后果,代驾司机私自离开事故现场之行为,亦未对交通事故的损害后果造成进一步影响,代驾司机肇事逃逸行为并不影响事故责任实质认定。公平原则是订立保险合同应遵循的基本原则。《保险法》第11条规定:"订立保险合同,应当协商一致,遵循公平原则确定各方的权利和义务。"保险公司作为提供格式条款的一方,在格式条款约定上,应遵循公平原则确定当事人之间权利和义务。从商业三责险立法目的来看,投保人投保商业三责险系为分散自身责任风险,"脱离不利请求权"是责任保险最重要权利,此权利若被格式条款不当限制,将影响投保人订立责任保险目的实现。在代驾法律关系中,实际驾驶车辆的代驾人与机动车投保人并非同一主体,此时机动车并未因代驾行为而发生占有转移,其仍由被代驾人实际占有和控制,故被代驾人基于投保商业三责险所产生的合理期待并未发生变化。对保险合同免责条款理解,既要考虑保险人合理诉求,亦应符合合理期待原则,避免保险责任免除使投保人合理期待落空。保险公司将法律禁止性规定引入保险合同约定应符合立法本意,能否作为商业三责险免责事由,应结合商业险立法目的与《保险法》第11条规定进行实质性评判。本案中代驾人逃逸而被代驾人履行了法定救助义务,若机械适用免责条款,会使投保人合理期待落空,不符合公平原则。本案中,虽然周某在事故发生后离开事故现场,但陈某一直在事故现场等待救援与事故处理,周某系代驾司机,陈某对案涉车辆持续享有实际控制权,保险合同约定的关于逃逸的免责事由不适用本案。判决保险公司在交强险和商业三责险承保范围内予以赔付。②**2016年重庆某保险合同纠纷案**,2014年,张某驾驶田某车辆聚餐后驾车途中发生单方交通事故,致车损人伤。张某被送医院后,隐瞒身份,回避公安局办案民警调查,并在保持输液状态下擅自离开医院,导致无法进行酒精测试。2015年,田某诉请保险公司赔偿车辆损失15万余元,保险公司以交警认定张某具有酒驾嫌疑且在接受调查期间逃逸为由主张免责。法院认为:驾驶人酒驾行为及肇事逃逸行为均属法律禁止行为。本案保险条款及保险条款之中前述免责条款,应认定为是田某与保险公司真实意思表示,内容亦不违反法律或行政法规禁止性规定,应认定为合法有效。依《民事诉讼法》第64条第1款规定,当事人对自己提出的事实主张,有责任提供证据加以证明。最高人民法院《关于适用〈民事诉讼法〉的解释》第108条第1款规定:"对负有举证证明责任的当事人提供的证据,人民法院经审查并给合相关事实,确信待证事实的存在具有高度可能性的,应当认定该事实存在。"故,除法律另有规定外,我国民事诉讼证明标准是高度可能性或高度盖然性。换言之,负有举证证明责任的当事人提供的证据,能够让法院确信待证事实存在具有高度可能性的,其已达到证明标准,对其主张的待证事实,法院应予认定,即认定该待证事实存在。"以事实为依据,以法律为准绳"是法院审理民事案件必须遵循的基本原则。最高人民法院《关于民事诉讼证据若干问题的规定》第63条规定:"人民法院应当以证据能够证明的案件事实为依据依法作出裁判。"故,"以事实为依据"之中的"事实"是指证据能证明的事实即证据事实或法律事实。众所周知,当事人对主张事实所进行的证明活动是主观见之于客观的认识活动。而且,当事人主张的事实属于已发生的过去的事实。因受制于自然条件、经济条件、科学技术、认识水平等多种主客观因素,诉讼中的证明活动难以从本原上对过去已发生事实进行精准再现和重复。基于民事诉讼高度盖然性的证明标准,通过证据证明的案件事实即证据事实或法律事实,与过去实际发生的事实即客观事实,可能完全吻合,亦可能有所偏差。但法院应以证据能证明的事实作为裁判依据。涉案人员行为印证张某酒后驾驶事实,张某辩解明显不符合日常生活经验法则。本案事故发生后,张某因在事故中受伤而被送到医院,该医院宜视为交通事故现场的延伸。张某擅自离开医院且不能对此进行合理解释,应承担相应的不利后果。《道路交通安全法实施条例》第105条规定:"机动车驾驶人有饮酒、醉酒、服用国家管制的精神药品或者麻醉药品嫌疑的,应当接受测试、检验。"因检测驾驶人是否饮酒需要抽取驾驶人血液进行乙醇含量检验,故在道路交通事故发生之后的特定时段范围内,驾驶人血液以及血液中乙醇含量是查明事故原因、性质以及依法处理事故的证据。张某作为驾驶员,知道或应知道其在具有酒后驾车重大嫌疑情况下具有接受测试检验的义务。但张某逃逸行为,致使检测特定时段范围之内其血液之中乙醇含量的血液样本不能再次获得,导致查明事故原因、性质以及依法处理事故的证据灭失,故张某逃逸行为同时构成毁灭证据的行为。因驾驶人张某酒后驾驶行为和毁灭证据行为,构成保险合同免责条款约定的免责事由,故判决驳回田某诉请。③2010 年广东某保险合同纠纷案,2009 年,吴某驾车碰撞行人致行人死亡后离开事故现场。交警事后认定吴某"未保护事故现场并及时报警,致事实基本事实无法查清"。经交警队主持调解,吴某赔偿死者家属交强险之外的 8 万余元。后因吴某向保险公司索赔遭拒致诉。法院认为:案涉保险格式条款约定了肇事逃逸属于保险人免赔范围。保单"特别提示"栏上明确告知"请详细阅读承保险种对应的保险条款,特别是责任免除和投保人、被保险人义务"。上述特别提示内容表达明确、具体,没有歧义,吴某提出没有提示缺乏依据。另外,吴某作为一位已取得机动车行驶证的交通参与者,应熟知出现交通事故时,驾驶员应尽保护现场义务,造成人身伤亡的,应立即抢救伤亡人员,并迅速报告执勤的交通警察或交管部门,因抢救受伤人员变动现场的,应标明位置。上述要求是一般的交通常识。保护现场,以明确认定责任,是《道路交通安全法》对机动车驾驶员规定的应尽义务,不履行法定义务的,应承担相应法律后果。保险公司以吴某违反保险条款规定作为不赔付理由符合法律正义,且该条款并不违反《合同法》其他相关规定,该条款有效。吴某碰撞他人后,驾车离开现场与交通事故责任认定有直接关系。本案吴某碰撞行人后,未保护现场,亦无证据证明其有实施抢救伤员行为。吴某无证据证明事故发生后,现场出现不可控事由,而是以事故发生后,往往会发生受害者亲属伤害肇事者的现象为由,驾车离开现场。由于吴某驾车离开现场行为致使事故基本事实无法查清,交警部门依法认定其承担全部责任。事故发生往往系因过失造成,但不尽保护现场的法定义务,在事故发生后驾驶事故车辆离开是吴某故意实施的违法行为。正是由于事故发生后吴某驾驶事故车辆离开现场行为,交警部门以此认定其承担事故全部责任,该后果依理依法应由吴某自己承担,如转嫁到保险公司承担,有失公平。判决驳回吴某诉请。④2009 年江苏某保险合同纠纷案,2007 年,史某车辆与石某车辆相撞致石某死亡,交警认定事故发生后,驾驶员驾车驶离现场。法院判决超过交强险部分 33 万余元由史某承担。史某理赔时,保险公司以史某车辆驾驶员驾车逃离现场构成肇事逃逸为由拒赔。法院认为:保险合同约定"逃离事故现场",而驶离现场与逃离现场在主观故意上存在本质区别,两者无法等同,不属于同一概念。保险公司以驶离现场作为免责事由不符合约定,亦不符合法律,更会使受害人面对更大风险,故判决保险公司赔偿史某保险金。⑤2010 年江苏某保险合同纠纷案,2010 年 1 月,刘某驾驶挂靠运输公司的车辆与周某驾驶的摩托车碰擦,造成摩托车上乘员许某死亡,事发后,刘某驾车离开现场,被群众追获,交警认定刘某负主要责任。法院判决刘某有期徒刑 1 年,并判决运输公司与刘某连带赔偿死者家属损失。运输公司赔偿后理赔时,保险公司以刘某肇事逃逸主张免责。法院认为:事发后刘某确有驾车离开现场行为,但构成交通肇事逃逸须主观上明知发生交通事故,客观上为逃避法律追究而逃离事故现场。本案中并无直接证据可以证明刘某在离开现场时主观上已明知发生交通事故。本案事故虽系刘某所驾车辆碰擦对方,但实践中不排除两车碰擦而驾驶员不知情的情况;作为专业认定职能部门的交警部门在对事故调查后亦未得出刘某逃逸的结论。刘某交通肇事刑事案件审理中,亦未认定其存在肇事逃逸行为,故保险公司应承担保险赔付责任。⑥2009年江苏某保险合同纠纷案,2010年3月,燃气公司聘用的司机驾驶保险车辆撞死韩某。事故发生后,张某驾车驶离现场,交警大队作出该起事故成因无法查清的证明。法院判决保险公司和燃气公司向韩某近亲属承担赔偿责任后,燃气公司办理保险理赔时,保险公司以肇事逃逸属免责情形拒绝。法院认为:判断是否构成肇事逃逸,是法院结合相关事实及法律规定而对驾驶员行为所作的定性,属于对事实的认识和理解,而非直接查明的事实。因此,即便交警大队及法院没有明确认定张某构成交通肇事逃逸,亦不足以在本案中成为可以径直引用的事实。投保人燃气公司聘用的驾驶员张某在发生交通事故且经他人告诫之后,仍将肇事车辆驶离现场,其主观上存在过错,且确已造成事故成因无法查清、事故责任无法认定的客观结果,故应认定属于保险免责条款中约定的"交通肇事逃逸"情形,保险公司对此不负理赔责任。⑦2009年福建某交通肇事案,2006年,陈某驾驶工贸公司货车撞倒无证驾驶摩托车的许某,在陈某报警并在现场等候处理时,许某经抢救无效死亡。陈某归案后如实供述交通肇事犯罪事实并提供担保人为其担保,但在随后的事故处理阶段,陈某逃离该市,2年后投案。法院认为:最高人民法院《关于审理交通肇事刑事案件具体应用法律若干问题的解释》第3条所规定的"逃跑",并没有时间和场所的限定,只要被告人在肇事后为逃避法律追究而逃跑的行为,都应视为"交通肇事后逃逸"。⑧2009年江苏某保险合同纠纷案,2008年,张某名下车辆肇事,司机弃车离开,交警认定该车司机全责。数日后,自称驾驶员的姚某投案。张某向保险公司主张车辆维修损失20万余元。保险公司以保险条款对此明确约定属免责情形拒绝理赔。法院认为:合同约定驾驶员在未依法采取措施情况下驾车或弃车逃离事故现场的免责条款,根据《道路交通安全法》相关规定制定,系法律禁止性规定在保险条款中的引用,具有广泛性和强制性,应为机动车驾驶人具备的常识性内容,投保人通过阅读免责条款即可理解,不会产生歧义,故不论保险公司是否明确说明,对投保人而言,应理解并加以遵守,保险公司履行提示投保人阅读义务即可推定投保人对该免责条款的理解,该免责条款生效。本案保险车辆肇事后,驾驶员未积极采取措施,保护现场、救助伤者、减少损失,而是违反交通法规及社会公德弃车逃离,致使警方无法对姚某是否为真实的肇事驾驶人、驾驶人是否饮酒、是否服用国家管制药品影响安全驾驶等事实无法查清。鉴于此，若保险公司做出赔偿，必将对公序良俗带来负面影响，违背社会的价值取向，故<u>驾驶员肇事逃逸行为属于免责条款中的遗弃被保险车辆逃离现场的行为，保险公司以此拒赔，应予支持</u>。⑨**2009年福建某保险合同纠纷案**，2008年，张某驾驶投保机动车肇事致受害人死亡后逃逸，交警认定张某负全责。张某次日自首并赔偿受害人家属15万元。张某向保险公司理赔时遭拒。法院认为：机动车肇事后逃逸的，依法应由保险公司或救助基金对受害人人身伤亡丧葬费用、部分或全部抢救费用承担垫付责任，且垫付后有权向侵权人或事故责任人追偿。本案中，保险公司该垫付责任已经因张某的主动赔偿而客观上不再需要。何况张某在本案中承担事故全部责任，系事故侵权人和责任人，也是最终的民事赔偿责任的承担者，故保险公司不必再承担该垫付款。交强险条例和条款有关垫付和追偿的情形虽均未包括肇事逃逸情形，但比较肇事逃逸与醉酒、无驾驶资格违法程度及主观恶性可知，<u>既然保险公司对醉酒、无驾驶资格情形只承担相关的垫付责任，则对性质更为恶劣的肇事逃逸行为，保险公司当然不必承担赔偿责任</u>。故本案应驳回张某的诉讼请求。⑩**2008年上海某保险合同纠纷案**，2007年10月，凌某驾驶投保交强险的轿车撞上三轮车，造成三轮车上的何某10级伤残。凌某肇事后驾车逃逸，3小时后到交警队自首并报告出险。经交警调解，凌某赔偿何某6万余元。保险公司以凌某肇事逃逸为由拒绝理赔。法院认为：凌某作为机动车驾驶员，交通肇事后逃逸，既违法，又悖于社会善良风俗与道德伦理，应承担相应法律责任并予以道义上的谴责。<u>车辆驾驶员肇事后逃逸，保险人仍应履行保险赔付义务</u>。肇事逃逸的情形，根据《道路交通安全法》及国务院交强险条例和条款的规定，均未明确保险人据此可免除交强险的赔偿责任，诉争保险合同亦未约定保险公司有权拒赔，故保险公司应承担保险赔付的责任。⑪**2008年广东某保险合同纠纷案**，2006年7月，鞋厂司机连某驾驶单位投保货车撞死巫某后弃车逃逸，随后又投案自首，交警认定连某、巫某分负主、次责任，鞋厂以连某名义给付受害人家属25万余元赔款后，保险公司以"保险车辆肇事逃逸保险人免责"拒赔。法院认为：保险车辆肇事逃逸实际是指交通肇事逃逸，应包括肇事后司机驾驶车辆逃离事故现场，遗弃车辆逃离事故现场，虽司机在事发12小时后向交警部门投案，但因其未履行法定的保护现场、及时抢救伤者等义务，其逃逸行为严重违反了交通法律法规，属于合同约定的"<u>保险车辆肇事逃逸</u>"的情形。依合同约定，保险公司不应承担赔偿责任，故应驳回鞋厂诉请。⑫**2007年福建某保险合同纠纷案**，商贸公司为其货车投保三者责任险等险，免责条款包括"保险车辆肇事逃逸"情形。2006年8月，因商贸公司司机驾驶该车肇事后逃逸，交警认定商贸公司司机负全责。商贸公司办理理赔时被保险公司以肇事逃逸拒赔。法院认为：商贸公司作为投保人系一企业法人，故保险公司对投保人就保险合同中的免责条款履行说明义务时,其说明对象应为商贸公司法定代表人或其授权的代表人。保险公司提交的投保单上签字确认主体并非商贸公司法定代表人,亦非其授权代理人,故应认定在订立保险合同时,保险公司并未对保险合同中的免责条款向投保人明确说明,该免责条款依法不产生效力。"保险车辆肇事逃逸"存在车辆逃逸或驾驶员逃逸两种理解,依据不利解释规则,不应包括本案驾驶人逃逸情形,故应给付保险金。

【同类案件处理要旨】

保险事故发生后,被保险人或其允许的驾驶人遗弃被保险车辆逃逸的,保险公司有权依照保险合同约定条款免除保险赔偿责任。肇事逃逸车辆投保交强险的,由保险公司在交强险责任限额范围内予以赔偿;机动车不明或者该机动车未投保交强险,道路交通事故社会救助基金垫付受害人人身伤亡的抢救、丧葬等费用后,其管理机构有权向交通事故责任人追偿。

【相关案件实务要点】

1.**【肇事逃逸情形交强险赔付争议】**车辆驾驶员肇事后逃逸,在交强险合同未约定免责情况下,保险人仍应履行保险赔付义务?一种裁判观点认为:肇事逃逸的情形,根据《道路交通安全法》及国务院交强险条例和条款的规定,均未明确保险人据此可免除交强险的赔偿责任,诉争保险合同亦未约定保险公司有权拒赔,故保险公司应承担保险赔付的责任。案见上海杨浦区法院(2008)杨民二(商)初字第1081号"凌某诉某保险公司保险合同纠纷案"。另一种裁判观点认为:比较肇事逃逸与醉酒、无驾驶资格违法程度及主观恶性可知,既然保险公司对醉酒、无驾驶资格情形只承担相关的垫付责任,则对性质更为恶劣的肇事逃逸行为,保险公司当然不必承担赔偿责任。案见福建泉州中院(2009)泉民终字第2710号"张某诉某保险公司保险合同纠纷案"。

2.**【保险理赔前提】**被保险人未对事故承担赔偿责任,未因事故遭受损失的情况下不能获得保险公司的保险补偿。案见北京二中院(2007)二中民终字第7839号"陈某诉某保险公司保险合同纠纷案"。

3.**【免责条款】**保险合同约定驾驶员肇事逃逸的免责条款,系法律禁止性规定在保险条款中的引用,具有广泛性和强制性,应为机动车驾驶人具备的常识性内容,投保人通过阅读免责条款即可理解,不会产生歧义,故不论保险公司是否明确说明,对投保人而言,应理解并加以遵守,保险公司履行提示投保人阅读义务即可推定投保人对该免责条款的理解,该免责条款生效。案见江苏苏州中院(2009)苏中民二终字第0825号"张某诉某保险公司保险合同纠纷案"。

4.【逃逸事实认定】交通事故事实的认定不等于交通事故责任的认定,交警部门未对关键事实作出认定的,法院可根据当事人陈述、现场勘验笔录,结合日常经验、逻辑和其他证据,对是否构成交通肇事逃逸事实进行综合认定。构成交通肇事逃逸须主观上明知发生交通事故,客观上为逃避法律追究而逃离事故现场。案见江苏无锡滨湖区法院(2010)锡滨商初字第0513号"某运输公司诉某保险公司保险合同纠纷案"。

5.【肇事逃逸】根据主客观要件相统一的价值衡量标准,保险合同约定的"保险车辆肇事逃逸"应解释为包括弃车逃逸和驾车逃逸。案见广东中山中院(2008)中中法民二终字第24号"某鞋厂诉某保险公司保险合同纠纷案"。但基于格式合同不利解释规则,亦可能得出相反结论:"保险车辆肇事逃逸"约定语义模糊,在保险人与投保人存在争议时,应作出不利于保险人的解释,即应特指驾驶人肇事后驾驶车辆逃逸情形,不包括驾驶人遗弃车辆逃逸情形。案见福建厦门思明区法院(2007)思民初字第466号"某商贸公司诉某保险公司保险合同案"。

6.【逃离现场】肇事司机虽逃离现场,但车主并未离开现场且及时报警参与抢救,未造成事故损失的扩大亦未加重保险公司义务的,不应以肇事逃逸对待。案见陕西榆林中院(2011)榆中法民二终字第52号"中国人民财产保险股份有限公司榆林市榆阳支公司与刘某晓等道路交通事故人身损害纠纷上诉案"。

7.【肇事逃逸】驾驶员发生交通事故后,经目击证人提醒后仍驾车驶离事故现场,交警大队因成因无法查清未能作出逃逸的认定,但在保险理赔纠纷中对保险免责条款中"肇事逃逸"的认定不适用刑事标准,应当以行为人是否具有过错作为判断标准和归责原则。案见江苏无锡中院(2011)锡商终字第0120号"某燃气公司与某保险公司保险合同纠纷案"。

8.【肇事后逃逸】被告人在交通事故发生后主动报警并在现场等候交警调查,但在事故的调查和处理阶段逃匿近三年,置事故的调查处理和被害人的赔偿不顾,应视为"交通肇事后逃逸"。案见福建厦门海沧区法院(2009)海刑初字第122号"陈某交通肇事案"。

【附注】

参考案例索引:北京二中院(2007)二中民终字第7839号"陈某诉某保险公司保险合同纠纷案",判决驳回陈某诉讼请求。见《陈福全诉华安财产保险股份有限公司北京分公司财产保险合同案》(李旭辉),载《中国审判案例要览》(2008商事:309)。①重庆一中院(2017)渝01民终8526号"张某与某保险公司交通事故损害赔偿纠纷案",见《代驾属于提供劳务》(林洋、黄庆华),载《人民司法·案例》(201829:7);另见《代驾人逃逸而被代驾人积极履行救助义务商业险不得拒赔——重庆一中院判决张爱红诉人保沙坪坝公司等交通事故损害赔偿案》(余彦龙、黄晨、刘婷婷),载《人民法院报·案例精选》(20181101:6)。②重庆二中院(2016)渝02民终1093号"中国平安财产保险股份有限公司万州中心支公司与田绍庆、张鑫保险合同纠纷案",见《民事诉讼中法院可直接认定酒驾》(向亮),载《人民司法·案例》(201708:36)。③广东汕头潮阳区法院(2010)潮阳民二初字第21号"吴某与某保险公司保险合同纠纷案",见《吴旭标诉中国人民财产保险股份有限公司汕头市潮阳支公司保险合同纠案(交通肇事逃逸)》(庄明鹏),载《中国审判案例要览》(2011商:450)。④江苏南京中院(2009)宁民二终字第215号"史某与某保险公司保险合同纠纷案",见《史海根诉中华联合财产保险股份有限公司江苏分公司保险合同纠纷案》,载《江苏省高级人民法院公报》(200903/3:58)。⑤江苏无锡滨湖区法院(2010)锡滨商初字第0513号"某运输公司诉某保险公司保险合同纠纷案",见《无锡市星雅运输有限公司诉都邦财产保险股份有限公司无锡中心支公司财产保险合同案》(张磊),载《中国法院2012年度案例:保险纠纷》(72)。⑥江苏无锡中院(2011)锡商终字第0120号"某燃气公司与某保险公司保险合同纠纷案",见《无锡市华东气体有限公司诉中国太平洋财产保险股份有限公司无锡分公司财产保险合同纠纷案》(蔡利娜),载《人民法院案例选》(201104);另见《无锡市华东气体有限公司诉中国太平洋财产保险股份有限公司无锡分公司财产保险合同纠纷案》(蔡利娜),载《人民法院案例选》(201104:214)。⑦福建厦门海沧区法院(2009)海刑初字第122号"陈某交通肇事案",见《陈德国交通肇事案》(陈军晖),载《人民法院案例选》(201101:55)。⑧江苏苏州中院(2009)苏中民二终字第0825号"张某诉某保险公司保险合同纠纷案",见《被保险人允许的驾驶人在事故发生后弃车逃离现场的,保险公司不赔偿机动车的损失——张伟诉中华联合财产保险股份有限公司苏州中心支公司赔偿案》(刘思沁),载《人民法院案例选·月版》(200912:39)。⑨福建泉州中院(2009)泉民终字第2710号"张某诉某保险公司保险合同纠纷案",见《交通肇事逃逸的投保人已赔偿受害人,保险公司应否理赔》(李溪洪、叶欣怡),载《人民司法·案例》(201004:22)。⑩上海杨浦区法院(2008)杨民二(商)初字第1081号"凌某诉某保险公司保险合同纠纷案",判决保险公司赔偿凌某保险金4万余元。见《交强险保险人不得以车辆驾驶人肇事后逃逸为由拒赔——凌安军诉永诚财产保险股份有限公司北京分公司机动车交通事故责任强制保险合同纠纷案》(曹书瑜、翟骏、孙颖),载《人民法院案例选·月版》(200912:15);另见《凌安军诉永诚财产保险股份有限公司北京分公司机动车交通事故责任强制保险合同案》(翟骏、孙颖),载《中国审判案例要览》(2009商事:279)。⑪广东中山中院(2008)中中法民二终字第24号"某鞋厂诉某保险公司保险合同纠纷案",一审判决保险公司赔偿鞋厂21万余元,二审改判驳回鞋厂诉讼请求。见《弃车逃离现场能否成立保险免责》(张煌辉),载《人民司法·案例》(200908:78)。⑫福建厦门思明区法院(2007)思民初字第466号"某商贸公司诉某保险公司保险合同案",判决保险公司给付保险金42万余元。见《厦门旺群旺商贸有限公司诉中国人民财产保险股份有限公司厦门市分公司保险合同纠纷案》(许晓琳),载《人民法院案例选》(200803:309)。

参考观点索引:○已购买交强险的肇事者在发生交通事故后逃逸,法院能否直接执行在保险公司的保险金?有无其他救济手段?见《已购买交强险的肇事者在发生交通事故后逃逸,法院能否直接执行在保险公司的保险金?有无其他救济手段?》,载《民事审判实务问答》(2008:152)。

85. 未投交强险赔偿责任

——未投交强险,肇事如何赔?

【未投保险】

【案情简介及争议焦点】

2009年,张某驾驶王某名下的机动车与刘某驾驶的闫某名下的机动车相撞,致刘某车损人伤,交警认定张某负主要责任,刘某负次要责任。庭审中,王某拒绝提供投保交强险凭证。刘某人身损害部分:医疗费、误工费、营养费、住院伙食费、护理费、交通费合计1.3万余元,闫某财产损失:车辆维修费、鉴定费4万余元。

争议焦点:1.周某损失由谁负担?2.陈某损失由谁负担?

【裁判要点】

1. 出借人责任。出借机动车的,机动车所有人对损害的发生有过错的,应承担相应的赔偿责任。机动车所有人承担的是与其过错相适应的按份责任而非连带责任。

2. 未投保责任。王某将车辆借给张某使用无证据证明有其他明显过错,但根据法律规定,机动车所有人投保交强险是法定义务,其目的是保障受害人的损失能得以及时填补。本案中,张某、王某在庭审中不提供车辆投保交强险的具体情况,使刘某、闫某的损失不能及时得到交强险保险赔偿,故王某作为肇事车辆的车主应在交强险赔偿限额范围内先行承担赔偿责任,对超出交强险赔偿限额以外的损失,再按责任比例由车辆使用人张某予以赔偿。按照交强险保险条款的规定,王某应赔偿刘某全部的医疗费、误工费、营养费、住院伙食费、护理费、交通费共计 1.3 万余元,同时应赔偿闫某财产损失 2000 元。对超出财产损失赔偿限额部分的车辆维修费、鉴定费,由张某承担 80% 的赔偿责任,即赔偿 3 万余元。

【裁判依据或参考】

1.法律规定。《民法典》(2021 年 1 月 1 日)第 1216 条:"机动车驾驶人发生交通事故后逃逸,该机动车参加强制保险的,由保险人在机动车强制保险责任限额范围内予以赔偿;机动车不明、该机动车未参加强制保险或者抢救费用超过机动车强制保险责任限额,需要支付被侵权人人身伤亡的抢救、丧葬等费用的,由道路交通事故社会救助基金垫付。道路交通事故社会救助基金垫付后,其管理机构有权向交通事故责任人追偿。"《侵权责任法》(2010 年 7 月 1 日,2021 年 1 月 1 日废止)第 53 条:"机动车驾驶人发生交通事故后逃逸,该机动车参加强制保险的,由保险公司在机动车强制保险责任限额范围内予以赔偿;机动车不明或者该机动车未参加强制保险,需要支付被侵权人人身伤亡的抢救、丧葬等费用的,由道路交通事故社会救助基金垫付。道路交通事故社会救助基金垫付后,其管理机构有权向交通事故责任人追偿。"《道路交通安全法》(2004 年 5 月 1 日实施,2011 年 4 月 22 日修正)第 17 条:"国家实行机动车第三者责任强制保险制度,设立道路交通事故社会救助基金。具体办法由国务院规定。"第 76 条:"机动车发生交通事故造成人身伤亡、财产损失的,由保险公司在机动车第三者责任强制保险责任限额范围内予以赔偿;不足的部分,按照下列规定承担赔偿责任:(一)机动车之间发生交通事故的,由有过错的一方承担赔偿责任;双方都有过错的,按照各自过错的比例分担责任。(二)机动车与非机动车驾驶人、行人之间发生交通事故,非机动车驾驶人、行人没有过错的,由机动车一方承担赔偿责任;有证据证明非机动车驾驶人、行人有过错的,根据过错程度适当减轻机动车一方的赔偿责任;机动车一方没有过错的,承担不超过百分之十的赔偿责任。交通事故的损失是由非机动车驾驶人、行人故意碰撞机动车造成的,机动车一方不承担赔偿责任。"

2.行政法规。《机动车交通事故责任强制保险条例》(2013 年 3 月 1 日修改施行)第 2 条:"在中华人民共和国境内道路上行驶的机动车的所有人或者管理人,应当依照《中华人民共和国道路交通安全法》的规定投保机动车交通事故责任强制保险。"第 4 条:"……公安机关交通管理部门、农业(农业机械)主管部门(以下统称机动车管理部门)应当依法对机动车参加机动车交通事故责任强制保险的情况实施监督检查。对未参加机动车交通事故责任强制保险的机动车,机动车管理部门不得予以登记,机动车安全技术检验机构不得予以检验。公安机关交通管理部门及其交通警察在调查处理道路交通安全违法行为和道路交通事故时,应当依法检查机动车交通事故责任强制保险的保险标志。"第 19 条:"机动车交通事故责任强制保险合同期满,投保人应当及时续保,并提供上一年度的保险单。"第 24 条:"国家设立道路交通事故社会救助基金(以下简称救助基金)。有下列情形之一时,道路交通事故中受害人人身伤亡的丧葬费用、部分或者全部抢救费用,由救助基金先行垫付,救助基金管理机构有权向道路交通事故责任人追偿:(一)抢救费用超过机动车交通事故责任强制保险责任限额的;(二)肇事机动车未参加机动车交通事故责任强制保险的;(三)机动车肇事后逃逸的。"《道路交通安全法实施条例》(2004年 5 月 1 日,2017 年 10 月 7 日修订)第 17 条:"已注册登记的机动车进行安全技术检验时,机动车行驶证记载的登记内容与该机动车的有关情况不符,或者未按照规定提供机动车第三者责任强制保险凭证的,不予通过检验。"

3. 司法解释。最高人民法院《对"关于完善〈最高人民法院审理道路交通事故赔偿案件适用法律若干问题的解释〉第十九条的建议"的答复》(2014 年 7 月 17 日):"……关于未投保交强险的机动车之间相撞造成机动车一方人员伤亡能否适用上述司法解释第十九条的问题,我们认为,仍然应当适用。主要理由是:第一,根据《机动车交通事故责任强制责任保险条例》及前述司法解释的规定,我国交强险的赔偿在一定范围内与侵权责任脱钩,即发生交通事故后,交强险都应当予以赔付,但赔付多少,要看被保险机动车一方在事故中有责还是无责,如果是有责,交强险即在有责限额内赔付;如果是无责,则交强险在无责限额内赔付。超出限额的部分,则根据被保险机动车一方的侵权责任赔偿。第二,在此前提下,如果机动车一方未投保,司法解释第十九条的基本思想是,对于投保义务人违反《道路交通安全法》和《机动车交通事故责任强制保险条例》的规定未投保交强险的,投保义务人应当先按照已投保情形下保险公司的赔付数额对受害人进行赔偿,之后再依据侵权责任确定侵权人的侵权责任。第三,依据上述规则,实践中可能发生如下案例,例如:都未投保交强险的甲(A 驾驶,甲为乘客)乙(B 驾驶)两车发生交通事故。A 应承担 70% 的主要责任,但乘客甲发生的医疗费为 1 万元;B 应承担 30% 的次要责任,但其医疗费为 5000 元。按照司法解释第十九条的规则,应当由 A 先在交强险限额内赔偿 B 的医疗费用 5000 元,由 B 在交强险限额内赔偿 A 的乘客甲的医疗费用 1 万元。因都未超出交强险的限额,最终结果是侵权责任较小的 B 反倒承担了较多的赔偿责任,侵权责任较大的 A 则承担了较少的赔偿责任,如此处理是否显失公平?我们认为,并非显失公平,因为,之所以有观点认为上例中的结果不公平,其原因在于其混淆了交通事故中的两种赔偿责任,即交强险保险公司的赔偿责任和侵权责任的界限。上例中,侵权责任较小的一方承担较多的赔偿责任,其原因并非基于其侵权行为,而是基于其未投保交强险给 A 的乘客甲所造成的损失;反之亦然。如前所述,在侵权责任与交强险在一定范围内脱钩的背景下,对受害人的损失填补,在一定范围内由交强险承担,这与侵权人的侵权责任关系不大,也因此,不能仅仅从各自赔偿数额的角度认为司法解释第十九条的规定在此情形下不应适用。相反,正是在这样的案例中,结果上的'不公平'恰恰反映了交强险的功能,也彰显了交强险作为一种法定义务的重要性,同时也说明本条规则的重要意义。"最高人民法院《关于审理道路交通事故损害赔偿案件适用法律若干问题的解释》(2012年12月21日,2020年修改,2021年1月1日实施)第16条:"未依法投保交强险的机动车发生交通事故造成损害,当事人请求投保义务人在交强险责任限额范围内予以赔偿的,人民法院应予支持。投保义务人和侵权人不是同一人,当事人请求投保义务人和侵权人在交强险责任限额范围内承担相应责任的,人民法院应予支持。"第18条:"……多辆机动车发生交通事故造成第三人损害,其中部分机动车未投保交强险,当事人请求先由已承保交强险的保险公司在责任限额范围内予以赔偿的,人民法院应予支持。保险公司就超出其应承担的部分向未投保交强险的投保义务人或者侵权人行使追偿权的,人民法院应予支持。"最高人民法院负责人《把握总基调　找准结合点　最大限度发挥民事审判在促进经济稳中求进和社会和谐稳定中的积极作用——在全国高级法院民一庭庭长座谈会上的讲话》(2012年2月17日)第2条:"……对机动车主未投保情形的处理。为最大限度保护受害方合法权益,要首先明确机动车一方承担交强险限额内的赔偿责任,其余部分再按照侵权责任划分。"最高人民法院《关于当前形势下加强民事审判切实保障民生若干问题的通知》(2012年2月15日　法〔2012〕40号)第5条:"……在醉酒驾驶、无证驾驶等违法情形的责任承担上,应当在确定保险公司承担相应的赔偿责任的同时,赋予保险公司追偿权;在未投保情形下的责任承担上,应当由机动车一方先承担交强险限额内的赔偿责任,其余部分按照侵权责任认定和划分。"

4. 部门规范性文件。中国保监会《关于运输公司涉嫌经营保险业务行为性质认定的复函》(2008年8月1日　保监厅函〔2008〕232号):"……企业自保的本质特征在于,企业将自身可能面临的风险进行自我安排与承担,是一种自身风险管理方式。对来函所涉运输公司的行为,首先应根据该行为所涉及的车辆以及相应的险种风险保障范围,分析判定风险是否属于运输企业自身,如风险与该企业没有关系,则不属于企业自保。其次,运输公司收取保险费用后,是否按照约定进行了理赔。如不属于企业自保,且又进行了理赔,则该行为符合商业保险的基本特征,应属于涉嫌非法从事保险业务活动;如并未理赔,则该行为可能涉嫌诈骗或者其他违法行为。"中国保监会办公厅《关于机动车辆商品车投保交强险有关事宜的复函》(2008年4月15日　保监厅函〔2008〕89号)第1条:"机动车生产、销售单位投保运送过程中的商品车,可以按非营运车辆投保。"第2条:"根据现行交强险费率方案的规定,投保保险期间不足一年交强险的,按短期费率系数计收保险费,不足一个月按一个月计算。针对你公司反映的情况,可以根据《机动车交通事故责任强制保险条例》第十六、十七条的规定,商品车运送至目的地后办理停驶的,可以解除保险合同;合同解除时,保险公司可以收取自保险责任开始之日起至保险合同解除之日止的保险费,剩余部分的保险费退还投保人。"

5. 地方司法性文件。河南高院《关于机动车交通事故责任纠纷案件审理中疑难问题的解答》(2024年5月)第10条:"未投保交强险的试驾车辆发生交通事故致人受损时,如何确定赔偿责任主体?答:《最高人民法院关于审理道路交通事故损害赔偿案件适用法律若干问题的解释》第十六条规定:'未依法投保交强险的机动车发生交通事故造成损害,当事人请求投保义务人在交强险责任限额范围内予以赔偿的,人民法院应予支持。投保义务人和侵权人不是同一人,当事人请求投保义务人和侵权人在交强险责任限额范围内承担相应责任的,人民法院应予支持。'试驾人驾驶未投保交强险车辆发生交通事故致人受损的,受害人可以请求提供试驾服务者在交强险责任限额范围内予以赔偿,也可以请求提供试驾服务者、试驾人在交强险赔偿限额内承担相应的赔偿责任。受害人损失超出交强险赔偿限额的,提供试驾服务者、试驾人根据各自过错承担相应的赔偿责任。"第11条:"开展交通安全统筹业务企业在交通事故中如何承担赔偿责任?答:开展交通安全统筹业务,主要为加强行业互助,提高企业抗风险能力,不能将交通安全统筹等同于第三者责任险。因此,参加交通安全统筹的车辆在发生交通事故后,侵权人应承担赔偿责任。原告未起诉相关的开展交通安全统筹业务企业时,不宜追加其为共同被告。原告单独起诉相关的开展交通安全统筹业务企业时,应追加侵权人为共同被告。原告在同时起诉侵权人、相关的开展交通安全统筹业务企业时,不能仅认定相关的开展交通安全统筹业务企业单独承担赔偿责任,但可以认定相关的开展交通安全统筹业务企业在合同约定责任范围内与侵权人承担共同责任。"广东高院《关于审理机动车交通事故责任纠纷案件的指引》(2024年1月31日 粤高法发〔2024〕3号)第10条:"当事人之间已经以买卖等方式转让并交付机动车但未办理登记,未投保交强险的机动车发生交通事故造成损害,受让人与使用人不是同一人时,当事人请求受让人在交强险责任限额范围内承担赔偿责任的,应予支持。"江西宜春中院《关于印发〈审理机动车交通事故责任纠纷案件的指导意见〉的通知》(2020年9月1日 宜中法〔2020〕34号)第6条:"未投保交强险的机动车发生交通事故造成损害,赔偿权利人请求投保义务人在交强险责任限额范围内予以赔偿的,人民法院应予以支持。投保义务人和侵权人不是同一人,赔偿权利人请求投保义务人和侵权人在交强险责任限额范围内承担连带赔偿责任的,人民法院应予支持。"第7条:"机动车转让时未投保交强险,转让后发生交通事故的,由受让人承担未投保交强险的责任。发生事故的机动车未投保交强险是由于保险公司违法拒绝承保、拖延承保或违法解除交强险合同造成的,仍应由投保义务人向第三人承担赔偿责任,但其可在承担责任后,请求该保险公司在交强险责任限额范围内承担相应的赔偿责任。"湖南高院《关于印发〈审理道路交通事故损害赔偿纠纷案件的裁判指引(试行)〉的通知》(2019年11月7日 湘高法〔2019〕29号)第18条:"驾驶人驾驶报废机动车发生交通事故,因报废机动车不能按规定投保交强险,系驾驶人(管理人)过错行为所致,对其造成的交通事故损害赔偿,应当由未投保交强险的机动车驾驶人(管理人)在责任限额范围内予以赔偿。"安徽合肥中院《关于道路交通事故损害赔偿案件的审判规程(试行)》(2019年3月18日)第9条:"【投保义务人的责任】机动车未依法投保交强险的,投保义务人应在交强险责任限额内承担赔偿责任;侵权人和投保义务人不是同一人,由侵权人和投保义务人在交强险责任限额内承担连带责任。"安徽阜阳中院《机动车交通事故责任纠纷案件裁判标准座谈会会议纪要》(2018年9月10日)第3条:"机动车均未投保交强险的,应在交强险限额内承担赔偿责任。"北京三中院《类型化案件审判指引:机动车交通事故责任纠纷类审判指引》(2017年3月28日)第2-2.3部分"承担连带赔偿责任的当事人范围——常见问题解答"第3条:"驾驶未投保'交强险'的车辆发生交通事故赔偿主体和责任?《道交解释》第十九条规定,未依法投保交强险的机动车发生交通事故造成损害,当事人请求投保义务人在交强险责任限额范围内予以赔偿的,人民法院应予支持。投保义务人和侵权人不是同一人,当事人请求投保义务人和侵权人在交强险责任限额范围内承担连带责任的,人民法院应予支持。"天津高院《关于印发〈机动车交通事故责任纠纷案件审理指南〉的通知》(2017年1月20日 津高法〔2017〕14号)第3条:"……未投保交强险的机动车发生交通事故造成损害,当事人请求投保义务人在交强险责任限额范围内予以赔偿的,应予支持。投保义务人和侵权人不是同一人,当事人请求投保义务人和侵权人在交强险责任限额范围内承担连带责任的,应予支持。机动车转让时未投保交强险,转让后发生交通事故的,由受让人承担上述未投保交强险的责任。发生事故的机动车未投保交强险是由于具有从事交强险业务资格的保险公司违法拒绝承保、拖延承保或违法解除交强险合同造成的,仍应由投保义务人向第三人承担赔偿责任,但其可在承担责任后,请求该保险公司在交强险责任限额范围内承担相应赔偿责任。"河北承德中院《2015年民事审判工作会议纪要》(2015年)第36条:"未投保交强险的赔偿责任。未投保交强险或交强险已失效的机动车发生交通事故的,由投保义务人在交强险责任限额内承担赔偿责任;投保义务人与行为人不一致的,由投保义务人与行为人在交强险责任限额内承担连带赔偿责任;多次转让车辆未投交强险或已超过交强险有效期发生交通事故,先由受让人承担赔偿责任,未投交强险属转让人责任的,由转让人在交强险限额内承担补充赔偿责任。车辆转让后未办理交强险合同变更手续发生交通事故的,保险公司以此为由主张免除赔偿责任的,法院不予支持。"湖北汉江中院民一庭《关于审理交通事故损害赔偿案件疑难问题的解答》(2014年9月5日)第17条:"问:起诉时未主张按交强险赔付,是否主动行使释明权?起诉时以投保义务人负全责为由要求全额赔偿,未提及交强险,法院审理后认为非全责,应划责赔付,是直接判定先按交强险赔再按责任比例赔,或是直接判按责任比例赔,或是行使释明权?答:未依法投保交强险的机动车发生交通事故造成损害,当事人起诉时未请求投保义务人在交强险责任限额范围内予以赔偿,或起诉时以投保义务人付全责为由要求全额赔偿,未提及交强险,法院审理后认为非全责,应划责赔付时,应向当事人行使释明权。"浙江宁波中院《关于印发〈审理机动车交通事故责任纠纷案件疑难问题解答〉的通知》(2012年7月5日 甬中法〔2012〕24号)第4条:"两辆机动车相撞造成第三方损害,其中一车未投保交强险,承保交强险的保险公司是否对未投保的侵权人应承担的赔偿额部分负连带责任?答:机动车投保交强险系机动车所有人的法定义务,未投保交强险的机动车所有人应先在交强险范围内承担赔偿责任,再根据其过错程度承担赔偿责任。承保交强险的保险公司对其承保车辆承担交强险责任,不应对未投保的侵权人所应承担的赔偿额部分负连带责任。"广东高院《关于印发〈全省民事审判工作会议纪要〉的通知》(2012年6月26日 粤高法〔2012〕240号)第47条:"未按照国家规定投保交强险的机动车,发生交通事故造成损害,赔偿权利人请求由该机动车的投保义务人在交强险责任限额范围内先予赔偿的,应予支持。投保义务人和侵权人不是同一人,赔偿权利人请求由投保义务人和侵权人在交强险限额内承担连带赔偿责任的,应予支持。不足部分,按照《道路交通安全法》第七十六条和《侵权责任法》的有关规定承担赔偿责任。"山东淄博中院《全市法院人身损害赔偿案件研讨会纪要》(2012年2月1日)第20条:"……依照2009年3月1日施行的《山东省实施〈中华人民共和国道路交通安全法〉办法》第六十五条第二款的规定,机动车未参加交通事故责任强制保险发生交通事故造成人身伤亡、财产损失的,由机动车所有人或者管理人在相当于强制保险责任限额范围内按照伤情和实际损失先行赔偿。在国家道路交通事故社会救助基金制度实施后,按照国家有关规定办理。因此,即使机动车没有加入交强险,在具体案件中仍应按照已加入交强险的计算办法计算受害人损失,并由机动车所有人或管理人承担赔偿责任。"上海高院民一庭《道路交通事故纠纷案件疑难问题研讨会会议纪要》(2011年12月31日)第3条:"投保义务人未投保交强险的责任承担。投保义务人未按照国家规定投保交强险,机动车发生交通事故造成损害的,如投保义务人与实际使用人不一致的,投保义务人应与实际使用人在交强险范围内承担连带责任。"山东高院《关于印发〈全省民事审判工作会议纪要〉的通知》(2011年11月30日 鲁高法〔2011〕297号)第6条:"……(十二)关于机动车未参加机动车第三者责任强制保险的处理问题。机动车未依照道路交通安全法和国务院《机动车交通事故责任强制保险条例》的规定参加机动车第三者责任强制保险,发生道路交通事故致人损害的,参照适用《山东省实施〈道路交通安全法〉办法》第65条的规定,由赔偿义务人在相应的机动车交通事故责任强制保险限额范围内承担赔偿责任。不足部分,依照《道路交通安全法》第76条的规定确定赔偿责任。"新疆高院《关于印发〈关于审理道路交通事故损害赔偿案件若干问题的指导意见(试行)〉的通知》(2011年9月29日 新高法〔2011〕155号)第10条:"未投保交强险的机动车发生交通事故的,由机动车一方承担相当于交强险责任限额内的赔偿责任;不足部分,按照《道路交通安全法》第七十六条第一款第(二)项之规定承担赔偿责任。"贵州高院《关于印发〈关于审理涉及机动车交通事故责任强制保险案件若干问题的意见〉的通知》(2011年6月7日 黔高法〔2011〕124号)第9条:"机动车方未投保第三者责任强制保险的,由机动车方在该车应当投保的保险责任限额范围内承担无过错赔偿责任。机动车方在交通事故发生后补办第三者责任强制保险或补交保险费的,保险公司对该次交通事故造成的损失不承担赔偿责任。"江苏南通中院《关于处理交通事故损害赔偿案件中有关问题的座谈纪要》(2011年6月1日 通中法〔2011〕85号)第31条:"事故一方为非机动车,肇事机动车未按规定投保交强险的,应当根据交强险的赔付原则,先由投保义务人在交强险责任限额内承担赔偿责任。事故双方均为未投保交强险的机动车的,直接按照过错责任承担赔偿责任。"安徽宣城中院《关于审理道路交通事故赔偿案件若干问题的意见(试行)》(2011年4月)第23条:"未投交强险的车辆被盗窃、抢劫或抢夺期间发生交通事故致人损害的,由盗窃人、抢劫人、抢夺人承担赔偿责任,但未投交强险属投保义务人责任的,由投保义务人在交强险范围内承担补充赔偿责任。"第26条:"未投保机动车强制保险或机动车强制保险已失效的机动车发生交通事故的,由机动车所有人在相应的机动车强制险责任限额内先行赔偿,机动车所有人与使用人不是同一人的,使用人对机动车强制责任险限额内的损害承担连带赔偿责任。"江西鹰潭中院《关于审理道路交通事故损害赔偿纠纷案件的指导意见》(2011年1月1日 鹰中法〔2011〕143号)第7条:"机动车发生交通事故造成人身伤亡、财产损失的,由保险公司在机动车第三者责任强制保险责任限额内予以赔偿。未参加机动车强制保险,发生道路交通事故人身损害的,由机动车所有人在相应的机动车强制保险责任限额范围内先行赔偿,机动车所有人与使用人不是同一人的,对机动车强制保险责任限额范围内的损害赔偿承担连带责任。"山东淄博中院民三庭《关于审理道路交通事故损害赔偿案件若干问题的指导意见》(2011年1月1日)第9条:"机动车未参加交强险发生交通事故的,由机动车所有人或者管理人先在相当于强制保险责任限额范围内,按照交强险的赔偿原则对受害人予以赔偿。"第10条:"两辆或两辆以上的机动车发生交通事故的,第三人的损失大于或等于各机动车已有或应有的交强险责任限额之和的,则各保险公司与应当承担交强险的赔偿义务主体均应按责任限额全额赔偿第三人的损失。第三人的损失额不超过各机动车已有或应有的交强险责任限额之和的,由各保险公司与应当承担交强险的赔偿义务主体按照各自交强险赔偿限额所占已有或应有交强险赔偿限额之和的比例赔偿;各交强险的赔偿义务主体在该车辆交强险的责任限额与按比例确定的赔偿额的差额范围内对其他交强险赔偿义务主体的按比例承担的赔偿份额承担连带赔偿责任,承担连带责任后享有追偿权。按照第九条的规定,未参加交强险的机动车所有人或管理人属于应当承担交强险责任的赔偿义务主体。"江苏高院民一庭《**侵权损害赔偿案件审理指南**》(2011年)第7条:"道路交通事故责任……8.没有投保交强险的机动车责任。机动车方没有依法投保机动车第三者责任强制保险,发生交通事故造成损害的,由该机动车方在机动车第三者责任强制保险责任限额范围内予以赔偿;对超过责任限额的部分,按照《道路交通安全法》第76条第1款和《江苏省道路交通安全条例》第52条规定的相关情形确定交通事故当事人的赔偿责任。《江苏省道路交通安全条例》第52条规定:'机动车发生交通事故造成人身伤亡、财产损失的,由保险公司在机动车第三者责任强制保险责任限额范围内予以赔偿,未参加第三者责任强制保险的,由机动车方按照该车应当投保的最低保险责任限额予以赔偿。对超过责任限额的部分,按照下列规定承担赔偿责任:(一)机动车之间发生交通事故的,由有过错的一方承担赔偿责任;双方都有过错的,按照各自过错的比例分担责任。(二)机动车与非机动车驾驶人、行人之间发生交通事故,非机动车驾驶人、行人没有过错的,由机动车一方承担赔偿责任;有证据证明非机动车驾驶人、行人有过错的,按照以下规定减轻机动车一方的赔偿责任:1.非机动车驾驶人、行人负事故全部责任的,减轻百分之九十以上;2.非机动车驾驶人、行人负事故主要责任的,减轻百分之六十至百分之七十;3.非机动车驾驶人、行人负事故同等责任的,减轻百分之三十至百分之四十;4.非机动车驾驶人、行人负事故次要责任的,减轻百分之二十至百分之三十。交通事故的损失是由非机动车驾驶人、行人故意碰撞机动车造成的,机动车一方不承担赔偿责任。有下列情形之一,当事人直接向保险公司报告的,保险公司应当依法理赔:(一)当事人依法自行协商处理的交通事故;(二)仅造成自身车辆损失的单方交通事故;(三)车辆在道路以外通行时发生的事故。'"江苏无锡中院《**关于印发〈关于审理道路交通事故损害赔偿案件若干问题的指导意见〉的通知**》(2010年11月8日 锡中法发〔2010〕168号)第3条:"【未投保交强险的事故赔偿责任】事故车辆未按规定投保交强险的,应当根据交强险的赔付原则,先由投保义务人在交强险责任限额内承担赔偿责任。事故各方均为机动车且均未投保交强险的,直接按照过错承担赔偿责任。"第 10 条:"【试驾机动车的事故赔偿责任】试驾期间发生道路交通事故且试驾车辆未投保交强险的,由车辆销售人在交强险赔偿限额内承担赔偿责任;损失超出交强险赔偿限额的,由试驾人及销售人根据各自过错承担相应的赔偿责任。如销售人存在本意见第七条第二款情形的,与试驾人承担连带赔偿责任。销售人以试驾合同约定为由主张免责的,人民法院不予支持。"第 13 条:"【多车参与事故的交强险赔偿责任分配】两辆或两辆以上的机动车发生交通事故致他人损害的,一般应当由各车交强险保险人在各自交强险赔偿限额内平均承担赔偿责任;不足的部分,依照《道路交通安全法》第七十六条第一款的规定由各机动车方按照各自过错承担相应的责任。"第 14 条:"【多车参与事故交强险赔偿责任分配的例外情形】部分事故车辆未投保交强险的,人民法院可以依据《道路交通安全法》第七十六条的规定,判令已投保车辆的交强险保险人在交强险赔偿限额内先行承担赔偿责任,保险人赔偿后可以依据本意见第十三条的规定向未投保交强险方追偿。"福建福州中院民一庭《民事司法信箱回复:侵权责任法律适用若干问题专版》(2010 年 9 月 10 日)第 9 条:"未按照国家法律规定投保机动车第三者责任强制保险,发生交通事故造成损害的,应当先由机动车所有人在机动车强制保险责任限额范围内予以赔偿,由实际侵权人承担连带赔偿责任;还是应当由实际侵权人承担赔偿责任,由机动车所有人在机动车强制保险责任限额范围内承担连带赔偿责任?答:根据国务院《机动车交通事故责任强制保险条例》的规定,投保第三者责任强制险是车主的法定义务,车主未投该保险,存在过错,应当承担相应的责任。实际侵权人因侵权造成他人损害应当承担损害赔偿责任,机动车所有人因违反法定义务应当承担连带赔偿责任。"河南郑州中院《审理交通事故损害赔偿案件指导意见》(2010 年 8 月 20 日 郑中法〔2010〕120 号)第 6 条:"未投保交强险或交强险已失效的机动车发生交通事故的,由投保义务人在交强险责任限额内承担赔偿责任;投保义务人与行为人不一致的,由投保义务人与行为人在交强险责任限额内承担连带赔偿责任;如果该机动车投保商业三责险的,应由该机动车一方在交强险责任限额内承担赔偿责任,超出交强险限额的部分,按商业三责险的保险合同约定进行赔偿。"第 19 条:"未投交强险的机动车被盗窃、抢劫或抢夺期间发生交通事故的,由盗窃人、抢劫人或抢夺人承担赔偿责任,但未投交强险属投保义务人责任的,由投保义务人在交强险范围内承担补充赔偿责任。"河南周口中院《关于侵权责任法实施中若干问题的座谈会纪要》(2010 年 8 月 23 日 周中法〔2010〕130 号)第 10 条:"……车辆所有人没有按照《机动车交通事故责任强制保险条例》的规定,为机动车投机动车强制保险,发生交通事故致他人损害的,应当首先按照根据道路交通安全法的规定,在强制保险的限额范围内,向受害人承担无过错赔偿责任,不足部分再根据责任大小承担其应当承担的赔偿责任。"浙江高院民一庭《关于审理道路交通事故损害赔偿纠纷案件若干问题的意见(试行)》(2010年7月1日)第17条:"未参加机动车强制保险,发生道路交通事故致人损害的,由机动车所有人在相应的机动车强制保险责任限额范围内先行赔偿;机动车所有人与使用人不是同一人的,对机动车强制保险责任限额范围内的损害赔偿承担连带责任。"山东东营中院《关于印发道路交通事故处理工作座谈会纪要的通知》(2010年6月2日)第11条:"应投保而未投保交强险的车辆发生事故时,致害人在交强险限额内先对受害人进行赔付,扣除交强险限额后的赔偿款项,按事故责任比例进行分担。"重庆高院《印发〈全市法院保险纠纷案件审判实务研讨会会议纪要〉的通知》(2010年4月7日 渝高法〔2010〕101号)第16条:"关于交强险脱保后,第三者责任险的保险人承担赔偿责任的范围问题。会议认为,车辆所有人应投保而未投保交强险,需要支付受害人人身伤亡的抢救、丧葬等费用的,由道路交通事故社会救助基金垫付。第三者责任险保险人不承担交强险范围内的保险责任。交强险脱保,而第三者责任险合同约定保险人在交强险限额之外承担赔偿责任的,该约定有效,承保第三者责任险的保险人对实际发生的损失额,在扣除交强险赔偿限额后承担给付责任。第三者责任险合同无上述约定的,保险人在第三者责任险限额内对实际发生的损失承担赔偿或给付保险金责任。"山东临沂中院《民事审判工作座谈会纪要》(2009年11月10日 临中法〔2009〕109号)第1条:"……应投保强制险而未投保,事故责任如何分担的问题。根据道路交通安全法的规定,事故发生后,在交强险责任限额内,由保险公司全额赔偿,超出部分,按责任比例赔偿。如车主未投保强制险,全额按责任比例赔偿,将使受害人因肇事者的这一违法行为进一步受到损失。为此,山东省《实施〈中华人民共和国道路交通安全法〉办法》第六十五条第二款,第六十六条规定,未投保强制险的,先由肇事人按照交强险限额承担全部赔偿责任,超出部分再按责任比例赔偿。该规定属于地方法规,与相关上位法的立法精神相符,应当作为类似案件的判决依据。"江西九江中院《关于印发〈九江市中级人民法院关于审理道路交通事故人身损害赔偿案件若干问题的意见(试行)〉的通知》(2009年10月1日 九中法〔2009〕97号)第1条:"机动车发生交通事故造成人身伤亡、财产损失的,由机动车所投保的保险公司在机动车交通事故责任强制保险责任限额范围内予以赔偿;机动车未参加机动车交通事故责任强制保险的,由机动车方在相当于相应的强制保险责任限额范围内予以赔偿。"安徽蚌埠中院《关于审理人身损害赔偿案件若干问题的指导意见》(2009年7月2日)第13条:"未投保机动车交强险的法律后果问题。未投保机动车交强险的机动车发生道路交通事故造成第三人损害的,除损害后果是由受害人故意造成的之外,由车主在机动车交强险责任限额内承担赔偿责任,不足以赔偿的部分,由相关责任人在其责任范围内承担。"湖南高院《关于审理涉及机动车交通事故责任强制保险案件适用法律问题的指导意见》(2008年12月12日)第5条:"未参加交强险的机动车发生交通事故,由机动车一方在该车应当投保的最低保险责任限额内承担无过错赔偿责任。超过最低保险责任限额的部分,根据《中华人民共和国道路交通安全法》第七十六条关于不足部分赔偿的规定进行赔偿。"第6条:"因被保险机动车一方怠于或者拒绝提供强制保险理赔资料,导致受害第三者无法直接从保险人获得赔偿,受害第三者请求被保险机动车一方在强制保险责任限额范围内承担无过错赔付责任的,应予支持。"福建高院民一庭《关于审理人身损害赔偿纠纷案件疑难问题的解答》(2008年8月22日)第13条:"问:国务院《机动车交通事故责任强制保险条例》施行后,机动车一方没有根据该条例的规定投保机动车第三者责任强制保险的,发生交通事故时,应如何处理?答:依照《机动车交通事故责任强制保险条例》的规定,投保第三者责任强制险,是法律规定的一项强制义务。如果机动车一方实际未投保的,本应由保险公司承担的责任,转由机动车一方承担。"湖南常德中院民一庭《关于当前民事审判工作中应当注意的几个问题》(2008年8月7日)第3条:"……对于未办理交强险侵权人是否应承担强制保险责任限额范围内的责任。在实践中,有的车辆,大部分为摩托车并未办理交强的,发生交通事故后,未参加机动车第三者责任强制险的,机动车一方应当在最低保险责任限额的部分,按照《道理交通安全法》第七十六条关于不足部分赔偿的规定进行赔偿。"浙江杭州中院《关于道路交通事故损害赔偿纠纷案件相关问题的处理意见》(2008年6月19日)第3条:"……(三)应投保交强险而未投保的车辆发生事故时的赔偿问题。应投保交强险而未投保的车辆发生事故时,由致害人在交强险赔付限额内先行赔付。根据《浙江省实施〈中华人民共和国道路交通安全法〉办法》第五十九条第二项规定,机动车未参加第三者强制保险的,由机动车所有人或者管理人在相当于相应的强制保险予以赔偿。即由致害人在交强险赔付限额内先行赔付,超额部分再按份承担。交强险具有强制性和社会保障性,这是其与普通商业险的不同之处,该强制性体现在强制投保和强制承保两方面。强制投保既是为投保人或致害人分担风险,同时也是对受害人及时获得经济赔偿的保障。这就意味着若未投保交强险,不仅是对自身利益的损害,更是对受害人利益的侵害,对后者应由致害人承担相应的赔偿责任,该赔偿责任即应参照交强险'先行赔付'的原则,在法定额度内由致害人向受害人赔偿,对于超额部分,再按照过错责任分配。这样处理也有助于交强险在社会范围内的普遍推广。原告放弃主张按照交强险'先行赔付'的,系其对其实体权利的处分,且该权利处分并未侵犯被告权利,故应当支持。但是实践中,法官应向原告进行必要的诉讼引导,行使释明权。"陕西高院《关于审理道路交通事故损害赔偿案件若干问题的指导意见(试行)》(2008年1月1日 陕高法〔2008〕258号)第7条:"借用他人机动车发生道路交通事故致人损害的,由机动车借用人承担赔偿责任。但有下列情形之一的,出借人应承担连带赔偿责任:……(五)未投保机动车交通事故责任强制保险的……"北京高院民一庭《北京市法院道路交通事故损害赔偿法律问题研讨会会议纪要》(2007年12月4日)第3条:"……(1)在2006年7月1日以后,机动车投保的商业性三者险已经到期,机动车未投保交强险而仍然投保商业性三者险的,该机动车如发生交通事故致他人损害,由机动车一方按照相当于交强险的责任限额予以赔偿,超出责任限额的部分按照《道路交通安全法》第七十六条的规定确定赔偿责任。(2)关于机动车在2006年7月1日以后既未投保商业性三者险,也未投保交强险,机动车发生交通事故致他人损害时,致害机动车一方的赔偿责任如何确定的问题。与会人员一致认为:因致害机动车应投保交强险而未投保,为保护受害人一方的合法权益,应由致害机动车一方按照交强险的责任限额予以赔偿,超出责任限额的部分在当事人之间依法确定赔偿责任。"湖北十堰中院《关于审理机动车损害赔偿案件适用法律若干问题的意见(试行)》(2007年11月20日)第15条:"《机动车交通事故责任强制保险条例》施行后,发生交通事故的机动车没有按规定投保交强险的,由该机动车方按保监会公布的交强险责任限额对交通事故受害人承担赔偿责任。"江西高院民一庭《关于审理道路交通事故人身损害赔偿案件适用法律若干问题的解答》(2006年12月31日)第14条:"《机动车交通事故责任强制保险条例》施行后发生的道路交通人身损害,事故车辆既未参加'交强险',也未参加'商业三责险'的,道路交通事故社会救助基金管理机构应承担什么责任?答:根据《机动车交通事故责任强制保险条例》第二十四条的规定,道路交通事故社会救助基金管理机构仅对受害人人身伤亡的丧葬费、部分或者全部的抢救费用先行垫付。对于该法规规定范围以外的赔偿,道路交通事故社会救助基金管理机构不承担垫付责任,应当向该未投保车辆的责任人主张。道路交通事故社会救助基金管理机构在先行垫付后,可以按照该法规的规定,向相应的责任人另案追偿。"江西赣州中院《关于审理道路交通事故人身损害赔偿案件的指导性意见》(2006年6月9日)第28条:"投保了交通事故责任强制保险的机动车发生交通事故致人损害,由承保的保险机构在机动车交通事故责任强制保险的责任限额内按照实际损害赔偿。《机动车交通事故责任强制保险条例》实施后,机动车应当投保而未投保机动车交通事故责任强制保险的,由其在应当投保的强制保险的责任限额内按照实际损失承担赔偿责任。交通事故的损失超出强制保险责任限额的部分,按照《道路交通安全法》第七十六条的规定承担责任。"江苏无锡中院《全市民事审判疑难问题研讨会纪要》(2006年3月14日)第1条:"从2004年5月1日起,机动车所有人未投保机动车第三者责任险的,应在最低责任限额范围内,对事故造成的人身伤亡和财产损失首先承担赔偿责任。"上海高院《关于贯彻实施〈上海市机动车道路交通事故赔偿责任若干规定〉的意见》(2005年4月1日 沪高法民一〔2005〕4号)第4条:"机动车之间发生交通事故的,按照各自的事故责任,由所投保的保险公司在强制保险的责任限额内按照实际损失赔付;机动车未投保强制保险的,由其在应当投保的责任限额内按照实际损失承担赔偿责任。机动车之间发生交通事故的损失超出强制保险责任限额的部分,由有事故责任的一方承担赔偿责任;双方都有事故责任的,按照各自事故责任的比例分担赔偿责任。"第5条:"机动车与非机动车驾驶人、行人发生交通事故的,由机动车投保的保险公司在强制保险的责任限额内按照实际损失赔付;机动车未投保强制保险的,由机动车一方在应当投保的责任限额内按照实际损失承担赔偿责任。"第9条:"交通事故中受伤人员的抢救费用超出强制保险责任限额的,或者发生交通事故的机动车未参加强制保险的,或者发生交通事故后机动车驾驶人逃逸的,由道路交通事故社会救助基金先行垫付部分或者全部抢救费用,道路交通事故社会救助基金管理机构有权向交通事故责任人追偿。"广东高院、省公安厅《关于〈道路交通安全法〉施行后处理道路交通事故案件若干问题的意见》(2004年12月17日 粤高法发〔2004〕34号,2021年1月1日起被粤高法〔2020〕132号文废止)第1条:"适用一般程序处理交通事故时,公安交通管理部门应当尽量查明机动车所有人、实际支配人、驾驶员的姓名、住所、联系方式以及肇事车辆是否参加机动车第三者责任强制保险、参保的保险公司和责任限额等有关情况。"第2条:"交通事故造成人员伤亡的,公安交通管理部门应依照《道路交通安全法》第七十五条、《道路交通安全法实施条例》第九十条等有关规定通知相关保险公司或社会救助基金管理机构支付抢救费用,也可通知机动车驾驶人、所有人、实际支配人支付抢救费用。交通事故造成人员死亡的,尸体处理费用的支付参照上款规定处理。保险公司、社会救助基金管理机构、机动车驾驶人、所有人、实际支配人不在规定的时间内支付的,公安交通管理部门应及时制作交通事故认定书送达当事人,并告知当事人可向人民法院起诉并申请先予执行。人民法院应及时立案,并裁定先予执行。"天津高院《关于审理交通事故赔偿案件有关问题经验总结》(2004年5月18日 津高法〔2004〕64号)第8条:"买卖车辆未过户发生交通事故的,参照最高人民法院(2001)民一他字第32号复函的精神,出卖方不承担责任。但凡与保障第三人安全有关的保险,出卖人在过户前未经买受人同意退保的,出卖人应在保险理赔范围内承担连带责任。"

6. 地方规范性文件。山东省《道路交通事故社会救助基金管理暂行办法》(2012年7月1日 鲁政办发〔2012〕60号)第18条:"有下列情形之一,按属地原则,由事故发生地所在的救助基金管理机构及时垫付道路交通事故中受害人人身伤亡的丧葬费用、部分或全部抢救费用。(一)抢救费用超过交强险责任限额的,垫付差额部分抢救费用;(二)肇事机动车未参加交强险的,垫付全部抢救费用;(三)机动车肇事后逃逸的,垫付全部抢救费用。救助基金管理机构一般垫付受害人自接受抢救之时起 72 小时内的抢救费用;特殊情况下如需垫付超过 72 小时的抢救费用,应由医疗机构提出书面理由,救助基金管理机构根据机动车道路交通事故发生地物价部门核定的收费标准予以审核后,按照规定的程序予以拨付。"上海市《机动车道路交通事故赔偿责任若干规定》(2005 年 4 月 1 日)第 4 条:"机动车之间发生交通事故的,按照各自的事故责任,由所投保的保险公司在强制保险的责任限额内按照实际损失赔付;机动车未投保强制保险的,由其在应当投保的责任限额内按照实际损失承担赔偿责任。机动车之间发生交通事故的损失超出强制保险责任限额的部分,由有事故责任的一方承担赔偿责任;双方都有事故责任的,按照各自事故责任的比例分担赔偿责任。"第 5 条:"机动车与非机动车驾驶人、行人发生交通事故的,由机动车投保的保险公司在强制保险的责任限额内按照实际损失赔付;机动车未投保强制保险的,由机动车一方在应当投保的责任限额内按照实际损失承担赔偿责任。"

7. 最高人民法院审判业务意见。●机动车一方未投保交强险时,发生交通事故时责任应如何承担?最高人民法院民一庭意见:"未按照国家规定投保机动车第三者责任强制保险的机动车,发生交通事故造成损害的,由机动车第三者责任强制保险的投保义务人在机动车第三者责任强制保险责任限额范围内予以赔偿。不足的部分,由侵权人按照侵权责任法和道路交通安全法的规定向被侵权人承担侵权责任。"○没有投保交强险的车辆,在与行人之间发生交通事故后,是否按照双方在交通事故中的责任承担赔偿责任?《民事审判指导与参考》研究组:"道路交通安全法第 17 条规定国家实行机动车第三者责任强制保险制度。这一规定表明,机动车的所有人具有法定的义务投保交强险,目的在于在发生交通事故后,承办交强险的保险公司能够依据保险合同的约定,及时赔付受害人所受到的人身、财产损失,保护受害第三者的权益。该法第 76 条的规定:'机动车发生交通事故造成人身伤亡、财产损失的,由保险公司在机动车第三者责任强制保险责任限额范围内予以赔偿;不足的部分,按照下列规定承担赔偿责任:……'该规定明确了机动车在已投保交强险的情形下的责任负担方式。即发生交通事故后,首先由承保交强险的保险公司在责任限额内承担赔偿责任。限额之外的损失按照交通事故双方当事人的责任程度负担相应的赔偿责任。如果车辆所有人未投保交强险即是违反了法定义务,要承担相应的法律责任。这种法律责任就是道路交通安全法规定的交强险限额内的赔偿责任。这种责任的承担与机动车是否具有过错无关,只要事故发生,就要赔偿。对于限额之外的部分,则按照事故责任的认定确定赔偿数额。简言之,就是在题述的情形下,先由肇事机动车一方承担本应由保险公司赔偿的限额,其余的损失再按交通事故双方当事人的责任程度分担赔偿数额。"●未投保交强险的机动车之间发生交通事故造成车上人员伤亡应当如何承担赔偿责任？最高人民法院民一庭意见："未参加交通事故责任强制保险的机动车发生交通事故应当如何承担责任，《道路交通安全法》没有作出明确规定。我们倾向于认为，未参加机动车第三者责任强制保险的，应参照《道路交通安全法》第76条的规定处理，但应排除对未投保交强险的机动车和机动车之间发生交通事故造成车上乘员伤亡的情形的适用。仅在机动车与非机动车、行人之间发生的交通事故才会要求未投保交强险的责任人在限额内全额赔付。"

8. 参考案例。①2017年河南某交通事故纠纷案，2011年，赵某将车辆卖给葛某。2013年，葛某将未年检、未投保交强险该车卖给魏某。2015年，魏某驾驶该车与郭某电动三轮车相撞，造成郭某受伤。交警认定双方同等责任。2017年，郭某诉请赵某、葛某、魏某连带赔偿损失。法院认为：最高人民法院《关于审理道路交通事故损害赔偿案件适用法律若干问题的解释》第6条规定："拼装车、已达到报废标准的机动车或者依法禁止行驶的其他机动车被多次转让，并发生交通事故造成损害，当事人请求由所有的转让人和受让人承担连带责任的，人民法院应予支持。"车辆年检意义在于及时消除车辆安全隐患，减少交通事故发生，并直接降低对公民生命健康造成的威胁，每个车主或车辆管理者均应履行年检义务，确保车辆合格安全。然而交通事故并非能全部杜绝，为保证在发生交通事故后，受害人生命、健康、财产权利得到最低限度的救济与经济上的弥补，政府又设置了机动车交通事故责任强制保险制度，要求机动车必须投保交强险，并在交通安全法律法规中予以规定，未投保交强险机动车依法禁止上路行驶，故未年检合格、未投保交强险机动车便成为禁止行驶的机动车辆。本案中，案涉车辆几经转让，从赵某转让给葛某，葛某又转让给魏某，车辆从年检合格、投保有交强险的状态转变为未年检、未投保交强险状态。在赵某转让给葛某时，该车辆投保有交强险，并依法进行了年检，虽未将车辆及时过户，但赵某对事故发生并无过错，故赵某不应对郭某损失承担责任。车辆由葛某转让给魏某时，未进行年检，更未投保交强险，此时该车已属于"依法禁止行驶的其他机动车"。葛某将未投保交强险、未年检且多次违章的车辆转让，主观上有明显故意，故葛某应对郭某损失承担连带赔偿责任。判决魏某、葛某连带赔偿郭某6万余元。②2016年河南某追偿权纠纷案，2016年，马某驾驶摩托车与孙某拖拉机相撞后，又与赵某货车相撞，致摩托车上乘客张某死亡。交警认定马某负事故同等责任，孙某、赵某共同负事故同等责任，张某不负责任。法院判决认定张某家属损失14万余元，赵某投保保险公司在交强险限额内承担11万元，超出部分，由马某按事故责任比例承担50%；赵某、孙某各承担25%责任。随后，保险公司以孙某未投保交强险为由，诉请返还交强险垫付款5.5万元。法院认为：最高人民法院《关于审理道路交通事故损害赔偿案件适用法律若干问题的解释》第21条第3款规定:"多辆机动车发生交通事故造成第三人损害,其中部分机动车未投保交强险,当事人请求先由已承保交强险的保险公司在责任限额范围内予以赔偿的,人民法院应予支持。保险公司就超出其应承担的部分向未投保交强险的投保义务人或者侵权人行使追偿权的,人民法院应予支持。"本案保险公司在交强险责任限额范围内已对张某家属进行了赔偿,其理应有权就超出其应承担部分向未投保交强险的孙某进行追偿。因孙某与赵某共同承担50%的事故责任,故保险公司在前案判决中支付的11万元交强险赔偿额应由双方平均分担,判决孙某返还保险公司垫付款5.5万元。③2014年**北京某交通事故纠纷案**,2012年,李某试驾欲购汽车公司尚未投保交强险的车辆与朱某电动自行车相撞,致搭乘电动车的温某八级伤残。法院认为:根据汽车公司与李某陈述,事发前李某所购车辆仍有部分款项未付,事故发生起因亦为汽车公司工作人员陪同李某前往取所欠部分款项,且根据汽车公司陈述,该车购车发票亦未交李某,故应认定事故发生时李某所购车辆所有权仍未转移。最高人民法院《关于审理道路交通事故损害赔偿案件适用法律若干问题的解释》第19条规定:"未依法投保交强险的机动车发生交通事故造成损害,当事人请求投保义务人在交强险责任限额范围内予以赔偿的,人民法院应予支持。投保义务人和侵权人不是同一人,当事人请求投保义务人和侵权人在交强险责任限额范围内承担连带责任的,人民法院应予支持。"事故发生时,该车辆未投保交强险即上路,在车辆所有权未转移情况下,汽车公司作为车辆所有权人及该车辆交强险投保义务人,李某作为侵权人,二者应在交强险限额范围内对温某损害承担连带赔偿责任。《侵权责任法》第49条规定:"因租赁、借用等情形机动车所有人与使用人不是同一人时,发生交通事故后属于该机动车一方责任的,由保险公司在机动车强制保险责任限额范围内予以赔偿。不足部分,由机动车使用人承担赔偿责任;机动车所有人对损害的发生有过错的,承担相应的赔偿责任。"对于温某损失超过交强险限额部分,温某乘坐朱某驾驶的无号牌电动自行车上路行驶,自身存在一定过错,法院确定**温某承担事故30%责任**。对于李某与汽车公司之间责任划分问题,李某驾驶未取得临时牌照、未投保交强险车辆,未安全驾驶,造成温某受伤,是事故发生直接原因。汽车公司作为车辆所有权人将该车辆交由李某驾驶,是事故发生条件,汽车公司未尽管理义务,亦有过错。本次交通事故中,李某作为具有驾驶资格的完全民事行为能力人,其驾驶行为与汽车公司未尽到管理义务行为之间并不符合法律上对于共同侵权的构成要件,汽车公司作为所有人与李某作为使用人应根据前述法律规定各自承担相应赔偿责任。对于李某与汽车公司之间责任划分,根据双方过错程度,法院确定**李某作为车辆驾驶人即事故发生的侵权人承担60%责任,汽车公司在未尽到管理责任情况下承担40%责任**。④2014年**云南某交**

通事故纠纷案,2013年,董某驾驶汽车公司所有、未投保交强险车辆与李某电动自行车、韦某机动车相撞致李某死亡。交警认定董某、李某分负主、次责任,韦某无责。经查,董某从修理厂租赁场地,以个人名义从事车辆维修业务。法院认为:董某所驾车辆未投保交强险,车辆所有人为汽车公司,依《道路交通安全法》第76条第1款"机动车发生交通事故造成人身伤亡、财产损失的,由保险公司在机动车第三者责任强制保险责任限额范围内予以赔偿;不足的部分,按照下列规定承担赔偿责任……(二)机动车与非机动车驾驶人、行人之间发生交通事故,非机动车驾驶人、行人没有过错的,由机动车一方承担赔偿责任;有证据证明非机动车驾驶人、行人有过错的,根据过错程度适当减轻机动车一方的赔偿责任……"及最高人民法院《关于审理道路交通事故损害赔偿案件适用法律若干问题的解释》第19条第1、2款"未依法投保交强险的机动车发生交通事故造成损害,当事人请求投保义务人在交强险责任限额范围内予以赔偿的,人民法院应予支持。投保义务人和侵权人不是同一人,当事人请求投保义务人和侵权人在交强险责任限额范围内承担连带责任的,人民法院应予支持"规定,本案交通事故应由汽车公司及董某在交强险赔偿范围内连带赔偿原告死亡赔偿金7万元、精神抚慰金4万元。韦某在本次事故中无责,故其车辆投保保险公司在交强险无责限额范围内支付原告死亡赔偿金1.1万元。原告超出交强险外损失34万余元,因李某对事故承担次要责任,可适当减轻董某赔偿责任,以承担80%为宜。汽车公司作为肇事车辆所有人,因车辆故障而将车辆交由董某维修,在维修期间车辆保管、管理权已一并转移至董某,在董某驾车造成交通事故中,汽车公司并无过错,故汽车公司不承担责任。原告未能提交证据证实修理厂系董某驾驶车辆修理单位,即车辆管理人,故修理厂不承担责任。

⑤2013年**广东某交通事故纠纷案**,2012年,罗某与黎某各自驾驶未投交强险的摩托车相撞,交警认定黎某、罗某分负主、次责任。罗某诉请黎某在交强险限额内赔偿其医疗费、护理费等全部损失1.7万余元。法院认为:最高人民法院《关于审理道路交通事故损害赔偿案件适用法律若干问题的解释》第19条第1款规定,未依法投保交强险的机动车发生交通事故造成损害,当事人请求投保义务人在交强险责任限额内予以赔偿的,人民法院应予支持。该款适用前提是"当事人请求",如当事人不请求,则无法院援引该法条余地,但即使是当事人请求,亦须有合理理由和法律依据。在部分投保交强险的机动车发生事故场合,以及机动车与行人发生事故场合,提起该请求的肯定是行人方和投保机动车方。因行人无缴纳交强险义务,投保交强险机动车方履行了自己义务,未投保方属法定义务违反,对方当然有权利按司法解释提起诉讼。但如在双方均未缴纳交强险前提下,任何一方均无权提起上述请求。根据任何人不能从自己违法行为中获利的法理,请求人本身属于对法定义务违反,其要求对方按相同法定义务保护自己,违反了公序良俗原则,应

不予准许。亦即,在双方均有过错情况下,任何一方均无权要求全部损失由一方承担,不应存在损害转移问题,故对前述司法解释条款须作限缩性解释,其适用范围仅限于机动车与行人相撞、部分未投保机动车之间相撞,<u>不能扩大适用于均未投保机动车相撞情形</u>。交通事故责任者应按所负交通事故责任承担相应赔偿责任。本案中,黎某承担事故主要责任,故应赔偿罗某因本次事故造成损失的70%,而罗某提出要求黎某在道路交通责任强制保险赔偿限额内赔偿的请求,因双方均未购买交强险,从公平、合理角度出发,应按事故责任认定赔偿为宜。判决黎某赔偿罗某损失1.7万余元的70%即1.2万余元。⑥2012年**江苏某保险合同纠纷案**,2011年1月,韩某购买二手车;同年2月,原车主因该车转籍将交强险退保;2011年8月,该车撞伤颜某,各项损失1.8万余元,交警认定韩某全责;颜某起诉车主韩某及保险公司。法院认为:<u>交强险合同虽是投保人与保险公司之间签订的合同,但其实质是保险公司与不特定的交通事故受害人之间建立了权利、义务关系,投保人与保险公司非因法定事由不得解除交强险合同</u>。本案保险公司以承保车辆转籍为由,终止交强险,不符合交强险条例的规定。交强险种的性质是在于分担社会风险,使交通事故中的受害人能尽快获得赔偿,如承保的保险公司非因法定事由终止交强险,其行为违背了交强险的立法本意,也无疑侵犯了交通事故中的受害人的权益。本案保险公司解除交强险行为违法,仍应在交强险限额内承担赔偿责任。⑦2011年**广东某行政诉讼案**,2010年8月,交警以梁某未投保交强险予以罚款1900元。法院认为:依《道路交通安全法》第98条第1款规定:机动车所有人、管理人未按国家规定投保机动车第三者责任保险的,由公安机关交通管理部门扣留车辆至依照规定投保后,并处依照规定投保最低责任限额应缴纳的保险费的二倍罚款。机动车所有人、管理人未按规定投保交强险,交警部门实施处罚时,<u>应以同类型机动车交强险基础保险费数额为处罚基数</u>。根据保险会交强险费率方案及基础费率表,6座以下家庭自用车交强险基础保险费为950元,故交警队将上述法律之最低责任限额应缴纳的保险费认定为该种车型之基础保险费,对梁某进行处罚的计算标准依据充分。虽我国实行交强险费率浮动机制,但该保险费数额的确定不属于公安机关交通管理部门职权审查的范围,亦因此不宜作为职能部门对有关交通违法行为进行处罚的标准或依据。而梁某未依法自觉投保交强险,其认为上述法律规定的最低责任限额应缴纳的保险费应为其自觉投保交强险时所需最终向保险公司支付的保险费数额,并应以此作为行政处罚的标准没有法律依据。另外,交强险为法律强制投保、保期为1年(特殊情形除外)的险种,不存在投保人分时段投保的情形,梁某认为应结合其未投保的实际期间,即应以其延误投保36天相对应的保险费为基数分时段计算其应缴的罚款数额没有法律依据,故判决维持行政处罚决定。⑧2011年**湖北某交通事故损害赔偿案**,2009年8月,李某搭乘张某驾驶的摩托车,与蔡某驾驶的王某名下未投保任何保险的货车相撞致李某受伤,交警认定张某、蔡某同等责任,李某无责任。法院认为:机动车发生交通事故造成人身伤亡、财产损失的,造成交通事故的车辆已参加机动车交通事故责任强制保险的,由保险公司在机动车交通事故责任强制保险责任限额内赔偿。没有参加机动车交通事故责任强制保险的车辆,由该车的所有人、使用人按照相当于机动车交通事故责任强制保险的责任限额赔偿。王某系肇事货车的所有人,未为该车投保交强险,应在交强险限额范围内与使用人蔡某承担连带赔偿责任。李某因此次交通事故所造成的损失共计7万余元,由蔡某和王某在交强险限额内连带赔偿4万余元,余下损失2万余元,按同等责任划分,由蔡某与张某各赔1万余元。⑨2010年**广东某交通事故损害赔偿案**,2010年5月,吴某驾驶未投保交强险的无牌摩托车与余某驾驶的摩托车相撞致余某死亡,交警认定双方同等责任。法院认为:机动车未依法购买第三者责任强制保险的,车辆肇事后,车主应在机动车第三者责任强制保险限额范围内直接予以赔偿,不足的部分,各方当事人应按事故责任大小来承担民事赔偿责任。因吴某未按规定购买交强险,应由吴某在交强险责任限额内予以赔偿,不足的部分,各方当事人按事故责任大小来承担赔偿责任,判决余某损失由吴某在交强险限额内赔偿11万余元,不足部分5万余元,由吴某承担50%即3万余元,故死者损失共计由吴某赔偿14万余元。⑩2009年**江苏某交通事故损害赔偿案**,2007年2月,均未投保交强险的张某驾驶的客车与陈某所驾摩托车相撞,造成陈某及搭乘摩托车的陈某妻子周某受伤、两车损坏的事故。交警认定张某、陈某分负主、次责任。周某、陈某人身损害部分分别为8万余元、9万余元。法院认为:未参加交强险的机动车发生交通事故,应参照《道路交通安全法》第76条的规定在投保责任限额内按实际损失赔偿。因交强险主要目的在于保护道路通行中弱势群体的利益,车上人员可与机动车视为一个整体,故应排除对未投保交强险的机动车之间肇事造成车上乘员伤亡的情形的适用。本案张某驾驶的客车与陈某驾驶的摩托车相撞,两车均未投保交强险,依法应按未投保交强险的机动车与机动车之间发生交通事故的一般责任承担原则处理,直接由张某对陈某人身损害承担70%的民事赔偿责任。⑪2009年**江苏某交通事故损害赔偿案**,周某轿车交强险2008年11月7日到期后未续保,2008年12月26日该车被盗。同日,该车发生交通事故致陈某死亡,肇事驾驶员逃逸。交警认定该驾驶员负主要责任。陈某近亲属起诉周某要求赔偿交强险11万元。法院认为:周某车辆交强险到期后未续保,随后车辆被盗并肇事,故周某虽与事故无关,但其到期未续保行为,违反交强险条例规定,其行为具有过错。因周某未续保行为导致受害人丧失了要求保险公司在交强险限额范围内赔偿权利,故周某应在交强险责任限额范围对原告损失负赔偿责任。⑫2009年**江苏某交通事故损害赔偿案**,2008年,钱某无证驾驶无牌摩托车紧随张某所驾自走式联合收割机,在拐弯处相撞。收割机未投保交强险。农机监理所证明该收割机不适用交强险规定。法院认为:钱某无证驾驶无牌摩托车紧随张某所驾收割机行驶,疏于观察,遇情况处置不当造成损害,应负事故主要责任。张某驾驶收割机转弯,借道行驶未确保安全通过,明知钱某驾车在后,疏于观察,应负事故次要责任。张某所驾自走式联合收割机,作为专用于田间作业的农田作业机械,无法通过铰接连接牵引挂车进行运输作业,不属于兼用型拖拉机范畴,不适用中国保监会颁布的《关于中国保险行业协议调整机动车交通事故责任强制保险费率的批复》规定。省政府关于农机具的试点险种的规范性文件亦明确兼用型拖拉机和联合收割机两者不能等同,故<u>联合收割机属于农业机械,不应投保交强险,张某虽负事故责任,但无须在交强险限额范围内负赔偿责任</u>。⑬<u>2009年江苏某保险代位权纠纷案</u>,2008年8月,李某乘坐孙某驾驶的出租车,与陈某驾驶的未投保交强险的摩托车相撞,李某受伤。交警认定孙某、陈某分负主、次责任。李某人身损害应赔偿额为2.4万余元。李某以合同纠纷起诉,经法院调解,出租车公司投保乘客责任险的保险公司按李某损失的70%赔付李某1.4万余元,孙某赔付李某1万余元。孙某赔付后,就其赔付部分向陈某追偿,法院判决陈某赔偿孙某1万余元。现保险公司就其赔付部分,向陈某代位追偿。一审认为陈某未投保交强险,判决陈某在交强险限额内赔偿保险公司1.4万余元损失。二审法院认为:本案中,被保险人出租车公司的司机孙某负事故主要责任,陈某负事故次要责任。出租车公司通过保险公司直接赔偿给李某保险金的方式承担相应的民事赔偿责任。从调解书的内容看,保险公司赔偿给李某的保险金数额是以孙某的事故责任比例为基础计算而来,故保险公司赔偿的保险金是出租车公司依法应当承担的赔偿责任。出租车公司并未承担陈某的侵权责任,况且陈某也因孙某的追偿之诉承担了相应的赔偿责任,陈某因其侵权行为所应承担的民事责任已经消灭,出租车公司也就不享有对第三者陈某的赔偿请求权,保险公司行使代位求偿权不符合《保险法》规定的法定要件。关于因陈某未投保交强险是否因此而承担责任的问题。法院认为交强险的设立目的在于保障交通事故受害人得到切实有效的救济,本案中受害人李某已经得到相应赔偿。<u>出租车公司或者保险公司在履行了赔偿责任后,以陈某未投保交强险为由让其承担超过侵权责任比例的赔偿责任,该诉讼请求无法律依据,故不予支持</u>,判决驳回保险公司诉讼请求。⑭<u>2008年山东某交通事故损害赔偿案</u>,2008年7月,李某与尹某两车相撞,致前者车损1.6万余元及其他鉴定、拖车损失1400余元,后者医疗费193元。交警认定同等责任。两车均无保险。法院认为:因两车均为机动车,且负事故同等责任,故双方除在交强险限额内赔偿对方损失外,就对方超出交强险责任限额的部分应再按50%责任赔偿。<u>因双方均未投保交强险,故双方应为自己的违法行为承担相应法律责任</u>。李某车损在2000元交强险限额内由尹某支付,超出部分1.4万余元及其他鉴定、拖车费1400余元由尹某按事故责任比例50%予以赔偿。尹某医疗费193元由李某在交强险限额范围内全部赔偿。

【同类案件处理要旨】

未依法投保交强险的机动车发生交通事故造成损害，当事人有权要求投保义务人在交强险责任限额范围内予以赔偿。投保义务人和侵权人不是同一人，当事人有权请求投保义务人和侵权人在交强险责任限额范围内承担连带责任。多辆机动车发生交通事故造成第三人损害，其中部分机动车未投保交强险，当事人有权要求先由已承保交强险的保险公司在责任限额范围内予以赔偿。保险公司在承担赔偿责任后，有权就超出其应承担的部分向未投保交强险的投保义务人或者侵权人行使追偿权。

【相关案件实务要点】

1.【双方未投保】未投保交强险的机动车之间发生交通事故的，应在投保责任限额内按照实际损失承担赔偿责任，但应排除对事故造成车上乘员伤亡情形的适用。案见江苏无锡中院（2009）锡民终字第1278号"陈某诉张某交通事故损害赔偿案"。

2.【被盗车辆】车主未投保交强险或交强险到期后未续保情况下，车辆被盗并发生交通事故致人死伤，机动车所有人应在交强险责任限额内对受害人的损失承担赔偿责任。案见江苏常州中院（2009）常民一终字第1198号"顾某等诉周某交通事故损害赔偿案"。

3.【联合收割机】联合收割机属于农业机械，不属于应投保交强险的机动车范畴。案见江苏无锡中院（2009）锡民终字第0585号"钱某诉张某交通事故损害赔偿案"。

4.【借用车辆】出借机动车发生交通事故，机动车所有人未投保交强险或拒不告知相关投保交强险情况的，机动车所有人的行为损害了交通事故受害人的合法利益，已构成侵权。该部分损失应由未尽法定投保义务或未尽告知义务的机动车所有人承担，即应比照交强险的相关规定，在交强险赔偿限额内先行承担赔偿责任。该责任是按份责任而非连带责任。案见河南洛阳中院（2011）洛民终字第226号"刘某等诉张某等道路交通事故损害赔偿纠纷案"。

5.【超过限额】发生交通事故后，未投保交强险的机动车所有人应首先在交强险限额范围内承担赔偿责任，余下的损失按照过错大小划分责任。案见湖北汉江中院（2011）汉民一终字第39号"李某诉张某等交通事故责任纠纷案"。

6.【赔偿协议效力】受害人已经得到相应赔偿，肇事一方在履行了赔偿责任后，以肇事对方未投保交强险为由让其承担超过侵权责任比例的赔偿责任,是在滥用该对受害人一方的特殊保护,不应适用"未投保交强险的机动车在交强险责任限额内承担赔偿责任"的规定。案见江苏连云港中院(2009)连民二终字第 0460 号"某保险公司诉陈某保险代位追偿权纠纷案"。

7.【擅自解除】机动车交通事故责任强制保险具有强制性和对第三人的保障性质,故车辆不得脱保。投保人与保险公司签订交通事故责任强制保险合同后,保险公司在尚无续保且无法定事由情形下解除该合同,解除行为无效,保险公司仍应在交通事故责任强制保险限额内承担赔偿责任。案见江苏金湖法院(2012)金民初字第 0073 号"颜某诉某保险公司保险合同纠纷案"。

8.【行政处罚】机动车所有人、管理人未按规定投保交强险,交警部门实施处罚时,应以同类型机动车交强险基础保险费数额为处罚基数。案见广东广州中院(2011)穗中法行终字第 290 号"梁某诉某交警队行政处罚案"。

【附注】

参考案例索引:河南洛阳中院(2011)洛民终字第 226 号"刘某等诉张某等道路交通事故损害赔偿纠纷案",见《刘益欣、刘彦龙诉张国营、王姝琰道路交通事故人身损害赔偿纠纷案》(周朝晖),载《人民法院案例选》(201103:111)。①河南焦作中院(2017)豫 08 民终 1435 号"郭某与魏某等交通事故纠纷案",见《转让未投保交强险、未年检的车辆发生交通事故后赔偿责任的认定——河南焦作中院裁定郭某诉魏某等机动车交通事故责任纠纷案》(宋鹏、訾东东),载《人民法院报·案例精选》(20170824:6)。②河南清丰法院(2016)豫 0922 民初 2733 号"某实业公司与孙某追偿权纠纷案",见《多车事故后保险公司向未投保责任人的追偿问题——河南清丰法院判决长安公司聊城支公司诉孙中亮追偿权纠纷案》(谭会民、赵瑞娜),载《人民法院报·案例精选》(20161208:6)。③北京二中院(2014)二中民终字第 06301 号"温某与李某等机动车交通事故责任纠纷案",见《温志勇诉李洋、天达汽车公司机动车交通事故责任纠纷案——驾驶未投保交强险的车辆发生交通事故,汽车销售公司与驾驶人责任的认定》(尚全跃),载《人民法院案例选》(201604/98:135)。④云南昆明中院(2014)昆民三终字第 237 号"肖某与董某等机动车交通事故责任纠纷案",见《肖月先、李义诉董远彬、云南昊宇汽车销售服务有限公司等机动车交通事故责任纠纷案——机动车交通事故责任纠纷责任主体及责任范围的认定》(侯佳、龚钰),载《人民法院案例选》(201502/92:171)。⑤广东清远中院(2013)清中法民一终字第 353 号"罗胜利与黎焕兴交通事故损害赔偿纠纷案",见《均未缴纳交强险的机动车发生交通事故的处理》(侯召星),载《人民司法·案例》(201412:64)。⑥江苏金湖法院(2012)金民初字第 0073 号"颜某诉某保险公司保险合同纠纷案",见《颜广平诉太平洋保险上海分公司等因交强险退保拒赔道路交通事故赔偿纠纷案》(邱永安),载《江苏高院公报·参阅案例》(201202:79)。⑦广东广州中院(2011)穗中法行终字第290号"梁某诉某交警队行政处罚案",见《未依法投保交强险应按基础保费处罚》(郭小玲),载《人民司法·案例》(201122:98)。⑧湖北汉江中院(2011)汉民一终字第39号"李某诉张某等交通事故责任纠纷案",见《未投保交强险机动车所有人应在该险限额内先行赔付——湖北汉江中院判决李云江诉张定清等机动车交通事故责任纠纷案》(陈忠军、王进力、吴涛),载《人民法院报·案例指导》(20110707:6)。⑨广东梅县法院(2010)梅法民一初字第81号"余某诉吴某等道路交通事故人身损害赔偿纠纷案",见《余焕新等诉吴海雄道路交通事故人身损害赔偿纠纷案》(刘伟梅),载《人民法院案例选》(201101:115)。⑩江苏无锡中院(2009)锡民终字第1278号"陈某诉张某交通事故损害赔偿案",一审判决陈某与周某损失17万余元的70%按交强险限额赔偿比例由张某赔偿,即张某赔偿陈某、周某近7万元;二审认为交强险的保障对象应将机动车上的车上人员排除在外,改判张某赔偿陈某约6万元。见《未投保交强险的机动车与机动车之间发生交通事故,如何承担赔偿责任——陈国良与张伯仁交通事故损害赔偿纠纷案》(王一川),载《人民法院案例选·月版》(200911:84)。⑪江苏常州中院(2009)常民一终字第1198号"顾某等诉周某交通事故损害赔偿案",一审判决周某赔偿11万元,二审经调解由周某赔偿6万元。见《机动车被盗期间发生交通事故时车主的赔偿责任》(王利冬、陈卫),载《人民司法·案例》(201006:29)。⑫江苏无锡中院(2009)锡民终字第0585号"钱某诉张某交通事故损害赔偿案",判决钱某损失3万余元,由张某赔偿30%共计9000余元。见《自走式联合收割机不属于应投保交强险的机动车——钱焕泽诉张小东人身损害赔偿纠纷案》(薛崴),载《人民法院案例选·月版》(200906:18)。⑬江苏连云港中院(2009)连民二终字第0460号"某保险公司诉陈某保险代位追偿权纠纷案",见《中国大地财产保险股份有限公司连云港中心支公司诉陈渔保险代位追偿权案》(杜兴森),载《中国审判案例要览》(2010商事:262)。⑭山东汶上法院(2008)汶民一初字第1112号"李某诉尹某交通事故损害赔偿案",见《未投保交强险的责任承担》(刘来双、刘兆荣),载《人民司法·案例》(200914:78)。

参考观点索引:●机动车一方未投保交强险时,发生交通事故时责任应如何承担?见《机动车一方未投保交强险时,发生交通事故时责任应如何承担?》(姜强),载《民事审判指导与参考·指导性案例》(201201:119)。○没有投保交强险的车辆,在与行人之间发生交通事故后,是否按照双方在交通事故中的责任承担赔偿责任?见《没有投保交强险的车辆,在与行人之间发生交通事故后,是否按照双方在交通事故中的责任承担赔偿责任?》,载《民事审判指导与参考·民事审判信箱》

(201201:263)。●未投保交强险的机动车之间发生交通事故造成车上人员伤亡应当如何承担赔偿责任？见《未投保交强险的机动车之间发生交通事故造成车上人员伤亡应当如何承担赔偿责任》(龙飘、陈现杰)，载《民事审判指导与参考·指导性案例》(200901:162)。

86. 交强险比例赔付原则
——多人数份保，保险怎分配？
【比例赔付】

【案情简介及争议焦点】

2009年，付某无证驾驶投保交强险的轿车与崔某驾驶的摩托车相撞后逃逸，事故造成崔某死亡、搭乘崔某摩托车的孙某10级伤残，各自人身损失额分别11万余元、5万余元，另摩托车修理费1500余元。交警认定付某全责。受害人起诉保险公司要求赔偿。

争议焦点：1.保险公司应否赔偿？2.赔偿范围如何确定？

【裁判要点】

1. 保险赔付。 付某未依法取得驾驶证驾车肇事后逃逸，承担本次事故全部责任。交强险条例仅规定驾驶人未取得驾驶资格造成受害人财产损失，保险公司不承担赔偿责任，但对于受害人的人身损失，保险公司仍应承担赔偿责任。

2. 赔偿范围。 保险公司依法应在交强险医疗费用赔偿限额、死亡伤残赔偿限额范围内对交通事故受害方的人身损失予以赔偿。因该赔偿限额系保险公司针对一次事故支付的最高限额，而不论该次事故伤亡人数。因该次事故造成一死一伤，按公平原则，保险公司应在赔偿限额内对死、伤人员按比例赔偿。

【裁判依据或参考】

1. 法律规定。《民法典》(2021年1月1日)第1168条："二人以上共同实施侵权行为，造成他人损害的，应当承担连带责任。"第1170条："二人以上实施危及他人人身、财产安全的行为，其中一人或者数人的行为造成他人损害，能够确定具体侵权人的，由侵权人承担责任；不能确定具体侵权人的，行为人承担连带责任。"第1171条："二人以上分别实施侵权行为造成同一损害，每个人的侵权行为都足以造成全部损害的,行为人承担连带责任。"第1172条:"二人以上分别实施侵权行为造成同一损害,能够确定责任大小的,各自承担相应的责任;难以确定责任大小的,平均承担责任。"《道路交通安全法》(2004年5月1日实施,2011年4月22日修正)第76条:"机动车发生交通事故造成人身伤亡、财产损失的,由保险公司在机动车第三者责任强制保险责任限额范围内予以赔偿;不足的部分,按照下列规定承担赔偿责任:(一)机动车之间发生交通事故的,由有过错的一方承担赔偿责任;双方都有过错的,按照各自过错的比例分担责任。(二)机动车与非机动车驾驶人、行人之间发生交通事故,非机动车驾驶人、行人没有过错的,由机动车一方承担赔偿责任;有证据证明非机动车驾驶人、行人有过错的,根据过错程度适当减轻机动车一方的赔偿责任;机动车一方没有过错的,承担不超过百分之十的赔偿责任。交通事故的损失是由非机动车驾驶人、行人故意碰撞机动车造成的,机动车一方不承担赔偿责任。"《侵权责任法》(2010年7月1日,2021年1月1日废止)第10条:"二人以上实施危及他人人身、财产安全的行为,其中一人或者数人的行为造成他人损害,能够确定具体侵权人的,由侵权人承担责任;不能确定具体侵权人的,行为人承担连带责任。"第11条:"二人以上分别实施侵权行为造成同一损害,每个人的侵权行为都足以造成全部损害的,行为人承担连带责任。"第12条:"二人以上分别实施侵权行为造成同一损害,能够确定责任大小的,各自承担相应的责任;难以确定责任大小的,平均承担赔偿责任。"

2. 司法解释。最高人民法院《关于审理道路交通事故损害赔偿案件适用法律若干问题的解释》(2012年12月21日,2020年修改,2021年1月1日实施)第18条:"多辆机动车发生交通事故造成第三人损害,损失超出各机动车交强险责任限额之和的,由各保险公司在各自责任限额范围内承担赔偿责任;损失未超出各机动车交强险责任限额之和,当事人请求由各保险公司按照其责任限额与责任限额之和的比例承担赔偿责任的,人民法院应予支持。依法分别投保交强险的牵引车和挂车连接使用时发生交通事故造成第三人损害,当事人请求由各保险公司在各自的责任限额范围内平均赔偿的,人民法院应予支持。多辆机动车发生交通事故造成第三人损害,其中部分机动车未投保交强险,当事人请求先由已承保交强险的保险公司在责任限额范围内予以赔偿的,人民法院应予支持。保险公司就超出其应承担的部分向未投保交强险的投保义务人或者侵权人行使追偿权的,人民法院应予支持。"第19条:"同一交通事故的多个被侵权人同时起诉的,人民法院应当按照各被侵权人的损失比例确定交强险的赔偿数额。"

3. 地方司法性文件。河南高院《关于机动车交通事故责任纠纷案件审理中疑难问题的解答》(2024年5月)第11条:"开展交通安全统筹业务企业在交通事故中如何承担赔偿责任?答:开展交通安全统筹业务,主要为加强行业互助,提高企业抗风险能力,不能将交通安全统筹等同于第三者责任险。因此,参加交通安全统筹的车辆在发生交通事故后,侵权人应承担赔偿责任。原告未起诉相关的开展交通安全统筹业务企业时,不宜追加其为共同被告。原告单独起诉相关的开展交通安全统筹业务企业时,应追加侵权人为共同被告。原告在同时起诉侵权人、相关的开展交通安全统筹业务企业时,不能仅认定相关的开展交通安全统筹业务企业单独承担赔偿责任,但可以认定相关的开展交通安全统筹业务企业在合同约定责任范围内与侵权人承担共同责任。"江西宜春中院《关于印发〈审理机动车交通事故责任纠纷案件的指导意见〉的通知》(2020年9月1日 宜中法〔2020〕34号)第2条:"同一交通事故致多人伤亡,多个赔偿权利人同时起诉的,人民法院应当根据各赔偿权利人的损失比例确定交强险及商业第三者责任险的赔偿数额。部分赔偿权利人起诉的,人民法院应当通知其他赔偿权利人在规定的合理时限内及时主张权利。其他赔偿权利人在规定的合理期限内不起诉的,人民法院应就已经起诉的案件进行审理,不再为其保留交强险及商业第三者责任险赔偿份额。但其他赔偿权利人不具备起诉条件的除外。"安徽亳州中院《关于审理道路交通事故损害赔偿案件的裁判指引(试行)》(2020年4月1日)第1条:"同一起交通事故致多人受害,部分赔偿权利人起诉的,人民法院应当受理,并根据道路交通事故认定书记载内容查明其他赔偿权利人是否已主张权利,其他赔偿权利人尚未主张权利的,可在交强险责任限额内为其保留必要的赔偿份额。其他未起诉的赔偿权利人在案件开庭前申请参加诉讼的,人民法院应当准许其以原告身份参加诉讼。其他未起诉的权利人在案件开庭后申请参加诉讼的,人民法院告知其可以另行起诉。"第3条:"存在多个侵权赔偿义务人时,赔偿权利人仅起诉部分赔偿义务人的,需要在各赔偿义务人之间划分按份责任的,应向赔偿权利人释明追加其他赔偿义务人为共同被告,赔偿权利人不同意追加的,可依职权追加为第三人。多辆机动车发生交通事故,其中部分车辆无事故责任的,应向当事人释明追加无责车辆方及承保交强险的保险公司为被告,经释明后,赔偿权利人仍不追加的,可不追加,但应在赔偿总额中扣除相应的交强险无责限额。"第16条:"交强险赔偿部分的诉讼费负担,适用《诉讼费用交纳办法》。商业三者险赔偿部分的诉讼费负担,一审案件以及保险公司未上诉的二审案件适用保险合同的约定;保险合同没有约定以及保险公司上诉的二审案件,适用《诉讼费用交纳办法》。"辽宁沈阳中院《机动车交通事故责任纠纷案件审判实务问题解答》(2020年3月23日)第1条:"同一起交通事故致多人受害时,部分赔偿权利人起诉的,对未起诉者权利如何保护?解答:同一起交通事故致多人受害,部分赔偿权利人起诉的,法院应通知其他赔偿权利人在规定的时间及时主张权利。在通知规定的期限内,其他未起诉者坚持不起诉的,法院释明后应就已经起诉的案件进行审理,不再为未起诉者保留必要的交强险赔偿份额。理由:实践中,经常遇到一起事故造成多人伤亡的情况,在伤亡者权利保护上,存在起诉时间不统一,交强险、商业三者险等保险利益如何分担的难题。为了解决该难题,建议伤者一起启动诉讼,明确各伤亡者的损失情况,尽量做到保险利益公平分配。但对于轻伤者在事故发生后短期内提出起诉的,重伤者还处于诊疗期内时,则对轻伤者主张的赔偿之诉应中止审理待重伤者诊疗期过后,再行恢复审理。总之,审理共同被侵权纠纷案件,涉及有限赔偿分配时应当既保证实体裁判的公平、合理,又得兼顾程序效率与公正。"湖南高院**《关于印发〈审理道路交通事故损害赔偿纠纷案件的裁判指引(试行)〉的通知》**(2019年11月7日 湘高法〔2019〕29号)第2条:"同一起道路交通事故中受害第三者为两人以上,且分别向不同法院提起诉讼的,后收案的人民法院应当告知当事人向最先受理的人民法院起诉。当事人坚持在后收案的人民法院起诉的,后收案的人民法院应予受理。"第3条:"存在多个身份明确的赔偿义务人时,赔偿权利人仅起诉部分赔偿义务人的,按照以下情形处理:(一)案件为必要共同诉讼的,人民法院应当追加其他赔偿义务人为共同被告。赔偿权利人明确免除一个或数个被告赔偿责任的,如该责任免除影响其他被告的赔偿数额,则其他被告在赔偿权利人放弃权利的范围内减轻或免除赔偿责任。(二)案件为普通共同诉讼的,人民法院应当向赔偿权利人释明可以追加其他赔偿义务人为被告。赔偿权利人明确表示不追加的,不得追加为被告。"第6条:"同一交通事故致多人受到伤害,多个赔偿权利人同时起诉的,人民法院应当按照各赔偿权利人的损失比例确定交强险的赔偿数额。部分赔偿权利人起诉的,人民法院应予受理,人民法院受理后应通知其他赔偿权利在规定的时间内及时主张权利。其他赔偿权利人坚持不起诉且明确表示放弃实体权利的,人民法院应就已经起诉的案件进行审理,不再为其保留交强险赔偿份额;其他权利人既不参加共同诉讼,又不放弃实体权利的,不影响人民法院根据审理结果为其预留赔偿份额。"四川高院**《关于印发〈四川省高级人民法院机动车交通事故责任纠纷案件审理指南〉的通知》**(2019年9月20日 川高法〔2019〕215号)第2条:"【同一交通事故致多人受害的】同一交通事故致多人受害,部分赔偿权利人起诉的,人民法院应通知其他赔偿权利人在规定的时间内及时主张权利。在通知规定的期限内,其他赔偿权利人坚持不起诉且明确表示放弃实体权利的,人民法院应就已经起诉的案件进行审理,不再为其保留交强险赔偿份额。"第13条:"【多车致一人损害】多车发生交通事故致第三人损害,损失超出各车交强险责任限额之和的,由各保险公司在各自责任限额范围内承担赔偿责任;损失未超出各车交强险责任限额之和的,由各保险公司按照各自责任限额与责任限额之和的比例承担交强险赔偿责任。"第15条:"【一车致多人损害】机动车发生交通事故致多人伤亡,多人分项损失超出交强险各分项限额的,按照各受害人的分项损失与分项总损失的比例确定其交强险分项赔偿数额。"安徽合肥中院《关于道路交通事故损害赔偿案件的审判规程(试行)》(2019年3月18日)第1条:"【同一事故中仅有部分赔偿权利人起诉的】同一起交通事故致多人受害,部分赔偿权利人起诉的,根据道路交通事故认定书记载内容查明其他赔偿权利人是否已主张权利,其他赔偿权利人尚未主张权利的,可在交强险责任限额内为其保留必要的赔偿份额。"第3条:"【承担按份责任的诉讼主体追加】存在多个侵权赔偿义务人时,赔偿权利人仅起诉部分赔偿义务人的,需要在各赔偿义务人之间划分按份责任的,应向赔偿权利人释明追加其他赔偿义务人为共同被告,赔偿权利人不同意追加的,可依职权追加为第三人。"江苏宿迁中院《机动车交通事故责任纠纷审判工作有关问题的解答》(2018年12月25日 宿中发民三电〔2018〕4号)第7条:"同一事故造成多人受伤,仅有一人提起诉讼,是否应通知其他受害人参与诉讼?如不通知,交强险和商业险应如何预留?答:《最高人民法院关于审理道路交通事故损害赔偿案件适用法律若干问题的解释》第二十二条规定,同一交通事故的多个被侵权人同时起诉的,人民法院应当按照各被侵权人的损失比例确定交强险的赔偿数额。该条规定的是多个被侵权人在同一诉讼中的受偿分配问题,但是对于多个被侵权人未同时提起诉讼的,人民法院应该如何处理,我们认为可以按照如下方式处理:(1)多个被侵权人分别在同一个法院起诉。受诉法院可以将案件合并审理。因案件事实相同、被告相同、法律关系系属于同一类型,具有合并审理的条件。而且合并审理有利于交强险、商业险赔偿限额的分配,也能够避免就相同事实重复审查,防止出现事实认定冲突,节约诉讼资源,维护裁判统一。(2)多个被侵权人分别在不同法院起诉。在诉讼中应当及时根据事故认定书记载的联系方式,及时向事故中的其他被侵权人了解有关情况,并尽可能与其他法院之间加强沟通协调,处理好交强险、商业险的分配问题,并尽量在同一时间段作出判决,有利于保险赔偿的执行与分配。(3)多个被侵权人未同时起诉。同一起道路交通事故中存在多名受害人且交强险、商业险赔偿限额不足以全额赔偿,部分受害人先起诉,应该通知其他受害人。无法通知其他被侵权人参加诉讼或其他被侵权人因治疗未结束、伤情未稳定,不具备起诉条件的情况下,应当在交强险、商业险赔偿限额内为其他受害人保留必要的赔偿份额。应当根据各受害人的损失大小,并综合考虑其伤情、治疗及善后事宜的迫切程度、家庭经济状况和侵权赔付能力等各项因素,认定预留金额。"湖北鄂州中院《关于审理机动车交通事故责任纠纷案件的指导意见》(2018年7月6日)第14条:"多辆机动车发生交通事故造成第三人损害,均应在承担事故责任的,应当依照《中华人民共和国侵权责任法》第十条、第十一条或者第十二条的规定,认定侵权人承担连带责任或者按份责任。同一交通事故有多名受害人的,多个赔偿权利人同时起诉的,应当按照各赔偿权利人的损失比例确定交强险的赔偿数额。部分赔偿权利人起诉的,人民法院应当受理,并尽力通知同一事故其他赔偿权利人及时主张权利。其他赔偿权利人在该案一审法庭辩论终结前另行起诉的,法院应为该已另行起诉的其他赔偿权利人预留交强险的份额;其他赔偿权利人明确表示拒绝参加诉讼或者明确表示放弃赔偿权利的,不预留交强险的份额。"山东济南中院《关于保险合同纠纷案件94个法律适用疑难问题解析》(2018年7月)第19条:"保险责任期间、保险事故重合均构成重复保险。保险法第五十六条规定:'重复保险的投保人应当将重复保险的有关情况通知各保险人。重复保险的各保险人赔偿保险金的总和不得超过保险价值。除合同另有约定外,各保险人按照其保险金额与保险金额总和的比例承担赔偿保险金的责任。重复保险的投保人可以就保险金额总和超过保险价值的部分,请求各保险人按比例返还保险费。重复保险是指投保人对同一保险标的、同一保险利益、同一保险事故分别与两个以上保险人订立保险合同,且保险金额总和超过保险价值的保险。'保险责任期间存在重合而非完全同一,或者保险事故存在重合而非完全同一,当事人主张以保险事故发生时间以及发生的保险事故界定是否为重复保险的,应予支持。"第20条:"不构成重复保险的情形。投保人对同一保险标的、同一保险利益、同一保险事故分别与两个以上保险人订立保险合同,但保险金额总和未超过保险价值的,被保险人主张由各保险人在各自保险金额内按照合同归担相应保险责任的,应予支持;投保人就同一保险标的物分别向不同的保险公司订立保险合同的,如具有不同的保险利益,不属于重复保险。但其中一个保险人依法承担保险责任后,另一保险人的保险责任消灭。"第21条:"重复保险责任特别约定的效力。部分保险人和投保人对保险责任承担比例、保险责任的承担顺序进行约定,其他重复保险的保险人以该约定损害其权利为由主张无效的,不予支持,但该约定不得违反损害补偿原则。"第22条:"违反重复保险通知义务的法律后果。投保人未将重复保险的有关情况通知保险人,保险人主张被保险人向其返还已经支付的超出其应承担比例的赔偿金的,应予支持。"第35条:"近因原则。所谓近因,是指导致标的物损害发生的最直接、最有效、起决定性作用的原因,而非指时间上或空间上最近的原因。如果近因属于承保风险,保险人应承担赔付责任;如果近因属于除外风险或未保风险,则保险人不承担赔付责任。多个原因造成保险事故,其中有承保风险又有非承保风险的,被保险人主张保险人按承保风险占事故原因的比例或程度承担保险责任的,人民法院应予支持。"第47条:"交强险、三者险项下按照事故责任比例赔偿保险金的效力认定。交强险、三者险的基本内涵就是就被保险人对第三人应承担的赔偿责任承担保险赔偿责任。事故责任是认定侵权意义上侵权赔偿责任的重要依据,但事故责任与赔偿责任以及保险金赔偿责任三者之间既相互联系又有区别。交强险、三者险项下机动车承担的赔偿责任即保险公司应承担的保险金大于其事故责任比例的主要包括两种情形:一是机动车与非机动车驾驶人、行人之间发生事故,机动车方承担的赔偿责任往往要大于其事故责任比例;二是交强险项下无事故责任被保险人承担赔偿责任的情况下,保险公司不能以被保险人无事故责任而拒赔。《机动车交通事故责任强制保险条款》第八条第一款第(四)项规定:'被保险人无责任时,无责任死亡伤残赔偿限额为11000元;无责任医疗费用赔偿限额为1000元;无责任财产损失赔偿限额为100元。'"山东日照中院《**机动车交通事故责任纠纷赔偿标准参考意见**》(2018年5月22日)第10条:"同一交通事故多名受害人责任限额分配问题。多个赔偿权利人同时起诉的,人民法院应当按照各赔偿权利人的损失比例确定交强险的赔偿数额。部分赔偿权利人起诉的,人民法院应当受理。其他赔偿权利人在该案一审法庭辩论终结前另行起诉的,人民法院应为该已另行起诉的其他赔偿权利人预留交强险的份额。未起诉的,结合其伤情、治疗时间等因素,综合确定是否为其预留交强险的份额。"河北唐山中院《**关于审理机动车交通事故责任纠纷、保险合同纠纷案件的指导意见(试行)**》(2018年3月1日)第1条:"[同一交通事故致多人受害的]同一交通事故致多人受害,部分赔偿权利人起诉的,法院应通知其他赔偿权利人在规定的时间及时主张权利。在通知规定的期限内,其他赔偿权利人无正当理由坚持不起诉的,法院释明后应就已经起诉的案件进行审理,不再为其保留必要的交强险赔偿份额。"安徽淮北中院《**关于审理道路交通事故损害赔偿案件若干问题的会议纪要**》(2018年)第3条:"其他需要规范的法律问题……(九)多名受害人交强险份额。同一交通事故中有多名受害人的,其中部分受害人或相关赔偿权利人起诉的,应当受理,人民法院应尽可能通知其他受害人或赔偿权利人及时主张权利;其他未起诉的受害人及其相关赔偿权利人在开庭前另行起诉的,经双方当事人同意,可合并审理。仍未起诉的,应为未起诉受害人适当预留交强险份额……(十二)追加无责车辆承担交强险责任。多机动车发生交通事故致人损害的,即使有的车辆被交通事故认定书确定为无责,该车辆的所有人及保险公司亦应作为共同被告参加诉讼,并在交强险限额内承担无责赔付责任。"广东惠州中院《**关于审理机动车交通事故责任纠纷案件的裁判指引**》(2017年12月16日)第9条:"同一道路交通事故中有多名受害人,其中部分受害人或相关赔偿权利人起诉的,应当受理;其他未起诉的受害人及其相关赔偿权利人在案件开庭前另行起诉的,经双方当事人同意,可合并审理。"第25条:"赔偿义务人在本案诉讼之前或诉讼之中确实已经向赔偿权利人赔偿的款项,无论赔偿义务人是否在本案诉讼之中提起反诉,只要赔偿义务人主张抵扣赔偿权利人可得赔偿的,均应当予以支持。赔偿义务人赔偿的款项多出其承担部分,赔偿权利人应予以退回;赔偿权利人诉请包含了赔偿义务人垫付的费用的,应当予以扣减,没有包含该费用的,应当按照事故责任比例予以扣减,但均不得判令保险人返还给义务人或者判令保险人全额支付给赔偿权利人再由其退还给赔偿义务人。"江西高院《**关于印发〈审理人**

身侵权赔偿案件指导意见(试行)〉的通知》(2017年9月5日　赣高法〔2017〕169号)第8条:"同乘人员在机动车之间的交通事故中受有伤害,同乘人员起诉要求本车的车上人员责任险、其他机动车的第三者责任强制保险赔偿的,应予支持。(1)乘坐车与多个其他机动车发生交通事故,同乘人所受损害在其他机动车第三者责任强制责任保险赔偿总额之内的,按照其他机动车的责任比例分摊;超出第三者责任强制保险赔偿总额的部分,在乘坐车与其他机动车之间,按照责任大小分摊;(2)同乘人乘坐车辆同时投保了车上人员责任险,符合该保险理赔条件的,同乘人同时主张其他机动车的第三者责任强制保险和车上人员责任险赔偿的,予以支持;其乘坐车辆驾驶员对事故发生负有责任的,车上人员责任险赔偿可以冲抵乘坐车辆责任人部分或者全部赔偿责任;其他机动车责任人要求冲抵的,不予支持。"四川成都中院《关于印发〈机动车交通事故责任纠纷案件审理指南(试行)〉的通知》(2017年7月5日　成中法发〔2017〕116号)第2条:"同一起交通事故致多人受害,部分赔偿权利人起诉的,法院应通知其他赔偿权利人在规定的时间及时主张权利。在通知规定的期限内,其他赔偿权利人坚持不起诉的,法院释明后应就已经起诉的案件进行审理,不再为其保留必要的交强险赔偿份额。"第13条:"多车发生交通事故致第三者损害,损失超出各车交强险责任限额之和的,由保险公司在各自责任限额范围内承担赔偿责任;损失未超出各车交强险限额之和的,由各保险公司按照责任限额与责任限额之和的比例承担交强险赔偿责任。"第15条:"机动车发生交通事故致多人伤亡的,按照各被侵权人的损失与总损失的比例确定其交强险赔偿数额。"北京三中院《类型化案件审判指引:机动车交通事故责任纠纷类审判指引》(2017年3月28日)第2-4.1部分"交强险的处理—常见问题解答"第6条:"一起交通事故涉及多个保险公司或多个受害人时如何分配交强险的赔偿限额?《道交解释》第二十一条第一款规定,多辆机动车发生交通事故造成第三人损害,损失超出各机动车交强险责任限额之和的,由各保险公司在各自责任限额范围内承担赔偿责任;损失未超出各机动车交强险责任限额之和,当事人请求由各保险公司按照其责任限额与责任限额之和的比例承担赔偿责任的,人民法院应予支持。"广东广州中院《机动车交通事故责任纠纷案件审判参考》(2017年3月27日　穗中法〔2017〕79号)第2条:"机动车之间发生交通事故致各机动车本车人员以外的第三人损害,各机动车均有过错的,赔偿责任根据过错比例确定。交通事故责任难以确定比例的,由各机动车平均承担赔偿责任。"第4条:"机动车第三者责任险合同保险条款中约定'保险人依据被保险机动车驾驶人在事故中所负的事故责任比例,承担相应的赔偿责任',因该等条款免除了保险公司自身订立合同时所确立的赔偿第三人损失的责任,限制了被保险人的合法权益,应当认定此类条款无效。"天津高院《关于印发〈机动车交通事故责任纠纷案件审理指南〉的通知》(2017年1月20

日　津高法〔2017〕14号)第3条:"……多名被侵权人事故中的交强险限额分配。同一交通事故的多个被侵权人同时起诉的,应当按照各被侵权人的损失比例确定交强险的赔偿数额。同一交通事故中有多名被侵权人且交强险限额不足以全部赔偿,部分被侵权人先行起诉的,可以在交强险赔偿限额内为其他受害人预留必要的赔偿份额。预留赔偿份额的具体数额,应综合各受害人的伤情、治疗及善后事宜的迫切程度、家庭经济状况、侵权人赔偿能力等因素,酌情确定。"第4条:"……同时投保交强险和商业三者险的机动车发生交通事故造成损害,当事人同时起诉侵权人和保险公司的,按照下列规则确定赔偿责任:(1)先由承保交强险的保险公司在责任限额范围内予以赔偿;(2)不足部分,由承保商业三者险的保险公司根据保险合同予以赔偿;(3)仍有不足的,依照道路交通安全法和侵权责任法的相关规定由侵权人及其他赔偿义务人予以赔偿。"安徽马鞍山中院《关于审理交通事故损害赔偿案件的指导意见(试行)》(2015年3月)第6条:"【多人伤亡情形的处理】同一起道路交通事故中有多名受害人伤亡的,原则上由有利于案件处理的同一个人民法院集中审理。各受害人分别在本市不同的人民法院提起诉讼的,不同的人民法院之间应加强沟通协调,在认定受害人获赔的保险赔偿款数额时,应按照其损失占全部受害人损失的比例确定具体数额。对未起诉的受害人,应根据该受害人的伤情、治疗等情况,为其预留相应的保险赔偿份额。"河北承德中院《2015年民事审判工作会议纪要》(2015年)第47条:"同一事故多个受害人的赔偿。因同一次交通事故对多个受害人产生的道路交通事故损害赔偿案件的赔偿总额超过保险限额时,应按各赔偿权利人应得赔偿款与赔偿总额的比例,在保险限额内进行分配。"湖北汉江中院民一庭《关于审理交通事故损害赔偿案件疑难问题的解答》(2014年9月5日)第18条:"问:一起交通事故致多人伤亡,均对交强险享有请求权,受害方同时起诉时,是适用必要共同诉讼,还是适用先分开立案后合并审理的普通共同诉讼?部分受害人先起诉时,对交强险赔偿款是否需预留份额或通知其他受害人起诉或中止诉讼等待其他受害人起诉后合并审理?答:一起交通事故致多人伤亡属于非必要共同诉讼,应分开立案。受害方一并提起诉讼,或者人民法院根据案件情况,征得受害方意见后可以合并审理。部分赔偿权利人先起诉时,人民法院应通知已经查明的其他赔偿权利人及时参加诉讼。在分配交强险的赔偿数额时,只考虑参加诉讼的赔偿权利人的赔偿问题,对未参加诉讼的赔偿权利人的赔偿问题不予考虑,并不作预留交强险份额的处理。"广东深圳中院《关于道路交通事故损害赔偿纠纷案件的裁判指引》(2014年8月14日　深中法发〔2014〕3号)第3条:"同一交通事故有多名受害人的,多个赔偿权利人同时起诉的,人民法院应当按照各赔偿权利人的损失比例确定交强险的赔偿数额。部分赔偿权利人起诉的,人民法院应当受理。其他赔偿权利人在该案一审法庭辩论终结前另行起诉的,人民法院应为该已另行起诉的其他赔偿权利人预留交强险的份额。"第 4 条:"多辆机动车发生交通事故造成第三人损害,均承担事故责任的,人民法院应当依照《侵权责任法》第十条、第十一条或者第十二条的规定,认定侵权人承担连带责任或者按份责任。如有侵权车辆方身份不明确的,则不必追加该身份不明者。"第 5 条:"多车发生交通事故,如存在不承担事故责任的车辆方的,经人民法院释明后赔偿权利人坚持不起诉无责任事故车辆方的交强险承保公司的,人民法院应将交强险无责限额予以扣除。"第 29 条:"同时投保交强险和第三者责任商业保险(以下简称商业三者险)的机动车发生交通事故造成损害,赔偿权利人同时起诉侵权人和保险公司的,人民法院应按照下列规则确定赔偿次序:(一)先由承保交强险的保险公司在责任限额范围内予以赔偿;(二)不足部分,结合赔偿义务人应承担的责任系数,由承保商业三者险的保险公司按照保险合同的约定予以赔偿;(三)仍有不足的,依照《道路交通安全法》和《侵权责任法》的相关规定由侵权人予以赔偿。"湖南长沙中院民一庭**《关于长沙市法院机动车交通事故责任纠纷案件审判疑难问题座谈会纪要》**(2014年 7 月 23 日)第 3 条:"一起交通事故中有多个受害人的案件怎么处理?(1)只有部分受害人起诉的,人民法院应主动依职权,查明本次交通事故所有的受害人,并通知其他未起诉的受害人提起诉讼。(2)其他受害人在受案法院指定的期间内起诉的,受案法院应当合并审理,按照各受害人的损失比例确定交强险以及第三者责任险的赔偿数额。(3)当其他受害人明确表示不起诉或在受案法院指定的期间内不起诉的,可视为其他受害人放弃要求分配保险金的权利,受案法院可径行审理,不再为其预留交强险及第三者责任险的保险金份额。(4)受案法院经主动通知审查,发现部分受害人已向其他法院起诉的,应根据案件的立案时间,建议由最先立案的法院集中管辖。后立案的法院应将案件移送至先立案法院。出现管辖争议的,可报请共同的上级法院协调指定管辖。(5)多个受害人分别起诉,不属于同一案件,而是数个案件。因各受害人的诉请均是一个独立的诉,各受害人均列为每一个案件的原告,应分开立案后合并审理。"安徽滁州中院**《关于审理道路交通事故损害赔偿案件座谈会纪要》**(2013 年 8 月 2 日)第 28 条:"因同一起交通事故而产生的多个机动车交通事故责任纠纷案件,一般由同一承办法官进行审理。同一起交通事故的全部受害人同时起诉或先后起诉而均未审结,且保险限额不足以全额赔偿各受害人的全部损失的,应按各赔偿权利人应得赔偿款与赔偿总额的比例,在保险限额内进行分配。同一起交通事故中存在多名受害人,且保险赔偿限额不足以全额赔偿,部分受害人先起诉的案件在审结时,其他受害人尚未起诉的,应根据其他受害人的伤情、治疗等情况,本着公平、合理的原则在保险限额内为其他受害人保留必要得到赔偿份额。"辽宁高院民一庭**《传统民事案件审判问题解答》**(2013 年8 月)第 4 条:"同一起道路交通事故的多名受害人未能同时在同一法院起诉,导致交强险赔偿限额分配困难的,应当如何处理?是争取一案处理统一分配,还是分案处理保留份额?参考意见:最高法院《关于审理道路交通事故损害赔偿案件适用法律若干问题的解释》第二十二条规定,同一交通事故的多个被侵权人同时起诉的,人民法院应当按照各被侵权人的损失比例确定交强险的理赔数额。如果多个被侵权人分别向同一法院提起诉讼,建议合并审理。如果多个被侵权人分别向不同法院提起诉讼,建议后受理的法院将案件移交最先受理的法院合并审理。如果多个被侵权人未同时提起诉讼,建议最先受理的法院通知尚未提起诉讼的其他被侵权人参加诉讼;如果其他被侵权人治疗尚未终结,无法确定损失数额的,建议中止案件审理,或适当预留交强险理赔份额;如果其他被侵权人明确表示放弃权利、坚持不起诉,或者无法查明、无法通知其他受害人参加诉讼的,可不再为其预留交强险理赔份额。"广东广州中院《商事审判中的法律适用疑难问题指导意见》(2013年)第3条:"有保险公司在保险合同中约定按保险机动车辆一方在事故中所承担的责任比例承担赔偿责任,当保险机动车辆一方在事故中没有任何责任时,保险公司则拒绝承担赔偿责任如何处理?我们认为,机动车辆损失险条款中的'保险人以保险车辆驾驶人在事故中所负的责任比例承担相应的赔偿责任'的约定,因违反了法律的强制性规定,依法应认定为无效。但对于机动车辆第三责任险中约定的此类条款,则应当由保险人向投保人或被保险人作明确说明,否则不发生效力。"浙江宁波中院《关于印发〈审理机动车交通事故责任纠纷案件疑难问题解答〉的通知》(2012年7月5日 甬中法〔2012〕24号)第5条:"两机动车发生交通事故造成第三人人身损害,其中一车全责,一车无责,对受害人的损失(指未超过交强险赔偿责任限额),如何确定两机动车承保的保险公司的赔偿责任?答:两保险公司应在交强险赔偿限额范围内按责任比例分别负担。即对医疗费损失,由有责方保险公司承担其中的10/11,无责方保险公司承担1/11;对死亡或伤残赔偿金,由有责方保险公司承担其中的110/121,无责方保险公司承担11/121。"广东高院《关于印发〈全省民事审判工作会议纪要〉的通知》(2012年6月26日 粤高法〔2012〕240号)第49条:"同一事故的多个被侵权人同时起诉的,应当按照各被侵权人的损失占全体被侵权人总损失的比例确定其从交强险责任限额范围内应获得的赔偿数额。如仅有部分被侵权人起诉的,人民法院应通知其他被侵权人参与诉讼。对于人民法院通知后仍不愿意参与诉讼的部分被侵权人,可不考虑预留份额,以实际查明的被侵权人损失分配赔偿数额。"山东淄博中院《全市法院人身损害赔偿案件研讨会纪要》(2012年2月1日)第20条:"……在同一交通事故中,造成多人死亡、伤残的,应对交强险按比例进行分配。对于分配比例,当事人能够协商一致的,按其协商意见分配;当事人不能达成一致意见或无法协商的,原则上应按照受害人损失数额来确定分配比例。例如,交通事故造成作为第三人的甲乙两人受伤,甲的损失为20万元,乙的损失为30万元,则甲可获得交强险限额五分之二的赔偿,而乙可获得交强险限额五分之三的赔偿。因交强险在保险期间内赔偿限额为固定标准,在具体审判实践中,应以一审法庭辩论终结前为准。在法庭辩论终结前,同一交通事故的其他受害人起诉的,应将案件合并审理,并按照以上原则分配交强险。法庭辩论终结前,同一交通事故的受害人没有起诉的,则应先适用交强险处理已起诉的案件。"贵州高院《关于印发〈关于审理涉及机动车交通事故责任强制保险案件若干问题的意见〉的通知》(2011年6月7日 黔高法〔2011〕124号)第10条:"两辆或多辆的机动车发生交通事故造成非机动车驾驶人、行人损害的,各机动车均投保了第三者责任强制保险的,如受害第三者的损失低于或等于各保险公司的交强险责任限额总额,各保险公司应在各自的交强险责任限额内对受害第三者承担平均赔偿责任;如受害第三者的损失高于各保险公司的交强险责任限额总额,先由各保险公司在交强险责任限额内对受害第三者承担赔偿责任,不足部分按侵权责任法和道路交通安全法的相关规定确定赔偿责任。"第11条:"两辆或多辆的机动车互碰致人损害的,各机动车均投保了第三者责任强制保险的,由各保险公司在各自的交强险责任限额内,承担对方机动车内人员损害的赔偿责任。不足部分,按侵权责任法和道路交通安全法的相关规定确定赔偿责任。"江苏南通中院《关于处理交通事故损害赔偿案件中有关问题的座谈纪要》(2011年6月1日 通中法〔2011〕85号)第28条:"两辆或两辆以上的机动车发生交通事故致人损害的,由各机动车的交强险的保险公司在各自责任保险限额内平均承担赔偿责任;不足的部分,由各机动车一方按照各自责任大小承担相应的责任;难以确定责任大小的,平均承担责任。"安徽宣城中院《关于审理道路交通事故赔偿案件若干问题的意见(试行)》(2011年4月)第27条:"同一道路交通事故中有数家保险公司的,机动车强制保险的赔偿数额,以数家保险公司的责任限额总额为限,并由各保险公司均等负担;但其中无过错机动车保险公司在机动车强制保险无责任限额内承担赔偿责任。"山东淄博中院民三庭《关于审理道路交通事故损害赔偿案件若干问题的指导意见》(2011年1月1日)第8条:"在同一交通事故中,造成多名受害人死亡或伤残,赔偿责任总额又超过交强险限额的,可以按照各受害人应获赔偿数额的比例对交强险责任限额进行分配。"江苏高院民一庭《侵权损害赔偿案件审理指南》(2011年)第7条:"道路交通事故责任……5.道路交通事故责任强制保险的适用。(1)多辆机动车发生一起交通事故造成第三人损害的,机动车交通事故责任强制保险的赔偿数额,以保险公司承保的机动车交通事故责任强制保险的限额总和为限,并由各保险公司平均负担……"安徽六安中院《关于印发〈审理道路交通事故人身损害赔偿案件若干问题的意见〉的通知》(2010年12月7日 六中法〔2010〕166号)第31条:"两辆以上的机动车肇事致损害发生并均负事故责任的,承保各机动车交强险的保险公司在交强险责任限额内承担同等责任,不按各机动车的责任比例承担赔偿保险金的责任。"第33条:"多人因同一交通事故伤亡,各赔偿权利人应得的赔偿总额高于责任保险限额的,应按各赔偿权利人应得的赔偿款额与赔偿总额的比例,在保险限额内对各赔偿权利人应得的保险金进行分配。"贵州遵义中院《关于审理道路交通事故人身损害赔偿案件的意见》(2010年11月1日)第2条:"同一交通事故造成多人受伤、残疾或者死亡的,如交强险各项赔偿责任限额不足以偿付对应的总损失的,应按每个受害人各项损失占对应总损失的比例分配各项赔偿责任限额。部分受害人的损失固定,向人民法院提起诉讼,但另一部分受害人尚未治疗终结,其损失无法固定的,人民法院应当依据《民事诉讼法》第一百三十六条第一款第(六)项的规定中止诉讼。但人民法院应当向提起诉讼的受害人释明,待其余受害人的损失固定以后,恢复诉讼。"江苏常州中院《关于道路交通事故损害赔偿案件的处理意见》(2010年10月13日 常中法〔2010〕104号)第1条:"机动车第三者责任强制保险(以下简称交强险)限额范围内,赔偿责任的主体为保险公司。超过交强险限额范围的赔偿责任主体,应根据当事人与发生事故的机动车之间是否存在运行支配或运行利益的归属关系等具体情况予以确定。(1)两辆以上机动车发生交通事故,造成他人受伤,且车辆驾驶员均负事故责任,如受害人的损失在交强险限额总额之内的,以多个交强险的总额为限,各保险公司应在交强险限额范围内对受害人平均承担赔偿责任。一方保险公司在限额内不足以赔偿的,其他保险公司应在限额内承担赔偿责任;如受害人的损失超出交强险限额总和的,各保险公司以保险限额对受害人承担赔偿责任,超过交强险限额的部分,由交通事故当事人根据《道路交通安全法》第七十六条第一款、《江苏省道路交通安全条例》第五十二条的规定承担赔偿责任。机动车驾驶员不负事故责任的,该机动车投保的保险公司可按照无责任的赔偿限额在交强险限额范围内承担责任。(2)两辆以上机动车发生交通事故,造成车上人员受伤,本车人员向本车所有人或实际控制人主张侵权损害赔偿的,对方机动车投保的保险公司在交强险限额范围内承担赔偿责任后,超出保险限额的部分,由本车所有人或实际控制人与对方机动车的所有人或实际控制人按照各自过错的比例及对事故发生原因力的大小分担责任,并相互承担连带赔偿责任。本车所有人或实际控制人及对方机动车的所有人或实际控制人在承担连带赔偿责任后,可向对方追偿……"福建福州中院民一庭《民事司法信箱回复:侵权责任法律适用若干问题专版》(2010年9月10日)第13条:"一起交通事故致多人受伤,其中一人先行起诉,其他受害人尚未起诉,对保险公司赔偿责任如何处理?答:对同一事故多人受害的案件,建议可按如下程序处理:1.部分受害人起诉时,只要其起诉符合受理条件,即可以受理,而无需等待其他受害人起诉。2.审理部分受害人起诉的案件时,可以根据事故认定上受害人的名单,向其他受害人或其近亲属发出限期起诉通知书,等待限定期限届满后再行开庭审理。3. 限期期满后,可以把所有在期限内起诉的案件合并为一个案件开庭、调解或判决。根据各受害人的损失,公平地按比例确定保险公司对已起诉的各受害人应赔偿的数额。4. 保险公司承担责任后尚有余额,逾期起诉的各受害人仍可以要求保险公司在余额的范围内承担责任。对逾期起诉的各受害人,不再合并审理。"第 15 条:"一起交通事故存在多个保险公司均应在责任强制险限额内承担赔偿责任,如何分配各保险公司的责任?答:我们认为,根据《道路交通安全法》第七十六条规定,保险公司承担的是法定责任,因此,在多个车辆致人损害时,保险公司在保险限额内承担赔偿责任,但保险公司的责任并不以被保险人的过错责任大小为依据。因此,对赔偿金额未达到各保险公司在强制险限额范围内应承担赔偿数额之和的,由各保险公司平均承担赔偿责任;对赔偿金额超过各保险公司在强制险限额范围内应承担赔偿数额之和的,则各保险公司分别在强制险限额范围内承担赔偿责任。在无责方保险公司和有责方保险公司之间确定赔偿数额时,注意区别强制险限额的不同。"河南郑州中院《审理交通事故损害赔偿案件指导意见》(2010 年 8 月 20 日　郑中法〔2010〕120 号)第 10 条:"投保交强险多辆机动车发生交通事故的,有责任的机动车无论其责任大小,各机动车在交强险限额内平均承担赔偿责任,无责任的机动车也应在其交强险限额内承担赔偿责任或与有责任的机动车的保险公司按各自交强险限额比例分担赔偿责任。交通事故造成多人损害的,由保险公司在交强险限额内按各受害人所遭受损害占总损害的比例承担赔偿责任。投保交强险机动车与未投保交强险机动车发生交通事故的,投保交强险机动车的保险公司应先行在交强险限额内承担赔偿责任。保险公司在承担赔偿后对超过其应承担的份额可向未投保交强险的机动车一方追偿。"河南周口中院《关于侵权责任法实施中若干问题的座谈会纪要》(2010 年 8 月 23 日　周中法〔2010〕130 号)第 9 条:"……多辆机动车致他人损害,保险公司在强制保险限额内平均分担;承保商业三者险的保险公司,按照被保险车辆的责任来分担。"北京高院民一庭《关于道路交通损害赔偿案件的疑难问题》(2010 年 4 月 9 日)第 2 条:"……关于两辆机动车发生交通事故后,双方均参加了交强险,法院对双方的损失是直接按过错比例确定赔偿责任,还是在保险公司承担交强险责任限额后对不足部分再按比例确定赔偿责任问题。与会人员一致认为:对机动车之间发生交通事故,保险公司也应在交强险责任限额内承担赔偿责任。故对此种情况,应由两方机动车各自所投保的保险公司对对方的损失在交强险责任限额内承担赔偿责任,不足部分再按过错比例确定赔偿责任……同一起交通事故造成多人损害的情况下的交强险限额分配问题。在部分交通事故受害人诉至法院的情况下,对于没有向法院提起诉讼的受害人,法院如何分配和处理肇事车辆交强险限额的问题;在全部受害人均向法院起诉后,法院合并审理并查明不同受害人的具体损失情况后,如何在损失数额不同的受害人之间分配保险公司的保险限额?是严格采取企业破产清算中对一般债权的处理思路,按照不同受害人的损失数额在整个损失中的比例来确定保险限额的分配比例;还是可以把受害人的损失数额占整个损失比例大小作为参照因素之一,另外再结合受害人自身的经济负担能力、受害人受到损害对其家庭生活造成的影响大小等因素由法官适当自由裁量?为了防止没有起诉的受害人在部分受害人的案件审理终结后诉至法院后造成同类型案件法律适用上的不统一,是否应当在确定保险公司对部分受害人承担赔偿责任时,对保险限额作出部分预留?如果在无法通知到部分受害人的情况下,法院无法查明其具体损失的大小,如何确定预留保险限额的大小?是采取平均分配的原则来确定预留的保险限额,还是参照已经起诉的受害人以及赔偿义务人对没有起诉的受害人当时损失情况的表述来酌情确定预留的保险限额大小?有法院提出,对于一辆机动车造成多人受伤的情况,交强险额的分割问题。在审判实践中,此种情况一般为多个案件同时诉讼,该院的通行做法为,如受害人之间能够协商,将交强险赔偿额支付给其中一人,法院先针对此案件做出判决,待判决生效后,再对其他案件做出判决。对于受害人之一未治疗结束,而其他受害人已提起诉讼的情况,且无法进行协商,是否可考虑将交强险额在各受害人之间进行平均分割……两辆机动车造成第三方非机动车人损害的,机动车投保的保险公司不同,保险公司是否应按机动车过错比例在交强险范围内承担赔偿责任的问题。在审判实践中有两种做法,一种是两个保险公司对受害人的损失平均承担赔偿责任,另一种是按照机动车之间的过错责任比例对受害人的损失承担赔偿责任。理由是保险公司之间同意按第二种方法处理,且按第二种方法处理也有利于今后商业险的理赔。"江西南昌中院《关于审理道路交通事故人身损害赔偿纠纷案件的处理意见(试行)》(2010年2月1日)第42条:"因同一起道路交通事故中的多名受害人同时起诉的多起案件的赔偿总额超过保险限额时,应按各赔偿权利人应得赔偿款与赔偿总额的比例,在保险限额内进行分配。在最先起诉的案件法庭辩论终结前起诉的其他案件,可以视为是与最先起诉案件同时起诉的案件。"广东高院民一庭《关于审理道路交通事故损害赔偿案件遇到的问题和对策》(2010年):"……同一交通事故造成多人伤亡时,通常各受害人的损失总额会超过保险金限额。而且,如果受害人有的起诉,有的不起诉;有的早起诉,有的晚起诉。这种情况下如何分配保险金?有的法院认为,根据不诉不理原则,只须判决保险公司在责任限额内对已诉受害人予以赔偿即可,其他的不予处理。但是,如果这样简单化处理,对尚未起诉的受害人不公平。我们认为,在处理上述问题时,应以人为本,充分保障受害人的诉讼权利。在程序上,法院应将有关情况书面通知其他受害人。如果其他受害人提起诉讼的,可一并审理。在实体处理上,应当在查清各受害人的损失后,判令保险公司在保险金限额内按比例赔偿。

对于法院履行通知义务后仍未按时提起诉讼的受害人,可不考虑预留份额。"湖南长沙中院《关于道路交通事故人身损害赔偿纠纷案件的审理意见》(2010年)第三部分第2条:"……如一起交通事故涉及多个保险公司或多个受害人(为被保险机动车的受害人,不包括被保险机动车本车车上人员)、被保险人时如何分配交强险的赔偿限额的基本意见:(1)如果交强险总赔偿限额多于受害人的损失,事故中所有受害人的分项核定损失之和在交强险分项赔偿限额之内的,按实际损失计算赔偿,在保险公司之间平均分配各受害人损失;(2)如果交强险总赔偿限额少于受害人的损失,在多个受害人之间按照其各自损失数额所占总损失的比例分配交强险赔偿额;受害人尚未发生的损失的具体数额如果在诉讼中无法确定,可不纳入交强险赔偿的分配;各受害人各分项核定损失承担金额之和超过被保险机动车交强险相应分项赔偿限额的,各受害人在被保险机动车交强险分项赔偿限额内应得到的赔偿为:被保险机动车交强险对某一受害人分项损失的赔偿金额 = 交强险分项赔偿限额 × [事故中某一受害人的分项核定损失承担金额/($\sum$各受害人分项核定损失承担金额)]。例:A车肇事造成两行人甲、乙受伤,甲医疗费用7500元,乙医疗费用5000元。设A车适用的交强险医疗费用赔偿限额为10000元,则A车交强险对甲、乙的赔款计算为:A车交强险赔偿金额 = 甲医疗费用 + 乙医疗费用 = 7500 + 5000 = 12500元,大于适用的交强险医疗费用赔偿限额,赔付10000元。甲获得交强险赔偿:10000 × 7500/(7500 + 5000) = 6000元;乙获得交强险赔偿:10000 × 5000/(7500 + 5000) = 4000元。注意:强制保险中部分赔偿分项实际数额超过分项赔偿责任限额,但其余赔偿分项实际数额尚未达到分项赔偿责任限额,受害第三人请求保险人在强制保险赔偿责任总限额内承担责任的,不予支持。"广东广州中院《民事审判若干问题的解答》(2010年)第3条:"【交强险中保险公司的归责原则】机动车发生交通事故造成人身伤亡、财产损失的,保险公司应当在交强险责任限额内对被保险人向第三者依法应负的赔偿责任予以赔偿,还是不考虑被保险人对第三者应负责任的比例,由保险公司在交强险责任限额内承担赔偿责任?答:保险公司应当在交强险责任限额内对第三者的人身伤亡和财产损失予以赔偿,而不考虑被保险人对第三者应负责任的比例,即保险公司在责任限额内承担的是'无过错责任'。不过,由于《条例》第二十三条将交强险的责任限额分为有责任限额和无责任限额两大类,因此,在被保险人对损害的发生有责任(过错)时,不管被保险人的责任(过错)具体有多大,保险公司均应在有责任限额(具体包括死亡伤残赔偿限额、医疗费用赔偿限额和财产损失赔偿限额)内承担赔偿责任;而如果被保险人对损害的发生没有责任(过错)的,保险公司则需在无责任限额范围内承担赔偿责任。"江苏南京中院民一庭《关于审理交通事故损害赔偿案件有关问题的指导意见》(2009年11月)第30条:"两个以上机动车共同侵权致他人人身、财产损害,如受害人的损失在第三者责任险限额总和之内的,保险公司的赔偿比例按机动车所承担的责任确定;如果一方保险公司在限额内不足以赔偿的,其他保险公司应在限额内承担赔偿责任。"第33条:"机动车方因交通事故致两人以上人身、财产损害的,保险公司在第三者责任险限额内对受害人的赔偿,应根据以下原则确定:(一)在既有人身伤亡,又有财产损失的情况下,应在保险限额内优先对人身伤亡进行赔偿;(二)在对人身伤亡进行赔偿时,应在保险限额内优先对抢救、医疗费用进行赔偿。比例视以下情形而定:(1)受害人均已治疗终结或受害人死亡的,各受害人可按其伤亡的损失在总损失中的相应比例进行分割。(2)部分受害人治疗终结、部分受害人治疗未终结的,各受害人可按其医疗费(包含已经发生的和将要发生且可以预计的)损失在总损失中的相应比例进行分割;医疗费赔偿后保险限额仍有余额的,可按双方均已发生的同一项下的损失在总损失中的相应比例进行分割。(3)部分受害人死亡、部分受害人受伤且治疗尚未终结的,各受害人分配比例可依其损害程度酌情确定。"江西九江中院《关于印发〈九江市中级人民法院关于审理道路交通事故人身损害赔偿案件若干问题的意见(试行)〉的通知》(2009年10月1日 九中法〔2009〕97号)第8条:"同一道路交通事故中有两人以上受伤、死亡,机动车方投保了责任强制险或商业第三者责任险的,如果保险限额款项不足以赔付损失总额的,各赔偿权利人按照损失比例受偿。在保险期限内机动车发生多次事故的每次事故中保险公司均按照法律规定和保险合同的约定在保险限额内负责赔偿。"广东佛山中院《关于审理道路交通事故损害赔偿案件的指导意见》(2009年4月8日)第37条:"涉案机动车为一辆或一辆以上,且全部或部分投保了商业第三者责任险,被保险人之间互负连带赔偿责任的,保险公司对被保险人承担的连带赔偿责任在保险限额内承担连带赔偿责任。"第38条:"保险公司认为生效裁决确定由其承担的保险责任已超出其与投保人签订的商业第三者责任险合同所约定的责任范围的,可以向赔偿义务人追偿。"第39条:"投保机动车交通事故责任强制保险或商业第三者责任险的机动车发生交通事故致多人损害,实际损失超过交通事故责任保险限额的,保险公司在保险限额内根据各人的实际损失按比例赔偿,但应优先支付抢救费用和治疗费用。在法院履行通知义务后,仍然有部分受害人不按时或不提起诉讼或客观上无法通知的,法院对已起诉受害人的保险赔偿款按前款规定的分配原则进行处理;在法院对先起诉的受害人已作出裁判后,其他受害人才起诉的,可对保险赔偿款的剩余限额按前款规定的分配原则进行处理;对于未起诉的受害人,则不考虑预留份额。"福建泉州中院民一庭《全市法院民一庭庭长座谈会纪要》(泉中法民一〔2009〕05号)第19条:"同一起交通事故中有多个受害人,当涉及交强险时,对多个受害人在交强险责任限额内的死亡伤残赔偿金、医疗费用和财产损失应如何分配处理?答:该类案件比较复杂,不同案件可能有不同的解决办法,因此,不宜作统一意见,审理中应根据案件具体情况分别作出处理。原则上,可参照以下情况处理:(1)在程序上,同一起交通事故中有多个受害人时,如受害人均已起诉的,根据交强险的保险利益是共同的这一原则,应合并审理。如部分受害人起诉,部分受害人没有起诉的,应通知未起诉的受害人作为有独立请求权的第三人参加诉讼,并向其进行必要的释明,告知交强险保险赔偿款的处理原则,并征询其是否对被告提出具体诉讼请求。若其提出具体诉讼请求,应一并审理;若其不提出具体诉讼请求,视为放弃权利,交强险保险赔偿款由在本案中有提出请求的受害人分配享有。(2)在实体上,同一事故中有多个受害人的情况比较复杂,审理中应根据《机动车交通事故责任强制保险条款》的相关规定进行处理。根据该《条款》第五条的规定,交强险中的受害人不包括被保险机动车本车车上人员、被保险人。交强险中的受害人是多人的,若受害人的医疗费用、财产损失及伤残赔偿金的总额不超过责任限额的,应按各自实际损失予以赔偿;若总额超过责任限额的,应按《条款》第八条规定,分别对受害人的损失归类为死亡伤残赔偿、医疗费用赔偿、财产损失赔偿三类,根据受害人三类赔偿项目的实际损失,按比例在责任限额范围内予以赔偿。"广东深圳中院《关于审理道路交通事故损害赔偿纠纷案件的指导意见(试行)》(2008年7月12日)第30条:"因同一起道路交通事故而同时起诉的多起道路交通事故损害赔偿案件的赔偿总额超过保险限额时,应按各赔偿权利人应得赔偿款与赔偿总额的比例,就保险限额进行分配。在最先起诉的案件法庭辩论终结前起诉的案件,可以视为是与最先起诉案件同时起诉的案件。"浙江高院民一庭《全省法院民事审判业务培训班问题解答》(2008年6月25日)第11条:"两车肇事后分别承担主次责,受害人将两个肇事者及其保险公司均一并起诉,而受害人的请求在一个强制保险范围内就可以得到满足,如何下判?是否可以按两个肇事者承担的责任比例判其投保的保险公司?答:应当判决两个保险公司承担连带责任,两个保险公司内部责任比例各半负担。因为交强险是不区分肇事者的过错比例的,保险公司不应按照两个肇事者应承担的比例来分担。"杭州中院《关于道路交通事故损害赔偿纠纷案件相关问题的处理意见》(2008年6月19日)第3条:"……(一)同一事故中,出现多个受害人情况下的交强险适用问题。对这一问题,《交强险条例》未作明确规定。我们认为,从立法原意上看,交强险赔付额12.2万是对一次交通事故的赔付额度。交强险以机动车为投保标的,一车一险,每次出险的赔偿额度最高为12.2万。而对于一个交通事故存在多个受害人的情形,仍属于'一险'的赔偿范畴,因此对保险车辆在事故中对多个受害人所产生的赔偿责任应以12.2万为限。(二)同一事故中,出现多个保险公司情况下的交强险适用问题。对这一问题,《交强险条例》未作明确规定。从保护受害人角度出发,我们认为,出现几个保险公司就有几份交强险赔偿限额。对于保险公司之间的责任份额问题,我们认为考虑到保险公司之间的利益以及实际执行的可操作性,由数个保险公司均等负担较妥。"北京高院《北京市法院道路交通事故损害赔偿法律问题研讨会会议纪要》(2007年12月4日)第3条:"……关于两辆机动车发生交通事故后,双方均参加了交强险,法院对双方的损失是直接按过错比例确定赔偿责任,还是在保险公司承担交强险责任限额后对不足部分再按比例确定赔偿责任问题。与会人员一致认为:对机动车之间发生交通事故,保险公司也应在交强险责任限额内承担赔偿责任。故对此种情况,应由两方机动车各自所投保的保险公司对对方的损失在交强险责任限额内承担赔偿责任,不足部分再按过错比例确定赔偿责任。"湖北十堰中院《关于审理机动车损害赔偿案件适用法律若干问题的意见(试行)》(2007年11月20日)第16条:"投保机动车交通事故责任强制保险或商业性第三者责任保险的机动车发生交通事故致多人损害,实际损失超过交通事故责任保险限额的,保险机构在保险限额内根据各人的实际损失按比例赔偿,但应优先支付抢救费用。"上海高院民一庭《关于机动车交通事故责任强制保险若干问题的解答》(2006年12月21日 沪高法〔2006〕18号)第2条:"机动车和机动车之间发生道路交通事故的强制责任险。根据《中华人民共和国道路交通安全法》第76条规定,机动车发生交通事故造成人身伤亡、财产损失的,由保险公司在机动车第三者责任强制保险责任限额范围内予以赔偿。因此,机动车和机动车之间发生交通事故,也适用强制责任保险,由各方投保的保险公司在赔偿限额内分别赔偿对方的损失。超过强制责任保险理赔限额的,按照过错比例由当事人自行承担。"第3条:"交通事故涉及多方当事人的,强制责任保险金的分配。一辆机动车与非机动车或行人发生一起交通事故,导致多方非机动车或行人受到损害的,只能就一份强制责任保险平均分配。如果一方据此获得的强制责任保险赔偿数额超出其实际损失的,该超出部分由未能得到足额赔偿的其余各方继续分配。两辆或两辆以上机动车与一方机动车或行人发生一起交通事故,不论机动车有否责任及责任大小,机动车各方对非机动车方或行人的损失,均应当在强制责任保险限额范围内平均分担。强制责任金可在参加诉讼的当事人中赔付,未参加诉讼的当事人可在剩余金额中赔付。"辽宁沈阳中院民一庭《关于审理涉及机动车第三者责任险若干问题的指导意见》(2006年11月20日)第5条:"……(六)关于同一机动车在一次事故中造成多人受害立案审理问题。如多个受害方通过诉讼有困难或受害方分别起诉的,应'分别立案,合并审理,分别判决',按损失额,在限额内按比例赔偿。如在审理涉及强制保险案件中,发现尚有受害人未主张权利,应通知其参加诉讼或另案告诉。"江西赣州中院《关于审理道路交通事故人身损害赔偿案件的指导性意见》(2006年6月9日)第37条:"投保机动车交通事故责任强制保险或商业性机砖车第三者责任险的机动车发生交通事故致多人损害,实际损失超过交通事故责任保险限额的,保险机构在保险限额内根据各人的实际损失按比例赔偿。但应优先支付抢救费用和治疗费用。赔偿权利人分别起诉保险机构赔偿的,人民法院应当合并审理,查明事故造成的全部损失,按前款规定处理。"广东深圳中院《道路交通事故损害赔偿案件研讨会纪要》(2005年9月26日)第12条:"涉案机动车为两台或两台以上,全部或部分投保了机动车第三者责任险,且被保险人之间互负侵权连带责任的,保险人之间在保险限额内相互承担连带赔偿责任。"

4. 参考案例。①**2014年江苏某保险合同纠纷案**,2013年,梅某投保车损险的起重机在使用过程中倾覆,经鉴定损失14万余元。保险公司以该车保险金额30万余元、新车购置价60万余元,依保险合同约定的比例赔付原则只能赔偿50%。法院认为:特种车保险条款已明确保险范围含有"倾覆",因双方一致认可车辆在使用过程中倾覆,则应确认案涉保险事故属保险责任范围。至于保险公司主张车辆可能系因失去重心或是吊升、举升物体而造成机动车损失应属保险责任免除问题,而非保险责任范围问题,且保险公司对前述推测未能举证证明。《保险法》第17条规定,保险公司对于免责条款必须承担明确说明义务,该项说明义务是指保险人在订立合同之时不仅采用足以引起投保人注意的文字、符号等标识对免责条款进行提示,且投保人对保险人履行上述义务进行签字或盖章认可,才能认定保险人已经履行明确说明义务。保险公司主张缴纳保费即视为对盖章或签字行为的追认无法律依据,法院不予支持。故即使本案存在免责情形,因保险公司无证据证明已尽到明确说明义务,**免责条款对梅某不生效**。依最高人民法院《关于适用〈中华人民共和国保险法〉若干问题的解释(二)》第9条规定,保险人提供的格式合同中比例赔付等免除或减轻保险人责任的条款,可以认定为《保险法》第17条第2款规定的免责条款。因保险公司未能对格式合同中的比例赔付免责条款尽到明确说明义务,故该条同样对梅某不发生效力。另外,根据《合同法》第40条及《保险法》第19条规定,提供格式条款一方,免除提供条款一方依法应承担的责任或加重对方责任的,格式条款无效。本案中,因梅某所购车辆并非新车,如按特种车保险条款规定,梅某要想实际损失得到全部赔付,只能按新车购置价投保,则其需缴纳本无须支付高额的保费,否则如按实际价值投保,赔付时只能按比例得到部分赔付。因车辆损失险是一种损失补偿保险,被保险人获得赔偿依据是其实际损失,其在缴纳与30万元相对应的保费后,却得到部分赔付,该条款在设置上加重了投保人的责任,减轻了保险人依法应承担责任,不符合《保险法》基本原理,亦有违公平原则,应认定为无效条款。判决保险公司按鉴定结论支付梅某14万余元。②**2011年北京某保险合同纠纷案**,2011年1月,刘某投保交强险和商业三责险的车辆分别、连续与A、B、C三车相撞,交警认定刘某在3起事故中均负全责,刘某由此分别赔偿三车修理费1.6万余元、3万元、7000余元。保险公司认为交强险应在限额2000元内赔偿,刘某认为应赔3辆车各2000元。法院认为:交强险条例第21条并未采用"保险人在责任限额内对每次事故给予赔偿"的文字表述,故在交通事故受害人即交强险第三者为复数情形下,依据交强险条例第 21 条不能得出交强险合同所约定之责任限额适用范围系"每一次事故"的结论。从《道路交通安全法》开宗明义第 1 条立法目的来看,亦应以第三者获得赔偿之效果的优化作为出发点,据此作出如下判断:<u>交强险合同所约定的赔偿责任限额的适用范围,不是"每一次事故",而是"被保险人对每一个第三者依法承担的赔偿责任"</u>。交强险条款确实包含"保险人按照交强险合同的约定对每次事故负赔偿责任"的内容,但交强险条款系保险行业协会制定,故法院认为:保险公司和保险行业协会在开展交强险业务过程中,应严格按照交强险业务的规定确定保险人的保险责任,不能利用制定格式条款便利修正交强险条例的文字表述使其有利于自己而不利于保险相对人,故在交强险条款与交强险条例有关保险责任表述不一致情形下,法院应以交强险条例的文字表述作为认定保险责任的依据。另外,交强险条款中"每次事故"亦可解释为每次物理意义上的碰撞,同时可解释为时间上与空间上相对集中的、具有关联性或不具有关联性的一系列碰撞,根据《合同法》关于格式合同不利解释解释规则,应作出有利于投保人的解释。故本案保险公司应对本案保险事故造成三车损坏,应首先在交强险财产损失赔偿限额内各承担 2000 元的赔偿责任,合计 6000 元;超过责任限额部分,由保险公司在商业三责险范围内赔偿。③2010 年<u>山西某交通事故损害赔偿案</u>,2009 年 9 月,赵某驾驶投保交强险的车辆与任某驾驶投保交强险和商业三责险的车辆相撞,之后赵某车辆又与骑自行车的郜某相撞,致郜某 10 级伤残,交警认定赵某、任某分负主、次责任,郜某无责任。法院认为:赵某、任某因交通事故造成郜某人身损害,各自应按交通事故中的责任赔偿。<u>各自投保交强险的保险公司应在责任限额内按比例赔偿郜某损失</u>,超过部分再按事故责任比例赔偿。判决两保险公司在交强险限额内分别赔偿郜某 2.1 万余元(医疗费 1 万元、残疾赔偿金 6200 余元、精神损失费 2500 元、护理费 2400 余元、交通费 470 元),超过责任限额部分,由赵某赔偿 70% 即 7 万余元,任某赔偿 30% 即 3 万余元,任某投保商业三责险的保险公司在三责险限额内承担赔偿责任。④2010 年<u>江西某交通事故损害赔偿案</u>,2009 年 8 月,黄某驾驶未投保交强险的摩托车与刘某投保交强险的车辆碰撞后,又与游某摩托车相撞,致游某 10 级伤残,交警认定黄某负主要责任,刘某、游某负次要责任。争议焦点:黄某未投保交强险,如何承担责任?法院认为:<u>本案仅刘某投保交强险,保险公司应在交强险限额内赔偿</u>,不足部分由黄某、刘某按责任承担。因游某可获赔偿以交强险限额足以支付,保险公司对其已承担的超出其份额的部分可向相关责任人追偿。⑤2010 年<u>重庆某保险合同纠纷案</u>,2009 年 7 月,侯某驾车侧翻造成车辆、路产受损,后被李某驾驶雇主王某所有并挂靠运输公司的客车追尾,致应急车道的侯某及与侯某同车的徐某撞伤致死。交警认定第 1 起事故,侯某全责;第 2

起事故王某、侯某分负主、次责任。经调解，王某赔偿26万元，包括对侯某、徐某家属赔偿25万余元，运输公司与李某支付赔偿款后，向自己投保交强险的天安公司和商业三责险的人保公司索赔，人保公司认为应扣除两份交强险。法院认为：运输公司投保商业三责险与人保公司形成合法有效的保险合同法律关系，人保公司应依约定承担保险赔付责任。侯某投保交强险与平安公司形成的保险合同关系属于另一法律关系，与本案无关，相关当事人可另行解决，故人保公司无权对应由平安公司承担的交强险赔偿限额11万元予以扣除，运输公司、李某对受害人的赔偿金额系双方依法达成的调解协议，人保公司应予赔偿，对超出交强险限额11万元的部分应属于三责险赔付范围，人保公司应予支付。⑥2010年**河南某交通事故损害赔偿案**，2009年12月，卫某驾驶轿车搭载王某途中因与谢某驾驶的带挂货车相撞，致卫某、王某死亡，交警认定卫某、谢某分负主、次责任。法院认为：因肇事带挂货车投保了两份交强险和商业三责险，故应由保险公司先行赔偿。超出两份交强险责任限额和商业三责险部分，由实际车主及登记车主依责任承担。因事故车辆投保两份交强险，事故又同时造成两人死亡，故每位死亡受害人的亲属可得到一份交强险的足额赔偿。⑦2009年**浙江某交通事故损害赔偿案**，2008年11月，王某驾驶货车与周某驾驶轿车相撞，导致周某及轿车上沙某在内的2名乘客死亡，交警认定周某与王某同等责任。沙某近亲属作为原告起诉王某、保险公司、周某继承人。法院认为：本起事故系机动车之间发生的交通事故，事故造成人身伤亡、财产损失的，应由保险公司在交强险的限额内先行赔偿，因本起事故造成被保险车辆以外的3人死亡，而交强险赔付限额是对一次事故的赔偿额度，故法院根据事故的损害后果，结合当事人的陈述，认定由保险公司在交强险限额内赔偿原告方损失37,167元（其中死亡赔偿为36,667元、财物损失500元），超出限额部分由机动车各方根据其过错程度承担相应的赔偿责任。法院结合王某及另一机动车驾驶员周某的交通违法行为认定由双方对交强险外的损失各承担50%的赔偿责任，同时因本起事故的损害后果系双方的侵权行为直接结合所致，构成共同侵权，双方应互负连带责任。另因周某已在事故中死亡，且其第一顺序继承人并未明示放弃遗产继承，故周某应承担的赔偿责任由其继承人在继承遗产的范围内予以清偿。判决保险公司在交强险限额内赔偿原告3万余元，王某赔偿原告22万余元，周某继承人在遗产范围内与王某承担连带责任。

【同类案件处理要旨】

多辆机动车发生交通事故造成第三人损害，损失超出各机动车交强险责任限额之和的，由各保险公司在各自责任限额范围内承担赔偿责任；损失未超出各机动车交强险责任限额之和，由各保险公司按照其责任限额与责任限额之和的比例承担赔偿责任。多辆机动车发生交通事故造成第三人损害,其中部分机动车未投保交强险,由已承保交强险的保险公司在责任限额范围内予以赔偿,保险公司有权就超出其应承担的部分向未投保交强险的投保义务人或者侵权人行使追偿权。同一交通事故的多个被侵权人同时起诉的,人民法院应当按照各被侵权人的损失比例确定交强险的赔偿数额。

【相关案件实务要点】

1.【单份交强险】两车相撞,致第三人受伤,应由其中已投保交强险的肇事车辆在交强险责任限额内足额赔偿受害人。案见江西宜春中院(2010)宜中民一终字第167号"游某诉黄某等交通事故损害赔偿案"。

2.【交强险与商业险】保险事故发生后,存在两份或两份以上交强险合同的情况下,即使其他交强险保险公司未作出交强险赔付,亦不应影响商业三责险合同义务的履行,保险人仍负有在交强险限额之外进行赔付的义务,而不受其他交强险合同履行的影响。案见重庆五中院(2010)渝五中法民终字第5109号"某保险公司诉某运输公司等保险合同纠纷案"。

3.【多个受害人】在交通事故造成复数第三者受损的情况下,保险人应当以责任限额为限,对每一个第三者依法承担赔偿责任。案见北京西城区法院(2011)西民初字第18938号"刘某诉某保险公司保险合同纠纷案"。

【附注】

参考案例索引:河南南阳中院(2009)南民二终字第483号"崔某等诉某保险公司交通事故损害赔偿案",判决保险公司赔偿崔某近亲属9万余元,赔偿孙某2万余元。见《保险公司对无证驾驶造成的人身损害不能免责》(卢国伟、屈云华),载《人民司法·案例》(201004:79)。①江苏淮安中院(2014)淮中商终字第58号"梅某与某保险公司保险合同纠纷案",见《梅振中诉人保仪征支公司按比例支付财产保险赔偿金条款无效案》,载《江苏省高级人民法院公报》(201502/38:59)。②北京西城区法院(2011)西民初字第18938号"刘某诉某保险公司保险合同纠纷案",见《机动车责任保险之责任限额与保险人针对复数第三者的赔偿义务》(刘建勋、张璐),载《人民司法·案例》(201204:25)。③山西太原万柏林区法院(2010)万民初字第763号"郜某诉赵某等交通事故损害赔偿案",见《郜财忠诉赵海明等道路交通事故人身损害赔偿案》(赵俊萍),载《中国法院2012年度案例:道路交通纠纷》(139)。④江西宜春中院(2010)宜中民一终字第167号"游某诉黄某等交通事故损害赔偿案",见《游苏武诉黄忠如等道路交通事故人身损害赔偿案》(方龙海、钟宜华),载《中国法院2012年度案例:道路交通纠纷》(162)。⑤重庆五中院

(2010)渝五中法民终字第5109号"某保险公司诉某运输公司等保险合同纠纷案",见《中国人民财产保险股份有限公司重庆九龙坡公司诉重庆神州运输有限公司万盛分公司等保险合同案》(夏东鹏、吴仕春),载《中国法院2012年度案例:保险纠纷》(26)。⑥河南南阳中院(2010)南民一终字第362号"马某等诉某保险公司等交通事故损害赔偿案",见《非婚生遗腹胎儿享有抚养费预留权》(卢国伟、李锐),载《人民司法·案例》(201202:57)。⑦浙江宁波北仑区法院(2009)甬仑民初字第465号"沙某等诉某保险公司等保险合同纠纷案",见《沙志存等诉王可军等道路交通事故人身损害赔偿纠纷案》(吴希松、王群),载《中国审判案例要览》(2010民事:305)。

87. 未办交强险过户责任

——保险未过户,肇事照样赔?

【保险过户】

【案情简介及争议焦点】

2009年5月,杨某的车辆数次转卖,最后购车人丁某驾车肇事撞死袁某,交警认定双方同等责任。丁某持车主和投保人为杨某的保单办理交强险时,得知杨某卖车后,已以车辆退牌更新、保险单正本和标志遗失为由,申办了退保。

争议焦点:1.交强险退保是否有效? 2.保险公司应否赔偿?

【裁判要点】

1. 保险公司违规操作。案涉车辆所登记的信息被注销,仅为车辆号码注销,非为法律意义上的机动车被注销,保险公司仅以杨某提供的该车退牌更新、保险单正本和标志遗失为由,即为杨某办理了交强险退保手续,违反法律规定。

2. 保险公司赔偿责任。保险公司违反规定退保,依法仍应在交强险限额范围内对原告承担赔付责任,超过交强险限额赔付的损失的50%由丁某承担。

【裁判依据或参考】

1. 法律规定。《道路交通安全法》(2004年5月1日实施,2011年4月22日修正)第12条:"有下列情形之一的,应当办理相应的登记:(一)机动车所有权发生转移的;(二)机动车登记内容变更的;(三)机动车用作抵押的;(四)机动车报废的。"

2. 行政法规。 国务院《**机动车交通事故责任强制保险条例**》(2013年3月1日修改施行)第18条:"被保险机动车所有权转移的,应当办理机动车交通事故责任强制保险合同变更手续。"

3. 司法解释。 最高人民法院《**关于适用〈中华人民共和国保险法〉若干问题的解释(四)**》(2018年9月1日,2020年修正,2021年1月1日实施)第1条:"保险标的已交付受让人,但尚未依法办理所有权变更登记,承担保险标的毁损灭失风险的受让人,依照保险法第四十八条、第四十九条的规定主张行使被保险人权利的,人民法院应予支持。"第5条:"被保险人、受让人依法及时向保险人发出保险标的转让通知后,保险人作出答复前,发生保险事故,被保险人或者受让人主张保险人按照保险合同承担赔偿保险金的责任的,人民法院应予支持。"最高人民法院《**关于审理道路交通事故损害赔偿案件适用法律若干问题的解释**》(2012年12月21日,2020年修改,2021年1月1日实施)第20条:"机动车所有权在交强险合同有效期内发生变动,保险公司在交通事故发生后,以该机动车未办理交强险合同变更手续为由主张免除赔偿责任的,人民法院不予支持。机动车在交强险合同有效期内发生改装、使用性质改变等导致危险程度增加的情形,发生交通事故后,当事人请求保险公司在责任限额范围内予以赔偿的,人民法院应予支持。前款情形下,保险公司另行起诉请求投保义务人按照重新核定后的保险费标准补足当期保险费的,人民法院应予支持。"

4. 地方司法性文件。 江西宜春中院《**关于印发〈审理机动车交通事故责任纠纷案件的指导意见〉的通知**》(2020年9月1日 宜中法〔2020〕34号)第7条:"机动车转让时未投保交强险,转让后发生交通事故的,由受让人承担未投保交强险的责任。发生事故的机动车未投保交强险是由于保险公司违法拒绝承保、拖延承保或违法解除交强险合同造成的,仍应由投保义务人向第三人承担赔偿责任,但其可在承担责任后,请求该保险公司在交强险责任限额范围内承担相应的赔偿责任。"第8条:"机动车在交强险合同有效期内的下列变化,不影响事故发生后承保交强险的保险公司赔偿责任的承担:(1)机动车所有权变动;(2)机动车发生改装、使用性质改变等导致危险性质增加的情形。"山东济南中院《**关于保险合同纠纷案件94个法律适用疑难问题解析**》(2018年7月)第25条:"保险标的转让后的保险责任问题。在保险合同有效期间内,保险标的转让的,保险标的受让人主张自标的物所有权发生转移之日起承继被保险人的权利义务的人民法院应予支持。保险标的转让后,未及时通知保险人,保险人以保险标的的转让未及时通知、被保险人与受让人不同为由主张不承担保险责任的,人民法院不予支持。但因保险标的转让导致危险程度显著增加而发生保险事故的除外。财产保险合同中,被保险车辆所有权转移过程中,谁为被保险人的情形:(1)保险车辆已经交付,但尚未完成过户手续,保险人已办理保险单批改手续的,新车主是实际被保险人;(2)保险车辆尚未交付,但已经完成过户手续,保险人已办理保险单批改手续的,新车主是被保险人;(3)保险车辆尚未交付,且未完成过户手续,保险人已办理保险单批改手续的,新车主是实际被保险人;(4)保险车辆已经交付,过户手续已经完成,并已向保险人提出保险单变更申请的,新车主是被保险人;(5)保险车辆已经交付,过户手续已经完成,但未向保险人提出保险单变更申请的,新、旧车主都不是被保险人。"第26条:"保险标的转让时的提示和明确说明义务。保险人在保险合同订立时已向投保人履行了保险法第十七条第二款规定的提示和明确说明义务,保险标的的受让人以保险标的转让后保险人未向其再次进行明确说明为由主张格式条款不生效,人民法院不予支持。"北京三中院《类型化案件审判指引:机动车交通事故责任纠纷类审判指引》(2017年3月28日)第2-4.1部分"交强险的处理—常见问题解答"第2条:"机动车在一个保险期内发生多起交通事故时是否影响交强险的赔偿限额?在一个保险期内,保险公司对每起交通事故都应按规定的全部交强险责任限额进行赔偿。"第3条:"投保交强险的车辆被转让后,保险公司是否还应负保险赔偿责任?《道交解释》第二十三条规定,机动车所有权在交强险合同有效期内发生变动,保险公司在交通事故发生后,以该机动车未办理交强险合同变更手续为由主张免除赔偿责任的,人民法院不予支持。机动车在交强险合同有效期内发生改装、使用性质改变等导致危险程度增加的情形,发生交通事故后,当事人请求保险公司责任限额范围内予以赔偿的,人民法院应予以支持。因此,交强险的保险标的是保险车辆而非车辆所有人,只要所投保的车辆发生交通事故,无论该车辆由谁驾驶,除了法定的免责事由,保险公司均应在保险限额内承担赔偿责任。"第4条:"从事交强险业务资格的保险公司违法拒绝承保、拖延承保或者违法解除交强险合同,投保义务人在向第三人承担赔偿责任后,请求该保险公司在交强险责任限额范围内承担相应赔偿责任的,是否支持?《道交解释》第二十条规定,具有从事交强险业务资格的保险公司违法拒绝承保、拖延承保或者违法解除交强险合同,投保义务人在向第三人承担赔偿责任后,请求该保险公司在交强险责任限额范围内承担相应赔偿责任的,人民法院应予支持。"浙江宁波中院《关于印发〈审理机动车交通事故责任纠纷案件疑难问题解答〉的通知》(2012年7月5日 甬中法〔2012〕24号)第12条:"车辆买卖交付后,已办理过户登记,且更改了车牌号,但出卖人和买受人未办理保险合同的更名过户,该车辆发生事故后,保险公司应否在交强险限额内承担赔偿责任?答:被保险车辆的车牌号及车主虽然变更,但保险合同尚未办理更名过户,因仍在其承保期内,保险公司仍应对所承保的车辆承担保险责任。"广东高院《关于审理保险合同纠纷案件若干问题的指导意见》(2011年9月2日 粤高法发〔2011〕44

号)第 14 条:"保险合同有效期间,保险标的转让的,保险标的受让人主张自标的物所有权发生转移之日起承继被保险人的权利义务的人民法院应予支持。保险标的转让后,未及时通知保险人,保险人以保险标的的转让未及时通知、被保险人与受让人不同为由主张不承担保险责任的,人民法院不予支持。但因保险标的转让导致危险程度显著增加而发生保险事故的除外。"江苏南通中院《关于处理交通事故损害赔偿案件中有关问题的座谈纪要》(2011 年 6 月 1 日 通中法〔2011〕85 号)第 32 条:"被保险机动车所有权转移后未办理交强险保险合同变更手续,发生交通事故致人损害的,保险公司以未办理合同变更手续为由主张免除赔偿责任的,人民法院不予支持。"江西高院《关于印发〈关于审理保险合同纠纷案件若干问题的指导意见(一)〉的通知》(2010 年 12 月 21 日 赣高法〔2010〕280 号)第 8 条:"保险标的转让后,未及时通知保险人,保险人以保险标的的转让未及时通知,被保险人与受让人不同为由主张不承担保险责任的,不予支持。但保险标的的转让后使用性质等发生变化,导致保险标的危险程度显著增加、保险风险增大而发生保险事故的,保险人不承担保险责任。"河南郑州中院《审理交通事故损害赔偿案件指导意见》(2010 年 8 月 20 日 郑中法〔2010〕120 号)第 31 条:"多次转让车辆未投交强险或已超过交强险有效期发生交通事故,先由受让人承担赔偿责任,未投交强险属转让人责任的,由转让人在交强险限额内承担补充赔偿责任。车辆转让后未办理交强险合同变更手续发生交通事故的,保险公司以此为由主张免除赔偿责任的,法院不予支持。"福建高院民二庭《关于审理保险合同纠纷案件的规范指引》(2010 年 7 月 12 日 〔2010〕闽民二 3 号)第 10 条:"(保险合同主体变更)根据保险法第四十九条,保险标的转让的,被保险人或受让人应及时通知保险人。保险标的的转让导致危险程度显著增加的,保险人在收到转让通知后有权在三十日内根据合同约定增加保费或者解除合同。在保险合同解除前发生的保险事故,保险人应当履行赔付义务。如果保险人在三十日内未及时作出增加保费或者解除合同的决定,视为其放弃法定权利。后如果发生保险事故,保险人应按照合同约定对受让人承担赔付责任。"第 11 条:"(新增保险费缴纳前发生保险事故)保险标的转让,被保险人或受让人及时履行通知义务,保险人选择增加保险费的,如在受让人缴纳新增保险费前因转让导致保险标的危险程度显著增加而发生保险事故,保险合同对保险责任有约定的从约定;没有约定的,保险人仍应承担保险责任,但保险人承担保险责任时,有权扣除投保人未交付的保险费及相应的利息。"四川泸州中院《关于民商审判实践中若干具体问题的座谈纪要(二)》(2009 年 4 月 17 日 泸中法〔2009〕68 号)第 14 条:"机动车投保了机动车交通事故责任强制保险,机动车买卖后,没有办理机动车交通事故强制保险合同变更手续,保险公司是否承担责任? 基本意见:《机动车交通事故责任强制保险条例》第十八条规定'被保险机动车所有权转移的,应当办理机动车交通事故责任强制保险合同变更手续。"但所有机动车都应当参加机动车交通事故责任强制保险,机动车买卖后,没有办理机动车交通事故责任强制保险合同变更手续的,不会影响保险公司的利益,保险公司不能仅仅以未办理机动车交通事故责任强制保险合同变更手续为由免责。"广东佛山中院《关于审理道路交通事故损害赔偿案件的指导意见》(2009年4月8日)第13条:"机动车转让后未办理登记过户手续,在运行中发生事故致人损害,由机动车的实际支配人和机动车登记所有人承担连带赔偿责任。机动车登记所有人承担责任后,可以向实际支配人追偿。但有证据表明双方在事故发生前已经向车辆登记管理机关申请办理变更登记手续的,机动车登记所有人不承担赔偿责任。"第34条:"被保险的机动车所有权转移后,未办理保险合同变更手续,机动车在保险期间内发生交通事故致人损害,除2009年修订的《保险法》第四十九条第四款规定的情形外,保险公司仍应对受害第三者承担赔偿责任。"山东高院《2008年民事审判工作会议纪要》(2008年9月)第2条:"……依据《保险法》和国务院行政法规的规定,出卖人将机动车出卖给他人时,应当及时通知承保的保险公司,并办理保险关系的转移手续。据此规定,很多保险公司以投保人未及时通知保险人为抗辩事由拒绝承担交通事故的损害赔偿责任,对此,会议认为,出卖人已经为出卖机动车辆交纳道路交通事故强制责任保险的,即使没有办理保险关系的过户手续,在保险期限内亦不能免除承保的保险公司应当承担的限额赔偿责任。"江西赣州中院《关于审理道路交通事故人身损害赔偿案件的指导性意见》(2006年6月9日)第34条:"被保险的机动车所有权转移后,未办理保险合同变更手续,机动车在保险期内发生交通事故致人损害:保险机构仍应对受害第三者承担赔偿责任。"

5. 参考案例。①2011年江苏某保险合同纠纷案,2010年9月,吴某将被保险车辆转让给方某,并于2010年10月在保险公司办理了批改手续;2011年3月,该车由吴某驾驶时因躲避车辆发生侧翻的交通事故,导致车辆损坏及车上人员7人受伤,交警认定吴某全责。保险公司以吴某不具有主张保险金的主体资格拒赔。法院认为:虽然车辆转让后吴某非车主,亦非批单载明的被保险人,但车上人员责任险条款并非排斥合法驾驶人肇事的保险赔付责任。在被保险人方某未承担赔偿责任,亦未作出实际赔偿的情况下,如被保险人向保险公司请求支付保险金时,保险公司可依保险条款约定和《保险法》第65条规定拒绝向方某支付保险金,但本案中,吴某作为被保险人方某所允许的合法驾驶人,且在事故后对乘车人的损失做出了实际赔偿,则吴某应具有主张保险金的资格,否则将发生车辆所有人和合法驾驶人均不能索赔的两难境况,故保险公司应向吴某承担车上人员责任险赔付责任。②2010年湖北某保险合同纠纷案,2008年4月,张某将其投保交强险的农用车转让给付某,但未办车辆及保险过户手续。同年7月,该车由付某无证驾驶时与周某驾驶的摩托车相撞,致周某死亡,交警认定同等责任。法院判决保险公司在交强险限额内赔偿死者9万余元,保险公司履行赔付义务后以车辆未办过户及保险合同未办变更手续,加重了其保险责任,向张某、付某追偿。法院认为:苏某虽系无证驾驶肇事,但保险公司理赔项目均在保险责任范围内,并不包括垫付的抢救费用,故保险公司向付某追偿于法无据。张某转让投保车辆后未办理保险合同变更手续,<u>其行为并未增加保险公司承保风险</u>,且案涉交通事故中,张某无事故责任,故保险公司要求张某承担连带责任无据。

【同类案件处理要旨】

机动车所有权在交强险合同有效期内发生变动,保险公司在交通事故发生后,仍应在交强险责任限额范围内予以赔偿。

【相关案件实务要点】

1. **【交强险赔付】** 机动车所有权转移未办理交强险合同变更手续,并不导致保险公司交强险责任的免除。案见湖北武汉中院(2010)武民二终字第474号"朱某等诉袁某等交通事故损害赔偿案"。

2. **【合法驾驶人】** 保险期间内,被保险人允许的合法驾驶人在使用被保险车辆过程中发生意外事故,该合法驾驶人对乘车人的损失作出实际赔偿后,保险人应依车上人员责任险约定向该合法驾驶人赔偿保险金。案见江苏宿迁中院(2011)宿中商字第0432号"吴某诉某保险公司保险合同纠纷案"。

【附注】

参考案例索引:湖北武汉中院(2010)武民二终字第474号"朱某等诉袁某等交通事故损害赔偿案",判决保险公司赔偿原告11万余元保险金,其余损失20万余元由丁某按事故责任比例赔偿50%。见《保险公司解除交强险合同的效力分析》(刘敦院),载《人民司法·案例》(201016:83)。①江苏宿迁中院(2011)宿中商字第0432号"吴某诉某保险公司保险合同纠纷案",判决保险公司赔偿吴某车上人员责任险3.2万余元。见《吴军华诉长安保险公司宿迁支公司保险合同纠纷案》(谢兆鹏、刘路路),载《江苏高院公报·参阅案例》(201201:72)。②湖北远安法院(2010)远民初字第49号"某保险公司诉张某等交通事故损害赔偿案",见《中华联合财保远安支公司诉张国华等道路交通事故责任强制保险合同案》(郑小青),载《中国法院2012年度案例:道路交通纠纷》(245)。

88. 超责任限额保险赔付

——损失超限额，保险如何赔？

【分项限额】

【案情简介及争议焦点】

2008年5月，孔某驾驶出租汽车公司投保交强险和商业第三者责任险的车辆肇事致郭某死亡，交警认定孔某负主要责任。死者一方损失：精神抚慰金5万余元，丧葬费、被扶养人生活费、死亡赔偿金共计10万余元，车辆损失750元。

争议焦点：1.交强险不够赔偿，是否优先满足精神损害抚慰金？2.商业险如何补充赔偿？

【裁判要点】

1. 保险赔付原则。本案出租汽车公司同时投保交强险和商业三者险，依法应先由承保交强险的保险公司在责任限额范围内予以赔偿，受害人近亲属有权请求保险公司在交强险范围内优先赔偿精神损害。不足部分，由承保商业三者险的保险公司根据保险合同予以赔偿；仍有不足的，依照《道路交通安全法》和《侵权责任法》的相关规定由出租汽车公司予以赔偿。

2. 超限额的处理。原告诉请的死亡赔偿金、丧葬费、被扶养人生活费、精神抚慰金（共计15万余元），按其在交强险责任限额内予以理赔，其中精神损失抚慰金5万余元优先赔付。不足部分在商业三者险中予以赔付，同时因孔某负主要事故责任，双方均认可出租汽车公司应承担80%责任，故保险公司应在商业三者险范围内向原告支付应理赔数额的80%计2万余元。因事故造成出租汽车公司车辆损失750元，保险公司亦应在交强险财产损失赔偿限额内承担保险赔偿责任。

【裁判依据或参考】

1. 法律规定或其他立法文件。《民法典》（2021年1月1日）第1213条："机动车发生交通事故造成损害，属于该机动车一方责任的，先由承保机动车强制保险的保险人在强制保险责任限额范围内予以赔偿；不足部分，由承保机动车商业保险的保险人按照保险合同的约定予以赔偿；仍然不足或者没有投保机动车商业保险的，由侵权人赔偿。"《道路交通安全法》(2004年5月1日实施,2011年4月22日修正)第76条:"机动车发生交通事故造成人身伤亡、财产损失的,由保险公司在机动车第三者责任强制保险责任限额范围内予以赔偿;不足的部分,按照下列规定承担赔偿责任:(一)机动车之间发生交通事故的,由有过错的一方承担赔偿责任;双方都有过错的,按照各自过错的比例分担责任。(二)机动车与非机动车驾驶人、行人之间发生交通事故,非机动车驾驶人、行人没有过错的,由机动车一方承担赔偿责任;有证据证明非机动车驾驶人、行人有过错的,根据过错程度适当减轻机动车一方的赔偿责任;机动车一方没有过错的,承担不超过百分之十的赔偿责任。"全国人大法律委员会负责人《全国人大法律委员会关于〈中华人民共和国道路交通安全法修正案(草案)〉审议结果的报告》(2007年12月23日)第3条:"草案规定:'非机动车驾驶人、行人一方负全部责任的,机动车一方承担不超过10%的赔偿责任。'有的常委委员认为,民法通则规定,高速运输工具在行驶中具有高度危险性,造成他人损害的,应当承担民事责任。草案上述规定体现了以人为本、关爱生命的精神,是恰当的。有的常委委员认为,机动车一方没有过错,承担10%的赔偿责任过高。法律委员会经同内务司法委员会和国务院法制办、公安部研究,认为需要说明:机动车一方没有过错的,都是先由保险公司在机动车第三者责任强制保险限额范围内予以赔偿,不足的部分才由机动车一方承担不超过10%的赔偿责任。草案上述规定与1991年国务院颁布的《道路交通事故处理办法》确定的赔偿原则是一致的,也是多年来公安机关处理交通事故的实际做法,执行中基本可行。据此,法律委员会建议维持草案这一规定。"

2. 行政法规。《机动车交通事故责任强制保险条例》(2013年3月1日修改施行)第3条:"本条例所称机动车交通事故责任强制保险,是指由保险公司对被保险机动车发生道路交通事故造成本车人员、被保险人以外的受害人的人身伤亡、财产损失,在责任限额内予以赔偿的强制性责任保险。"第21条:"被保险机动车发生道路交通事故造成本车人员、被保险人以外的受害人人身伤亡、财产损失的,由保险公司依法在机动车交通事故责任强制保险责任限额范围内予以赔偿。道路交通事故的损失是由受害人故意造成的,保险公司不予赔偿。"第23条:"机动车交通事故责任强制保险在全国范围内实行统一的责任限额。责任限额分为死亡伤残赔偿限额、医疗费用赔偿限额、财产损失赔偿限额以及被保险人在道路交通事故中无责任的赔偿限额。"

3. 部门规范性文件。中国银保监会《关于调整交强险责任限额和费率浮动系数的公告》(2020年9月9日)第1条:"在中华人民共和国境内(不含港、澳、台地区),被保险人在使用被保险机动车过程中发生交通事故,致使受害人遭受人身伤亡或者财产损失,依法应当由被保险人承担的损害赔偿责任,每次事故责任限额为:死亡伤残赔偿限额18万元,医疗费用赔偿限额1.8万元,财产损失赔偿限额0.2万元。被保险人无责任时,死亡伤残赔偿限额1.8万元,医疗费用赔偿限额1800元,财产损失赔偿限额100元。"第3条:"上述责任限额和费率浮动系数从2020年9月19日零时起实行。截至2020年9月19日零时保险期间尚未结束的交强险保单项下的机动车在2020年9月19日零时后发生道路交通事故的,按照新的责任限额执行;在2020年9月19日零时前发生道路交通事故的,仍按原责任限额执行。"

4. **司法解释**。最高人民法院民一庭庭长《在全国高级法院民一庭庭长座谈会上的总结讲话》(2013年4月12日):"……通过调研我们发现,在交强险赔偿问题上,现在还有一部分法院在司法实践中突破了交强险条例的分项限额,在审理交通事故纠纷时,只要不超出总的限额即12.2万,都要求保险公司予以赔付,没有把分项的限额予以区分。在这个问题上,我们认为,交强险条例明确规定了分项限额,我们应当严格遵守。理由是:一、行政法规对此有明确规定。交强险条例明确规定了分项限额制度,人民法院审理相关民事案件时当然应该依法处理,这是最基本的理由;二、分析法律规定的分项限额是否合理,需要对全国范围内的道路交通状况作出评估,需要对交通事故率作出统计,需要对赔偿范围变化对费率水平的影响进行计算,需要就费率水平的变化与民众的接受程度进行预测。应当看到,交强险条例是基于整体的、全面的、多种因素综合考量作出的规定,而这些考量、预测、评判恰恰是人民法院力不能及的。显然,在分项限额的问题上,涉及到如此深入的专业问题和政策把握问题,由立法机构或行政机关作出判断更加妥当。《道路交通安全法》将交强险制度的细化规定授权给行政机关,也正是此种判断的当然结果;三、我们还应当认识到,司法解决问题的范围是有限的。分项限额不仅仅涉及到受害人的损失填补,还间接涉及到交强险的费率水平等不特定多数人的利益。在处理个案中,我们有时会觉得分项限额不尽合理,希望能为受害人多争取一份救济,让保险公司承担更多的保险责任。当然,在个案中,注重考虑个体利益平衡有合理的一面。但不能因为绝对追求个案的利益平衡,而伤害到整个社会秩序。应当认识到,我国交强险的费率是法定的,保险公司没有定价权,保险公司必须按照法定的费率水平接受投保人的投保,根据保监会提供的数据,目前交强险的运营整体上处于亏损状态,这意味着,交强险的赔偿负担过重,保险公司就会产生提高保费的冲动。交强险的顺利运转不可能不考虑保险人的利益。如果保险公司所称的负担过重问题以及提高保费的利益诉求获得立法部门认可,结果就是交强险费率全面提高,全社会的整体投保负担增加,这涉及个体利益和社会利益的权衡问题。因此,打通分项限额,社会效果未必好。同时,由人民法院作出类似的决策,其正当性理由也不够充分。由于分项限额涉及到交强险的基本制度、涉及到费率水平甚至涉及到金融安全,2011年国务院对此问题曾专门开会研究,并在会议上专门提到我们一些法院不遵守分项限额的问题,对这个问题我们要高度重视。法院的任务是适用法律,而不是评价法律或修改法律。当然,目前分项限额问题在立法上是否有调整的必要,我们通过案例一直在研究,有关的部门和立法机关也在研究。从西方立法例来看,他们在交强险赔偿限额规定上的调整也比较多,有些分项限额的调整幅度很大,甚至有些国家的交强险赔偿范围全部是人身损害,没有财产损害。外国有益的经验我们要注重吸收,在立法层面对交强险的有关规定进行调整,这是我们力求推动的。但是在交强险条例没有修改前,还是要按照行政法规的明确规定处理案件。"最高人民法院《关于审理道路交通事故损害赔偿案件适用法律若干问题的解释》(2012年12月21日,2020年修改,2021年1月1日实施)第13条:"同时投保机动车第三者责任强制保险(以下简称'交强险')和第三者责任商业保险(以下简称'商业三者险')的机动车发生交通事故造成损害,当事人同时起诉侵权人和保险公司的,人民法院应当依照民法典第一千二百一十三条的规定,确定赔偿责任。被侵权人或者其近亲属请求承保交强险的保险公司优先赔偿精神损害的,人民法院应予支持。"最高人民法院《关于财保六安市分公司与李福国等道路交通事故人身损害赔偿纠纷请示的复函》(2008年10月16日 〔2008〕民一他字第25号):"……《机动车交通事故责任强制保险条例》第3条规定的'人身伤亡'所造成的损害包括财产损害和精神损害。精神损害赔偿与物质损害赔偿在强制责任保险限额中的赔偿次序,请求权人有权进行选择。请求权人选择优先赔偿精神损害,对物质损害赔偿不足部分由商业第三者责任险赔偿。"

5.地方司法性文件。山东高院审监二庭《关于审理机动车交通事故责任纠纷案件审理若干问题的解答(一)》(2024年4月)第17条:"在机动车交通事故责任纠纷中,保险公司依据保险合同约定,主张不负担案件受理费,能否支持?答:案件受理费的负担由人民法院依据《诉讼费用交纳办法》的规定确定,法院最终判决保险公司支付赔偿款的,即保险公司败诉或部分败诉,其应当负担相应的诉讼费用。"第18条:"赔偿权利人请求保险公司承担鉴定费,能否支持?答:根据《中华人民共和国保险法》第六十四条的规定,保险人、被保险人为查明和确定保险事故的性质、原因和保险标的的损失程度所支付的必要的、合理的费用,由保险人承担。受害人为确定其是否构成伤残及相应的等级、财产损失的价格、三期的长短等而缴纳的鉴定费,属于'为查明保险标的的损失程度所支付的必要的、合理的费用',应由保险公司负担。"海南高院《关于印发〈海南省道路交通事故人身损害赔偿标准〉的通知》(2021年1月1日 琼高法〔2020〕325号)第1条:"道路交通事故的赔偿顺序及赔偿项目。(一)赔偿顺序。在中华人民共和国境内(不含港、澳、台地区),被保险人在使用被保险机动车过程中发生交通事故,致使受害人遭受人身伤亡,依法应当由被保险人承担的损害赔偿责任,如被保险人同时投保机动车交通事故责任强制保险(以下简称交强险)和商业第三者责任保险(以下简称商业三者险)的机动车发生交通事故,造成损害,按照下列顺序确定赔偿责任:先由承保交强险的保险公司在责任限额范围内予以赔偿;超出交强险赔偿限额部分,由承保商业三者险的保险公司根据保险合同予以赔偿。仍有不足的,根据《中华人民共和国民法典》《中华人民共和国道路交通安全法》的相关规定认定应由侵权人承担的赔偿责任,由侵权人进行赔偿。(二)赔偿项目。医疗费(医药费、诊疗费、住院费)、住院伙食补助费、后续治疗费(包括康复费、适当整容费以及其他后续治疗费用)、营养费、误工费、护理费、交通费、住宿费、残疾赔偿金(含被扶养人生活费)、残疾辅助器具费、丧葬费、死亡赔偿金(含被扶养人生活费)、亲属办理丧葬事宜支出的交通费、住宿费和误工损失等合理费用、精神损害抚慰金。其中,根据中国银行保险监督管理委员会发布的《关于实施车险综合改革的指导意见》及《关于调整交强险责任限额和费率浮动系数的公告》,自 2020 年 9 月 19 日起,海南省交强险的医疗费用赔偿限额为:有责责任限额 18000 元,无责责任限额 1800 元;该费用项下赔偿的项目为:医疗费、住院伙食补助费、后续治疗费(其中的康复费在死亡伤残赔偿项下赔偿)、营养费。交强险的死亡伤残赔偿限额为:有责责任限额 180000 元,无责责任限额 18000 元;该费用项下赔偿的项目为:护理费、康复费、交通费、住宿费、误工费、残疾赔偿金(含被扶养人生活费)、残疾辅助器具费、丧葬费、死亡赔偿金(含被扶养人生活费)、受害人亲属办理丧葬事宜支出的交通费、住宿费和误工损失等合理费用、精神损害抚慰金及其他费用。"辽宁沈阳中院《**机动车交通事故责任纠纷案件审判实务问题解答**》(2020 年 3 月 23 日)第 12 条:"保险公司在理赔中存在过错或怠于行使理赔义务,其责任如何认定? 解答:在保险事故发生后,保险公司在理赔中存在过错或怠于行使理赔义务,导致损失扩大的,保险公司应承担相应的民事赔偿责任。理由:保险公司因保险事故的发生,按照保险条例和保险合同项下条款进行赔偿。保险理赔的法律和合同依据系基于国家强制性规定的非营利性的交强险和基于保险人与被保险人之间合同约定。保险人在履行保险合同时主观上存在故意或重大过错应承担相应违约责任或侵权责任。因该行为造成的损失并非合同约定的保险理赔内容,而是因合同当事人的过错或违约造成的损失,该部分损失不应受到保险限额的限缩,损失数额应当根据行为造成的损失予以确定,赔偿责任应行为过错程度等因素加以确认。"湖南高院《**关于印发〈审理道路交通事故损害赔偿纠纷案件的裁判指引(试行)〉的通知**》(2019 年 11 月 7 日 湘高法〔2019〕29 号)第 21 条:"确定交强险赔偿责任应遵循交强险分项赔偿责任限额规定,受害人请求保险公司对超出交强险分项限额范围的损失予以赔偿的,人民法院不予支持。"山东济南中院《**关于保险合同纠纷案件 94 个法律适用疑难问题解析**》(2018 年 7 月)

第 54 条:"交强险项下分项赔偿制度。交强险条例二十三条规定:机动车交通事故责任强制保险在全国范围内实行统一的责任限额。责任限额分为死亡伤残赔偿限额、医疗费用赔偿限额、财产损失赔偿限额以及被保险人在道路交通事故中无责任的赔偿限额。死亡伤残、医疗费用、财产损失,单项损失只能限于对应的分项责任限额内获得赔偿即死亡伤残赔偿限额为 11 万元,医疗费用为 1 万元,财产损失限额为 2000 元。交强险责任限额按照每次交通事故计算而不是按每个受害人计算。即在一次事故中被保险车辆造成数人人身或财产损害需进行赔偿时,此数人的赔偿金的总和不能超过交强险相应的分项赔偿数额。"广东惠州中院《关于审理机动车交通事故责任纠纷案件的裁判指引》(2017 年 12 月 16 日)第 20 条:"交通事故发生后,支付被侵权人医疗费、丧葬费等合理费用的人请求保险人在交强险责任限额范围内赔偿医疗费、丧葬费的,人民法院应予支持。如该部分费用已经超出交强险责任限额的,根据《道路交通安全法》第七十六条的规定,由责任方承担。"安徽马鞍山中院《关于审理交通事故损害赔偿案件的指导意见(试行)》(2015 年 3 月)第 3 条:"【保险赔偿的原则】交强险赔偿应遵循在交强险责任限额内分项赔偿的原则,交通事故受害人主张由保险公司突破分项限额在责任限额总额范围内赔偿损失的,不予支持。商业第三者责任险赔偿应遵循按保险合同约定赔偿的原则,保险合同条款约定不明导致理解上产生分歧,或者合同条款内容与法律规定不符导致保险公司承担的责任减轻,当事人主张该合同条款不具有法律效力的,应予支持。"贵州贵阳中院《关于认真组织学习省法院对审理机动车交通事故涉及交强险案件的意见的通知》(2014 年 11 月 10 日 法〔民一〕明传〔2014〕8 号):"……目前,全省法院对机动车发生交通事故后,受害人请求承保机动车第三者强制责任保险(以下简称交强险)的保险公司对超出交强险分项限额范围的损失予以赔偿的,人民法院是否应当予以支持的认识不一致,裁判标准也不一致。司法实践中,部分人民法院认为:在确定保险公司赔偿范围时,应当区分被保险人对导致交通事故的发生有无责任以及造成的损害类别,主张保险公司只需根据区分的结果在相应的死亡伤残、医疗费用、财产损失等分项赔偿限额范围内承担赔偿责任。因此,对受害人提出的超出交强险分项限额范围的诉请不予支持。部分法院则认为:对此类案件,无需区分被保险人在事故中有无责任以及损害类别,保险公司应当在交强险总的限额范围内承担赔偿责任。为了统一此类案件的执法尺度,省法院民一庭进行了充分的调研,于 2011 年出台了《关于审理涉及机动车交通事故责任强制保险案件若干问题的指导意见》(以下简称《指导意见》)。该《指导意见》第五条中确立了'被保险机动车发生交通事故,不论被保险人在交通事故中有无过错及过错程度,保险公司均负有在强制保险责任限额范围内向受害第三者直接赔付的法定义务'的基本原则,并要求全省法院按照此原则处理此类案件。2012 年 5 月 29 日,最高人民法院民一庭作出(2012)民一他字17号《关于交强险按照责任限额赔付规定的通知》主张'根据《道路交通安全法》第十七条、《机动车交通事故责任强制保险条例》第二十三条,机动车发生交通事故后受害人请求承保机动车第三者强制责任保险的保险公司对超出机动车第三者强制责任保险分项限额范围的损失予以赔偿的,人民法院不予支持。'因此,在该《通知》下发后全省部分中基层法院按照该《通知》的精神处理此类案件,即按照交强险分项限额范围确定赔偿责任,而部分中基层法院仍延用原有的处理模式进行处理。鉴于全省各级法院处理此类案件的标准不统一,2014年3月,贵州省人民检察院就申诉人中国人寿财产保险股份有限公司铜仁中心支公司(以下简称人保铜仁公司)与被申诉人潘平均、杨金凤等机动车交通事故责任纠纷一案,向本院提起抗诉,并就统一此类案件执法尺度问题向本院提出检察建议。该案已经本院审判委员会研究决定,并再次确定了'不论被保险人在交通事故中有无过错及过错程度,保险公司均负有在强制保险责任限额范围内向受害人第三者直接赔付的法定义务'的基本原则。"河南三门峡中院《关于审理道路交通事故损害赔偿案件若干问题的指导意见(试行)》(2014年10月1日)第12条:"确定交强险赔偿责任应遵循交强险分项赔偿责任限额规定,对每次事故应在赔偿限额内负责赔偿。"广东深圳中院《关于道路交通事故损害赔偿纠纷案件的裁判指引》(2014年8月14日 深中法发〔2014〕3号)第22条:"赔偿权利人请求承保交强险的保险公司优先赔偿精神损害抚慰金的,人民法院应予支持。赔偿权利人可于一审、二审期间提出于交强险中先行赔付精神损害抚慰金的请求;赔偿权利人未提出该请求的,人民法院应当予以释明,由其在法庭辩论终结前决定是否请求先行赔付精神损害抚慰金。赔偿权利人在二审诉讼中提出于交强险中先行赔付精神损害抚慰金的请求,人民法院可不将该请求视为一项独立的诉讼请求,而于判决说理部分予以明确。精神损害抚慰金应严格依照伤残等级确定,一级伤残为10万元,二级伤残为9万元,依次类推。"第28条:"确定保险公司承担交强险责任时,应当依法按死亡伤残赔偿、医疗费、财产损失分别确定各项赔偿限额。可计入医疗费项目的,包括已经发生的医疗费和后续医疗费。财产损失是指因机动车发生交通事故侵害被侵权人的财产权益所造成的损失。可计入财产损失的,依照最高人民法院《关于审理道路交通事故损害赔偿案件适用法律若干问题的解释》第十五条规定处理。可计入死亡伤残赔偿的,包括精神损害抚慰金、误工费、护理费、交通费、住院伙食补助费、营养费、死亡残疾赔偿金(含被扶养人生活费)、残疾器具辅助费、丧葬费等除医疗费、财产损失之外的赔偿项目。"第30条:"赔偿权利人可得赔偿总额系指赔偿权利人因道路交通事故可以得到的所有赔偿项目的总额。赔偿权利人请求的单项赔偿金额未超过依法核算的应得金额,无论其要求的所有赔偿项目总额是否超过依法应得总额,均应以其主张的单项赔偿金额为准。"安徽高院

《关于审理道路交通事故损害赔偿纠纷案件若干问题的指导意见》(2014年1月1日 皖高法〔2013〕487号)第13条:"确定交强险赔偿责任应遵循交强险分项赔偿责任限额规定,受害人请求保险公司对超出交强险分项限额范围的损失予以赔偿的,人民法院不予支持。"湖北高院《民事审判工作座谈会会议纪要》(2013年9月)第2条:"机动车交通事故责任强制保险理赔时应区分有责和无责,并根据各自的死亡赔偿限额、医疗费用赔偿限额、财产损失赔偿限额实行分项赔偿。"安徽滁州中院《关于审理道路交通事故损害赔偿案件座谈会纪要》(2013年8月2日)第6条:"中华人民共和国道路交通安全法第七十六条中关于交强险'责任限额'的规定为原则性规范,《机动车交通事故责任强制保险条例》第二十三条是对"责任限额"的进一步具体规范,对交通事故受害人的损失应在有责任分项责任限额或无责任分项责任限额下进行赔偿。"第29条:"赔偿义务人承担的赔偿项目、比例、数额,以及保险公司在交强险、商业三者险限额内承担的赔偿数额,应在判决理由部分表述,判决主文应直接表述赔偿结果。保险公司在交强险、商业三者险限额内承担的赔偿数额无须分项表述。"河北高院《关于正确适用交强险分项限额规定的通知》(2013年4月27日 冀法明传〔2013〕260号):"……根据《中华人民共和国道路交通安全法》第十七条、《机动车交通事故责任强制保险条例》第二十三条,机动车发生交通事故后,受害人请求承保机动车第三者责任强制保险的保险公司对超出机动车第三者责任强制保险分项限额范围的损失予以赔偿的,人民法院不予支持。"北京高院民一庭《关于审理道路交通事故损害赔偿案件的会议纪要》(2013年4月7日)第5条:"《道交解释》第十六条第一款明确由交强险在责任限额范围内先行承担赔偿责任,但是没有明确是否还按照《保险条例》中的分项责任限额,此处的责任限额应当理解为分项的责任限额还是各项责任限额的总和?《最高人民法院关于在道路交通事故损害赔偿纠纷案件中,机动车交通事故责任强制保险中的分项限额能否突破的答复》规定'受害人请求承保机动车第三者责任强制保险的保险公司对超出机动车第三者责任强制保险分项限额范围的损失予以赔偿的,人民法院不予支持'。故由承保交强险的保险公司在责任限额范围承担先行赔偿责任,应当遵循分项限额的规定。"贵州贵阳中院《关于适用〈中华人民共和国侵权责任法〉若干问题的解答》(2013年3月13日 筑中法发〔2013〕32号)第2部分第4条:"机动车交通事故责任强制保险的赔偿限额为被保险车辆有责时,死亡伤残赔偿限额为110000元、医疗费用赔偿限额为10000元、财产损失赔偿限额2000元;被保险车辆无责时,死亡伤残赔偿限额为11000元、医疗费用赔偿限额为1000元、财产损失赔偿限额为100元。上述限额能否不区分有责、无责,并且不分限额赔偿?答:2012年5月29日最高人民法院就辽宁省高级人民法院《关于在道路交通事故损害赔偿纠纷案件中,机动车交通事故责任强制保险的分项限额能否突破的请示》作出〔2012〕民一他字第17号批复,根据该批复机动车发生交通事故后,受害人请求承保机动车第三者责任强制保险的保险公司对超出机动车第三者责任强制保险分项限额范围的损失予以赔偿的,人民法院不予支持。"浙江高院民一庭《民事审判法律适用疑难问题解答》(2013年第1期):"……问:在道路交通事故损害赔偿纠纷案件中,机动车事故责任强制保险中的分项限额能否突破?答:最高人民法院以(2012)民一他字第17号答复辽宁高院在个案请示中的相同问题时的意见是,机动车发生交通事故后,受害人请求承保机动车第三者责任强制保险的保险公司对超出机动车第三者责任强制保险分项限额范围的损失予以赔偿的,人民法院不予支持。我们认为,我省可参照该答复意见处理相同问题。2013年7月1日后新受理的一审道路交通事故损害赔偿纠纷案件,可参照本解答执行。已经作出生效裁判的道路交通事故损害赔偿案件当事人请求参照本解答意见申请再审的,不予准许。"浙江杭州中院民一庭《关于道路交通事故责任纠纷案件相关疑难问题解答》(2012年12月17日)第1条:"交强险是否分项赔付人损和财损?(即:财损在2000元的限额内赔付)答:交强险赔付不区分人损和财损限额。对于一起事故中人损和财损同时存在的,应优先保障人损赔付;若财损早于人损起诉的,可酌情保留人损赔偿份额。"新疆高院《关于审理道路交通事故损害赔偿案件中超出交通事故责任强制保险分项赔偿限额的损失如何赔偿问题的通知》(2012年12月13日):"……根据最高人民法院有关答复精神,经本院审判委员会讨论决定,交通事故损害赔偿案件中,赔偿权利人在主张交强险赔偿时请求承保交强险的保险公司对超出交强险分项限额范围的损失予以赔偿的,不予支持……"广东高院《关于对超出机动车第三者责任强制保险分项限额范围的损失应否予以赔偿问题的批复》(2012年8月20日 粤高法民一复字〔2012〕6号):"关于机动车第三者强制保险是否应当实行分项限额赔偿以及如何确定分项限额的问题,最高人民法院(2012)民一他字第17号批复作了明确规定,即机动车发生交通事故后,受害人请求承保机动车第三者责任强制保险的保险公司对超出机动车第三者责任强制保险分项限额范围的损失予以赔偿的,人民法院不予支持。根据《机动车交通事故责任强制保险条例》第二十三条的规定,当前我国机动车交通事故责任强制保险责任限额分为死亡伤残赔偿限额、医疗费赔偿限额、财产损失赔偿限额以及被保险人在道路交通事故中无责任的赔偿限额,相关责任限额由保监会会同国务院公安部门、卫生主管部门和农业主管部门规定。2008年1月11日,保监会发布了《中国保险监督管理委员会关于调整交强险责任限额的公告》,公布其会同有关部门所确定的机动车交通事故责任强制保险的分项限额方案。因此,在新的法律、行政法规、司法解释对此作出明确规定之前,应依据上述规定确定保险公司的赔偿限额。"广西中院《关于机动车交通事故责任强制保险中的分项限额能否突破的通知》(2012年7月24

日 桂高法〔2012〕261号)第1条:"尚未审理终结的道路交通事故损害赔偿纠纷案件,受害人请求承保机动车第三者责任强制保险的保险公司对超出机动车第三者责任强制保险分项限额范围的损失予以赔偿的,不予支持。"广东高院《关于印发〈全省民事审判工作会议纪要〉的通知》(2012年6月26日 粤高法〔2012〕240号)第43条:"交通事故发生后,支付被侵权人医疗费、丧葬费等合理费用的人请求保险公司在交强险责任限额范围内赔偿医疗费、丧葬费的,人民法院应予支持。如该部分费用已经超出交强险责任限额的,根据《道路交通安全法》第七十六条的规定,由责任方承担。"云南高院《关于印发〈关于统一全省保险合同纠纷案件裁判标准的会议纪要〉的通知》(2012年5月15日)第3条:"……(二)会议认为,交强险的分项赔偿限额应按照中国保监会公布的死亡伤残赔偿限额、医疗费用赔偿限额、财产损失赔偿限额以及被保险人在道路交通事故中无责任的赔偿限额进行计算赔偿,其中部分赔偿分项实际数额超过分项赔偿责任限额,但其余赔偿分项实际数额尚未达到分项赔偿责任限额,受害第三者请求保险人在交强险赔偿责任总限额内承担责任的,不予支持。受害人同时请求保险人承担交强险赔偿责任和第三者商业险赔偿责任的,人民法院可以根据案件情况决定是否合并审理……"山东淄博中院《全市法院人身损害赔偿案件研讨会纪要》(2012年2月1日)第20条:"《中华人民共和国道路交通安全法》第七十六条规定,交通事故发生后,由保险公司在强制保险限额范围内承担赔偿责任,不足部分再由致害人承担赔偿责任。交通事故发生后,赔偿责任划分为'强制保险限额范围内赔偿责任'与'超出强制保险限额范围赔偿责任'两部分,分别由保险公司及致害人两个主体承担赔偿责任。因此,在该类案件中,应将承保交强险的保险公司列为被告,并判决其在强制保险限额范围内承担赔偿责任。在机动车已投保交强险的情况下,致害人仅应承担超出强制保险限额范围的赔偿责任,如当事人要求致害人承担强制保险限额范围内赔偿责任,与法律规定不符,不应予以支持……《机动车交通事故责任强制保险条例》第二十三条规定,交强险保险责任限额实行的是全国统一标准,具体由保监会会同国务院公安部门、国务院卫生主管部门、国务院农业主管部门规定。目前,保监会公布的赔偿限额标准如下:死亡伤残赔偿限额110000元、医疗费赔偿限额10000元、财产损失赔偿限额2000元。机动车无事故责任的情况下,限额为:死亡伤残赔偿限额11000元、医疗费赔偿限额1000元、财产损失赔偿限额100元。其中死亡伤残限额包括受害人死亡、受伤、残疾三种情况,具体赔偿项目有:丧葬费、死亡赔偿金、受害人亲属办理丧葬事宜支出的交通费用、残疾赔偿金、残疾辅助器具费、护理费、康复费、交通费、被扶养人生活费、住宿费、误工费、精神损害抚慰金。医疗费限额赔偿项目有:医药费、诊疗费、住院费、住院伙食补助费、必要的、合理的后续治疗费、整容费、营养费。虽然《中华人民共和国道路交通安全法》第七十六条未对强制保险的项目进行规定,但国务院根据《中华人民共和国道路交通安全法》、《中华人民共和国保险法》制定的《机动车交通事故责任强制保险条例》中,将交强险限额分为了死亡伤残赔偿、医疗费赔偿、财产损失赔偿及机动车无事故责任赔偿四种限额。由于《机动车交通事故责任强制保险条例》是国家有权机关依法制定,具有法律效力,在具体审判实践中应予适用……除《机动车交通事故责任强制保险条例》第二十条列举情况外,交强险保险期间为一年,采用保险索赔的'期内发生式'概念,以保险单载明的起止时间为准。在保险期限内,机动车发生多次事故的,保险公司每次承担的赔偿责任不超过赔偿限额即可。"新疆高院《关于印发〈关于审理道路交通事故损害赔偿案件若干问题的指导意见(试行)〉的通知》(2011年9月29日 新高法〔2011〕155号)第4条:"交强险赔偿分项实际数额超过分项赔偿责任限额,但其他赔偿分项实际数额尚未达到分项赔偿责任限额,赔偿权利人可以要求保险公司在交强险责任总限额内承担责任。"广东高院《关于审理保险合同纠纷案件若干问题的指导意见》(2011年9月2日 粤高法发〔2011〕44号)第22条:"保险事故发生后,精神损害赔偿部分不属于财产保险合同的保险范围,保险人主张不予赔付的,人民法院应予支持。但保险合同另有约定的除外。"贵州高院《关于印发〈关于审理涉及机动车交通事故责任强制保险案件若干问题的意见〉的通知》(2011年6月7日 黔高法〔2011〕124号)第10条:"两辆或多辆的机动车发生交通事故造成非机动车驾驶人、行人损害的,各机动车均投保了第三者责任强制保险的,如受害第三者的损失低于或等于各保险公司的交强险责任限额总额,各保险公司应在各自的交强险责任限额内对受害第三者承担平均赔偿责任;如受害第三者的损失高于各保险公司的交强险责任限额总额,先由各保险公司在交强险责任限额内对受害第三者承担赔偿责任,不足部分按侵权责任法和道路交通安全法的相关规定确定赔偿责任。"江苏南通中院《关于处理交通事故损害赔偿案件中有关问题的座谈纪要》(2011年6月1日 通中法〔2011〕85号)第29条:"《机动车交通事故责任强制保险条例》第三条规定的'人身伤亡'所造成的损害包括财产损害和精神损害。精神损害赔偿与物质损害赔偿在交强险责任限额中的赔偿次序,请求权人有权进行选择。请求权人选择优先赔偿精神损害,应予支持。"第33条:"交强险'死亡伤残赔偿限额'应当包括死亡、构成残疾的人身损害和不构成残疾的人身损害等情形。"安徽宣城中院《关于审理道路交通事故赔偿案件若干问题的意见(试行)》(2011年4月)第31条:"保险合同对赔偿项目区分项目限额赔偿的,人民法院应分项在限额内判决赔偿。"第32条:"精神损害赔偿与物质损害赔偿在交通事故责任强制保险责任限额中的赔偿次序,请求权人有权选择;请求权人起诉时未作选择的,一审人民法院应予释明。精神损害的赔偿数额应依据《最高院关于确定民事侵权精神损害赔偿责任若干问题的解释》第十条的规定予以确定。"山东高院《关于印发审理保险合同纠纷案件若干问题意见(试行)的通知》(2011年3月17日)第23条:"当事人仅投一份责任保险的,同一起交通事故造成多人人身伤亡或财产损失的,保险人赔偿保险金的责任应当以一份责任保险金额为限。"第24条:"第三者责任保险合同约定保险人依照被保险机动车驾驶人在事故中所负的事故责任比例承担相应的赔偿责任的,被保险机动车驾驶人就基于连带责任而支付的超过其责任比例的赔偿数额,有权要求保险人在保险金额范围内赔付。保险人赔付后,可向其他责任人代位请求赔偿。"江西鹰潭中院《关于审理道路交通事故损害赔偿纠纷案件的指导意见》(2011年1月1日 鹰中法〔2011〕143号)第5条:"同一道路交通事故中有数家保险公司的,机动车强制保险责任的赔偿数额以数家保险公司的责任限额总和为限,在赔偿数额总和以内的,各保险公司按其投保的机动车在事故中的责任按比例承担赔偿责任。"湖南衡阳中院《关于审理机动车交通事故责任保险以及保险代理合同案件的若干具体意见》(2011年1月24日 衡中法〔2011〕2号)第2条:"交强险中部分赔偿分项实际数额超过分项赔偿责任限额,但其余赔偿分项实际数额尚未达到分项赔偿责任限额,受害第三者请求保险人在交强险赔偿责任总限额内承担责任的,不予支持。"山东淄博中院民三庭《关于审理道路交通事故损害赔偿案件若干问题的指导意见》(2011年1月1日)第2条:"机动车发生交通事故的,承保交强险的保险公司应在交强险责任限额内承担赔偿责任,且不能适用过失相抵原则予以减轻。但交通事故的损失是由受害人故意碰撞机动车造成的除外。交强险保险责任限额采取分项限额计算。其中,死亡伤残限额中包括的赔偿项目有:丧葬费、死亡赔偿金、受害人亲属办理丧葬事宜支出的交通费用、残疾赔偿金、残疾辅助器具费、护理费、康复费、交通费、被扶养人生活费、住宿费、误工费、精神损害抚慰金。医疗费限额中包括的赔偿项目有:医药费、诊疗费、住院费、住院伙食补助费,必要的、合理的后续治疗费、整容费、营养费。不管原告是否在交强险范围内主张精神损害抚慰金,人民法院均应将精神损害抚慰金计算在交强险赔偿范围内。事故发生时,如国家已对交强险限额进行了调整,则应以调整后的限额为保险公司赔偿限额,不应以交强险保单上的限额为准。"第7条:"除《机动车交通事故责任强制保险条例》第二十条列举情况外,交强险保险期间为一年,以保险单载明的起止时间为准。在保险期限内,机动车发生多次事故的,保险公司每次承担的赔偿责任不超过责任限额。"江苏高院民一庭《侵权损害赔偿案件审理指南》(2011年)第7条:"道路交通事故责任……7.交强险与商业性三责险并存时精神损害赔偿次序。依据最高人民法院民一庭《关于财保六安市分公司与李福国等道路交通事故人身损害赔偿纠纷请示的复函》,《机动车交通事故责任强制保险条例》第3条规定的人身伤亡所造成的损害包括财产损害和精神损害。精神损害赔偿与物质损害赔偿在强制责任保险限额中的赔偿次序,请求权人有权选择。请求权人选择优先赔偿精神损害,对物质损害赔偿不足部分由商业第三者责任险赔偿。"上海高院民五庭《关于印发〈关于审理保险代位求偿权纠纷案件若干问题的解答(一)〉的通知》(2010年9月19日 沪高法民五〔2010〕2号)第2条:"交强险保险人承担保险赔偿责任后,能否依据《保险法》第六十条的规定向第三者行使保险代位求偿权?答:根据《侵权责任法》第四十八条、《道路交通安全法》第七十六条的规定,机动车发生交通事故致人身伤亡、财产损失的,交强险保险人在责任限额内予以赔偿,不足部分由机动车一方依法承担赔偿责任。因此,保险人所承担的赔偿责任是法定责任、终局性责任,而机动车一方承担的是补充赔偿责任。交强险保险人支付保险赔偿金后,依据《保险法》第六十条的规定向第三者行使保险代位求偿权的,法院不予支持。"福建福州中院民一庭《民事司法信箱回复:侵权责任法律适用若干问题专版》(2010年9月10日)第19条:"交强险案件中保险公司在交强险范围内承担赔偿责任,判决主文应当如何表述?答:目前,此类案件判决主要有两种表述方法:1.认为保险公司依照《道路交通安全法》第七十六条的规定,在交强险限额内直接判决保险公司承担赔偿责任;2.判决赔偿义务人承担赔偿责任,保险公司在交强险范围内承担连带赔偿责任。我们认为,根据《道路交通安全法》第七十六条的规定,保险公司对第三人的责任是一种法定的责任,当事人对保险公司可以行使直接请求权,因此,在当事人列保险公司为共同被告的情形下,可直接判决保险公司在交强险责任范围内承担赔偿责任,但要注意根据交强险条款列明的各项赔偿项目,分项计算赔偿数额。如:本判决生效后××日内,某保险公司给付受害人死亡伤残赔偿金(根据案件情况确定具体赔偿项目)×××元、医疗费用赔偿金×××元、财产损失赔偿金×××元,共计×××元。"河南郑州中院《审理交通事故损害赔偿案件指导意见》(2010年8月20日 郑中法〔2010〕120号)第4条:"交通事故造成人身损害、财产损失的,不论机动车一方有无责任,保险公司均应在交强险限额内予以赔偿,但交通事故是由受害人故意造成的除外。本条所称的交强险限额包括有责任赔偿限额和无责任赔偿限额。"浙江高院民一庭《关于审理道路交通事故损害赔偿纠纷案件若干问题的意见(试行)》(2010年7月1日)第14条:"同一道路交通事故中有数家保险公司的,机动车强制保险责任的赔偿数额,以数家保险公司的责任限额总和为限,并由各保险公司均等负担;但其中无过错机动车方保险公司在机动车强制保险无责任赔偿限额范围内承担赔偿责任。"浙江杭州中院民一庭《适用省高院相关审判指导意见的通知》(2010年7月16日):"……对于道路交通事故损害赔偿案件总的交强险赔偿问题,结合本地区实际,仍适用'不分项'赔偿原则。对涉及商业险的道路交通事故赔偿案件,除该商业险承保单位同意并案审理外,原则上仍适用分案审理的原则。"山东东营中院《关于印发道路交通事故处理工作座谈会纪要的通知》(2010年6月2日)第10条:"在确定保险公司应承担的赔偿数额时,不受死亡伤残、医疗费、财产损失赔偿等各分项限额的限制,保险公司在交强险总额范围内承担保险责任。"北京高院民一庭《关于道路交通损害赔偿案件的疑难问题》(2010年4月9日)第2条:"北京市法院系统尚未统一认识的问题……(一)对《交强险条例》与《机动车交通事故责任强制保险条款》有关责任限额内容的理解与适用。(1)《交强险条例》第23条的规定将《道路交通安全法》规定的交强险责任限额细分为死亡伤残赔偿限额、医疗费用赔偿限额、财产损失赔偿限额以及被保险人在道路交通事故中无责任的赔偿限额,在保监会《机动车交通事故责任强制保险条款》中进一步明确了各个分项责任限额的具体数额。如何理解上述条例规定和条款的效力成为本次会议讨论的重点问题。与会少数人员认为:《道路交通安全法》第76条规定'机动车发生交通事故造成人身伤亡、财产损失的,由保险公司在机动车第三者责任强制保险责任限额范围内予以赔偿',并未细分各赔偿项目的限额。《交强险条例》和《机动车交通事故责任强制保险条款》进一步划分赔偿限额,使道路交通事故的受害人实际获得的赔偿数额大大减少,显然不利于对受害人的保护。因此,从充分保护受害人的角度出发,应当直接适用《道路交通安全法》第76条的规定,在交强险总体责任限额内予以赔偿。会议经深入讨论最终倾向认为:上述条例规定和条款设定分项责任限额偏重保护保险公司的利益,使交强险的保障能力进一步降低,其公平合理性值得探讨。但条例作为国务院的行政法规,在法律位阶上属于法院审理案件的依据;保监会的条款作为保险合同的格式条款,属于保险合同内容的一部分。故在当前没有法律具体规定或司法解释的相关适用性规定的情况下,法院在审理道路交通事故损害赔偿案件中只能适用条例的相关规定和尊重保险合同的相关约定,按分项责任限额确定保险赔偿责任。但综合考虑《道路交通安全法》的立法意图和《交强险条例》的制度目的,在确定交通事故受害人的赔偿项目和赔偿数额时,应在交强险的各项赔偿限额内从宽认定,使受害人尽可能获得较为充分的救济。以上是07年会议纪要对于该问题的规定。在纪要下发之后,实践中,也有法院认为:死亡伤残赔偿具体项目问题,虽然有些同志认为受害人必须评残才能适用,但该院认为医疗费用赔偿限额1万仅指医药费、诊疗费、住院费、住院伙食补助费,必要的、合理的后续治疗费、整容费、营养费这些项目,财产损失赔偿限额2000元仅指交通事故当时车辆或者人的衣物所遭受的损失。除去这些项目,其他合理损失,都可以归入死亡伤残类赔偿项目,而不必苛求是否评残。这也符合市高院在会议纪要精神'在交强险的各项赔偿限额内从宽认定,使受害人尽可能获得较为充分的救济'。"江西南昌中院《关于审理道路交通事故人身损害赔偿纠纷案件的处理意见(试行)》(2010年2月1日)第38条:"赔偿权利人选择在交强险限额内先行赔偿精神损害抚慰金的,予以支持。但同一交通事故有多个受害人,该选择赔偿影响到其他受害人基本医疗费用保险赔偿的除外。"广东高院民一庭《关于审理道路交通事故损害赔偿案件遇到的问题和对策》(2010年):"……《机动车交通事故责任强制保险条例》第23条第1款规定:'机动车交通事故责任强制保险在全国范围内实行统一的责任限额。责任限额分为死亡伤残赔偿限额、医疗费用赔偿限额、财产损失赔偿限额以及被保险人在道路交通事故中无责任的赔偿限额。'但《道路交通安全法》第76条却仅规定机动车发生交通事故造成人身伤亡、财产损失时,由保险公司在机动车第三者责任强制保险责任限额范围内予以赔偿,并未说明责任限额是否还予以细分。因此,在审判实务中,一种意见认为,《道路交通安全法》并未对赔偿限额是否应当细分作出规定,为保护受害人的合法权益,减少此类案件的信访,不应对赔偿限额进行细分。另一种意见认为,《机动车交通事故责任强制保险条例》明确规定应对赔偿限额进行细分,且该条例相对于《道路交通安全法》是特别法,根据特别法优于一般法的原则,应对赔偿限额进行细分。我们认为,既然《机动车交通事故责任强制保险条例》对第三者责任强制险的分项赔偿限额作了明确规定,而且交警部门在行政处理时亦坚持细分原则,故审判实践中应坚持细分原则为宜。就广东省来讲,目前各级法院在处理此类案件时基本上均采取细分原则,裁判效果良好。"广东广州中院《民事审判若干问题的解答》(2010年)第8条:"【责任限额是否应当分项】机动车发生交通事故造成第三者人身伤亡、财产损失时,如果机动车投保了交强险,承保该机动车交强险的保险公司应当在总的有责任限额或无责任限额内承担赔偿责任,还是应当考虑第三者的各项具体损失,由保险公司分别在死亡赔偿限额、医疗费用赔偿限额和财产损失赔偿限额等分项责任限额内承担赔偿责任? 答:根据《交强险条例》第二十三条的规定,保险公司在各分项责任限额内对受害人承担赔偿责任。"第10条:"【交强险责任限额应当按照事故发生的次数确定】在交强险保险期限内,被保险车辆多次发生碰撞,第一次交强险赔偿时,已达到赔偿限额,或者未达到赔偿限额,尚留有部分赔偿限额,该机动车后又发生交通事故的,承保交强险的保险公司是否在原来留下的部分限额内赔偿,还是再次按交强险最高限额赔偿? 答:交强险责任限额是指被保险机动车发生交通事故,保险人对每次保险事故所有受害人的人身伤亡和财产损失所承担的最高赔偿金额,故在机动车多次发生交通事故的情况下,承保交强险的保险公司在对此每次交通事故造成他人的人身、财产损失,均应当在交强险责任限额内承担赔偿责任。"安徽合肥中院民一庭《关于审理道路交通事故损害赔偿案件适用法律若干问题的指导意见》(2009年11月16日)第54条:"保险合同对赔偿项目区分项目限额赔偿的,人民法院应分项在限额内判决赔偿。"第55条:"因同一次道路交通事故对多个受害人产生的道路交通事故损害赔偿案件的赔偿总额超过保险限额时,应按各赔偿权利人应得赔偿款与赔偿总额的比例,在保险限额内进行分配。"第57条:"精神损害赔偿与物质损害赔偿在交通事故责任强制保险责任限额中的赔偿次序,请求权人有权选择;请求权人起诉时未作选择的,一审法院应予释明。"江西九江中院《**关于印发〈九江市中级人民法院关于审理道路交通事故人身损害赔偿案件若干问题的意见(试行)〉的通知**》(2009 年 10 月 1 日 九中法〔2009〕97 号)第 3 条:"机动车方投保了机动车交通事故责任强制保险的,由保险公司在强制险限额内,按照死亡伤残、医疗费用、财产损失等分项责任限额承担赔偿责任;机动车一方和受害人均对道路交通事故的发生存在过错时,交强险限额内的赔偿不应考虑机动车一方的责任比例。考虑到分项责任限额偏重保护保险公司的利益,使交强险的保障能力进一步降低,在确定交通事故受害人的赔偿项目和赔偿数额时,应在交强险的分项赔偿限额内从宽认定,使受害人仅可能获得较为充分的救济。"第 4 条:"当机动车交通事故造成人身损害的物质损害和精神损害赔偿总和大于强制责任保险限额时,赔偿权利人有权自主选择精神损害赔偿与物质损害赔偿在强制责任保险限额中的赔偿次序,赔偿权利人选择优先赔偿精神损害的,对物质损害赔偿不足部分由商业第三者责任险或机动车一方赔偿。除特别约定外,不得判决保险公司在商业第三者责任险的情况下赔偿精神损害抚慰金。"云南高院《**关于印发〈关于审理保险纠纷案件适用法律若干问题的会议纪要〉的通知**》(2009 年 11 月 4 日 云高法〔2009〕234 号)第 4 条:"交强险的分项赔偿限额应按照中国保监会公布的死亡伤残赔偿限额、医疗费用赔偿限额、财产损失赔偿限额以及被保险人在道路交通事故中无责任的赔偿限额进行计算赔偿,其中部分赔偿分项实际数额超过分项赔偿责任限额,但其余赔偿分项实际数额尚未达到分项赔偿责任限额,受害第三者请求保险人在交强险赔偿责任总限额内承担责任的,不予支持。"第 5 条:"一起交通事故造成多人损害,起诉到人民法院的,原则上应当遵循'不告不理'原则,如果起诉的受害人能够举证证明其他受害人受害的情况下,人民法院应当对其他受害人的情况进行综合考虑;若不能举证的,人民法院应当在交强险分项赔偿限额内按照交通事故责任认定书及其他相关文书载明的受害人的人数等额判决保险人承担责任。"云南高院《**关于审理人身损害赔偿案件若干问题的会议纪要**》(2009 年 8 月 1 日)第 2 条:"1.《机动车交通事故责任强制保险条例》施行后,如果发生交通事故的机动车方系根据《机动车交通事故责任强制保险条例》的规定投保交强险的,保险公司应根据《道路交通安全法》第七十六条第一款的规定,在交强险责任限额范围内对交通事故受害人承担赔偿责任;超过该限额的部分,按照《道路交通安全法》第七十六条第一款规定的相关情形确定交通事故当事人的赔偿责任。若该机动车方同时持有其他机动车第三者责任保险合同的,由该保险合同双方当事人按照保险合同的约定另行处理。《机动车交通事故责任强制保险条例》施行后,如果发生交通事故的机动车方没有根据《机动车交通事故责任强制保险条》的规定投保交强险,应当由该机动车方按交强险责任限额对交通事故受害人承担赔偿责任;超过该限额的部分,按照《道路交通安全法》第七十六条第一款规定的相关情形确定交通事故当事人的赔偿责任。若该机动车方同时持有其他机动车第三者责任保险合同的,由该保险合同双方当事人按照保险合同的约定另行处理。2.交强险责任限额的分项限额标准和赔偿项目,应参照保监会批复同意的《机动车交通事故责强制保险条款》予以确定。"安徽蚌埠中院《关于审理人身损害赔偿案件若干问题的指导意见》(2009年7月2日)第12条:"机动车交强险与第三者责任险的赔偿顺序问题。机动车交通肇事致人损害,若机动车所有人为该机动车同时投保了机动车交强险和第三者责任险,受害人请求保险公司在交强险和第三者责任险赔偿限额内予以赔偿时,保险公司应首先在交强险赔偿限额内赔偿,不足部分由交通事故责任人在其责任范围内承担,其中被保险人应当承担的部分,可以由保险公司在第三者责任险赔偿限额内替代被保险人赔偿。"第17条:"机动车投保人向赔偿权利人支付的数额超出了其应当承担的部分,该超出的部分依法应当由保险公司赔偿,对此应如何处理的问题。赔偿权利人应当获得的赔偿数额扣除投保人已经支付的数额后,其余的部分由保险公司在保险限额内赔偿(支付)赔偿权利人;对于投保人已支付(依法应当由保险机构赔偿)的款项,不能直接判决保险公司给付投保人,但可以在认定事实及判决理由中确认投保人已经支付的数额,以及保险机构应赔付投保人的款项数额。"第18条:"关于诉讼费承担的问题。在道路交通事故人身损害赔偿案件中,侵权人(被保险人)应当根据其承担的民事责任承担相应的诉讼费。除保险合同另有约定外,由被保险人支付的诉讼费用,应当由保险人承担。"湖南高院《关于审理涉及机动车交通事故责任强制保险案件适用法律问题的指导意见》(2008年12月12日)第7条:"发生交通事故造成受害第三者损害为两辆或者两辆以上的机动车,且均投保了交强险的,如机动车各方之间对损害承担连带责任,受害第三者请求保险人之间也承担连带责任的,不予支持。"第8条:"强制保险中部分赔偿分项实际数额超过分项赔偿责任限额,但其余赔偿分项实际数额尚未达到分项赔偿责任限额,受害第三者请求保险人在强制保险赔偿责任总限额内承担责任的,不予支持。"山东高院《2008年民事审判工作会议纪要》(2008年9月)第2条:"……(八)关于交通事故强制责任保险的适用问题。道路交通事故强制责任保险属于一种法定险,根据《道路交通安全法》的规定,交通事故发生后,首先应当由承保的保险公司承担限额赔偿责任,因此,交通事故受害人交通事故直接责任人,保险公司应当作为共同被告参加诉讼。对于保险公司承担的交通事故强制责任保险限额能够区分赔偿项目的,可以在裁判文书中明确加以区分,不能区分的,由保险公司在赔偿限额总额内承担责任。"江苏宜兴法院《关于审理交通事故损害赔偿案件若干问题的意见》(2008年1月28日 宜法〔2008〕第7号)第22条:"交强险中的'死亡伤残赔偿限额'应当包括死亡、构成残疾的人身损害和不构成残疾的人身损害的情形。其中,精神损害抚慰金所占份额,如果受害人在'死亡伤残赔偿限额'项下的累计损失不超过5万元的,精神损害抚慰金则应全部赔偿;如果受害人的'死亡伤残赔偿限额'项下的累计损失超过5万元的,则应根据精神损害抚慰金在该损失中所占比例确定。"第23条:"商业三者险保险合同中未将精神损害赔偿作为免责条款的,受害人主张保险公司支付精神损害抚慰金的,应予支持。"第24条:"两个以上机动车共同侵权致他人人身损害、财产损失的,如受害人的损失超出交强险限额总和的,各保险公司以其交强险限额对受害人承担连带赔偿责任;超过交强险限额的部分,由交通事故当事人根据《道路交通安全法》第76条第1款、《省道路交通安全条例》第52条的规定承担连带赔偿责任。"北京高院民一庭《**北京市法院道路交通事故损害赔偿法律问题研讨会会议纪要**》(2007年12月4日)第2条:"对《交强险条例》与《机动车交通事故责任强制保险条款》有关责任限额内容的理解与适用。《交强险条例》第二十三条的规定将《道路交通安全法》规定的交强险责任限额细分为死亡伤残赔偿限额、医疗费用赔偿限额、财产损失赔偿限额以及被保险人在道路交通事故中无责任的赔偿限额,在保监会《机动车交通事故责任强制保险条款》中进一步明确了各个分项责任限额的具体数额。如何理解上述条例规定和条款的效力成为本次会议讨论的重点问题。与会少数人员认为:《道路交通安全法》第七十六条规定'机动车发生交通事故造成人身伤亡、财产损失的,由保险公司在机动车第三者责任强制保险责任限额范围内予以赔偿',并未细分各赔偿项目的限额。《交强险条例》和《机动车交通事故责任强制保险条款》进一步划分赔偿限额,使道路交通事故的受害人实际获得的赔偿数额大大减少,显然不利于对受害人的保护。因此,从充分保护受害人的角度出发,应当直接适用《道路交通安全法》第七十六条的规定,在交强险总体责任限额内予以赔偿。会议经深入讨论最终倾向认为:上述条例规定和条款设定分项责任限额偏重保护保险公司的利益,使交强险的保障能力进一步降低,其公平合理性值得探讨。但条例作为国务院的行政法规,在法律位阶上属于法院审理案件的依据;保监会的条款作为保险合同的格式条款,属于保险合同内容的一部分。故在当前没有法律具体规定或司法解释的相关适用性规定的情况下,法院在审理道路交通事故损害赔偿案件中只能适用条例的相关规定和尊重保险合同的相关约定,按分项责任限额确定保险赔偿责任。但综合考虑《道路交通安全法》的立法意图和《交强险条例》的制度目的,在确定交通事故受害人的赔偿项目和赔偿数额时,应在交强险的各项赔偿限额内从宽认定,使受害人尽可能获得较为充分的救济。"湖北十堰中院《**关于审理机动车损害赔偿案件适用法律若干问题的意见(试行)**》(2007年11月20日)第1条:"机动车之间因交通事故而产生的损害赔偿责任适用过错责任原则。即机动车之间发生交通事故,造成人身、财产损失的,由保险公司在机动车第三者责任强制保险责任限额内予以赔偿。超过责任限额的部分,由有过错的一方承担赔偿责任,双方都有过错的,按照各自过错的比例,参照下列比例分担责任:(1)负全部责任的,承担100%的赔偿责任;(2)负同等责任的,承担50%的赔偿责任;(3)负次要责任的,承担30%的赔偿责任;(4)无责任的,不承担赔偿责任。"湖北武汉中院《关于审理交通事故损害赔偿案件的若干指导意见》(2007年5月1日)第19条:"两辆或两辆以上的机动车对交通事故的发生负有责任的,人民法院在明确机动车各自责任份额的基础上,判定各机动车对赔偿权利人承担连带赔偿责任。"江西高院民一庭《关于审理道路交通事故人身损害赔偿案件适用法律若干问题的解答》(2006年12月31日)第5条:"投保了'交强险'的机动车发生交通事故,对赔偿权利人的损失,先由保险人按照规定赔付,超出'交强险'限额的部分,再按照事故车辆方与赔偿权利人方的责任比例分摊损失。"第13条:"在同一次交通事故中,因两辆或两辆以上机动车发生事故并致他人人身损害的,构成共同侵权,各机动车所属保险人分别在各自的保险赔偿限额内对其他保险人应当承担的赔偿金额负连带责任。人民法院在确定各事故车辆投保的保险人的责任时,应当先按照各事故车辆方在事故中的责任比例确定对内的按份责任,从而确定各事故车辆投保的保险人的责任比例,再根据不同的保险类型分别确定保险人最终应当承担的保险责任。各保险人对其他赔偿义务人承担的连带责任以各自的赔偿限额(指的是按照该起事故只有一个事故车辆,以保险合同规定的赔偿方法确定的理赔额)为限,超出各个保险限额之和以外的责任,由各事故车辆方承担连带赔偿责任。先行赔付的事故车辆方及其保险人,对超出其份额的部分,可以按照责任比例向其他事故车辆方及其保险人追偿。如赔偿权利人可获赔偿以'交强险'限额赔偿即足以支付,但该保险人未按《机动车交通事故责任强制保险条例》的规定支付赔偿的,人民法院可以告知赔偿权利人只需起诉'交强险'的保险人。该保险人请求追加其他赔偿义务人参加诉讼的,人民法院应当告知其另案起诉。"第15条:"如赔偿权利人可获赔偿以'交强险'限额赔偿即足以支付,按照第13条的规定处理。如果赔偿权利人可获赔偿以'交强险'限额赔偿不足以支付《机动车交通事故责任强制保险条例》第二十四条规定的项目的,赔偿权利人可以请求道路交通事故社会救助基金管理机构先行垫付该法规规定范围内赔偿项目的差额。通过以上途径不能实现的赔偿部分,赔偿权利人仍可向有责任的事故车辆方主张。"江苏溧阳法院《关于审理交通事故损害赔偿案件若干问题的意见》(2006年11月20日)第9条:"2006年7月1日至8月10日期间当事人向法院提起诉讼的案件,由保险公司按《交强险条款》规定的分项限额内承担受害方无过错的赔偿责任。《交强险条款》中确定的分项限额为:(1)死亡、伤残(应理解为体伤和残疾)赔偿限额为5万元,其中含丧葬费、死亡补偿费、办理丧葬支出的交通费、残疾赔偿金、残疾辅助器具费、护理费、康复费、交通费、被扶养人生活费、住宿费、误工费以及依照法院判决或调解承担的精神抚恤金。(2)医疗费用赔偿限额为8000元,其中含:医药费、诊疗费、住院费、住院伙食补助费、营养费、整容费、必要合理的后续治疗费。(3)财产损失赔偿限额为2000元。被保险人无责任时,无责任死亡、伤残赔偿限额为10000元,无责任医疗费用赔偿限额为1600元、无责任财产损失赔偿限额为400元。如投保车辆说投保的第三者责任险限额低于6万元的,保险公司在实际投保的限额内赔偿。车方未投保第三者责任险的,仍以前条规定执行。"江苏高院《关于参照〈机动车交通事故责任强制保险条例〉审理交通事故损害赔偿案件若干问题的通知》(2006年7月6日 苏高法审委〔2006〕12号)第4条:"交强险责任限额的分项限额标准和赔偿项目,应参照保监会批复同意的《机动车交通事故责任强制保险条款》予以确定。"江苏无锡中院《全市民事审判疑难问题研讨会纪要》(2006年3月14日)第4条:"保险公司承担责任的范围,包括精神损害抚慰金。"第7条:"保险责任限额是保险公司在一次事故中承担责任的限额,而不是对保险期内所有事故承担责任的限额。保险公司在历次事故中已赔偿的数额,在本次事故赔偿时,不在责任限额中扣除。"第8条:"保险公司依法应承担赔偿责任的,如果车方已向受害人支付部分或全部款项,受害人再就全部损失起诉保险公司的,保险公司仍应在责任限额范围内承担赔偿责任,对车方已支付款项和车方应赔付款项的差额,可以根据受害人的主张,由保险公司直接支付给车方。如果受害人仅就余额起诉保险公司的,受害人诉请保险公司赔偿的数额,不得超过其在事故中应得赔偿总额和车方已支付数额之差。车方已支付款项和车方应赔付款项的差额,可视为代保险公司垫付,车方可按法定标准向保险公司追偿。车方要求保险公司返还垫付款的,案由仍定为道路交通事故损害赔偿,裁判时应适用《道路交通安全法》的规定,而不应适用《保险法》,也不能依据保险合同的约定。"第9条:"同一交通事故造成多人人身伤亡和财产损失的,如保险责任限额不足支付损失总额,各赔偿权利人按损失比例受偿。"第10条:"车方已与保险公司依据保险公司保险合同进行了理赔,该理赔不能对抗受害人按《道路交通安全法》第76条的规定向保险公司主张权利;车方依据保险合同获赔后,再以《道路交通安全法》第76条规定向保险公司主张权利的,不予支持。"江苏常州中院《关于印发〈常州市中级人民法院关于审理交通事故损害赔偿案件若干问题的意见〉的通知》(2005年9月13日 常中法〔2005〕第67号)第12条:"两辆以上机动车共同侵权致他人人身、财产遭受损害的,如果该两辆以上机动车都投保第三者责任险的,各方当事人及其保险公司按投保人的过错责任依法对受害人承担相应的赔偿责任,保险公司在限额内赔偿后,由各机动方之间对其应承担的赔偿部分承担连带赔偿责任。人民法院应结合机动车方的过错程度及因果关系确定各保险公司的责任范围。对于各机动车方的过错程度不明显,难以确定各机动车方的行为对损害结果所起作用的,也可按平均分担的办法处理。一方机动车逃逸的,受害人可以另一机动车方及保险公司为被告提起诉讼请求赔偿。该机动车方或保险公司履行了全部赔偿义务后,有权要求其他肇事机动车方及保险公司承担其应承担的相应份额。"第13条:"对于两个以上机动车方分别实施的数个行为间接结合发生同一损害后果,致他人人身、财产遭受损害的,各机动车方对各自侵权行为后果负责。如各机动车方的损害部分不能单独确定,则应按照各自过错程度和原因力大小确定各自应承担的赔偿责任。如各机动车方不能证明自己和他人的过错程度,则应按公平原则,由人民法院根据案件具体情况,令各方分担适当的责任。对于各机动车方的过错程度不明显,难以确定各机动车方的行为对损害结果所起作用的,或没有证据确定各机动车方责任的,也可采取平均分担的办法。如机动车方投保第三者责任险的,保险公司应首先在该机动车方所应承担的责任范围内承担赔偿责任。"第14条:"机动车方因同一交通事故致两人以上受伤、死亡,机动车方投保第三者责任险的,其保险限额款项可按受害人的人数平均等分享有。如其中受害人应得到的赔偿数额低于保险限额等分款的,按其赔偿款数额作为限额等分款。除其以外的受害人对剩余的保险限额可再按人数进行等分享有。各受害人可以作为共同原告提起诉讼,也可以分别提起诉讼。机动车方未投保第三者责任险的,对于机动车方应当投保的最低限额部分,由交通事故受害人根据上述原则予以分配。"广东高院、省公安厅《关于〈道路交通安全法〉施行后处理道路交通事故案件若干问题的意见》(2004年12月17日 粤高法发〔2004〕34号,2021年1月1日起被粤高法〔2020〕132号文废止)第24条:"两辆以上机动车相撞,造成他人人身损害的,人民法院在判决各肇事车辆的赔偿义务人对受害人承担连带赔偿责任时,应根据各肇事车辆的赔偿义务人之间的过错大小确定各自的责任份额。一辆机动车的赔偿义务人在多支付了应承担的责任份额后,可向另一方予以追偿。"

6. 最高人民法院审判业务意见。●道路交通事故损害赔偿纠纷案件中,机动车交通事故责任强制保险中的分项限额能否突破?最高人民法院民一庭意见:"根据《道路交通安全法》第17条、《交强险条例》第23条,机动车发生交通事故后,受害人请求承保交强险的保险公司对超出交强险分项限额范围的损失予以赔偿的,人民法院不予支持。"○交强险与商业第三者责任险并存时精神损害赔偿与物质损害赔偿的次序如何确定?最高人民法院民一庭意见:"《机动车交通事故责任强制保险条例》第3条规定的'人身伤亡'既包括财产损害也包括精神损害。精神损害赔偿与物质损害赔偿在强制责任保险限额中的赔偿次序,请求权人有权进行选择。请求权人如果选择优先赔偿精神损害,对物质损害赔偿不足部分由商业第三者责任险赔偿,并不超过各保险人预期的合同义务范围,也没有增加保险公司的负担,人民法院对此应当予以准许。"

7. 参考案例。①2013年山东某保险合同纠纷案，2009年，栾某驾驶机动车致崔某车辆损失，经鉴定，车损价值及鉴定费、施救费共4万余元。崔某诉请栾某投保交强险的保险公司在交强险12万余元范围内赔偿上述全部损失。法院认为：交强险条例第23条规定："机动车交通事故责任强制保险在全国范围内实行统一的责任限额。责任限额分为死亡伤残赔偿限额、医疗费用赔偿限额、财产损失赔偿限额以及被保险人在道路交通事故中无责任的赔偿限额。"该分类设置责任限额方式，符合《道路交通安全法》第76条限额赔偿原则。交强险限额本身就是分项确定的，所谓全部限额，亦系分项限额相加之和，而并不存在独立的所谓"全部限额"，故在保险公司承担交强险赔偿责任情况下，受害人请求保险公司对超出交强险相应分项限额范围损失予以赔偿的，法院不予支持。②2011年江苏某保险合同纠纷案，2009年10月，许某驾驶门窗厂投保交强险和商业三责险的货车在车库内倒车时将其孙子撞死，交警作出事故成因分析，但未认定双方的事故责任。经法院调解，保险公司在交强险范围内赔偿受害人家属11万元，门窗厂赔偿32万余元。双方履行后，门窗厂向保险公司理赔时遭拒。争议焦点：精神损害抚慰金能否在交强险中优先赔偿？法院认为：交强险没有确定死亡补偿费用等物质损害赔偿与精神损害抚慰金的先后赔偿顺序，现双方当事人对该条款的理解发生争议，应作出不利于保险公司的解释。其次，即使交强险条款规定了先后赔偿顺序，也应作出对投保人有利的认定。因投保人向保险公司同时投保交强险和商业三责险的目的是最大限度地降低行车风险，该风险可通过交强险或者商业三责险不能赔付时以另一险种弥补来消除。交强险条款中明确约定死亡伤残赔偿限额下包括精神损害抚慰金项目，而商业三责险条款中设定了精神损害赔偿的免赔条款，如果精神损害抚慰金无法在交强险中优先赔付，又无法在商业三责险中赔偿，则投保人同时投保的合同目的便无法实现，明显与其同时缔约的初衷违背。再者，交强险设立的主要目的在于发挥保险的经济补偿功能，保障机动车交通事故受害人的合法权益，避免因肇事者经济赔偿能力不足使受害人无法得到及时补偿。故为更好地保护受害人的利益，法院在审理该类案件时，不论被保险人或者受害人是否行使选择权，均应将精神损害抚慰金计算在交强险的赔偿范围内。③2011年广西某保险合同纠纷案，2011年2月，黄某驾驶货车与廖某所有的车相撞，造成黄某受伤、两车损坏。交警认定黄某全责。廖某起诉黄某及黄某投保的保险公司要求交强险赔付拖车费、停车费、修理费共3万余元。保险公司认为财产损失分项赔偿限额为2000元。法院认为：车主向保险公司投了第三者责任强制保险的机动车发生道路交通事故时，致第三者人身伤亡及财产损失的，由保险公司在机动车、第三者责任强制保险责任限额内予以赔偿。在道路交通事故发生后，保险公司对被保险机动车及受害人的赔付责任是基于保险公司和车主双方之间的合同法律关系之上。本案中,黄某的机动车在保险公司投保了交强险,责任限额总额为12.2万元。该机动车在保险有效期内发生交通事故,依照《道路交通安全法》第76条规定,保险公司应在交强险的责任限额总额内承担赔偿责任。对保险赔付责任在交强险的责任限额12.2万元内不进行分项赔偿,是为最大限度保护被保险人的合法权益,实现强制保险的社会公益性和对生命权、健康权的充分保护,这符合第三者强制责任保险的立法宗旨、原则和精神,故保险公司要求分项赔偿不符合法律规定。④2010年**广西某交通事故损害赔偿案**,2008年12月,韦某驾驶车辆碰撞行人莫某致10级伤残,花费药费4万余元。争议焦点:保险公司就医药费按限额1万元赔还是在总的交强险限额12万元内赔?法院认为:按《道路交通安全法》和《侵权责任法》规定,在交强险种保险公司承担一种法定责任,此种责任承担的唯一条件是被保险车辆造成了第三者损失。交强险条例第23条将责任限额分为死亡伤残赔偿限额、医疗费用赔偿限额以及无责任赔偿限额,并授权保监会会同公安、卫生、农业主管部门规定具体限额标准带有明显的行业保护性质,与《道路交通交通法》的立法目的相违背。现行交强险条款规定的责任限额是中国保监会单方面发布,而非国务院文件,与有关部委联合制定,该条款非行政规章,亦非规范性法律意见,而根据《侵权责任法》第5条规定"关于侵权责任的承担应以全国人大颁布的相关法律作为裁判依据",故对受害人的医疗费用赔付,应按照《道路交通安全法》第76条规定,应在交强险责任限额12.2万元内进行赔偿。本案受害人莫某医药费4万余元,加上其他赔偿项目共计11万余元,未超过交强险责任限额,保险公司应予赔偿。⑤2008年**江苏某保险合同纠纷案**,2007年10月,黄某投保交强险的机动车与赵某驾驶的电动自行车相撞,造成赵某受伤、电动车上的乘车人王某死亡,交警认定黄某、赵某同等责任,王某无责任。黄某赔偿王某家属各项损失30万元、赵某5万元后向保险公司理赔被拒。法院认为:尽管精神损害抚慰金在机动车第三者责任保险条款中属免责部分,但在交强险中,"死亡伤残赔偿限额"包括被保险人依照法院判决或者调解承担的精神抚慰金。对王某家属和赵某应得到的损失赔偿额核定中,黄前因本案事故造成的合理损失为270,259.72元,其中,精神损害抚慰金计48,000元、医疗费计15,523.44元、财产损失14,900元,由保险公司在交强险责任限额范围内先行全额予以理赔。超出交强险责任限额部分的损失为210,259.72元,根据事故责任认定书,黄某、赵某分别承担事故的同等责任,黄某应承担该损失的50%,即105,129.86元,由保险公司赔偿。⑥2007年**浙江某保险合同纠纷案**,任某为其车辆向同一保险公司投保了交强险及商业三者责任险。2007年3月,该车肇事撞死陈某,经交警调解,任某需要赔偿受害人18万余元,其中精神损害抚慰金1.6万余元。保险公司核保时以部分项目无票据拒赔,另认为交强险中5万元限额应优先赔偿其他项目,因不足赔偿,故精神损害抚慰金不应在交强险中理赔,又因商业三者险不赔偿精神损失,故该项目最终不予赔偿。法院认为:调解协议和民事调解书中赔偿费用是双方当事人自愿协商一致的结果,在保险纠纷中一般不宜作为认定赔偿费用的依据,如果保险人对该费用提出异议,法院应根据保险合同的约定重新做出认定。调解书中确定的交通费、住宿费、衣物损失费,因任某本案中未提供相应金额的发票或证据,故本案对任某核定的数额不予认定。保险公司认为精神抚慰金应在死亡赔偿限额内优先赔偿其他费用,但保险条款中只是约定死亡赔偿限额项下的赔偿项目包括精神损害抚慰金,并未约定赔偿顺序。保险公司无证据证明死亡赔偿限额内其他费用应优先赔偿,故按格式条款解释规则,精神损害抚慰金应在交强险死亡赔偿限额中优先赔偿,余下其他项目不足赔偿部分在商业三者险中由保险公司赔偿。⑦2005年江苏某交通事故损害赔偿案,2005年9月,冯某驾驶顾某出售但未过户货车追尾并负全责,造成出租车及其他车损坏,车辆损失6万元,出租车上田某及其他人受伤,支出医疗费共计1万余元,其中田某支出医疗费近4000元。冯某三者机动车车责任险限额5万元。法院认为:登记车主并不实际控制管理肇事车辆,而冯某系实际车主,并实际使用控制车辆,因交警部门认定其负全责,故冯某应赔偿田某全部损失。田某等因人身损害支出的医疗费应在三者险限额内为其保留,车辆损失因超过了限额范围,故应对该保险赔款扣除医疗费后根据车辆损失大小比例分配,对于超过责任限额的车辆损失和其他损失部分,由冯某承担。

【同类案件处理要旨】

交强险责任限额分为死亡伤残赔偿限额、医疗费用赔偿限额、财产损失赔偿限额以及被保险人在道路交通事故中无责任的赔偿限额。机动车发生交通事故后,受害人请求承保交强险的保险公司对超出交强险分项限额范围的损失予以赔偿的,法院不予支持。同时投保交强险和商业三者险的机动车发生交通事故造成损害,被侵权人或者其近亲属请求承保交强险的保险公司优先赔偿精神损害的,人民法院应予支持。

【相关案件实务要点】

1.【赔偿顺序】投保人同时投保交强险和商业三责险的目的是最大限度地降低行车风险,为更好地保护受害人的利益,交强险赔付时优先赔偿精神损害抚慰金,商业三责险对交强险未能赔足的部分赔付。同时,交强险没有确定死亡补偿费用等物质损害赔偿与精神损害抚慰金的先后赔偿顺序,在双方当事人对该条款的理解发生争议的情况下,应当作出不利于保险公司的解释。案见江苏苏州中院(2011)苏中商终字第0112号"某门窗厂某诉某保险公司等保险合同纠纷案"。

2.【优先赔付】交强险设立的主要目的在于发挥保险的经济补偿功能,保障机动车交通事故受害人的合法权益,避免因肇事者经济赔偿能力不足使受害人无法得到经济补偿。故从优先保护受害人利益的角度,精神抚慰金在交强险中应优先赔付。因精神抚慰金在三责险中不予赔偿,精神抚慰金在强制保险中优先获得赔付,人身死亡伤残赔付限额以外的物质损失均可由三责险依约赔偿,受害人获赔数额将得到最大支持。案见江苏南通中院(2008)通中民二终字第0221号"黄某诉某保险公司保险合同纠纷案"。

3.【优先赔付】商业险依法仅在交强险限额外予以赔偿,但因交强险中明确列明精神抚慰金属于理赔范围,而商业第三者责任险中精神抚慰金则属于拒赔项目,在目前法律对交强险赔偿费用顺序未作出规定,保险合同亦未约定情况下,应按有利于被保险人的解释,精神抚慰金应在交强险中得到赔偿。案见浙江宁波江东区法院(2007)甬东民二初字第571号"任某诉某保险公司保险合同案"。

4.【比例赔付】机动车发生事故造成人身伤亡、财产损失的,当赔偿责任超出交强险责任限额时,对于包括精神损害抚慰金在内的各项诉讼请求,在交强险责任限额内,按各项诉讼请求在总的诉讼请求中所占的比例予以赔偿,未得到赔偿的部分,在商业第三者责任险种依约予以理赔。案见河南舞阳法院(2008)舞民初字第605号"某出租汽车公司诉某保险公司保险合同纠纷案"(根据最新道路交通事故司法解释规定,精神损害抚慰金部分可全额在交强险中赔付,其他赔偿项目是否按比例,法律未做规定——编者注)。

5.【三责险超限额】对于超过第三者责任保险限额范围的赔偿款承担责任,应首先扣除受害人的医疗费支出后,根据损失大小按比例分配。案见江苏苏州金阊区法院(2005)金民一初字第907号"田某诉冯某等交通事故损害赔偿案"。

6.【不分项赔付】《道路交通安全法》第76条的立法目的是保护受害人,同时也保护投保人,从而分散风险。如投保人一次交足保费,且未明确细分投保项目,则赔偿项目也不应分项。案见广西百色中院(2011)百中民一终字第500号"廖某某诉某保险公司等保险合同纠纷案"(分项赔付是原则,不分项赔付是例外——编者注)。

【附注】

参考案例索引:河南舞阳法院(2008)舞民初字第605号"某出租汽车公司诉某保险公司保险合同纠纷案",判决保险公司支付出租汽车公司交强险保险金11万元,支付第三者责任险保险金2万余元,支付车损险保险金600元(法院裁判理由系在交强险责任限额11万元内,按照出租汽车公司各项诉讼请求的具体数额在其主张的诉讼标的总额中所占比例合理确定保险公司应理赔的数额较为适宜,题引

"裁判要点"根据最高人民法院《关于审理道路交通事故损害赔偿案件适用法律若干问题的解释》第16条规定做了相应处理——编者注)。见《超出交强险责任限额时各项请求应在限额内按比例赔偿——舞阳县汇源出租汽车有限公司与中华联合财产保险股份有限公司漯河中心支公司保险合同纠纷案》(朱沛),载《人民法院案例选·月版》(200906:11)。①最高人民法院(2013)民监他字第6号答复意见,见《无驾驶证或者醉酒驾驶情形下保险公司的交强险责任——渤海财产保险股份有限公司青岛分公司与崔志霞、栾瑞成道路交通事故财产损害赔偿纠纷案》(邱明、郭魏,最高人民法院审监庭),载《审判监督指导·案例评析》(201401/47:163)。②江苏苏州中院(2011)苏中商终字第0112号"某门窗厂某诉某保险公司等保险合同纠纷案",见《精神损害抚慰金应在交强险中优先赔付》(王刚),载《人民司法·案例》(201116:33)。③广西百色中院(2011)百中民一终字第500号"廖某某诉某保险公司等保险合同纠纷案",见《未细分投保项目则赔偿项目也不应分项——广西百色中院判决廖坤雄诉黄正崇等保险合同纠纷案》(罗昌明、姚慧芬),载《人民法院报·案例指导》(20120802:6)。④广西河池中院(2010)河市民一终字第128号"莫某诉韦某等交通事故损害赔偿案",见《莫美凤诉人保宜州支公司等道路交通事故人身损害赔偿案》(刘智虹),载《中国法院2012年度案例:道路交通纠纷》(129)。⑤江苏南通中院(2008)通中民二终字第0221号"黄某诉某保险公司保险合同纠纷案",见《黄前诉天安保险股份有限公司海安支公司财产保险合同案》(周凯),载《中国审判案例要览》(2009商事:270)。⑥浙江宁波江东区法院(2007)甬东民二初字第571号"任某诉某保险公司保险合同案",见《任胜忠诉大众保险股份有限公司宁波分公司保险合同纠纷案》(谢红丹),载《人民法院案例选》(200803:318)。⑦江苏苏州金阊区法院(2005)金民一初字第907号"田某诉冯某等交通事故损害赔偿案",判决5万元先扣除医疗费1万余元,再由四车按各自损失的62.3%比例享受第三者责任限额赔偿,超过限额部分由冯某赔偿。见《田福根诉冯良波、顾老土、中华联合财产保险公司苏州支公司道路交通事故损害赔偿纠纷案》(徐建飞),载《人民法院案例选》(200504:119)。

参考观点索引:●道路交通事故损害赔偿纠纷案件中,机动车交通事故责任强制保险中的分项限额能否突破?见《道路交通事故损害赔偿纠纷案件中,机动车交通事故责任强制保险中的分项限额能否突破》(姜强),载《民事审判指导与参考·指导性案例》(200804:106)。○交强险与商业第三者责任险并存时精神损害赔偿与物质损害赔偿的次序如何确定?见《交通事故责任强制保险与商业第三者责任险并存时精神损害赔偿与物质损害赔偿的次序》(姜强),载《民事审判指导与参考·指导性案例》(200804:121)。

89. 重复投保交强险赔付

——两份交强险，出事都得赔？

【重复投保】

【案情简介及争议焦点】

2007年5月，司机盛某无证驾驶刘某所有的摩托车与田某驾驶的摩托车相撞，田某受伤。交警认定盛某负全责，田某无责任。刘某为其摩托车向保险公司和财保公司均投了交强险。当时的两份交强险的保险赔偿限额均为6万元。

争议焦点：1.两份保险是否均有效？2.无证驾驶能否获得保险赔付？

【裁判要点】

1. 两份保险均有效。交强险条例第6条虽明确规定了交强险实行统一的保险条款和基础费率，但因现实中重复投保现象成因复杂，其主要原因是各保险公司只顾推销保险而不履行审查义务。与目前的商业保险相比，从交强险现行保费和赔率看，重复投保多份交强险并非完全有利于投保人。保险公司作为专业机构，负有对投保人是否重复投保交强险的审查义务，因重复投保交强险并未违反我国现行法律、法规的强制性规定，故两份保险合同均有效。

2. 保险公司应赔偿。保险公司在交强险限额范围垫付抢救费用后，有权向肇事的无证驾驶人追偿，但不能以被投保车辆司机无证驾驶为由要求免责。

【裁判依据或参考】

1. 法律规定。《保险法（2015年修正）》（2015年4月24日）第30条："采用保险人提供的格式条款订立的保险合同，保险人与投保人、被保险人或者受益人对合同条款有争议的，应当按照通常理解予以解释。对合同条款有两种以上解释的，人民法院或者仲裁机构应当作出有利于被保险人和受益人的解释。"第56条："重复保险的投保人应当将重复保险的有关情况通知各保险人。重复保险的各保险人赔偿保险金的总和不得超过保险价值。除合同另有约定外，各保险人按照其保险金额与保险金额总和的比例承担赔偿保险金的责任。重复保险的投保人可以就保险金额总和超过保险价值的部分，请求各保险人按比例返还保险费。重复保险是指投保人对同一保险标的、同一保险利益、同一保险事故分别与两个以上保险人订立保险合同,且保险金额总和超过保险价值的保险。"《合同法》(1999年10月1日,2021年1月1日废止)第41条:"对格式条款的理解发生争议的,应当按照通常理解予以解释。对格式条款有两种以上解释的,应当作出不利于提供格式条款一方的解释。格式条款和非格式条款不一致的,应当采用非格式条款。"

2.部门规范性文件。中国保监会《关于加强机动车交通事故责任强制保险管理的通知》(2006年6月25日 保监发〔2006〕71号)第3条:"保险公司不得签发2006年7月1日以后起期的与交强险不衔接的商业三责险保单。已经签发的,保险公司应妥善处理,投保人要求退保的应按有关规定退保;保险公司不得诱导、误导投保人在责任限额内重复投保。"

3.司法解释。最高人民法院《关于适用〈中华人民共和国保险法〉若干问题的解释(二)》(2013年6月8日,2020年修正,2021年1月1日实施)第1条:"财产保险中,不同投保人就同一保险标的分别投保,保险事故发生后,被保险人在其保险利益范围内依据保险合同主张保险赔偿的,人民法院应予支持。"

4.地方司法性文件。山东济南中院《关于保险合同纠纷案件94个法律适用疑难问题解析》(2018年7月)第19条:"保险责任期间、保险事故重合均构成重复保险。保险法第五十六条规定:'重复保险的投保人应当将重复保险的有关情况通知各保险人。重复保险的各保险人赔偿保险金的总和不得超过保险价值。除合同另有约定外,各保险人按照其保险金额与保险金额总和的比例承担赔偿保险金的责任。重复保险的投保人可以就保险金额总和超过保险价值的部分,请求各保险人按比例返还保险费。重复保险是指投保人对同一保险标的、同一保险利益、同一保险事故分别与两个以上保险人订立保险合同,且保险金额总和超过保险价值的保险'。保险责任期间存在重合而非完全同一,或者保险事故存在重合而非完全同一,当事人主张以保险事故发生时间以及发生的保险事故界定是否为重复保险的,应予支持。"第20条:"不构成重复保险的情形。投保人对同一保险标的、同一保险利益、同一保险事故分别与两个以上保险人订立保险合同,但保险金额总和未超过保险价值的,被保险人主张由各保险人在各自保险金额内按照合同归担相应保险责任的,应予支持;投保人就同一保险标的物分别向不同的保险公司订立保险合同的,如具有不同的保险利益,不属于重复保险。但其中一个保险人依法承担保险责任后,另一保险人的保险责任消灭。"第21条:"重复保险责任特别约定的效力。部分保险人和投保人对保险责任承担比例、保险责任的承担顺序进行约定,其他重复保险的保险人以该约定损害其权利为由主张无效的,不予支持,但该约定不得违反损害补偿原则。"第22条:"违反重复保险通知义务的法律后果。投保人未将重复保险的有关情况通知保险人,保险人主张被保险人向其返还已经支付的超出其应承担比例的赔偿金的,应予支持。"浙江宁波中院《**关于商事审判若干疑难或需统一问题的解答**》(2013年11月15日)第27条:"同一被保险人所有的两辆投保车辆相撞,保险公司应否承担赔偿责任?对于事故造成投保车辆损失,如被保险人主张机动车损失险,法院应予以支持。如被保险人对于造成损失在交强险或者商业第三者险范围内进行主张,保险公司应进行赔偿。同一被保险人的不同参保车辆之间相撞发生事故时,被保险人相对可以作为第三人。被保险人尤其是作为单位的被保险人同时拥有多辆机动车,且这些车辆往往都在同一保险人处投保,实践中又无法避免同一被保险人所有的车辆之间发生相撞等意外事故,如保险公司不进行赔偿,不符合投保人投保的目的。而且保险公司将被保险人排除在第三者之外的根源在于防范道德风险、防止恶意骗保,但保险公司为了防止恶意骗保而使被保险人处于不公平位置,显对被保险人不公。"浙江杭州中院民一庭《**关于道路交通事故责任纠纷案件相关疑难问题解答**》(2012年12月17日)第1条:"……车辆重复投保交强险的,应如何理赔?答:一个车辆只能投保一份交强险。对于重复投保的,应认定保险期限起始日期在前的交强险有效,由承保该份交强险的保险公司在交强险范围内进行赔付。"浙江高院《**关于审理财产保险合同纠纷案件若干问题的指导意见**》(2009年9月8日 浙高法〔2009〕296号)第27条:"投保人就同一保险标的物分别向不同的保险公司订立保险合同的,如具有不同的保险利益,不属重复保险。但其中一个保险人依法承担保险责任后,另一保险人的保险责任消灭。"第28条:"重复保险的投保人未将重复保险的事项通知各保险人的,保险人有权解除合同。保险人要求确认重复保险合同无效的,不予支持。"

5.参考案例。①2014年新疆某追偿权纠纷案,2011年,赵某为其货车先后在人保公司和平安公司投保商业险。保险期间,该车肇事致他人人身损害。2012年,受害人起诉赵某及人保公司,法院判决人保公司在商业险赔偿限额内赔付受害人25万余元。人保公司支付赔偿金后,向平安公司追偿。法院认为:《保险法》第56条规定:"重复保险的投保人应当将重复保险的有关情况通知各保险人。重复保险的各保险人赔偿保险金的总和不得超过保险价值。除合同另有约定外,各保险人按照其保险金额与保险金额总和的比例承担赔偿保险金的责任。重复保险的投保人可以就保险金额总和超过保险价值的部分,请求各保险人按比例返还保险费。重复保险是指投保人对同一保险标的、同一保险利益、同一保险事故分别与两个以上保险人订立保险合同,且保险金额总和超过保险价值的保险。"既然承保了相同利益上的相同风险的重复保险人均收取了保费,根据权利义务相一致原则,全体重复保险人均应承担相应风险。除合同另有约定外,重复保险中保险人赔付的承保损失,均应由全体参加重复保险的保险人合理分摊。当部分重复保险人对被保险人进行赔偿后,应赋予支付赔偿金额超过其应予分摊的责任金额的重复保人向其他保险人进行追偿的权利。本案中,案涉货车投保人怠于履行通知义务且未同时起诉其投保的两家保险公司,从而造成人保公司支付赔偿金额超过其应予分摊责任金额情况下,人保公司有权向平安保险公司追偿。②2012年**广东某交通事故损害赔偿案**,2009年1月,张某驾驶机动车与翁某驾驶的摩托车相撞致翁某9级伤残,交警认定同等责任。张某为其机动车在两家保险公司分别投保了交强险。两家保险公司辩称应在总额12.2万元的交强险限额内予以赔偿,而非按两份交强险赔偿。法院认为:因现行法律对同时购买两份交强险并给予受偿没有禁止性规定,且在本案中投保人对购买两份交强险不存在故意,而是保险公司没有尽到应有的审查义务,因两份交强险都是在有效期内,保险公司应按照保险合同的约定,履行赔偿责任。故本案两份交强险均可受偿。即:两家保险公司应各自赔偿翁某经济损失及精神损害抚慰金8.2万余元。超出交强险限额部分,由张某赔偿50%即8.3万余元,承保商业三者险的保险公司对此负连带赔偿责任。保险公司提出赔偿保险金的总和不得超过保险价值即交强险的最高限额,是对"保险价值"概念的错误理解。交强险是责任保险,本案保险价值是受害人因交通事故所造成的损失,并非指交强险的最高限额。但应当指出,交强险是国家强制购买的险种,不具有营利的目的,原则上不应存在同一车辆购买两份交强险的情况,作为保险公司应加强自身审查的义务,杜绝此类情况的发生,以免损害社会公共利益。③2010年**广东某保险合同纠纷案**,2007年,李某将受让于易某但未办过户手续的货车投保交强险和商业险,2007年4月,郑某又为该车投保交强险和商业险。同年10月,吴某驾驶该套牌货车与骑摩托车的谢某相撞,致摩托车上乘坐的谢某子身亡,交警认定吴某、谢某分负主、次责任。经交通队调解,确认谢某一方的损害赔偿总额15万余元,由郑某赔偿11.3万元。郑某向投保交强险的保险公司理赔时被以车辆"套牌"遭拒。法院认为:本案中的事故车辆系"一车一保",而非"多车一保",未侵害保险公司的利益。多车一保亦为"套保",一旦发生交通事故,原投保车辆都以同一份保险合同向保险公司理赔。多车一保严重违背了诚实信用原则,侵害了保险公司利益,保险公司可对此情形拒赔。而本案的事故车辆虽系套牌车,但其属于一车一保情形,套牌并不必然增加投保车辆的危险程度乃至交通事故的发生,故一车一保并未侵害保险公司利益,故保险公司应给付郑某因事故造成的实际损失11.3万元。④2010年**山东某保险合同纠纷案**,2010年1月7日,张某就其购买陶某的二手车到保险公司投保商业险并交纳了保费,但保险公司工作人员以原保险至2010年1月23日到期且不得重复投保为由,要求该次投保生效日期为2010年1月24日。2010年1月9日,张某驾驶该车发生单方交通事故造成车辆、路产损失6万余元。保险公司以保险公司未在承保期内认为不承担责任。法院认为:保险公司对本案过户车辆进行保险时,正确的解释应是告知张某按原合同约定或要求对原合同进行变更批注,而不是所谓的不能重复投保或只能算是续保;根据《保险法》有关规定,重复保险的投保人应将重复保险的有关情况通知各保险人,重复保险的各保险人赔偿保险金的总和不得超过保险价值,除保险合同另有约定外,各保险人按照其保险金额与保险金额总和的比例承担赔偿保险金的责任,可见法律并不禁止重复投保,保险公司对张某关于不得重复投保的解释亦不正确。保险公司在与张某签订保险合同时违背了诚实信用原则,在缔约时存在明显过错,应承担缔约过失责任。保险公司作为专业机构,如此损害被保险人之信赖利益损失应承担张某此次事故财产损失的主要赔偿责任(80%),判决保险公司赔偿张某经济损失5万余元。
⑤2008年*江苏某交通事故损害赔偿案*,2006年1月,王某驾车撞伤许某,交警认定王某负主要责任,许某负次要责任。王某在天安保险和联合保险先后投保了5万元和2万元的三者商业险。争议焦点:能否得到重复保险赔付?两份保险如何赔付?法院认为:王某在两家保险公司同时投保商业险,依法应属重复保险。各保险人依法应按保险金与保险金总和的比例给付保险金,判决天安保险公司赔偿许某3.5万余元,联合保险公司赔偿5700余元。

【同类案件处理要旨】

保险公司负有对投保人是否重复投保交强险的审查义务,因重复投保交强险并未违反我国现行法律、法规强制性规定,故重复投保形成的交强险合同均应有效。除合同另有约定外,各保险公司应按照其保险责任限额与保险责任限额总和的比例承担交强险赔付的责任。

【相关案件实务要点】

1.【合同有效】同一机动车重复投保交强险的,不违反法律、法规强制性规定,不宜认定第一份以外的交强险合同无效。司法实践中,关于重复投保交强险情形的处理,还存在如下裁判思路:在先后两份交强险合同均未解除的情况下,法院按照"前险担责,后险不理"规则予以处理,即应由投保起期在前的保险公司在交强险限额内承担,投保起期在后的保险公司依法不再承担。案见广东阳江中院(2008)阳中法民三终字第26号"田某诉刘某等交通事故损害赔偿案"。

2.【比例赔付】重复保险的保险金额总和超过保险价值,各保险人的赔偿金额的总和不得超过保险价值。除合同另有约定外,各保险人按照其保险金额与保险金额总和的比例承担保险赔偿责任。案见江苏睢宁法院(2008)睢民二初字第62号"许某诉王某等交通事故损害赔偿案"。

3.【审查义务】投保人就同一机动车分别在两个保险公司投保交强险,车辆在保险有效期内发生交通事故,因现行法律对同时购买两份交强险并予以受偿没有禁止性规定,保险公司亦未尽到应有的告知、审查义务,而投保人对购买两个交强险不存在恶意,故两个保险公司均应各自按照保险合同约定,在交强险的赔偿限额内平均承担赔偿责任。案见广东汕头中院(2012)汕中法民一终字第137号"翁某诉张某等交通事故损害赔偿案"。

【附注】
参考案例索引:广东阳江中院(2008)阳中法民三终字第26号"田某诉刘某等交通事故损害赔偿案",两审均认为重复投保交强险有效,一审在田某无诉请情况下判令两保险公司赔偿田某8000元,再由田某返还部分给刘某,二审改判直接由两保险公司各自支付田某应赔款。见《无证驾驶造成人身伤亡以及重复投保交强险的处理——田继华诉刘盛部、刘昌联、天安保险股份有限公司阳江中心支公司、中国人民财产保险股份有限公司阳江市分公司道路交通事故损害赔偿纠纷案》(龙飘),载《人民法院案例选·月版》(200902:68)。①见《重复保险中保险人之间追偿权应否保护》(汤克宏、杨志刚,新疆生产建设兵团第七师中院),载《审判监督指导·实务研讨》(201402/48:181)。②广东汕头中院(2012)汕中法民一终字第137号"翁某诉张某等交通事故损害赔偿案",见《同一车辆购买两份交强险的理赔》(程璇、肖晓娜),载《人民司法·案例》(201302:87)。③广东梅州中院(2010)梅中法民三终字第32号"郑某诉某保险公司保险合同纠纷案",见《保险公司应为"套牌车"投保买单——郑露诉中华联合财产保险股份有限公司梅州中心支公司保险合同纠纷案》(肖锋),载《人民法院案例选·月版》(201003:8)。④山东郓城法院(2010)郓商字第10号"张某诉某保险公司保险合同纠纷案",见《张峰诉中国平安财产保险股份菏泽中心支公司保险合同案》(郑瑞涛),载《中国法院2012年度案例:保险纠纷》(129)。⑤江苏睢宁法院(2008)睢民二初字第62号"许某诉王某等交通事故损害赔偿案",见《重复投保各保险人如何承担责任——江苏睢宁县法院判决许云雷诉王共金等合同纠纷案》(倪其亚、魏志名),载《人民法院报·案例指导》(20080509:5)。

90. 损伤参与度与赔偿额
——损伤参与度,是否应考虑?

【责任构成】

【案情简介及争议焦点】

2010年11月,刘某驾驶挂靠运输公司并在人保公司投保交强险的车辆,碰撞因故停在路边的何某驾驶的车辆,后车又与因爆胎停在车道上的由装潢厂职工阮某驾驶的并在财保公司投保交强险的车辆碰撞,造成何某受伤,何某车上的贾某死亡。交警认定刘某、阮某分负主、次责任,何某无责。经鉴定,贾某死亡原因符合冠状动脉严重缺血缺氧引起的心功能衰竭的特征,交通事故系诱发促进因素,在贾某死亡结果中的参与度为25%左右。

争议焦点:1.交强险责任确定是否应考虑损伤参与度?2.侵权责任赔偿如何确定?

【裁判要点】

1. 交强险赔付不考虑损伤参与度。 交强险责任是一种法定赔偿责任,其范围、标准、免责事由等均由法律予以强制性规定。在交通事故造成第三者人身伤亡的情况下,保险公司的免责事由仅限于《交强险条例》第21条第2款规定的交通事故的损失时受害人故意造成的情形。保险公司以损伤参与度作为减轻或免除其交强险责任的抗辩理由,不予支持。故本案人保公司和财保公司应分别在交强险限额内赔偿。

2. 侵权责任赔偿应考虑因果关系。 本案交通事故已经交警部门认定,超过交强险限额赔偿的部分,应考虑交通事故与贾某死亡之间的因果关系,由装潢厂、刘某、运输公司按各自的过错比例赔偿,即超过交强险限额赔偿部分的25%,由装潢厂赔偿30%,刘某和运输公司连带赔偿70%。

【裁判依据或参考】

1. 法律规定。《民法典》(2021年1月1日)第1168条:"二人以上共同实施侵权行为,造成他人损害的,应当承担连带责任。"第1170条:"二人以上实施危及他人人身、财产安全的行为,其中一人或者数人的行为造成他人损害,能够确定具体侵权人的,由侵权人承担责任;不能确定具体侵权人的,行为人承担连带责任。"第1171条:"二人以上分别实施侵权行为造成同一损害,每个人的侵权行为都足以造成全部损害的,行为人承担连带责任。"第1172条:"二人以上分别实施侵权行为造成同一损害,能够确定责任大小的,各自承担相应的责任;难以确定责任大小的,平均承担责任。"《侵权责任法》(2010年7月1日,2021年1月1日废止)第12条:"二人以上分别实施侵权行为造成同一损害,能够确定责任大小的,各自承担相应的责任;难以确定责任大小的,平均承担赔偿责任。"第54条:"患者在诊疗活动中受到损害,医疗机构及其医务人员有过错的,由医疗机构承担赔偿责任。"第55条:"医务人员在诊疗活动中应当向患者说明病情和医疗措施。需要实施手术、特殊检查、特殊治疗的,医务人员应当及时向患者说明医疗风险、替代医疗方案等情况,并取得其书面同意;不宜向患者说明的,应当向患者的近亲属说明,并取得其书面同意。医务人员未尽到前款义务,造成患者损害的,医疗机构应当承担赔偿责任。"第57条:"医务人员在诊疗活动中未尽到与当时的医疗水平相应的诊疗义务,造成患者损害的,医疗机构应当承担赔偿责任。"

2. 司法解释。最高人民法院、最高人民检察院、公安部、国家安全部、司法部《关于发布〈人体损伤致残程度分级〉的公告》(2016年4月18日发布,2017年1月1日起施行)第4条:"……伤病关系处理。当损伤与原有伤、病共存时,应分析损伤与残疾后果之间的因果关系。根据损伤在残疾后果中的作用力大小确定因果关系的不同形式,可依次分别表述为:完全作用、主要作用、同等作用、次要作用、轻微作用、没有作用。除损伤'没有作用'以外,均应按照实际残情鉴定致残程度等级,同时说明损伤与残疾后果之间的因果关系;判定损伤'没有作用'的,不应进行致残程度鉴定。"最高人民法院《关于审理人身损害赔偿案件适用法律若干问题的解释》(2004年5月1日 法释〔2003〕20号,2020年修正,2021年1月1日实施)第2条:"赔偿权利人起诉部分共同侵权人的,人民法院应当追加其他共同侵权人作为共同被告。赔偿权利人在诉讼中放弃对部分共同侵权人的诉讼请求的,其他共同侵权人对被放弃诉讼请求的被告应当承担的赔偿份额不承担连带责任。责任范围难以确定的,推定各共同侵权人承担同等责任。人民法院应当将放弃诉讼请求的法律后果告知赔偿权利人,并将放弃诉讼请求的情况在法律文书中叙明。"第6条:"医疗费根据医疗机构出具的医药费、住院费等收款凭证,结合病历和诊断证明等相关证据确定。赔偿义务人对治疗的必要性和合理性有异议的,应当承担相应的举证责任。医疗费的赔偿数额,按照一审法庭辩论终结前实际发生的数额确定。器官功能恢复训练所必要的康复费、适当的整容费以及其他后续治疗费,赔偿权利人可以待实际发生后另行起诉。但根据医疗证明或者鉴定结论确定必然发生的费用,可以与已经发生的医疗费一并予以赔偿。"

3. 部门规范性文件。卫生部《关于印发〈道路交通事故受伤人员临床诊疗指南〉的通知》(2007年5月31日 卫医发〔2007〕175号)第4条:"处置原则和认定只限于对道路交通事故人员创伤及其并发症、合并症的医疗处置,不包括伤者自身的既往伤病和伴发病等的处置。后二者需考虑伤病的参与度,划分为完全、主要、同等、次要、轻微及无因果关系等六个等级。"

4. 地方司法性文件。江西宜春中院《关于印发〈审理机动车交通事故责任纠纷案件的指导意见〉的通知》(2020年9月1日 宜中法〔2020〕34号)第47条:"受害人的体质状况(包括自身疾病)对损害后果的影响不属于可以减轻侵权人责任的法定情形。"广东广州中院、广州市公安局、广州市司法局、中国银行保险监督管理委员会广东监管局《关于印发〈广州市机动车交通事故责任纠纷司法鉴定工作指引〉的通知》(2020年6月8日 穗中法〔2020〕94号)第10条:"受损方应在原发性损伤及与之确有关联的并发症治疗终结或临床治疗效果稳定后进行鉴定。鉴定机构应根据《道路交通事故受伤人员治疗终结时间》(GA/T 1088-2033)的规定衡量评残时机,并在鉴定意见中对此予以说明。"山东德州中院《机动车交通事故责任纠纷案件审判疑难问题解答》(2020年4月)第2条:"伤者患有原发性疾病是否属于可以减轻事故侵权人赔偿责任的法定情形?解答:根据荣某某诉王某、永诚财产保险股份有限公司江阴支公司机动车交通事故责任纠纷案(最高人民法院指导案例24号 最高人民法院审判委员会讨论通过 2014年1月26日发布)确定的裁判要点,交通事故的受害人的体质状况对损害后果的影响,不属于可以减轻侵权人责任的法定情形,侵权人应当承担全部损失的赔偿责任。"辽宁沈阳中院《机动车交通事故责任纠纷案件审判实务问题解答》(2020年3月23日)第7条:"伤者患有原发性疾病是否属于可以减轻事故侵权人赔偿责任的法定情形?解答:交通事故的受害人的体质状况对损害后果的影响,不属于可以减轻侵权人责任的法定情形,侵权人应当承担全部损失的赔偿责任。理由:荣某某诉王某、永诚财产保险股份有限公司江阴支公司机动车交通事故责任纠纷案(最高人民法院指导案例24号 最高人民法院审判委员会讨论通过 2014年1月26日发布)裁判要点:虽然荣某某的个人体质状况对损害后果的发生具有一定的影响,但这不是《中华人民共和国侵权责任法》等法律规定的过错,荣某某不应因个人体质状况对交通事故导致的伤残存在一定影响而自负相应责任,原审判决以伤残等级鉴定结论中将荣某某个人体质状况'损伤参与度评定为75%'为由,在计算残疾赔偿金时作相应扣减属适用法律错误,应予纠正。我国交强险立法并未规定在确定交强险责任时应依据受害人体质状况对损害后果的影响作相应扣减,保险公司的免责事由也仅限于受害人故意造成交通事故的情形,即便是投保机动车无责,保险公司也应在交强险无责限额内予以赔偿。因此,对于受害人符合法律规定的赔偿项目和标准的损失,均属交强险的赔偿范围,参照'损伤参与度'确定损害赔偿责任和交强险责任均没有法律依据。"湖南高院《关于印发〈审理道路交通事故损害赔偿纠纷案件的裁判指引(试行)〉的通知》(2019年11月7日 湘高法〔2019〕29号)第17条:"交通事故受害人的体质状况不属于可以减轻侵权人责任的情形。"四川高院《关于印发〈四川省高级人民法院机动车交通事故责任纠纷案件审理指南〉的通知》(2019年9月20日 川高法〔2019〕215号)第41条:"【交通事故损伤参与度】交通事故损伤参与度仅在交强险以外的侵权责任中予以考虑。鉴定意见仅为认定交通事故损伤参与度的参考因素。受害人体质状况对损害后果的影响不属于可以减轻侵权人责任的法定情形。"湖北鄂州中院《关于审理机动车交通事故责任纠纷案件的指导意见》(2018年7月6日)第1条:"医疗费根据医疗机构出具的医药费、住院费等收款凭证,结合病历和诊断证明等相关证据,按照一审法庭辩论终结前实际发生的数额确定。赔偿义务人对治疗的必要性和合理性有异议的,应当承担相应的举证责任。赔偿义务人主张受害人存在'挂床住院'情形,要求扣减相应费用的,应提供相应证据予以证明。受害人已通过基本医疗保险报销部分医疗费用,但仍主张全部医疗费用的,对已报销部分不予支持。受害人已通过商业医疗保险获得赔偿的,不影响对赔偿义务人主张损失。赔偿义务人主张受害人的医疗费系治疗自身原有疾病或与本次交通事故无因果关系的,应提供证据证明。提供的证据能够证明受害人的部分医疗费用与交通事故不存在因果关系的,该部分费用应从赔偿数额中剔除。受害人原有疾病或其他缺陷,导致交通事故损害后果加重的,人民法院对于其自身疾病或缺陷对后果的参与度不作评定。"山东济南中院《关于保险合同纠纷案件94个法律适用疑难问题解析》(2018年7月)第37条:"个人体质特殊不属于减轻侵权人责任的情形即损伤参与度不等同于过错责任。《中华人民共和国侵权责任法》第二十六条规定:'被侵权人对损害的发生也有过错的,可以减轻侵权人的责任。'道交法第七十六条第一款第(二)项规定:'机动车与非机动车驾驶人、行人之间发生交通事故,非机动车驾驶人、行人没有过错的,由机动车一方承担赔偿责任;有证据证明非机动车驾驶人、行人有过错的,根据过错程度适当减轻机动车一方的赔偿责任。'因此,交通事故中在计算残疾赔偿金是否应当扣减时应当根据受害人对损失的发生或扩大是否存在过错进行分析。虽然个人体质状况对损害后果的发生具有一定的影响,但这不是侵权责任法等法律规定的过错,不应因个人体质状况对交通事故导致的伤残存在一定影响而自负相应责任。虽然受害人年事已高,但其年老骨质疏松仅是事故造成后果的客观因素,并无法律上的因果关系。因此,受害人对于损害的发生或者扩大没有过错,不存在减轻或者免除加害人赔偿责任的法定情形。"山东日照中院《机动车交通事故责任纠纷赔偿标准参考意见》(2018年5月

22日)第13条:"治疗费用与损害后果有无因果关系的审查。交通事故的受害人没有过错,其体质状况对损害后果的影响不属于可以减轻侵权人责任的法定情形,人民法院参照'损伤参与度'确定损害赔偿责任和交强险责任没有法律依据。受害人在治疗因交通事故造成损害的同时,还治疗高血压、糖尿病、腰椎间盘突出等疾病的,由受害人提供药品及费用清单,保险人、侵权人对不属于赔偿范围的费用及治疗的合理性、必要性承担举证责任。如果上述费用为治疗伤情所必需的辅助性治疗或者属于伤情并发症、伤情加重了原有疾病等,则属于赔偿范围的费用。如果与治疗伤情无任何联系,则应当予以剔除,由受害人自行负担。"陕西榆林中院《人身损害赔偿标准调研座谈会会议纪要》(2018年1月3日)第1条:"医疗费。问题:……3.交通事故诱发的疾病的治疗……针对问题3,在确定是否应当赔偿时,应当按照因果关系联系中的实际情况确定,即按照原因力的大小确定,原因力的大小需要参考鉴定意见……"安徽淮北中院《关于审理道路交通事故损害赔偿案件若干问题的会议纪要》(2018年)第3条:"其他需要规范的法律问题……(五)受害人特殊体质对赔偿的影响。一般受害人自身健康状况属于人体自身老化或特殊体质的,不应减轻侵权人的责任。受害人在交通事故发生前患有的疾病或伤残明显加重其损害后果的,对超出交强险的部分,保险公司或侵权人主张减轻责任的,在查明受害人自身疾病对损害后果的参与度后,可以酌情减轻侵权人的责任。"广东惠州中院《关于审理机动车交通事故责任纠纷案件的裁判指引》(2017年12月16日)第48条:"受害人原有疾病或其他缺陷,因受到交通事故伤害致后果严重的,人民法院对于其自身疾病或缺陷对后果的参与度不作评定。但有证据证明受害人的部分医疗费用与交通事故不存在因果关系的,该部分费用可从赔偿数额中剔除。"海南海口中院《印发〈关于审理海口市道路交通事故人身损害赔偿案件若干问题的意见(试行)〉的通知》(2017年8月16日 海中法发〔2017〕78号)第2条:"……原有损伤或者疾病直接导致伤残的不予赔付,本次事故损伤与原有损伤或者疾病合并导致伤残的,根据司法鉴定确认的参与程度对应比例计算。"北京三中院《类型化案件审判指引:机动车交通事故责任纠纷类审判指引》(2017年3月28日)第2-3.3.1.1部分"医疗费——常见问题解答"第1条:"对于受害人已支出医疗费用,被告提出合理性及必要性抗辩,应如何分配举证责任?如受害人年老体弱,或患有慢性疾病,在交通事故发生后,其所产生医疗费用在包含治疗外伤费用外,往往包含治疗其他病症的费用。也有部分受害人病情较轻,但在受伤后没有必要住院,拒不出院或自行转院。被告往往对受害人所支出医疗费等费用不予认可。根据《人身损害赔偿解释》第十九条第一款规定,医疗费根据医疗机构出具的医疗费、住院费等收款凭证,结合病历和诊断证明等相关证据确定。赔偿义务人对治疗的必要性和合理性有异议的,应当承担相应的举证责任,所以应由赔偿义务人负举证责任,由其提供相应证据,或提出治疗费用的合理性、必要性的鉴定申请,并承担不能作出鉴定意见时的不利后果,法院不主动审查。但是,对于明显不合理费用,可以依法剔除。例如,受害人仅是轻微腿外伤,其在受伤数月后为购买感冒药支出相应费用,如果被告未出庭抗辩,法官也应要求原告说明其关联性,并可依法扣除。"江西景德镇中院《关于印发〈关于审理人身损害赔偿案件若干问题的指导意见〉的通知》(2017年3月1日 景中法〔2017〕11号)第1条:"'三期'鉴定意见的认定。(一)一般情况下,不采信'三期'鉴定意见。对误工期、营养期、护理期的认定,按照受害人伤情和住院治疗情况并结合医疗机构的意见确定。(二)下列情况下,法院可结合案情并参照'三期'鉴定意见合理确定误工期、营养期、护理期:(1)住院天数与伤情明显不符;(2)存在挂床行为;(3)其他特殊情形。"第2条:"司法鉴定意见系民事诉讼证据之一,对于司法鉴定机构依法作出的过错参与度比例鉴定意见,如诉讼双方均不持异议,可直接适用;若有一方提出异议,但该异议不成立的,可直接适用鉴定意见;若异议成立的,可告知其申请重新鉴定,不申请的,可将鉴定意见作为认定案件事实、计算相关赔偿的参考,并根据案件情况酌情加以调整,但不能出现颠覆性调整,有相反证据足以推翻的情况除外。"第3条:"重新鉴定责任的认定。在诉讼过程中被告方申请重新鉴定,法院经审查认为符合鉴定条件而原告方不同意重新鉴定的,则应通过笔录等形式明确告知原告方不重新鉴定应承担的法律后果,如原告方坚持不同意重新鉴定,则对与鉴定有关的诉讼主张不予支持。对于鉴定意见直接涉及认定受害人伤情与侵权行为之间是否存在因果关系的,可驳回原告方的诉讼请求。如果原告方在诉讼过程中申请重新鉴定,被告方不同意的,也应通过笔录等形式明确告知被告方不重新鉴定的法律后果。"天津高院《关于印发〈机动车交通事故责任纠纷案件审理指南〉的通知》(2017年1月20日 津高法〔2017〕14号)第7条:"……交通事故受害人的体质状况不属于可以减轻侵权人责任的过错。"湖北汉江中院民一庭《关于审理交通事故损害赔偿案件疑难问题的解答》(2014年9月5日)第14条:"问:交通事故不是造成死亡的唯一原因,损伤参与度如何认定?答:负有举证责任的一方,对损伤参与度进行因果关系、过错程度进行举证。建议以鉴定意见为准,若无,可自由裁量。"湖南长沙中院民一庭《关于长沙市法院机动车交通事故责任纠纷案件审判疑难问题座谈会纪要》(2014年7月23日)第3条:"机动车交通事故案件中,个人体质状况的损伤参与度问题怎么处理?机动车交通事故案件中,不考虑个人体质状况的损伤参与度。虽然个人体质状况对损害后果的发生具有一定的影响,但这不是法律规定的过错,其体质状况对损害后果的影响不属于《中华人民共和国侵权责任法》第二十六条、《中华人民共和国道路交通安全法》第七十六条第一款第(二)项规定可以减轻侵权人责任的法定情形。对于受害人符合法律规定的赔偿项目和标准的损失,均属交强险的赔偿范围,参照损伤参与度确定损害赔偿责任和交强险责任均没有法律依据。因此,机动车交通事故案件中不考虑个人体质状况的损伤参与度,其他类型案件(比如医疗损害责任纠纷)中的损伤参与度问题不宜扩大适用该精神。"安徽淮南中院《关于审理机动车交通事故责任纠纷案件若干问题的指导意见》(2014年4月24日)第4条:"机动车发生交通事故致人损害,机动车投保的保险公司申请对交通事故损伤参与度进行鉴定的,人民法院不予准许。"第41条:"多辆机动车发生交通事故致人损害,赔偿权利人请求未投保交强险的无责机动车方在交强险范围内承担10%无责赔偿责任的,按照下列情形处理:(一)有责机动车投保的交强险或商业险应赔付限额足以赔偿受害人损失的,由相关保险公司承担赔偿责任;(二)有责机动车未投保或保险公司应赔付数额不足以赔偿受害人损失的,人民法院对无责赔偿的请求予以支持。"第33条:"受害人因交通事故住院,同时患有疾病,需对交通事故引起的伤害和疾病同时进行治疗的,应视交通事故对疾病的发作是否存在引发、促进等方面的作用,确定是否将治疗疾病的费用计入责任人应承担的医疗费。"浙江高院民一庭《民事审判法律适用疑难问题解答》(2013年第17期):"……问:人身损害赔偿纠纷案件中,因受害人的特殊体质,客观上加大了侵权行为的损害后果的,赔偿义务人能否据此请求减轻赔偿责任?答:具有特殊体质(包括身体型和精神型特殊体质,以及先天遗传或后天衰老、患病型体质)的受害人遭受侵害的,赔偿义务人原则上应对受害人所遭受的全部损害承担赔偿责任。赔偿义务人以受害人所遭受的损害系其自身特殊体质诱发为由进行抗辩的,一般不予支持,但损害后果超出正常情形下可预期范围且侵权人不存在故意或者重大过失的,可综合考量侵权人过错程度、侵害的手段、行为方式等具体情节、侵权行为通常所可能造成的后果与实际损害后果之间的差距、侵权人承担责任的经济能力等因素适当减轻赔偿义务人的责任。"浙江宁波中院《关于印发〈审理机动车交通事故责任纠纷案件疑难问题解答〉的通知》(2012年7月5日 甬中法〔2012〕24号)第3条:"受害人在交通事故中受伤致残或死亡,经鉴定造成其损害结果的原因,其自身疾病系诱发因素,是否可减轻保险公司的交强险赔偿责任?答:受害人因交通事故造成伤残或死亡的损害结果虽有其自身疾病的原因,但因交强险系为保护受害人的利益而设置的强制性责任保险,故保险公司仍应在交强险限额范围内赔偿。"广东高院《关于人民法院委托医疗损害鉴定若干问题的意见(试行)》(2011年11月17日 粤高法发〔2011〕56号)第17条:"医疗过错行为通常情况下会导致损害后果的,应认定医疗过错行为与损害后果具有因果关系。医疗过错行为在损害后果中的原因力大小可分为:(一)全部因素,指损害后果完全由医疗过错行为造成,参与度为91%~100%;(二)主要因素,指损害后果主要由医疗过错行为造成,其他因素起次要作用,参与度为61%~90%;(三)同等因素,指损害后果由医疗过错行为和其他因素共同造成,参与度为41%~60%;(四)次要因素,指损害后果主要由其他因素造成,医疗过错行为起次要作用,参与度为21%~40%;(五)轻微因素,指损害后果绝大部分由其他因素造成,医疗过错行为起轻微作用,参与度为1%~20%;(六)无因果关系,指损害后果全部由其他因素造成,参与度为0。"第24条:"人民法院应根据医疗机构的过错大小、医疗过错行为对损害后果的原因力以及损害后果确定医疗机构的赔偿责任。"北京高院《关于印发〈关于审理人身伤害赔偿案件若干问题的处理意见〉的通知》(2000年7月11日)第7条:"因侵害引起受害人其他疾病复发或诱发其他疾病的,应根据侵害行为与后果之间的因果关系等具体情况确定是否应当承担赔偿责任。对于因果关系难以确定的,应经有关专业部门鉴定。"

5. 地方规范性文件。广东省司法鉴定协会《关于发布〈法医临床鉴定行业指引〉的通知》(2015年1月1日 粤鉴协〔2014〕12号)第4条:"……在伤残等级鉴定中,损伤与疾病关系分析与处理原则。伤残等级鉴定经常涉及损伤与疾病关系评定,最常见的是伤者在原有伤(病)的基础上再次受到致伤因素的作用,造成已有伤(病)的组织器官再次损伤。应当首先进行伤残等级评定,然后再进行伤病关系的分析,并在分析说明中提供具体的损伤参与度。在致伤因素导致现存损伤或伤残后果中,存在以下几种情形的伤病关系:(1)单纯由疾病引起,与损伤无关(参与度0%);(2)以疾病为主,损伤为诱因(参与度1%—20%);(3)以疾病为主,损伤为辅因(参与度21%—40%);(4)伤病处于'临界型'关系,包括损伤与疾病并存、两者兼而有之、作用基本相等、独自存在不可能造成后果(参与度41%—60%);(5)以损伤为主,疾病为辅因(参与度61%—90%);(6)单纯由损伤引起,与疾病无关(参与度91%—100%)。"第5条:"在损伤和伤残程度鉴定中涉及因果关系的分析。在实际鉴定中,现存损害后果(损伤或伤残)与致伤因素之间的因果关系可能存在多种情形,包括一因一果、多因多果、一因多果及多因一果。在鉴定项目委托与分析说明中,应分别予以说明。根据致伤因素在损害后果中的原因力大小,将现存损害后果与致伤因素之间的因果关系分为:(1)全部因果关系:又称直接因果关系,指损害后果完全由致伤因素造成,参与度为91%—100%;(2)主要因果关系:指损害后果主要由致伤因素造成,其他因素起次要作用,参与度为61%—90%;(3)同等因果关系:指损害后果由致伤因素和其他因素共同造成,参与度为41%—60%;(4)次要因果关系:指损害后果主要由其他因素造成,致伤因素起次要作用,参与度为21%—40%;(5)轻微因果关系:指损害后果绝大部分由其他因素造成,致伤因素起轻微作用,参与度为1%—20%;(6)无因果关系:指损害后果全部由其他因素造成,参与度为0%。"北京市司法鉴定业协会《关于印发〈人身损害受伤人员误工期、营养期、护理期评定准则(试行)〉的通知》(2011年3月1日)第2条:

"人身损害受伤人员误工期、营养期和护理期的确定应以原发性损伤及后果为依据,包括损伤当时的伤情、损伤后的并发症和后遗症等,并结合治疗方法及效果,全面分析个案的年龄、体质等因素,进行综合评定。"附录:"……'根据临床治疗情况确定'是指由于原发损伤较重,被鉴定人的伤情预后变化很大,或者出现严重感染、并发症、合并症等情况,不能单纯根据损伤就能确定预后恢复的情况,需要结合临床治疗情况予以明确;'根据临床治疗恢复情况确定者','三期'最长至评残日前一日。"浙江省司法厅《浙江省第二届法医临床鉴定业务研讨会会议纪要》(2009年9月29日　浙司办〔2009〕71号)第2条:"医疗费合理性评定,是指对被鉴定人伤后医疗过程中已发生的医疗措施是否符合医疗技术操作常规治疗原则作出的分析判断。医疗费是否合理,应从以下方面分析评定:(1)确定人体损伤是否客观存在;(2)甄别伤前有否疾病存在;(3)明确伤病之间的因果关系;(4)根据损伤与疾病的情况,作出在治疗过程中损伤参与度的评价;(5)是否存在超范围、超时间、超剂量等滥用医疗措施的情况。在上述分析基础上,根据医疗技术操作常规,评定已发生的诊察、检查、检验、中西药物、手术治疗、理疗、护理、治疗等医疗措施的合理性。医疗费合理性评定不使用裁判性语言,不计算具体金额,不对床位、空调、陪客等产生的费用进行评定。"

6. 最高人民法院审判业务意见。●交通事故被害人因其他病因死亡,判决赔偿的标准应以死亡补偿标准还是以伤残补偿标准？最高人民法院民一庭《民事审判实务问答》编写组:"这种情况下,关键要看被害人这种致死的疾病,是否与交通事故有内在联系,是否因交通事故而诱发的,如果存在因果关联,则判决赔偿的标准应以死亡补偿标准计算,如果不是,则应以交通事故造成的损害后果来计算赔偿额,被害人后因病死亡与事故损害赔偿计赔无关。"○交通事故受害人起诉时尚未评残,对其残疾赔偿金的赔偿请求如何处理？最高人民法院民一庭《民事审判实务问答》编写组:"受害人的残疾赔偿金原则上根据受害人丧失劳动能力程度或者伤残等级确定,而对劳动能力减少的程度,通常由鉴定机构鉴定。因此,对当事人在案件审理阶段医疗终结,符合评残条件但尚未评残的,当事人能举证证明伤残是交通事故造成的,人民法院可根据当事人的请求委托有关机构进行评定确定伤残等级,并根据上述规定计算相应的残疾赔偿金。如当事人造成伤残与道路交通损害无因果关系的,驳回当事人有关残疾赔偿金的诉讼请求。"

7. 参考案例。①2014年河南某交通事故纠纷案,2013年,肖某驾车撞倒楚某,交警认定肖某全责。两个半月后,住院治疗的楚某死亡,死因:车祸外伤引起脑梗死,脑梗死引起呼吸循环衰竭死亡。司法鉴定意见书认为:交通事故外伤是引起楚某死亡主要原因,参与度约占75%。交强险保险公司认为保险赔付应考虑损伤参与度。法院认为:公民人身健康权受法律保护,本次交通事故引发,是肖某驾驶小型普通客车向后倒车时,违反交通法规、未尽安全注意义务碰撞行人所致,本次事故交警部门已作出交通事故责任认定书,认定肖某对此事故负全责,楚某无责。肇事车辆在保险公司投保有交强险,事故发生在该保险合同期限内,故保险公司应在保险范围内赔付原告,超出部分根据肖某在事故中的责任大小按比例赔偿。本起交通事故造成的损害后果系受害人楚某被机动车碰撞、跌倒发生骨折所致,受害人在事故中无责任,对于事故发生及损害后果造成均无过错;虽然受害人年事已高,但其身体原因仅是事故造成后果的客观因素,并无法律上因果关系,故楚某对于损害后果发生或扩大无过错,不存在减轻或免除加害人赔偿责任的法定情形。依《道路交通安全法》有关规定,机动车发生交通事故造成人身伤亡、财产损失的,由保险公司在机动车第三者责任强制保险限额内赔偿。我国交强险立法并未规定在确定交强险责任时应依据受害人体质状况对受害后果影响做相应扣减,保险公司免责事由亦仅限于受害人故意造成交通事故情形,即便是投保机动车无责,保险公司亦应在无责限额内予以赔偿,故对于受害人符合法律规定的赔偿项目和标准的损失,均属交强险赔偿范围,参照"损伤参与度"确定损害赔偿责任和交强险责任无相关法律根据,故不应将参与度作为计算赔偿数额依据。原告各项损失,扣除交强险应承担的 12.2 万元后,余下 3937.45 元应由肖某承担。②2013 年**江苏某交通事故纠纷案**,2012 年,王某驾车碰擦过人行横道的老年人荣某,交警认定王某全责。交强险保险公司以鉴定意见中载明"损伤参与度评定为 75%,其个人体质的因素占 25%"辩称确定残疾赔偿金应乘以损伤参与度系数 0.75。法院认为:《侵权责任法》第 26 条规定:"被侵权人对损害的发生也有过错的,可以减轻侵权人的责任。"《道路交通安全法》第 76 条第 1 款第 2 项规定,机动车与非机动车驾驶人、行人之间发生交通事故,非机动车驾驶人、行人没有过错的,由机动车一方承担赔偿责任;有证据证明非机动车驾驶人、行人有过错的,根据过错程度适当减轻机动车一方的赔偿责任。故交通事故中在计算残疾赔偿金应否扣减时应根据受害人对损失发生或扩大是否存在过错进行分析。本案中,虽然荣某个人体质状况对损害后果发生具有一定影响,但此非《侵权责任法》等法律规定的过错,荣某不应因个人体质状况对交通事故导致的伤残存在一定影响而自负相应责任。从交通事故受害人发生损伤及造成损害后果因果关系看,本起交通事故引发系肇事者王某驾驶机动车穿越人行横道线时,未尽安全注意义务碰擦行人荣某所致;本起交通事故造成的损害后果系受害人荣某被机动车碰撞、跌倒发生骨折所致,事故责任认定荣某对本起事故不负责任,其对事故发生及损害后果造成均无过错。虽然荣某年事已高,但其年老骨质疏松仅系事故造成后果的客观因素,并无法律上的因果关系。故荣某对于损害发生或扩大没有过错,不存在减轻或免除加害人赔偿责任法定情形。同时,机动车应遵守文明行车、礼让行人的一般交通规则和社会公德。本案所涉事故发生在人行横道线上,正常行走的荣某对将被机动车碰撞这一事件无法预见,而王某驾驶机动车在路经人行横道线时未依法减速慢行、避让行人,导致事故发生。故依法应由机动车一方承担事故引发的全部赔偿责任。依《道路交通安全法》相关规定,机动车发生交通事故造成人身伤亡、财产损失的,由保险公司在机动车第三者责任强制保险责任限额范围内予以赔偿。而我国交强险立法并未规定在确定交强险责任时应依据受害人体质状况对损害后果的影响作相应扣减,保险公司免责事由亦仅限于受害人故意造成交通事故情形,即便是投保机动车无责,保险公司亦应在交强险无责限额内予以赔偿。故对于受害人符合法律规定的赔偿项目和标准的损失,均属交强险赔偿范围,参照"损伤参与度"确定损害赔偿责任和交强险责任均无法律依据。③2012年天津某交通事故纠纷案,2012年,73岁的张某被王某机动车碰撞,交警认定王某全责。张某后被送医院医治无效死亡。张某近亲属起诉王某及其投保交强险的保险公司,要求赔偿各项损失。法院认为:张某死亡结果是交通事故致伤和其自身病变共同作用的结果,根据张某住院病案记载可确认其在事故发生前就存在多种疾病,且司法鉴定意见已在分析中作出明确意见,故张某死亡后果是交通事故和其自身原有疾病相结合而造成,且交通事故因素所占比例较小。张某在事故发生前,虽患有多种疾病,但在事故发生前其可骑三轮车独自出行,表明此病情并不影响其正常生活,更不会因此引发住院、护理等情况出现。张某自事故发生日至死亡23天内连续3次住院治疗,完全系交通事故所引发,故因住院而直接支出的医疗费、住院伙食补助费、护理费、交通费、鉴定费应由侵权方承担,而不应考虑事故损伤参与度。对于死亡赔偿金和精神损害抚慰金等非直接性财产损失,应考虑事故参与度予以赔偿:因残疾赔偿金是对受害人今后预期收入减少的一种补偿,精神损害抚慰金是指受害人死亡后对其近亲属精神上的一种慰藉,而本案中张某死亡结果是交通事故和其自身原有疾病相结合而造成,如不考虑事故参与度,由侵权人全额赔偿残疾赔偿金、精神损害抚慰金,有失公平,故在计算上述两项费用时应乘以20%事故损伤参与度。《道路交通安全法》第76条规定:机动车发生交通事故造成人身伤亡、财产损失的,由保险公司在机动车第三者责任强制保险责任限额范围内予以赔偿,不足部分,非机动车驾驶人没有过错的,由机动车一方承担赔偿责任,故原告因本次事故产生的合理损失应由保险公司在交强险医疗及死亡伤残限额内先行承担赔偿责任,原告损失超出交强险医疗及死亡伤残限额部分,应由王某承担因交通事故引起的直接财产损失的全额赔偿责任,并按20%事故损伤参与度比例承担非直接财产损失赔偿责任。④2012年江苏某交通事故纠纷案,2011年,69周岁的行人杨某被高某所驾车辆碰撞受伤。交警认定高某、杨某分负主、次责任。2012年,杨某不堪忍受长期卧床折磨而服药自杀身亡。法院认为:因高某负事故主要责任,故对超出交强险赔偿限额及不属交强险赔偿范围损失,应由高某赔偿,但因杨某负事故次要责任,故可减轻高某赔偿责任。因高某系机动车驾驶人,杨某系行人,考虑事故双方对事故发生控制能力及所负注意义务不同,减轻幅度以20%为宜。民法上引起损害后果的原因可分为直接原因和间接原因,其均应纳入民事损害赔偿范畴内考量,但间接原因致损害结果发生的原因力较弱。综合考虑本案因素,交通事故对杨某死亡结果原因力比例以15%为宜,故死亡赔偿金按15%;根据高某过错程度、杨某自杀死亡事实以及交通事故对杨某死亡结果的原因力比例等因素,酌情支持原告精神损害抚慰金8000元。判决保险公司赔偿原告7万余元、高某赔偿2万余元。⑤2011年**江苏某保险合同纠纷案**,2009年,塑业公司货车与杨某相撞,后杨某身体偏瘫构成二级伤残。经法院调解,塑业公司同意在交强险之外赔偿杨某36.5万元并实际支付6万余元。司法鉴定意见认为交通事故作为杨某病情诱发因素所起作用为25%左右。保险公司据此提出比例赔付。法院认为:本案交通事故造成杨某伤害后果与杨某患有风湿性心脏病本身可能引发的伤害后果临床主要症状相似,即表现为脑梗死。对此,应首先判断保险事故与保险标的损失之间的因果关系,从而确定保险赔偿责任。本案中,发生交通事故时,杨某本人身体外观表征同于常人,尚自主骑电动自行车出行。杨某亦述称此前虽曾检查出患有风湿性心脏病,但并未形成血栓,亦无须治疗,医生告知可正常上班。保险公司亦无证据证明杨某因患风湿性心脏病而有前述症状。此种情形与其因交通事故致头部外伤入院治疗,直至最终右侧肢体偏瘫及颅脑外伤致轻度(偏轻)智能损伤后果相去甚远。如不发生本案交通事故,杨某即便患有风湿性心脏病,只要其病症不发生突变,其亦可正常生活。根据司法鉴定意见,可认定交通事故与杨某偏瘫及颅脑损伤之间存在因果关系。至于鉴定意见认为交通事故作为杨某病情诱发因素所起作用为25%左右,是基于人身体所受伤害的病理上的因果关系,此种医学方面的因果关系应区别于保险法律上的责任因果关系。换言之,若无本起交通事故损害,杨某则不会出现颅脑损伤、右侧偏瘫及智力损伤。另外,即便第三人杨某患有风湿性心脏病,如不遭受强烈外力作用,亦不会产生目前严重损害后果。从本次交通事故所造成杨某颅脑外伤致轻度(偏轻)智能损伤且构成9级伤残的事实,及杨某因交通事故入院治疗时,头部外伤神志不清长达4小时,且住院治疗时间长达43天之久判断,交通事故无疑是造成其身体伤害直接的、支配性原因。故本案中交通事故构成损失"原因",保险公司应负赔偿责任。按事故责任比例和扣除交强险所应承担份额后,塑业公司应承担损失数额为36.5万元,保险公司应在此数额范围内给付保险金。因依调解书,塑业公司仅给付杨某部分赔偿款,尚欠29万余元,故判决保险公司给付塑业公司6万余元,给付杨某29万余元。⑥2011年**江苏某连环追尾案**,2011年4月,许某驾(甲)车、与左某驾驶的(乙)车、王某驾驶的(丙)车、朱某驾驶的(丁)车、胡某驾驶的(戊)车发生连环追尾事故,导致丙车上70岁的乘员姜某死亡。法院认为:姜某在本次交通事故中当场死亡,应认定追尾事故是导致其死亡的原因或原因之一;退而言之,交通事故的发生也是导致姜某死亡不可或缺的条件。事发后,交通队委托司法鉴定所对姜某尸体进行了检验,姜某家属在其已经不幸死亡的情形下因不愿意破坏其遗体而未同意进行尸体解剖,属人之常情。本案审理中,<u>原告也提供了姜某生前近期的健康体检表,证明姜某生前并无重大疾病,故姜某之死与交通事故之间存在因果关系</u>。对于原告损失,应由责任人赔偿。机动车之间发生交通事故造成损害后果的,其归责原则为过错责任原则。根据现场勘查笔录、事故现场图、事故照片,后四车在当时并未保持安全车距,最终导致连环追尾事故。根据现有证据,不能说明甲车存在过错,故甲车及其保险公司无须承担赔偿责任;乙车对丙车与其相撞没有过错,但与受害人死亡存在联系,故乙车保险公司应在交强险无责任赔偿限额内承担赔偿责任。本案受害人死亡后果系由短时间内多次撞击所导致,即丙车撞击乙车、丁车撞击丙车、戊车撞击丁车导致再次撞击丙车,故丁车保险公司、戊车保险公司均应在交强险赔偿限额内承担赔偿责任。对于超出交强险赔偿限额的原告损失,根据丙、丁、戊三车驾驶人行为与损害后果之间的原因力比例,酌定各负35%、50%、15%责任。故判决:原告损失34万余元,由丙、丁车保险公司在交强险范围内共计赔偿22万元,由乙车在交强险无责任死亡伤残赔偿限额内赔偿1.1万元;不足赔偿部分11万余元,由王某(丙车)赔偿4万余元(35%)、朱某(丁车)赔偿5万余元(50%)、胡某(戊车)赔偿1万余元(15%);原告要求精神损害抚慰金优先在交强险范围内赔付,应予支持,朱某应承担2.5万元,胡某应承担7500元。⑦2010年**重庆某交通事故损害赔偿案**,2009年12月,王某驾驶车辆撞伤行人罗某,交警认定王某全责。罗某受伤后去医院,经诊断为:腰部及左腕部软组织挫伤;风湿性心脏瓣膜病;二尖瓣关闭不全;腰腹部闭合性损伤。王某及保险公司认为应对罗某治疗费用的合理性进行审查,鉴定机构审查意见书认定罗某在医院诊治处方上与其伤情不符的药品有参松养心胶囊、血塞通、仙灵骨葆等,金额为2500余元。法院认为:<u>虽然罗某提供的医疗费中有2500余元的用药与其在交通事故中造成的外伤不符,但是本次交通事故所造成罗某的外伤可能加重或诱发其心脏病等其他疾病的发生,为防止其心脏病等其他疾病发生而用去的医疗费是罗某的损失,赔偿义务人应予以赔偿</u>,故判决罗某的医疗费(含争议的2500余元)、住院伙食补助费等损失共计7600余元,由保险公司在交强险赔偿限额内赔付。⑧2010年**辽宁某交通事故损害赔偿案**,2008年3月,代某驾驶周某实际经营管理并挂靠出租车公司的出租车,遇倒地的邹某,因采取措施不当,致邹某被碾轧拖拽受伤,交警认定代某全责。2008年4月,第1次诊治,出院小结载明"患者已基本治愈",诉讼期间,因脑出血再次住院;2009年5月,经法医鉴定构成骨折伤残程度10级,同年10月,再次鉴定为头部损伤伤残程度10级,因脑出血致神志不清,四肢瘫痪程度为1级,司法鉴定意见:邹某的"脑出血是在伤后一年多发生,根据脑出血的部位和特点及病志中高血压的诊断,难以判定与本次外伤的确有关系",同时说明"不能完全排除本次颅脑外伤及精神刺激加重原有高血压病及脑血管病变程度的可能";同年12月,邹某在诉讼过程中死亡。法院认为:根据司法鉴定意见书,被告不应对原告的脑出血病症产生的费用承担全部赔偿责任,同时根据鉴定意见的说明,不完全排除此次交通事故诱发原告脑出血病症的可能性,但因代某撞到邹某时,邹某已倒于地,故作为诱因被告应承担的责任较小,应承担40%的赔偿责任比较适宜。邹某死亡后,未做尸检亦未进行抢救,原告未能提供足够的证据证明邹某死亡与本次交通事故有直接的因果关系,故对原告要求赔偿因受害人邹某死亡产生的赔偿费用,没有法律依据,不予支持,判决保险公司在交强险死亡伤残责任限额范围内赔偿原告11万余元,超过责任限额部分的40%共计3.6万余元,由周某赔偿,出租车公司承担连带责任。

【同类案件处理要旨】

交通事故造成了第三者损害,保险公司应对受害人的全部损失在责任限额内承担赔偿责任,而不应考虑损伤参与度确定保险公司的交强险责任。

【相关案件实务要点】

1.**【损伤参与度】**交强险责任系法定赔偿责任,基本功能是保障机动车交通事故受害第三者获得迅速有效的补偿。只要交通事故造成了第三者损害,保险公司就应对受害人的全部损失在责任限额内承担赔偿责任,而不应考虑损伤参与度确定保险公司的交强险责任。案见浙江宁波中院(2012)浙甬民二终字第72号"叶某等诉某保险公司等责任保险合同纠纷案"。

2.**【诱发疾病】**侵权行为与受害人原有疾病被加重或被诱发的危险状态出现之间具有因果关系。为防止受害人原有疾病被诱发或被加重而产生的医疗费用是合理费用,属于受害人的损失,应予赔偿。案见重庆二中院(2010)渝二中法民终字第2072号"罗某诉某保险公司等道路交通事故损害赔偿案"。

3.**【举证责任】**原告不能提供足够证据证明受害人的死亡与交通事故有直接的因果关系,故原告要求事故对方赔偿因受害人死亡产生的赔偿费用不应支持。案见辽宁鞍山铁西区法院(2010)鞍西民二初字第394号"随某诉代某等交通事故损害赔偿案"。

4.**【死因认定】**交通事故中被害人死因无法查明,交警部门对于事故责任未能认定,人民法院应根据相关证据,依法查明案件事实,认定因果关系,落实各方当事人的民事责任。案见江苏苏州平江区法院(2011)平民初字第0429号"姜某等诉徐某等交通事故损害赔偿案"。

【附注】

参考案例索引：浙江宁波中院(2012)浙甬民二终字第72号"叶某等诉某保险公司等责任保险合同纠纷案",判决两保险公司分别在交强险范围内赔偿原告7.8万余元(根据本案原告与另案原告损失之间的比例),其余损失21万余元的25%,由装潢厂赔偿1.5万余元,刘某和运输公司连带赔偿3.7万余元。见《叶宝英、何刚、何萍诉中华联合财产保险股份有限公司宁波分公司等责任保险合同纠纷案》(韩涛),载《人民法院案例选》(201202:215)。①河南南阳宛城区法院(2014)宛民初字第707号"楚某与肖某等交通事故责任纠纷案",见《楚吉明、楚记顺诉肖远峰、孙兴乐、紫金财产保险股份有限公司河南分公司机动车交通事故责任纠纷案——交通事故赔偿责任中"损伤参与度"的影响》(肖新征),载《人民法院案例选》(201603/97:154)。②江苏无锡中院(2013)锡民终字第497号"荣某诉王某等机动车交通事故责任纠纷案",见《荣宝英诉王阳、永诚财产保险股份有限公司江阴支公司机动车交通事故责任纠纷案》,载《最高人民法院关于发布第6批指导性案例的通知》(20140126/6:24);另见《荣宝英诉王阳及保险公司按鉴定部门确定的"损伤参与度"为限赔付不当理赔纠纷案》,载《江苏省高级人民法院公报》(201402/32:66)。③天津北辰区法院(2012)辰民初字第3445号"尚某与王某等机动车交通事故责任纠纷案",见《尚春祥、尚春梅、尚春伟与王红云、王金良、天平汽车保险股份有限公司天津分公司机动车交通事故责任纠纷案(受害人特殊体质、事故参与度、赔偿损失)》(李飞),载《中国审判案例要览》(2013民:292)。④江苏南京玄武区法院(2012)玄锁民初字第756号"齐某与高某等交通事故责任纠纷案",见《齐海云等诉高顺义、平安财保因受害人在交通事故受伤后不堪忍受自杀身亡机动车交通事故责任纠纷案》,载《江苏省高级人民法院公报》(201205/23:37)。⑤江苏宿迁中院(2011)宿中商终字第0207号"某塑业公司与某保险公司等保险合同纠纷案",见《立昌公司诉人保公司按鉴定部门认定事故致残参与度比例为限赔付不当理赔纠纷案》,载《江苏省高级人民法院公报》(201303/27:52)。⑥江苏苏州平江区法院(2011)平民初字第0429号"姜某等诉徐某等交通事故损害赔偿案",见《江锡敏等诉许耀满等高速公路上连环追尾撞击道路交通事故人身损害赔偿纠纷案》(肖明),载《江苏高院公报·参阅案例》(201204:27)。⑦重庆二中院(2010)渝二中法民终字第2072号"罗某诉某保险公司等道路交通事故损害赔偿案",见《侵权行为加重或诱发原有疾病的责任承担——重庆二中院判决罗继秀诉华安保险公司等道路交通事故损害赔偿纠纷案》(向亮),载《人民法院报·案例指导》(20110505:6);另见《罗继秀诉华安财产保险股份有限公司重庆分公司等交通事故人身损害赔偿案》(向亮),载《中国法院 2012 年度案例:道路交通纠纷》(102)。⑧辽宁鞍山铁西区法院(2010)鞍西民二初字第 394 号"随某诉代某等交通事故损害赔偿案",见《随淑云诉代戈等道路交通事故人身损害赔偿案》(王丹),载《中国法院 2012 年度案例:道路交通纠纷》(4)。

参考观点索引:●交通事故被害人因其他病因死亡,判决赔偿的标准应以死亡补偿标准还是以伤残补偿标准?见《道路交通事故赔偿案在审理中,被害人因其他病因死亡,判决赔偿的标准应以死亡补偿标准还是以伤残补偿标准?》,载《民事审判实务问答》(2008:147)。○交通事故受害人起诉时尚未评残,对其残疾赔偿金的赔偿请求如何处理?见《道路交通事故损害赔偿案件中,当事人起诉时尚未评残,对其残疾赔偿金的赔偿请求是驳回还是由人民法院委托评残后判决支持?》,载《民事审判实务问答》(2008:150)。

机动车商业险

91. 保险车辆与保险利益

——投保他人车，保险赔给谁？

【保险利益】

【案情简介及争议焦点】

混凝土公司为自己经营管理，但车主为他人的工程车投保，约定的新车购置价为20万元，车辆损失险保险金额亦为20万元。2005年8月，因驾驶员景某驾驶不慎发生交通事故致保险车辆损坏，交警认定景某负事故全部责任。修理厂估价修理费用为21万余元。保险公司以投保人不具有保险利益而拒赔。

争议焦点：1. 投保人是否具有保险利益？2. 保险公司应否理赔？

【裁判要点】

1. 混凝土公司具有保险利益。 本案投保车辆所有权人虽非投保人混凝土公司，但混凝土公司是保险标的实际使用人，与投保车辆具有利害关系，享有确定的经济利益，故混凝土公司对投保车辆亦具有保险利益，保险合同有效。

2. 保险公司应予给付保险金。 投保车辆发生保险事故后，保险公司应赔付的最高金额为保险金额范围内保险车辆出险时的实际价值，现混凝土公司投保车辆实际价值为20万元，投保金额亦为20万元，且诉讼中双方均确认投保车辆可推定为全损，故混凝土公司主张保险公司赔偿其损失20万元应予支持。

【裁判依据或参考】

1. 法律规定。《保险法（2015年修正）》（2015年4月24日）第12条："财产保险的被保险人在保险事故发生时，对保险标的应当具有保险利益……财产保险是以财产及其有关利益为保险标的的保险。被保险人是指其财产或者人身受保险合同保障，享有保险金请求权的人。投保人可以为被保险人。保险利益是指投保人或者被保险人对保险标的具有的法律上承认的利益。"第48条："保险事故发生时，被保险人对保险标的不具有保险利益的，不得向保险人请求赔偿保险金。"

2. 行政法规。 国务院《机动车交通事故责任强制保险条例》（2013年3月1日修改施行）第42条："本条例下列用语的含义：（一）投保人，是指与保险公司订立机动车交通事故责任强制保险合同,并按照合同负有支付保险费义务的机动车的所有人、管理人。(二)被保险人,是指投保人及其允许的合法驾驶人。"

3. 地方司法性文件。山东高院民二庭《关于审理保险纠纷案件若干问题的解答》(2019年12月31日)第13条:"保险事故发生后,被保险人能否就其不具有保险利益的保险标的损失向保险人主张保险赔偿? 答:财产保险的保险利益是指保险事故发生时,投保人或者被保险人对保险标的具有的法律上承认的利益。在同一保险标的上可能存在不同的保险利益,不同投保人就同一保险标的在保险利益范围内分别投保的,各保险合同均有效。保险事故发生后,被保险人在其保险利益范围内依据保险合同主张保险赔偿的,保险人应当按照约定承担保险责任。保险事故发生时,被保险人对保险标的不具有保险利益的,保险人无需承担保险责任。但是,如果有证据证明保险人订立保险合同时明知投保人对保险利益认识存在错误而不予提示或者对投保人存在欺诈、诱导行为,被保险人要求保险人对其遭受的损失承担相应赔偿责任的,人民法院应予支持。如果投保人也存在过错,应当适当减轻保险人的赔偿责任。"第14条:"机动车向银行抵押贷款后,在保险合同中约定银行为'受益人'是否具有法律效力? 答:此类保险合同中约定的'受益人'或者'第一受益人'实际为保险赔偿金请求权主体,如果不存在其他导致无效的情形,应认定该约定具有法律效力。在发生保险事故导致车辆全损时,受益人有权根据保险合同约定向保险人主张保险赔偿金,除非有证据证明受益人已经同意将索赔权转让给被保险人。但是,如果被保险人有证据证明保险事故发生后受益人不及时向保险人主张理赔,而直接起诉保险人请求赔偿保险金的,人民法院应当通知或者依法追加受益人作为第三人参加诉讼,并在查明贷款偿还情况后作出相应判决。"山东济南中院《关于保险合同纠纷案件94个法律适用疑难问题解析》(2018年7月)第24条:"人民法院应当如何审查财产保险的保险利益。财产保险的保险利益应具备合法性、确定性和可用货币衡量三个条件。财产保险的保险利益可分为财产上的既有利益、基于现有利益而产生的期待利益、责任利益等三类。财产保险上的既有利益是指投保人或被保险人对保险标的所享有的现存利益。既有利益不以所有权利益为限,主要包括:(1)财产所有人对其所有的财产拥有的利益;(2)抵押权人、质权人、留置权人对抵押、出质、留置的财产拥有的利益(但债权人对债务人没有设定抵押权、质押权、留置权的其他财产则不应认定有保险利益);(3)合法占有人对其占有的财产拥有的利益;(4)财产经营管理人对其经营管理的财产拥有的利益。财产保险上的期待利益是指投保人或被保险人对保险标的利益尚未存在,但基于其既有权利预期未来可获得的利益。期待利益必须具有得以实现的法律根据或合同根据。财产保险上的责任利益是指因被保险人依法应承担民事赔偿责任而产生的经济利益。保险法第四十八条规定:'保险事故发生时,被保险人对保标的不具有保险利益的,不得向保险人请求赔偿保险金。'被保险人请求保险人给付保险赔偿金的,应当向人民法院证明自己在保险事故发生时,对保险标的具有保险利益,即其对承保风险导致的损失具有法律所承认的、经济上的利害关系。被保险人不能证明的,人民法院对其保险金给付请求权不予支持。"第 27 条:"非投保人或被保险人以外的车辆实际所有人的诉讼主体资格问题。第一种意见认为,保险车辆实际所有人非投保人或被保险人依据其对该车辆的所有权在保险事故发生后向保险公司提起保险合同之诉,原告主体是否适格(如车辆挂靠)。应当依据保险法和合同法来确定诉讼主体资格。保险法规定有权向保险人主张权利的是投保人或被保险人或受益人(人身保险合同中),并没有赋予实际车主的诉讼权利。依据合同法,实际车主并非保险合同的一方主体,无权依据保险合同主张权利。第二种意见认为,在车辆保险中,因挂靠等原因导致车辆的实际所有人与投保人、被保险人相分离,车辆实际所有人在侵权案件中被法院或交通事故处理机关确定为赔偿义务人的,车辆实际所有人提出要求保险人承担保险责任的,应予支持。因挂靠等原因导致车辆的实际所有人与登记所有人相分离,以登记所有人名义进行了投保,在发生保险事故后,登记所有人怠于主张权利的,车辆实际所有人有权作为原告对保险人提起诉讼。该类案件人民法院可以追加登记所有人为第三人,以查明挂靠及被挂靠方认可实际车主主张权利的事实。(倾向性意见)"第 30 条:"保险标的系被保险人违法取得或保险标的物违法时的保险责任问题。保险事故发生后,如保险标的系被保险人违法取得或保险标的物违法,保险人主张认定被保险人没有保险利益的,人民法院应予支持;如保险标的系被保险人善意取得的财产,被保险人主张认定其具有保险利益的,人民法院应予支持。"第 31 条:"人身保险因不具有保险利益导致保险合同无效的法律后果。保险法第三十一条第三款规定:'订立合同时,投保人对被保险人不具有保险利益的,合同无效。'合同法第五十八条规定:合同无效后,因该合同取得的财产,应当予以返还;不能返还或者没有必要返还的,应当折价补偿。有过错的一方应当赔偿对方因此所受到的损失,双方都有过错的,应当各自承担相应的责任。保险法解释(二)第二条规定:'人身保险中,因投保人对被保险人不具有保险利益导致保险合同无效,投保人主张保险人退还扣减相应手续费后的保险费的,人民法院应予支持。'根据上述法律规定,应注意以下几个问题:第一,正确认定保险费返还的范围。保险合同无效后,保险人应当返还的保险费是保险公司从投保人处收取的全部保险费,而不是投保人的保单现金价值,这是保险合同无效与保险合同解除的重要区别。第二,正确计算应当扣减的手续费。投保人对人身保险合同无效存在过错的,保险人在退还保险费时可以扣除相应的手续费。保险人扣减的手续费应当是合理的,而且只能扣减与投保人过错相对应的手续费。第三,正确认定其他法律后果。实践中,有些保险公司业务员在明知投保人不具有保险利益的情况下仍劝说投保人投保,保险公司在核保时也同意承保,这种行为有违诚信原则,故审判实践中,即使保险合同无效,仍可依据缔约过失责任判决保险合同承担相应的赔偿责任。"重庆高院《印发〈关于保险合同纠纷法律适用问题的解答〉的通知》(2017年4月20日　渝高法〔2017〕80号)第10条:"挂靠机动车发生道路交通事故时商业三者险赔偿请求权主体如何确定?答:根据《最高人民法院关于审理道路交通事故损害赔偿案件适用法律若干问题的解释》第三条的规定,以挂靠形式从事道路运输经营活动的机动车发生交通事故造成损害,属于该机动车一方责任的,挂靠人与被挂靠人负有连带赔偿责任。故挂靠人与被挂靠人均享有商业三者险的保险利益,二者在赔偿责任确定后均有权请求保险人向第三者直接赔偿保险金,也可以在其实际承担赔偿责任后在赔偿范围内请求保险人赔偿保险金。"重庆高院民二庭《关于2016年第二季度高、中两级法院审判长联席会会议综述》(2016年6月30日)第14条:"关于挂靠车辆发生保险事故时保险金请求权的问题。参会法官一致认为,被挂靠人作为被保险人投保车辆第三者责任险的,享有保险给付请求权。但是被挂靠人怠于行使给付请求权,挂靠人举证证明挂靠关系存在且被挂靠人怠于行使保险索赔权的,挂靠人基于其对投保车辆享有的保险利益,对保险人享有保险金给付请求权。挂靠人作为记名被保险人的,可以请求保险人给付保险金。"广东深圳中院《关于审理财产保险合同纠纷案件的裁判指引(试行)》(2015年12月28日)第18条:"投保人与被保险人不是同一人,当被保险人有权向投保人主张赔偿请求权时,保险人根据《保险法》第六十条、第六十二条的规定对投保人行使代位求偿权的,人民法院应予支持。"第19条:"保险人赔偿托运人之后向承运人追偿,承运人以该货物运输险系其代托运人投保为由抗辩的,人民法院不予支持。保险人赔偿托运人之后向承运人追偿,承运人以托运人在保险合同订立前已放弃对承运人的索赔权且已告知保险人为由抗辩的,人民法院应予支持。"重庆高院民二庭《关于二中法院法律适用问题的答复》(2014年4月23日　〔2014〕渝高法民二复字第6号)第1条:"关于保险合同中约定的'被保险人允许的使用人或合法驾驶人',除被保险人雇请的合法驾驶人、挂靠(承包)经营人外,是否包含借用人、租赁使用人的问题。我们认为,借用人、租赁使用人只要是经被保险人允许合法使用车辆的,均属于保险合同中约定的'被保险人允许的合法驾驶人'范围。"第2条:"关于保险合同上载明'依法应当由被保险人承担的经济赔偿责任,保险人依据本合同约定负责赔偿',被保险人允许的合法使用人(驾驶人)在使用保险标的物过程中发生意外事故,保险公司以被保险人(工程机械或机动车的所有人)不应承担侵权责任为由,拒绝承担保险责任的,应否支持的问题。我们认为,保险合同中约定的'被保险人'应当扩张解释为'被保险人及其允许的合法使用人(驾驶人)'。被保险人允许的合法使用人(驾驶人)在使用保险标的物过程中发生保险事故的,保险公司应承担保险赔偿责任。被保险人允许的合法使用人已先行向受损害的第三者赔偿的,可以直接要求保险公司支付保险赔偿金。机械设备或机动车的所有人起诉保险人主张保险赔偿金的,由于其并未向第三者赔偿,人民法院应依法驳回其诉讼请求。"重庆高院民一庭《关于机动车交通事故责任纠纷相关问题的解答》(2014年)第5条:"最高人民法院《关于审理道路交通事故损害赔偿案件适用法律若干问题的解释》第十八条规定:'有下列情形之一导致第三人人身损害,当事人请求保险公司在交强险责任限额内予以赔偿,人民法院应予支持:(一)驾驶人未取得驾驶资格或者未取得相应驾驶资格的;(二)醉酒、服用国家管制的精神药品或者麻醉药品后驾驶机动车发生交通事故的;(三)驾驶人故意制造交通事故的。保险公司在赔偿范围内向侵权人主张追偿权的,人民法院应予支持。'此处侵权人,是指直接侵权人,还是挂靠公司或实际车主呢?司法解释对赔偿义务主体和侵权人作了区分。此处的侵权人应指直接实施侵权行为的人,即机动车驾驶人。"广东高院《关于审理保险合同纠纷案件若干问题的指导意见》(2011年9月2日 粤高法发〔2011〕44号)第12条:"财产保险合同的被保险人存在下列情形的应认定其具有保险利益:(1)对保险标的享有物权;(2)对保险标的享有债权;(3)保险标的系其依法应当承担的民事赔偿责任;(4)对保险标的享有其他合法权益。财产保险合同中不同投保人对同一保险标的分别投保的,保险事故发生时,应按照各被保险人对保险标的分别保险利益大小,判断保险人对各被保险人所应承担的保险责任。对被保险人向保险人提出的超出自己保险利益范围的索赔请求,人民法院不予支持。"第13条:"保险事故发生后,如保险标的系被保险人违法取得或保险标的物违法,保险人主张认定被保险人没有保险利益的,人民法院应予支持;如保险标的系被保险人善意取得的财产,被保险人主张认定其具有保险利益的,人民法院应予支持。"第14条:"保险合同有效期间,保险标的转让的,保险标的的受让人主张自标的物所有权发生转移之日起承继被保险人的权利义务的人民法院应予支持。保险标的转让后,未及时通知保险人,保险人以保险标的的转让未及时通知、被保险人与受让人不同为由主张不承担保险责任的,人民法院不予支持。但因保险标的的转让导致危险程度显著增加而发生保险事故的除外。"山东高院《关于印发审理保险合同纠纷案件若干问题意见(试行)的通知》(2011年3月17日)第27条:"第三者责任保险中,被保险人允许的合法驾驶人在驾驶被保险车辆时发生交通事故致第三者人身伤亡和财产损失的,在承担损害赔偿责任后,有权要求保险人按照第三者责任保险合同约定赔付。"福建高院民二庭《关于审理保险合同纠纷案件的规范指引》(2010年7月12日 〔2010〕闽民二3号)第2条:"(车辆挂靠、分期付款购车、融资租赁购车的保险利益问题)车辆挂靠、分期付款购车(款项付清前卖方保留所有权)、融资租赁购车的情况下,挂靠人、买方、承租人对车辆具有保险利益。除前款规定外,发生保险事故时,如被挂靠人、卖方或出租人对车辆享有运营利益或使用利益,则其对车辆亦具有保险利益;反之,则其对车辆不具有保险利益。"重庆高院《印发〈全市法院保险纠纷案件审判实务研讨会会议纪要〉的通知》(2010年4月7日　渝高法〔2010〕101号)第17条规定:"关于挂靠车辆发生保险事故时保险金请求权的问题。会议认为,被挂靠人作为被保险人投保车辆第三者责任险的,享有保险给付请求权。但是被挂靠人怠于行使给付请求权,挂靠人举证证明挂靠关系存在且被挂靠人怠于行使保险索赔权的,挂靠人基于其对投保车辆享有的保险利益,对保险人享有保险金给付请求权。挂靠人作为记名被保险人的,可以请求保险人给付保险金。"第18条规定:"关于挂靠车辆转挂靠保险金请求权的问题。会议认为,挂靠车辆转挂靠其他单位的,新的被挂靠人承继原被挂靠人保险合同项下权利和义务。原被保险人或新的被挂靠人对车辆转挂事宜应及时通知保险人。未在合理期间内及时履行前款通知义务的,因转挂导致保险标的的危险程度显著增加而发生的保险事故,保险人不承担赔偿保险金的责任。"第19条规定:"关于保险车辆发生保险事故,其他挂靠车辆对事故负有安全责任的情况下,保险人承担保险责任后,保险代位权诉讼中被告的确定问题。会议认为,按照所有权登记的公示公信原则,机动车辆行驶证和道路运输证都为被挂靠企业所有,保险人提起保险代位权诉讼应当以被挂靠人为被告。"浙江高院《关于审理财产保险合同纠纷案件若干问题的指导意见》(2009年9月8日　浙高法〔2009〕296号)第13条:"财产保险的保险利益应具备合法、确定和可用货币衡量三个条件。保险标的不合法,不当然导致保险利益不合法。财产保险的保险利益可分为财产上的既有利益、基于现有利益而产生的期待利益、责任利益等三类。财产保险上的既有利益是指投保人或被保险人对保险标的所享有的现存利益。既有利益不以所有权利益为限,主要包括:(1)财产所有人对其所有的财产拥有的利益;(2)抵押权人、质权人、留置权人对抵押、出质、留置的财产拥有的利益(但债权人对债务人没有设定抵押权、质押权、留置权的其他财产则不应认定有保险利益);(3)合法占有人对其占有的财产拥有的利益;(4)财产经营管理人对其经营管理的财产拥有的利益。期待利益是指投保人或被保险人对保险标的的利益尚未存在,但基于其既有权利预期未来可获得的利益。期待利益必须具有得以实现的法律根据或合同根据。责任利益是指因被保险人依法应承担民事赔偿责任而产生的经济利益。"第14条:"下列情形,发生保险事故时,保险人以被保险人对保险标的不具有保险利益为由主张不承担责任的,不予支持:(1)投保人投保时保险标的虽存在物权上的瑕疵,但在发生保险事故时,其已具备了合法的物权;(2)保险标的物出险时虽存在物权上的瑕疵,但投保人实际占有该保险标的并具有经济上的利益,且投保人占有该保险标的并不违反法律强制性规定和公序良俗。"

4. 参考案例。①**2014年河南某交通事故纠纷案**,2012年,魏某驾驶运输公司车辆与陈某驾驶挂靠物流公司车辆相撞,交警认定魏某、陈某分负主、次责。运输公司就其车辆损失,诉请陈某车辆投保交强险的保险公司赔偿。保险公司以在交强险财产损失赔偿限额内赔付陈某4000元为由抗辩。法院认为:《保险法》第65条规定:"保险人对责任保险的被保险人给第三者造成的损害,可以依照法律的规定或者合同的约定,直接向该第三者赔偿保险金。责任保险的被保险人给第三者造成损害,被保险人对第三者应负的赔偿责任确定的,根据被保险人的请求,保险人应当直接向该第三者赔偿保险金。被保险人怠于请求的,第三者有权就其应获赔偿部分直接向保险人请求赔偿保险金。责任保险的被保险人给第三者造成损害,被保险人未向该第三者赔偿的,保险人不得向被保险人赔偿保险金。责任保险是指以被保险人对第三者依法应负的赔偿责任为保险标的的保险。"故本案交通事故给运输公司造成的车辆损失,应先由陈某所驾车辆交强险保险人在交强险责任限额范围内予以赔偿,不足部分,由陈某所驾驶车辆商业三责险保险人依保险合同在商业三责险责任限额范围内予以赔偿。本案保险公司在被保险人陈某未向运输公司赔偿情况下,向陈某赔偿保险金,不符合上述法律规定,不能免除其对第三者运输公司应依法承担的赔偿责任。鉴于保险公司已将应向运输公司赔偿的车损款交付给了陈某,故为减少当事人诉累,判决陈某将保险公司已付4000元支付给运输公司,保险公司承担连带责任。②**2014年江苏某交通事故纠纷案**,2013年,卢某驾驶物流公司投保交强险、商业三责险的货车侧翻,致道旁电信公司通信设施损失2万余元。2014年,因保险公司以物流公司向其书面申请放弃第三者损失索赔为由拒绝向电信公司理赔致诉。法院认为:《道路交通安全法》第76条规定,机动车发生道路交通事故造成人身伤亡、财产损失的,由保险公司在机动车第三者责任强制保险责任限额范围内予以赔偿。《机动车交通事故责任强制保险条例》第21条规定,"被保险机动车发生道路交通事故造成本车人员、被保险人以外的受害人人身伤亡、财产损失的,由保险公司依法在机动车交通事故责任强制保险责任限额范围内予以赔偿。道路交通事故的损失是由受害人故意造成的,保险公司不予赔偿。"依上述法律法规规定,在交强险制度之下,保险人对第三者所承担的责任是一种基于法律明确规定的直接赔偿责任,第三者作为受害人对保险人享有的是一种法定的、直接的损害赔偿请求权。该请求权不同于被保险人向保险人的请求权,表现在保险人对第三者的直接请求权仅享有法定情形下的抗辩,即道路交通事故受害人故意造成的损失不予赔偿,而不得援引保险人对被保险人的诸项抗辩,即不得以其与被保险人之间的特别约定来对抗受害人。本案中,被保险人物流公司与保险人保险公司之间就涉案交强险部分第三者损失达成放弃理赔协议,物流公司处分的系第三者电信公司的权利,该无权处分行为未得到权利人电信公司的追认,故该处分行为依法应属无效。《保险法》第65条第1款规定:"保险人对责任保险的被保险人给第三者造成的损害,可以依照法律的规定或者合同的约定,直接向该第三者赔偿保险金。责任保险的被保险人给第三者造成损害,被保险人对第三者应负的赔偿责任确定的,根据被保险人的请求,保险人应当直接向第三者赔偿保险金。被保险人怠于请求的,第三者有权就其应获赔偿部分直接向保险人请求赔偿保险金。责任保险的被保险人给第三者造成损害,被保险人未向第三者赔偿的,保险人不得向被保险人赔偿保险金。"依上述法律规定,被保险人在未向第三者赔偿情况下,并不能当然成为保险利益的所有人,无权获得保险赔偿款,其行使请求权的利益结果归属于第三者。同时,第三者在特定情形下亦享有向保险人主张保险赔偿的直接请求权,但保险人可援引其对被保险人的诸项抗辩,即以其与被保险人之间的特别约定来对抗第三者。综上分析,在责任保险合同约定的保险事故发生后,第三者的权利已产生,其对保险利益依法享有请求权。在被保险人未先行向第三者赔偿情况下,被保险人不得任意处分保险利益,否则,其所处分的涉及第三者保险利益的部分构成无权处分情形。本案中,被保险人物流公司在保险事故发生后,未向第三者电信公司赔偿损失前,向保险人保险公司作出放弃第三者损失理赔的承诺,该放弃理赔承诺对第三者电信公司依法不发生法律效力,保险公司仍应按其与物流公司之间的商业三责险保险合同,向电信公司予以赔偿。判决保险公司赔偿电信公司2万余元。③2013年河南某保险合同纠纷案,2010年,董某司机金某驾车与宁某车辆相撞,致宁某受伤、搭乘宁某车辆的韩某死亡,交警认定同等责任。2011年,生效判决判令董某赔偿韩某近亲属等各项损失24万余元后,执行法院裁定提取董某在保险公司三责险,并通知保险公司协助执行将该款划至法院账户。2012年,生效判决判令董某赔偿宁某4万余元,该判决已履行。董某诉请保险公司赔付三责险保险金29万余元,保险公司以董某未实际赔付第三者予以拒付。法院认为:《保险法》第65条第3款规定:"责任保险的被保险人给第三者造成损害,被保险人未向该第三者赔偿的,保险人不得向被保险人赔偿保险金。"该款立法目的系基于第三者责任险赔偿内容为保护第三者合法权益而制定。本案中,董某投保车辆在保险期间内发生保险事故,造成第三者损失,属本案保险合同约定的赔偿范围。董某给第三者造成损害应承担的赔偿责任,已经生效判决确定。投保车辆发生保险事故后,第三者责任险赔偿内容是保险人向第三者而非被保险人支付赔偿金。虽然生效判决判令董某承担的向第三者赔偿数额董某未履行,但执行法院已通知保险公司协助执行该判决,判决保险公司向董某承担保险赔偿责任不能产生侵害第三者合法权益后果,故判决保险公司支付董某保险金29万余元。④2012年福建某交通事故纠纷案,2011年,朱某被沈某车辆撞倒受伤,交警认定沈某全责。经交警队调解,沈某同意赔偿朱某42万余元。朱某获赔15万元后,就余款27万余元向保险公司索赔。保险公司以车辆被保险人李某凭朱某签名的"道路交通事故经济赔偿凭证(30万余元)"已获全部理赔款为由抗辩。法院认为:朱某与沈某因本案在交警队主持下达成的调解协议主体合格,意思表示真实,内容不违反法律、法规强制性规定,该协议合法有效。《保险法》第22条第1款规定,保险事故发生后,有关索赔材料应由被保险人提交给保险人。本案被保险人李某并未及时将有关索赔材料提交给保险公司,故朱某将索赔材料送到保险公司行为可认定为《保险法》第65条第2款规定的"被保险人怠于请求的,第三者有权就其应获赔偿部分直接向保险人请求赔偿保险金"情形。保险公司应将朱某应获赔偿部分付给朱某。同时,《保险法》第65条第3款规定,"责任保险的被保险人给第三者造成损害,被保险人未向该第三者赔偿的,保险人不得向被保险人赔偿保险金",故保险公司将理赔款全部汇给被保险人李某行为存在过错,应承担相应法律责任。由于本案朱某签名的"道路交通事故经济赔偿凭证"足以使保险公司误认为沈某已付给朱某赔偿款30万余元,对该部分后果应由朱某自行承担。保险公司应对朱某与沈某协议赔偿金额42万余元与朱某签名的"道路交通事故经济赔偿凭证"上载明金额的差额12万余元承担连带赔偿责任。判决沈某赔偿朱某27万余元,保险公司对其中12万余元承担连带赔偿责任。⑤**2012年河南某保险合同纠纷案**,2011年,马某驾驶货车与胡某电动车相撞致胡某10级伤残,交警认定马某、胡某分负主、次责任。胡某起诉主张保险公司赔偿医疗费、误工费等人身损失6万余元,马某主张其垫付的2万余元应由保险公司直接支付给自己。法院认为:马某驾驶货车未保持安全车速,而胡某驾驶非机动车横过机动车道时未下车推行,未确认安全后通过,造成此次事故,致胡某受伤住院。因双方对事故发生均有过错,综合案情,胡某与马某责任比例可按3:7划分。事故发生后马某垫支医疗费2万余元,因事故车辆在保险公司投保交强险,按《道路交通安全法》第76条规定,保险公司应承担赔付责任,故马某垫付医疗费应由保险公司返还马某,判决保险公司赔偿胡某6万余元,其中,向胡某支付3万余元,向马某支付2万余元。⑥**2010年北京某保险合同纠纷案**,2009年7月,李某将从朋友郑某处借来的机动车以自己名义向保险公司投保,保险期间,陈某经李某同意,驾驶该车外出中发生侧翻的单方交通事故,车辆损失6万余元,保险公司以李某不具有保险利益拒赔。法院认为:李某基于借用获得了保险车辆的使用权,该使用权是法律所承认的合法权利类型之一,且承载了李某与该车辆有关的财产利益,李某对于保险车辆具有保险利益。李某基于其被保险人的身份,且对保险标的具有保险利益的现实情形,保险公司应向其支付保险金。⑦**2010年重庆某保险合同纠纷案**,2008年2月,赵某驾驶雇主曾某实际所有但登记在水泥公司名下的车辆肇事致儿童薛某死亡,交警认定赵某负主要责任,肇事车2007年10月由运输公司作为投保人和被保险人投保交强险和三责险时,已是报废车,未在交管部门登记牌照。运输公司、水泥公司及该车曾某被法院判决赔偿死者家属费用后起诉保险公司要求赔偿。法院认为:报废车辆上道行驶违反法律相关规定,且存在严重安全隐患,影响社会公共安全,水泥公司与运输公司就报废的车辆签订的保险合同,应属无效,故三原告要求保险公司承担保险金赔付责任的请求,不予支持。⑧2010年浙江某保险合同纠纷案,2008年10月,叶某驾车侧翻造成路产、车辆损坏,交警认定叶某全责。保险公司出具定损单后,叶某将该车转让。保险公司据此不赔修理费。法院认为:叶某虽已将事故车辆转让给他人,但转让价格已包含了保险理赔款,即转让价格系按未发生事故的正常车辆价格计算,保险理赔款由叶某出面理赔后归受让人,故实质上车辆出险后造成的损失是客观存在的,仅是叶某与受让人之间约定由受让人暂时承担,叶某出面理赔后再来弥补受让人的损失,即叶某并不因在本案中获得理赔款而获利,应认定叶某对被保险车辆具有保险利益,保险公司应予理赔。⑨2008年广西某保险合同纠纷案,2006年3月,许某将货车挂靠运输公司经营,由运输公司代办汽车的入户登记、运营的各种手续和机动车保险。同年6月,该车与第三者李某发生交通事故,在交警调解下,许某赔偿李某3万余元。许某在向保险公司主张三者责任险和车上人员险时遭拒。法院认为:保险单上虽注明运输公司是车主,但车辆的实际所有人、营运控制人均为许某,运输公司仅系挂靠单位,许某因享有所有权而对保险车辆享有保险利益。从公示角度而言,因形式要件的欠缺,许某对保险车辆不享有所有权,但保险车辆一直为其经营使用,运输公司也认可这一事实,说明许某对保险车辆享有合法的占有、使用、收益等权利。基于此,许某对保险车辆具有保险利益。故双方之间形成的事实上的保险合同合法有效,许某有权要求被告赔付保险金。在交警部门的主持下,许某与事故相对方达成了《交通事故损害赔偿调解书》,确认了双方的损害赔偿项目和数额,许某据此作为索赔的标准。尽管《交通事故损害赔偿调解书》的内容对保险公司不具有法律约束力,但作为交通管理行政部门依据事故责任比例组织事故双方进行调解而得出的结论,在一定程度上反映了双方的真实损失,具备一定的参考价值。保险公司认为此调解书无法作为赔偿的依据,但又未提供赔偿标准,故不予采信,判决保险公司赔偿许某三者责任险及车上人员险共计2万余元。⑩2005年河南某保险合同纠纷案,2003年6月,石某从靖某处买车后未办过户,保险公司在石某投保时以行车证上的车主靖某作为投保人、被保险人和付款人。保险期间,石某之子驾车肇事,导致葛某受伤。法院判决认定靖某为原所有人,不承担赔偿责任,石某为实际车辆所有人,应赔偿5万余元。保险公司以石某非被保险人拒绝理赔。法院认为:石某就其所有车辆向保险公司要求投保,并将该车买卖情况告知了保险公司,保险公司同意承保,并签发保险单,石某是合同当事人。保险公司在知晓该车转让情况下,仍按行车证上车主将投保人、被保险人与付款人写为靖某,石某虽未提异议,但保险业务专业性强,对保险人而言,投保人处于弱者地位,且第三者责任险是针对车辆危险性而设立的,靖某将车转让后,其对该车辆已不具有保险利益,故可认定石某是实际的投保人与被保险人,保险公司应在第三者责任险的限额内承担赔偿责任。

【同类案件处理要旨】

机动车辆保险的投保人对被保险车辆应当具有法律上承认的利益。保险事故发生时,投保人或被保险人对保险标的不具有保险利益的,不得向保险人请求赔偿保险金。

【相关案件实务要点】

1.【实际所有人】投保人对保险标的应当具有保险利益,投保人对保险标的不具有保险利益的,保险合同无效。在财产保险合同中,保险利益可以理解为被保险人对保险标的具有的所有利益、共有利益或经营管理人对他人财产所负有的责任以及债权人享有的利益等。案见北京二中院(2006)二中民终字第7363号"某混凝土公司诉某保险公司财产保险合同案"。

2.【借用人】被保险人基于借用获得了保险车辆的使用权,该使用权是法律所承认的合法权利类型之一,随之产生的财产利益应具有保险利益。案见北京西城法院(2010)西民初字第09467号"李某诉某保险公司保险合同纠纷案"。

3.【未过户车辆】机动车买卖未办过户手续,但实际车主在为该车办理第三者责任险时,已如实说明了车辆交易情况,经保险公司同意的,应以实际投保人作为实际车主为被保险人。案见河南萦阳法院(2005)萦民二初字第102号"石某诉某保险公司保险合同案"。

4.【报废车辆】以报废车辆为保险标的形成的保险合同因不符合保险利益的合法性原则,应认定无效。案见重庆江北区法院(2010)江法民初字第786号"某水泥公司诉某保险公司等保险合同纠纷案"。

5.【肇事后转让】被保险人在交通事故发生并定损后,将受损车辆转让给第三人,其未对受损车辆进行修理,被保险人仍有权向保险公司要求理赔。案见浙江绍兴中院(2010)浙绍商终字第629号"叶某诉某保险公司保险合同纠纷案"。

【附注】

参考案例索引:北京二中院(2006)二中民终字第7363号"某混凝土公司诉某保险公司财产保险合同案",一审认为混凝土公司对投保车辆无保险利益,保险合同无效,判决驳回混凝土公司诉讼请求,二审改判赔偿20万元。见《北京中建宏福混凝土有限公司诉中华联合财产保险公司北京分公司财产保险合同案》(崔晓林),载《中国审判案例要览》(2007商事:321)。①河南漯河中院(2014)漯民二终字第157号"某运输公司与陈某等交通事故责任纠纷案",见《驻马店市恒兴运输有限公司诉陈绍峰等交通事故责任纠纷案——保险公司已向被保险人理赔不能免除其对受害人的赔偿义务》(张永辉),载《人民法院案例选》(201606/100:216)。②江苏宿迁中院(2014)宿中民终字第1346号"某电信公司与卢某等交通事故责任纠纷案",见《中国移动宿迁分公司诉卢新兆等机动车交通事故责任纠纷案》,载《江苏省高级人民法院公报》(201504/40:42)。③河南濮阳中院(2013)濮中法民三终字第73号"董某与某保险公司保险合同纠纷案",见《董章坤诉永诚财产保险股份有限公司河南分公司财产保险合同纠纷案——该案应视为被保险人已赔偿第三人的特殊情形》(张士基、张志强),载《人民法院案例选》(201401/87:282)。④福建寿宁法院(2012)寿民初字第382号"朱某与沈某等交通事故责任纠纷案",见《朱传禄等诉沈建峰等机动车交通事故责任纠纷案(机动车交通事故责任、责任保险)》(吴生兴),载《中国审判案例要览》(2013民:304)。⑤河南南阳中院(2012)南民二终字第541号"胡玉良与马成龙、太平洋财险平凉公司交通事故损害赔偿纠纷案",见《交通事故中肇事方垫付款返还的司法处理》(成越),载《人民司法·案例》(201408:53)。⑥北京西城法院(2010)西民初字第09467号"李某诉某保险公司保险合同纠纷案",见《李明辉诉安诚财产保险股份有限公司北京分公司财产保险合同纠纷案》(刘建勋),载《人民法院案例选》(201201:297)。⑦重庆江北区法院(2010)江法民初字第786号"某水泥公司诉某保险公司等保险合同纠纷案",见《重庆腾辉地维水泥有限公司等诉渤海财产保险股份有限公司重庆分公司等保险合同案》(李蕊),载《中国法院2012年度案例:保险纠纷》(20)。⑧浙江绍兴中院(2010)浙绍商终字第629号"叶某诉某保险公司保险合同纠纷案",见《叶伟东诉华泰财产保险股份有限公司绍兴中心支公司保险合同案》(张靓),载《中国法院2012年度案例:保险纠纷》(131)。⑨广西南宁中院(2008)南市民二终字第268号"许某诉某保险公司保险合同纠纷案",见《许一帆诉中国人民财产保险股份有限公司南宁市新城支公司保险合同案》(钟凯),载《中国审判案例要览》(2009商事:248)。⑩河南紫阳法院(2005)紫民二初字第102号"石某诉某保险公司保险合同案",见《石文殿诉中国人民财产保险股份有限公司紫阳支公司财产保险合同纠纷案》(杨峰岭、吴边),载《人民法院案例选》(200703:268)。

92. 无责免赔条款的效力

——事故无责任，保险赔不赔？

【无责免赔】

【案情简介及争议焦点】

2007年10月，吴某驾驶投保商业三者险和车辆损失险的机动车肇事，车损并致行人死亡，交警认定吴某无责，保险公司以合同约定无责免赔条款拒赔。

争议焦点：免责条款效力如何认定？

【裁判要点】

1. 未予明确说明。 保险公司作为提供保险格式合同的一方，对合同中约定的"无责免赔"条款负有提请相对方注意及明确说明义务，以使投保人明了该条款的真实含义和法律后果，但该条款处于合同非明显位置，且保险公司未告知吴某详细阅读该栏内容，故应认定该免责条款对吴某不产生法律约束力。

2. 违背法律原则。 综合考量法的价值，正义与自由、秩序的基本价值之位阶高于非基本价值的利益与效率价值，设定"无责免赔"条款无疑与鼓励机动车驾驶人遵守交通法规的社会正面导向背离，也不符合通过投保分散社会风险之缔约目的，同时有违保险立法尊重社会公德与诚实信用之原则，应为无效。

【裁判依据或参考】

1. 法律规定。《道路交通安全法》(2004年5月1日实施，2011年4月22日修正)第76条："机动车发生交通事故造成人身伤亡、财产损失的，由保险公司在机动车第三者责任强制保险责任限额范围内予以赔偿；不足的部分，按照下列规定承担赔偿责任：(一)机动车之间发生交通事故的，由有过错的一方承担赔偿责任；双方都有过错的，按照各自过错的比例分担责任。(二)机动车与非机动车驾驶人、行人之间发生交通事故，非机动车驾驶人、行人没有过错的，由机动车一方承担赔偿责任；有证据证明非机动车驾驶人、行人有过错的，根据过错程度适当减轻机动车一方的赔偿责任；机动车一方没有过错的，承担不超过百分之十的赔偿责任。交通事故的损失是由非机动车驾驶人、行人故意碰撞机动车造成的，机动车一方不承担赔偿责任。"《保险法》(2015年4月24日修正)第17条:"订立保险合同,采用保险人提供的格式条款的,保险人向投保人提供的投保单应当附格式条款,保险人应当向投保人说明合同的内容。对保险合同中免除保险人责任的条款,保险人在订立合同时应当在投保单、保险单或者其他保险凭证上作出足以引起投保人注意的提示,并对该条款的内容以书面或者口头形式向投保人作出明确说明;未作提示或者明确说明的,该条款不产生效力。"第60条:"因第三者对保险标的的损害而造成保险事故的,保险人自向被保险人赔偿保险金之日起,在赔偿金额范围内代位行使被保险人对第三者请求赔偿的权利。前款规定的保险事故发生后,被保险人已经从第三者取得损害赔偿的,保险人赔偿保险金时,可以相应扣减被保险人从第三者已取得的赔偿金额。保险人依照本条第一款规定行使代位请求赔偿的权利,不影响被保险人就未取得赔偿的部分向第三者请求赔偿的权利。"第61条:"保险事故发生后,保险人未赔偿保险金之前,被保险人放弃对第三者请求赔偿的权利的,保险人不承担赔偿保险金的责任。保险人向被保险人赔偿保险金后,被保险人未经保险人同意放弃对第三者请求赔偿的权利的,该行为无效。被保险人故意或者因重大过失致使保险人不能行使代位请求赔偿的权利的,保险人可以扣减或者要求返还相应的保险金。"《合同法》(1999年10月1日,2021年1月1日废止)第39条:"采用格式条款订立合同的,提供格式条款的一方应当遵循公平原则确定当事人之间的权利和义务,并采取合理的方式提请对方注意免除或者限制其责任的条款,按照对方的要求,对该条款予以说明。格式条款是当事人为了重复使用而预先拟定,并在订立合同时未与对方协商的条款。"第40条:"格式条款具有本法第五十二条和第五十三条规定情形的,或者提供格式条款一方免除其责任、加重对方责任、排除对方主要权利的,该条款无效。"

2. 司法解释。最高人民法院《关于适用〈中华人民共和国合同法〉若干问题的解释(二)》(2009年5月13日 法释〔2009〕5号,2021年1月1日废止)第6条:"提供格式条款的一方对格式条款中免除或者限制其责任的内容,在合同订立时采用足以引起对方注意的文字、符号、字体等特别标识,并按照对方的要求对该格式条款予以说明的,人民法院应当认定符合合同法第三十九条所称'采取合理的方式'。提供格式条款一方对已尽合理提示及说明义务承担举证责任。"最高人民法院研究室《关于对〈保险法〉第十七条规定的"明确说明"应如何理解的问题的答复》(2000年1月24日 法研〔2000〕5号):"……《中华人民共和国保险法》第十七条规定:'保险合同中规定有保险责任免除条款的,保险人应当向投保人明确说明,未明确说明的,该条款不发生法律效力。'这里所规定的'明确说明',是指保险人在与投保人签订保险合同之前或者签订保险合同之时,对于保险合同中所约定的免责条款,除了在保险单上提示投保人注意外,还应当对有关免责条款的概念、内容及其法律后果等,以书面或者口头形式向投保人或其代理人作出解释,以使投保人明了该条款的真实含义和法律后果。"

3. 地方司法性文件。江西上饶中院《关于机动车交通事故责任纠纷案件的指导意见(试行)》(2019年3月12日)第3条:"……其他要求。(一)同一交通事故中有多名受害人的,其中部分受害人或相关赔偿权利人起诉的,应当受理,法院应通知其他受害人或赔偿权利人及时主张权利;其他未起诉的人及其相关赔偿权利人在开庭前另行起诉的,经双方当事人同意,可合并审理。同一起交通事故的多个受害人在上饶市范围内分别向不同法院起诉的,后受理的法院应将案件移送至先受理的法院审理。如果受诉法院分别是本市辖区法院和外地法院,先受理的法院应当书面告知后受理的法院及相关当事人可将案件移送本法院审理,以便当事人平等、便捷地享受保险公司理赔款,如后受理法院或当事人坚持不移送或坚持在外地起诉的,将告知释明书存卷,本案继续审理。(二)多机动车发生交通事故致人损害的,即使有的车辆被交通事故认定书确定为无责,该车辆的所有人及保险公司亦应作为共同被告参加诉讼,并在交强险限额内承担无责赔付责任。"山东日照中院《机动车交通事故责任纠纷赔偿标准参考意见》(2018年5月22日)第11条:"多辆机动车发生交通事故造成第三人损害的赔偿。多辆机动车发生交通事故造成第三人损害,均承担事故责任的,人民法院应当依法认定侵权人承担连带责任或者按份责任。如有侵权车辆方身份不明确的,则不必追加该身份不明者。多车发生交通事故,如存在不承担事故责任的车辆方的,经人民法院释明后赔偿权利人坚持不起诉无责任事故车辆方的交强险承保公司的,人民法院应将交强险无责限额予以扣除。"北京三中院《类型化案件审判指引:机动车交通事故责任纠纷类审判指引》(2017年3月28日)第2-1.2部分"机动车交通事故责任纠纷的构成要件——常见问题解答"第1条:"机动车之间发生交通事故如何确定赔偿原则?(1)如各方均有责任(过错)的,各保险公司在有责限额内进行赔付,交强险限额之外按照过错原则互负赔偿责任。(2)如一方无责,另一方全责的,无责方保险公司在无责限额内进行赔付,全责方保险公司在有责赔偿限额内进行赔付,交强险限额之外按照过错原则进行赔付。(3)如各方均无责任,保险公司在无责赔偿限额内进行赔付,交强险限额之外各方之间互不承担赔偿责任。(4)如无法查清任何一方有责任的,推定双方为同等责任,保险公司应在有责赔偿限额内进行赔付,交强险限额之外由各方承担同等赔偿责任。"重庆高院民二庭《关于2016年第二季度高、中两级法院审判长联席会会议综述》(2016年6月30日)第16条:"机动车损失险合同中约定'保险人根据被保险人对保险事故发生的过错比例承担相应责任:被保险人负有全部责任的,保险人承担100%责任;被保险人无责的,保险人不承担保险责任'条款效力问题。参会法官一致认为,在机动车损失险格式条款中约定的'有责赔偿,无责不赔'条款,违背了机动车损失险保险合同的缔约目的,不当地免除保险人责任、排除被保险人的主要合同权利,导致被保险人与保险人之间的权利义务严重失衡,违背了公平原则,应依据合同法第四十条和保险法第十九条规定确认该条款无效。但现车损险条款已全面修改,实务中没有争议,可不予规定。"湖南长沙中院民一庭**《关于长沙市法院机动车交通事故责任纠纷案件审判疑难问题座谈会纪要》**(2014年7月23日)第13条:"机动车一方无责,行人(受害人)全责,保险公司是否应承担赔偿责任?机动车一方无责时,保险公司仍应在交强险的赔偿限额内承担赔偿责任。交强险具有公共服务、社会公益的性质,其宗旨在于保护受损害的第三人,保险人的赔偿责任与机动车驾驶人是否构成侵权责任及其侵权责任的大小并无关联,保险公司在赔偿限额内对第三人的赔偿责任应当认定为法定责任,其赔偿责任的大小并不以机动车一方的过错或责任大小为依据。因此,保险公司赔限不应区分被保险人有无责任,且保险责任与侵权的法律责任无直接关联,交通事故中机动车一方承担的是侵权责任,保险公司的保险责任是否承担,应根据保险合同约定,而非是根据侵权行为人的侵权责任确定。"浙江嘉兴中院民一庭**《关于机动车交通事故责任纠纷若干问题意见》**(2011年12月7日)第1条:"关于机动车交通事故责任强制保险的几个问题……机动车与非机动车或行人发生的交通事故,不论机动车一方是否负事故责任,承保机动车辆交强险的保险公司均应在交强险责任赔偿限额122000元内承担赔偿责任;(3)在两辆机动车碰撞引起的交通事故中,无责机动车一方保险公司应在交强险限额范围内对有责一方机动车上受伤人员承担赔偿责任。无责机动车一方保险公司以《浙江省高级人民法院民一庭关于审理道路交通事故损害赔偿纠纷案件若干问题的意见(试行)》第十四条规定进行抗辩的,不予支持……"江苏高院**《保险合同纠纷案件审理指南》**(2011年11月15日)第4条:"……(2)'保险人依据被保险机动车驾驶人所负的事故责任比例承担相应的赔偿责任'的机动车辆损失险条款的效力。一些机动车辆损失险条款规定:'保险人依据被保险机动车驾驶人在事故中所负的事故责任比例承担相应的赔偿责任。'保险人据此主张保险车辆的驾驶员在事故中无责任时,保险人免责;驾驶员在事故中负全责时,保险人全赔;驾驶员在事故中负一定责任时,保险人按比例赔偿。总的赔付原则是:驾驶员在事故中的责任越大,保险人赔付比例越高。车辆损失险是一种损失补偿保险,被保险人获得赔偿的依据是其实际损失,而非其承担的赔偿责任。按责任比例进行赔偿是第三者责任险的基础,在车辆损失险中不应当适用。保险条款关于驾驶员在交通事故中无责任则保险人不承担赔偿责任的规定不符合保险法理,不符合缔约目的,亦有违公平原则,且与鼓励机动车驾驶者遵守交通法规的社会正面价值导向背离,容易诱发道德风险,应当按照《合同法》第四十条及《保险法》第十九条的规定,认定该免责条款无效。(3)'保险人依据被保险机动驾驶人所负的事故责任比例承担相应赔偿责任'的机动车第三者责任险条款的效力。机动车商业第三者责任险条款往往规定,保险人依据被保险机动车驾驶人在事故中所负的事故责任比例承担相应的赔偿责任。在机动车与机动车之间发生交通事故的情形下,该条款应认定为有效。但机动车与非机动车驾驶人、行人之间发生交通事故,机动车一方承担的赔偿责任往往要大于其事故责任比例。以交通事故责任认定书认定同等责任为例,被保险人在人身侵权损害赔偿纠纷中要承担60%～70%的赔偿责任,但保险人依据保险条款只愿承担50%的赔偿责任。这样一来,被保险人的对外赔偿与保险人的赔付之间就有10%～20%的差额。保险人究竟应按交警部门认定的事故责任比例来确定赔偿的比例,还是应当赔偿被保险人依法承担的全部赔偿责任？换句话说,在机动车与非机动车驾驶人、行人之间发生交通事故的情形下,关于按事故责任比例赔偿保险金的保险条款是否有效？责任保险足指以被保险人对第三者依法应负的赔偿责任为保险标的的保险。这一条款混淆了'侵权民事责任'与'事故责任'的概念,脱离了被保险人的侵权责任去确定保险人的赔偿责任,与责任保险的基本原理相悖,应当认定该保险条款无效,保险人应当赔偿被保险人依法承担的全部赔偿责任……"广东高院《**关于审理保险合同纠纷案件若干问题的指导意见**》(2011年9月2日 粤高法发〔2011〕44号)第23条:"财产保险合同中,保险事故发生后,被保险人起诉侵权人而未实际获得赔偿或赔偿不足的,被保险人就未获得赔偿部分向保险人主张赔付的,人民法院应予支持。但保险人的赔付责任以被保险人未获得的实际赔偿额或保险金额为限。"山东高院《**关于印发审理保险合同纠纷案件若干问题意见(试行)的通知**》(2011年3月17日)第9条:"采用保险人提供的格式条款订立的保险合同中,'责任免除'、'除外责任'及其他有关免赔率、免赔额等部分或者全部免除保险人责任的条款,一般应当认定为保险法第十七条第二款规定的'免除保险人责任的条款'。但保险合同中有关法律、行政法规明确规定的保险人不承担保险责任的条款除外。"第11条:"保险人对履行提示和明确说明义务承担举证责任。保险人在投保单、保险单或其他保险凭证上对免除保险人责任条款有显著标志(如字体加粗、加大或者颜色相异等),或者对全部免除保险人责任条款及说明内容单独印刷,并对此附有'投保人声明'或单独制作的'投保人声明书',投保人已签字确认表示对免责条款的概念、内容及其法律后果均已经明了的,一般应认定保险人已履行提示和明确说明义务。但投保人有证据证明保险人未实际进行提示或明确说明的除外。"第20条:"第三者责任保险合同约定对应由责任强制保险赔偿的损失和费用不负赔偿责任的,若保险人履行了提示和明确说明义务,人民法院应认定该约定有效。"第24条:"第三者责任保险合同约定保险人依照被保险机动车驾驶人在事故中所负的事故责任比例承担相应的赔偿责任的,被保险机动车驾驶人就基于连带责任而支付的超过其责任比例的赔偿数额,有权要求保险人在保险金额范围内赔付。保险人赔付后,可向其他责任人代位请求赔偿。"河南周口中院《关于侵权责任法实施中若干问题的座谈会纪要》(2010年8月23日 周中法〔2010〕130号)第9条:"……承保商业三者险的保险公司基于保险合同承担赔付责任,需以被保险车辆所应承担的责任为基础,以保险合同及《保险法》的规定作为依据。保险公司对被保险人的免责或减责的抗辩,对受害人具有同样的效力。被保险机动车的驾驶人存在无证驾驶、醉酒驾驶及肇事逃匿等明显严重违法行为时,被保险人不得以保险公司未履行告知义务为由请求确认保险合同有关此项免责条款无效。"北京高院民一庭《关于道路交通损害赔偿案件的疑难问题》(2010年4月9日)第2条:"北京市法院系统尚未统一认识的问题……(3)两车以上多车相撞的情况下,如果有一方事故全责,受害人是否要将其他所有无责的机动车及其保险公司都追加诉讼?调研中发现,有的基层法院如果受害人只起诉全责机动车一方,可以不用追加其他无责的机动车及其保险公司主张,尤其是多车相撞,追加起来相当麻烦。有法院提出,从共同侵权的角度,不管有无事故责任,所有机动车都是交通事故的侵权人,都应参加诉讼……关于机动车一方在事故中无责任时的赔偿处理原则问题。与会人员一致认为:在机动车一方无责的情况下,在由保险公司对于受害人一方的损失承担赔偿责任后,超过限额的部分,视案件是机动车之间发生的交通事故还是机动车与非机动车、行人之间发生的交通事故而定。若为机动车之间发生的交通事故,应适用过错责任原则,无责的机动车一方不再承担赔偿责任。若为机动车与非机动车、行人之间发生的交通事故,则机动车一方当事人仍应视事故情况,承担非机动车、行人损失5%－20%的赔偿责任。"重庆高院《印发〈全市法院保险纠纷案件审判实务研讨会会议纪要〉的通知》(2010年4月7日 渝高法〔2010〕101号)第13条规定:"关于第三者责任险的被保险人在交通事故责任中被认定为无责的情况下,保险人应否承担赔付责任的问题。会议认为,第三者责任险中,被保险人在交通事故中被认定为无责的情况下,仍可能基于侵权法上的公平责任等规定承担民事赔偿责任,如果被保险人因此承担了民事赔偿责任,那么保险人应当按照保险合同约定对被保险人应承担的民事赔偿责任予以赔付。"湖南长沙中院《关于道路交通事故人身损害赔偿纠纷案件的审理意见》(2010年)第三部分第1条:"……责任划分。首先确定保险公司在交强险责任限额范围内的赔偿责任金额之后,不足的部分再按如下方式划分责任:(1)机动车之间发生交通事故,一方负全部责任的,承担100%;一方负主要责任的,一般承担70%(如有特殊情况,方可自由裁量,并充分说明理由);双方负同等责任的,各承担50%;一方负次要责任的,承担30%(如有特殊情况,方可自由裁量,并充分说明理由);无责任的,不承担赔偿责任;属于交通意外事故、各方均无责任的,视具体情形确定双方的赔偿责任;属于不能认定事故责任的,双方对此均无过错的或均有过错的,各承担50%;没有道路交通事故认定书的,适用推定来解决问题,分以下情形认定(以下机动车与非机动车驾驶人、行人之间发生交通事故的,出现此种特殊情况的,亦依此认定):A. 当事人逃逸、故意破坏、伪造现场、毁灭证据的,推定该当事人负全部责任;B. 一方当事人有条件报案而没有及时报案导致交警无法认定责任的,推定该一方当事人负全部责任;C. 当事人各方都有条件报案而没及时报案导致交警无法认定责任的,推定双方负同等责任;此种情形下,如系机动车与非机动车驾驶人、行人之间发生交通事故的,机动车一方负主要责任,非机动车驾驶人、行人一方负次要责任……"第2条:"……多辆机动车互碰,部分有责(含全责)、部分无责。(1)一方全责,多方无责。所有无责方视为一个整体,在各自交强险无责任财产损失赔偿限额内,对全责方车辆损失按平均分摊的方式承担损害赔偿责任;全责方对各无责方在交强险财产损失赔偿限额内承担损害赔偿责任,无责方之间不互相赔偿。无责方车辆对全责方车辆损失应承担的赔偿金额,由全责方在本方交强险相应无责任财产损失赔偿限额内代赔。例3:A、B、C三车互碰造成三方车损,A车全责(损失600元),B车无责(损失600元),C车无责(损失800元)。设B、C车适用的交强险无责任赔偿限额为100元,则赔付结果为:A车交强险赔付B车600元,赔付C车800元,B车、C车交强险分别赔付A车:100元,共赔付200元。由A车保险公司在本方交强险两个无责任财产损失赔偿限额内代赔。(2)多方有责,一方或多方无责。所有无责方视为一个整体,在各自交强险无责任财产损失赔偿限额内,对有责方损失按平均分摊的方式承担损害赔偿责任;有责方对各方车辆损失在交强险财产损失赔偿限额内承担损害赔偿责任,无责方之间不互相赔偿。无责方车辆对有责方车辆损失应承担的赔偿金额,由各有责方在本方交强险无责任财产损失赔偿限额内代赔。多方有责,一方无责的,无责方对各有责方车辆损失应承担的赔偿金额以交强险无责任财产损失赔偿限额为限,在各有责方车辆之间平均分配。多方有责,多方无责的,无责方对各有责方车辆损失应承担的赔偿金额以各无责方交强险无责任财产损失赔偿限额之和为限,在各有责方车辆之间平均分配。例4:A、B、C、D四车互碰造成各方车损,A车主责(损失1000元),B车次责(损失600元),C车无责(损失800元)、D车无责(损失500元)。设C、D两车适用的交强险无责任赔偿限额为100元,则赔付结果为:(1)C车、D车交强险共应赔付200元,对A车、B车各赔偿(100+100)/2 = 100元,由A车、B车保险公司在本方交强险无责任财产损失赔偿限额内代赔。(2)A车交强险赔偿金额 = B车损核定承担金额 + C车损核定承担金额 + D车损核定承担金额 = (600 - 100) + 800/2 + 500/2 = 1150元。(3)B车交强险赔偿金额 = A车损核定承担金额 + C车损核定承担金额 + D车损核定承担金额 = (1000 - 100) + 800/2 + 500/2 = 1550元……均投保了交强险的两辆或多辆机动车互碰,涉及车外财产损失。有责方在其适用的交强险财产损失赔偿限额内,对各方车辆损失和车外财产损失承担相应的损害赔偿责任。所有无责方视为一个整体,在各自交强险无责任财产损失赔偿限额内,对有责方损失按平均分摊的方式承担损害赔偿责任。无责方之间不互相赔偿,无责方也不对车外财产损失进行赔偿。无责方车辆对有责方车辆损失应承担的赔偿金额,由各有责方在本方交强险无责任财产损失赔偿限额内代赔。"浙江高院**《关于审理财产保险合同纠纷案件若干问题的指导意见》**(2009年9月8日 浙高法〔2009〕296号)第10条:"保险人在投保单、保险单或其他保险凭证对免责条款有显著标志(如字体加粗、加大、相异颜色等),对全部免责条款及对条款的说明内容集中单独印刷,并对此附有'投保人声明',或附有单独制作'投保人声明书',投保人已签字确认并同时表示对免责条款的概念、内容及其法律后果均已经明了的,一般可认定保险人已履行明确说明义务,除非投保人、被保险人能提供充分的反驳证据。"广东佛山中院**《关于审理道路交通事故损害赔偿案件的指导意见》**(2009年4月8日)第4条:"机动车一方和行人发生碰撞,机动车一方无责任,但依据《广东省道路交通安全条例》第四十八条第一款(四)项的规定,机动车一方承担10%赔偿责任的情形下,承保该商业第三者责任险的保险公司不能依据保险合同中'无事故责任,本公司不承担赔偿责任'的约定予以抗辩,保险公司应承担相应保险赔偿责任。"江西高院民一庭**《关于审理道路交通事故人身损害赔偿案件适用法律若干问题的解答》**(2006年12月31日)第10条:"事故车辆投保的是'商业三责险'的,根据《中华人民共和国保险法》第十条的规定,保险人对赔偿权利人因被保险人交通事故而支付的保险金应当根据保险人与被保险人订立的保险合同确定。保险人可根据保险合同的约定享有部分或者全部免责、按免赔率扣减赔偿及其他保险合同规定的权利。事故车辆投保'交强险'的,对保险人责任大小的确定依照《机动车交通事故责任强制保险条例》的规定处理。"北京高院**《关于印发〈北京市高级人民法院关于审理保险纠纷案件若干问题的指导意见(试行)〉的通知》**(2005年3月25日 京高法发〔2005〕67号)第16条:"保险人对保险监督管理机构制定的示范性保险条款决定使用或者经过变更使用的,应当视为保险人自行制定的条款,具有格式条款的性质,在保险合同当事人对条款内容发生争议且已穷尽其他解释原则的情况下,对保险人应当适用'不利解释原则'。"第17条:"保险人自行制定的保险合同条款,具有格式条款的性质,在保险合同当事人对条款内容发生争议且已穷尽其他解释原则的情况下,对保险人应当适用'不利解释原则'。"第18条:"保险合同当事人通过协商确定的个别保险合同的特殊条款,不具有格式条款的性质,对保险人不适用'不利解释原则'。"江苏高院**《关于审理交通事故损害赔偿案件适用法律若干问题的意见(一)》**(2005年2月24日)第5条:"《道路交通安全法》第七十六条第一款规定的保险公司在机动车第三者责任强制保险责任限额范围内的赔偿责任,是指无论交通事故当事人是否有过错,保险公司都应予以赔偿。"

4. 参考案例。①2014年浙江某保险合同纠纷案,2013年,王某将保险车辆借给施某使用期间肇事致一死一伤,交警认定同等责任。2014年,经法院调解,施某赔付受害人28万余元,保险公司赔付了交强险,剩余款项1.4万余元由王某代施某支付受害人。王某向保险公司主张商业三责险赔付时,保险公司以王某对外无须承担赔偿责任为由拒付致诉。法院认为:《侵权责任法》第49条规定:"因租赁、借用等情形机动车所有权与使用人不是同一人时,发生交通事故后属于该机动车一方责任的,由保险公司在机动车强制保险责任限额范围内予以赔偿。不足部分,由机动车使用人承担赔偿责任;机动车所有人对损害的发生有过错的,承担相应的赔偿责任。"王某与保险公司之间所签保险合同,系当事人真实意思表示,未违反法律、行政法规禁止性规定,应认定为合法有效。保险公司承保车辆在保险期间内造成第三人人身损害、财产直接损毁,王某向第三人承担赔偿义务后,保险公司应对超过机动车交强险各分项赔偿限额以上部分,在商业三责险赔偿限额内向王某承担保险责任。对于因交通事故造成被保险机动车损失及合理的、必要的施救费亦应由保险人在车损险保险金额内承担。保险公司未完全履行赔偿责任的行为构成违约,王某有权要求保险公司承担赔偿责任。②2014年广东某保险合同纠纷案,2011年,陈某搭载李某等4人途中肇事,交警认定陈某无责。陈某请求保险公司赔付车上人员险2万余元时,保险公司以保险合同中约定免责条款"保险车辆方无事故责任的,保险人不承担赔偿责任"为由拒赔。法院认为:双方在保险合同中约定免责条款"保险车辆方无事故责任的,保险人不承担赔偿责任"。因保险公司未能举证证明其就该条款曾履行过提示及明确说明义务,故该条款未生效。保险人承担保险责任前提是保险事故成就。车上人员险是一种责任保险,该种保险标的为被保险人因交通意外而可能对车上人员所负担的民事赔偿责任。本案陈某搭载李某等人行为法理上属好意施惠行为。由于陈某对涉案事故发生并无过错,亦不负事故责任,作为好意施惠者的陈某对李某等人依法不应承担赔偿责任。据此表明,陈某所投保车上人员责任险并不成就,故保险公司无须对陈某好意施惠行为承担保险赔偿责任,判决驳回陈某诉请。③2014年浙江某交通事故纠纷案,2013年,朱某骑电动车先后与王某、蔡某车辆碰撞后又与张某车辆碰撞,致朱某9级伤残,交警认定王某全责。王某车辆在平安保险投保交强险和商业三责险,蔡某、张某车辆在人保公司投保交强险。法院认为:同时投保交强险和商业三责险的机动车发生交通事故造成人身伤亡、财产损失的,先由承保交强险的保险公司在交强险限额内予以赔偿;不足部分,由承保商业三责险的保险公司根据保险合同予以赔偿;仍有不足的,依《道路交通安全法》和《侵权责任法》相关规定由侵权人予以赔偿。平安保险作为王某投保交强险的承保人,应首先在交强险责任限额范围内对朱某损失承担赔偿责任,超过交强险部分由事故责任人按比例承担,因王某投保了商业三责险,故先由平安保险在商业三责险限额内承担赔偿责任。人保公司作为蔡某、张某驾驶无责车辆交强险承保人,<u>应在交强险无责赔偿范围内对朱某损失承担无责赔偿责任</u>。判决平安保险在交强险范围内赔偿朱某 7.5 万余元,人保公司在无责交强险范围内赔偿朱某人身损失 1.3 万余元、财产损失 150 余元,平安保险在商业三责险限额内赔偿朱某 2.8 万余元,并支付王某 1.5 万余元。④2014 年**广东某保险合同纠纷案**,2014 年,陈某车辆与他人车辆碰撞,对方全责。陈某要求投保车损险的保险公司赔偿 1.6 万余元,保险公司以<u>保险合同关于无责免赔条款抗辩</u>。法院认为:车辆损失险属典型的交通工具保险,其不以保险车辆一方负有责任为赔偿前提。当保险合同依法成立并生效后,一旦发生事故,符合车辆损失险理赔范围且不属于免责条款规定,无论事故双方是否有过错,亦无论过错责任在哪一方,保险人均应依保险合同进行赔付。《保险法》第 60 条第 1 款规定:"因第三者对保险标的的损害而造成保险事故的,保险人自向被保险人赔偿保险金之日起,在赔偿金额范围内代位行使被保险人对第三者请求赔偿的权利。"依《保险法》规定,代位求偿权属法定权利,无须被保险人同意,只要保险人支付了保险赔偿金,即相应取得向第三人请求赔偿权利,其权利范围除了受其实际支付保险金金额限制,还应受被保险人权利范围限制。<u>本案车辆损失险非责任险,不以被保险车辆一方负有责任为赔偿前提</u>,保险公司主张不予赔偿不符合保险基本理念。判决保险公司支付陈某保险赔偿金 1.6 万余元。⑤2013 年**北京某保险合同纠纷案**,2011 年,马某投保车辆与任某货车相撞,交警认定任某全责。马某诉请其投保的保险公司赔偿修车费 2.8 万余元时,保险公司以保险合同无责免赔约定抗辩。法院认为:依《保险法》规定,保险合同中规定有关于保险人责任免除条款的,保险人在订立保险合同时应向投保人明确说明,未明确说明的,该条款不产生效力。此处"明确说明",系指保险人在与投保人签订保险合同之前或之时,对于保险合同中所约定的免责条款,除了在保险单上提示投保人注意外,还应对有关免责条款概念、内容及其法律后果等,以书面或口头形式向投保人或其代理人作出解释,以使投保人明了该条款真实含义和法律后果。现保险公司未提供证据证明其将保险条款交付给马某,亦未提供证据证明其针对免责条款向马某履行了明确说明义务,<u>故保险条款中免责条款对马某不产生效力</u>。依《保险法》第 60 条规定,因第三者对保险标的的损害而造成保险事故的,保险人自向被保险人赔偿保险金之日起,在赔偿金额范围内代位行使被保险人对第三者请求赔偿的权利。据此,<u>无论是否被保险车辆责任造成损害,保险人均应予以先行赔付</u>,而后保险人取得追偿权,依法向第三者进行代位追偿。现马某提交证据足以证明其驾驶车辆发生交通事故,并造成了损失,故马某要求保险公司赔偿修车费诉请,应予支持。保险公司自向马某赔偿保险金之日起,在赔偿金额范围内享有代位行使马某对第三者请求赔偿的权利。判决保险公司赔偿马某2.8万余元。⑥2012年上海某交通事故纠纷案,2011年,刘某骑自行车与谈某出租车剐蹭,造成刘某10级伤残。交警认定刘某全责。刘某损失4万余元,谈某出租车交强险无责赔付限额为1.21万元。刘某主张按《道路交通安全法》第76条规定,"机动车一方没有过错的,承担不超过百分之十的赔偿责任"。法院认为:机动车发生交通事故,造成第三人人身伤亡、财产损失的,由所投保的保险公司在交强险限额内先行赔偿。本案中,保险公司对刘某损失应在交强险无责限额内先行赔偿。交警认定刘某在事故中负全责,故谈某在事故中没有过错。因刘某可从交强险无责限额内获得赔偿,其再要求无责方承担赔偿责任,有违公平原则,不予支持。刘某主张的医疗费、营养费、护理费、误工费、残疾赔偿金、交通费、车辆损失费,由保险公司在交强险无责限额范围内赔付。刘某主张的精神损害抚慰金,因谈某在事故中没有过错,法院不予支持;鉴定费1800元可凭据认定,但因非属交强险范围,只能刘某自负。⑦2011年北京某保险合同纠纷案,2009年,张某车辆与刘某电动三轮车相撞致刘某受伤,交警认定刘某全责。法院判决张某按无责承担10%即9700余元。保险公司以保险合同约定"保险人依被保险机动车驾驶人在事故中所负事故责任比例,承担相应赔偿责任"拒绝理赔致诉。法院认为:随着机动车辆数量飞速增长,投保人投保机动车第三者责任险做法已非常普遍,人们对该险种特点亦有了基本认识。顾名思义,该险种系基于被保险机动车驾驶人在事故中对第三者承担责任情况设置。张某投保第三者责任险,其作为签订保险合同一方当事人,应对合同签订负有一个法律意义上"标准人"应具有的谨慎态度和认知水平,且本案第三者责任保险条款中约定的"保险人依被保险机动车驾驶人在事故中所负事故责任比例,承担相应赔偿责任"内容并非晦涩不明,该内容体现了有责赔付原则,因本案被保险车辆驾驶人对交通事故无责,故张某要求保险公司根据第三者责任险向其赔偿主张,缺乏依据,法院不予支持。案涉机动车第三者责任保险争议条款进行了字体加重处理,保险单中就"请详细阅读承保险种对应的保险条款"等进行了着重提示,应视为保险公司履行了告知义务。判决驳回张某诉请。⑧2011年江苏某保险合同纠纷案,2009年12月,挂靠运输公司的张某雇用司机王某驾驶被保险车辆肇事,造成王某受伤、副驾驶黄某死亡。交警认定肇事对方全责。王某选择雇员损害赔偿,经法院调解,张某和运输公司赔偿王某3万元。保险公司以被保险人无事故责任,应按保险合同约定"按事故责任比例赔付"执行,故拒赔。法院认为:被保险车辆的实际所有人虽然将车辆挂靠在他人公司名下经营,但实际所有人仍享有保险利益,有权就其损失要求保险公司支付保险金。案涉保险条款约定保险人依据被保险机动车驾驶人在事故中所负的事故责任比例,承担相应的额赔偿责任。

由此,当保险车辆在保险事故中所负的责任比例越大时,保险人承担的赔偿责任越大;而当保险车辆在保险事故中所负责任比例越小,则被保险人所获赔偿额越小。如此,其实质上将保险人所应承担的保险责任转移给事故的责任方,有违投保人从保险机构先获得理赔的目的。被保险人为了获得最大的保险利益,在保险事故发生时,可能放任甚至故意加重保险事故的发生,而不会采取措施避免或者减少保险事故的发生。在保险事故发生后,被保险人也可能会与第三者恶意串通加重其事故责任,以获得保险人更多的赔偿。进一步而言,投保人签订车辆损失险的初衷即是为了车辆发生事故后及时获得保险赔偿,从而免于因向侵权第三人索赔所产生的诉累或风险,但保险人通过格式条款的约定事实上将本应由其承担的代位追偿义务强加给投保人,投保人或被保险人即便能从保险人处获得部分赔偿,其未获赔偿部分因侵权第三人的履行能力或其他因素,能否赔偿到位将面临不确定的风险,案涉保险条款免除了保险人的自身责任、加重了投保人或被保险人的责任、排除对方主要权利,不仅对被保险人不公平,更会诱发道德风险,同样违背保险初衷和《保险法》的立法目的,故该条款的效力依法应予否定。⑨2010 年**浙江某保险合同纠纷案**,2010 年 12 月,画材公司法定代表人戴某驾驶公司投保车损险的车辆与鲁某驾驶的货车相撞,造成画材公司车辆损失 1 万余元,交警认定鲁某全责。画材公司单独起诉保险公司索赔,保险公司不仅认为应按事故责任比例计算赔偿金,而且认为即使赔付,亦应依保险合同约定计算赔款时扣除第三方机动车交强险应赔付的金额。法院认为:根据车损险条款约定,被保险机动车发生碰撞造成的损失,保险公司承担保险责任。此外,在车损险其他条款,均未发现第三者责任造成被保险车辆损失不属于保险人责任范围的规定。故第三者责任造成被保险车辆损失属于保险人车损险赔偿责任范围。同时,根据《保险法》关于代位求偿权的规定,保险公司应对被保险人的全部损失承担赔偿责任,继而可以向有责任的第三者进行代位追偿,故按责赔付条款的规定明显违反了《保险法》规定,将向第三者追偿的风险转嫁给了被保险人,免除了保险人自身依法应当承担的义务,依法亦应被认定为无效条款。关于保险理赔应否扣除第三方交强险应赔付的金额,根据合同相对性原理,画材公司与保险公司之间的保险合同条款对第三方无法律约束力,同时,保险公司也无权以第三者名义对画材公司应承担的责任或第三者的保险公司对画材公司应承担的责任来减少自身根据保险合同应当承担的赔偿责任,故该条规定对画材公司也是无约束力的,保险公司应承担车损险理赔责任。⑩2010 年**广东某保险合同纠纷案**,2008 年 4 月,运输公司司机王某驾驶被保险车辆与冯某驾驶的机动车发生碰撞,造成两车损坏、冯某死亡的交通事故。交警认定冯某全责,王某不承担事故责任。运输公司为本次交通事故支付被保险车辆维修费、拖车费、停车费共 17 万余元。保险公司以保险合同约定"按事故责任比例赔付"拒赔。法院认为:依据保险条款约定,保险事故发生,投保人有权根据其购买的车辆损失险要求保险人承担理赔责任。至于运输公司是应先向侵权第三人请求赔偿还是依保险合同约定向保险公司请求理赔,这是原告的权利,现原告首先依保险合同向被告请求理赔依法有据,理应获得支持。现保险人无证据证实被保险人放弃对第三方请求赔偿的权利,故保险人可在履行保险事故赔偿义务后在赔偿金额范围内代位行使被保险人对第三方请求赔偿的权利。保险条款约定了保险车辆驾驶人员按在事故中所负的责任比例,由保险人承担相应的赔偿责任。该条款对被保险车辆驾驶人在保险事故中的责任为零时,即不负事故责任时,保险人应承担何种赔偿责任没有约定。但并不能够由此推定出当被保险车辆驾驶人在保险事故中不承担责任时,保险人可以不向被保险人承担保险理赔责任,这显然是保险人单方的解释,缺乏事实及法律依据;当投保车辆驾驶人在交通事故中负有责任时都能获得赔偿,那么其无过错责任时则更应获得赔偿;且保险条款亦未约定投保车辆的驾驶人在交通事故中无责任时保险人不予赔偿;财产保险合同属于商事合同,如合同相对方没有过错,也无合同约定的免责事由的情形发生,则作为保险合同的保险人依法应按《保险法》规定及保险合同约定在被保险人索赔时承担保险理赔责任,这是保险人的法定义务;制定《保险法》的目的是保护保险活动当事人合法的权益,且维护社会经济秩序和社会公共利益,故作为在保险事故中无过错的当事人的合法利益更应当予以保护,而不是加以限制或不予保护(零赔付)。保险公司的主张完全背离了《保险法》的上述宗旨,依法不能成立。为了保障社会公共利益以及被保险人的合法权益,倡导当事人遵法、守法,遵守公共秩序,遵守交通规则良好风气,对于遵守法律规定的无过错的被保险人的合法权益,依法应在保险合同约定理赔范围内获得保险人完全的补偿。同时,依据保险合同关于免责条款的约定,表明被保险车辆驾驶人在保险事故中所负责任越大,保险公司免赔率越高。据此,若被保险车辆驾驶人在保险事故中没有责任,则保险人就没有相应的免赔率,而应当承担完全的理赔责任,这才更符合被保险车辆驾驶人无事故责任时,保险人应当承担的保险理赔责任的真实意思表示,也印证了上述认定,同时也符合《保险法》的规定以及社会公序良俗。且这样做也不损害保险人的利益,保险人可以依据《保险法》规定在向被保险人理赔后取得代位求偿权,向应承担事故全责的第三方予以追偿。故判决保险公司赔付运输公司维修费、拖车费、停车费共计17万余元。⑪2010年**北京某保险合同纠纷案**,2010年2月,刘某驾驶投保车辆与陶某车辆相撞,交警认定陶某全责,刘某为修理保险车辆花费16.7万元,保险公司以无责免赔条款拒赔。法院认为:保险合同条款在"赔偿处理"部分约定的"保险人依据保险机动车一方在事故中所负责任比例,承担相应的赔偿责任",实质上减轻或免除了保险公司的赔偿责任,符合免责条款的本质特征。保险公司对合同条款"赔偿处理"部分并没有作出诸如加粗、加黑等足以引起投保人注意的提示,保险公司不能证明其对隐形免责条款履行了提示和明确说明义务,故上述内容不生效,保险公司不能援引上述内容拒绝承担赔偿保险金的责任。刘某车辆损失中的2000元由交强险负责赔偿,余额16.5万元保险公司应在机动车损失险项下予以赔偿。⑫2008年广东某保险合同纠纷案,2008年7月,欧某的车辆与魏某驾驶的机动车碰撞致车辆损失1万余元,交警认定魏某负全责。欧某投保的保险公司以合同约定的零责免赔条款拒赔。法院认为:事故责任比例不等于保险赔偿责任比例。保险公司将约定的"依事故责任比例承担保险赔偿责任"解释为事故责任比例等同于保险赔偿责任比例,将会导致"车主一方责任越大,保险公司赔偿越多,反之愈少",甚至不必对车主"零责任"保险事故赔偿的局面,此解释既不符合公平合理原则,也存在逻辑矛盾,故不应支持。本案被保险车辆发生了保险事故且不存在任何保险公司可免赔或免责的情形,保险公司应对欧某投保车辆损失进行全额赔偿。⑬2008年河南某保险合同纠纷案,2007年9月,系统公司投保机动车发生事故,造成车损人伤,交警认定对方全责,保险公司据此以合同中独立的"无责不赔"条款约定拒绝保险理赔。法院认为:本案中,保险公司提供的保险合同的"无责不赔"条款属格式合同。在订立保险合同时,除责任免除条款外,其他条款中不应当再有责任免除的条款,如存在此类条款,保险公司应向作为投保人的系统公司明确说明,保险公司事后不予赔付行为违背保险活动中应遵循的最大诚信原则。在无证据证明系统公司已放弃对第三方追偿的权利情况下,系统公司有权请求保险公司先予承担因交通事故所造成损失的赔偿责任,保险公司不予赔付行为漠视了代位求偿制度的存在,故其拒赔理由不成立。⑭2007年广东某保险合同纠纷案,2007年6月,张某投保机动车与他人驾驶的假牌照车相撞受损,交警认定张某一方无责。保险公司以"被保险人放弃对第三方的请求赔偿的权利"拒赔。法院认为:张某作为交通事故侵权受害人和保险事故索赔权利人,有权选择便捷的司法救济途径,既有权选择侵权致害人承担车辆损失的赔偿责任,也有权选择根据其购买的车辆损失险要求保险人赔偿其汽车遭受的损失。保险公司在无任何证据证明张某已放弃对第三方索赔情况下,以被保险人无责、张某须先起诉肇事车主或追加肇事车主为共同被告参加诉讼后才予理赔的主张缺乏法律依据,故保险公司应赔偿张某车辆损失。⑮2007年浙江某保险合同纠纷案,2007年4月,陈某丈夫蓝某驾驶轿车肇事致己方车损人伤,交警认定事故对方负全责。陈某作为投保人和被保险人直接找自己一方的保险公司要求理赔遭拒。法院认为:陈某允许的合法驾驶人使用保险车辆过程中,在保险合同有效期内发生保险事故,保险公司应按合同约定负责赔偿保险金。陈某有权在合同和侵权之间选择一个有利于自己的法律关系进行诉讼。陈某依据保险合同提起诉讼,并不能就推定出陈某放弃了对第三者请求赔偿的权利。驾驶员蓝某与陈某系夫妻关系,蓝某在事故中所受损失即是陈某所受损失,属合同约定的保险责任,保险公司亦应依约赔偿。保险公司从支付保险金之日起,可代位行使陈某向第三者请求赔偿的权利。本案被告保险公司辩称投保方驾驶员在事故中没有责任保险人就不负责赔偿的解释不符合我国《合同法》的有关精神。无交通事故责任的车主请求自己所投保的保险公司支付保险金。⑯2006 年广东某保险合同纠纷案,2005 年 1 月,运输公司投保车辆损失险的客车被其他车碰撞致损 1 万余元,交警认定运输公司一方无责。运输公司向保险公司申请理赔时,因无责遭拒。法院认为:本案属财产保险合同纠纷,运输公司既可依侵权要求肇事方赔偿,也可依保险合同要求保险公司承担保险责任。因本案为合同与侵权之诉竞合,运输公司选择保险合同之诉后,法院无须追加侵权加害方为第三人。保险合同无责免赔条款未能区分保险人对保险车辆的责任与保险人对保险车辆造成其他损失时的责任界限,且该条款属于免除其责任和限制对方主要权利之条款,应视为未订入保险合同中,对投保人不产生效力。故运输公司之保险车辆损毁属于保险人承保范围,保险公司应承担赔付责任。

【同类案件处理要旨】

对商业第三者责任险中"无责免赔"条款的条款效力,通常认为此种比例赔偿的做法,不符合法律追求正义、秩序的基本价值,有违保险立法尊重社会公德与诚实信用的原则,故司法裁判实践中基本上对此持否定态度。

【相关案件实务要点】

1.【责任】保险公司应以法院认定的机动车主进行赔偿,而非以公安部门对交通事故责任的认定为依据不当免除自己的赔偿责任。有责赔付、无责不赔中的"责",在责任保险中的正确含义不是事故责任的"责",而是法律上应负的赔偿责任的"责"。案见广东佛山中院(2009)佛中法民一终字第 21 号"甘某等诉晏某等交通事故损害赔偿案"。

2.【责任比例】事故责任比例不等于保险赔偿责任比例。保险合同约定的"依事故责任比例承担保险赔偿责任"解释为事故责任比例等同于保险赔偿责任比例,不应被支持。案见广东肇庆中院(2008)肇中法民商终字第 286 号"欧某诉某保险公司保险合同纠纷案"。

3.【违法条款】机动车保险合同中"无责免赔"的条款还因漠视代位求偿制度的存在而无效。案见河南平顶山中院(2008)平民终二字第 486 号"某系统公司诉某保险公司保险合同纠纷案"。

4.【免责条款】"按事故责任比例赔付"的约定限制了被保险人的合法权益,属于免责条款。而该免责条款往往与保险合同的其他有效条款相矛盾,与现行法律法规相矛盾,违背了保险活动尊重社会公德、维护社会公共利益、诚实信用、维护当事人合法权益的基本原则,应认定为无效约定。案见广东广州中院(2010)穗中法民二终字第61号"某运输公司诉某保险公司保险合同纠纷案"。

5.【排除对方权利】按责赔付条款违反了《保险法》关于代位求偿权的规定,将向第三者追偿的风险转嫁给了被保险人,免除了保险人自身依法应承担的义务,依法应为无效。案见浙江宁波海曙区法院(2011)甬海商初字第659号"某画材公司诉某保险公司等保险合同纠纷案"。

6.【选择求偿】因交通事故侵权行为导致保险车辆受损的,被保险人既有权基于侵权要求侵权人赔偿车辆损失,也有权基于保险合同要求保险公司履行保险赔付责任。案见福建安溪法院(2008)安民初字第17号"林某诉某保险公司保险合同纠纷案"(见本书案例99"理赔前置程序的效力")。

7.【隐性免责条款】隐性免责条款大量存在于保险合同条款中。如果保险公司仅对"责任免除"部分条款履行提示及明确说明义务,隐性免责条款不产生效力,保险公司不得以此拒绝承担保险责任。案见北京西城法院(2010)西民初字第7227号"刘某诉某保险公司保险合同纠纷案"。

8.【投保目的】投保人向保险公司投保《机动车车上人员责任保险》,保险公司在其提供的保险条款中约定保险事故发生后,保险人应予赔偿的情况下,"保险人依据被保险机动车驾驶人在事故中所负的事故责任比例,承担相应的赔偿责任"的,该格式条款实质上将保险人所应承担的风险责任转移给事故的责任方,有违投保人从保险机构先获理赔的投保目的,亦不利于鼓励投保之车辆驾驶人遵守交通法律法规、促进保险人理赔后之追偿、社会风险化解、社会诚信增强等诸多社会公共政策,故应认定该条款无效。案见江苏宿迁中院(2011)宿中商终字第0035号"张某等诉某保险公司保险合同纠纷案"。

【附注】

参考案例索引:重庆三中院(2009)渝三中法民终字第1448号"吴某诉某保险公司保险合同纠纷案",判决保险公司赔偿吴某三者责任险2.7万余元、车辆损失险8500余元。见《保险合同中的"无责免赔"条款效力认定》(杨建明),载《人民法院案例选·月版》(200910:85);另见《保险合同中无责免赔条款的效力认定——重庆三中院判决吴云军诉平安保险公司保险合同纠纷案》(杨建明),载《人民法院报·案例指导》2010年4月1日,第6版;另见《保险合同无责免赔条款的效力》(杨建明),载《人民司法·案例》(201014:93)。①浙江奉化法院(2014)甬奉商初字第948号"王某与某保险公司保险合同纠纷案",见《王甩叶诉中国平安财产保险股份有限公司奉化支公司保险合同纠纷案——被保险人对外不承担赔偿责任时保险公司应否按约理赔》(郭建标),载《人民法院案例选》(201603/97:200)。②广东广州中院(2014)穗中法金民终字第742号"陈某与某保险公司保险合同纠纷案",见《陈荣军诉中国平安财产保险股份有限公司广东分公司保险合同纠纷案——责任保险中保险事故成就的认定》(王灯、辛野),载《人民法院案例选》(201602/96:155)。③浙江宁波中院(2014)浙甬民二终字第379号"朱某与某保险公司等交通事故责任纠纷案",见《朱良翠诉中国平安财产保险股份有限公司常熟支公司等机动车交通事故责任案(非致害车辆保险人对交通事故中受害人损失应承担交强险无责赔偿责任)》(陈涤鑫),载《中国审判案例要览》(2015民:132)。④广东清远清城区法院(2014)清城法民二初字第229号"陈某与某保险公司保险合同纠纷案",见《陈炜远诉中国人民财产保险股份有限公司清远市分公司财产保险合同纠纷案(车辆损失险是否以保险车辆一方负有责任为赔偿前提)》(黄睿),载《中国审判案例要览》(2015民:121)。⑤北京朝阳区法院(2013)朝民初字第1980号"马某与某保险公司保险合同纠纷案",见《马跃诉永安财产保险股份有限公司北京分公司保险合同纠纷案(保险条款交付的证明标准)》(李方),载《中国审判案例要览》(2014商:272)。⑥上海嘉定区法院(2012)嘉民一(民)初字第1992号"刘某诉谈某等机动车交通事故责任纠纷案",见《"机非"交通事故中无责机动车不应承担交强险外赔偿责任》(钱宏兴、邵文龙),载《人民司法·案例》(201318:85)。⑦北京二中院(2011)二中民终字第12019号"张某与某保险公司保险合同纠纷案",见《张凤江诉中国人民财产保险股份有限公司北京市丰台支公司保险合同案(第三者商业险)》(罗红斌、侯斌),载《中国审判案例要览》(2012商:308)。⑧江苏宿迁中院(2011)宿中商终字第0035号"张某等诉某保险公司保险合同纠纷案",见《张杨等诉阳光财险宿迁支公司按责理赔条款无效保险合同纠纷案》(赵虎、朱庚),载《江苏高院公报·参阅案例》(201103:67)。⑨浙江宁波海曙区法院(2011)甬海商初字第659号"某画材公司诉某保险公司等保险合同纠纷案",见《车损险按责赔付条款的法律效力》(张丽),载《人民司法·案例》(201116:36)。⑩广东广州中院(2010)穗中法民二终字第61号"某运输公司诉某保险公司保险合同纠纷案",见《广东新年泰达运输公司诉中国人民财产保险股份有限公司广州市天河支公司财产保险合同纠纷案》(张英),载《人民法院案例选》(201101:18)。⑪北京西城法院(2010)西民初字第7227号"刘某诉某保险公司保险合同纠纷案",见《保险合同中隐性免责条款及效力的认定——北京西城法院判决刘宇诉保险公司财产保险合同纠纷案》(黄冠猛),载《人民法院报·案例指导》(20110616:6)。⑫广东肇庆中院(2008)肇中法民商终字第286号"欧某诉某保险公司保险合同纠纷案",见《被保险人在交通事故中为"零责任"时,保险公司仍应赔偿——欧凤霞诉安邦财产保险股份有限公司肇庆中心支公司保险合同案》(罗静芳、任建新),载《人民法院案例选·月版》(200912:32)。⑬河南平顶山中院(2008)平民终二字第486号"某系统公司诉某保险公司保险合同纠纷案",判决保险公司支付保险赔付款共计8万余元。见《保险公司应为无责任事故车辆及人员理赔——平顶山中选自控系统有限公司诉阳光财产保险公司保险合同纠纷案》(张春阳、张莹),载《人民法院报·案例指导》(20081031:5)。⑭广东汕头潮阳法院(2007)潮阳民二初字第221号"张某诉某保险公司保险合同纠纷案",判决保险公司给付张某保险赔偿金4万余元。见《车损险的权利人有权选择索赔方式》(李统才),载《人民司法·案例》(200810:29)。⑮浙江青田法院(2007)青民初字第971号"陈某诉某保险公司等保险合同纠纷案",见《陈玉静与安邦财产保险股份有限公司浙江分公司保险合同纠纷案》(张胜敏),载《中国审判案例要览》(2008民事:151)。⑯广东东莞中院(2006)东中法民二终字第392号"某运输公司诉某保险公司保险合同纠纷案",见《保险案件中不真正连带债务的承担》(何庆宜、谭伟明),载《人民司法·案例》(200804:35)。

93. 免责条款的法律效力
——免责有约定,是否生效力?

【免责条款】

【案情简介及争议焦点】

2010年3月,石某将投保交强险和商业三者险的机动车转让给刘某,保险公司对保单做了批改并出具了保险批单。同年9月,刘某雇请的司机张某驾驶该车因制动不合格肇事,造成第三者施某死亡,交警认定张某、施某分负主、次责任。法院判决保险公司在交强险限额内赔偿11万余元,刘某与张某连带赔偿交强险责任限额之外的28万余元。现刘某起诉保险公司要求给付商业三者险保险金24万余元,保险公司以车辆未年检违反保险合同约定拒赔。刘某称保险公司对该免责条款未尽说明义务不应适用。

争议焦点:1.保险公司是否有义务就免责条款对车辆转让后的买受人进行明确说明和告知?2.保险公司应否理赔?

【裁判要点】

1.免责条款的说明义务。车辆应按期年检系常识,驾驶员均应明知并按期履行该项义务,该情形下保险人的明确说明义务可适当减轻,但并不因此当然免除。本案保险公司已在"投保人声明"中提示投保人注意免责条款,投保人石某已在该处签字,证明保险公司已尽明确说明义务。《保险法》规定投保人和保险人可以协商变更合同内容,但并未规定批改保单时保险人须将免责事由向批改后的被保险人说明。保险合同作为民事合同一种,在受到其作为特别法的《保险法》调整外,当然亦应受《合同法》调整,本案石某将其车辆转让给刘某,保险人对保单做了批改,将被保险人由石某变更为刘某,即债的一方主体石某将其债权债务一并移转予刘某属《合同法》上的债的概括承受,保险公司依法可作为债务人可就其免责条款向刘某抗辩,故保险公司无义务向批改后的被保险人刘某就免责条款做明确说明义务。

2. 保险公司不承担责任。 案涉车辆未按期年检且制动不合格虽非交通事故唯一原因,但制动不合格系非常严重的安全隐患,必然导致车辆发生交通事故的概率显著增加,在合同条款明确约定情形下,保险公司不应承担保险责任,故驳回刘某诉讼请求。

【裁判依据或参考】

1. 法律规定。《保险法(2015年修正)》(2015年4月24日)第17条:"订立保险合同,采用保险人提供的格式条款的,保险人向投保人提供的投保单应当附格式条款,保险人应当向投保人说明合同的内容。对保险合同中免除保险人责任的条款,保险人在订立合同时应当在投保单、保险单或者其他保险凭证上作出足以引起投保人注意的提示,并对该条款的内容以书面或者口头形式向投保人作出明确说明;未作提示或者明确说明的,该条款不产生效力。"第19条:"采用保险人提供的格式条款订立的保险合同中的下列条款无效:(一)免除保险人依法应承担的义务或者加重投保人、被保险人责任的;(二)排除投保人、被保险人或者受益人依法享有的权利。"《合同法》(1999年10月1日,2021年1月1日废止)第39条:"采用格式条款订立合同的,提供格式条款的一方应当遵循公平原则确定当事人之间的权利和义务,并采取合理的方式提请对方注意免除或者限制其责任的条款,按照对方的要求,对该条款予以说明。格式条款是当事人为了重复使用而预先拟定,并在订立合同时未与对方协商的条款。"第40条:"格式条款具有本法第五十二条和第五十三条规定情形的,或者提供格式条款一方免除其责任、加重对方责任、排除对方主要权利的,该条款无效。"

2. 司法解释。 最高人民法院《关于适用〈中华人民共和国保险法〉若干问题的解释(四)》(2018年9月1日,2020年修正,2021年1月1日实施)第2条:"保险人已向投保人履行了保险法规定的提示和明确说明义务,保险标的受让人以保险标的转让后保险人未向其提示或者明确说明为由,主张免除保险人责任的条款不成为合同内容的,人民法院不予支持。"最高人民法院《关于适用〈中华人民共和国保险法〉若干问题的解释(二)》(2013年6月8日,2020年修正,2021年1月1日实施)第9条:"保险人提供的格式合同文本中的责任免除条款、免赔额、免赔率、比例赔付或者给付等免除或者减轻保险人责任的条款,可以认定为保险法第十七条第二款规定的'免除保险人责任的条款'。保险人因投保人、被保险人违反法定或者约定义务,享有解除合同权利的条款,不属于保险法第十七条第二款规定的'免除保险人责任的条款'。"第10条:"保险人将法律、行政法规中的禁止性规定情形作为保险合同免责条款的免责事由,保险人对该条款作出提示后,投保人、被保险人或者受益人以保险人未履行明确说明义务为由主张该条款不生效的,人民法院不予支持。"第11条:"保险合同订立时,保险人在投保单或者保险单等其他保险凭证上,对保险合同中免除保险人责任的条款,以足以引起投保人注意的文字、字体、符号或者其他明显标志作出提示的,人民法院应当认定其履行了保险法第十七条第二款规定的提示义务。保险人对保险合同中有关免除保险人责任条款的概念、内容及其法律后果以书面或者口头形式向投保人作出常人能够理解的解释说明的,人民法院应当认定保险人履行了保险法第十七条第二款规定的明确说明义务。"第12条:"通过网络、电话等方式订立的保险合同,保险人以网页、音频、视频等形式对免除保险人责任条款予以提示和明确说明的,人民法院可以认定其履行了提示和明确说明义务。"第13条:"保险人对其履行了明确说明义务负举证责任。投保人对保险人履行了符合本解释第十一条第二款要求的明确说明义务在相关文书上签字、盖章或者以其他形式予以确认的,应当认定保险人履行了该项义务。但另有证据证明保险人未履行明确说明义务的除外。"最高人民法院《关于适用〈中华人民共和国合同法〉若干问题的解释(二)》(2009年5月13日 法释〔2009〕5号,2021年1月1日废止)第6条:"提供格式条款的一方对格式条款中免除或者限制其责任的内容,在合同订立时采用足以引起对方注意的文字、符号、字体等特别标识,并按照对方的要求对该格式条款予以说明的,人民法院应当认定符合合同法第三十九条所称'采取合理的方式'。提供格式条款一方对已尽合理提示及说明义务承担举证责任。"最高人民法院研究室《关于对〈保险法〉第十七条规定的"明确说明"应如何理解的问题的答复》(2000年1月24日 法研〔2000〕5号):"……《中华人民共和国保险法》第十七条规定:'保险合同中规定有保险责任免除条款的,保险人应当向投保人明确说明,未明确说明的,该条款不发生法律效力。'这里所规定的'明确说明',是指保险人在与投保人签订保险合同之前或者签订保险合同之时,对于保险合同中所约定的免责条款,除了在保险单上提示投保人注意外,还应当对有关免责条款的概念、内容及其法律后果等,以书面或者口头形式向投保人或其代理人作出解释,以使投保人明了该条款的真实含义和法律后果。"

3. 部门规范性文件。中国保监会《关于加强机动车辆商业保险条款费率管理的通知》(2012年2月23日 保监发〔2012〕16号)第2条:"……(三)保险公司应当在投保单首页最显著的位置,用红色四号以上字体增加'责任免除特别提示',对保险条款中免除保险公司责任的条款作出足以引起投保人注意的提示,并采用通俗易懂的方式,对该条款的内容以书面或者口头形式向投保人作出明确说明。保险公司应当提示投保人在投保单'责任免除特别提示'下手书:'经保险人明确说明,本人已了解责任免除条款的内容'并签名。(四)保险公司应当在保险单醒目位置注明'为保护投保人合法权益,投保人在签署保险合同时应当仔细阅读保险合同内容特别是责任免除条款,审慎选择保险产品。本保险合同如有违反法律法规情形,由本公司依法承担责任。'"中国保监会《关于加强机动车交通事故责任强制保险中介业务管理的通知》(2006年8月2日 保监发〔2006〕86号)第3条:"……保险中介机构应当向投保人明确说明交强险条款特别是有关责任免除事项的条款,并提醒投保人履行如实告知义务。"中国保监会《关于〈机动车辆保险条款〉的性质等有关问题的批复》(2003年5月20日 保监办复〔2003〕92号)第2条:"《中华人民共和国保险法》和《中华人民共和国合同法》在规定有关说明义务的同时,并没有具体规定说明义务的履行方式,但一般来说,仅仅采用将保险条款送交投保人阅读的方式,不构成对说明义务的履行。保险公司应当根据保险合同签订的具体情况,采用适当、充分的方式明确提示投保人,尽量使其明确合同中责任免除条款的内容,确保投保人的利益不受损害。保险公司的行为是否构成了对说明义务的履行,由司法机关或仲裁机构依法认定。"第3条:"在保险经营中,保险公司并不是对保险标的所发生的所有风险都予以赔偿,而往往基于相应的价格,约定予以赔偿的特定风险范围。因此,和一般合同中的责任免除条款不同,保险合同条款中的责任免除条款是从外延上对承保风险范围的具体界定,是保险产品的具体表述方式,不属于《中华人民共和国合同法》规定的免除己方责任,加重对方责任的不公平条款。"第4条:"为了防范道德风险,促使投保人尽到应有的谨慎和注意义务,在保险合同中设定一定比例的绝对免赔额和约定保险金额的条款并无矛盾,两者共同构成对风险保障范围和保险公司赔偿限额的约定。"中国保监会《关于商业医疗保险是否适用补偿原则的复函》(2001年7月25日 保监函〔2001〕156号)第2条:"根据《中华人民共和国保险法》第十七条'保险合同中规定有关保险人责任免除条款的,保险人在订立保险合同时应当向投保人明确说明,未明确说明的,该条款不产生效力',对于条款中没有明确说明不赔的保险责任,保险公司应当赔偿。"中国保监会《关于农九师一六九团与农九师保险分公司保险合同赔偿纠纷案适用规章的复函》(2000年3月23日 保监法〔2000〕6号):"新疆生产建设兵团农九师中级人民法院：你院发来的《关于农九师一六九团与农九师保险合同赔偿纠纷案适用法规的函》（农九中法函〔2000〕1号）收悉。根据来函所述情况，经研究，提出意见如下：从《机动车辆保险条款》第四条第一款、第四条第一款第四项以及《机动车辆保险条款和费率解释》的原意来看，保险人对'车辆所载货物泄漏造成人身伤亡和财产损毁'不负赔偿责任，包括由此产生的流污造成腐蚀、污染、人畜中毒、植物枯萎以及其他财物的损失，不负赔偿责任。此免责条款确定了保险人对保险事故所造成的损失免于赔偿的范围。你院来函中所述的柴油泄漏在此免赔的范围之内，故适用保险人免责条款。"中国保监会《关于保险条款中有关违法犯罪行为作为除外责任含义的批复》（1999年9月6日　保监复〔1999〕168号）第1条："根据合同法'意思自治'的原则，保险条款中的约定与法律、法规中的授权性规范或任意性规范虽有不同或重叠，但不抵触的，约定有效，对保险合同当事人有约束力。"第2条："由于各个险种的条款，尤其是产、寿险条款之间将违法犯罪行为列为除外责任的意义有很大不同，因此，对于违法行为、违法犯罪行为、犯罪行为或故意犯罪行为在除外责任条款中的含义，应具体情况具体分析，结合各个条款的具体内容，作符合逻辑的、公平的解释，不能一概而论。"第3条："在保险条款中，如将一般违法行为作为除外责任，应当采用列举方式，如酒后驾车、无证驾驶等；如采用'违法犯罪行为'的表述方式，应理解为仅指故意犯罪行为。"

4. 地方司法性文件。 江西宜春中院《关于印发〈审理机动车交通事故责任纠纷案件的指导意见〉的通知》（2020年9月1日　宜中法〔2020〕34号）第15条："人民法院审查保险公司免除保险人责任条款的效力时，应当遵循意思自治、契约自由的基本原则，严格遵守相关法律及司法解释的规定，不得随意否定免除保险人责任条款的效力。"第16条："商业三者险保险公司对于无证驾驶、醉驾、逃逸、超载等法律法规所禁止的情形约定免责的，保险人举证证明其对此已履行了提示义务的，应确认该约定有效。商业三者险保险公司对于法律法规中未做禁止性规定的情形约定免责的，保险人举证证明其对此已充分履行提示和明确说明义务的，应确认该约定有效。赔偿权利人有证据证明商业三者保险合同未送达给投保人的，则免责条款不发生法律效力。不计免赔系附加险种，被保险人未投保不计免赔的，应适用保险公司中有关赔率的约定，与保险人的提示、说明义务无关。提示、明确说明义务的认定，依照最高人民法院《关于适用〈中华人民共和国保险法〉若干问题的解释（二）》第十一条、第十二条规定。"安徽亳州中院《关于审理道路交通事故损害赔偿案件的裁判指引（试行）》（2020年4月1日）第17条："保险公司主张已就免责条款尽到提示和明确说明义务，应在商业三者险范围内免责的，至迟应在一审辩论终结前举证证明。一审未提供证据，二审提供证据的，二审法院依照《最高人民法院关于适用〈中华人民共和国民事诉讼法〉的解释》第一百零一条、第一百零二条的规定予以审查处理。"第18条:"商业三者险合同对于驾驶人饮酒、吸食或注射毒品,服用国家管制精神药品或麻醉药品、无驾驶证、驾驶证被吊销、证驾不符等法律、行政法规禁止驾驶车辆的情形,以及交通事故发生后驾驶人故意破坏、伪造现场、逃逸等情形约定免责的,保险人举证证明对此已履行提示义务的,应确认该约定有效。"第19条:"驾驶人无道路运输从业人员资格证,驾驶营运车辆从事货物或旅客运输时发生交通事故,保险公司以其对商业三者险合同中的免责条款尽到提示和明确说明义务为由主张免除保险公司商业三者险赔偿责任,一般不予支持。"第22条:"不计免赔率险系附加险种,被保险人未投保不计免赔率的,适用商业三者险合同中有关免赔率的约定,与保险人的提示、明确说明义务无关。"山东德州中院《机动车交通事故责任纠纷案件审判疑难问题解答》(2020年4月)第3条:"问题三:投保单、保险单等保险凭证上,仅加盖单位公章而无单位经办人员签字,能否认定保险人对免责条款尽到提示及明确说明义务?解答:根据最高人民法院《关于适用〈中华人民共和国保险法〉若干问题的解释(二)》第十三条的规定,投保人在相关文书上签字、盖章或者以其他形式予以确认的,应当认定保险人履行了提示及明确说明义务。上述条文未规定单位投保需经办人员签字,因此,仅有单位盖章的,应认定保险人履行了提示及明确说明义务。"第6条:"问题六:驾驶人实习期内驾驶营运车辆或者特种车辆、牵引挂车的车辆,是否应免除商业三者险保险公司的赔偿责任?解答:《中华人民共和国共和国道路交通安全法实施条例》第二十二条第二、三款规定,机动车驾驶人初次申领机动车驾驶证后的12个月为实习期。在该实习期内不得驾驶公共汽车、营运客车或者执行任务的警车、消防车、救护车、工程救险车以及载有爆炸物品、易燃易爆化学物品、剧毒或者放射性等危险物品的机动车,驾驶的机动车不得牵引挂车。根据《最高人民法院关于适用〈中华人民共和国保险法〉若干问题的解释(二)》第十条的规定,保险人对上述行政法规禁止性规定的免责事由,尽到提示义务后,该免责条款生效,免除保险人的商业三者险赔偿责任。对于驾驶员处于增驾实习期的,增驾实习期不同于上述规定的实习期,保险人如能够举证证明其对增驾实习期的具体含义、内容尽到明确说明义务的,应免除其商业三者险赔偿责任。"山东高院民二庭《关于审理保险纠纷案件若干问题的解答》(2019年12月31日)第2条:"被保险人应否承担如实告知义务?答:根据保险法第十六条及《最高人民法院关于适用〈中华人民共和国保险法〉若干问题的解释(二)》第五条规定,投保人为如实告知义务的履行主体。保险人对被保险人的询问不能视为对投保人的询问。但是,如果保险人就相关事项同时向投保人和被保险人进行询问,投保人或者被保险人只要有一人如实告知,则应视为投保人就该事项的告知义务已经履行。"第3条:"保险代理人代投保人填写如实告知事项,能否认定投保人履行了如实告知义务?答:保险代理人是指根据保险人的委托授权,代理经营保险业务,并收取代理费用的人。保险代理人在保险人授权的范围内以保险人名义进行的业务活动,其民事行为后果应当由保险人承担。保险代理人代为填写投保人如实告知事项并代投保人签名的,应视为保险人对投保人如实告知义务的免除。保险人再以投保人未尽如实告知义务为由,要求解除合同并免除赔偿责任的,人民法院不予支持。保险代理人代为填写后经投保人签名确认的,代为填写的内容应视为投保人的真实意思表示,投保人的如实告知义务并不能因此而免除。"第4条:"如何认定保险法中的'法律、行政法规的禁止性规定',对于禁止性规定保险人是否需要履行提示和明确说明义务?答:禁止性规定是命令民事主体不得为一定行为之规定,属于强制性规定,任何主体都应当遵守。在判断某种行为是否违反了'法律、行政法规的禁止性规定'时应当按照以下标准:法律、行政法规对于该行为的法律后果作出了全面否定性评价;法律、行政法规对于比该行为相对较轻的行为已作出全面否定性评价。对于法律、行政法规的禁止性规定,投保人有义务知晓并理解规定内容。故保险人只需提示被保险人违反禁止性规定将导致保险人免责的后果,使得投保人知晓违反禁止性规定与保险人免责之间的直接联系即可。"第5条:"保险合同中关于'投保人应当于规定时限内阅读相关免责条款,逾期未告知阅读情况视为无异议'的条款对投保人是否具有约束力,能否免除保险人的提示和明确说明义务?答:保险人应当主动履行对免责条款的提示和明确说明义务,使投保人完全了解其含义,全面认知保险责任范围及责任免除事项,从而帮助其决定是否投保并对所投保险产生合理预期。上述保险合同条款将保险人的提示和明确说明义务转变为投保人的阅读和自行理解义务,应当认定对投保人不具有约束力,不能视为保险人履行了提示和明确说明义务。"江苏高院民一庭**《关于准确理解商业第三者责任保险合同"许可证"免责条款有关问题的通知》**(2019年11月11日 苏高法电〔2019〕761号):"……商业第三者责任险合同约定:'驾驶出租机动车或营业性机动车无交通运输管理部门核发的许可证书或其他必要证书的,保险人不负责赔偿。'对于该条款的理解应当区分不同情形按照以下方式处理:一、2019年3月18日施行的《中华人民共和国道路运输条例》第二十二条第三项规定'从事货运经营的驾驶人员应经设区的市级道路运输管理机构对有关货运法律法规、机动车维修和货物装载保管基本知识考试合格(使用总质量4500千克以及普通货运车辆的驾驶人员除外)'。第二十四条第三款规定'使用总质量4500千克以下普通货运车辆从事普通货运经营的,无需按照本条规定申请取得道路运输经营许可证及车辆营运证。'交通运输部《道路运输从业人员管理规定》第五十条规定'使用总质量4500千克及以下普通货运车辆的驾驶人员,不适用本规定。'据此,对于总质量4500千克以下的普通货运车辆在2019年3月18日后发生交通事故,因不符合适用免责条款的前提条件,保险公司依据商业第三者责任保险合同的免责条款主张免责的,不予支持。二、对于客运车辆、总质量 4500 千克以上的普通货运车辆和危险货物运输车辆,保险公司提交证据证明其对该免责条款已尽到充分提示和明确说明义务的,免责条款有效。保险公司据此主张免责的,应予支持。提示义务是指保险公司以加粗加黑等足以引人注意的方式提醒投保人注意相关免责条款的内容。关于说明义务:1. 对于本通知下发之日尚未审结的一、二审案件,说明义务是指保险人向投保人明确说明主管部门核发的具体证书的种类和名称并经投保人确认,不能以有关部门核发的必备证书、资格证书、相关证书等不明确的表述替代。2. 对于本通知下发之日已发生法律效力的案件,说明义务是指投保人收到保险合同后确认其已充分理解免责条款的内容。三、人民法院审理此类案件时,应当着重审查投保人是否实际收到载有具体合同条款的保险合同(包括向投保人指定的数据系统发送电子保险合同),是否通过手写或者网络身份识别等方式确认其已充分理解保险合同中免责条款的内容等。保险公司未向投保人送达保险合同,投保人支付保险费予以追认仅表明保险合同成立,不能据此认定保险公司已尽到提示和说明义务。四、对于总质量 4500 千克以下的普通货运车辆在 2019 年 3 月 18 日前发生交通事故的,按照第二条处理。"四川高院《关于印发〈四川省高级人民法院机动车交通事故责任纠纷案件审理指南〉的通知》(2019 年 9 月 20 日　川高法〔2019〕215 号)第 19 条:"【商业三者险处理原则】人民法院应当严格依照合同法、保险法以及保险合同处理商业三者险纠纷。"第 20 条:"【商业三者险合同免责条款生效条件】商业三者险合同约定的免责事项属于法律禁止性事项的,保险公司只需就该免责事项向投保人履行提示义务。商业三者险合同约定的免责事项不属于法律禁止性事项,保险公司除对该免责事项向投保人作出提示外,还应当履行明确说明义务。"第 21 条:"【是否履行提示、明确说明义务的认定】保险公司在投保单或者保险单等其他保险凭证上,对保险合同中的免责条款,以足以引起投保人注意的文字、字体、符号或者其他明显标志作出提示的,应当认定其履行了提示义务。保险公司对保险合同中免责条款的概念、内容及其法律后果以书面或者口头形式向投保人作出常人能够理解的解释说明的,应当认定其履行了明确说明义务。通过网络、电话等方式订立的保险合同,保险公司以网页、音频、视频等形式对免责条款予以提示和明确说明的,可以认定其履行了提示和说明义务。通过网络销售保险产品,同时满足以下条件的,可以认定保险公司已履行明确说明义务:(一)网页主动弹出保险格式条款对话框,完整展示条款内容,并采用特殊字体、符号、醒目颜色对免责条款进行特别提示;(二)已设置强制停留阅读程序,保证投保人在合理时间内强制性阅读合同条款;(三)通过音频、视频、flash、人工在线服务、人工电话服务等多种形式对保险合同中专业化、技术化、复杂化条款及免除保险人责任条款进行普通人能够理解的解释说明;(四)投保流程有专门的'投保人声明'

设置,投保人明确确认其已理解合同内容特别是免责条款内容并自愿投保;(五)投保流程中有关于客户身份识别的设置,如人脸识别、电子签名、短信验证等。"第22条:"【商业三者险的相关附加险种】车载货物掉落责任险、不计免赔特约险等均为商业三者险的附加险,保险公司根据上述附加险的投保约定承担保险责任。"江苏宿迁中院《机动车交通事故责任纠纷审判工作有关问题的解答》(2018年12月25日 宿中发民三电〔2018〕4号)第3条:"从事经营性货物道路运输车辆驾驶的人员,无道路交通管理部门颁发的道路货物运输人员从业资格证,保险公司是否可以免赔?答:该条款不属于无效条款,系一般免责条款,经保险公司在投保时履行提示和说明义务后即具有法律效力。国务院颁布的《中华人民共和国道路运输条例》第二十三条规定,从事货运经营的驾驶人员,应当符合下列条件:(一)取得相应的机动车驾驶证;……(三)经设区的市级道路运输管理机构对有关货运法律法规、机动车维修和货物装载保管基本知识考试合格。交通部颁布的《道路运输从业人员管理规定》第六条规定,国家对经营性道路客货运输驾驶员、道路危险货物运输从业人员实行从业资格考试制度。第十条规定,经营性道路货物运输驾驶员应当符合下列条件:(一)取得相应的机动车驾驶证;……(三)掌握相关道路货物运输法规、机动车维修和货物装载保管基本知识;(四)经考试合格,取得相应的从业资格证件。由此可以看出,从事经营性货物运输的驾驶员,除应当具备与准驾车型相符的合法驾驶资格外,还应当经道路运输管理机构对相关专业知识进行考试合格。虽然国务院行政法规未规定实施从业资格制度,但仍将考试合格作为驾驶员从事货运经营的必要条件。交通部的规章设定的从业资格制度,是对行政法规中相关规定的具体落实,从业资格管理制度并不属于营业性货物运输活动驾驶员的额外要求。车辆驾驶不同于经营性运输,道路运输以是否盈利为目的可以区分为经营性道路运输和非经营性道路运输。经营性道路运输,指为社会提供服务、发生费用结算或者获取报酬的道路运输。非经营性道路运输是指为本人、本单位的生产、生活服务,不发生费用结算或者不收取报酬的道路运输。经营性道路运输的特点在于服务对象是任何不特定的社会大众,且服务后发生费用结算或报酬。驾驶员驾驶车辆的频次、强度、时间、路程都远高于非经营性运输,危险性较强。保险条款规定'无交通运输管理部门核发的许可证或其他必备证书'免除赔偿责任的条款系对上述法律制度的引述,并非保险公司为排除被保险人权利、加重其负担而专门制定的免责条款,不应当认定为无效条款。"第6条:"投保过程中保险公司就免责条款对代理人履行明确说明义务的效果如何认定?最高人民法院研究室《关于对保险法第十七条规定的'明确说明'应如何理解的问题的答复》指出,'明确说明',是指保险人在与投保人签订保险合同之前或者签订保险合同之时,对于保险合同中所约定的免责条款,除了在保险单上提示投保人注意外,还应当对有关免责条款的概念、内容及其法律后果等,以书面或者口头形式向投保人或其代理人作出解释,以使投保人明了该条款的真实含义和法律后果。根据该答复,保险合同的订立过程中,保险人可以向投保人的代理人履行明确说明义务。根据《民法总则》的规定,民事主体可以通过代理人实施民事法律行为。代理人在代理权限内,以被代理人名义实施的民事法律行为,对被代理人发生效力。代理人代为投保,对被代理人具有法律效力。但在车辆保险的投保过程中,判断双方之间是代理关系还是协助投保关系时,应当从以下几方面综合考虑:(1)投保的名义;(2)投保单签字是由代理人还是被代理人所签;(3)如代理人签字,所签名字是否为被代理人名字,有无同时注明代理人名字;(4)代理人的身份,是否为家庭成员、亲戚朋友或4S店员工等;(5)保费如何支付。认定构成代理关系,应当考察当事人陈述及证人证言。"安徽阜阳中院《机动车交通事故责任纠纷案件裁判标准座谈会会议纪要》(2018年9月10日)第1条:"保险公司单独制作免责事项说明书,将免责条款单列、字体加粗、加黑、加大,投保人在说明书后签字或盖章确认的,可以认定保险公司已履行说明义务。对加重投保人责任、减免保险人责任的格式条款,按法律规定确定其效力。对法律禁止性规定的行为,如逃逸、醉酒、毒驾、无证驾驶(证驾不符)等情形的,保险公司仅需要提示即可,无需明确说明。"第13条:"商业三者险中的绝对免赔额属合同约定内容,应予扣除;医疗费中已报销的基本医疗保险费应予扣除。"浙江湖州中院《关于印发〈2018年道路交通事故责任纠纷案件基本赔偿项目及标准〉的通知》(2018年9月5日 湖中法〔2018〕92号):"受害人同时起诉侵权人和保险公司的,判项一般表述为:'一、××(侵权人)于本判决生效起十日内向××(受害人)支付赔偿款××元;二、保险公司对上述款项在交强险范围内承担理赔责任××元,在商业第三者责任险范围内承担理赔责任××元,上述责任先于××(侵权人)履行。'":"提示及说明义务:①保险公司应当就格式条款中免责条款和限责条款向投保人已尽合理提示及说明义务承担举证责任。②下列情形,保险人的明确说明义务可适当减轻但不得免除:(一)同一投保人签订二次以上同类保险合同的;(二)机动车辆保险合同中规定严重违反交通法规的免责条款,如无证驾驶、酒后驾车、肇事后逃逸等。③合理提示及说明义务:保险人在投保单、保险单或其他保险凭证对免责条款有显著标志(如字体加粗、加大、相异颜色等),对全部免责条款及对条款的说明内容集中单独印刷,并对此附有'投保人声明',或附有单独制作'投保人声明书',投保人已签字确认并同时表示对免责条款的概念、内容及其法律后果均已经明了的,一般可认定保险人已履行明确说明义务,除非投保人、被保险人能提供充分的反驳证据。"山东济南中院《关于保险合同纠纷案件94个法律适用疑难问题解析》(2018年7月)第5条:"人民法院是否应当主动审查保险人履行《中华人民共和国保险法》(以下简称保险法)第十七条规定的提示和明确说明义务的情况。保险法第十七条规定:'订立保险合同,采用保险人提供的格式条款的,保险人向投保人提供的投保单应当附格式条款,保险人应当向投保人说明合同的内容。对保险合同中免除保险人责任的条款,保险人在订立合同时应当在投保单、保险单或者其他保险凭证上作出足以引起投保人注意的提示,并对该条款的内容以书面或者口头形式向投保人作出明确说明;未作提示或者明确说明的,该条款不产生效力。'人民法院对保险人是否按保险法第十七条的规定履行了提示和说明义务不采取职权审查方式。只有当保险人依据格式合同条款提出减免保险责任的主张,且被保险人或受益人明确要求人民法院依据保险法第十七条确认该保险合同条款不发生法律效力时,人民法院才应当予以审查。保险人依据格式合同条款提出减免保险责任的主张,但被保险人或受益人未明确要求人民法院确认该条款不发生法律效力的,人民法院应当予以释明。被保险人或受益人仍不予明确的,人民法院对保险人是否履行上述义务不予审查。"第6条:"人民法院是否应当依据职权审查保险合同条款有无违反保险法第十九条的规定。保险法第十九条规定:'采用保险人提供的格式条款订立的保险合同中的下列条款无效:(一)免除保险人依法应承担的义务或者加重投保人、被保险人责任的;(二)排除投保人、被保险人或者受益人依法享有的权利的。'保险人援引保险合同条款拒绝赔付的,人民法院应当依据职权审查该保险条款是否属于保险法第十九条规定的无效条款,且不受当事人主张的约束。"第7条:"当事人于一审时未要求人民法院确认保险合同条款未经提示和明确说明而不发生效力,二审时提出的,二审法院是否应予审查的问题。一审期间,被保险人或受益人未明确请求人民法院确认该格式合同条款不发生效力,但于二审期间要求二审法院确认该条款不发生效力的,二审法院不予支持。但保险人于二审期间提出依据格式合同条款应减免保险责任的新主张的,被保险人或受益人有权要求二审法院确认该格式合同条款因未履行提示和明确说明义务而不发生效力。"第8条:"免责条款效力认定。保险免责条款的效力认定问题直接关系到案件的实体处理结果,一直是保险纠纷当事人之间争执的焦点和影响司法尺度统一的难点问题。实务中保险人往往援引免责条款作为拒赔的依据,被保险人或受益人往往以免责条款无效或保险人未向投保人履行明确说明义务因而免责条款不产生法律效力为由,要求保险人赔偿或给付保险金。在判断免责条款效力问题时,应当区分保险免责条款无效、不生效、不属于保险事故、不用提示说明就当然有效及仅需提示就生效等情形。"第9条:"关于保险免责条款无效的认定。合同法第四十条规定:'格式条款具有本法第五十二条和五十三条规定情形的,或者提供格式条款一方免除其责任,加重对方责任、排除对方主要权利的,该条款无效。'险保法第十九条规定:'采用保险人提供的格式条款订立的保险合同中的下列条款无效:(一)免除保险人依法应承担的义务或者加重投保人、被保险人责任的;(二)排除投保人、被保险人或者受益人依法享有的权利的。'对于保险免责条款,即便保险人订立合同时向投保人履行了提示及明确说明义务,但若符合合同法第四十条、保险法第十九条规定的条件,也应当认定这类保险免责条款无效。实践中遇到的主要无效情形包括:(1)车损险中设定索赔前置条件的保险条款。车损险中一些保险条款规定:'保险车辆发生保险责任范围内的损失应由第三方负责赔偿的,被保险人应当向第三方索赔。如果第三方不予支付,被保险人应提起诉讼,经法院立案后,保险人根据被保险人提出的书面赔偿请求,应按照保险合同予以部分或全部赔偿,但被保险人必须将向第三方追偿的权利全部或部分转让给保险人,并协助保险人向第三方追偿。'保险条款规定被保险人首先要向负有责任的第三人求偿,实际上剥夺了被保险人直接向保险人求偿的权利,也不符合及时分散社会风险的保险功能。作为提供格式条款的保险人免除其直接给付保险金的义务,限制了被保险人直接要求保险人赔偿保险金的权利,应当依照合同法第四十条、保险法第十九条的规定认定该条款无效。(2)车损险中依据机动车驾驶人在事故中所负的事故责任比例承担相应的赔偿责任的约定无效。保险人据此主张保险车辆的驾驶员在事故中无责任时,保险人免责;驾驶员在事故中负全责时,保险人全赔;驾驶员在事故中负一定责任时,保险人按比例赔偿。总的赔付原则是:驾驶员在事故中的责任越大,保险人赔付比例越高。车损险是一种损失补偿保险,被保险人获得赔偿的依据是其实际损失,而非其承担的赔偿责任。按责任比例进行赔偿是第三者责任险的基础,在车损险中不应当适用。保险条款关于驾驶员在交通事故中无责任则保险人不承担赔偿责任的规定不符合保险法理,也不符合缔约目的,亦有违公平原则,且与鼓励机动车驾驶者遵守交通法规的社会正面价值导向背离,容易诱发道德风险,应当按照合同法第四十条及保险法第十九条的规定,认定该免责条款无效。(3)保险条款中的时效条款。保险法第二十六条规定:'人寿保险以外的其他保险的被保险人或者受益人,向保险人请求赔偿或者给付保险金的诉讼时效期间为二年,自其知道或者应当知道保险事故发生之日起计算。人寿保险的被保险人或者受益人向保险人请求给付保险金的诉讼时效期间为五年,自其知道或者应当知道保险事故发生之日起计算。'如果保险条款中约定被保险人或者受益人主张权利的时效分别少于二年和五年,则这种条款属于排除被保险人或受益人法定权利的条款,应当属于无效条款。(4)关于保险事故发生后,投保人、被保险人或受益人未履行及时通知义务的,保险人不承担保险责任的保险条款。保险法第二十一条规定:'投保人、被保险人或者受益人知道保险事故发生后,应当及时通知保险人。故意或者因重大过失未及时通知,致使保险事故的性质、原因、损失程度等难以确定的,保险人对无法确定的部分,不承担赔偿或者给付保险金的责任,但保险人通过其他途径已经及时知道或者应当及时知道保险事故发生的除外。'一些保险条款规定,保险事故发生后,如果投保人、被保险人或受益人不及时通知保险人,不在若干天内报案、提交有关保险单证,保险人将不承担保险责任。及时通知是保险合同履行中基于诚信原则而生的附随义务,不应仅因被保险人等违反该项附随义务而当然导致实体权利的丧失。据此,保险人只能对因投保人未及时履行通知义务致使保险事故的性质、原因、损失程度等难以确定的部分不承担保险责任。上述保险免责条款与保险法第二十一条的立法精神相悖,对投保人、被保险人、受益人而言有失公平,依据合同法第四十条、保险法第十九条的规定,应认定其无效。"第10条:"关于保险免责条款不生效的认定。保险法第十七条第二款规定,'对于保险合同中免除保险人责任的条款,保险人在订立合同时应当在投保单、保险单或者其他保险凭证上作出足以引起投保人注意的提示,并对该条款的内容以书面或者口头的形式向投保人作出明确说明;未作提示或者明确说明的,该条款不产生效力。'上述条文包含了保险人对于免责条款负有的提示和说明两项法定义务,只有保险人对免责条款尽到了提示及说明两项义务后,该条款才对投保人产生效力。如保险人在投保单、保险单或其它保险凭证上对免除保险人责任条款有显著标志,如字体加粗、加大或者颜色相异等足以引起投保人注意的字体,可认定保险人已尽提示义务;如保险人对免责条款的概念、内容及其法律后果作出了常人能够理解的解释与说明,可以认定保险人已经说明义务。认定保险免责条款是否产生效力的关键在于认定保险人是否履行了提示及明确说明义务。由于保险法未就提示及明确说明的方式作进一步界定,司法实践中关于保险人是否履行了上述义务的判断标准或宽或严,存在较大分歧。(1)投保人声明。投保人在投保单上'投保人声明栏'概括确认保险人对免责条款已尽明确说明义务并签字的,是否可据此认定保险人履行了明确说明义务。投保单上'投保人声明栏'载明:'保险人已向本人详细介绍了保险条款,并就该条款中有关责任免除和投保人、被保险人义务以及本投保单中付费约定的内容做了明确说明,本人接受上述内容,自愿投保本保险。'这是目前保险人较为通行的做法。第一种意见认为,投保人在投保单上的'投保人声明栏'已签字确认表示对免责条款的概念、内容及其法律后果均已经明了的,一般应认定保险人已履行提示和明确说明义务。但投保人有证据证明保险人未实际进行提示或明确说明的除外。(倾向性意见)第二种意见认为,鉴于实践中这类声明多是保险人印制好的格式条款,仅依据该声明尚不足以认定保险人履行了明确说明义务。第三种意见认为,保险合同在免责条款的告知形式上采取投保人声明等方式写入概括性告知内容,仅能起到提示投保人注意的作用,不足以证明保险人尽到了明确说明的义务,在这种情况下该免责条款不产生效力。如果这类声明是投保人手抄的,则可认定保险人履行了明确说明义务。(2)保险单上印制的限时阅读的条款。保险人在保险单上印制有'投保人有核对保险条款义务,超过规定时限未通知则视为投保人无异议'、'收到本保险单、承保险种对应的条款后,请立即核对,如有不符或疏漏,请在48小时内通知保险人并办理变更或补充手续,超过48小时未通知的,视为投保人无异议'等内容,据此能否认定其履行了明确说明义务。根据保险法第十七条的规定,保险人履行明确说明义务应是其主动行为,不能通过限时强迫投保人阅读的方式来履行保险人的明确说明义务,故此种情形下不应认定保险人履行了明确说明义务。(3)保险人与同一投保人多次签订同样的保险合同时,能否减轻或免除保险人的提示和明确说明义务。第一种意见认为,法律并未就保险人与同一投保人多次签订同样的保险合同情形作出例外规定,故不应因此减轻或免除保险人的提示和明确说明义务。第二种意见认为,可以因此免除保险人的提示和明确说明义务。因为作为连续性合同,只需一方提出继续缔约的要约,另一方承诺,重复性的行为可免,对投保人权利并无损害。而且,投保人有充分的时间了解保险条款,再次签订同类合同时可就不理解的条款要求保险人说明,如果投保人没有这样去做,表明其对自身的权利漠不关心,没有必要再给予特别的保护。第三种意见认为,保险人仍然应当履行保险法规定的明确说明义务,但司法认定标准可以适当降低。(倾向性意见)"第13条:"仅需提示就生效的情形。《最高人民法院关于适用〈中华人民共和国保险法〉若干问题的解释(二)》第十条规定:'保险人将法律、行政法规中的禁止性规定情形作为保险合同免责条款的免责事由,保险人对该条款作出提示后,投保人、被保险人或者受益人以保险人未履行明确说明义务为由主张该条款不生效的,人民法院不予支持。'对于因违反法律法规规定的禁止性行为的免责条款,保险人只需尽到提示义务,该条款就发生法律效力。但只有违反全国人大及常委会制定的法律、国务院制定的行政法规中的禁止性规定才可适用本规定。司法实践中常遇见的的情形有无证驾驶、酒后驾驶、肇事逃逸等。上述这些行为都是违反了《中华人民共和国道路交通安全法》(以下简称道交法)的相关禁止性规定。"山东日照中院《机动车交通事故责任纠纷赔偿标准参考意见》(2018年5月22日)第26条:"关于保险法解释二第十条规定的法律、行政法规中的禁止性规定情形如何理解的问题。保险人将法律、行政法规中的禁止性规定即'不得'、'不准'情形作为商业三者险免责事由的,只需作出提示,无需明确说明,但对于将法律、行政法规中的命令性规定即'必须'、'应当'情形作为免责事由的,仍需履行明确说明义务。下列情形属于法律、行政法规中禁止性情形,投保时保险人只要履行法律规定的提示义务即可。(1)无证驾驶;(2)与准驾车型不符;(3)驾驶证过期超过一年以上未换证;(4)肇事逃逸;(5)酒驾、毒驾;(6)故意破坏或伪造现场;(7)其他情形。"安徽淮北中院《关于审理道路交通事故损害赔偿案件若干问题的会议纪要》(2018年)第3条:"其他需要规范的法律问题……(二)非医保费用承担。受害人请求非医保费用在交强险医疗费用赔偿限额1万元范围内优先赔偿的,人民法院应予准许。受害人的医疗费支出超出 5 万元的,保险公司在举证期限内提出申请非医保费用鉴定的,人民法院应予准许。超出交强险医疗费用赔偿限额 1 万元的部分,应审查保险人是否对'非医保不赔'条款履行了提示和明确说明义务,如果保险人履行了提示和明确说明义务,则保险人有权对超出国家基本医疗保险标准的医疗费用拒绝赔付,如果保险人不能举证证明其履行了提示和明确说明义务,则应在商业三者险范围内予以赔偿。依法核减的超国家基本医疗保险标准的医疗费用,由侵权人按照相应责任负担……(十一)增驾实习期商业三者险免责。增驾实习期内驾驶牵引挂车发生交通事故造成第三人伤亡或财产损失,保险公司主张商业险免赔的,保险公司能够提供证据证明保险免责条款有明确约定,且已向投保人履行了相应提示和充分说明义务的,可依据商业第三者保险合同约定予以支持。"广东惠州中院《关于审理机动车交通事故责任纠纷案件的裁判指引》(2017 年 12 月 16 日)第 22 条:"对于保险合同中有关免除保险人责任的条款,要严格依照《保险法》第十七条的规定予以审查:(一)保险人将法律、行政法规中的禁止性规定情形作为保险合同免责条款的免责事由,保险人对该条款作出提示后,投保人、被保险人或者受益人以保险人未履行明确说明义务为由主张该条款不生效的,人民法院不予支持。(二)保险合同订立时,保险人在投保单或者保险单等其他保险凭证上,对保险合同中免除保险人责任的条款,以足以引起投保人注意的文字、字体、符号或者其他明显标志作出提示的,人民法院应当认定其履行了保险法第十七条第二款规定的提示义务。保险人根据保险法第十七条的规定,将足以引起投保人注意的文字、字体、符号或者其他明显标志作出提示的免责条款提供给投保人,保险人据此主张其已尽到提示义务的,人民法院应予支持。(三)保险人对保险合同中有关免除保险人责任条款的概念、内容及其法律后果以书面或者口头形式向投保人作出常人能够理解的解释说明的,人民法院应当认定保险人履行了保险法第十七条第二款规定的明确说明义务。(四)通过网络、电话等方式订立的保险合同,保险人以网页、音频、视频等形式对免除保险人责任条款予以提示和明确说明的,人民法院可以认定其履行了提示和明确说明义务。(五)保险人对其履行了提示及明确说明义务负举证责任。投保人对保险人履行了提示及明确说明义务在相关文书上签字、盖章或者以其他形式予以确认的,应当认定保险人履行了提示及明确说明义务。但另有证据证明保险人未履行提示及明确说明义务的除外。"第 23 条:"关于免赔率条款。投保人投保了不计免赔险的,保险人再以保险条款中有免赔的约定予以抗辩的,不予采纳;没有投保不计免赔险的,对免赔条款应予采纳,并按照保险条款约定的免赔率计算方式计算(例如:负全部事故责任的免赔率为 20%,为扣除交强险外的赔偿余额 $\times(1-20\%)$ 为保险人的赔偿额)。"第 24 条:"对于保险人以免责条款为由不予赔偿间接损失的,人民法院应当参照本裁判指引

第二十二条之规定审查保险人对免责条款是否履行了提示及明确说明义务。"四川成都中院《关于印发〈机动车交通事故责任纠纷案件审理指南(试行)〉的通知》(2017年7月5日 成中法发〔2017〕116号)第18条:"法院应当严格按照合同法、保险法的相关规定和保险合同的约定处理商业三者险。"第19条:"商业三者险合同约定的免责事项属于法律禁止性事项的,保险公司只需就该免责事项向投保人履行提示义务。商业三者险合同约定的免责事项不属于法律禁止性事项,保险公司除对该免责事项向投保人作出提示外,还应当履行明确说明义务。"第20条:"保险公司在投保单或者保险单等其他保险凭证上,对保险合同中的免责条款,以足以引起被保险人注意的文字、字体、符号或者其他明显标志作出提示的,应当认定其履行了提示义务。保险公司对保险合同中免责条款的概念、内容及法律后果以书面或者口头形式向投保人作出常人能够理解的解释说明的,应当认定其履行了明确说明义务。通过网络、电话等方式订立的保险合同,保险公司以网页、音频、视频等形式对免责条款予以提示和明确说明的,可以认定其履行了提示和说明义务。"第21条:"车载货物掉落责任险、不计免赔特约险等均为商业三者险的附加险。保险公司根据上述附加险的投保约定承担保险责任。"重庆高院《印发〈关于保险合同纠纷法律适用问题的解答〉的通知》(2017年4月20日 渝高法〔2017〕80号)第6条:"商业三者险保险合同中约定,机动车在超载、未年检、驾驶人酒后驾驶、无证驾驶或准驾车型不符等状态下发生保险事故时保险人应减轻或免除保险责任的,若约定的免责事项与保险事故的发生没有因果关系,保险人主张减轻或免除保险责任的,人民法院是否支持?答:保险合同中约定的在特定危险状态下发生保险事故保险人减轻或免除保险责任的免责条款系危险状态免责条款。该类条款的作用是为了让保险事故发生时的危险水平与缔结保险合同时的危险水平大致相当,以维护对价平衡原则。因此只要保险事故发生于该免责条款所规定的危险状态之下,保险人即可减轻或免除其保险责任,而无须证明保险事故是由该危险状态所导致。"第9条:"商业三者险合同中载明的被保险人在车下被其允许的合法驾驶人驾驶被保险机动车致害,当事人请求保险人按照商业三者险赔偿的,人民法院应如何处理?答:商业三者险合同中载明的被保险人为记名被保险人,应承担侵权责任的经投保人允许的合法驾驶人为无记名被保险人。在保险事故发生时即可确定记名被保险人或无记名被保险人为实际被保险人,当记名被保险人未被确定为实际被保险人时,可将其认定为商业三者险中的第三者。当事人请求保险人按照商业三者险合同约定承担赔偿责任的,人民法院应予支持。"北京三中院《类型化案件审判指引:机动车交通事故责任纠纷类审判指引》(2017年3月28日)第2-4.1部分"交强险的处理—常见问题解答"第1条:"违法驾车发生交通事故造成财产损失的,保险公司是否必须举证证明其尽到提示说明义务?驾驶人违法驾驶机动车,承保交强险的保险公司主张对受害人的财产损失免责的,符合《交强险条例》第二十二条第二款规定的醉酒、未取得驾驶资格、盗抢期间驾车、故意制造交通事故情形的,保险公司无需对'已尽提示义务'承担举证责任,即可依法不承担赔偿责任。对于上述情形之外的其他违法驾驶行为发生交通事故造成的财产损失,保险公司主张依据交强险合同中的相关免责条款免责的,应举证证明已尽到提示义务;未举证证明尽到提示义务的,不得依据保险合同免责。"第2-4.2部分"机动车商业三者险的处理—常见问题解答"第2条:"免责条款'明确说明'的标准? 根据《保险法》第十七条规定,订立保险合同,采用保险人提供的格式条款的,保险人向投保人提供的投保单应当附格式条款,保险人应当向投保人说明合同的内容。对保险合同中免除保险人责任的条款,保险人在订立合同时应当在投保单、保险单或者其他保险凭证上作出足以引起投保人注意的提示,并对该条款的内容以书面或者口头形式向投保人作出明确说明;未作提示或者明确说明的,该条款不产生效力。因保险公司在保险合同中设定了大量重复使用的格式保险条款,一旦发生事故索赔,保险公司与权利人之间就条款适用问题、效力问题等,存在较大争议。商业保险合同的免责条款一般有如下几种类型:(1)法律规定的免责情形,如投保人、被保险人故意制造保险事故,理论上一般称其为道德风险;(2)被保险人违反法律强制性规定的行为所导致的损失,如无有效驾驶资格或醉驾、吸毒驾驶等;(3)其他在效果上免除保险公司责任的条款,常见的有免赔率条款、间接损失免赔条款、自费药免赔条款、诉讼鉴定费用免赔条款等。一般情况下,商业保险合同的免责条款以格式条款的形式表现出来,对此,应根据不同情况分别处理:(1)对于法律规定的免责情形,保险公司无需履行提示和明确说明的义务。(2)对于被保险人违反法律强制性固定的行为所导致的损失的免赔条款,应根据《最高人民法院关于适用〈中华人民共和国保险法〉若干问题的解释(二)》第十条'保险人将法律、行政法规中的禁止性规定情形作为保险合同免责条款的免责事由,保险人对该条款作出提示后,投保人、被保险人或者受益人以保险人未履行明确说明义务为由主张该条款不生效的,人民法院不予支持'的规定对保险公司的提示义务进行审查。(3)对于免赔率条款、间接损失免赔条款、自费药免赔条款、诉讼鉴定费用免赔条款,应根据《保险法》第十七条规定以及《最高人民法院关于适用〈中华人民共和国保险法〉若干问题的解释(二)》第九条规定,保险人提供的格式合同文本中的责任免除条款、免赔额、免赔率、比例赔付或者给付等免除或者减轻保险人责任的条款,可以认定为保险法第十七条第二款规定的'免除保险人责任的条款'。保险人因投保人、被保险人违反法定或者约定义务,享有解除合同权利的条款,不属于保险法第十七条第二款规定的'免除保险人责任的条款'。对保险公司的提示、明确说明的义务进行审查。对于保险合同免赔率条款中的其他违法情形、间接损失免赔条款中的其他间接损失、诉讼鉴定费用免赔条款中的其他相关费用,应进一步审查保险公司是否明确其具体种类和内容,否则应视为其未履行提示、明确说明的义务。在特定情况下,免责条款并不表现为格式条款,如在订立合同当时经双方协商确定的保险批单中涉及的免责条款,对此,无需审查保险公司的提示、明确说明的义务。"第3条:"如何认定保险公司已就保险合同免责条款尽了提示及明确说明的义务?对保险公司提示、明确说明义务的完成,应当从严掌握:(1)应当审查保险公司是否已经交付保险合同,在已经交付的情况下,仅凭免责条款本身并不能证明其履行了提示、明确说明的义务。(2)免责条款已经加粗或以其他方式足以引起投保人注意的,仅能证明保险公司完成了提示义务。(3)如保险公司提供的已由投保人签字的投保单明确记载保险公司已经向投保人提示了免责条款并作了明确说明的,则应支持保险公司的事实主张。(4)在电子投保、电话投保的情形下,保险公司提供电话录音或电子投保记录的,可比照上述三项规定对其进行审查。"江西景德镇中院《关于印发〈关于审理人身损害赔偿案件若干问题的指导意见〉的通知》(2017年3月1日 景中法〔2017〕11号)第4条:"若存在逃逸、醉驾、未持有效驾照、车辆未年检等情形,交强险及商业险是否免赔问题的认定。在保险公司尽到提示义务的情况下,若存在逃逸、醉驾、未持有效驾照、车辆未年检等情形,交强险仍应理赔,商业险免赔,但保险公司可在赔偿范围内向侵权人追偿;在保险公司未尽提示义务的情况下,若存在逃逸、醉驾、未持有效驾照、车辆未年检等情形,交强险及商业险均应理赔。"第5条:"保险公司提示与明确说明义务的认定。保险公司仅对免责条款字体简单大范围加粗,不足以引起投保人注意,不能认定保险公司已尽提示义务。若免责条款采用字体加大、区别颜色等显著标志,足以引起投保人注意的,应当认定保险公司已尽提示义务。保险公司仅在投保单'投保人声明'栏笼统声明免责,不能认定保险公司已尽说明义务。保险公司对保险合同中约定的免责条款,除了在保险单上提示投保人注意外,还对有关免责条款的概念、内容及其法律后果等,以书面或口头形式向投保人或其代理人作出解释,以使投保人明了该条款的真实含义和法律后果的,可以认定保险公司已尽到明确说明义务。"天津高院《关于印发〈机动车交通事故责任纠纷案件审理指南〉的通知》(2017年1月20日 津高法〔2017〕14号)第3条:"……商业三者险的免赔问题。对于商业三者险保险人免赔条款的审查应遵循以下原则和步骤:(1)尊重契约,保证辩论权利。在确定商业三者险保险人赔偿责任时,应重视保险法、合同法等法律规范的适用,遵循意思自治原则,严格依合同处理。作为被告的商业三者险保险人可以依保险合同的约定提出抗辩,其对被保险人的抗辩权可向受害人行使。对于免责条款的成立与效力、基于合同的抗辩权问题,庭审中应给予商业三者险保险人和被保险人相互辩论的机会。(2)区分免责条款约定的具体事项进行审查。①商业三者险保险合同对于无证驾驶、醉驾、逃逸、超载等法律、行政法规所禁止的情形约定免责的,保险人举证证明其对此已充分履行提示义务的,应确认该约定有效。②商业三者险保险合同对于法律、行政法规中未做禁止性规定的情形约定免责的,保险人举证证明其对此已充分履行提示和说明义务的,应确认该约定有效。③商业三者险保险合同对于精神损害抚慰金、停运损失等法定赔偿项目约定免责的,保险人举证证明其对于免责的赔偿项目逐项、充分履行了提示和说明义务的,应确认该约定有效。为查明和确定保险事故的性质、原因和保险标的的损失程度所支付的必要的、合理的鉴定费等费用,保险人不得约定免责。④不计免赔险系附加险种,被保险人未投保不计免赔险的,应适用保险合同中有关免赔率的约定,与保险人的提示、说明义务无关。(3)对'履行提示义务'的审查。保险合同订立时,保险人在投保单或者保险单等其他保险凭证上,对保险合同中免除保险人责任的条款,以足以引起投保人注意的文字、字体、符号或者其他明显标志作出提示的,应认定其履行了提示义务。(4)对'履行说明义务'的审查。保险人对保险合同中有关免除保险人责任条款的概念、内容及其法律后果以书面或口头形式向投保人作出常人能够理解的解释说明的,应认定保险人履行了明确说明义务。保险人履行明确说明义务的证据可以是下列之一:①投保人以签字或盖章方式确认其已知悉免责条款概念、内容及法律后果的相关文书,但另有证据证明保险人未履行明确说明义务的除外;②能够展现保险合同订立时,保险人向投保人解释、说明免责条款情况的录音、录像等视听资料。通过网络、电话等方式订立的保险合同,保险人以网页、音频、视频等形式对免责条款予以提示和明确说明的,可以认定其履行了提示和明确说明义务。"重庆高院民二庭《关于**2016年第二季度高、中两级法院审判长联席会会议综述》**(2016年6月30日)第5条:"对于危险状态免责条款的适用问题。保险合同中约定的额超载条款、年检条款、酒后驾驶、无证驾驶、准驾车型不符不赔条款等,保险事故的发生于危险状态没有因果关系时,保险人是否承担担保保险责任的问题。多数意见认为,投保车辆虽未按时年检或超载,但并不能必然得出投保车辆危险程度增加的结论,只要最终证明未年检或超载与保险事故的发生没有因果关系,保险人就不得以此为由免责。对于酒后驾驶、无证驾驶等有法律禁止性规定的情形,保险人应予免责。少数意见认为,根据保险法理论,在保险合同中约定在特定的危险状态下发生保险事故保险人不负赔偿责任的免责条款系危险状态免责条款。此类条款的作用是为了让保险事故发生时的危险水平与缔结时的危险水平相当,维护对价平衡,因此只要保险事故发生时被保险人处于该免责条款所规定的危险状态之下,保险人即可免除其保险责任,而无须证明保险事故是由该危险所导致的,特定的危险状态的存在与保险事故发生见无须有直接的因果关系。"江苏徐州中院《**关于印发〈民事审判实务问答汇编(五)〉的通知》**(2016年6月13日)第6条:"……(1)对于保险合同中不计免赔率条款的性质及效力应认定？答：商业三者险中有被保险人投保或未投保不计免赔率附加险的情况下，因投保或不投保不计免赔险所缴纳的保费不同，由投保人在订立保险合同时自行选择。因此，对于保险合同中的不计免赔率条款，投保人依据不同的险种缴纳不同的保费，基于不同保费是否投保不计免赔险应是投保人自行选择的结果，应视保险公司在订立保险合同针对该条款向投保人履行了提示及明确说明义务。投保人、被保险人或者受益人以保险公司未履行提示及明确说明义务为由主张该条款无效的，不予支持。(2)如何认定'医保标准'赔偿条款的效力？答：对于'保险人按照基本医疗保险的标准核定医疗费用的赔偿金额'的条款，系保险公司对医疗费用赔付范围的限制，应当属于免除保险人责任的条款。对此，保险人在订立保险合同时应向投保人履行提示和明确说明义务。同时保险公司应当对该条款的涵义、内容与法律后果是否履行提示和明确说明义务承担举证证明责任，如未履行提示和明确说明义务的，该条款不产生效力。如果保险公司已经履行了提示和明确说明义务，则该条款有效。但保险公司还应当对医疗费中'超过基本医疗保险同类医疗费用标准'的部分承担举证证明责任。最高人民法院《关于适用〈中华人民共和国保险法〉若干问题的解释（三）》第19条规定，'保险合同约定按照基本医疗保险的标准核定医疗费用，保险人以被保险人的医疗支出超出基本医疗保险范围为由拒绝给付保险金的，人民法院不予支持；保险人有证据证明被保险人支出的费用超过基本医疗保险同类医疗费用标准，要求对超出部分拒绝给付保险金的，人民法院应予支持'。据此，对于基本医疗保险范围外的医疗项目支出，保险人应当按照基本医疗保险范围内的同类医疗费用标准赔付。同时保险公司应当对超过'基本医疗保险同类医疗费用标准'的费用承担举证证明责任。保险公司对此不能举证证明的，则保险公司关于该项费用予以扣除的主张不予支持。也就是说，对于基本医疗保险范围之外的医疗项目或用药支出，医保范围内有同种或者同功能替代药品的，保险人应当按照基本医疗保险范围内的同类医疗费用标准赔付。总之，对于'医保标准'赔偿条款，应当对保险公司的举证证明责任从严掌握。其一，被侵权人在接受医疗机构救治时，对于是否属于基本医疗保险范围的医疗项目支出，并非受害人所能左右。其二，对于基本医疗保险范围以内或以外有用药，在目前市场条件下，完全有同种或者同功能可使用的药品相互代替，基本医疗保险范围以内用药对于受害人治疗来说并非有唯一性，完全按照基本医疗保险的标准核定医疗费用，对于受害人来说不公平。其三，有时被侵权人在接受医疗机构救治时医疗项目支出量大类多，核算非医保用药费用存在现实困难，具有不可操作性。从举证责任分配的角度来处理'医保标准'赔偿条款，既保护了被侵权人的利益，又未从实质上损害保险人利益，较为公平。(3)保险合同中将法律、行政法规禁止性规定作为免责条款的效力应如何认定？答：保险公司将无证驾驶、超载驾驶、酒后驾驶、醉酒驾驶、服用国家管制的精神药品或麻醉药品后驾驶、交通肇事逃逸等禁止性规定,作为保险合同免责条款时,因法律、法规对于对于上述禁止性规定已有明确表述,且为一般社会公众所知晓,根据保险法解释二第10条之规定,保险公司举证证明其对该条款尽到了提示义务的,投保人、被保险人或者受益人以保险人未履行明确说明义务为由主张该条款无效的,不予支持。当然对于上述禁止性规定一般应以《道路交通事故认定书》为依据,但有相反证据推翻事故认定书的除外。公安交警部门没有作出事故认定书,或者事故认定书未认定驾驶人存在上述情形的,由保险公司承担举证责任。因上述条款属免责条款,保险公司应当根据保险法解释二第10条之规定履行提示义务,即保险人将法律、行政法规中的禁止性规定情形作为保险合同免责条款的免责事由,保险人对该条款作出提示后,投保人、被保险人或者受益人以保险人未履行明确说明义务为由主张该条款不生效的,人民法院不予支持。对于履行提示义务的证明标准,应符合第11条第1款的规定,即保险合同订立时,保险人在投保单或者保险单等其他保险凭证上,对保险合同中免除保险人责任的条款,以足以引起投保人注意的文字、字体、符号或者其他明显标志作出提示的,人民法院应当认定其履行了保险法第17条第2款规定的提示义务。对于保险公司能够举证证明履行了提示义务的,则该免责条款有效,对被保险人产生约束力。保险公司主张增加相应免赔率的应予支持。"河北石家庄中院《关于规范机动车交通事故责任纠纷案件审理工作座谈会会议纪要》(2016年1月11日 石中法〔2016〕4号)第5条:"如何认定保险公司对于免责条款尽到了提示和解释说明义务。(一)不同类型的免责条款,保险公司承担的提示和说明义务不同。对于法定免责条款,即法律、行政法规明确规定在某种情形下免除保险公司的保险责任的,无论保险公司是否进行提示和说明,均产生法律效力。对于符合《最高人民法院关于适用〈中华人民共和国保险法〉若干问题的解释(二)》第十条规定,保险公司将法律、行政法规中的禁止性情形作为保险合同免责条款的免责事由,保险公司对该条款作出提示后,即产生法律效力。对于其他免责条款,保险公司必须履行提示和说明义务,才产生法律效力。(二)保险公司提供了下列证据,可视为履行了提示和说明义务:1.保险合同(保险单)中对免责条款进行了约定或在作为保险公司组成部分的保险条款等附件中对免责条款进行了约定,免责条款的字体、字号、颜色、字形等有别于合同文本其他部分,足以引起他人注意的,可以认定保险公司履行了提示义务。2.保险公司提供了《投保人声明》(可以是单独成页的,也可以附属在保险单内),投保人或其代理人在声明中明确认可保险人在保险合同签订前或签订时已就免责条款进行了充分解释,本人了解免责条款的含义并愿意接受的,可以认定保险公司履行了说明义务。3.保险公司提供的网页、传真、音像资料等证据,其真实性能够确认,其内容能够反映出保险公司履行了提示和说明义务的,可以认定保险公司履行了提示和说明义务。(三)保险公司应在保险合同签订之前或签订之时履行提示和说明义务,在保险合同签订之后,保险公司再进行提示和说明的,不能视为依法履行了提示和说明义务。(四)当事人投保了'不计免赔',免责条款中同时又约定了免赔率的,如果保险公司和投保人没有对哪个条款应该优先适用作出明确约定,则应推定上述条款为《合同法》第四十一条规定的'理解发生争议的条款',按照有利于保险相对人的一方进行解释和适用。"上海高院民五庭**《全市法院民事审判工作庭长例会》**(《上海审判规则》2016 第 2 期)第 1 条:"医保条款问题。(1)问题的由来。为控制经营风险,商业保险产品往往会引入医保标准条款,即保险公司对被保险人或第三人支出的医疗费用,按照当地基本医疗保险的标准核定医疗费用。举例来说,心血管疾病中需要置入的支架,有进口支架,也有国产支架,当地基本医疗保险一般仅赔付国产的支架,故如被保险人手术时置入的是进口支架,保险公司一般都会拒赔。(2)我们的倾向性观点。保险合同约定保险人按照基本医疗保险的标准核定医疗费用,保险人以医疗支出超出基本医疗保险范围为由全部拒赔的,法院不予支持;保险人有证据证明被保险人支出的费用超过基本医疗保险同类医疗费用标准,要求对超出部分拒赔的,法院应予支持。在前述例子中,如进口支架 1 万元,国产支架 6 千元,被保险人虽置入的是进口支架,超出基本医疗标准,但保险公司仍需赔付,只是赔付标准是基本医疗标准的国产支架 6 千元,不是实际支出的 1 万元。"江西宜春中院**《关于审理机动车交通事故责任纠纷案件的指导意见》**(2016 年 1 月 1 日 宜中法〔2015〕91 号)第 17 条:"根据最高人民法院《关于适用〈中华人民共和国保险法〉若干问题的解释(二)》第十一条、第十三条的规定,保险合同订立时,保险人在投保单或者保险单等其他保险凭证上,对保险合同中免除保险人责任的条款,以足以引起投保人注意的文字、字体、符号或者其他明显标志作出提示的,人民法院应当认定其履行了保险法第十七条第二款规定的提示义务。保险人对保险合同中有关免除保险人责任条款的概念、内容及其法律后果以书面形式向投保人作出常人能够理解的解释说明的,人民法院应当认定保险人履行了保险法第十七条第二款规定的明确说明义务。投保人对保险人履行了符合本条第二款要求的明确说明义务在相关文书上签字、盖章或者以其他形式予以确认的,应当认定保险人履行了明确说明义务。但另有证据证明保险人未履行明确说明义务的除外。"第 18 条:"投保人或被保险人就同一保险标的、同一险种向同一保险人再次或多次投保,且保险人有证据证明曾经履行过明确说明义务,投保人、被保险人或者受害人以本次保险中保险人未履行明确说明义务为由主张免除保险人责任条款无效的,人民法院不予支持。"广东深圳中院**《关于审理财产保险合同纠纷案件的裁判指引(试行)》**(2015 年 12 月 28 日)第 2 条:"投保人与被保险人不一致时,被保险人以保险人未向其履行提示或明确说明义务为由,主张免责条款不生效的,人民法院不予支持。保险标的转让且经保险人批单同意变更被保险人的,保险人对原投保人履行了提示或明确说明义务,新的被保险人以保险人未向其履行提示或明确说明义务为由,主张免责条款不生效的,人民法院不予支持。"第4条:"保险人以投保人就同一保险标的、同一险种向同一保险人再次或多次投保,其已对免除保险人责任的条款履行过提示或明确说明义务为由,主张应该免除其对免除保险人责任条款变动内容的提示或明确说明义务的,人民法院不予支持。"第5条:"在机动车保险合同纠纷案件中,与下列情形有关的免责条款,保险人已经履行提示义务,被保险人主张保险人未履行明确说明义务而不生效的,人民法院不予支持:(一)未取得驾驶资格或者未取得相应驾驶资格的;(二)驾驶无牌车辆或套牌车辆的;(三)醉酒、服用国家管制的精神药品或麻醉药品后驾驶车辆的;(四)事故发生后,被保险人或驾驶人在未依法采取措施的情况下驾驶保险车辆或者遗弃保险车辆逃离事故现场的。事故发生后,由他人冒名顶替实际驾驶人的,视为交通肇事后逃逸,参照本条第一款第(四)项处理。与下列情形有关的免责条款,保险人已经履行提示义务,被保险人主张保险人未履行明确说明义务而不生效的,人民法院应予支持:(一)车辆超载的;(二)持未按规定审验的驾驶证或持计分达到12分的驾驶证驾驶车辆的;(三)车辆未在规定检验期限内进行安全技术检验的。"第6条:"机动车未投保交强险,被保险人以保险人未履行提示或明确说明义务为由,主张应由交强险赔付的保险金保险人应在商业第三者责任险范围内赔付的,人民法院不予支持。"重庆高院民一庭《民一庭高、中两级法院审判长联席会议〈机动车交通事故责任纠纷中的法律适用问题解答(二)〉会议综述》(2015年6月26日)第2条:"关于三者险保险合同中赔偿限额、免赔率的理解与适用问题。三者险保险合同中约定的赔偿限额即保险金额,是指保险人与投保人在订立保险合同时,在法律允许的范围内约定的每次交通事故发生后保险人向'第三者'给付保险金的最高限额。保险人依照法律规定,在约定的赔偿限额内进行赔偿,超过赔偿限额的部分不予赔偿。同一保险合同有效期内,发生多次保险事故的,保险人应当在赔偿限额内对每一次事故进行赔偿,而不能将各次事故的赔偿金总和限制在约定的赔偿限额以内。三者险保险合同中约定了免赔率的,实际损失小于赔偿限额时,应当以实际损失为基数计算免赔金额;实际损失大于保险金额时,应当以赔偿限额为基数计算免赔金额。"第3条:"关于保险人对赔偿金额计算公式的提示、说明义务问题。保险合同中的赔偿金额计算公式,通常规定于保险人提供的格式条款之中,难以引起投保人注意,应当视为约定了免除保险人责任的条款,由保险人按照《中华人民共和国保险法》第十七条第二款、《最高人民法院关于适用中华人民共和国保险法若干问题的解释(二)》(法释〔2013〕14号)的相关规定,就该公式向投保人履行提示、说明的义务。"江西南昌中院《机动车交通事故责任纠纷案件指引》(2015年4月30日 洪中法〔2015〕45号)第1条:"……免责条款的审查原则。即:尽量尊重保险条款的法律效力,不随意否定免责条款效力。保险人将法律、行政法规、规章、行业规范中的规定情形作为免责的,只需作出提示,无需明确说明。【注意事项】:类似无证驾驶、酒后驾车、逃逸等严重违法情形,保险公司提出拒赔商业险的,仍需举证提示义务。"河北邯郸中院《印发〈关于在审理涉保险合同案件中认定保险人对免责条款是否尽到明确说明义务有关问题的意见(试行)〉的通知》(2015年3月27日 邯市中法〔2015〕5号)第1条:"保险人对其履行了明确说明义务负举证责任。保险人可以以书证、视听资料等证据形式予以举证。"第2条:"保险人明确说明义务的履行对象是投保人。"第3条:"保险人在投保单、保险单或其他保险凭证中对免责条款有显著标志(如字体加粗、加大、相异颜色等),对全部免责条款及对条款的说明内容集中单独印制,并对此附有'投保人声明',或附有单独制作的'投保人声明书',投保人已签字确认并同时表示对免责条款的概念、内容及其法律后果均已经明了的,一般可认定保险人已履行明确说明义务,但投保人、被保险人能提供充分反驳证据的除外。"第4条:"投保人声明中记载保险人已向投保人对免责条款进行了明确说明,且投保人对此表示完全理解并签字盖章的,一般应认定保险人已履行了明确说明义务。但投保人有证据证明保险人未履行明确说明义务的除外。"第5条:"投保人声明仅记载保险人向投保人对免责条款进行了明确说明,未表明投保人对此已完全理解的,不能认定保险人履行了明确说明义务。"第6条:"投保人声明上的签字不是投保人本人或其授权的人所签的,法院应不予采信。投保人对签字的真实性不予认可的,应负举证责任。"河北承德中院《**2015年民事审判工作会议纪要**》(2015年)第37条:"免赔率的计算。如果机动车投保商业三者险的,应由该机动车一方在交强险责任限额内承担赔偿责任,超出交强险限额的部分,按照商业三者险的保险合同约定进行赔偿。交通事故第三者责任险合同约定由免赔率的,保险人应赔偿数额的计算方式为:超出交通事故责任强制险的应赔偿数额部分乘以免赔率,以交通事故第三者责任限额为限。约定不计免赔率的,不计算免赔率,约定计算免赔率的,计算免赔率。"浙江绍兴中院《关于审理涉及机动车保险领域民商事纠纷案件若干问题指导意见》(2014年11月4日)第1条:"【关于保险人提示义务的履行】保险人在投保单、保险单或者其他保险凭证上,对保险合同中免除保险人责任的条款,采用足以引起投保人注意的文字、字体、符号或者其他明显标志提示的,应当认定其履行了免责条款的提示义务。"第2条:"【保险人对已明确说明的免责条款可适当减轻举证责任】投保人与保险人就同一保险人的同一保险条款第二次订立保险合同时,保险人在第一次订立保险合同时,就相关免除保险人责任的条款已经提示并且明确说明的,可以适当减轻保险人就相关免除保险人责任条款的明确说明义务,但不得免除。"第3条:

"【保险责任范围与免责条款关系的界定】保险责任范围与免责条款之间的关系不限于包含关系。被保险人或者受益人以相关免责条款不产生效力为由要求保险人赔偿或者给付保险金的,人民法院应当审查保险条款关于保险责任范围的具体规定,以确定事故是否属于保险责任范围。事故不属于保险责任范围的,无需审查事故是否属于免责范围以及相关免责条款的效力。事故属于保险责任范围的,应进一步审查事故是否属于免责条款规定的情形,以及免责条款是否有效。"第11条:"【特别约定'第一受益人'】在涉及机动车财产保险诉讼中,合同双方被保险人与保险人特别约定了'第一受益人',若机动车构成全损且无证据表明第一受益人已经放弃要求保险人支付保险金,应由第一受益人主张相关权利,投保人、被保险人作为原告的主体不适格。但有证据证明第一受益人只享有部分保险利益的除外。"第12条:"【保险反欺诈】人民法院在审理涉及机动车保险领域民商事纠纷案件时,有证据反映当事人存在故意对案件事实作虚假、误导性陈述,提供虚假证明材料等,妨害人民法院查明案件事实情形的,人民法院可采取'加重行为人的证明责任'、'责令其承担相应的民事责任'等措施,还可以依照《民事诉讼法》第一百一十一条第一款第(一)项的规定对行为人处以训诫、罚款、拘留等司法制裁;情节严重涉嫌犯罪的,人民法院应当将相关犯罪线索移交侦查部门追究责任人的刑事责任。对提供虚假证明材料负有管理职责的部门、单位,人民法院可以制作并发送司法建议书并限期整改、反馈;情节严重的,还可依照《民事诉讼法》的相关规定作出制裁措施。"湖北汉江中院民一庭《关于审理交通事故损害赔偿案件疑难问题的解答》(2014年9月5日)第16条:"问:侵权人出现无证驾驶、酒驾、肇事逃逸等情形致第三人损害,保险公司应否在商业三者险责任限额内予以赔偿? 如果赔偿,保险公司能否向侵权人主张追偿权? 答:侵权人出现无证驾驶、酒驾、肇事逃逸等情形致第三人损害,当事人请求保险公司在商业三者险责任限额内予以赔偿,保险公司以属于保险合同免责条款主张免责,应根据保险法及相关司法解释的规定,审查保险公司是否就相应免责条款尽到提示与明确说明义务来认定该免责条款是否发生效力。保险公司因未尽到提示与明确说明义务而在商业三者险责任限额内承担赔偿责任后,不得向侵权人主张追偿权。"广西高院《关于印发〈审理机动车交通事故责任纠纷案件有关问题的解答〉的通知》(2014年9月5日 桂高法〔2014〕261号)第2条:"哪些免责情形中,当事人主张保险公司未尽明确说明义务的不予支持? 答:保险公司将下列情形作为保险合同免责条款的免责事由,对这些条款作出提示后,投保人、被保险人或者受益人以保险公司未履行明确说明义务为由主张这些条款不生效的,不予支持:(一)无证驾驶;(二)酒后驾驶;(三)服用国家管制的精神药品或麻醉药品后驾驶;(四)逃逸、逃离事故现场;(五)故意破坏、伪造事故现场,毁灭证据;(六)法律、行政法规规定的其他禁止性情形。"第3条:"哪些证据可以认定保险公司对免责条款履行了明确说明义务？答：保险公司提供下列证据之一的，可以认定保险公司对免责条款已经履行了明确说明义务，但另有证据证明保险人未履行明确说明义务的除外：（一）投保单。在投保单的下角设置'投保人声明'栏目，包含有'保险人已经告知本人仔细阅读保险条款，提示本人特别阅读黑体字标注部分的条款内容。保险人对保险合同内容，尤其是免除保险人责任的条款已经向本人作出明确说明，本人已经完全理解，没有异议，申请投保'的内容，之后有投保人的签字或盖章。（二）投保声明书。内容有保险人对保险合同中有关免除保险人责任条款的概念、内容及其法律后果已向投保人作出解释说明，且投保人已完全理解，之后有投保人对上述内容签字或盖章确认。（三）其他证据。能证明投保人对免责条款概念、内容及法律后果已经向投保人解释说明，且投保人因保险人的明确说明而理解清楚的其他证据。"第5条："保险公司主张扣除医保外用药费用的，能否支持？答：保险合同约定'医保外用药不予理赔'的条款属于免责条款，在保险公司尽到提示义务和说明义务的情况下，该条款有效，商业三者险保险公司主张在赔偿医疗费用数额中扣除医保外用药并能提供证据证明的，应予支持。交强险保险公司主张扣除医保外用药费用的，一般不予支持。"重庆高院民一庭《关于綦江区法院〈关于机动车交通事故责任纠纷案件中未购买不计免赔的商业三者险赔偿额计算基础如何确定的咨询报告〉的答复》（2014年8月26日 〔2014〕渝高法民一复字第25号）："……保险人的赔偿责任与投保人投保的险种是密切相关的，保险人的行责任应当严格按照保险人与投保人订立的保险合同来确定。在商业三者险中，如果保险合同（机动车辆保险条款）中明确约定'保险人在依据保险合同约定计算赔款的基础上，在保险单载明的责任限额内，按合同约定的免赔率免赔'，则该约定表明在投保人未购买不计免赔险的情形下，保险人在保险单载明的责任限额内，按合同约定的免赔率免赔。如果被保险人的实际损失大于或等于保险限额时，则保险人的赔偿金额为：赔偿限额×（1－事故责任免赔率）。如果被保险人的实际损失小于保险限额时，则保险人的赔偿金额为：实际损失×（1－事故责任免赔率）。只有当投保人投保不计免赔险之后，并且被保险人的损失大于或等于赔偿限额时，投保人才能请求保险人以赔偿限额承担责任。保险合同的前述约定，是保险人基于'大数法则'合理厘定保险费率、确定保险险种和保险责任范围的具体体现，人民法院不能否认该约定的效力。因前述约定在一定程度上减轻了保险人的赔偿责任，根据《保险法司法解释（二）》第九条之规定，即保险人提供的格式合同文本中的责任免除条款、免赔额、免赔率、比例赔付或者给付等免除或者减轻保险人责任的条款，可以认定为保险法第十七条第二款规定的'免除保险人责任的条款'，保险人应当按照我国《保险法》第十七条第二款之规定向投保人作出明确说明，未尽到明确说明义务的，该条款不产生效力。"江西高院《关于印发〈关于审理保险合同纠纷案件若干问题的会议纪要〉的通知》(2014年7月16日 赣高法〔2014〕133号)第1条:"保险法第十六条规定:'订立保险合同,保险人就保险标的或者被保险人的有关情况提出询问的,投保人应当如实告知',最高人民法院《关于适用保险法若干问题的解释(二)》第六条规定:'投保人的告知义务限于保险人询问的范围和内容',因此,投保人应当针对保险人的询问履行告知义务,对保险人未询问的事项,投保人无需告知。实务中,有的保险公司会在询问表、告知书中采取'兜底提问'方式,要求投保人回答'其他'、'除此以外'、'除以上列举之外'的重要事实。这种所谓'兜底提问'是形式上的询问告知,实质上则是要求投保人主动告知,违反了保险法的规定,应视为保险人没有询问,投保人不负如实告知义务。"第9条:"保险人以其采用在保险单中印制'投保人有核对保险条款义务,超过规定时限未通知则视为投保人无异议'等限时要求投保人阅读的方式,主张已履行对相关免责条款的明确说明义务的,人民法院不予支持。"安徽淮南中院《关于审理机动车交通事故责任纠纷案件若干问题的指导意见》(2014年4月24日)第38条:"人民法院审理涉及商业险的机动车交通事故责任纠纷案件,应以保险合同和《中华人民共和国保险法》作为主要审判依据,以保险合同的约定确定赔偿责任;保险合同中约定的免赔率是责任限额内的免赔,具体计算方式为:当赔偿金额低于赔偿限额时,应赔款额=应负赔偿金额×(1-免赔率);当赔偿金额高于赔偿限额时,应赔款额=赔偿限额×(1-免赔率)。"第39条:"保险公司主张根据保险合同约定免责的,人民法院根据《最高人民法院关于适用〈中华人民共和国保险法〉若干问题的解释(二)》第十一条的规定对保险合同或保单进行审查,确定保险公司是否就免责条款履行了说明和告知义务。"安徽高院《关于审理道路交通事故损害赔偿纠纷案件若干问题的指导意见》(2014年1月1日 皖高法〔2013〕487号)第15条:"商业三者险合同中超出国家基本医疗保险标准的医疗费用不予赔偿的约定,为保险法第十七条第二款规定的'免除保险人责任条款',人民法院应根据《最高人民法院关于适用〈中华人民共和国保险法〉若干问题的解释(二)》的规定,审查保险公司是否履行了解释提示和明确说明义务。"贵州贵阳中院《关于适用〈中华人民共和国侵权责任法〉若干问题的解答》(2013年3月13日 筑中法发〔2013〕32号)第2部分第2条:"机动车交通事故责任纠纷中,若驾驶人有无证驾驶、醉酒驾驶、肇事后逃逸等情形,肇事车辆的保险公司在商业第三者责任险中如何承担责任?答:上述行为一般属于商业保险合同中的免责条款,若保险公司举证证明其按照《保险法》的规定尽到了免责条款的提示及说明义务,则保险公司不应承担赔偿责任;反之,则保险公司应承担赔偿责任。"湖南高院《关于对〈关于中国人民财产保险股份有限公司益阳市分公司与白睿保险合同纠纷一案法律适用问题的请示〉的答复》(2013年3月11日 〔2013〕湘高法民二请字第1号):"……机动车第三者责任保险在性质上属于商业保险的范畴,人保财险益阳市分公司与白睿之间的权利义务应按照保险合同的约定来确定。机动车第三者责任保险条款第九条第一款约定:'保险人在依据本保险合同约定计算赔款的基础上,在保险单载明的责任限额内,驾驶人负全部事故责任的,保险人按照20%的免赔率免赔'。根据上述约定,免赔率的计算应同时符合'依据保险合同约定计算赔偿款基础上'和'在保险单载明的责任限额内'两个条件,即:当被保险人依法应负的赔偿金额等于或低于责任限额时,保险人应当以应负的赔偿金额扣除合同约定的免赔率后承担保险理赔责任;当被保险人依法应负的赔偿金额高于责任限额时,保险人应以责任限额为基础扣除合同约定的免赔率后承担保险理赔责任。免赔率条款设置的目的是为了防范道德风险,促使投保人尽到应有的谨慎和注意义务。在应负赔偿金额高于责任限额的情形下,如果以应负赔偿金额作为基数计算免赔率,则会导致免赔率条款的设置没有实际意义,有悖于保险合同对免赔率条款的约定。"广东广州中院《**商事审判中的法律适用疑难问题指导意见**》(2013年)第2条:"在发生交通事故时,事故车辆超期未年检或驾驶员驾照未办理年审的案件如何确定赔偿责任?在保险合同中,一般有关于发生交通事故时,事故车辆超期年检或驾驶员驾照未办理年审时,免除保险公司赔偿责任的条款,对于该条款是否有效,是否可以免除保险公赔偿责任在审判实践中有不同的做法。我们的倾向性意见认为,首先,要了解保险公司在签订保险合同时,有无将该免责条款告知投保人,如果已明确告知,投保人愿意接受并签订保险合同,视为双方已就此达成合意,如发生事故,应当免除保除保险公司的责任。其次,如果保险公司对该条款未履行明确告知义务,要具体分析车辆末年检或驾驶员驾照未年审是否是导致事故发生的原因。如事故的发生与车辆未年检或驾驶员驾照未年审无关,保险公司应当承担付赔偿金的责任;如果事故发生的原因与未年检有关,则应当按照责任大小确定保险公司的赔偿责任。"广东高院《关于印发〈全省民事审判工作会议纪要〉的通知》(2012年6月26日 粤高法〔2012〕240号)第38条:"对于保险合同中有关免除保险人责任的条款,要严格依照《保险法》第十七条的规定予以审查,要求免责条款必须内容明确、具体、没有歧义,并使用黑体字等醒目方式或以专门章节予以标识、提示;同时要求在签订保险合同时保险公司要履行明确说明义务,从而使普通人在通常情况下能够明白地知晓免责条款的内容、涵义和法律后果。如保险公司未能充分履行提示和说明义务,则相关免责条款不具有法律效力。"第39条:"商业第三者责任保险合同当事人的权利义务主要应依据保险合同的约定确定。如商业第三者责任险保险合同明确约定'扣除交强险应赔部分再行赔付',且保险公司已尽到合理的提示和说明义务,即使机动车所有人或管理人因自己的原因未投保交强险的,仍应认定该约定有效。"云南高院《关于印发〈关于统一全省保险合同纠纷案件裁判标准的会议纪要〉的通知》(2012年5月15日)第1条:"关于保险人的明确说明义务及投保人的如实告知义务问题。《中华人民共和国保险法》第十七条规定的'明确说明'是指保险人在与投保人签订保险合同时,应当对保险合同中格式条款所约定的有关免除保险人责任的条款作明确说明。会议认为,保险人是否履行其明确说明义务应从以下几方面判断:(一)保险人应于保险合同签订之前或签订之时,向投保人提供保险合同格式条款,否则格式条款中免除保险人责任的条款不生效。保险人应当证明,其向投保人提供投保单的同时也提供了保险合同格式条款。(二)保险人应当在保险单或者其他保险凭证上对免除保险人责任的条款做出足以引起投保人注意的提示,并且应以书面或口头形式对有关免除保险人责任的条款向投保人做出能够使其明白该条款真实含义和法律后果的解释。是否以书面或口头形式对免除保险人责任的条款的内容向投保人做出解释,由保险人承担举证责任。(三)投保单或其他保险凭证应记载投保人已领阅保险条款,保险人对全部条款已作明确说明,投保人已知悉免除保险人责任的条款的含义,同意投保等内容。投保人声明栏应由投保人本人签字。(四)保险人明确说明的范围至少应包括:责任免除条款、免赔额或免赔率或者绝对免赔率、投保人违反保证条款导致的免责、援引法律规定导致的免责等内容。(五)保险人对是否履行了明确说明义务承担举证责任。保险合同中免除保险人责任的条款本身,不能证明保险人履行了说明义务。会议认为,保险合同是一种民商事合同,应遵循合同相对性原则及其他民商事活动原则。保险代理人代理保险人与投保人签订保险合同的,应依照《中华人民共和国民法通则》相关规定处理。保险人与法人或其他组织签订的团体险合同,保险人应向与其签订合同的投保人履行明确说明义务。保险人与同一投保人再次或多次签订同类保险合同时,保险人仍应履行《中华人民共和国保险法》第十七条规定的明确说明义务。会议认为,《中华人民共和国保险法》第十六条规定的是询问告知制,保险人以投保人违反如实告知义务为由请求解除合同,投保人证明该告知内容不在保险人询问范围的,人民法院对保险人的请求不予支持。"上海高院民五庭《关于印发〈关于审理保险合同纠纷案件若干问题的解答(二)〉的通知》(2012年1月31日)第8条:"人民法院是否应当依据职权审查保险合同条款有无违反《保险法》第十九条的规定?《保险法》第十九条规定:'采用保险人提供的格式条款订立的保险合同中的下列条款无效:(一)免除保险人依法应承担的义务或者加重投保人、被保险人责任的;(二)排除投保人、被保险人或者受益人依法享有的权利的。'保险人援引保险合同条款拒绝赔付的,人民法院应当依据职权审查该保险条款是否属于《保险法》第十九条规定的无效条款,且不受当事人主张的约束。"第9条:"人民法院是否应当主动审查保险人履行《保险法》第十七条规定的提示和明确说明义务的情况?人民法院对保险人是否按《保险法》第十七条的规定履行了提示和说明义务不采取职权审查方式。只有当保险人依据格式合同条款提出减免保险责任的主张,且被保险人或受益人明确要求人民法院依据《保险法》第十七条确认该保险合同条款不发生法律效力时,人民法院才应当予以审查。保险人依据格式合同条款提出减免保险责任的主张,但被保险人或受益人未明确要求人民法院确认该条款不发生法律效力的,人民法院应当予以释明。被保险人或受益人仍不予明确的,人民法院对保险人是否履行上述义务不予审查。"第10条:"当事人于一审时未要求人民法院确认保险合同条款未经提示和明确说明而不发生效力,二审时提出的,二审法院是否应予审查?一审期间,被保险人或受益人未明确请求人民法院确认该格式合同条款不发生效力,但于二审期间要求二审法院确认该条款不发生效力的,二审法院不予支持。但保险人于二审期间提出依据格式合同条款应减免保险责任的新主张的,被保险人或受益人有权要求二审法院确认该格式合同条款因未履行提示和明确说明义务而不发生效力。"江苏高院《保险合同纠纷案件审理指南》(2011年11月15日)第1条:"……(1)保险免责条款的范围。保险条款中,除了明确标注的'除外责任'条款外,还存在一些客观上减轻或者免除保险人赔付责任的条款。鉴于'除外责任'条款之外的免除或者限制(限制实为部分免除)保险人责任的条款分散于保险条款中,非经保险人特别说明,投保人一般无从关注,易造成利益失衡的局面,有必要将其作为免责条款从而赋予保险人明确说明义务。概言之,采用保险人提供的格式条款订立的保险合同中,'责任免除'、'除外责任'及其它有关免赔率、免赔额等部分或者全部免除保险人赔偿或者给付保险金责任的条款,人民法院应当认定为《保险法》第十七条第2款规定的'免除保险人责任的条款'。(2)保险责任范围与免责条款的关系界定。保险责任范围与免责条款之间的关系不限于包含关系,还应包括原因关系等复杂情形,不应采用'非此即彼'的推理方式去确定保险责任范围,即不能认为'只要未在免责条款中加以排除,就推定属于保险人应予赔付的情形'。被保险人或者受益人以相关免责条款不产生效力为由要求保险人赔偿或者给付保险金的,人民法院应当审查保险条款关于保险责任范围的具体规定,以确定事故是否属于保险责任范围。事故不属于保险责任范围的,无需审查事故是否属于免责范围以及相关免责条款的效力;事故属于保险责任范围的,应进一步审查事故是否属于免责条款规定的情形,以及免责条款是否有效。"第3条:"保险人的明确说明义务。《保险法》第十七条将保险人未履行免责条款明确说明义务的法律后果设定为'该条款不产生效力',因而往往被投保人、被保险人、受益人援引作为对抗保险人的主要理由之一。法官关于保险人是否履行了明确说明义务的判断遂成为影响案件判决走向的决定因素之一。由于《保险法》并未就'明确说明'的方式作进一步界定,司法实践中关于保险人是否履行了明确说明义务的判断标准或宽或严,存在较大分歧。引发争执的主要问题点有六个:(1)保险人履行明确说明义务的认定。订立保险合同时,保险人对于合同中有关免除保险人责任条款的概念、内容及其法律后果以书面或者口头形式向投保人作出通常人能够理解的解释的,人民法院应当认定保险人履行了《保险法》第十七条第2款规定的明确说明义务。保险人对其履行了明确说明义务负举证责任。保险人如何证明其履行了明确说明义务是实践中的难题。目前保险人为履行明确说明义务而采用的较为普遍的做法,是在投保单上投保人声明栏载明'保险人已向本人详细介绍了保险条款,并就该条款中有关责任免除的内容做了明确说明,本人接受上述内容,自愿投保本保险',由投保人签名认可。应当说,保险人采用由投保人签署声明的方式具有一定的合理性,而且投保人签名时应负必要的谨慎注意义务。但仅有投保人签署声明的证据并不足以认定保险人履行了明确说明义务。从平衡保险纠纷当事人利益出发,亦为避免当事人就'明确说明'与'提示'之间的关系再生争议,比较妥当的做法应当是:保险人在保险合同订立时采用足以引起投保人注意的文字、符号、字体等特别标识对免责条款进行提示,且投保人对保险人已履行了符合前款要求的明确说明义务签字或者盖章认可的,人民法院应当认定保险人履行了明确说明义务。但有相反证据证明保险人未履行明确说明义务的除外。(2)能否以投保人未在规定时限内提出异议为由认定保险人履行了明确说明义务。根据《保险法》第十七条规定,保险人应当主动履行其对免责条款的明确说明义务。保险人以其采用在保险单中印制'投保人有核对保险条款义务,超过规定时限未通知则视为投保人无异议'等限时要求投保人阅读的方式,主张已履行对相关免责条款的明确说明义务的,人民法院不应支持。(3)保险人明确说明义务举证责任的减轻。对于以酒后驾车等法律或行政法规禁止的行为作为免责事由的保险条款,如果法律或行政法规未明确规定出现上述禁止性行为保险人可以免责,则保险人的明确说明义务不能免除。尽管投保人应当明知酒后驾车的含义、非法性及对社会的危害性,但如果保险人不向投保人说明'酒后驾车不赔',则投保人自身无从知悉'酒后驾车'还会产生'保险人不负赔偿责任'的法律后果,在这样的保险知识背景下,不利于遏制投保人(被保险人)从事酒后驾车等违法行为,可以说,免除保险人的明确说明义务,既与《保险法》的规定不符,亦不利于预防和减少酒后驾车等违法行为。不过,鉴于投保人投保时对于酒后驾车等违法行为能否获得保险赔偿应当较一般免责条款具有更高的关注度,保险人的明确说明义务虽不应免除,但可适当减轻其举证责任关于同一投保人签订二次以上同一种类(限于相同的保险产品)保险合同时明确说明义务的履行问题,综合考虑平衡当事人的利益,保险人仍然应当履行《保险法》规定的明确说明义务,但可适当减轻其举证责任。(4)保险人可以不履行明确说明义务的特殊情形。明确说明义务设置的目的在于矫正保险合同双方当事人之间的信息不对称,非为此目的,没有必要让保险人承担明确说明的义务。法律的规定视为人人皆知,对《保险法》规定的免责事由,保险人本无必要纳入合同条款,故对于这类免责条款,保险人可以不履行明确说明义务。(5)认定保险人已履行明确说明义务的特殊情形。同一投保人签订二次以上同种类(限于相同的保险产品)保险合同,且保险人有证据证明曾就同种类(限于相同的保险产品)相同的免责条款向投保人履行过明确说明义务的,保险合同双方当事人之间不存在信息不对称问题,本质而言,可以认定保险人已经履行了明确说明义……"第4条:"……(8)'被保险人未尽施救义务的,就扩大的损失部分保险人不承担保险责任'的保险条款的效力。《保险法》第五十七条规定了被保险人的减损义务,即'保险事故发生时,被保险人应当尽力采取必要的措施,防止或者减少损失',但该条未规定被保险人未尽施救义务的后果。实践中对于'被保险人未尽施救义务的,就扩大的损失部分保险人不承担保险责任'的保险条款的效力引发争议。鉴于《保险法》第五十七条明确规定了被保险人的减损义务,且《合同法》第一百一十九条规定'当事人一方违约后,对方应当采取适当措施防止损失的扩大;没有采取适当措施致使损失扩大的,不得就扩大的损失要求赔偿。当事人因防止损失扩大而支出的合理费用,由违约方承担',尽管《合同法》的该条规定不能直接套用到保险人与被保险人的关系中,但该条规定所体现的合同双方当事人均应遵守诚实信用原则的精神值得借鉴。因此,对该保险免责条款的效力应予认定,保险人依据该保险免责条款,主张对于因被保险人未尽施救义务而扩大的损失部分不予赔偿的,人民法院应予支持。对扩大的损失范围,由保险人负举证责任。(9)保险人将其它文件纳入保险条款但并未将文件具体内容附上,该文件对投保人等有无约束力。保险人采用保险卡的方式销售保险产品,保险卡载明'其他未尽事宜以某保险条款为准'等兜底条款,发生保险事故后,保险人援引上述兜底条款指明的其他保险条款拒赔的,因兜底条款指明的其他保险条款并未附在保险卡上,投保人在投保时无从知晓其内容,应当认定兜底条款指明的其他保险条款不属于保险合同的内容,对投保人、被保险人、受益人无约束力。但保险人能够证明投保人投保时知晓其内容的除外。(10)保险单记载的与保险条款存在抵触的事项或者限制保险条款中被保险人权利、限缩保险人义务的'特别声明'或者'特别约定'对投保人等是否具有约束力。保险人向投保人出具的保险单往往以'特别声明'或者'特别约定'的方式对保险条款的相关内容单方作出变更,以限制被保险人权利、限缩保险人义务。出具保险单系保险合同成立后保险人应当履行的义务。保险单应当忠实地反映双方当事人缔约过程中协商一致的内容。除非保险人能够举证证明'特别声明'或者'特别约定'征得了投保人的同意,否则对投保人等不应发生法律约束力……"广东高院《关于审理保险合同纠纷案件若干问题的指导意见》(2011年9月2日 粤高法发〔2011〕44号)第4条:"对于不属于投保人知道或应当知道的情况,保险人以投保人未履行如实告知义务为由主张解除合同或免除责任的,人民法院不予支持。"第 6 条:"保险法第十六条第二款规定的投保人违反如实告知义务而未告知保险人的事实,应当是足以影响保险人决定是否同意承保或者提高保险费率的重要事实,保险人对此应负举证责任。保险法第十六条第五款规定的投保人因重大过失未履行如实告知义务的,未履行告知义务的有关事项与保险事故没有直接因果关系,保险人以投保人未尽如实告知义务为由拒绝承担保险责任的,人民法院不予支持。"第 7 条:"保险合同订立或效力恢复时,投保人、被保险人的如实告知义务应以保险人书面(包括投保单、风险调查问卷或其他书面形式)询问为限。"第 8 条:"保险合同约定的免赔率、免赔额、等待期、保证条款以及约定当投保人或被保险人不履行义务时,保险人全部或部分免除赔付责任的条款不属于《保险法》第十七条规定的'免除保险人责任的条款'。"第 9 条:"保险人责任免除条款内容明确、具体,没有歧义,并已经使用黑体字等醒目字体或以专门章节予以标识、提示,且投保人或被保险人以书面明示知悉条款内容的,应认定保险人履行了责任免除条款的说明义务。航空意外险等手撕式保单不需要投保人填写投保书的除外。保险人履行明确说明义务,原则上应当达到普通人通常情况下能够明白地知晓免责条款内容、涵义和法律后果的程度。投保人或被保险人就同一保险标的、同一险种向同一保险人再次或多次投保,且有证据证明保险人曾经履行过明确说明义务,被保险人以本次投保中保险人未履行明确说明义务为由主张保险人责任免除条款无效的,人民法院不予支持。"安徽宣城中院《关于审理道路交通事故赔偿案件若干问题的意见(试行)》(2011 年 4 月)第 30 条:"当事人对保险合同免责条款是否已履行了提示和说明义务有争议的,由保险公司负证明责任。"第 33 条:"对于交通事故第三者责任保险合同中有非医保用药免赔约定的,人民法院应要求原告提供医疗用药清单,由保险公司举证证明用药免赔范围。"山东高院《关于印发审理保险合同纠纷案件若干问题意见(试行)的通知》(2011 年 3 月 17 日)第 9 条:"采用保险人提供的格式条款订立的保险合同中,'责任免除'、'除外责任'及其他有关免赔率、免赔额等部分或者全部免除保险人责任的条款,一般应当认定为保险法第十七条第二款规定的'免除保险人责任的条款'。但保险合同中有关法律、行政法规明确规定的保险人不承担保险责任的条款除外。"第 11 条:"保险人对履行提示和明确说明义务承担举证责任。保险人在投保单、保险单或其他保险凭证上对免除保险人责任条款有显著标志(如字体加粗、加大或者颜色相异等),或者对全部免除保险人责任条款及说明内容单独印刷,并对此附有'投保人声明'或单独制作的'投保人声明书',投保人已签字确认表示对免责条款的概念、内容及其法律后果均已经明了的,一般应认定保险人已履行提示和明确说明义务。但投保人有证据证明保险人未实际进行提示或明确说明的除外。"江苏高院《印发〈关于审理保险合同纠纷案件若干问题的讨论纪要〉的通知》(2011年1月12日 苏高法审委〔2011〕1号)第1条:"采用保险人提供的格式条款订立的保险合同中,'责任免除'、'除外责任'及其它有关免赔率、免赔额等部分或者全部免除保险人赔偿或者给付保险金责任的条款,人民法院应当认定为《保险法》第十七条第二款规定的'免除保险人责任的条款'。"第2条:"保险责任范围与免责条款之间的关系不限于包含关系。被保险人或者受益人以相关免责条款不产生效力为由要求保险人赔偿或者给付保险金的,人民法院应当审查保险条款关于保险责任范围的具体规定,以确定事故是否属于保险责任范围。事故不属于保险责任范围的,无需审查事故是否属于免责范围以及相关免责条款的效力;事故属于保险责任范围的,应进一步审查事故是否属于免责条款规定的情形,以及免责条款是否有效。"第3条:"订立保险合同时,保险人对于合同中有关免除保险人责任条款的概念、内容及其法律后果以书面或者口头形式向投保人作出通常人能够理解的解释的,人民法院应当认定保险人履行了《保险法》第十七条第二款规定的明确说明义务。保险人对其履行了明确说明义务负举证责任。保险人在保险合同订立时采用足以引起投保人注意的文字、符号、字体等特别标识对免责条款进行提示,且投保人对保险人已履行了符合前款要求的明确说明义务签字或者盖章认可的,人民法院应当认定保险人履行了明确说明义务。但有相反证据证明保险人未履行明确说明义务的除外。"第4条:"保险人以其采用在保险单中印制'投保人有核对保险条款义务,超过规定时限未通知则视为投保人无异议'等限时要求投保人阅读的方式,主张已履行对相关免责条款的明确说明义务的,人民法院不予支持。"第5条:"下列情形,保险人的明确说明义务可适当减轻但不免除:(一)同一投保人签订二次以上同种类保险合同的;(二)机动车辆保险合同中规定严重违反交通法规的免责条款,如无证驾驶、酒后驾车、肇事后逃逸等。"第6条:"投保人、被保险人或者受益人以保险人未履行明确说明义务为由,主张下列情形相关免责条款不产生效力的,人民法院不予支持:(一)免责条款是相关法律规定免除保险人责任的条款。(二)同一投保人签订二次以上同种类保险合同,且保险人有证据证明曾就同种类相同的免责条款向投保人履行过明确说明义务。"第9条:"保险条款约定'保险人按照基本医疗保险的标准核定医疗费用的赔偿金额'的,对于基本医疗保险范围外的医疗项目支出,保险人应当按照基本医疗保险范围内的同类医疗费用标准赔付。"第12条:"保险人采用保险卡的方式销售保险产品,保险卡载明'其他未尽事宜以某保险条款为准'等兜底条款,发生保险事故后,保险人援引上述兜底条款指明的其他保险条款拒赔的,因兜底条款指明的其他保险条款并未附在保险卡上,应当认定兜底条款指明的其他保险条款不属于保险合同的内容,对投保人、被保险人、受益人无约束力。但保险人能够证明投保人投保时知晓其内容的除外。"第13条:"保险人在保险单上以'特别声明'或者'特别约定'等方式对保险条款的相关内容单方作出变更,限制被保险人权利或者限缩保险人义务的,对投保人、被保险人、受益人不发生法律约束力。但保险人能够证明'特别声明'或者'特别约定'征得了投保人同意的除外。"江西宜春中院《关于审理保险案件若干问题的指导意见》(2010年9月17日 宜中法〔2010〕92号)第6条:"如何界定保险人就免责条款向投保人尽到了提示、明确说明义务。保险人应将免责条款作为保险合同的附件之一单独列出作为《保险法》第17条中的'其他保险凭证',由投保人选择直接在该附件上签名或领取该附件并在送达回单上签收,以证实保险人已书面形式向投保人作出了明确说明,如保险公司证明免责条款以该种方式送达了被保险人,则认定保险公司尽到了提示、明确说明义务。"重庆高院《印发〈全市法院保险纠纷案件审判实务研讨会会议纪要〉的通知》(2010年4月7日 渝高法〔2010〕101号)第1条规定:"关于如何确定投保人已履行如实告知义务问题。会议认为,订立保险合同时,投保人应就自己已知或应知事项向保险人如实告知。投保人应当如实告知的范围限于保险人就保险标的或者被保险人的有关情况提出询问的问题。保险公司未询问的视为非重要事项,投保人无如实告知义务。保险人询问内容应明确具体。保险代理人代投保人填写投保单上的内容,投保人签字的,视为投保人对询问内容已经告知;保险代理人明知被保险人未履行如实告知义务仍然同意承保的,保险人不得解除保险合同。"第2条规定:"关于保险人对免责条款明确说明义务的理解问题。会议认为,保险人免除责任条款,是指保险合同中载明的保险人不负赔偿或给付保险金责任的条款。对保险合同中免除保险人责任的条款,保险人在与投保人签订保险合同时,应当向投保人说明合同的内容。对免责条款,保险人除了在投保单或其他保险凭证上作出足以引起投保人注意的提示外,还应当对有关免责条款的概念、内容及其法律后果等,以书面或者口头形式向投保人作出解释。保险人未作提示或者明确说明的,该条款不产生效力。保险人的说明以一般人能理解为标准。保险人对是否履行了明确说明义务承担举证责任。保险人出具免责附单,投保人在上面申明已知免责条款含义、内容及其法律后果并签字的,应认为保险人已举证证明其已明确说明。保险合同中的免赔率条款,保险人也应向投保人明确说明,否则对被保险人无约束力。"广东广州中院《民事审判若干问题的解答》(2010年)第15条:"【保险公司的免责事由】交通事故损害赔偿纠纷案件中,保险公司有哪些免赔的抗辩事由?答:根据《道路交通安全法》第七十六条及《交强险条例》第二十一条的规定,保险公司的唯一免责事由是损害是由受害人的故意造成的。除此之外,保险公司不能以机动车转让未办理相关手续、保险事故发生后投保人、被保险人或受益人未履行及时通知义务为由不承担保险责任。"安徽合肥中院民一庭《关于审理道路交通事故损害赔偿案件适用法律若干问题的指导意见》(2009年11月16日)第53条:"当事人对保险合同免责条款是否已履行了提示和明确说明义务有争议的,由保险公司负证明责任。"第 58 条:"交通事故第三者责任险合同约定有免赔率的,保险人应赔偿数额的计算方式为:超出交通事故责任强制险的应赔偿数额部分乘以免赔率,以交通事故第三者责任险限额为限。"江苏南京中院民一庭《关于审理交通事故损害赔偿案件有关问题的指导意见》(2009 年 11 月)第 35 条:"机动车第三者责任保险合同无论是否签订于 2004 年 5 月 1 日之后,对保险公司的免责事由均应按照《民法通则》第一百二十三条和《道路交通安全法》第七十六条第二款的规定予以审查,即只有在损害是因交通事故受害人故意造成的情形下保险公司才能免除《道路交通安全法》第七十六条第一款规定的赔偿责任。"云南高院《关于印发〈关于审理保险纠纷案件适用法律若干问题的会议纪要〉的通知》(2009 年 11 月 4 日 云高法〔2009〕234 号)第 7 条:"《中华人民共和国保险法》第十七条规定的'明确说明'是指保险人在与投保人签订保险合同时,对于保险合同中所约定的有关免除保险人责任的条款,应当在保险单或者其他保险凭证上对有关免责条款作出能够足以引起投保人注意的提示,并且应当对有关免责条款的内容以书面或口头形式向投保人作出解释,以使投保人明了该条款的真实含义和法律后果。保险人对是否履行了明确说明义务承担举证责任。保险合同中免责条款本身,不能证明保险人履行了说明义务。"第 8 条:"保险人与同一投保人再次或多次签订同类保险合同时,保险人仍应履行《中华人民共和国保险法》第十七条规定的明确说明义务。"第 9 条:"保险人已投保人违反如实告知义务为由请求解除合同,投保人证明该告知内容不在保险人询问范围的,对保险人的请求不予支持。"福建泉州中院民一庭《全市法院民一庭庭长座谈会纪要》(泉中法民一〔2009〕05 号)第 2 条:"在商业保险合同的保险条款中,精神损害抚慰金、免赔率等项目被列入保险合同的免责条款范围,但根据保险合同,精神损害抚慰金、免赔率等又是一种独立的附加险种,投保人可以选择投该类险种,也可选择不投该类险种。当事人在没有投保相应附加险的情况下,主张保险公司应赔偿精神损害抚慰金、不计免赔率的请求应如何处理?答:保险合同中免责条款项下的免赔情形,均属于保险法规定的免责条款,保险公司在签订保险合同时,应就合同中的免责事项向投保人履行明确说明的义务,未履行明确说明义务的,该条款不产生效力。既然保险合同将精神损害抚慰金、免赔率等项目列入保险合同中的免责条款范围,就应适用《保险法》中关于保险公司应当向投保人履行'明确说明'义务的规定,未履行明确说明义务的,保险公司不能免责。"第 3 条:"机动车商业险的保险合同中规定的'免赔率'应如何认定及计算?答:当机动车投保商业险的保险合同中有约定'免赔率'的计算方式或者具体的免赔数额时,投保人没有投不计免赔率的,免赔率的计算按照双方合同的约定处理。如果保险合同只约定应计免赔率,而没有具体的计算方式或者具体数额的,存在两种情况:第一种情况:当受害人的损失数额在保险责任最高限额范围内时,投保人没有投不计免赔率的,其保险赔偿金应扣除根据免赔率计算的免赔数额。第二种情况:当受害人的损失数额超过保险责任最高限额范围时,应以实际损失数额先扣除实际损失数额乘以免赔率的数额,得出的数额若在保险责任最高限额范围内的,按实际数额予以理赔;得出的数额若超过保险责任最高限额范围的,按保险责任最高限额予以赔偿。"第4条:"保险公司提出依据商业险保险合同的约定,医疗费用只赔偿符合国家基本医疗保险标准的部分,但保险公司又未申请对原告的医疗费用比照国家基本医疗保险标准进行司法鉴定,此时保险公司理赔的医疗费用应如何认定;若应按保险合同认定,由谁承担举证责任?答:保险公司对医疗费用的赔偿是否限于符合国家基本医疗保险标准的部分,应按合同约定处理。对于费用项目是否符合国家基本医疗保险标准的举证责任问题,因限于客观条件,只要受害人提供的医疗机构出具的医疗费、住院费等票据、病历、诊断证明等证据能够相互印证,证明其支出医疗费用的事实,就应视为其已完成举证责任。保险公司若主张受害人提供的医疗费中有部分不符合国家基本医疗保险标准的,应承担举证责任。"江西九江中院《关于印发〈九江市中级人民法院关于审理道路交通事故人身损害赔偿案件若干问题的意见(试行)〉的通知》(2009年10月1日 九中法〔2009〕97号)第5条:"在审理机动车投保商业第三者责任险的道路交通事故人身损害赔偿案件时,应当依照保险合同的约定,确定保险公司承担的赔偿责任;保险合同中约定的免赔率是责任限额内的免赔,具体计算方式为:当赔偿金额低于赔偿限额时,应赔款额=应负赔偿金额×(1-免赔率);当赔偿金额高于赔偿限额时,应赔款额=赔偿限额×(1-免赔率)。"浙江高院《关于审理财产保险合同纠纷案件若干问题的指导意见》(2009年9月8日 浙高法〔2009〕296号)第10条:"保险人在投保单、保险单或其他保险凭证对免责条款有显著标志(如字体加粗、加大、相异颜色等),对全部免责条款及对条款的说明内容集中单独印刷,并对此附有'投保人声明',或附有单独制作'投保人声明书',投保人已签字确认并同时表示对免责条款的概念、内容及其法律后果均已经明了的,一般可认定保险人已履行明确说明义务,除非投保人、被保险人能提供充分的反驳证据。涉及保险人是否履行说明义务争议的举证责任分配规则问题,可适用最高人民法院《关于适用〈中华人民共和国合同法〉若干问题的解释(二)》(法释〔2009〕5号)第六条第二款的规定。"第11条:"下列情形,保险人的明确说明义务可适当减轻但不得免除:(一)同一投保人签订二次以上同类保险合同的;(二)机动车辆保险合同中规定严重违反交通法规的免责条款,如无证驾驶、酒后驾车、肇事后逃逸等。"安徽蚌埠中院《关于审理人身损害赔偿案件若干问题的指导意见》(2009年7月2日)第16条:"驾驶人员醉酒驾驶、无证驾驶、肇事后逃逸或车辆证照超过有效期限,被保险机动车肇事致第三人损害的,保险公司是否应当在机动车第三者责任险范围内减免赔偿责任的问题。(一)保险机构依据机动车第三者责任险保险合同约定主张减免责的,从其合同约定;(二)当事人对减免责任格式条款有效性发生异议的,保险人应就其已履行法定告知义务举证。认定保险人是否履行了法定告知义务,参照中国保险监督管理委员会关于机动车辆保险条款的性质等有关问题的批复(附件二)及最高人民法院研究室关于对保险法第十七条规定的'明确说明'应如何理解的问题的答复(附件三)予以审查。"四川泸州中院《关于民商审判实践中若干具体问题的座谈纪要(二)》(2009年4月17日 泸中法〔2009〕68号)第13条:"机动车责任保险合同中的免责条款的效力,应当如何确定?基本意见:根据保险法的规定,对于免责条款,保险公司应当作出提示,并作出明确说明。对于明确说明,根据最高人民法院《关于对保险法第十七条规定的'明确说明'应如何理解的问题的答复》,所谓'明确说明'是指对免责条款,除提示义务外,还应对该条款的概念、内容和法律后果等采取书面或口头的形式向投保人或其代理人作出解释,以使投保人明了该条款的真实含义和法律后果。"浙江高院民二庭《金融纠纷案件若干问题讨论纪要》(2008年10月28日 浙法民二〔2008〕38号)第5条:"实践中,投保人是否履行如实告知义务主要涉及两个方面,即如实告知的范围和违反如实告知义务的法律后果。(1)关于如实告知的范围。首先,如实告知的范围应当是保险标的的重要事实,主要是指足以影响保险人决定是否同意承保或者提高保险费率的事实情况。实践中,可将保险人在投保单和风险询问表中需要投保人如实填写的事项,视为重要事实。此外,这种重要事实应当是投保人在签订保险合同之时所了解或应当知道的,在签订保险合同之后,即使发生了与保险风险有关的重要事实为投保人所了解或应当知道,也属于危险增加通知义务规制的范围,而不属于如实告知义务范围。其次,确定如实告知范围的标准是书面询问主义。对于不在书面询问范围内的事项,推定为不是重要事项。具体可参见省高院《民商审判若干疑难问题讨论纪要》(浙法民二〔2003〕21号)的相关意见。(2)违反如实告知义务的后果。投保人违反如实告知义务,保险人享有解除合同的权利,区分投保人的过错,产生以下法律后果:投保人故意隐瞒事实,故意不履行如实告知义务,保险人对于保险合同解除前发生的保险事故,不承担赔偿或者给付保险金的责任,并不退还保险费;投保人因过失未履行如实告知义务,如未如实告知的事项对保险事故的发生有'严重影响'的,保险人对于保险合同解除前发生的保险事故,不承担赔偿或者给付保险金的责任,但可以退还保险费。实践中,'严重影响'一般是指未告知的事项为发生保险事故主要的、决定性的原因。如果保险事故的发生并非投保人未告知的重大事项引起,可以认定该未告知的事项对保险事故的发生没有'严重影响',保险人不得以投保人未告知为由解除保险合同或者不承担保险责任。需要注意的是,保险人如果在明知投保人未履行如实告知义务的情况下,不是进一步要求投保人如实告知,而是仍与之订立保险合同,则应视为其主动放弃了抗辩权利,构成有法律约束力的弃权行为,事后无权再以投保人违反如实告知义务为由解除保险合同,而应严格依照保险合同的约定承担保险责任。《最高人民法院公报》2008年第8期发布的何丽红诉中国人寿保险股份有限公司佛山市顺德支公司、中国人寿保险股份有限公司佛山分公司保险合同纠纷案,其裁判要旨中已确立上述'弃权与禁反言'规则。虽然该案属于人身保险合同纠纷范畴,但'弃权与禁反言'作为保险法最大诚信原则对保险人的一项要求,在财产保险合同纠纷案件中也是适用的……实践中,保险人对于免责条款的明确说明义务主要涉及两个方面,即明确说明义务的履行标准与证明标准。(1)关于明确说明义务的履行标准。对此存在不同看法,中国人民银行1997年发布的《关于在机动车辆保险业务经营中对明示告知等问题的复函》认为,保险人印刷了免责条款,就是履行了明确说明义务。投保人签字确认,就视为对免责条款的认可、接受。而最高人民法院研究室《关于对保险法第十七条(原17条现18条)规定的"明确说明"应如何理解的问题的答复》(法研〔2000〕5号)则认为,明确说明'是指保险人在与投保人签订保险合同之前或者签订保险合同之时,对于保险合同中所约定的免责条款,除了在保险单上提示投保人注意外,还应当对有关免责条款的概念、内容及其法律后果等,以书面或者口头形式向投保人或其代理人作出解释,以使投保人明了该条款的真实含义和法律后果。'这一答复对明确说明的履行方式确立了三方面的标准,其一是'明显的提示',即在保险单或其他保险凭证上对有关责任免除条款作出足以引起投保人注意的提示;其二是'明确的解释',即对责任免除条款的概念、内容及法律后果等,以书面或口头形式,清晰明白地向投保人解释清楚;其三是'投保人确认',即投保人确认其对责任免除条款及其解释进行详细了解并已清楚明白其含义、知晓其法律后果。《最高人民法院公报》2007年第11期发布的杨树岭诉中国平安财产保险股份有限公司天津宝坻支公司保险合同纠纷案,关于明确说明义务所确立的裁判要旨与《关于对保险法第十七条规定的'明确说明'应如何理解的问题的答复》精神是一致的,实践中可予参照。(2)关于明确说明义务的证明标准。如果保险公司仅提供具有明显标识免责条款的投保单,投保人在印有格式条款的投保单上签名,只能证明免责条款已提示投保人注意,却无法证明保险公司对免责条款概念、内容及法律后果等作出了明确解释并使投保人明了。但是,如果投保单上的免责条款有明显标识,并且投保人在投保单上明确声明'保险公司对免责条款的内容和涵义已作了明确说明,投保人也已知免责条款的内容和涵义'等内容,或者将投保人已经了解有关免责条款内容的声明单独印刷并由投保人签字或盖章,一般则可以证明保险人对免责条款已尽了明确说明义务。当然,保险人是否履行明确说明义务,是需要证据证明的重要事实,每个案件都会有不同的证明手段与不同的证明标准,这是需要法官自由裁量的事项,不能固定化地理解为只有采取某一种手段才是'明确说明'。如投保人虽未作出已了解有关免责条款内容的明确声明,但保险人有其他证据如音像资料、证人证言等证明其已履行明确说明义务的,也应予认定。总的来讲,'明确说明义务'是保险人须'作为'的义务,其证明责任应当由保险人承担。关键要看其提供的证据是否达到'高度盖然性'证明标准,对此,还是应当根据最高人民法院《关于民事诉讼证据的若干规定》第六十四条的规定,在遵循法官职业道德的前提下,运用日常生活经验法则与逻辑推理,进行综合判断。"江苏宜兴法院**《关于审理交通事故损害赔偿案件若干问题的意见》**(2008年1月28日 宜法〔2008〕第7号)第19条:"在投保人未投保'不计免赔特约险',将承保三者险的保险公司列为共同被告的,保险公司应当根据机动车一方在交通事故中应实际承担的民事赔偿责任而非交通事故责任,确定其应当承担的赔偿金额。"第20条:"在投保人未投保'不计免赔特约险',而被保险人对第三者实际承担的民事赔偿责任超过三者险保险金额限额时,计算保险公司在三者险限额内向受害方承担保险金时,应按被保险人对第三者实际承担的民事赔偿责任核定保险赔款,并且保险赔偿金额以不超过保险金额为限。"重庆高院**《关于印发〈全市第二次民事审判工作会议纪要(民商事审判部分)〉的通知》**(2007年12月29日 渝高法〔2008〕2号)第4条:"适用《中华人民共和国保险法》应当注意的问题。(一)关于保险合同的解释……(二)关于保险告知义务。保险人对责任免除条款应尽明确说明义务,保险人除在保险单上提示投保人注意外,还应对有关免责条款内容作出解释,通常要特别申明,否则免责条款将不生效。对一般条款,保险人在保险条款中予以列明,即可认为其尽到了告知义务。(三)关于第三者责任险与交强险的关系。交强险是法定险而第三者责任险是任意险。在同一起事故中,如果投保人同时投保了上述两险种,人民法院应当首先适用交强险,其次在适用第三者责任险。"北京高院民一庭**《北京市法院道路交通事故损害赔偿法律问题研讨会会议纪要》**(2007年12月4日)第3条:"……关于致害机动车一方和受害人均对事故负有责任时,交强险的赔偿是否应考虑机动车一方的责任比例问题。与会人员一致认为:交强险旨在就交通事故提供社会性保障,原则上不考虑当事人的过错(在事故系由受害人一方故意造成等情形下除外),故在致害机动车一方和受害人均对事故的发生存在过错时,交强险的赔偿不应考虑机动车一方的责任比例。"北京高院**《关于印发〈北京市高级人民法院关于审理保险纠纷案件若干问题的指导意见(试行)〉的通知》**(2005年3月25日 京高法发〔2005〕67号)第3条:"保险人与同一投保人再次或多次签订同类的保险合同时,保险人的说明义务可以适当减轻;但保险人仍然应当履行保险法规定的明确说明义务。"第4条:"保险人未履行对一般保险条款的说明义务时,应当赔偿投保人或被保险人因此产生的实际损失。"第5条:"保险人对保险条款的说明义务,不因保险合同条款是对保险法规定内容的合同化而免除。"第 6 条:"'责任免除条款'中包含有通常人不易理解的专门术语时,保险人对其概念、内容及其法律后果等所作的解释与说明,应当达到通常人所能理解的程度。"第 7 条:"保险人的代理人代投保人填写需投保人如实告知的事项并代投保人签名的,可以因此免除投保人相应的如实告知义务。"第 8 条:"投保人向保险人主动告知某事项并记载于投保书上的,视为保险人就有关情况提出询问,投保人负有如实告知义务。"第 10 条:"保险人在缔约或保险事故发生之前已经知道或应当知道投保人有违反如实告知义务的情形,但仍承保的,对其在保险事故发生后拒绝承担保险责任或者要求解除保险合同的主张,不应予以支持。"

5. 最高人民法院审判业务意见。●保险公司未就免责条款向投保人作明确说明的,应如何承担责任?《人民司法》研究组:"在财产保险合同订立时,保险公司未就免责条款向投保人作明确说明的,对保险合同效力的影响,应当按照保险法第十八条的规定判断,保险法第十八条规定:'保险合同中规定有关保险人责任免除条款的,保险人在订立合同时应当向投保人明确说明,未明确说明的,该条款不发生效力。'所以,保险公司在订立保险合同时未就免责条款向投保人作明确说明的,仅免责条款本身受影响,即不产生法律效力,对保险合同中的其他条款没有实质影响。"

6. 参考案例。①2016 年云南某保险合同纠纷案,2016 年,朱某所驾车辆被石块损坏,报案后,保险公司未派人现场勘查,亦未核损。朱某自行修理产生修理费 3 万余元。保险公司以朱某发生事故后继续行驶导致发动机受损为由,主张其对驾驶人过错依约定不承担责任。法院认为:《保险法》第 17 条规定:"订立保险合同,采用保险人提供的格式条款的,保险人向投保人提供的投保单应当附格式条款,保险人应当向投保人说明合同的内容。对保险合同中免除保险人责任的条款,保险人在订立合同时应当在投保单、保险单或者其他保险凭证上作出足以引起投保人注意的提示,并对该条款的内容以书面或者口头形式向投保人作出明确说明;未作提示或者明确说明的,该条款不产生效力。"第 19 条规定:"采用保险人提供的格式条款订立的保险合同中的下列条款无效:(一)免除保险人依法应承担的义务或者加重投保人、被保险人责任的;(二)排除投保人、被保险人或者受益人依法享有的权利的。"前述第 17 条是保险格式免责条款纳入合同规范,即只有满足该条所规定条件才能成为合同组成部分;第 19 条是内容控制规范,即保险格式免责条款只有不存在该条规定情形之一才属有效条款。在保险合同纠纷案件中,保险公司以免责条款为据主张免责,需首先证明其已按《保险法》第 17 条规定尽到了提示和明确说明义务,在此基础上,才能结合第 19 条的规定判断该条款是否系有效条款。本案中,保险公司不能证明其按《保险法》第 17 条规定就其抗辩所称免责事由尽到了提示和明确说明义务,故判决保险公司赔偿朱某财产损失费3万余元。②**2013年北京某保险合同纠纷案**,2011年,马某投保车辆与任某货车相撞,交警认定任某全责。马某诉请其投保的保险公司赔偿修车费2.8万余元时,保险公司以保险合同无责免赔约定抗辩。法院认为:依《保险法》规定,保险合同中规定有关于保险人责任免除条款的,保险人在订立保险合同时应向投保人明确说明,未明确说明的,该条款不产生效力。此处"明确说明",系指保险人在与投保人签订保险合同之前或之时,对于保险合同中所约定的免责条款,除了在保险单上提示投保人注意外,还应对有关免责条款概念、内容及其法律后果等,以书面或口头形式向投保人或其代理人作出解释,以使投保人明了该条款真实含义和法律后果。现保险公司未提供证据证明其将保险条款交付给马某,亦未提供证据证明其针对免责条款向马某履行了明确说明义务,故保险条款中免责条款对马某不产生效力。依《保险法》第60条规定,因第三者对保险标的的损害而造成保险事故的,保险人自向被保险人赔偿保险金之日起,在赔偿金额范围内代位行使被保险人对第三者请求赔偿的权利。据此,无论是否被保险车辆责任造成损害,保险人均应予以先行赔付,而后保险人取得追偿权,依法向第三者进行代位追偿。现马某提交证据足以证明其驾驶车辆发生交通事故,并造成了损失,故马某要求保险公司赔偿修车费诉请,应予支持。保险公司自向马某赔偿保险金之日起,在赔偿金额范围内享有代位行使马某对第三者请求赔偿的权利。判决保险公司赔偿马某2.8万余元。③**2015年浙江交通事故纠纷案**,2014年,刘某车辆与李某驾驶环卫处重型专项作业车碰撞,导致旁边胡某车损人伤。交警认定刘某、李某分负主、次责,胡某无责。环卫处投保商业三责险的保险公司以保险合同约定"负次要事故责任的,免赔率为5%"为由主张扣减免赔率,环卫处以保险公司未就该免责条款予以明确说明为由抗辩。法院认为:机动车商业三责险附加事故责任免赔率是通常做法,由投保人自行选择是否投保,符合权利义务对等原则,本身不具有不公平地免除其自身义务或加重对方责任特点。被保险人依法享有的权利内容受到一国保险事业目的、盈亏状况及发展水平的影响,一定条件下免赔率设置是保险合同正常内容,本身不违反法律禁止性规定,并未免除或减轻保险人责任,未排除被保险人依法享有的权利,并非免责条款。从保险类别来看,商业三责险不计免赔率特约险属于商业险中附加险,有全赔需求的投保人可投保该附加险,其目的在于通过附加险进一步分散风险,以满足保险市场多元化需求。如不投保该附加险亦要全赔,附加险存在亦就失去意义,故附加险存在亦表明事故责任免赔率符合法律规定。在有不计免赔率附加险可选择而未选择情况下,由未投保该附加险当事人承担部分损失,符合合同对等公平原则。判决保险公司在交强险范围内赔偿胡某1300余元,在商业三责险范围内赔偿胡某1.9万余元,环卫处赔偿胡某1000余元。④2014年**浙江某交通事故纠纷案**,2014

年,许某货车肇事,交警认定其负主要责任。保险公司以投保单特别约定"若出险时现场查勘该车无'安全锁',保险人将有权拒绝赔偿"为由拒赔交强险。法院认为:交强险条例第6条规定,机动车交通事故责任强制保险实行统一的保险条款和基础保险费率。第13条第2款规定,签订机动车交通事故责任强制保险合同时,投保人不得在保险条款和保险费率之外,向保险公司提出附加其他条件的要求。第38条规定,保险公司未按照统一的保险条款和基础保险费率从事机动车交通事故责任强制保险业务的,由保监会责令改正,处5万元以上30万元以下罚款;情节严重的,可以限制业务范围、责令停止接受新业务或者吊销经营保险业务许可证。签订机动车交通事故责任强制保险合同时,保险公司不得强制投保人订立商业保险合同以及提出附加其他条件的要求。根据上述规定,交强险实行统一的保险条款,而该统一保险条款是由保协会统一制定经保险监管机关审批,并在所有的保险公司统一实行,故约定的免责条款内容应与该统一实行的保险条款相一致,保险公司不得在统一实行的保险条款之外提出附加其他条件要求。本案中,保险公司在与投保人订立交强险合同时,另以特别约定形式对该车提出"若出险时现场查勘该车无安全锁,保险人将有权拒绝赔偿"免责条款,违反了交强险条例第13条第2款禁止性规定,该特别约定条款无效,故保险公司依法应负强制保险赔偿责任。⑤2013年**江苏某保险合同纠纷案**,2011年,孙某驾车撞伤姜某,交警认定孙某过度疲劳驾驶,负主要责任。孙某赔偿姜某后向保险公司理赔。保险公司以保险合同约定"依照法律法规或公安机关交通管理部门有关规定不允许驾驶被保险机动车的其他情况下驾车"免责条款拒赔。法院认为:《道路交通安全法》第22条第2款规定:"饮酒、服用国家管制的精神药品或者麻醉药品……或者过度疲劳影响安全驾驶的,不得驾驶机动车。"依最高人民法院《关于适用〈中华人民共和国保险法〉若干问题的解释(二)》的规定,保险人将法律、行政法规中的禁止性规定情形作为保险合同免责条款的免责事由,保险人应对该条款作出提示。本案中,保险条款中只概括载明"依照法律法规或者公安机关交通管理部门有关规定不允许驾驶被保险机动车的其他情况下驾车"免责,而该种概括条款因保险公司并未逐一、具体地向投保人提示释明,因而其并无效力。判决保险公司赔偿孙某21万余元。⑥2012年**北京某保险合同纠纷案**,2010年,周某驾驶刚买4天的新车与他人发生事故,交警认定周某全责。保险公司赔偿6万余元交强险后,以被保险车辆未办理车辆登记属保险合同免责事由、周某在投保单上声明已对免责条款"充分理解"为由拒赔。周某提供汽车销售公司当时刚上岗1个月的销售顾问丛某证人证言,证明周某当日下午5时离开汽车销售公司,保险条款直到下午6时左右才打印出来,且一直放置丛某处,直到保险事故发生,周某才取得保险条款。法院认为:周某投保时虽签署投保单并声明保险公司已对免责条款作明确说明,但证人丛某证实在投保时未向周某送达保险条款,亦未对免责条款进行提示和说明,而保险公司对丛某证人证言未提异议。丛某在向周某销售汽车和保险时,刚上岗1个月,自己对免责条款内容和含义尚不清楚,根本无法向周某解释和说明免责条款。依《保险法》第17条规定,订立保险合同,采用保险人提供的格式条款的,保险人向投保人提供的投保单应附格式条款,保险人应向投保人说明合同内容。对保险合同中免除保险人责任的条款,保险人在订立合同时应在投保单、保险单或其他保险凭证上作出足以引起投保人注意的提示,并对该条款内容以书面或口头形式向投保人作出明确说明;未做提示或明确说明的,该条款不产生效力。在保险公司确实未履行免责条款提示、解释和说明情况下,即使周某签署了投保书并声明理解,该免责条款亦不能生效。但周某在购买新车后4个工作日内,无正当理由不办牌照上路行驶,违反了《道路交通安全法》强制性规定,对造成免责条款无效和保险事故发生亦有一定过错,可适当减轻保险公司赔偿责任,判决交强险赔付之外,保险公司赔偿周某损失的70%即9万余元。⑦**2012年江苏某保险合同纠纷案**,2011年,王某为其吊车投保交强险,保单中机动车号牌号码一栏空白。该车肇事后,保险公司以无行驶证拒绝理赔。法院认为:保险公司在明知保险单中投保车辆号牌号码未填写情况下同意投保,不得再以被保车辆无行驶证为由拒绝理赔。机动车具有合法有效的号牌号码及行驶证是投保前提,保险公司对此应予审核。对保单中出现机动车号牌号码一栏未填写这一明显问题时,保险公司应知晓该机动车可能未上牌及无行驶证,但未进一步审查,仍同意投保的,保险公司在该机动车发生事故后要求理赔时不得再以该机动车无行驶证拒绝理赔。判决保险公司支付交强险保险金11万余元。⑧**2011年江苏某保险合同纠纷案**,2009年,蒋某驾驶货车与骑电动自行车的沈某相撞,在紧急刹车时,车厢货物冲出推倒驾驶室,造成蒋某死亡及乘车人、沈某受伤。保险公司以保险合同约定"被保险机动车所载货物坠落、倒塌、撞击、泄漏造成的损失,保险人不负责赔偿"主张免责。法院认为:保险条款约定因"碰撞、倾覆、坠落"造成车辆损失,保险人应赔偿,本案因被保险车辆与电动自行车相撞发生道路交通事故,被保险车辆损失应属合同约定的保险责任范围。保险条款责任免除部分约定,被保险机动车所载货物坠落、倒塌、撞击、泄漏造成的损失,保险人不负责赔偿。双方当事人对该内容理解存在分歧。原告认为该约定应理解为正常行驶或静止状态下货物撞击所致损失属免责范围,而本案交通事故系被保险车辆与第三人相撞引起,故即使诉争损失系车载货物撞击所致,但因车载货物撞击系车辆发生事故所造成,故该部分损失理应属于保险责任范围。保险公司主张其已就该免责条款向投保人作出明确说明,但未能提供相关证据证明该主张,应视为其举证不能。依通常解释,设立诉争免责条款目的在于督促车辆使用人在固定货物时要谨慎小心,防止因疏忽或懈怠使车上放置货物处于不牢固的危险状态,以至于在静止状态或车辆正常行驶过程中亦极易导致货物坠落、倒塌、撞击等而造成原本可避免的损失。本案中,车上货物冲出车厢系因蒋某在发生交通事故中,采取紧急制动措施时受异常强大的惯性驱使所致,如保险公司对此免责抗辩成立,则会出现该保险条款意在要求车辆使用人固定货物的牢固程度需足以抵抗交通事故程度,这显然不合理,亦有违公平。除非保险公司能举证证明投保人或车辆使用人在固定货物时存在过失,使货物本身不牢固易发生坠落、倒塌、撞击和泄漏。众所周知,车辆发生本案保险合同保险责任范围约定的碰撞、倾覆、坠落等事故后,极易造成车载货物坠落、倒塌、撞击和泄漏而造成损失,如上述情形均属免责范围,则显然有违投保人投保载货汽车损失保险的预期目的。本案原告请求理赔车辆损失系因被保险车辆与他人相撞发生事故导致车载货物撞击驾驶室而造成的,而非被保险车辆正常行驶或静止状态下车载货物撞击所造成损失,故该诉争损失不属于亦不应属于保险合同约定责任免除范围。判决保险公司赔偿原告22万余元。⑨2013年福建某交通事故纠纷案,2012年,孙某驾车追尾赖某雇佣王某驾驶、挂靠运输公司的超载货车,孙某死亡。交警认定孙某、王某分负主、次责任。2013年,孙某近亲属诉请赖某、王某、运输公司及保险公司赔偿。法院认为:王某驾驶机动车载物超过核载质量,违反《道路交通安全法》相关规定,与受害人孙某所驾机动车相撞,造成孙某死亡,由此造成原告损失,理应承担民事赔偿责任。由于王某受赖某雇请,为其所有的货车提供劳务关系,在提供劳务过程中致人损害,接受劳务方即赖某应承担赔偿责任,王某不承担赔偿责任。运输公司作为货车挂靠单位,对赖某赔偿承担连带责任。货车在事故中存在超载情形,保险公司将保险单出具给运输公司时,在履行告知义务过程中存在瑕疵,但本案保单上载明"不计免赔率特约条款"中的"三、因违反安全装载规定而增加的"后面进行了打"√"提示,作为投保人应引起注意,并进行详细阅读,况且作为车辆驾驶员知道亦应当知道其超载行为系违反交通法规行为,亦可能加重保险人负担,故可视为保险人已尽明确说明义务。对保险公司所提享有10%商业险赔偿免赔率的抗辩意见予以支持。判决保险公司在交强险和商业三责险范围内赔偿原告共20万余元,赖某赔偿原告2万余元,运输公司对赖某应赔偿部分承担连带责任。⑩2010年江苏某保险合同纠纷案,2010年,李某挖掘机作业时,因路基塌陷,挖掘机严重倾斜陷入泥土中,又因海水涨潮致挖掘机严重受损。保险公司以不构成保险条款约定的"倾覆"为由拒赔。法院认为:保险条款中对倾覆的具体概念并无明确表述,且保险单系保险公司出具给李某的具有相对固定格式的保险合同,现双方对倾覆概念有不同解释,依法应作出不利于格式合同提供方即保险公司的解释。结合本案双方提供的挖掘机出事现场照片,法院认为保险公司提出本次事故不属于倾覆观点不能成立。本案挖掘机损失与挖掘机倾覆存在因果关系,属保险合同约定的保险责任赔偿范围,判决保险公司给付李某包括修理费、更换配件费、施救费中吊车费、挖掘机台班费在内的80%共20万余元理赔款。⑪**2010年江苏某保险合同纠纷案**,2007年,孙某投保带挂货车总计55万元商业三责险,其中主车限额50万元。保险公司在向投保人出具的保险凭证即保险单中注明:"尊敬的客户:我公司已将本保险合同项下的保险条款、免责事由向您明确告知,如有异议请于三日内书面提出,否则视为接受我公司的保险条款及免责事由部分。"2008年,孙某雇请的徐某驾驶被保险车辆撞死周某、李某,孙某赔偿受害人62万余元后,保险公司以徐某事发前已计满12分、按合同约定"驾驶人依照法律法规或公安机关交通管理部门有关规定不允许驾驶被保险机动车""赔偿限额总和以主车责任限额为限"提出抗辩。法院认为:保险公司虽在保险单中注明"明确告知"说明,但该保险单作为保险合同成立后保险公司向投保人出具的保险凭证,上面并无孙某签字,故该保险单中内容只能认定为保险公司就免责条款对投保人进行了提示,不能认定为保险公司对免责条款作出了明确说明。因保险公司对免责条款未履行明确说明义务,故诉争保险条款不产生法律效力。本案孙某为交通事故支出费用达62万余元,保险条款约定赔偿限额总和以主车责任限额为限,实际上剥夺了孙某依挂车保险条款向保险公司主张保险赔偿金权利,该保险条款作为保险公司提供的格式合同,免除了保险公司依挂车保险条款应承担的责任,故亦为无效,判决保险公司支付孙某保险理赔款55万元。⑫**2016年广西某保险合同纠纷案**,2015年,李某投保机动车因暴雨导致车辆被水淹、发动机进水,修理费共计18万余元。李某以车损险一般条款约定"因暴雨导致的车损"应予赔偿为由诉请保险公司赔偿。保险公司以保险条款明确列举"发动机进水"作为免责约定抗辩。法院认为:本案双方当事人对保险赔偿范围理解存在两种以上不同解释。适用《保险法》第30条"采用保险人提供的格式条款订立的保险合同,保险人与投保人、被保险人或者受益人对合同条款有争议的,应当按照通常理解予以解释。对合同条款有两种以上解释的,人民法院或者仲裁机构应当作出有利于被保险人和受益人的解释"规定即不利解释规则前提是:出现了当事人对保险合同条款有不同理解,且"按照通常理解予以解释"仍存在争议情形。结合《合同法》第125条"当事人对合同条款的理解有争议的,应当按照合同所使用的词句、合同的有关条款、合同的目的、交易习惯以及诚实信用原则,确定该条款的真实意思"规定,在文义解释、整体解释和目的解释等通常解释方法用尽仍存在争议的,应适用不利解释规则。按通常解释,涉案保险条款约定因暴雨导致车辆损失属于保险人赔偿范围,是保险责任范围一般性规定;而以单独列举方式将"发动机进水"这一具体情形作为保险人免责事由,是对保险责任范围进行约束和限制的特殊性规定。在文义上,上述保险责任条款与免责条款文字语义清晰,在篇幅上进行了前后叙述,其逻辑关系是保险人与被保险人对属于保险责任范围内部分责任作特别约定,其目的在于将免责事由排除在保险责任之外,在整体并无冲突,故不存在保险责任条款与免责条款矛盾之说,即本案不符合适用《保险法》第30条规定对保险人作出不利解释情形。机动车保险种类设置体现了对车辆行驶中发生的不可预测事故的风险防范和分担。在保险人就诉争保险条款分别设置了诸如车身划痕损失险、玻璃单独破碎险、发动机涉水险等附加商业险前提下,从合理期待原则角度分析,被保险人仅投保机动车损失险不能得出发动机涉水这一特殊情形亦属保险责任范围结论。保险合同免责条款进行了黑体加粗处理,并在保险单中提示投保人阅读承保险种对应的保险条款尤其是责任免除等事项,故保险公司已向李某履行了提示义务。李某已在投保人签名处签字确认,即认可声明内容真实性,其应知悉保险人免责条款概念、内容,理解相关法律后果并作出了相应选择。李某作为具有完全民事行为能力的自然人以及具有长达17年驾龄的驾驶员,应能理解保险公司就免责条款所作提示和说明,故**免责条款对李某发生法律效力**。保险法律关系是存在对价因素的合同关系,各种保险险种责任大小,与保险金及保险事故发生概率是形成一定比例的。基于对价均衡原则考虑,保险人在设置机动车商业险险种时,已就可能发生危险的种类、性质、发生概率及其损失范围进行了估算和预期。投保人作为签订商业合同当事人,则应对保险基本功能和性质有所了解;保险人则应严格遵循该原则履行相应义务。本案中,由于暴雨导致发动机进水属免责范围,且保险公司履行了提示义务和明确说明义务,故保险公司无须向李某承担因发动机进水导致的损失15万余元。判决保险公司赔偿李某因暴雨导致的其他车辆损失2万余元。⑬2015年**江苏某保险合同纠纷案**,2015年,实业公司因暴雨导致发动机进水,维修费1.2万余元。实业公司以保险合同约定"因暴雨造成被保险机动车损失,保险人负责赔偿"为由要求理赔。保险公司以保险合同约定"发动机进水后导致的发动机损坏产生的损失和费用,保险人不负责赔偿"为由抗辩。法院认为:《保险法》第30条规定,采用保险人提供的格式条款订立的保险合同,保险人与投保人、被保险人或者受益人对合同条款有争议的,应当按照通常理解予以解释。对合同条款有两种以上解释的,人民法院或者仲裁机构应当作出有利于被保险人和受益人的解释。本案中,从诉争条款文义看,因暴雨导致发动机进水损坏的,既符合合同保险责任条款规定情形,亦符合责任免除条款规定情形,现双方对如何适用合同条款存在争议,**依《保险法》第30条规定,应从有利于被保险人和受益人角度解释**,判决保险公司赔偿实业公司保险金1.2万余元。⑭2015年**上海某保险合同纠纷案**,2013年,成某驾驶车辆经路口时,因天降大暴雨,发动机进水熄火,产生牵引费和修理费2.8万余元。保险公司以保险合同约定"保险车辆因遭水淹或因涉水行驶致使发动机损坏,保险人不负责赔偿"抗辩。法院认为:"责任免除"条款内容需经提示说明后产生效力。投保人对车辆损失投保时,该险种所涵盖保险标的,并未排除车辆发动机损失。从保险合同对价看,通常保险单载明的新车购置价与车辆损失险金额相一致,投保人就车辆整体风险支付全额保费,保险人应按所收保费对价依约赔付车辆损失。而发动机是车辆不可分割的、关键部件,在投保人与保险人对发动机损失无除外约定情形下,机动车辆发动机应属车辆损失保险标的一部分。保险公司援引"保险车辆因遭水淹或因涉水行驶致使发动机损坏,保险人不负责赔偿"责任免除条款,否认投保人享有请求赔偿权利时,保险公司需对妨碍该权利的法律要件即发动机进水损坏原因事实举证。如车辆在天气晴好情况下,驾驶人员故意往沟渠、水塘、河流或积水深处强行涉水行驶或操作不当造成发动机进水损坏,则属于免除保险人对发动机损坏承担赔偿责任情形。而当保险人无法证明车辆系人为故意涉水驾驶致发动机损坏时,对于暴雨造成的车辆损失包括发动机损失在内,仍属保险人承担保险责任范畴。本案中,保险公司主张适用不应对发动机损坏承担赔偿责任的免责条款,但其在事故发生后,既未举证证明发动机损坏系因遭水淹或因涉水行驶,亦未对事故原因委托有资质的机构进行鉴定,故法院对其主张不予采信,判决保险公司应对暴雨造成道路积水而导致正常行驶车辆发动机损坏承担赔偿责任。⑮2013年辽宁某保险合同纠纷案,2012年,典当公司投保机动车损失险,合同第4条约定因暴雨造成机动车损失属承保范围,第6条约定"不论任何原因造成被保险机动车损失"的免责范围未包括发动机进水导致发动机损坏情形,第7条载明"下列损失和费用,保险人不负责赔偿"范围包括"发动机进水后导致发动机损坏"情形。后因该投保车辆暴雨中突然熄火产生维修费27万余元,保险公司拒赔致诉。法院认为:合同已约定由暴雨导致的保险标的物损失属承保风险,且并未将保险车辆发动机排除在保险标的之外,故应认定发动机属保险标的一部分。免责条款又约定发动机进水后造成损坏不予赔偿,由此导致对上述条款存在两种以上解释,依《保险法》第30条关于不利解释规则,应以因暴雨致车辆损坏为保险事故的赔偿责任范围条款作为理赔依据。对比保险合同第6条和第7条可看出,保险人仅对第6条列举事项说明了"不论任何原因",而对"发动机进水后导致的发动机损坏"并未明确"不论任何原因",故保险公司主张不论任何情况只要发动机进水即应免赔,属单方扩张解释,法院不予支持。暴雨与发动机进水属不同事件,亦可能属同一事件的不同阶段,暴雨中涉水行驶可能导致发动机进水,车辆驶入水塘、人为向车辆灌水等其他原因亦会导致发动机进水,在出现因暴雨导致发动机进水情况下,应按近因原则判断造成保险车辆损失最主要原因,并据此认定保险公司是否应承担相应保险责任。本案中,典当公司提交证据证明了车辆在暴雨中行驶时熄火,保险公司无证据证明典当公司在发动机进水后存在二次点火等行为,故应认定造成保险车辆损失最主要原因是暴雨。对暴雨所致损失,属保险合同约定承保范围,故判决保险公司给付典当公司保险理赔款27万余元。⑯2013年北京某保险合同纠纷案,2012

年,尤某车辆停放家中时遭遇暴雨,洪水淹没车顶并将车冲倒,造成车辆损坏,修理费10万余元。保险公司以"发动机进水导致的发动机损害"系免责条款为由拒赔致诉。法院认为:保险合同可约定免责条款,但保险人须依法履行明确说明义务。"发动机进水后导致的发动机损坏"作为免责条款当然亦不能例外。即使保险人对此履行了明确说明义务,亦不能说只要发动机进水导致的发动机损失保险人即免责,而应严格限定其适用条件。对案涉免责条款进行限缩解释符合《保险法》近因原则、格式条款解释规则。本案中,尤某车辆在家中停放时遭遇暴雨,洪水淹没车顶并被水冲倒造成车辆损坏,该起事故近因系暴雨,车辆损坏系暴雨直接造成,属于保险合同约定的保险责任;另外,案涉被保险车辆发动机损坏原因符合保险责任条款规定的暴雨导致,同时也符合发动机进水导致发动机损坏情形,此种情形下,应作出有利于被保险人的解释,认定属于保险责任。发动机特别损失险作为附加险,承保风险只包括了由于被保险车辆在积水路面涉水行驶导致发动机进水及在水中启动造成的发动机进水,未约定其他情形。如绝对适用发动机进水免责条款,则会导致对于其他原因导致的发动机进水损失"无险"可保。发动机作为汽车主要部件,其损坏所造成的损失应系被保险车辆所有人的主要损失,如只要发动机进水导致的发动机损坏就不予赔偿,显然不符合机动车损失保险设置的初衷,对处于弱势地位、对保险险种并不清楚的投保人和被保险人而言亦显然不公平,故对该免责条款进行限缩解释亦符合附加险种发动机特别损失险承保风险的初衷。判决保险公司给付尤某10万余元。⑰2013年江苏某保险合同纠纷案,2010年,梁某因躲避对面来车而驾车坠河,因发动机进水导致修理费1.9万余元。保险公司以保险合同约定"发动机进水"免责条款拒赔。法院认为:仅从合同条款文义分析,涉案车辆坠河后导致发动机进水损害的,既符合保险责任条款"因碰撞、倾覆、坠落造成被保险机动车的损失,保险人负责赔偿"情形,亦符合"发动机进水"免责条款规定情形,但这样解释得出的结论显然是矛盾的。从投保人投保目的和诚实信用原则分析,前款规定显然应包括车辆坠河后导致发动机进水损坏情形,后款规定不应再将该情形列入免责事由之中。换言之,只有将后款规定解释为不包括前款规定的车辆坠河后导致发动机进水损坏情形,才符合投保人投保目的和保险合同诚信原则。依《保险法》第30条规定,从有利于被保险人和受益人角度,应将本案涉案车辆坠河后导致发动机进水损坏情形解释为前款规定的承保范围,而不应将其解释为后款规定的免责事由。判决保险公司赔偿梁某保险金1.9万余元。⑱2012年江苏某保险合同纠纷案,2011年,电镀公司投保车辆由法定代表人耿某驾驶穿越隧道时,因两天前暴雨引起隧道积水,导致车辆被淹,发动机进水受损。就维修受损车辆产生的维修费130万元,保险公司拒赔致诉。法院认为:所谓近因,系指引起保险标的损失的直接的、最有效的、起决定性作用因素,系导致保险标的受损直接原因。

我国《保险法》上的近因原则指损失发生须与保险合同约定的保险事故间存在因果关系,只有当导致损失的近因属保险合同约定的承保范围,保险人方才承担保险责任。本案中,事故隧道积水虽系事故前日该地区降雨所致,但该降雨导致隧道积水事实与事故当日耿某驾驶涉保车辆在积水隧道中涉水行驶事实间并无必然、直接因果关系,而耿某驾车涉水行驶行为与涉保车辆被淹、发动机进水受损之间存在必然的、直接的因果关系,故本案导致涉保车辆发动机进水受损近因系耿某涉水行驶行为而非暴雨。保险责任条款与责任免除条款间逻辑关系系保险人与投保人对本属保险责任范围内部分责任所作特别约定,使其被排除在保险责任范围之外,故保险合同关于暴雨、发动机进水不同条款保险责任表述之间并不存在矛盾。具体来说,因暴雨造成被保险机动车损失属保险责任范围,但因暴雨造成被保险机动车损失中,因发动机进水造成的发动机损失被排除在外。保险公司已就该责任免除条款向投保人履行了明确说明义务,该责任免除条款对被保险人产生法律效力,故本案中,即使涉保车辆发动机进水受损系暴雨造成,保险公司亦可依责任免除条款不承担保险赔付责任,判决驳回电镀公司诉请。⑲2012年浙江某保险合同纠纷案,2012年,贸易公司车辆因暴雨致车辆熄火、发动机进水。关于评估费、修理费4万余元,贸易公司以保险合同约定"因暴雨造成被保险车辆受损"主张保险理赔,保险公司以保险合同约定"发动机进水"免责条款拒赔。法院认为:发动机是机动车主要组成部分,机动车在使用过程中,因暴雨、洪水、海啸等原因致使机动车损坏,发动机进水是主要途径。双方之间订立的保险合同格式条款约定了因暴雨、洪水、海啸等原因造成被保险车辆受损,保险公司应予赔偿内容;同时又约定因发动机进水导致发动机损坏,保险人不负责赔偿内容。保险公司应向贸易公司明确释明如何把握二者关系。保险公司虽用责任免除条款提示贸易公司,但未向贸易公司明确说明责任免除范围包含上述合同约定其应承担责任的暴雨、洪水、海啸等原因。而出现暴雨、洪水、海啸等造成发动机进水现象投保人难以预料,故投保人合法权益应受保护。发生因暴雨、洪水、海啸等原因造成机动车发动机进水,再造成发动机损坏情形时,保险人该免责条款对被保险人不发生法律效力。根据气象局出具的气象证明,事故发生当天为暴雨天气。结合本案案情,在无相反证据情况下,应认定系暴雨天气导致发动机进水造成了发动机损坏。换言之,发动机损坏结果系由连续发生的两项原因所导致,在两项原因中,在前的暴雨原因对损害发生具有支配力,直接导致了后一原因即发动机进水产生。前一原因即暴雨为本次事故发生近因。据此,本次事故当属保险合同约定的保险人应承担保险责任情形,而非保险合同约定免责情形。判决保险公司赔偿贸易公司车辆修理费及评估费4万余元。⑳2016年重庆某保险合同纠纷案,2014年,王某购买车损险,其中玻璃单独破碎险条款约定"责任免除:安装过程中造成的玻璃破碎……"2015年,王某驾驶该车辆行驶途中,被山上坠落岩石砸中后风挡玻璃,致使后风挡玻璃破裂,产生维修费2560元。因保险公司拒赔致诉。法院认为:依《保险法》规定,保险人在订立格式合同时应承担说明合同内容、提醒投保人注意、明确说明免责条款义务。最高人民法院《关于适用〈中华人民共和国保险法〉若干问题的解释(二)》第9条规定:"保险人提供的格式合同文本中的责任免除条款、免赔额、免赔率、比例赔付或者给付等免除或者减轻保险人责任的条款,可以认定为保险法第十七条第二款规定的'免除保险人责任的条款'。保险人因投保人、被保险人违反法定或者约定义务,享有解除合同权利的条款,不属于保险法第十七条第二款规定的'免除保险人责任的条款'。"本案中,保险公司提出就保险合同中免除保险人责任条款已对王某进行了提示与说明,但王某未按约定手书"经保险人明确说明,本人已完全理解了责任免除、免赔规定等免除保险人责任的条款",故保险公司并未尽到提示说明的明确义务,该保险条款中免责条款不产生效力,保险公司应就该损失产生的维修费用在保险金额内负责赔偿。判决保险公司赔偿王某损失2560元。㉑**2016年四川某交通事故纠纷案**,2014年,陈某以其母何某名义为何某名下机动车投保,并在保险合同投保人栏及特别声明栏中签署何某名字。2015年,陈某驾车撞倒行人甘某后逃逸,甘某死亡,交警认定陈某全责。死者近亲属诉请赔偿,保险公司以肇事逃逸主张免责。法院认为:《保险法》第17条文义表明:保险人须向投保人进行显著提示和明确说明且提示义务是明确说明义务前提,同时保险人对免责条款提示和明确说明义务履行对象是投保人。本案中,案涉车辆是何某购买并登记自己名下,投保人是何某,保险费由何某实际支付,该车属于何某所有。陈某基于与何某母子关系而使用该车,是家庭成员之间的借用,并不改变何某投保人身份。保险公司并未向投保人何某履行任何提示和明确说明义务。陈某在特别声明栏中签名时,并未向保险公司提供何某授权委托书,保险公司事后亦未要求何某对此予以追认,不能认定陈某行为是何某真实意思表示。陈某并未以何某委托代理人身份签名,而是直接书写何某名字,该行为不符合委托代理人代签合同行为特征。即使保险公司确实已就免责条款向陈某进行了显著提示和明确说明,但保险公司并不能确保陈某会及时将保险条款转交何某,并将保险公司对免责条款提示和明确说明内容如实全面地转达给何某。保险人是否向投保人履行了免责条款提示和明确说明义务是个事实问题,不能以陈某在"投保人声明栏"处代签字推定保险人已对免责条款进行了提示和明确说明。判决保险公司在商业三责险责任范围内赔偿原告90万余元。㉒**2016年浙江某保险合同纠纷案**,2015年,朱某驾驶石某车辆碰撞马某致马某死亡后,朱某逃逸,交警认定朱某全责。朱某因交通肇事罪被判处有期徒刑后,马某起诉石某赔偿12万余元获法院支持,石某已履行完毕。现石某以第三者责任险诉请保险公司理赔,保险公司抗辩保险条款以加粗加黑字体明确规定肇事逃逸不负责赔偿。法院认为:依《保险法》第17条规定,保险人对免责条款具有提示和明确说明义务,未履行则不产生效力。最高人民法院《关于适用〈中华人民共和国保险法〉若干问题的解释(二)》第10条规定,保险人将法律、行政法规中的禁止性规定情形作为保险合同免责条款的免责事由,保险人对该条款作出提示后,投保人、被保险人或者受益人以保险人未履行明确说明义务为由主张该条款不生效的,人民法院不予支持。禁止性规定是指命令当事人不得为一定行为的法律规定,一般较易理解,其具体内涵应依据有权部门解释确定,不以保险人解释而转移,投保人有知道禁止性规定义务。保险事故发生后,若允许被保险人以保险人对该条款未明确说明为由主张该条款不产生效力,并要求保险人承担保险责任,不利于遏制被保险人违法行为,故减轻保险人对该类条款说明义务符合诚信原则及立法目的。但行为人违反禁止性规定法律后果是根据该规定立法目的受到相应行政或刑事处罚,若保险人未将禁止性规定情形作为免责事由向投保人进行提示,投保人即使知道禁止性规定内容,亦无从知悉违反禁止性规定将导致保险人免责后果,故<u>保险人应对禁止性规定情形作为免责事由格式条款履行提示义务</u>。本案中,综观保险条款,以极小字体对机动车损失险、第三者责任险、机动车盗抢险、综合附加险、自燃险、玻璃单独破碎险、涉水险等数十种险种印制在一起,难以区分,而石某并未投保其中大部分险种。第三者责任险中约定肇事逃逸作为免责事由,字体与其他非免责条款虽略有不同,但总体相差不大,且因各类险种条款印制在一起,也存在大量与第三者责任险中约定肇事逃逸作为免责条款类似字体的文段,故难以达到清晰明白,足以引起投保人注意程度。本案驾驶员朱某虽存在肇事逃逸情形,应予谴责,并受到法律制裁,但保险公司在<u>保险合同订立时未按《保险法》及其司法解释相关规定履行法定提示义务</u>,亦应承担相应法律后果,故判决保险公司支付石某理赔金12万余元。㉓2016年<u>江苏某交通事故纠纷案</u>,2015年,陈某驾车撞伤徐某后逃逸,交警认定陈某全责。保险公司以保险合同中"驾车人驾车逃离事故现场,保险人不负责赔偿""收到本保险单、承保险种对应的保险条款后,请立即核对⋯⋯<u>超过48小时未通知的,视为投保人无异议</u>"免责条款主张免责。法院认为:以格式条款体现的保险条款,是保险合同组成部分,保险人负有向投保人交付该保险条款并就其内容作出说明义务。对于将驾车人驾车逃离事故现场等违法事项作为保险条款中免责条款免责事由的,<u>保险人仍应以适当方式对投保人进行提示</u>,提醒投保人注意违反禁止性规定与保险人免责之间存在关联性,否则相关免责条款不发生效力。本案中,投保人否认保险公司向其交付过三责险保险条款,保险公司亦未能提供证据证明自己已向投保人交付该保险条款。涉案三责险保险单中虽有"收到本保险单、承保险种对应的保险条款后,请立即核对⋯⋯超过48小时未通知的,视为投保人无异议"提示,但即使投保人未在该提示所限定时限内提出异议,亦不能据此视为保险公司已向投保人履行了交付相关保险条款义务。保险公司在与投保人签订涉案三责险保险合同时,未向投保人交付三责险保险条款,其更未能提供证据证明自己就所谓保险条款中"驾车人驾车逃离事故现场,保险人不负责赔偿"免责条款向投保人进行了提示,故该免责条款不发生效力。判决保险公司在三责险范围内承担相应赔偿责任。㉔2011年河北某保险合同纠纷案,2010年12月,周某无证驾驶无牌摩托车,与韩某驾驶的投保车辆损失险的轿车相撞,造成韩某车辆损坏,交警认定周某、韩某分负主、次责任。韩某车辆损失、鉴定费、施救费共7万余元。保险公司以保险合同明确告知的按事故责任比例赔付:"保险机动车负次要事故责任的,保险人按30%事故责任比例计算赔偿。"法院认为:保险条款约定"保险机动车一方不负事故责任,保险人不承担赔偿责任⋯⋯保险机动车负次要事故责任的,保险人按30%事故责任比例计算赔偿",上述约定属于第三者责任险的内容,而非车辆损失险的应有之义,该条款显属免除保险人保险责任,排斥投保人主要权利的格式条款,该条款应认定为无效;虽然韩某未提交修车发票,但保险车辆的事故损失确已实际发生,损失金额也已确定。至于被保险人韩某是否按鉴定结论中确定的损坏项目进行维修,是被保险人以车辆性能好坏为代价做出的选择,即更换比原车性能好的零部件就多花维修费,更换比原车性能差的零部件就少花维修费。无论被保险人选择如何维修,均不影响保险人的赔偿数额,保险人均应按车辆实际损失予以理赔。㉕2011年江苏某保险合同纠纷案,2010年11月,季某停在路边的投保车损险的车辆被途经车辆碰撞致损,保险公司定损认定车损8500元、施救费250元。保险公司以季某未按期体检依约拒赔。法院认为:车损险保险条款规定,发生事故时驾驶人应当进行体检而未按期体检的,不予赔偿。该条款属原因免责条款,即当驾驶人未按期体检是造成被保险车辆损失产生的原因时,保险人方不承担赔偿责任。本案中,被保险车辆系夜晚停放于路边时被撞致损,造成车损发生的近因是其他车辆的碰撞,属于车损险被保风险范围。季某虽未按期体检,但是否按期体检与案涉保险事故之间不存在因果关系。根据近因原则,保险人对导致损失产生的近因是被保风险的事故,应承担赔付义务,判决保险公司一次性向季某给付8750元。㉖2009年北京某保险合同纠纷案,2009年4月,戴某投保车辆肇事,致车辆受损,保险公司以轮胎(包括钢圈)单独损害属于除外责任拒赔。法院认为:戴某持有的保险单原件上有关责任免除的保险条款并未采用黑体字、粗体字加以特别提示。根据我国《保险法》第18条规定,保险合同中有关于保险人责任免除条款的,保险人在订立保险合同时应当向投保人明确说明,未明确说明的,该条款不产生效力。现保险公司未能举证证明其已就双方人争议的责任免除条款向被保险人戴某履行了法定的明确说明义务,故该条款不产生效力。戴某主张其投保的保险车辆因碰撞造成车右前轮胎及轮毂受损,并为更换轮胎支付了相关费用。在保险公司未提交证据证明该事故原因并非碰撞所致,且该损失客观存在的情况下,保险公司应按照保险合同的约定承担相应的赔偿责任。㉗**2009 年江苏某保险合同纠纷案**,2009 年 9 月,保险公司出具批单,确认化工公司将被保险车辆转卖并过户给刘某。2010 年 5 月,刘某驾驶该车肇事,并被认定为全责,刘某请求理赔时,保险公司以刘某驾照超有效期的免责条款拒赔。法院认为:化工公司将保险车辆过户给刘某后,刘某作为保险标的受让人就承继了化工公司的权利和义务。因化工公司已在投保单上的投保人声明栏加盖了公章,证明保险公司已就保险条款中责任免除等内容向其作了明确说明,故保险条款中的免责条款具有法律效力。保险公司在对化工公司履行了明确说明义务后,刘某作为保险标的受让人承继了化工公司的权利和义务,保险公司无须再对刘某进行明确说明。保险公司出具保险批单是确认投保人及被保险人由化工公司变更为刘某后,其继续承保义务到保险期满的确认行为,该行为不产生新的法律关系和权利、义务。依据车辆损失险保险条款规定,以及第三者责任险保险条款规定,刘某在超过驾驶证有效期的情况下驾驶机动车的行为属于保险公司的责任免除范围,保险公司在车损险及三责险的承保范围内不应当承担赔偿责任,故判决驳回刘某诉讼请求。㉘**2008 年上海某保险合同纠纷案**,2007 年,卢某驾驶曹某投保车辆综合险的出租车肇事,曹某被判赔偿受害人 18 万余元。保险公司以保单上关于非指定驾驶员驾车出险免责特别约定条款拒赔。法院认为:打印在保单上的特别约定条款,字号大小及颜色均与保单上其他印刷字体不同,曹某签收时已阅读,故该条款作为保险合同一部分,亦为免责条款,因打印于保险单原有印刷条款之上,造成字迹重叠,难以阅读,且保险公司亦无证据证明其已通过口头或书面方式向投保人作明确说明,故该条款对双方不产生效力,保险公司应依约定的有效条款对曹某进行保险理赔。曹某作为出租车运营者,应知晓固定驾驶员对于出租车安全性的影响,且曹某在投保时递交了驾驶证,故保险合同"固定驾驶员优待特约条款"有效,保险公司扣除约定免赔率后应就曹某损失承担理赔责任。㉙**2008 年广东某保险合同纠纷案**,2006 年 5 月,夏某投保机动车肇事致他人身亡,保险公司赔偿 8 万余元后向夏某主张要求退回 5 万元精神损害赔偿,因保险合同约定了不予赔偿精神损害抚慰金,且夏某的保险代理人也确认夏某"特别注意到有关责任免除说明"。法院认为:投保人声明内容仅显示投保人确认对免责条款进行了注意,无法证明保险人曾向投保人口头或书面解释免责条款的过程,故在形式上不符合明确说明的要求。该声明也无法显示保险人曾对免责条款的概念、内容及法律后果等内容进行解释,实质上未达到明确说明的程度要求。即使从该声明内容推知保险人曾提示投保人注意,亦仅表明保险人对投保人就免责条款履行了提示义务,但提示义务和解释义务不能等同,该声明不符合明确说明的要求。夏某保险代理人虽在投保人声明打印内容上盖章,但因该内容是由保险公司预先拟定并以固定格式列出,无法排除投保人未真正明白情况下为签约而签字盖章可能。同时,该条款内容繁多,几乎全是保险专用术语,非保险专业人很难完全掌握或彻底明白,故该声明可行性及真实性很难与现实生活完全吻合。保险公司未提交证据证明其曾以书面或口头形式对免责条款进行明确说明情况下,该免责条款不发生法律效力,故应驳回保险公司的诉讼请求。㉚2007年**内蒙古某保险合同纠纷案**,2005年8月,汽贸公司作为被保险人为其使用的车主为贸易公司的货车投保第三者责任险。2006年1月,汽贸公司司机李某驾驶时因抢道与火车相撞,保险公司以合同中"保险车辆与火车相撞不负保险责任"特别约定拒绝理赔。法院认为:特别约定条款是保险公司预先拟定的格式条款,但约定栏内并无投保人或被保险人的签字或盖章认可,仅在保险单上印有提示投保人注意的"与火车相撞不负保险责任"的特别约定不足以证明保险公司在订立保险合同时向投保人尽到了说明该条款内容的义务,故该条款不产生效力,保险公司以此为由不承担保险责任的抗辩理由不能成立。㉛2007年**江苏某保险合同纠纷案**,2005年,王某驾车撞伤行人陶某,交警认定负同等责任。法院判决未考虑双方在事故中所负责任比例,王某全部损失3万余元由保险公司和王某分担。王某依判决赔偿陶某1.3万余元后,向保险公司申请理赔。保险公司以保险合同约定要求"按事故责任比例承担相应的赔偿责任",并扣减10%的免赔率。法院认为:本案保险公司应根据王某在该起事故中的民事赔偿责任,承担相应的保险理赔责任。保险合同中的免责条款,是指保险标的的损失非由保险责任范围内的保险事故所导致,因而保险人不予承担赔偿责任。保险合同规定的绝对免赔率(额),是保险经营中应遵循的风险分散原则的体现。风险分散主要表现在保险人对风险的控制等方面,控制风险的目的是减少被保险人对保险的依赖性,也是为了防止因保险而产生道德危险。从结果上看,二者相似或相同,但前提和目的并不相同,不能混淆。故保险合同中的绝对免赔率(额)条款不应属于免责条款的范畴。本案所涉保险合同中免赔率的规定,因保险公司在订立保险合同时已提请投保人王某注意,故对其效力,应予认定。㉜2006年**四川某保险合同纠纷案**,林某将投保车辆转卖给李某,李某又转卖给万某,保险公司均在保单上做了相应批改。2004年4月,万某雇用的司机肖某停车,肖某父检查故障时被车轧身亡,法院判万某赔偿9万余元。万某办理赔时,保险公司以合同约定"保险车辆造成本车驾驶人员及其家庭人员人身伤亡"属三者险除外责任而拒赔。法院认为:基于保险合同特殊性,即保险人免责事由由其单方制定,所涉概念和范畴复杂、专业性强且抽象,非普通民众可理解,故新投保人或被保险人权利在保险人同意续保时,对于免责条款,保险人仍有明确说明的义务。保险公司未向投保人万某就免责条款明确说明,故该款不产生效力,保险公司应支付投保车辆造成驾驶员之家庭成员人身伤亡保险金。㉝2005年**浙江某保险合同纠纷案**,2003年5月,乳业公司货车撞伤行人鲁某,交警认定车方全责。经调解,乳业公司赔偿鲁某损失,然后从保险公司获得理赔22万余元。之后,鲁某经鉴定为十级伤残,法院判决乳业公司再赔偿鲁某残疾补偿金等共计2万余元。保险公司以《机动车辆保险条款》约定的"第三者责任事故赔偿后,对受害第三者的任何赔偿费用的增加,保险人不再负责"为由拒绝再次赔付乳业公司。法院认为:乳业公司投保车辆在保险期间发生事故造成第三者受伤,乳业公司有权根据合同约定和《保险法》相关规定要求保险公司全面赔偿。乳业公司所主张的保险理赔款项属于合同约定的第三者责任险赔付范围,且两次要求赔偿的总和未超出其投保责任额度。而《机动车辆保险条款》规定并不属于双方约定条款,而系<u>保险公司行业规定,且该条款明显免除保险人一方责任</u>,排除投保人合法权利,违反公平原则,应为无效。

【同类案件处理要旨】

保险人在与投保人签订机动车责任保险合同之前或签订保险合同之时,对于保险合同中所约定的免责条款,除了在保险单上提示投保人注意外,还应对有关免责条款的概念、内容及其法律后果等,以书面或者口头形式向投保人或其代理人作出解释,以使投保人明了该条款的真实含义和法律后果;未尽明确说明义务的,该条款不发生法律效力。

【相关案件实务要点】

1.**【保单批改】**保险合同作为民事合同的一种,亦应受到《合同法》的调整。原投保人将其车辆转让给第三人,经保险人对保单批改后将被保险人变更为第三人,属于债的概括承受。保险人无义务向批改后的被保险人就免责条款作明确说明,债务人对受让人的抗辩,可以向第三人主张。案见江苏南通中院(2011)通民终字第1045号"刘某诉某保险公司责任保险合同纠纷案"。(1)相同观点认为:保险合同的转让指保险合同当事人的变化,保险标的转让引发保险合同转让时,保险公司在对保单批改后,无须对新的投保人履行免责条款告知义务。案见江苏无锡中院(2009)锡商终字第2号"刘某诉某保险公司保险合同纠纷案"。(2)不同观点认为:保险人对免责条款有再向新的投保人明确说明的义务。案见四川成都中院(2006)成民终字第249号"万某诉某保险公司保险合同纠纷案"。

2.**【明确说明】**保险人应在签订合同时,向投保人就保险合同中的免责条款真实含义和法律后果等作出解释,使其明确后作出选择,仅在保险单上印有提示投保人注意的"与火车相撞不负保险责任"文字,不能视为保险履行了明确说明义务,形式上应采取书面告知方式,且需保险双方签字认可。案见内蒙古通辽中院(2007)通民终字第672号"吉林省昌运汽车贸易有限公司诉中国人保股份有限公司农安支公司保险合同纠纷案"。

3.【说明形式】保险人应就免责条款概念、内容及法律后果等以书面或口头形式向投保人及其代理人做出解释,以使投保人明了该条款的真实含义和法律后果。仅有概括性告知内容的投保人声明,仅能证明保险人尽到提示义务,不能证明尽到解释和明确说明的义务。案见广东珠海中院(2008)珠中法民二终字第70号"某保险公司诉张某保险合同纠纷案"。

4.【说明程度】免责条款是在合理合法前提下当事人对分配风险的一种约定,保险合同的免责条款在效力的认定上和解释原则上都有其特殊性。我国新旧《保险法》都将"明确说明"作为免责条款生效的前提条件,规定了保险人未明确说明要承担免责条款不发生效力的法律责任。保险人的说明方式应采取提示与解释相结合的方法,且保险人的说明程度须达到具有一般知识与智力水平的普通保险外行人理解的程度。案见北京二中院(2009)二中民终字第16621号"戴某诉某保险公司保险合同纠纷案"。

5.【免责抗辩】在考察保险人免责条款的抗辩时,法院除应首先依照《保险法》的规定,审查保险人是否依法履行明确说明义务,免责条款是否有效,再具体分析该免责条款的类型为原因免责条款或损失免责条款。在案件所涉条款为原因免责条款的情况下,应进一步找出导致保险事故发生的近因。保险人以原因免责条款抗辩免除赔偿责任,但造成损失的近因不是该条款所述原因的,保险人的该抗辩意见不应采纳。案见江苏南京鼓楼区法院(2011)鼓商初字第174号"季某诉某保险公司保险合同纠纷案"。

6.【后续免责条款】保险公司应根据其与被保险人之间保险合同的约定和《保险法》的有关规定,全面履行赔付义务。《机动车辆保险条款》规定:"第三者责任事故赔偿后,对受害第三者的任何赔偿费用的增加,保险人不再负责。"该条明显含有免除保险人一方责任的意思,单方排除了投保人的合法权利,违反了公平原则,与我国《合同法》和《保险法》的相关规定相抵触,应为无效,在理赔实务中不应加以适用。案见江苏镇江中院(2005)镇民二终字第55号"某乳业公司诉某保险公司保险合同纠纷案"。

7.【比例赔付条款】车辆损失险不应考虑事故原因及被保险人应承担的事故责任比例,只要投保车辆因保险事故造成损失,保险人就应当在保险金额范围内按被保险人的实际损失予以赔偿车辆损失险,而保险公司按投保人事故责任比例承担责任的格式条款无效。案见河北沧州中院(2011)沧民终字第3091号"韩某某诉某保险公司保险合同纠纷案"。

8.【特别约定条款】对于免除保险人责任的特别约定条款,保险人亦应履行明确说明义务。案见上海黄浦区法院(2008)黄民二(商)初字第1356号"曹某诉某保险公司保险合同纠纷案"。

9.【绝对免赔条款】保险合同中的绝对免赔率(额)条款不应属于免责条款的范畴。案见江苏常州中院(2007)常民二终字第384号"王某诉某保险公司保险合同纠纷案"。

【附注】

参考案例索引:江苏南通中院(2011)通民终字第1045号"刘某诉某保险公司责任保险合同纠纷案",见《刘正诉中国人民财产保险公司邳州支公司保险合同纠纷案》(李晓东),载《人民法院案例选》(201202:223)。①云南曲靖中院(2016)云03民终1689号"中国人民财产保险股份有限公司师宗支公司与朱再文财产保险合同纠纷上诉案",见《保险格式免责条款的效力认定》(周梅芳),载《人民司法·案例》(201726:58)。②北京朝阳区法院(2013)朝民初字第1980号"马某与某保险公司保险合同纠纷案",见《马跃诉永安财产保险股份有限公司北京分公司保险合同纠纷案(保险条款交付的证明标准)》(李方),载《中国审判案例要览》(2014商:272)。③浙江温州中院(2015)浙温民终字第18号"胡某与某保险公司等交通事故纠纷案",见《事故责任免赔率条款的性质及效力认定——浙江温州中院判决胡允料诉人保瑞安公司等机动车交通事故责任纠纷案》(金丹、萧方训),载《人民法院报·案例精选》(20150910:06)。④浙江温州龙湾区法院(2014)温龙开民初字第265号"向某与某保险公司等交通事故纠纷案",见《统一条款外的交强险免责条款无效——浙江温州龙湾区法院判决向先会等诉人保梁山公司等机动车交通事故责任纠纷案》(郑国友、陈金珠),载《人民法院报·案例精选》(20150924:06)。⑤江苏连云港新浦区法院(2013)新商初字第0947号"孙某与某保险公司保险合同纠纷案",见《孙龙伟诉人保连云港公司概括免责条款效力争议保险合同纠纷案》,载《江苏省高级人民法院公报》(201306/30:64)。⑥北京二中院(2012)二中民终字第11156号"周某与某保险公司保险合同纠纷案",见《周志成诉中银保险有限公司北京分公司保险合同纠纷案——投保人签署投保书的免责条款效力的认定》(金薇),载《人民法院案例选》(201302/84:293)。⑦江苏扬州中院(2012)扬商终字第0228号"王某与某保险公司保险合同纠纷案",见《王恒生诉安邦财保公司非道路交通事故拒赔不当及无证车辆投保之理赔责任纠纷案》,载《江苏省高级人民法院公报》(201303/27:59)。⑧江苏宿迁中院(2011)宿中商终字第0120号"孙某与某保险公司保险合同纠纷案",见《孙周凤等诉安邦财保公司交通事故致车载货物撞击损害免责抗辩合同纠纷案》,载《江苏省高级人民法院公报》(201303/27:47)。⑨福建长汀法院(2013)汀民初字第1289号"孙某与王某等机动车交通事故责任纠纷案",见《孙家来等诉王金煌等机动车交通事故责任纠纷案(超载)》(邱雄),载《中国审判案例要览》(2014民:155)。⑩江苏连云港连云区法院(2010)港商初字第710号"李某与某保险公司保险合同纠纷",见《李志俊诉阳光财保公司江苏分公司保险合同纠纷案》,载《江苏省高级人民法院公报》(201101/13:75)。⑪江苏淮安中院(2010)淮中商终字第0096号"孙某与某保险公司保险合同纠纷案",见《孙安友诉人保沭阳支公司保险合同纠纷案》,载《江苏省高级人民法院公报》(201005/11:71)。⑫广西北海中院(2016)桂05民终535号"李某与某保险公司保险合同纠纷案",见《李文诉中国人民财产保险股份有限公司佛山市分公司财产保险合同纠纷案——未投保涉水险的发动机进水损失不应得到赔偿》(曾艳、陈邕凌),载《人民法院案例选》(201704/110:211)。⑬江苏南京中院(2015)宁商终字第1664号"某实业公司与某保险公司保险合同纠纷案",见《车损险项下的发动机进水损失免赔条款的效力认定——江苏南京中院判决立拓公司与人保南京分公司保险合同纠纷案》(樊荣禧、李晓东),载《人民法院报·案例精选》(20160811:06)。⑭上海一中院(2015)沪一中民四(商)申字第2号"成某与某保险公司保险合同纠纷案",见《因暴雨造成车辆发动机损坏的保险责任解析——上海一中院裁定成雅安诉平安保险公司财产保险合同纠纷案》(范德鸿、何建),载《人民法院报·案例精选》(20150604:06)。⑮辽宁沈阳中院(2013)沈中民四终字第36号"某典当公司与某保险公司保险合同纠纷案",见《辽宁融丰典当有限公司诉中国人民财产保险股份有限公司沈阳市分公司保险合同纠纷案——保险合同格式条款存在争议如何适用解释规则》(李钢),载《人民法院案例选》(201404/90:251)。⑯北京一中院(2013)一中民终字第8966号"尤某与北京某保险公司保险合同纠纷案",见《发动机进水免责条款不能绝对适用》(韩武),载《人民司法·案例》(201614:63)。⑰江苏邳州法院(2013)邳商初字第0008号"梁某与某保险公司保险合同纠纷案",见《梁军因车辆坠河后发动机进水遭拒赔诉天安保险徐州支公司保险合同纠纷案》,载《江苏省高级人民法院公报》(201502/38:64)。⑱江苏无锡锡山区法院(2012)锡法商初字第0595号"某电镀公司与某保险公司保险合同纠纷案",见《无锡永发电镀有限公司诉中国人民财产保险股份有限公司无锡市锡山支公司财产损失保险合同纠纷案——保险法的近因原则及适用》(吕纯阳),载《人民法院案例选》(201304/86:242);另见《永发公司因其机动车涉水行驶致发动机进水受损诉人保锡山支公司要求承担保险赔付责任被驳回案》,载《江苏省高级人民法院公报》(201305/29:58)。⑲浙江绍兴中院(2012)浙绍商终字第777号"某贸易公司与某保险公司保险合同纠纷案",见《绍兴永鹏进出口有限公司诉中国人民财产保险股份有限公司绍兴市分公司保险合同案(涉水险、不利解释)》(袁小梁、张靓),载《中国审判案例要览》(2013商:335)。⑳重庆四中院(2016)渝04民终601号"王某与某保险公司保险合同纠纷案",见《保险人就免责条款尽到提示义务但未尽到明确说明义务不应免责——重庆四中院判决王学斌诉太平洋保险酉阳支公司保险合同纠纷案》(黄飞、谭昕怡、谢春艳),载《人民法院报·案例精选》(20170615:06)。㉑四川南充中院(2016)川13民终2205号"甘某与某保险公司交通事故纠纷案",见《投保人对保险合同的追认不及于保险人对免责条款的提示或明确说明义务——四川南充中院判决甘国民等诉平安财险阆中公司、陈炼等机动车交通事故责任纠纷案》(刘远),载《人民法院报·案例精选》(20170406:06)。㉒浙江绍兴中院(2016)浙06民终3394号"石某与某保险公司保险合同纠纷案",见《禁止性规定作为保险免责事由的法定义务认定——浙江绍兴中院判决石天平诉太平洋保险财产损失保险合同纠纷案》(张帆),载《人民法院报·案例精选》(20170323:06)。㉓江苏常州钟楼法院(2016)苏0404民初1395号"徐某与某保险公司等交通事故纠纷案",见《保险人不能据保险条款中的违法事项免责条款主张免责——江苏常州钟楼法院判决徐克群诉人保常州公司等机动车交通事故责任纠纷案》(蒋小英),载《人民法院报·案例精选》(20160915:6)。㉔河北沧州中院(2011)沧民终字第3091号"韩某某诉某保险公司保险合同纠纷案",见《车损险不考虑事故原因及事故责任比例——河北沧州中院判决韩磊诉太平洋保险公司保险理赔案》(郭淑仙),载《人民法院报·案例指导》(20120119:6)。㉕江苏南京鼓楼区法院(2011)鼓商初字第174号"季某诉某保险公司保险合同纠纷案",见《近因原则与原因免责条款的适用——南京鼓楼法院判决季凯诉天平保险公司保险合同纠纷案》(陈欣、邢嘉栋),载《人民法院报·案例指导》(20110922:6)。㉖北京二中院(2009)二中民终字第16621号"戴某诉某保险公司保险合同纠纷案",见《戴福诉中国太平洋财产保险股份有限公司北京分公司保险合同纠纷案》(李有光、李湘),载《人民法院案例选》(201101:39)。㉗江苏无锡中院(2009)锡商终字第2号"刘某诉某保险公司保险合同纠纷案",见《刘华兵诉中华联合财产保险股份有限公司无锡市惠山支公司保险合同纠纷案》(单甜甜),载《人民法院案例选》(201101:34)。㉘上海黄浦区法院(2008)黄民二(商)初字第1356号"曹某诉某保险公司保险合同纠纷案",判决非指定驾驶员免责特别约定条款无效,固定驾驶员优待条款有效,保险公司扣除被保险人自负额、绝对免赔额后,赔偿曹某16万余元。见《保险合同特别约定条款的效力》(邵宁宁),载《人民司法·案例》(200908:37)。㉙广东珠海中院(2008)珠中法民二终字第70号"某保险公司诉张某保险合同纠纷案",见《保险人对免责条款的明确说明义务》(胡夏),载《人民司法·案例》(200914:90)。㉚内蒙古通辽中院(2007)通民终字第672号"吉林省昌运汽车贸易有限公司诉中国人保股份有限公司农安支公司保险合同纠纷案",见《裁判要旨·商事》(王爱琳),载《人民法院案例选·月版》(200902:241)。㉛江苏常州中院(2007)常民二终字第384号"王某诉某保险公司保险合同纠纷案",一审判决确认按责任比例和免赔率计算为6100余元;二审否认责任比例确认免赔率改判为1.2万余元。见《保险合同的"相应赔偿责任"系投保人实际所负责任——江苏常州中院判决王鹏飞与保险公司理赔纠纷案》(翟翔、朱帅),载《人民法院报·案例指导》(20071109:5)。㉜四川成都中院(2006)成民终字第249号"万某诉某保险公司保险合同纠纷案",一审以免责条款不符合公平原则而无效,二审以免责条款未明确说明而不生效,判决保险公司赔偿万某7万余元。见《保险合同免责条款无效与不生效》(杨咏梅、苟文山),载《人民司法·案例》(200910:26)。㉝江苏镇江中院(2005)镇民二终字第55号"某乳业公司诉某保险公司保险合同纠纷案",见《保险公司应依保险合同全面履行赔付义务——镇江市长江乳业有限公司诉中国平安财产保险股份有限公司镇江中心支公司保险合同案》(张传军、戴倩),载《人民法院报·案例指导》(20060720:5)。

参考观点索引:●保险公司未就免责条款向投保人作明确说明的,应如何承担责任?见《保险公司未就免责条款向投保人作明确说明的,应如何承担责任?》,载《人民司法·司法信箱》(200811:111)。

94. 未办理保险批改手续
—— 保险未过户,是否应当赔?

【批改法条】

【案情简介及争议焦点】

2007年11月,韩某将其所有的车辆转让给沈某并办理了过户手续,但均未到保险公司办理保险合同批改手续。保险期间内,沈某允许的合格驾驶员陈某驾驶该车肇事致车辆损坏,2008年6月,经价格认证中心评估,车辆损失为3万余元。保险公司以未办理保险批改手续主张依保险合同约定不予理赔。

争议焦点:1.沈某能否行使保险合同中的赔偿请求权?2.保险未批改,保险公司能否拒赔?

【裁判要点】

1.**诉讼主体适格**。由于韩某已将保险合同标的车辆转让给沈某,虽未到保险公司办理变更批改手续,但沈某是受让该保险车辆的主体,事实上具有了保险合同当事人的主体资格。韩某在将保险车辆转让给沈某后,事实上对车辆已不具有权利义务关系,故沈某有权直接行使保险合同中的赔偿请求权。

2. 免责条款无效。韩某将保险车辆转让给沈某,并已依法办理过户手续。沈某虽未到保险公司办理变更批改手续,但我国保险行业车辆保险以"保车不保人"为基本原则,车辆受让人只要不改变被保险车辆用途、增加保险人理赔风险,不因未办理批改手续而丧失请求赔偿的权利。保险公司以未办理批改手续不负赔偿责任的格式条款免除自己责任,排除对方主要权利,违反公平原则导致合同当事人权利义务严重失衡,根据《合同法》相关规定,该免责条款属于无效条款。保险公司未举证证明沈某受让该保险车辆后,因改变车辆用途等增加其理赔风险,仅以单方拟定的无效格式条款拒绝赔偿于法无据。

【裁判依据或参考】

1. 法律规定。《道路交通安全法》(2004年5月1日实施,2011年4月22日修正)第12条:"有下列情形之一的,应当办理相应的登记:(一)机动车所有权发生转移的;(二)机动车登记内容变更的;(三)机动车用作抵押的;(四)机动车报废的。"《保险法(2015年修正)》(2015年4月24日)第20条:"投保人和保险人可以协商变更合同内容。变更保险合同的,应当由保险人在保险单或者其他保险凭证上批注或者附贴批单,或者由投保人和保险人订立变更的书面协议。"第49条:"保险标的转让的,保险标的的受让人承继被保险人的权利和义务。保险标的转让的,被保险人或者受让人应当及时通知保险人,但货物运输保险合同和另有约定的合同除外。因保险标的转让导致危险程度显著增加的,保险人自收到前款规定的通知之日起三十日内,可以按照合同约定增加保险费或者解除合同。保险人解除合同的,应当将已收取的保险费,按照合同约定扣除自保险责任开始之日起至合同解除之日止应收的部分后,退还投保人。被保险人、受让人未履行本条第二款规定的通知义务的,因转让导致保险标的的危险程度显著增加而发生的保险事故,保险人不承担赔偿保险金的责任。"

2. 行政法规。国务院《机动车交通事故责任强制保险条例》(2013年3月1日修改施行)第18条:"被保险机动车所有权转移的,应当办理机动车交通事故责任强制保险合同变更手续。"

3. 司法解释。最高人民法院《关于审理道路交通事故损害赔偿案件适用法律若干问题的解释》(2012年12月21日,2020年修改,2021年1月1日实施)第20条:"机动车所有权在交强险合同有效期内发生变动,保险公司在交通事故发生后,以该机动车未办理交强险合同变更手续为由主张免除赔偿责任的,人民法院不予支持。机动车在交强险合同有效期内发生改装、使用性质改变等导致危险程度增加的情形,发生交通事故后,当事人请求保险公司在责任限额范围内予以赔偿的,人民法院应予支持。前款情形下,保险公司另行起诉请求投保义务人按照重新核定后的保险费标准补足当期保险费的,人民法院应予支持。"最高人民法院《关于适用〈中华人民共和国保险法〉若干问题的解释(一)》(2009年9月21日 法释〔2009〕12号)第5条:"……保险法施行前,保险人收到保险标的转让通知,保险法施行后,以保险标的转让导致危险程度显著增加为由请求按照合同约定增加保险费或者解除合同,适用保险法第四十九条规定的三十日的。"

4. 部门规范性文件。中国保监会《机动车辆保险条款》(1999年2月13日)第9条:"在保险合同有效期内,被保险人要求调整保险金额或赔偿限额,应向保险人书面申请办理批改。"第23条:"在保险合同有效期内,保险车辆转卖、转让、赠送他人、变更用途或增加危险程度,被保险人应当事先书面通知保险人并申请办理批改。"中国人民银行《关于机动车辆保险条款"变更用途"一词认定的答复》(1995年11月24日 银条法〔1995〕56号):"根据《机动车辆保险条款》(1993年4月9日)第十七条和《机动车辆保险条款》(1995年2月6日)第二十三条的规定,'保险车辆变更用途的,被保险人应当事先通知本公司并申请办理批改手续。'凡以个人名义购买和使用,并以个人名义向保险公司办理保险的被保险车辆,被保险人出租或长期出借给其他单位使用的,均视为该车辆已变更用途,由此造成被保险车辆的损失,保险公司不予赔偿。"

5. 地方司法性文件。山东济南中院《关于保险合同纠纷案件94个法律适用疑难问题解析》(2018年7月)第25条:"保险标的转让后的保险责任问题。在保险合同有效期间内,保险标的转让的,保险标的受让人主张自标的物所有权发生转移之日起承继被保险人的权利义务的人民法院应予支持。保险标的转让后,未及时通知保险人,保险人以保险标的的转让未及时通知、被保险人与受让人不同为由主张不承担保险责任的,人民法院不予支持。但因保险标的转让导致危险程度显著增加而发生保险事故的除外。财产保险合同中,被保险车辆所有权转移过程中,谁为被保险人的情形:(1)保险车辆已经交付,但尚未完成过户手续,保险人已办理保险单批改手续的,新车主是实际被保险人;(2)保险车辆尚未交付,但已经完成过户手续,保险人已办理保险单批改手续的,新车主是被保险人;(3)保险车辆尚未交付,且未完成过户手续,保险人已办理保险单批改手续的,新车主是实际被保险人;(4)保险车辆已经交付,过户手续已经完成,并已向保险人提出保险单变更申请的,新车主是被保险人;(5)保险车辆已经交付,过户手续已经完成,但未向保险人提出保险单变更申请的,新、旧车主都不是被保险人。"第26条:"保险标的转让时的提示和明确说明义务。保险人在保险合同订立时已向投保人履行了保险法第十七条第二款规定的提示和明确说明义务,保险标的受让人以保险标的转让后保险人未向其再次进行明确说明为由主张格式条款不生效,人民法院不予支持。"广东高院《关于审理保险合同纠纷案件若干问题的指导意见》(2011年9月2日 粤高法发〔2011〕44号)第14条:"保险合同有效期间,保险标的转让的,保险标的受让人主张自标的物所有权发生转移之日起承继被保险人的权利义务的人民法院应予支持。保险标的转让后,未及时通知保险人,保险人以保险标的的转让未及时通知、被保险人与受让人不同为由主张不承担保险责任的,人民法院不予支持。但因保险标的转让导致危险程度显著增加而发生保险事故的除外。"江苏南通中院《关于处理交通事故损害赔偿案件中有关问题的座谈纪要》(2011年6月1日 通中法〔2011〕85号)第32条:"被保险机动车所有权转移后未办理交强险保险合同变更手续,发生交通事故致人损害的,保险公司以未办理合同变更手续为由主张免除赔偿责任的,人民法院不予支持。"江苏高院民一庭《侵权损害赔偿案件审理指南》(2011年)第7条:"道路交通事故责任……5.道路交通事故责任强制保险的适用……(3)被保险机动车所有权转移后未办理机动车交通事故责任强制保险合同变更手续,发生交通事故致人损害的,保险公司以未办理合同变更手续为由抗辩不承担赔偿责任的,不予采纳。交强险是对机动车这一危险物新造成的第三人损失的保险,而非对某个人的保险,因此,即使不办理变更手续,只要被保险机动车存在,都应当承担责任。而且机动车所有权人在转让该车辆时已经购买了交强险,投保人的主要义务已经履行完毕,责任强制保险合同项下转让的主要是权利,即在发生交通事故时要求保险公司支付保险金的权利,因此,虽然未通知债务人保险公司,但是保险金的请求本身即可视为通知,变更手续可以看作是一种通知的形式,与口头通知并无实质差别。"河南郑州中院《审理交通事故损害赔偿案件指导意见》(2010年8月20日 郑中法〔2010〕120号)第31条:"多次转让车辆未投交强险或已超过交强险有效期发生交通事故,先由受让人承担赔偿责任,未投交强险属转让人责任的,由转让人在交强险限额内承担补充赔偿责任。车辆转让后未办理交强险合同变更手续发生交通事故的,保险公司以此为由主张免除赔偿责任的,法院不予支持。"浙江高院《关于审理财产保险合同纠纷案件若干问题的指导意见》(2009年9月8日 浙高法〔2009〕296号)第6条:"保险法第十六条规定的投保人应当如实告知事实应为保险标的的重要事实,主要指足以影响保险人决定是否同意承保或者提高保险费率等事实情况。保险人应对此负举证责任。"第7条:"投保人因重大过失未履行如实告知义务的内容不属保险事故发生主要原因,对保险人承担保险责任不具有决定性因果关系的,保险人以投保人未尽如实告知义务为由拒绝承担保险责任的,不予支持。"第8条:"对保险代理人介入的情况下,投保人在订立保险合同时违反如实告知义务的责任可因代理人对其行为的影响而消灭或减弱。在需投保人亲自回答问题场合,如保险代理人对内容不明问题以自己理解或解释来确定,或对投保人在回答时所产生疑问自动加以排除的,则投保人可免责。保险代理人代为填写告知书等保险凭证并经投保人亲笔签名确认的,代为填写的内容视为投保人、被保险人的意思表示,但能够证明代理人误导投保人的除外。"第 16 条:"保险标的转让后,未及时通知保险人,保险人以保险标的转让未及时通知,被保险人与受让人不同为由主张不承担保险责任的,不予支持。但保险标的转让后使用性质等发生变化,导致保险标的危险程度显著增加而发生保险事故,保险人不承担保险责任。"四川泸州中院《关于民商审判实践中若干具体问题的座谈纪要(二)》(2009 年 4 月 17 日 泸中法〔2009〕68 号)第 14 条:"机动车投保了机动车交通事故责任强制保险,机动车买卖后,没有办理机动车交通事故强制保险合同变更手续,保险公司是否承担责任? 基本意见:《机动车交通事故责任强制保险条例》第十八条规定'被保险机动车所有权转移的,应当办理机动车交通事故责任强制保险合同变更手续。'但所有机动车都应当参加机动车交通事故责任强制保险,机动车买卖后,没有办理机动车交通事故责任强制保险合同变更手续的,不会影响保险公司的利益,保险公司不能仅仅以未办理机动车交通事故责任强制保险合同变更手续为由免责。"山东高院《2008 年民事审判工作会议纪要》(2008 年 9 月)第 2 条:"……依据《保险法》和国务院行政法规的规定,出卖人将机动车出卖给他人时,应当及时通知承保的保险公司,并办理保险关系的转移手续。据此规定,很多保险公司以投保人未及时通知保险人为抗辩事由拒绝承担交通事故的损害赔偿责任,对此,会议认为,出卖人已经为出卖机动车辆交纳道路交通事故强制责任保险的,即使没有办理保险关系的过户手续,在保险期限内亦不能免除承保的保险公司应当承担的限额赔偿责任。"江西赣州中院《关于审理道路交通事故人身损害赔偿案件的指导性意见》(2006 年 6 月 9 日)第 34 条:"被保险的机动车所有权转移后,未办理保险合同变更手续,机动车在保险期内发生交通事故致人损害,保险机构仍应对受害第三者承担赔偿责任。"江苏无锡中院《全市民事审判疑难问题研讨会纪要》(2006 年 3 月 14 日)第 2 条:"投保人不是机动车所有人、机动车所有人投保后被注销或机动车所有人投保后将机动车转让但未经保险公司批改,保险公司以此作为其不应承担责任的抗辩理由的,不予支持。"北京高院《关于印发〈北京市高级人民法院关于审理保险纠纷案件若干问题的指导意见(试行)〉的通知》(2005 年 3 月 25 日 京高法发〔2005〕67 号)第 40 条:"财产保险合同中,被保险车辆所有权转移过程中,谁为被保险人的情形:(1)保险车辆已经交付,但尚未完成过户手续,保险人已办理保险单批改手续的,新车主是实际被保险人;(2)保险车辆尚未交付,但已经完成过户手续,保险人已办理保险单批改手续的,新车主是被保险人;(3)保险车辆尚未交付,且未完成过户手续,保险人已办理保险单批改手续的,新车主是实际被保险人;(4)保险车辆已经交付,过户手续已经完成,并已向保险人提出保险单变更申请的,新车主是被保险人;(5)保险车辆已经交付,过户手续已经完成,但未向保险人提出保险单变更申请的,新、旧车主都不是被保险人。"

6. 最高人民法院审判业务意见。●未办理批改手续,保险公司是否承担赔偿责任?《人民司法》研究组:"保险法第 34 条规定:'保险标的的转让应当通知保险人,经保险人同意继续承保后,依法变更合同。但是,货物运输保险合同和另有约定的合同除外。'机动车辆保险条款第 26 条规定:'在保险合同有效期内,保险车辆转卖、转让、赠送他人、变更用途或增加危险程度,被保险人应当事先书面通知保险人并申请办理批改。'该条款第 30 条还规定,被保险人不履行前述义务的,保险人有权拒绝赔偿或自书面通知之日起解除保险合同。机动车辆保险条款是保险监督管理部门根据修改前的保险法制定的,如被保险合同当事人采用,则构成保险合同的组成部分。因而,当事人应当享有保险合同约定的权利,履行保险合同约定的义务。廖某转让车辆后未按照保险合同的约定到保险公司办理批改手续,保险公司可以按照保险法的规定和保险合同的约定处理保险理赔事务。"

7. 参考案例。①2011 年**重庆某保险合同纠纷案**,2006 年 9 月,杨某以其亡父名义亦是登记车主为投保人投保车险;2007 年 3 月,杨某将该车过户到自己名下;同年 8 月,该车肇事,保险公司以未办保险批改手续拒赔。法院认为:杨某投保时虽应履行如实告知义务,但保险公司承保时亦应对保险标的或被保险人的有关情况进行审查,且相对于投保人,保险公司对保险合同内容的理解及订立过程中如实告知责任后果的承担,处于优势地位,若杨某的投保不符合保险条款的规定或属于保险人免责范围,保险公司应告知其法律后果,不予承保或变更承保,而不是在未尽审查义务同意承保后又以符合免责范围予以拒赔。<u>机动车转让非属投保人须如实告知的重要事项,且转让后并未导致保险责任的显著增加,故保险公司应承担保险责任</u>。②2010 年**辽宁某交通事故损害赔偿案**,2006 年 1 月,尉某驾驶投保机动车第三者责任险的车辆与常某驾驶的摩托车碰撞,致常某受伤。交警认定尉某、常某分负主、次责任。保险公司认为尉某车辆受让于被保险人张某,未办保险批改手续,保险公司依约不承担赔付责任。法院认为:保险期间作为保险标的的车辆被转让,该车附随的保险利益随之转移,事实上产生了保险合同当事人主体资格的变更,虽未向保险人办理批改手续,但该条款属典型的格式条款,因免除己方责任,排除对方主要权利,依法应为无效,且本案被保险人的变更并未明显增加保险人的风险;另从法律适用看,最高人民法院关于第三者责任险性质为商业险的批复在原审审结时尚未以明传电报形式转发各地高院,本案应适用保监会 39 号文件规定,案涉第三者责任险实质上具有强制的第三者责任险性质,故保险公司应承担赔付责任。③2007年**北京某保险合同纠纷案**,王某投保车辆损失险,2006 年转卖给徐某后未依保险合同约定办理车辆损失保险过户批改手续,在徐某驾车出事故后,保险公司据此拒绝理赔车辆损失。法院认为:徐某不是保险单中记载的被保险人或受益人,故不享有案涉保险金的请求权,其作为本案原告主体不适格,故应驳回其起诉。王某与徐某办理车辆过户后,未按保险合同约定通知保险公司,亦未办理批改手续,故保险合同效力从被保险车辆所有权转移时即行终止,在交通事故发生后,保险公司有权拒赔,故应驳回王某诉讼请求。④2005年江苏某保险合同纠纷案,2003年7月23日,高某购买二手车并办过户手续,保险公司向高某出具保险过户批单注明7月25日生效。同年7月24日,该车肇事,对方负全责。争议焦点:保险公司批签日期是否有效?保险公司应否理赔?法院认为:保险标的转让双方于转让完成后合理期间即向保险公司申办保险变更手续,申请变更不可谓不及时,且保险公司也同意继续承保,保险公司在批改时就应确认被保险人即索赔权益人的变更从保险标的转让时生效。保险公司在批单上所注明的索赔权益人变更的生效时间晚于保险标的转让时间,亦即晚于保险利益变更时间,甚至晚于申请批改的时间,导致受保险合同保障的被保险人与对保险标的享有保险利益的人不一致的情况,有违保险利益的原则,也有违双方订立和变更保险合同的目的,应为无效。

【同类案件处理要旨】

投保人不是机动车所有人、机动车所有人投保后被注销或机动车所有人投保后将机动车转让但未经保险公司批改,保险公司以此作为其不应承担责任的抗辩理由的,不予支持。

【相关案件实务要点】

1.【以死者名义投保】机动车保险合同中,保险公司对以死者名义投保的车辆,在转户后未办理保单批改手续发生的交通事故,并不当然免责。车辆转让并非属于投保人必须如实告知的重要事项,在转让车辆未导致保险责任的显著增加时,保险公司仍应承担保险责任。案见重庆九龙坡区法院(2011)九法民初字第03740号"杨某诉某保险公司保险合同案"。

2.【转让未通知】被保险人将保险车辆转让给第三者未通知保险人的,保险车辆发生保险事故后,保险人有权拒绝受让人或原保险人的理赔要求。案见北京东城法院(2007)东民初字第3268号"王某等诉某保险公司保险合同纠纷案"。

3.【批单生效日】投保车辆转让时,如变更保险合同之批单标注的批单生效日尚未届至时发生保险事故,保险人不得以批单未生效为由拒绝向变更后的索赔权益人承担保险赔偿责任。案见江苏苏州中院(2005)苏中民二终字第22号"高某诉某保险公司保险理赔纠纷案";重庆九龙坡区法院(2011)九法民初字第03740号"杨某诉某保险公司保险合同案"。

【附注】

参考案例索引:江苏南通中院(2009)通中民二终字第0116号"沈某诉某保险公司保险合同纠纷案",见《沈鹏程诉天安保险股份有限公司海安支公司财产保险合同案》(周明),载《中国审判案例要览》(2009商事:300)。①重庆九龙坡区法院(2011)九法民初字第03740号"杨某诉某保险公司保险合同案",见《保险车辆转让后未办批改手续的责任承担》(向巽、邱颖),载《人民司法·案例》(201216:88)。②辽宁阜新中院(2010)阜审民再终字第2号"常某诉尉某等交通事故损害赔偿案",见《常贺成诉尉迟斌等道路交通事故人身损害赔偿案》(谭冰),载《中国法院2012年度案例:道路交通纠纷》(178)。③北京东城法院(2007)东民初字第3268号"王某等诉某保险公司保险合同纠纷案",见《过户车辆未办理保险批改手续,保险公司可拒赔》(李旭辉、常亮),载《人民司法·案例》(200716:106)。④江苏苏州中院(2005)苏中民二终字第22号"高某诉某保险公司保险理赔纠纷案",判决保险公司赔偿高某2万余元。见《批单尚未生效保险人仍应担责》(郎贵梅),载《人民法院报·案例指导》(20061101:5)。

参考观点索引:●保险公司是否承担赔偿责任?见《保险公司是否承担赔偿责任?》,载《人民司法·司法信箱》(200311:78)。

95.汽车自燃损责任认定
——机动车自燃,损失怎弥补?

【车辆自燃】

【案情简介及争议焦点】

2004年5月,刘某从汽车租赁公司租赁的轿车在高速路上自燃焚毁,汽车租赁公司索赔车损8.5万余元、路面修复费用1500余元、营业损失1.5万元。

争议焦点:1.刘某应否赔偿车辆损失?2.其他损失是否赔偿?

【裁判要点】

1.刘某无须赔偿车辆损失。诉争车因刘某租赁使用中由于不明火因燃烧毁损以致使用价值不复存在。汽车租赁公司未提供证据有效证明刘某租赁期间对车辆存在使用不当或保管不善的过错行为,故刘某对车辆毁损造成损失不应承担损害赔偿责任。因预见并承担因不可归责于承租人事由所致租赁物毁损、灭失之损失风险应为租赁行业经营者正常行业风险,且现代保险制度已为该行业风险提供了可资规避或减损途径,而刘某作为短期承租人对租赁物因不明燃损风险无法预见和分散,故要求其承担该损失有悖公平与正义之法的价值精神。

2. 刘某无须赔偿其他损失。汽车租赁公司无证据证明刘某于车辆燃烧后未尽必要且可行的施救责任从而导致因车辆燃烧对第三方造成损失或造成该损失之扩大,故因车辆燃烧造成的第三方损失即路面修复费用应由车辆所有人自行承担。因刘某不应承担车辆损失,故营业损失更无因果关系而亦应予驳回。

【裁判依据或参考】

1. 法律规定。《民法典》(2021年1月1日)第1202条:"因产品存在缺陷造成他人损害的,生产者应当承担侵权责任。"第1203条:"因产品存在缺陷造成他人损害的,被侵权人可以向产品的生产者请求赔偿,也可以向产品的销售者请求赔偿。产品缺陷由生产者造成的,销售者赔偿后,有权向生产者追偿。因销售者的过错使产品存在缺陷的,生产者赔偿后,有权向销售者追偿。"第1205条:"因产品缺陷危及他人人身、财产安全的,被侵权人有权请求生产者、销售者承担停止侵害、排除妨碍、消除危险等侵权责任。"《道路交通安全法》(2004年5月1日实施,2011年4月22日修正)第21条:"驾驶人驾驶机动车上道路行驶前,应当对机动车的安全技术性能进行认真检查;不得驾驶安全设施不全或者机件不符合技术标准等具有安全隐患的机动车。"《侵权责任法》(2010年7月1日,2021年1月1日废止)第43条:"因产品存在缺陷造成损害的,被侵权人可以向产品的生产者请求赔偿,也可以向产品的销售者请求赔偿。产品缺陷由生产者造成的,销售者赔偿后,有权向生产者追偿。因销售者的过错使产品存在缺陷的,生产者赔偿后,有权向销售者追偿。"《保险法(2015年修正)》(2015年4月24日)第22条:"保险事故发生后,按照保险合同请求保险人赔偿或者给付保险金时,投保人、被保险人或者受益人应当向保险人提供其所能提供的与确认保险事故的性质、原因、损失程度等有关的证明和资料。保险人按照合同的约定,认为有关的证明和资料不完整的,应当及时一次性通知投保人、被保险人或者受益人补充提供。"《产品质量法》(2000年9月1日)第43条:"因产品存在缺陷造成人身、他人财产损害的,受害人可以向产品的生产者要求赔偿,也可以向产品的销售者要求赔偿。属于产品的生产者的责任,产品的销售者赔偿的,产品的销售者有权向产品的生产者追偿。属于产品的销售者的责任,产品的生产者赔偿的,产品的生产者有权向产品的销售者追偿。"《合同法》(1999年10月1日,2021年1月1日废止)第142条:"标的物毁损、灭失的风险,在标的物交付之前由出卖人承担,交付之后由买受人承担,但法律另有规定或者当事人另有约定的除外。"第222条:"承租人应当妥善保管租赁物,因保管不善造成租赁物毁损、灭失的,应当承担损害赔偿责任。"第231条:"因不可归责于承租人的事由,致使租赁物部分或者全部毁损、灭失的,承租人可以要求减少租金或者不支付租金;因租赁物部分或者全部毁损、灭失,致使不能实现合同目的的,承租人可以解除合同。"

2. 部门规范性文件。 中国保监会《关于机动车辆火灾责任等问题的复函》(2003年6月20日　保监办函〔2003〕99号):"邳州市人民检察院:你院邳检民咨字(2003)第2号《关于机动车保险火灾责任等问题的咨询函》已收悉,经研究,答复如下:一、中国保监会《关于明确〈机动车辆保险条款〉中'火灾'责任的批复》(保监复〔2000〕159号)中已经明确指出:《机动车辆保险条款解释》第一部分第一条第一款第(二)项的'火灾'责任是指,因保险车辆本身以外的火源以及基本险第一条所列的保险事故造成的燃烧导致保险车辆的损失。二、《机动车辆保险条款解释》第一部分第三条第(六)项'自燃以及不明原因产生火灾'是指保险车辆发生自燃和保险车辆因不明原因产生火灾而造成的损失,保险人不负责赔偿。该条规定中对于'自燃'和'不明原因产生火灾'均作出了解释。'自燃'是指:'没有外界火源,保险车辆也没有发生碰撞、倾覆的情况下,由于保险车辆本车漏油或电器、线路、供油系统、载运的货物等自身问题引起的火灾。'中国保监会《关于机动车辆保险条款中'自燃'解释的复函》(保监函〔2001〕133号)中指出,'自燃'定义中'等'字指'保险车辆本车漏油或电器、线路、供油系统、载运的货物'引起火灾的几种情况,无更多内涵。'不明原因产生火灾'是指:'公安消防部门的《火灾原因认定书》中认定的起火原因不明的火灾。'"中国保监会《关于机动车辆保险条款中"自燃"解释的复函》(2001年6月5日　保监函〔2001〕133号):"江西省吉安市中级人民法院:你院《关于车辆保险条款中有关'自燃'定义及内容理解的咨询函》收悉。保监会分别于1999年和2000年两次修改《机动车辆保险条款》及《机动车辆保险条款解释》,由于来函并未明确保险合同签订的时间,因此按照2000年版的内容函复如下:一、《机动车辆保险条款解释》(保监发〔2001〕102号)关于自燃的定义是:'没有外界火源,保险车辆也没有发生碰撞、倾覆的情况下,由于保险车辆本车漏油或电器、线路、供油系统、载运的货物等自身问题引起的火灾。'因此,自燃不仅指单纯的供油系统发生故障引起的燃烧。二、若发动机排气管与尾气直管接口法兰漏气,且车辆高压油泵回油管破裂漏油造成的火灾属于'供油系统故障起火'。三、自燃定义中'等'字指前文'保险车辆本车漏油或电器、线路、供油系统、载运的货物'四种情况,无更多内涵。"中国保监会《关于明确〈机动车辆保险条款〉中"火灾"责任的批复》(2000年6月15日　保监复〔2000〕159号):"……《机动车辆保险条款》第一条第一款第二项的'火灾'责任是指,因保险车辆本身以外的火源以及基本险第一条所列的保险事故造成的燃烧导致保险车辆的损失。"中国保监会**《机动车辆保险条款》**(1999年2月13日)第3条:"保险车辆的下列损失,保险人不负责赔偿……(二)地震、人工直接供油、自燃、高温烘烤造成的损失……"第2部分"附加险":"在投保了车辆损失险的基础上方可投保全车盗抢险、玻璃单独破碎险、车辆停驶损失险、自燃损失险、新增加设备损失险;在投保了第三者责任险的基础上方可投保车上责任险、无过失责任险、车载货物掉落责任险;在投保了车辆损失险和第三者责任险的基础上方可投保不计免赔特约险。附加险条款与基本险条款相抵触之处,以附加险条款为准,未尽之处,以基本险条款为准。"关于"自燃损失险条款"第1条:"投保了本保险的机动车辆在使用过程中,因本车电器、线路、供油系统发生故障及运载货物自身原因起火燃烧,造成保险车辆的损失,以及被保险人在发生本保险事故时,为减少车辆损失所支出的必要合理的施救费用,保险人在保险单该项目所载明的保险金额内,按保险车辆的实际损失赔偿;发生全部损失的,按出险时车辆实际价值在保险单该项目所载明的保险金额内赔偿。"第2条:"对下列原因造成的损失,保险人不负责赔偿:(一)被保险人在使用保险车辆过程中,因人工直接供油、高温烘烤等违反车辆安全操作规则造成的损失;(二)因自燃仅造成电器、线路、供油系统的损失;(三)运载货物自身的损失;(四)被保险人的故意行为或违法行为造成保险车辆的损失。"中国保监会**《对〈关于机动车因道路颠簸着火是否属于保险除外责任"自燃"的请示〉的批复》**(1998年8月31日 银条法〔1998〕40号):"根据吉林省交通科学研究所的鉴定结论,由中保财产保险公司吉林省分公司承保的91款750型'宝马'牌轿车于1997年11月29日在行驶中因严重颠簸起火燃烧系'自燃',该车系被自燃烧毁,非外界火源所致。根据中国人民银行《机动车辆保险条款》和《机动车辆保险条款解释》的规定,'自燃'属于机动车辆保险除外责任。"

3. 参考案例。①2018年福建某产品责任纠纷案,2015年,洪某从销售公司购车。2016年,该车发生火灾。2017年,洪某以产品质量问题诉请销售公司赔偿损失90万余元。公安消防大队出具火灾事故认定书,认定起火原因可排除雷击、放火引发火灾可能,<u>不排除草木灰烘烤以及起火部位电气故障引起火灾可能</u>。司法鉴定所鉴定认为:<u>无法确定车辆是否存在电气线路短路、过载故障及是否电气线路短路故障导致本次火灾事故</u>。气象局出具气象证明,载明事发当天天气为多云,无雷电,平均气温25.4℃。另查明,事故发生前日,有人在该车停放处焚烧堆高将近一米的树枝树叶。法院认为:产品责任纠纷不适用举证责任倒置,原告有义务举证证明被告销售的产品存在质量缺陷、损失确已发生、损失与产品缺陷之间存在因果关系,被告就法定免责事由承担举证责任,但前提是原告已证明汽车存在质量问题并导致了损失发生。本案中,汽车燃烧原因无明确结论,根据火灾事故认定书和司法鉴定意见书,火灾原因既有可能是汽车电气故障引发的自燃,亦有可能是草木灰烘烤所致,即现有证据不能直接证明汽车存在质量问题,更不能证明汽车燃烧系产品缺陷所引发。综合汽车起火部位、停放地点、汽车本身状况等因素,应认定汽车起火原因系质量问题的可能性较小,因草木灰烬烘烤的可能性更大。在无充分证据证明汽车燃烧原因情况下,根据盖然性占优的证明标准,应认定可能性更高的事实而不能认定可能性更小事实,不宜认定汽车燃烧原因为电气线路故障。判决驳回洪某诉请。②2012年北京某保险合同纠纷案,2011年,奚某投保车损险车辆发生火灾,公安消防部门认定系车辆自燃所致。保险公司以保单不含自燃险"不"字未印上,但保险条款免除了自燃险保险条款为由,主张免责。法院认为:经公安消防部门认定被保险车辆发生火灾原因系车辆自燃所致。依奚某投保车辆损失综合险保险条款约定,因自燃造成的保险车辆损失属于保险公司的保险责任赔偿范围,故保险公司应承担保险赔偿责任。保险公司未提交证据证明已就免除自燃损失责任相关事项及条款向奚某进行过说明提示,且保险单特别约定中亦明确记载保单车辆损失险中含自燃责任,故判决保险公司赔付奚某因投保车辆自燃而产生的相关损失9万余元。③2006年北京某产品责任纠纷案,2003年4月,祁某花27万元从汽车公司购买轿车,汽车使用维护说明书注明整车质量担保两年。2004年7月,因停车时自燃,该车报废,消防认定火灾原因不明。保险公司赔付了20万元。祁某要求汽车公司赔偿其余的损失。法院认为:车辆正常停驶状态下燃烧,经消防部门认定火灾原因不明。现无证据证明燃烧是外界人为原因或祁某使用不当所致,加之该车尚在整车质量保证期内,汽车公司未能举证证明祁某曾对该车进行过不当修理,可以表明该车存在不合理的危及人身、财产安全的危险,即存在产品质量缺陷。汽车公司依法应就法律规定的免责事由承担举证责任,因未能举证,即应承担举证不能的不利后果,应当承担相应的民事赔偿责任。④2006年山东某产品责任纠纷案,2004年8月,姜某花1万余元从汽车公司购买一辆三轮农用运输车,1年后在某次停车时该车起火,烧坏了自家房屋等财产,损失1万元,其中车损4000多元。公安机关调查排除了人为因素纵火的可能;姜某买的该车无电源总开关,但使用说明书上及汽车公司后来生产的三轮运输车有电源总开关。法院认为:依三轮运输车使用说明书,姜某购买的车设计上有电源总开关,但制造过程中并未安装,说明姜某购买的车存在制造缺陷,从而导致三轮运输车具有不合理的危险性,具体到本案就是电路容易出现问题,引起失火,后来汽车公司研制的三轮运输车安装了电源总开关,也说明生产者已认识到这一产品缺陷有可能导致的危险,所以才加以改进,根据公安机关证明,已排除三轮运输车失火系人为因素引起,汽车公司举证不能否定姜某所购该车存在缺陷和质量问题,对此汽车公司应承担举证不能的法律后果。根据本案相关证据,能认定姜某购买汽车公司的三轮运输车因存在缺陷而发生自燃,并造成姜某房屋等财产损害后果,依照《产品质量法》相关规定,汽车公司作为生产者,依法应承担赔偿责任。⑤2006年**上海某保险合同纠纷案**,2005年,托运人作为被保险人为其托运货物投保,因承运人货运公司货车起火致货损11万余元,经消防认定系副驾驶座一侧后轮的内轮轮毂过热,引起轮胎着火,属意外火灾事故。保险公司对被保险人赔偿后,向货运公司追偿。法院认为:<u>法律规定代位求偿权原则首先是为了防止被保险人因保险事故发生,从保险人和第三者责任方同时获得双重赔偿而额外获利,确保损失补偿原则的执行,并非免除第三者相关责任。货运合同约定由托运人对货物投保,并不表明被保险人由此预先放弃了其对第三者的损害赔偿请求权</u>。本案中因货运公司行为造成货物毁损,被保险人享有对货运公司的请求赔偿权,现保险公司已理赔,并取得权益转让书,表明其已取得代位求偿权。<u>事故责任认定书认定涉案火灾系轮胎内轮轮毂过热,引起轮胎着火,进而酿成火灾。作为承运人的货运公司未尽注意义务,未及时消除事故隐患,导致事故发生,非属货运公司免责事由,承运人应对被保险人货物损失承担损害赔偿责任,故保险公司的代位求偿权应予支持</u>。⑥2005年**海南某改装合同纠纷案**,2004年,租车公司名下由余某转让给唐某经营的出租车依规定在修理厂改装燃料转换装置后不久起火烧损,经消防部门鉴定系接口松动,燃油泄漏引起。法院认为:汽车改装合同当事人虽为唐某及修理厂,但租车公司作为登记车主,是合同实际上的当事人。修理厂依政府文件对车辆实施改装,对改装的安装工艺负有确保安全可靠的义务,这是汽车改装合同的附随义务。<u>火灾事故原因认定油气泄漏系接口松动引起,而接口松动属于安装问题,即修理厂未尽到确保安全安全可靠的义务,应承担相应民事责任</u>。租车公司对用于改装的产品有定期保养、检查检测义务,其未及时发现胶管老化,未善尽维护之责,亦应自负一定责任。⑦2004年**江苏某保险合同纠纷案**,货运公司为电脑公司运输货物,约定后者办理保险。2001年,因运输途中轮胎起火,经鉴定火灾原因不明,保险公司赔付电脑公司后向货运公司追偿。法院认为:<u>保险公司代位求偿权成立必须符合第三者对保险标的的损害造成保险事故,保险公司不能直接将无法归责于承运人的保险事故损害因承运人须承担无过错责任而代位求偿</u>。案涉保险合同关系和货物运输合同关系均合法有效。在货运公司与电脑公司共同约定保险前提下,该保险的保险利益理应由其双方共同享有,故在货运公司对保险事故的发生无过错且托运人对货运公司并无赔偿请求权情况下,保险公司不能依据货运公司须在运输合同中承担无过错责任而直接依据《保险法》有关代位权规定要求货运公司承担违约损害赔偿责任。⑧2001年**山东某挂靠纠纷案**,郭某挂靠在运输公司名下承接运输业务,运输公司共收取管理费650元。2000年,郭某委派的司机在承运张某托运并有张某委派的购货人员押运的货物途中,因车厢起火造成价值16万余元的货物全损。经鉴定,火灾原因不明。法院认为：因郭某委托的司机与张某委托的购货人员未依《合同法》等有关法律规定办理货物交接手续，对货物毁损灭失风险是否转移于承运人双方各执一词，均不能提供有力证据，张某委派的购货人又随车同行，故风险是否转移无法确认，且火灾原因不明，因火灾造成损失依法应由郭某与张某分担。运输公司允许郭某车辆挂靠运营，又收取了一定数额的管理费，具有一定的营运利益，应依法在其收取管理费范围内承担连带赔偿责任。⑨2000年新疆某保险合同纠纷案，1998年，顾某驾车进入修理厂，因缺零件未修成，停放在修理厂的车次日凌晨因不明原因火灾烧毁。保险公司以保险条款约定修理期间除外责任拒赔。法院认为：根据保险条款约定及中国人民银行对免责条款的解释，进场修理期间因灾害或事故造成本车或他人损失的，保险公司不承担赔偿责任。本案顾某将投保车辆送入修理厂检修，因等待购买配件，当天该车停放在修理厂，次日凌晨发生不明原因火灾烧毁，显然该事故发生在投保车辆在修理厂修理场合和期间，属于合同的免责条款所规定情形。保险合同免责条款已由保险公司订立合同时明确告知和说明，故保险公司可依合同约定不负保险赔偿责任。

【同类案件处理要旨】

机动车辆在使用过程中，因本车电器、线路、供油系统发生故障及运载货物自身原因起火燃烧，造成保险车辆的损失，以及被保险人在发生本保险事故时，为减少车辆损失所支出的必要合理的施救费用，应由保险公司在车辆自燃险责任范围内承担保险赔付责任。

【相关案件实务要点】

1.**【租赁车辆自燃】**租赁合同不发生租赁物风险负担的移转，故承租人因过错行为致使租赁物毁损、灭失时应承担的责任为违约损害赔偿责任而非对租赁物的风险之负担。承租人对租赁物使用不当或保管不善造成租赁物毁损、灭失时应承担损害赔偿责任，但出租人应承担证明承租人存在使用不当或保管不善过错行为的证明责任。因不可归责于承租人的事由，致使租赁物部分或全部毁损、灭失的，承租人可以要求减少租金或不支付租金；因租赁物部分或全部毁损、灭失，致使不能实现合同目的的，承租人可以解除合同。案见江苏苏州金阊区法院（2004）金民二初字第245号"某汽车租赁公司诉刘某租赁合同纠纷案"。

2.**【货运车辆自燃】**货运合同履行中因不明原因火灾造成货物毁损，双方均不能举证证明货物毁损、灭失风险的转移，承运人又不能证明其免责事由的存在，应承担一定损害赔偿责任，其余损失由托运人自负，被挂靠单位应在其收取管理费范围内承担连带赔偿责任。案见山东菏泽中院判决"张某诉郭某等挂靠纠纷案"。

3.【火灾原因认定】公安消防部门作出的火灾原因认定书作为有权机关制作的公文文书,属于效力较强的证据,但不是直接认定民事责任的依据。案见海南海口中院(2005)海中法民二终字第123号"某租车公司诉某修理厂等汽车改装合同案"。

4.【产品责任】根据公安机关证明,已排除机动车失火系人为因素引起,生产厂家举证不能否定所售该车存在缺陷和质量问题,对此生产厂家应承担举证不能的法律后果,认定机动车因存在缺陷而发生自燃,并造成其他财产损害后果,依照《产品质量法》相关规定,厂家作为生产者,依法应承担赔偿责任。案见山东陵县法院(2006)民一初字第45号"姜某诉某汽车公司产品责任案"。

5.【缺陷产品】依《产品质量法》第41条,"因产品存在缺陷造成人身、缺陷产品以外的其他财产损害的,生产者应当承担赔偿责任",歧义在于,缺陷产品本身的财产损害,受害人不能以产品责任向生产者主张产品责任,只能主张违约责任;但依《民法通则》第122条,"因产品质量不合格造成他人财产、人身损害的,产品制造者、销售者应当依法承担民事责任"。所以,生产者对缺陷产品自身损害承担侵权赔偿责任,应为法律规定应有之义。案见北京一中院(2006)一中民终字第25号"祁某诉某汽车公司产品责任纠纷案"。

【附注】

参考案例索引:江苏苏州金阊区法院(2004)金民二初字第245号"某汽车租赁公司诉刘某租赁合同纠纷案",见《永安旅游汽车租赁公司诉刘辉荣租赁合同案》(姜玲、张云峰),载《中国审判案例要览》(2005商事:112);另见《苏州市永安旅游有限公司汽车租赁分公司以租赁车辆在刘辉荣使用期间被焚毁为由诉刘辉荣赔偿车辆损失和其他损失被驳回案》(姜玲、张云峰),载《人民法院案例选》(200604:220)。①福建厦门中院(2018)闽02民终1139号"洪妙钦与厦门盈众至远汽车销售有限公司产品责任纠纷上诉案",见《汽车自燃原因不明时的举证责任分配》(刘新平、徐丽碧),载《人民司法·案例》(201823:67)。②北京一中院(2012)一中民终字第6918号"奚某与某保险公司保险合同纠纷案",见《奚静芳诉天平汽车保险股份有限公司北京分公司财产保险合同案(免责条款)》(宋硕),载《中国审判案例要览》(2013商:330)。③北京一中院(2006)一中民终字第25号"祁某诉某汽车公司产品责任纠纷案",一审认为祁某既未提供证据证明汽车存在缺陷,也未提出对事故车辆自燃原因进行鉴定,故驳回诉讼请求;二审改判赔偿3万余元,该数额以车辆原价为基数,按车辆的10年使用期限,扣除使用期限的折旧费及保险公司已赔付的数额确定。见《祁庆民诉上海大众汽车有限公司产品责任纠纷案》(温志军),载《人民法院案例选》(200802:107)。④山东陵县法院(2006)民一初字第45

号"姜某诉某汽车公司产品责任案",见《姜凤德诉德州亚飞汽车贸易有限公司产品责任案》(庞爱民),载《中国审判案例要览》(2007 民事:448)。⑤上海一中院(2006)沪一中民三(商)终字第158号"某保险公司诉某货运公司保险代位求偿权案",一审认为保险人的代位求偿权前提是被保险货物的损失须是因第三者责任即侵权行为造成,因本事故属意外火灾事故,承运人无违法和过错行为,保险事故发生与承运行为无因果关系,故判决驳回保险公司诉讼请求。二审改判保险公司代位求偿权成立。见《中国人民财产保险股份有限公司卢湾支公司诉予达货运有限公司保险代位求偿权案》(陆文芳),载《中国审判案例要览》(2007 商事:340)。⑥海南海口中院(2005)海中法民二终字第123号"某租车公司诉某修理厂等汽车改装合同案",一审判决修理厂偿付车辆一半损失22500元及营运损失8300余元,二审经调解改付2万元。见《海口耀兴汽车出租有限公司诉海口雅严汽车维修有限公司汽车改装合同案》(李静云),载《中国审判案例要览》(2007 商事:198)。⑦江苏苏州中院(2004)苏中民二终字第51号"某保险公司诉某货运公司保险代位求偿权案",一审驳回保险公司诉讼请求,二审经调解由货运公司支付保险公司45万元。见《苏州太平洋保险支公司诉苏州货运公司长途运输分公司等保险代位求偿权纠纷案》(叶映红),载《人民法院案例选》(2006年第2辑),最高人民法院中国应用法学研究所编,人民法院出版社2006年版。⑧山东菏泽中院判决"张某诉郭某等挂靠纠纷案",一审判决张某损失16万余元由郭某和张某各自负担一半,运输公司对郭某赔偿不能部分承担连带赔偿责任。抗诉再审认为运输公司具有承运人资格,改判运输公司赔偿张某损失16万余元。二审改判郭某赔偿张某损失8万余元,运输公司在收取650元范围内承担连带责任。见《张瑞兰诉郭可运、菏泽交通集团第十三汽车运输公司因货物在运输过程中失火全部毁损损害赔偿案》(李昌安),载《人民法院案例选》(2004 商事:164)。⑨新疆博尔塔拉蒙古自治州中院(2000)博中经终字第0015号"顾某诉某保险公司保险合同纠纷案",一审判决保险公司赔偿顾某7万余元,二审改判驳回顾某诉讼请求。见《顾秀诉中国人民保险公司温泉县支公司拒绝给付赔偿金案》(杨善明),载《中国审判案例要览》(2001年商事:95)。

96. 车辆盗抢险赔付原则
——机动车毁损，盗抢险赔否？

【盗抢险损】

【案情简介及争议焦点】

2004年2月，黄某称晚上停放路边的车辆被盗移500米，点火开关总承损坏，公安勘查分析亦为盗车所为。发动机拉缸修理费4000余元。保险公司拒赔。

争议焦点：1. 能否确认系盗抢导致车辆受损？2. 保险公司应否理赔？

【裁判要点】

1. 车辆损坏系盗抢的逻辑分析。 本案车辆一直由黄某使用，且黄某声称事发前一天时车况良好，则可确认在犯罪分子盗车时，该车发动机缸体内必有机油。即使发动机完全无机油，也需一段较长驾驶距离，才能产生拉缸现象。本案中，即使犯罪分子盗车时汽车突然出现机油停止供应的意外，因前一天使用而使缸体残留的机油仍足以支持活塞工作相当长距离，在仅500米的距离内破坏性驾驶，不可能造成汽车拉缸。且犯罪分子盗车时值冬季，汽车停放一夜后，车体温度很低，仅以500米的移动距离，加上汽车多次启动动作，远不足以导致车温急速升高，故因犯罪分子盗车而产生拉缸的两种可能性均不存在。

2. 保险公司不应承担理赔责任。 在犯罪分子因急于逃走而大油门启动时，案涉车辆的确不会像电喷汽车那样自动断油以降低转速，即使高转速也并不会导致发动机拉缸的现象出现。故本案汽车发动机损坏与犯罪分子盗窃行为无因果关系，保险公司不应因黄某投保盗抢险而承担发动机损坏的保险赔偿责任。

【裁判依据或参考】

1. 法律规定。《保险法(2015年修正)》(2015年4月24日)第17条："订立保险合同，采用保险人提供的格式条款的，保险人向投保人提供的投保单应当附格式条款，保险人应当向投保人说明合同的内容。对保险合同中免除保险人责任的条款，保险人在订立合同时应当在投保单、保险单或者其他保险凭证上作出足以引起投保人注意的提示，并对该条款的内容以书面或者口头形式向投保人作出明确说明;未作提示或者明确说明的,该条款不产生效力。"

2. 部门规范性文件。 中国保监会《关于〈机动车辆保险条款〉赔偿处理问题的批复》(2002年11月14日 保监办复〔2002〕192号):"……根据损失补偿原则,保险公司在处理全车盗抢险赔案时,应以出险时车辆的实际价值计算赔偿金额。"中国保监会《关于保险车辆出险后实际价值如何确定的批复》(1999年8月23日 保监复〔1999〕161号)第2条:"《请示》中的保险车辆出险后,应按与被保险人签订的保险单背书中的'机动车辆盗抢保险特约条款'及'机动车辆保险特约条款'的有关规定,计算全车被盗后的实际价值,并予以赔偿。在计算实际价值时涉及的车辆已使用年限的问题,由你公司与被保险人协商解决。"中国保监会《机动车辆保险条款》(1999年2月13日)第2部分关于"全车盗抢险条款"第1条:"保险责任。(一)保险车辆(含投保的挂车)全车被盗窃、被抢劫、被抢夺,经县级以上公安刑侦部门立案证实,满三个月未查明下落;(二)保险车辆在被盗窃、被抢劫、被抢夺期间受到损坏或车上零部件、附属设备丢失需要修复的合理费用。"第2条:"责任免除。(一)非全车遭盗抢,仅车上零部件或附属设备被盗窃、被抢劫、被抢夺;(二)被他人诈骗造成的全车或部分损失;(三)全车被盗窃、被抢劫、被抢夺期间,被保险车辆肇事导致第三者人员伤亡或财产损失;(四)被保险人因违反政府有关法律、法规被有关国家机关罚没、扣押;(五)被保险人因与他人的民事、经济纠纷而致车辆被抢劫、被抢夺;(六)租赁车辆与承租人同时失踪;(七)被保险人及其家庭成员、被保险人允许的驾驶员的故意行为或违法行为造成的全车或部分损失。"第4条:"被保险人义务。(一)被保险人得知或应当得知保险车辆被盗窃、被抢劫或被抢夺后,应在24小时内(不可抗力因素除外)向当地公安部门报案,同时在48小时内通知保险人,并登报声明;(二)被保险人向保险人索赔时,须提供保险单、行车执照、购车原始发票、车辆购置附加费凭证、车钥匙,以及出险地县级以上公安刑侦部门出具的盗抢案件证明和车辆已报停手续。"第6条:"保险人赔偿后,如被盗抢的保险车辆找回,应将该车辆归还被保险人,同时收回相应的赔偿。如果被保险人不愿意收回原车,则车辆的所有权益归保险人。"

3. 地方司法性文件。 湖南高院《关于印发〈审理道路交通事故损害赔偿纠纷案件的裁判指引(试行)〉的通知》(2019年11月7日 湘高法〔2019〕29号)第14条:"机动车所有人或实际支配人主张其机动车被盗抢的事实,并向人民法院提交被盗抢案件发生地县级以上公安机关出具的相关证明的,人民法院应当据此认定。如有其他充分证据足以证明机动车被盗抢事实的,人民法院亦可结合具体案情予以认定。涉及商业保险赔偿事宜的以商业保险合同约定为准。"山东济南中院《关于保险合同纠纷案件94个法律适用疑难问题解析》(2018年7月)第55条:"交强险项下保险人的代位求偿权。交强险条例第二十二条规定有下列情形之一的,保险公司在机动车交通事故责任强制保险责任限额范围内垫付抢救费用,并有权向致害人追偿:……(二)被保险机动车被盗抢期间肇事的……"北京三中院《类型化案件审判指引:机动车交通事故责任纠纷类审判指引》(2017年3月28日)第2-4.1部分"交强险的处理—常见问题解答"第1条:"违法驾车发生交通事故造成财产损失的,保险公司是否必须举证证明其尽到提示说明义务?驾驶人违法驾驶机动车,承保交强险的保险公司主张对受害人的财产损失免责的,符合《交强险条例》第二十二条第二款规定的醉酒、未取得驾驶资格、盗抢期间驾车、故意制造交通事故情形的,保险公司无需对'已尽提示义务'承担举证责任,即可依法不承担赔偿责任。对于上述情形之外的其他违法驾驶行为发生交通事故造成的财产损失,保险公司主张依据交强险合同中的相关免责条款免责的,应举证证明已尽到提示义务;未举证证明尽到提示义务的,不得依据保险合同免责。"天津高院《关于印发〈机动车交通事故责任纠纷案件审理指南〉的通知》(2017年1月20日 津高法〔2017〕14号)第3条:"……(4)被保险机动车在被盗抢期间发生交通事故致第三人损害的,保险公司在交强险限额范围内垫付抢救费用,并有权向致害人追偿。"重庆高院民二庭《关于2016年第二季度高、中两级法院审判长联席会会议综述》(2016年6月30日)第15条:"关于投保盗抢险的财产发生保险事故,保险人理赔后,财产又被追回的,被保险人是否有权请求保险人返还被盗抢财产的问题。参会法官一致认为,此种情形在实务中较少,可不予规定。"江苏徐州中院《关于印发〈民事审判实务问答汇编(五)〉的通知》(2016年6月13日)第4条:"……(4)对《机动车交通事故责任强制保险条例》第22条和《机动车交通事故责任强制保险条款》第9条规定应如何理解?答:该条例第22条规定:有下列情形之一的,保险公司在机动车交通事故责任强制保险责任限额范围内垫付抢救费用,并有权向致害人追偿。(一)驾驶人未取得驾驶资格或者醉酒的;(二)被保险机动车被盗抢期间肇事的……"重庆高院民一庭《民一庭高、中两级法院审判长联席会议〈机动车交通事故责任纠纷中的法律适用问题解答(二)〉会议综述》(2015年6月26日)第5条:"关于因第三人原因导致机动车交通事故时保险人的责任和追偿权问题。针对承保交强险的保险公司,根据《机动车交通事故责任强制保险条例》(以下简称《交强险条例》)第二十一条、二十二条的规定,除受害人故意造成交通事故的以外,被保险机动车发生道路交通事故造成本车人员、被保险人以外的受害人人身伤亡、财产损失的,保险公司应当在交强险限额范围内予以赔偿;驾驶人未取得驾驶资格或醉酒、被保险机动车被盗抢期间肇事、被保险人故意制造道路交通事故的,保险公司在机动车交通事故责任强制保险责任限额范围内垫付抢救费用,并有权向致害人追偿。针对承保三者险的保险公司,根据《最高人民法院关于适用〈中华人民共和国保险法〉若干问题的解释》(二)第十九条之规定,受害人径行向承保三者险的保险公司主张权利的,保险公司应当按照保险合同约定予以赔偿。保险公司承担了保险责任后,可以根据《中华人民共和国保险法》(以下简称《保险法》)第六十条之规定向第三人行使追偿权。"重庆高院《印发〈全市法院保险纠纷案件审判实务研讨会会议纪要〉的通知》(2010年4月7日 渝高法〔2010〕101号)第20条规定:"关于投保盗抢险的财产被盗,保险人理赔后,被盗抢的财产又被追回的,被保险人是否有权请求保险人返还被盗抢财产的问题。会议认为,保险人给付保险金后,又追回保险标的的,投保人在保险金给付及财产所有权主张间有选择权。投保人选择收回财产、退回保险金的,并不损害保险人利益。对保险人为追回财产所支付的合理费用,应由保险人在追回财产价值中予以扣除。"浙江高院民一庭《全省法院民事审判业务培训班问题解答》(2008年6月25日)第15条:"车辆在被盗抢期间发生道路交通事故,因车主在被盗抢之前未投保交强险的,车主应承担何责任?答:这个问题与第5个问题是相关联的。按照第5个问题的意见,则车主应当在交强险范围内承担责任。此属于违反保护他人之法律造成他人损失的侵权责任。因车主没有投交强险,导致受害人无法从保险公司获得交强险赔偿。当然,车主在赔偿后可以向侵权行为人追偿。"

4. 地方规范性文件。上海市交通运输和港口管理局《关于规范汽车租赁行业管理的若干意见》(2011年1月11日 沪交客〔2011〕427号)第9条:"保护车辆承租人合法权益。汽车租赁企业需为提供租赁服务的车辆办理法定的机动车交通事故责任强制保险等险种。视情为租赁车辆办理第三者责任险、全车盗抢险及其他险种。"

5. 参考案例。①*2012年河南某保险合同纠纷案*,2011年11月,马某将投保盗抢险的机动车卖给李某。同年12月,该车被盗过程中,引起电路短路而起火,以致车辆报废。保险公司以车辆不属于盗抢险范围拒赔。法院认为:保险车辆在被盗窃过程中遭受到全车损失,系因被保险车辆因盗窃者操作不当引起电路短路后起火而至报废,此事故已被公安部门证实,且该车辆因被盗而遭受的损坏已无法修复,系保险意义上的可能发生的事故因其发生所造成的财产损失,属盗抢险理赔范围。②*2007年江苏某保险合同纠纷案*,2007年3月,高某停在楼下的投保机动车车门及方向盘被撬坏,因解码器烧坏而盗窃未成,向警方报案后侦查未果。高某向保险公司主张按投保的全车盗抢险赔偿修理费3000余元。保险公司以仅车上零件而非全车被盗,拒绝理赔。盗抢险条款约定:"保险车辆在被盗窃、被抢劫或被抢夺期间受到损坏或车上零部件、附属设备丢失需修复的合理费用属于保险责任范围;非全车遭盗抢,仅车上零部件或附属设备被盗窃、被抢劫或被抢夺的,保险人责任免除。"法院认为:从车辆损坏情况看,行窃者偷盗全车意图明显,且从保险合同盗抢险条款内容中解读不出适用该款须以盗窃既遂为要件的含义。该条款既可以理解为全车被盗后又被找回,在行窃者控制期间车辆受损,又可理解为行窃者盗窃全车未成,当在行窃过程中造成车辆损坏或零部件、附属设备丢失时,保险人应承担保险责任。依格式条款解释规则,应作出有利于被保险人的理解,即盗窃全车未遂时,保险人亦应对被盗过程中车辆损害承担保险责任。合同未确定免赔率,保险公司推定适用20%无法定和约定依据。但高某随意停放,导致被盗风险增加,按全车盗抢险条款约定,应自行承担5%损失,判决保险公司扣除5%免赔率后按全车盗抢险赔偿高某修理费。③2006年**福建某保险合同纠纷案**,黄某在保险公司办理车辆保险,基本险中约定了"未办年检的"免赔条款,但作为附加险的盗抢险免赔条款未有前述说明,只概述为"未尽条款,以基本险条款为准";2005年1月,该车被盗,保险公司以该车未办年检为由拒赔。法院认为:保险公司作为专业保险机构在办理保险业务时应尽基本审核职责,其对保险车辆行驶证上记载的基本信息包括车辆年检情况应属明知,现保险公司主张其不知保险车辆年检情况,与保险业务操作规程不符。黄某投保的全车盗抢险虽为附加险,但其有相对独立性,在该附加险中已对责任免除范围作出明确约定,不存在所谓"未尽之处",保险公司主张基本险条款中的免责条款适用于全车盗抢的附加险之理由,不予支持。黄某与保险公司签订的机动车保险合同合法有效,合同签订后,黄某已依约支付保险费,其保险车辆被盗属全车盗抢险条款中约定的保险责任范围,故保险公司理应对其损失承担赔偿责任。④2005年**广东某保险合同纠纷案**,周某为新购价值近10万元的车辆办了整车盗抢险。不到两年,2004年4月,该车在修理厂全车翻新期间经周某允许由修理工开回家,停楼下时被盗,保险公司以合同约定"保险车辆在修理期间被盗窃免除保险人赔付责任"拒赔。法院认为:"修理期间被盗免赔"格式条款未尽告知和明确说明义务,不发生效力。涉案保险车辆在修理期间,因修理厂工人擅自开回家而被盗,因保险公司未举证证明作为合同组成部分的保险条款印刷于保险合同或其背面方便投保人阅读,或已将保险条款连同保险合同一起送达给了投保人,亦未证明除了保险单上"重要提示"外,已向周某就整车盗抢险的免赔条款作出其他特别提示和说明,周某从而在投保时已清楚知晓,故保险合同约定免责格式条款因保险人订立合同时未尽到告知和明确说明义务,对双方当事人不发生法律效力,保险公司不予赔付虽具有事实依据,但缺乏合同约定的依据,故应赔偿车辆被盗损失。⑤2005年**江苏某保险代位权纠纷案**,2003年6月,郭某将其投保车辆卖给吕某,特别约定试用2个月。试用期间因停放在居住地地被盗,保险公司依保险合同向郭某理赔后向吕某追偿。法院认为:被保险人允许的合格驾驶人使用车辆期间肇事,保险公司赔偿后无权向使用人行使代位求偿权。从案涉保险合同条款看,保险公司事实上已赋予被保险人郭某允许的合格驾驶人以被保险人地位,故吕某基于与郭某所签协议,无论是试用还是保管,在其实际控制、占有涉案车辆期间导致车辆被盗,保险公司向被保险人赔付后,不能向吕某行使代位求偿权,故保险公司诉请不应支持。

【同类案件处理要旨】

保险车辆全车被盗抢或在被盗抢期间受到损坏或车上零部件、附属设备丢失需要修复的合理费用,应由保险公司在车辆盗抢险责任范围内承担保险赔付责任。

【相关案件实务要点】

1.【因果关系】对盗窃汽车、破坏汽车的点火装置是否可能导致汽车发动机拉缸的汽车机械原理分析,从而判断二者之间的因果关系,以确定保险公司是否承担保险赔付责任。案见北京一中院(2004)一中民终字第11969号"黄某诉某保险公司保险合同案"。

2.【保险求偿】第三人盗窃车辆未遂,造成车辆损害,被保险人理赔时选择投保的全车盗抢险而非车辆损失险,应予支持。案见江苏扬州邗江区法院(2007)扬邗民二初字第0195号"高某诉某保险公司保险合同案"。

3.【盗窃致损】保险车辆因遭到盗窃而引发线路短路起火并烧毁,构成盗抢险的保险责任事故,保险公司应当承担保险责任。案见河南南阳中院(2012)南民一终字第386号"李某诉某保险公司保险合同纠纷案"。

4.【借用车辆】试用人或其他情况下的借用人一般属于被保险人允许的合格驾驶人,在试用人或借用人使用保险车辆过程中发生的保险事故,保险公司应承担赔偿责任,且不应当向试用人或借用人代位求偿。案见江苏无锡滨湖区法院(2005)锡滨民二初字第221号"某保险公司诉吕某保险代位求偿权案"。

5.【明确说明】保险人履行告知义务的要求应高于《合同法》一般要求,应尽最大诚信义务,在订立合同之前或当时,就对具体险种的除外条款作出告知及说明,目的是让投保人自己作出判断,从而行使消费选择权,而非在合同订立后再提醒其注意相关条款。案见广东深圳中院(2005)深中法民一终字第2863号"周某诉某保险公司保险合同案"。

6.【免责说明】机动车保险附加险作为机动车保险责任的扩展,虽投保人必须在投保基本险后方可投保相应的附加险,但附加险并不完全依附于基本险,其具有相对独立性,基本险中免责条款的效力不自然及于附加险,当附加险条款约定的保险事故发生时,保险人不能以基本险约定的免责条款自然适用于附加险为由拒绝理赔。案见福建厦门中院(2006)厦民终字第185号"黄某诉某保险公司保险合同案"。

【附注】

参考案例索引:北京一中院(2004)一中民终字第11969号"黄某诉某保险公司保险合同案",一审判保险公司赔偿黄某4000余元,二审改判驳回黄某诉讼请求。见《黄伟诉中国人民财产保险股份有限公司北京市石景山支公司保险合同案》(郭泳),载《中国审判案例要览》(2005 商事:361)。①河南南阳中院(2012)南民一终字第386号"李某诉某保险公司保险合同纠纷案",见《车辆因被盗起火灭损的险种认定——河南南阳中院判决李岩诉中华财险南阳中心支公司保险合同纠纷案》(王中强、王彬、王妮),载《人民法院报·案例指导》(20120830:6)。②江苏扬州邗江区法院(2007)扬邗民二初字第0195号"高某诉某保险公司保险合同案",见《高登科诉华安财产保险公司扬州市中心支公司财产保险合同理赔纠纷案》(蒋春来),载《人民法院案例选》(200804:271)。③福建厦门中院(2006)厦民终字第185号"黄某诉某保险公司保险合同案",见《黄世雷诉中国平安财产保险股份有限公司厦门分公司机动车辆保险合同纠纷案》(李桦),载《人民法院案例选》(200703:258);另载《中国审判案例要览》(2007 商事:312)。④广东深圳中院(2005)深中法民一终字第2863号"周某诉某保险公司保险合同案",一审以被保车辆丢失时间、地点均与保险公司所称"修理期间被盗属除外责任"不相符合,判决赔偿,二审以认定事实不清,适用法律不当,但实体处理正确维持。见《周森兴诉中国人民财产保险股份有限公司深圳市分公司宝安支公司保险合同案》(秦拓),载《人民法院案例选》(200604:312)。⑤江苏无锡滨湖区法院(2005)锡滨民二初字第221号"某保险公司诉吕某保险代位求偿权案",法院认为依据郭某与吕某协议,无论定性为汽车试用关系还是保管关系,协议内容已导致对车辆实际控制、占有的改变,实际占有人吕某在协议期间未对车辆妥善保管,将车辆停放在无专人看管的场所,且在毫无防范措施的情况下被盗,依法应向郭某承担赔偿责任,保险公司理赔后取得对吕某的保险代位求偿权,判决吕某赔偿保险公司5万余元。责任编辑对此有不同看法,笔者对此与责任编辑看法一致。见《天安保险股份有限公司无锡中心支公司在支付保险赔款后以吕一刚在试用期间致使保险车辆被盗为由对试用人行使保险代位求偿权案》(李旭强、郎贵梅),载《人民法院案例选》(200602:352)。

97. 车辆用途变更的认定
——家用改营运,出险是否赔?
【车辆用途】

【案情简介及争议焦点】

姜某为家庭自用客车按核定载客数 8 人投保各种保险,出险时为营运状态,载客 13 人。姜某赔偿乘客损失后,向保险公司主张保险理赔 6 万余元遭拒。

争议焦点:姜某超载、改变车辆用途,能否获得保险赔付?

【裁判要点】

1. 保险标的危险程度增加。本案中保险合同及保单明确载明车辆使用性质为家庭自用,姜某却在保险期间以该车从事营业运输。投保人擅自改变保险车辆用途,应属保险标的状况发生了重大变化。首先,营业用车较之家庭自用车在使用强度、使用频率等方面一般都会有所增加,一定程度会增加车辆的危险程度。其次,该保险车辆的核定载客人数为 8 人,而事故发生时车上载有乘客 13 人,该车辆在营业运输过程中存在严重超载现象,超载也是降低车辆安全使用性能,增加车辆危险程度的一种行为。故而,结合将家庭自用车用于营业运输且超载运营,导致保险事故的后果,足以认定保险车辆危险程度增加。

2. 姜某诉讼请求应当驳回。依《保险法》最大诚信原则和保险条款约定,姜某有义务将家庭自用车用于营业运输这一保险车辆用途的重大变化书面告知保险公司,以便保险公司重新评估风险,在权衡利弊基础上作出是否解除合同或提高保险费率的决定。然而姜某并未履行这一义务,导致保险公司失去了行使合同解除权和提高保险费率权利的机会。保险公司也依据家庭自用车保险条款约定和《保险法》相关规定取得了拒赔的抗辩权利,故应驳回姜某诉讼请求。

【裁判依据或参考】

1. 法律规定。《道路交通安全法》(2004 年 5 月 1 日实施,2011 年 4 月 22 日修正)第 12 条:"有下列情形之一的,应当办理相应的登记:(一)机动车所有权发生转移的;(二)机动车登记内容变更的;(三)机动车用作抵押的;(四)机动车报废的。"《保险法(2015年修正)》(2015年4月24日)第20条:"投保人和保险人可以协商变更合同内容。变更保险合同的,应当由保险人在保险单或者其他保险凭证上批注或者附贴批单,或者由投保人和保险人订立变更的书面协议。"

2. 司法解释。 最高人民法院《关于适用〈中华人民共和国保险法〉若干问题的解释(四)》(2018年9月1日,2020年修正,2021年1月1日实施)第4条:"人民法院认定保险标的是否构成保险法第四十九条、第五十二条规定的'危险程度显著增加'时,应当综合考虑以下因素:(一)保险标的用途的改变;(二)保险标的使用范围的改变;(三)保险标的所处环境的变化;(四)保险标的因改装等原因引起的变化;(五)保险标的使用人或者管理人的改变;(六)危险程度增加持续的时间;(七)其他可能导致危险程度显著增加的因素。保险标的危险程度虽然增加,但增加的危险属于保险合同订立时保险人预见或者应当预见的保险合同承保范围的,不构成危险程度显著增加。"最高人民法院《关于审理道路交通事故损害赔偿案件适用法律若干问题的解释》(2012年12月21日,2020年修改,2021年1月1日实施)第20条:"……机动车在交强险合同有效期内发生改装、使用性质改变等导致危险程度增加的情形,发生交通事故后,当事人请求保险公司在责任限额范围内予以赔偿的,人民法院应予支持。前款情形下,保险公司另行起诉请求投保义务人按照重新核定后的保险费标准补足当期保险费的,人民法院应予支持。"

3. 部门规范性文件。 交通部公路司《关于对营业性和非营业性运输划分问题的复函》(2006年7月31日 公运政字〔2000〕57号):"交通部、国家经委《公路运输管理暂行条例》(〔86〕交公路字1013号)第五条规定:'营业性运输指为社会提供劳务、发生各种费用结算的公路运输。'营业性道路运输过程中发生各种方式费用结算除运费单独结算这种方式外,还包括运费、装卸费与货价并计,运费、装卸费与工程造价并计,运费与劳务费、承包费并计等结算方式。另外,根据国家计委、财政部、交通部《关于规范公路客货运附加费增加公路建设资金的通知》(计价管〔1998〕1104号)关于'取酬运输的车辆'的规定,以有否取酬来划分经营性运输将更加科学、更合适。所以,凡参加营业性道路运输的经营业户都应持有交通主管部门颁发的公路运输经营许可证,营运车辆持有营运证,并按国家有关规定,向车籍所在地道路运政管理机构交纳运营费。"中国保监会《机动车辆保险条款》(1999年2月13日)第23条:"在保险合同有效期内,保险车辆转卖、转让、赠送他人、变更用途或增加危险程度,被保险人应当事先书面通知保险人并申请办理批改。"公安部交管局《关于对货运汽车载客问题的答复》(1998年1月27日 公交管〔1998〕19号,2004年8月19日废止):"……货运车辆违反《道路交通管理条例》第33条和交通部《汽车旅客运输规则》规定客货混载、营运载客的,属严重违章,应立即予以纠正,并按照《公安部关于切实加强公路客运安全管理工作的通知》(公交管

〔1997〕287号)的规定就地卸客转运。"中国人民银行《关于机动车辆保险条款"变更用途"一词认定的答复》(1995年11月24日 银条法〔1995〕56号):"根据《机动车辆保险条款》(1993年4月9日)第十七条和《机动车辆保险条款》(1995年2月6日)第二十三条的规定,'保险车辆变更用途的,被保险人应当事先通知本公司并申请办理批改手续。'凡以个人名义购买和使用,并以个人名义向保险公司办理保险的被保险车辆,被保险人出租或长期出借给其他单位使用的,均视为该车辆已变更用途,由此造成被保险车辆的损失,保险公司不予赔偿。"中国残疾人联合会、公安部、建设部、劳动部、民政部、国家工商行政管理局《关于加强对残疾人专用机动车运营管理的通知》(1995年4月21日 〔1995〕残联发字第66号)第7条:"公安交通管理部门应加强对残疾人专用机动车运营车辆的管理,对严重交通违章行为,可以并处吊扣驾驶证。对非残疾人驾驶残疾人专用机动车从事运营的和残疾人未经批准从事运营的,公安、工商行政管理、公共交通客运管理部门应予坚决取缔,并交由工商行政管理部门没收车辆和非法所得。"公安部交管局《关于对货运汽车载人应如何办理的问题的复函》(1989年10月11日 〔89〕公交管第156号,2004年8月19日废止)第1条:"货运汽车车厢内载人超过六人时,其车厢左右栏板高度不得低于一米并要加装保险链等安全防护装置,经公安机关车辆管理部门检验合格后,依据国家标准《机动车运行安全技术条件》(GB 7258-87)关于车辆核载的规定,在行驶证的附记栏内核签准予最多载人数和期限并加盖印章。"

4. 地方司法性文件。山东高院审监二庭《关于审理机动车交通事故责任纠纷案件若干问题的解答(一)》(2024年4月)第6条:"普通货车、网约车在从事营运活动过程中发生交通事故,保险公司以保险标的危险程度显著增加为由主张免赔的,人民法院应否支持?答:《最高人民法院关于适用〈中华人民共和国保险法〉若干问题的解释(四)》第四条规定:'人民法院认定保险标的是否构成保险法第四十九条、第五十二条规定的"危险程度显著增加"时,应当综合考虑以下因素:(一)保险标的用途的改变;(二)保险标的使用范围的改变;(三)保险标的所处环境的变化;(四)保险标的因改装等原因引起的变化;(五)保险标的使用人或者管理人的改变;(六)危险程度增加持续的时间;(七)其他可能导致危险程度显著增加的因素。保险标的的危险程度虽然增加,但增加的危险属于保险合同订立时保险人预见或者应当预见的保险合同承保范围的,不构成危险程度显著增加。'实践中,投保车辆的使用性质分为营运和非营运,两种性质的车辆在使用频次、使用范围、所处环境等均存在不同,故而保险费率设置亦有显著区别。若被保险车辆以非营运性质投保,持续性从事以获取利润为目的的营运性客货运活动,构成危险程度显著增加。被保险人应当按照合同约定及时通知保险公司,保险公司可以按照合同约定增加保险费或者解除合同。被保险人未及时履行通知义务的,因保险标的危险程度显著增加而发生的保险事故,保险公司不应承担赔偿保险金的责任,但被保险人有证据证明其营运活动并未显著增加保险标的危险程度的除外。"江西宜春中院《关于印发〈审理机动车交通事故责任纠纷案件的指导意见〉的通知》(2020年9月1日 宜中法〔2020〕34号)第8条:"机动车在交强险合同有效期内的下列变化,不影响事故发生后承保交强险的保险公司赔偿责任的承担:(1)机动车所有权变动;(2)机动车发生改装、使用性质改变等导致危险性质增加的情形。"第11条:"私家车改变车辆性质从事网约车活动,投保时未如实告知或投保后未及时通知保险公司的,因从事网约车活动发生保险事故,保险公司仅在交强险责任限额内承担赔偿责任。"山东高院民二庭《关于审理保险纠纷案件若干问题的解答》(2019年12月31日)第19条:"机动车按照家庭自用汽车投保后通过网约车平台实施收费运营活动但未向保险人告知的,保险人对其从事营运活动时发生的保险事故是否承担保险责任?答:被保险人按照非营运车辆与保险人签订保险合同后,又通过网约车平台实施收费营运活动或者在一定时间段内多次提供有偿搭乘服务的,会增加了保险标的危险程度。根据保险法第五十二条规定,在合同有效期内,保险标的的危险程度显著增加的,被保险人应当按照合同约定及时通知保险人,保险人可以按照合同约定增加保险费或者解除合同。被保险人未履行前款规定的通知义务的,因保险标的的危险程度显著增加而发生的保险事故,保险人不承担赔偿保险金的责任。被保险人有证据证明其营运活动或者有偿搭乘服务并未显著增加保险标的危险程度的,可以要求保险人承担保险金赔偿责任。"四川高院《关于印发〈四川省高级人民法院机动车交通事故责任纠纷案件审理指南〉的通知》(2019年9月20日 川高法〔2019〕215号)第16条:"【网约车发生交通事故的保险赔偿责任】私家车改变车辆性质从事网约车活动,投保时未如实告知或投保后未及时通知保险公司的,因从事网约车活动发生保险事故,保险公司仅在交强险责任限额内承担赔偿责任。"山东济南中院《关于保险合同纠纷案件94个法律适用疑难问题解析》(2018年7月)第4条:"保险法第五十二条保险人增加保险费或解除保险合同的标准。保险法第五十二条第一款规定:'在合同有效期内,保险标的的危险程度显著增加的,被保险人应当按照合同约定及时通知保险人,保险人可以按照合同约定增加保险费或者解除合同。'保险标的的危险程度显著增加,但仍符合承保条件的,保险人有权要求增加保险费。在保险合同双方对于保险费的增加不能协商一致的情形下,保险人请求解除合同的,应予支持。保险标的危险程度显著增加导致不符合承保条件的,保险人主张解除合同的,应予支持。保险人主张保险标的危险程度增加后不符承保条件的,应当承担举证证明责任。保险人主张增加保险费,当事人对增加的保险费数额提出异议的保险人应当举证证明保险费增加数额与危险增加程度相适应。"第39条:"危险程度显著增加的认定。保险法第四十九条第三款规定:'因保险标的转让导致危险程度显著增加的,保险人自收到前款规定的通知之日起三十日内,可以按照合同约定增加保险费或者解除合同。'第五十二条第一款规定:'在合同有效期内,保险标的的危险程度显著增加的,被保险人应当按照合同约定及时通知保险人,保险人可以按照合同约定增加保险费或者解除合同。'足以影响保险人决定是否继续承保或者提高保险费率的事实,应当认定为保险法第四十九条、第五十二条所称的保险标的'危险程度显著增加'。认定过程中,应当综合考虑以下因素:(一)改变保险标的的用途;(二)改变保险标的的使用范围;(三)保险标的所处环境发生变化;(四)保险标的自身发生变化;(五)所有人或者管理人发生变化;(六)保险标的危险增加程度超过投保时可预见的承保范围;(七)足以影响保险人决定是否继续承保或者提高保险费率的其他情形。保险人主张保险标的的危险程度显著增加的,应当承担举证证明责任。"第41条:"保险事故发生在支付增加的保险费之前的责任承担。在保险标的的危险程度显著增加的情况下,保险人要求增加保险费的,保险事故发生在投保人支付增加的保险费之前,被保险人要求保险人承担保险金赔偿责任的,应予支持。"安徽淮北中院《关于审理道路交通事故损害赔偿案件若干问题的会议纪要》(2018年)第3条:"其他需要规范的法律问题……(六)网约车赔偿责任。网约车平台公司作为承运人,对平台注册司机所有的机动车运行在事实上有支配管理的地位,且从该机动车运营中获得利益,网约车运行中造成损害的,应在明确网约车平台公司与司机之间法律关系的基础上依法认定侵权方的赔偿责任,无法查明双方之间法律关系的,网约车平台公司对肇事司机承担的侵权责任承担连带责任。以家庭自用名义投保的车辆从事网约车营运活动,被保险人应当就参与网约车运营业务及时通知保险公司,被保险人未作通知,保险公司在商业三者险范围内免责。"天津高院《关于印发〈机动车交通事故责任纠纷案件审理指南〉的通知》(2017年1月20日 津高法〔2017〕14号)第3条:"……特殊情形下的赔偿问题。(1)机动车在交强险合同有效期内的下列变化,不影响事故发生后交强险保险公司的赔偿责任承担:①机动车所有权变动;②机动车发生改装、使用性质改变等导致危险程度增加的情形。(2)赔偿责任的免除……"广东高院《关于审理保险合同纠纷案件若干问题的指导意见》(2011年9月2日 粤高法发〔2011〕44号)第10条:"被保险人按照保险法第五十二条的规定履行通知义务后,保险人与投保人就保险费调整不能达成一致意见的,保险人主张解除保险合同的,人民法院应予支持。但保险合同解除前非因保险标的危险程度显著增加发生保险事故的,被保险人主张保险人依照原保险合同承担保险责任的,人民法院应予支持。"第16条:"投保人或被保险人虽违反合同义务,但其能举证证明未增加保险风险或影响理赔处理,保险人以投保人、被保险人违反合同义务为由拒赔的,人民法院不予支持。但保险合同另有约定的除外。"第17条:"多个原因造成保险事故,其中有承保风险又有非承保风险的,被保险人主张保险人按承保风险占事故原因的比例或程度承担保险责任的,人民法院应予支持。"江西高院《关于印发〈关于审理保险合同纠纷案件若干问题的指导意见(一)〉的通知》(2010年12月21日 赣高法〔2010〕280号)第8条:"保险标的转让后,未及时通知保险人,保险人以保险标的转让未及时通知,被保险人与受让人不同为由主张不承担保险责任的,不予支持。但保险标的转让后使用性质等发生变化,导致保险标的危险程度显著增加、保险风险增大而发生保险事故的,保险人不承担保险责任。"浙江高院《关于审理财产保险合同纠纷案件若干问题的指导意见》(2009年9月8日 浙高法〔2009〕296号)第6条:"保险法第十六条规定的投保人应如实告知事实应为保险标的的重要事实,主要指足以影响保险人决定是否同意承保或者提高保险费率等事实情况。保险人应对此负举证责任。"第7条:"投保人因重大过失未履行如实告知义务的内容不属保险事故发生主要原因,对保险人承担保险责任不具有决定性因果关系的,保险人以投保人未尽如实告知义务为由拒绝承担保险责任的,不予支持。"第8条:"对保险代理人介入的情况下,投保人在订立保险合同时违反如实告知义务的责任可因代理人对其行为的影响而消灭或减弱。在需投保人亲自回答问题场合,如保险代理人对内容不明问题以自己理解或解释来确定,或对投保人在回答时所产生疑问自动加以排除的,则投保人可免责。保险代理人代为填写告知书等保险凭证并经投保人亲笔签名确认的,代为填写的内容视为投保人、被保险人的意思表示,但能够证明代理人误导投保人的除外。"第16条:"保险标的转让后,未及时通知保险人,保险人以保险标的转让未及时通知,被保险人与受让人不同为由主张不承担保险责任的,不予支持。但保险标的转让后使用性质等发生变化,导致保险标的危险程度显著增加而发生保险事故的,保险人不承担保险责任。"安徽蚌埠中院《关于审理人身损害赔偿案件若干问题的指导意见》(2009年7月2日)第15条:"关于非营运车辆进行营运造成交通事故保险机构是否赔偿的问题。非营运车辆进行营运,造成交通事故的,交强险承保机构应当在交强险赔偿限额内赔偿,不足部分,根据第三者责任保险合同的约定确定保险机构是否承担赔偿责任。"北京高院《关于印发〈北京市高级人民法院关于审理保险纠纷案件若干问题的指导意见(试行)〉的通知》(2005年3月25日 京高法发〔2005〕67号)第37条:"属于影响保险人决定是否承保、保险费率的确定、赔付范围的确定等因素的危险程度增加,但与保险事故发生无因果关系的,不能依照保险法第三十七条第二款的规定免除保险人的保险责任。"

5. 参考案例。①2018年四川某保险合同纠纷案,2016年,邓某注册成为网约车、顺风车用户。2017年,邓某接顺风车业务时肇事致路人陈某死亡,交警未认定责任。保险公司以家庭自用车辆改变用途、增加风险程度、未通知保险公司为由,主张免责。法院认为:依《保险法》第 17 条第 2 款规定:"对保险合同中免除保险人责任的条款,保险人在订立合同时应当在投保单、保险单或者其他保险凭证上作出足以引起投保人注意的提示,并对该条款的内容以书面或者口头形式向投保人作出明确说明;未作提示或者明确说明的,该条款不产生效力。"本案中,保险公司对诉争免责条款进行了加粗加黑显示,且邓某本人书写了"保险人已明确说明免除保险人责任条款的内容及法律后果"并签名,应视为保险公司对邓某就该免责条款已尽提示说明义务,该免责条款依法成立并生效。参照交通运输部、工业和信息化部、公安部、商务部、工商总局、质检总局、国家网信办令 2016 年第 60 号《网络预约出租汽车经营服务管理暂行办法》第 2 条规定:"从事网络预约出租汽车(以下简称网约车)经营服务,应当遵守本办法。本办法所称网约车经营服务,是指以互联网技术为依托构建服务平台,整合供需信息,使用符合条件的车辆和驾驶员,提供非巡游的预约出租汽车服务的经营活动。"第 38 条规定:"私人小客车合乘,也称为拼车、顺风车,按城市人民政府有关规定执行。"从事网约车业务属于改变车辆使用性质,但顺风车不同于网约车,其是在本就计划的出行线路上顺带他人,属于分摊出行成本的共享出行方式,并未改变车辆性质。邓某在投保单中明确车辆性质为私家车,亦未将其开网约车、顺风车事实告知保险公司。网约车需搭乘不特定多数人,增加行驶线路,应认定为显著增加了驾驶车辆的风险。顺风车虽有可能在部分程度改变驾驶人出行路线,但其系在本就规划的线路上顺带他人,总体上不至于达到显著增加风险程度,故开顺风车不符合免责条款中关于"改变车辆性质并显著增加保险机动车的危险程度"情形。开顺风车并未改变车辆使用性质并显著增加车辆风险,故邓某在开顺风车过程中发生交通事故并不符合商业险免责条款中关于保险条款约定,保险公司不能因此在商业险范围内免责。虽然开网约车改变车辆使用性质并显著增加车辆风险,但邓某日常从事过网约车业务非造成本案交通事故原因,故保险公司不能以邓某从事过网约车业务而免责。判决保险公司在交强险责任限额内赔偿原告 11 万元,保险公司在商业险限额范围内赔偿原告 30 万余元。②2018 年北京某保险合同纠纷案,2017 年,李某从网络平台接顺风车单,车辆行驶中与道路护栏接触,造成车辆全损、护栏损坏,交通部门认定为单方责任事故。后李某向保险公司索赔。保险公司以李某从事顺风车改变了车辆使用性质,导致危险程度显著增加为由拒赔。法院认为:《网络预约出租汽车经营服务管理暂行办法》第 2 条规定:"从事网络预约出租汽车经营服务,应当遵守本办法。本办法所称网约车经营服务,是指以互联网技术为依托构建服务平台,整合供需信息,使用符合条件的车辆和驾驶员,提供非巡游的预约出租汽车服务的经营活动。"第 13 条规定:"服务所在地出租汽车行政主管部门依车辆所有人或网约车平台公司申请,按第十二条规定的条件审核后,对符合条件并登记为预约出租客运的车辆,发放《网络预约出租汽车运输证》。"参照该规定可知,网约车不仅是网络预约出租汽车的简称,亦因其具有经营性质而需办理相关审核和证照手续。依前述办法第 38 条规定:"私人小客车合乘,也称为拼车、顺风车,按城市人民政府有关规定执行。"由此可知,在上述行政规章中,顺风车与网约车并非同一概念,且顺风车管理当由城市人民政府依法进行。北京市《私人小客车合乘出行指导意见》第 1 条规定:"私人小客车合乘,也称为拼车、顺风车,是由合乘服务提供者事先发布出行信息,出行线路相同的人选择乘坐驾驶员的小客车、分摊合乘部分的出行成本(燃料费和通行费)或免费互助的共享出行方式。"第 2 条规定:"合乘出行作为驾驶员、合乘者及合乘信息服务平台各方自愿的、不以盈利为目的的民事行为,相关责任义务按照有关法律法规的规定由合乘各方自行承担。"其他城市关于顺风车规定,与北京市上述规范大同小异,从中可知,顺风车并不以营利为目的,亦非营运行为。综上,网约车与顺风车并非同一概念,网约车本质依然是出租汽车,目的在于营运,故相关车辆和从业者,需符合相关条件并经一定审核程序;而顺风车目的在于互助,并非营运,故不需履行上述程序,亦无须办理车辆使用性质的变更。本案事故发生时,李某驾车用于顺风车接单,顺风车以车主既定目的为终点,顺路搭乘,目的在于分摊行驶成本,客观上不会导致车辆使用频率增加;同时因顺路搭乘,行驶范围亦在合理可控范围内,并未因此而导致车辆危险程度显著增加,故保险公司应在保险限额范围内赔偿李某损失。判决保险公司赔偿李某机动车损失费用 6 万余元、损害公路设施费用 3600 元。③2017 年四川某保险合同纠纷案,2017 年,熊某通过滴滴顺风网络平台接了三单业务,在当天搭乘第三个乘客时发生单方交通事故,致熊某及车上乘客受伤、车辆受损。因保险公司拒赔致诉。法院认为:网约顺风车是指由合乘服务提供者事先通过网络发布出行信息,出行线路相同的人选择乘坐合乘服务提供者的小客车,分摊部分出行成本或免费互助的出行方式。虽均存在收费和服务,但简单将网约顺风车搭乘他人行为在法律性质上等同于出租车或网约出租车等的营运行为,并以此将网约顺风车搭乘他人过程中发生交通事故一概排除在私家车保险理赔范围之外并不妥当。顺风车与营运车辆使用存在显著区别。前者主要用途是自用,为出行线路相同的人提供方便,本质上是一种顺便行为,是"为己所用、兼顾他人",收取费用主要在于成本分摊;出租车、公交车等营运车辆用途则是服务顾客,车辆运行是单纯的"为他所用"。私家车保险合同保险范围限于车主日常生活中方便自身出行(含正常出借等)过程中发生的交通事故,而网约顺风车是在车辆自用基础上顺便搭乘出行线路相同之人,故典型的网约顺风车搭乘行为并未明显增加私家车行驶过程中的事故风险。对于网约顺风车车主自用车辆出行、顺路搭乘他人并与被搭乘人分担费用过程中发生交通事故的,保险公司不得单纯以网约顺风车从事营运行为为由而免赔。此种情形下,作为车辆使用人,车主应就事故发生时系自用车辆出行、顺路搭乘他人的事实承担举证责任。本案中,查明事实表明熊某在事故发生前至少接了三单顺风车。上述行为已超越了车辆出行以自用为目的,顺路搭乘他人范畴,<u>不符合网约顺风车典型特征,性质上属营运车辆载客服务</u>,客观上增加了私家车发生交通事故风险,故保险公司就本案交通事故援引私家车保险合同中关于被保险人"改变使用性质等导致被保险机动车危险程度显著增加,导致的被保险机动车的损失和费用,保险人不负责赔偿"免责条款拒赔于法有据,判决驳回熊某诉请。④2017年<u>江苏某保险合同纠纷案</u>,2017年,吴某驾驶客运公司从事网络预约出租汽车客运的小型轿车与黄某所驾车辆相撞。交警认定吴某、黄某分负事故主、次责任。关于客运公司车辆维修费1万余元,保险公司认为<u>吴某在事故发生时未取得网络预约出租汽车驾驶员证</u>,符合保险合同关于保险公司免责约定,不予赔偿。法院认为:网约车驾驶人符合保险条款约定的未取得交通运输管理部门核发的许可证书或其他必备证书,造成被保险机动车损失的,保险公司对上述条款进行了提示及明确说明,不承担赔偿责任。反之,则应承担赔偿责任。本案中,客运公司与保险公司之间的保险合同成立并生效,对双方产生法律约束力。客运公司将车辆向保险公司投保了车损险并约定了不计免赔率,保险期间内客运公司允许的驾驶员使用被保险车辆发生交通事故造成损失的,保险公司应按保险合同约定履行赔付义务。保险公司未能举证证明其对保险合同约定的"驾驶营业性机动车无交通运输管理部门核发的许可证书或其他必备证书,保险人对造成被保险机动车的任何损失不负责赔偿"的免责条款向客运公司进行了明确说明,客运公司亦未在投保单或保险合同上签字、盖章或以其他形式对免责条款予以确认,<u>免责条款对客运公司不产生效力</u>。保险公司在承担赔偿责任后,有权在赔偿金额范围内代位被保险人对有责任的第三人进行追偿。判决保险公司支付客运公司车辆损失1万余元。⑤2016年<u>江苏某交通事故纠纷案</u>,2015年,张某驾车搭载网约车乘客右拐弯时,与驾驶电动自行车直行的程某相撞致程某9级伤残,交警无法查清事故责任。程某诉请张某及保险公司赔偿其损失20万余元。法院认为:《道路交通安全法》第76条规定机动车发生交通事故造成损失的,首先由保险公司在交强险责任限额内赔偿,不足部分,机动车与非机动车驾驶人之间发生交通事故,非机动车驾驶人无过错的,由机动车一方承担赔偿责任;有证据证明非机动车驾驶人有过错的,根据过错程度适当减轻机动车一方的赔偿责任。本案中,张某驾驶机动车向右转弯,程某驾驶非机动车直行,<u>转弯应避让直行,张某未能避让存在过错</u>。张某不能证明程某存在闯红灯等过错行为,故张某应负事故全部责任,程某因本次交通事故产生的损失首先由保险公司在交强险责任限额内赔偿,不足部分,由机动车一方赔偿。《保险法》第52条规定:"在合同有效期内,保险标的的危险程度显著增加的,被保险人应当按照合同约定及时通知保险人,保险人可以按照合同约定增加保险费或者解除合同……被保险人未履行前款规定的通知义务的,因保险标的的危险程度显著增加而发生的保险事故,保险人不承担赔偿保险金的责任。"保险合同系双务合同,保险费与保险赔偿金为对价关系,保险人依投保人告知情况,评估危险程度而决定是否承保以及收取多少保险费。保险合同订立后,如危险程度显著增加,保险事故发生概率超过保险人在订立保险合同时对事故发生的合理预估,如仍按之前保险合同约定要求保险人承担保险责任,对保险人显失公平。在当前车辆保险领域中,保险公司根据被保险车辆用途,将其分为家庭自用和营运车辆两种,并设置了不同保险费率,营运车辆保费接近家庭自用2倍。相较于家庭自用车辆,营运车辆运行里程多、使用频率高,发生交通事故概率自然更大,此既系社会常识亦系保险公司对风险预估。车辆危险程度与保险费是对价关系,家庭自用车辆风险小,支付保费低;营运车辆风险大,支付保费高。以家庭自用名义投保车辆,从事营运活动,车辆风险显著增加,投保人应及时通知保险公司,保险公司可增加保费或解除合同并返还剩余保费,<u>投保人未通知保险公司而要求保险公司赔偿营运造成的事故损失,显失公平</u>。营运活动与家庭自用区别在于:第一,营运以收取费用为目的,家庭自用一般不收取费用。第二,营运服务对象是不特定人,与车主无特定关系;家庭自用服务对象一般为家人、朋友等与车主具有特定关系的人。本案中,张某通过打车软件接下网约车订单,其有收取费用意图,且所载乘客与其无特定关系,符合营运特征。张某营运行为使被保险车辆危险程度显著增加,张某未履行通知义务,且其营运行为导致了本次交通事故发生,保险公司在商业三责险内不负赔偿责任。判决保险公司赔偿程某11万元,张某赔偿程某9.9万余元。⑥2011年**重庆某保险合同纠纷案**,2010年9月,谭某驾驶妻子陈某名下私家车有偿搭乘罗某等4人途中肇事,致车辆、路产及乘客受伤,交警认定谭某全责,陈某共计赔付6万余元,保险公司以陈某擅自改变车辆用途为由拒赔。法院认为:根据保单记载,涉案保险车辆为非营运性质,即不以营利为目的的运输车辆,而本案谭某擅自搭乘罗某等人并按每人收取90元乘车费,将该车用于营运,属于改变车辆用途导致危险程度显著增加,亦未履行通知义务,保险公司依约对该部分损失不承担损失,判决驳回陈某诉讼请求。⑦2011年**江苏某保险合同纠纷案**,2011年3月,吴某驾驶"非营运性质"12座客车,办事回程中,顺路搭载王某、胡某等7人,其中王某给付吴某补偿费6元,胡某与原告谈好以公交车价格付费后未实际给付,其他人未收费。该车因发生侧翻事故造成乘员7人受伤,交警认定吴某全责。保险公司以该车从事营运活动拒赔。法院认为:根据保险条款约定,<u>保险公司不承担赔偿责任须满足两个条件,一是从事营运致保险标的危险程度显著增加,二是事故系因保险标的危险程度显著增加而发生</u>。本案中,吴某顺路搭载乘员行为不构成营业运输,所谓营业运输,根据保险条款释义及社会通常理解,需被保险人或其允许的合法驾驶人以车辆常态化牟利为目的,本案保单载明事故车辆性质为非营运,吴某系回家途中顺路搭载乘员,虽收取了部分乘员费用,但该费用仅作补偿成本,不能证实其以牟利为目的,故吴某顺路搭载乘员的行为不构成营运。吴某搭载7名乘员,未超过核载人数,故亦未导致被保险车辆危险程度显著增加,故不满足保险条款约定的第一个条件。本案事故系因躲避车辆而发生,即正常的行驶而发生,非因被保险车辆搭载乘员致使危险程度显著增加而发生,亦不满足第二个条件。故保险公司应承担保险赔付责任。⑧2010年**湖北某保险合同纠纷案**,2009年1月,龚某将其名下机动车转让给郝某并办理过户手续。6天后,郝某驾驶该车发生侧翻致车损人伤,保险公司以车辆使用性质变更为营运车辆拒赔。法院认为:保险公司提出保险事故发生时郝某正处在驾驶实习期内,且其将投保车辆使用性质变更为营运车辆,导致保险风险增大,但其提交的郝某驾驶证及道路运输从业人员从业资格证仅能证实郝某具有正式的机动车驾驶资格,而不能证实郝某尚处于驾驶实习期。<u>道路运输从业人员从业资格亦仅能证实郝某个人具有道路运输行业的从业资格</u>,并不能证实其将上述车辆使用性质进行了变更,因保险公司无充分证据证实存在保险标的危险程度显著增加的事实,故保险公司在本案中仍应承担保险赔偿责任。⑨2010年**湖北某保险合同纠纷案**,2009年5月、6月,水泥公司驾驶员舒某两次发生单方责任事故,造成被保险车辆损害,保险公司以改装自卸车及从事营运违反合同约定拒赔。法院认为:被保险车辆自始为公司提供运输服务,出险时系为公司运输水泥,未背离公司自用目的,保险公司不能以被保险车辆是否盈利即是否发生费用结算或获取报酬为界定营运标准,<u>在其无证据证明被保险车辆从事社会运输情况下</u>,应认定被保险车辆的自用性质。双方签约前,被保险车辆已改装为三层车厢并经道路运输管理所核发了运输证,合法上路运输行驶。保险公司作为承包方负有对被保险车辆的审查义务,其在<u>签订保险合同时未对已改装的自卸车提出异议,应认定其对三层车厢的认可并承保</u>,故保险公司应承担保险金给付义务。⑩2004年**广东某保险合同纠纷案**,廖某登广告带车求职。2003年8月,王某约其到机场接"老板"洽谈带车求职合同,结果被王某等人连人带车抢劫,保险公司以廖某从事营运为由拒赔。法院认为:<u>被保险人违约变更车辆用途增加车辆危险程度的,保险人有权拒绝赔偿</u>。廖某刊登广告、收取定金行为反映了其带车从事营运活动的明确的意思表示,在双方签订保险合同,约定车辆用途为"非营运"情况下,廖某仍与犯罪嫌疑人到机场接"老板"前往酒店,其行为表明廖某不仅有利用该车继续从事营运活动的故意,实际上也已经开始实施营运活动,故保险公司依法有权拒绝赔偿。⑪2004年**新疆某保险合同纠纷案**,2003年3月,张某为其分期购买的机动车在同一保险公司投保了消费贷款保证保险和10万元的三者责任险,后一保险合同上显示车辆使用性质为"非营运",而前一合同为"营运"。2003年11月,因张某利用该车雇用常某运输,张某从一饭店出来开车时,将在车底修理刹车的常某压死,保险公司以常某为"本车驾驶员"及"维修期间"、"用于营运"等理由拒绝办理保险理赔。法院认为:常某既非投保人,亦非被保险人,更非保险人,且发生意外事故时常某在保险车辆下,符合第三者条件,应属第三者,虽其系张某雇用驾驶员,但发生事故时非使用保险车辆的驾驶员,对预先拟定的保险合同格式条款中"驾驶人员"存在不同理解,亦应作出有利于被保险人和受益人的解释。保险车辆虽从事营业运输,但事故非发生在营运中,亦非发生在非营业性维修场所,且该事故并非因车辆危险程度增加而引发,尤其张某已在该保险公司投保消费贷款保证保险时对营运性质有明确说明,故虽未在三者责任险中做变更,亦不影响其已尽如实告知义务,故保险公司应予理赔。

【同类案件处理要旨】

机动车在交强险合同有效期内发生使用性质改变导致危险程度增加的情形,发生交通事故后,当事人有权要求保险公司在责任限额范围内予以赔偿,保险公司有权要求投保义务人按照重新核定后的保险费标准补足当期保险费。投保商业车辆保险的机动车在保险期间因变更用途后导致危险程度显著增加的,应当及时通知保险人,保险人有权依照合同约定增加保险费或者解除合同;被保险人未履行本通知义务,因保险车辆危险程度显著增加而发生的保险事故,保险人有权依照合同约定不承担赔偿责任。

【相关案件实务要点】

1.【及时告知】保险标的危险增加,投保人因未及时将危险增加情况告知保险人,否则出险时,保险人有权拒赔。案见重庆二中院(2006)渝二中法民终字第54号"姜某诉某保险公司保险合同纠纷案"。

2.【危险增加】在保险合同有效期内,被保险人变更用途增加车辆危险程度的,保险人有权拒绝赔偿。案见广东深圳中院(2004)深中法民一终字第4594号"廖某诉某保险公司保险合同案"。

3.【好意搭乘】自用汽车搭载乘员时发生交通事故,保险公司是否承担责任,应根据保险条款约定,综合考虑两个条件:一是该搭载行为致使保险车辆危险程度显著增加;二是该交通事故系因保险标的危险程度显著增加而发生。如交通事故非因保险标的危险程度显著增加而发生,即使自用汽车从事了搭载乘员行为,保险公司仍应承担保险赔付责任。案见江苏宿迁中院(2011)宿中商字第0432号"吴某诉某保险公司保险合同纠纷案"。

4.【有偿载客】私自将家用车辆用于有偿载客,属于改变车辆用途并因此导致保险车辆危险程度显著增加情形,发生交通事故后,保险公司依约可免于承担保险责任。案见重庆涪陵区法院(2011)涪法民初字第01998号"陈某诉某保险公司保险合同纠纷案"。

5.【从业资格】道路运输从业人员从业资格亦仅能证实保险车辆驾驶员具有道路运输行业的从业资格,并不能证实其将上述车辆使用性质进行了变更,同时保险公司无充分证据证实存在保险标的危险程度显著增加的事实,故保险公司仍应承担保险赔偿责任。案见湖北宜昌西陵区法院(2010)西民初字第332号"郝某诉某保险公司保险合同纠纷案"。

6.【社会运输】关于被保险车辆的使用性质,不能简单地以被保险车辆是否盈利即是否发生费用结算或获取报酬为界定,而是应同时具备从事社会运输这一要素,即是否为不特定的社会公众提供服务。案见湖北宜昌夷陵区法院(2010)夷民初字第923号"某水泥公司诉某保险公司保险合同纠纷案"。

【附注】

参考案例索引:重庆二中院(2006)渝二中法民终字第54号"姜某诉某保险公司保险合同纠纷案",一审判决保险公司赔偿姜某6万余元,二审改判驳回姜某诉讼请求。见《投保人未尽危险增加通知义务应负不利法律后果——重庆二中院判决姜华诉人保万州五桥支公司保险合同案》(高翔),载《人民法院报·案例指导》(20061225:5)。①四川德阳中院(2018)川06民终31号"邓玉廷与刘苗、刘必豪、北京运达无限科技有限公司等保险合同纠纷案",见《网约车与顺风车交叉时的保险责任》(郭文东、杨轩),载《人民司法·案例》(201826:44)。②北京三中院(2018)京03民终2038号"李某与某保险公司保险合同纠纷案",见《顺风车不构成保险公司拒赔的理由——北京三中院判决李某诉太平洋保险北京分公司财产保险合同纠纷案》(史智军、孙京),载《人民法院报·案例精选》(20180607:6)。③四川眉山中院(2017)川14民终698号"熊某与某保险公司保险合同纠纷案",见《熊代洪诉中国太平洋财产保险股份有限公司眉山中心支公司保险合同纠纷案——共享出行交通事故保险理赔责任认定》(余林峰),载《人民法院案例选》(201809/127:177)。④江苏常熟法院(2017)苏0581民初13269号"某实业公司与某保险公司保险合同纠纷案",见《网约车驾驶人未取得资格证保险公司可以拒赔——江苏常熟法院判决A公司诉保险公司保险合同案》(李丽),载《人民法院报·案例精选》(20180614:6)。⑤江苏南京江宁区法院(2016)苏0115民初5756号"程某与张某等侵权纠纷案",见《程春颖诉张涛、中国人民财产保险股份有限公司南京市分公司机动车交通事故责任纠纷案》,载《最高人民法院公报·案例》(201704/246:46);另见《程春颖诉张涛、人保南京分公司家用车辆从事网约车运营发生交通事故索赔纠纷案》,载《江苏省高级人民法院公报》(201605/47:50)。⑥重庆涪陵区法院(2011)涪法民初字第01998号"陈某诉某保险公司保险合同纠纷案",见《擅自改变车辆用途发生事故保险公司可免责》(常洪艳),载《人民司法·案例》(201218:32)。⑦江苏宿迁中院(2011)宿中商字第0432号"吴某诉某保险公司保险合同纠纷案",判决保险公司赔偿吴某车上人员责任险3.2万余元,见《吴军华诉长安保险公司宿迁支公司保险合同纠纷案》(谢兆鹏、刘路路),载《江苏高院公报·参阅案例》(201201:72)。⑧湖北宜昌西陵区法院(2010)西民初字第332号"郝某诉某保险公司保险合同纠纷案",见《郝江昊诉太平洋保险有限公司湖北分公司宜昌中心支公司保险合同案》(张婵),载《中国法院2012年度案例:保险纠纷》(82)。⑨湖北宜昌夷陵区法院(2010)夷民初字第923号"某水泥公司诉某保险公司保险合同纠纷案",见《宜昌弘洋水泥有限公司诉太平洋保险有限公司湖北分公司宜昌中心支公司保险合同案》(汪青青),载《中国法院2012年度案例:保险纠纷》(85)。⑩广东深圳中院(2004)深中法民一终字第4594号"廖某诉某保险公司保险合同案",一审认为带车求职尚处磋商阶段,未达成最终合意而签订合同,去接"老板"时车辆仍处自用性质,不能认为已履行带车求职合同,不能认为变更了营运性质的使用用途,判决保险公司支付23万余元保险金。见《廖丰诉中国平安财产保险股份有限公司深圳支公司保险合同案》(李茁英),载《人民法院案例选》(200604:333)。⑪新疆乌鲁木齐中院(2004)乌中民一终字第1352号"张某诉某保险公司保险合同理赔案",判决保险公司给付张某保险金10万元。见《张福云诉中国人保新疆分公司按机动车第三者责任保险合同约定理赔案》(杨善明),载《人民法院案例选》(200503:302)。

98. 车辆超载与保险拒赔

——机动车超载,保险赔不赔?

【车辆超载】

【案情简介及争议焦点】

2009年7月,廖某实际所有并挂靠运输公司的货车由司机杨某驾驶时,与路边防护栏刮擦后驶出路外至深沟,造成司机杨某跳离车体后受伤、乘员徐某跳离车体后死亡,以及货物、路产、车辆受损的交通事故。交警认定杨某全责,并认定该车严重超载(超载率833.3%)及杨某驾驶安全设施不全和机件不符合技术标准时肇事根本原因。保险公司以严重超载和死伤人员属车上人员为由拒赔。

争议焦点:1.保险公司能否以超载拒赔？2.杨某、徐某是否属第三者？

【裁判要点】

1. 严重超载的拒赔理由。保险合同虽约定"违反安全装载规定导致保险事故发生的,保险人不承担赔偿责任",但根据交警部门的事故认定书,本案事故发生的原因不是运输公司违反安全装载的唯一因素造成,且本案保险人与被保险人对此理解不一致,故应根据格式条款解释规则做不利于保险人的解释,故保险公司以此拒赔理由不充分,法院不予支持。

2. 死伤者的第三者身份。本案交通事故发生瞬间,乘车人徐某和驾驶人杨某均离开被保险车辆,明显不属于"车上人员",故该两人应是本案保险的第三者,应属交强险和商业三责险赔付范畴。

【裁判依据或参考】

1. 法律规定。《道路交通安全法》(2004年5月1日实施,2011年4月22日修正)第48条:"机动车载物应当符合核定的载质量,严禁超载;载物的长、宽、高不得违反装载要求,不得遗洒、飘散载运物。机动车运载超限的不可解体的物品,影响交通安全的,应当按照公安机关交通管理部门指定的时间、路线、速度行驶,悬挂明显标志。在公路上运载超限的不可解体的物品,并应当依照公路法的规定执行。"《保险法(2015年修正)》(2015年4月24日)第17条:"订立保险合同,采用保险人提供的格式条款的,保险人向投保人提供的投保单应当附格式条款,保险人应当向投保人说明合同的内容。对保险合同中免除保险人责任的条款,保险人在订立合同时应当在投保单、保险单或者其他保险凭证上作出足以引起投保人注意的提示,并对该条款的内容以书面或者口头形式向投保人作出明确说明;未作提示或者明确说明的,该条款不产生效力。"

2. 行政法规。国务院《道路运输条例》(2023年7月20日第五次修订并实施)第34条第1款:"道路运输车辆运输旅客的,不得超过核定的人数,不得违反规定载货;运输货物的,不得运输旅客,运输的货物应当符合核定的载重量,严禁超载;载物的长、宽、高不得违反装载要求。"第61条:"县级以上人民政府交通运输主管部门的工作人员在实施道路运输监督检查过程中,发现车辆超载行为的,应当立即予以制止,并采取相应措施安排旅客改乘或者强制卸货。"《道路交通安全法实施条例》(2004年5月1日,2017年10月7日修订)第106条:"公路客运载客汽车超过核定乘员、载货汽车超过核定载质量的,公安机关交通管理部门依法扣留机动车后,驾驶人应当将超载的乘车人转运、将超载的货物卸载,费用由超载机动车的驾驶人或者所有人承担。"

3. 司法解释。 最高人民法院《关于审理道路交通事故损害赔偿案件适用法律若干问题的解释》(2012年12月21日,2020年修改,2021年1月1日实施)第20条:"……机动车在交强险合同有效期内发生改装、使用性质改变等导致危险程度增加的情形,发生交通事故后,当事人请求保险公司在责任限额范围内予以赔偿的,人民法院应予支持。前款情形下,保险公司另行起诉请求投保义务人按照重新核定后的保险费标准补足当期保险费的,人民法院应予支持。"

4. 部门规范性文件。 交通运输部《道路旅客运输及客运站管理规定》(2012年3月14日)第49条:"严禁客运车辆超载运行,在载客人数已满的情况下,允许再搭乘不超过核定载客人数10%的免票儿童。客运车辆不得违反规定载货。"公安部交管局《关于客车行李架载货高度问题的答复》(1999年1月13日 公交管〔1999〕11号,2004年8月19日废止):"……现有交通管理法律、法规对客车行李架载货高度没有作出明确规定。我们认为,客车行李架载货高度应遵守桥梁、涵洞、隧道及横跨道路的管道、建筑物所设置的限制高度标志的规定。违反限制高度标志造成事故的,可以依法认定责任。对于其他情况,应依据《道路交通管理条例》第七条第二款'遇到本条例没有规定的情况,车辆、行人必须在确保安全的原则下通行'的规定,认定当事人的责任。"公安部《关于农用运输车辆在道路上通行有关问题的批复》(1997年11月19日,2004年8月19日废止)第3条:"农用运输车载物应当符合《农用运输车安全基准》(公安部令第12号)的规定,不准超过行驶证上核定的载质量。四轮农用运输车载物,高度从地面起不准超过二点五米,宽度不准超过车厢,长度前端不准超过车厢,后端不准超出车厢一米。三轮农用运输车载物,高度从地面起不准超过二米,宽度不准超过车厢,长度前端不准超出车厢,后端不准超出车厢五十厘米。"公安部《关于车辆运载超限物品审批程序的批复》(1993年1月14日,2004年8月19日废止)第1条:"车辆载运不可解体的物品,其体积超过《道路交通管理条例》第三十条、第三十一条规定,需在本省、自治区、直辖市辖区内道路行驶的,其审批程序由省、自治区、直辖市公安机关交通管理部门根据实施情况,本着方便运输、保障安全的原则作出规定,并公告周知。"第2条:"车辆载运不可解体的物品,其体积超过《道路交通管理条例》第三十条、第三十一条规定,需要跨省、自治区、直辖市行驶的,由始发、途径、到达的省、自治区、直辖市公安机关交通管理部门分别审批;但相邻县(市)之间的运输,可以由双方县(市)公安机关交通管理部门审批。"公安部交管局《关于林业运材车超限运输问题的答复》(1989年7月17日〔89〕公交管第104号,2004年8月19日废止):"……交通管理工作在保障交通畅通与安全的前提下,应尽量兼顾生产和运输的实际需要……考虑到你省林业生产和木材运输的实际情况,对林业部门运材车在非林业专用道路超限运输问题,可由途经地、市公安交通管理部门按《条例》规定予以批准,核发准运证件;要求在运输中捆扎牢固,一般不准超高、超宽,单车超长也要适当限制。对非林业部门运输木材的车辆,可凭物资主管部门发给的调拨通知书,或林业主管部门发给的运输证件,按上述规定办理审批发证手续。"公安部交管局《关于汽车载质量等有关问题的复函》(1988年5月4日 〔88〕公交管第52号,2004年8月19日废止)第1条:"关于汽车载质量核定问题,货车按正式批准的技术文件(即出厂说明书)规定核定;客车核定载客人数,小客车按技术文件规定核定,大客车技术文件规定的乘坐人数小于GB 7258-87规定的,一般按技术文件规定核定,如车主要求增加乘坐人数,允许加装固定折叠座位,但总乘坐人数不准超过GB 7258-87规定。大于GB 7258-87规定的,按GB 7258-87规定核定。"

5.地方司法性文件。 江西宜春中院《关于印发〈审理机动车交通事故责任纠纷案件的指导意见〉的通知》(2020年9月1日 宜中法〔2020〕34号)第16条:"商业三者险保险公司对于无证驾驶、醉驾、逃逸、超载等法律法规所禁止的情形约定免责的,保险人举证证明其对此已履行了提示义务的,应确认该约定有效。商业三者险保险公司对于法律法规中未做禁止性规定的情形约定免责的,保险人举证证明其对此已充分履行提示和明确说明义务的,应确认该约定有效。赔偿权利人有证据证明商业三者保险合同未送达给投保人的,则免责条款不发生法律效力。不计免赔系附加险种,被保险人未投保不计免赔的,应适用保险公司中有关赔率的约定,与保险人的提示、说明义务无关。提示、明确说明义务的认定,依照最高人民法院《关于适用〈中华人民共和国保险法〉若干问题的解释(二)》第十一条、第十二条规定。"山东济南中院《关于保险合同纠纷案件94个法律适用疑难问题解析》(2018年7月)第35条:"近因原则。所谓近因,是指导致标的物损害发生的最直接、最有效、起决定性作用的原因,而非指时间上或空间上最近的原因。如果近因属于承保风险,保险人应承担赔付责任;如果近因属于除外风险或未保风险,则保险人不承担赔付责任。多个原因造成保险事故,其中有承保风险又有非承保风险的,被保险人主张保险人按承保风险占事故原因的比例或程度承担保险责任的,人民法院应予支持。"第63条:"车载货物洒落造成第三者损失的问题。车载货物洒落造成第三者损失,虽然是车载货物洒落造成第三者损失,但根据近因原则,驾驶员操作不当致保险机动车所载货物洒落才是事故的近因。该近因属于保险责任范围,因此保险公司应当承担赔偿责任。"重庆高院《印发〈关于保险合同纠纷法律适用问题的解答〉的通知》(2017年4月20日 渝高法〔2017〕80号)第6条:"商业三者险保险合同中约定,机动车在超载、未年检、驾驶人酒后驾驶、无证驾驶或准驾车型不符等状态下发生保险事故时保险人应减轻或免除保险责任的,若约定的免责事项与保险事故的发生没有因果关系,保险人主张减轻或免除保险责任的,人民法院是否支持?答:保险合同中约定的在特定危险状态下发生保险事故保险人减轻或免除保险责任的免责条款系危险状态免责条款。该类条款的作用是为了让保险事故发生时的危险水平与缔结保险合同时的危险水平大致相当,以维护对价平衡原则。因此只要保险事故发生于该免责条款所规定的危险状态之下,保险人即可减轻或免除其保险责任,而无须证明保险事故是由该危险状态所导致。"天津高院《关于印发〈机动车交通事故责任纠纷案件审理指南〉的通知》(2017年1月20日 津高法〔2017〕14号)第3条:"……商业三者险的免赔问题。对于商业三者险保险人免赔条款的审查应遵循以下原则和步骤:(1)尊重契约,保证辩论权利。在确定商业三者险保险人赔偿责任时,应重视保险法、合同法等法律规范的适用,遵循意思自治原则,严格依合同处理。作为被告的商业三者险保险人可以依保险合同的约定提出抗辩,其对被保险人的抗辩权可向受害人行使。对于免责条款的成立与效力、基于合同的抗辩权问题,庭审中应给予商业三者险保险人和被保险人相互辩论的机会。(2)区分免责条款约定的具体事项进行审查。①商业三者险保险合同对于无证驾驶、醉驾、逃逸、超载等法律、行政法规所禁止的情形约定免责的,保险人举证证明其对此已充分履行提示义务的,应确认该约定有效。②商业三者险保险合同对于法律、行政法规中未做禁止性规定的情形约定免责的,保险人举证证明其对此已充分履行提示和说明义务的,应确认该约定有效。③商业三者险保险合同对于精神损害抚慰金、停运损失等法定赔偿项目约定免责的,保险人举证证明其对于免责的赔偿项目逐项、充分履行了提示和说明义务的,应确认该约定有效。为查明和确定保险事故的性质、原因和保险标的的损失程度所支付的必要的、合理的鉴定费等费用,保险人不得约定免责。④不计免赔险系附加险种,被保险人未投保不计免赔险的,应适用保险合同中有关免赔率的约定,与保险人的提示、说明义务无关。(3)对'履行提示义务'的审查。保险合同订立时,保险人在投保单或者保险单等其他保险凭证上,对保险合同中免除保险人责任的条款,以足以引起投保人注意的文字、字体、符号或者其他明显标志作出提示的,应认定其履行了提示义务。(4)对'履行说明义务'的审查。保险人对保险合同中有关免除保险人责任条款的概念、内容及其法律后果以书面或口头形式向投保人作出常人能够理解的解释说明的,应认定保险人履行了明确说明义务。保险人履行明确说明义务的证据可以是下列之一:①投保人以签字或盖章方式确认其已知悉免责条款概念、内容及法律后果的相关文书,但另有证据证明保险人未履行明确说明义务的除外;②能够展现保险合同订立时,保险人向投保人解释、说明免责条款情况的录音、录像等视听资料。通过网络、电话等方式订立的保险合同,保险人以网页、音频、视频等形式对免责条款予以提示和明确说明的,可以认定其履行了提示和明确说明义务。"重庆高院民二庭《**关于2016年第二季度高、中两级法院审判长联席会会议综述**》(2016年6月30日)第5条:"对于危险状态免责条款的适用问题。保险合同中约定的额超载条款、年检条款、酒后驾驶、无证驾驶、准驾车型不符不赔条款等,保险事故的发生于危险状态没有因果关系时,保险人是否承担担保保险责任的问题。多数意见认为,投保车辆虽未按时年检或超载,但并不能必然得出投保车辆危险程度增加的结论,只要最终证明未年检或超载与保险事故的发生没有因果关系,保险人就不得以此为由免责。对于酒后驾驶、无证驾驶等有法律禁止性规定的情形,保险人应予免责。少数意见认为,根据保险法理论,在保险合同中约定在特定的危险状态下发生保险事故保险人不负赔偿责任的免责条款系危险状态免责条款。此类条款的作用是为了让保险事故发生时的危险水平与缔结时的危险水平相当,维护对价平衡,因此只要保险事故发生时被保险人处于该免责条款所规定的危险状态之下,保险人即可免除其保险责任,而无须证明保险事故是由该危险所导致的,特定的危险状态的存在与保险事故发生见无须有直接的因果关系。"广东高院《**关于审理保险合同纠纷案件若干问题的指导意见**》(2011年9月2日 粤高法发〔2011〕44号)第10条:"被保险人按照保险法第五十二条的规定履行通知义务后,保险人与投保人就保险费调整不能达成一致意见的,保险人主张解除保险合同的,人民法院应予支持。但保险合同解除前非因保险标的危险程度显著增加发生保险事故,被保险人主张保险人依照原保险合同承担保险责任的,人民法院应予支持。"第16条:"投保人或被保险人虽违反合同义务,但其能举证证明未增加保险风险或影响理赔处理,保险人以投保人、被保险人违反合同义务为由拒赔的,人民法院不予支持。但保险合同另有约定的除外。"第17条:"多个原因造成保险事故,其中有承保风险又有非承保风险的,被保险人主张保险人按承保风险占事故原因的比例或程度承担保险责任的,人民法院应予支持。"福建高院民二庭《**关于审理保险合同纠纷案件的规范指引**》(2010年7月12日 〔2010〕闽民二3号)第3条:"(近因原则)所谓近因,是指导致标的物损害发生的最直接、最有效、起决定性作用的原因,而非指时间上或空间上最近的原因。如果近因属于承保风险,保险人应承担赔付责任;如果近因属于除外风险或未保风险,则保险人不承担赔付责任。"浙江高院《**关于审理财产保险合同纠纷案件若干问题的指导意见**》(2009年9月8日 浙高法〔2009〕296号)第18条:"如保险标的损失系由多种原因造成,保险人以不属保险责任范围为由拒赔的,应以其中持续性地起决定或有效作用的原因是否属保险责任范围内为标准判断保险人是否应承担赔偿责任。"

6. 地方规范性文件。吉林市《**市政设施管理条例**》(2023年6月28日修订,2023年8月1日实施)第29条:"车辆通过城市道路及桥涵,必须遵守限载、限高等有关安全防护的规定。超高、超长、超宽和超重的车辆需要通过城市道路及桥涵的,应当经市市政设施行政主管部门批准,并按照公安交通管理部门指定的时间、路线行驶。车辆所有者或者经营者应当承担因采取相应保护措施所发生的费用。城市道路及桥涵禁止通行履带车、铁轮车。"鄂尔多斯市《治理货物运输车辆超限超载条例》(2023年7月1日)第22条:"违法超限超载运输可解体物品的,当事人应当自行卸载、分装;卸载、分装后的车辆,经复检符合规定标准后方可上路行驶。不适用卸载、分装的货物,按照有关规定处理。"第23条:"当事人无法自行保管卸载货物的,可以由超限超载检测站或者卸货场所保管。超限超载检测站或者卸货场所应当对卸载货物妥善保管,并将保管卸载货物清单和有关事项书面告知当事人。需要协助卸载、分装或者保管卸载货物的,相关收费标准应当按照自治区人民政府物价部门核定的收费标准执行。卸载货物超过保管期限经通知当事人仍不领取的,按照国家有关规定处理。"河南省《高速公路条例》(2023年6月1日)第21条:"在高速公路上行驶的车辆外廓尺寸及轴载质量应当符合公路工程技术标准。载运不可解体超限物品的超限超载货运车辆确需行驶高速公路的,应当经省交通运输主管部门批准;影响交通安全的,应当征求公安机关高速公路交通管理部门意见,按照指定的时间、路线、速度行驶,并采取有效的防护措施。载运不可解体超限物品的超限超载货运车辆确需行驶高速公路的,应当经省交通运输主管部门批准;影响交通安全的,应当征求公安机关高速公路交通管理部门意见,按照指定的时间、路线、速度行驶,并采取有效的防护措施。高速公路入口超限超载检测设备应当依法定期检定,未检定或者检定不合格的,不得使用。"

7. 参考案例。①2014年*江苏某交通事故纠纷案*,2010年,挂靠运输公司的杨某驾驶货车托运盐业公司原盐途中,与骑摩托车的孙某相撞致孙某死亡,交警认定杨某、孙某同等责任。受害人近亲属诉请杨某、运输公司连带赔偿,并以<u>盐业公司装货过磅时应知严重超载</u>为由要求承担赔偿责任。法院认为:发生交通事故时,杨某驾驶的车辆未投保交强险,故杨某作为车辆所有人应先在交强险责任赔偿限额内对原告合理损失承担11万元的赔偿责任。超出交强险限额部分,应根据各方对事故发生过错大小按责承担。杨某驾驶严重超过核载质量的货车,通过路口时未减速慢行且判断操作失误,对事故发生具有重大过错,应承担相应赔偿责任。盐业公司与运输公司所签运输合同中明确约定,运输公司从事营运的车辆不得超载、车货总重不得超过20吨。原盐装运现场由盐业公司安排人员负责指挥、调度,故盐业公司对从事运输车辆是否超载负有一定监管义务。盐业公司在装运现场负责过磅,其对于<u>杨某驾驶车辆严重超载未予制止</u>,放任该具有高度危险性车辆驶离盐场,对于交通事故发生存在一定过错,应承担相应责任。运输公司作为被挂靠人,对于杨某车辆是否符合安全运输条件疏于审查,存在一定过错,应与挂靠人杨某承担连带赔偿责任。孙某驾驶未经登记的摩托车上路行驶,未戴安全头盔,转弯时未让直行车辆先行,对交通事故的发生负有同等责任,应自负50%责任。根据本案实际情况及各方过错大小,对超出交强险责任限额损失合计65万余元,判决杨某赔偿40%即26万余元,故杨某合计应赔偿37万余元(加上交强险11万元),盐业公司赔偿10%即6万余元,运输公司对杨某上述赔偿义务负连带责任。②2013年**福建某保险合同纠纷案**,2011年,物流公司投保车辆肇事致第三人谢某受伤。就已支付的赔偿款42万余元,物流公司诉请保险公司理赔。保险公司以物流公司车辆超载、依约应增加10%免赔率,谢某自行委托伤残鉴定而产生的1300元不应赔偿为由抗辩。法院认为:保险合同约定"发生保险事故时,保险机动车违反《道路交通安全法》及其他法律法规中有关机动车装载的规定,增加10%的绝对免赔率"及《基本险不计免赔特约条款》约定的"发生保险事故时保险机动车违反装载规定而增加的免赔金额,保险公司不负责赔偿",均属免责条款,保险公司应向投保人物流公司明确说明。本案中,诉争保险车辆经交通事故认定书认定超载,而保险合同中上述免责条款均以字体加粗形式作出提示,物流公司亦在投保单上加盖公章确认"本人已收到了条款全文,仔细阅读了保险条款,尤其是加黑突出标注、免除保险人责任的条款部分的条款内容,对保险人就保险条款内容的说明和明确说明完全理解,同意并接受本投保单所载各项内容",且本案双方对该条款相应法律后果并无异议,故应认定保险公司在订立保险合同时已对上述免责条款向物流公司履行明确说明义务,免责条款依法产生效力。鉴定费1300元系案外人谢某自行委托伤残等级鉴定而产生的费用,未经保险公司同意,符合保险合同约定保险公司不予赔偿范围。判决保险公司支付物流公司保险金27万余元及利息。③2013年**福建某交通事故纠纷案**,2012年,孙某驾车追尾赖某雇佣王某驾驶、挂靠运输公司的超载货车,孙某死亡。交警认定孙某、王某分负主、次责任。2013年,孙某近亲属诉请赖某、王某、运输公司及保险公司赔偿。法院认为:王某驾驶机动车载物超过核载质量,违反《道路交通安全法》相关规定,与受害人孙某所驾机动车相撞,造成孙某死亡,由此造成原告损失,理应承担民事赔偿责任。由于王某受赖某雇请,为其所有的货车提供劳务关系,在提供劳务过程中致人损害,接受劳务方即赖某应承担赔偿责任,王某不承担赔偿责任。运输公司作为货车挂靠单位,对赖某赔偿承担连带责任。货车在事故中存在超载情形,保险公司将保险单出具给运输公司时,在履行告知义务过程中存在瑕疵,但本案保单上载明"不计免赔率特约条款"中的"三、因违反安全装载规定而增加的"后面进行了打"√"提示,作为投保人应引起注意,并进行详细阅读,况且作为车辆驾驶员知道亦应当知道其超载行为系违反交通法规行为,亦可能加重保险人负担,故可视为保险人已尽明确说明义务。对保险公司所提享有10%商业险赔偿免赔率的抗辩意见予以支持。判决保险公司在交强险和商业三责险范围内赔偿原告共20万余元,赖某赔偿原告2万余元,运输公司对赖某应赔偿部分承担连带责任。④2001年四川某保险合同纠纷案,1997年,汪某驾驶陈某车辆搭乘7人发生交通事故,造成5人死亡、两车受损。交警认定汪某违章、"搭乘人员超载",负事故主要责任。保险公司以超载负主要责任属保单免责范围为由拒绝理赔车损险、车上人员险和三者险。法院认为:汪某系经车主陈某同意驾驶其投保车辆的,并具有正式驾驶资格,应属于保单规定的履行保险合同约定义务的主体。汪某在超载情况下驾驶该车,且所发生的交通事故经交警队认定,汪某搭乘人员超载使保险标的危险程度增加是导致事故发生的一个重要原因,且被保险人陈某及其驾驶员汪某又未及时履行通知保险人的义务,保险公司据此予以拒赔于法有据,故应驳回陈某诉讼请求。

【同类案件处理要旨】

机动车在交强险合同有效期内因超载导致危险程度增加,在发生交通事故后,当事人有权要求保险公司在责任限额范围内予以赔偿,保险公司有权要求投保义务人按照重新核定后的保险费标准补足当期保险费。投保商业车辆保险的机动车在保险期间,因超载导致危险程度显著增加而发生的保险事故,保险人有权依照《保险法》规定不承担赔偿责任。

【相关案件实务要点】

1.【超载免赔】搭乘人员严重超载致交通事故又经交通事故处理部门认定,依《保险法》相关规定及双方所签保单中保险条款约定,保险人不应承担保险责任。案见四川成都中院2001年5月16日判决"陈某诉某保险公司保险合同案"。

2.【不利解释规则】超载并非交通事故发生的唯一因素,保险人与被保险人合同约定的"因超载导致交通事故的,保险人不负责赔偿"理解不一致时,应根据《合同法》格式条款解释规则做不利于保险人的解释,保险公司应承担保险赔付责任。案见江西新干法院(2010)干民二初字第438号"某运输公司诉某保险公司保险合同纠纷案"。

【附注】

参考案例索引:江西新干法院(2010)干民二初字第438号"某运输公司诉某保险公司保险合同纠纷案",见《新余市赣顺汽车运输服务有限公司诉中国人民财产保险股份有限公司新干支公司保险合同案》(李娟),载《中国法院2012年度案例:保险纠纷》(119)。①江苏盐城中院(2014)盐民终字第01643号"孙某与杨某等交通事故责任纠纷案",见《孙江德等诉杨德美、丰瑞公司等机动车超载交通事故责任纠纷案》,载《江苏省高级人民法院公报》(201501/37:50)。②福建厦门中院(2013)厦民终字第1361号"某物流公司与某保险公司保险合同纠纷案",见《厦门建盛物流有限公司诉中国太平洋财产保险股份有限公司厦门分公司保险合同纠纷案》(李云),载《中国审判案例要览》(2014商:326)。③福建长汀法院(2013)汀民初字第1289号"孙某与王某等机动车交通事故责任纠纷案",见《孙家来等诉王金煌等机动车交通事故责任纠纷案(超载)》(邱雄),载《中国审判案例要览》(2014民:155)。④四川成都中院2001年5月16日判决"陈某诉某保险公司保险合同案",一审以陈某未在车内,且无过错,保险公司免责条款关于被保险人和驾驶员主体约定不清,应作出不利于保险公司的解释,故保险公司应赔偿车损险、车上人员险、三者险共计8万余元。二审改判驳回陈某诉讼请求。见《投保人陈建强诉平保成都分公司具有驾照的借用人驾驶投保车辆时发生的借用人应负主要责任的交通事故保险理赔案》(谷金霞),载《人民法院案例选》(200302:274)。

99. 准驾车型与保险责任
——小货开大车,肇事保险赔?

【准驾车型】

【案情简介及争议焦点】

2010年11月,持C1E驾驶证的陶某驾驶投保交强险和商业三责险的变形拖拉机与朱某驾驶的二轮电瓶车碰撞,造成电瓶车上乘员李某受伤、卫某死亡及两车损害的交通事故。交警认定陶某、朱某同等责任。卫某近亲属起诉要求赔偿各项损失43万余元。

争议焦点:1.陶某是否符合准驾证况?2.保险公司应否免责?

【裁判要点】

1. 准驾车型。 陶某持有的是C1E驾驶证,其驾驶的是变形拖拉机,按相关部门规定,驾驶变形拖拉机的应持由农机部门颁发的G、H、K的驾驶证。但对于申请低速载货汽车驾驶证人员的年龄、身体、技术、考核等要求,其标准甚至还高于持G、H、K驾驶证的要求,持C1E驾驶证驾驶变形拖拉机,并未增大交通事故发生的风险。

2. 保险赔付。 保险公司采用提供的格式条款,对其中免除保险人责任的条款,保险公司在合同订立时应采用足以引起对方注意的文字、符号、字体等特别标识，并按照对方的要求对该格式条款予以说明且对已尽合理提示及说明义务承担举证责任。保险公司未能提供证据证明其履行了相关的提示和说明义务，故对其辩解在商业第三者责任险内不予赔偿的意见不予采纳。

【裁判依据或参考】

1. 法律规定。《道路交通安全法》(2004年5月1日实施,2011年4月22日修正)第19条:"驾驶机动车,应当依法取得机动车驾驶证。请机动车驾驶证,应当符合国务院公安部门规定的驾驶许可条件;经考试合格后,由公安机关交通管理部门发给相应类别的机动车驾驶证。持有境外机动车驾驶证的人,符合国务院公安部门规定的驾驶许可条件,经公安机关交通管理部门考核合格的,可以发给中国的机动车驾驶证。驾驶人应当按照驾驶证载明的准驾车型驾驶机动车;驾驶机动车时,应当随身携带机动车驾驶证。"第76条:"机动车发生交通事故造成人身伤亡、财产损失的,由保险公司在机动车第三者责任强制保险责任限额范围内予以赔偿;不足的部分,按照下列规定承担赔偿责任……"

2. 行政法规。《机动车交通事故责任强制保险条例》(2013年3月1日修改施行)第22条:"有下列情形之一的,保险公司在机动车交通事故责任强制保险责任限额范围内垫付抢救费用,并有权向致害人追偿:(一)驾驶人未取得驾驶资格或者醉酒的;(二)被保险机动车被盗抢期间肇事的;(三)被保险人故意制造道路交通事故的。有前款所列情形之一,发生道路交通事故的,造成受害人的财产损失,保险公司不承担赔偿责任。"

3. 司法解释。最高人民法院《关于适用〈中华人民共和国保险法〉若干问题的解释(二)》(2013年6月8日,2020年修正,2021年1月1日实施)第15条:"保险法第二十三条规定的三十日核定期间,应自保险人初次收到索赔请求及投保人、被保险人或者受益人提供的有关证明和资料之日起算。保险人主张扣除投保人、被保险人或者受益人补充提供有关证明和资料期间的,人民法院应予支持。扣除期间自保险人根据保险法第二十二条规定作出的通知到达投保人、被保险人或者受益人之日起,至投保人、被保险人或者受益人按照通知要求补充提供的有关证明和资料到达保险人之日止。"最高人民法院《关于审理道路交通事故损害赔偿案件适用法律若干问题的解释》(2012年12月21日,2020年修改,2021年1月1日实施)第11条:"道路交通安全法第七十六条规定的'人身伤亡',是指机动车发生交通事故侵害被侵权人的生命权、身体权、健康权等人身权益所造成的损害,包括民法典第一千一百七十九条和第一千一百八十三条规定的各项损害。道路交通安全法第七十六条规定的'财产损失',是指因机动车发生交通事故侵害被侵权人的财产权益所造成的损失。"第 15 条:"有下列情形之一导致第三人人身损害,当事人请求保险公司在交强险责任限额范围内予以赔偿,人民法院应予支持:(一)驾驶人未取得驾驶资格或者未取得相应驾驶资格的;(二)醉酒、服用国家管制的精神药品或者麻醉药品后驾驶机动车发生交通事故的;(三)驾驶人故意制造交通事故的。保险公司在赔偿范围内向侵权人主张追偿权的,人民法院应予支持。保险公司在赔偿范围内向侵权人主张追偿权的,人民法院应予支持。追偿权的诉讼时效期间自保险公司实际赔偿之日起计算。"最高人民法院《关于对审理农用运输车行政管理纠纷案件应当如何适用法律问题的答复》(2000 年 2 月 29 日　法行〔1999〕第 14 号):"……机动车道路交通应当由公安机关实行统一管理;作为机动车一种的农用运输车,其道路交通管理包括检验、发牌和驾驶员考核、发证等,也应当由公安机关统一负责。人民法院审理农用运输车行政管理纠纷案件,涉及相关行政管理职权的,应当适用《中华人民共和国道路交通管理条例》和《国务院关于改革道路交通管理体制的通知》和有关规定。"

4. 部门规范性文件。 公安部《机动车驾驶证申领和使用规定》(2013 年 1 月 1 日)第 50 条:"年龄在 60 周岁以上的,不得驾驶大型客车、牵引车、城市公交车、中型客车、大型货车、无轨电车和有轨电车;持有大型客车、牵引车、城市公交车、中型客车、大型货车驾驶证的,应当到机动车驾驶证核发地车辆管理所换领准驾车型为小型汽车或者小型自动挡汽车的机动车驾驶证。年龄在 70 周岁以上的,不得驾驶低速载货汽车、三轮汽车、普通三轮摩托车、普通二轮摩托车和轮式自行机械车;持有普通三轮摩托车、普通二轮摩托车驾驶证的,应当到机动车驾驶证核发地车辆管理所换领准驾车型为轻便摩托车的机动车驾驶证。申请时应当填写申请表,并提交第四十八条规定的证明、凭证。机动车驾驶人自愿降低准驾车型的,应当填写申请表,并提交机动车驾驶人的身份证明和机动车驾驶证。"公安部交管局《关于双排座厢式货车能否办理车辆牌照问题的复函》(1999 年 4 月 1 日　公交管〔1999〕75 号,2004 年 8 月 19 日废止):"……按照国家机动车登记管理的有关规定,公安交通管理部门对已列入《全国汽车、民用改装车和摩托车生产企业及其产品目录》的国产机动车方准办理牌证。未列入'目录'的车辆,不予办理牌证。已办理牌证的车辆,因实际工作需要加装后货厢体的,应当由车主向当地公安交通管理部门车辆管理所提出申请,经批准后,方可改装或改型。"公安部交管局《关于对申请放宽大客车学习驾驶年龄的答复》(1997 年 8 月 13 日　公交管〔1997〕179 号,2004 年 8 月 19 日废止):"……驾驶机动车是一种特殊的社会行为,要求驾驶员不但技能上熟练,而且还需要生理、心理的成熟以及驾驶知识、经验的积累。驾驶机动车一旦失误,将给自己、他人和社会带来很大危害和损失。《机动车驾驶证管理办法》规定申请大型客车、无轨电车学习驾驶证的年龄为 21 至 45 周岁,是充分考虑了上述因素而确定的。因此,不同意放宽申领大型客车驾驶证年龄条件。"公安部交管局《关于实施〈驾驶证管理办法〉和〈驾驶员考试办法〉的补充通知》(1996年10月21日 公交管〔1996〕186号,2004年8月19日废止)第2条:"……实习期内的驾驶员不得申请增加准驾驶车型。"第3条:"……年龄在43—45周岁之间学习大型客车、无轨电车的,年龄在48—50周岁之间学习大型货车的,年龄在58—60周岁之间学习其他车型的,学习驾驶证分别签注到45、50和60周岁。"公安部交管局《关于持B类驾驶证驾驶二轮摩托车是否属于无证驾车问题的答复》(1991年2月27日 公交管〔1991〕3号,2004年8月19日废止):"……驾驶证是证明驾驶员是否具有驾驶某种车辆资格的法定证件,根据《机动车驾驶证证件标准》(GN43-88)的规定,持B类驾驶证只能驾驶大型货车、小型汽车(包括方向盘式三轮机动车)、大型拖拉机、四轮农用运输车、小型拖拉机和轮式自行专用机械,不能驾驶其他机动车辆。对于违反这一规定的行为,可视为无证驾车。"公安部交管局《关于实习驾驶员准驾车型问题的答复》(1990年5月23日 〔90〕公交管第63号,2004年8月19日废止):"……实习驾驶员除不能单独驾驶大型客车、电车、起重车和带挂车的汽车,不准驾驶执行任务的警车、消防车、工程救险车、救护车和载运危险物品的车辆外,可以按公安部标准《中华人民共和国机动车驾驶证证件》(GN43-88)中5.4.7项的准驾规定驾驶车辆。即:一、有大型客车准驾记录的实习驾驶员,可以驾驶大型货车、小型汽车、方向盘式三轮机动车、大型拖拉机、小型拖拉机、四轮农用运输车和轮式自行专用机械;二、有大型货车准驾记录的实习驾驶员,可以驾驶小型汽车、方向盘式三轮机动车、大型拖拉机、四轮农用运输车和轮式自行专用机械;三、有小型汽车准驾记录的实习驾驶员,可以驾驶方向盘式三轮机动车、大型拖拉机、小型拖拉机和四轮农用运输车;四、有大型拖拉机准驾记录的实习驾驶员,可以驾驶小型拖拉机和四轮农用运输车;五、有方向把式三轮摩托车准驾记录的实习驾驶员,可以驾驶二轮摩托车、轻便摩托车和三轮农用运输车;六、有二轮摩托车准驾记录的实习驾驶员,可以驾驶轻便摩托车;七、小型拖拉机准驾记录、手扶拖拉机准驾记录、三轮农用运输车准驾记录、轮式自行专用机械车准驾记录、无轨电车准驾记录、有轨电车准驾记录和电瓶车准驾记录的实习驾驶员,只准驾驶本车型。"公安部交管局《关于持方向盘式拖拉机准驾记录的驾驶证驾驶农用运输车问题的答复》(1989年11月16日 〔89〕公交管第171号,2004年8月19日废止):"……根据机电部、公安部机电农〔1988〕1461号文第四条的规定,对持有大型方向盘式拖拉机准驾记录的,应准许其驾驶农用运输车。"公安部交管局《关于对货运汽车载人应如何办理的问题的复函》(1989年10月11日 〔89〕公交管第156号,2004年8月19日废止)第2条:"持有大型货车或小型汽车准驾记录并有三年以上安全驾驶经历的驾驶员,经公安机关车辆管理部门考核合格,在其驾驶证副证上签注后,方准驾驶车厢内载人超过六人的货运汽车。"公安部交管局《关于准驾车型与准驾车类如何理解的答复》(1988年8月19日 〔88〕公交管第107号,2004年8月19日废止):"……《道路交通管理条例》中所使用的'准驾车型'与过去一些交通法规中所使用的'准驾车类'含义相同。"公安部交管局《关于加强农用运输车道路交通管理问题的通知》(1987年6月30日 〔87〕公交管第446号,2004年8月19日废止)第3条:"对农用运输车驾驶员的培训及考核等参照方向盘式拖拉机的有关规定执行,其大、小型的划分参照方向盘式拖拉机的划分标准执行,在机动车驾驶证上不单独设农用运输车准驾记录,经考核合格的农用运输车驾驶员,给予签注相应的方向盘式拖拉机准驾记录,具有方向盘式拖拉机准驾记录者,准许驾驶相应的农用运输车。"

5. 地方司法性文件。江苏宿迁中院《机动车交通事故责任纠纷审判工作有关问题的解答》(2018年12月25日 宿中发民三电〔2018〕4号)第4条:"保险公司以事故车辆驾驶员在A2驾照实习期内驾驶牵引车牵引挂车为由,主张免责,是否应当支持?答:关于保险条款中约定的'实习期'存在两种以上理解。国务院颁布的《道路交通安全实施条例》第二十二条规定,机动车驾驶人初次申领机动车驾驶证后的12个月为实习期。公安部制定的《机动车驾驶证申领和使用规定》第七十四条规定,机动车驾驶人初次申请机动车驾驶证和增加准驾车型后的12个月为实习期。保险条款中仅约定'实习期内驾驶牵引车牵引挂车'产生的损失不予赔偿,但对于该条款中的实习期系哪种实习期,并未明确。公安交警部门作为公安系统的组成机构,在处理交通事故时适用公安部制定的规定,将增驾实习期内驾驶机动车牵引挂车作为违法行为,从事故认定角度并无不当,但公安部门的认定不能直接推定保险条款的内涵。按照保险法的规定,对于保险公司提供的格式条款存在多种解释时,以不利于保险人的解释确定条款的含义。保险公司不能举证证明免责条款中的实习期含义包括增驾车型实习期的,仍应负担赔偿责任。"山东日照中院《机动车交通事故责任纠纷赔偿标准参考意见》(2018年5月22日)第4条:"无驾驶资格和无相应驾驶资格情形的认定。未取得驾驶证、驾驶证暂扣期间、吊销、扣留期间、驾驶证超过有效期一年以上未换证的、与准驾车型不符、驾驶证被公告停止使用、持部队驾驶证驾驶地方机动车、持境外驾驶证驾驶机动车等情况,均属于驾驶人无驾驶资格或未取得相应驾驶资格的情况。《中华人民共和国道路交通安全法实施条例》第二十二条规定的实习期仅指初次申领驾驶证后的12个月,并不包括增加准驾车型后的12个月,增加准驾车型后实习期内不得驾驶牵引挂车的机动车的规定不属于《最高人民法院关于适用〈中华人民共和国保险法〉若干问题的解释(二)》(以下简称保险法解释二)第十条中的禁止性规定。"第26条:"关于保险法解释二第十条规定的法律、行政法规中的禁止性规定情形如何理解的问题。

保险人将法律、行政法规中的禁止性规定即'不得'、'不准'情形作为商业三者险免责事由的,只需作出提示,无需明确说明,但对于将法律、行政法规中的命令性规定即'必须'、'应当'情形作为免责事由的,仍需履行明确说明义务。下列情形属于法律、行政法规中禁止性情形,投保时保险人只要履行法律规定的提示义务即可。(1)无证驾驶;(2)与准驾车型不符;(3)驾驶证过期超过一年以上未换证;(4)肇事逃逸;(5)酒驾、毒驾;(6)故意破坏或伪造现场;(7)其他情形。"重庆高院《印发〈关于保险合同纠纷法律适用问题的解答〉的通知》(2017年4月20日 渝高法〔2017〕80号)第6条:"商业三者险保险合同中约定,机动车在超载、未年检、驾驶人酒后驾驶、无证驾驶或准驾车型不符等状态下发生保险事故时保险人应减轻或免除保险责任的,若约定的免责事项与保险事故的发生没有因果关系,保险人主张减轻或免除保险责任的,人民法院是否支持?答:保险合同中约定的在特定危险状态下发生保险事故保险人减轻或免除保险责任的免责条款系危险状态免责条款。该类条款的作用是为了让保险事故发生时的危险水平与缔结保险合同时的危险水平大致相当,以维护对价平衡原则。因此只要保险事故发生于该免责条款所规定的危险状态之下,保险人即可减轻或免除其保险责任,而无须证明保险事故是由该危险状态所导致。"江苏徐州中院《关于印发〈民事审判实务问答汇编(五)〉的通知》(2016年6月13日)第4条:"……(1)对未取得相应驾驶资格的认定有哪些情形?答:在下列情形下准驾(见附件一)不符的,一般应认定为驾驶人未取得相应驾驶资格。保险公司可依据最高人民法院《关于审理道路交通事故损害赔偿案件适用法律若干问题的解释》第18条第二款的规定,在赔偿范围内向侵权人行使追偿权。首先,对于持低级别的驾驶证驾驶高级别驾驶资格要求的车辆,应认定属于未取得相应驾驶资格的情形。根据交通安全法第十九条第一、二、四款的规定,驾驶机动车应当依法取得机动车驾驶证。申请机动车驾驶证,应当符合国务院公安部门规定的驾驶许可条件;经考试合格后,由公安机关交通管理部门发给相应类别的机动车驾驶证。驾驶人应当按照驾驶证载明的准驾车型驾驶机动车。其次,持农用车驾驶证驾驶机动车的应认定属于未取得相应驾驶资格的情形。农用车和机动车的驾驶证颁发主体不一,前者是农机局,后者是公安机关交通管理部门。再次,持军用车辆驾驶证驾驶一般机动车的或持机动车驾驶证驾驶军用车辆的,均应认定属于未取得相应驾驶资格的情形。军用车辆和一般机动车的驾驶证颁发主体也不一。"浙江杭州中院民一庭《关于道路交通事故责任纠纷案件相关疑难问题解答》(2012年12月17日)第1条:"……对交强险条例第二十二条第一款第(一)项中的'驾驶资格'的认定问题。答:(1)准驾不符的。A、对于持低级别的驾驶证驾驶高级别驾驶资格要求的车辆,应认定属于未取得驾驶资格的情形。根据道交法第十九条第一、二、四款的规定,驾驶机动车,应当依法取得机动车驾驶证。申请机动车驾驶证,应当符合国务院公安部门规定的驾驶许可条件;经考试合格后,由公安机关交通管理部门发给相应类别的机动车驾驶证。驾驶人应当按照驾驶证载明的准驾车型驾驶机动车。B、持农用车驾驶证的驾驶机动车的、持机动车驾驶证驾驶农用车的,均应认定属于未取得驾驶资格的情形。农用车和机动车的驾驶证颁发主体不一,前者是农机局,后者是公安机关交通管理部门。C、持军用车辆驾驶证驾驶一般机动车的、持机动车驾驶证驾驶军用车辆的,均应认定属于未取得驾驶资格的情形。军用车辆和一般机动车的驾驶证颁发主体不一。(2)超过有效驾驶期限的。根据公安部《机动车驾驶证申领和使用规定》第四十二条第一款第(五)项的规定,机动车驾驶人具有下列情形之一的,车辆管理所应当注销其机动车驾驶证:……(五)超过机动车驾驶证有效期一年以上未换证的。因此,对超过有效驾驶期限未换证的,应以车辆管理机关所在事故发生时是否已经注销其机动车驾驶证作为认定无驾驶资格的依据。(3)累计扣分满12分的。根据公安部《机动车驾驶证申领和使用规定》第四十七条第一款的规定,机动车驾驶人在一个记分周期内累计记分达到12分的,应当在十五日内到机动车驾驶证核发地或者违法行为地公安机关交通管理部门接受为期七日的道路交通安全法律、法规和相关知识的教育。机动车驾驶人接受教育后,车辆管理所应当在二十日内对其进行科目一考试。因此,累计扣分满12分的,不必然导致驾驶证被注销,故不应认定为无驾驶资格。(4)外国人未申领中国驾驶证的。该种情况应认定为未取得驾驶资格。(5)未按规定体检的。以管理机关是否做出注销行为人驾驶证作为认定其有无驾驶资格的依据。(6)因涉及交通违法行为,驾驶证件倍扣留、扣押的。以管理机关作出的行政处罚决定书的意见为准。"浙江嘉兴中院民一庭**《关于机动车交通事故责任纠纷若干问题意见》**(2011年12月7日)第1条:"关于机动车交通事故责任强制保险的几个问题。(1)驾驶人是否取得驾驶资格(含驾驶证暂扣期间、驾驶证超过有效期、准驾不符、记分满12分等情形)或是否因醉酒发生道路交通事故,并非道路交通安全法规定的由保险公司在交强险责任赔偿限额内向受害人赔偿损失的前提依据,故保险公司不应以此作为拒绝在交强险责任赔偿限额内偿付的理由。但保险合同双方当事人之间则受双方签订的保险合同的调整……"江苏高院、省高检、省公安厅《关于办理交通肇事刑事案件适用法律若干问题的意见(试行)》(2011年3月15日 苏高法〔2011〕135号)第3条:"无驾驶资格是指无证驾驶,或者驾驶证超过有效期,或者与所持驾驶证载明的准驾车型不符,或者驾驶证被吊销、被暂扣、被扣留、扣押期间,或者驾驶证被撤销、注销或者公告驾驶证作废。"安徽六安中院**《关于印发〈审理道路交通事故人身损害赔偿案件若干问题的意见〉的通知》**(2010年12月7日 六中法〔2010〕166号)第29条:"持公安部门核发的驾驶证驾驶变型拖拉机肇事的,公安部门未作出无证驾驶认定的,法院在审理道路交通事故人身损害赔偿案件时,不直接作出无证驾驶时认定。驾驶人所驾机动车与其所持驾驶证的准驾车型是否相符应由公安机关作出认定,保险公司以此作出免责抗辩的,应当提供公安机关相关的认定结论。"江西宜春中院《关于审理保险案件若干问题的指导意见》(2010 年 9 月 17 日 宜中法〔2010〕92 号)第 1 条:"关于驾驶的车辆与驾照准驾车型不符,是否认定为'驾驶人未取得驾驶资格'的问题。国务院法制办公室于 2005 年 12 月 5 日发布了对《关于对〈中华人民共和国道路交通安全法〉及其实施条件有关法律条文的理解适用问题的函》的答复,其中明确指出驾驶与驾驶证准驾车型不符的机动车,在性质上属于无证驾驶。因为机动车驾驶证不仅是对驾驶人驾驶资格的许可,同时也是对其驾驶行为进行了限制,即驾驶人仅能驾驶与准驾车型相符的机动车,对于驾驶与驾驶证准驾车型不符的机动车的行为,应当认定为驾驶人未取得驾驶资格。"第 2 条:"关于驾驶员的驾驶证过期未年检尚未注销之前,发生交通事故,是否认定该驾驶员属'驾驶人未取得驾驶这个'的问题。根据公安部《机动车驾驶证申领和使用规定》第 42 条第一款第(五)的规定:超过机动车驾驶证有效期一年以上未换证的,车管所应当注销机动车驾驶证。机动车驾驶证的有效期,是公安机关对机动车驾驶人进行行政管理的需要,从该条可以看出,机动车驾驶证的有效期并不是指机动车驾驶人驾驶资格的有效期,即驾驶证超过有效期,并不必然导致机动车驾驶证持证人丧失驾驶资格的法律后果,因此,驾驶证尚未被注销之前,驾驶员不属于'驾驶人未取得驾驶资格'的情况,但保险条款另有约定的除外。"江苏宜兴法院《关于审理交通事故损害赔偿案件若干问题的意见》(2008 年 1 月 28 日 宜法〔2008〕第 7 号)第 52 条:"电瓶三轮车按机动车处理。"第 53 条:"交强险条款第 9 条规定,驾驶人未取得驾驶资格或者醉酒的等情形,保险公司不承担赔偿责任,但交强险条例规定的免责范围却仅限于受害人财产损失。交强险条例为行政法规,是法院判决交通事故赔偿的法律依据。按'约定不得违背法律规定'或者'下位法不得与上位法相抵触'的原则,交强险条款第 9 条规定对受害人没有约束力,保险公司仍应在交强险限额内承担人身损害赔偿责任。"

6. 参考案例。①2017 年河南某交通事故纠纷案,2015 年,黄某驾驶带挂货车与孙某车辆相撞致孙某受伤,交警认定黄某全责。保险公司以黄某所持 A2 驾驶证在增驾期间仍处于实习期属于无驾驶资格为由拒赔。法院认为:虽《道路交通安全法实施条例》第 22 条规定:"机动车驾驶人在实习期内……驾驶的机动车不得牵引挂车。"但该条第 2 款明确规定"机动车驾驶人初次申领机动车驾驶证后的 12 个月为实习期",该条款的实习期应理解为初次申领证后的实习期,而不包括增加准驾车型后针对增加的准驾车型又设定的实习期,本案中肇事司机情形明显不符合上述规定。依《机动车驾驶证申领和使用规定》对准驾车型的规定,A2 驾驶证对应的车型为牵引车,准驾车型为重型、中型全挂、半挂汽车系列车,故驾驶员申领A2驾驶证即为了驾驶牵引挂车、半挂车。由于增加的准驾车型与初次申请驾驶证的准驾车型并不一样,确定实习期就是为了让驾驶员熟悉相关驾驶车辆的驾驶情况,如实习期内不能驾驶与准驾车型相符的车辆,就失去了实习期意义,故增加准驾车型后规定实习期具有必要性及合理性。公安部相关规章制度与相关法律并不冲突,而是一种补充。本案事故发生时,黄某的A2驾照仍处于实习期,而黄某驾驶的车辆正是A2驾照准驾的牵引车和半挂车,故驾驶证在增加准驾车型处于实习期这一情形并不必然导致黄某丧失驾驶资格,增加A2准驾车型后仍不能驾驶牵引车牵引挂车的理解不正确。本案中,该起交通事故发生系因黄某驾驶机动车转弯时未让直行车辆先行,该行为对交通事故发生所起作用及过错较大,黄某的A2驾驶证在增驾期间虽处于实习期,并不意味着其不具备驾驶资格,因其驾驶证在其实习期一直处于持续阶段,故驾驶证处于实习期并非发生交通事故损害后果最直接、起决定性的因素。判决保险公司应予理赔。②2015年江苏某债务纠纷案,2010年,顾某持C3E驾驶证驾驶购自张某的变型拖拉机撞伤唐某,交警认定顾某负主要责任。保险公司依法院判决向唐某履行支付7万余元交强险赔付义务后,以顾某准驾不符为由,诉请顾某、张某返还保险理赔款。法院认为:《道路交通安全法实施条例》第111规定:"本条例所称上道路行驶的拖拉机,是指手扶拖拉机等最高设计行驶速度不超过每小时20公里的轮式拖拉机和最高设计速度不超过每小时40公里、牵引挂车方可从事道路运输的轮式拖拉机。"农业部《拖拉机登记规定》第37条规定,拖拉机是指大中型拖拉机、小型方向盘式拖拉机、手扶式拖拉机。涉案车辆虽在农机监理所注册登记为变型拖拉机,并取得拖拉机行驶证,但根据上述行政法规及部门规章规定,拖拉机类型中并无变型拖拉机,案涉机动车不属于现行行政法规及部门规章规定的拖拉机。国家质监总局、国家标准化管理委员会2004年7月12日发布的《机动车运行安全技术条件》(GB 7258—2012)在前言部分第1条指明:GB 7258—2012与GB 7258—1997相比,将"三轮农用运输车"更名为"三轮汽车",将"四轮农用运输车"更名为"低速货车",明确"农用运输车"实质是汽车的一类。中国保监会、农业部颁发的保监发(2010)46号《关于切实做好拖拉机交强险承保工作的紧急通知》明确指出:"按照有关法律规定,可注册登记的拖拉机是指:手扶拖拉机等最高设计行驶速度不超过每小时20公里的轮式拖拉机和最高设计行驶速度不超过每小时40公里、牵引挂车方可从事道路运输的轮式拖拉机。各地(农机化主管部门及农机安全监理机构)不得以'变型拖拉机'等名义将低速载货汽车等机动车登记为拖拉机。"可见,所谓变型拖拉机其实是农用运输车等类型相似车辆的演变。本案中的机动车实质为四轮农用运输车,即低速载货汽车。《道路交通安全法》第19条规定,驾驶机动车,应当依法取得机动车驾驶证;机动车驾驶证由公安机关交通管理部门颁发。公安部《机动车驾驶证申领和使用规定》规定,C3证的准驾车型为低速载货汽车(原四轮农用运输车)。故顾某持C3E驾驶证驾驶案涉机动车不属于无证驾驶。《道路交通安全法》第5条规定,道路交通安全管理工作由地方各级人民政府公安机关交通管理部门负责。据此,公安机关交通管理部门是法定的认定机动车驾驶人是否准驾不符或无证驾驶的国家机关。在本案所涉交通事故中,交警队所作交通事故认定书并未认定顾某驾驶案涉机动车系准驾不符或无证驾驶,故保险公司认为顾某属无证驾驶缺乏事实依据。虽然持有农机部门发放的驾驶证是驾驶拖拉机必要条件,但如前所述,案涉机动车实质并非拖拉机。法律规定机动车驾驶证由公安交管部门车辆管理所负责办理,拖拉机驾驶证由农机主管部门考核和颁发,对驾驶不同类型的车辆的该行政管理上的分工与驾驶者操控机动车能力并无必然联系,顾某持C3E驾驶证完全能驾驭如案涉机动车之类的四轮低速货车,并未实质增加保险公司承保风险。案涉机动车在交通事故发生前由张某出卖并交付给顾某使用,故该机动车发生交通事故产生的民事责任与张某无关,保险公司应在交强险责任限额范围内根据顾某应承担的民事责任对受害人予以赔偿。判决驳回保险公司诉请。③2014年**四川某交通事故纠纷案**,2013年,张某驾驶运输型拖拉机与卢某所驾面包车相撞,造成两车受损、卢某受伤的交通事故。交警认定卢某、张某分负事故主、次责任。保险公司以张某仅持有B2型机动车驾驶证,未取得拖拉机驾驶资格为由拒绝承担赔偿责任。法院认为:《道路交通安全法实施条例》第111条规定:"本条例所称上道路行驶的拖拉机,是指手扶拖拉机等最高设计行驶速度不超过每小时20公里的轮式拖拉机和最高设计速度不超过每小时40公里、牵引挂车方可从事道路运输的轮式拖拉机。"事实上,运输型拖拉机不论是在速度、功率还是载重上,都远远超出了拖拉机功能范畴,从使用目的等方面来看,其实质上就是从事运输的低速载货汽车。公安交警部门认定的"准驾不符",是指驾驶人驾驶的车辆与其准驾类别不同。虽然我国法律规定拖拉机驾驶证由农业(农业机械)主管部门考核和颁发,但在日常生活中,驾驶员持货车驾驶证驾驶农用运输车(拖拉机)现象普遍存在,由于运输型拖拉机实质是低速载货汽车,该类行为并未对道路交通安全造成影响,并不属于真正意义上的"准驾不符",故交警部门一般不会认定为"准驾不符"。保险合同约定"准驾不符"免除保险公司赔偿责任,在于这种行为加重了保险公司的承保风险。本案中,张某持B2型机动车驾驶证驾驶低速载货拖拉机行为,并未增加保险公司承保风险。判决保险公司在交强险限额内赔偿卢某1.4万余元,张某赔偿300元。④2013年**四川某保险合同纠纷案**,2013年,徐某持B2驾照驾驶挂靠运输公司货运拖拉机撞死2岁儿童唐某,交警认定徐某负主要责任。保险公司以准驾不符拒赔商业三责险。法院认为:准驾车型应以驾驶证载明的为准,准驾车型是否相符应以实际驾驶车辆行驶证载明车型为准。徐某作为专业驾驶员,应知持 B2 驾驶证驾驶运输型拖拉机与准驾车型不符,违反《道路交通安全法》第 19 条第 4 款"驾驶人应当按照驾驶证载明的准驾车型驾驶机动车;驾驶机动车时,应当随身携带机动车驾驶证"规定,具有重大过失,应承担民事赔偿责任,挂靠公司应承担连带责任。保险公司在商业险范围内以营业货车标准收取保费系双方协商结果,并不改变驾驶员应持与驾驶车辆相符驾驶证上路行驶的法定义务,且商业保险条款约定准驾车型不符,保险人不负责赔偿,对准驾车型不符免责事由保险公司已尽到提示告知义务,故本案应属保险公司在商业险范围内免赔情形。判决保险公司赔偿原告交强险 11 万余元,徐某与运输公司连带赔偿 33 万余元。⑤2011 年江苏某保险合同纠纷案,2010 年,现役军人王某驾车肇事致李某死亡,王某赔偿死者家属 11.2 万元后,保险公司以王某所持部队驾照视为无证驾驶拒赔。法院认为:双方对"无证驾驶"这一术语理解上存在歧义。鉴于保险合同系专业性较强合同,涉及专业术语较多,故《保险法》规定"对保险合同中免除保险人责任的条款,保险人在订立合同时应当在投保单、保险单或者其他保险凭证上作出足以使投保人注意的提示,并对该条款的内容以书面或者口头形式向投保人作出明确说明;未作提示或者明确说明的,该条款不产生效力"。根据本案事实,不能认定保险公司已履行了就免责条款概念、内容及其法律后果等以书面或口头形式向投保人作出明确解释和说明,以使投保人了解该条款真实含义和法律后果的明确说明义务,故不能认定保险公司已告知投保人持部队驾驶证驾驶地方车辆属无证驾驶情形,该免责条款对投保人不产生法律效力。交通事故责任强制保险合同中所约定的无证驾驶应指未取得驾驶证或取得驾驶证后被吊销两种情形。现役军人持有部队驾照驾驶地方车辆虽受部队相关规定限制,但并不意味着其驾驶技能和水平的缺失,也不必然导致保险风险的增加,故不能因此"视为"无证驾驶。保险求偿关系是平等主体之间的有价给付,不能违背公平原则,将部队驾照在此种情形视为无照,既不符合驾驶能力之客观事实,亦违反合同对价之公平。另外,根据《机动车驾驶证申领和使用规定》相关规定,持有军队、武装警察部队机动车驾驶证的,可以申请对应准驾车型的机动车驾驶证,在申请其他准驾车型机动车驾驶证(包括本案驾驶小轿车型的 C 照)的,可直接核发机动车驾驶证,故如王某申请换领地方驾驶证只需公安部门核发即可,并不需另行参加相关科目考试,且本案交通事故认定书及王某刑事判决书中亦均未认定其系无证驾驶,判决保险公司给付王某保险赔偿金 11.2 万元。⑥2012 年江苏某保险合同纠纷案,2009 年 6 月,持 C1 驾照的庄某驾驶投保三责险的变形拖拉机与陶某驾驶的车辆相撞,交警认定陶某、庄某分负主、次责任,法院判决庄某赔偿陶某 11 万余元。庄某向保险公司理赔时,被以准驾车型不符遭拒。法院认为:准驾不符之所以可以免除保险公司的赔偿责任,在于这种因素加重了保险公司的承保风险。而本案并非如此。首先,庄某持 C1 驾照原本是能够驾驶与低速载货汽车(原农用运输四轮汽车)接近的变形拖拉机的,只是因为拖拉机驾驶证的核证工作由农机部门负责之后,需由公安部门出具相关证明后才可到农机部门申领拖拉机驾驶证,且可以酌情免考。其次,变形拖拉机在工作原理、行业标准方面低于并接近 C1 驾照准驾的低速载货汽车,故本案中保险公司的承保风险没有增加。本案庄某无法顺利申领拖拉机驾驶证,原因系证照管理部门的行政管理职能分工变化且衔接不畅。庄某主观上不存在为获取高额保险赔偿进行恶意投保的情形。庄某在投保时向保险公司提供了 C1 驾照和变形拖拉机行驶证,真实地告知了重要信息,不构成故意隐瞒,故"准驾不符"的原因不可归责于投保人。另外,保险公司负有谨慎核保义务。本案中,如投保人据实填写 C1 驾照证号,则保险公司很容易判断该证号与变形拖拉机驾驶证号不符,据此以"准驾不符"为由拒绝承保。但保险公司未对此处空白的信息予以必要的重视,即予承保,对"准驾不符"的结果也难辞其咎。《保险法》第 16 条确立了弃权与禁止反言规则。其中,禁止反言是指保险人知道或应当知道投保人违反如实告知义务或者违反条件和保证,明示或者默示地向投保人表示保险合同具有强制执行力。当投保人或被保险人因信赖保险人的陈述而遭受某些损害时,保险人不得以此事由对被保险人的请求提出抗辩。弃权与禁止反言规则是对最大诚信原则的具体化,也有利于公平保护保险合同当事人的利益。实践中,保险人在保险合同的订立和履行过程中,有时会以语言或行为确认合同的有效性;但在保险事故发生后,又以投保人没有如实告知,主张合同无效,并且不退还保费。保险人在此问题上的投机性,从短期来看,可以减少赔付;但从长远来看,会使整个保险业遭遇诚信危机。因此必须适时运用弃权和禁止反言规则阻断保险人不当行使抗辩权。本案中,保险公司在接到驾驶证号为空白的保单时,就应当询问投保人并且要求其如实填写,但却未有相应行为,且在未提出异议的情形下仍然承保。据此,应当推定保险公司已经以自己的行为向庄某表示保险合同具有执行力,让庄某对此产生合理期待,那么在涉及理赔时就不得再以此理由提出抗辩,故判决保险公司支付理赔款 9.7 万元。⑦2011 年江苏某保险合同纠纷案,持有准驾车型为 C1 的吕某驾驶工程公司的 7 座客车,与包某驾驶的车辆碰撞,致两车受损、吕某受伤,交警认定吕某全责。保险公司以工程公司投保车辆行驶证载明为"中型普通客车"属于驾证与车型不符拒赔。法院认为:案涉保险车辆行驶证虽登记车辆类型为中型普通客车,但该车车长 4.85 米,行驶证核定载客 7 人,根据《中华人民共和国公共行业安全标准:机动车类型、术语和定义》的有关规定,属于小型载客汽车,吕某持 C1 驾照驾驶该车与其驾驶证载明的准驾车型相符。工程公司可就事故中保险标的的损害直接向保险公司主张相关权利。⑧2011 年江苏某交通事故损害赔偿案,持有准驾车型为 A2 的王某驾驶雇主陈某名下的重型专项作业车,与许某驾驶的车辆碰撞,致后车乘员吴某死亡,交警认定王某、薛某分负主、次责任。法院认为:肇事车辆驾驶员王某持有准驾车型为 A2 的机动车驾驶证,表明王某具有驾驶员资格,其无从业资格证并不代表其失去了驾驶车辆的资格,也未有证据证实无从业资格证即显著增加了承保车辆运行的危险程度。保险合同格式条款中关于无相关从业资格证、许可证等证书即可免除保险人在商业三责险中赔偿责任的规定,系免除保险人依法应承担的义务并加重投保人、被保险人责任的免责条款,应认定无效,判决保险公司给付交强险及三责险。⑨**2010 年江西某交通事故损害赔偿案**,2009 年 9 月,邓某持 A2 驾照驾驶拖拉机与付某驾驶的摩托车相撞,致付某受伤,交警认定邓某全责,保险公司以准驾不符拒赔。法院认为:按照《农用拖拉机及驾驶员安全监理规定》第 34 条,汽车驾驶员驾驶拖拉机从事农田作业,还必须取得农机监理机构考核发证,邓某持 A2 驾照驾驶拖拉机属无证驾驶。根据《道路交通安全法》第 121 条和《拖拉机驾驶证申领和使用规定》第 2 条,邓某上路驾驶拖拉机应向农业机械主管部门农机安全监理机构申领拖拉机驾驶证,本案邓某仅向农业局申领了拖拉机行驶证,未取得拖拉机驾驶证,因邓某无证驾驶,保险公司依法不承担交强险赔偿责任(驾驶人持机动车驾驶证驾驶变形拖拉机是否属无证驾驶在实践中存在争议,但保险公司对被保险车辆因无证驾驶肇事造成第三者的人身损害承担交强险赔偿责任,则无争议。故该案二审改判有误——编者注)。⑩**2010 年四川某保险合同纠纷案**,2008 年 6 月,肖某持 D 型驾照驾驶微型普通客车撞死行人张某,交警认定肖某、张某分负主、次责任,经调解,肖某赔偿张某 12.5 万元后向保险公司索赔。保险公司以肖某准驾不符属于"未取得驾驶资格"拒赔,一审支持。二审认为:保监厅〔2007〕复函认为在实务中"未取得驾驶资格"包括驾驶人实际驾驶车辆与准驾不符的情形,该复函违背了交强险条例规定,不具有法律效力。驾驶人持有的机动车驾驶证上注明的准驾车型与驾驶人在交通肇事时所驾车辆类型不符,不属于驾驶人未取得驾驶资格,保险人应在交强险责任范围内赔偿肖某 11 万元(裁决结果与一般同类型案件迥异,可商榷,但其立论基础有据:准驾不符是否属于"未取得驾驶资格",保监厅复函不能作为认定依据。编者认为,交强险条例第 22 条规定的"未取得驾驶资格"是否属于"无证驾驶"、准驾不符是否属于"未取得驾驶资格"、是否所有准驾不符情形均应认定为无证驾驶,为避免裁判依据的欠缺,有必要通过司法解释或立法进行解释——编者注)。⑪**2010 年江苏某保险合同纠纷案**,2009 年 6 月,持 C1 驾照的李某驾驶中型普通客车与唐某驾驶的三轮车追尾致唐某死亡,交警认定李某准驾不符应负事故主要责任,唐某负次要责任,唐某赔偿死者家属 13 万元后向保险公司办理理赔。法院认为:被保险机动车属 B1 准驾车型,李某驾驶证载明的准驾车型为 C1,李某未按驾驶证载明的准驾车型驾驶机动车,应认定其未取得被保险机动车的驾驶资格。在此情形下发生交通事故的,根

· 1907 ·

据交强险条例第 22 条的规定,保险公司无须承担赔偿责任,只负有在交强险责任限额内垫付抢救费的义务,且垫付后有权向致害人追偿,本案中李某已向受害人唐某家属实际履行赔付义务,已不存在需要保险公司垫付抢救费用的情形,故保险公司对李某不承担赔偿责任。⑫2009 年陕西某保险合同纠纷案,2008 年 5 月,陈某雇请的司机潘某持 C1 驾照驾驶货车肇事致第三人死亡,交警认定潘某负全责。陈某作为车主赔偿受害人后,要求保险公司支付交强险。法院认为:保险合同免责条款并无驾驶证与准驾车型不符不予赔偿的明确约定,作为附件的交强险条款虽有垫付与追偿的约定,但未约定或规定驾驶人未取得驾驶资格的,保险公司责任免除,故保险公司关于免责抗辩不成立。保险公司应在交强险责任限额范围内赔偿陈某交强保险金。⑬2008 年福建某保险合同纠纷案,2007 年 10 月,吴某持 C 证驾驶拖拉机,撞死骑电动车的郭某,交警认定吴某、郭某同等责任。经交警调解,吴某支付了死者家属 13 万元后向保险公司办理理赔,保险公司以吴某无证驾驶拒赔。法院认为:吴某持有驾驶证的准驾车型(C1、E)并不包括本案被保险车辆的车型。驾驶人需要驾驶某种类型的机动车,须经考试合格后取得相应的准驾车型资格,故实际驾驶车辆与准驾车型不符应属于"未取得驾驶资格"。根据交强险条例第 22 条以及交强险条款第 9 条的规定,驾驶人未取得驾驶资格而发生道路交通事故,对受害人的财产损失,保险公司不承担赔偿责任,但保险公司对人身伤亡应承担赔偿责任。

【同类案件处理要旨】

机动车驾驶人所驾机动车与所持驾驶证载明的准驾车型不符,司法实践中,一般认定为"驾驶人未取得驾驶资格或者未取得相应驾驶资格",按无证驾驶处理。

【相关案件实务要点】

1.【交强险赔付】驾照与准驾车型不符发生交通事故时,除符合责任免除情形和道路交通事故损失系由受害人故意造成的以外,保险公司应在交强险责任限额范围内对受害人的人身损害进行赔偿。案见陕西西安中院(2009)西民四终字第 327 号"陈某诉某保险公司保险合同纠纷案"。

2.【高级别准驾车型】保险公司在与机动车所有人签订第三者商业险合同时,以格式条款约定被保险机动车与驾驶证载明的准驾车型不符的,保险公司不予赔偿。但如果驾驶员所持驾驶证的准驾车型级别高于实际驾驶车型的,保险公司不宜以此为理由不予赔偿。案见安徽芜湖法院(2011)芜民一初字第 00289 号"杨某等诉某保险公司交通事故损害赔偿案"。

3.【从业资格】营运车辆驾驶人员未取得相关从业资格证,不能成为保险公司免除其承担商业三责险赔偿责任的免责事由,而商业三者险合同中的免责条款无效。案见江苏盐城中院(2011)盐民终字第 1627 号"程某诉陈某等交通事故损害赔偿案"。

4.【禁止反言】保险合同中有"准驾不符"的免责约定,不能当然免除保险公司的赔偿责任。如果"准驾不符"的原因不可归责于投保人,也并未增加保险公司承保风险,而且保险公司在投保时知道或者应当知道存在"准驾不符"情形,未提出异议,依然承保的,保险公司仍应承担赔偿责任。案见江苏常州中院(2012)常商终字第 0067 号"庄某诉某保险公司保险合同纠纷案"。

5.【车辆类型】车辆行驶证登记类型为中型普通客车,但实际该车属于小型载客汽车范畴,被保险人持小型载客汽车驾驶证驾驶该车,不属于驾驶的车辆与其驾驶证准驾车型不一致情形。发生交通事故后,保险公司不得以准驾车型不符为由拒赔。案见江苏溧阳法院(2011)溧商初字第 273 号"某工程公司诉某保险公司保险合同纠纷案"。

6.【驾驶资格】驾驶人持有的机动车驾驶证上注明的准驾车型与驾驶人在交通肇事时所驾车辆类型不符,不属于驾驶人未取得驾驶资格。案见四川巴中中院(2010)巴中法民一终字第 59 号"肖某诉某保险公司保险合同纠纷案"。

【附注】

参考案例索引:安徽芜湖法院(2011)芜民一初字第 00289 号"杨某等诉某保险公司交通事故损害赔偿案",见《保险合同以格式条款约定准驾车型不符情形的认定——安徽芜湖法院判决杨安兵等诉芜湖财险分公司等道路交通事故人身损害赔偿纠纷案》(奚正荣),载《人民法院报·案例指导》(20111201:6)。①河南焦作中院(2017)豫 08 民终 1789 号"阳光财产保险股份有限公司焦作中心支公司与孙某机动车交通事故责任纠纷上诉案",见《增驾实习期不应成为保险拒赔理由》(何菊荣、梁永昌、赵均锋),载《人民司法·案例》(201732:53)。②江苏高院(2015)苏民再提字第 00087 号"顾超与安邦财产保险股份有限公司江苏分公司、张青龙债务纠纷案",载《审判监督指导·优秀裁判文书选登》(201704/62:174)。③四川南充中院(2014)南中法民终字第 287 号"卢某与某保险公司交通事故纠纷案",见《此类"准驾不符"情形的保险责任规制——四川南充中院判决卢春森诉人保营山支公司交通事故纠纷案》(刘远、苟豪),载《人民法院报·案例精选》(20140515:6)。④四川泸州中院(2013)泸民终字第 354 号"唐胜、陈利于徐庆、四川省泸州星联汽车运输有限公司、中国人民财产保险股份有限公司成都市清白江支公司保险合同纠纷案",见《准驾车型不符保险公司可免赔商业险》(梅廷聪),载《人民司法·案例》(201412:70)。⑤江苏盐城中院(2011)盐商终字第 0359 号"王某与某保险公司保险合同纠纷案",见《王卫海以军人持有部队驾照驾驶地方车辆不应认定为无证驾驶为由诉安邦保险公司保险合同纠纷案》,载《江苏省高级人民法院公报》(201302/26:48)。⑥江苏常州中院(2012)常商终字第 0067 号"庄某诉某保险公司保险合同纠纷案",见《"准驾不符"不构成保险公司拒赔理由——江苏常州中院判决庄国瑞诉人保常州公司保险合同纠纷案》(姜旭阳、陆一君),载《人民法院报·案例指导》(20120705:6)。⑦江苏溧阳法院(2011)溧商初字第 273 号"某工程公司诉某保险公司保险合同纠纷案",判决保险公司赔偿工程公司 2.3 万余元。见《金卓公司诉大地财保常州公司以驾证与车型不符拒赔保险合同纠纷案》(朱陟峰、黄松伟),载《江苏高院公报·参阅案例》(201201:70)。⑧江苏盐城中院(2011)盐民终字第 1627 号"程某诉陈某等交通事故损害赔偿案",见《驾驶人无从业资格证不能成为保险公司免责事由——江苏盐城中院判决程杰诉陈红祥等交通事故损害赔偿案》(杨曦希),载《人民法院报·案例指导》(20120329:6)。⑨江西抚州中院(2010)抚民一终字第 45 号"付某诉邓某等交通事故损害赔偿案",见《付时福诉邓文平等道路交通事故人身损害赔偿案》(魏灵、万燕飞),载《中国法院 2012 年度案例:道路交通纠纷》(248)。⑩四川巴中中院(2010)巴中法民一终字第 59 号"肖某诉某保险公司保险合同纠纷案",见《肖三春诉中国人民财产保险股份有限公司通江支公司保险合同案》(何奇林),载《中国法院 2012 年度案例:保险纠纷》(7)。⑪江苏无锡南长区法院(2010)南商初字第 385 号"李某诉某保险公司保险合同纠纷案",见《李亮亮诉永安财产保险股份有限公司无锡中心支公司保险合同案》(杨斌),载《中国法院 2012 年度案例:保险纠纷》(9)。⑫陕西西安中院(2009)西民四终字第 327 号"陈某诉某保险公司保险合同纠纷案",见《未按准驾车型驾车发生交通事故保险公司不应免责》(杜豫苏、姚建军、周向红),载《人民司法·案例》(201014:35)。⑬福建龙岩中院(2008)岩民初字第 255 号"吴某诉某保险公司保险合同纠纷案",见《吴添树诉中国大地财产保险股份有限公司龙岩中心支公司机动车交通事故责任强制保险合同案》(严建锋),载《中国审判案例要览》(2009 商事:264)。

100. 理赔前置程序的效力

——理赔设前提,是否有效力?

【前置程序】

【案情简介及争议焦点】

2006 年 10 月,陆某投保车辆肇事,被判赔 1 万余元。陆某找保险公司理赔,后者以陆某违反合同约定"被保险人被提起诉讼要经其书面同意"为由拒赔诉讼费。

争议焦点:1.限制条件是否有效？2.保险公司应否理赔？

【裁判要点】

1.保险赔付责任。保险车辆在保险期限内发生交通事故,依法依约当属保险事故,故本案保险公司应在保险合同限额责任范围内承担保险赔付责任。

2.限制条件无效。陆某被他人提起人身损害赔偿诉讼,并被法院判决承担诉讼费用,既非陆某能决定,更非保险公司能左右,该保险公司关于诉讼费承担的前提约定既不合情理,也不符合法律规定,该格式条款设立了被保险人无法实现的条件,剥夺了陆某依《保险法》主张诉讼费负担的权利,应属无效。

【裁判依据或参考】

1.法律规定。《保险法(2015年修正)》(2015年4月24日)第17条:"订立保险合同,采用保险人提供的格式条款的,保险人向投保人提供的投保单应当附格式条款,保险人应当向投保人说明合同的内容。对保险合同中免除保险人责任的条款,保险人在订立合同时应当在投保单、保险单或者其他保险凭证上作出足以引起投保人注意的提示,并对该条款的内容以书面或者口头形式向投保人作出明确说明;未作提示或者明确说明的,该条款不产生效力。"第19条:"采用保险人提供的格式条款订立的保险合同中的下列条款无效:(一)免除保险人依法应承担的义务或者加重投保人、被保险人责任的;(二)排除投保人、被保险人或者受益人依法享有的权利的。"第21条:"投保人、被保险人或者受益人知道保险事故发生后,应当及时通知保险人。故意或者因重大过失未及时通知,致使保险事故的性质、原因、损失程度等难以确定的,保险人对无法确定的部分,不承担赔偿或者给付保险金的责任,但保险人通过其他途径已经及时知道或者应当及时知道保险事故发生的除外。"第22条:"保险事故发生后,按照保险合同请求保险人赔偿或者给付保险金时,投保人、被保险人或者受益人应当向保险人提供其所能提供的与确认保险事故的性质、原因、损失程度等有关的证明和资料。保险人按照合同的约定,认为有关的证明和资料不完整的,应当及时一次性通知投保人、被保险人或者受益人补充提供。"《合同法》(1999年10月1日,2021年1月1日废止)第39条:"采用格式条款订立合同的,提供格式条款的一方应当遵循公平原则确定当事人之间的权利和义务,并采取合理的方式提请对方注意免除或者限制其责任的条款,按照对方的要求,对该条款予以说明。格式条款是当事人为了重复使用而预先拟定,并在订立合同时未与对方协商的条款。"第40条:"格式条款具有本法第五十二条和第五十三条规定情形的,或者提供格式条款一方免除其责任、加重对方责任、排除对方主要权利的,该条款无效。"

2. 行政法规。《机动车交通事故责任强制保险条例》(2013年3月1日修改施行)第27条:"被保险机动车发生道路交通事故,被保险人或者受害人通知保险公司的,保险公司应当立即给予答复,告知被保险人或者受害人具体的赔偿程序等有关事项。"第28条:"被保险机动车发生道路交通事故的,由被保险人向保险公司申请赔偿保险金。保险公司应当自收到赔偿申请之日起1日内,书面告知被保险人需要向保险公司提供的与赔偿有关的证明和资料。"第29条:"保险公司应当自收到被保险人提供的证明和资料之日起5日内,对是否属于保险责任作出核定,并将结果通知被保险人;对不属于保险责任的,应当书面说明理由;对属于保险责任的,在与被保险人达成赔偿保险金的协议后10日内,赔偿保险金。"第30条:"被保险人与保险公司对赔偿有争议的,可以依法申请仲裁或者向人民法院提起诉讼。"

3. 司法解释。最高人民法院《关于适用〈中华人民共和国合同法〉若干问题的解释(二)》(2009年5月13日　法释〔2009〕5号,2021年1月1日废止)第6条:"提供格式条款的一方对格式条款中免除或者限制其责任的内容,在合同订立时采用足以引起对方注意的文字、符号、字体等特别标识,并按照对方的要求对该格式条款予以说明的,人民法院应当认定符合合同法第三十九条所称'采取合理的方式'。提供格式条款一方对已尽合理提示及说明义务承担举证责任。"

4. 部门规范性文件。中国保监会《机动车辆保险条款》(1999年2月13日)第20条:"被保险人自保险车辆修复或交通事故处理结案之日起三个月内不提交本条款第十条规定的各种必要单证,或自保险人书面通知被保险人领取保险赔偿之日起一年内不领取应得的赔偿,即作为自愿放弃权益。"

5. 地方司法性文件。山东济南中院《关于保险合同纠纷案件94个法律适用疑难问题解析》(2018年7月)第65条:"三者险、车上人员责任险项下交强险赔偿前置的效力问题。《最高人民法院关于审理道路交通事故损害赔偿案件适用法律若干问题的解释》第十六条规定:同时投保机动车交强险和三者险的机动车发生交通事故造成损害,当事人同时起诉侵权人和保险公司的,人民法院应当按照下列规则确定赔偿责任:(一)先由承保交强险的保险公司在责任限额范围内予以赔偿;(二)不足部分,由承保三者险的保险公司根据保险合同予以赔偿;(三)仍有不足的,依照道路交通安全法和侵权责任法的相关规定由侵权人予以赔偿。三者险、车上人员责任险在保险合同中约定对应由责任强制保险赔偿的损失和费用不负赔偿责任的,若保险人履行了提示和明确说明义务,人民法院应认定该约定有效。"江西高院《关于印发〈关于审理保险合同纠纷案件若干问题的会议纪要〉的通知》(2014年7月16日　赣高法〔2014〕133号)第8条:"设定索赔前置条件,规定被保险人向负有责任的第三人求偿后才能向保险人主张权利的保险条款,人民法院应当依照《合同法》第四十条、《保险法》第十九条的规定认定无效,对合同相对人没有约束力。"江苏高院《**保险合同纠纷案件审理指南**》(2011年11月15日)第4条:"保险免责条款的效力。对于保险免责条款,即便保险人订立合同时向投保人履行了明确说明义务,但若符合《合同法》第四十条、《保险法》第十九条规定的条件,应当认定这类保险免责条款无效。在保险免责条款无效及因保险人未履行明确说明义务而致保险免责条款不产生法律效力这两种情形之外,实践中还存在着一些保险免责条款对当事人是否具有约束力及在多大程度上具有约束力的争论。实践中遇到的主要争议包括以下十二种情形:(1)设定索赔前置条件的保险条款的效力。一些保险条款规定:'保险车辆发生保险责任范围内的损失应由第三方负责赔偿的。被保险人应当向第三方索赔。如果第三方不予支付,被保险人应提起诉讼,经法院立案后,保险人根据被保险人提出的书面赔偿请求,应按照保险合同予以部分或者全部赔偿,但被保险人必须将向第三方追偿的权利全部或者部分转让给保险人,并协助保险人向第三方追偿。'保险条款规定被保险人首先要向负有责任的第三人求偿,实际上剥夺了被保险人直接向保险人求偿的权利,也不符合及时分散社会风险的保险功能。作为提供格式条款的保险人免除其直接给付保险金的义务,限制了被保险人直接要求保险人赔偿保险金的权利,应当依照《合同法》第四十条、《保险法》第十九条的规定认定该条款无效……(5)'保险事故发生后,只要投保人、被保险人或者受益人未履行及时通知义务,保险人即不承担保险责任'的保险条款的效力。一些保险条款规定,保险事故发生后,如果投保人、被保险人或者受益人不及时通知保险人,不在若干天内报案、提交有关保险单证,保险人将不承担保险责任。及时通知是保险合同履行中基于诚信原则而生的附随义务,不应仅因被保险人等违反该项附随义务而当然导致实体权利的丧失。而且,《保险法》第二十一条规定:'投保人、被保险人或者受益人知道保险事故发生后,应当及时通知保险人。故意或者因重大过失未及时通知,致使保险事故的性质、原因、损失程度等难以确定的,保险人对无法确定的部分,不承担赔偿或者给付保险金的责任,但保险人通过其他途径已经及时知道或者应当及时知道保险事故发生的除外。'据此,保险人只能对因投保人未及时履行通知义务致使保险事故的性质、原因、损失程度等难以确定的部分不承担保险责任。上述保险免责条款与《保险法》第二十一条的立法精神相冲突,对投保人、被保险人、受益人而言有失公平,依据《合同法》第四十条、《保险法》第十九条的规定,应认定其无效。上述保险免责条款被认定无效后,应当依据《保险法》第二十一条的规定处理……"广东高院《**关于审理保险合同纠纷案件若干问题的指导意见**》(2011年9月2日 粤高法发〔2011〕44号)第16条:"投保人或被保险人虽违反合同义务,但其能举证证明未增加保险风险或影响理赔处理,保险人以投保人、被保险人违反合同义务为由拒赔的,人民法院不予支持。但保险合同另有约定的除外。"第24条:"车辆保险中,保险人因投保人或被保险人在保险事故发生后未依照保险合同约定及时通知相关部门而主张不予赔付的,人民法院应予支持。但投保人或被保险人能举证证明未及时履行通知义务不影响保险事故责任认定的除外。"第36条:"保险事故发生后,被保险人或受益人未向保险人要求理赔即向法院提起诉讼的,法院可告知原告向保险人要求理赔,但不得以被保险人或受益人未经理赔程序为由不受理案件。"第37条:"保险事故发生后,被保险人起诉侵权人并获得生效判决确认的赔偿债权未获得执行,被保险人依保险合同起诉保险人的,人民法院应予受理。"山东高院《关于印发审理保险合同纠纷案件若干问题意见(试行)的通知》(2011年3月17日)第13条:"保险事故发生后,保险人仅以投保人、被保险人或受益人未履行及时通知义务为由要求不承担保险责任的,人民法院不予支持。投保人、被保险人或受益人未依法律规定或者约定履行及时通知义务,导致保险事故的性质、原因和损失程度无法确定的,除可以通过其他途径进行确定外,保险人对于无法确定的部分主张不承担责任的,人民法院应予支持。投保人、被保险人或受益人应对'可以通过其他途径进行确定'承担举证责任。"江苏高院《印发〈关于审理保险合同纠纷案件若干问题的讨论纪要〉的通知》(2011年1月12日 苏高法审委〔2011〕1号)第8条:"对于下列保险条款,人民法院应当依照《合同法》第四十条、《保险法》第十九条的规定认定无效:(一)设定索赔前置条件,规定被保险人向负有责任的第三人求偿后才能向保险人主张权利的保险条款。(二)规定'保险人依据被保险机动车驾驶人所负的事故责任比例承担相应的赔偿责任'的机动车辆损失险条款。(三)规定'保险人依据被保险机动车驾驶人所负的事故责任比例承担相应赔偿责任'的机动车第三者责任险条款……(五)规定'保险事故发生后,只要投保人、被保险人或者受益人未履行及时通知义务,保险人即不承担保险责任'的保险条款。人民法院依据前款第(五)项规定认定相关保险条款无效后,应当依据《保险法》第二十一条的规定进行处理。"北京高院《北京市法院道路交通事故损害赔偿法律问题研讨会会议纪要》(2007年12月4日)第3条:"……关于致害机动车一方未按照规定及时通知保险公司理赔,保险公司以此为由拒绝承担赔偿责任应如何处理的问题。与会人员一致认为:致害机动车一方未按照规定及时通知保险公司理赔,并不免除保险公司的赔偿责任,法院应根据案件事实确定保险公司的赔偿责任。"广东高院《关于印发〈审理汽车消费贷款保证保险纠纷案件若干问题的指导意见〉的通知》(2006年6月27日 粤高法发〔2006〕19号)第5条:"保证保险合同约定的保险事故发生后,被保险人未履行通知义务,但并未造成保险公司损失的,保险公司仍应承担保险责任。如保险公司因被保险人迟延通知造成损失的,保险公司的损失可在保险公司对被保险人的赔偿责任内抵扣。"北京高院《关于印发〈北京市高级人民法院关于审理保险纠纷案件若干问题的指导意见(试行)〉的通知》(2005年3月25日 京高法发〔2005〕67号)第41条："保险事故发生后,被保险人或受益人未经过理赔程序而直接起诉保险人的,法院应该受理。"

6. 参考案例。①2014年安徽某保险合同纠纷案,2014年,孙某驾驶车辆发生单方交通事故,造成本人受伤。孙某因交通事故受伤被送往医院救治而未报警。5小时后交警队接到路人报警,由于未及时报警导致交通事故责任无法认定。医院急诊病历记录、医院出院记录显示孙某入院时神志清楚、行动自如。保险公司以保险合同约定"事故发生后,被保险人或驾驶人在保险事故发生后48小时内通知保险人,故意或者因重大过失未及时通知,致使保险事故的性质、原因、损失程度等难以确定的,保险人无法确定的部分,不承担赔偿责任"主张免责。法院认为:案涉保险合同约定保险人不承担赔偿责任情形,保险人已在孙某投保时通过投保单、车辆投保过程确认函、机动车辆保险责任免除告知书等方式向其作出提示和明确说明,即保险人已履行了提示和明确说明义务,诉争免责条款合法有效。被保险人或驾驶人发生交通事故身体受伤而未报警,要根据受伤严重程度来判断其不报警是否具有合理性。依《道路交通安全法》第70条第1款规定,发生交通事故后,驾驶员重要职责之一是保护现场,及时报警。孙某作为投保人,在事故发生后负有出险通知义务,其虽因事故受伤接受治疗,但应根据受伤严重程度来判断驾驶员不报警是否具有合理性,从孙某在交警事故大队的陈述笔录、急诊病历记录、医院出院记录来看,孙某发生交通事故后精神、体力均为正常,其伤情并未达到不能报警程度,不存在不报警合理性。在完全可报警情况下而未报警,且其不报警行为导致事故性质、原因无法查清,应由孙某承担举证不能的法律后果。在交强险部分,保险公司同意给付2000元保险理赔款,法院予以准许。判决保险公司给付孙某保险金2000元。②2010年江苏某保险合同纠纷案,2009年6月,王某驾车在高速路上与保险公司联系,称车辆碰擦道边护栏,保险公司称理赔员依规定不上高速勘查现场,王某拍下照片后驶离。半小时后,王某根据保险公司提示报警,当地交警赶到时与王某联系并重回事故现场,交警未出具事故证明。王某就其修车费1.7万余元向保险公司索赔时遭拒,理由是王某未及时报警,不足以证明交通事故系单车事故。法院认为:王某在车辆受损后,根据保险合同的约定及时通知了保险公司,并根据保险公司的要求对事故现场进行拍照并向公安部门报案,且未出现保险公司责任免除的情形,保险公司应按照保险合同第4条的规定对受损车辆承担赔偿责任。保险合同规定保险人应及时受理被保险人事故报案,并尽快进行查勘,保险公司关于事故发生在高速公路上所以可以不进行查勘的说法,既与合同约定不符,亦无相应证据支持。因保险公司接到王某报案后,未到事故现场进行查勘,又因保险公司对王某主张的保险事故不予认可,导致事故情况难以确定,所引发的不利后果应由保险公司承担。保险合同对被保险人未能提供事故证明的后果,保险合同未作规定。保险公司该条规定免除其赔偿义务,依据不足。事故证明是公安机关交通管理部门对交通事故进行责任划分的书面文件,是保险公司在向被保险人赔付完毕后代位追偿的依据,而非用来确定交通事故责任人赔偿责任的大小,更不属于被保险人提起索赔诉讼时的举证范围,故王某虽未能提供公安部门出具的事故证明,保险公司亦不能以此为由不予理赔,判决保险公司支付王某保险理赔款1.7万余元。③2010年**北京某保险合同纠纷案**,2009年9月,高某驾驶贾某名下车辆发生侧翻致车损人伤,交警认定高某全责。贾某办理理赔时,保险公司以事故发生时间和到交通队报案时间过长,导致事故的某些事实无法核实清楚,比如司机是否酒驾、贾某车为何由高某驾驶、真实的驾驶人是谁等均无法确定为由拒赔。法院认为:贾某在事故发生后48小时之内通知了保险公司,符合保险合同约定。综观保险合同全部内容,双方并未约定在交通事故发生后向交通队报案系被保险人的义务,亦未约定履行该义务的时间限制,在双方所签保险合同的责任免除部分以及保险合同的全部内容中,均未约定被保险人未及时向交通队报案系责任免除的范围,且贾某未在现场向交通队报案行为符合《道路交通事故处理程序规定》,故贾某在事发后报案的行为符合合同约定及法律规定,保险公司应予理赔。④2010年**浙江某保险合同纠纷案**,2008年10月,叶某驾车侧翻造成路产、车辆损坏,交警认定叶某全责。保险公司出具定损单后,叶某将该车转让。保险公司以叶某未按保险合同约定提供修理费发票拒赔修理费。法院认为:财产保险适用的是损失补偿原则,被保险人就保险事故造成的保险标的损失请求支付保险赔偿金的权利系法定权利,亦是被保险人的主权利。本案中,保险合同虽约定被保险人理赔应提供保险损失清单、有关费用单据等,但该约定并非请求理赔的条件,而是叶某应当履行的从义务,投保人的主义务是按约定缴纳保险费,本案中叶某已履行主义务,后履行方不能以先履行方未完全履行义务为由拒绝履行,故保险公司不得以叶某未提供损失清单、费用单据为由拒绝给付保险金。⑤2009年**江苏某保险合同纠纷案**,2008年5月,电子公司驾驶员杨某驾驶公司投保车损险机动车在收费站停车交费时,被后车追尾,造成电子公司车辆损失21万余元。保险公司以合同约定的"保险事故发生后,必须在事故现场通过客服电话向保险公司报案,否则保险公司有权拒赔"及"无责免赔"条款拒赔。法院认为:保险公司以"被保险人在发生保险事故后,必须在事故现场通过客服电话向保险公司报案,否则保险公司有权拒赔"的约定主张拒赔不能成立。理由如下:(1)该条款属格式条款,免除了保险公司的责任,排除了被保险人电子公司的主要权利。(2)虽然电子公司未在事故现场通过客服电话向保险公司报案,但有交警部门对保险事故发生原因的认定,并未加重保险公司的责任。据此,保险公司的该主张本院不予采纳。"无责免赔"的约定,使保险人在收取投保人保险费的同时免除了其赔偿的义务,与《保险法》第 45 条规定相冲突,且如果适用该条款,容易出现同样是交通事故造成保险车辆受损,有过错的驾驶人能得到保险赔偿而没有过错的驾驶人却得不到保险赔偿的不公平情况,也会引发驾驶员为了规避该约定而责任自揽的道德风险,故该约定应属无效。同时,合同约定:"发生保险事故时,应当由第三者负责赔偿且确实无法找到第三者的,实行 30% 的绝对免赔率。"该条约定亦不排除保险车辆方无事故责任时,保险公司须承担理赔责任,仅是因无法找到第三者造成保险公司难以追偿而相应减轻了保险公司的理赔责任。电子公司作为交通事故侵权案件的受害人和保险事故的索赔权利人,既有权选择要求侵权致害人承担车辆损失的赔偿责任,也有权选择根据其购买的车辆损失险要求保险人赔偿汽车遭受的损失。对于保险公司提出应在承担全责的肇事车辆方的交强险中扣除车辆损失险 2000 元的抗辩,因其无法提供该肇事车辆方已投保交强险的相应证据,故亦不予支持,判决保险公司支付电子公司车辆损失险保险金 21 万余元。⑥2008 年**福建某保险合同纠纷案**,2007 年 3 月,林某投保机动车与陈某车辆碰撞,交警认定陈某负全责。陈某赔偿 1.3 万元修理费后,林某向自己的保险公司主张余下 5000 余元修理费。保险公司以保险合同约定车辆损失险的赔偿处理程序,要求先主张侵权赔偿。法院认为:林某兼具双重身份,其既是交通事故的侵权受害人,又是保险事故的索赔权利人,在此双重权利竞合之时,其有权选择更便捷的司法救济途径来维护自己的合法权益,既有权选择要求侵权致害人陈某承担车辆损失的赔偿责任,也有权选择要求保险公司依约赔偿损失,故有权提起本案诉讼。保险合同约定车辆损失险的赔偿处理程序文义上的理解是指发生事故后,因肇事者逃逸找不到侵权行为人时,被保险人请求理赔时应提交证明,不能扩大解释为被保险人必须先向第三者进行索赔。且该条款并不属于免责条款,故不能成为保险公司不履行其合同基本义务、不承担责任的依据。⑦2007 年**安徽某保险合同纠纷案**,曹某投保车损险,约定"保险人依据保险车辆驾驶人在事故中所负的事故责任比例,承担相应赔偿责任"。2006 年 9 月,因曹某所驾保险车辆与高某驾驶货车相撞造成曹某车毁人亡,交警认定高某负全责。曹某近亲属申请理赔车损 7 万余元时,保险公司以被保险人应先向负全责的第三者求偿为由拒绝。法院认为:双方签订的保险合同关于有责赔付条款属于单方减免保险公司责任,加重对方责任,且违背保险合同基本原理,应认定无效。本案事故系第三者所致,原告可选择向第三者主张权利,在未获赔付情况下依保险合同向保险公司主张理赔,系其正当行使诉权。保险公司在向原告赔偿后依法取得向第三者追偿的权利,但该权利行使不以原告是否先行主张且遭第三者拒绝为前提,故保险公司应给付车损保险金。⑧2005 年**广东某保险合同纠纷案**,2004 年 1 月,何某投保机动车刚保养 3 个月就发生交通事故撞死行人，交警认定何某因所驾车辆"制动不合格"负同等责任。经调解，何某赔偿受害人家属总损失11万余元中的6万元。保险公司以何某违反保险合同"被保险人及驾驶员应做好保险车辆的维护保养，使其保持安全行驶状态"之约定拒绝理赔。法院认为：保险合同约定的"车辆保养"在行为与结果解释出现矛盾时，亦应遵循合同解释规则。本案被保险车辆于保养后半月发生事故，虽公安机关认定车辆制动系统不合格，但该认定事实的结论在何某可能预见范围之外，何某已按规定对车辆定期进行保养，该保养行为足以使其信任车辆行驶状态为安全。诉争格式条款存在争议，首先应按通常理解，则被保险人的维护保养义务履行与否应以其是否客观善意尽责及主观预见程度为标准，否则即属过分扩大被保险人义务，也与保险宗旨相违背。同时，即使对格式条款按通常理解导致两种以上解释时，亦应作出不利于提供格式条款一方的解释，故由保险公司承担赔付责任。

【同类案件处理要旨】

提供机动车辆保险合同格式条款的一方，如果为投保人索赔设置向加害人主张权利的前置程序，违背公平原则，免除其责任、加重对方责任、排除对方主要权利的，该条款应认定为无效。

【相关案件实务要点】

1.【格式条款】提供格式条款的一方，如果违背公平原则，免除其责任、加重对方责任、排除对方主要权利的，该条款无效。案见江苏南通中院(2007)通中民二终字第0189号"陆某诉某保险公司保险合同纠纷案"。

2.【注意义务】保险合同为射幸合同，保险业本系为社会生活中因可能遭受难以预见、突发、人力难以控制之事故提供救济，如将被保险人的谨慎注意义务无限扩大，则违反当事人注意义务确定在一般善意尽责程度。案见广东深圳中院(2005)深中法民一终字第272号"何某诉某保险公司保险合同案"。

3.【有责赔付】一般财产保险合同中采用有责赔偿的处理原则，为投保人索赔设置向加害人主张权利的前置程序，违背了保险法基本宗旨，加重了被保险人责任，变相减免了保险人本应承担的理赔责任，显失公平，该条款应为无效。案见安徽芜湖中院(2007)芜中民二终字第110号"曹某等诉某保险公司保险合同案"。

4.【事故证明】事故证明是公安机关交通管理部门对交通事故进行责任划分的书面文件，是保险公司在向被保险人赔付完毕后代位追偿的依据，而非用来确定交通事故责任人赔偿责任的大小，更不属于被保险人提起索赔诉讼时的举证范围，故保险人不能以被保险人未能提供公安部门出具的事故证明为由不予理赔。案见江苏苏州中院(2010)苏中商终字第 0089 号"王某诉某保险公司保险合同纠纷案"。

5.【报案时间】被保险人在交通事故发生后在保险合同约定的 48 小时之内报案,保险公司不能以非第一现场报案为由免责。案见北京顺义区法院(2010)顺民初字第 8370 号"贾某诉某保险公司保险合同纠纷案"。

6.【索赔材料】保险公司不得以被保险人未履行提供损失清单、费用单据等从合同义务,来抗辩其拒绝履行给付保险赔偿金的主合同义务。案见浙江绍兴中院(2010)浙绍商终字第 629 号"叶某诉某保险公司保险合同纠纷案"。

【附注】

参考案例索引:江苏南通中院(2007)通中民二终字第 0189 号"陆某诉某保险公司保险合同纠纷案",见《陆建辉诉中国大地财产保险股份有限公司南通中心支公司财产保险合同案》(周凯、何玲),载《中国审判案例要览》(2008 商事:304);另见《保险合同免责条款效力认定中合同法的适用》(周凯),载《人民司法·案例》(200902:90)。①安徽黄山中院(2014)黄中法民二终字第 00037 号"孙某与某保险公司保险合同纠纷案",见《发生交通事故后不报警的合理性——安徽黄山中院判决孙利军诉人寿财保黄山公司保险合同纠纷案》(陈国华、程巧云),载《人民法院报·案例精选》(20150101:6)。②江苏苏州中院(2010)苏中商终字第 0089 号"王某诉某保险公司保险合同纠纷案",见《高速路上发生涉保险交通事故时的举证责任分配》(付国华、徐海根、杨正东),载《人民司法·案例》(201120:93)。③北京顺义区法院(2010)顺民初字第 8370 号"贾某诉某保险公司保险合同纠纷案",见《贾晨晨诉华农财产保险股份有限公司北京市分公司保险合同案》(王珊妮),载《中国法院 2012 年度案例:保险纠纷》(48)。④浙江绍兴中院(2010)浙绍商终字第 629 号"叶某诉某保险公司保险合同纠纷案",见《叶伟东诉华泰财产保险股份有限公司绍兴中心支公司保险合同案》(张靓),载《中国法院 2012 年度案例:保险纠纷》(131)。⑤江苏无锡中院(2009)锡民二终字第 0194 号"某电子公司与某保险公司保险合同纠纷案",见《加利电子(无锡)有限公司诉中国平安财产保险股份有限公司无锡分公司保险合同案》(刘刚),载《中国审判案例要览》(2010 商事:291)。⑥福建安溪法院(2008)安民初字第 17 号"林某诉某保险公司保险合同纠纷案",经调解,保险公司支付林某保险金 5000 余元,林某领取同时出具书面的权利转让书,并协助保险公司向陈某追偿。见《侵权受害人和保险事故索赔人权利竞合时的选择》(李溪洪、肖珊),载《人民司法·案例》(200810:33)。⑦安徽芜湖中院(2007)芜中民二终字第 110 号"曹某等诉某保险公司保险合同案",判决保险公司给付保险金 7.4 万余元。见《邢自力等诉中国人民财产保险股份有限公司芜湖市分公司保险合同案》(王利民),载《人民法院案例选》(200803:299)。⑧广东深圳中院(2005)深中法民一终字第272号"何某诉某保险公司保险合同案",法院判赔保险公司依保险合同约定扣除5%免赔额后对何某已调解支付的损失赔付5万余元。见《何关照诉中国人民财产保险股份有限公司保险合同案》(彭弘卫),载《人民法院案例选》(200604:321)。

附录

附录1：本书典型案例来源及载体索引

（本书引用典型案例来源）

一、最高人民法院公报

1.《最高人民法院公报全集》(1985年—1994年)，最高人民法院公报编辑部编，人民法院出版社，1995年11月

2.《最高人民法院公报全集》(1995年—1999年)，最高人民法院公报编辑部编，人民法院出版社，2000年5月

3.《最高人民法院公报》(2000年卷—2020年卷)，最高人民法院办公厅编，人民法院出版社，2003年8月~2024年7月

二、中国审判案例要览

1.《中国审判案例要览》(1999年~2015年民事审判案例卷)，国家法官学院、中国人民大学法学院编，中国人民大学出版社，2002年3月~2017年12月

2.《中国审判案例要览》(1999年经济审判暨行政审判案例卷)，国家法官学院、中国人民大学法学院编，中国人民大学出版社，2002年3月

3.《中国审判案例要览》(2000年~2002年商事审判暨行政审判案例卷)，国家法官学院、中国人民大学法学院编，中国人民大学出版社，2002年7月~2003年4月

4.《中国审判案例要览》(1999年~2015年商事审判案例卷)，国家法官学院、中国人民大学法学院编，中国人民大学出版社，2002年3月~2017年12月

三、人民法院案例选

1.《人民法院案例选》(2000年第1辑，总第31辑~2003年第4辑，总第46辑)，最高人民法院中国应用法学研究所编，人民法院出版社，2000年9月~2004年6月

2.《人民法院案例选》(2004年民事专辑，总第48辑)，最高人民法院中国应用法学研究所编，人民法院出版社，2005年6月

3.《人民法院案例选》(2004年商事·知识产权专辑，总第49辑)，最高人民法院中国应用法学研究所编，人民法院出版社，2005年6月

4.《人民法院案例选》(2004年行政·国家赔偿专辑，总第50辑)，最高人民法

院中国应用法学研究所编,人民法院出版社,2005年6月

5.《人民法院案例选》(2005年第1辑,总第51辑~2023年第10辑,总第188辑),最高人民法院中国应用法学研究所编,人民法院出版社,2005年12月~2023年10月

四、人民法院案例选·月版

《人民法院案例选·月版》(2009年第1辑,总第1辑~2010年第3辑,总第15辑),最高人民法院中国应用法学研究所编,中国法制出版社,2009年1月~2010年10月

五、人民司法·案例

《人民司法·案例》(2007年第2期~2023年第35期),人民司法杂志社编,人民司法杂志社出版,2007年2月~2023年12月

六、人民法院报·案例指导

《人民法院报·案例指导/精选》(2006年1月~2024年4月),人民法院报社

七、民事审判指导与参考

1.《民事审判指导与参考》(2007年第1集,总第29辑~2010年第4辑,总第44辑),最高人民法院民一庭编,法律出版社,2007年5月~2011年4月

2.《民事审判指导与参考》(2011年第1集,总第45辑~2023年第3辑,总第95辑),最高人民法院民一庭编,人民法院出版社,2011年5月~2024年4月

八、中国法院2012年度案例

1.《中国法院2012年度案例·道路交通纠纷》,国家法官学院案例开发研究中心编,中国法制出版社,2012年3月

2.《中国法院2012年度案例·保险纠纷》,国家法官学院案例开发研究中心编,中国法制出版社,2012年3月

九、其他

1.《全国法院再审典型案例评注》,最高人民法院审判监督庭编,江必新主编,中国法制出版社,2011年1月

2.《江苏省高级人民法院公报》(2009年第1辑总第1辑~2023年第2辑,总第68辑),江苏高院编,法律出版社,2009年~2024年1月

3.《浙江高院·案例指导》(2007—2008年卷,总第一卷),浙江高院编,中国法制出版社,2009年6月

4.《江苏高院·参阅案例研究》(民事卷第一辑),中国法制出版社,总主编公丕祥,中国法制出版社,2009年1月

附录2：交通事故相关法律规范性文件

（本书主要引用法条来源）

第一部分：法律或立法机关其他规范性文件

2021年：

《民法典》（2021年1月1日）

2020年：

《刑法》（2020年12月26日修正）

2018年：

《社会保险法(2018年修正)》（2018年12月29日）

2015年：

《保险法(2015年修正)》（2015年4月24日）

2013年：

《民事诉讼法》（2013年1月1日修正实施,最新版本修正日期为2017年6月27日、实施日期2017年7月1日）

《刑事诉讼法》（2013年1月1日修正实施,最新版本修正日期为2018年10月26日）

《治安管理处罚法》（2013年1月1日修正实施）

2011年：

《社会保险法》（2011年7月1日,最新版本修正日期为2018年12月29日）

《道路交通安全法》（2004年5月1日实施,2011年4月22日修正）

《涉外民事关系法律适用法》（2011年4月1日）

2010年：

《侵权责任法》（2010年7月1日,被2021年1月1日起施行的《民法典》第1260条废止）

2009年：

《保险法》（2009年10月1日,最新版本修正日期为2015年4月24日）

2007年：

《物权法》（2007年10月1日,被2021年1月1日起施行的《民法典》第1260

条废止)

全国人大法律委员会负责人《全国人大法律委员会关于〈中华人民共和国道路交通安全法修正案(草案)〉审议结果的报告》(2007年12月23日)

2005年:

全国人大法工委办公室《关于交通事故责任认定行为是否属于具体行政行为,可否纳入行政诉讼受案范围的意见》(2005年1月5日 法工办复字〔2005〕1号)

2004年:

《公路法》(2004年8月28日)

2001年:

《婚姻法》(2001年4月28日,被2021年1月1日起施行的《民法典》第1260条废止)

2000年:

《产品质量法》(2000年9月1日,最新版本修正日期为2018年12月29日)

1999年:

《合同法》(1999年10月1日,被2021年1月1日起施行的《民法典》第1260条废止)

1994年:

《消费者权益保护法》(1994年1月1日,2013年10月25日被修正,2014年3月15日起实施)

1987年:

《民法通则》(1987年1月1日,被2021年1月1日起施行的《民法典》第1260条废止)

1985年:

《继承法》(1985年10月1日,被2021年1月1日起施行的《民法典》第1260条废止)

第二部分:国务院行政法规或其他规范性文件

2019年:

国务院《机动车交通事故责任强制保险条例(2019年修订)》(2019年3月2日修订)

2017年:

国务院《道路交通安全法实施条例(2017年修订)》(2017年10月7日修订)
国务院《道路交通安全法实施条例》(2017年10月7日修订)

2013 年：

国务院《机动车交通事故责任强制保险条例》(2013 年 3 月 1 日修改施行)

国务院《缺陷汽车产品召回管理条例》(2013 年 1 月 1 日)

2012 年：

国务院《道路运输条例》(2012 年 11 月 9 日修订 2023 年 7 月 20 日第五次修订并实施)

国务院《关于加强道路交通安全工作的意见》(2012 年 7 月 22 日 国发〔2012〕30 号)

国务院《车船税法实施条例》(2012 年 1 月 1 日)

2011 年：

国务院《关于坚持科学发展安全发展促进安全生产形势持续稳定好转的意见》(2011 年 11 月 26 日 国发〔2011〕40 号)

国务院《公路安全保护条例》(2011 年 7 月 1 日)

国务院《工伤保险条例》(2011 年 1 月 1 日)

2010 年：

国务院《关于加强道路交通安全管理工作情况的报告》(2010 年 4 月 28 日)

2009 年：

国务院《旅行社条例》(2009 年 5 月 1 日)

2007 年：

国务院《物业管理条例》(2007 年 10 月 1 日)

国务院《关于开展城镇居民基本医疗保险试点的指导意见》(2007 年 7 月 10 日 国发〔2007〕20 号)

国务院办公厅《转发全国道路交通安全工作部际联席会议关于进一步落实"五整顿""三加强"工作措施意见的通知》(2007 年 5 月 9 日 国办发〔2007〕35 号 2015 年 11 月 27 日废止)

2006 年：

国务院《农村五保供养条例》(2006 年 3 月 1 日)

2005 年：

国务院法制办《对〈关于对"中华人民共和国道路交通安全法"及其实施条例有关法律条文的理解适用问题的函〉的答复》(2005 年 12 月 5 日 国法秘函〔2005〕436 号)

2004 年：

国务院办公厅《关于进一步规范出租汽车行业管理有关问题的通知》(2004 年 11 月 12 日)

国务院《道路交通安全法实施条例》(2004年5月1日,2017年10月7日修订)

2003年:

国务院《城市生活无着的流浪乞讨人员救助管理办法》(2003年8月1日)

2002年:

国务院《医疗事故处理条例》(2002年9月1日)

国务院《中国公民出国旅游管理办法》(2002年7月1日)

国务院法制办《对〈旅行社管理条例〉有关"旅游意外保险"的含义的答复》(2002年3月26日 国法函〔2002〕32号)

1992年:

国务院办公厅《关于交通部门在道路上设置检查站及高速公路管理问题的通知》(1992年3月31日)

第三部分:司法解释或最高人民法院其他司法性文件

2021年:

最高人民法院《关于适用〈中华人民共和国民法典〉时间效力的若干规定》(2021年1月1日 法释〔2020〕15号)

最高人民法院《关于适用〈中华人民共和国民法典〉继承编的解释(一)》(2021年1月1日 法释〔2020〕23号)

最高人民法院《关于适用〈中华人民共和国保险法〉若干问题的解释(四)》(2018年9月1日,2020年修正,2021年1月1日实施)

最高人民法院《关于审理医疗损害责任纠纷案件适用法律若干问题的解释(2020年修正)》(2021年1月1日实施)

最高人民法院《关于适用〈中华人民共和国保险法〉若干问题的解释(三)》(2015年12月1日,2020年修正,2021年1月1日实施)

最高人民法院《关于适用〈中华人民共和国保险法〉若干问题的解释(二)》(2013年6月8日,2020年修正,2021年1月1日实施)

最高人民法院《关于审理道路交通事故损害赔偿案件适用法律若干问题的解释》(2012年12月21日,2020年修改,2021年1月1日实施)

最高人民法院《关于审理买卖合同纠纷案件适用法律问题的解释》(2012年7月1日 法释〔2012〕8号,2020年修正,2021年1月1日实施)

最高人民法院《关于审理旅游纠纷案件适用法律若干问题的规定(2020年修正)》(2021年1月1日实施)

最高人民法院《关于审理铁路运输人身损害赔偿纠纷案件适用法律若干问题

的解释》(2010年3月16日,2020年修改,2021年1月1日实施)

最高人民法院《关于审理物业服务纠纷案件应用法律若干问题的解释(2020年修正)》(2021年1月1日实施)

最高人民法院《关于审理民事案件适用诉讼时效制度若干问题的规定》(2008年9月1日 法释〔2008〕11号,2020年修正,2021年1月1日实施)

最高人民法院《关于审理人身损害赔偿案件适用法律若干问题的解释》(2004年5月1日 法释〔2003〕20号,2020年修正,2021年1月1日实施)

最高人民法院《关于审理人身损害赔偿案件适用法律若干问题的解释》(2004年5月1日 法释〔2003〕20号,2020年修正,2021年1月1日实施)

最高人民法院《关于确定民事侵权精神损害赔偿责任若干问题的解释》(2001年3月10日 法释〔2001〕7号,2020年修正,2021年1月1日实施)

2020年:

最高人民法院、公安部、司法部、中国银保监会《关于在全国推广道路交通事故损害赔偿纠纷"网上数据一体化处理"改革工作的通知》(2020年5月6日 法〔2020〕142号)

2019年:

最高人民法院《关于授权开展人身损害赔偿标准城乡统一试点的通知》(2019年9月2日 法明传〔2019〕513号)

2018年:

最高人民法院《关于适用〈中华人民共和国保险法〉若干问题的解释(四)》(2018年9月1日,2020年修正,2021年1月1日实施)

2016年:

最高人民法院《第八次全国法院民事商事审判工作会议纪要》(2016年11月30日)

最高人民法院、最高人民检察院、公安部、国家安全部、司法部《关于发布〈人体损伤致残程度分级〉的公告》(2016年4月18日发布,2017年1月1日起施行)

最高人民法院《对"关于交通事故车辆贬值损失赔偿问题的建议"的答复》(2016年3月4日)

2015年:

最高人民法院民一庭负责人《关于当前民事审判工作中的若干具体问题》(2015年12月24日)

最高人民法院《关于适用〈中华人民共和国保险法〉若干问题的解释(三)》(2015年12月1日,2020年修正,2021年1月1日实施)

最高人民法院《2015年全国民事审判工作会议纪要》(2015年4月)

2014 年：

最高人民法院《对"关于误工费的计算方法问题"的答复》(2014 年 10 月 31 日)

最高人民法院《对"关于完善〈最高人民法院审理道路交通事故赔偿案件适用法律若干问题的解释〉第十九条的建议"的答复》(2014 年 7 月 17 日)

最高人民法院《关于交通事故赔偿标准全国应该统一问题的答复》(2014 年 3 月 28 日)

2013 年：

最高人民法院《关于车辆挂靠其他单位经营车辆实际所有人聘用的司机与挂靠单位是否形成事实劳动关系的答复》(2013 年 10 月 29 日 〔2013〕民一他字第 16 号)

最高人民法院《对"关于统一人身损害侵权案死亡和残疾赔偿金标准建议"的答复》(2013 年 10 月 25 日)

最高人民法院《关于适用〈中华人民共和国保险法〉若干问题的解释(二)》(2013 年 6 月 8 日,2020 年修正,2021 年 1 月 1 日实施)

最高人民法院民一庭庭长张勇健《在全国高级法院民一庭庭长座谈会上的总结讲话》(2013 年 4 月 12 日)

最高人民法院《关于雇员在雇佣活动中造成人身损害用什么标准评定伤残的答复》(〔2013〕他 8 复函)

最高人民法院《关于适用〈中华人民共和国刑事诉讼法〉的解释》(2013 年 1 月 1 日 法释〔2012〕21 号)

2012 年：

最高人民法院《关于审理道路交通事故损害赔偿案件适用法律若干问题的解释》(2012 年 12 月 21 日,2020 年修改,2021 年 1 月 1 日实施)

最高人民法院、中国保监会《关于在全国部分地区开展建立保险纠纷诉讼与调解对接机制试点工作的通知》(2012 年 12 月 18 日 〔2012〕307 号)

最高人民法院《关于原告蓝婕诉被告马腾和荷兰驻广州总领事馆等机动车交通事故责任纠纷一案受理问题的请示的复函》(2012 年 8 月 15 日 〔2012〕民四他字第 31 号)

最高人民法院《关于审理买卖合同纠纷案件适用法律问题的解释》(2012 年 7 月 1 日 法释〔2012〕8 号,2020 年修正,2021 年 1 月 1 日实施)

最高人民法院《关于在道路交通事故损害赔偿纠纷案件中,机动车交通事故责任强制保险中的分项限额能否突破的请示的复函》(2012 年 5 月 29 日 〔2012〕民一他字第 17 号)

最高人民法院负责人《把握总基调　找准结合点　最大限度发挥民事审判在促进经济稳中求进和社会和谐稳定中的积极作用——在全国高级法院民一庭庭长座谈会上的讲话》(2012年2月17日)

最高人民法院民一庭负责人《在全国高级人民法院民一庭庭长座谈会上的总结讲话》(2012年2月17日)

最高人民法院《关于当前形势下加强民事审判切实保障民生若干问题的通知》(2012年2月15日　法〔2012〕40号)

2011年：

最高人民法院《关于对"统一第三人侵权工伤赔偿案件裁判标准"问题的答复》(2011年11月23日)

最高人民法院《2011年全国民事审判工作会议纪要》(2011年11月9日　法办〔2011〕442号)

最高人民法院办公厅《对十一届全国人大四次会议第6039号建议的答复(附带民事赔偿范围)》(2011年5月28日　法办〔2011〕159号)

2010年：

最高人民法院《关于如何理解〈最高人民法院关于适用"中华人民共和国侵权责任法"若干问题的通知〉第四条的答复》(2010年12月21日)

最高人民法院《关于侵权行为导致流浪乞讨人员死亡，无赔偿权利人或者赔偿权利人不明的，民政部门能否提起民事诉讼的复函》(2010年12月9日　〔2010〕民一他字第23号)

最高人民法院《关于适用〈中华人民共和国侵权责任法〉若干问题的通知》(2010年6月30日　法释〔2010〕23号)

最高人民法院《关于审理铁路运输人身损害赔偿纠纷案件适用法律若干问题的解释》(2010年3月16日，2020年修改，2021年1月1日实施)

2009年：

最高人民法院《关于如何理解和适用〈机动车交通事故责任强制保险条例〉第二十二条的请示答复》(2009年10月20日　〔2009〕民立他字第42号)

最高人民法院《关于适用〈中华人民共和国保险法〉若干问题的解释(一)》(2009年9月21日　法释〔2009〕12号)

最高人民法院《关于适用〈中华人民共和国合同法〉若干问题的解释(二)》(2009年5月13日　法释〔2009〕5号　2021年1月1日废止)

最高人民法院研究室《关于〈关于伪造、变造、买卖民用机动车号牌行为能否以伪造、变造、买卖国家机关证件罪定罪处罚问题的请示〉的答复》(2009年1月1日　法研〔2009〕68号)

2008 年：

最高人民法院《关于公安交警部门能否以交通违章行为未处理为由不予核发机动车检验合格标志问题的答复》（2008 年 11 月 17 日 〔2007〕行他字第 20 号）

最高人民法院《关于财保六安市分公司与李福国等道路交通事故人身损害赔偿纠纷请示的复函》（2008 年 10 月 16 日 〔2008〕民一他字第 25 号）

最高人民法院《关于审理民事案件适用诉讼时效制度若干问题的规定》（2008 年 9 月 1 日 法释〔2008〕11 号,2020 年修正,2021 年 1 月 1 日实施）

2007 年：

最高人民法院行政审判庭《关于车辆挂靠其他单位经营车辆实际所有人聘用的司机工作中伤亡能否认定为工伤问题的答复》（2007 年 12 月 3 日 〔2006〕行他字第 17 号）

最高人民法院《关于就客运合同纠纷案件中,对无过错承运人如何适用法律有关问题的请示的答复》（2007 年 10 月 12 日 〔2006〕民监他字第 1 号）

2006 年：

最高人民法院《关于因第三人造成工伤的职工或其亲属在获得民事赔偿后是否还可以获得工伤保险补偿问题的答复》（2006 年 12 月 28 日 〔2006〕行他字第 12 号）

最高人民法院《关于对浙江省高级人民法院请示的函复》（2006 年 4 月 19 日 〔2006〕民一他字第 1 号）

最高人民法院《关于经销商对分期付款保留所有权的车辆应否承担缴纳养路费义务问题的答复》（2006 年 4 月 6 日 〔2005〕行他字第 18 号）

最高人民法院民一庭《关于经常居住地在城镇的农村居民因交通事故伤亡如何计算赔偿费用的复函》（2006 年 4 月 3 日 〔2005〕民他字第 25 号）

2005 年：

最高人民法院《关于空难死亡赔偿金能否作为遗产处理的复函》（2005 年 3 月 22 日 〔2004〕民一他字第 26 号）

2004 年：

最高人民法院行政审判庭负责人《在全国法院行政审判工作座谈会暨先进集体先进个人表彰会上的总结讲话》（2004 年 11 月 12 日）

最高人民法院副院长《在全国法院行政审判工作座谈会上的讲话——全面提高行政审判司法能力　为党的执政能力建设提供有力的司法保障》（2004 年 11 月 10 日）

最高人民法院研究室《关于新的人身损害赔偿审理标准是否适用于未到期机动车第三者责任保险合同问题的答复》（2004 年 6 月 4 日 法研〔2004〕81 号）

最高人民法院研究室《关于住宿期间旅客车辆丢失赔偿案件如何适用法律问题的答复》(2004年10月12日 法研〔2004〕163号)

最高人民法院《关于审理人身损害赔偿案件适用法律若干问题的解释》(2004年5月1日 法释〔2003〕20号,2020年修正,2021年1月1日实施)

最高人民法院《关于第一审人身损害赔偿案件级别管辖的请示的复函》(2004年4月30日 〔2004〕民立他字第10号)

最高人民法院《关于适用〈中华人民共和国婚姻法〉若干问题的解释(二)》(2004年4月1日 法释〔2003〕19号,2021年1月1日废止)

2003年:

最高人民法院负责人《在公布〈关于审理人身损害赔偿案件适用法律若干问题的解释〉新闻发布会上的讲话》(2003年12月29日)

最高人民法院《关于高长林等六人与河南高速公路发展有限责任公司违约赔偿纠纷一案的函复》(2003年6月25日 〔2002〕民一他字第6号)

最高人民法院《关于陈贵松等27人诉竹山县交通局、竹山县公路段人身损害赔偿纠纷一案受理问题的复函》(2003年6月19日 〔2003〕民一他字第9号)

2002年:

最高人民法院《关于产品侵权案件的受害人能否以产品的商标所有人为被告提起民事诉讼的批复》(2002年7月28日 法释〔2002〕22号)

最高人民法院《关于人民法院是否受理刑事案件被害人提起精神损害赔偿民事诉讼问题的批复》(2002年7月20日 法释〔2002〕17号)

最高人民法院《关于涉外民商事案件诉讼管辖若干问题的规定》(2002年3月1日 法释〔2002〕5号)

最高人民法院《关于参照〈医疗事故处理条例〉审理医疗纠纷民事案件的通知》(2003年1月6日 法〔2003〕20号)

2001年:

最高人民法院《关于连环购车未办理过户手续,原车主是否对机动车发生交通事故致人损害承担责任的请示的批复》(2001年12月31日 〔2001〕民一他字第32号)

最高人民法院《关于适用〈中华人民共和国婚姻法〉若干问题的解释(一)》(2001年12月27日 法释〔2001〕30号,2021年1月1日废止)

最高人民法院《关于实际车主肇事后其挂靠单位应否承担责任的复函》(2001年11月8日 〔2001〕民一他字第23号)

最高人民法院《关于确定民事侵权精神损害赔偿责任若干问题的解释》(2001年3月10日 法释〔2001〕7号,2020年修正,2021年1月1日实施)

2000 年：

最高人民法院研究室《关于如何认定买卖合同中机动车财产所有权转移时间问题的复函》(2000 年 12 月 25 日　法(研)〔2000〕121 号)

最高人民法院《关于刑事附带民事诉讼范围问题的规定》(2000 年 12 月 19 日　法释〔2000〕47 号)

最高人民法院《关于购买人使用分期付款购买的车辆从事运输因交通事故造成他人财产损失保留车辆所有权的出卖方不应承担民事责任的批复》(2000 年 12 月 8 日　法释〔2000〕38 号)

最高人民法院《关于执行案件中车辆登记单位与实际出资购买人不一致应如何处理问题的复函》(2000 年 11 月 21 日　〔2000〕执他字第 25 号)

最高人民法院《关于审理交通肇事刑事案件具体应用法律若干问题的解释》(2000 年 11 月 21 日　法释〔2000〕33 号)

最高人民法院副院长李国光《在全国民事审判工作会议上的讲话》(2000 年 10 月 28 日)

最高人民法院《关于如何处理农村五保对象遗产问题的批复》(2000 年 8 月 3 日　法释〔2000〕23 号　2021 年 1 月 1 日废止)

最高人民法院《关于人民法院能否提取投保人在保险公司所投的第三人责任险应得的保险赔偿款问题的复函》(2000 年 7 月 13 日　〔2000〕执他字第 15 号)

最高人民法院《关于对审理农用运输车行政管理纠纷案件应当如何适用法律问题的答复》(2000 年 2 月 29 日　法行〔1999〕第 14 号)

最高人民法院研究室《关于对〈保险法〉第十七条规定的"明确说明"应如何理解的问题的答复》(2000 年 1 月 24 日　法研〔2000〕5 号)

1999 年：

最高人民法院《关于适用〈中华人民共和国合同法〉若干问题的解释(一)》(1999 年 12 月 29 日　法释〔1999〕19 号　2021 年 1 月 1 日废止)

最高人民法院《关于被盗机动车辆肇事后由谁承担损害赔偿责任问题的批复》(1999 年 7 月 3 日　法释〔1999〕13 号　2021 年 1 月 1 日废止)

最高人民法院《关于交通事故中的财产损失是否包括被损车辆停运损失问题的批复》(1999 年 2 月 13 日　法释〔1999〕5 号　2021 年 1 月 1 日废止)

1998 年：

最高人民法院《关于执行〈中华人民共和国刑事诉讼法〉若干问题的解释》(1998 年 9 月 8 日　法释〔1998〕23 号)

1995 年：

最高人民法院《关于转发公安部〈关于实施《警车管理规定》若干问题的通知〉

的通知》(1995年9月20日　法计〔1995〕19号)

1992年:

最高人民法院、公安部《关于处理道路交通事故案件有关问题的通知》(1992年12月1日　法发〔1992〕39号　2013年1月18日废止)

最高人民法院《关于适用〈中华人民共和国民事诉讼法〉若干问题的意见的通知》(1992年7月14日　法发〔1992〕22号　2021年1月1日废止)

1990年:

最高人民法院《关于未成年的侵权人死亡其父母作为监护人能否成为诉讼主体的复函》(1990年1月20日　〔1989〕民他字第41号)

1988年:

最高人民法院《关于贯彻执行〈民事政策法律若干问题的意见〉若干问题的意见(试行)》(1988年4月2日　法〔办〕发〔1988〕6号　2021年1月1日废止)

最高人民法院《关于保险金能否作为被保险人的遗产进行赔偿问题的批复》(1988年3月24日　〔1987〕民他字第52号,2021年1月1日废止)

1985年:

最高人民法院民事审判庭《关于招远县陆许氏遗产应由谁继承的电话答复》(1985年10月28日　〔85〕民他字第24号)

最高人民法院《关于贯彻执行〈中华人民共和国继承法〉若干问题的意见》(1985年9月11日,2021年1月1日废止)

1984年:

最高人民法院《关于贯彻执行民事政策法律若干问题的意见》(1984年8月30日,2019年7月20日废止,2021年1月1日废止)

第四部分:部门规章或其他规范性文件

2021年:

财政部、中国银保监会、公安部、国家卫健委、农业农村部《道路交通事故社会救助基金管理办法》(2021年12月1日)

2020年:

中国银保监会《关于调整交强险责任限额和费率浮动系数的公告》(2020年9月9日)

2018年:

公安部《道路交通事故处理程序规定》(2018年5月1日)

公安部交通管理局《关于转发人民法院对交通事故涉及超标电动车生产销售企业依法承担赔偿责任有关判决的通知》(2018年1月8日　公交管〔2018〕9号)

2016年：

司法部办公厅《道路交通事故涉案者交通行为方式鉴定（SF/Z JD0101001－2016）》(2016年9月22日)

交通部办公厅《关于"挂靠经营"含义的复函》(2016年7月8日　交办运函〔2016〕703号)

2013年：

公安部《机动车驾驶证申领和使用规定》(2013年1月1日)

2012年：

交通运输部《道路旅客运输及客运站管理规定》(2012年3月14日)

公安部《机动车登记规定》(2012年9月12日修正)

公安部《道路交通安全违法行为记分分值》(2012年9月12日)

中国保监会《关于印发〈机动车辆保险理赔管理指引〉的通知》(2012年2月21日　保监发〔2012〕15号)

中国保监会《关于加强机动车辆商业保险条款费率管理的通知》(2012年2月23日　保监发〔2012〕16号)

国务院安委会办公室《关于印发道路交通安全专题形势分析会议纪要的通知》(2012年2月15日　安委办〔2012〕11号)

交通运输部、公安部、安全监管总局《关于印发道路旅客运输企业安全管理规范(试行)的通知》(2012年1月19日　交运发〔2012〕33号)

2011年：

公安部《关于公安机关办理醉酒驾驶机动车犯罪案件的指导意见》(2011年9月19日　公交管〔2011〕190号)

人力资源和社会保障部《实施〈中华人民共和国社会保险法〉若干规定》(2011年7月1日)

人力资源和社会保障部办公厅《关于工伤保险有关规定处理意见的函》(2011年6月23日　人社厅函〔2011〕339号)

2010年：

国家发改委、交通运输部《关于规范高速公路车辆救援服务收费有关问题的通知》(2010年9月19日　发改价格〔2010〕2204号)

中国保监会《关于机动车交强险承保中"即时生效"有关问题的复函》(2010年3月3日　保监厅函〔2010〕79号)

公安部、中国保监会《关于实行酒后驾驶与机动车交强险费率联系浮动制度的通知》(2010年3月1日　公通字〔2010〕8号)

财政部、中国保监会、公安部、卫生部、农业部《道路交通事故社会救助基金管

理试行办法》(2010年1月1日)

交通运输部《公路养护技术规范》(2010年1月1日)

2009年：

国家旅游局办公室《2010年度旅行社责任保险统保示范项目宣传材料》(2009年12月2日)

国家质量监督检验检疫总局《机动车安全技术检验机构监督管理办法》(2009年12月1日)

公安部《关于开展机动车涉牌涉证违法行为集中整治工作的通知》(2009年6月5日 公交管〔2009〕116号)

公安部《关于印发〈预防道路交通事故"五个一"工作指导意见〉的通知》(2009年5月12日 公交管字〔2009〕85号)

公安部《关于印发〈交通警察道路执勤执法工作规范〉的通知》(2009年1月1日 公通字〔2008〕58号)

公安部《道路交通事故处理程序规定》(2009年1月1日 本篇法规被2017年7月22日发布、2018年5月1日实施的《道路交通事故处理程序规定》废止)

公安部《关于印发〈道路交通事故处理工作规范〉的通知》(2009年1月1日 公交管〔2008〕277号)

国家质量监督检验检疫总局、中国国家标准化管理委员会《假肢费用赔偿鉴定》(GB/T 24432—2009)

2008年：

公安部《关于印发〈高速公路交通应急管理程序规定〉的答复》(2008年12月3日 公通字〔2008〕54号)

中国保监会《关于对〈保险法〉第27条理解有关问题的复函》(2008年8月25日 保监厅函〔2008〕249号)

中国保监会《关于运输公司涉嫌经营保险业务行为性质认定的复函》(2008年8月1日 保监厅函〔2008〕232号)

中国保监会办公厅《关于机动车辆商品车投保交强险有关事宜的复函》(2008年4月15日 保监厅函〔2008〕89号)

中国保监会《关于调整交强险责任限额的公告》(2008年1月11日)

2007年：

中国保监会《关于机动车交通事故责任强制保险中"未取得驾驶资格"认定问题的复函》(2007年11月29日 保监厅函〔2007〕327号)

中国保监会《关于机动车辆保险条款相关问题的复函》(2007年9月28日 保监厅函〔2007〕270号)

卫生部《关于印发〈道路交通事故受伤人员临床诊疗指南〉的通知》(2007年5月31日　卫医发〔2007〕175号)

中国保监会《关于交强险有关问题的复函》(2007年4月10日　保监厅函〔2007〕77号)

中国保监会《关于保险价值确定等问题的复函》(2007年4月3日　保监厅函〔2007〕71号)

公安部《道路运输从业人员管理规定》(2007年3月1日)

2006年:

公安部、交通部《关于加强高速公路交通安全工作的通知》(2006年12月19日　公通字〔2006〕84号)

中国保监会《关于进一步加强机动车交通事故责任强制保险及商业机动车保险管理工作的通知》(2006年10月13日　保监发〔2006〕107号)

中国保监会《健康保险管理办法》(2006年9月1日)

中国保监会《关于加强机动车交通事故责任强制保险中介业务管理的通知》(2006年8月2日　保监发〔2006〕86号)

中国保监会《关于转发最高人民法院明确机动车第三者责任保险性质的明传电报的通知》(2006年8月2日　保监厅发〔2006〕68号)

交通部公路司《关于对营业性和非营业性运输划分问题的复函》(2006年7月31日　公运政字〔2000〕57号)

中国保监会《关于加强机动车交通事故责任强制保险管理的通知》(2006年6月25日　保监发〔2006〕71号)

交通部《机动车驾驶员培训管理规定》(2006年4月1日)

2005年:

公安部交管局《车辆驾驶人因紧急避险肇事承担事故责任和赔偿责任问题?》(2005年11月30日)

中国保监会《关于对如何界定机动车保险业务中"车上人员"的复函》(2005年8月25日　保监厅函〔2005〕160号)

中国保监会办公室《关于车上人员责任险条款解释意见的复函》(2005年7月28日　保监厅函〔2005〕140号)

建设部《城市公共汽电车客运管理办法》(2005年6月1日)

公安部《人身损害受伤人员误工损失日评定准则》(2005年3月1日)

2004年:

中国保监会《关于保险公司垫付肇事逃逸车辆对第三者经济损害赔偿责任有关问题的复函》(2004年11月4日　保监厅函〔2004〕208号)

中国保监会《关于机动车辆保险条款解释的复函》(2004年8月5日 保监产险〔2004〕1312号)

国务院法制办公室《对〈关于要求解释交通安全责任统筹能否视同第三者责任保险问题的请示〉的意见》(2004年7月23日 国法秘函〔2004〕204号)

劳动和社会保障部《因工死亡职工供养亲属范围规定》(2004年1月1日)

2003年：

中国保监会《关于机动车辆保险条款解释有关问题的批复》(2003年8月22日 保监办复〔2003〕151号)

公安部《关于对当事人未领回吊扣期满的驾驶证继续驾驶机动车是否可按无证驾驶处理的批复》(2003年8月22日)

中国保监会《关于保险理赔纠纷咨询意见的复函》(2003年7月21日 保监办函〔2003〕113号)

中国保监会《关于机动车辆火灾责任等问题的复函》(2003年6月20日 保监办函〔2003〕99号)

中国保监会《关于〈机动车辆保险条款〉的性质等有关问题的批复》(2003年5月20日 保监办复〔2003〕92号)

2002年：

中国保监会《关于〈机动车辆保险条款〉赔偿处理问题的批复》(2002年11月14日 保监办复〔2002〕192号)

中国保监会办公室《关于保险车辆肇事逃逸是否属于保险除外责任的复函》(2002年9月20日 保监办函〔2002〕84号)

公安部《关于在公路上打场晒粮的行为如何适用法律和管辖问题的批复》(2002年5月23日,2004年8月19日废止)

中国保监会《关于机动车辆保险条款解释的批复》(2002年2月4日 保监函〔2002〕15号)

中国保监会《关于机动车辆保险第三者财产贬值损失问题的批复》(2002年1月24日 保监函〔2002〕8号)

2001年：

公安部《关于道路交通事故逃逸案件有关责任认定问题的批复》(2001年11月12日 公复字〔2001〕19号,2004年8月19日废止)

中国保监会《关于太原市中级人民法院咨询保险法律问题的复函》(2001年10月31日 保监函〔2001〕211号)

中国保监会《关于〈机动车辆保险条款〉第四条第(三)款解释的批复》(2001年9月18日 保监办函〔2001〕59号)

中国保监会《关于〈机动车辆保险条款〉解释的函》(2001年9月18日 保监办函〔2001〕60号)

中国保监会《关于车上责任保险条款有关问题的复函》(2001年9月10日 保监函〔2001〕175号)

中国保监会《关于商业医疗保险是否适用补偿原则的复函》(2001年7月25日 保监函〔2001〕156号)

公安部《关于依法取缔机动车及驾驶员无牌无证行为的通告》(2001年6月29日)

中国保监会《关于机动车辆保险条款中"自燃"解释的复函》(2001年6月5日 保监函〔2001〕133号)

交通部《关于对〈关于请求明确"公路养护技术规范"有关条款含义的紧急请示〉的答复》(2001年6月5日 交公便字〔2001〕66号)

中国保监会《关于对机动车辆保险中空中运行物体坠落保险责任范围的条款解释的批复》(2001年4月24日 保监函〔2001〕24号)

中国保监会《关于交通事故强制定损问题的批复》(2001年3月29日 保监复〔2001〕88号)

2000年：

公安部《关于对交通事故损害赔偿调解达成协议后当事人又申请重新认定问题的批复》(2000年12月18日)

公安部《关于对施工路段路面发生交通事故有关问题的答复》(2000年12月18日 公交管〔2000〕258号,2004年8月19日废止)

公安部《关于对未经验收但已通车的公路发生交通事故如何处理的答复》(2000年12月18日 公交管〔2000〕259号,2004年8月19日废止)

中国保监会《对〈保险法〉有关索赔时限理解问题的批复》(2000年12月1日 保监复〔2000〕304号)

中国保监会《对〈关于车辆损失险赔案处理的请示〉的批复》(2000年9月6日 保监法〔2000〕18号)

中国保监会《关于大连"交警支队"留存保单副本的批复》(2000年7月13日 保监复〔2000〕182号)

公安部《关于机动车财产所有权转移时间问题的复函》(2000年6月16日 公交管〔2000〕110号)

中国保监会《关于明确〈机动车辆保险条款〉中"火灾"责任的批复》(2000年6月15日 保监复〔2000〕159号)

公安部《关于确定机动车所有权人问题的复函》(2000年6月5日 公交管

〔2000〕98号）

中国保监会《关于如何理解和适用保险法第三十九条问题的复函》（2000年4月4日　保监法〔2000〕10号）

中国保监会《关于农九师一六九团与农九师保险分公司保险合同赔偿纠纷案适用规章的复函》（2000年3月23日　保监法〔2000〕6号）

公安部《关于对地方政府法制机构可否受理对交通事故责任认定的复议申请的批复》（2000年1月15日　2011年1月18日废止）

1999年：

中国保监会《关于界定责任保险和人身意外伤害保险的通知》（1999年12月15日　保监发〔1999〕245号）

国务院法制办《对最高人民法院行政审判庭关于农用运输车管理问题征求意见函的答复意见》（1999年12月15日　国法秘函〔1999〕113号）

公安部交管局《对陕西省公安厅关于不符合法定条件领取的驾驶证是否有效问题请示的答复》（1999年10月25日　公交管〔1999〕254号，2004年8月19日废止）

中国保监会《关于保险条款中有关违法犯罪行为作为除外责任含义的批复》（1999年9月6日　保监复〔1999〕168号）

中国保监会《关于保险车辆出险后实际价值如何确定的批复》（1999年8月23日　保监复〔1999〕161号）

中国保监会《关于〈太保〔1999〕48号文〉的答复》（1999年7月20日　保监寿〔1999〕12号）

公安部交管局《关于外国人持国外驾驶证肇事属何种违章行为的答复》（1999年7月16日　公交管〔1999〕175号，2004年8月19日废止）

公安部交管局《关于境外购买的车辆能否使用国外购车发票办理登记问题的批复》（1999年6月28日　公交管〔1999〕145号，2004年8月19日废止）

公安部交管局《关于人民法院判决的机动车办理转籍过户登记有关问题的答复》（1999年6月28日　公交管〔1999〕146号，2004年8月19日废止）

公安部交管局《关于学习驾驶员和教练员考试发证等管理问题的答复》（1999年6月22日　公交管〔1999〕142号，2004年8月19日废止）

中国保监会《关于"车上责任保险条款"有关问题解释的复函》（1999年6月14日　保监法〔1999〕8号）

公安部交管局《关于特种车辆在执行任务中发生交通事故后驶离现场定性问题的答复》（1999年4月29日　公交管〔1999〕105号，2004年8月19日废止）

公安部交管局《对〈关于高等级公路机动车临时停车设置警告标志牌的请示〉

的答复》(1999年4月19日 公交管〔1999〕97号,2004年8月19日废止)

公安部交管局《关于双排座厢式货车能否办理车辆牌照问题的复函》(1999年4月1日 公交管〔1999〕75号,2004年8月19日废止)

公安部交管局《关于高速公路上因特殊情况停车造成交通事故应如何认定责任的答复》(1999年3月4日 公交管〔1999〕45号,2004年8月19日废止)

中国保监会《机动车辆保险条款》(1999年2月13日)

公安部《关于对机动车前照灯贴膜问题的批复》(1999年1月25日 公复字〔1999〕2号,2004年8月19日废止)

公安部交管局《关于客车行李架载货高度问题的答复》(1999年1月13日 公交管〔1999〕11号,2004年8月19日废止)

1998年:

公安部交管局《关于做好低能见度气象条件下高速公路交通安全工作的通知》(1998年12月31日 公交管〔1998〕346号)

公安部交管局《关于对非肇事驾驶员可否吊销驾驶证问题的答复》(1998年12月25日 公交管〔1998〕341号,2004年8月19日废止)

公安部交管局《对〈关于暂扣车辆到期后是否需要通知当事人或车辆所有人的请示〉的批复》(1998年9月5日 公交管〔1998〕231号,2004年8月19日废止)

公安部交管局《关于对电动自行车交通管理请示的答复》(1998年9月2日 公交管〔1998〕228号,2004年8月19日废止)

中国保监会《对〈关于机动车因道路颠簸着火是否属于保险除外责任"自燃"的请示〉的批复》(1998年8月31日 银条法〔1998〕40号)

公安部交管局《关于加强农用运输车和拖拉机道路交通管理工作的通知》(1998年8月14日 公交管〔1998〕209号,2004年8月19日废止)

公安部交管局《关于被盗机动车辆肇事后应由谁承担损害赔偿责任问题的意见的函》(1998年7月9日 公交管〔1998〕181号)

中国人民银行《关于医疗费用重复给付问题的答复》(1998年7月1日 银保险〔1998〕63号)

公安部交管局《关于对〈关于驾车人未领取驾驶证驾驶车辆是否属无证驾驶的请示〉的答复》(1998年5月25日 公交管〔1998〕123号,2004年8月19日废止)

公安部交管局《关于对死者身份不明的交通事故如何结案的请示的批复》(1998年5月21日 公交管〔1998〕122号,2004年8月19日废止)

公安部法制司《对海南省公安厅法制处〈关于"无劳动能力的人"标准的请示〉的答复》(1998年5月14日 公发〔1998〕28号)

中国人民银行《关于依法界定责任保险与人身意外伤害保险的通知》(1998年

5月6日)

公安部《关于对汽车专用公路交通管理有关问题的批复》(1998年2月19日 公交管〔1998〕44号)

公安部交管局《关于对货运汽车载客问题的答复》(1998年1月27日 公交管〔1998〕19号,2004年8月19日废止)

1997年:

公安部《关于发布〈关于加强低能见度气象条件下高速公路交通管理的通告〉的通知》(1997年12月26日 交公管〔1997〕312号,2004年8月19日废止)

公安部《关于农用运输车辆在道路上通行有关问题的批复》(1997年11月19日,2004年8月19日废止)

公安部交管局《关于注销驾驶证有关问题的答复》(1997年9月30日 公交管〔1997〕226号,2004年8月19日废止)

公安部交管局《关于对申请重新伤残评定的"当事人"如何理解》(1997年9月12日 公交管〔1997〕208号,2004年8月19日废止)

公安部交管局《关于发牌代号为"O"的专段民用号牌车辆是否享有通行便利的答复》(1997年8月22日 公交管〔1997〕185号)

公安部交管局《关于对申请放宽大客车学习驾驶年龄的答复》(1997年8月13日 公交管〔1997〕179号,2004年8月19日废止)

公安部交管局《关于驾驶员在学习期内能否在高速公路上驾驶车辆的答复》(1997年7月18日 公交管〔1997〕152号,2004年8月19日废止)

公安部交管局《关于〈机动车驾驶证管理办法〉有关问题的答复》(1997年6月11日 公交管〔1997〕107号,2004年8月19日废止)

公安部交管局《关于机动车驾驶员违章停放车辆拒不服从交通民警管理对车辆如何处理的答复》(1997年3月12日 公交管〔1997〕39号,2004年8月19日废止)

1996年:

公安部交管局《关于〈高速公路交通管理办法〉有关条款如何理解的答复》(1996年12月19日 公交管〔1996〕225号,2004年8月19日废止)

公安部交管局《关于实施〈驾驶证管理办法〉和〈驾驶员考试办法〉的补充通知》(1996年10月21日 公交管〔1996〕186号,2004年8月19日废止)

公安部交管局《关于持中华人民共和国机动车驾驶证驾驶军队、武警部队车辆问题的批复》(1996年9月27日 公交管〔1996〕180号,2004年8月19日废止)

公安部交管局《关于使领馆外籍人员换领驾驶证免考问题的批复》(1996年9月20日 公交管〔1996〕173号)

公安部交管局《关于在高速公路行车道上正常行驶的车辆超过了超车道上的车辆是否属于违章的答复》(1996年9月4日 公交管〔1996〕162号,2004年8月19日废止)

公安部交管局《关于农用运输车按机动车进行管理的批复》(1996年8月6日 公交管〔1996〕10号,2004年8月19日废止)

公安部交管局《关于农用运输车管理问题的批复》(1996年7月24日 公交管〔1996〕137号)

公安部交管局《关于不准强令交通事故车辆到指定汽车修理厂修理的通知》(1996年7月23日 公交管〔1996〕140号,2004年8月19日废止)

公安部交管局《关于对高速公路上故障车肇事车清障主管机关的答复》(1996年6月26日 公交管〔1996〕113号)

公安部交管局《关于对〈甘肃省农业机械管理条例〉意见的函》(1996年5月16日 公交管〔1996〕86号)

公安部交管局《关于未经合法程序取得的驾驶证是否有效问题的批复》(1996年5月13日,2004年8月19日废止)

公安部交管局《关于机动车驾驶员考核发证几个具体问题的批复》(1996年5月6日 公交管〔1996〕74号,2004年8月19日废止)

公安部交管局《关于对司法行政机关车辆是否核发警车号牌请示的答复》(1996年4月18日 公交管〔1996〕63号)

1995年：

公安部交管局《关于交通护栏等设施法律效力的答复》(1995年12月27日 公交管〔1995〕231号,2004年8月19日废止)

中国人民银行《关于机动车辆保险条款"变更用途"一词认定的答复》(1995年11月24日 银条法〔1995〕56号)

公安部交管局《关于中国人民保险公司天津市分公司诉肖国新返还保险金一案有关交通法规问题的复函》(1995年10月12日 公交管〔1995〕197号)

公安部交管局《关于实施〈警车管理规定〉若干问题的通知》(1995年9月12日 公交管〔1995〕176号)

公安部《关于国家安全机关车辆使用"特别通行"标志的通知》(1995年7月17日 公交管〔1995〕136号,2004年8月19日废止)

公安部交管局《关于对民航快递车辆给予邮政车通行待遇的通知》(1995年6月22日 公交管〔1995〕116号,2004年8月19日废止)

公安部交管局《关于对处罚交通肇事责任人有关问题的批复》(1995年5月21日 公交管〔1995〕93号,2004年8月19日废止)

公安部交管局《关于挂车后端设置防护装置有关问题的批复》(1995年5月17日　公交管〔1995〕88号,2004年8月19日废止)

公安部交管局《关于正式驾驶员监督指导责任问题的答复》(1995年4月28日　公交管〔1995〕58号,2004年8月19日废止)

中国残疾人联合会、公安部、建设部、劳动部、民政部、国家工商行政管理局《关于加强对残疾人专用机动车运营管理的通知》(1995年4月21日　〔1995〕残联发字第66号)

公安部交管局《关于制止将行驶证照片上无车辆号牌作为违章进行处罚等问题的通知》(1995年3月21日　公交管〔1995〕38号,2004年8月19日废止)

公安部交管局《关于对办理外籍人员机动车牌证、驾驶证有关问题的请示的答复》(1995年3月20日　公交管〔1995〕42号)

公安部交管局《关于对〈高速公路交通管理办法〉第四条中的"全挂牵引车"如何理解的答复》(1995年3月6日　公交管〔1995〕26号,2004年8月19日废止)

1994年:

公安部交管局《关于大中专院校学生申领驾驶证件问题的批复》(1994年5月19日　公交管〔1994〕78号,2004年8月19日废止)

公安部交管局《关于特种车辆安装使用警报器和标志灯具范围的通知》(1994年3月7日)

公安部交管局《关于实习驾驶员驾驶特种车辆问题的批复》(1994年1月18日　公交管〔1994〕9号,2004年8月19日废止)

1993年:

公安部交管局《关于道路交通事故现场勘查工作有关问题的通知》(1993年10月4日　公交管〔1993〕138号,2004年8月19日废止)

公安部交管局《关于农用运输车道路交通管理的规定》(1993年5月17日,2004年8月19日废止)

公安部交管局《关于我国公民持外国机动车驾驶证如何处理的请示的答复》(1993年3月12日　公交管〔1993〕34号,2004年8月19日废止)

公安部交管局《关于林业运材道路归属范围的答复》(1993年2月11日　公交管〔1993〕16号,2004年8月19日废止)

公安部《关于车辆运载超限物品审批程序的批复》(1993年1月14日,2004年8月19日废止)

1992年:

公安部交管局《关于车行道边缘线有关问题的答复》(1992年12月10日　公交管〔1992〕187号)

公安部交管局《对关于法院判决、裁定的车辆能否办理注册登记手续的请示的答复》(1992年9月9日 公交管〔1992〕156号,2004年8月19日废止)

公安部交管局《关于涉及保险车辆肇事定损问题的批复》(1992年6月16日 公交管〔1992〕98号,2004年8月19日废止)

中国人民保险公司、公安部《关于贯彻实施〈道路交通事故处理办法〉有关保险问题的通知》(1992年2月26日)

1991年：

公安部交管局《关于道路外交通事故主管与处理问题的答复》(1991年8月5日 公交管〔1991〕96号,2004年8月19日废止)

公安部交管局《对交通管理工作中两个问题请示的复函》(1991年5月16日 公交管〔1991〕35号,2004年8月19日废止)

公安部交管局《关于交叉路口如何认定等问题的答复》(1991年2月27日 公交管〔1991〕17号,2004年8月19日废止)

公安部交管局《关于持B类驾驶证驾驶二轮摩托车是否属于无证驾车问题的答复》(1991年2月27日 公交管〔1991〕3号,2004年8月19日废止)

1990年：

公安部交管局《关于车辆转卖未过户发生事故经济赔偿问题的批复》(1990年11月28日,2004年8月19日废止)

公安部交管局《关于公路征费、路政管理车辆是否按特种车辆管理的复函》(1990年11月26日 〔90〕公交管第165号)

公安部交管局《关于轻便摩托车管理问题的答复》(1990年9月10日 〔90〕公交管办第13号,2004年8月19日废止)

公安部交管局《关于二轮、侧三轮摩托车载人问题的答复》(1990年9月6日 〔90〕公交管第132号,2004年8月19日废止)

公安部交管局《关于轮式专用机械车管理问题的答复》(1990年8月29日 〔90〕公交信603号,2004年8月19日废止)

公安部交管局《关于公路征费车辆安装、使用专用标志灯饰和警报器问题的答复》(1990年7月28日 〔90〕公交管办第118号,2004年8月19日废止)

公安部交管局《关于机动车是否包括轻便摩托车问题的复函》(1990年6月4日 〔90〕公交管办第70号,2004年8月19日废止)

公安部交管局《关于黄灯闪烁时路口通行问题的答复》(1990年6月4日 〔90〕公交管第73号,2004年8月9日废止)

公安部交管局《关于实习驾驶员准驾车型问题的答复》(1990年5月23日 〔90〕公交管第63号,2004年8月19日废止)

1989 年：

公安部交管局《关于持方向盘式拖拉机准驾记录的驾驶证驾驶农用运输车问题的答复》(1989 年 11 月 16 日 〔89〕公交管第 171 号,2004 年 8 月 19 日废止)

公安部交管局《关于防汛抢险车辆使用"防汛"系列标志牌的复函》(1989 年 11 月 13 日 〔89〕公交管第 174 号,2004 年 8 月 19 日废止)

公安部交管局《关于退役军人持军车驾驶证驾驶地方车辆有关问题的答复》(1989 年 11 月 6 日 〔89〕公交管第 166 号,2004 年 8 月 19 日废止)

公安部交管局《关于对货运汽车载人应如何办理的问题的复函》(1989 年 10 月 11 日 〔89〕公交管第 156 号,2004 年 8 月 19 日废止)

公安部交管局《关于林业运材车超限运输问题的答复》(1989 年 7 月 17 日 〔89〕公交管第 104 号,2004 年 8 月 19 日废止)

公安部交管局《关于〈条例〉第二十六条第(三)项如何理解的答复》(1989 年 6 月 10 日 〔89〕公交管第 85 号,2004 年 8 月 19 日废止)

公安部交管局《关于天津港区道路纳入道路交通管理范围的答复》(1989 年 4 月 4 日 〔89〕公交管第 53 号,2004 年 8 月 19 日废止)

1988 年：

公安部交管局《关于准驾车型与准驾车类如何理解的答复》(1988 年 8 月 19 日 〔88〕公交管第 107 号,2004 年 8 月 19 日废止)

公安部交管局《关于汽车载质量等有关问题的复函》(1988 年 5 月 4 日 〔88〕公交管第 52 号,2004 年 8 月 19 日废止)

1987 年：

公安部交管局《关于加强农用运输车道路交通管理问题的通知》(1987 年 6 月 30 日 〔87〕公交管第 446 号,2004 年 8 月 19 日废止)

第五部分：地方司法性文件

2024 年：

河南高院《关于机动车交通事故责任纠纷案件审理中疑难问题的解答》(2024 年 5 月)

北京高院、北京市劳动人事争议仲裁委《关于印发〈北京市高级人民法院、北京市劳动人事争议仲裁委员会关于审理劳动争议案件解答(一)〉的通知》(京高法发〔2024〕534 号 2024 年 4 月 30 日)

山东高院审监二庭《关于审理机动车交通事故责任纠纷案件若干问题的解答(一)》(2024 年 4 月)

广东高院《关于审理机动车交通事故责任纠纷案件的指引》(粤高法发〔2024〕

3号　2024年1月31日)

2022年:

浙江高院《印发〈关于人身损害赔偿项目计算标准的指引〉的通知》(2022年8月24日　浙高法审〔2022〕2号)

内蒙古高院《关于道路交通事故损害赔偿案件赔偿项目审核认定标准汇编》(2022年1月1日)

2021年:

浙江高院《侵权审判信箱》(2021年8月23日)

2020年:

海南高院《关于印发〈海南省道路交通事故人身损害赔偿标准〉的通知》(2020年12月31日　琼高法〔2020〕325号)

江西宜春中院《关于印发〈审理机动车交通事故责任纠纷案件的指导意见〉的通知》(2020年9月1日　宜中法〔2020〕34号)

山西高院《关于人身损害赔偿标准的办案指引》(2020年7月1日　晋高法〔2020〕34号)

广东广州中院、广州市公安局、广州市司法局、中国银行保险监督管理委员会广东监管局《关于印发〈广州市机动车交通事故责任纠纷司法鉴定工作指引〉的通知》(2020年6月8日　穗中法〔2020〕94号)

西藏高院《关于印发〈西藏自治区高级人民法院开展人身损害赔偿标准城乡统一试点实施方案〉的通知》(2020年5月20日　藏高法〔2020〕21号)

青海高院《印发〈关于开展人身损害赔偿标准城乡统一试点工作的实施意见〉的通知》(2020年5月7日　青高法〔2020〕54号)

内蒙古高院《关于开展人身损害赔偿标准城乡统一试点工作的实施意见》(2020年4月1日)

安徽亳州中院《关于审理道路交通事故损害赔偿案件的裁判指引(试行)》(2020年4月1日)

山东德州中院《机动车交通事故责任纠纷案件审判疑难问题解答》(2020年4月)

重庆高院《关于开展机动车交通事故责任纠纷案件人身损害赔偿标准城乡统一试点工作的意见》(2020年3月25日　渝高法〔2020〕58号)

云南高院《关于开展人身损害赔偿标准城乡统一试点工作的通知》(2020年3月25日　云高法发电〔2020〕80号)

北京高院《关于开展人身损害赔偿纠纷案件统一城乡居民赔偿标准试点工作的通知》(2020年3月24日)

辽宁沈阳中院《机动车交通事故责任纠纷案件审判实务问题解答》(2020年3月23日)

江苏高院《关于印发〈开展人身损害赔偿标准城乡统一试点工作的实施方案〉的通知》(2020年3月20日 苏高法〔2020〕43号)

江西高院《关于印发开展人身损害赔偿标准城乡统一试点工作意见的通知》(2020年3月16日 赣高法〔2020〕45号)

山东高院《关于印发开展人身损害赔偿标准城乡统一试点工作意见的通知》(2020年3月11日 鲁高法〔2020〕18号)

辽宁大连中院《关于人身损害赔偿案件适用"全体居民人均可支配收入"、"全体居民人均消费支出"数据的通知》(2020年3月4日 大中法明传〔2020〕6号)

浙江台州中院《关于印发〈台州市中级人民法院关于人身损害赔偿纠纷案件统一城乡居民标准的意见〉的通知》(2020年3月3日 台中法〔2020〕6号)

河北高院《关于印发〈河北省高级人民法院关于开展人身损害赔偿标准城乡统一试点实施方案〉的通知》(2020年2月24日 冀高法〔2020〕21号)

四川成都中院《关于开展人身损害赔偿纠纷案件统一城乡居民赔偿标准试点工作的意见(试行)》(2020年1月16日)

海南高院《关于印发〈全省法院开展人身损害赔偿案件统一赔偿标准试点工作方案〉的通知》(2020年1月9日 琼高法〔2020〕11号)

辽宁高院《关于印发〈辽宁省高级人民法院关于开展人身损害赔偿标准城乡统一试点工作的实施方案〉的通知》(2020年1月9日 辽高法〔2020〕7号)

重庆高院《印发〈关于审理工伤行政案件若干问题的解答〉的通知》(2020年1月2日)

2019年:

天津高院《关于印发〈天津市高级人民法院关于开展人身损害赔偿案件统一城乡标准试点工作的意见(试行)〉的通知》(2019年12月31日 津高法〔2019〕338号)

湖北高院《关于开展人身损害赔偿标准城乡统一试点工作的通知》(2019年12月31日 鄂高法〔2019〕158号)

湖南常德中院《关于在全市机动车交通事故责任纠纷案件中统一适用城镇居民人身损害赔偿标准的意见(试行)》(2019年12月30日 常中法〔2019〕71号)

山西高院《关于印发〈关于在民事诉讼中开展人身损害赔偿标准城乡统一试点工作的意见〉的通知》(2019年12月30日 晋高法〔2019〕75号)

浙江丽水中院《关于印发〈丽水市中级人民法院关于开展人身损害赔偿标准城乡统一试点实施方案〉的通知》(2019年12月30日 丽中法〔2019〕158号)

浙江嘉兴中院《关于印发〈嘉兴市中级人民法院关于开展人身损害赔偿标准城乡统一试点实施方案〉的通知》(2019年12月30日 嘉中法〔2019〕87号)

四川阿坝州中院《关于开展人身损害赔偿标准城乡统一试点工作的意见(试行)》(2019年12月30日)

广西高院《关于开展人身损害赔偿标准城乡统一试点工作的通知》(2019年12月26日 桂高法网传〔2019〕105号)

浙江湖州中院《印发〈关于在人身损害赔偿纠纷案件审理中统一适用相关民事赔偿标准〉的通知》(2019年12月26日 湖中法办〔2019〕25号)

黑龙江高院《印发〈关于统一城乡人身损害赔偿标准试点工作的意见〉的通知》(2019年12月23日 黑高法〔2019〕241号)

浙江绍兴中院《关于印发〈绍兴市中级人民法院关于开展人身损害赔偿标准城乡统一试点实施方案〉的通知》(2019年12月23日 绍中法〔2019〕230号)

河南高院《关于印发〈关于开展人身损害赔偿案件统一城乡标准试点工作的意见(试行)〉的通知》(2019年12月20日 豫高法〔2019〕338号)

浙江温州中院《关于印发〈温州市中级人民法院关于人身损害赔偿纠纷案件统一城乡居民标准等问题的会议纪要〉的通知》(2019年12月20日)

广东高院《关于在全省法院民事诉讼中开展人身损害赔偿标准城乡统一试点工作的通知》(2019年12月20日 粤高法〔2019〕159号)

湖南长沙中院《关于在全市机动车交通事故责任纠纷案件中统一适用城镇居民人身损害赔偿标准的意见(试行)》(2019年12月19日)

安徽高院《关于印发〈安徽省高级人民法院关于开展人身损害赔偿标准城乡统一试点实施方案〉的通知》(2019年12月6日 皖高法〔2019〕112号)

湖南郴州中院《关于印发〈关于在全市机动车交通事故责任纠纷案件中统一适用城镇居民人身损害赔偿标准的意见(试行)〉的通知》(2019年12月5日 郴中法〔2019〕42号)

湖南岳阳中院《关于在全市机动车交通事故责任纠纷案件中统一适用城镇居民人身损害赔偿标准的意见(试行)》(2019年12月)

新疆高院《关于开展人身损害赔偿纠纷案件统一适用城镇居民人身损害赔偿标准试点工作的通知》(2019年11月29日 新高法明传〔2019〕324号)

四川高院《关于在部分地区开展人身损害赔偿纠纷案件统一城乡居民赔偿标准试点工作的通知》(2019年11月22日 川高法明传〔2019〕221号)

宁夏高院《关于开展人身损害赔偿标准城乡统一试点的通知》(2019年11月18日 宁高法明传〔2019〕158号)

江苏高院民一庭《关于准确理解商业第三者责任保险合同"许可证"免责条款

有关问题的通知》(2019 年 11 月 11 日　苏高法电〔2019〕761 号)

湖南高院《关于印发〈审理道路交通事故损害赔偿纠纷案件的裁判指引(试行)〉的通知》(2019 年 11 月 7 日　湘高法〔2019〕29 号)

陕西高院《关于印发〈关于在全省机动车事故责任纠纷案件中统一适用城镇居民人身损害赔偿标准的意见(试行)〉的通知》(2019 年 11 月 4 日)

上海高院《关于开展人身损害赔偿标准城乡统一试点工作的实施意见》(2019 年 10 月 29 日)

福建高院《关于在省内部分地区开展人身损害赔偿标准城乡统一试点的通知》(2019 年 10 月 29 日　闽法明传〔2019〕357 号)

四川高院《关于印发〈四川省高级人民法院机动车交通事故责任纠纷案件审理指南〉的通知》(2019 年 9 月 20 日　川高法〔2019〕215 号)

安徽黄山中院《关于印发〈黄山市中级人民法院关于审理道路交通事故损害赔偿纠纷案件相关事项的会议纪要(试行)〉的通知》(2019 年 9 月 2 日　黄中法〔2019〕82 号)

浙江金华中院《人身损害赔偿细化参照标准》(2019 年 5 月 27 日)

安徽合肥中院《关于道路交通事故损害赔偿案件的审判规程(试行)》(2019 年 3 月 18 日)

江西上饶中院《关于机动车交通事故责任纠纷案件的指导意见(试行)》(2019 年 3 月 12 日)

2018 年：

江苏宿迁中院《机动车交通事故责任纠纷审判工作有关问题的解答》(2018 年 12 月 25 日　宿中发民三电〔2018〕4 号)

北京高院《关于市一中院就民事侵权案件审理中相关问题请示的答复》(2018 年 10 月 30 日)

安徽阜阳中院《机动车交通事故责任纠纷案件裁判标准座谈会会议纪要》(2018 年 9 月 10 日)

浙江湖州中院《关于印发〈2018 年道路交通事故责任纠纷案件基本赔偿项目及标准〉的通知》(2018 年 9 月 5 日　湖中法〔2018〕92 号)

北京高院、北京司法局《关于伤残评定问题研讨会会议纪要》(2018 年 8 月 20 日　京高法发〔2018〕522 号)

湖北鄂州中院《关于审理机动车交通事故责任纠纷案件的指导意见》(2018 年 7 月 6 日)

山东济南中院《关于保险合同纠纷案件 94 个法律适用疑难问题解析》(2018 年 7 月)

湖北十堰中院《印发〈关于进一步规范机动车交通事故责任纠纷案件审理工作的意见〉的通知》(2018年6月28日 十中法〔2018〕79号,2020年7月10日废止)

山东日照中院《机动车交通事故责任纠纷赔偿标准参考意见》(2018年5月22日)

广东高院《关于适用〈关于广东省道路交通事故损害赔偿标准的纪要〉有关问题的通知》(2018年4月27日 粤高法明传〔2018〕144号)

河北唐山中院《关于审理机动车交通事故责任纠纷、保险合同纠纷案件的指导意见(试行)》(2018年3月1日)

陕西榆林中院《人身损害赔偿标准调研座谈会会议纪要》(2018年1月3日)

安徽淮北中院《关于审理道路交通事故损害赔偿案件若干问题的会议纪要》(2018年)

2017年:

广东惠州中院《关于审理机动车交通事故责任纠纷案件的裁判指引》(2017年12月16日)

江苏南京中院《关于推进机动车交通事故责任纠纷案件要素式审判的指导意见》(2017年12月8日 宁中法〔2017〕247号)

江苏高院《当前民事审判中30个热点难点问题》(2017年11月3日)

湖北黄冈中院《关于审理机动车交通事故责任纠纷案件的指导意见(一)》(2017年10月1日)

江西高院《关于印发〈审理人身侵权赔偿案件指导意见(试行)〉的通知》(2017年9月5日 赣高法〔2017〕169号)

海南海口中院《印发〈关于审理海口市道路交通事故人身损害赔偿案件若干问题的意见(试行)〉的通知》(2017年8月16日 海中法发〔2017〕78号)

四川成都中院《关于印发〈机动车交通事故责任纠纷案件审理指南(试行)〉的通知》(2017年7月5日 成中法发〔2017〕116号)

浙江高院《关于在机动车交通事故责任纠纷案件审理中应统一适用相关人身损害赔偿标准进行裁量的通知》(2017年6月1日 浙高法〔2017〕92号)

重庆高院《印发〈关于保险合同纠纷法律适用问题的解答〉的通知》(2017年4月20日 渝高法〔2017〕80号)

北京三中院《类型化案件审判指引:机动车交通事故责任纠纷类审判指引》(2017年3月28日)

广东广州中院《机动车交通事故责任纠纷案件审判参考》(2017年3月27日 穗中法〔2017〕79号)

北京高院研究室、民一庭《北京法院机动车交通事故责任纠纷案件审理疑难问题研究综述》(2017年3月25日)

江苏盐城中院《关于适用〈人体损伤致残程度分级〉有关问题的通知》(2017年3月6日 盐中法电〔2017〕45号)

江西景德镇中院《关于印发〈关于审理人身损害赔偿案件若干问题的指导意见〉的通知》(2017年3月1日 景中法〔2017〕11号)

天津高院《关于印发〈机动车交通事故责任纠纷案件审理指南〉的通知》(2017年1月20日 津高法〔2017〕14号)

2016年：

浙江省高院、省检察院、省公安厅公布《印发〈关于办理"醉驾"案件若干问题的会议纪要〉的通知》(2016年12月12日 浙高法〔2017〕12号)

江苏高院《关于审理消费者权益保护纠纷案件若干问题的讨论纪要》(2016年12月12日 苏高法〔2016〕10号)

江苏常州中院《关于保险合同纠纷中"机动车发动机进水导致损失"的理赔的审判委员会会议纪要》(2016年12月8日 〔2017〕1号)

浙江金华中院《关于在机动车交通事故责任纠纷案件审理中统一适用相关民事赔偿标准的通知》(2016年12月7日 金中法〔2016〕101号)

浙江绍兴中院《关于在机动车交通事故责任纠纷案件审理中统一适用相关民事赔偿标准的通知》(2016年12月1日 绍中法〔2016〕112号)

江苏高院民一庭负责人《在全省民事审判工作例会上的讲话》(2016年9月14日)

湖南衡阳中院《关于严格审查机动车交通事故责任纠纷中单位证明材料的意见》(2016年8月2日)

重庆高院民二庭《关于2016年第二季度高、中两级法院审判长联席会会议综述》(2016年6月30日)

江苏徐州中院《关于印发〈民事审判实务问答汇编（五）〉的通知》(2016年6月13日)

上海高院民五庭《全市法院民事审判工作庭长例会》(《上海审判规则》2016年第2期)

上海高院民一庭《全市法院民事审判工作庭长例会》(《上海审判规则》2016年第1期)

重庆高院民一庭《关于道路交通事故人身损害赔偿项目及标准的更正通知》(2016年1月29日)

河北石家庄中院《关于规范机动车交通事故责任纠纷案件审理工作座谈会会

议纪要》(2016年1月11日　石中法〔2016〕4号)

江西宜春中院《关于审理机动车交通事故责任纠纷案件的指导意见》(2016年1月1日　宜中法〔2015〕91号)

2015年：

广东深圳中院《关于审理财产保险合同纠纷案件的裁判指引(试行)》(2015年12月28日)

重庆高院民一庭《民一庭高、中两级法院审判长联席会议〈机动车交通事故责任纠纷中的法律适用问题解答(二)〉会议综述》(2015年6月26日)

浙江宁波中院《关于民商事纠纷管辖异议疑难问题的解答(二)》(2015年5月19日)

浙江宁波中院《关于涉外商事审判若干疑难问题的解答(二)》(2015年5月19日)

广东高院《关于道路交通事故社会救助基金管理办公室能否主张死亡赔偿金的批复》(2015年5月7日　〔2015〕粤高法民复字第2号)

江西南昌中院《机动车交通事故责任纠纷案件指引》(2015年4月30日　洪中法〔2015〕45号)

安徽马鞍山中院《关于审理交通事故损害赔偿案件的指导意见》(2015年4月)

河北邯郸中院《印发〈关于在审理涉保险合同案件中认定保险人对免责条款是否尽到明确说明义务有关问题的意见(试行)〉的通知》(2015年3月27日　邯市中法〔2015〕5号)

重庆高院民一庭《民一庭高、中两级法院审判长联席会议〈机动车交通事故责任纠纷中的法律适用问题解答(一)〉会议综述》(2015年3月25日)

浙江宁波中院《关于交警部门协助法院扣押被执行人机动车辆工作的实施细则(试行)》(2015年3月19日)

安徽马鞍山中院《关于审理交通事故损害赔偿案件的指导意见(试行)》(2015年3月)

广东广州中院涉外商事庭《机动车交通事故责任纠纷处理及应对指引》(2015年1月)

浙江高院民一庭《民事审判法律适用疑难问题解答》(2015年第15期)

浙江高院民一庭《民事审判法律适用疑难问题解答》(2015年第14期)

浙江高院民一庭《民事审判法律适用疑难问题解答》(2015年第13期)

浙江高院民一庭《民事审判法律适用疑难问题解答》(2015年第8期)

浙江高院民一庭《民事审判法律适用疑难问题解答》(2015年第7期)

浙江高院民一庭《民事审判法律适用疑难问题解答》(2015年第2期)

河北承德中院《2015年民事审判工作会议纪要》(2015年)

2014年：

贵州贵阳中院《关于认真组织学习省法院对审理机动车交通事故涉及交强险案件的意见的通知》(2014年11月10日 法〔民一〕明传〔2014〕8号)

浙江绍兴中院《关于审理涉及机动车保险领域民商事纠纷案件若干问题指导意见》(2014年11月4日)

河南三门峡中院《关于审理道路交通事故损害赔偿案件若干问题的指导意见(试行)》(2014年10月1日)

重庆高院民一庭《关于在道路交通事故赔偿纠纷中受害人与有过失时侵权人先行垫付费用如何处理的通知》(2014年9月30日)

湖北汉江中院民一庭《关于审理交通事故损害赔偿案件疑难问题的解答》(2014年9月5日)

广西高院《关于印发〈审理机动车交通事故责任纠纷案件有关问题的解答〉的通知》(2014年9月5日 桂高法〔2014〕261号)

重庆高院民一庭《关于忠县法院〈关于农村五保人员因交通事故死亡后，乡镇人民政府是否属于"道路交通事故损害赔偿司法解释"第二十六条规定的"经法律授权的机关或有关组织"的咨询报告〉的答复》(2014年9月3日 〔2014〕渝高法民一复字第28号)

重庆高院民一庭《关于綦江区法院〈关于机动车交通事故责任纠纷案件中未购买不计免赔的商业三者险赔偿额计算基础如何确定的咨询报告〉的答复》(2014年8月26日 〔2014〕渝高法民一复字第25号)

广东深圳中院《关于道路交通事故损害赔偿纠纷案件的裁判指引》(2014年8月14日 深中法发〔2014〕3号)

湖南长沙中院民一庭《关于长沙市法院机动车交通事故责任纠纷案件审判疑难问题座谈会纪要》(2014年7月23日)

江西高院《关于印发〈关于审理保险合同纠纷案件若干问题的会议纪要〉的通知》(2014年7月16日 赣高法〔2014〕133号)

浙江金华中院《人身损害赔偿细化参照标准》(2014年5月1日)

安徽淮南中院《关于审理机动车交通事故责任纠纷案件若干问题的指导意见》(2014年4月24日)

重庆高院民二庭《关于二中法院法律适用问题的答复》(2014年4月23日 〔2014〕渝高法民二复字第6号)

重庆高院民一庭《关于当前民事审判疑难问题的解答》(2014年4月3日)

重庆高院《关于道路交通事故社会救助基金管理涉及诉讼若干问题的通知》(2014年3月5日 渝高法〔2014〕5号)

广东高院《关于肇事逃逸免责条款法律效力的复函》(2014年2月28日〔2014〕粤高法民复字第1号)

重庆高院民二庭《关于印发〈关于车上人员正常离开被保险车辆后被该保险车辆伤害是否适用商业第三者责任险的答复〉的通知》(2014年2月12日 〔2014〕渝高法民二复字第1号)

重庆高院民二庭《关于三中法院法律适用问题的答复》(2014年1月7日〔2014〕渝高法民二复字第1号)

安徽高院《关于审理道路交通事故损害赔偿纠纷案件若干问题的指导意见》(2014年1月1日 皖高法〔2013〕487号)

浙江高院民一庭《民事审判法律适用疑难问题解答》(2014年第21期)

浙江高院民一庭《民事审判法律适用疑难问题解答》(2014年第18期)

浙江高院民一庭《民事审判法律适用疑难问题解答》(2014年第16期)

浙江高院民一庭《民事审判法律适用疑难问题解答》(2014年第15期)

浙江高院民一庭《民事审判法律适用疑难问题解答》(2014年第12期)

浙江高院民一庭《民事审判法律适用疑难问题解答》(2014年第9期)

浙江高院民一庭《民事审判法律适用疑难问题解答》(2014年第7期)

浙江高院民一庭《民事审判法律适用疑难问题解答》(2014年第4期)

浙江高院民一庭《民事审判法律适用疑难问题解答》(2014年第3期)

重庆高院民一庭《关于机动车交通事故责任纠纷相关问题的解答》(2014年)

2013年：

浙江高院民一庭《关于印发〈关于人身损害赔偿费用项目有关问题的解答〉的通知》(2013年12月27日 浙高法民一〔2013〕5号)

浙江宁波中院《关于涉外商事审判若干疑难问题的解答(三)》(2013年11月30日)

浙江宁波中院《商事审判若干疑难或需统一问题的意见(二)》(2013年11月15日)

浙江宁波中院《关于商事审判若干疑难或需统一问题的解答》(2013年11月15日)

浙江宁波中院《关于印发〈民事审判若干问题解答(第四辑)〉的通知》(2013年11月8日)

湖北高院《民事审判工作座谈会会议纪要》(2013年9月)

广东佛山中院《关于伤残等级鉴定标准适用的函》(2013年8月13日)

安徽滁州中院《关于审理道路交通事故损害赔偿案件座谈会纪要》(2013年8月2日)

辽宁高院民一庭《传统民事案件审判问题解答》(2013年8月)

四川成都中院《关于对人身损害赔偿纠纷案件的经验总结》(2013年6月25日)

河北高院《关于正确适用交强险分项限额规定的通知》(2013年4月27日 冀法明传〔2013〕260号)

北京高院民一庭《关于审理道路交通事故损害赔偿案件的会议纪要》(2013年4月7日)

贵州贵阳中院《关于适用〈中华人民共和国侵权责任法〉若干问题的解答》(2013年3月13日 筑中法发〔2013〕32号)

湖南高院《关于对〈关于中国人民财产保险股份有限公司益阳市分公司与白睿保险合同纠纷一案法律适用问题的请示〉的答复》(2013年3月11日 〔2013〕湘高法民二请字第1号)

广东高院《关于已被追究刑事责任的犯罪应否承担精神损害赔偿民事责任的批复》(2013年1月30日 粤高法民一复字〔2012〕3号)

浙江高院民一庭《民事审判法律适用疑难问题解答》(2013年第20期)

浙江高院民一庭《民事审判法律适用疑难问题解答》(2013年第19期)

浙江高院民一庭《民事审判法律适用疑难问题解答》(2013年第18期)

浙江高院民一庭《民事审判法律适用疑难问题解答》(2013年第17期)

浙江高院民一庭《民事审判法律适用疑难问题解答》(2013年第16期)

浙江高院民一庭《民事审判法律适用疑难问题解答》(2013年第14期)

浙江高院民一庭《民事审判法律适用疑难问题解答》(2013年第12期)

浙江高院民一庭《民事审判法律适用疑难问题解答》(2013年第11期)

浙江高院民一庭《民事审判法律适用疑难问题解答》(2013年第6期)

浙江高院民一庭《民事审判法律适用疑难问题解答》(2013年第1期)

内蒙古高院、公安厅、保监会内蒙古监管局《关于处理交通事故纠纷相互协调配合的指导意见》(内高法〔2013〕188号)

广东广州中院《商事审判中的法律适用疑难问题指导意见》(2013年)

2012年：

浙江杭州中院民一庭《关于道路交通事故责任纠纷案件相关疑难问题解答》(2012年12月17日)

新疆高院《关于审理道路交通事故损害赔偿案件中超出交通事故责任强制保险分项赔偿限额的损失如何赔偿问题的通知》(2012年12月13日)

浙江高院民一庭《关于审理劳动争议纠纷案件若干疑难问题的解答》(2012年12月)

广东高院《关于对超出机动车第三者责任强制保险分项限额范围的损失应否予以赔偿问题的批复》(2012年8月20日　粤高法民一复字〔2012〕6号)

广东高院、省劳动人事争议仲裁委员会《关于审理劳动人事争议案件若干问题的座谈会纪要》(2012年8月2日　粤高法〔2012〕284号)

广西中院《关于机动车交通事故责任强制保险中的分项限额能否突破的通知》(2012年7月24日　桂高法〔2012〕261号)

天津高院民一庭《关于人身损害赔偿案件确定误工费标准的通知》(2012年7月16日　津高法〔2012〕13号)

北京高院《关于印发〈北京市法院一审案件移送工作规范(试行)〉的通知》(2012年7月10日　京高法发〔2012〕219号)

浙江宁波中院《关于印发〈审理机动车交通事故责任纠纷案件疑难问题解答〉的通知》(2012年7月5日　甬中法〔2012〕24号)

广东高院《关于印发〈全省民事审判工作会议纪要〉的通知》(2012年6月26日　粤高法〔2012〕240号)

新疆高院《关于〈关于审理道路交通事故损害赔偿案件若干问题的指导意见(试行)〉执行问题的紧急通知》(2012年6月13日　新高法〔2012〕85号)

广东高院《关于冯秀英与张业文、东莞市翔威汽车运输有限公司、中国平安财产保险股份有限公司东莞分公司交通事故责任纠纷一案的批复》(2012年5月28日　粤高法民一复字〔2012〕1号)

上海高院《第一次高中院(上海市)金融审判联席会议纪要》(2012年4月10日)

山东淄博中院《全市法院人身损害赔偿案件研讨会纪要》(2012年2月1日)

上海高院民五庭《关于印发〈关于审理保险合同纠纷案件若干问题的解答(二)〉的通知》(2012年1月31日)

2011年：

上海高院民一庭《道路交通事故纠纷案件疑难问题研讨会会议纪要》(2011年12月31日)

浙江嘉兴中院民一庭《关于机动车交通事故责任纠纷若干问题意见》(2011年12月7日)

山东高院《关于印发〈全省民事审判工作会议纪要〉的通知》(2011年11月30日　鲁高法〔2011〕297号)

江苏高院《保险合同纠纷案件审理指南》(2011年11月15日)

广东高院《关于人民法院委托医疗损害鉴定若干问题的意见(试行)》(2011年11月17日　粤高法发〔2011〕56号)

广东高院《关于审理住宅物业服务纠纷案件若干问题的指导意见》(2011年10月12日　粤高法发〔2011〕49号)

新疆高院《关于印发〈关于审理道路交通事故损害赔偿案件若干问题的指导意见(试行)〉的通知》(2011年9月29日　新高法〔2011〕155号)

广东高院《关于审理保险合同纠纷案件若干问题的指导意见》(2011年9月2日　粤高法发〔2011〕44号)

江苏高院、省公安厅、中国保监会江苏监管局《关于加强交通事故损害赔偿案件调解和构建交通事故损害赔偿案件联动处理机制的意见》(2011年7月19日　苏高法〔2011〕298号)

四川广元中院、市公安交警支队、市保险行业协会《关于印发〈广元市道路交通事故人身损害赔偿项目及标准〉的通知》(2011年7月18日　广中法〔2011〕56号)

贵州高院《关于印发〈关于审理涉及机动车交通事故责任强制保险案件若干问题的意见〉的通知》(2011年6月7日　黔高法〔2011〕124号)

浙江宁波中院、市公安局、市司法局、中国保监会宁波监管局《关于进一步加强道路交通事故损害赔偿纠纷调解工作的若干意见》(2011年6月3日)

江苏南通中院《关于处理交通事故损害赔偿案件中有关问题的座谈纪要》(2011年6月1日　通中法〔2011〕85号)

江苏常州中院《关于审理劳动争议案件的指导意见》(2011年5月27日　常中法〔2011〕35号)

云南高院《关于印发〈关于统一全省保险合同纠纷案件裁判标准的会议纪要〉的通知》(2012年5月15日)

浙江衢州中院《关于人身损害赔偿标准的研讨纪要》(2011年5月13日　衢中法〔2011〕56号)

浙江宁波中院《关于印发〈民事审判若干问题解答(第三辑)〉的通知》(2011年5月11日　甬中法〔2011〕18号)

浙江宁波中院《关于印发〈民事审判若干问题解答(第一辑)〉的通知》(2011年4月13日　甬中法〔2011〕13号)

天津高院、市公安局、市司法局、中国保监会天津监管局《关于加强道路交通事故损害赔偿纠纷调处工作的若干意见》(2011年4月)

安徽宣城中院《关于审理道路交通事故赔偿案件若干问题的意见(试行)》(2011年4月)

上海高院民一庭《民事法律适用问答(2011年第1期)》(2011年3月22日)

山东高院《关于印发〈关于审理保险合同纠纷案件若干问题意见(试行)〉的通知》(2011年3月17日　鲁高法发〔2011〕7号)

江苏高院、省高检、省公安厅《关于办理交通肇事刑事案件适用法律若干问题的意见(试行)》(2011年3月15日　苏高法〔2011〕135号)

浙江高院《关于交通肇事逃逸等问题的会议纪要》(2011年3月4日)

湖南衡阳中院《关于审理机动车交通事故责任保险以及保险代理合同案件的若干具体意见》(2011年1月24日　衡中法〔2011〕2号)

江苏高院《印发〈关于审理保险合同纠纷案件若干问题的讨论纪要〉的通知》(2011年1月12日　苏高法审委〔2011〕1号)

江西鹰潭中院《关于审理道路交通事故损害赔偿纠纷案件的指导意见》(2011年1月1日　鹰中法〔2011〕143号)

山东淄博中院民三庭《关于审理道路交通事故损害赔偿案件若干问题的指导意见》(2011年1月1日)

江苏高院《行政审判庭工伤认定行政案件审理指南》(2011年)

江苏高院民一庭《侵权损害赔偿案件审理指南》(2011年)

浙江金华中院《2011年人身损害赔偿细化参照标准》(2011年)

四川高院研究室《关于宗教教职人员因交通事故遭受人身损害如何计算赔偿费用的请示的答复》(川高法研〔2011〕40号)

2010年:

江西高院《关于印发〈关于审理保险合同纠纷案件若干问题的指导意见(一)〉的通知》(2010年12月21日　赣高法〔2010〕280号)

上海高院民五庭《关于印发〈审理保险合同纠纷案件若干问题的解答(一)〉的通知》(2010年12月17日　沪高法民五〔2010〕4号)

安徽六安中院《关于印发〈审理道路交通事故人身损害赔偿案件若干问题的意见〉的通知》(2010年12月7日　六中法〔2010〕166号)

广东高院《关于建立道路交通事故案件诉调衔接工作机制的意见》(2010年12月1日　粤高法发〔2010〕72号)

山东高院《关于农村户口的未成年人在城镇上学发生人身损害的残疾赔偿金、死亡赔偿金应否参照城镇居民标准计算请示报告的答复》(2010年11月17日〔2010〕鲁民一字第2号)

江苏无锡中院《关于印发〈关于审理道路交通事故损害赔偿案件若干问题的指导意见〉的通知》(2010年11月8日　锡中法发〔2010〕168号)

贵州遵义中院《关于审理道路交通事故人身损害赔偿案件的意见》(2010年

11月1日)

江苏常州中院《关于道路交通事故损害赔偿案件的处理意见》(2010年10月13日 常中法〔2010〕104号)

上海高院民五庭《关于印发〈关于审理保险代位求偿权纠纷案件若干问题的解答(二)〉的通知》(2010年9月30日 沪高法民五〔2010〕3号)

上海高院民五庭《关于印发〈关于审理保险代位求偿权纠纷案件若干问题的解答(一)〉的通知》(2010年9月19日 沪高法民五〔2010〕2号)

江西宜春中院《关于审理保险案件若干问题的指导意见》(2010年9月17日 宜中法〔2010〕92号)

福建福州中院民一庭《民事司法信箱回复:侵权责任法律适用若干问题专版》(2010年9月10日)

浙江宁波中院《关于道路交通事故人身损害赔偿纠纷案件中农村居民适用赔偿标准若干问题的意见》(2010年8月25日)

河南郑州中院《审理交通事故损害赔偿案件指导意见》(2010年8月20日 郑中法〔2010〕120号)

河南周口中院《关于侵权责任法实施中若干问题的座谈会纪要》(2010年8月23日 周中法〔2010〕130号)

浙江高院民一庭《关于审理道路交通事故损害赔偿纠纷案件若干问题的意见(试行)》(2010年7月1日)

浙江杭州中院民一庭《适用省高院相关审判指导意见的通知》(2010年7月16日)

福建高院民二庭《关于审理保险合同纠纷案件的规范指引》(2010年7月12日 〔2010〕闽民二3号)

浙江高院民一庭《关于审理医疗纠纷案件若干问题的意见(试行)》(2010年7月1日)

山东东营中院《关于印发道路交通事故处理工作座谈会纪要的通知》(2010年6月2日)

北京高院民一庭《关于道路交通损害赔偿案件的疑难问题》(2010年4月9日)

重庆高院《印发〈全市法院保险纠纷案件审判实务研讨会会议纪要〉的通知》(2010年4月7日 渝高法〔2010〕101号)

江西九江中院民一庭《关于审理道路交通事故人身损害赔偿纠纷案件的处理意见(试行)》(2010年2月20日)

江西南昌中院《关于进一步统一审理道路交通事故人身损害赔偿案件中若干

裁判标准的通知》(2010年2月1日)

广东广州中院《民事审判若干问题的解答》(2010年)

湖南长沙中院《关于道路交通事故人身损害赔偿纠纷案件的审理意见》(2010年)

广东高院民一庭《关于审理道路交通事故损害赔偿案件遇到的问题和对策》(2010年)

2009年：

安徽高院《关于如何理解和适用〈机动车交通事故责任强制保险条例〉第二十二条的通知》(2009年12月10日　皖高法〔2009〕371)

安徽合肥中院民一庭《关于审理道路交通事故损害赔偿案件适用法律若干问题的指导意见》(2009年11月16日)

山东临沂中院《民事审判工作座谈会纪要》(2009年11月10日　临中法〔2009〕109号)

云南高院《关于印发〈关于审理保险纠纷案件适用法律若干问题的会议纪要〉的通知》(2009年11月4日　云高法〔2009〕234号)

浙江台州中院民一庭《关于误工费、护理费标准的通知》(2009年11月3日)

江苏南京中院民一庭《关于审理交通事故损害赔偿案件有关问题的指导意见》(2009年11月)

内蒙古兴安盟中院《关于人身损害赔偿案件伤残鉴定如何适用鉴定标准的通知》(2009年10月14日)

浙江高院民一庭《关于误工费计算方法的通知》(2009年10月12日　浙法民一明传〔2009〕18号)

江西九江中院《关于印发〈九江市中级人民法院关于审理道路交通事故人身损害赔偿案件若干问题的意见(试行)〉的通知》(2009年10月1日　九中法〔2009〕97号)

浙江高院《关于审理财产保险合同纠纷案件若干问题的指导意见》(2009年9月8日　浙高法〔2009〕296号)

浙江湖州中院《2009年全市法院商事审判会议纪要》(2009年8月27日)

浙江高院《关于审理交通肇事刑事案件的若干意见》(2009年8月21日　浙高法〔2009〕282号)

江西景德镇中院《关于人身损害赔偿案件中有关赔偿项目、赔偿标准的指导意见》(2009年8月20日)

北京高院、北京市劳动争议仲裁委员会《关于劳动争议案件法律适用问题研讨会会议纪要》(2009年8月17日)

浙江高院民一庭《关于误工费、护理费等费用计算标准适用问题的通知》(2009年8月3日　浙法民一明传〔2009〕14号)

云南高院《关于审理人身损害赔偿案件若干问题的会议纪要》(2009年8月1日)

山东高院《关于道路交通事故人身损害赔偿案件中致第三人死亡的,肇事车辆双方在主次责任可以分清的情况下,其责任承担是按份责任还是连带责任的答复》(2009年7月7日　〔2009〕鲁民一字第4号)

安徽蚌埠中院《关于审理人身损害赔偿案件若干问题的指导意见》(2009年7月2日)

上海高院《关于处理道路交通事故纠纷若干问题的解答》(2009年6月20日　沪高法民一〔2009〕9号)

甘肃高院《关于对交警部门道路交通事故责任认定不服提起行政诉讼的案件法院应否受理的答复》(2009年6月10日　甘高法〔2005〕179号)

辽宁高院《关于印发全省法院民事审判工作座谈会会议纪要的通知》(2009年6月1日　辽高法〔2009〕120号)

北京高院《关于印发〈关于审理刑事附带民事诉讼案件若干问题的解答(试行)〉的通知》(2009年5月27日　京高法发〔2009〕226号)

陕西高院《关于审理刑事附带民事诉讼案件的指导意见(试行)》(2009年5月26日　陕高法〔2009〕117号)

四川泸州中院《关于民商审判实践中若干具体问题的座谈纪要(二)》(2009年4月17日　泸中法〔2009〕68号)

浙江高院《关于审理劳动争议案件若干问题的意见(试行)》(2009年4月16日)

江西高院《关于〈江西省吉安市中级人民法院关于上诉人中国人民财产保险股份有限公司井冈山支公司与被上诉人汪新娅机动车交通事故责任强制保险合同纠纷一案适用法律问题的请示〉的答复》(2009年4月16日　〔2009〕赣民二请字第1号)

广东佛山中院《关于审理道路交通事故损害赔偿案件的指导意见》(2009年4月8日)

福建泉州中院民一庭《全市法院民一庭庭长座谈会纪要》(泉中法民一〔2009〕05号)

江苏高院《关于在当前宏观经济形势下妥善审理劳动争议案件的指导意见》(2009年2月27日)

2008年:

山东高院《关于印发〈全省民事审判工作座谈会纪要〉的通知》(2008年12月

23日　鲁高法〔2008〕243号）

吉林高院《关于印发〈关于审理人身损害赔偿案件若干问题的指导意见〉的通知》（2008年12月15日　吉高法〔2008〕245号）

湖南高院《关于审理涉及机动车交通事故责任强制保险案件适用法律问题的指导意见》（2008年12月12日）

辽宁大连中院《当前民事审判（一庭）中一些具体问题的理解与认识》（2008年12月5日　大中法〔2008〕17号）

江苏南京中院、南京市劳动争议仲裁委员会《关于劳动争议案件仲裁与审判若干问题的指导意见》（2008年11月27日　宁中法〔2008〕238号）

浙江高院民二庭《金融纠纷案件若干问题讨论纪要》（2008年10月28日　浙法民二〔2008〕38号）

广东高院《关于审理刑事附带民事诉讼案件若干问题的指导意见（试行）》（2008年10月13日　粤高法发〔2008〕36号）

湖北武汉中院《关于审理劳动争议案件若干问题纪要》（2008年9月25日）

福建高院民一庭《关于审理人身损害赔偿纠纷案件疑难问题的解答》（2008年8月22日）

湖南常德中院民一庭《关于当前民事审判工作中应当注意的几个问题》（2008年8月7日）

广东深圳中院《关于审理道路交通事故损害赔偿纠纷案件的指导意见（试行）》（2008年7月12日）

浙江金华中院民一庭《关于人身损害赔偿案件中如何确定受害人配置残疾辅助器具标准问题的座谈会纪要》（2008年7月10日）

黑龙江高院《关于道路交通安全法施行后处理道路交通事故损害赔偿案件若干问题的指导意见》（2012年7月1日）

浙江高院民一庭《全省法院民事审判业务培训班问题解答》（2008年6月25日）

浙江杭州中院《关于道路交通事故损害赔偿纠纷案件相关问题的处理意见》（2008年6月19日）

四川高院民一庭《关于审理交通事故损害赔偿案件法律适用问题研讨会纪要》（2008年5月8日）

内蒙古呼和浩特中院《关于在人身损害赔偿案件中对农业户口但经常居住在城镇的受害人计算死亡赔偿金、残疾赔偿金和被扶养人生活费赔偿标准的意见》（2008年2月13日）

江苏宜兴法院《关于审理交通事故损害赔偿案件若干问题的意见》（2008年1

月28日　宜法〔2008〕第7号)

陕西高院《关于审理道路交通事故损害赔偿案件若干问题的指导意见(试行)》(2008年1月1日　陕高法〔2008〕258号)

山东潍坊中院《2008年民事审判工作会议纪要(人身损害赔偿部分)》(2008年)

2007年：

重庆高院《关于印发〈全市第二次民事审判工作会议纪要(民商事审判部分)〉的通知》(2007年12月29日　渝高法〔2008〕2号)

北京高院民一庭《北京市法院道路交通事故损害赔偿法律问题研讨会会议纪要》(2007年12月4日)

重庆高院《关于当前民事审判若干法律问题的指导意见》(2007年11月22日)

湖北十堰中院《关于审理机动车损害赔偿案件适用法律若干问题的意见(试行)》(2007年11月20日)

广东高院《关于转让车辆未办理过户手续的登记车主对机动车发生交通事故致人损害应否承担民事责任问题的批复》(2007年10月9日　粤高法民一复字〔2007〕12号)

重庆五中院《关于印发〈审理人身损害赔偿案件座谈会议纪要〉的通知》(2007年10月30日　渝五中法〔2007〕91号)

上海高院《关于道路交通事故损害赔偿责任主体若干问题的意见》(2007年6月18日　沪高法民一〔2007〕11号)

河南高院民一庭庭长《在全省法院民事审判工作座谈会上的讲话》(2007年5月11日)

湖北武汉中院《关于审理交通事故损害赔偿案件的若干指导意见》(2007年5月1日)

北京高院《关于印发〈关于审理工伤认定行政案件若干问题的意见〉(试行)的通知》(2007年4月13日　京高法发〔2007〕112号)

2006年：

江西高院民一庭《关于审理道路交通事故人身损害赔偿案件适用法律若干问题的解答》(2006年12月31日)

上海高院民一庭《关于侵权损害赔偿标准若干问题的解答》(2006年12月21日　沪高法民一〔2006〕19号)

上海高院民一庭《关于机动车交通事故责任强制保险若干问题的解答》(2006年12月21日　沪高法〔2006〕18号)

江苏溧阳法院《关于审理交通事故损害赔偿案件若干问题的意见》(2006年11月20日)

辽宁沈阳中院民一庭《关于审理涉及机动车第三者责任险若干问题的指导意见》(2006年11月20日)

广东深圳罗湖区法院《关于交通事故损害赔偿案件的处理意见》(2006年11月6日)

重庆高院《关于审理道路交通事故损害赔偿案件适用法律若干问题的指导意见》(2006年11月1日)

辽宁高院《关于审理机动车第三者责任险案件有关问题的通知》(2006年10月12日　辽高法明传〔2006〕118号)

北京高院《北京市法院民事审判实务疑难问题研讨会会议纪要》(2006年9月14日)

广东深圳中院《关于审理劳动争议案件相关法律适用问题的座谈纪要》(2006年9月2日　深中法2006〔88〕号)

广东深圳中院《关于审理机动车停放管理纠纷案件的指导意见(试行)》(2006年8月28日)

四川高院《关于〈机动车交通事故责任强制保险条例〉实施后,审理道路交通事故损害赔偿案件的指导意见》(2006年8月15日)

安徽高院《关于修改〈关于参照《机动车交通事故责任强制保险条例》审理交通事故损害赔偿案件若干问题的通知〉的通知》(2006年8月11日　苏高法审委〔2006〕23号)

安徽高院《关于修改〈安徽省高级人民法院审理人身损害赔偿案件若干问题的指导意见〉第六条的通知》(2006年7月18日　皖高法〔2006〕241号)

天津高院《关于审理刑事附带民事诉讼案件有关问题的意见》(2006年7月13日　津高法〔2006〕103号)

江苏高院《关于参照〈机动车交通事故责任强制保险条例〉审理交通事故损害赔偿案件若干问题的通知》(2006年7月6日　苏高法审委〔2006〕12号　2020年12月31日起被苏高法〔2020〕291号文废止)

广东高院《关于印发〈审理汽车消费贷款保证保险纠纷案件若干问题的指导意见〉的通知》(2006年6月27日　粤高法发〔2006〕19号)

江西赣州中院《关于审理道路交通事故人身损害赔偿案件的指导性意见》(2006年6月9日)

贵州高院、省公安厅《关于印发〈关于处理道路交通事故案件若干问题的指导意见(一)〉的通知》(2006年4月13日　黔高法〔2006〕26号)

江苏高院《关于修改〈关于审理交通事故损害赔偿案件适用法律若干问题的意见(一)〉的通知》(2006年4月1日 苏高法审委〔2006〕6号 2020年12月31日起被苏高法〔2020〕291号文废止)

江苏无锡中院《全市民事审判疑难问题研讨会纪要》(2006年3月14日)

山东淄博中院《关于人身损害案件赔偿标准问题的意见》(2006年3月10日)

山东淄博中院《关于职工上下班途中发生交通事故导致工伤而引起的赔偿问题的意见》(2006年3月10日)

江西赣州中院《民事审判若干问题解答》(2006年3月1日)

陕西高院《关于印发〈关于审理刑事附带民事诉讼案件的指导意见〉的通知》(2006年2月15日 陕高法发〔2006〕7号)

2005年：

上海高院《关于下发〈关于审理道路交通事故损害赔偿案件若干问题的解答〉的通知》(2005年12月31日 沪高法民一〔2005〕21号)

甘肃高院《关于被挂靠单位对机动车发生交通事故损害赔偿如何承担责任的答复》(2005年12月27日 甘高法〔2005〕311号)

安徽高院《审理人身损害赔偿案件若干问题的指导意见》(2005年12月26日)

重庆高院《关于审理工伤赔偿案件若干问题的意见》(2005年12月2日)

山东高院《关于印发〈全省民事审判工作座谈会纪要〉的通知》(2005年11月23日 鲁高法〔2005〕201号)

广东高院《关于如何确定机动车第三者责任保险中"第三者"范围的批复》(2005年11月4日 粤高法民一复字〔2005〕11号)

广东深圳罗湖区法院《处理道路交通事故赔偿纠纷案件实施意见》(2005年10月14日)

广东深圳中院《道路交通事故损害赔偿案件研讨会纪要》(2005年9月26日)

上海高院《医疗过失赔偿纠纷案件办案指南》(2005年9月20日 沪高法〔2005〕17号)

江苏高院《关于审理附带民事诉讼案件若干问题的意见(试行)》(2005年9月16日)

江苏常州中院《关于印发〈常州市中级人民法院关于审理交通事故损害赔偿案件若干问题的意见〉的通知》(2005年9月13日 常中法〔2005〕第67号)

山东济南中院《关于印发〈全市法院劳动争议案件法律适用座谈会会议纪要〉的通知》(2005年9月8日 济中法〔2005〕83号)

江苏高院、省公安厅《关于处理交通事故损害赔偿案件有关问题的指导意见》

（2005年9月1日　苏高法〔2005〕282号　2020年12月31日起被苏高法〔2020〕291号文废止）

北京高院《关于印发〈关于审理汽车消费贷款纠纷案件及汽车消费贷款保证保险纠纷案件若干问题的指导意见(试行)〉的通知》（2005年8月10日　京高法发〔2005〕215号）

福建泉州中院《关于印发〈关于审理道路交通事故人身损害赔偿案件若干问题的指导意见(试行)〉的通知》（2005年8月3日　泉中法〔2005〕91号）

甘肃高院《关于对交警部门道路交通事故责任认定不服提起行政诉讼的案件法院应否受理的答复》（2005年6月10日　甘高法〔2005〕179号）

上海高院《关于审理人身损害赔偿案件中赔偿适用标准的通知》（2005年6月1日　沪高法〔2005〕131号）

浙江杭州中院《关于审理道路交通事故损害赔偿纠纷案件问题解答》（2005年5月）

新疆高院兵团分院《关于审理人身损害赔偿案件若干问题的指导意见》（2005年4月29日　新高兵法发〔2005〕4号）

江苏姜堰法院《精神损害抚慰金裁判规范意见》（2005年4月13日）

上海高院《关于贯彻实施〈上海市机动车道路交通事故赔偿责任若干规定〉的意见》（2005年4月1日　沪高法民一〔2005〕4号）

北京高院《关于印发〈北京市高级人民法院关于审理保险纠纷案件若干问题的指导意见(试行)〉的通知》（2005年3月25日　京高法发〔2005〕67号）

上海高院民一庭《关于印发〈侵权纠纷办案要件指南〉的通知》（2005年3月4日　沪高法民一〔2005〕1号）

江苏高院《关于审理交通事故损害赔偿案件适用法律若干问题的意见（一）》（2005年2月24日　苏高法审委〔2005〕3号　2020年12月31日起被苏高法〔2020〕291号文废止）

2004年：

广东高院《关于买卖车辆未办理过户手续车辆发生交通事故致人损害原车主应否承担赔偿责任的请示的批复》（2004年12月31日　粤高法民一复字〔2004〕13号）

广东高院、省公安厅《关于〈道路交通安全法〉施行后处理道路交通事故案件若干问题的意见》（2004年12月17日　粤高法发〔2004〕34号　2021年1月1日起被粤高法〔2020〕132号文废止）

广东高院立案庭、行政庭《关于行政案件立案受理有关问题的意见（试行）》（2004年12月16日　粤高法立字〔2004〕第24号

内蒙古高院《内蒙古自治区道路交通事故损害赔偿项目和计算办法》(2004年12月10日 〔2004〕内民一通字第11号)

湖北高院《民事审判若干问题研讨会纪要》(2004年11月)

福建高院《关于当前审理交通事故损害赔偿案件应明确的几个问题》(2004年8月13日)

天津高院《关于审理交通事故赔偿案件有关问题经验总结》(2004年5月18日 津高法〔2004〕64号)

山东济南中院《贯彻落实〈道路交通安全法〉座谈会纪要》(2004年5月14日)

山东高院《关于审理道路交通事故损害赔偿案件的若干意见》(2004年5月1日)

湖北高院《关于审理劳动争议案件若干问题的意见(试行)》(2004年3月21日)

河北石家庄中院《关于处理交通事故损害赔偿案件中有关问题的座谈纪要》(2004年)

北京高院《关于审理物业管理纠纷案件的意见(试行)》(2004年1月1日 京高法发〔2003〕389号)

2003年：

安徽高院《关于审理劳动争议案件若干问题的意见》(2003年12月31日)

河南高院民一庭《关于当前民事审判若干问题的指导意见》(2003年11月)

吉林高院《关于印发〈关于审理道路交通事故损害赔偿案件若干问题的会议纪要〉的通知》(2003年7月25日 吉高法〔2003〕61号)

甘肃高院《关于刑事附带民事诉讼案件中赔偿范围是否包括死亡赔偿金问题的答复》(2009年5月29日 甘高法〔2003〕123号)

北京高院《关于刑事案件被害人或其近亲属在刑事案件审结后另行提起的民事赔偿诉讼中精神损害赔偿请求部分不予支持的答复》(2003年5月28日)

北京高院《关于部分道路交通事故损害赔偿案件的受案与审理应以北京市公安局下属各分、县局为被告的通知》(2003年5月14日)

北京高院《关于印发〈北京市法院重大疑难民事案件研究指导组会议纪要〉的通知》(2003年3月17日)

2002年：

广东高院《关于印发〈关于审理劳动争议案件若干问题的指导意见〉的通知》(2002年9月15日 粤高法发〔2002〕21号)

北京高院《关于在民事审判中正确对待〈交通事故责任认定书〉的通知》(2002年7月2日)

四川高院《关于印发〈贯彻执行中华人民共和国保险法"若干问题的意见〉的通知》(2002年3月5日 川高法〔2002〕68号)

内蒙古高院《全区法院交通肇事损害赔偿案件审判实务研讨会会议纪要》(2002年2月)

2001年：

福建高院《关于审理劳动争议案件若干问题的意见》(2001年12月19日)

四川高院、省公安厅、省民政厅《关于印发〈交通、工伤、伤害、意外等人身损害事故中伤残人员安装假肢、辅助器具暂行办法〉的通知》(2001年12月15日 川高法〔2001〕字320号)

江苏高院《2001年全省民事审判工作座谈会纪要》(2001年10月18日 苏高法〔2001〕319号 2020年12月31日起被苏高法〔2020〕291号文废止)

北京高院《关于办理各类案件有关证据问题的规定(试行)》(2001年10月1日 京高法发〔2001〕219号)

北京高院《关于人身损害赔偿案件判决生效后权利人死亡如何处理问题的意见》(2001年6月25日 京高法发〔2001〕159号)

天津高院《天津市民事审判工作会议纪要》(2001年3月5日 津高法〔2001〕29号)

广东高院、省公安厅《关于印发〈关于处理道路交通事故案件若干具体问题的补充意见〉的通知》(2001年2月24日 粤高法发〔2001〕6号 2021年1月1日起被粤高法〔2020〕132号文废止)

山东高院《关于审理人身损害赔偿案件若干问题的意见》(2001年2月22日)

浙江高院《关于印发〈劳动争议案件疑难问题讨论纪要〉的通知》(2001年1月9日 浙高法〔2001〕240号)

辽宁高院、省公安厅《关于道路交通事故案件若干问题的处理意见》(辽公交〔2001〕62号)

2000年：

北京高院《关于印发〈关于审理人身伤害赔偿案件若干问题的处理意见〉的通知》(2000年7月11日)

1999年：

四川高院《关于道路交通事故损害赔偿案件审判工作座谈会纪要(试行)》(1999年11月12日 川高法〔1999〕454号)

江苏高院《全省民事审判工作座谈会纪》(1999年11月1日 苏高法〔1999〕466号)

河南高院《印发〈关于审理人身损害赔偿案件中确定赔偿范围及标准的意见〉

的通知》(1999年1月15日 豫高法〔1999〕20号)

上海高院《关于印发〈几类民事案件的处理意见〉的通知》(1999年1月1日 沪高法〔1999〕528号)

1997年：

河南高院《关于审理道路交通事故损害赔偿案件若干问题的意见》(1997年1月1日 豫高法〔1997〕78号)

1996年：

广东高院、省公安厅《关于处理道路交通事故案件若干具体问题的通知》(1996年7月13日 粤高法发〔1996〕15号 2021年1月1日起被粤高法〔2020〕132号文废止)

广东高院、广东卫生厅《关于医疗费赔偿有关问题的联合通知》(1990年7月2日 粤法民字〔1990〕第188号)

第六部分：地方规范性文件

2024年：

江苏省《道路交通安全条例》(2023年7月27日修订 2024年1月1日实施)

2023年：

鄂尔多斯市《治理货物运输车辆超限超载条例》(2023年7月1日)

吉林市《市政设施管理条例》(2023年6月28日修订 2023年8月1日实施)

河南省《高速公路条例》(2023年6月1日)

湖南省医疗保障局《关于加强职工医保普通门诊统筹基金使用监管工作的通知》(2023年5月10日 湘医保函〔2023〕36号)

安徽省《道路运输管理条例》(2023年4月3日修正实施)

山东省潍坊市《道路交通安全条例》(2023年3月1日)

西藏自治区《道路交通安全条例》(2023年1月18日修正实施)

天津市财政局、市银保监局、市公安局、市卫健委、市农业农村委、市民政局《关于印发〈天津市道路交通事故社会救助基金管理实施细则〉的通知》(2023年1月1日 津财金〔2022〕107号)

2022年：

云南省《道路交通安全条例》(2022年11月30日修正实施)

2019年：

广东省公安厅交管局《关于高速公路停车导致追尾事故责任确定的指导意见》(2019年12月9日)

2017 年：

江西省司法厅司法鉴定管理局、江西省司法鉴定协会《关于〈道路交通事故受伤人员伤残评定〉与〈人体损伤致残程度分级〉标准衔接适用问题的意见》(2017 年 5 月 27 日 〔2017〕赣司鉴 8 号)

上海市司法局司法鉴定管理处、上海市司法鉴定协会《关于〈道路交通事故受伤人员伤残评定〉(GB 18667—2002)与〈人体损伤致残程度分级〉标准衔接适用问题的意见》(2017 年 5 月 23 日)

江苏省司法鉴定协会《关于道路交通事故受伤人员伤残程度鉴定标准适用问题的意见》(2017 年 4 月 7 日 苏鉴协〔2017〕6 号)

2016 年：

广西保险行业协会《关于印发〈广西保险行业道路交通事故人身损害调处理赔统一标准(2016 版)〉的通知》(2016 年 10 月 9 日 保协桂发〔2016〕174 号)

2015 年：

江西省公安厅《关于印发〈江西省道路交通事故责任认定规则〉的通知》(2015 年 11 月 27 日 赣公字〔2015〕184 号)

广东省司法鉴定协会《关于发布〈法医临床鉴定行业指引〉的通知》(2015 年 1 月 1 日 粤鉴协〔2014〕12 号)

2014 年：

重庆市保险行业协会《道路交通事故赔偿案件有关调解项目参考标准(试行)》(2014 年 7 月 22 日)

2013 年：

江苏省《道路运输条例》(2013 年 4 月 1 日)

贵州省《城市公共交通条例》(2013 年 3 月 1 日)

广东省交通运输厅《关于机动车驾驶培训教练员的管理办法》(2013 年 1 月 1 日)

山西省《公路条例》(2013 年 1 月 1 日)

安徽省《农村公路条例》(2013 年 1 月 1 日)

甘肃省《农村公路条例》(2013 年 1 月 1 日)

2012 年：

江苏省苏州市《公路条例》(2012 年 11 月 29 日修正)

北京市财政局《关于印发〈北京市道路交通事故社会救助基金财务管理及会计核算暂行办法〉的通知》(2012 年 11 月 18 日 京财金融〔2012〕2462 号)

辽宁省鞍山市《道路运输条例》(2012 年 11 月 1 日)

安徽省《实施〈道路交通安全法〉办法》(2012 年 10 月 19 日修正)

江苏无锡市《道路交通安全管理办法》(2012年10月11日修改)

北京市公安局交管局《关于指定大型客车牵引车中型客车大型货车学习驾驶和考试路线的通告》(2012年8月8日)

北京市公安局交管局《关于指定小型客车学习驾驶和考试路线的通告》(2012年8月8日)

湖北省武汉市《道路运输管理规定》(2012年8月1日)

广东省《公路条例》(2012年7月26日)

黑龙江哈尔滨市《关于在市区内推行仲裁方式解决道路交通事故损害赔偿争议的通知》(2012年7月1日 哈政发法字〔2011〕15号)

海南省《道路旅游客运管理若干规定》(2012年7月1日)

山东省《道路交通事故社会救助基金管理暂行办法》(2012年7月1日 鲁政办发〔2012〕60号)

浙江省《道路运输条例》(2012年7月1日)

贵州省《高速公路管理条例》(2012年7月1日)

云南省昆明市《道路交通安全条例》(2012年7月1日)

天津市《高速公路路政管理规定》(2012年5月21日修正)

天津市《城市管理规定》(2012年5月21日修正)

浙江省物价局《关于规范机动车停放服务收费管理的通知》(2012年3月1日)

江苏省苏州市《道路运输条例》(2012年1月30日修正)

江苏省《道路交通安全条例》(2012年1月12日修正 2023年7月27日修订 2024年1月1日实施)

江苏省《公路条例》(2012年1月12日修正)

江苏省《收费公路管理条例》(2012年1月12日修正)

广东省《高速公路管理条例》(2012年1月9日修正)

甘肃省《道路交通安全条例》(2012年1月1日)

湖北省《实施〈道路交通安全法〉办法》(2012年1月1日修改)

青海省《实施〈道路交通安全法〉办法》(2012年1月1日修改)

广东深圳市《道路交通安全管理条例》(2012年1月1日)

广东省广州市公安局交管局《关于机动车学习驾驶人训练考试路段的通告》(2012年1月1日)

吉林省《公路条例》(2012年1月1日)

2011年:

浙江省《高速公路运行管理办法》(2011年12月31日修正)

贵州省贵阳市《停车场(库)管理办法》(2011年12月19日修改)

西藏自治区《道路运输条例》(2011年11月28日修正)

西藏《公路条例》(2011年11月24日修正)

河北省《高速公路交通安全规定》(2011年10月20日修订)

广东省《道路交通安全条例》(2011年10月1日修订)

广东珠海市《道路交通安全管理条例》(2011年10月1日)

山东省《道路交通事故社会救助基金使用及追偿管理细则(暂行)》(2011年7月1日)

江西省南昌市《关于印发南昌市机动车停放保管服务收费管理暂行办法的通知》(2011年7月1日 洪府发〔2011〕21号)

浙江省宁波市《道路交通事故社会救助基金管理试行办法》(2011年5月1日)

山东省《道路运输条例》(2011年3月1日)

北京市司法鉴定业协会《关于印发〈人身损害受伤人员误工期、营养期、护理期评定准则(试行)〉的通知》(2011年3月1日)

上海市交通运输和港口管理局《关于规范汽车租赁行业管理的若干意见》(2011年1月11日 沪交客〔2011〕427号)

江西省《道路运输条例》(2011年1月1日)

山东省淄博市《机动车维修管理条例》(2011年1月1日)

2010年：

北京市《实施〈道路交通安全法〉办法》(2010年12月23日修正)

北京市《公路条例》(2010年12月23日)

北京市《小客车数量调控暂行规定》(2010年12月23日)

内蒙古自治区《道路运输条例》(2010年12月2日修正)

吉林省《高速公路管理办法》(2010年9月1日)

河北省邢台市《停车场管理实施细则》(2010年9月1日)

江西省发改委《关于印发〈江西省机动车停放保管服务收费管理规定〉的通知》(2010年5月4日 赣发改收费字〔2010〕554号)

甘肃武威公安局、司法局《关于印发〈武威市公安交通管理部门建立道路交通事故损害赔偿纠纷人民调解委员会实施办法〉的通知》(2010年1月1日 武公发〔2009〕207号)

重庆市《道路交通事故社会救助基金管理暂行办法》(2010年1月1日)

四川省《道路交通事故责任确定规则(试行)》(2010年1月1日)

广西壮族自治区《道路交通安全条例》(2010年1月1日)

2009 年：

广西《高速公路管理办法》(2009 年 10 月 15 日)

浙江省司法厅《浙江省第二届法医临床鉴定业务研讨会会议纪要》(2009 年 9 月 29 日　浙司办〔2009〕71 号)

浙江省《关于进一步做好工伤保险工作的通知》(2009 年 7 月 31 日　浙政发〔2009〕50 号)

河南省郑州市《城市道路交通安全管理条例》(2009 年 1 月 1 日)

2008 年：

天津市《道路交通事故过错责任认定标准》(2008 年 12 月 31 日)

广东省《道路交通事故责任认定规则(试行)》(2008 年 10 月 1 日)

河南省《道路运输条例》(2008 年 5 月 1 日)

辽宁省建设厅、公安厅《辽宁省城市住宅物业管理区域车辆停放管理规定》(2008 年 1 月 28 日　辽建发〔2008〕9 号)

2007 年：

上海市公安局《关于印发〈关于道路交通事故责任认定的若干规定〉的批复》(2006 年 7 月 8 日　沪公发〔2007〕261 号)

黑龙江省《道路交通安全条例》(2007 年 7 月 1 日)

贵州省《道路交通安全条例》(2007 年 7 月 1 日)

河北省《实施〈道路交通安全法〉办法》(2007 年 3 月 1 日)

山东青岛市《关于处理车辆与犬交通事故的意见》(2007 年 1 月 22 日)

2006 年：

浙江省公安厅《关于"7·31"交通事故中无牌二轮车辆车型认定问题的批复》(2006 年 11 月 20 日　浙公复〔2006〕82 号)

宁夏回族自治区《道路交通安全条例》(2006 年 6 月 1 日)

江苏省公安厅交通巡逻警察总队《关于印发〈江苏省道路交通事故当事人责任确定规则(试行)〉的通知》(2006 年 3 月 15 日　苏公交〔2006〕28 号)

广东省惠州市《印发〈惠州市道路交通事故社会救助基金管理暂行办法〉的通知》(2006 年 2 月 1 日　惠府〔2006〕2 号)

江苏省劳动争议仲裁委员会《关于印发〈江苏省劳动仲裁案件研讨会纪要〉的通知》(2006 年 1 月 10 日　苏劳仲委〔2006〕1 号)

2005 年：

陕西省《实施〈道路交通安全法〉办法》(2005 年 10 月 1 日)

湖南省公交警总队《关于在交通事故认定中不宜将监护人列入交通事故责任主体的通知》(2005 年 4 月 13 日　湘公交管〔2005〕57 号)

上海市《机动车道路交通事故赔偿责任若干规定》(2005年4月1日 2021年1月1日起废止)

福建省厦门市《实施〈工伤保险条例〉规定》(2005年1月1日)

2004年：

黑龙江《贯彻〈工伤保险条例〉若干规定的通知》(2004年1月1日 黑政发〔2003〕89号)

2003年：

内蒙古自治区政府办公厅《关于印发〈内蒙古自治区工伤保险条例实施办法〉的通知》(2003年12月30日 内政办字〔2003〕462号)

2001年：

河南省《保险行业机动车辆保险自律规则(试行)》(2001年10月1日)

1998年：

北京市劳动局《关于印发〈企业职工工伤认定补充规定〉的通知》(1998年12月7日 京劳职安〔1998〕266号)

上海市劳动和社会保障局《关于因交通事故引起工伤的企业职工工伤保险待遇处理的补充规定的通知》(1998年11月25日 沪劳保保发〔1998〕52号)

附录3：2011—2024年全国各地道路交通事故人身损害赔偿标准*

常规赔偿项目：
①医疗费；②误工费；③护理费；④交通费；⑤住宿费；⑥住院伙食补助费；⑦必要的营养费。

特殊赔偿项目：

构成伤残情形：
①残疾赔偿金；②残疾辅助器具费；③被扶养人生活费；④因康复护理、继续治疗实际发生的必要的康复费、护理费、后续治疗费；⑤精神损害抚慰金。

造成死亡情形：
①丧葬费；②被扶养人生活费；③死亡补偿费；④受害人亲属办理丧葬事宜支出的交通费、住宿费和误工损失等其他合理费用；⑤精神损害抚慰金。

特殊项目公式：
①残疾赔偿金＝上一年度城镇居民人均可支配收入或农村居民人均纯收入×年数×伤残等级；②死亡赔偿金＝上一年度城镇居民人均可支配收入或农村居民人均纯收入×年数；③被扶养人生活费＝上一年度城镇居民人均消费性支出和农村居民人均年生活消费支出×年数（原《侵权责任法》第16条及《民法典》第1179条虽取消该项费用，但应将此项费用计算至死亡赔偿金或残疾赔偿金中）；④丧葬费＝在岗职工月平均工资×6；⑤误工费＝无固定收入且不能举证证明其最近3年的平均收入状况的，参照在岗职工平均月工资。

---

* 本标准由本书编著者整理，未授权其他出版物直接引用，特此声明。

2011年赔偿标准主要参数

地区		城镇居民人均可支配收入/（元/年）	城镇居民人均生活消费支出/（元/年）	农(牧)民人均纯收入/（元/年）	农(牧)民人均生活消费支出/（元/年）	在岗职工平均工资/（元/年）
上海[1]		31,838	23,200	13,746	10,225	46,757
北京[2]		29,073	19,934	13,262	10,109	50,415[3]
浙江[4]		27,359	17,858	11,303	8390	30,650
天津[5]		24,293	16,562	11,801	5606	51,586[6]
广东[7]	深圳	32,380.86	22,806.54	7890.25	5515.58	79,734
	珠海	25,381.58	20,369.83			65,945
	汕头	15178.59	13,218.23			32,592
	其他	23,897.80	18,489.53			45,687
江苏[8]		22,944	14,357	9118	6543	40,505[9]
福建[10]		21,781	13,450	7426.86	5498.33	32,340
山东[11]		19,946	13,118	6990	4807	33,691
辽宁[12]		17,713	13,280	6908	4490	35,057
内蒙古[13]		17,698	13,995	5530	4461	35,508
重庆[14]		17,532	13,335	5277	3625	26,985
广西[15]		17,064	11,490	4543	3455	31,842
湖南[16]		16,565.7	11,825	5622	4310	29,275.2
河北[17]		16,263	10,318	5958	3845	32,306
云南[18]		16,065	11,074	3952	3398	34,330
湖北[19]		16,058	11,451	5832	4091	28,092
河南[20]		15,930.26	10,838.49	5523.73	3682.21	30,303[21]
安徽[22]		15,788	11,513	5285	4013	35,014
陕西[23]		15,695	11,821.9	4105	3794	34,299[24]
山西[25]		15,647.7	9792.7	4736.3	3663.9	33,544
海南[26]		15,581	10,927	5275	3446.24	31,025
江西[27]		15,481	10,618.7	5789	3912	29,092[28]
四川[29]		15,461	10,684	5140	3896.7	26,952
吉林[30]		15,411.47	11,679.04	6237.44	4147.36	29,399
宁夏[31]		15,344	11,334	4674.89	4013.2	39,144
贵州[32]		14,143	10,058	3472	2852	31,458
黑龙江[33]		13,857	10,684	6211	4391	29,603
青海[34]		13,855	9613.79	3862.70	3858.50	37,182
新疆[35]		13,644	10,197	4643	3458	32,361[36]
西藏[37]		13,544	9034	3532	2451	50,272
甘肃[38]		13,188.6	9895.4	3424.7	2942.0	29,588
云南[39]		16,065	11,074	3952	3398	34,330

2012 年赔偿标准主要参数

地区		城镇居民人均可支配收入/(元/年)	城镇居民人均生活消费支出/(元/年)	农(牧)民人均纯收入/(元/年)	农(牧)民人均生活消费支出/(元/年)	在岗职工平均工资/(元/年)
上海[40]		36,230	25,102	15,644	11,272	51,968
北京[41]		32,903	21,984	14,736	11,078	56,061
浙江[42]		30,971	20,437	13,071	9644	35,731[43]
天津[44]		26,921[45]	18,424[46]	11,891	6725	58,032[47]
广东[48]	深圳	36,505.04	24,080.03	9371.73	6725.55	85,218
	珠海	28,730.69	21,162.14			66,774
	汕头	17,473.89	15,746.22			39,789
	其他	26,897.48	20,251.82			50,705
江苏[49]		26,341	16,782	10,805	7693	45,987[50]
福建[51]		24,907	16,661	8779	6541	38,989
山东[52]		22,792	14,561	8342	5901	38,114
辽宁[53]		20,467	14,790	8297	5406	38,713
内蒙古[54]		20,408	15,878	6642	5508	41,484
重庆[55]		20,249.70	14,974.49	6480.41	4502.06	45,392[56]
广西[57]		18,854	12,848	5231	4211	34,152
湖南[58]		18,844	13,402.9	6567	5179	35,520
河北[59]		18,292	11,609	7120	4711	36,166
湖北[60]		18,374	13,164	6898	5011	32,050
河南[61]		20,442.62	13,732.96	7524.94	5032.14	34,203[62]
安徽[63]		18,606	13,181	6232	4957	40,640
陕西[64]		18,245	13,783	5028	4496	39,043[65]
山西[66]		18,123.9	11,354.3	5601.4	4587.0	40,281
海南[67]		18,369	12,642.8	6446	4126.36	36,716
江西[68]		17,495	11,747.21	6892	4660.09	34,055
四川[69]		17,899	13,696	6128.6	4675.5	31,489
吉林[70]		17,796.57	13,010.63	7509.59	5305.75	34,197
宁夏[71]		17,579	12,896	5410	4726.6	44,574
贵州[72]		16,495.01	11,352.88	4145.35	3455.76	33,708[73]
黑龙江[74]		15,696	12,054	7591	5334	33,503
青海[75]		15,603.31	10,955.46	4608.47	4536.82	42,493
新疆[76]		15,514	11,839	5442	4398	36,048
西藏[77]		16,196	10,399[78]	4904	2742[79]	55,845[80]
甘肃[81]		14,989	11,189	3909	3665	32,906
云南[82]		18,576	12,248	4722	4000	40,379

2013 年赔偿标准主要参数

地区		城镇居民人均可支配收入/（元/年）	城镇居民人均生活消费支出/（元/年）	农（牧）民人均纯收入/（元/年）	农（牧）民人均生活消费支出/（元/年）	在岗职工平均工资/（元/年）
上海[83]		40,188	26,253	17,401	12,096	56,300[84]
北京[85]		36,469	24,046	16,476	11,879	62,677[86]
浙江[87]		34,550	21,545	14,552	10,208	40,087[88]
天津[89]		29,626	20,024	13,571	8337	65,399
广东[90]	深圳	40,741.88	26,727.68	10,542.84	9795.60	79,734
	珠海	32,978.21	24,083.48			65,945
	汕头	20,023.54	17,985.51			32,592
	其他	30,226.71	22,396.35			55,684
江苏[91]		29,677	18,825	12,202	8655	51,279[92]
福建[93]		28,055	18,593	9967.2	7401.92	44,979
山东[94]		25,755	15,778	9446	6776	42,837
辽宁[95]		23,223	16,594	9384	5998	42,503
内蒙古[96]		25,497	19,294	—[97]	7268	47,052
重庆[98]		22,968	16,573	7383.27	5018.64	45,392[99]
广西[100]		21,243	14,244	6008	4878	37,620
湖南[101]		21,319	14,609	7440	5870	40,028
河北[102]		20,543	12,531	8081	5364	39,542
湖北[103]		20,840	14,496	7852	5723	35,179
河南[104]		20,442.62	13,732.96	7524.94	5032.14	37,958[105]
安徽[106]		21,024	15,012	7161	5556	46,091[107]
陕西[108]		20,734	15,333	5763	5115	44,330[109]
山西[110]		20,411.7	12,211.5	6356.6	5566.2	44,236
海南[111]		20,918	14,457	7408	4736	40,051
江西[112]		19,860	12,776	7828	5130	39,651
四川[113]		20,307	15,050	7001	5367	35,873
吉林[114]		20,208.04	14,613.50	8598.17	6186.17	38,407
宁夏[115]		19,831.4	14,067.2	6180.3	5633	48,961
贵州[116]		18,700.51	12,585.7	4753	3901.71	43,786
黑龙江[117]		17,760	12,984	8603.8	5718	38,598[118]
青海[119]		17,566.28	12,346.29	5364.38	5338.94	46,827[120]
新疆[121]		17,921	13,892	6394	5245	45,243
西藏[122]		18,028	11,184	5719	2968	58,347[123]
甘肃[124]		17,156.9	12,847.1	4506.7	4146.2	39,132
云南[125]		21,075	13,884	5417	4561	45,081

2014年赔偿标准主要参数

地区		城镇居民人均可支配收入/（元/年）	城镇居民人均生活消费支出/（元/年）	农(牧)民人均纯收入/（元/年）	农(牧)民人均生活消费支出/（元/年）	在岗职工平均工资/（元/年）
上海[126]		43,851	28,155	19,208	13,425	60,435[127]
北京[128]		40,321	26,275	18,337	13,553	69,521[129]
浙江[130]		37,851	23,257	16,106	11,760	44,513[131]
天津[132]		32,658	21,850	15,405	10,155	51,120
广东[133]	深圳	44,653.10	28,812.40	11,669.31	8343.50	90,393
	珠海	36,375.00	26,130.60			77,504
	汕头	22,206.10	19,550.20			49,475
	其他	32,598.7	24,105.60			59,345
江苏[134]		32,538	20,371	13,598	9607	57,985[135]
福建[136]		30,816.4	20,092.7	11,184.2	8151.2	49,328
山东[137]		28,264	17,112	10,620	7393	46,386[138]
辽宁[139]		25,578	18,030	10,523	7159	46,310
内蒙古[140]		25,497	19,249	—[141]	7268	51,384
重庆[142]		25,216	17,814	8332	5796	50,006[143]
广西[144]		23,305	15,418	6791	5206	42,636
湖南[145]		23,414	15,887	8372	6609	43,893[146]
河北[147]		22,580	13,641	9102	6134	42,532
湖北[148]		22,906	15,750	8867	6280	38,720
河南[149]		22,398.03	14,821.98	8475.34	5627.73	38,301[150]
安徽[151]		23,114	16,285	8098	5725	47,806[152]
陕西[153]		22,858	16,680	6503	5724	48,853[154]
山西[155]		22,456	13,166	7154	6017	46,407
海南[156]		22,929	15,593	8343	5467	45,573
江西[157]		21,873	13,851	8781	5654	43,582
四川[158]		22,368	16,343	7895	6127	41,795
吉林[159]		22,274.6	15,932.31	9621.21	7379.71	42,846
宁夏[160]		21,833	15,321.1	6931	6465	52,185
贵州[161]		20,667.07	13,702.87	5434	4740.18	43,786[162]
黑龙江[163]		19,597	14,162	9634.1	6813.6	40,794
青海[164]		19,499	13,539.5	6196.39	6060.9	52,105
新疆[165]		19,874	15,206	7296	5520	45,789
西藏[166]		20,023	12,231.9[167]	6578	3574[168]	64,409[169]
甘肃[170]		18,965	14,021	5108	4850	43,443
云南[171]		23,236	15,156	6141	4744	48,997

2015年赔偿标准主要参数

地区		城镇居民人均可支配收入/（元/年）	城镇居民人均生活消费支出/（元/年）	农(牧)民人均纯收入/（元/年）	农(牧)民人均生活消费支出/（元/年）	在岗职工平均工资/（元/年）
上海[172]		47,710	30,520	21,192	15,291	65,417
北京[173]		43,910	28,009	20,226	14,529	77,560[174]
浙江[175]		40,393	27,242	19,373	14,498	48,372[176]
天津[177]		31,506	24,290	17,014	13,739	76,919
广东[178]	深圳	40,948.0	28,852.77	12,245.6	10,043.2	108,192
	珠海	35,278.3	26,637.8			85,922
	汕头	21,445.9	18,036.48			55,803
	其他	30,192.9	22,171.9			64,790
江苏[179]		34,346	23,476	14,958	11,820	61,783[180]
福建[181]		30,722.4	22,204.1	12,650.2	11,055.9	54,235[182]
山东[183]		29,222	18,323	11,882	7962	50,238[184]
辽宁[185]		29,082	20,520	11,191	7801	49,110
内蒙古[186]		28,350	20,885	—[187]	9972	54,456
重庆[188]		25,147	18,279	9490	7983	56,852[189]
广西[190]		24,669	15,045	7565	6675	46,848
湖南[191]		26,570	18,335	10,060	9025	48,525
河北[192]		24,141	16,204	10,186	8248	46,239
湖北[193]		24,852	16,681	10,849	8681	43,217
河南[194]		24,391.45	15,726.12	9416.10	6438.12	38,804[195]
安徽[196]		24,839	16,107	9916	7981	50,894[197]
陕西[198]		24,366	17,546	7932	7252	52,119[199]
山西[200]		24,069	14,637	16,538	6992	48,969
海南[201]		24,487	17,514	9913	7029	50,589
江西[202]		26,500	16,732	11,139	8486	52,137
四川[203]		24,381	18,027	8803	7110	45,697
吉林[204]		23,217.82	17,156.14	10,780.12	8139.82	46,516
宁夏[205]		23,285	17,216	8140	7676	56,811
贵州[206]		22,548.21	15,254.64	6671.22	5970.25	42,815
黑龙江[207]		22,609	16,467	10,453	7830	42,700[208]
青海[209]		22,306.57	17,492.89	7282.73	8235.14	57,804[210]
新疆[211]		23,214	17,685	8742	7365	45,798[212]
西藏[213]		20,023	12,232	6578	3574	64,409
甘肃[214]		20,804	15,507	5736	5272	46,960
云南[215]		24,299	16,268	7456	6036	54,368

2016 年赔偿标准主要参数

地区		城镇居民人均可支配收入/（元/年）	城镇居民人均生活消费支出/（元/年）	农(牧)民人均纯收入/（元/年）	农(牧)民人均生活消费支出/（元/年）	在岗职工平均工资/（元/年）
上海[216]		52,962	36,946	23,205	16,152	65,417[217]
北京[218]		52,859	36,642	20,569	15,811	85,038
浙江[219]		43,714	28,661	21,125	16,108	51,719[220]
天津[221]		34,101	26,230	18,482	14,739	59,328
广东[222]	深圳	44,633.3	32,359.2	13,360.4	11,103.0	117,432
	珠海	38,322.0	28,741.5			93,776
	汕头	23,260.1	19,352.4			67,675
	其他	34,757.2	25,673.1			72,659
江苏[223]		37,173	24,966	16,257	12,883	61,783
福建[224]		33,275	23,520	13,793	11,961	58,719[225]
山东[226]		31,545	19,854	12,930	8748	53,938[227]
辽宁[228]		31,126	21,557	12,057	8873	53,458
内蒙古[229]		30,594	21,876	—[230]	10,637	57,876
重庆[231]		27,239	19,742	10,505	8938	62,091[232]
广西[233]		26,416	16,321	9467	7582	59,566
湖南[234]		26,570	18,335	10,060	9025	48,525
河北[235]		26,152	17,587	11,051	9023	52,409
湖北[236]		27,051	18,192	11,844	9803	47,320
河南[237]		25,576	17,154	10,853	7887	42,670[238]
安徽[239]		26,936	17,234	10,821	8975	56,974[240]
陕西[241]		26,420	18,464	8689	7901	56,896[242]
山西[243]		17,854	25,828	7421	9454	52,960
海南[244]		24,487	17,514	9913	7029	57,600[245]
江西[246]		26,500	16,732	11,139	8486	52,137
四川[247]		26,205	19,277	10,247	9251	50,466
吉林[248]		24,900.86	17,972.62	11,326.17	8783.31	51,598
宁夏[249]		25,186	18,983.9	9118.7	8414.9	62,482
贵州[250]		24,579.64	16,914.20	7386.87	6644.93	47,466[251]
黑龙江[252]		24,203	17,152	11,095	8391	48,881
青海[253]		24,542.3	19,200.6	7933.4	8566.5	61,868[254]
新疆[255]		26,274.66	19,415	9425.08	7698	53,004[256]
西藏[257]		18,028	11,184	8332	5719	43,200
甘肃[258]		23,767	17,451	6936	6830	54,453
云南[259]		26,373	17,675	8242	6830	64,463

2017 年赔偿标准主要参数

地区		城镇居民人均可支配收入/（元/年）	城镇居民人均生活消费支出/（元/年）	农（牧）民人均纯收入/（元/年）	农（牧）民人均生活消费支出/（元/年）	在岗职工平均工资/（元/年）
上海[260]		57,692	39,857	25,520	17,071	78,045[261]
北京[262]		57,275	38,256	22,310	17,329	92,477[263]
浙江[264]		47,237[265]	30,068[266]	22,866	17,359	56,385[267]
天津[268]		37,110	28,345	20,076	15,912	63,180
广东[269]	深圳	48,695	36,480.6	14,512.2	12,414.8	124,927
	珠海	42,537.4	32,150.5			101,892
	汕头	25,120.5	20,721.3			72,492
	其他	37,684.3	28,613.3			82,866
江苏[270]		40,152	26,433	17,606	14,428	72,684[271]
福建[272]		36,014.3	25,005.5	14,999.2	12,910.8	63,138[273]
山东[274]		34,012	21,495	13,954	9519	63,562[275]
辽宁[276]		32,876	24,996	12,881	9953	57,148
内蒙古[277]		32,975	22,744	—[278]	11,463	61,992
重庆[279]		29,610	21,031	11,549	9954	67,386[280]
广西[281]		28,324	17,268	10,359	8351	60,240
湖南[282]		31,284	21,420	11,930	10,630	60,160
河北[283]		28,249	19,106	11,919	9798	56,987[284]
湖北[285]		29,386	20,040	12,725	10,938	51,415
河南[286]		27,233	18,088	11,697	8587	50,028[287]
安徽[288]		29,156	19,606	11,720	10,287	61,289[289]
陕西[290]		28,440	19,369	9396	8568	61,626[291]
山西[292]		27,352	16,993	10,082	8029	54,975
海南[293]		28,453	19,015[294]	11,843	8921	62,565[295]
江西[296]		28,673	17,696	12,138	9128	57,470[297]
四川[298]		28,335	20,660	11,203	10,192	54,425
吉林[299]		26,530.42	19,166.38	12,122.94	9521.40	56,098
宁夏[300]		27,153	20,364.2	9851.6	9138.4	67,830
贵州[301]		26742.62	19,201.68	8090.28	7533.29	53,094
黑龙江[302]		25,736	18,145	11,832	9424	52,435[303]
青海[304]		26,757	20,853	8664	9222	67,451
新疆[305]		28,463.43	21,229[306]	10,183.18	8277	64,630
西藏[307]		25,457	17,022	8244	5580	80,496[308]
甘肃[309]		25,693	19,539.2	7457	7487	59,549
云南[310]		28,611	18,622	9020	7331	78,904

2018 年赔偿标准主要参数

地区		城镇居民人均可支配收入/（元/年）	城镇居民人均生活消费支出/（元/年）	农(牧)民人均纯收入/（元/年）	农(牧)民人均生活消费支出/（元/年）	在岗职工平均工资/（元/年）
上海[311]		62,596	42,304	27,825	18,090	85,582[312]
北京[313]		62,406	40,346	24,240	18,810	101,599[314]
浙江[315]		51,261	31,924	24,956	18,093	61,099[316]
天津[317]		40,278	30,284	21,754	16,386	67,284
广东[318]	深圳	52,938	38,320	15,780	13,200	150,444
	珠海	46,826	34,735			110,560
	汕头	27,175	21,778			81,288
	其他	40,975	30,198			93,569
江苏[319]		43,622	27,726	19,158	15,612	79,741[320]
福建[321]		39,001.4	25,980.5	16,334.8	14,003.4	69,029[322]
山东[323]		36,789	23,072	15,118	10,342	69,305[324]
辽宁[325]		34,993	25,379	13,747	10,787	62,545
内蒙古[326]		35,670	23,638	—	12,184	67,692
重庆[327]		32,193	22,759	12,638	10,936	73,272[328]
广西[329]		30,502	18,349	11,325	9437	66,456
湖南[330]		33,948	23,163	12,936	11,534	65,994
河北[331]		30,548	20,600	12,881	10,536	65,266[332]
湖北[333]		31,889	21,276	13,812	11,633	55,903
河南[334]		29,558	19,422	12,719	9212	55,997[335]
安徽[336]		31,640	20,740	12,758	11,106	67,927[337]
陕西[338]		30,810	20,388	10,265	9306	67,433[339]
山西[340]		29,132	18,404	10,788	8424	61,547
海南[341]		30,817	20,372	12,902	9599	69,062[342]
江西[343]		31,198	19,244	13,242	9870	63,069[344]
四川[345]		30,727	21,991	12,227	11,397	58,671
吉林[346]		28,319	20,051	12,950	10,279	61,451
宁夏[347]		29,472.3	20,219.5	10,737.9	9982.1	72,779
贵州[348]		29,080	20,348	8869	8299	66,279
黑龙江[349]		27,446	19,270	12,665	10,524	56,067[350]
青海[351]		29,169	21,473	9462	9903	76,535
新疆[352]		30,775	22,797	11,045	8713	67,932[353]
西藏[354]		27,802[355]	19,440	9094	6070	91,044[356]
甘肃[357]		27,763.4	20,659.4	8076.1	8029.7	65,726
云南[358]		30,996	19,560	9862	8027	95,688

2019 年赔偿标准主要参数

地区		城镇居民人均可支配收入/（元/年）	城镇居民人均生活消费支出/（元/年）	农(牧)民人均纯收入/（元/年）	农(牧)民人均生活消费支出/（元/年）	在岗职工平均工资/（元/年）
上海[359]		68,034	46,015	30,375	19,965	93,984[360]
北京[361]		67,990	42,926	26,490	20,195	94,258[362]
浙江[363]		55,574	34,598	27,302	19,707	66,432[364]
天津[365]		42,976	32,655	23,065	16,863	70,452
广东[366]	深圳	57,544	40,535	17,168	15,411	172,466
	珠海	50,713	36,819			126,494
	汕头	29,077	21,998			89,604
	其他	42,066	28,875			106,579
江苏[367]		47,200[368]	29,462[369]	20,845[370]	16,567[371]	86,590[372]
福建[373]		42,121	28,145	17,821	14,943	78,215[374]
山东[375]		39,549	24,798	16,297	11,270	75,125[376]
辽宁[377]		37,342	26,448	14,656	11,455	69,093
内蒙古[378]		38,305	24,437	—	12,661	74,210
重庆[379]		34,889	24,154	13,781	11,977	81,764[380]
广西[381]		32,436	20,159	12,435	10,617	73,548
湖南[382]		36,698	25,064	14,093	12,721	73,300[383]
河北[384]		32,997	22,127	14,031	11,383	71,633[385]
湖北[386]		34,455	23,996	14,978	13,946	60,560
河南[387]		31,874.19	20,989.15	13,830.74	10,392.01	64,148[388]
安徽[389]		34,393	21,523	13,996	12,748	77,196[390]
陕西[391]		33,319	21,966	11,213	10,071	74,993[392]
山西[393]		31,035	19,790	11,750	9172	67,669[394]
海南[395]		33,349	22,971	13,989	10,956	77,672[396]
江西[397]		33,819	20,760	14,460	10,885	70,772[398]
四川[399]		33,216	23,484	13,331	12,723	64,717
吉林[400]		30,172	22,394	13,748	10,826	68,533
宁夏[401]		31,895.2	21,976.7	11,707.6	10,789.6	81,945
贵州[402]		31,592	20,348	9716	8299	62,924
黑龙江[403]		29,191	21,035	13,804	11,417	60,780[404]
青海[405]		31,515	22,998	10,393	10,352	86,908[406]
新疆[407]		32,764	24,191	11,975	9421	76,709[408]
西藏[409]		30,671[410]	21,088	10,330	6691	115,549
甘肃[411]		29,957	22,606	8804.1	9064.6	73,704
云南[412]		33,488	21,626	10,768	9123	104,077

附 录

2020 年赔偿标准主要参数

地区		施行时间	城镇居民人均可支配收入/（元/年）	城镇居民人均生活消费支出/（元/年）	农（牧）民人均纯收入/（元/年）	农（牧）民人均生活消费支出/（元/年）	在岗职工平均工资/（元/年）
上海		2020年1月1日前[413]	73,615	48,272	33,195	22,449	105,176[415]
		2020年1月1日起[414]	69,442	45,605	69,442	45,605	
北京		2020年4月1日前[416]	73,849	46,358	28,928	21,881	106,168[418]
		2020年4月1日起[417]	67,756	45,605	67,756	45,605	
浙江		2020年1月1日前[419]	60,182	37,508	29,876	21,352	72,078[421]
		2020年1月1日起[420]	49,899	32,026	49,899	32,026	
天津		2019年12月31日前[422]	46,119	34,811	24,804	17,843	75,876
		2019年12月31日前[423]	46,119	34,811	46,119	34,811	
广东[424]	深圳	2020年1月1日前	62,522	43,113	18,818	16,949	207,654
		2020年1月1日起	62,522	43,113	62,522	43,113	
	珠海	2020年1月1日前	55,219	40,031	18,818	16,949	170,543
		2020年1月1日起	55,219	40,031	55,219	40,031	
	汕头	2020年1月1日前	31,416	23,854	18,818	16,949	99,573
		2020年1月1日起	31,416	23,854	31,416	23,854	
	其他	2020年1月1日前	48,118	34,424	18,818	16,949	127,600
		2020年1月1日起	48,118	34,424	48,118	34,424	
江苏		2020年3月20日前[425]	51,056	31,329	22,675	17,716	98,669[426]
		2020年3月20日起[427]	52,460.16	266,97	52,460.16	26,697	

续表

地区	施行时间	城镇居民人均可支配收入/（元/年）	城镇居民人均生活消费支出/（元/年）	农(牧)民人均纯收入/（元/年）	农(牧)民人均生活消费支出/（元/年）	在岗职工平均工资/（元/年）
福建	2020年1月1日前[428]	45,620	30,946	19,568	16,281	81,814[429]
福建	2020年1月1日起[430]	45,620	30,946	45,620	30,946	81,814[429]
山东	2020年3月12日前[431]	42,329	26,731	17,775	12,309	84,089[432]
山东	2020年3月12日起[433]	42,329	26,731	42,329	26,731	84,089[432]
辽宁	2020年1月1日前[434]	39,777	27,355	16,108	12,030	75,264
辽宁	2020年1月1日起[435]	31,820	22,203	31,820	22,203	75,264
内蒙古	2020年4月1日前[436]	40,782	25,383	40,782	13,816	83,277
内蒙古	2020年4月1日起[437]	40,782	25,383	40,782	25,383	83,277
重庆	2020年5月1日前[438]	37,939	25,785	15,133	13,112	89,714[439]
重庆	2020年5月1日起[440]	37,939	25,785	37,939	25,785	89,714[439]
广西	2020年1月1日前[441]	34,745	21,591	13,676	12,045	79,512
广西	2020年1月1日起[442]	34,745	21,591	34,745	21,591	79,512
湖南	2020年1月1日前[443]	39,842	26,924	15,395	13,969	77,563
湖南	2020年1月1日起[444]	39,842	26,924	39,842	26,924	77,563
河北	2020年1月1日前[445]	35,738	23,483	15,373	12,372	75,775[446]
河北	2020年1月1日起[447]	35,738	23,483	35,738	23,483	75,775[446]
湖北	2020年1月1日前[448]	37,601	26,422	16,391	15,328	64,661[449]
湖北	2020年1月1日起[450]	37,601	26,422	37,601	26,422	64,661[449]

续表

地区	施行时间	城镇居民人均可支配收入/（元/年）	城镇居民人均生活消费支出/（元/年）	农(牧)民人均纯收入/（元/年）	农(牧)民人均生活消费支出/（元/年）	在岗职工平均工资/（元/年）
河南	2019年12月20日前[451]	34,200.97	21,971.57	15,163.75	11,545.99	68,305[452]
	2019年12月20日起[453]	34,200.97	21,971.57	34,200.97	21,971.57	
安徽	2019年12月16日前[454]	37,540	23,782	15,416	14,546	82,127[455]
	2019年12月16日起[456]	37,540	23,782	37,540	23,782	
陕西	2019年12月1日前[457]	36,098	23,514	12,326	10,935	82,114[458]
	2019年12月1日起[459]	36,098	23,514	36,098	23,514	
山西	2020年1月1日前[460]	33,262	21,159	12,902	9728	72,207
	2020年1月1日起[461]	33,262	21,159	33,262	21,159	
海南	2020年1月1日前[462]	36,017	25,317	15,113	12,418	84,656[463]
	2020年1月1日起[464]	36,017	25,317	36,017	25,317	
江西	2020年4月1日前[465]	36,546	22,714	15,796	12,497	76,131[466]
	2020年4月1日起[467]	36,546	22,714	36,546	22,714	
四川	2020年1月1日前[468]	36,154	25,367	14,670	14,056	69,267
	2020年1月1日起[469]	36,154	25,367	36,154	25,367	
吉林	2020年1月1日起[470]	32,299	23,394	14,936	11,457	73,813[471]
宁夏	2020年1月1日前[472]	34,328	24,161	12,858	11,465	88,153
	2020年1月1日起[473]	34,328	24,161	34,328	24,161	
贵州	2020年11月15日前[474]	34,440	10,758	21,402	10,222	78,316
	2020年11月15日起[475]	34,440	10,758	34,440	10,758	

续表

地区	施行时间	城镇居民人均可支配收入/（元/年）	城镇居民人均生活消费支出/（元/年）	农（牧）民人均纯收入/（元/年）	农（牧）民人均生活消费支出/（元/年）	在岗职工平均工资/（元/年）
黑龙江	2020年1月1日前[476]	30,945	22,165	14,982	12,495	68,416[477]
	2020年1月1日起[478]	30,945	22,165	30,945	22,165	
青海	2020年7月1日前[479]	33,830	23,799	11,499	11,343	90,929
	2020年7月1日起[480]	33,830	23,799	33,830	23,799	
新疆	2019年12月1日前[481]	34,664	25,594	13,122	10,318	82,052[482]
	2019年12月1日起[483]	34,664	25,594	34,664	25,594	
西藏	2020年4月1日前[484]	33,797	23,029	11,449	7452	119,947
	2020年4月1日起[485]	33,797	23,029	33,797	23,029	
甘肃	2020年2月25日前[486]	32,323.4	24,453.9	9628.9	9693.9	77,336
	2020年2月25日起[487][488]	32,323.4	24,453.9	32,323.4	9693.9	
云南	2020年4月1日前[489]	36,238	23,455	11,902	10,260	106,514
	2020年4月1日起[490]	36,238	23,455	36,238	23,455	

2021年赔偿标准主要参数

地区		城镇居民人均可支配收入/（元/年）	城镇居民人均生活消费支出/（元/年）	农（牧）民人均纯收入/（元/年）	农（牧）民人均生活消费支出/（元/年）	在岗职工平均工资/（元/年）
上海[491]		72,232	42,536	72,232	42,536	124,056[492]
北京[493]		69,434	38,903	69,434	38,903	112,886[494]
浙江[495]		62,699	36,197	31,930	21,555	108,645[496]
天津[497]		47,659	30,895	25,691	16,844	81,324
广东[498]	深圳	64,878	40,581	20,143	17,132	213,250
	珠海	58,475	37,778			190,379
	汕头	32,922	24,050			108,458
	其他	50,257	33,511			143,622

续表

地区	城镇居民人均可支配收入/（元/年）	城镇居民人均生活消费支出/（元/年）	农(牧)民人均纯收入/（元/年）	农(牧)民人均生活消费支出/（元/年）	在岗职工平均工资/（元/年）
江苏[499]	55,862.40	48,254	55,862.40	48,254	103,621[500]
福建[501]	47,160	30,487	20,880	16,339	84,374[502]
山东[503]	43,726	27,291	43,726	27,291	90,661[504]
辽宁[505]	40,376	20,672[506]	40,376	20,672	82,223[507]
内蒙古[508]	41,353	23,888	16,567	13,594	87,916[509]
重庆[510]	40,006	26,464	16,361	14,140	98,380[511]
广西[512]	35,859	20,907	14,815	12,431	86,112
湖南[513]	41,698	26,796	16,585	14,974	82,356[514]
河北[515]	37,286	23,167	37,286	23,167	79,964[516]
湖北[517]	36,706	22,885	16,306	14,473	71,110[518]
河南[519]	34,750.34	20,644.91	16,107.93	12,201.10	71,351[520]
安徽[521]	39,442	22,683	16,620	15,024	89,381[522]
陕西[523]	37,868	22,866	13,316	11,376	83,520[524]
山西[525]	34,793	20,332	13,878	10,290	77,364[526]
海南[527]	37,097	23,560	16,279	13,169	89,642[528]
江西[529]	38,556	22,134	16,981	13,579	80,503[530]
四川[531]	38,253	25,133	15,929[532]	14,953	91,928[533]
吉林[534]	33,396	21,623	33,396	21,623	77,994.96
宁夏[535]	35,720	22,379	13,889	11,724	101,827
贵州[536]	36,096	20,587	11,642	10,818	89,228[537]
黑龙江[538]	31,115	20,397	16,168	12,360	74,554[539]
青海[540]	35,506	24,315	12,342	12,134	101,401[541]
新疆[542]	34,838	22,592	14,056[543]	10,778	88,782[544]
西藏[545]	37,410[546]	25,636	37,410	25,636	123,045
甘肃[547]	33,821.8	24,614.6	10,344.3	9,922.9	83,392[548]
云南[549]	37,500	24,569	12,842	11,069	113,623

2022 年赔偿标准主要参数

地区		城镇居民人均可支配收入/（元/年）	城镇居民人均生活消费支出/（元/年）	农（牧）民人均纯收入/（元/年）	农（牧）民人均生活消费支出/（元/年）	在岗职工平均工资/（元/年）
上海[550]		82,429	51,295	38,521	27,205	136,757[551]
北京[552]		81,518	46,776	33,303	23,574	127,535[553]
浙江[554]		68,487	42,193	35,247	25,415	122,309[555]
天津[556]		51,486	36,067	51,486	36,067	128,171[557]
广东[558]	深圳	70,847	46,286	22,306	20,012	235,268
	珠海	64,234	43,957			209,679
	汕头	35,601	25,268			106,954
	其他	54,854	36,621			151,870
江苏[559]	2022年5月1日后	57,743	36,558	57,743	36,558	117,868
	2022年4月30日前	59,284	31,451	59,284	31,451	
福建[560]		51,140	33,942	23,229	19,290	101,516[561]
山东[562]		47,066	29,314	20,794	14,299	98,094[563]
辽宁[564]		43,051	28,400[565]	43,051	28,400	88,474[566]
内蒙古[567]		44,377	27,194	18,337	15,691	93,266[568]
重庆[569]		43,502	29,850	18,100	16,096	106,966[570]
广西[571]		38,530	22,555	38,530	22,555	791,368
湖南[572]		44,866	28,294	18,295	16,951	88,874[573]
河北[574]		39,791	24,192	18,179	15,391	85,611[575]
湖北[576]		40,278	28,506	18,259	17,647	81,529[577]
河南[578]		37,095	23,178	17,533	14,073	76,261[579]
安徽[580]		43,009	26,495	18,368	17,163	97,445[581]
陕西[582]		40,713	24,784	14,745	13,158	90,996[583]
山西[584]		37,433	21,965	15,308	11,410	84,938[585]
海南[586]		40,213	27,565	18,076	15,487	101,090[587]
江西[588]		41,684	24,587	18,684	15,663	86,116[589]
四川[590]		41,444	26,971	17,575	16,444	100,469[591]
吉林[592]		35,646	24,421	35,646	24,421	83,028[593]
宁夏[594]		38,291	25,386	15,337	13,536	109,437

续表

地区	城镇居民人均可支配收入/（元/年）	城镇居民人均生活消费支出/（元/年）	农(牧)民人均纯收入/（元/年）	农(牧)民人均生活消费支出/（元/年）	在岗职工平均工资/（元/年）
贵州[595]	39,211	25,333	12,856	12,557	99,324[596]
黑龙江[597]	33,646	20,636	17,889	15,225	80,369[598]
青海[599]	37,745	24,513	13,604	13,300	109,346[600]
新疆[601]	37,642	25,724	15,575	12,821	96,749
西藏[602]	41,156.5	24,927.4	41,156.5	24,927.4	126,226
甘肃[603]	36,187	25,757	11,433	11,206	84,500
云南[604]	40,905	27,441	40,905	27,441	117,958

2023 年赔偿标准主要参数

地区		城镇居民人均可支配收入/（元/年）	城镇居民人均生活消费支出/（元/年）	农(牧)民人均纯收入/（元/年）	农(牧)民人均生活消费支出/（元/年）	在岗职工平均工资/（元/年）
上海[605]		84,034	48,111	39,729	27,430	146,196[606]
北京[607]		84,023	45,617	34,754	23,745	135,567[608]
浙江[609]		71,268	44,511	37,565	27,483	128,825[610]
天津[611]		53,003	33,824	53,003	33,824	133,691[612]
广东[613]	深圳[614]	72,718	44,793	—	—	164,760[615]
	珠海[616]	65,743	42,857	35,829	26,389	126,131[617]
	汕头[618]	37,037	25,094	22,057	17,267	92,760[619]
	其他[620]	56,905	36,936	23,598	20,800	126,924[621]
江苏[622]		60,178	37,796	60,178	37,796	124,175[623]
福建[624]		53,817	35,692	53,817	35,692	106,977[625]
山东[626]		49,050	28,555	22,110	14,687	105,264[627]
辽宁[628]		44,003	26,652	44,003	26,652	94,911[629]
内蒙古[630]		46,295	26,667	19,641	15,444	103,804[631]
重庆[632]		45,509	30,574	19,313	16,727	111,424[633]
广西[634]		239,703	22,438	17,433	14,658	94,766[635]
湖南[636]		47,301	29,580	19,546	18,078	94,590[637]
河北[638]		41,278	25,071	19,364	16,271	93,366[639]
湖北[640]		42,626	29,121	19,709	18,991	84,478[641]

续表

地区	城镇居民人均可支配收入/(元/年)	城镇居民人均生活消费支出/(元/年)	农(牧)民人均纯收入/(元/年)	农(牧)民人均生活消费支出/(元/年)	在岗职工平均工资/(元/年)
河南[642]	38,484	23,539	18,697	14,824	78,903[643]
安徽[644]	45,133	26,832	19,575	17,980	98,649[645]
陕西[646]	42,431	24,766	15,704	14,094	98,843[647]
山西[648]	39,532	21,923	16,323	12,091	92,882[649]
海南[650]	40,118	26,418	19,117	15,145	107,795[651]
江西[652]	43,697	25,976	19,936	16,984	90,397[653]
四川[654]	43,233	27,637	18,672	17,199	105,002[655]
吉林[656]	35,471	21,835	35,471	21,835	87,222[657]
宁夏[658]	40,194	24,213	16,430	12,825	118,614
贵州[659]	41,086	24,230	13,707	13,172	99,598[660]
黑龙江[661]	35,042	24,011	18,577	15,162	88,235[662]
青海[663]	38,736	21,700	14,456	12,516	115,949[664]
新疆[665]	38,410	25,724	16,550	12,821	101,764[666]
西藏[667]	46,503	281,59.2	46,503	28,159.2	145,461
甘肃[668]	37,572	25,207	12,165	11,492	94,231
云南[669]	42,168	26,240	42,168	26,240	123,170

2024 年赔偿标准主要参数

地区		城镇居民人均可支配收入/(元/年)	城镇居民人均生活消费支出/(元/年)	农(牧)民人均纯收入/(元/年)	农(牧)民人均生活消费支出/(元/年)	在岗职工平均工资/(元/年)
上海[670]		89,477	54,919	42,988	30,782	146,196[671]
北京[672]		88,650	50,897	37,358	26,277	188,413[673]
浙江[674]		74,997	47,762	40,311	30,468	133,045[675]
天津[676]		55,355	37,586	30,851	21,553	138,007[677]
广东[678]	深圳[679]	76,910	49,013	—	—	171,854
	珠海[680]	67,773	43,526	38,025	26,701	132,169
	汕头[681]	38,070	25,119	22,970	18,186	95,982
	其他[682]	59,307	39,333	25,142	22,209	131,418
江苏[683]		63,211	40,461	30,488	25,029	127,620[684]

续表

地区	城镇居民人均可支配收入/（元/年）	城镇居民人均生活消费支出/（元/年）	农(牧)民人均纯收入/（元/年）	农(牧)民人均生活消费支出/（元/年）	在岗职工平均工资/（元/年）
福建[685]	56,153	37,674	26,722	21,746	108,520[686]
山东[687]	51,571	30,251	23,776	16,075	105,264[688]
辽宁[689]	45,896	26,652	21,483	26,652	94,911[690]
内蒙古[691]	48,676	32,249	21,221	18,650	111,602[692]
重庆[693]	47,435	31,531	20,820	17,964	113,653[694]
广西[695]	41,287	24,427	18,656	15,435	98,808[696]
湖南[697]	49,243	31,035	20,921	19,210	99,480[698]
河北[699]	43,631	27,906	20,688	17,244	94,818[700]
湖北[701]	44,990	31,500	21,293	20,922	89,864[702]
河南[703]	40,234	25,570	20,053	16,638	84,156[704]
安徽[705]	47,446	27,900	21,144	18,905	103,688[706]
陕西[707]	44,713	27,303	16,992	15,647	106,969[708]
山西[709]	41,327	24,524	17,677	13,684	95,025[710]
海南[711]	42,661	28,930	20,708	16,924	114,572[712]
江西[713]	45,554	27,733	21,358	18,421	94,742[714]
四川[715]	45,227	29,280	19,978	17,901	113,223[716]
吉林[717]	37,503	26,677	19,472	14,354	87,222[718]
宁夏[719]	42,395	27,076	17,772	14,649	121,648[720]
贵州[721]	42,772	27,693	14,817	14,260	104,802[722]
黑龙江[723]	35,042	24,011	18,577	15,162	88,235[724]
青海[725]	40,408	25,373	15,614	14,790	121,457[726]
新疆[727]	40,578	26,134	17,948	13,645	101,764[728]
西藏[729]	51,900	28,858	19,924	12,619	145,461
甘肃[730]	39,833	27,044	13,131	12,575	102,934
云南[731]	43,563	28,338	16,361	15,147	112,908

1 上海市高级人民法院《关于公布2011年度人身损害赔偿标准的通知》(2011年4月22日 沪高法〔2011〕130号)

2 北京市高级人民法院《关于公布审判工作所依据的2010年几类参照指标的通知》(2011年4月20日 京高法发〔2011〕258号)

3　北京市社会保险基金管理中心《关于统一2011年度各项社会保险缴费工资基数和缴费金额的通知》（2011年5月9日　京社保发〔2011〕25号）

4　浙江省公安厅交通管理局《关于公布2011年道路交通事故损害赔偿项目参照标准的通知》（2011年4月27日发布　2011年5月1日起执行　浙公交〔2011〕7号）

5　天津市高级人民法院《关于印发损害赔偿数额参考标准的通知》（2011年4月12日　津高法〔2011〕108号）

6　天津市人力资源和社会保障局《关于公布2010年度全市职工平均工资等有关问题的通知》（2011年1月25日　津人社局发〔2011〕8号）

7　广东省高级人民法院《关于印发〈广东省2011年度人身损害赔偿计算标准〉的通知》（2011年6月8日　粤高法发〔2011〕33号）

8　江苏省高级人民法院《关于适用〈最高人民法院关于审理人身损害赔偿案件适用法律若干问题的解释〉有关费用标准（2010年度）的通知》（2011年2月16日　苏高法电〔2011〕123号）

9　江苏省人力资源和社会保障厅《关于发布2011年度社会保险有关基数的通知》（2011年5月9日　苏人社发〔2011〕197号）

10　福建省公安厅交警总队《2011年度福建省道路交通事故损害赔偿标准》（2011年4月2日　闽交警网传〔2011〕138号）

11　山东省统计局、国家统计局山东调查总队《2010年山东省国民经济和社会发展统计公报》（2011年2月28日）

12　辽宁省高级人民法院、辽宁省公安厅《关于印发〈辽宁省2011年度道路交通事故损害赔偿标准有关数据〉的通知》（2012年7月12日　辽高法〔2011〕129号）

13　内蒙古自治区公安厅《关于印发〈二○一一年度内蒙古自治区道路交通事故损害赔偿标准〉的通知》（2012年5月9日　2011年1月1日起执行　内公通字〔2011〕38号）

14　重庆市公安局交通巡逻警察总队《重庆市2011年度道路交通事故损害赔偿标准》（2011年4月29日　2011年5月1日起执行）

15　广西壮族自治区高级人民法院、自治区人民检察院、自治区公安厅《关于印发〈广西壮族自治区道路交通事故损害赔偿项目计算标准〉的通知》（2011年5月10日印发　2011年6月1日起实施　桂公通〔2011〕153号）

16　湖南省公安厅交通警察总队《关于公布〈2011—2012年度全省道路交通事故处理有关损害赔偿项目标准〉的通知》（2011年9月26日　湘公交管〔2011〕141号）

17　河北省公安厅交通管理局《关于印发〈河北省2011年度交通事故损害赔偿标准有关参考数据〉的通知》（2011年4月26日　2011年5月1日起执行　冀公交字〔2011〕89号）

18　云南省公安厅警令部《关于印发〈2011年云南省道路交通事故人身损害赔偿有关费用计算标准〉的通知》（2011年4月20日　2011年5月1日起执行　公交〔2011〕73号）

19　湖北省公安厅、湖北省高级人民法院、湖北省统计局、国家统计局湖北调查总队《关于发布2011年度〈湖北省道路交通事故损害赔偿标准〉的通知》（2011年4月27日　鄂公通〔2011〕15号）

20　河南省统计局、国家统计局河南调查总队《2010年河南省国民经济和社会发展统计公报》

（2011年3月21日）

21 国家统计局《2010年城镇非私营单位在岗职工年平均工资主要情况》（2011年5月3日）；另河南统计年鉴—2011：从业人员与职工工资（http://www.ha.stats.gov.cn）

22 安徽省公安厅《关于传发〈2011年安徽省道路交通事故人身损害赔偿项目标准〉的通知》（2011年5月27日 皖公交管〔2011〕183号）

23 陕西省统计局《2010年陕西省国民经济和社会发展统计公报》（2011年3月）

24 国家统计局《2010年城镇非私营单位在岗职工年平均工资主要情况》（2011年5月3日）

25 山西省公安厅《关于转发〈山西省统计局2010年全省有关统计数据〉的通知》（2011年5月3日发布 2011年6月1日起执行 晋公交管〔2011〕41号）

26 海南省公安厅交警总队《2011—2012年度海南省道路交通事故人身损害赔偿项目和计算标准》（2011年9月1日）

27 江西省高级人民法院《关于公布〈最高人民法院关于审理人身损害赔偿案件适用法律若干问题的解释〉中赔偿项目统计数据的通知》（2011年5月17日 赣高法〔2011〕100号）

28 国家统计局《2010年城镇非私营单位在岗职工年平均工资主要情况》（2011年5月3日）

29 四川省高级人民法院民事审判第一庭《关于印发〈四川省2010年度有关统计数据〉的通知》（川高法民一〔2011〕12号）

30 吉林省高级人民法院《关于2011年度人身损害赔偿执行标准的通知》（2011年9月1日 吉高法〔2011〕60号）

31 宁夏回族自治区公安厅交通运输管理局《关于2011年度全区道路交通事故伤亡人员人身损害赔偿有关费用计算标准的通知》（2011年4月26日 宁公交管发〔2011〕34号）

32 贵州省公安厅《2011年道路交通事故损害赔偿项目标准》（2011年9月19日）

33 黑龙江省公安交通管理局、黑龙江省公安厅交通警察总队《关于转发〈2011年全省道路交通事故人身损害赔偿相关数据〉的通知》（2011年6月7日 黑公交〔2011〕233号）

34 青海省高级人民法院、青海省人民检察院、青海省公安厅《关于印发〈青海省2011年人身损害赔偿案件赔偿标准〉的通知》（2011年5月25日发布 2011年6月1日起执行）

35 新疆维吾尔自治区统计局、国家统计局新疆调查总队《新疆维吾尔自治区2010年国民经济和社会发展统计公报》（2011年2月24日）

36 国家统计局《2010年城镇非私营单位在岗职工年平均工资主要情况》（2011年5月3日）

37 西藏自治区公安厅《关于二○一一年西藏自治区道路交通事故人身损害赔偿案件计算标准的通知》（2010年11月25日 2011年1月1日起执行 藏公通〔2010〕236号）

38 甘肃省高级人民法院、甘肃省公安厅文件《关于印发〈2011年甘肃省道路交通事故人身损害赔偿有关费用计算标准〉的通知》（2011年4月27日 甘公（交）发〔2011〕12号）

39 云南省高级人民法院、云南省公安厅《关于印发〈2011年云南省道路交通事故人身损害赔偿有关费用计算标准〉的通知》（2011年5月12日 云公交〔2011〕73号）

40 上海市高级人民法院《关于公布2012年度人身损害赔偿标准的通知》（2012年4月9日 沪高法〔2011〕139号）

41 北京市高级人民法院《关于公布审判工作所依据的2011年几类参照指标的通知》（2012年

4月12日　高法网发〔2012〕253号）

42　浙江省统计局《2011年浙江省国民经济和社会发展统计公报》（2012年2月23日）

43　浙江省人力资源和社会保障厅《关于发布〈2011年全省在岗职工年平均工资〉的通知》（2012年2月23日　浙人社发〔2011〕139号）

44　天津市统计局、国家统计局天津调查总队《2011年天津市国民经济和社会发展统计公报》（2012年3月1日）

45　城市快报《2012年天津交通事故损害赔偿标准出台》（2012年5月13日）

46　城市快报《2012年天津交通事故损害赔偿标准出台》（2012年5月13日）

47　天津市人力资源和社会保障局《关于公布〈2011年度全市职工平均工资等有关问题〉的通知》（2012年2月19日　津人社局发〔2012〕14号）

48　广东省高级人民法院《关于印发〈广东省2012年度人身损害赔偿计算标准〉的通知》（2012年6月7日　粤高法发〔2012〕21号）

49　江苏省高级人民法院《关于适用〈最高人民法院关于审理人身损害赔偿案件适用法律若干问题的解释〉有关费用标准（2011年度）的通知》（2012年2月27日　苏高法电〔2012〕181号）

50　江苏省人力资源和社会保障厅《关于发布〈2012年度社会保险有关基数〉的通知》（2014年5月14日　苏人社发〔2012〕199号）

51　福建省公安厅交警总队《关于下发〈2012年度道路交通事故损害赔偿调解有关数据〉的通知》（2012年4月23日　闽交警安〔2012〕6号）

52　山东省统计局、国家统计局山东调查总队《2011年山东省国民经济和社会发展统计公报》（2012年2月28日）

53　辽宁省高级人民法院、辽宁省公安厅《关于印发〈辽宁省2012年度道路交通事故损害赔偿标准有关数据〉的通知》（2012年7月26日　辽高法〔2012〕118号）

54　内蒙古自治区公安厅《关于印发〈二〇一二年度内蒙古自治区道路交通事故损害赔偿标准〉的通知》（2012年5月7日　内公通字〔2012〕38号）

55　重庆市统计局、国家统计局重庆调查总队《2011年重庆市国民经济和社会发展统计公报》（2012年3月15日）、重庆市公安局交通巡逻警察总队《关于印发〈2012年度重庆市道路交通事故损害赔偿标准〉的通知》（2012年4月29日）

56　重庆市人力资源和社会保障局、重庆市财政局《关于2012年度社会保险工作适用上年度城镇非私营单位在岗职工平均工资有关问题的通知》（2012年6月14日　渝人社发〔2012〕111号）；重庆市公安局交通巡逻警察总队《关于印发〈2012年度重庆市道路交通事故损害赔偿标准〉的通知》（2012年4月29日），数据为40042元

57　广西壮族自治区高级人民法院、自治区人民检察院、自治区公安厅《关于印发〈广西壮族自治区道路交通事故损害赔偿项目计算标准〉的通知》（2012年6月22日印发　2012年7月1日起实施　桂公通〔2012〕232号）

58　湖南省公安厅交通警察总队《关于公布〈2012—2013年度全省道路交通事故处理有关损害赔偿项目标准〉的通知》（2012年10月10日　湘公交管〔2012〕93号）

59	河北省公安厅交通管理局《关于印发〈河北省2012年度交通事故人身损害赔偿标准有关参考数据〉的通知》(2012年5月9日　冀公交字〔2012〕107号)
60	湖北省公安厅《关于发布2012年度〈湖北省道路交通事故损害赔偿标准〉的通知》(2012年4月24日印发　2012年5月1日起执行　鄂公通〔2012〕16号)
61	河南省统计局、国家统计局河南调查总队《2011年河南省国民经济和社会发展统计公报》(2012年2月29日)
62	河南统计年鉴—2012：从业人员与职工工资(http://www.ha.stats.gov.cn)
63	安徽省公安厅《关于传发〈2012年安徽省道路交通事故损害赔偿项目标准〉的通知》(2012年4月27日　皖公交管〔2012〕157号)
64	陕西省统计局《2011年陕西省国民经济和社会发展统计公报》(2012年3月)
65	《前瞻网》(http://d.qianzhan.com)
66	山西省公安厅《关于转发〈山西省统计局2011年全省有关统计数据〉的通知》(2012年5月8日发布　2012年6月1日起执行　晋公交管〔2012〕69号)
67	海南省公安厅交警总队《2012—2013年度海南省道路交通事故人身损害赔偿项目和计算标准》(2012年9月1日)
68	江西省高级人民法院《关于公布〈最高人民法院关于审理人身损害赔偿案件适用法律若干问题的解释〉中赔偿项目统计数据的通知》(2012年5月15日印发　赣高法〔2012〕96号)
69	四川省高级人民法院民事审判第一庭《关于印发〈四川省2011年度有关统计数据〉的通知》(2012年4月20日)
70	吉林省高级人民法院《关于二〇一二年度人身损害赔偿执行标准的通知》(2012年8月14日　吉高法〔2012〕60号)
71	宁夏回族自治区公安厅交通运输管理局《关于2013年度全区道路交通事故伤亡人员人身损害赔偿有关费用计算标准的通知》(2012年5月9日　宁公交管发〔2012〕28号)
72	贵州省公安厅《关于印发〈2012年道路交通事故损害赔偿数据〉的通知》(2013年5月9日)
73	贵州省人力资源和社会保障厅、贵州省统计局《关于公布2011年贵州省城镇单位从业人员平均工资和企业离退休人员平均基本养老金的通知》(2014年6月4日　黔人社厅发〔2012〕23号)
74	黑龙江省公安交通管理局、黑龙江省公安厅交通警察总队《关于转发〈2012年全省道路交通事故人身损害赔偿相关数据〉的通知》(2012年6月7日　黑公交〔2012〕233号)
75	青海省高级人民法院、青海省人民检察院、青海省公安厅《关于印发〈青海省2012年人身损害赔偿案件赔偿标准〉的通知》(2012年6月1日起执行　2012年5月发布)
76	新疆维吾尔自治区公安厅交通警察总队《2012年新疆道路交通事故死亡赔偿标准》(2012年8月31日)
77	西藏自治区统计局、国家统计局西藏调查总队《2011年西藏国民经济和社会发展统计公报》(2012年3月15日)
78	西藏自治区公安厅《关于二〇一二年西藏自治区道路交通事故人身损害赔偿案件计算标准的通知》(2012年1月1日起执行　藏公通〔2012〕248号)

79	西藏自治区公安厅《关于二〇一二年西藏自治区道路交通事故人身损害赔偿案件计算标准的通知》（2012年1月1日起执行　藏公通〔2012〕248号）
80	《前瞻网》（http：//d.qianzhan.com）
81	甘肃省高级人民法院、甘肃省公安厅文件《关于印发〈2011年甘肃省道路交通事故人身损害赔偿有关费用计算标准〉的通知》（2012年4月28日　甘公（交）发〔2012〕10号）
82	云南省高级人民法院、云南省公安厅《关于印发〈2012年云南省道路交通事故人身损害赔偿有关费用计算标准〉的通知》（2012年4月9日　云公交〔2012〕91号）
83	上海市统计局、国家统计局上海调查总队《2012年上海市国民经济和社会发展统计公报》（2013年2月26日）
84	上海市人力资源和社会保障局《关于本市2012年职工平均工资有关事宜的通知》（2013年3月25日　沪人社综〔2013〕151号）
85	北京市高级人民法院《关于公布审判工作所依据的2012年几类参照指标的通知》（2013年5月27日　京高法网发〔2012〕第315号）
86	北京市人力资源和社会保障局、北京市统计局《关于公布2012年度北京市职工平均工资的通知》（2013年6月8日　京人社规发〔2013〕151号）
87	浙江省统计局《2012年浙江省国民经济和社会发展统计公报》（2013年2月8日）
88	浙江省人力资源和社会保障厅《关于发布2012年全省在岗职工年平均工资的通知》（2013年5月22日　浙人社函〔2013〕122号）
89	天津市高级人民法院《关于印发损害赔偿数额参照标准的通知》（2013年4月17日　津高发〔2013〕75号）
90	广东省高级人民法院《关于印发〈广东省2013年度人身损害赔偿计算标准〉的通知》（2013年6月8日）
91	江苏省高级人民法院民事审判庭第一庭《关于适用〈最高人民法院关于审理人身损害赔偿案件适用法律问题的解释〉有关费用标准（2012年度）的通知》（2013年3月8日　苏高法电〔2013〕205号）
92	江苏省人力资源和社会保障厅《关于发布2013年度社会保险有关基数的通知》（2013年5月31日　苏人社发〔2013〕191号）
93	福建省公安厅交警总队《关于下发〈2013年度道路交通事故损害赔偿调解有关数据〉的通知》（2013年4月12日　闽交警网传〔2013〕134号）
94	山东省统计局、国家统计局山东调查总队《2012年山东省国民经济和社会发展统计公报》（2013年2月28日）
95	辽宁省高级人民法院、辽宁省公安厅《关于印发〈辽宁省2013年度道路交通事故损害赔偿标准有关数据〉的通知》（2013年7月4日　辽高法〔2013〕67号）
96	内蒙古自治区公安厅《关于印发〈2013年度内蒙古自治区道路交通事故损害赔偿标准〉的通知》（2013年6月）
97	根据《内蒙古自治区道路交通事故损害赔偿项目和计算办法》（2004年5月1日施行　2009年3月27日修改）第17条规定："死亡赔偿金按照自治区上一年度城镇居民人均可支配收

入标准,按二十年计算。但六十周岁以上的,年龄每增加一岁减少一年;七十五周岁以上的,按五年计算。"第18条第1款规定:"赔偿权利人举证证明其住所地或者经常居住地(指省、自治区、直辖市、经济特区、计划单列市)城镇居民人均可支配收入高于自治区上一年度城镇居民人均可支配收入标准的,残疾赔偿金或者死亡赔偿金可以按照其住所地或者经常居住地的标准计算。"

98 重庆市统计局、国家统计局重庆调查总队《2012年重庆市国民经济和社会发展统计公报》(2013年3月18日)

99 重庆市人力资源和社会保障局、重庆市财政局《关于2013年度社会保险工作适用上年度城镇非私营单位在岗职工平均工资有关问题的通知》(2013年7月4日　渝人社发〔2013〕153号)

100 广西壮族自治区高级人民法院、广西壮族自治区人民检察院、广西壮族自治公安厅《关于印发〈广西壮族自治区道路交通事故人身损害赔偿项目计算标准〉的通知》(2013年7月15日印发　2013年7月1日起实施　桂公通〔2013〕201号)

101 湖南省公安厅交通警察总队《关于公布〈2013—2014年度全省道路交通事故处理有关损害赔偿项目标准〉的通知》(2013年5月20日　湘公交管〔2013〕38号)

102 河北省公安厅交通管理局《关于印发〈河北省2013年度交通事故人身损害赔偿标准有关参考数据〉的通知》(2013年5月30日　冀公交字〔2013〕号)

103 湖北省公安厅《关于发布2013年度湖北省道路交通事故损害赔偿标准的通知》(2013年4月23日发布　2013年5月1日起执行　鄂公通〔2013〕33号)

104 河南省统计局、国家统计局河南调查总队《2012年河南省国民经济和社会发展统计公报》(2013年2月27日)

105 河南统计年鉴—2013:从业人员与职工工资(http://www.ha.stats.gov.cn)

106 安徽省统计局、国家统计局安徽调查总队《安徽省2012年国民经济和社会发展统计公报》(2013年2月26日)

107 安徽省人力资源和社会保障厅《关于印发〈2012年度安徽省人力资源和社会保障事业发展统计公报〉的通知》(2013年7月6日)

108 陕西省统计局《2012年陕西省国民经济和社会发展统计公报》(2013年3月)

109 陕西省人社厅《关于印发〈陕西省2013年度企业工资调控目标〉的通知》(2013年5月30日　陕人社发〔2013〕31号)

110 山西省公安厅《关于转发山西省2012年有关统计数据的通知》(2013年5月30日发布　2013年6月1日起执行　晋公交管〔2013〕74号)

111 海南省公安厅交警总队《2013—2014年度海南省道路交通事故人身损害赔偿项目和计算标准》(2013年8月30日)

112 江西省统计局网站(http://www.jxstj.gov.cn)

113 四川省高级人民法院民事审判第一庭《关于印发四川省2012年度有关统计数据的通知》(2014年6月3日　川高法民一〔2013〕9号)

114 吉林省高级人民法院《关于二〇一三年度人身损害赔偿执行标准的通知》(2013年8月15

日 2013年9月1日起执行 吉高法〔2013〕111号）

115 宁夏回族自治区公安厅交通运输管理局《关于2013年度全区道路交通事故伤亡人员人身损害赔偿有关费用计算标准的通知》（2013年6月4日 宁公交管发〔2013〕97号）

116 贵州省公安厅《关于补充印发2013年道路交通事故损害赔偿数据的通知》（2013年9月27日）

117 黑龙江省统计局《2012年黑龙江省国民经济和社会发展统计公报》（2013年3月6日）

118 黑龙江省统计局、国家统计局黑龙江调查总队《黑龙江省统计年鉴（2012）》，中国统计出版社，2013年8月1日

119 青海省高级人民法院、青海省人民检察院、青海省公安厅《关于印发〈2013年青海省道路交通事故人身损害赔偿费用计算标准〉的通知》（2013年6月7日发布 2013年6月15日起执行）

120 黑龙江省统计局《2014年黑龙江省统计提要》"2013年城镇非私营单位就业人员平均工资"。

121 新疆维吾尔自治区统计局、国家统计局新疆调查总队《新疆维吾尔自治区2012年国民经济和社会发展统计公报》（2013年2月27日）

122 西藏自治区统计局、国家统计局西藏调查总队《2012年西藏国民经济和社会发展统计公报》（2013年3月）、西藏自治区统计局、国家统计局西藏调查总队《西藏统计年鉴2012》，中国统计出版社，2013年

123 《前瞻网》（http://d.qianzhan.com）

124 甘肃省高级人民法院、甘肃省公安厅《甘肃省2013年道路交通事故人身损害赔偿标准》（2013年4月23日 甘公（交）发〔2013〕7号）

125 云南省高级人民法院、云南省公安厅《关于印发〈2013年云南省道路交通事故人身损害赔偿有关费用计算标准〉的通知》（2013年4月26日 云公交〔2013〕85号）

126 上海市统计局、国家统计局上海调查总队《2013年上海市国民经济和社会发展统计公报》（2014年2月26日）

127 上海市人力资源和社会保障局《关于本市2013年职工平均工资有关事宜的通知》（2014年4月8日 沪人社综发〔2014〕11号）

128 北京市高级人民法院《关于公布审判工作所依据的2013年几类参照指标的通知》（2014年5月30日）

129 北京市人力资源和社会保障局、北京市统计局《关于公布2013年度北京市职工平均工资的通知》（2014年6月4日 京人社规发〔2014〕116号）

130 浙江省统计局《2013年浙江省国民经济和社会发展统计公报》（2014年2月25日）

131 浙江省人力资源和社会保障厅《关于发布2013年全省在岗职工年平均工资的通知》（2014年6月5日 浙人社函〔2014〕43号）

132 天津市公安厅交通管理局《2014年度天津市道路交通事故损害赔偿标准》（2014年7月16日发布 2014年1月1日起执行）

133 广东省高级人民法院《关于印发〈广东省2014年度人身损害赔偿计算标准〉的通知》（2014

年7月15日　粤高法发〔2014〕17号）

134　江苏省高级人民法院民一庭《关于适用〈最高人民法院关于审理人身损害赔偿案件适用法律若干问题的解释〉有关费用标准（2013年度）的通知》（2014年2月20日）

135　江苏统计年鉴—2014：职工平均工资及指数（http://www.jssb.gov.cn）

136　福建省公安厅交通警察总队《关于传发2014年度道路交通事故损害赔偿调解有关数据的通知》（2014年6月10日　闽交警网传〔2014〕173号）

137　山东省统计局、国家统计局山东调查总队《2013年山东省国民经济和社会发展统计公报》（2014年2月28日）

138　山东省人民政府《关于发布2014年企业工资指导线的通知》（2014年2月27日　鲁政字〔2014〕50号）

139　辽宁省高级人民法院、辽宁省公安厅《关于印发〈辽宁省2014年度道路交通事故损害赔偿标准有关数据〉的通知》（2014年8月6日　辽高法〔2014〕67号）

140　内蒙古自治区政府《关于印发内蒙古自治区公安厅〈2014年度内蒙古自治区道路交通事故损害赔偿标准〉的通知》（2014年6月14日）

141　根据《内蒙古自治区道路交通事故损害赔偿项目和计算办法》（2004年5月1日施行2009年3月27日修改）第17条规定："死亡赔偿金按照自治区上一年度城镇居民人均可支配收入标准，按二十年计算。但六十周岁以上的，年龄每增加一岁减少一年；七十五周岁以上的，按五年计算。"第18条第1款规定："赔偿权利人举证证明其住所地或者经常居住地（指省、自治区、直辖市、经济特区、计划单列市）城镇居民人均可支配收入高于自治区上一年度城镇居民人均可支配收入标准的，残疾赔偿金或者死亡赔偿金可以按照其住所地或者经常居住地的标准计算。"

142　重庆市公安局交通巡逻警察总队《关于明确2014年度道路交通事故损害赔偿相关参照标准的通知》（2014年5月1日起执行），其中在岗职工年平均工资指全市城镇非私营单位职工而言，全市城镇私营单位职工年平均工资为35666元

143　重庆市人力资源和社会保障局、重庆市财政局《关于2014年度社会保险工作适用上年度城镇非私营单位在岗职工平均工资有关问题的通知》（2014年6月11日　渝人社发〔2014〕119号）中，明确"2013年度全市城镇非私营单位在岗职工平均工资51015元"

144　广西壮族自治区高级人民法院、广西壮族自治区人民检察院、广西壮族自治区公安厅《关于印发〈2014年广西壮族自治区道路交通事故人身损害赔偿项目计算标准〉的通知》（2014年6月23日印发　2014年7月1日起实施　桂公通〔2014〕246号）

145　湖南省统计局《湖南省2013年国民经济和社会发展统计公报》（2014年3月14日）

146　湖南省人力资源和社会保障厅、湖南省统计局《关于发布2013年全省在岗职工平均工资的通知》（2014年6月11日　湘人社发〔2014〕29号）

147　河北省公安厅交通管理局《关于印发〈河北省2014年度交通事故人身损害赔偿标准有关参考数据〉的通知》（2014年5月30日　冀公交字〔2014〕190号）

148　湖北省公安厅、湖北省高级人民法院、湖北省统计局、国家统计局湖北调查总队《湖北省道路交通事故损害赔偿标准（二〇一四年度）》（2014年4月30日发布　2014年5月1日起

执行）

149　河南省统计局、国家统计局河南调查总队《2013年河南省国民经济和社会发展统计公报》（2014年2月28日）

150　河南省人力资源和社会保障厅《2013年度河南省人力资源和社会保障事业发展统计公报》（2014年7月31日），第五部分"工资分配"："2013年全省城镇非私营单位就业人员年平均工资38301元，全省城镇私营单位就业人员年平均工资为23936元。"

151　安徽省统计局、国家统计局安徽调查总队《安徽省2013年国民经济和社会发展统计公报》（2014年2月19日）

152　安徽省人力资源和社会保障厅《关于统一2014年度全省社会保险缴费工资基数的通知》（2014年9月3日　皖人社秘〔2014〕294号），其中规定："今年6月，省统计局向社会公布的2013年全省城镇非私营单位就业人员平均工资为47806元。经请示省政府同意，从2014年起，以省统计局发布的上年度全省城镇非私营单位就业人员平均工资作为在岗职工平均工资。"

153　陕西省统计局《2013年陕西省国民经济和社会发展统计公报》（2014年3月）

154　陕西省人力资源和社会保障厅《关于印发〈陕西省2014年度企业工资调控目标〉的通知》（2014年6月11日　陕人社发〔2014〕41号）

155　山西省公安厅《关于转发〈山西省统计局2013年全省有关统计数据〉的通知》（2012年5月29日发布　2014年6月1日起执行　晋公交管〔2014〕93号）

156　海南省公安厅交警总队《2014—2015年度海南省道路交通事故人身损害赔偿项目和计算标准》（2014年8月28日）

157　江西省统计局网站（http://www.jxstj.gov.cn）

158　四川省高级人民法院民事审判第一庭《关于印发〈四川省2013年度有关统计数据〉的通知》（2014年6月3日　川高法民一〔2014〕9号）

159　吉林省高级人民法院《关于二〇一四年度人身损害赔偿和小额诉讼案件标的额执行标准的通知》（2014年8月16日　2014年9月1日起执行　吉高法〔2014〕51号）

160　宁夏回族自治区公安厅交通运输管理局《关于2014年度全区道路交通事故伤亡人员人身损害赔偿有关费用计算标准的通知》（2014年6月13日　宁公交管发〔2014〕72号）

161　贵州省统计局《2013年贵州省国民经济和社会发展统计公报》（2014年3月17日）

162　贵州省人力资源和社会保障厅、贵州省统计局《关于公布2013年贵州省城镇单位从业人员平均工资和企业离退休人员平均基本养老金的通知》（2014年6月9日　黔人社厅发〔2014〕7号）

163　黑龙江省统计局《2013年黑龙江省国民经济和社会发展统计公报》（2014年3月）

164　青海省公安厅、青海省高级人民法院、青海省人民检察院《2014年青海省道路交通事故人身损害赔偿费用计算标准》（2014年6月3日发布　2014年6月15日起执行）

165　新疆维吾尔自治区统计局、国家统计局新疆调查总队《新疆维吾尔自治区2013年国民经济和社会发展统计公报》（2014年2月27日）

166　西藏自治区公安厅交警支队《关于〈2014年西藏自治区道路交通人身损害赔偿案件计算标

准〉的通知》(2014年1月9日)

167 西藏自治区统计局、国家统计局西藏调查总队《西藏统计年鉴2014》,中国统计出版社,2014年

168 西藏自治区统计局、国家统计局西藏调查总队《西藏统计年鉴2014》,中国统计出版社,2014年

169 西藏自治区统计局、国家统计局西藏调查总队《西藏统计年鉴2014》,中国统计出版社,2014年

170 甘肃省高级人民法院、甘肃省公安厅《甘肃省2014年道路交通事故及人身损害赔偿标准》(2013年4月30日 甘公办发〔2014〕111号)

171 云南省高级人民法院、云南省公安厅《关于印发〈2014年云南省道路交通事故人身损害赔偿有关费用计算标准〉的通知》(2014年4月24日 云公交〔2014〕90号)

172 上海市高级人民法院《关于公布2015年度人身损害赔偿标准通知》(2015年4月8日)

173 北京市高级人民法院《关于公布审判工作所依据的2014年几类参照指标的通知》(2015年5月12日 京高法网发〔2015〕第323号)

174 北京市高级人民法院《关于公布审判工作所依据的2014年几类参照指标的补充通知》(2015年7月14日)

175 浙江省统计局、国家统计局浙江调查总队《2014年浙江省国民经济和社会发展统计公报》(2015年2月28日)

176 浙江省人力资源和社会保障厅《关于发布2014年全省在岗职工年平均工资的通知》(2015年6月4日 浙人社发〔2015〕62号)

177 天津市高级人民法院《关于印发损害赔偿数额参考标准的通知》(2015年6月26日 津高法〔2015〕115号)

178 广东省高级人民法院《关于印发〈广东省2015年度人身损害赔偿计算标准〉的通知》(2015年8月26日 粤高法发〔2015〕8号)

179 江苏省高级人民法院民事审判第一庭《关于适用〈最高人民法院关于审理人身损害赔偿案件适有法律若干问题的解释〉有关费用标准(2014年度)的通知》(2015年3月4日)

180 江苏省统计局、国家统计局江苏调查总队《江苏统计年鉴—2015》,中国统计出版社

181 福建省公安厅交通警察总队《关于传发2015年度道路交通事故损害赔偿调解有关数据的通知》(2015年4月28日 闽交警网传〔2015〕88号)

182 福建省人力资源和社会保障厅《关于发布2014年度全省城镇单位在岗职工年平均工资有关事项的通知》(2015年6月10日 闽人社文〔2015〕173号)

183 山东省统计局、国家统计局山东调查总队《2014年山东省国民经济和社会发展统计公报》(2014年2月27日)

184 山东省人民政府《关于发布2015年企业工资指导线的通知》(2015年2月28日 鲁政字〔2015〕38号)

185 辽宁省高级人民法院、辽宁省公安厅《2015年辽宁省交通事故赔偿标准》(2015年7月21日 辽高法〔2015〕44号)

186 内蒙古自治区公安厅《关于印发内蒙古自治区公安厅〈2015年度内蒙古自治区道路交通事故损害赔偿标准〉的通知》(内公办〔2015〕109号)

187 根据《内蒙古自治区道路交通事故损害赔偿项目和计算办法》(2004年5月1日施行 2009年3月27日修改)第17条规定:"死亡赔偿金按照自治区上一年度城镇居民人均可支配收入标准,按二十年计算。但六十周岁以上的,年龄每增加一岁减少一年;七十五周岁以上的,按五年计算。"第18条第1款规定:"赔偿权利人举证证明其住所地或者经常居住地(指省、自治区、直辖市、经济特区、计划单列市)城镇居民人均可支配收入高于自治区上一年度城镇居民人均可支配收入标准的,残疾赔偿金或者死亡赔偿金可以按照其住所地或者经常居住地的标准计算。"

188 重庆市统计局、国家统计局重庆调查总队《2014年重庆市国民经济和社会发展统计公报》(2015年3月16日)

189 重庆市人力资源和社会保障局《关于2015年度社会保险工作适用上年度城镇非私营单位在岗职工平均工资有关问题的通知》(2015年6月17日 渝人社发〔2015〕64号)中,明确"2014年度全市城镇非私营单位在岗职工平均工资56852元"

190 广西壮族自治区高级人民法院、广西壮族自治区人民检察院、广西壮族自治区公安厅《关于印发〈2015年广西壮族自治区道路交通事故人身损害赔偿项目计算标准〉的通知》(2015年8月17日 桂公通〔2015〕211号)

191 湖南省公安厅交通管理局《关于公布〈2015—2016年度全省道路交通事故人身损害赔偿标准〉的通知》(2015年6月3日)

192 河北省公安厅交通管理局《关于印发〈河北省2015年度道路交通事故人身损害赔偿相关数据〉的通知》(2015年5月29日)

193 湖北省公安厅、湖北省高级人民法院、湖北省统计局、国家统计局湖北调查总队《关于发布2015年度〈湖北省道路交通事故损害赔偿标准〉的通知》(2015年4月22日 鄂公通〔2015〕45号)

194 河南省统计局、国家统计局河南调查总队《2013年河南省国民经济和社会发展统计公报》(2015年3月2日)

195 河南省人力资源和社会保障厅《2014年度河南省人力资源和社会保障事业发展统计公报》(2015年5月28日)

196 安徽省统计局、国家统计局安徽调查总队《安徽省2014年国民经济和社会发展统计公报》(2015年2月26日)

197 安徽省人力资源和社会保障厅《关于统一2015年度全省社会保险缴费工资基数的通知》(2015年9月3日 皖人社秘〔2015〕294号),其中规定"今年6月,省统计局向社会公布的2015年全省城镇非私营单位就业人员平均工资为50894元。经请示省政府同意,从2015年起,以省统计局发布的上年度全省城镇非私营单位就业人员平均工资作为在岗职工平均工资"

198 陕西省统计局、国家统计局陕西调查总队《2014年陕西省国民经济和社会发展统计公报》(2015年3月8日)

199	陕西省人力资源和社会保障厅《关于印发〈陕西省2015年度企业工资调控目标〉的通知》（2015年5月15日　陕人社发〔2015〕33号）
200	山西省公安厅交通管理局事故处《关于转发〈山西省统计局2013年全省有关统计数据〉的通知》（2012年6月26日发布　2015年7月1日起执行）
201	海南省公安厅交警总队《海南省道路交通事故人身损害赔偿项目和计算方法》（2015年9月2日），"……该标准自2015年9月1日执行，至海南省统计局2016年8月31日下一次公布新的相关统计数据为止"
202	江西省统计局《关于公布〈最高人民法院关于审理人身损害赔偿案件适用法律若干问题的解释〉中赔偿项目参照指标的通知》（2016年6月3日）
203	四川省高级人民法院民事审判第一庭《关于印发〈四川省2014年度有关统计数据〉的通知》（2015年6月10日　川高法民一〔2015〕5号）
204	吉林省高级人民法院《关于二〇一五年度人身损害赔偿和小额诉讼案件标的额执行标准的通知》（2015年8月6日　吉高法〔2015〕51号）
205	宁夏回族自治区公安厅交通管理局《关于发布〈2015年度全区道路交通事故伤亡人员人身损害赔偿有关费用计算标准〉的通知》（2015年6月16日　宁公交管发〔2015〕61号）
206	贵州省统计局、国家统计局贵州调查总队《2014年贵州经济运行情况》（2015年1月21日）
207	黑龙江省统计局《2014年黑龙江省国民经济和社会发展统计公报》（2015年8月13日）
208	黑龙江省人力资源和社会保障局《关于确定2015年度基本养老保险使用的全省在岗职工平均工资的通知》（2014年12月23日　黑人社函〔2015〕480号）
209	青海省统计局、国家统计局青海调查总队《2014年青海省国民经济和社会发展统计公报》（2015年2月16日）
210	青海省人力资源和社会保障厅《关于公布2015年度全省企业职工基本养老保险基数等有关事项的通知》（2015年6月5日）
211	新疆维吾尔自治区统计局、国家统计局新疆调查总队《新疆维吾尔自治区2014年国民经济和社会发展统计公报》（2015年2月28日）
212	新疆维吾尔自治区统计局、国家统计局新疆调查总队《新疆统计年鉴—2015》，中国统计出版社，2016年
213	西藏自治区公安厅《2015年西藏自治区道路交通事故人身损害赔偿案件计算标准》（2015年1月9日）
214	甘肃省公安厅、甘肃省高级人民法院《关于印发〈2015年甘肃省道路交通事故人身损害赔偿有关费用计算标准〉的通知》（2015年12月15日　甘公办发〔2015〕50号）
215	云南省高级人民法院、云南省公安厅《关于印发〈2015年云南省道路交通事故人身损害赔偿有关费用计算标准〉的通知》（2015年4月30日　云公交〔2015〕66号）
216	上海市统计局《2015年上海市国民经济和社会发展统计公报》（2016年2月29日）
217	上海市统计局、国家统计局上海调查总队《上海统计年鉴—2015》，中国统计出版社，2015年

218 北京市高级人民法院审判管理办公室《关于公布审判工作所依据的2015年几类参照指标的通知》(2016年6月7日)

219 浙江省统计局、国家统计局浙江调查总队《2015年浙江省国民经济和社会发展统计公报》(2016年3月24日)

220 浙江省统计局《全省就业人员2015年平均工资统计公报》(2016年5月19日)

221 天津市高级人民法院《关于印发〈损害赔偿数额参考标准〉的通知》(2016年6月28日)

222 广东省高级人民法院《关于印发〈广东省2016年度人身损害赔偿计算标准〉的通知》(2016年7月15日 粤高法发〔2016〕128号)

223 江苏省高级人民法院民事审判第一庭《关于适用〈最高人民法院关于审理人身损害赔偿案件适有法律若干问题的解释〉有关费用标准(2015年度)的通知》(2016年1月29日 苏高法电〔2016〕185号)

224 福建省公安厅交通警察总队《关于传发〈2015年度道路交通事故损害赔偿调解有关数据〉的通知》(2016年9月9日)

225 福建省公安厅交通警察总队《关于传发2015年度各行业在岗职工平均工资等数据的通知》(2015年8月13日)

226 山东省统计局、国家统计局山东调查总队《2015年山东省国民经济和社会发展统计公报》(2016年2月29日)

227 山东省人民政府《关于发布2016年企业工资指导线的通知》(2015年5月20日 鲁政字〔2016〕118号)

228 辽宁省高级人民法院、辽宁省公安厅《关于印发〈辽宁省2016年度道路交通事故损害赔偿标准有关数据〉的通知》(2016年7月18日 辽高法〔2016〕62号)

229 内蒙古自治区公安厅《关于印发〈2016年度内蒙古自治区道路交通事故损害赔偿标准〉的通知》(2016年6月14日 内公办〔2016〕117号)

230 《内蒙古自治区道路交通事故损害赔偿项目和计算办法》(2004年5月1日施行 2009年3月27日修改)第17条规定:"死亡赔偿金按照自治区上一年度城镇居民人均可支配收入标准,按二十年计算。但六十周岁以上的,年龄每增加一岁减少一年;七十五周岁以上的,按五年计算。"第18条第1款规定:"赔偿权利人举证证明其住所地或者经常居住地(指省、自治区、直辖市、经济特区、计划单列市)城镇居民人均可支配收入高于自治区上一年度城镇居民人均可支配收入标准的,残疾赔偿金或者死亡赔偿金可以按照其住所地或者经常居住地的标准计算。"

231 重庆市统计局、国家统计局重庆调查总队《2015年重庆市国民经济和社会发展统计公报》(2016年3月11日)

232 重庆市人力资源和社会保障局《关于2016年度社会保险工作适用上年度全市城镇经济单位在岗职工平均工资有关问题的通知》(2016年9月22日 渝人社发〔2016〕108号)中,明确"在我市2016年度社会保险工作中,适用上年度全市城镇经济单位在岗职工平均工资的,按重庆市统计局公布的2015年度全市城镇非私营单位在岗职工年平均工资62091元(5175元/月)执行"

233	广西壮族自治区高级人民法院等《2016年广西壮族自治区道路交通事故人身损害赔偿项目计算标准》(2016年8月25日发布)
234	湖南省公安厅交通管理局《关于公布〈2015—2016年度全省道路交通事故人身损害赔偿标准〉的通知》(2015年6月3日)
235	河北省公安厅交通管理局《河北省2016年度交通事故人身损害赔偿相关数据》(2016年5月20日 冀公〔交〕字〔2016〕239号)
236	湖北省公安厅、湖北省高级人民法院、湖北省统计局、国家统计局湖北调查总队《关于发布2016年度〈湖北省道路交通事故损害赔偿标准〉的通知》(2016年4月29日 鄂公通〔2016〕49号)
237	河南省统计局、国家统计局河南调查总队《2015年河南省国民经济和社会发展统计公报》(2016年2月28日)
238	河南省人力资源和社会保障厅《2015年度河南省人力资源和社会保障事业发展统计公报》(2016年6月1日)
239	安徽省统计局、国家统计局安徽调查总队《安徽省2015年国民经济和社会发展统计公报》(2016年2月25日)
240	安徽省统计局《全省城镇非私营单位分行业就业人员年平均工资》(2016年6月8日)
241	陕西省统计局、国家统计局陕西调查总队《2015年陕西省国民经济和社会发展统计公报》(2016年3月21日),"……其中,在岗职工(含劳务派遣)年平均工资56896元"
242	陕西省人民政府《省统计局发布2015年陕西省非私营单位就业人员年平均工资》(2016年5月20日)
243	山西省公安厅交通管理局《关于转发山西省2015年有关统计数据的通知》(2016年5月30日 晋公交管〔2016〕9号)
244	海南省公安厅交警总队《海南省道路交通事故人身损害赔偿项目和计算方法》(2015年9月2日),"……该标准自2015年9月1日执行,至海南省统计局2016年8月31日下一次公布新的相关统计数据为止"
245	海南省公安厅交警总队《关于转发2015年道路交通事故人身损害赔偿平均工资统计数据的通知》(2016年6月2日),附件:海南省统计局《2015年海南城镇非私营单位就业人员年平均工资57600元》、海南省统计局《2015年海南城镇私营单位就业人员年平均工资37093元》
246	江西省统计局网站(http://www.jxstj.gov.cn)
247	四川省高级人民法院民事审判第一庭《关于印发〈四川省2015年度有关统计数据〉的通知》(2016年6月17日 川高法民一〔2016〕3号)
248	吉林省高级人民法院《关于2016年度人身损害赔偿执行标准的通知》(2016年8月8日)、吉林省高级人民法院《关于更正〈吉林省高级人民法院关于二〇一六年度人身损害赔偿执行标准〉的通知》(2016年9月6日 吉高法明传〔2016〕233号)
249	宁夏回族自治区公安厅交通管理局《关于发布〈2016年度全区道路交通事故伤亡人员人身损害赔偿有关费用计算标准〉的通知》(2016年6月13日)

250　贵州省统计局、国家统计局贵州调查总队《2015年贵州省国民经济和社会发展统计公报》（2016年3月22日）

251　贵州省人力资源和社会保障厅《贵州省2015年人力资源和社会保障事业统计公报》（2016年）

252　黑龙江省统计局、国家统计局黑龙江调查总队《黑龙江统计年鉴—2015》，中国统计出版社

253　青海省高级人民法院、青海省人民检察院、青海省公安厅《关于更新2016年青海省道路交通事故人身损害赔偿费用计算数据的通知》（2016年6月1日）

254　青海统计局《全省就业人员2015年平均工资情况》（2016年5月）

255　新疆维吾尔自治区统计局、国家统计局新疆调查总队《新疆维吾尔自治区2015年国民经济和社会发展统计公报》（2016年5月6日）

256　新疆维吾尔自治区人力资源和社会保障厅、新疆维吾尔自治区财政厅《关于2015年自治区在岗职工平均工资的通知》（2016年5月23日　新人社发〔2016〕57号）

257　西藏自治区统计局、国家统计局西藏调查总队《西藏统计年鉴2014》，中国统计出版社

258　甘肃省公安厅、甘肃省高级人民法院《关于印发〈2016年甘肃省道路交通事故人身损害赔偿有关费用计算标准〉的通知》（2016年4月28日）

259　云南省高级人民法院、云南省公安厅《关于印发〈2016年云南省道路交通事故人人身损害赔偿有关费用计算标准〉的通知》（云公交〔2016〕89号）

260　上海市统计局、国家统计局上海调查总队《2016年上海市国民经济和社会发展统计公报》（2017年3月1日）

261　上海市人力资源和社会保障局《关于本市2016年职工平均工资有关事宜的通知》（2017年3月29日　沪人社综〔2017〕106号）

262　北京市统计局、国家统计局北京调查总队《2016年北京市城乡居民生活情况主要统计数据》（2017年2月3日）

263　北京市人力资源和社会保障局、北京市统计局《关于公布2016年北京市职工平均工资的通知》（2017年5月27日　京人社规发〔2017〕112号）

264　浙江省统计局、国家统计局浙江调查总队《2016年浙江省国民经济和社会发展统计公报》（2017年3月6日）第11部分"人民生活和社会保障"："全年全省居民人均可支配收入为38529元……按常住地分，城镇和农村居民人均可支配收入分别为47237元和22866元……全省居民人均生活消费支出25527元……按常住地分，城镇和农村居民人均生活消费支出分别为30068元和17359元……"

265　浙江金华中院《2017年人身损害赔偿细化参照标准》（2017年6月22日　金中法〔2017〕55号）第1条："全省居民人均可支配收入38529元/年……"第2条："全省居民人均生活性支出25527元/年……"第3条："全省城镇单位在岗职工平均工资56385元……""注：关于赔偿标准问题，继续按我院金中法〔2016〕101号文件规定执行……"浙江金华中院《关于在人身损害赔偿纠纷案件审理中统一适用相关民事赔偿标准的通知》（2016年12月7日　金中法〔2016〕101号）："根据全省户籍制度改革工作的统一部署及《金华市人民政

府办公室关于印发金华市户籍制度改革工作方案的通知》(金政办发〔2016〕9号)的要求,自2016年11月1日零时起我市取消'农业'与'非农业'二元制户口性质划分,统一登记为居民户口……"第3条:"按照浙江省统计局公布的年度《浙江省国民经济和社会发展统计公报》中的'全体居民人均可支配收入'、'全体居民人均消费支出'的统计数据计算相关赔偿项目。如外省籍受害人举证证明其住所地或经常居住地的统计数据高于浙江省统计数据的,相关赔偿项目可以按照其住所地或者经常居住地的相关标准计算。"第4条:"适用时间。侵权行为发生于2016年11月1日(含当日)以后的人身损害赔偿纠纷案件……"

266 浙江金华中院《关于在机动车交通事故责任纠纷案件审理中统一适用相关民事赔偿标准的通知》(2016年12月7日 金中法〔2016〕101号):"……自2016年11月1日零时起我市取消'农业'与'非农业'二元制户口性质划分,统一登记为居民户口……"浙江绍兴中院《关于在机动车交通事故责任纠纷案件审理中统一适用相关民事赔偿标准的通知》(2016年12月1日 绍中法〔2016〕112号):"……自2016年12月1日0时起我市将取消农业户口与非农业户口性质区分,统一登记为居民户口……2016年12月1日起(含当日)发生的机动车交通事故,伤残、死亡的受害人系户籍登记在绍兴市行政管辖区域内居民的,残疾赔偿金、死亡赔偿金(包括被扶养人生活费)统一适用城镇居民相关标准计算。"

267 浙江省人力资源和社会保障厅《关于发布2016年全省在岗职工年平均工资的通知》(2017年6月6日 浙人社发〔2017〕66号)

268 天津市高级人民法院《关于印发损害赔偿数额参考标准的通知》(2017年6月22日 津高法〔2017〕130号)

269 广东省高级人民法院《关于印发〈广东省2017年度人身损害赔偿计算标准〉的通知》(2017年8月1日 粤高法发〔2017〕159号)

270 江苏省高级人民法院民事审判第一庭《关于适用〈最高人民法院关于审理人身损害赔偿案件适有法律若干问题的解释〉有关费用标准(2016年度)的通知》(2017年3月14日 苏高法电〔2017〕153号)

271 江苏省统计局《关于政府信息公开申请的回复》(2018年2月5日):"……根据统计调查制度安排,2017年全省在岗职工平均工资数据要到5月出统计数据。现提供2016年全省在岗职工平均工资数据,为72684元。"

272 福建省公安厅交通警察总队《关于传发〈2017年度道路交通事故损害赔偿调解部分有关数据〉的通知》(2017年3月17日)

273 福建统计年鉴-2017-人口、就业和职工工资-城镇单位在岗职工平均工资(2016年)(http://tjj.fujian.gov.cn/tongjinianjian/dz2017/index-cn.htm)

274 山东省统计局、国家统计局山东调查总队《2016年山东省国民经济和社会发展统计公报》(2017年2月28日)

275 山东统计年鉴-2017-就业、工资和社会保障-各市按登记注册类型分城镇就业人员平均工资(2016)-在岗职工(http://tjj.shandong.gov.cn/tjnj/nj2017/zk/indexch.htm)

276 辽宁省高级人民法院、辽宁省公安厅《关于印发〈辽宁省2017年度道路交通事故损害赔偿

标准有关数据〉的通知》(2017年)

277　内蒙古自治区公安厅《关于印发〈2016年度内蒙古自治区道路交通事故损害赔偿标准〉的通知》(2017年6月29日　内公交明传〔2017〕69号)

278　《内蒙古自治区道路交通事故损害赔偿项目和计算办法》(2004年5月1日施行　2009年3月27日修改)第17条规定:"死亡赔偿金按照自治区上一年度城镇居民人均可支配收入标准,按二十年计算。但六十周岁以上的,年龄每增加一岁减少一年;七十五周岁以上的,按五年计算。"第18条第1款规定:"赔偿权利人举证证明其住所地或者经常居住地(指省、自治区、直辖市、经济特区、计划单列市)城镇居民人均可支配收入高于自治区上一年度城镇居民人均可支配收入标准的,残疾赔偿金或者死亡赔偿金可以按照其住所地或者经常居住地的标准计算。"下同

279　重庆市统计局、国家统计局重庆调查总队《2016年重庆市国民经济和社会发展统计公报》(2017年3月20日)

280　重庆统计年鉴-2017-人口与就业-城镇非私营单位就业人员平均工资(2015—2016)-在岗职工平均工资(http://tjj.cq.gov.cn/zwgk_233/tjnj/2017/indexch.htm)

281　广西壮族自治区高级人民法院等《2017年广西壮族自治区道路交通事故人身损害？赔偿项目计算标准》(2017年7月3日发布)

282　湖南省公安厅交通警察总队《关于公布〈关于调整全省道路交通事故人身损害赔偿部分项目的通知〉的通知》(2017年6月9日　湘公交管〔2017〕7号)

283　河北省统计局、国家统计局河北调查总队《2016年河北省国民经济和社会发展统计公报》(2017年2月28日)

284　河北省人力资源和社会保障局、河北省统计局《关于印发〈2016年河北省人力资源和社会保障事业发展统计公报〉的通知》(2017年6月8日　冀人社发〔2017〕26号)

285　湖北省公安厅、湖北省高级人民法院、湖北省统计局、国家统计局湖北调查总队《关于发布2017年度〈湖北省道路交通事故损害赔偿标准〉的通知》(2017年4月25日　鄂公通〔2017〕38号)

286　河南省统计局、国家统计局河南调查总队《2016年河南省国民经济和社会发展统计公报》(2017年3月1日)

287　河南统计年鉴-2017-从业人员与职工工资-各种分组的城镇单位从业人员平均工资(2016)-在岗职工(http://oss.henan.gov.cn/sbgt-wztipt/attachment/hntjj/hntj/lib/tjnj/2017/zk/indexch.htm)

288　安徽省统计局、国家统计局安徽调查总队《安徽省2016年国民经济和社会发展统计公报》(2017年2月21日)

289　安徽统计年鉴-2017-就业人员和工资-城镇非私营单位就业人员平均工资(2016)-在岗职工(http://tjj.ah.gov.cn/oldfiles/tjj/tjjweb/tjnj/2017/cn.html)

290　陕西省统计局、国家统计局陕西调查总队《陕西省2016年国民经济和社会发展统计公报》(2017年3月15日)

291　陕西统计年鉴-2017-就业和工资-职工平均工资和指数-平均工资(2016)(http://tjj.

shaanxi. gov. cn/upload/2018/7/zk/indexch. htm）

292　山西省公安厅交通管理局《关于转发山西省 2016 年有关统计数据的通知》（2017 年 6 月 12 日　晋公交管〔2017〕15 号）

293　海南省公安厅交警总队《海南省道路交通事故人身损害赔偿项目和计算方法》（2017 年 4 月 5 日）："……自 2017 年 9 月 1 日起执行，至海南省统计局 2017 年 8 月 31 日下一次公布新的相关统计数据为止……"

294　海南海口中院《印发〈关于审理海口市道路交通事故人身损害赔偿案件若干问题的意见（试行）〉的通知》（2017 年 8 月 16 日　海中法发〔2017〕78 号）第 2 条："……（九）残疾赔偿金：受害人在人身损害中因伤残导致收入减少，或者因加害人的行为导致被害人因伤残导致丧失生活来源，而应给予的财产损害性质的赔偿。根据《最高人民法院关于适用〈中华人民共和国侵权责任法〉若干问题的通知》（法发〔2010〕23 号）第四条规定，受害人有被扶养人的，应当根据《最高人民法院关于审理人身损害赔偿案件适用法律若干问题的解释》第二十八条规定，将被扶养人生活费计入残疾赔偿金或者死亡赔偿金一并赔偿……计算原则：根据海南省公安厅制定的《海南省公安机关推进户籍制度改革实施细则（试行）》规定，我省自 2016 年 9 月 26 日开始实施城乡统一的户口登记制度，取消农业户口与非农业户口的性质区分，户口登记不再标注户口性质，统一登记为'居民户口'。鉴于此，侵权行为发生在 2016 年 9 月 26 日以后的机动车交通事故人身损害赔偿纠纷案件，不再区分城乡标准，统一按照政府统计部门公布的上一年度相关统计数据中的城镇居民人均可支配收入标准计算残疾赔偿金，自定残之日起按 20 年计算。60 周岁以上的，年龄每增加 1 岁减少 1 年，75 周岁以上的，按 5 年计算……年度死亡赔偿金：侵权行为发生在 2016 年 9 月 26 日以后的机动车交通事故人身损害赔偿，不再区分城乡标准，统一按照政府统计部门公布的上一年度相关统计数据中的城镇居民人均可支配收入计算死亡赔偿金。"

295　海南省统计局、国家统计局海南调查总队《海南统计年鉴—2017》，中国版权出版社，2017 年 7 月中"就业和工资－历年按注册类型分城镇非私营单位在岗职工平均工资及指数（2016）"

296　江西省统计局、国家统计局江西调查总队《江西省 2016 年国民经济和社会发展统计公报》（2017 年 4 月 6 日）

297　江西统计年鉴－2017－就业人员和职工工资－城镇非私营单位在岗职工年末人数、工资（2016）－在岗职工平均工资（http://tjj. jiangxi. gov. cn/resource/nj/2017CD/zk/indexch. htm）

298　四川省高级人民法院民事审判第一庭《关于印发〈四川省 2016 年度有关统计数据〉的通知》（2017 年 6 月 1 日　川高法民一〔2017〕4 号）

299　吉林省高级人民法院《关于二〇一七年度人身损害赔偿执行标准的通知》（2017 年 8 月 17 日　吉高法〔2017〕84 号）

300　宁夏回族自治区公安厅交通管理局《关于发布〈2017 年度全区道路交通事故伤亡人员人身损害赔偿有关费用计算标准〉的通知》（2017 年 6 月 14 日）

301　贵州省统计局、国家统计局贵州调查总队《2016 年贵州省国民经济和社会发展统计公报》

（2017年3月22日）

302 黑龙江省统计局、国家统计局黑龙江调查总队《黑龙江省2016年国民经济和社会发展统计公报》（2017年5月15日）

303 黑龙江统计年鉴-2017-人口、就业人员和职工工资-分地区城镇非私营单位就业人员工资（2016）

304 青海省高级人民法院、青海省人民检察院、青海省公安厅《关于更新2017年青海省道路交通事故人身损害赔偿费用计算数据的通知》（2017年6月13日）

305 新疆维吾尔自治区统计局、国家统计局新疆调查总队《新疆维吾尔自治区2016年国民经济和社会发展统计公报》（2017年4月14日）

306 新疆维吾尔自治区统计信息咨询中心《证明》（2017年5月10日）。前述证明与相关行政部门发布的文件中关于2016年在岗职工年平均工资的数额有差别。见新疆维吾尔自治区人力资源和社会保障厅、新疆维吾尔自治区财政厅《关于发布2017年职工养老保险缴费基数的通知》（2017年5月31日 新人社发〔2017〕23号）第2条："2016年全区在岗职工年平均工资为56882元（4740元/月，含私营企业）；全区地方国有农牧企业职工年平均工资为22753元（1896元/月）。"

307 西藏自治区公安厅《关于2017年西藏自治区道路交通事故人身损害赔偿案件计算标准的通知》（2017年）

308 西藏自治区人力资源和保障厅、西藏自治区财政厅、西藏自治区统计局《关于发布上年度全区职工月平均工资的通知》（2017年8月3日）："……2017年全区上年度职工月平均工资为6708元……"

309 甘肃省高级人民法院、甘肃省公安厅《关于印发2017年甘肃省道路交通事故人身损害赔偿有关费用计算标准的通知》（2017年5月12日 甘公警令发〔2017〕38号）

310 云南省高级人民法院、云南省公安厅《关于印发〈2017年云南省道路交通事故人身损害赔偿有关费用计算标准〉的通知》（2017年5月27日）

311 上海市统计局、国家统计局上海调查总队《2017年上海市国民经济和社会发展统计公报》（2018年3月8日）

312 上海市人力资源和社会保障局《关于本市2017年职工平均工资有关事宜的通知》（2018年3月23日 沪人社综〔2018〕87号）

313 北京审判微信公众号：北京市高级人民法院《北京市法院审判工作所依据的2017年几类参照指标》（2018年6月1日）

314 北京市人力资源和社会保障局、北京市统计局《关于公布2017年北京市职工平均工资的通知》（2018年5月25日 京人社规发〔2018〕115号）

315 浙江省统计局、国家统计局浙江调查总队《2017年浙江省国民经济和社会发展统计公报》（2018年3月28日）、浙江调查总队《2018年浙江省国民经济和社会发展统计公报》（2019年3月19日）第11部分"人民生活和社会保障"："全年全省居民人均可支配收入为42046元……按常住地分，城镇和农村居民人均可支配收入分别为51261和24956元……全省居民人均生活消费支出27079元……按常住地分，城镇和农村居民人均生活消费支出分别为

31924 和 18093 元……"

316　浙江省统计局《2017 年浙江省全社会单位就业人员年平均工资统计公报》(2018 年 6 月 28 日)

317　天津市高级人民法院《关于印发损害赔偿数额参考标准的通知》(2018 年 6 月 18 日　津高法〔2018〕116 号)

318　广东省高级人民法院《关于印发〈广东省 2018 年度人身损害赔偿计算标准〉的通知》(2018 年 7 月 10 日　粤高法发〔2018〕157 号);广东高院《关于适用〈关于广东省道路交通事故损害赔偿标准的纪要〉有关问题的通知》(2018 年 4 月 27 日　粤高法明传〔2018〕144 号):"广东省高级人民法院、广东省公安厅、广东省司法厅、中国保险监督管理委员会广东监管局、中国保险监督管理委员会深圳监管局联合印发的《关于广东省道路交通事故损害赔偿标准的纪要》(粤高法〔2018〕39 号),已自 2018 年 4 月 25 日起施行。本纪要适用于施行之日起发生的道路交通事故。2018 年 4 月 25 日之前发生的道路交通事故,人民法院在审理有关机动车交通事故责任纠纷案件时,不适用本纪要。"

319　江苏省高级人民法院民事审判第一庭《关于适用〈最高人民法院关于审理人身损害赔偿案件适有法律若干问题的解释〉有关费用标准(2017 年度)的通知》(2019 年 2 月 27 日　苏高法电〔2018〕110 号)

320　江苏统计年鉴—2019:在岗职工平均工资及指数(http://tj.jiangsu.gov.cn/2018/nj03/nj0323.htm)

321　福建省公安厅交通警察总队《关于传发〈2018 年度道路交通事故损害赔偿调解部分有关数据〉的通知》(2018 年 3 月 21 日)

322　福建统计年鉴-2018-人口、就业和职工工资-城镇单位在岗职工平均工资(2017 年)(http://tjj.fujian.gov.cn/tongjinianjian/dz2018/index-cn.htm)

323　山东省统计局、国家统计局山东调查总队《2017 年山东省国民经济和社会发展统计公报》(2018 年 2 月 27 日)

324　山东统计年鉴-2018-就业、工资和社会保障-各市按登记注册类型分城镇就业人员平均工资(2017)-在岗职工(http://tjj.shandong.gov.cn/tjnj/nj2018/zk/indexch.htm)

325　辽宁省高级人民法院、辽宁省公安厅《关于印发〈辽宁省 2016 年度道路交通事故损害赔偿标准有关数据〉的通知》(2018 年 7 月 10 日　辽高法〔2018〕78 号)

326　内蒙古自治区公安厅《关于印发〈2018 年度内蒙古自治区道路交通事故损害赔偿调解标准〉的通知》(2018 年 6 月 13 日　内公交明传〔2018〕180 号)

327　重庆市统计局、国家统计局重庆调查总队《2018 年重庆市国民经济和社会发展统计公报》(2019 年 3 月 19 日)

328　重庆统计年鉴-2018-人口与就业-城镇非私营单位就业人员平均工资(2016—2017)-在岗职工平均工资(http://tjj.cq.gov.cn/zwgk_233/tjnj/2018/indexch.htm)

329　广西壮族自治区高级人民法院等《2018 年广西壮族自治区道路交通事故人身损害?赔偿项目计算标准》(2018 年 6 月 19 日)

330　湖南省公安厅交通警察总队《关于公布〈2018—2019 年度全省道路交通事故损害赔偿标

准〉的通知》（2018 年 5 月 22 日　湘公交传发〔2018〕165 号）

331　河北省公安厅交通警察总队《关于印发〈河北省 2018 年度交通事故人身损害赔偿相关数据〉的通知》（2018 年 6 月 1 日　冀公〔交〕字〔2018〕334 号）

332　河北省人力资源和社会保障局、河北省统计局《关于印发〈2017 年河北省人力资源和社会保障事业发展统计公报〉的通知》（2018 年 7 月 20 日　冀人社发〔2018〕35 号）

333　湖北省公安厅、湖北省高级人民法院、湖北省统计局、国家统计局湖北调查总队《关于发布 2018 年度〈湖北省道路交通事故损害赔偿标准〉的通知》（2018 年 4 月 25 日　鄂公通〔2018〕40 号）

334　河南省统计局、国家统计局河南调查总队《2017 年河南省国民经济和社会发展统计公报》（2018 年 2 月 28 日）

335　河南统计年鉴－2018－从业人员与职工工资－各种分组的城镇单位从业人员平均工资（2017）－在岗职工（http://oss.henan.gov.cn/sbgt－wztipt/attachment/hntjj/hntj/lib/tjnj/2018/zk/indexch.htm）

336　安徽省统计局、国家统计局安徽调查总队《安徽省 2017 年国民经济和社会发展统计公报》（2018 年 3 月 8 日）

337　安徽统计年鉴－2018－就业人员和工资－城镇非私营单位就业人员平均工资（2017）－在岗职工（http://tjj.ah.gov.cn/oldfiles/tjj/tjjweb/tjnj/2018/2018.html）

338　陕西省统计局、国家统计局陕西调查总队《陕西省 2017 年国民经济和社会发展统计公报》（2018 年 4 月 23 日）

339　陕西统计年鉴－2018－就业和工资－职工平均工资和指数－平均工资（2017）（http://tjj.shaanxi.gov.cn/upload/201802/zk/indexch.htm）

340　山西省高级人民法院、山西省公安厅《关于转发山西省 2017 年有关统计数据的通知》（2018 年 6 月 1 日　晋公通字〔2018〕54 号）

341　海南省统计局、国家统计局海南调查总队《海南省 2017 年国民经济和社会发展统计公报》（2018 年 1 月）

342　海南省统计局、国家统计局海南调查总队《海南统计年鉴－2018》，中国版权出版社，2018 年 8 月中"就业和工资－历年按注册类型分城镇非私营单位在岗职工平均工资及指数（2017）"

343　江西省统计局、国家统计局江西调查总队《江西省 2017 年国民经济和社会发展统计公报》（2018 年 4 月 8 日）

344　江西统计年鉴－2018－就业人员和职工工资－城镇非私营单位在岗职工年末人数、工资（2017）－在岗职工平均工资（http://tjj.jiangxi.gov.cn/resource/nj/2018CD/zk/indexch.htm）

345　四川省高级人民法院民事审判第一庭《关于印发四川省 2017 年度有关统计数据的通知》（2018 年 6 月 5 日　川高法民一〔2018〕5 号）

346　吉林省高级人民法院《关于 2018 年度人身损害赔偿执行标准的通知》（吉高法〔2018〕86 号）

347 宁夏回族自治区公安厅交通管理局《关于发布〈2018年度全区道路交通事故伤亡人员人身损害赔偿有关费用计算标准〉的通知》(2018年6月7日)

348 贵州省统计局、国家统计局贵州调查总队《2017年贵州省国民经济和社会发展统计公报》(2018年4月4日)

349 黑龙江省统计局、国家统计局黑龙江调查总队《黑龙江省2017年国民经济和社会发展统计公报》(2018年5月2日)

350 黑龙江统计年鉴-2018-人口、就业人员和职工工资-分地区城镇非私营单位就业人员工资(2017)

351 青海省公安厅、青海省高级人民法院《关于更新2018年青海省道路交通事故人身损害赔偿费用计算数据的通知》(2018年5月23日 青公通〔2018〕52号)

352 新疆维吾尔自治区统计局、国家统计局新疆调查总队《新疆维吾尔自治区2017年国民经济和社会发展统计公报》(2018年4月25日)

353 新疆维吾尔自治区统计信息咨询中心2017年统计指标。参见无讼案例"(2019)新28民终1205号"

354 西藏自治区公安厅《关于2018年西藏自治区道路交通事故人身损害赔偿案件计算标准的通知》(2017年12月27日 藏公通〔2017〕200号)

355 根据西藏自治区统计局、国家统计局西藏调查总队《西藏自治区2017年国民经济和社会发展统计公报》(2018年4月)统计数据:城镇居民人均可支配收入30671元、人均消费支出21088元;农村居民人均可支配收入10330元、人均消费支出6691元

356 西藏自治区人力资源和保障厅、西藏自治区财政厅、西藏自治区统计局《关于发布上年度全区职工月平均工资的通知》(2018年6月):"……全区上年度职工月平均工资为7587元……"

357 甘肃省高级人民法院、甘肃省公安厅《关于印发2018年甘肃省道路交通事故人身损害赔偿有关费用计算标准的通知》(2018年5月21日 甘公警令发〔2018〕32号)

358 云南省高级人民法院、云南省公安厅《关于印发2018年云南省道路交通事故人人身损害赔偿有关费用计算标准的通知》(2018年5月17日 云公交〔2018〕108号)

359 上海市统计局、国家统计局上海调查总队《2018年上海市国民经济和社会发展统计公报》(2019年3月1日)

360 上海市人力资源和社会保障局《关于本市人社领域涉及2018年度城镇单位就业人员平均工资相关事项的说明》(2019年6月21日):"……2018年,本市城镇单位就业人员平均工资为105176元/年(8765元/月)……在2019年5月至2019年10月的六个月过渡期内,仍以'7832元/月'作为参考水平。2019年11月起,参考水平调整至8211元/月……"

361 北京审判微信公众号:北京市高级人民法院《北京市法院审判工作所依据的2018年几类参照指标》(2019年3月22日)

362 北京市人力资源和社会保障局《2018年本市全口径城镇单位就业人员平均工资情况》(2019年5月30日):"按照《国务院办公厅关于印发降低社会保险费率综合方案的通知》(国办发〔2019〕13号)要求,以本市城镇非私营单位就业人员平均工资和城镇私营单位就

业人员平均工资加权计算,2018 年本市全口径城镇单位就业人员平均工资为 94258 元,用于作为核定企业职工基本养老保险、失业保险和工伤保险缴费基数的依据。"北京市人力资源和社会保障局、北京市统计局《关于北京市工资数据发布内容的通告》(2019 年 5 月 30 日　京人社发〔2019〕1 号):"市人力资源和社会保障局按照国家降费率工作部署,调整社保缴费基数政策,发布全口径城镇单位就业人员平均工资。市统计局按照国家统计调查制度要求,发布城镇非私营单位就业人员平均工资、城镇私营单位就业人员平均工资、规模以上企业法人单位不同岗位平均工资。原两局联合发布的北京市职工平均工资不再发布。"

363　浙江省统计局、国家统计局浙江调查总队《2018 年浙江省国民经济和社会发展统计公报》(2019 年 3 月 19 日)第 9 部分"人民生活和社会保障":"全年全省居民人均可支配收入为 45840 元……按常住地分,城镇和农村居民人均可支配收入分别为 55574 和 27302 元……全省居民人均生活消费支出 29471 元……按常住地分,城镇和农村居民人均生活消费支出分别为 34598 和 19707 元……"

364　浙江省人力资源和社会保障厅《关于发布 2016 年全省在岗职工年平均工资的通知》(2019 年 5 月 31 日　浙人社发〔2019〕24 号)

365　天津市高级人民法院《关于印发损害赔偿数额参考标准的通知》(2019 年 7 月 2 日　津高法〔2019〕190 号)

366　广东省高级人民法院《关于印发〈广东省 2019 年度人身损害赔偿计算标准〉的通知》(2016 年 7 月 31 日　粤高法发〔2019〕100 号)

367　江苏省高级人民法院民事审判第一庭《关于适用〈最高人民法院关于审理人身损害赔偿案件适有法律若干问题的解释〉有关费用标准(2018 年度)的通知》(2019 年 3 月 8 日　苏高法电〔2019〕146 号)

368　该数字于 2020 年 3 月 20 日调整为 52,460.16。依据为江苏高院民一庭《关于适用〈江苏省高级人民法院关于开展人身损害赔偿标准城乡统一试点工作的实施方案〉有关费用标准(2018、2019 年度)》(2020 年 3 月 20 日)第 1 条:"2018 年全省居民人均可支配收入中的工资性收入为 21948 元,经营净收入为 5386 元;2019 年全省居民人均可支配收入中的工资性收入为 23836 元,经营净收入为 5636 元。"第 2 条:"2018 年全省居民人均生活消费支出为 25007 元;2019 年全省居民人均生活消费支出为 26,697 元。"第 3 条:"2018 年全省平均负担系数为 1.78;2019 年全省平均负担系数为 1.78。"江苏高院《关于印发〈开展人身损害赔偿标准城乡统一试点工作的实施方案〉的通知》(2020 年 3 月 20 日　苏高法〔2020〕43 号)第 2 条:"……本实施方案自发布之日起施行。本实施方案施行后尚未审结的一审、二审案件,适用本实施方案;施行前已经作出生效裁判的案件,以及适用审判监督程序的再审案件,不适用本实施方案。"第 3 条:"1. 各级法院审理人身损害赔偿案件,按照下列方式计算残疾赔偿金和死亡赔偿金。(1)残疾赔偿金:根据上一年度江苏省居民人均可支配收入中工资性收入与经营净收入之和乘以全省平均负担系数的标准,按照受害人丧失劳动能力程度或者伤残等级,自定残之日起计算二十年。但六十周岁以上的,年龄每增加一岁减少一年;七十五周岁以上的,按五年计算。受害人因伤致残但实际收入没有减少,或者伤残等级较轻但造成职业妨害严重影响其劳动就业的,可以对残疾赔偿金作相应调整。计算公式为:残疾赔偿金=(上一年度全省居民人均工资性收入+上一年度全省居民人均经营净收入)×上一年度全省平均负担系数×劳动力丧失比例×20年(六十周岁以上的,年龄每增加一岁减少一年;七十五周岁以上的,按五年计算)。(2)死亡赔偿金:按照上一年度江苏省居民人均可支配收入中工资性收入与经营净收入之和乘以全省平均负担系数的标准,计算二十年。但六十周岁以上的,年龄每增加一岁减少一年;七十五周岁以上的,按五年计算。计算公式为:死亡赔偿金=(上一年度全省居民人均工资性收入+上一年度全省居民人均经营净收入)×上一年度全省平均负担系数×20年(六十周岁以上的,年龄每增加一岁减少一年;七十五周岁以上的,按五年计算)。2.被侵权人有被扶养人的,被扶养人生活费不再作为单独的赔偿项目,不影响赔偿总额,但需在残疾赔偿金或死亡赔偿金中列支,以保护被扶养人的生存权益。列支的被扶养人生活费根据被侵权人丧失劳动能力程度,按照上一年度江苏省居民人均消费性支出标准计算。被扶养人为未成年人的,计算至十八周岁;被扶养人无劳动能力又无其他生活来源的,计算二十年。但六十周岁以上的,年龄每增加一岁减少一年;七十五周岁以上的,按五年计算。被扶养人有数人的,年赔偿总额累计不超过上一年度全省居民人均消费性支出额。计算公式为:每一被扶养人生活费=上一年度全省居民人均消费性支出额×劳动力丧失比例×被扶养年数÷共同扶养人数。3.被扶养人系被侵权人近亲属的,除可获得死亡赔偿金中列支的被扶养人生活费外,仍有权作为近亲属参与剩余部分死亡赔偿金的分配。4.上一年度全省居民人均工资性收入、人均经营净收入、人均消费性支出额和全省平均负担系数的具体标准,由省法院民一庭每年年初依据省统计局统计的标准下发全省各级法院执行。尚未公布相关标准的,按照已公布的最近年度的标准执行。"

369　该数字于2020年3月20日调整为25,007。依据同上。

370　该数字于2020年3月20日调整为48,654.52。依据同上。

371　该数字于2020年3月20日调整为26,697。依据同上。

372　江苏统计年鉴—2019:在岗职工平均工资及指数(http://tj.jiangsu.gov.cn/2019/nj03/nj0323.htm)

373　福建省公安厅交通警察总队《关于传发〈2019年度道路交通事故损害赔偿调解部分有关数据〉的通知》(2019年4月10日)

374　福建统计年鉴-2019/人口、就业和职工工资:城镇单位在岗职工平均工资(2018年)(http://tjj.fujian.gov.cn/tongjinianjian/dz2019/index.htm)

375　山东省统计局、国家统计局山东调查总队《2018年山东省国民经济和社会发展统计公报》(2019年2月27日)

376　山东统计年鉴-2019-就业、工资和社会保障-各市按登记注册类型分城镇就业人员平均工资(2018)-在岗职工(http://tjj.shandong.gov.cn/tjnj/nj2019/zk/indexch.htm)

377　辽宁省高级人民法院、辽宁省公安厅《关于印发〈辽宁省2019年度道路交通事故损害赔偿标准有关数据〉的通知》(2019年7月12日　辽高法〔2019〕92号)

378　内蒙古自治区公安厅《关于印发〈2019年度内蒙古自治区道路交通事故损害赔偿调解标

379 　重庆市统计局、国家统计局重庆调查总队《重庆市2018年国民经济和社会发展统计公报》(2019年3月19日)

380 　重庆统计年鉴－2019－人口与就业－城镇非私营单位就业人员平均工资(2017—2018)－在岗职工平均工资(http://tjj.cq.gov.cn/zwgk_233/tjnj/2019/zk/indexch.htm)

381 　广西壮族自治区公安厅、广西壮族自治区高级人民法院、广西壮族自治区人民检察院《关于印发2019年广西壮族自治区道路交通事故人身损害赔偿项目计算标准的通知》(2019年6月25日　桂公通〔2019〕106号)

382 　湖南省公安厅交通警察总队《关于调整全省道路交通事故人身损害赔偿部分项目标准的通知》(2019年2月21日)

383 　湖南统计年鉴－2019－就业人员和工资－各行业在岗职工年平均工资(2018)－全部在岗职工(http://222.240.193.190/19tjnj/indexch.htm)

384 　河北省统计局、国家统计局河北调查总队《2018年河北省国民经济和社会发展统计公报》(2019年2月28日)

385 　河北省高级人民法院、河北省公安厅、河北省司法厅、中国银行保险监督管理委员会河北监管局《关于印发〈河北省道路交通事故损害赔偿项目计算项目(试行)〉的通知》(2020年3月27日　冀高法〔2020〕31号):"……2020年3月19日印发的文件作废,以此件为准。"第3条:"……道路交通事故发生在2020年1月1日以后的案件,适用本标准……"

386 　湖北省公安厅、湖北省高级人民法院、湖北省统计局、国家统计局湖北调查总队《关于发布2019年度〈湖北省道路交通事故损害赔偿标准〉的通知》(2019年5月1日　鄂公通〔2019〕42号)

387 　河南省统计局、国家统计局河南调查总队《2018年河南省国民经济和社会发展统计公报》(2019年3月2日)

388 　河南统计年鉴－2019－从业人员与职工工资－各种分组的城镇单位从业人员平均工资(2018)－在岗职工(http://oss.henan.gov.cn/sbgt－wztipt/attachment/hntjj/hntj/lib/tjnj/2019/zk/indexch.htm)

389 　安徽省统计局、国家统计局安徽调查总队《安徽省2018年国民经济和社会发展统计公报》(2019年2月28日)

390 　安徽统计年鉴－2019－就业人员和工资－城镇非私营单位就业人员平均工资(2018)－在岗职工(http://tjj.ah.gov.cn/oldfiles/tjj/tjjweb/tjnj/2019/cn.html)

391 　陕西省统计局、国家统计局陕西调查总队《陕西省2018年国民经济和社会发展统计公报》(2019年2月28日)

392 　陕西统计年鉴－2019－就业和工资－职工平均工资和指数－平均工资(2018)(http://tjj.shaanxi.gov.cn/upload/2020/pro/3sxtjnj/zk/indexch.htm)

393 　山西省高级人民法院《关于规范道路交通事故人身损害赔偿计算标准的通知》(2019年5月6日)

394 　山西省统计局《关于提供2018年全省有关统计数据的复函》(2019年5月22日)

395	海南省统计局、国家统计局海南调查总队《海南省2018年国民经济和社会发展统计公报》（2019年1月）
396	海南省统计局、国家统计局海南调查总队《海南统计年鉴－2019》，中国版权出版社，2019年7月中"就业和工资－历年按注册类型分城镇非私营单位在岗职工平均工资及指数（2018）"
397	江西省统计局、国家统计局江西调查总队《江西省2018年国民经济和社会发展统计公报》（2019年3月20日）
398	江西统计年鉴－2019－就业人员和职工工资－城镇非私营单位在岗职工年末人数、工资（2018）－在岗职工平均工资（http://tjj.jiangxi.gov.cn/resource/nj/2019CD/zk/indexch.htm）
399	四川省高级人民法院民事审判第一庭《关于印发〈四川省2018年度有关统计数据〉的通知》（2019年6月17日　川高法民一〔2019〕2号）
400	吉林省高级人民法院《关于二〇一九年度人身损害赔偿执行标准的通知》（2019年8月26日　吉高法〔2019〕114号）
401	宁夏回族自治区公安厅交通管理局《关于发布〈2019年度全区道路交通事故伤亡人员人身损害赔偿有关费用计算标准〉的通知》（2019年6月13日）
402	贵州省统计局、国家统计局贵州调查总队《贵州省2018年主要统计数据新闻发布稿》（2019年1月22日）
403	黑龙江省统计局、国家统计局黑龙江调查总队《黑龙江省2018年国民经济和社会发展统计公报》（2019年5月20日）
404	黑龙江统计年鉴－2019－人口、就业人员和职工工资－分地区城镇非私营单位就业人员工资（2018）
405	青海省统计局、国家统计局青海调查总队《青海省2019年国民经济和社会发展统计公报》（2020年2月28日）
406	青海统计年鉴－2019－就业人员和工资－主要年份非私营单位在岗职工平均工资和指数（2018）
407	新疆维吾尔自治区统计局、国家统计局新疆调查总队《新疆维吾尔自治区2018年国民经济和社会发展统计公报》（2019年3月22日）
408	中国裁判文书网：新疆乌鲁木齐市水磨沟区人民法院（2019）新0105民初2790号："……2018年新疆维吾尔自治区在岗职工平均工资为76709元……"
409	西藏自治区公安厅《关于2019年西藏自治区道路交通事故人身损害赔偿案件计算标准的通知》（2018年12月24日）
410	根据西藏自治区统计局、国家统计局西藏调查总队《西藏自治区2018年国民经济和社会发展统计公报》（2019年5月）统计数据：城镇居民人均可支配收入33797元、人均消费支出23029元；农村居民人均可支配收入11450元、人均消费支出7452元
411	甘肃省高级人民法院、甘肃省公安厅《关于印发2018年甘肃省道路交通事故人身损害赔偿有关费用计算标准的通知》（2019年5月28日　甘公警令发〔2019〕45号）

412 云南省高级人民法院、云南省公安厅《关于印发2019年云南省道路交通事故人身损害赔偿有关费用计算标准的通知》(2019年5月20日 云公交〔2019〕56号)

413 上海市统计局、国家统计局上海调查总队《2019年上海市国民经济和社会发展统计公报》(2020年3月9日)

414 上海高院《关于开展人身损害赔偿标准城乡统一试点工作的实施意见》(2019年10月29日)第2条:"上述案件中残疾赔偿金、死亡赔偿金按照政府统计部门公布的上一年度上海市居民人均可支配收入计算。被扶养人生活费按照政府统计部门公布的上一年度上海市居民人均消费支出计算,并计入残疾赔偿金或死亡赔偿金。"第3条:"本意见自2020年1月1日起施行。本意见施行之日起发生的侵权行为引发的人身损害赔偿纠纷案件,适用本意见……"上海市统计局、国家统计局上海调查总队《2019年上海市国民经济和社会发展统计公报》(2020年3月9日)第14部分"人民生活和社会保障":"据抽样调查,全年全市居民人均可支配收入69442元……全市居民人均消费支出45605元……"

415 上海市人力资源和社会保障局《关于本市人社领域涉及2018年度城镇单位就业人员平均工资相关事项的说明》(2019年6月21日):"……2018年,本市城镇单位就业人员平均工资为105176元/年(8765元/月)……在2019年5月至2019年10月的六个月过渡期内,仍以'7832元/月'作为参考水平。2019年11月起,参考水平调整至8211元/月……"

416 北京审判微信公众号:北京市高级人民法院《北京市法院审判工作所依据的2019年几类参照指标》(2020年2月28日)

417 北京市社会保险基金管理中心、北京市医疗保险事务管理中心《关于2020年度各项社会保险缴费工资基数上下限的通知》(2020年7月17日)第1条:"职工基本养老保险、失业保险、工伤保险。核定2020年度职工基本养老保险、失业保险和工伤保险缴费基数上下限依据:2019年本市全口径城镇单位就业人员平均工资106168元。"

418 北京高院《关于开展人身损害赔偿纠纷案件统一城乡居民赔偿标准试点工作的通知》(2020年3月24日)第1条:"全市法院受理的侵权行为发生于2020年4月1日(含本日)后的机动车交通事故责任纠纷案件、交通肇事刑事案件的附带民事诉讼案件不再区分城镇居民与农村居民,试行按统一赔偿标准计算残疾赔偿金、死亡赔偿金及被扶养人生活费(被扶养人生活费计入残疾赔偿金或死亡赔偿金);残疾赔偿金、死亡赔偿金按照北京市上一年度全市居民人均可支配收入标准计算;被扶养人生活费按照北京市上一年度全市居民人均消费性支出标准计算。"北京市统计局、国家统计局北京调查总队《北京市2019年国民经济和社会发展统计公报》(2020年3月)第十章:"……全年全市居民人均可支配收入为67756元……全年全市居民人均消费支出为43038元……"

419 浙江省宁波市统计局、国家统计局宁波调查队2020年3月16日《2019年宁波市国民经济和社会发展统计公报》:"……全年全市居民人均可支配收入56982元……按城乡分,城镇居民人均可支配收入64886元……全市居民人均生活消费支出33944元……按城乡分,城镇居民人均生活消费支出38274元……"浙江宁波中院《关于开展人身损害赔偿标准城乡统一试点工作通知》(2019年12月27日 甬中法传〔2019〕92号)第1条:"主要任务根据最高人民法院授权,在人身损害赔偿纠纷案件中,不再区分城镇居民和农村居民,统一人身损害赔偿计算标准。"第2条:"适用范围全市法院受理的各类人身损害赔偿纠纷案件。"第3条:"1.死亡赔偿金、残疾赔偿金按照政府统计部门公布的上一年度宁波城镇居民人均可支配收入计算。2.被扶养人生活费按照政府统计部门公布的上一年度宁波城镇居民人均消费性支出计算,计入死亡赔偿金或残疾赔偿金。3.住院伙食补助费按照《宁波市市级机关工作人员差旅费管理办法的通知》(甬财政发〔2019〕392号)规定,每天100元计算。"第4条:"施行时间本方案自2020年1月1日起施行。截至2020年1月1日尚未审结的一、二审案件,适用本方案。本方案施行前已经终审的案件依法再审的,不适用本方案。"浙江省统计局、国家统计局浙江调查总队《2019年浙江省国民经济和社会发展统计公报》(2020年3月5日)第9部分"人民生活和社会保障":"全年全省居民人均可支配收入……按常住地分,城镇和农村居民人均可支配收入分别为60182和29876元……全省居民人均生活消费支出……按常住地分,城镇和农村居民人均生活消费支出分别为37508和21352元……"

420 浙江省统计局、国家统计局浙江调查总队2020年3月5日《2019年浙江省国民经济和社会发展统计公报》(http://www.tjcn.org/tjgb/11zj/36195_3.html):"……城镇和农村居民人均可支配收入分别为60182和29876元……城镇和农村居民人均生活消费支出分别为37508和21352元……"浙江台州、丽水、湖州、绍兴、温州自2020年1月1日起施行城乡居民损害赔偿统一标准;杭州自2020年4月1日实施;金华自2016年11月1日已实施;绍兴自2016年12月1日已实施。其中,绍兴执行"城镇居民相关标准",其他均按上一年度全体居民"人均可支配收入""人均消费性支出"计算。根据浙江省统计局、国家统计局浙江调查总队《2019年浙江省国民经济和社会发展统计公报》(2020年3月5日)第9部分"人民生活和社会保障":"全年全省居民人均可支配收入为49899元……全省居民人均生活消费支出32026元……"各地司法性文件及主要内容:●浙江台州中院《关于印发〈台州市中级人民法院关于人身损害赔偿纠纷案件统一城乡居民标准的意见〉的通知》(2020年3月3日 台中法〔2020〕6号)第2条:"按照政府统计部门公布的浙江省上一年度全体居民人均可支配收入、全体居民人均消费支出的统计数据,计算相关赔偿项目。如赔偿权利人举证证明受害人住所地或者经常居住地的全体居民人均可支配收入、全体居民人均消费支出高于受诉法院所在地标准的,有关费用可以按照受害人住所地或者经常居住地的相关标准计算。"第3条:"侵权行为发生于2020年1月1日(含当日)以后的人身损害赔偿纠纷案件,适用本意见……●浙江丽水中院《关于印发〈丽水市中级人民法院关于开展人身损害赔偿标准城乡统一试点实施方案〉的通知》(2019年12月30日 丽中法〔2019〕158号)第2条:"适用标准。(1)死亡赔偿金、残疾赔偿金按照浙江省统计局公布的上一年度全体居民人均可支配收入计算。(2)被扶养人生活费按照浙江省统计局公布的上一年度全体居民人均消费性支出计算。(3)如赔偿权利人能举证证明受害人住所地或者经常居住地的全体居民人均可支配收入、全体居民人均消费性支出高于受诉法院所在地标准的,有关费用可以按照受害人住所地或者经常居住地的相关标准计算。"第3条:"适用于侵权行为发生于2020年1月1日(含当日)以后的人身损害赔偿纠纷案件……"浙江嘉兴中院《关于印发〈嘉兴市中级人民法院关于开展人身损害赔偿标准城乡统一试点实施方案〉的通知》(2019年12月30日　嘉中法〔2019〕87号)第3条:"本方案自2020年1月1日起施行。侵权行为发生于施行日后(含当日)的案件,适用本方案……"●浙江湖州中院《印发〈关于在人身损害赔偿纠纷案件审理中统一适用相关民事赔偿标准〉的通知》(2019年12月26日　湖中法办〔2019〕25号)第2条:"适用范围。受害人系户籍登记在湖州市行政管辖区域内居民。受害人为外省籍人员但侵权行为发生在湖州市行政管理区域内的,依照前款规定执行。"第3条:"适用标准。按照浙江省统计局公布的年度《浙江省国民经济和社会发展统计公报》中的'全体居民人均可支配收入''全体居民人均生活消费支出'的统计数据计算相关赔偿项目。如赔偿权利人举证证明其住所地或经常居住地的统计数据高于浙江省统计数据的,相关赔偿项目可以按照其住所地或者经常居住地的相关标准计算。"第4条:"适用时间。侵权行为发生于2020年1月1日(含当日)以后的人身损害赔偿纠纷案件。"●浙江杭州中院《关于印发〈杭州市中级人民法院关于人身损害赔偿纠纷案件统一城乡居民标准等问题的意见〉的通知》(2020年3月3日　杭中法〔2020〕6号)第3条:"本意见自2020年4月1日起施行。本意见施行后(含当日)发生的侵权行为,适用本意见……"●浙江绍兴中院《关于印发〈绍兴市中级人民法院关于开展人身损害赔偿标准城乡统一试点实施方案〉的通知》(2019年12月23日　绍中法〔2019〕230号)第2条:"适用标准。(1)死亡赔偿金、残疾赔偿金,统一按照浙江省统计局公布的上一年度'全体居民人均可支配收入'计算(以2018年度为例,即45840元)。(2)被扶养人生活费,统一按照浙江省统计局公布的上一年度'全体居民人均生活消费支出'计算(以2018年度为例,即29471元)。被扶养人生活费计入死亡赔偿金或残疾赔偿金。被扶养人生活费的计算时间应与残疾赔偿金(死亡赔偿金)的计算时间相一致,一般自定残日(死亡之日)起开始起算。如赔偿权利人举证证明受害人住所地或者经常居住地的全体居民人均可支配收入、全体居民人均生活消费支出高于受诉法院所在地标准的,残疾赔偿金或死亡赔偿金及被扶养人生活费可以按照其住所地或者经常居住地的相关标准计算。"第3条:"本方案自2020年1月1日起施行。侵权行为发生于施行日后的案件,适用本方案……"●浙江温州中院《关于印发〈温州市中级人民法院关于人身损害赔偿纠纷案件统一城乡居民标准等问题的会议纪要〉的通知》(2019年12月20日)第2条:"赔偿标准。(1)死亡赔偿金、残疾赔偿金按照浙江省统计局公布的上一年度'全体居民人均可支配收入'计算。(2)被扶养人生活费按照浙江省统计局公布的上一年度'全体居民人均消费支出'计算,被扶养人生活费计入死亡赔偿金或残疾赔偿金。(3)住院伙食补助费按照《浙江省财政厅关于规范差旅费伙食费收缴有关事项的通知》(浙财行〔2018〕18号)规定,每天100元计算。"第3条:"本纪要自2020年1月1日起施行。本纪要施行后新受理和尚未审结的一、二审案件,适用本纪要。本纪要施行前已经终审的案件依法再审的,不适用本纪要……"◎浙江金华中院《关于在机动车交通事故责任纠纷案件审理中统一适用相关民事赔偿标准的通知》(2016年12月7日　金中法〔2016〕101号):"……自2016年11月1日零时起我市取消'农业'与'非农业'二元制户口性质划分,统一登记为居民户口……"第3条:"适用标准。按照浙江省统计局公布的年度《浙江省国民经济和社会发展统计公报》中的'全体居民人均可支配收入'、'全体居民人均消费支出'的统计数据计算相关赔偿项目。如外省籍受害人举证证明其住所地或经常居住地的统计数据高于浙江省统计数据的,相关赔偿项目可以按照其住所地或者经常居住地的相关标准计算。"●浙江衢州中院《关于开展人身损害赔偿标准城乡统一试点的通知》(2019年12月18日 衢中法〔2019〕102号)第1条:"试点时间和范围。1.全市法院从2019年12月20日起开展人身损害赔偿标准城乡统一试点工作,适用于刑事、民事和行政案件。2.试点起始日后(含当日)发生的侵权行为,适用城乡统一标准。"第2条:"适用标准。1.人身损害赔偿标准按照政府统计部门公布的本省上一年度全体居民人均可支配收入、全体居民人均消费支出的统一数据,计算相关赔偿项目。2.如赔偿权利人举证证明受害人住所地或者经常居住地的全体居民人均可支配收入、全体居民人均消费支出高于受诉法院所在地标准的,有关费用可以按照受害人住所地或经常居住地的相关标准计算。3.2018年浙江省全体居民人均可支配收入为45840元,全体居民人均消费支出为29417元。"◎浙江绍兴中院《关于在机动车交通事故责任纠纷案件审理中统一适用相关民事赔偿标准的通知》(2016年12月1日 绍中法〔2016〕112号):"……自2016年12月1日0时起我市将取消农业户口与非农业户口性质区分,统一登记为居民户口……2016年12月1日起(含当日)发生的机动车交通事故,伤残、死亡的受害人系户籍登记在绍兴市行政管辖区域内居民的,残疾赔偿金、死亡赔偿金(包括被扶养人生活费)统一适用城镇居民相关标准计算。"

421 浙江省统计局《2019年浙江省全社会单位就业人员年平均工资统计公报》(2020年5月29日)

422 天津市高级人民法院《关于印发损害赔偿数额参考标准的通知》(2020年7月6日 津高法〔2020〕163号)

423 天津高院《关于印发〈天津市高级人民法院关于开展人身损害赔偿案件统一城乡标准试点工作的意见(试行)〉的通知》(2019年12月31日 津高法〔2019〕338号)第1条:"全市法院涉及人身损害赔偿的案件,残疾赔偿金、死亡赔偿金统一按照天津市上一年度城镇居民人均可支配收入标准计算,不再按照受害人住所地或经常居住地、收入来源等区分不同情况。"第2条:"全市法院涉及人身损害赔偿的案件,被扶养人生活费统一按照天津市上一年度城镇居民人均消费性支出标准计算。"第3条:"本意见自印发之日起执行,本意见印发前已经终审的案件,或者适用审判监督程序再审的案件,不适用本意见。"

424 广东高院《关于在全省法院民事诉讼中开展人身损害赔偿标准城乡统一试点工作的通知》(2019年12月20日 粤高法〔2019〕159号):"……对2020年1月1日以后发生的人身损害,在民事诉讼中统一按照有关法律和司法解释规定的城镇居民标准计算残疾赔偿金、死亡赔偿金、被扶养人生活费,其他人身损害赔偿项目计算标准保持不变……"广东省高级人民法院《关于印发〈广东省2020年度人身损害赔偿计算标准〉的通知》(2020年8月11日 粤高法〔2020〕86号):"……对于在本标准公布前已审结的一审、二审案件,如适用了2019年计算标准的,二审或再审不再作调整。"

425 江苏省统计局、国家统计局江苏调查总队《2019年江苏省国民经济和社会发展统计公报》(2020年3月5日)第12部分"人口、人民和社会保障":"……全省居民人均可支配收入41400元……其中,工资性收入23836元……经营净收入5636元……按常住地分,城镇居民人均可支配收入 51056 元……农村居民人均可支配收入 22675 元……全省居民人均生活消费支出 26697 元……按常住地分,城镇居民人均生活消费支出 31329 元……农村居民人均生活消费支出 17716 元……"

426　江苏省统计局《2019 年江苏省城镇非私营单位和城镇私营单位就业人员年平均工资》(2020 年 6 月 15 日):"……根据年度统计调查结果,2019 年,江苏省城镇非私营单位就业人员年平均工资为 96527 元;其中,城镇非私营单位在岗职工年平均工资为 98669 元。2019 年,城镇私营单位就业人员年平均工资为 58322 元……"

427　江苏高院民一庭《关于适用〈江苏省高级人民法院关于开展人身损害赔偿标准城乡统一试点工作的实施方案〉有关费用标准(2018、2019 年度)的通知》(2020 年 3 月 20 日)第 1 条:"2018 年全省居民人均可支配收入中的工资性收入为 21948 元,经营净收入为 5386 元;2019 年全省居民人均可支配收入中的工资性收入为 23836 元,经营净收入为 5636 元。"第 2 条:"2018 年全省居民人均生活消费支出为 25007 元;2019 年全省居民人均生活消费支出为 26697 元。"第 3 条:"2018 年全省平均负担系数为 1.78;2019 年全省平均负担系数为 1.78。"江苏高院《关于印发〈开展人身损害赔偿标准城乡统一试点工作的实施方案〉的通知》(2020 年 3 月 20 日　苏高法〔2020〕43 号)第 2 条:"……本实施方案自发布之日起施行。本实施方案施行后尚未审结的一审、二审案件,适用本实施方案;施行前已经作出生效裁判的案件,以及适用审判监督程序的再审案件,不适用本实施方案。"第 3 条:"1. 各级法院审理人身损害赔偿案件,按照下列方式计算残疾赔偿金和死亡赔偿金。(1)残疾赔偿金:根据上一年度江苏省居民人均可支配收入中工资性收入与经营净收入之和乘以全省平均负担系数的标准,按照受害人丧失劳动能力程度或者伤残等级,自定残之日起计算二十年。但六十周岁以上的,年龄每增加一岁减少一年;七十五周岁以上的,按五年计算。受害人因伤致残但实际收入没有减少,或者伤残等级较轻但造成职业妨害严重影响其劳动就业的,可以对残疾赔偿金作相应调整。计算公式为:残疾赔偿金 =(上一年度全省居民人均工资性收入 + 上一年度全省居民人均经营净收入)× 上一年度全省平均负担系数 × 劳动力丧失比例 × 20 年(六十岁以上的,年龄每增加一岁减少一年;七十五周岁以上的,按五年计算)。(2)死亡赔偿金:按照上一年度江苏省居民人均可支配收入中工资性收入与经营净收入之和乘以全省平均负担系数的标准,计算二十年。但六十周岁以上的,年龄每增加一岁减少一年;七十五周岁以上的,按五年计算。计算公式为:死亡赔偿金 =(上一年度全省居民人均工资性收入 + 上一年度全省居民人均经营净收入)× 上一年度全省平均负担系数 × 20 年(六十岁以上的,年龄每增加一岁减少一年;七十五周岁以上的,按五年计算)。2. 被侵权人有被扶养人的,被扶养人生活费不再作为单独的赔偿项目,不影响赔偿总额,但需在残疾赔偿金或死亡赔偿金中列支,以保护被扶养人的生存权益。列支的被扶养人生活费根据被侵权人丧失劳动能力程度,按照上一年度江苏省居民人均消费性支出标准计算。被扶养人为未成年人的,计算至十八周岁;被扶养人无劳动能力又无其他生活来源的,计算二十年。但六十周岁以上的,年龄每增加一岁减少一年;七十五周岁以上的,按五年计算。被扶养人有数人的,年赔偿总额累计不超过上一年度全省居民人均消费性支出额。计算公式为:每一被扶养人生活费 = 上一年度全省居民人均消费性支出额×劳动力丧失比例×被扶养年数÷共同扶养人数。3. 被扶养人系被侵权人近亲属的,除可获得死亡赔偿金中列支的被扶养人生活费外,仍有权作为近亲属参与剩余部分死亡赔偿金的分配。4. 上一年度全省居民人均工资性收入、人均经营净收入、人均消费性支出额和全省平均负担系数的具体标准,由省法院民一庭每年年初依据省统计局统计的标准下发全省各级法院执行。尚未公布相关标准的,按照已公布的最近年度的标准执行。"

428　福建省公安厅交通警察总队《关于传发〈2020年度道路交通事故损害赔偿调解部分有关数据〉的通知》(2020年2月28日)

429　福建省统计局《福建省2019年城镇非私营单位就业人员年平均工资81814元》(http://tjj.fujian.gov.cn/xxgk/tjxx/gzqk/202005/t20200525_5273125.htm)

430　福建省统计局、国家统计局福建调查总队2020年2月27日《2019年福建省国民经济和社会发展统计公报》(http://tjj.fujian.gov.cn/xxgk/tjgb/202003/t20200302_5206961.htm)："……农村居民人均可支配收入19568元……城镇居民人均可支配收入45620元……农村居民人均生活消费支出16281元……城镇居民人均生活消费支出30946元……"三地试点,其他地区暂时未实施。福建高院《关于在省内部分地区开展人身损害赔偿标准城乡统一试点的通知》(2019年10月29日　闽法明传〔2019〕357号)："……经研究决定,在厦门、莆田、平潭三地法院开展人身损害赔偿纠纷案件统一城乡居民赔偿标准试点工作。"第2条:"试点地区人身损害赔偿标准城乡统一自2020年1月1日起试行。"

431　山东省统计局、国家统计局山东调查总队《2019年山东省国民经济和社会发展统计公报》(2020年2月29日)

432　山东省统计局《山东省2019年分行业城镇非私营单位、国有经济单位平均工资》(2020年5月29日):山东省2019年分行业城镇非私营单位平均工资-在岗职工平均工资为84089元;山东省2019年分行业国有经济单位平均工资-在岗职工平均工资为101279元

433　山东高院《关于印发开展人身损害赔偿标准城乡统一试点工作意见的通知》(2020年3月11日　鲁高法〔2020〕18号):"……现予以印发,自2020年3月12日起施行。"第1条:"在民事诉讼中,对各类人身损害赔偿纠纷案件(含海事案件),不再区分城镇居民和农村居民,统一按照城镇居民赔偿标准计算相关项目赔偿数额。"第2条:"对于死亡赔偿金、残疾赔偿金,按照山东省上一年度'城镇居民人均可支配收入'计算;对于被扶养人生活费,按照山东省上一年度'城镇居民人均消费性支出'计算。"第4条规定:"本意见自发布之日起施行。本意见施行后未审结的一审、二审案件,适用本意见;本意见施行前已经终审的案件,以及适用审判监督程序的再审案件,不适用本意见。"

434　辽宁省统计局、国家统计局辽宁调查总队《2019年辽宁省国民经济和社会发展统计公报》(2020年3月4日)第12部分"人民生活和社会保障":"……全年常住居民人均可支配收入31820元,比上年增长7.1%。其中,城镇常住居民人均可支配收入39777元,增长6.5%;农村常住居民人均可支配收入16108元……"

435　注意:大连系单列市,计算标准不同,见后。辽宁高院《关于印发〈辽宁省高级人民法院关于开展人身损害赔偿标准城乡统一试点工作的实施方案〉的通知》(2020年1月9日　辽高法〔2020〕7号)第2条:"试点案件。(1)2020年1月1日以后(含当日)立案受理的第一

审人格权纠纷项下和侵权责任纠纷项下的人身损害赔偿纠纷民事案件(不含2020年1月1日以后受理的发回重审案件);(2)一审试点案件上诉后的二审案件;(3)一、二审生效试点案件的再审审查案件和再审案件;(4)2020年1月1日以后(含当日)立案受理的第一审涉人身损害赔偿刑事附带民事案件参照本实施方案执行。"第3条:"试行标准。(1)各级法院审理试点案件,依据政府统计部门公布的上一年度'全体居民人均可支配收入''全体居民人均消费支出''城镇单位在岗职工平均工资'和'分行业城镇单位在岗职工平均工资'数据来计算赔偿金额,不再区分城镇居民和农村居民。(2)有关赔偿项目认定、赔偿金额计算方式等其他内容,继续执行最高人民法院相关司法解释的规定。"辽宁省高级人民法院、辽宁省公安厅《关于印发〈辽宁省2020年度道路交通事故损害赔偿标准有关数据〉的通知》(2020年8月3日印发　辽高法〔2020〕92号)确定的标准,自2020年8月3日后,辽宁省2020年度道路交通事故损害赔偿标准数据如下:全体居民人均可支配收入31,820元、全体居民人均消费支出22,203元、城镇单位在岗职工平均工资75,264元。辽宁大连中院《关于人身损害赔偿案件适用"全体居民人均可支配收入"、"全体居民人均消费支出"数据的通知》(2020年3月4日　大中法明传〔2020〕6号):"……大连系计划单列市,根据《最高人民法院关于审理人身损害赔偿案件适用法律若干问题的解释》的规定以及审判惯例,大连地区人身损害赔偿纠纷案件适用本地统计部门公布的数据进行计算……'大连市全体居民人均可支配收入'为40,825元,'大连市全体居民人均消费支出'为27,238元。"

436　内蒙古自治区公安厅《关于印发〈2020年度内蒙古自治区道路交通事故损害赔偿调解标准〉的通知》(2020年6月20日　内公交明传〔2020〕171号)

437　内蒙古高院《关于开展人身损害赔偿标准城乡统一试点工作的实施意见》(2020年3月24日)第1条:"自2020年4月1日起,全区各级法院在民事诉讼中开展人身损害赔偿标准城乡统一试点工作。"第2条:"全区各级法院在民事诉讼中计算人身损害赔偿数额时,不再区分城镇居民与农村居民人均可支配收入、人均消费性支出,残疾赔偿金、死亡赔偿金均按照内蒙古自治区人民政府统计部门公布的上一年度城镇居民人均可支配收入计算,被扶养人生活费按照内蒙古自治区人民政府统计部门公布的上一年度城镇居民人均消费性支出计算。"第3条:"本意见自2020年4月1日起施行,本意见施行后新受理的一审民事案件,适用本意见。"

438　重庆市统计局、国家统计局重庆调查总队《2019年重庆市国民经济和社会发展统计公报》(2020年3月19日)

439　重庆市统计局《2019年重庆市城镇非私营单位就业人员年平均工资情况》(2020年5月20日)(http://tjj.cq.gov.cn/zwgk_233/fdzdgknr/tjxx/sjjd_55469/202005/t20200520_7460432.html)

440　重庆高院《关于开展机动车交通事故责任纠纷案件人身损害赔偿标准城乡统一试点工作的意见》(2020年3月25日　渝高法〔2020〕58号)第1条:"本意见适用于全市法院受理的机动车交通事故责任纠纷案件。"第2条:"上述案件中,不区分城镇居民和农村居民,统一按照城镇居民赔偿标准计算死亡赔偿金、残疾赔偿金(含被扶养人生活费)。"第3条:"死亡赔偿金、残疾赔偿金,按照市政府统计部门公布的上一年度重庆市城镇居民人均可支配收入计算。被扶养人生活费按照市政府统计部门公布的上一年度重庆市城镇居民人均消费支出计算,并计入残疾赔偿金或死亡赔偿金。其他赔偿项目参照《重庆市高级人民法院关于印发〈道路交通事故人身损害赔偿项目及标准〉的通知》(渝高法〔2018〕199号)执行。"第4条:"本意见自2020年5月1日施行,施行之日起发生的机动车交通事故引发的人身损害赔偿纠纷适用本意见……"

441　广西壮族自治区公安厅、广西壮族自治区高级人民法院、广西壮族自治区人民检察院《关于印发2020年广西壮族自治区道路交通事故人身损害赔偿项目计算标准的通知》(2020年7月7日　桂公通〔2020〕106号)

442　广西高院《关于开展人身损害赔偿标准城乡统一试点工作的通知》(2019年12月26日桂高法网传〔2019〕105号)第2条:"按照政府统计部门公布的广西上一年度城镇居民人均可支配收入、城镇居民人均消费支出的统计数据,计算相关赔偿项目。如赔偿权利人举证证明受害人住所地或者经常居住地的城镇居民人均可支配收入、城镇居民人均消费支出高于受诉法院所在地标准的,有关费用可以按照受害人住所地或者经常居住地的相关标准计算。"第4条:"本通知自2020年1月1日起施行。施行后新受理的一审案件适用本通知。"

443　湖南省公安厅交通警察总队《关于转发湖南省2019年度相关统计调查数据的通知》(2020年6月1日　湘公交传发〔2020〕138号)

444　湖南省统计局、国家统计局湖南调查总队2020年3月17日《2019年湖南省国民经济和社会发展统计公报》(http://hnzd.stats.gov.cn/dcsj/sjfb/hns/zxfb/202003/t20200318_178415.html):"……城镇居民人均可支配收入39842元……农村居民人均可支配收入15395元……城镇居民人均消费支出26924元……农村居民人均消费支出13969元……"湖南常德、岳阳地区自2020年1月1日起执行城乡统一损害赔偿标准;长沙自2019年12月20日、郴州自2019年12月9日起已实施。各地司法性文件及主要内容:●湖南常德中院《关于在全市机动车交通事故责任纠纷案件中统一适用城镇居民人身损害赔偿标准的意见(试行)》(2019年12月30日　常中法〔2019〕71号)第1条:"机动车交通事故责任纠纷案件中不再区分受害人住所地或经常居住地、收入来源等因素,其残疾赔偿金、死亡赔偿金统一按照湖南省上一年度城镇居民人均可支配收入标准计算。"第2条:"机动车交通事故责任纠纷案件中被扶养人生活费统一按照湖南省上一年度城镇居民人均消费性支出标准计算。"第3条:"本意见自2020年1月1日起施行。本意见施行后尚未终审的案件,适用本意见;本意见施行前已经终审的案件,或者适用审判监督程序再审的案件,不适用本意见。"●湖南长沙中院《关于在全市机动车交通事故责任纠纷案件中统一适用城镇居民人身损害赔偿标准的意见(试行)》(2019年12月19日)第1条:"机动车交通事故责任纠纷案件中不再区分受害人住所地或经常居住地、收入来源等因素,其残疾赔偿金、死亡赔偿金统一按照湖南省上一年度城镇居民人均可支配收入标准计算。"第2条:"机动车交通事故责任纠纷案件中被扶养人生活费统一按照湖南省上一年度城镇居民人均消费性支出标准计算。"第3条:"自2019年12月20日起施行。新受理的机动车交通事故责任纠纷一审案件统一适用城镇居民人身损害赔偿标准。"●湖南郴州中院《关于印发〈关于在全市机动车交通事故责任纠纷案件中统一适用城镇居民人身损害赔偿标准的意见(试行)〉的通知》(2019年12月5日　郴中法〔2019〕42号)第1条:"机动车交通事故责任纠纷案件中不再区分受害人住所地或经常居住地、收入来源等因素,其残疾赔偿金、死亡赔偿金统一按照湖南省上一年度城镇居民人均可支配收入标准计算。"第2条:"机动车交通事故责任纠纷案件中被扶养人生活费统一按照湖南省上一年度城镇居民人均消费性支出标准计算。"第3条:"本意见自2019年12月9日起施行。本意见施行后尚未终审的案件,适用本意见;本意见施行前已经终审的案件,或者适用审判监督程序再审的案件,不适用本意见。"●湖南岳阳中院《关于在全市机动车交通事故责任纠纷案件中统一适用城镇居民人身损害赔偿标准的意见(试行)》(2019年12月)第3条:"本意见自2020年1月1日起施行。本意见施行后尚未终审的案件,适用本意见;本意见施行前已经终审的案件,或者适用审判监督程序再审的案件,不适用本意见。"

445　河北省高级人民法院、河北省公安厅、河北省司法厅、中国银行保险监督管理委员会河北监管局《关于印发〈河北省道路交通事故损害赔偿项目计算项目(试行)〉的通知》(2020年3月27日　冀高法〔2020〕31号):"……2020年3月19日印发的文件作废,以此件为准。"第3条:"……道路交通事故发生在2020年1月1日以后的案件,适用本标准……"河北省统计局、国家统计局河北调查总队《2019年河北省国民经济和社会发展统计公报》(2020年2月28日)数据:城镇居民人均可支配收入35738元、人均消费支出23483元;农村居民人均可支配收入15373元、人均消费支出12372元

446　河北省统计局《2019年全省城镇单位就业人员平均工资》(2020年6月5日)(http://tjj.hebei.gov.cn/hetj/tjxx/101591084425091.html)

447　河北高院《关于印发〈河北省高级人民法院关于开展人身损害赔偿标准城乡统一试点实施方案〉的通知》(2020年2月24日　冀高法〔2020〕21号)第1条:"全省各级法院受理的机动车交通事故责任纠纷案件以及雄安新区法院受理的人身损害赔偿纠纷案件,侵权行为发生在2020年1月1日之后的,适用本方案。"第2条:"死亡赔偿金、残疾赔偿金统一按照河北省政府统计部门公布的上一年度河北省城镇居民人均可支配收入计算;被扶养人生活费统一按照河北省政府统计部门公布的上一年度河北省城镇居民人均消费性支出计算。"第3条:"本方案自发布之日起施行。本方案施行前已经终审的案件或者进入审判监督程序再审的案件,不适用本方案。"

448　湖北省统计局、国家统计局湖北调查总队《2019年湖北省国民经济和社会发展统计公报》(2020年3月)

449　湖北统计年鉴-2019-就业人员和职工工资-职工平均工资(2019)(http://data.hb.stats.cn/CityData.aspx?DataType=67&ReportType=3&sNodeID=157)

450　湖北高院《关于开展人身损害赔偿标准城乡统一试点工作的通知》(2019年12月31日　鄂高法〔2019〕158号)第1条:"试点适用标准。审理人身损害赔偿纠纷案件时,对于残疾赔偿金、死亡赔偿金,统一按照湖北省上一年度城镇居民人均可支配收入标准计算赔偿金额;对于被抚养人生活费,统一按照湖北省上一年度城镇居民人均消费支出标准计算赔偿金额。"第2条:"试点适用案件范围。侵权行为发生在2020年1月1日后的人身损害赔偿

纠纷案件,适用上述城镇居民赔偿标准。侵权行为发生在 2020 年 1 月 1 日前的案件,不适用上述标准。"

451　河南省统计局、国家统计局河南调查总队《2019 年河南省国民经济和社会发展统计公报》(2020 年 3 月 10 日)

452　河南省统计局《2019 年河南省城镇非私营单位就业人员年平均工资 67268 元》(2020 年 6 月 19 日):"2019 年全省城镇非私营单位就业人员年平均工资 67268 元,比 2018 年的 63174 元增加 4094 元,同比增长 6.5%,其中,在岗职工(含劳务派遣)年平均工资 68305 元……"

453　河南高院《关于印发〈关于开展人身损害赔偿案件统一城乡标准试点工作的意见(试行)〉的通知》(2019 年 12 月 20 日　豫高法〔2019〕338 号)第 1 条:"全省法院机动车交通事故责任纠纷案件……不再区分受害人住所地或经常居住地、收入来源等因素,其残疾赔偿金、死亡赔偿金统一按照河南省上一年度城镇居民人均可支配收入标准计算。"第 2 条:"全省法院机动车交通事故责任纠纷案件……被扶养人生活费统一按照河南省上一年度城镇居民人均消费性支出标准计算。"第 4 条:"本意见施行后未审结的一审、二审案件,适用本意见;本意见施行前已经终审的案件,以及适用审判监督程序的再审的案件,不适用本意见。"第 5 条:"本意见自 2019 年 12 月 20 日起施行。"

454　安徽省统计局、国家统计局安徽调查总队《安徽省 2019 年国民经济和社会发展统计公报》(2020 年 3 月 11 日)

455　安徽省统计局《2019 年安徽省城镇非私营单位就业人员年平均工资 79037 元》(2020 年 6 月 16 日):"2019 年安徽省城镇非私营单位就业人员年平均工资为 79037 元,与 2018 年 74378 元相比,增加 4659 元,同比名义增长 6.3%。其中,在岗职工年平均工资 82127 元……"

456　安徽高院《关于印发〈安徽省高级人民法院关于开展人身损害赔偿标准城乡统一试点实施方案〉的通知》(2019 年 12 月 6 日　皖高法〔2019〕112 号)第 1 条:"根据最高人民法院授权,在人身损害赔偿纠纷案件中,不区分城镇居民和农村居民,试点按照城镇居民赔偿标准计算人身损害赔偿的死亡赔偿金、残疾赔偿金(被扶养人生活费)。"第 3 条:"死亡赔偿金、残疾赔偿金按照政府统计部门公布的上一年度安徽省城镇居民人均可支配收入计算;被扶养人生活费按照政府统计部门公布的上一年度安徽省城镇居民人均消费性支出计算,计入死亡赔偿金或残疾赔偿金。"第 4 条:"2019 年 12 月 16 日起,正式启动我省人身损害赔偿标准城乡统一试点工作。截至 2019 年 12 月 16 日尚未审结的一审人身损害赔偿案件,统一按城镇居民标准计算有关赔偿费用。"

457　陕西省统计局、国家统计局陕西调查总队《陕西省 2019 年国民经济和社会发展统计公报》(2020 年 3 月 11 日)

458　陕西省统计局《2020 年统计年鉴》(http://tjj.shaanxi.gov.cn/upload/n2020/indexch.htm)

459　陕西高院《关于印发〈关于在全省机动车事故责任纠纷案件中统一适用城镇居民人身损害赔偿标准的意见(试行)〉的通知》(2019 年 11 月 4 日)第 1 条:"机动车事故责任纠纷案件中不再区分受害人住所地或经常居住地、收入来源等因素,其残疾赔偿金、死亡赔偿金统一按照陕西省上一年度城镇居民人均可支配收入标准计算。"第 2 条:"机动车事故责任纠纷案件中被扶养人生活费统一按照陕西省上一年度城镇居民人均消费性支出标准计算。"第 3 条:"本意见自 2019 年 12 月 1 日起施行。本意见施行后尚未终审的案件,适用本意见;本意见施行前已经终审的案件,或者适用审判监督程序再审的案件,不适用本意见。"

460 山西省高院《关于印发〈关于在民事诉讼中开展人身损害赔偿标准城乡统一试点工作的意见〉的通知》(2019 年 12 月 30 日 晋高法〔2019〕75 号)、国家统计局山西调查总队《关于提供 2019 年全省有关统计数据的复函》(2020 年 5 月 28 日)、山西省统计局《关于提供 2019 年有关统计数据的复函》(2020 年 5 月 26 日)

461 山西省高院《关于印发〈关于在民事诉讼中开展人身损害赔偿标准城乡统一试点工作的意见〉的通知》(2019 年 12 月 30 日 晋高法〔2019〕75 号)第 2 条规定:"全省各级人民法院在民事诉讼中计算人身损害赔偿数额时,不再区分城镇居民与农村居民,均按照山西省统计局公布的城镇居民统计数据计算。残疾赔偿金、死亡赔偿金按照上一年度城镇居民人均可支配收入计算,被扶养人生活费按照上一年度城镇居民人均消费性支出计算。"第 3 条:"人身损害发生于 2020 年 1 月 1 日之后,由此引发的民事诉讼适用本意见的规定。人身损害发生于 2020 年 1 月 1 日之前,但起诉于 2020 年 1 月 1 日之后的民事诉讼,不适用本意见的规定。"

462 海南省统计局、国家统计局海南调查总队《海南省 2019 年国民经济和社会发展统计公报》(2020 年 2 月)

463 海南省人力资源和社会保障厅、海南省医疗保障局《关于明确 2020 年度征缴社会保险费等有关数据的通知》(2020 年 7 月 3 日 琼人社发〔2020〕132 号):"……2019 年全省全口径城镇单位就业人员年平均工资为 73393 元,全省在岗职工年平均工资为 84656 元……"

464 海南高院《关于印发〈全省法院开展人身损害赔偿案件统一赔偿标准试点工作方案〉的通知》(2020 年 1 月 9 日 琼高法〔2020〕11 号)第 1 条:"人身损害赔偿案件中不再区分受害人户籍以及住所地、经常居住地、收入来源等因素,其残疾赔偿金、死亡赔偿金统一按照海南省上一年度城镇居民人均可支配收入标准计算;人身损害赔偿案件中被扶养人生活费统一按照海南省上一年度城镇居民人均消费性支出标准计算。"第 2 条:"本意见自 2020 年 1 月 1 日起施行。"第 3 条:"本意见施行后尚未终审的案件,适用本意见;本意见施行前已经终审的案件,或者适用审判监督程序再审的案件,不适用本意见。"海南海口中院《印发〈关于审理海口市道路交通事故人身损害赔偿案件若干问题的意见(试行)〉的通知》(2017 年 8 月 16 日 海中法发〔2017〕78 号)第 2 条:"……(九)残疾赔偿金:……根据海南省公安厅制定的《海南省公安机关推进户籍制度改革实施细则(试行)》规定,我省自 2016 年 9 月 26 日开始实施城乡统一的户口登记制度,取消农业户口与非农业户口的性质区分,户口登记不再标注户口性质,统一登记为'居民户口'。鉴于此,侵权行为发生在 2016 年 9 月 26 日以后的机动车交通事故人身损害赔偿纠纷案件,不再区分城乡标准,统一按照政府统计部门公布的上一年度相关统计数据中的城镇居民人均可支配收入标准计算残疾赔偿金,自定残之日起按 20 年计算……年度死亡赔偿金:侵权行为发生在 2016 年 9 月 26 日以后的机动车交通事故人身损害赔偿,不再区分城乡标准,统一按照政府统计部门公布的上一年度相关统计数据中的城镇居民人均可支配收入计算死亡赔偿金。"

465 江西省统计局、国家统计局江西调查总队《江西省 2019 年国民经济和社会发展统计公报》(2020 年 3 月 18 日)

466 江西省统计局《2019 年江西省城镇非私营单位就业人员年平均工资 73725 元》(2020 年 5 月 29 日):"2019 年江西省城镇非私营单位就业人员年平均工资为 73725 元,比上年增加 5152 元,名义增长 7.5%。其中,在岗职工年平均工资 76131 元……"

467 江西高院《关于印发开展人身损害赔偿标准城乡统一试点工作意见的通知》(2020 年 3 月 16 日　赣高法〔2020〕45 号)第 1 条:"全省法院受理的各类人身损害赔偿纠纷案件,包括民事案件、刑事附带民事案件,如涉及残疾赔偿金、死亡赔偿金以及被扶养人生活费赔偿标准计算的,均统一按照城镇居民标准计算。"第 2 条:"残疾赔偿金、死亡赔偿金按照政府统计部门公布的上一年度江西省城镇居民人均可支配收入计算。被扶养人生活费按照政府统计部门公布的上一年度江西省城镇居民人均消费支出计算。"第 3 条:"侵权行为发生在 2020 年 4 月 1 日(含当日)以后的人身损害赔偿纠纷案件,适用本意见。侵权行为发生在 2020 年 4 月 1 日以前的人身损害赔偿纠纷案件,不适用本意见。"

468 四川省高级人民法院民事审判第一庭《关于印发四川省 2019 年度有关统计数据的通知》(2020 年 6 月 28 日　川高法民一〔2020〕3 号)

469 四川省统计局、国家统计局四川调查总队 2020 年 3 月 25 日《2019 年四川省国民经济和社会发展统计公报》(http://www.tjcn.org/tjgb/23sc/36240_4.html):"……城镇居民人均可支配收入 36154 元……城镇居民人均消费支出 25367 元……农村居民人均可支配收入 14670 元……农村居民人均消费支出 14056 元……"四川遂宁、宜宾、阿坝州地区自 2020 年 1 月 1 日试点城乡统一赔偿标准;成都试点日期为 2020 年 2 月 1 日。相关司法性文件及主要内容:●四川高院《关于在部分地区开展人身损害赔偿纠纷案件统一城乡居民赔偿标准试点工作的通知》(2019 年 11 月 22 日　川高法明传〔2019〕221 号)第 1 条:"试点法院。成都市中级人民法院、遂宁市中级人民法院、宜宾市中级人民法院、阿坝藏族羌族自治州中级人民法院……"第 3 条:"……试点具体实施法院应从 2020 年 1 月 1 日开始正式实施试点工作。"◎四川成都中院《关于开展人身损害赔偿纠纷案件统一城乡居民赔偿标准试点工作的意见(试行)》(2020 年 1 月 16 日)第 2 条:"人身损害赔偿纠纷案不再区分受害人住所地、经常居住地、收入来源地等因素,残疾赔偿金、死亡赔偿金统一按照四川省上一年度城镇居民人均可支配收入标准计算;被扶养人生活费统一按照四川省上一年度城镇居民人均消费性支出标准计算。如赔偿权利人举证证明其住所地或者经常居住地的统计数据高于受诉法院所在地标准的,上述赔偿项目可以按照其住所地或者经常居住地的相关标准计算。"第 3 条:"侵权行为发生于 2020 年 2 月 1 日以后的人身损害赔偿纠纷案件,适用本意见……●四川阿坝州中院《关于开展人身损害赔偿标准城乡统一试点工作的意见(试行)》(2019 年 12 月 30 日)第 1 条:"试点法院。阿坝州中级人民法院、小金县人民法院、若尔盖县人民法院、茂县人民法院。"第 4 条:"适用时间。本意见自 2020 年 1 月 1 日起施行。本意见施行后(含当日)发生的且由小金县人民法院、若尔盖县人民法院、茂县人民法院管辖的人身损害责任纠纷案件,适用本意见的规定;本意见施行后尚未审结的

一、二审案件,已经终审的案件以及适用审判监督程序再审的案件,不适用本意见的规定……"

470 吉林省统计局、国家统计局吉林调查总队《2019年吉林省国民经济和社会发展统计公报》(2020年4月3日)

471 吉林省统计局《吉林省2019年城镇非私营单位就业人员年平均工资73813元》(2020年5月29日)(http://tjj.jl.gov.cn/tjsj/qwfb/202005/t20200529_7245856.html)

472 宁夏回族自治区统计局、国家统计局宁夏回族自治区调查总队2020年4月30日《宁夏回族自治区2019年国民经济和社会发展统计公报》(http://www.nxrb.cn/szb/pc/navigation_005001001/2020/04/30/05/1255619371032436744.html):"……城镇居民人均可支配收入34328元……农村居民人均可支配收入12858元……城镇居民人均消费支出24161元……农村居民人均消费支出11465元……"宁夏回族自治区公安厅交通警察总队《关于发布〈2020年度全区道路交通事故伤亡人员人身损害赔偿有关费用计算标准〉的通知》(2020年6月12日)

473 宁夏高院《关于开展人身损害赔偿标准城乡统一试点的通知》(2019年11月18日 宁高法明传〔2019〕158号):"……确定银川市中级人民法院和银川市兴庆区人民法院为试点法院,自2020年1月1日起开展试点工作……"

474 贵州省统计局、国家统计局贵州调查总队《贵州省2019年国民经济和社会发展统计公报》(2020年4月9日)

475 贵州省统计局、国家统计局贵州调查总队2020年4月15日《贵州省2019年国民经济和社会发展统计公报》(http://www.tjcn.org/tjgb/24gz/36327_4.html):"……城镇居民人均可支配收入34404元……农村居民人均可支配收入10756元……城镇居民人均消费支出21402元……农村居民人均消费支出10222元……"澎湃新闻:《印江法院:印江县启动人身损害赔偿标准城乡统一试点工作》:"……贵州省高级人民法院《关于授权开展人身损害赔偿标准城乡统一试点的通知》和铜仁市中级人民法院《关于开展人身损害赔偿标准城乡统一试点的通知》指出,当前我国户籍制度改革的政策框架基本构建完成,城乡统一的户口登记制度全面建立,各地取消了农业户口与非农业户口性质区分,人身损害赔偿标准继续区分农村居民和城镇居民将与户籍制度改革不相适应。《通知》明确印江法院为人身损害赔偿标准城乡统一试点法院之一,要求试点法院于11月开展试点工作。会上,邓和芳解读了《通知》精神,明确将于11月15日正式启动试点工作。"(https://www.thepaper.cn/newsDetail_forward_4967217)

476 黑龙江省统计局、国家统计局黑龙江调查总队《黑龙江省2019年国民经济和社会发展统计公报》(2020年4月22日)

477 黑龙江省统计局《2019年全省城镇非私营单位就业人员年平均工资》(2020年5月18日)

478 黑龙江高院《印发〈关于统一城乡人身损害赔偿标准试点工作的意见〉的通知》(2019年12月23日 黑高法〔2019〕241号)第1条:"根据最高人民法院授权,在人身损害赔偿案件中,不区分城镇居民和农村居民,统一按照城镇居民赔偿标准计算人身损害赔偿的死亡赔偿金、残疾赔偿金(包括被扶养人生活费)。"第2条:"死亡赔偿金、残疾赔偿金按照黑龙江省政府公布的《黑龙江省国民经济和社会发展统计公报》中的'城镇居民人均可支配收入'计算。被扶养人生活费按照黑龙江省政府公布的《黑龙江省国民经济和社会发展统计公报》中的'城镇居民人均消费支出'计算。"第3条："本意见自2020年1月1日起施行,试点工作于同日正式启动。对本意见未涉及的情形,法律、司法解释有规定的,从其规定。"第4条："本意见施行后新受理的一审人身损害赔偿案件(包括其后续引起的二审、再审程序),适用本意见。本意见施行前已经一审受理,施行后审结的案件,或提起二审的案件,或按当事人申请再审及审判监督程序决定再审的人身损害赔偿案件,不适用本意见。"

479　青海省公安厅、青海省高级人民法院《关于更新2018年青海省道路交通事故人身损害赔偿费用计算数据的通知》(2020年3月12日　青公通〔2020〕20号)

480　青海省高级人民法院《印发〈关于开展人身损害赔偿标准城乡统一试点工作的实施意见〉的通知》(2020年5月7日　青高法〔2020〕54号)第3条："试点标准。(1)死亡赔偿金、残疾赔偿金按照青海省统计部门公布的上一年度青海省城镇居民人均可支配收入计算;被扶养人生活费按照青海省统计部门公布的上一年度青海省城镇居民人均消费性支出计算。(2)赔偿权利人举证证明其住所地或者经常居住地城镇居民人均可支配收入或者城镇居民人均消费性支出高于青海省统计部门公布的标准的,按照《最高人民法院关于审理人身损害赔偿案件适用法律若干问题的解释》第三十条的规定执行。"第4条："试点时间。本实施意见自2020年7月1日起施行,施行前尚未审结的案件,适用本实施意见;施行前已经终审的案件,或者适用审判监督程序再审的案件,不适用本实施意见……"

481　新疆维吾尔自治区统计局、国家统计局新疆调查总队《新疆维吾尔自治区2019年国民经济和社会发展统计公报》(2020年3月)

482　中国裁判文书网:新疆乌鲁木齐市沙依巴克区人民法院(2020)新0103民初1355号："……原告按照2019年度在岗职工平均工资82,052元计算6个月为41,026元符合法律规定,本院予以支持……"

483　新疆维吾尔自治区统计局、国家统计局新疆维吾尔自治区调查总队2020年4月15日《新疆维吾尔族自治区2019年国民经济和社会发展统计公报》(http://www.tjcn.org/tjgb/31xj/36346_4.html):"……城镇居民人均可支配收入34664元……农村居民人均可支配收入13122元……城镇居民人均消费支出25594元……农村居民人均消费支出10318元……"新疆维吾尔自治区高级人民法院《关于开展人身损害赔偿纠纷案件统一适用城镇居民人身损害赔偿标准试点工作的通知》(2019年11月29日　新高法明传〔2019〕324号)第1条："适用案件范围。昌吉回族自治州、阿克苏地区所辖两级法院受理的各类人身损害赔偿纠纷案件。"第2条："适用标准。人身损害赔偿纠纷案件中不再区分受害人住所地或经常居住地、收入来源等因素,其残疾赔偿金、死亡赔偿金统一按照新疆维吾尔自治区上一年度城镇居民人均可支配收入标准计算;被扶养人生活费统一按照新疆维吾尔自治区上一年度城镇居民人均消费性支出标准计算。"第3条："适用时间。本通知自2019年12月1日起施行。本通知施行后试点法院新受理的一审案件和尚未审结的一、二审案件,适用本通知;本通知施行前已经终审的案件,或者适用审判监督程序再审的案件,不适用本通知……"

484　西藏自治区公安厅《关于2020年西藏自治区道路交通事故人身损害赔偿案件计算标准的通知》(2020年1月15日　藏公安厅〔2020〕6号)

485　根据西藏自治区统计局、国家统计局西藏调查总队《西藏自治区2019年国民经济和社会发展统计公报》(2020年4月)统计数据:城镇居民人均可支配收入37410元、人均消费支出25637元;农村居民人均可支配收入12951元、人均消费支出8418元

486　西藏自治区高级人民法院《关于印发〈西藏自治区高级人民法院开展人身损害赔偿标准城乡统一试点实施方案〉的通知》(2020年5月20日　藏高法〔2020〕21号)第3条:"人民法院在审理人身损害赔偿纠纷案件中,不再区分受害人住所地或经常居住地、主要收入来源地等因素,其残疾赔偿金、死亡赔偿金统一按西藏自治区政府统计部门公布的上一年度城镇居民人均可支配收入标准计算;被扶养人生活费统一按照西藏自治区政府统计部门公布的上一年度城镇居民人均消费性支出标准计算。"第4条:"试点自2020年4月1日起试行。本方案施行后受理的一审人身损害赔偿案件,适用本方案的规定。本方案施行后,法律、司法解释或上级法院有新规定的,按照新规定执行。"

487　甘肃省高院、省公安厅《关于印发2020年甘肃省道路交通事故人身损害赔偿有关费用计算标准的通知》(2020年6月1日　甘公警令发〔2020〕195号)

488　甘肃省高院、省公安厅、省司法局、中国银保监会甘肃监管局《关于印发〈甘肃省道路交通事故损害赔偿项目计算标准(试行)〉〈甘肃省道路交通事故主要情形损害赔偿责任比例(试行)〉的通知》(2020年2月25日　甘高法发〔2020〕3号):"……残疾(死亡)赔偿金。以受诉法院所在地、受害人经常居住地或户籍地上一年度城镇居民人均可支配收入标准(就高原则)……被抚养人生活费。以受诉法院所在地、受害人作为抚养人主要收入来源地所在省(直辖市、自治区)上一年度城镇居民人均消费性支出或者农村居民人均年生活消费支出标准(就高原则)……"

489　云南省高级人民法院、云南省公安厅《关于印发2020年云南省道路交通事故人身损害赔偿有关费用计算标准的通知》(2020年5月20日　云公交〔2020〕64号)

490　云南高院《关于开展人身损害赔偿标准城乡统一试点工作的通知》(2020年3月25日　云高法发电〔2020〕80号)第1条:"全省法院审理机动车交通事故责任纠纷案件时,不再区分城镇居民和农村居民,死亡赔偿金、残疾赔偿金按照云南省上一年度城镇常住居民人均可支配收入标准计算;被扶养人生活费按照云南省上一年度城镇常住居民人均消费支出标准计算。"第2条:"侵权行为发生在2020年4月1日后的机动车交通事故责任纠纷案件,适用上述城镇居民赔偿标准。侵权行为发生在2020年4月1日前的案件,不适用上述标准……"

491　①上海市统计局《2020年上海市国民经济运行情况》(2021年1月24日):"……全年全市居民人均可支配收入72232元……其中,城镇常住居民人均可支配收入76437元,增长3.8%;农村常住居民人均可支配收入34911元,增长5.2%……全年全市居民人均可支配收入72232元,比上年增长4.0%,增速比前三季度提高0.5个百分点。其中,城镇常住居民人均可支配收入76437元,增长3.8%;农村常住居民人均可支配收入34911元,增长5.2%……"②上海高院《关于开展人身损害赔偿标准城乡统一试点工作的实施意见》

(2019年12月)第1条:"本意见适用于全市法院受理的各类人身损害赔偿纠纷案件,包括民事案件、刑事附带民事案件、海事案件。"第2条:"上述案件中残疾赔偿金、死亡赔偿金按照政府统计部门公布的上一年度上海市居民人均可支配收入计算。被扶养人生活费按照政府统计部门公布的上一年度上海市居民人均消费支出计算,并计入残疾赔偿金或死亡赔偿金。"第3条:"本意见自2020年1月1日起施行。本意见施行之日起发生的侵权行为引发的人身损害赔偿纠纷案件,适用本意见……"

492　上海市人社局《关于2020年本市全口径城镇单位就业人员平均工资的通知》(2021年6月22日　沪人社综〔2021〕193号):"……2020年本市全口径城镇单位就业人员平均工资为124056元,月平均工资为10338元……"

493　①北京市统计局、国家统计局北京调查总队《北京市2020年国民经济和社会发展统计公报》(2021年3月23日):"……全年全市居民人均可支配收入为69434元,比上年增长2.5%;扣除价格因素后,实际增长0.8%。从四项收入构成看,居民人均工资性收入41439元,人均经营净收入812元,人均财产净收入11789元,人均转移净收入15394元。全年全市居民人均消费支出为38903元,比上年下降9.6%。"②北京高院《关于开展人身损害赔偿纠纷案件统一城乡居民赔偿标准试点工作的通知》(2020年3月24日)第1条:"全市法院受理的侵权行为发生于2020年4月1日(含本日)后的机动车交通事故责任纠纷案件、交通肇事刑事案件的附带民事诉讼案件不再区分城镇居民与农村居民,试行按统一赔偿标准计算残疾赔偿金、死亡赔偿金及被扶养人生活费(被扶养人生活费计入残疾赔偿金或死亡赔偿金);残疾赔偿金、死亡赔偿金按照北京市上一年度全市居民人均可支配收入标准计算;被扶养人生活费按照北京市上一年度全市居民人均消费性支出标准计算。"

494　①北京市人社局2023年7月25日公布《历年北京市全口径城镇单位就业人员平均工资》(http://rsj.beijing.gov.cn/bm/ywml/202007/t20200717_1950961.html)。②北京市人力资源和社会保障局、北京市统计局《关于北京市工资数据发布内容的通告》(2019年5月30日　京人社发〔2019〕1号):"市人力资源和社会保障局按照国家降费率工作部署,调整社保缴费基数政策,发布全口径城镇单位就业人员平均工资。市统计局按照国家统计调查制度要求,发布城镇非私营单位就业人员平均工资、城镇私营单位就业人员平均工资、规模以上企业法人单位不同岗位平均工资。原两局联合发布的北京市职工平均工资不再发布。"

495　①浙江高院《关于人身损害赔偿纠纷案件统一城乡居民赔偿标准的通知》(2021年9月8日　浙高法明传〔2021〕158号)第1条:"适用范围。全省法院受理的各类人身损害赔偿纠纷案件。"第2条:"适用标准。1.死亡赔偿金、残疾赔偿金按照省、计划单列市上一年度城镇居民人均可支配收入标准计算。2.被扶养人生活费按照省、计划单列市上一年度城镇居民人均消费性支出标准计算。"第3条:"适用时间。本通知发布后(含当日)发生的侵权行为引发的人身损害赔偿纠纷案件,适用本通知……"②浙江高院《印发〈关于人身损害赔偿项目计算标准的指引〉的通知》(2022年8月24日　浙高法审〔2022〕2号)第23条规定:"受害人因2021年9月8日(含当日)后发生的侵权行为致残或者死亡的,残疾赔偿金、死亡赔偿金按照受诉法院所在地省、计划单列市上一年度城镇居民人均可支配收入标准计算。赔偿权利人举证证明受害人住所地或者经常居住地城镇居民人均可支配收入高于受诉法院所在地标准的,可以就高确定残疾赔偿金、死亡赔偿金标准。"即侵权行为发生在 2020 年 1 月 1 日(杭州 2020 年 4 月 1 日、金华 2016 年 11 月 1 日、衢州 2019 年 12 月 20 日)之后,不区分城镇与农村居民身份,但 2021 年 9 月 8 日之前按"上一年度全省全体居民人均可支配收入"计算,2021 年 9 月 8 日之后按"上一年度城镇居民人均可支配收入"计算。③浙江省统计局、国家统计局浙江调查总队 2021 年 2 月 28 日公布《2020 年浙江省国民经济和社会发展统计公报》(http://tjj.zj.gov.cn/art/2021/2/28/art_1229129205_4524495.html):"……全年全省居民人均可支配收入为 52397 元……按常住地分,城镇和农村居民人均可支配收入分别为 62699 和 31930 元……全省居民人均可支配收入中位数为 46125 元……全省居民人均生活消费支出 31295 元……按常住地分,城镇居民人均生活消费支出分别为 36197 元,下降 3.5%,农村居民人均生活消费支出 21555 元……"④浙江省宁波市统计局、国家统计局宁波调查队《2020 年宁波市国民经济和社会发展统计公报》(2021 年 2 月 24 日):"……全年全市居民人均可支配收入 59952 元……按城乡分,城镇居民人均可支配收入 68008 元……全市居民人均生活消费支出 34455 元,增长 1.5%。按城乡分,城镇居民人均生活消费支出 38702 元……"⑤浙江高院《关于贯彻执行人身损害赔偿案件司法解释相关问题的通知》(2004 年 5 月 8 日 浙法明传〔2004〕119 号)第 1 条:"2004 年 5 月 1 日前受理的一、二审人身损害赔偿案件不适用解释;2004 年 5 月 1 日后新受理的一审人身损害赔偿案件应适用解释,包括损害事实发生在 2004 年 5 月 1 日以前,当事人在 2004 年 5 月 1 日以后向人民法院起诉的人身损害赔偿案件。"第 2 条:"根据解释第三十五条规定,'城镇居民人均可支配收入'等各项赔偿标准,按照政府统计部门公布的各省、自治区、直辖市以及经济特区和计划单列市上一年度相关统计数据确定。现将省统计局提供的 2003 年我省相关统计数据转发给你们,具体见附件一、附件二。除宁波市可以按照本市统计部门公布的统计数据执行外,其他各地法院均应按照省统计局公布的数据执行。对于 2004 年及以后各年度的相关统计数据,请各级人民法院及时查阅省统计局公布的相关资料……"⑥浙江宁波中院《关于开展人身损害赔偿标准城乡统一试点工作通知》(2019 年 12 月 27 日 甬中法内传〔2019〕92 号)第 1 条:"主要任务。根据最高人民法院授权,在人身损害赔偿纠纷案件中,不再区分城镇居民和农村居民,统一人身损害赔偿计算标准。"第 2 条:"适用范围。全市法院受理的各类人身损害赔偿纠纷案件。"第 3 条:赔偿标准。"1. 死亡赔偿金、残疾赔偿金按照政府统计部门公布的上一年度宁波城镇居民人均可支配收入计算。2. 被扶养人生活费按照政府统计部门公布的上一年度宁波城镇居民人均消费性支出计算,计入死亡赔偿金或残疾赔偿金。3. 住院伙食补助费按照《宁波市市级机关工作人员差旅费管理办法的通知》(甬财政发〔2019〕392 号)规定,每天 100 元计算。"第 4 条:"施行时间。本方案自 2020 年 1 月 1 日起施行。截至 2020 年 1 月 1 日尚未审结的一、二审案件,适用本方案。本方案施行前已经终审的案件依法再审的,不适用本方案……"

496　①浙江高院《印发〈关于人身损害赔偿项目计算标准的指引〉的通知》(2022 年 8 月 24 日 浙高法审〔2022〕2 号)第 34 条规定,"统计部门未公布全社会单位就业人员年平均工资标准的,丧葬费按照受诉法院所在省、计划单列市上一年度非私营单位从业人员年平均工资标准计算……"浙江每年五六月时由浙江省统计局以公报形式公布"全社会单位就业人员年平均工资",稍晚会由浙江省统计局公布"全省非私营单位从业人员年平均工资",同时公布其中的"在岗职工(含劳务派遣)年平均工资"。从 2020 年年报开始,由于各省(区、市)工资数据由国家统计局统一测算和反馈,并只反馈非私营法人单位工资数据和私营法人单位工资数据。非私营和私营法人单位的确定,是按照《基本单位统计调查制度》,根据单位(企业)登记注册类型来区分,私营法人单位登记注册类型包括私营独资、私营合伙、私营有限责任公司、私营股份有限公司,除此以外其他登记类型均为非私营法人单位,故自 2020 年开始,各省包括浙江就不再有"全社会单位就业人员年平均工资"一说。②浙江省统计局 2021 年 6 月 23 日公布《2020 年浙江省非私营单位从业人员年平均工资 108645 元》(http://tjj.zj.gov.cn/art/2021/6/23/art_1229129213_4669635.html):"2020 年浙江省非私营单位从业人员年平均工资为 108645 元,比上年增加 8991 元……其中,在岗职工(含劳务派遣)年平均工资 111722 元,比上年增加 9725 元……"③浙江高院《侵权审判信箱》(2021 年 8 月 23 日):"第 3 问:省统计局未公布浙江省全社会单位就业人员年平均工资,丧葬费、误工费、护理费标准如何确定的问题。问:2021 年 6 月 17 日浙江省统计局公布的《2020 年浙江省单位从业人员年平均工资统计公报》仅公布了非私营单位从业人员年平均工资、私营单位从业人员年平均工资,未公布全社会单位就业人员年平均工资,误工费、护理费、丧葬费应按照何种标准予以确定? 答:经我院向省统计局函询,因今年统计方法改革,目前统计项目中已删除全社会单位就业人员年平均工资。在统计部门未能提供全社会单位就业人员年平均工资统计数据的情况下,我庭对丧葬费、误工费、护理费的计算标准明确如下:(一)误工费:受害人无固定收入且无法证明最近三年平均收入状况的,可以参照上一年度'私营单位从业人员年平均工资'的标准计算。(二)护理费:护理人员没有收入的,可以参照上一年度'私营单位从业人员年平均工资'的标准计算。(三)丧葬费:按照统一赔偿标准的工作思路,对死亡被侵权人的丧葬费应当按照上一年度'非私营单位从业人员年平均工资'标准计算,不区分单位性质。本解答发布之日一审法庭标准尚未终结的案件适用上述标准。对于适用上述标准的案件,人民法院应当向当事人释明调整后的计算标准,当事人据此要求变更诉讼请求的,应予准许。"

497 ①天津高院《关于印发损害赔偿数额参考标准的通知》(2021 年 8 月 31 日 津高法〔2021〕214 号)。②国家统计局天津调查总队 2021 年 1 月 21 日公布《数据:2020 年天津居民收入和消费支出情况》(http://tjzd.stats.gov.cn/dcfw/system/2021/01/21/010004408.shtml):"……2020 年,天津居民人均可支配收入 43854 元……其中,城镇居民人均可支配收入 47659 元……2020 年,天津居民人均消费支出 28461 元……其中,城镇居民人均消费支出 30895 元……农村居民人均消费支出 16844 元……"③天津高院《关于印发〈天津市高级人民法院关于开展人身损害赔偿案件统一城乡标准试点工作的意见(试行)〉的通知》(2019 年 12 月 31 日 津高法〔2019〕338 号)第 1 条:"全市法院涉及人身损害陪偿的案件,残疾赔偿金、死亡赔偿金统一按照天津市上一年度城镇居民人均可支配收入标准计算,不再按照受害人住所地或经常居住地、收入来源等区分不同情况。"第 2 条:"全市法院涉及人身损害赔偿的案件,被扶养人生活费统一按照天津市上一年度城镇居民人均消费性支出标准计算。"第3条:"本意见自印发之日起执行,本意见印发前已经终审的案件,或者适用审判监督程序再审的案件,不适用本意见。"

498 ①广东高院《关于印发〈广东省2021年度人身损害赔偿计算标准〉的通知》(2021年8月26日 粤高法〔2021〕80号):"……2020年全省城镇私营单位就业人员年平均工资:67302元/年。住宿费标准:广州、深圳、珠海、佛山、东莞、中山、江门等7个市及所辖县(市、区):450元/天;2020年全省城镇私营单位就业人员年平均工资:67302元/年汕头、韶关、河源、梅州、惠州、汕尾、阳江、湛江、茂名、肇庆、清远、潮州、揭阳、云浮等14个市,市:420元/天,县(市):400元/天。伙食补助费:100元/天。"②广东高院《关于在全省法院民事诉讼中开展人身损害赔偿标准城乡统一试点工作的通知》(2019年12月20日 粤高法〔2019〕159号):"……对2020年1月1日以后发生的人身损害,在民事诉讼中统一按照有关法律和司法解释规定的城镇居民标准计算残疾赔偿金、死亡赔偿金、被扶养人生活费,其他人身损害赔偿项目计算标准保持不变……"③广东高院《关于印发〈广东省2020年度人身损害赔偿计算标准〉的通知》(2020年8月4日 粤高法〔2020〕86号):"……对于在本标准公布前已审结的一审、二审案件,如适用了2019年计算标准的,二审或再审不再作调整。"

499 ①江苏高院民一庭《关于适用〈江苏省高级人民法院关于开展人身损害赔偿标准城乡统一试点工作的实施方案〉有关费用标准(2020年度)的通知》(2021年1月21日 苏高法电〔2021〕59号):"……根据国家统计局江苏调查总队统计的2020年全省居民收入支出等相关指标,现将2020年度我省相关赔偿费用标准所依据的统计数据通报如下:1.2020年全省居民人均可支配收入中的工资性收入为24657元,经营净收入为5703元。2.2020年全省居民人均生活消费支出为26225元。3.2020年全省平均负担系数为1.84……"②江苏高院《关于印发〈开展人身损害赔偿标准城乡统一试点工作的实施方案〉的通知》(2020年3月20日 苏高法〔2020〕43号)第2条:"……本实施方案自发布之日起施行。本实施方案施行后尚未审结的一审、二审案件,适用本实施方案;施行前已经作出生效裁判的案件,以及适用审判监督程序的再审案件,不适用本实施方案。"第3条:"1.各级法院审理人身损害赔偿案件,按照下列方式计算残疾赔偿金和死亡赔偿金。(1)残疾赔偿金:根据上一年度江苏省居民人均可支配收入中工资性收入与经营净收入之和乘以全省平均负担系数的标准,按照受害人丧失劳动能力程度或者伤残等级,自定残之日起计算二十年。但六十周岁以上的,年龄每增加一岁减少一年;七十五周岁以上的,按五年计算。受害人因伤致残但实际收入没有减少,或者伤残等级较轻但造成职业妨害严重影响其劳动就业的,可以对残疾赔偿金作相应调整。计算公式为:残疾赔偿金=(上一年度全省居民人均工资性收入+上一年度全省居民人均经营净收入)×上一年度全省平均负担系数×劳动力丧失比例×20年(六十周岁以上的,年龄每增加一岁减少一年;七十五周岁以上的,按五年计算)。(2)死亡赔偿金:按照上一年度江苏省居民人均可支配收入中工资性收入与经营净收入之和乘以全省平均负担系数的标准,计算二十年。但六十周岁以上的,年龄每增加一岁减少一年;七十五周岁以上的,按五年计算。计算公式为:死亡赔偿金=(上一年度全省居民人均工资性收入+上一年度全省居民人均经营净收入)×上一年度全省平均负担系数×20 年(六十周岁以上的,年龄每增加一岁减少一年;七十五周岁以上的,按五年计算)。
2. 被侵权人有被扶养人的,被扶养人生活费不再作为单独的赔偿项目,不影响赔偿总额,但需在残疾赔偿金或死亡赔偿金中列支,以保护被扶养人的生存权益。列支的被扶养人生活费根据被侵权人丧失劳动能力程度,按照上一年度江苏省居民人均消费性支出标准计算。被扶养人为未成年人的,计算至十八周岁;被扶养人无劳动能力又无其他生活来源的,计算二十年。但六十周岁以上的,年龄每增加一岁减少一年;七十五周岁以上的,按五年计算。被扶养人有数人的,年赔偿总额累计不超过上一年度全省居民人均消费性支出额。计算公式为:每一被扶养人生活费 = 上一年度全省居民人均消费性支出额×劳动力丧失比例×被扶养年数÷共同扶养人数。3. 被扶养人系被侵权人近亲属的,除可获得死亡赔偿金中列支的被扶养人生活费外,仍有权作为近亲属参与剩余部分死亡赔偿金的分配。4. 上一年度全省居民人均工资性收入、人均经营净收入、人均消费性支出额和全省平均负担系数的具体标准,由省法院民一庭每年年初依据省统计局统计的标准下发全省各级法院执行。尚未公布相关标准的,按照已公布的最近年度的标准执行。"

500 《江苏统计年鉴》(2020 年)

501 ①福建省公安厅交通警察总队《关于传发〈2021 年度交通事故损害赔偿调解部分数据〉的通知》(2021 年 2 月 10 日)。②福建省统计局、国家统计局福建调查总队 2021 年 3 月 1 日公布《2020 年福建省国民经济和社会发展统计公报》(http://district.ce.cn/newarea/roll/202103/01/t20210301_36346957.shtml):"……按常住地分,农村居民人均可支配收入 20880 元……城镇居民人均可支配收入 47160 元……按常住地分,农村居民人均生活消费支出 16339 元……城镇居民人均生活消费支出 30487 元……"福建三地试点,其他地区暂时未实施。③福建高院《关于在省内部分地区开展人身损害赔偿标准城乡统一试点的通知》(2019 年 10 月 29 日 闽法明传〔2019〕357 号):"……经研究决定,在厦门、莆田、平潭三地法院开展人身损害赔偿纠纷案件统一城乡居民赔偿标准试点工作……试点地区人身损害赔偿标准城乡统一自 2020 年 1 月 1 日起试行。"

502 福建省统计局 2021 年 5 月 25 日公布《福建省 2020 年城镇非私营单位就业人员年平均工资 88149 元》

503 山东省统计局、国家统计局山东调查总队 2021 年 2 月 28 日公布《2020 年山东省国民经济和社会发展统计公报》(https://www.thepaper.cn/newsDetail_forward_11496161):"……居民人均可支配收入 32886 元,比上年增长 4.1%;人均消费支出 20940 元,增长 2.5%。其中,城镇居民人均可支配收入 43726 元,增长 3.3%;人均消费支出 27291 元……"山东高院《关于印发开展人身损害赔偿标准城乡统一试点工作意见的通知》(2020 年 3 月 11 日 鲁高法〔2020〕18 号):"……现予以印发,自 2020 年 3 月 12 日起施行。"第 1 条:"在民事诉讼中,对各类人身损害赔偿纠纷案件(含海事案件),不再区分城镇居民和农村居民,统一按照城镇居民赔偿标准计算相关项目赔偿数额。"第 2 条:"对于死亡赔偿金、残疾赔偿金,按照山东省上一年度'城镇居民人均可支配收入'计算;对于被扶养人生活费,按照山东省上一年度'城镇居民人均消费性支出'计算。"第 4 条规定:"本意见自发布之日起施行。本意见施行后未审结的一审、二审案件,适用本意见;本意见施行前已经终审的案件,以及适用审判监督程序的再审案件,不适用本意见。"

504　山东省统计局《山东省 2020 年分行业城镇非私营单位、国有经济单位平均工资》(2021 年 6 月 11 日):山东省 2020 年分行业城镇非私营单位平均工资－在岗职工平均工资为 90661 元;山东省 2019 年分行业国有经济单位平均工资－在岗职工平均工资为 108928 元

505　注意:大连系单列市,计算标准不同,见后。①辽宁省统计局、国家统计局辽宁调查总队《2020 年辽宁省国民经济和社会发展统计公报》(2021 年 2 月 19 日):"……全年全体居民人均可支配收入 32738 元,比上年增长 2.9%。其中,城镇居民人均可支配收入 40376 元,增长 1.5%;农村居民人均可支配收入 17450 元,增长 8.3%……"②辽宁高院《关于印发〈辽宁省高级人民法院关于开展人身损害赔偿标准城乡统一试点工作的实施方案〉的通知》(2020 年 1 月 9 日　辽高法〔2020〕7 号)第 2 条:"试点案件。1. 2020 年 1 月 1 日以后(含当日)立案受理的第一审人格权纠纷项下和侵权责任纠纷项下的人身损害赔偿纠纷民事案件(不含 2020 年 1 月 1 日以后受理的发回重审案件);2. 一审试点案件上诉后的二审案件;3. 一、二审生效试点案件的再审审查案件和再审案件;4. 2020 年 1 月 1 日以后(含当日)立案受理的第一审涉人身损害赔偿刑事附带民事案件参照本实施方案执行。"第 3 条:"试行标准。1. 各级法院审理试点案件,依据政府统计部门公布的上一年度'全体居民人均可支配收入''全体居民人均消费支出''城镇单位在岗职工平均工资'和'分行业城镇单位在岗职工平均工资'数据来计算赔偿金额,不再区分城镇居民和农村居民。2. 有关赔偿项目认定、赔偿金额计算方式等其他内容,继续执行最高人民法院相关司法解释的规定。"③大连公开:《城镇居民收入 47380 元,2020 年大连市居民人均可支配收入及消费支出数据出炉》(https://www.sohu.com/a/447596931_671303):"2020 年,大连市全体居民人均可支配收入为 41880 元。其中,城镇居民人均可支配收入为 47380 元,农村居民人均可支配收入为 21558 元。2020 年,大连市全体居民人均消费支出为 26168 元。其中,城镇居民人均消费支出为 30158 元,农村居民人均消费支出为 11423 元。"④辽宁大连中院《关于人身损害赔偿案件适用"全体居民人均可支配收入"、"全体居民人均消费支出"数据的通知》(2020 年 3 月 4 日　大中法明传〔2020〕6 号):"……大连系计划单列市,根据《最高人民法院关于审理人身损害赔偿案件适用法律若干问题的解释》的规定以及审判惯例,大连地区人身损害赔偿纠纷案件适用本地统计部门公布的数据进行计算……"

506　数据来源:国家统计局《31 省份 2020 年人均消费榜:辽宁人均消费支出 20672 元》

507　辽宁省人社厅《2020 年度辽宁省人力资源和社会保障事业发展统计公报》(2021 年 7 月 9 日):"……全省城镇非私营单位就业人员年平均工资为 79472 元,与上年的 72891 元相比,增加 6581 元,同比名义增长 9%。其中,在岗职工年平均工资 82223 元……全省城镇私营单位就业人员年平均工资为 46011 元……"

508　①内蒙古自治区统计局 2021 年 2 月 28 日公布《内蒙古自治区 2020 年国民经济和社会发展统计公报》(https://new.qq.com/omn/20210228/20210228A01OKI00.html):"……全年全体居民人均可支配收入 31497 元,比上年增长 3.1%。全体居民人均生活消费支出 19794 元,比上年下降 4.6%。按常住地分,城镇常住居民人均可支配收入 41353 元……城镇常住居民人均生活消费支出 23888 元……农村牧区常住居民人均可支配收入 16567

元……农村牧区常住居民人均生活消费支出13594元……"②内蒙古高院《关于开展人身损害赔偿标准城乡统一试点工作的实施意见》（2020年3月24日）第1条："自2020年4月1日起,全区各级法院在民事诉讼中开展人身损害赔偿标准城乡统一试点工作。"第2条："全区各级法院在民事诉讼中计算人身损害赔偿数额时,不再区分城镇居民与农村居民人均可支配收入、人均消费性支出,残疾赔偿金、死亡赔偿金均按照内蒙古自治区人民政府统计部门公布的上一年度城镇居民人均可支配收入计算,被扶养人生活费按照内蒙古自治区人民政府统计部门公布的上一年度城镇居民人均消费性支出计算。"第3条："本意见自2020年4月1日起施行,本意见施行后新受理的一审民事案件,适用本意见。"

509 内蒙古自治区统计局《2020年社会平均工资、在岗职工平均工资》（2021年6月2日）："2020年内蒙古城镇非私营单位就业人员年平均工资为85310元……城镇非私营单位在岗职工年平均工资为87916元……2020年内蒙古城镇私营单位就业人员年平均工资为47566元……"

510 ①重庆市统计局、国家统计局重庆调查总队《2020年重庆市国民经济和社会发展统计公报》（2021年3月18日）："……全市居民人均可支配收入30824元,比上年增长6.6%。按常住地分,城镇居民人均可支配收入40006元,增长5.4%;农村居民人均可支配收入16361元,增长8.1%……全市居民人均消费支出21678元,比上年增长4.4%。按常住地分,城镇居民人均消费支出26464元,增长2.6%;农村居民人均消费支出14140元……"②重庆高院《关于开展机动车交通事故责任纠纷案件人身损害赔偿标准城乡统一试点工作的意见》（2020年4月29日　渝高法〔2020〕58号）第1条："本意见适用于全市法院受理的机动车交通事故责任纠纷案件。"第2条："上述案件中,不区分城镇居民和农村居民,统一按照城镇居民赔偿标准计算死亡赔偿金、残疾赔偿金（含被扶养人生活费）。"第3条："死亡赔偿金、残疾赔偿金,按照市政府统计部门公布的上一年度重庆市城镇居民人均可支配收入计算。被扶养人生活费按照市政府统计部门公布的上一年度重庆市城镇居民人均消费支出计算,并计入残疾赔偿金或死亡赔偿金。其他赔偿项目参照《重庆市高级人民法院关于印发〈道路交通事故人身损害赔偿项目及标准〉的通知》（渝高法〔2018〕199号）执行。"第4条："本意见自2020年5月1日施行,施行之日起发生的机动车交通事故引发的人身损害赔偿纠纷适用本意见……"

511 重庆市统计局《2020年重庆市城镇非私营单位就业人员年平均工资情况》（2021年6月7日）："2020年全市城镇非私营单位就业人员年平均工资为93816元……其中,在岗职工年平均工资98380元……"

512 ①广西壮族自治区公安厅、广西壮族自治区高级人民法院、广西壮族自治区人民检察院《关于印发2021年广西壮族自治区道路交通事故人身损害赔偿项目计算标准的通知》（2021年7月7日　桂公通〔2021〕85号）。②广西壮族自治区统计局、国家统计局广西调查总队2021年1月20日公布《2020年全区经济运行恢复态势巩固提升》（http://tjj.gxzf.gov.cn/zxfb/t7708256.shtml）："……全年全区居民人均可支配收入24562元……按常住地分,城镇居民人均可支配收入35859元……全年全区居民人均消费支出16357元……其中,城镇居民人均消费支出20907元,名义下降3.2%;农村居民人均消费支出12431元,名义增长3.2%。"③广西高院《关于开展人身损害赔偿标准城乡统一试点工作的通知》(2019年12月26日 桂高法网传〔2019〕105号)第2条:"按照政府统计部门公布的广西上一年度城镇居民人均可支配收入、城镇居民人均消费支出的统计数据,计算相关赔偿项目。如赔偿权利人举证证明受害人住所地或者经常居住地的城镇居民人均可支配收入、城镇居民人均消费支出高于受诉法院所在地标准的,有关费用可以按照受害人住所地或者经常居住地的相关标准计算。"第4条:"本通知自2020年1月1日起施行。施行后新受理的一审案件适用本通知……"

513 湖南省公安厅交通警察总队《关于转发湖南省2020年度相关统计调查数据的通知》(2021年2月2日 湘公交传发〔2021〕12号)。湖南常德、岳阳地区自2020年1月1日起执行城乡统一损害赔偿标准;长沙自2019年12月20、郴州自2019年12月9日起已实施。各地司法性文件及主要内容:①湖南常德中院《关于在全市机动车交通事故责任纠纷案件中统一适用城镇居民人身损害赔偿标准的意见(试行)》(2019年12月30日 常中法〔2019〕71号)第1条:"机动车交通事故责任纠纷案件中不再区分受害人住所地或经常居住地、收入来源等因素,其残疾赔偿金、死亡赔偿金统一按照湖南省上一年度城镇居民人均可支配收入标准计算。"第2条:"机动车交通事故责任纠纷案件中被扶养人生活费统一按照湖南省上一年度城镇居民人均消费性支出标准计算。"第3条:"本意见自2020年1月1日起施行。本意见施行后尚未终审的案件,适用本意见;本意见施行前已经终审的案件,或者适用审判监督程序再审的案件,不适用本意见。"②湖南长沙中院《关于在全市机动车交通事故责任纠纷案件中统一适用城镇居民人身损害赔偿标准的意见(试行)》(2019年12月19日)第1条:"机动车交通事故责任纠纷案件中不再区分受害人住所地或经常居住地、收入来源等因素,其残疾赔偿金、死亡赔偿金统一按照湖南省上一年度城镇居民人均可支配收入标准计算。"第2条:"机动车交通事故责任纠纷案件中被扶养人生活费统一按照湖南省上一年度城镇居民人均消费性支出标准计算。"第3条:"自2019年12月20日起施行。新受理的机动车交通事故责任纠纷一审案件统一适用城镇居民人身损害赔偿标准。"③湖南郴州中院《关于印发〈关于在全市机动车交通事故责任纠纷案件中统一适用城镇居民人身损害赔偿标准的意见(试行)〉的通知》(2019年12月5日 郴中法〔2019〕42号)第1条:"机动车交通事故责任纠纷案件中不再区分受害人住所地或经常居住地、收入来源等因素,其残疾赔偿金、死亡赔偿金统一按照湖南省上一年度城镇居民人均可支配收入标准计算。"第2条:"机动车交通事故责任纠纷案件中被扶养人生活费统一按照湖南省上一年度城镇居民人均消费性支出标准计算。"第3条:"本意见自2019年12月9日起施行。本意见施行后尚未终审的案件,适用本意见;本意见施行前已经终审的案件,或者适用审判监督程序再审的案件,不适用本意见。"④湖南岳阳中院《关于在全市机动车交通事故责任纠纷案件中统一适用城镇居民人身损害赔偿标准的意见(试行)》(2019年12月)第3条:"本意见自2020年1月1日起施行。本意见施行后尚未终审的案件,适用本意见;本意见施行前已经终审的案件,或者适用审判监督程序再审的案件,不适用本意见。"

514 国家统计局湖南调查总队2021年6月2日发布2020年湖南省劳动工资年报数据

515 ①河北省公安厅交通警察总队《关于印发〈河北省2021年度道路交通事故人身损害赔偿

相关数据〉的通知》(2021年5月28日 冀公(交)〔2021〕314号)。②河北省统计局、国家统计局河北调查总队《河北省2020年国民经济和社会发展统计公报》："……全年全省居民人均可支配收入27136元,比上年增长5.7%。按常住地分,城镇居民人均可支配收入为37286元,增长4.3%;农村居民人均可支配收入为16467元,增长7.1%。全省居民人均消费支出18037元,增长0.3%。按常住地分,城镇居民人均消费支出23167元,下降1.3%;农村居民人均消费支出12644元,增长2.2%。"③河北高院《关于印发〈河北省高级人民法院关于开展人身损害赔偿标准城乡统一试点实施方案〉的通知》(2020年2月24日 冀高法〔2020〕21号)第1条:"全省各级法院受理的机动车交通事故责任纠纷案件以及雄安新区法院受理的人身损害赔偿纠纷案件,侵权行为发生在2020年1月1日之后的,适用本方案。"第2条:"死亡赔偿金、残疾赔偿金统一按照河北省政府统计部门公布的上一年度河北省城镇居民人均可支配收入计算;被扶养人生活费统一按照河北省政府统计部门公布的上一年度河北省城镇居民人均消费性支出计算。"第3条:"本方案自发布之日起施行。本方案施行前已经终审的案件或者进入审判监督程序再审的案件,不适用本方案。试点结束时间待最高人民法院通知。"④河北高院、省公安厅、省司法厅、中国银行保险监督管理委员会河北监管局《关于印发〈河北省道路交通事故损害赔偿项目计算标准(试行)〉的通知》(2020年3月27日 冀高法〔2020〕31号):"……2020年3月19日印发的文件作废,以此件为准……道路交通事故发生在2020年1月1日以后的案件,适用本标准……"

516　河北省统计局《2021年全省城镇单位就业人员平均工资》(2022年6月2日):"……2021年,全省城镇非私营单位就业人员平均工资82526元……2021年,全省城镇私营单位就业人员平均工资48185元……"

517　①湖北省统计局、国家统计局湖北调查总队《湖北省2020年国民经济和社会发展统计公报》(2021年3月18日):"……全省城镇居民人均可支配收入36706元,下降2.4%;农村居民人均可支配收入16306元,下降0.5%。城镇居民人均消费支出22885元,下降13.4%;农村居民人均消费支出14473元……"②湖北高院《关于开展人身损害赔偿标准城乡统一试点工作的通知》(2019年12月31日 鄂高法〔2019〕158号)第1条:"试点适用标准。审理人身损害赔偿纠纷案件时,对于残疾赔偿金、死亡赔偿金,统一按照湖北省上一年度城镇居民人均可支配收入标准计算赔偿金额;对于被抚养人生活费,统一按照湖北省上一年度城镇居民人均消费支出标准计算赔偿金额。"第2条:"试点适用案件范围。侵权行为发生在2020年1月1日后的人身损害赔偿纠纷案件,适用上述城镇居民赔偿标准。侵权行为发生在2020年1月1日前的案件,不适用上述标准……"

518　①湖北省统计局《政策问答:2021年度湖北省交通事故赔偿额标准的基础统计数据是多少?》(2021年9月8日):"……根据相关法律规定,'2021年度湖北省交通事故赔偿标准'的基础统计数据,以我局发布2020年度相关民生统计数据为准,详细数据如下:1.2020年度全省城镇居民人均年可支配收入36706元;2.2020年度全省农村居民人均年可支配收入16306元;3.2020年度全省城镇居民人均年消费支出22885元;4.2020年度全省农村居民人均年消费支出14473元;5.2020年度全省在岗职工年平均工资71110元。"②湖北省统计局官网(hubei.gov.cn)–2021年统计年鉴–就业和工资–分行业在岗职工平均工资(2020)–城镇全部单位在岗职工平均工资(1998年以后为在岗职工平均工资,2007年以后统计范围含城镇全部私营单位)

519　①河南省统计局、国家统计局河南调查总队《2020年河南省国民经济和社会发展统计公报》(2020年3月7日):"全年全省居民人均可支配收入24810.10元,比上年增长3.8%;居民人均消费支出16142.63元,比上年下降1.2%。按常住地分,城镇居民人均可支配收入34750.34元,增长1.6%,城镇居民人均消费支出20644.91元,下降6.0%;农村居民人均可支配收入16107.93元,增长6.2%,农村居民人均消费支出12201.10元,增长5.7%。"②河南高院《关于印发〈关于开展人身损害赔偿案件统一城乡标准试点工作的意见(试行)〉的通知》(2019年12月18日　豫高法〔2019〕338号)第1条:"全省法院机动车交通事故责任纠纷案件……不再区分受害人住所地或经常居住地、收入来源等因素,其残疾赔偿金、死亡赔偿金统一按照河南省上一年度城镇居民人均可支配收入标准计算。"第2条:"全省法院机动车交通事故责任纠纷案件……被扶养人生活费统一按照河南省上一年度城镇居民人均消费性支出标准计算。"第4条:"本意见施行后未审结的一审、二审案件,适用本意见;本意见施行前已经终审的案件,以及适用审判监督程序的再审的案件,不适用本意见。"第5条:"本意见自2019年12月20日起施行。"

520　河南省统计局《2020年河南省城镇非私营单位就业人员年平均工资70239元》(2022年6月12日):"……2020年全省城镇非私营单位就业人员年平均工资70239元,比2019年的67268元增加2971元……其中,在岗职工(含劳务派遣)年平均工资71351元……"

521　①安徽省统计局、国家统计局安徽调查总队《2020年安徽省国民经济和社会发展统计公报》(2021年3月15日):"……全年全省常住居民人均可支配收入28103元……城镇常住居民人均可支配收入39442元……人均消费支出22683元……全年农村常住居民人均可支配收入16620元……人均消费支出15024元……"②安徽高院《关于印发〈安徽省高级人民法院关于开展人身损害赔偿标准城乡统一试点实施方案〉的通知》(2019年12月6日皖高法〔2019〕112号)第1条:"根据最高人民法院授权,在人身损害赔偿纠纷案件中,不区分城镇居民和农村居民,试点按照城镇居民赔偿标准计算人身损害赔偿的死亡赔偿金、残疾赔偿金(被扶养人生活费)。"第3条:"死亡赔偿金、残疾赔偿金按照政府统计部门公布的上一年度安徽省城镇居民人均可支配收入计算;被扶养人生活费按照政府统计部门公布的上一年度安徽省城镇居民人均消费性支出计算,计入死亡赔偿金或残疾赔偿金。"第4条:"1. 2019年12月16日起,正式启动我省人身损害赔偿标准城乡统一试点工作。截止2019年12月16日尚未审结的一审人身损害赔偿案件,统一按城镇居民标准计算有关赔偿费用……"

522　安徽省统计局《2020年安徽省城镇非私营单位就业人员年平均工资85854元》:"……其中,在岗职工年平均工资89381元……"

523　①陕西省统计局、国家统计局陕西调查总队《2020年陕西省国民经济和社会发展统计公报》(2021年3月11日):"……全年城镇居民人均可支配收入37868元……城镇居民人均生活消费支出22866元……全年农村居民人均可支配收入13316元……农村居民人均生活消费支出11376元……"②陕西高院《关于印发〈关于在全省机动车事故责任纠纷案件中统一适用城镇居民人身损害赔偿标准的意见(试行)〉的通知》(2019年11月4日)第1条:"机动车事故责任纠纷案件中不再区分受害人住所地或经常居住地、收入来源等因素,其残疾赔偿金、死亡赔偿金统一按照陕西省上一年度城镇居民人均可支配收入标准计算。"第2条:"机动车事故责任纠纷案件中被扶养人生活费统一按照陕西省上一年度城镇居民人均消费性支出标准计算。"第3条:"本意见自2019年12月1日起施行。本意见施行后尚未终审的案件,适用本意见;本意见施行前已经终审的案件,或者适用审判监督程序再审的案件,不适用本意见。"

524 陕西省统计局《2020年陕西省非私营单位就业人员年平均工资83520元》(2021年6月8日):"2020年陕西省非私营单位就业人员年平均工资为83520元……"

525 ①山西省统计局、国家统计局山西调查总队《2020年山西省国民经济和社会发展统计公报》(2021年3月16日):"……全年全省居民人均可支配收入25214元,比上年增长5.8%,居民人均消费支出15733元,下降0.8%;城镇居民人均可支配收入34793元,增长4.6%,城镇居民人均消费支出20332元,下降3.9%;农村居民人均可支配收入13878元,增长7.6%,农村居民人均消费支出10290元,增长5.8%。"②山西高院《关于印发〈关于在民事诉讼中开展人身损害赔偿标准城乡统一试点工作的意见〉的通知》(2019年12月30日 晋高法〔2019〕75号)第2条:"全省各级人民法院在民事诉讼中计算人身损害赔偿数额时,不再区分城镇居民与农村居民,均按照山西省统计局公布的城镇居民统计数据计算。残疾赔偿金、死亡赔偿金按照上一年度城镇居民人均可支配收入计算,被扶养人生活费按照上一年度城镇居民人均消费性支出计算。"第3条:"人身损害发生于2020年1月1日之后,由此引发的民事诉讼适用本意见的规定。人身损害发生于2020年1月1日之前,但起诉于2020年1月1日之后的民事诉讼,不适用本意见的规定。"

526 山西省统计局《2020年山西省城镇非私营单位就业人员年平均工资74739元》(2021年6月1日):"2020年山西省城镇非私营单位就业人员年平均工资为74739元,比上年增加5188元……在岗职工年平均工资为77364元……"

527 ①海南省统计局、国家统计局海南调查总队2021年2月10日公布《2020年海南省国民经济和社会发展统计公报》:"……全年全省常住居民人均可支配收入27904元……其中城镇常住居民人均可支配收入37097元……农村常住居民人均可支配收入16279元……全年全省城镇居民人均消费支出23560元……农村居民人均消费支出13169元……"②海南高院《关于印发〈全省法院开展人身损害赔偿纠纷案件统一赔偿标准试点工作方案〉的通知》(2020年1月9日 琼高法〔2020〕11号)第1条:"人身损害赔偿案件中不再区分受害人户籍以及住所地、经常居住地、收入来源等因素,其残疾赔偿金、死亡赔偿金统一按照海南省上一年度城镇居民人均可支配收入标准计算;人身损害赔偿案件中被扶养人生活费统一按照海南省上一年度城镇居民人均消费性支出标准计算。"第2条:"本意见自2020年1月1日起施行。"第3条:"本意见施行后尚未终审的案件,适用本意见;本意见施行前已经终审的案件,或者适用审判监督程序再审的案件,不适用本意见。"

528 海南省统计局《2020年海南省城镇非私营单位就业人员年平均工资86609元》(2021年6

月28日):"……2020年海南省城镇非私营单位就业人员年平均工资为86609元,比上年增加4382元,名义增长5.3%,扣除价格因素实际增长3.0%。其中,在岗职工平均工资为89642元……"

529　①江西省统计局、国家统计局江西调查总队《江西省2020年国民经济和社会发展统计公报》(2021年3月23日):"……全年全省居民人均可支配收入28017元,比上年增长6.7%,扣除价格因素,实际增长4.0%。其中,城镇居民人均可支配收入38556元,增长5.5%,扣除价格因素,实际增长3.0%;农村居民人均可支配收入16981元,增长7.5%,扣除价格因素,实际增长4.4%……全年全省居民人均消费支出17955元,比上年增长1.7%。其中,城镇居民人均消费支出22134元,下降2.6%;农村居民人均消费支出13579元,增长8.7%。"②江西高院《关于印发开展人身损害赔偿标准城乡统一试点工作意见的通知》(2020年3月16日　赣高法〔2020〕45号)第1条:"全省法院受理的各类人身损害赔偿纠纷案件,包括民事案件、刑事附带民事案件,如涉及残疾赔偿金、死亡赔偿金以及被扶养人生活费赔偿标准计算的,均统一按照城镇居民标准计算。"第2条:"残疾赔偿金、死亡赔偿金按照政府统计部门公布的上一年度江西省城镇居民人均可支配收入计算。被扶养人生活费按照政府统计部门公布的上一年度江西省城镇居民人均消费支出计算。"第3条:"侵权行为发生在2020年4月1日(含当日)以后的人身损害赔偿纠纷案件,适用本意见。侵权行为发生在2020年4月1日以前的人身损害赔偿纠纷案件,不适用本意见。"

530　江西省统计局《2020年江西省城镇非私营单位就业人员年平均工资78182元》(2021年6月18日)数据:"2020年江西省城镇非私营单位就业人员年平均工资为78182元,比上年增加4457元,名义增长6.0%。其中,在岗职工年平均工资80503元……"

531　①四川高院《关于在全省开展人身损害赔偿纠纷案件统一城乡居民赔偿标准试点工作的通知》(2021年3月1日　川高法明电〔2021〕20号)。②四川省统计局、国家统计局四川调查总队《2020年四川省国民经济和社会发展统计公报》(2021年3月15日):"……全年城镇居民人均可支配收入38253元……城镇居民人均消费支出25133元……全年农村居民人均可支配收入15929元……农村居民人均消费支出14953元……"③四川遂宁、宜宾、阿坝州自2020年1月1日试点城乡统一赔偿标准;成都试点日期为2020年2月1日。④相关司法性文件及主要内容:●四川高院《关于在部分法院开展人身损害赔偿纠纷案件统一城乡居民赔偿标准试点工作的通知》(2019年11月22日　川高法明传〔2019〕221号)第1条:"试点法院。试点法院:成都市中级人民法院、遂宁市中级人民法院、宜宾市中级人民法院、阿坝藏族羌族自治州中级人民法院……"第3条:"……试点具体实施法院应从2020年1月1日开始正式实施试点工作。"●四川成都中院《关于开展人身损害赔偿纠纷案件统一城乡居民赔偿标准试点工作的意见(试行)》(2020年1月16日)第2条:"人身损害赔偿纠纷案不再区分受害人住所地、经常居住地、收入来源地等因素,残疾赔偿金、死亡赔偿金统一按照四川省上一年度城镇居民人均可支配收入标准计算;被扶养人生活费统一按照四川省上一年度城镇居民人均消费性支出标准计算。如赔偿权利人举证证明其住所地或者经常居住地的统计数据高于受诉法院所在地标准的,上述赔偿项目可以按照其住所地或者经常居住地的相关标准计算。"第3条:"侵权行为发生于2020年2月1日以后的人身损害赔偿纠纷案件,适用本意见……"●四川阿坝州中院《关于开展人身损害赔偿标准城乡统一试点工作的意见(试行)》(2019 年 12 月 30 日)第 1 条:"试点法院。阿坝州中级人民法院、小金县人民法院、若尔盖县人民法院、茂县人民法院。"第 4 条:"适用时间。本意见自 2020 年 1 月 1 日起施行。本意见施行后(含当日)发生的且由小金县人民法院、若尔盖县人民法院、茂县人民法院管辖的人身损害责任纠纷案件,适用本意见的规定;本意见施行后尚未审结的一、二审案件,已经终审的案件以及适用审判监督程序再审的案件,不适用本意见的规定……"

532　试点地区四川成都、遂宁、宜宾、阿坝州 2021 年 3 月 1 日之前仍按前述标准执行

533　四川省统计局《关于发布 2020 年全省城镇全部单位就业人员平均工资的公告》(2021 年 6 月 1 日):"……2020 年四川省城镇全部单位就业人员平均工资为 74520 元,比上年增加 5253 元,增长 7.6%,扣除物价因素后实际增长 4.6%。城镇非私营单位就业人员平均工资为 88559 元,比上年增加 5192 元,增长 6.2%,其中:城镇非私营单位在岗职工平均工资为 91928 元,比上年增加 5073 元,增长 5.8%。城镇私营单位就业人员平均工资为 53338 元……"

534　①吉林高院《关于 2021 年度人身损害赔偿执行标准的通知》(2021 年 8 月 31 日　吉高法〔2021〕116 号):"丧葬费标准为 38997.48 元……以上赔偿标准于 2021 年 9 月 1 日至 2022 年 8 月 31 日执行。"②吉林高院《关于在全省法院开展人身损害赔偿标准城乡统一试点工作的意见》(2020 年 9 月 25 日　吉高法〔2020〕209 号):"……本意见自 2020 年 10 月 1 日起施行……"

535　①宁夏回族自治区公安厅交通管理局《关于发布〈2021 年度全区道路交通事故伤亡人员人身损害赔偿有关费用计算标准〉的通知》(2021 年 6 月 21 日):"……在本标准实施以前发生的道路交通事故,仍按原标准执行……"②宁夏自治区统计局 2021 年 1 月 21 日公布《2020 年全区经济运行稳步回升、持续向好　主要指标增长好于预期》(http://tj.nx.gov.cn/tjxx/202101/t20210121_2576699.html):"……城镇常住居民人均可支配收入 35720 元,增长 4.1%,增速比前三季度加快 1.6 个百分点;农村常住居民人均可支配收入 13889 元,增长 8.0%……"③宁夏高院《关于开展人身损害赔偿标准城乡统一试点的通知》(2019 年 11 月 18 日　宁高法明传〔2019〕158 号):"……确定银川市中级人民法院和银川市兴庆区人民法院为试点法院,自 2020 年 1 月 1 日起开展试点工作……"

536　①贵州高院、省公安厅《关于印发〈贵州省道路交通事故损害赔偿标准〉的通知》(2020 年 10 月 29 日　黔高法〔2020〕100 号)第 1 条:"相关标准说明。《人身损害司法解释》涉及的'城镇居民家庭人均全年可支配收入'参照'城镇常住居民人均可支配收入'、'城镇居民家庭人均全年消费性支出'参照'城镇常住居民人均消费性支出'、'农村居民人均纯收入'参照'农村常住居民人均可支配收入'、'农村居民人均全年消费支出'参照'农村常住居民人均消费支出'相关费用计算。'城镇常住居民人均可支配收入'、'城镇常住居民人均消费性支出'、'农村常住居民人均可支配收入'、'农村常住居民人均消费支出'、'在岗职工平均工资',按照政府统计部门公布的贵州省上一年度相关统计数据确定。'上一年度',是指一审法庭辩论终结时的最新统计年度。发回重审案件,一审法庭辩论终结时,是

指发回重审后一审法庭辩论终结时。"第2条:"人身损害具体赔偿项目计算标准……丧葬费按照贵州省上一年度非私营单位各行业在岗职工平均工资标准,以六个月总额计算……"②贵州省统计局、国家统计贵州调查总队《贵州省2020年国民经济和社会发展统计公报》(2021年3月31日)。③澎湃新闻:《印江法院:印江县启动人身损害赔偿标准城乡统一试点工作》:"贵州省高级人民法院《关于授权开展人身损害赔偿标准城乡统一试点的通知》和铜仁市中级人民法院《关于开展人身损害赔偿标准城乡统一试点的通知》指出,当前我国户籍制度改革的政策框架基本构建完成,城乡统一的户口登记制度全面建立,各地取消了农业户口与非农业户口性质区分,人身损害赔偿标准继续区分农村居民和城镇居民将与户籍制度改革不相适应。《通知》明确印江法院为人身损害赔偿标准城乡统一试点法院之一,要求试点法院于11月开展试点工作。会上,邓和芳解读了《通知》精神,明确将于11月15日正式启动试点工作。"(https://www.thepaper.cn/newsDetail_forward_4967217)

537 贵州省统计局《2020年贵州省城镇单位就业人员年平均工资76547元》(2021年6月16日):"2020年全省城镇单位就业人员年平均工资为76547元,比上年增加4434元,名义增长6.1%;在岗职工年平均工资79788元,比上年增加5298元……2020年全省城镇非私营单位就业人员年平均工资为89228元,比上年增加5930元……"

538 ①黑龙江省统计局、国家统计局黑龙江调查总队《2020年黑龙江省国民经济和社会发展统计公报》(2021年3月2日):"……全省常住居民人均可支配收入24902元,比上年增长2.7%;全省常住居民人均生活消费支出17056元,下降5.8%。城镇常住居民人均可支配收入31115元,增长0.5%;城镇常住居民人均生活消费支出20397元,下降8.0%。农村常住居民人均可支配收入16168元,增长7.9%;农村常住居民人均生活消费支出12360元,下降1.1%。"②黑龙江高院《印发〈关于统一城乡人身损害赔偿标准试点工作的意见〉的通知》(2019年12月23日 黑高法〔2019〕241号)第1条:"根据最高人民法院授权,在人身损害赔偿案件中,不区分城镇居民和农村居民,统一按照城镇居民赔偿标准计算人身损害赔偿的死亡赔偿金、残疾赔偿金(包括被扶养人生活费)。"第2条:"死亡赔偿金、残疾赔偿金按照黑龙江省政府公布的《黑龙江省国民经济和社会发展统计公报》中的'城镇居民人均可支配收入'计算。被扶养人生活费按照黑龙江省政府公布的《黑龙江省国民经济和社会发展统计公报》中的'城镇居民人均消费支出'计算。"第3条:"本意见自2020年1月1日起施行,试点工作于同日正式启动。对本意见未涉及的情形,法律、司法解释有规定的,从其规定。"第4条:"本意见施行后新受理的一审人身损害赔偿案件(包括其后续引起的二审、再审程序),适用本意见。本意见施行前已经一审受理,施行后审结的案件,或提起二审的案件,或按当事人申请再审及审判监督程序决定再审的人身损害赔偿案件,不适用本意见。"

539 黑龙江省统计局《2020年城镇非私营单位就业人员平均工资情况》(2021年5月)

540 ①青海省统计局、国家统计局青海调查总队《青海省2020年国民经济和社会发展统计公报》(2021年3月1日):"……城镇常住居民人均可支配收入35506元……城镇常住居民人均生活消费支出24315元……城镇常住居民人均生活消费支出24315元,增长2.2%;农村常住居民人均生活消费支出12134元……"②青海高院《印发〈关于开展人身损害赔偿标准城乡统一试点工作的实施意见〉的通知》(2020年5月7日 青高法〔2020〕54号)第3条:"试点标准。1.死亡赔偿金、残疾赔偿金按照青海省统计部门公布的上一年度青海省城镇居民人均可支配收入计算;被扶养人生活费按照青海省统计部门公布的上一年度青海省城镇居民人均消费性支出计算。2.赔偿权利人举证证明其住所地或者经常居住地城镇居民人均可支配收入或者城镇居民人均消费性支出高于青海省统计部门公布的标准的,按照《最高人民法院关于审理人身损害赔偿案件适用法律若干问题的解释》第三十条的规定执行。"第4条:"试点时间。本实施意见自2020年7月1日起施行,施行前尚未审结的案件,适用本实施意见;施行前已经终审的案件,或者适用审判监督程序再审的案件,不适用本实施意见……"

541 ①青海省人社厅、省财政厅、省医保局、省国税局《关于确定2021年度城镇职工社会保险缴费基数和基本养老保险计发基数等有关事项的通知》(2021年11月11日 青人社厅函〔2021〕554号):"……根据省统计局统计数据,2020年全省全口径城镇单位就业人员平均工资为84278元/年(7023元/月)……"②青海省统计局《2020年社会平均工资(就业人员年平均工资)》(2022年6月):"2021年青海省城镇非私营单位就业人员年平均工资为109346元……"

542 ①新疆维吾尔自治区统计调查监测中心《证明》。②新疆维吾尔自治区统计局、国家统计局新疆调查总队《新疆维吾尔自治区2020年国民经济和社会发展统计公报》(2021年3月13日):"……城镇居民人均可支配收入34838元……农村居民人均可支配收入14056元……城镇居民人均消费支出22592元……农村居民人均消费支出10778元……"③新疆高院自2020年12月23日起,在新疆法院统一适用道路交通事故损害赔偿标准——见天山网2020年12月28日:《全疆法院统一道路交通事故损害赔偿标准》:"12月25日,记者从自治区高级人民法院获悉,为妥善处理道路交通事故损害赔偿纠纷,统一裁判思路和裁判标准,自治区高级人民法院下发《新疆维吾尔自治区道路交通事故损害赔偿标准(试行)》(以下简称《赔偿标准》),决定自2020年12月23日起,在全疆法院统一适用道路交通事故损害赔偿标准……"④新疆高院《关于扩大开展人身损害赔偿纠纷案件统一适用城镇居民人身损害赔偿标准试点工作的通知》(2020年5月27日 新高法明传〔2020〕163号)第1条:"适用范围。全区法院受理的各类人身损害赔偿纠纷案件。"第2条:"适用标准。人身损害赔偿纠纷案件中不再区分受害人住所地或经常居住地、收入来源等因素,其残疾赔偿金、死亡赔偿金统一按照新疆维吾尔自治区上一年度城镇居民人均可支配收入标准计算;被扶养人生活费统一按照新疆维吾尔自治区上一年度城镇居民人均消费性支出标准计算。"第3条:"适用时间。本通知自2020年6月1日起施行。昌吉州、阿克苏地区两级法院继续按照《关于开展人身损害赔偿纠纷案件统一适用城镇居民人身损害赔偿标准试点工作的通知》要求试点。本通知施行后新增试点法院新受理的一审案件和尚未审结的一、二审案件,适用本通知;本通知施行前已经终审的案件,或者适用审判监督程序再审的案件,不适用本通知。本通知施行后,法律、司法解释有新规定的,按新规定执行。"⑤新疆高院《关于开展人身损害赔偿纠纷案件统一适用城镇居民人身损害赔偿标准试点工作的通知》(2019年11月29日　新高法明传〔2019〕324号)第1条:"适用案件范围。昌吉回族自治州、阿克苏地区所辖两级法院受理的各类人身损害赔偿纠纷案件。"第2条:"适用标准。人身损害赔偿纠纷案件中不再区分受害人住所地或经常居住地、收入来源等因素,其残疾赔偿金、死亡赔偿金统一按照新疆维吾尔自治区上一年度城镇居民人均可支配收入标准计算;被扶养人生活费统一按照新疆维吾尔自治区上一年度城镇居民人均消费性支出标准计算。"第3条:"适用时间。本通知自2019年12月1日起施行。本通知施行后试点法院新受理的一审案件和尚未审结的一、二审案件,适用本通知;本通知施行前已经终审的案件,或者适用审判监督程序再审的案件,不适用本通知……"

543　新疆除昌吉回族自治州、阿克苏地区所辖两级法院之外地区暂未纳入试点

544　新疆维吾尔自治区统计调查监测中心《证明》(2022年5月16日):"新疆维吾尔自治区2020年城镇单位从业人员年平均工资86343元,在岗职工年平均工资88782元。"

545　①西藏自治区公安厅《关于2020年西藏自治区道路交通事故人身损害赔偿案件计算标准的通知》(藏公字〔2020〕121号):"一、城镇居民人均消费性支出:25,636.70元;二、城镇居民人均可支配收入37,410.00元;三、住院伙食补助费:7天以内每人每天120.00元,超过7天的,超出部分每人每天80.00元;四、职工平均工资123045元……本标准参考数据自2021年1月1日起执行。"②西藏高院《关于印发〈关于开展人身损害赔偿标准城乡统一试点实施方案〉的通知》(2020年3月12日　藏高法〔2020〕21号)第1条:"主要任务。根据最高人民法院授权,在我区人身损害赔偿纠纷案件中不区分城镇居民和农村居民,试点按照城镇居民赔偿标准计算人身损害赔偿的死亡赔偿金、残疾赔偿金、被抚养人生活费。"第2条:"试点范围。全区各级人民法院。"第3条:"适用标准。人民法院在审理人身损害赔偿纠纷案件中,不再区分受害人住所地或经常居住地、主要收入来源地等因素,其残疾赔偿金、死亡赔偿金统一按西藏自治区政府统计部门公布的上一年度城镇居民人均可支配收入标准计算;被扶养人生活费统一按照西藏自治区政府统计部门公布的上一年度城镇居民人均消费性支出标准计算。"第4条:"试点时间。(一)试点自2020年4月1日起施行。本方案施行后受理的一审人身损害赔偿案件,适用本方案的规定。本方案施行后,法律、司法解释或上级法院有新规定的,按照新规定执行……"

546　西藏自治区公安厅《关于2020年西藏自治区道路交通事故人身损害赔偿案件计算标准的通知》(藏公字〔2020〕121号)赔偿标准数据与2021年4月西藏自治区统计局、国家统计局西藏调查总队《2020年西藏自治区国民经济和社会发展统计公报》数据不一致。根据前述统计公报:"……(西藏自治区2020年)城镇居民人均可支配收入41156元……农村居民人均可支配收入14598元……城镇居民人均消费支出24927元……农村居民人均消费支出8917元……"

547　①甘肃高院、省公安厅《关于印发2021年甘肃省道路交通事故人身损害赔偿有关费用计算标准的通知》(2021年6月7日　甘公交〔2021〕233号)。②甘肃高院、省公安厅、省司法局、中国银保监会甘肃监管局《关于印发〈甘肃省道路交通事故损害赔偿项目计算标准(试行)〉〈甘肃省道路交通事故主要情形损害赔偿责任比例(试行)〉的通知》(2020年2月25日　甘高法发〔2020〕3号):"……残疾赔偿金。以受诉法院所在地、受害人经常居

住地或户籍地上一年度城镇居民人均可支配收入标准(就高原则)……被抚养人生活费。以受诉法院所在地、受害人作为抚养人主要收入来源地所在省(直辖市、自治区)上一年度城镇居民人均消费性支出或者农村居民人均年生活消费支出标准(就高原则)……"

548　由于甘肃省2020年度在岗职工平均工资尚未公布,此处继续沿用甘肃高院、省公安厅《关于印发2020年甘肃省道路交通事故人身损害赔偿有关费用计算标准的通知》(2020年6月1日　甘公警令发〔2020〕195号)数据

549　①云南高院、省公安厅《关于印发2021年云南省道路交通事故人身损害赔偿有关费用计算标准的通知》(2021年5月20日　云公交〔2021〕58号)。②云南省统计局、国家统计局云南调查总队《云南省2020年国民经济和社会发展统计公报》(2021年3月):"……全年全体居民人均可支配收入23295元,比上年增长5.5%。按常住地分,城镇常住居民人均可支配收入37500元,增长3.5%;农村常住居民人均可支配收入12842元,增长7.9%。城镇常住居民人均消费性支出24569元,增长4.8%。农村常住居民人均生活消费支出11069元,增长7.9%……"

550　上海市统计局、国家统计局上海调查总队《2021年上海市国民经济和社会发展统计公报》(2022年3月15日):"……据抽样调查,全年全市居民人均可支配收入78027元,比上年增长8.0%(见图6)。其中,城镇常住居民人均可支配收入82429元,增长7.8%;农村常住居民人均可支配收入38521元,增长10.3%。全市居民人均消费支出48879元,比上年增长14.9%。其中,城镇常住居民人均消费支出51295元,增长14.4%;农村常住居民人均消费支出27205元,增长23.1%。月最低工资标准为2590元……"

551　上海市人力资源和社会保障局《关于2021年本市全口径城镇单位就业人员平均工资的通知》(2022年6月22日　沪人社综〔2022〕133号):"……2021年本市全口径城镇单位就业人员平均工资为136757元,月平均工资为11396元……"

552　北京市统计局、国家统计局北京调查总队《北京市2021年国民经济和社会发展统计公报》(2022年3月1日)

553　北京市人社局2023年7月25日公布《历年北京市全口径城镇单位就业人员平均工资》(http://rsj.beijing.gov.cn/bm/ywml/202007/t20200717_1950961.html)

554　浙江省统计局、国家统计局浙江调查总队《2021年浙江省国民经济和社会发展统计公报》(2022年2月24日)

555　浙江省统计局2022年6月6日公布《2021年浙江省非私营单位就业人员年平均工资122309元》:"2021年,浙江省非私营单位就业人员年平均工资为122309元,与上年的108645元相比,增加13664元……其中,在岗职工(含劳务派遣)年平均工资125351元,比上年增加13629元……"

556　①天津高院《关于印发损害赔偿数额参考标准的通知》(2022年6月23日　津高法〔2022〕155号):"……(2021年)城镇非私营单位从业人员年平均工资:123528元;城镇非私营单位分行业在岗职工(含劳务派遣)年平均工资:128171元……"②天津市统计局、国家统计局天津调查总队《2021年天津市国民经济和社会发展统计公报》(2022年3月14日):"……全年全市居民人均可支配收入47449元,增长8.2%。其中,工资净收入29775

元,增长 8.9%;经营净收入 3243 元,增长 15.9%;财产净收入 4576 元,增长 7.9%;转移净收入 9855 元,增长 4.0%。按常住地分,城镇居民人均可支配收入 51486 元,增长 8.0%;农村居民人均可支配收入 27955 元……"

557 天津市《关于公布 2021 年度全市职工平均工资及 2022 年度工资福利待遇标准等有关问题的通知》(2022 年 7 月 20 日发布 2022 年 7 月 21 日执行 津人社局发〔2022〕19 号)

558 广东高院《关于印发〈广东省 2022 年度人身损害赔偿计算标准〉的通知》(2022 年 6 月 10 日 粤高法〔2022〕53 号)

559 ①江苏高院《关于适用人身损害赔偿标准有关问题的通知》(2022 年 6 月 10 日 苏高法电〔2022〕337 号)第 1 条:"2022 年 5 月 1 日起发生的侵权行为引起的人身损害赔偿案件,适用《人身损害赔偿解释》。所依据的有关费用标准为:1.2021 年全省城镇常住居民人均可支配收入 57743 元;2.2021 年全省城镇常住居民人均生活消费支出 36558 元。"第 2 条:"2022 年 4 月 30 日前发生的侵权行为引起的人身损害赔偿案件,继续适用我省《试点工作方案》。所依据的有关费用标准为:1.2021 年全省居民人均可支配收入中的工资性收入 26721 元,经营净收入 6215 元;2.2021 年全省居民人均生活消费支出 31451 元;3.2021 年全省平均负担系数为 1.80。"②江苏高院《关于开展人身损害赔偿标准城乡统一试点工作的实施方案》(2022 年 6 月 10 日 苏高法电〔2022〕337 号)第 3 条:"按照上一年度江苏省居民人均可支配收入中工资性收入与经营净收入之和乘以全省平均负担系数的标准,计算二十年。但六十周岁以上的,年龄每增加一岁减少一年;七十五周岁以上的,按五年计算。"

560 福建省统计局、国家统计局福建调查总队《2021 年福建省国民经济和社会发展统计公报》(2022 年 3 月 14 日)

561 福建省统计局 2022 年 6 月 8 日发布《福建省 2021 年城镇非私营单位就业人员年平均工资 98071 元》:"……在岗职工(含劳务派遣工)年平均工资为 101516 元……"

562 山东省统计局、国家统计局山东调查总队《2021 年山东省国民经济和社会发展统计公报》(2022 年 3 月 1 日):"……居民人均可支配收入 35705 元,比上年增长 8.6%。其中,城镇居民人均可支配收入 47066 元,增长 7.6%;农村居民人均可支配收入 20794 元,增长 10.9%。居民人均消费支出 22821 元,增长 9.0%。其中,城镇居民人均消费支出 29314 元,增长 7.4%;农村居民人均消费支出 14299 元,增长 12.9%……"

563 ①山东省统计局《山东省 2021 年分行业城镇非私营单位平均工资》(2022 年 6 月 10 日):山东省 2021 年分行业城镇非私营单位平均工资 – 在岗职工平均工资为 98094 元。②山东省人社厅、省医保局《关于公布 2021 年度全省全口径城镇单位就业人员平均工资等有关问题的通知》(2022 年 8 月 8 日 鲁人社字〔2022〕89 号):"根据省统计部门提供的相关数据,经测算,2021 年度全省全口径城镇单位就业人员平均工资为 79597 元……"

564 辽宁省统计局、国家统计局辽宁调查总队《2021 年辽宁省国民经济和社会发展统计公报》(2022 年 2 月 19 日)

565 国家统计局数据:2021 年辽宁省城镇居民人均消费支出为 2.84 万元

566 辽宁省人社厅、省统计局《关于发布 2021 年度辽宁省人力资源和社会保障事业发展统计公报的通知》(2022年6月20日 辽人社〔2022〕20号):"……全省城镇非私营单位就业人员年平均工资为86062元,与上年的79472元相比,增加6590元,同比名义增长8.3%。其中,在岗职工年平均工资88474元……全省城镇私营单位就业人员年平均工资为50169元……"

567 ①内蒙古自治区统计局《内蒙古自治区2021年国民经济和社会发展统计公报》(2022年2月28日):"……全年全体居民人均可支配收入34108元,比上年增长8.3%。全体居民人均生活消费支出22658元,比上年增长14.5%。按常住地分,城镇常住居民人均可支配收入44377元……城镇常住居民人均生活消费支出27194元,增长13.8%。农村牧区常住居民人均可支配收入18337元……农村牧区常住居民人均生活消费支出15691元……"②内蒙古高院《关于开展人身损害赔偿标准城乡统一试点工作的实施意见》(2020年3月24日)第1条:"自2020年4月1日起,全区各级法院在民事诉讼中开展人身损害赔偿标准城乡统一试点工作。"第2条:"全区各级法院在民事诉讼中计算人身损害赔偿数额时,不再区分城镇居民与农村居民人均可支配收入、人均消费性支出,残疾赔偿金、死亡赔偿金均按照内蒙古自治区人民政府统计部门公布的上一年度城镇居民人均可支配收入计算,被扶养人生活费按照内蒙古自治区人民政府统计部门公布的上一年度城镇居民人均消费性支出计算。"第3条:"本意见自2020年4月1日起施行,本意见施行后新受理的一审民事案件,适用本意见。"

568 内蒙古自治区统计局《2021年内蒙古城镇非私营单位就业人员年平均工资90426元》(2022年6月2日):"2021年内蒙古城镇非私营单位就业人员年平均工资为90426元,与2020年的85310元相比,增加5116元,名义增长6.0%,增速比2020年加快0.1个百分点。扣除价格因素,2021年内蒙古城镇非私营单位就业人员年平均工资实际增长5.2%;城镇非私营单位在岗职工年平均工资为93266元,与2020年的87916元相比,增加5350元……"

569 ①重庆市统计局、国家统计局重庆调查总队《2021年重庆市国民经济和社会发展统计公报》(2022年3月18日):"……全市居民人均可支配收入33803元,比上年增长9.7%。按常住地分,城镇居民人均可支配收入43502元,增长8.7%;农村居民人均可支配收入18100元……全市居民人均消费支出24598元,比上年增长13.5%。按常住地分,城镇居民人均消费支出29850元,增长12.8%;农村居民人均消费支出16096元……"②重庆高院《关于开展机动车交通事故责任纠纷案件人身损害赔偿标准城乡统一试点工作的意见》(2020年4月29日 渝高法〔2020〕58号)第1条:"本意见适用于全市法院受理的机动车交通事故责任纠纷案件。"第2条:"上述案件中,不区分城镇居民和农村居民,统一按照城镇居民赔偿标准计算死亡赔偿金、残疾赔偿金(含被扶养人生活费)。"第3条:"死亡赔偿金、残疾赔偿金,按照市政府统计部门公布的上一年度重庆市城镇居民人均可支配收入计算。被扶养人生活费按照市政府统计部门公布的上一年度重庆市城镇居民人均消费支出计算,并计入残疾赔偿金或死亡赔偿金。其他赔偿项目参照《重庆市高级人民法院关于印发〈道路交通事故人身损害赔偿项目及标准〉的通知》(渝高法〔2018〕199号)执行。"第4条:"本意见自2020年5月1日施行,施行之日起发生的机动车交通事故引发的人身损害赔偿纠纷适用本意见……"

570　重庆市统计局《2021年重庆市城镇非私营单位就业人员年平均工资情况》(2022年6月2日):"2021年全市城镇非私营单位就业人员年平均工资为101670元……其中,在岗职工年平均工资106966元……"

571　广西壮族自治区公安厅、广西壮族自治区高级人民法院、广西壮族自治区人民检察院《关于印发2022年广西壮族自治区道路交通事故人身损害赔偿项目计算标准的通知》(2022年7月18日　桂公通〔2022〕86号)

572　国家统计局湖南调查总队2022年1月24日公布《2021年湖南民生调查数据发布词》

573　国家统计局湖南调查总队2022年5月23日公布《2021年全省城镇非私营单位在岗职工年平均工资和全省城镇私营单位就业人员年平均工资》

574　①河北省公安厅交通警察总队《关于印发〈河北省2021年度道路交通事故人身损害赔偿相关数据〉的通知》(2022年5月)。②河北省统计局、国家统计局河北调查总队《河北省2021年国民经济和社会发展统计公报》(2022年2月25日):"……全年全省居民人均可支配收入29383元,比上年增长8.3%。按常住地分,城镇居民人均可支配收入39791元,比上年增长6.7%;农村居民人均可支配收入18179元,增长10.4%。全省居民人均消费支出19954元,增长10.6%。按常住地分,城镇居民人均消费支出24192元,增长4.4%;农村居民人均消费支出15391元……"③河北高院《关于印发〈河北省高级人民法院关于开展人身损害赔偿标准城乡统一试点实施方案〉的通知》(2020年2月24日　冀高法〔2020〕21号)第1条:"全省各级法院受理的机动车交通事故责任纠纷案件以及雄安新区法院受理的人身损害赔偿纠纷案件,侵权行为发生在2020年1月1日之后的,适用本方案。"第2条:"死亡赔偿金、残疾赔偿金统一按照河北省政府统计部门公布的上一年度河北省城镇居民人均可支配收入计算;被扶养人生活费统一按照河北省政府统计部门公布的上一年度河北省城镇居民人均消费性支出计算。"第3条:"本方案自发布之日起施行。本方案施行前已经终审的案件或者进入审判监督程序再审的案件,不适用本方案。试点结束时间待最高人民法院通知。"④河北高院、省公安厅、省司法厅、中国银行保险监督管理委员会河北监管局《关于印发〈河北省道路交通事故损害赔偿项目计算标准(试行)〉的通知》(2020年3月27日　冀高法〔2020〕31号):"……2020年3月19日印发的文件作废,以此件为准……道路交通事故发生在2020年1月1日以后的案件,适用本标准……"

575　①河北省人社厅《关于公布2021年全省全口径城镇单位就业人员年平均工资数据的通知》(2022年6月16日):"2021年全省全口径城镇单位就业人员年平均工资为69465元,全省城镇非私营单位在岗职工(含劳务派遣人员)年平均工资为85611元,全年全国城镇居民人均可支配收入为47412元……"②河北省统计局《2021年全省城镇单位就业人员平均工资》(2022年6月2日):"……2021年,全省城镇非私营单位就业人员平均工资82526元……2021年,全省城镇私营单位就业人员平均工资48185元……"

576　①湖北省统计局、国家统计局湖北调查总队《湖北省2021年国民经济和社会发展统计公报》(2022年3月18日):"……全省全体居民人均可支配收入30829元,比上年增长10.6%。按常住地分,城镇居民人均可支配收入40278元,增长9.7%;农村居民人均可支配收入 18259 元,增长 12.0%。全体居民人均消费支出 23846 元,增长 23.9%。按常住地分,城镇居民人均消费支出 28506 元,增长 24.6%;农村居民人均消费支出 17647 元……"
②湖北高院《关于开展人身损害赔偿标准城乡统一试点工作的通知》(2019 年 12 月 31 日鄂高法〔2019〕158 号)第 1 条:"试点适用标准。审理人身损害赔偿纠纷案件时,对于残疾赔偿金、死亡赔偿金,统一按照湖北省上一年度城镇居民人均可支配收入标准计算赔偿金额;对于被抚养人生活费,统一按照湖北省上一年度城镇居民人均消费支出标准计算赔偿金额。"第 2 条:"试点适用案件范围。侵权行为发生在 2020 年 1 月 1 日后的人身损害赔偿纠纷案件,适用上述城镇居民赔偿标准。侵权行为发生在 2020 年 1 月 1 日前的案件,不适用上述标准。试点结束时间待最高人民法院通知。试点工作中遇到重要情况和问题,请及时层报我院。"

577 湖北省统计局官网(tjj.hubei.gov.cn) - 2022 年湖北省统计年鉴 - 第 3 章就业和工资 - 分行业在岗职工平均工资(2021) - 城镇全部单位在岗职工平均工资(1998 年以后为在岗职工平均工资,2007 年以后统计范围含城镇全部私营单位)

578 ①河南省统计局、国家统计局河南调查总队《2021 年河南省国民经济和社会发展统计公报》(2022 年 3 月 12 日):"……全年全省居民人均可支配收入 26811 元,比上年增长 8.1%。按常住地分,城镇居民人均可支配收入 37095 元,增长 6.7%;农村居民人均可支配收入 17533 元……全年全省居民人均消费支出 18391 元,比上年增长 13.9%。按常住地分,城镇居民人均消费支出 23178 元,增长 12.3%;农村居民人均消费支出 14073 元……"
②河南高院《关于印发〈关于开展人身损害赔偿案件统一城乡标准试点工作的意见(试行)〉的通知》(2019 年 12 月 18 日 豫高法〔2019〕338 号)第 1 条:"全省法院机动车交通事故责任纠纷案件……不再区分受害人住所地或经常居住地、收入来源等因素,其残疾赔偿金、死亡赔偿金统一按照河南省上一年度城镇居民人均可支配收入标准计算。"第 2 条:"全省法院机动车交通事故责任纠纷案件……被扶养人生活费统一按照河南省上一年度城镇居民人均消费性支出标准计算。"第 4 条:"本意见施行后未审结的一审、二审案件,适用本意见;本意见施行前已经终审的案件,以及适用审判监督程序的再审的案件,不适用本意见。"第 5 条:"本意见自 2019 年 12 月 20 日起施行。"

579 河南省统计局《2021 年河南省城镇非私营单位就业人员年平均工资 74872 元》(2022 年 6 月 9 日):"……2021 年全省城镇非私营单位就业人员年平均工资 74872 元,比 2020 年的 70239 元增加 4633 元……其中,在岗职工(含劳务派遣)年平均工资 76261 元……"

580 ①安徽省统计局、国家统计局安徽调查总队《安徽省 2021 年国民经济和社会发展统计公报》(2022 年 3 月 14 日)。②安徽高院《关于印发〈安徽省高级人民法院关于开展人身损害赔偿标准城乡统一试点实施方案〉的通知》(2019 年 12 月 6 日 皖高法〔2019〕112 号)第 1 条:"根据最高人民法院授权,在人身损害赔偿纠纷案件中,不区分城镇居民和农村居民,试点按照城镇居民赔偿标准计算人身损害赔偿的死亡赔偿金、残疾赔偿金(被扶养人生活费)。"第 3 条:"死亡赔偿金、残疾赔偿金按照政府统计部门公布的上一年度安徽省城镇居民人均可支配收入计算;被扶养人生活费按照政府统计部门公布的上一年度安徽省城镇居民人均消费性支出计算,计入死亡赔偿金或残疾赔偿金。"第 4 条:"1. 2019 年 12

月 16 日起,正式启动我省人身损害赔偿标准城乡统一试点工作。截止 2019 年 12 月 16 日尚未审结的一审人身损害赔偿案件,统一按城镇居民标准计算有关赔偿费用。2. 试点结束时间待最高人民法院通知。"

581　安徽省统计局《2021 年安徽省城镇非私营单位就业人员年平均工资 93861 元》(2022 年 6 月 9 日):"……其中,在岗职工年平均工资为 97445 元,比上年增加 8064 元……"

582　①陕西省统计局、国家统计局陕西调查总队《2021 年陕西省国民经济和社会发展统计公报》(2022 年 3 月 28 日):"……全年城镇居民人均可支配收入 40713 元……城镇居民人均生活消费支出 24784 元……全年农村居民人均可支配收入 14745 元……农村居民人均生活消费支出 13158 元……"②陕西高院《关于印发〈关于在全省机动车事故责任纠纷案件中统一适用城镇居民人身损害赔偿标准的意见(试行)〉的通知》(2019 年 11 月 4 日　陕高法〔2019〕239 号)第 1 条:"机动车事故责任纠纷案件中不再区分受害人住所地或经常居住地、收入来源等因素,其残疾赔偿金、死亡赔偿金统一按照陕西省上一年度城镇居民人均可支配收入标准计算。"第 2 条:"机动车事故责任纠纷案件中被扶养人生活费统一按照陕西省上一年度城镇居民人均消费性支出标准计算。"第 3 条:"本意见自 2019 年 12 月 1 日起施行。本意见施行后尚未终审的案件,适用本意见;本意见施行前已经终审的案件,或者适用审判监督程序再审的案件,不适用本意见。"

583　陕西省统计局《2021 年陕西省非私营单位就业人员年平均工资 90996 元》(2023 年 6 月 2 日):"2021 年陕西省非私营单位就业人员年平均工资为 90996 元,与 2020 年的 83520 元相比,增加了 7476 元……"

584　①山西省统计局、国家统计局山西调查总队《山西省 2021 年国民经济和社会发展统计公报》(2022 年 3 月 16 日):"……全年全省居民人均可支配收入 27426 元,比上年增长 8.8%;居民人均消费支出 17191 元,增长 9.3%。按常住地分,城镇居民人均可支配收入 37433 元,增长 7.6%,城镇居民人均消费支出 21965 元,增长 8.0%;农村居民人均可支配收入 15308 元,增长 10.3%,农村居民人均消费支出 11410 元……"②山西高院《关于印发〈关于在民事诉讼中开展人身损害赔偿标准城乡统一试点工作的意见〉的通知》(2019 年 12 月 30 日　晋高法〔2019〕75 号)第 2 条:"全省各级人民法院在民事诉讼中计算人身损害赔偿数额时,不再区分城镇居民与农村居民,均按照山西省统计局公布的城镇居民统计数据计算。残疾赔偿金、死亡赔偿金按照上一年度城镇居民人均可支配收入计算,被扶养人生活费按照上一年度城镇居民人均消费性支出计算。"第 3 条:"人身损害发生于 2020 年 1 月 1 日之后,由此引发的民事诉讼适用本意见的规定。人身损害发生于 2020 年 1 月 1 日之前,但起诉于 2020 年 1 月 1 日之后的民事诉讼,不适用本意见的规定。"

585　山西省统计局《2021 年山西省城镇非私营单位就业人员年平均工资 82413 元》(2022 年 5 月 27 日):"2021 年山西省城镇非私营单位就业人员年平均工资为 82413 元,比上年增加 7674 元……在岗职工年平均工资为 84938 元……"

586　①海南省统计局、国家统计局海南调查总队《2021 年海南省国民经济和社会发展统计公报》(2022 年 2 月 22 日):"……全年全省居民人均可支配收入 30457 元,比上年名义增长 9.1%;其中城镇居民人均可支配收入 40213 元,名义增长 8.4%;农村居民人均可支配收入18076元……全年全省居民人均消费支出22242元,增长17.2%;其中城镇居民人均消费支出27565元,增长17.0%;农村居民人均消费支出15487元……"②海南高院《关于印发〈全省法院开展人身损害赔偿纠纷案件统一赔偿标准试点工作方案〉的通知》(2020年1月9日 琼高法〔2020〕11号)第1条:"人身损害赔偿案件中不再区分受害人户籍以及住所地、经常居住地、收入来源等因素,其残疾赔偿金、死亡赔偿金统一按照海南省上一年度城镇居民人均可支配收入标准计算;人身损害赔偿案件中被扶养人生活费统一按照海南省上一年度城镇居民人均消费性支出标准计算。"第2条:"本意见自2020年1月1日起施行。"第3条:"本意见施行后尚未终审的案件,适用本意见;本意见施行前已经终审的案件,或者适用审判监督程序再审的案件,不适用本意见。"

587 海南省统计局《2021年海南省城镇非私营单位从业人员年平均工资97471元》(2022年6月29日):"……2021年海南省城镇非私营单位从业人员年平均工资为97471元,比上年增加10862元,名义增长12.5%,扣除价格因素实际增长12.2%。其中,在岗职工平均工资为101090元……"

588 ①江西省统计局、国家统计局江西调查总队《江西省2021年国民经济和社会发展统计公报》(2022年3月24日):"……全年全省居民人均可支配收入30610元……按常住地分,城镇居民人均可支配收入41684元……农村居民人均可支配收入18684元……全年全省居民人均消费支出20290元……按常住地分,城镇居民人均消费支出24587元……农村居民人均消费支出15663元……"②江西高院《关于印发开展人身损害赔偿标准城乡统一试点工作的意见的通知》(2020年3月16日 赣高法〔2020〕45号)第1条:"全省法院受理的各类人身损害赔偿纠纷案件,包括民事案件、刑事附带民事案件,如涉及残疾赔偿金、死亡赔偿金以及被扶养人生活费赔偿标准计算的,均统一按照城镇居民标准计算。"第2条:"残疾赔偿金、死亡赔偿金按照政府统计部门公布的上一年度江西省城镇居民人均可支配收入计算。被扶养人生活费按照政府统计部门公布的上一年度江西省城镇居民人均消费支出计算。"第3条:"侵权行为发生在2020年4月1日(含当日)以后的人身损害赔偿纠纷案件,适用本意见。侵权行为发生在2020年4月1日以前的人身损害赔偿纠纷案件,不适用本意见。"

589 江西省统计局《2021年江西省城镇非私营单位就业人员年平均工资83766元》(2022年6月2日):"2021年江西省城镇非私营单位就业人员年平均工资为83766元,比上年增加5584元,名义增长7.1%。其中,在岗职工年平均工资86116元……"

590 ①四川高院《关于在全省开展人身损害赔偿纠纷案件统一城乡居民赔偿标准试点工作的通知》(2021年3月1日 川高法明电〔2021〕20号)。②四川省统计局、国家统计局四川调查总队《2021年四川省国民经济和社会发展统计公报》(2022年3月14日):"……按常住地分,城镇居民人均可支配收入41444元……城镇居民人均消费支出26971元……农村居民人均可支配收入17575元……农村居民人均消费支出16444元……"

591 四川省统计局2022年5月26日公布《2021年四川省城镇全部单位就业人员平均工资81420元》:"……2021年四川省城镇全部单位就业人员平均工资为81420元,比上年增加6900元……其中,城镇非私营单位就业人员平均工资为96741元,比上年增加8182元,增长9.2%,其中:城镇非私营单位在岗职工平均工资为100469元,比上年增加8541元,增长9.3%。城镇私营单位就业人员平均工资为57399元……"

592　①吉林高院《关于2022年度人身损害赔偿执行标准的通知》(2022年8月31日　吉高法〔2022〕132号):"……以上赔偿标准于2022年9月1日至2023年8月31日执行。"②吉林高院《关于在全省法院开展人身损害赔偿标准城乡统一试点工作的意见》(2020年9月25日　吉高法〔2020〕209号):"……本意见自2020年10月1日起施行……"

593　①吉林高院《关于2022年度人身损害赔偿执行标准的通知》(2022年8月31日　吉高法〔2022〕132号):"丧葬费标准为41,514元……以上赔偿标准于2022年9月1日至2023年8月31日执行。"②吉林省人社厅、省医保局、省财政厅《关于公布2021年度社会保险全口径平均工资及缴费基数上下限标准的通知》(2022年7月18日　吉人社联〔2022〕107号)第1条:"2021年全省全口径城镇单位就业人员平均工资为76618元。"

594　宁夏回族自治区公安厅交通管理局《关于2022年度全区道路交通事故伤亡人员人身损害赔偿有关费用计算标准的通知》(2022年7月5日)第7条:"住院伙食补助费。根据宁夏回族自治区财政厅宁财(行)发〔2014〕97号文件规定,每人每天按100元标准执行。"第8条:"本标准即日起执行。在本标准实施以前发生的道路交通事故,仍按原标准执行。本通知未列明的赔偿事项依照最高人民法院相关司法解释规定执行。"

595　贵州省统计局、国家统计局贵州调查总队《贵州省2021年国民经济和社会发展统计公报》(2022年3月24日):"……全年全省居民人均可支配收入23996元,比上年增长10.1%。按常住地分,城镇居民人均可支配收入39211元,增长8.6%;农村居民人均可支配收入12856元,增长10.4%……全年全省居民人均消费支出17957元,比上年增长20.7%。按常住地分,城镇居民人均消费支出25333元,增长23.1%;农村居民人均消费支出12557元,增长16.1%。"

596　《贵州省2021年人力资源和社会保障事业统计公报》(2022年6月22日):"全省全口径城镇单位就业人员年平均工资81570元,同比增长6.6%;在岗职工年平均工资84694元……其中:城镇非私营单位就业人员年平均工资94487元,在岗职工年平均工资99324元,同比增长分别为5.9%和5.4%;城镇私营单位就业人员年平均工资51557元……"

597　①黑龙江省统计局、国家统计局黑龙江调查总队《2021年黑龙江省国民经济和社会发展统计公报》(2022年3月14日):"……全省常住居民人均可支配收入27159元,比上年增长9.1%;城镇常住居民人均可支配收入33646元,增长8.1%;农村常住居民人均可支配收入17889元,增长10.6%。常住居民人均生活消费支出20636元,增长21.0%;城镇常住居民人均生活消费支出24422元,增长19.7%;农村常住居民人均生活消费支出15225元……"②黑龙江高院《印发〈关于统一城乡人身损害赔偿标准试点工作的意见〉的通知》(2019年12月23日　黑高法〔2019〕241号)第1条:"根据最高人民法院授权,在人身损害赔偿案件中,不区分城镇居民和农村居民,统一按照城镇居民赔偿标准计算人身损害赔偿的死亡赔偿金、残疾赔偿金(包括被扶养人生活费)。"第2条:"死亡赔偿金、残疾赔偿金按照黑龙江省政府公布的《黑龙江省国民经济和社会发展统计公报》中的'城镇居民人均可支配收入'计算。被扶养人生活费按照黑龙江省政府公布的《黑龙江省国民经济和社会发展统计公报》中的'城镇居民人均消费支出'计算。"第3条："本意见自2020年1月1日起施行,试点工作于同日正式启动。对本意见未涉及的情形,法律、司法解释有规定的,从其规定。"第4条："本意见施行后新受理的一审人身损害赔偿案件(包括其后续引起的二审、再审程序),适用本意见。本意见施行前已经一审受理,施行后审结的案件,或提起二审的案件,或按当事人申请再审及审判监督程序决定再审的人身损害赔偿案件,不适用本意见。"

598　黑龙江省统计局《2021年城镇非私营单位就业人员平均工资情况》(2022年5月25日)

599　①青海省统计局、国家统计局青海调查总队《青海省2021年国民经济和社会发展统计公报》(2022年2月28日)："……城镇居民人均可支配收入37745元,增长6.3%；农村居民人均可支配收入13604元……城镇居民人均生活消费支出24513元,增长0.8%；农村居民人均生活消费支出13300元……"②青海高院《印发〈关于开展人身损害赔偿标准城乡统一试点工作的实施意见〉的通知》(2020年5月7日　青高法〔2020〕54号)第3条："试点标准。1.死亡赔偿金、残疾赔偿金按照青海省统计部门公布的上一年度青海省城镇居民人均可支配收入计算；被扶养人生活费按照青海省统计部门公布的上一年度青海省城镇居民人均消费性支出计算。2.赔偿权利人举证证明其住所地或者经常居住地城镇居民人均可支配收入或者城镇居民人均消费性支出高于青海省统计部门公布的标准的,按照《最高人民法院关于审理人身损害赔偿案件适用法律若干问题的解释》第三十条的规定执行。"第4条："试点时间。1.本实施意见自2020年7月1日起施行,施行前尚未审结的案件,适用本实施意见；施行前已经终审的案件,或者适用审判监督程序再审的案件,不适用本实施意见……"

600　①青海省统计局《2021年社会平均工资(就业人员年平均工资)》(2022年6月7日)："2021年青海省城镇非私营单位就业人员年平均工资为109346元……2021年全省城镇私营单位就业人员年平均工资为50068元……"②青海省人社厅、省财政厅、省医保局、省国税局《关于确定2022年度城镇职工社会保险缴费基数的通知》(2022年6月14日　青人社厅函〔2022〕322号)："……2021年全省全口径城镇单位就业人员平均工资为91253元/年(7604元/月)……"

601　①新疆维吾尔自治区统计局统计调查监测中心《证明》(2022年5月16日)；②新疆高院自2020年12月23日起,在全疆法院统一适用道路交通事故损害赔偿标准——见天山网2020年12月28日：《全疆法院统一道路交通事故损害赔偿标准》："12月25日,记者从自治区高级人民法院获悉,为妥善处理道路交通事故损害赔偿纠纷,统一裁判思路和裁判标准,自治区高级人民法院下发《新疆维吾尔自治区道路交通事故损害赔偿标准(试行)》(以下简称《赔偿标准》),决定自2020年12月23日起,在全疆法院统一适用道路交通事故损害赔偿标准……"

602　①西藏自治区公安厅《关于2020年西藏自治区道路交通事故人身损害赔偿案件计算标准的通知》(2021年12月29日　藏公字〔2021〕150号)："本标准参考数据自2020年1月1日起执行。"②西藏高院《关于印发〈西藏自治区高级人民法院关于开展人身损害赔偿标准城乡统一试点实施方案〉的通知》(2020年3月12日 藏高法〔2020〕21号)第1条："主要任务。根据最高人民法院授权,在我区人身损害赔偿纠纷案件中不区分城镇居民和农村居民,试点按照城镇居民赔偿标准计算人身损害赔偿的死亡赔偿金、残疾赔偿金、被抚养人生活费。"第2条:"试点范围。全区各级人民法院。"第3条:"适用标准。人民法院在审理人身损害赔偿纠纷案件中,不再区分受害人住所地或经常居住地、主要收入来源地等因素,其残疾赔偿金、死亡赔偿金统一按西藏自治区政府统计部门公布的上一年度城镇居民人均可支配收入标准计算;被扶养人生活费统一按照西藏自治区政府统计部门公布的上一年度城镇居民人均消费性支出标准计算。"第4条:"试点时间。(一)试点自2020年4月1日起施行。本方案施行后受理的一审人身损害赔偿案件,适用本方案的规定。本方案施行后,法律、司法解释或上级法院有新规定的,按照新规定执行……"

603　甘肃高院、省公安厅《关于印发2022年甘肃省道路交通事故人身损害赔偿有关费用计算标准的通知》(2022年6月8日　甘公交〔2022〕186号)

604　云南高院、省公安厅《关于印发2022年云南省道路交通事故人身损害赔偿有关费用计算标准的通知》(2022年5月31日　云公交〔2022〕64号)

605　上海市统计局、国家统计局上海调查总队《2022年上海市国民经济和社会发展统计公报》(2023年3月22日):"……据抽样调查,全年全市居民人均可支配收入79610元,比上年增长2.0%(见图6)。其中,城镇常住居民人均可支配收入84034元,增长1.9%;农村常住居民人均可支配收入39729元,增长3.1%。全市居民人均消费支出46045元,比上年下降5.8%。其中,城镇常住居民人均消费支出48111元,下降6.2%;农村常住居民人均消费支出27430元,增长0.8%。月最低工资标准为2590元……"

606　上海市人社局微信公众号(2023年6月28日):"本市2022年度全口径城镇单位就业人员平均工资为12183元/月……"

607　北京市统计局、国家统计局北京调查总队《北京市2022年国民经济和社会发展统计公报》(2022年3月21日)

608　①北京市人社局2024年7月31日公布《历年北京市全口径城镇单位就业人员平均工资》(http://rsj.beijing.gov.cn/bm/ywml/202007/t20200717_1950961.html)。②北京市统计局、国家统计局北京调查总队《北京统计年鉴2023》(https://nj.tjj.beijing.gov.cn/nj/main/2023-tjnj/zk/indexch.htm):"全市法人单位从业人员平均工资(2022年):178476元……城镇非私营单位在岗职工平均工资(2022年):215143元……"

609　浙江省统计局、国家统计局浙江调查总队《2022年浙江省国民经济和社会发展统计公报》(2023年3月16日)

610　浙江省统计局《2022年浙江省单位就业人员年平均工资统计公报》(2023年5月11日):"2022年,浙江省非私营单位就业人员年平均工资为128825元,比2021年度增加6516元……私营单位就业人员年平均工资为71934元,比上年增加2706元……"

611　①天津高院《关于印发损害赔偿数额参考标准的通知》(2023年6月27日　津高法〔2023〕123号):"……(2022年)城镇非私营单位从业人员平均工资:129522元;城镇非私营单位分行业在岗职工(含劳务派遣)年平均工资:133691元……"②天津市人社局、市医保局、市税务局《关于公布2022年度全市职工平均工资及2023年度工资福利待遇标准等有关问题的通知》(2023年8月11日发布　2023年8月21日施行　津人社局发〔2023〕8号)："……2022年度本市职工年平均工资为95028元,月平均工资为7919元……"

612　天津市人社局、市医保局、市税务局《关于公布2022年度全市职工平均工资及2023年度工资福利待遇标准等有关问题的通知》(2023年8月10日发布　2023年8月21日施行　津人社局发〔2023〕8号)

613　广东高院《关于人身损害赔偿计算标准适用问题的通知》(2023年12月18日　粤高法〔2023〕105号)："根据《最高人民法院关于审理人身损害赔偿案件适用法律若干问题的解释》第二十二条规定,相关人身损害赔偿数额应当按照一审辩论终结时政府统计部门发布的上一统计年度相关统计数据确定。考虑到省法院往年转发相关统计部门公布的统计数据客观上存在滞后,部分法院根据省法院转发通知时间适用具体赔偿标准不符合上述司法解释第二十二条规定。经研究,省法院从今年起不再转发年度赔偿计算标准,相关统计数据由当事人在一审辩论终结前根据政府统计部门发布信息自行查询提供。另外,由于统计口径调整,政府统计部门今年不再发布国有单位在岗职工年平均工资,对于丧葬费的赔偿标准统一按照全省城镇非私营单位在岗职工月平均工资,以六个月总额计算(经济特区标准不同于省内平均标准的,按就高不就低原则处理)。"

614　深圳市统计局、国家统计局深圳调查队《深圳市2022年国民经济和社会发展统计公报》(2023年5月8日)："……全年全市居民人均可支配收入72718元,比上年增长2.6%。居民人均消费支出44793元……"

615　广东省人社厅、省财政厅、省国税局、省统计局《关于公布2022年全省全口径城镇单位就业人员月平均工资和2023年职工基本养老保险缴费基数上下限有关问题的通知》(2023年6月29日　粤人社发〔2023〕22号)："根据省统计部门统计,2022年全省全口径城镇单位就业人员月平均工资为8807元。其中,第一类片区(广州市、深圳市、省直)全口径城镇单位就业人员月平均工资为10449元……"附表《广东省各市2022年城镇非私营单位在岗职工月平均工资情况表》："深圳2022年城镇非私营单位在岗职工月平均工资:13730元。"

616　珠海市统计局、国家统计局珠海调查队《2022年珠海市国民经济和社会发展统计公报》(2023年4月18日)："……全年全体居民人均可支配收入62976元……按常住地分,城镇常住居民人均可支配收入65743元……农村常住居民人均可支配收入35829元……全年全体居民人均消费支出41333元……按常住地分,城镇常住居民人均消费支出42857元……农村常住居民人均消费支出26389元……"

617　广东省人社厅、省财政厅、省国税局、省统计局《关于公布2022年全省全口径城镇单位就业人员月平均工资和2023年职工基本养老保险缴费基数上下限有关问题的通知》(2023年6月29日　粤人社发〔2023〕22号)："根据省统计部门统计,2022年全省全口径城镇单位就业人员月平均工资为8807元。其中,第一类片区(广州市、深圳市、省直)全口径城镇单位就业人员月平均工资为10449元;第二类片区(珠海市、佛山市、东莞市、中山市)为7577元;第三类片区(汕头市、惠州市、江门市、肇庆市)为7077元;第四类片区(韶关市、河源市、梅州市、汕尾市、阳江市、湛江市、茂名市、清远市、潮州市、揭阳市、云浮市)为6983

元;2022 年全省及各市城镇非私营单位在岗职工月平均工资详见附表,全省城镇私营单位就业人员月平均工资为 6471 元……"附表《广东省各市 2022 年城镇非私营单位在岗职工月平均工资情况表》:"……珠海 2022 年城镇非私营单位在岗职工月平均工资:10511 元……"

618　汕头市统计局、国家统计局汕头调查队《2022 年汕头国民经济和社会发展统计公报》(2023 年 3 月 31 日):"……全年全市居民人均可支配收入 32654 元……分城乡看,城镇居民人均可支配收入 37037 元,增长 4.0%;农村居民人均可支配收入 22057 元,增长 5.9%。全年全市居民人均消费支出 22824 元,增长 1.5%。分城乡看,城镇居民人均消费支出 25094 元,下降 0.7%;农村居民人均消费支出 17267 元……"

619　广东省人社厅、省财政厅、省国税局、省统计局《关于公布 2022 年全省全口径城镇单位就业人员月平均工资和 2023 年职工基本养老保险缴费基数上下限有关问题的通知》(2023 年 6 月 29 日　粤人社发〔2023〕22 号):"根据省统计部门统计,2022 年全省全口径城镇单位就业人员月平均工资为 8807 元。其中,第一类片区(广州市、深圳市、省直)全口径城镇单位就业人员月平均工资为 10449 元;第二类片区(珠海市、佛山市、东莞市、中山市)为 7577 元;第三类片区(汕头市、惠州市、江门市、肇庆市)为 7077 元;第四类片区(韶关市、河源市、梅州市、汕尾市、阳江市、湛江市、茂名市、清远市、潮州市、揭阳市、云浮市)为 6983 元;2022 年全省及各市城镇非私营单位在岗职工月平均工资详见附表,全省城镇私营单位就业人员月平均工资为 6471 元……"附表《广东省各市 2022 年城镇非私营单位在岗职工月平均工资情况表》:"……汕头 2022 年城镇非私营单位在岗职工月平均工资:7730 元……"

620　广东省统计局、国家统计局广东调查总队《2022 年广东省国民经济和社会发展统计公报》(2023 年 3 月 31 日):"……全年全省居民人均可支配收入 47065 元,比上年增长 4.6%。分城乡看,城镇居民人均可支配收入 56905 元,增长 3.7%;农村居民人均可支配收入 23598 元,增长 5.8%……全年全省居民人均消费支出 32169 元,比上年增长 1.8%。分城乡看,城镇居民人均消费支出 36936 元,增长 0.9%;农村居民人均消费支出 20800 元……"

621　广东省人社厅、省财政厅、省国税局、省统计局《关于公布 2022 年全省全口径城镇单位就业人员月平均工资和 2023 年职工基本养老保险缴费基数上下限有关问题的通知》(2023 年 6 月 29 日　粤人社发〔2023〕22 号):"根据省统计部门统计,2022 年全省全口径城镇单位就业人员月平均工资为 8807 元。其中,第一类片区(广州市、深圳市、省直)全口径城镇单位就业人员月平均工资为 10449 元;第二类片区(珠海市、佛山市、东莞市、中山市)为 7577 元;第三类片区(汕头市、惠州市、江门市、肇庆市)为 7077 元;第四类片区(韶关市、河源市、梅州市、汕尾市、阳江市、湛江市、茂名市、清远市、潮州市、揭阳市、云浮市)为 6983 元;2022 年全省及各市城镇非私营单位在岗职工月平均工资详见附表,全省城镇私营单位就业人员月平均工资为 6471 元……"附表《广东省各市 2022 年城镇非私营单位在岗职工月平均工资情况表》:"……全省 2022 年城镇非私营单位在岗职工月平均工资:10577 元……"

622 ①江苏高院民一庭《关于人身损害赔偿有关费用标准（2022年度）的通知》（2023年2月22日 苏高法电〔2023〕87号）："根据国家统计局江苏调查总队统计的2022年全省居民收入支出等相关指标，现将人身损害赔偿标准所依据的2022年度相关数据通报如下：1. 2022年全省居民人均可支配收入中的工资性收入为28124元，经营净收入为6421元。2. 2022年全省居民人均生活消费支出为32848元。3. 2022年全省平均负担系数为1.84。4. 2022年全省城镇常住居民人均可支配收入60178元。5. 2022年全省城镇常住居民人均生活消费支出37796元。"②江苏高院《关于适用人身损害赔偿标准有关问题的通知》（2022年6月10日 苏高法电〔2022〕337号）第1条："2022年5月1日起发生的侵权行为引起的人身损害赔偿案件，适用《人身损害赔偿解释》。所依据的有关费用标准为：1. 2021年全省城镇常住居民人均可支配收入57743元；2. 2021年全省城镇常住居民人均生活消费支出36558元。"第2条："2022年4月30日前发生的侵权行为引起的人身损害赔偿案件，继续适用我省《试点工作方案》。所依据的有关费用标准为：1. 2021年全省居民人均可支配收入中的工资性收入26721元，经营净收入6215元；2. 2021年全省居民人均生活消费支出31451元；3. 2021年全省平均负担系数为1.80。"

623 江苏省统计局《2022年江苏省城镇单位就业人员年平均工资情况》（2023年6月2日）："根据年度统计调查结果，2022年，江苏省城镇非私营单位就业人员年平均工资为121724元。其中，城镇非私营单位在岗职工年平均工资为124175元。2022年，城镇私营单位就业人员年平均工资为71835元……"

624 福建省统计局、国家统计局福建调查总队《2022年福建省国民经济和社会发展统计公报》（2023年3月14日）。特别注意：厦门地区执行不同赔偿标准。根据统计数据，厦门城镇居民人均年可支配收入70467元，城镇居民人均年消费支出45165元，全市在岗职工年平均工资119483元，根据最高人民法院《关于审理人身损害赔偿案件适用法律若干问题的解释》的规定，即日起，福建一般地区（除厦门外）各类人身损害赔偿纠纷案件中的残疾赔偿金、死亡赔偿金均按照新标准53817元/年计算、被扶养人生活费均按照新标准35692元/年计算。福建厦门地区各类人身损害赔偿纠纷案件中的残疾赔偿金、死亡赔偿金均按照新标准70467元/计算、被扶养人生活费均按照新标准45165元/年计算

625 福建省统计局2023年6月13日公布《福建省2022年城镇非私营单位就业人员年平均工资103803元》

626 山东省统计局、国家统计局山东调查总队《2022年山东省国民经济和社会发展统计公报》（2023年3月2日）："……居民人均可支配收入37560元，比上年增长5.2%。其中，城镇居民人均可支配收入49050元，增长4.2%；农村居民人均可支配收入22110元，增长6.3%。居民人均消费支出22640元，下降0.8%。其中，城镇居民人均消费支出28555元，下降2.6%；农村居民人均消费支出14687元……"

627 ①山东省统计局《山东省2022年分行业城镇非私营单位平均工资》（2023年5月31日）：山东省2022年分行业城镇非私营单位平均工资－在岗职工平均工资（包含劳务派遣）：105264元。②山东省人社厅、省医保局《关于公布2022年度全省全口径城镇单位就业人员平均工资等有关问题的通知》（2023年7月4日 鲁人社字〔2023〕59号）："根据省统计

部门提供的相关数据,经测算,2022年度全省全口径城镇单位就业人员平均工资为84831元……"

628 ①辽宁高院、省公安厅《关于印发〈辽宁省2023年度道路交通事故损害赔偿标准有关数据〉的通知》(2023年7月10日 辽高法〔2023〕112号)。②辽宁高院《关于印发〈辽宁省高级人民法院关于开展人身损害赔偿标准城乡统一试点工作的实施方案〉的通知》(2020年1月9日 辽高法〔2020〕7号)第3条:"试行标准。1.各级法院审理试点案件,依据政府统计部门公布的上一年度'全体居民人均可支配收入''全体居民人均消费支出''城镇单位在岗职工平均工资'和'分行业城镇单位在岗职工平均工资'数据来计算赔偿金额,不再区分城镇居民和农村居民。2.有关赔偿项目认定、赔偿金额计算方式等其他内容,继续执行最高人民法院相关司法解释的规定。"

629 ①辽宁高院《关于印发〈辽宁省2023年度道路交通事故损害赔偿标准有关数据〉的通知》(2023年7月10日 辽高法〔2023〕112号):"……城镇单位在岗职工平均工资:94911元……"②辽宁省人社厅、省财政厅、省统计局、省国税局《关于公布2022年全省全口径城镇单位就业人员平均工资等有关问题的通知》(2023年9月1日)第1条:"2022年全省全口径平均工资为82116元(月平均工资为6843元)。"

630 ①内蒙古自治区统计局《内蒙古自治区2022年国民经济和社会发展统计公报》(2023年3月16日):"……全年全体居民人均可支配收入35921元,比上年增长5.3%。按常住地分,城镇居民人均可支配收入46295元……农村牧区居民人均可支配收入19641元……全年全体居民人均生活消费支出22298元,比上年下降1.6%。按常住地分,城镇居民人均生活消费支出26667元,比上年下降1.9%。农村牧区居民人均生活消费支出15444元……"②内蒙古高院《关于开展人身损害赔偿标准城乡统一试点工作的实施意见》(2020年3月24日)第1条:"自2020年4月1日起,全区各级法院在民事诉讼中开展人身损害赔偿标准城乡统一试点工作。"第2条:"全区各级法院在民事诉讼中计算人身损害赔偿数额时,不再区分城镇居民与农村居民人均可支配收入、人均消费性支出,残疾赔偿金、死亡赔偿金均按照内蒙古自治区人民政府统计部门公布的上一年度城镇居民人均可支配收入计算,被扶养人生活费按照内蒙古自治区人民政府统计部门公布的上一年度城镇居民人均消费性支出计算。"第3条:"本意见自2020年4月1日起施行,本意见施行后新受理的一审民事案件,适用本意见。"

631 内蒙古自治区统计局《2022年内蒙古城镇非私营单位就业人员年平均工资100990元》(2023年5月31日):"2022年内蒙古城镇非私营单位就业人员年平均工资为100990元,与2021年的90426元相比,增加10564元,名义增长11.7%,增速比2021年加快5.7个百分点。扣除价格因素,2022年内蒙古城镇非私营单位就业人员年平均工资实际增长9.8%;城镇非私营单位在岗职工年平均工资为103804元,与2021年的93266元相比,增加10538元……"

632 ①重庆市统计局、国家统计局重庆调查总队《2022年重庆市国民经济和社会发展统计公报》(2023年3月17日):"……全市居民人均可支配收入35666元,比上年增长5.5%。按常住地分,城镇居民人均可支配收入45509元,增长4.6%;农村居民人均可支配收入

19313 元……全市居民人均消费支出 25371 元,比上年增长 3.1%。按常住地分,城镇居民人均消费支出 30574 元,增长 2.4%;农村居民人均消费支出 16727 元……"②重庆高院《关于开展机动车交通事故责任纠纷案件人身损害赔偿标准城乡统一试点工作的意见》(2020 年 4 月 29 日 渝高法〔2020〕58 号)第 1 条:"本意见适用于全市法院受理的机动车交通事故责任纠纷案件。"第 2 条:"上述案件中,不区分城镇居民和农村居民,统一按照城镇居民赔偿标准计算死亡赔偿金、残疾赔偿金(含被扶养人生活费)。"第 3 条:"死亡赔偿金、残疾赔偿金,按照市政府统计部门公布的上一年度重庆市城镇居民人均可支配收入计算。被扶养人生活费按照市政府统计部门公布的上一年度重庆市城镇居民人均消费支出计算,并计入残疾赔偿金或死亡赔偿金。其他赔偿项目参照《重庆市高级人民法院关于印发〈道路交通事故人身损害赔偿项目及标准〉的通知》(渝高法〔2018〕199 号)执行。"第 4 条:"本意见自 2020 年 5 月 1 日施行,施行之日起发生的机动车交通事故引发的人身损害赔偿纠纷适用本意见。"

633　重庆市统计局《2022 年重庆市城镇非私营单位就业人员年平均工资情况》(2023 年 5 月 18 日):"2022 年全市城镇非私营单位就业人员年平均工资为 107008 元……其中,在岗职工年平均工资 111424 元……"

634　广西壮族自治区统计局、国家统计局广西壮族自治区调查总队《2022 年广西壮族自治区国民经济和社会发展统计公报》(2023 年 3 月 31 日)

635　广西壮族自治区统计局《2022 年广西城镇非私营单位就业人员年平均工资 92066 元》(2023 年 5 月 26 日):"……2022 年广西城镇非私营单位就业人员年平均工资 92066 元……其中,在岗职工年平均工资 94766 元……"根据广西人社厅、广西财政厅、广西国税局《关于公布 2023 年度职工基本养老保险和失业保险缴费基数上下限标准的通知》(2023 年 7 月 17 日　桂人社发〔2023〕61 号):"2023 年我区职工基本养老保险和失业保险按上年全区全口径城镇单位就业人员平均工资 77268 元(即 6439 元/月)……"

636　国家统计局湖南调查总队 2023 年 1 月 19 日公布《2022 年湖南省民生调查情况》

637　①湖南省统计局 2023 年 5 月 22 日公布:"2022 年湖南省城镇非私营单位就业人员年平均工资为 91413 元,增长 7.0%;其中,在岗职工年平均工资 94590 元,增长 6.4%。2022 年湖南省城镇私营单位就业人员年平均工资为 55780 元,增长 2.4%。"②湖南省人社厅、省国税局《关于公布 2023 年社会保险基准值的通知》(2023 年 7 月 31 日　湘人社规〔2023〕14 号):"……按照省统计局提供的数据计算,2022 年本省全口径城镇单位就业人员月平均工资为 6284 元……"据此计算,湖南省 2022 年全省全口径城镇单位就业人员年平均工资为 75408 元。

638　①河北省公安厅交通警察总队《关于印发〈河北省 2023 年度道路交通事故人身损害赔偿相关数据〉的通知》(2023 年 5 月 29 日　冀公交〔2023〕410 号)。②河北省统计局、国家统计局河北调查总队《河北省 2022 年国民经济和社会发展统计公报》(2023 年 2 月 25 日):"……全年全省居民人均可支配收入 30867 元,比上年增长 5.1%。按常住地分,城镇居民人均可支配收入 41278 元,增长 3.7%;农村居民人均可支配收入 19364 元,增长 6.5%。城乡居民人均可支配收入比值为 2.13,比上年缩小 0.06。全省居民人均消费支出 20890

元,增长 4.7%。按常住地分,城镇居民人均消费支出 25071 元,增长 3.6%;农村居民人均消费支出 16271 元……"③河北高院《关于印发〈河北省高级人民法院关于开展人身损害赔偿标准城乡统一试点实施方案〉的通知》(2020 年 2 月 24 日　冀高法〔2020〕21 号)第 1 条:"全省各级法院受理的机动车交通事故责任纠纷案件以及雄安新区法院受理的人身损害赔偿纠纷案件,侵权行为发生在 2020 年 1 月 1 日之后的,适用本方案。"第 2 条:"死亡赔偿金、残疾赔偿金统一按照河北省政府统计部门公布的上一年度河北省城镇居民人均可支配收入计算;被扶养人生活费统一按照河北省政府统计部门公布的上一年度河北省城镇居民人均消费性支出计算。"第 3 条:"本方案自发布之日起施行。本方案施行前已经终审的案件或者进入审判监督程序再审的案件,不适用本方案。试点结束时间待最高人民法院通知。"④河北高院、省公安厅、省司法厅、中国银行保险监督管理委员会河北监管局《关于印发〈河北省道路交通事故损害赔偿项目计算项目(试行)〉的通知》(2020 年 3 月 27 日　冀高法〔2020〕31 号):"……2020 年 3 月 19 日印发的文件作废,以此件为准……道路交通事故发生在 2020 年 1 月 1 日以后的案件,适用本标准……"

639　①河北省公安厅交通警察总队《关于印发〈河北省 2023 年度道路交通事故人身损害赔偿相关数据〉的通知》(2023 年 5 月 29 日　冀公交〔2023〕410 号):"……全省在岗职工年平均工资:93366 元……"②河北省人民政府《2022 年河北省城镇单位就业人员平均工资出炉》(2023 年 6 月 1 日):"河北省统计局消息,2022 年,全省城镇非私营单位就业人员平均工资 90745 元,比上年增加 8219 元……"③河北省人社厅《关于公布 2022 年全省全口径城镇单位就业人员年平均工资数据的通知》(2023 年 7 月 5 日):"2022 年全省全口径城镇单位就业人员年平均工资为 74533 元……"

640　①湖北省统计局、国家统计局湖北调查总队《湖北省 2022 年国民经济和社会发展统计公报》(2023 年 3 月 18 日):"……全年全省居民人均可支配收入 32914 元,比上年增长 6.8%。按常住地分,城镇居民人均可支配收入 42626 元,增长 5.8%;农村居民人均可支配收入 19709 元,增长 7.9%。全省居民人均消费支出 24828 元,增长 4.1%。按常住地分,城镇居民人均消费支出 29121 元,增长 2.2%;农村居民人均消费支出 18991 元……"②湖北高院《关于开展人身损害赔偿标准城乡统一试点工作的通知》(2019 年 12 月 31 日　鄂高法〔2019〕158 号)第 1 条:"试点适用标准。审理人身损害赔偿纠纷案件时,对于残疾赔偿金、死亡赔偿金,统一按照湖北省上一年度城镇居民人均可支配收入标准计算赔偿金额;对于被抚养人生活费,统一按照湖北省上一年度城镇居民人均消费支出标准计算赔偿金额。"第 2 条:"试点适用案件范围。侵权行为发生在 2020 年 1 月 1 日后的人身损害赔偿纠纷案件,适用上述城镇居民赔偿标准。侵权行为发生在 2020 年 1 月 1 日前的案件,不适用上述标准。试点结束时间待最高人民法院通知。试点工作中遇到重要情况和问题,请及时层报我院。"

641　根据湖北统计局 2023 年 9 月发布的信息:2022 年湖北省全口径城镇就业人员平均工资为 84478 元。

642　①河南省统计局、国家统计局河南调查总队《2022 年河南省国民经济和社会发展统计公报》(2023 年 3 月 23 日):"……全年全省居民人均可支配收入 28222 元,比上年增长

5.3%。按常住地分,城镇居民人均可支配收入38484元,增长3.7%;农村居民人均可支配收入18697元……全年全省居民人均消费支出19019元,比上年增长3.4%。按常住地分,城镇居民人均消费支出23539元,增长1.6%;农村居民人均消费支出14824元……"②河南高院《关于印发〈关于开展人身损害赔偿案件统一城乡标准试点工作的意见(试行)〉的通知》(2019年12月18日 豫高法〔2019〕338号)第1条:"全省法院机动车交通事故责任纠纷案件……不再区分受害人住所地或经常居住地、收入来源等因素,其残疾赔偿金、死亡赔偿金统一按照河南省上一年度城镇居民人均可支配收入标准计算。"第2条:"全省法院机动车交通事故责任纠纷案件……被扶养人生活费统一按照河南省上一年度城镇居民人均消费性支出标准计算。"第4条:"本意见施行后未审结的一审、二审案件,适用本意见;本意见施行前已经终审的案件,以及适用审判监督程序的再审的案件,不适用本意见。"第5条:"本意见自2019年12月20日起施行。"

643 河南省统计局《2022年河南省城镇非私营单位就业人员年平均工资77627元》(2023年6月21日):"2022年全省城镇非私营单位就业人员年平均工资77627元,比2021年的74872元增加2755元,同比增长3.7%,增速较2021年回落2.9个百分点。其中,在岗职工(含劳务派遣)年平均工资78903元……"

644 ①安徽省统计局、国家统计局安徽调查总队《安徽省2022年国民经济和社会发展统计公报》(2023年3月21日):"……全年全省居民人均可支配收入32745元……人均消费支出22542元……按常住地分,城镇居民人均可支配收入45133元……人均消费支出26832元……全年农村居民人均可支配收入19575元……人均消费支出17980元……"②安徽高院《关于印发〈安徽省高级人民法院关于开展人身损害赔偿标准城乡统一试点实施方案〉的通知》(2019年12月6日 皖高法〔2019〕112号)第1条:"根据最高人民法院授权,在人身损害赔偿纠纷案件中,不区分城镇居民和农村居民,试点按照城镇居民赔偿标准计算人身损害赔偿的死亡赔偿金、残疾赔偿金(被扶养人生活费)。"第3条:"死亡赔偿金、残疾赔偿金按照政府统计部门公布的上一年度安徽省城镇居民人均可支配收入计算;被扶养人生活费按照政府统计部门公布的上一年度安徽省城镇居民人均消费性支出计算,计入死亡赔偿金或残疾赔偿金。"第4条:"1. 2019年12月16日起,正式启动我省人身损害赔偿标准城乡统一试点工作。截止2019年12月16日尚未审结的一审人身损害赔偿案件,统一按城镇居民标准计算有关赔偿费用。2. 试点结束时间待最高人民法院通知。"

645 安徽省统计局2023年6月1日公布《2022年安徽省城镇非私营单位就业人员年平均工资98649元》(http://tjj.ah.gov.cn/public/6981/148126821.html):"……2022年安徽省城镇非私营单位就业人员年平均工资为98649元,比上年增加4788元,名义增长5.1%,其中,在岗职工年平均工资为101999元,比上年增加4554元……"

646 ①陕西省统计局、国家统计局陕西调查总队《2022年陕西省国民经济和社会发展统计公报》(2023年3月27日):"……全年城镇居民人均可支配收入42431元……城镇居民人均生活消费支出24766元……全年农村居民人均可支配收入15704元……农村居民人均生活消费支出14094……"②陕西高院《关于印发〈关于在全省机动车事故责任纠纷案件中统一适用城镇居民人身损害赔偿标准的意见(试行)〉的通知》(2019年11月4日)第1

条:"机动车事故责任纠纷案件中不再区分受害人住所地或经常居住地、收入来源等因素,其残疾赔偿金、死亡赔偿金统一按照陕西省上一年度城镇居民人均可支配收入标准计算。"第2条:"机动车事故责任纠纷案件中被扶养人生活费统一按照陕西省上一年度城镇居民人均消费性支出标准计算。"第3条:"本意见自2019年12月1日起施行。本意见施行后尚未终审的案件,适用本意见;本意见施行前已经终审的案件,或者适用审判监督程序再审的案件,不适用本意见。"

647　陕西省统计局《2022年陕西省非私营单位就业人员年平均工资98843元》(2023年6月7日):"……2022年陕西省非私营单位就业人员年平均工资为98843元,比上年增加7847元……"

648　①山西省统计局、国家统计局山西调查总队《山西省2022年国民经济和社会发展统计公报》(2023年3月22日):"……全年全省居民人均可支配收入29178元,比上年增长6.4%;居民人均消费支出17537元,增长2.0%。按常住地分,城镇居民人均可支配收入39532元,增长5.6%,城镇居民人均消费支出21923元,下降0.2%;农村居民人均可支配收入16323元,增长6.6%,农村居民人均消费支出12091元……"②山西高院《关于印发〈关于在民事诉讼中开展人身损害赔偿标准城乡统一试点工作的意见〉的通知》(2019年12月30日　晋高法〔2019〕75号)第2条:"全省各级人民法院在民事诉讼中计算人身损害赔偿数额时,不再区分城镇居民与农村居民,均按照山西省统计局公布的城镇居民统计数据计算。残疾赔偿金、死亡赔偿金按照上一年度城镇居民人均可支配收入计算,被扶养人生活费按照上一年度城镇居民人均消费性支出计算。"第3条:"人身损害发生于2020年1月1日之后,由此引发的民事诉讼适用本意见的规定。人身损害发生于2020年1月1日之前,但起诉于2020年1月1日之后的民事诉讼,不适用本意见的规定。"

649　①山西省统计局《2022年山西省城镇非私营单位就业人员年平均工资90495元》(2023年5月31日):"2022年山西省城镇非私营单位就业人员年平均工资为90495元,比上年增加8082元……在岗职工年平均工资为92882元……"②山西省人社厅、省财政厅、省国税局、省医保局《关于公布2023年缴纳社会保险费基数标准等有关问题的通知》(2023年7月5日　晋人社厅发〔2023〕42号)第1条:"按照省统计局提供的相关统计数据计算,2022年全口径城镇单位就业人员平均工资(全省城镇非私营单位就业人员平均工资和城镇私营单位就业人员平均工资加权)为77257元,月平均工资为6438元……"

650　①海南省统计局、国家统计局海南调查总队《2022年海南省国民经济和社会发展统计公报》(2023年2月):"……全年全省居民人均可支配收入30957元,比上年增长1.6%。其中城镇居民人均可支配收入40118元,下降0.2%;农村居民人均可支配收入19117元……全年全省居民人均消费支出21500元,比上年下降3.3%。其中城镇居民人均消费支出26418元,下降4.2%;农村居民人均消费支出15145元……"②海南高院《关于印发〈全省法院开展人身损害赔偿纠纷案件统一赔偿标准试点工作方案〉的通知》(2020年1月9日　琼高法〔2020〕11号)第1条:"人身损害赔偿案件中不再区分受害人户籍以及住所地、经常居住地、收入来源等因素,其残疾赔偿金、死亡赔偿金统一按照海南省上一年度城镇居民人均可支配收入标准计算;人身损害赔偿案件中被扶养人生活费统一按照海南省上一年度城镇居民人均消费性支出标准计算。"第 2 条:"本意见自 2020 年 1 月 1 日起施行。"第 3 条:"本意见施行后尚未终审的案件,适用本意见;本意见施行前已经终审的案件,或者适用审判监督程序再审的案件,不适用本意见。"

651　海南省统计局《2022 年海南省城镇非私营单位就业人员年平均工资 104802 元》(2023 年 7 月 6 日):"……2022 年海南省城镇非私营单位就业人员年平均工资为 104802 元,比上年增加 7331 元,名义增长 7.5%,扣除价格因素实际增长 5.8%。其中,在岗职工平均工资为 107795 元……"

652　①江西省统计局、国家统计局江西调查总队《江西省 2022 年国民经济和社会发展统计公报》(2023 年 3 月 28 日):"……全年居民人均可支配收入 32419 元,比上年增长 5.9%。按常住地分,城镇居民人均可支配收入 43697 元,增长 4.8%;农村居民人均可支配收入 19936 元……全年居民人均消费支出 21708 元,比上年增长 7.0%。按常住地分,城镇居民人均消费支出 25976 元,增长 5.6%;农村居民人均消费支出 16984 元……"②江西高院《关于印发开展人身损害赔偿标准城乡统一试点工作的意见的通知》(2020 年 3 月 16 日赣高法〔2020〕45 号)第 1 条:"全省法院受理的各类人身损害赔偿纠纷案件,包括民事案件、刑事附带民事案件,如涉及残疾赔偿金、死亡赔偿金以及被扶养人生活费赔偿标准计算的,均统一按照城镇居民标准计算。"第 2 条:"残疾赔偿金、死亡赔偿金按照政府统计部门公布的上一年度江西省城镇居民人均可支配收入计算。被扶养人生活费按照政府统计部门公布的上一年度江西省城镇居民人均消费支出计算。"第 3 条:"侵权行为发生在 2020 年 4 月 1 日(含当日)以后的人身损害赔偿纠纷案件,适用本意见。侵权行为发生在 2020 年 4 月 1 日以前的人身损害赔偿纠纷案件,不适用本意见。"

653　①江西省统计局《2022 年江西省城镇非私营单位就业人员年平均工资 87972 元》(2023 年 6 月 8 日):"2022 年江西省城镇非私营单位就业人员年平均工资为 87972 元,比上年增加 4206 元,增长 5.0%。其中,在岗职工年平均工资 90397 元……"②江西省人社厅、省财政厅、省国税局《关于公布 2023 年度城镇职工基本养老保险使用的全省全口径城镇单位就业人员月平均工资有关问题的通知》(2023 年 8 月 21 日):"根据江西省统计局提供的 2022 年全省城镇就业人员月平均工资相关数据,经研究,现就我省 2023 年度城镇职工基本养老保险使用的全省全口径城镇单位就业人员月平均工资有关问题通知如下:一、2023 年城镇职工基本养老保险使用的全省全口径城镇单位就业人员月平均工资为 6098 元……"

654　①四川高院《关于在全省开展人身损害赔偿纠纷案件统一城乡居民赔偿标准试点工作的通知》(2021 年 3 月 1 日　川高法明电〔2021〕20 号)。②四川省统计局、国家统计局四川调查总队《2022 年四川省国民经济和社会发展统计公报》(2023 年 3 月 22 日):"……按常住地分,城镇居民人均可支配收入 43233 元……城镇居民人均消费支出 27637 元……农村居民人均可支配收入 18672 元……农村居民人均消费支出 17199 元……"

655　四川省统计局《关于发布 2022 年全省城镇全部单位就业人员平均工资的公告》(2023 年 5 月 17 日):"……2022 年四川省城镇全部单位就业人员平均工资为 84912 元……城镇非私营单位就业人员平均工资为 101800 元,比上年增加 5059 元,增长 5.2%,其中:城镇非私营单位在岗职工平均工资为105002元,比上年增加4533元……城镇私营单位就业人员平均工资为59121元……"

656　①吉林高院《关于2023年度人身损害赔偿执行标准的通知》(2023年7月26日　吉高法〔2023〕112号):"……以上赔偿标准于2023年9月1日至2024年8月31日执行。"②吉林高院《关于在全省法院开展人身损害赔偿标准城乡统一试点工作的意见》(2020年9月25日　吉高法〔2020〕209号):"……本意见自2020年10月1日起施行……"

657　①吉林高院《关于2023年度人身损害赔偿执行标准的通知》(2023年7月26日　吉高法〔2023〕112号):"丧葬费标准为43,611元……以上赔偿标准于2023年9月1日至2024年8月31日执行。"②吉林省人社厅、省医保局、省财政厅《关于公布2022年度社会保险全口径城镇单位就业人员平均工资及缴费基数标准的通知》(2023年6月27日　吉人社联〔2023〕76号)第1条:"2022年全省全口径城镇单位就业人员平均工资为79864元。"

658　宁夏公安厅交管局《关于发布〈2023年度全区道路交通事故伤亡人员人身损害赔偿有关费用计算标准〉的通知》(2023年7月9日)第7条:"住院伙食补助费。根据宁夏回族自治区财政厅宁财(行)发〔2014〕97号文件规定,每人每天按100元标准执行。"第8条:"本标准即日起执行。在本标准实施以前发生的道路交通事故,仍按原标准执行。本通知未列明的赔偿事项依照最高人民法院相关司法解释规定执行。"

659　贵州高院《2023年贵州省道路交通事故人身损害赔偿标准》(2023年5月17日):"……2021年全省全口径城镇单位就业人员年平均工资81570元,其中,在岗职工年平均工资84694元……2021年全省城镇非私营单位就业人员年平均工资94487元,其中,城镇非私营单位在岗职工年平均工资99324元……2021年全省城镇私营单位就业人员年平均工资51557元……"

660　贵州省统计局、国家统计局贵州调查总队《贵州省2022年人力资源和社会保障事业统计公报》(2023年6月29日):"全省全口径城镇单位就业人员年平均工资82291元,同比增长0.9%;在岗职工年平均工资85047元,同比增长0.4%。其中,非私营单位就业人员年平均工资95410元,在岗职工年平均工资99598元,同比增长分别为1.0%和0.3%;私营单位就业人员年平均工资52922元……"

661　①黑龙江省统计局、国家统计局黑龙江调查总队《2022年黑龙江省国民经济和社会发展统计公报》(2023年3月22日):"……常住居民人均可支配收入28346元,比上年增长4.4%。城镇常住居民人均可支配收入35042元,增长4.1%;农村常住居民人均可支配收入18577元,增长3.8%。常住居民人均生活消费支出20412元,下降1.1%。城镇常住居民人均生活消费支出24011元,下降1.7%;农村常住居民人均生活消费支出15162元……"②黑龙江高院《印发〈关于统一城乡人身损害赔偿标准试点工作的意见〉的通知》(2019年12月23日　黑高法〔2019〕241号)第1条:"根据最高人民法院授权,在人身损害赔偿案件中,不区分城镇居民和农村居民,统一按照城镇居民赔偿标准计算人身损害赔偿的死亡赔偿金、残疾赔偿金(包括被扶养人生活费)。"第2条:"死亡赔偿金、残疾赔偿金按照黑龙江省政府公布的《黑龙江省国民经济和社会发展统计公报》中的'城镇居民人均可支配收入'计算。被扶养人生活费按照黑龙江省政府公布的《黑龙江省国民经济和社会发展统计公报》中的'城镇居民人均消费支出'计算。"第3条:"本意见自2020年1月1日起施行,试点工作于同日正式启动。对本意见未涉及的情形,法律、司法解释有规定的,从其规定。"第4条:"本意见施行后新受理的一审人身损害赔偿案件(包括其后续引起的二审、再审程序),适用本意见。本意见施行前已经一审受理,施行后审结的案件,或提起二审的案件,或按当事人申请再审及审判监督程序决定再审的人身损害赔偿案件,不适用本意见。"

662　黑龙江省统计局《2022年城镇非私营单位就业人员平均工资情况》(2023年5月23日)

663　①青海省统计局、国家统计局青海调查总队《青海省2022年国民经济和社会发展统计公报》(2023年2月28日):"……城镇居民人均可支配收入38736元,增长2.6%;农村居民人均可支配收入14456元……城镇居民人均生活消费支出21700元,下降11.5%;农村居民人均生活消费支出12516元……"②青海高院《印发〈关于开展人身损害赔偿标准城乡统一试点工作的实施意见〉的通知》(2020年5月7日　青高法〔2020〕54号)第3条:"试点标准。1.死亡赔偿金、残疾赔偿金按照青海省统计部门公布的上一年度青海省城镇居民人均可支配收入计算;被扶养人生活费按照青海省统计部门公布的上一年度青海省城镇居民人均消费性支出计算。2.赔偿权利人举证证明其住所地或者经常居住地城镇居民人均可支配收入或者城镇居民人均消费性支出高于青海省统计部门公布的标准的,按照《最高人民法院关于审理人身损害赔偿案件适用法律若干问题的解释》第三十条的规定执行。"第4条:"试点时间。1.本实施意见自2020年7月1日起施行,施行前尚未审结的案件,适用本实施意见;施行前已经终审的案件,或者适用审判监督程序再审的案件,不适用本实施意见……"

664　①人社通2023年9月5日《2022年青海省城镇非私营单位就业人员年平均工资115949元》(https://si12333.cn/policy/misze.html)。②青海省人社厅、省财政厅、省医保局、省国税局《关于确定2022年度城镇职工社会保险缴费基数的通知》(2023年6月26日　青人社厅函〔2023〕244号):"……根据省统计局统计数据,2022年全省全口径城镇单位就业人员平均工资为96348元/年(8029元/月)……"

665　①新疆维吾尔自治区统计局、国家统计局新疆调查总队《新疆维吾尔自治区2022年国民经济和社会发展统计公报》(2023年3月28日)。②新疆高院自2020年12月23日起,在全疆法院统一适用道路交通事故损害赔偿标准——见天山网2020年12月28日:《全疆法院统一道路交通事故损害赔偿标准》:"12月25日,记者从自治区高级人民法院获悉,为妥善处理道路交通事故损害赔偿纠纷,统一裁判思路和裁判标准,自治区高级人民法院下发《新疆维吾尔自治区道路交通事故损害赔偿标准(试行)》(以下简称《赔偿标准》),决定自2020年12月23日起,在全疆法院统一适用道路交通事故损害赔偿标准……"

666　新疆维吾尔自治区《2022年新疆非私营单位就业人员年平均工资101764元》(2023年6月20日):"2022年新疆城镇非私营单位就业人员年平均工资为101764元……"

667　①西藏自治区公安厅《关于2023年西藏自治区道路交通事故人身损害赔偿案件计算标准的通知》(2023年1月6日　藏公字〔2023〕1号):"本标准参考数据自2023年1月1日起执行。"②西藏高院《关于印发〈西藏自治区高级人民法院关于开展人身损害赔偿标准城乡统一试点实施方案〉的通知》(2020年3月12日 藏高法〔2020〕21号)第1条:"主要任务。根据最高人民法院授权,在我区人身损害赔偿纠纷案件中不区分城镇居民和农村居民,试点按照城镇居民赔偿标准计算人身损害赔偿的死亡赔偿金、残疾赔偿金、被抚养人生活费。"第2条:"试点范围。全区各级人民法院。"第3条:"适用标准。人民法院在审理人身损害赔偿纠纷案件中,不再区分受害人住所地或经常居住地、主要收入来源地等因素,其残疾赔偿金、死亡赔偿金统一按西藏自治区政府统计部门公布的上一年度城镇居民人均可支配收入标准计算;被扶养人生活费统一按照西藏自治区政府统计部门公布的上一年度城镇居民人均消费性支出标准计算。"第4条:"试点时间。(一)试点自2020年4月1日起施行。本方案施行后受理的一审人身损害赔偿案件,适用本方案的规定。本方案施行后,法律、司法解释或上级法院有新规定的,按照新规定执行……"

668 甘肃高院、省公安厅《关于印发2023年甘肃省道路交通事故人身损害赔偿有关费用计算标准的通知》(2023年7月4日 甘公交〔2023〕207号)。其中,关于"上一年度在岗职工平均工资"明确为94231元。根据甘肃省人社厅、省财政厅、省统计局、省国税局《关于公布2023年甘肃省职工基本养老保险有关统计数据的通知》(2023年8月17日 甘人社通〔2023〕301号)第1条规定的"2022年全省全口径城镇单位就业人员月平均工资为6816元"计算,甘肃省2022年全省全口径城镇单位就业人员年平均工资为81792元

669 云南高院、省公安厅《关于印发2023年云南省道路交通事故人身损害赔偿有关费用计算标准的通知》(2023年5月25日 云公交〔2023〕47号)

670 上海市统计局、国家统计局上海调查总队《2023年上海市国民经济和社会发展统计公报》(2024年3月21日):"……据抽样调查,全年全市居民人均可支配收入84834元,比上年增长6.6%(见图6)。其中,城镇常住居民人均可支配收入89477元,增长6.5%;农村常住居民人均可支配收入42988元,增长8.2%。全市居民人均消费支出52508元,比上年增长14.0%。其中,城镇常住居民人均消费支出54919元,增长14.2%;农村常住居民人均消费支出30782元,增长12.2%。月最低工资标准为2690元,小时最低工资标准为24元……"

671 ①截至2024年7月25日,上海市人社局尚未公布2023年度全口径城镇单位就业人员平均工资。②此处引用数据来源:上海市人社局2023年6月28日微信号,"本市2022年度全口径城镇单位就业人员平均工资为12183元/月……"

672 北京市统计局、国家统计局北京调查总队《北京市2023年国民经济和社会发展统计公报》(2024年3月21日):"……全年全市居民人均可支配收入81752元……城镇居民人均可支配收入88650元,比上年增长5.5%;农村居民人均可支配收入37358元……全年全市居民人均消费支出47586元,比上年增长11.5%。其中,城镇居民人均消费支出50897元,增长11.6%;农村居民人均消费支出为26277元……"

673 ①截至2024年7月25日,北京市人社局尚未发布本市2023年度"全口径城镇单位就业人员平均工资"。②北京市统计局2024年1月5日公布《2024年北京市统计局、国家统计局北京调查总队年度统计资料发布计划》:"全市法人单位从业人员年末人数及工资情况(2023年):从业人员平均工资188413元。……城镇非私营单位在岗职工年末人数及工

情况(2023年):在岗职工平均工资224562元。"③北京市人社局《2018年本市全口径城镇单位就业人员平均工资情况》(2019年5月30日):"按照《国务院办公厅关于印发降低社会保险费率综合方案的通知》(国办发〔2019〕13号)要求,以本市城镇非私营单位就业人员平均工资和城镇私营单位就业人员平均工资加权计算,2018年本市全口径城镇单位就业人员平均工资为94258元,用于作为核定企业职工基本养老保险、失业保险和工伤保险缴费基数的依据。"④北京市人社局、市统计局《关于北京市工资数据发布内容的通告》(2019年5月30日 京人社发〔2019〕1号):"市人力资源和社会保障局按照国家降费率工作部署,调整社保缴费基数政策,发布全口径城镇单位就业人员平均工资。市统计局按照国家统计调查制度要求,发布城镇非私营单位就业人员平均工资、城镇私营单位就业人员平均工资、规模以上企业法人单位不同岗位平均工资。原两局联合发布的北京市职工平均工资不再发布。"

674 浙江省统计局、国家统计局浙江调查总队《2023年浙江省国民经济和社会发展统计公报》(2024年3月4日):"……全年全体及城乡居民人均可支配收入分别为63830、74997和40311元……全年居民人均生活消费支出42194元,比上年增长8.3%,扣除价格因素实际增长8.0%。按常住地分,城镇居民人均生活消费支出47762元,增长7.3%,农村居民人均生活消费支出30468元……"

675 浙江省统计局2024年6月18日《2023年浙江省单位就业人员年平均工资统计公报》:"2023年,浙江省非私营单位就业人员年平均工资为133045元,比2022年度增加4220元……私营单位就业人员年平均工资为74325元……"

676 ①天津高院《关于印发损害赔偿数额参考标准的通知》(2023年6月27日 津高法〔2023〕123号)。②天津市统计局、国家统计局天津调查总队《2023年天津市国民经济和社会发展统计公报》(2024年3月18日):"……全年全市居民人均可支配收入51271元……按常住地分,城镇居民人均可支配收入55355元,增长4.4%;农村居民人均可支配收入30851元……"③国家统计局天津调查总队《数据:2023年天津居民收入和消费支出情况》(2024年1月19日):"……2023年,天津居民人均消费支出34914元,比上年增长11.5%。其中,城镇居民人均消费支出37586元,增长11.1%;农村居民人均消费支出21553元……"

677 ①天津高院《关于印发损害赔偿数额参考标准的通知(2024)》(2024年6月14日 津高法〔2024〕115号):"……一、城镇居民人均可支配收入:55355元;二、城镇居民人均消费支出:37586元;三、城镇非私营单位从业人员年平均工资:138007元;四、城镇非私营单位分行业在岗职工(含劳务派遣)年平均工资:合计141769元……"②"天津发布"公号《【最新】2023年天津城镇单位平均工资出炉!》(2024年6月11日):"……2023年天津市城镇非私营单位就业人员年平均工资为138007元……2023年天津市城镇私营单位就业人员年平均工资为72966元……"

678 "广东发布"公号《涨了!2023年广东平均工资出炉》(2024年7月4日):"……2023年,广东城镇非私营单位就业人员年平均工资131418元……2023年,广州市城镇非私营单位就业人员年平均工资154475元,城镇私营单位平均工资为81911元。2023年,深圳市城镇非私营单位就业人员年平均工资为171854元,城镇私营单位就业人员年平均工资为94215元。2023年,珠海城镇非私营单位就业人员年平均工资132169元,城镇私营单位就业人员年平均工资77652元。2023年,汕头城镇非私营单位就业人员年平均工资95982元,城镇私营单位就业人员年平均工资为58922元。2023年,佛山市城镇非私营单位就业人员年平均工资为114384元,城镇私营单位就业人员年平均工资为78513元。2023年,东莞市城镇非私营单位就业人员年平均工资98172元,城镇私营单位就业人员年平均工资80574元。"

679 深圳市统计局、国家统计局深圳调查队《深圳市2023年国民经济和社会发展统计公报》(2024年4月28日):"……全年全市居民人均可支配收入76910元,比上年增长5.8%。居民人均消费支出49013元……"

680 珠海市统计局、国家统计局珠海调查队《2023年珠海市国民经济和社会发展统计公报》(2024年4月28日):"……全年全体居民人均可支配收入64975元……按常住地分,城镇常住居民人均可支配收入67773元……农村常住居民人均可支配收入38025元……全年全体居民人均消费支出41943元……按常住地分,城镇常住居民人均消费支出43526元……农村常住居民人均消费支出26701元……"

681 汕头市统计局、国家统计局汕头调查队《2023年汕头国民经济和社会发展统计公报》(2024年4月8日):"……全年全市居民人均可支配收入33653元……按常住地分,城镇居民人均可支配收入38070元,增长2.8%;农村居民人均可支配收入22970元,增长4.1%。全年全市居民人均消费支出23075元,增长1.1%。按常住地分,城镇居民人均消费支出25119元,增长0.1%;农村居民人均消费支出18186元……"

682 广东省统计局、国家统计局广东调查总队《2023年广东省国民经济和社会发展统计公报》(2024年3月29日):"……全年全省居民人均可支配收入49327元,比上年增长4.8%。分城乡看,城镇居民人均可支配收入59307元,增长4.2%;农村居民人均可支配收入25142元,增长6.5%。全年全省居民人均消费支出34331元,比上年增长6.7%。分城乡看,城镇居民人均消费支出39333元,增长6.5%;农村居民人均消费支出22209元……"

683 ①江苏高院民一庭《关于人身损害赔偿标准相关统计数据(2023年度)的通知》(2024年3月8日 苏高法电〔2024〕128号):"根据国家统计局江苏调查总队近期公布的统计数据,现将确定人身损害赔偿标准所依据的2023年度相关统计数据通报如下:1. 2023年全省城镇居民人均可支配收入63211元。2. 2023年全省城镇居民人均消费支出40461元。3. 2023年全省居民人均可支配收入中的工资性收入为30054元,经营净收入为6645元。4. 2023年全省居民人均消费支出为35491元。5. 2023年全省平均负担系数为1.90。"②江苏省统计局、国家统计局江苏调查总队《2023年江苏省国民经济和社会发展统计公报》(2024年3月5日):"按常住地分,城镇居民人均可支配收入63211元,增长5.0%;农村居民人均可支配收入30488元,增长7.0%……按常住地分,城镇居民人均消费支出40461元,增长7.1%;农村居民人均消费支出25029元,增长10.8%……"③江苏高院《关于印发〈开展人身损害赔偿标准城乡统一试点工作的实施方案〉的通知》(2020年3月20日 苏高法〔2020〕43号)第2条:"……本实施方案自发布之日起施行。本实施方案施行后尚未审结的一审、二审案件,适用本实施方案;施行前已经作出生效裁判的案件,以及适用审判监督程序的再审案件,不适用本实施方案。"第3条:"1.各级法院审理人身损害赔偿案件,按照下列方式计算残疾赔偿金和死亡赔偿金。(1)残疾赔偿金:根据上一年度江苏省居民人均可支配收入中工资性收入与经营净收入之和乘以全省平均负担系数的标准,按照受害人丧失劳动能力程度或者伤残等级,自定残之日起计算二十年。但六十周岁以上的,年龄每增加一岁减少一年;七十五周岁以上的,按五年计算。受害人因伤致残但实际收入没有减少,或者伤残等级较轻但造成职业妨害严重影响其劳动就业的,可以对残疾赔偿金作相应调整。计算公式为:残疾赔偿金=(上一年度全省居民人均工资性收入+上一年度全省居民人均经营净收入)×上一年度全省平均负担系数×劳动力丧失比例×20年(六十周岁以上的,年龄每增加一岁减少一年;七十五周岁以上的,按五年计算)。(2)死亡赔偿金:按照上一年度江苏省居民人均可支配收入中工资性收入与经营净收入之和乘以全省平均负担系数的标准,计算二十年。但六十周岁以上的,年龄每增加一岁减少一年;七十五周岁以上的,按五年计算。计算公式为:死亡赔偿金=(上一年度全省居民人均工资性收入+上一年度全省居民人均经营净收入)×上一年度全省平均负担系数×20年(六十周岁以上的,年龄每增加一岁减少一年;七十五周岁以上的,按五年计算)。2.被侵权人有被扶养人的,被扶养人生活费不再作为单独的赔偿项目,不影响赔偿总额,但需在残疾赔偿金或死亡赔偿金中列支,以保护被扶养人的生存权益。列支的被扶养人生活费根据被侵权人丧失劳动能力程度,按照上一年度江苏省居民人均消费性支出标准计算。被扶养人为未成年人的,计算至十八周岁;被扶养人无劳动能力又无其他生活来源的,计算二十年。但六十周岁以上的,年龄每增加一岁减少一年;七十五周岁以上的,按五年计算。被扶养人有数人的,年赔偿总额累计不超过上一年度全省居民人均消费性支出额。计算公式为:每一被扶养人生活费=上一年度全省居民人均消费性支出额×劳动力丧失比例×被扶养年数÷共同扶养人数。3.被扶养人系被侵权人近亲属的,除可获得死亡赔偿金中列支的被扶养人生活费外,仍有权作为近亲属参与剩余部分死亡赔偿金的分配。4.上一年度全省居民人均工资性收入、人均经营净收入、人均消费性支出额和全省平均负担系数的具体标准,由省法院民一庭每年年初依据省统计局统计的标准下发全省各级法院执行。尚未公布相关标准的,按照已公布的最近年度的标准执行。"

684 江苏省统计局《2023年江苏省城镇单位就业人员年平均工资情况》(2024年6月26日):"2023年,江苏省城镇非私营单位就业人员年平均工资为125102元,其中,在岗职工年平均工资为127620元;城镇私营单位就业人员年平均工资为75088元。分行业门类的城镇单位就业人员年平均工资详见……"

685 福建省统计局、国家统计局福建调查总队《2023年福建省国民经济和社会发展统计公报》(2024年3月14日)。特别注意:厦门地区执行不同赔偿标准。根据厦门市统计局、国家统计局厦门调查队《厦门市2023年国民经济和社会发展统计公报》(2024年3月20日)和厦门市统计局《关于发布2022年厦门市城镇非私营单位就业人员平均工资数据的通告》(2023年6月16日)。厦门城镇居民人均可支配收入72880元,城镇居民人均年消费支出47411元,城镇非私营单位就业人员年平均工资为121641元。根据最高人民法院《关于审理人身损害赔偿案件适用法律若干问题的解释》的规定、福建省高级人民法院《关于在全省范围内进一步推进人身损害赔偿标准城乡统一试点工作的通知》(闽高法〔2021〕97号 2021年10月31日):"……二、赔偿标准:不再区分城镇居民与农村居民赔偿标准。1.残疾赔偿金、死亡赔偿金按照政府统计部门公布的省、经济特区和计划单列市上一年度城镇居民人均可支配收入标准计算;2.被扶养人生活费按照政府统计部门公布的省、经济特区和计划单列市上一年度城镇居民人均消费性支出标准计算,计入残疾赔偿金或者死亡赔偿金。三、案件范围:适用于2021年11月1日(含本日)后新受理的一审人身损害赔偿纠纷案件。除前期试点的厦门、莆田、平潭三地外,本次试点前已受理当事人在试点后撤诉又重新起诉的一审案件,以及经二审程序、审判监督程序后按第一审程序审理的一审案件,不予适用。本次全省试点后,赔偿权利人因不了解政策变化,仍主张按农村居民赔偿标准的,应予释明。"

686 福建省统计局2024年6月20日公布《2023年福建省城镇单位就业人员年平均工资情况》:"2023年,全省城镇非私营单位就业人员年平均工资为108520元,比上年增加4717元……在岗职工年平均工资为111401元,增加4424元……"

687 山东省统计局、国家统计局山东调查总队《2023年山东省国民经济和社会发展统计公报》(2024年3月3日):"……全年全省居民人均可支配收入39890元,比上年增长6.2%。其中,城镇居民人均可支配收入51571元,增长5.1%;农村居民人均可支配收入23776元,增长7.5%。全省居民人均消费支出24293元,增长7.3%。其中,城镇居民人均消费支出30251元,增长5.9%;农村居民人均消费支出16075元,增长9.5%……"

688 ①截至2024年7月25日,山东省人社厅等部门尚未公布"2023年度城镇单位在岗职工平均工资"或"2023年全省全口径城镇单位就业人员平均工资",此处沿用2023年度赔偿标准即2022年度统计数据。②山东省统计局《山东省2022年分行业城镇非私营单位从业人员平均工资》(2023年5月31日):山东省2022年分行业城镇非私营单位平均工资 – 在岗职工平均工资为105264元。③山东省人社厅、省医保局《关于公布2022年度全省全口径城镇单位就业人员平均工资等有关问题的通知》(2023年7月4日 鲁人社字〔2023〕59号):"根据省统计部门提供的相关数据,经测算,2022年度全省全口径城镇单位就业人员平均工资为84831元……"

689 ①辽宁省统计局、国家统计局辽宁调查总队《辽宁省2023年国民经济和社会发展统计公报》(2024年3月29日):"……全年全体居民人均可支配收入37992元,比上年增长5.3%。其中,城镇居民人均可支配收入45896元,增长4.3%;农村居民人均可支配收入21483元,增长7.9%……"②辽宁高院《关于印发〈辽宁省2023年度道路交通事故损害赔偿标准有关数据〉的通知》(2023年7月10日 辽高法〔2023〕112号)。③辽宁高院《关于印发〈辽宁省高级人民法院关于开展人身损害赔偿标准城乡统一试点工作的实施方案〉的通知》(2020年1月9日 辽高法〔2020〕7号)第3条:"试行标准。1.各级法院审理试点案件,依据政府统计部门公布的上一年度'全体居民人均可支配收入''全体居民人均消费支出''城镇单位在岗职工平均工资'和'分行业城镇单位在岗职工平均工资'数据来计算赔偿金额,不再区分城镇居民和农村居民。2.有关赔偿项目认定、赔偿金额计算方式等其他内容,继续执行最高人民法院相关司法解释的规定。"

690　①截至2024年7月25日,辽宁高院及辽宁省人社厅等部门尚未公布"2023年度城镇单位在岗职工平均工资"或"2023年全省全口径城镇单位就业人员平均工资",此处沿用2023年度赔偿标准即2022年度统计数据。②辽宁高院《关于印发〈辽宁省2023年度道路交通事故损害赔偿标准有关数据〉的通知》(2023年7月10日　辽高法〔2023〕112号):"……城镇单位在岗职工平均工资:94911元……"③辽宁省人社厅、省财政厅、省统计局、省国税局《关于公布2022年全省全口径城镇单位就业人员平均工资等有关问题的通知》(2023年9月1日)第1条:"2022年全省全口径平均工资为82116元(月平均工资为6843元)。"

691　①内蒙古自治区统计局《内蒙古自治区2023年国民经济和社会发展统计公报》(2024年3月21日):"……全年全体居民人均可支配收入38130元,比上年增长6.1%。按常住地分,城镇居民人均可支配收入48676元,比上年增长5.1%……农村牧区居民人均可支配收入21221元……全年全体居民人均生活消费支出27025元,两年平均增长9.2%。按常住地分,城镇居民人均生活消费支出32249元,两年平均增长8.9%。农村牧区居民人均生活消费支出18650元……"②内蒙古高院《关于开展人身损害赔偿标准城乡统一试点工作的实施意见》(2020年3月24日)第1条:"自2020年4月1日起,全区各级法院在民事诉讼中开展人身损害赔偿标准城乡统一试点工作。"第2条:"全区各级法院在民事诉讼中计算人身损害赔偿数额时,不再区分城镇居民与农村居民人均可支配收入、人均消费性支出,残疾赔偿金、死亡赔偿金均按照内蒙古自治区人民政府统计部门公布的上一年度城镇居民人均可支配收入计算,被扶养人生活费按照内蒙古自治区人民政府统计部门公布的上一年度城镇居民人均消费性支出计算。"第3条:"本意见自2020年4月1日起施行,本意见施行后新受理的一审民事案件,适用本意见。"

692　内蒙古自治区统计局《2023年内蒙古城镇单位就业人员年平均工资情况》(2024年6月24日):"……2023年,内蒙古城镇非私营单位就业人员年平均工资为108856元……城镇非私营单位在岗职工年平均工资为111602元……城镇私营单位就业人员年平均工资为57410元……"

693　①重庆市统计局、国家统计局重庆调查总队《2023年重庆市国民经济和社会发展统计公报》(2024年3月26日):"……全市居民人均可支配收入37595元,比上年增长5.4%。按常住地分,城镇居民人均可支配收入47435元,增长4.2%;农村居民人均可支配收入20820元,增长7.8%……全市居民人均消费支出26515元,比上年增长4.5%。按常住地分,城镇居民人均消费支出31531元,增长3.1%;农村居民人均消费支出17964元,增长7.4%……"②重庆高院《关于开展机动车交通事故责任纠纷案件人身损害赔偿标准城乡统一试点工作的意见》(2020年4月29日　渝高法〔2020〕58号)第1条:"本意见适用于全市法院受理的机动车交通事故责任纠纷案件。"第2条:"上述案件中,不区分城镇居民和农村居民,统一按照城镇居民赔偿标准计算死亡赔偿金、残疾赔偿金(含被扶养人生活费)。"第3条:"死亡赔偿金、残疾赔偿金,按照市政府统计部门公布的上一年度重庆市城镇居民人均可支配收入计算。被扶养人生活费按照市政府统计部门公布的上一年度重庆市城镇居民人均消费支出计算,并计入残疾赔偿金或死亡赔偿金。其他赔偿项目参照《重庆市高级人民法院关于印发〈道路交通事故人身损害赔偿项目及标准〉的通知》(渝高法〔2018〕199号)执行。"第4条:"本意见自2020年5月1日施行,施行之日起发生的机动车交通事故引发的人身损害赔偿纠纷适用本意见。"

694　重庆市统计局《2023年重庆市城镇单位就业人员年平均工资情况》(2024年6月5日):"2023年全市城镇非私营单位就业人员年平均工资为113653元……全市城镇私营单位就业人员年平均工资为63941元……"

695　广西壮族自治区统计局、国家统计局广西调查总队《2023年广西壮族自治区国民经济和社会发展统计公报》(2024年3月30日):"……全年居民人均可支配收入29514元……按常住地分,城镇居民人均可支配收入41287元……农村居民人均可支配收入18656元……全年居民人均消费支出19749元……按常住地分,城镇居民人均消费支出24427元……农村居民人均消费支出15435元……"

696　广西公安厅、自治区高院、自治区检察院《关于印发2024年广西壮族自治区道路交通事故人身损害赔偿项目计算标准的通知》(2024年7月11日　桂公通〔2024〕64号):"……1.城镇居民人均可支配收入:41287元;2.农村居民人均可支配收入:18656元;3.城镇居民人均消费支出:24427元;4.职工月平均工资:8234元……6.住宿费每人每天:330元;7.住院伙食补助费每人每天:100元。注:……受害人无固定收入且不能举证证明其最近3年的平均收入状况的,其误工费参照第1项、第2项或第5项计算。5.受害人确有必要到外地治疗,因客观原因不能住院,受害人本人及其陪护人员住宿费和伙食费参照第6项和第7项计算。"

697　湖南省统计局、国家统计局湖南调查总队《湖南省2023年国民经济和社会发展统计公报》(2024年3月22日):"……全年全省居民人均可支配收入35895元……按常住地分,城镇居民人均可支配收入49243元……农村居民人均可支配收入20921元……全省居民人均消费支出25462元,比上年增长5.7%。按常住地分,城镇居民人均消费支出31035元,增长4.9%;农村居民人均消费支出19210元……"

698　湖南高院百家号《最新!湖南省2024年度人身损害各项赔偿标准确定》(https://baijiahao.baidu.com/s?id=1802518560429053131):"2024年6月20日,湖南省统计局公布2023年湖南省城镇单位平均工资数据。其中,城镇非私营单位在岗职工年平均工资99,480元;城镇私营单位就业人员年平均工资60,277元;城镇非私营单位就业人员年平均工资97,015元。根据《湖南省2023年国民经济和社会发展统计公报》,2023年湖南省城镇居民人均可支配收入49,243元/年,城镇居民人均消费支出31,035元/年。2022年5月1日起施行的《最高人民法院关于审理人身损害赔偿案件适用法律若干问题的解释》第二十二条规定,本解释所称'城镇居民人均可支配收入''城镇居民人均消费支出''职工平均工资',按照政府统计部门公布的各省、自治区、直辖市以及经济特区和计划单列市上一年度相关统计数据确定。'上一年度',是指一审法庭辩论终结时的上一统计年度。"

699　①河北省公安厅交通警察总队《关于印发〈河北省2023年度道路交通事故人身损害赔偿相关数据〉的通知》(2023年5月29日　冀公交〔2023〕410号)。②河北省统计局、国家统计局河北调查总队《河北省2023年国民经济和社会发展统计公报》(2024年3月1日):

"……全年全省居民人均可支配收入32903元,同比增长6.6%。按常住地分,城镇居民人均可支配收入43631元,同比增长5.7%;农村居民人均可支配收入20688元,同比增长6.8%……全省居民人均消费支出22920元,同比增长9.7%。按常住地分,城镇居民人均消费支出27906元,增长11.3%;农村居民人均消费支出17244元……"③河北高院《关于印发〈河北省高级人民法院关于开展人身损害赔偿标准城乡统一试点实施方案〉的通知》(2020年2月24日 冀高法〔2020〕21号)第1条:"全省各级法院受理的机动车交通事故责任纠纷案件以及雄安新区法院受理的人身损害赔偿纠纷案件,侵权行为发生在2020年1月1日之后的,适用本方案。"第2条:"死亡赔偿金、残疾赔偿金统一按照河北省政府统计部门公布的上一年度河北省城镇居民人均可支配收入计算;被扶养人生活费统一按照河北省政府统计部门公布的上一年度河北省城镇居民人均消费性支出计算。"第3条:"本方案自发布之日起施行。本方案施行前已经终审的案件或者进入审判监督程序再审的案件,不适用本方案。试点结束时间待最高人民法院通知。"④河北高院、省公安厅、省司法厅、中国银行保险监督管理委员会河北监管局《关于印发〈河北省道路交通事故损害赔偿项目计算标准(试行)〉的通知》(2020年3月27日 冀高法〔2020〕31号):"……2020年3月19日印发的文件作废,以此件为准……道路交通事故发生在2020年1月1日以后的案件,适用本标准……"

700 ①河北省统计局《2023年全省城镇单位就业人员平均工资》(2024年6月14日):"……2023年,全省城镇非私营单位就业人员平均工资94818元,比上年增加4073元,增长4.5%……"②"河北人社"公号2024年7月2日《78411元!2023年我省全口径社平工资出炉》:"日前,省人社厅发布《关于公布2023年全省全口径城镇单位就业人员年平均工资数据的通知》,2023年全省全口径城镇单位就业人员年平均工资为78411元,以上数据仅供在人力资源社会保障工作中统一使用……我们在社保业务中常说的'社会平均工资',在2019年之前一般是指'当地城镇(非私营)单位在岗职工平均工资';2019年之后,一般是指'当地全口径城镇单位就业人员平均工资'。平均工资的计算公式为:城市社会平均工资=报告期实际支付的全部职工工资总额/报告期全部职工平均人数。"

701 ①湖北省统计局、国家统计局湖北调查总队《2023年湖北省国民经济和社会发展统计公报》(2024年3月28日):"……全年全省居民人均可支配收入35146元,比上年增长6.8%。按常住地分,城镇居民人均可支配收入44990元,增长5.5%;农村居民人均可支配收入21293元,增长8.0%。全省居民人均消费支出27106元,增长9.2%。按常住地分,城镇居民人均消费支出31500元,增长8.2%;农村居民人均消费支出20922元……"②湖北高院《关于开展人身损害赔偿标准城乡统一试点工作的通知》(2019年12月31日 鄂高法〔2019〕158号)第1条:"试点适用标准。审理人身损害赔偿纠纷案件时,对于残疾赔偿金、死亡赔偿金,统一按照湖北省上一年度城镇居民人均可支配收入标准计算赔偿金额;对于被抚养人生活费,统一按照湖北省上一年度城镇居民人均消费支出标准计算赔偿金额。"第2条:"试点适用案件范围。侵权行为发生在2020年1月1日后的人身损害赔偿纠纷案件,适用上述城镇居民赔偿标准。侵权行为发生在2020年1月1日前的案件,不适用上述标准。试点结束时间待最高人民法院通知。试点工作中遇到重要情况和问题,请及时层报我院。"

702 根据湖北省统计局官网《[来信公示]2023年湖北省交通事故赔偿标准的统计数据》:"您需要的是2024年的湖北省交通事故赔偿标准,应以我局对外公布的2023年度的4项统计数据为准,分别是:1.城镇居民人均年可支配收入:44990元;2.城镇居民人均年消费支出:31500元;3.全省在岗职工年平均工资:89864元;4.分行业就业人员年平均工资……"

703 ①河南省统计局、国家统计局河南调查总队《2023年河南省国民经济和社会发展统计公报》(2024年3月30日):"……全年全省居民人均可支配收入29933元,比上年增长6.1%。按常住地分,城镇居民人均可支配收入40234元,增长4.5%;农村居民人均可支配收入20053元……全年全省居民人均消费支出21011元,比上年增长10.5%。按常住地分,城镇居民人均消费支出25570元,增长8.6%;农村居民人均消费支出16638元……"
②河南高院《关于印发〈关于开展人身损害赔偿案件统一城乡标准试点工作的意见(试行)〉的通知》(2019年12月20日 豫高法〔2019〕338号)第1条:"全省法院机动车交通事故责任纠纷案件……不再区分受害人住所地或经常居住地、收入来源等因素,其残疾赔偿金、死亡赔偿金统一按照河南省上一年度城镇居民人均可支配收入标准计算。"第2条:"全省法院机动车交通事故责任纠纷案件……被扶养人生活费统一按照河南省上一年度城镇居民人均消费性支出标准计算。"第4条:"本意见施行后未审结的一审、二审案件,适用本意见;本意见施行前已经终审的案件,以及适用审判监督程序的再审的案件,不适用本意见。"第5条:"本意见自2019年12月20日起施行。"

704 河南省统计局《2023年河南省城镇非私营单位就业人员年平均工资情况》(2024年7月5日):"2023年,全省城镇非私营单位就业人员年平均工资为84156元,比上年增加6529元,同比增长8.4%,增速较2022年提高4.7个百分点。……"

705 ①安徽省统计局、国家统计局安徽调查总队《安徽省2023年国民经济和社会发展统计公报》(2024年3月20日):"……全年全省居民人均可支配收入34893元……按常住地分,城镇居民人均可支配收入47446元……人均消费支出27900元……农村居民人均可支配收入21144元……人均消费支出18905元……"②安徽高院《关于印发〈安徽省高级人民法院关于开展人身损害赔偿标准城乡统一试点实施方案〉的通知》(2019年12月6日 皖高法〔2019〕112号)第1条:"根据最高人民法院授权,在人身损害赔偿纠纷案件中,不区分城镇居民和农村居民,试点按照城镇居民赔偿标准计算人身损害赔偿的死亡赔偿金、残疾赔偿金(被扶养人生活费)。"第3条:"死亡赔偿金、残疾赔偿金按照政府统计部门公布的上一年度安徽省城镇居民人均可支配收入计算;被扶养人生活费按照政府统计部门公布的上一年度安徽省城镇居民人均消费性支出计算,计入死亡赔偿金或残疾赔偿金。"第4条:"1. 2019年12月16日起,正式启动我省人身损害赔偿标准城乡统一试点工作。截止2019年12月16日尚未审结的一审人身损害赔偿案件,统一按城镇居民标准计算有关赔偿费用……"

706 安徽省统计局"安徽统计"公号《2023年安徽省城镇非私营单位就业人员年平均工资103688元》(2024年6月14日):"……2023年安徽省城镇非私营单位就业人员年平均工资为103688元,比上年增加5039元,名义增长5.1%,其中,在岗职工年平均工资为

106769元,比上年增加4770元,名义增长4.7%……"

707 ①陕西省统计局、国家统计局陕西调查总队《2023年陕西省国民经济和社会发展统计公报》(2024年3月29日):"……全年城镇居民人均可支配收入44713元……城镇居民人均生活消费支出27303元……全年农村居民人均可支配收入16992元……农村居民人均生活消费支出15647元……"②陕西高院《关于印发〈关于在全省机动车事故责任纠纷案件中统一适用城镇居民人身损害赔偿标准的意见(试行)〉的通知》(2019年11月4日)第1条:"机动车事故责任纠纷案件中不再区分受害人住所地或经常居住地、收入来源等因素,其残疾赔偿金、死亡赔偿金统一按照陕西省上一年度城镇居民人均可支配收入标准计算。"第2条:"机动车事故责任纠纷案件中被扶养人生活费统一按照陕西省上一年度城镇居民人均消费性支出标准计算。"第3条:"本意见自2019年12月1日起施行。本意见施行后尚未终审的案件,适用本意见;本意见施行前已经终审的案件,或者适用审判监督程序再审的案件,不适用本意见。"

708 陕西省统计局《2023年陕西省非私营单位就业人员年平均工资106969元》(2024年6月24日):"……2023年陕西省非私营单位就业人员年平均工资为106969元……"

709 ①山西省统计局、国家统计局山西调查总队《山西省2023年国民经济和社会发展统计公报》(2024年3月15日):"……全年全省居民人均可支配收入30924元,比上年增长6.0%;居民人均消费支出19756元,增长12.7%。按常住地分,城镇居民人均可支配收入41327元,增长4.5%,城镇居民人均消费支出24524元,增长11.9%;农村居民人均可支配收入17677元,增长8.3%,农村居民人均消费支出13684元……"②山西高院《关于印发〈关于在民事诉讼中开展人身损害赔偿标准城乡统一试点工作的意见〉的通知》(2019年12月30日 晋高法〔2019〕75号)第2条规定:"全省各级人民法院在民事诉讼中计算人身损害赔偿数额时,不再区分城镇居民与农村居民,均按照山西省统计局公布的城镇居民统计数据计算。残疾赔偿金、死亡赔偿金按照上一年度城镇居民人均可支配收入计算,被扶养人生活费按照上一年度城镇居民人均消费性支出计算。"第3条:"人身损害发生于2020年1月1日之后,由此引发的民事诉讼适用本意见的规定。人身损害发生于2020年1月1日之前,但起诉于2020年1月1日之后的民事诉讼,不适用本意见的规定。"

710 山西省统计局《2023年山西省城镇非私营单位就业人员年平均工资95025元》(2024年6月18日):"2023年山西省城镇非私营单位就业人员年平均工资为95025元……在岗职工年平均工资为97315元……"

711 ①海南省统计局、国家统计局海南调查总队《2023年海南省国民经济和社会发展统计公报》(2024年2月21日):"……全年全省常住居民人均可支配收入33192元,比上年增长7.2%,其中城镇常住居民人均可支配收入42661元,增长6.3%……农村常住居民人均可支配收入20708元……全年全省城镇居民人均消费支出28930元,比上年增长9.5%;农村居民人均消费支出16924元……"②海南高院《关于印发〈全省法院开展人身损害赔偿纠纷案件统一赔偿标准试点工作方案〉的通知》(2020年1月9日 琼高法〔2020〕11号)第1条:"人身损害赔偿案件中不再区分受害人户籍以及住所地、经常居住地、收入来源等因素,其残疾赔偿金、死亡赔偿金统一按照海南省上一年度城镇居民人均可支配收入标准计算;人身损害赔偿案件中被扶养人生活费统一按照海南省上一年度城镇居民人均消费性支出标准计算。"第2条:"本意见自2020年1月1日起施行。"第3条:"本意见施行后尚未终审的案件,适用本意见;本意见施行前已经终审的案件,或者适用审判监督程序再审的案件,不适用本意见。"

712 海南省统计局《海南省2023年城镇单位就业人员年平均工资情况》(2024年6月28日):"……2023年,海南省城镇非私营单位就业人员年平均工资为114572元,比上年增加9770元……"

713 ①江西省统计局、国家统计局江西调查总队《江西省2023年国民经济和社会发展统计公报》(2024年3月30日):"……全年居民人均可支配收入34242元,比上年增长5.6%。按常住地分,城镇居民人均可支配收入45554元,增长4.2%;农村居民人均可支配收入21358元……全年居民人均消费支出23379元,比上年增长7.7%。按常住地分,城镇居民人均消费支出27733元,增长6.8%;农村居民人均消费支出18421元……"②江西高院《关于印发开展人身损害赔偿标准城乡统一试点工作的意见的通知》(2020年3月16日赣高法〔2020〕45号)第1条:"全省法院受理的各类人身损害赔偿纠纷案件,包括民事案件、刑事附带民事案件,如涉及残疾赔偿金、死亡赔偿金以及被扶养人生活费赔偿标准计算的,均统一按照城镇居民标准计算。"第2条:"残疾赔偿金、死亡赔偿金按照政府统计部门公布的上一年度江西省城镇居民人均可支配收入计算。被扶养人生活费按照政府统计部门公布的上一年度江西省城镇居民人均消费支出计算。"第3条:"侵权行为发生在2020年4月1日(含当日)以后的人身损害赔偿纠纷案件,适用本意见。侵权行为发生在2020年4月1日以前的人身损害赔偿纠纷案件,不适用本意见。"

714 "江西发布"公号《超9万元!去年江西平均工资出炉》(2024年6月14日):"2023年江西省城镇非私营单位就业人员年平均工资为92794元,比上年增加4822元,增长5.5%……2023年江西省城镇私营单位就业人员年平均工资为55201元,比上年增加1551元,增长2.9%……2023年,江西省城镇非私营单位就业人员年平均工资为92794元,比上年增加4822元,增长5.5%。其中,在岗职工平均工资94742元增长4.8%……"

715 ①四川高院《关于在全省开展人身损害赔偿纠纷案件统一城乡居民赔偿标准试点工作的通知》(2021年3月1日 川高法明电〔2021〕20号)。②四川省统计局、国家统计局四川调查总队《2023年四川省国民经济和社会发展统计公报》(2024年3月14日):"……按常住地分,城镇居民人均可支配收入45227元……城镇居民人均消费支出29280元……农村居民人均可支配收入19978元……农村居民人均消费支出17901元……"

716 四川省统计局《关于发布2023年全省城镇全部单位就业人员平均工资的公告》(2024年5月31日):"……2023年四川省城镇全部单位就业人员平均工资为90220元,比上年增加5308元……城镇非私营单位就业人员平均工资为110160元,比上年增加8360元……其中:城镇非私营单位在岗职工平均工资为113223元,比上年增加8221元,增长7.8%。城镇私营单位就业人员平均工资为62105元……"

717 ①吉林高院《关于2023年度人身损害赔偿执行标准的通知》(2023年7月26日 吉高法〔2023〕112号):"……以上赔偿标准于2023年9月1日至2024年8月31日执行。"②吉林高院《关于在全省法院开展人身损害赔偿标准城乡统一试点工作的意见》(2020年9月25日 吉高法〔2020〕209号)第3条:"本意见自2020年10月1日起施行……"③吉林省统计局、国家统计局吉林调查总队《吉林省2023年国民经济和社会发展统计公报》(2024年3月26日):"……全年全省城镇常住居民人均可支配收入为37503元,比上年增长5.7%;城镇常住居民人均消费支出为26677元,增长22.2%。农村常住居民人均可支配收入为19472元,增长7.4%;农村常住居民人均消费支出为14354元……"

718　①吉林高院《关于2023年度人身损害赔偿执行标准的通知》(2023年7月26日 吉高法〔2023〕112号):"丧葬费标准为43611元……以上赔偿标准于2023年9月1日至2024年8月31日执行。"②吉林省人社厅、省医保局、省财政厅《关于公布2023年度社会保险全口径平均工资及缴费基数上下限标准的通知》(2024年6月18日 吉人社联〔2024〕57号)第1条:"依据相关统计数据计算,2023年全省全口径城镇单位就业人员平均工资为86142元,用于2024年7月1日至2025年6月30日核定社会保险缴费基数。2023年全省农垦企业职工平均工资为24918元,农垦企业及职工缴费基数核定按有关规定执行。"

719　宁夏回族自治区统计局、国家统计局宁夏调查总队《宁夏回族自治区2023年国民经济和社会发展统计公报》(2024年4月29日):"……全年全区全体居民人均可支配收入31604元,比上年增长6.8%。按常住地分,城镇居民人均可支配收入42395元,增长5.5%;农村居民人均可支配收入17772元……全年全区全体居民人均消费支出21629元……按常住地分,城镇居民人均消费支出27076元,增长11.8%;农村居民人均消费支出14649元……"

720　宁夏回族自治区统计局《2023年全区城镇单位就业人员年平均工资情况》(2024年6月7日):"2023年,全区城镇单位(全口径)就业人员年平均工资(指标解释详见附注1)为97054元,其中城镇非私营单位和私营单位就业人员年平均工资分别为117681元和61567元。规模以上企业就业人员年平均工资为99401元……2023年,全区城镇非私营单位就业人员年平均工资为117681元,比上年增加3050元……全区城镇非私营单位在岗职工年平均工资为121648元……2023年,全区城镇私营单位就业人员年平均工资为61567元,比上年增加4030元……"

721　贵州省统计局、国家统计局贵州调查总队《贵州省2023年国民经济和社会发展统计公报》(2024年4月30日):"……全年全省居民人均可支配收入27098元,比上年增长6.2%。按常住地分,城镇居民人均可支配收入42772元,增长4.1%;农村居民人均可支配收入14817元……全年全省居民人均消费支出20161元,比上年增长12.4%。按常住地分,城镇居民人均消费支出27693元,增长14.3%;农村居民人均消费支出14260元……"

722　贵州省人社厅2024年6月24日公布《贵州省2023年人力资源和社会保障事业统计公报》(https://rst.guizhou.gov.cn/zwgk/zfxxgk/fdzdgknr/tjxx/tjgb/202406/t20240624_84903634.html):"……2023年,全省全口径城镇单位就业人员年平均工资87267元,同比增长6.0%;在岗职工年平均工资89252元,同比增长4.9%。其中:非私营单位就业人员年平均工资102010元,在岗职工年平均工资104802元,分别增长6.9%、5.2%;私营单位就业人员年平均工资54156元,同比增长2.3%……"

723 ①黑龙江省统计局、国家统计局黑龙江调查总队《2022年黑龙江省国民经济和社会发展统计公报》(2023年3月22日):"……常住居民人均可支配收入28346元,比上年增长4.4%。城镇常住居民人均可支配收入35042元,增长4.1%;农村常住居民人均可支配收入18577元,增长3.8%。常住居民人均生活消费支出20412元,下降1.1%。城镇常住居民人均生活消费支出24011元,下降1.7%;农村常住居民人均生活消费支出15162元……"②黑龙江高院《印发〈关于统一城乡人身损害赔偿标准试点工作的意见〉的通知》(2019年12月23日 黑高法〔2019〕241号)第1条:"根据最高人民法院授权,在人身损害赔偿案件中,不区分城镇居民和农村居民,统一按照城镇居民赔偿标准计算人身损害赔偿的死亡赔偿金、残疾赔偿金(包括被扶养人生活费)。"第2条:"死亡赔偿金、残疾赔偿金按照黑龙江省政府公布的《黑龙江省国民经济和社会发展统计公报》中的'城镇居民人均可支配收入'计算。被扶养人生活费按照黑龙江省政府公布的《黑龙江省国民经济和社会发展统计公报》中的'城镇居民人均消费支出'计算。"第3条:"本意见自2020年1月1日起施行,试点工作于同日正式启动。对本意见未涉及的情形,法律、司法解释有规定的,从其规定。"第4条:"本意见施行后新受理的一审人身损害赔偿案件(包括其后续引起的二审、再审程序),适用本意见。本意见施行前已经一审受理,施行后审结的案件,或提起二审的案件,或按当事人申请再审及审判监督程序决定再审的人身损害赔偿案件,不适用本意见。"

724 黑龙江省统计局2024年6月3日公布《2023年城镇非私营单位就业人员平均工资情况》(https://tjj.hlj.gov.cn/tjj/c106736/202406/c00_31739874.shtml)

725 ①青海省统计局、国家统计局青海调查总队《青海省2023年国民经济和社会发展统计公报》(2024年2月29日):"……城镇居民人均可支配收入40408元,增长4.3%;农村居民人均可支配收入15614元……城镇居民人均消费支出25373元,增长16.9%;农村居民人均消费支出14790元……"②青海高院《印发〈关于开展人身损害赔偿标准城乡统一试点工作的实施意见〉的通知》(2020年5月7日 青高法〔2020〕54号)第3条:"试点标准。1.死亡赔偿金、残疾赔偿金按照青海省统计部门公布的上一年度青海省城镇居民人均可支配收入计算;被扶养人生活费按照青海省统计部门公布的上一年度青海省城镇居民人均消费性支出计算。2.赔偿权利人举证证明其住所地或者经常居住地城镇居民人均可支配收入或者城镇居民人均消费性支出高于青海省统计部门公布的标准的,按照《最高人民法院关于审理人身损害赔偿案件适用法律若干问题的解释》第三十条的规定执行。"第4条:"试点时间。1.本实施意见自2020年7月1日起施行,施行前尚未审结的案件,适用本实施意见;施行前已经终审的案件,或者适用审判监督程序再审的案件,不适用本实施意见……"

726 ①青海省统计局2024年6月21日公布《统计快讯第40期:2023年青海省城镇非私营单位就业人员年平均工资121457元》(tjj.qinghai.gov.cn/infoAnalysis/tjMessage/)。②青海省人社厅、省财政厅、省医保局、省国税局《关于确定2023年度城镇职工社会保险缴费基数的通知》(2023年6月26日 青人社厅函〔2023〕244号):"……根据省统计局统计数据,2022年全省全口径城镇单位就业人员平均工资为96348元/年(8029元/月)……"

727 ①新疆维吾尔自治区统计局、国家统计局新疆调查总队《新疆维吾尔自治区2023年国民经济和社会发展统计公报》(2024年4月1日):"……全年全区居民人均可支配收入28947元……按常住地分,城镇居民人均可支配收入40578元……农村居民人均可支配收入17948元……全年全区居民人均消费支出19715元……按常住地分,城镇居民人均消费支出26134元……农村居民人均消费支出13645元……"②新疆高院自2020年12月23日起,在全疆法院统一适用道路交通事故损害赔偿标准——见天山网2020年12月28日:《全疆法院统一道路交通事故损害赔偿标准》:"12月25日,记者从自治区高级人民法院获悉,为妥善处理道路交通事故损害赔偿纠纷,统一裁判思路和裁判标准,自治区高级人民法院下发《新疆维吾尔自治区道路交通事故损害赔偿标准(试行)》(以下简称《赔偿标准》),决定自2020年12月23日起,在全疆法院统一适用道路交通事故损害赔偿标准……"

728 截至2024年7月25日,新疆2023年非私营单位就业人员年平均工资标准尚未发布,故此处沿用2022年数据。具体来源:新疆维吾尔自治区统计局《2022年新疆非私营单位就业人员年平均工资101764元》(2023年6月20日):"2022年新疆城镇非私营单位就业人员年平均工资为101764元……"

729 ①截至2024年7月25日,西藏2023年非私营单位就业人员年平均工资标准尚未发布,故此处沿用2022年数据。具体来源:西藏自治区公安厅《关于2023年西藏自治区道路交通事故人身损害赔偿案件计算标准的通知》(2023年1月6日 藏公字〔2023〕1号):"本标准参考数据自2023年1月1日起执行。"②西藏高院《关于印发〈西藏自治区高级人民法院关于开展人身损害赔偿标准城乡统一试点实施方案〉的通知》(2020年3月12日 藏高法〔2020〕21号)第1条:"主要任务。根据最高人民法院授权,在我区人身损害赔偿纠纷案件中不区分城镇居民和农村居民,试点按照城镇居民赔偿标准计算人身损害赔偿的死亡赔偿金、残疾赔偿金、被抚养人生活费。"第2条:"试点范围。全区各级人民法院。"第3条:"适用标准。人民法院在审理人身损害赔偿纠纷案件中,不再区分受害人住所地或经常居住地、主要收入来源地等因素,其残疾赔偿金、死亡赔偿金统一按西藏自治区政府统计部门公布的上一年度城镇居民人均可支配收入标准计算;被抚养人生活费统一按照西藏自治区政府统计部门公布的上一年度城镇居民人均消费性支出标准计算。"第4条:"试点时间。(一)试点自2020年4月1日起施行。本方案施行后受理的一审人身损害赔偿案件,适用本方案的规定。本方案施行后,法律、司法解释或上级法院有新规定的,按照新规定执行……"③西藏自治区统计局、国家统计局西藏调查总队《2023年西藏自治区国民经济和社会发展统计公报》(2024年5月9日):"……全体居民人均可支配收入28983元,比上年增长8.7%。其中,城镇居民人均可支配收入51900元,增长6.5%;农村居民人均可支配收入19924元……全体居民人均消费支出17220元,比上年增长8.4%。其中,城镇居民人均消费支出28858元,增长2.1%;农村居民人均消费支出12619元……"

730 ①甘肃高院、省公安厅《关于印发2024年甘肃省道路交通事故人身损害赔偿有关费用计算标准的通知》(2024年6月11日 甘公交〔2024〕182号)。其中,关于"职工平均工资"明确为102934元。②甘肃省统计局、国家统计局甘肃调查总队《2023年甘肃省国民经济和社会发展统计公报》(2024 年 3 月 14 日):"……全年全省居民人均可支配收入 25011 元,比上年增长 7.5%。按常住地分,城镇居民人均可支配收入 39833 元,增长 6.0%;农村居民人均可支配收入 13131 元……全年全省居民人均消费支出 19013 元,比上年增长 8.7%。按常住地分,城镇居民人均消费支出 27044 元,增长 7.3%;农村居民人均消费支出 12575 元……"

731 ①云南高院、省公安厅《关于印发 2024 年云南省道路交通事故人身损害赔偿有关费用计算标准的通知》(2023 年 5 月 27 日 云公交〔2024〕35 号):"一、2023 年全年城镇居民人均可支配收入 43563 元。二、2023 年全年城镇居民人均消费支出 28338 元。三、2023 年城镇非私营单位在岗职工平均工资 112908 元……根据国家'统一城乡居民赔偿标准'的要求,凡在云南省行政区域内发生的道路交通事故,2024 年 5 月 1 日至 2025 年 4 月 30 日期间进行损害赔偿调解和审理工作的均按此标准执行(各级人民法院审理其他人身损害赔偿案件亦参照此标准执行)。《最高人民法院关于审理人身损害赔偿案件适用法律若干问题的解释》中涉及的'职工平均工资'参照'城镇非私营单位在岗职工平均工资'进行有关费用计算。损害赔偿的有关事宜同时依照《中华人民共和国民法典》的有关规定执行。"
②云南省统计局、国家统计局云南调查总队《云南省 2023 年国民经济和社会发展统计公报》(2024 年 3 月 29 日):"……全年全省居民人均可支配收入 28421 元,比上年增长 5.5%。按常住地分,城镇常住居民人均可支配收入 43563 元,增长 3.3%;农村常住居民人均可支配收入 16361 元……全年全省居民人均消费支出 20995 元,比上年增长 10.8%,城镇常住居民人均消费支出 28338 元,增长 8.0%;农村常住居民人均消费支出 15147 元……"